Peter Monadjemi, Eckehard Pfeifer

Microsoft Office 2007-Programmierung – Das Entwicklerbuch

Peter Monadjemi, Eckehard Pfeifer

Microsoft Office 2007-Programmierung – Das Entwicklerbuch

Peter Monadjemi, Eckehard Pfeifer: Microsoft Office 2007-Programmierung – Das Entwicklerbuch
Microsoft Press Deutschland, Konrad-Zuse-Str. 1, 85716 Unterschleißheim
Copyright © 2008 by Microsoft Press Deutschland

Das in diesem Buch enthaltene Programmmaterial ist mit keiner Verpflichtung oder Garantie irgendeiner Art verbunden. Autor, Übersetzer und der Verlag übernehmen folglich keine Verantwortung und werden keine daraus folgende oder sonstige Haftung übernehmen, die auf irgendeine Art aus der Benutzung dieses Programmmaterials oder Teilen davon entsteht.

Das Werk einschließlich aller Teile ist urheberrechtlich geschützt. Jede Verwertung außerhalb der engen Grenzen des Urheberrechtsgesetzes ist ohne Zustimmung des Verlags unzulässig und strafbar. Das gilt insbesondere für Vervielfältigungen, Übersetzungen, Mikroverfilmungen und die Einspeicherung und Verarbeitung in elektronischen Systemen.

Die in den Beispielen verwendeten Namen von Firmen, Organisationen, Produkten, Domänen, Personen, Orten, Ereignissen sowie E-Mail-Adressen und Logos sind frei erfunden, soweit nichts anderes angegeben ist. Jede Ähnlichkeit mit tatsächlichen Firmen, Organisationen, Produkten, Domänen, Personen, Orten, Ereignissen, E-Mail-Adressen und Logos ist rein zufällig.

15 14 13 12 11 10 9 8 7 6 5 4 3 2 1
10 09 08

ISBN 978-3-86645-415-6

© Microsoft Press Deutschland
(ein Unternehmensbereich der Microsoft Deutschland GmbH)
Konrad-Zuse-Str. 1, D-85716 Unterschleißheim
Alle Rechte vorbehalten

Fachlektorat: Thomas Irlbeck, München
Korrektorat: Frauke Wilkens, München
Satz und Layout: Cordula Winkler, mediaService, Siegen (www.media-service.tv)
Umschlaggestaltung: Hommer Design GmbH, Haar (www.HommerDesign.com)
Gesamtherstellung: Kösel, Krugzell (www.KoeselBuch.de)

Inhaltsverzeichnis

Vorwort 19
    Danksagungen 21
    Geht es in diesem Buch um die VSTO 2.0 oder 3.0? 21
    Geht es in diesem Buch um Office 2003 oder 2007? 21
    Ein Wort zu den Beispielprogrammen 22
    Kontakt zu den Autoren und persönliche Worte 22

1 Ein erster Überblick über die VSTO 23
    Installation und Versionsvielfalt 24
        Die Installation der VSTO 24
        Wie alles anfing 25
        Was bieten die VSTO? 27
    Die Möglichkeiten der VTSO an Beispielen 27
        Dokumenterweiterungen 28
        Anwendungserweiterungen 29
        SmartTags 29
    Die Rolle der Host Controls 30
        Multifunktionsleisten erweitern 31
        Outlook-Formularbereiche 31
        Word 2007-Inhaltssteuerelemente 32
        Server-Dokumente und Dateninseln 33
        Dokumentzwischenspeicher (Data Cache) 34
        SharePoint-Anbindung durch Workflow-Vorlagen 34
        War das alles? 35
    Die Neuerungen der VSTO 3.0 35
        Add-Ins für alle Office-Anwendungen 36
        Dokumenterweiterungen 36
        Vorlagen für Multifunktionsleistenerweiterungen 36
        Workflow-Vorlagen für SharePoint 36
        Die Word 2007 Content Controls 36
        Integration mit VBA 37
        Auslieferung über ClickOnce 37
        .NET 3.5 37
        Dinge, die bei den VSTO 3.0 nicht dabei sind 38
    Office-Programmierung mit .NET, aber ohne VSTO 38
    VSTO und VBA 38
        Was ist mit Access? 40
    Auf den Weg zu den OBAs 41
    Wo gibt es Hilfe? 43
    Zusammenfassung 45

2 Die ersten Schritte mit den VSTO ... 47
Das Beispielprojekt stellt sich vor ... 48
Die Umsetzung beginnt ... 49
    Das Projekt wird angelegt ... 49
    Das Projekt wird gespeichert ... 50
    Ein CustomTaskPane wird angelegt ... 50
    Die Datenzugriffsschicht entsteht – ein zweites Projekt kommt hinzu ... 52
    XML-Daten als eingebettete Ressource ... 55
    Das Add-In-Projekt setzt einen Verweis auf die Klassenbibliothek ... 56
    Das Benutzersteuerelement erhält seine Funktionen ... 56
    Die Multifunktionsleiste wird erweitert ... 58
    Das CustomTaskPane wird eingebunden ... 59
    Das Projekt ist fertig ... 59
    Ein erster Probelauf ... 59
    Das große Finale – die Auslieferung ... 60
Zusammenfassung ... 61

3 Von VBA nach VSTO (Teil 1) – die neue Entwicklungsumgebung Visual Studio ... 63
Visual Studio oder Visual Basic? ... 64
Ein erster Rundgang durch Visual Studio ... 64
    Die Entwicklungsumgebung und ihre (wichtigsten) Fenster ... 65
    Die Fehlerliste ... 69
Die Rolle der Projekte ... 73
    Projekttypen ... 74
    Dateien zum Bestandteil eines Projekts machen ... 76
Anatomie eines VSTO-Projekts ... 77
    Die Bestandteile eines Word-Dokument-Objekts ... 78
    Die Bestandteile eines Add-In-Projekts ... 79
    Die Bestandteile eines SharePoint Workflow-Projekts ... 79
    Die allgemeinen Eigenschaften eines Projekts ... 79
Die wichtigsten Arbeitsschritte beim Umgang mit Visual Studio ... 80
    Vorhandene Projekte öffnen ... 80
    Ein neues oder ein vorhandenes Projekt hinzufügen ... 81
    Der Konfigurations-Manager ... 82
    Verweise hinzufügen ... 82
    Neue Elemente zu einem Projekt hinzufügen ... 83
    Mit Quelltext arbeiten ... 84
    Die Rolle der Regionen ... 86
    Nach Quelltextelementen suchen ... 86
    Projekte erstellen ... 88
    Projekte drucken ... 89
    Projekte umbenennen ... 90
    Datenbankinhalte anzeigen ... 90
    Ein Projekt schließen ... 91
    Nicht gesicherte Projekte retten ... 91
Hilfe in allen Lebenslagen ... 92
    Suchen in der Hilfe ... 92
    Die Indexsuche ... 93
    Einstellungen bei der Hilfe ... 93

Hilfefavoriten und Suchen speichern 93
Für was steht eigentlich MSDN? 93
Die »Gewusst wie«-Hilfe 94
Die dynamische Hilfe 94
Tipps für den Umgang mit Visual Studio 95
Leerzeichen sichtbar machen 95
Visual Studio-Einstellungen ändern 95
Tastaturshortcuts ändern 96
Quellcode kommentieren 97
Codeausschnitte sparen Tipparbeit 98
Externe Tools einbinden 99
Zeilennummern einblenden 100
Programmbereiche vertikal markieren 100
Details zur Umsetzung von VSTO-Anwendungen 100
Die Visual Studio-Umgebung »verschlanken« 100
Wie wird ein VSTO-Projekt mit einem Office-Dokument verknüpft? 101
Ein Wort zur Auslieferung 101
Zusammenfassung 102

4 Von VBA nach VSTO (Teil 2) 103

Vorhang auf für den Visual Basic-Compiler 104
Ein erstes Beispiel 104
Die Rolle der Objekte 110
Was ist eine Klasse? 111
Was ist ein Objekt? 112
Was ist eine Instanz? 113
Die .NET-Klassenbibliothek 114
Die Rolle der Namespaces 115
Auch Konstanten sind Teil eines Namespaces 115
Der Imports-Befehl 116
Der Namespace Microsoft.VisualStudio.Tools.Applications 118
Die Anatomie eines VSTO-Projekts 119
Die wichtigsten Sprachelemente von Visual Basic .NET (und die Unterschiede zu VBA) .. 119
Warum nicht C#? 120
Variablen 120
Operatoren 127
Entscheidungen 127
Programmschleifen 129
Umgang mit Zeichenketten 130
Prozeduren und Funktionen 131
Collections und der For Each-Befehl 131
Objekte SQL-ähnlich abfragen – LINQ to Objects 133
Strukturen 134
Enumerationen 135
Mitteilungsboxen und Auswahldialoge anzeigen 136
Dateizugriffe 137
Den Pfad einer VSTO-Assembly bestimmen 138
Fehlerbehandlung 141
Programmieren mit Klasse(n) 149

Lies die Hilfe 149
Klassen definieren 149
Die Mitglieder einer Klasse 150
Die Shared-Members 150
Klassen instanziieren – die Rolle des Konstruktors 150
Felder 151
Eigenschaften 151
Methoden 152
Eigene Namespaces 153
Eine vollständige Klasse 153
Vererbung, abstrakte Basisklassen, Schnittstellen, Polymorphie und andere Spezialitäten ... 154
VBA ruft VSTO und umgekehrt 154
WinForms als Nachfolger der UserForms 156
Ein erster Überblick 156
Der Umgang mit Events 157
Ein Blick hinter die Kulissen 159
WinForms im Einsatz 160
Von den UserForms zu WinForms 161
WPF als Alternative? 162
Zusammenfassung 164

5 Office automatisieren mit PIAs 165
Anwendungen per Automatisierung starten 166
Die Instanziierung der Application-Klasse mit New 166
Die CreateObject-Funktion 166
Ein erstes Beispielprojekt 168
Was ist eine Assembly? 174
Die Rolle des GAC 176
Lassen sich Assemblies schützen? 177
Die Rolle der Verweise 179
Die Rolle der PIAs 179
PIAs ausliefern 182
Die Rolle von ReleaseComObject 182
Das Erstellen von Befehlsleisten 184
Ein Überblick über das Befehlsleisten-Objektmodell 184
Die CommandBars-Collection 185
Die ersten Gehversuche 185
Eine neue Befehlsleiste anlegen 187
Wie erhält ein CommandBarControl-Objekt ein eigenes Symbol? ... 190
Befehlsleisten bei Outlook 191
Ein Beispiel aus der Praxis 191
Zusammenfassung 193

6 Excel im Zusammenspiel mit .NET 195
Die Gründe für Automatisierung 196
Erforderliche Verweise und Imports-Befehl 200
Der Zugriff auf Arbeitsmappen und Arbeitsblätter 200
Viele statt einem – die Collections 201

Ein Array (Auflistung) in einen Range-Bereich kopieren	202
Auf Excel-Tabellendaten direkt zugreifen	203
Der Zugriff auf einzelne Zellen	206
Zellen und ihre Formeln	210
Zellen formatieren	216
Formatierung von Zahlen	217
Formatierung von Datumsangaben	217
Diagramme anlegen	218
Wenn Diagramme eingebettet werden – die ChartObject-Objekte	221
Diagramme verschieben und vergrößern	222
ShapeRange oder Shape?	223
Der Zugriff auf die Daten eines Diagramms	224
TextBoxen hinzufügen	225
Bilder einfügen	226
Ein wenig Spaß mit Liniendiagrammen	226
Linienmarker mit Bitmaps	228
Listen (Tabellen)	229
Eingebaute Dialoge anzeigen	233
WinForms-Dialoge oberhalb des Anwendungsfensters anzeigen	233
Die XML-Funktionalität	234
Webabfragen steuern	235
Aktienkurse über URL-Abfragen nach Excel übernehmen	236
VSTO-Erweiterungen für Excel	237
Das ListObject-Objekt	238
Das NamedRange-Objekt	239
Das XmlMappedRange-Objekt	241
Das Chart-Control	242
Kleine Tipps für die Excel-Automatisierung	243
Screen-Updates verhindern	243
Meldungen in der Statusleiste anzeigen	243
Direktes Editieren von Zellen verhindern	244
Zeilen fixieren	244
Richtung nach Drücken der Eingabetaste ändern	244
Ausblenden von Hinweisdialogen	244
Die Anzahl der Arbeitsblätter in einer neuen Arbeitsmappe einstellen	244
Nicht benötigte Excel-Anzeigeelemente einschalten	244
Excel-Funktionen benutzen	244
Über Excel drucken	245
Die Dokumenteigenschaften setzen	245
Ein Arbeitsblatt schützen	246
Ein Arbeitsblatt per E-Mail verschicken	247
Excel beenden	247
Das Auswerten von Ereignissen	247
VBA-Code umstellen	249
Konstanten	251
Zusammenfassung	252

7 Word im Zusammenspiel mit .NET ... 253

- Das Word-Objektmodell in der Übersicht ... 254
- Imports und Verweise ... 257
- Der Umgang mit Dokumenten ... 258
  - Dokumente mit einem Passwort versehen ... 260
  - Ein Dokument drucken ... 260
  - Das Schließen eines Dokuments ... 261
- Der Aufbau eines Dokuments ... 262
  - Die Rolle der Artikel (StoryRanges-Objekt) ... 262
  - Kopf- und Fußzeilen (HeaderFooter-Objekt) ... 264
  - Der Abschnitt (Section-Objekt) ... 264
  - Die Seite ... 265
- Der Umgang mit Textbereichen oder das universelle Range-Objekt ... 267
- Formatierung für Anfänger ... 269
  - Die Absatzformatierung ... 269
  - Die Zeichenformatierung ... 270
- Einfügen von Text ... 271
- Das Selection-Objekt steht für die aktuelle Auswahl ... 272
- Bewegen und Suchen im Text ... 275
- Suchen im Dokument ... 276
  - Formatvorlagen und wie man sie findet ... 278
- Der Umgang mit Textmarken ... 279
- Der Umgang mit Tabellen ... 280
  - Die Add-Methode für das Hinzufügen einer Tabelle ... 280
- Der Umgang mit Grafiken ... 285
  - Der Unterschied zwischen Shape- und InlineShape-Objekten ... 286
- Der Umgang mit Feldfunktionen ... 288
- Seriendruck steuern ... 290
- Spezialitäten beim Word-Objektmodell ... 293
  - Der Zugriff auf die Zwischenablage ... 293
  - Das System-Objekt ... 293
  - Zugriff auf einzelne Zeilen ... 294
  - Das Global-Objekt ... 295
  - Das Options-Objekt zum Einstellen allgemeiner Optionen ... 296
  - Tastaturzuordnungen manipulieren ... 296
  - Word-Dialoge anzeigen ... 297
  - Meldungsboxen und WinForms-Dialoge oberhalb des Anwendungsfensters anzeigen ... 298
  - Meldungen in der Statusleiste anzeigen ... 298
  - Exportieren eines Dokuments in HTML ... 298
  - Beliebige Daten im Dokument speichern ... 299
  - Eigene Dokumenteigenschaften hinzufügen ... 301
  - Die Zeilennummer der letzten Zeile feststellen ... 303
  - Automakros ... 303
- VSTO-Erweiterungen für das Word-Objektmodell ... 303
  - Verschwiegene Fehlermeldungen ... 303
  - Das Bookmark-Control ... 304
  - Die Controls XMLNode und XMLNodes ... 308
  - Die Inhaltssteuerelemente von Word 2007 ... 310
- Zusammenfassung ... 315

8 Outlook im Zusammenspiel mit .NET ... 317
Ein Überblick über das Outlook-Objektmodell ... 318
    Das Application-Objekt ... 320
    Die Beispiele in diesem Kapitel ... 321
    Das NameSpace-Objekt ... 321
    Das Store-Objekt ... 322
    Das Folder-Objekt ... 323
    Geheimnisvolles MAPI ... 325
    Die universelle Items-Collection ... 326
    Die Rolle der EntryID ... 327
    Die Neuerungen von Outlook 2007 ... 327
Das Objektmodell in der Praxis ... 329
    Ein Wort zu den Beispielen ... 329
    Zugriff auf die Outlook-Konten ... 329
    Zugriff auf die Outlook-Ablagen ... 330
    Zugriff auf einzelne Elemente ... 330
    Das Explorer-Objekt ... 335
    Das Inspector-Objekt ... 336
Die wichtigsten Outlook-Aufgaben an kleinen Beispielen ... 336
    Eine E-Mail versenden ... 336
    Einen Termin anlegen ... 338
    Eine Aufgabe anlegen ... 339
    Eine Notiz anlegen ... 340
    Umgang mit Kontakten ... 341
    Umgang mit Regeln ... 342
    Umgang mit Views ... 343
Die Suche in Ablagen ... 344
    Find und Restrict bei der Items-Auflistung ... 346
    Suchen über das Table-Objekt ... 348
    Das AdvancedSearch-Objekt ... 349
    Sofortsuche und Filterausdrücke bei Outlook 2007 ... 350
    Das Ergebnis einer Suche direkt anzeigen ... 350
Outlook-Events ... 350
    Eingreifen, bevor eine Mail verschickt wird ... 351
    Feststellen, wenn eine neue Mail im Posteingang eingetroffen ist ... 351
    Feststellen, wann eine AdvancedSearch-Suche beendet wurde ... 352
Outlook-Sicherheit ... 354
    Outlook sicher starten ... 355
Outlook-Formularbereiche ... 356
    Ein Beispiel für einen Outlook-Formularbereich ... 357
    Ein CustomTaskPane bei Outlook-Formulare ... 362
Der OutlookSpy ... 362
Zusammenfassung ... 364

9 Dokumenterweiterungen für Excel und Word ... 365
Was ist eine Dokumenterweiterung? ... 366
    Die Struktur eines Erweiterungsprojekts ... 366
    Eigene Aufgabenbereiche mithilfe des ActionsPane ... 367
    Das ActionsPane-Objekt im Detail ... 368

Das ActionsPane-Objekt in der Praxis	369
SmartTags	371
Was steckt hinter einem SmartTag?	372
Das Prinzip der Umsetzung	372
Die SmartTag-Klasse	372
Die Action-Klasse	373
Die Action-Eventhandler	373
Ein Beispiel	374
Reguläre Ausdrücke	377
Daten in Dokumenten unterbringen	378
Dateninseln und das ServerDocument-Objekt	379
2.0 oder 3.0?	379
Wo und wann wird das ServerDocument-Objekt eingesetzt?	380
Der VSTO Application Manifest Editor	381
Das ServerDocument-Objekt im Überblick	382
Informationen über eine Anpassung ausgeben	383
Das Prinzip der Dateninseln	384
Eine Dateninsel in einer Excel-Arbeitsmappe anlegen	385
Auf die Dateninsel in einer Excel-Arbeitsmappe zugreifen	388
Datacaching mit dem <Cached>-Attribut	391
Zusammenfassung zum Thema Dateninseln	393
Dokumenterweiterungen ausliefern	393
Zusammenfassung	394

10 Anwendungserweiterungen (Add-Ins)   395

Ein kurzer Rück- und Überblick	396
Die Rolle der Registry	399
Die Rolle des COM-Shims	401
Shared Add-Ins und Sicherheit	402
Add-Ins in der Office-Oberfläche	402
Ein Beispiel für ein Shared Add-In	404
Shared Add-Ins debuggen	412
Shared Add-Ins mit öffentlichen Klassen	413
Shared Add-Ins ausliefern	413
Ein Beispiel für ein VSTO-Add-In	415
VSTO-Add-Ins mit öffentlichen Klassen	418
VSTO-Add-Ins ausliefern	419
Maschinenweite Add-Ins für Office 2007	420
Aufgabenbereiche für Add-Ins – die CustomTaskPane-Klasse	420
Zusammenfassung	422

11 SharePoint- und Workflow-Entwicklung mit .NET und den VSTO   423

SharePoint in zehn Minuten	424
Was können die Windows SharePoint Services 3.0?	425
Ein Wort zur Installation	425
Die ersten Schritte	426
Über das SharePoint-Objektmodell auf SharePoint-Inhalte zugreifen	427
Das SharePoint-Objektmodell	427
Auf SharePoint-Inhalte über Webservice-Funktionen zugreifen	429

Ein einfaches Beispiel	430
Excel-Listen mit SharePoint-Inhalten	432
Workflow in zehn Minuten	433
Sequenzielle Workflows und Statuscomputer-Workflows	434
SharePoint-Workflows mit den VSTO erstellen	434
Wenn es Probleme bei der Umsetzung gibt	446
Workflows wieder entfernen	446
Office Live	446
Zusammenfassung	447

12 VSTO und Datenbankinhalte   449

Wie greift .NET auf Datenbanken zu?	450
Die Rolle der Verbindungszeichenfolge	451
Anlegen einer Verbindungszeichenfolge	452
Anlegen der Northwind-Datenbank	455
Ein kurzer Streifzug durch System.Data und die Namespaces der Provider	455
Die Rolle des DataSets	456
Ein DataSet über die Toolbox anordnen	457
Die Rolle der DataTable	457
Eine DataTable mit XML laden	458
Eine DataTable direkt anlegen	458
DataSet und DataTable als Offlinecache	459
Was genau ist ein typisiertes DataSet?	460
Wie erfährt das DataSet von Aktualisierungen in der Datenbank?	460
DataTable und DataViews – Filtern von Datensätzen	461
Eine DataTable durchsuchen	463
Die Provider und ihre Klassen	464
Die Rolle der Projektdatenquellen	465
Eine Projektdatenquelle anlegen	465
Eine Projektdatenquelle neu konfigurieren	467
Projektdatenquellen in anderen Projekten benutzen	467
Eine Projektdatenquelle löschen	467
Konfiguration des Datenadapters im Rahmen einer Projektdatenquelle	467
Das Prinzip der Datenbindung	468
Festlegen, auf welche Weise eine Tabelle oder ein Feld dargestellt wird	469
Die Datenbindung manuell durchführen	470
Datenbanken über Datenquellen aktualisieren	475
Ein typisiertes DataSet von Grund auf neu anlegen	477
Daten direkt in Excel übernehmen	478
Eine DataTable in ein Tabellenblatt kopieren	478
Datenbindung an ein NamedRange-Objekt	479
Datenbanken anlegen und verwalten	481
Der optimale Ort für Datenbankdateien	481
SQL Server Management Studio als komfortable Alternative	483
SQL Server-Datenbank »anhängen«	483
Ein Beispielprojekt zum Schluss	484
Die Beispieldatenbank	484
Die Projektumsetzung	485
Zusammenfassung	490

13 Spezialitäten der .NET-Programmierung ... 491
Projekte debuggen ... 492
Die Rolle der Haltepunkte ... 493
Die Programmfortführung variieren ... 495
Variablenwerte inspizieren ... 496
Das Debuggen beenden ... 497
Typen und Reflection ... 497
Methoden dynamisch aufrufen ... 498
Regelmäßige Vorgänge über einen Timer steuern ... 499
Der Zugriff auf die Registry ... 500
Der Aufbau der Registry ... 500
Arbeiten mit der Registry ... 501
Die Registry-Klassen in Microsoft.Win32 ... 501
Konfigurationsdaten in der Programmkonfiguration speichern ... 503
Tracing und Logging ... 504
Trace-Fehlermeldungen ... 505
Der My-Namespace ... 509
Daten im Programmcode abfragen – LINQ ... 510
Weitere Kleinigkeiten und »Spielereien« ... 513
Aufruf von Betriebssystemfunktionen (API-Funktionen) ... 513
Tasten an ein Fenster senden ... 519
XML aus der Assembly lesen ... 521
XML-Import und das geheimnisvolle ExcelLocale1033-Attribut ... 521
Zusammenfassung ... 522

14 VSTO-Anpassungen verteilen ... 523
Ausliefern einer Office 2003-Dokumentanpassung ... 524
Was macht eine VSTO-Assembly anders? ... 524
VSTO-Anpassungen für Office 2003 ... 525
Einrichten über die .NET-Konfiguration ... 525
Verteilen einer Richtlinie über ein Msi-Paket ... 528
Einrichten über Caspol.exe ... 529
Kurzer Überblick über den Namespace System.Security.Policy ... 531
Die SecurityManager-Klasse ... 534
Erstellen eines Setup-Projekts für eine Office 2003-Dokumentanpassung ... 534
Berechtigungen für Office 2003-Dokumente auf einem Netzwerkshare einrichten ... 544
Ausliefern einer Office 2007-Anpassung ... 545
Ein erster Überblick ... 546
Die ClickOnce-Bereitstellung ist nur eine Option ... 547
Die Rolle von Bereitstellungs- und Anwendungsmanifest ... 548
Die Rolle der Versionierung ... 548
Aktualisieren einer Anwendung ... 549
Bereitstellen einer Office 2007-Anwendungsanpassung (Add-In) ... 550
Bereitstellen einer Office 2007-Dokumentanpassung ... 555
Nachträgliches Ändern des Pfades der Bereitstellungsmanifestdatei ... 556
Die Rolle der Zertifikate ... 557
Was heißt hier vertrauen? ... 558
Zertifikatverwaltung unter Windows ... 558
Ein Zertifikat »vertrauenswürdig« machen ... 559

Ein Zertifikat mit Selfcert.exe selbst erstellen 563
Click & Dirty (statt ClickOnce) 564
VSTO 3.0-Anpassungen per Msi-Paket verteilen 564
    Ein Zertifikat programmgesteuert in die Zertifikatablage laden 566
    Eine VSTO-Anpassung zur Aufnahmeliste hinzufügen 567
    Die Anzeige des Benutzerprompts für die Aufnahmeliste konfigurieren 570
Umstellen von VSTO 2005 auf VSTO 3.0 572
Laufzeitvoraussetzungen 572
    Der Bootstrap-Loader 573
    Eigene Komponenten mit dem Bootstrapper Manifest Generator hinzufügen 573
    Festlegen des Bereitstellungsverzeichnisses für die erforderlichen Komponenten 575
    Der »perfekte« Bootstrap-Loader 576
    Der VSTO Troubleshooter 576
Spezialitäten rund um das Thema Auslieferung 577
    Zusätzliche Dateien per ClickOnce verteilen 577
    Manifestdateien nachträglich bearbeiten 577
    Das ClickOnce-Datenverzeichnis abfragen 578
    Anpassen des Anwendungsmanifestes bei Dokumentanpassungen 578
    Wenn es Probleme gibt 580
Nützliche Tools für VSTO-Entwickler 580
Zusammenfassung 581

15 XML-Grundlagen für Office-Entwickler 583
Wohlgeformt und gültig 585
    Syntaktische Strenge durch wohlgeformte Dokumente 585
    Zeichenkodierung 588
    Eindeutigkeit durch Namensräume 588
    Inhaltliche Regeln durch Schemata – gültige Dokumente 590
XML-Daten transformieren und suchen 594
    Beispiel einer einfacher Transformation 595
    Word-Literaturverzeichnisse 597
XML editieren mit VS 2008 600
    Editieren von XML-Dateien 600
    Erzeugen von Schemadateien 601
    Anbinden von Schemadateien 602
    Durchführen von Transformationen 603
Zwei Praxisbeispiele 604
    MOSTL – SmartTag-Listen 604
    Der Einsatz von Codeausschnitten (Code Snippets) 606
Zum XML-Namensraum im .NET Framework 609
    Erzeugen eines XML-Dokuments 609
    Lesen von XML-Dateien 611
    Schemata ableiten 612
    Gültigkeit von Dokumenten – Validierung gegen ein Schema 613
    Suchen bestimmter Knoten 614
    Transformationen 615
LINQ to XML und XML-Literale 616

16 Das Office Open XML-Format ... 621
Einführung in die Prinzipien des Dateiformats ... 623
Grundlegende Techniken mit dem System.IO-Namensraum ... 625
Das Microsoft Open XML Format SDK ... 633
    WordprocessingML ... 633
    SpreadsheetML ... 642
    PresentationML ... 646
Zusammenfassung ... 651

17 Multifunktionsleisten erweitern, Aufgabenbereiche erstellen und andere Aufgaben ... 653
Anpassung der Multifunktionsleiste – die Grundlagen ... 654
    Was passiert mit »alten« Modifizierungen von Menü- und Symbolleisten? ... 654
    Designtipps von Microsoft ... 655
    XML-Grundlagen der Anpassung der Multifunktionsleiste ... 656
    Verfügbare Steuerelemente ... 659
    Rückrufprozeduren ... 661
    Dokumentbezogene und anwendungsübergreifende Anpassungen ... 663
    XML-Vorlagen von Visual Studio ... 664
    Bilder auf Steuerelementen ... 666
    Neuzeichnen von Elementen ... 667
Aufgabenbereiche für die Dokument- bzw. Anwendungssteuerung ... 667
    Benutzerdefinierte Aufgabenbereiche auf Anwendungsebene ... 668
    Aufgabenbereiche auf Dokumentebene ... 671
SmartTags in Dokumenterweiterungen erstellen ... 676
Anpassung des Dokumentinspektors ... 679

18 XML und Excel ... 687
Excel und XML-Daten – ein Überblick ... 688
XML im Objektmodell ... 692
    Die XML Toolbox für Excel 2003 ... 692
    Objekte, Eigenschaften, Methoden und Ereignisse mit XML-Funktionalität ... 694
Eine XML Toolbox für Excel 2007 ... 698
    Die Vorbereitungen ... 699
    SpreadsheetML oder XML-Kalkulationstabellen ... 700
    Öffnen von XML-Dateien ... 704
    XML-Zuordnungen ... 707
    Custom XML ... 716
XML-Datenimport und DataSets ... 719
XML-Daten asynchron laden ... 722
Zusammenfassung ... 726

19 XML und Word ... 727
Word und XML-Daten – ein Überblick ... 728
XML im Objektmodell ... 733
    Die XML Toolbox für Word 2003 ... 734
    Klassen, Eigenschaften, Methoden und Ereignisse ... 735
Eine XML Toolbox für Word 2007 ... 739

	Die Vorbereitungen	739
	XML-Dokumente öffnen und speichern	740
	WordprocessingML 2003	743
	»Flat« Office Open XML	747
	Schemata und Knoten (XML-Elemente)	748
	Custom XML	753
	Der Ansatz	753
	Inhaltssteuerelemente (Content Controls)	756
	Zusammenfassung	758
20	**Office in der Welt der Webdienste**	**759**
	XML-Webdienste – ein Beispiel	760
	Erstellen des Webdienstes	760
	Den Client einrichten	765
	Alternative Zugriffe über Datenquellen	770
	Recherchedienste	772
	Office SharePoint Server 2007 Query Services	778
	Zusammenfassung	783
	Stichwortverzeichnis	**785**

Vorwort

Office und das .NET Framework sind ein Gespann, das erst zueinanderfinden musste. Mit der aktuellen Version Office 2007, Visual Studio 2008 und den VSTO 3.0 kann der »Bund der Ehe« als geschlossen angesehen werden. Es war nicht unbedingt Liebe auf den ersten Blick, doch die Beziehung wuchs über die Jahre und bei etwas genauerem Hinsehen wird man zu dem Schluss kommen, dass die beiden so schnell nichts mehr auseinanderbringen wird und, das ist gerade für Sie als Leser eine gute Nachricht, beiden die besten Jahre noch bevorstehen. Jetzt muss nur noch der Rest der Welt von den Qualitäten des neuen Traumpaars überzeugt werden. Das fängt bereits bei der Namenswahl an. Statt Unified Developer Edition for Office 2007 (UDO), Enhanced VBA (EVA) oder Office Power Appliance (OPA) heißt der neue Partner von Office 2003/2007 *Visual Studio Tools for Office*, kurz VSTO (wie es bei Microsoft üblich ist, wird dieser Name vermutlich keinen allzu langen Bestand mehr haben). Doch dahinter steckt natürlich ein tieferer Grund. Die VSTO sind nicht der Nachfolger von VBA, sondern eine Erweiterung von Visual Studio und eine eigene Laufzeit als Aufsatz auf der Laufzeit des .NET Frameworks. VBA wird es als Makrosprache und als die nach wie vor schnellste und einfachste Variante, kleine bis mittelkomplexe Vorgänge zu automatisieren, noch eine Weile geben. Die VSTO sollen VBA nicht ersetzen, sondern lediglich eine Alternative anbieten. Die VSTO setzen auf einer etwas höheren Ebene an. Sie sind für typische Unternehmensanwendungen gedacht, bei denen es weniger darum geht, Office zu automatisieren, sondern Office-Anwendungen wie Excel, Word und Outlook als sogenannte Frontends für unternehmensspezifische Anwendungen zu benutzen. Microsoft hat für diesen (neuen) Typ von Anwendungen auch einen Fachausdruck geprägt: *Office Business Application* oder kurz OBA. Die VSTO 3.0 und Visual Studio 2008 (ein untrennliches Paar) sind das Werkzeug, mit dem OBAs entwickelt werden.

Der Umstieg von reinem VBA nach VSTO ist nicht ganz einfach. Am Objektmodell hat sich natürlich nichts geändert[1], Visual Basic besitzt große Ähnlichkeiten zu VBA, sodass man es fast ein modernes »VBA 7.0« bezeichnen könnte (aber nicht sollte), und beim großen Visual Studio werden sich alle diejenigen, die sich an den VBA-Editor gewöhnt haben, schnell zu Hause fühlen. Die Herausforderung beim Lernen der VSTO und des damit verbundenen Entwicklungsstils besteht darin, dass der theoretische Unterbau deutlich größer ist als bei VBA. Dazu gehört der Umstand, dass ein .NET/VSTO-Programm grundsätzlich auf Klassen basiert, dass der Quellcode stets kompiliert wird (und es daher nicht möglich ist, ihn bei der Programmausführung einfach irgendwo zu unterbrechen) und dass eine VSTO-Anwendung »FullTrust-Berechtigungen« voraussetzt, die explizit erteilt werden müssen. Das und zahlreiche Kleinigkeiten sind Faktoren, die den Umstieg nicht immer zu einem Vergnügen machen.

Dieses Buch, in dem sehr viel Know-how steckt, soll Ihnen den Einstieg in die faszinierende Welt der VSTO-Entwicklung so einfach wie möglich machen, indem die Grundlagen möglichst behutsam erklärt werden und viele Beispiele dafür sorgen, dass die Theorie praxisnah präsentiert wird. Gegenüber dem Vorgänger, dem Office 2003-Entwicklerbuch, wurde das Buch komplett überarbeitet, ein wenig »entknotet«, neu strukturiert und mit vielen zusätzlichen Beispielen versehen. Insbesondere wurde es etwas stärker an die Bedürfnisse eines typischen VBA-Programmierers angepasst, wenngleich VBA-Kenntnisse nicht Voraussetzung für das Buch sind und die Beispiele genauso gut in C# hätten verfasst werden können.

Auch wenn die VSTO bereits in der Version 3.0 vorliegen, mit dieser Version geht es endlich erst so richtig los. Die Entwickler bei Microsoft haben eine Version abgeliefert, die, was die elementaren Bedürfnisse angeht, kaum Wünsche offenlassen sollte. Natürlich wird es irgendwann eine neue Version geben, bei der alles noch ein wenig besser ist, doch bis dahin ist noch ein bisschen Zeit und Sie können und sollten sich in

---

[1] Wie Sie später im Buch sehen werden, gibt es einige kleine Erweiterungen, die nur dem VSTO-Programmierer vorbehalten sind (etwa *NamedRanges* unter Excel oder *Bookmarks* unter Word).

Ruhe mit den zahlreichen Möglichkeiten beschäftigen, die die VSTO 3.0 zu bieten haben. Verlieren Sie bitte nicht gleich die Geduld, wenn der Start ein wenig holprig ist, im Vergleich zu VBA machen Sie mit den VSTO einen großen Sprung nach vorne.

Wir sind überzeugt, dass Sie mit dem Buch eine gute Wahl getroffen haben und dass es Ihnen beim Kennenlernen der VSTO und der neuen Art Office-Anwendungen zu programmieren ein zuverlässiger Ratgeber und Helfer sein wird.

Viel Spaß beim Kennenlernen der vielen neuen Themen wünschen Ihnen die Autoren

Peter Monadjemi, München, Mai 2008
Eckehard Pfeifer, Dresden, Mai 2008

Danksagungen

Danksagungen sind alles andere als eine lästige Pflichtübung, vor allem wenn sich das Buch (wieder einmal) ein wenig verzögert hat. Ganz oben auf der Liste erneut *Thomas Irlbeck*, der mit professioneller Gründlichkeit und Humor das Projekt »Manuskript-Debugging« angegangen und, aus unserer Sicht, überaus erfolgreich zu Ende gebracht hat (allein das Wissen, dass sich Thomas das Manuskript am Ende vornehmen würde, war beim Schreiben ein beruhigender Gedanke). Vielen Dank unserem Lektor *Thomas Pohlmann* für das Vertrauen in unsere Fähigkeit, das Buch zu einem guten Abschluss zu bringen und seine didaktisch ausgeklügelte Vorgehensweise, uns während des Schreibens nicht mit lektorentypischen und nicht gerade motivierenden »Wo bleibt das Manuskript???«-Fragen zu behelligen. *Frauke Wilkens* war für das sprachliche Feintuning zuständig, auch dafür vielen Dank. Nicht vergessen werden darf natürlich der Dank an den »unbekannten Setzer«, dem am Schluss der Verarbeitungskette die Aufgabe zukommt, aus der Word-Datei etwas Druckfähiges zu machen, und der die Aufgabe mit professioneller Souveränität und Bravour erledigt.

Geht es in diesem Buch um die VSTO 2.0 oder 3.0?

In erster Linie um die VSTO 3.0 und Visual Studio 2008. Auch wenn die VSTO 2.0 im Zusammenspiel mit Visual Studio 2005 nicht dadurch »minderwertig« werden, weil es eine neue Version gibt, sollten Entwickler wenn irgendwie möglich mit der aktuellsten Version arbeiten. Da sich mit Visual Studio 2008 auch Anpassungen für Office 2003 erstellen lassen, sollte das Update kein Ding der Unmöglichkeit sein.

Geht es in diesem Buch um Office 2003 oder 2007?

Beide Versionen werden in diesem Buch gleichberechtigt behandelt mit Ausnahme jener Themen, die es nur bei Office 2007 gibt. Kapitel 14, in dem es um die Auslieferung einer VSTO-Anwendung geht, behandelt Office 2003 und Office 2007 nahezu gleichberechtigt, wenngleich der Schwerpunkt (natürlich) auf der aktuellen Version liegt, da bei ihr vieles deutlich einfacher geworden ist.

Ein Wort zu den Beispielprogrammen

Das Buch enthält zahlreiche Beispiele, die im Buch teilweise nur auszugsweise vorgestellt werden, vollständig auf der Buch-CD (oder der Webseite der Autoren) zu finden sind. Die Beispiele wurden »nur« unter Windows XP getestet, sollten natürlich aber auch unter Windows Vista/Windows Server 2008 laufen, wenngleich bei aktivierter Benutzerkontensteuerung nicht immer alle Berechtigungen zur Verfügung stehen. Es wird daher empfohlen (zum Beispiel über eine Verknüpfung) Visual Studio mit einem Administratorkonto zu starten. Absolute Pfade wurden weitestgehend vermieden, sodass die unterschiedlichen Verzeichnispfade und Zugriffsberechtigungen bei den Windows-Versionen XP/Server 2003 und Vista/Server 2008 kein Problem sein sollten. Sollte sich eines der Beispiele partout nicht zum Laufen bringen lassen, helfen die Autoren natürlich gerne weiter.

Kontakt zu den Autoren und persönliche Worte

Wir freuen uns über konstruktive Kritik, Verbesserungsvorschläge und, wenn es sein muss, auch Fehlerhinweise. Wir beantworten auch gerne Fragen rund um das Thema VSTO, bitten aber gleich dafür um Verständnis, dass wir nicht immer sofort antworten können. Beide Autoren pflegen eine Webseite und ein Blog, das als weiteres Medium für die Kontaktaufnahme und eine Art Buch-Update betrieben wird (hätten wir alle Details eingebaut, die uns wichtig erschienen, hätte sich der Umfang des Buches locker verdoppelt und es wäre vermutlich kurz nach der Auslieferung von »Office 14« fertig geworden). *Peter Monadjemis* VSTO-Blog mit Tipps und Infos zum Thema und kleinen »Updates« zum Buch finden Sie unter *http://vsto.wordpress.com*, *Dr. Eckehard Pfeifer* betreibt seine Webseite mit seinen Lieblingsthemen rund um die VSTO traditionell unter *www.dr-e-pfeifer.net*.

Die persönliche Widmung von *Peter* geht an seine Frau *Drea* (die ersten fünf Jahre gingen viel zu schnell vorbei, er hätte bei manchen Dingen ein wenig eher auf sie hören sollen) und dass er sich inzwischen ziemlich sicher ist, das Glück an der Mündung von Neckar und Rems gefunden zu haben. *Eckehard* dankt seiner Frau *Hanka* für ihre Engelsgeduld mit ihrem schreibenden Gatten, der zwecks Broterwerbs in der langen Zeit des Buchschreibens noch anderen Tätigkeiten nachgehen musste.

Kapitel 1

Ein erster Überblick über die VSTO

In diesem Kapitel:

Installation und Versionsvielfalt	24
Die Möglichkeiten der VTSO an Beispielen	27
Die Rolle der Host Controls	30
Die Neuerungen der VSTO 3.0	35
Office-Programmierung mit .NET, aber ohne VSTO	38
VSTO und VBA	38
Auf den Weg zu den OBAs	41
Wo gibt es Hilfe?	43
Zusammenfassung	45

In diesem Kapitel geht es um einen ersten Überblick über die *Visual Studio Tools für Office* (VSTO). Dieses Kapitel ist für jene Leser gedacht, die noch keine Erfahrung im Umgang mit den VSTO gesammelt haben und/oder sich erst einmal einen Überblick über die zahlreichen neuen Begriffe verschaffen möchten. Dieses Kapitel ist daher auch entsprechend allgemein gehalten. Tiefer gehende Erläuterungen, Beispiele, noch mehr Beispiele und vor allem Code folgen in den nächsten Kapiteln, so viel sei bereits versprochen.

Installation und Versionsvielfalt

Ganz ohne Formalitäten geht es leider nicht. Da die VSTO nicht an Office, sondern an Visual Studio »gekoppelt« sind, gibt es keine »VSTO 2007«, sondern eine Version 3.0 als Teil von Visual Studio 2008 Professional oder Visual Studio Team System 2008. In diesem Buch stehen die VSTO 3.0 im Mittelpunkt. Viele Beispiele in diesem Buch, wie zum Beispiel die Automatisierungsbeispiele oder die Dokumenterweiterungen, funktionieren auch mit den VSTO 2.0, die ein separates Microsoft-Produkt auf der Grundlage von Visual Studio 2005 darstellen. Ferner gibt es ein »Zwischenupdate« mit dem offiziellen Namen »Visual Studio 2005 Tools for the Office 2007 System Second Edition« (VSTO 2005 SE) als freien Download für Besitzer einer Visual Studio 2005-Lizenz. Damit lassen sich Add-Ins für zahlreiche Office 2003/2007-Anwendungen und Multifunktionsleistenerweiterungen auf der Basis einer XML-Vorlage (immerhin) entwickeln. Wer Visual Studio 2008 Professional nicht anschaffen kann oder möchte, kommt auch mit dem Gespann aus VS 2005 Professional und VSTO 2005 SE relativ weit. Dieses kleine »Versionsbiotop« wird in diesem Buch allerdings nicht gehegt und gepflegt. Alle Beispiele und Erläuterungen beziehen sich offiziell auf die Version 3.0.

Die Installation der VSTO

Zur Installation der VSTO 3.0 müssen (zum Glück) keine Worte verloren werden, da diese automatisch geschieht. Es muss lediglich darauf geachtet werden, dass die entsprechende Option beim Setup von Visual Studio 2008 nicht abgewählt wird. Ansonsten stehen die VSTO 3.0 nach erfolgreicher Installation in Gestalt zusätzlicher Vorlagen bei C# und Visual Basic zur Verfügung. Spezielle Menübefehle oder andere Tools gibt es nicht. Weitere Infos finden sich unter *http://msdn2.microsoft.com/de-de/library/54ds2za4.aspx*.

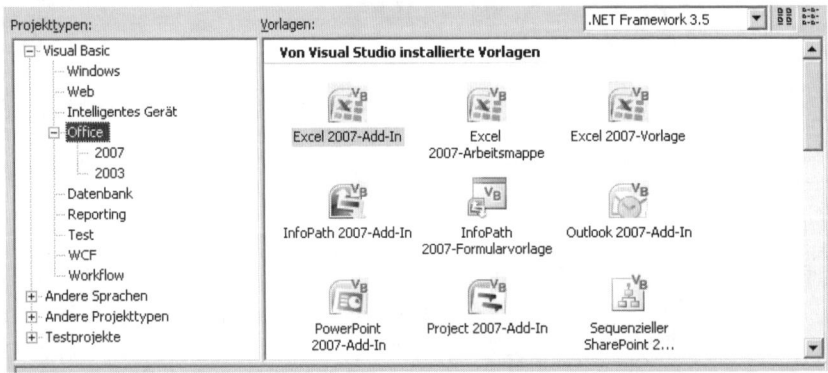

Abbildung 1.1 Die VSTO treten bei Visual Studio 2008 durch einen Satz von Vorlagen in Erscheinung

HINWEIS Während die VSTO bei Office 2003 die Professional Version voraussetzen, genügt bei Office 2007 die Standard Edition.

Installation und Versionsvielfalt

Welche Office-Version ist die richtige?

Natürlich immer die neueste, sagt zumindest Microsoft. Ganz so einfach dürften es sich die meisten Leser aber nicht machen, denn es gibt immer Gründe, nicht sofort die neuesten »Fashiontrends« aus Redmond mitzumachen. Für die VSTO ist bei Office 2003 die Professional-Variante Voraussetzung, darunter geht es leider nicht. Bei Office 2007 kommt dagegen jede Edition infrage[1]. Ob Office 2003 oder Office 2007, hat für den Einsatz der VSTO nur insofern eine Bedeutung, als dass es Merkmale wie Multifunktionsleisten, Word-Inhaltssteuerelemente und die Outlook-Formularbereiche natürlich nur in der aktuellen Office-Version gibt.

Mit den VSTO 3.0 lassen sich Dokument- sowie Anwendungserweiterungen sowohl für Office 2003 als auch für Office 2007 erstellen. Wird eine Office 2007-Vorlage gewählt, kann als Dokumentformat das alte binäre Format von Office 2003 und auch das neue, auf Open XML basierende Format gewählt werden. Präferenzen haben die VSTO in diesem Punkt nicht, da das Dateiformat für eine VSTO-Anwendung im Allgemeinen keine Rolle spielt.

HINWEIS   Das ist ein wichtiger Hinweis. Es ist offiziell nicht möglich, mit den VSTO auf einer »Maschine« sowohl für Office 2003 als auch für Office 2007 zu entwickeln. Das Motto heißt »entweder – oder«. Wer bei seiner Entwicklung mit den VSTO 3.0 beide Office-Versionen einbeziehen möchte, muss zum Beispiel per Virtual PC 2007, Virtual Server 2005 R2 oder *VMWare Workstation* (alle drei gibt es kostenlos[2]) eine virtuelle Maschine einrichten (das setzt eine weitere Lizenz des verwendeten Betriebssystems voraus) und dort alles noch einmal installieren. Visual Studio 2008 bietet zwar immer alle Vorlagen für beide Office-Versionen an. Dass eine Vorlage zur Verfügung steht, bedeutet aber nicht, dass sich das Projekt auch anlegen lässt. Eine Office 2003-Vorlage kann nur dann genutzt werden, wenn die entsprechende Anwendung im Rahmen von Office 2003 Professional ab SP1 lokal installiert ist. Die Workflow-Vorlagen setzen zum Beispiel voraus, dass ein SharePoint-Web ansprechbar ist.

Wie alles anfing

Wer sich seiner Vergangenheit nicht bewusst ist, ist dazu verdammt, sie zu wiederholen. So oder ähnlich mahnen Geschichtslehrer ihre Schüler manchmal, wenn sich diese scheinbar nicht für die Vergangenheit und die damit zusammenhängenden Details oder für Lehren, die man aus der Vergangenheit ziehen sollte, interessieren. Es fällt manchmal auch etwas schwer, Interesse für punische Kriege oder die Thronbesteigung von Karl dem Kahlen zu bekunden[3], denn die Gegenwart und vor allem die Zukunft ist im Allgemeinen sehr viel interessanter (und vor allem gegenwärtiger) als die Vergangenheit. Warum sollte man sich also mit Details der VSTO 1.0 oder 2.0 belasten, wenn doch die aktuelle Version 3.0 scheinbar alles besser kann? Nun, ganz so einfach gestrickt sind die Verhältnisse leider nicht. Zwar liegt es nahe, stets mit der aktuellsten Version zu arbeiten, doch bei den VSTO gibt es ein paar Gründe, warum dies nicht oder zumindest nicht sofort möglich ist:

- Es steht nur Visual Studio 2005 zur Verfügung, die aktuelle Version soll oder kann nicht angeschafft werden.
- Das .NET Framework 3.5 steht nicht zur Verfügung (es ist Voraussetzung für die Anpassungen für Office 2007).
- Es gibt unternehmensspezifische oder projektspezifische Gründe, warum das Projekt mit VSTO 2005 und .NET 2.0 fortgeführt werden muss.
- Die Anwendung muss auf Office 2003 basieren. Office 2007 liegt noch in weiter Ferne.

---

[1] Ob das auch für die ganz preiswerten Schülerversionen gilt, konnten die Autoren zwar nicht nachprüfen, sie gehen aber davon aus.
[2] Kaum zu glauben, aber wahr.
[3] Auch wenn das nicht direkt zum Thema gehört: Es gibt tatsächlich ein Buch, das sich mit der Frage beschäftigt, ob Karl der Kahle wirklich kahl war. Bei Amazon wird es ganz gut bewertet.

Doch auch wenn keiner der Gründe zutreffen sollte und man sich nach dem Motto »Mit Volldampf voraus« auf die aktuelle Version stürzen kann, ein kurzer Blick zurück macht die Rolle der VSTO etwas deutlicher, die nicht erst gestern auf der Bildfläche erschienen, sondern bereits ein paar Jahre alt sind.

Alles begann, wie könnte es anders sein, mit der Version 1.0 der VSTO. Diese hatte funktional noch nicht viel zu bieten. Es gab keine eigene Laufzeit, sondern lediglich vier simple Vorlagen für Excel 2003 und Word 2003 sowie einen simplen »Loader«, der über zwei Dokumenteigenschaften dafür sorgte, dass mit dem Öffnen des Dokuments die über die zuständige Eigenschaft festgelegte Assembly geladen wurde. Eigentlich hätten die VSTO 1.0 ein kostenloses Add-On für Visual Studio .NET 2003 sein müssen, doch jemand aus dem Marketing war so clever, das Ganze mit Visual Studio .NET 2003, einer SQL Server 2005-Lizenz und der Access 2003 Runtime zu bündeln und für einige Hundert Euro zu verkaufen. Das ist zwar legitim, hatte aber zur Folge, dass die VSTO 1.0 lediglich eine relativ kleine Verbreitung erfuhren und viele an der Office-Entwicklung interessierte Entwickler sich ein wenig mehr darunter vorstellten, als tatsächlich im Paket enthalten war (nämlich nicht sehr viel). Aber die erste Brücke zwischen Office 2003 und .NET war gelegt.

Erst die VSTO 2.0 (auch VSTO 2005 genannt) war die erste richtige VSTO-Version. Es gab eine Laufzeit mit ein paar Objekten, die Host Controls, die Möglichkeit, Excel- und Word-Dokumente um ActionsPanes zu erweitern, und mit der Vorlage für Outlook-Add-Ins wurde ein komfortables Modell auf der Basis von Managed Code für die nach wie vor auf COM basierenden Office-Add-Ins zur Verfügung gestellt, das einige Schwächen des Shared Add-In-Modells ausbesserte. Auch die VSTO 2.0 waren noch ein separates Produkt und ebenfalls nicht gerade preiswert, da ein Visual Studio 2005 Professional (zwangsläufig) mit dabei war. Da kurz nach der Auslieferung der VSTO 2.0 Anfang 2006 bereits Office 2007 auf der Bildfläche erschien und klar war, dass es die nächste offizielle VSTO-Version erst mit Visual Studio 2008 geben würde, befand sich Microsoft schnell wieder unter Zugzwang, denn zwei Jahre konnte man die Entwickler nicht auf eine Version warten lassen, mit der sich zum Beispiel die Multifunktionsleisten von Office 2007 erweitern ließen. Daher erschien im Mai 2007 mit den *Visual Studio 2005 Tools for the 2007 Microsoft Office System Second Edition* (kurz VSTO 2005 SE) ein Produkt mit dem sicher genauso längsten wie verwirrendsten Namen in der Microsoft-Produktgeschichte, das als »Zungenverknoter« zahlreichen Küstenorten in Grönland zur Ehre gereicht hätte. Als kleine Entschädigung ist es ein kostenloser Download für Besitzer von Visual Studio 2005 Professional (die VSTO 2005 werden nicht vorausgesetzt) und bietet Add-In-Vorlagen für nahezu sämtliche Mitglieder der Office-Familie, sowohl für 2003 als auch für 2007. Trotz der aktuellen VSTO 3.0 stellt es immer noch eine attraktive Alternative für Entwickler dar, die in erster Linie an Erweiterungen (Add-Ins) auf Anwendungsebene interessiert sind (was anderes ist mit den VSTO 2005 SE auch nicht möglich, denn ihr Funktionsumfang ist nur eine Teilmenge des Funktionsumfangs der regulären VSTO 2005).

Mit der aktuellen Version 3.0 der VSTO haben die Office-Tools ein Stadium erreicht, das als ausgereift und funktional vollständig bezeichnet werden kann. Auch der Umstand, dass sie nicht mehr als separates Produkt gekauft werden müssen, sondern Teil von Visual Studio 2008 Professional sind, schafft ein wenig mehr Klarheit und »Planungssicherheit« und wird mit Sicherheit zur Verbreitung der VSTO-Funktionalität beitragen. Die Bezeichnung »VSTO« wird in Zukunft an Bedeutung verlieren, sodass mit der nächsten Version unter Umständen nur noch von »Office-Integration« die Rede sein wird[4]. Doch bis dahin werden noch ein paar Jahre vergehen. Mit der Version 2008 ist Visual Studio das Werkzeug für alle, die Erweiterungen für Office 2003/2007 mit Visual Basic oder C# entwickeln wollen. In diesem Buch stehen die VSTO daher weniger für eine bestimmte Version, sondern in erster Linie für diese Möglichkeiten.

---

[4] Allerdings noch nicht in diesem Buch, da wir zum einen nichts vorwegnehmen und zum anderen die sprachliche Vielfalt nicht unnötig steigern wollen.

Was bieten die VSTO?

Dieser Abschnitt ist für Leser bestimmt, die zum ersten Mal mit den VSTO in Kontakt kommen. Es ist leider nicht ganz so einfach, einen vollständigen Überblick zu geben, da, was die Möglichkeiten der VSTO angeht, zwischen Office 2003 und 2007 (und streng genommen, das wurde aus dem letzten Abschnitt deutlich, auch zwischen den verschiedenen VSTO-Versionen) unterschieden werden muss. Tabelle 1.1 beschränkt sich der Übersichtlichkeit halber auf die wichtigsten Office-Versionen und die wichtigsten Verbesserungen bzw. allgemein Möglichkeiten, die die VSTO 2.0/3.0 für Entwickler mitbringen.

Die Aufgabe der VSTO ist schnell umschrieben. Diese erweitern Visual Studio durch Vorlagen um die Möglichkeiten, Erweiterungen (sie werden von Microsoft auch als »Customizations« bzw. »Anpassungen« bezeichnet[5]) in Visual Basic und C# auf der Grundlage des .NET Frameworks für Office-Anwendungen zu entwickeln. Die VSTO verbinden damit die Welt von Office mit der Welt des .NET Frameworks sowohl auf Anwendungsebene (durch Add-Ins) als auch auf Dokumentebene.

Office-Version	Welche Möglichkeiten werden geboten?
Word 2003	Anpassungen für Dokumente und Vorlagen sowie Erweiterungen von Dokumenten um ein ActionsPane und individuelle SmartTags. Das *Bookmark*-Objekt wird um Events und Datenbindung erweitert.
Word 2007	Wie für Word 2003. Zusätzlich die Möglichkeit, die Multifunktionsleisten zu erweitern, Datenbindung bei Inhaltssteuerelementen und Anpassungen (Add-Ins) auf Anwendungsebene.
Excel 2003	Anpassungen für Dokumente und Vorlagen sowie Erweiterungen von Dokumenten um ein ActionsPane und individuelle SmartTags. Das *Range*-Objekt wird in Gestalt des *NamedRange*-Objekts um Events und Datenbindung erweitert. In einem Excel 2007-Dokument, das im XML-Format gespeichert wird, lassen sich XML-Daten als »Custom XML Parts« unterbringen, die nicht angezeigt werden.
Excel 2007	Wie für Excel 2003. Zusätzlich die Möglichkeit, die Multifunktionsleisten zu erweitern, und Anpassungen (Add-Ins) auf Anwendungsebene.
Outlook 2003	Ein für Entwickler komfortableres Add-In-Modell, das mit den VSTO 2005 SE auch für die übrigen Office-Anwendungen zur Verfügung steht.
Outlook 2007	Wie für Outlook 2003. Zusätzlich gibt es die Möglichkeit, die Multifunktionsleisten (für ein Inspektor-Fenster) zu erweitern, sowie einen »Designer« für Formularbereiche auf der Basis eines Benutzersteuerelements.
Project 2003	Anpassung auf Anwendungsebene.
Project 2007	Wie bei Project 2003, nur dass hier auch die Multifunktionsleisten erweitert werden können.

Tabelle 1.1 Diese Möglichkeiten stellen die VSTO für die wichtigsten Office-Anwendungen zur Verfügung

Die Möglichkeiten der VTSO an Beispielen

Wer sich zum ersten Mal mit den VSTO beschäftigt (und damit mit den Möglichkeiten des .NET Frameworks 3.5, da beide untrennbar sind), wird unter Umständen bald vor lauter Wald die Bäume nicht mehr sehen. Da ist von so vielen neuen Begriffen die Rede, dass es schwer ist, den konkreten Nutzen für die Office-Entwicklung zu erkennen. Auch wenn dieser Nutzen im weiteren Verlauf des Buches sehr viel deutlicher werden wird, sollen in diesem Abschnitt bereits im Schnelldurchlauf die wichtigsten Einsatzgebiete der VSTO vorgestellt werden.

---

[5] Diesen Satz werden Sie in diesem Buch noch öfter lesen.

Dokumenterweiterungen

Eine Dokumenterweiterung bedeutet, dass mit dem Laden eines bestimmten Dokuments oder eines Dokuments, das auf einer bestimmten Vorlage basiert, ein .NET-Programm (Assembly genannt) gestartet wird. Das ist das typische Prinzip eines Add-Ins, nur dass sich dieses stets auf ein Dokument oder eine Vorlage bezieht. Microsoft nennt diese Erweiterungen auch *Anpassungen* (engl. »customizations«). Was die Erweiterung genau durchführt, spielt dabei keine Rolle. In der Regel wird sie eine neue Befehlsleiste oder eine oder mehrere neue Gruppen in der Multifunktionsleiste der Anwendung anlegen und dort Einträge hinzufügen, über die die Erweiterung gesteuert werden kann, oder sie wird ein *ActionsPane* anzeigen, das am rechten Rand des Dokumentfensters erscheint und Bedienelemente enthält und/oder Daten anzeigt, die zum Beispiel aus einer Datenbank oder einer LOB-Anwendung (*Line Of Business*) stammen.

Eine »Besonderheit« der Dokumenterweiterungsprojekte ist, dass das beim Anlegen des Projekts entweder neu angelegte oder ausgewählte Excel- oder Word-Dokument in Visual Studio erscheint und sich damit zum Beispiel benannte Bereiche, Textmarken, Inhaltssteuerelemente oder .NET-Steuerelemente direkt auf dem Dokument platzieren sowie XML-Verknüpfungen und Datenbindungen über Datenquellen, deren Inhalte direkt in dem Dokument angezeigt werden sollen, einrichten lassen. Das Dokument wird zum Teil der Anwendung.

Dokumenterweiterungen gibt es bei den VSTO nur für folgende Dokumenttypen: Word-Dokumente, Word-Vorlagen, Excel-Arbeitsmappen und Excel-Vorlagen. Jeweils für die Office-Versionen 2003 und 2007. Zusätzlich gibt es Dokumenterweiterungen auch für InfoPath 2007. Gegenüber den VSTO 2.0 bieten die VSTO 3.0 bei Dokumenterweiterungen keine Neuerungen. Mehr zu diesem Thema in Kapitel 9.

Abbildung 1.2 Eine Dokumenterweiterung für Word, die ein ActionsPane anzeigt

Anwendungserweiterungen

Dokumenterweiterungen sind, wie es der Name schon sagt, dokumentspezifisch. Das ist nicht immer gewünscht. Soll eine Erweiterung in der gesamten Anwendung zur Verfügung stehen, muss ein Add-In angelegt werden. Da der Begriff »Add-In« bei Office in der Vergangenheit beinahe inflationär verwendet wurde und man mit den VSTO nicht eine weitere Variante hinzufügen wollte, spricht Microsoft (was auch sehr sinnvoll ist) nicht von VSTO-Add-Ins, sondern von »Anpassungen auf Anwendungsebene«. Dahinter stecken die VSTO-Add-Ins, die wiederum »in Wirklichkeit« reguläre COM-Add-Ins sind. Sie werden mit dem Start der Anwendung geladen und fügen sich, genau wie die Dokumenterweiterungen, zum Beispiel mit Einträgen in eine vorhandene Befehlsleiste ein oder legen eine neue Gruppe in der Multifunktionsleiste der Anwendung an.

Anwendungserweiterungen gibt es bei den VSTO zu jeder »großen« Office-Anwendung, sowohl für 2003 als auch für 2007, mit Ausnahme von Publisher und FrontPage 2003[6]. Dies ist auch die wichtigste Neuerung der VSTO 3.0, da es bei den VSTO 2.0 nur für Outlook 2003 eine Add-In-Vorlage gab. Mehr zu diesem Thema in Kapitel 10.

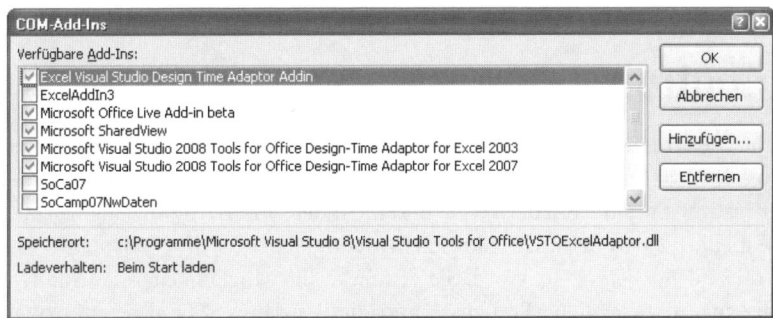

Abbildung 1.3   VSTO-Anwendungserweiterungen werden von Office 2003/2007 wie reguläre Add-Ins behandelt

SmartTags

Dieses Thema kommt in fast allen Betrachtungen zu den VSTO ein wenig zu kurz, dabei eröffnen auch SmartTags sehr interessante Möglichkeiten der Anpassung und sind zudem mit den VSTO noch sehr einfach zu erstellen. Ein SmartTag ist bei Office eine Liste mit Einträgen, die über die rechte Maustaste und das SmartTag-Symbol angezeigt werden, sobald die Anwendung ein zuvor vereinfachtes »Erkennungswort« im Dokumenttext identifiziert hat. Office selbst arbeitet intensiv mit SmartTags und es liegt nahe, diese Technik auch in einer Dokumenterweiterung zu nutzen.

Die VSTO bieten SmartTag-Erweiterungen für Excel- und Word-Dokumenterweiterungen (nicht für Add-Ins). Die Vorteile der VSTO liegen ganz einfach darin, dass das Erstellen von SmartTags ohne die VSTO (oder vergleichbare Hilfsmittel) eine recht knifflige Angelegenheit ist. Mit den VSTO besteht das Hinzufügen eines SmartTags zu einem Dokument aus wenigen Befehlszeilen.

---

[6] Das hat natürlich keine technischen Gründe, denn in einer frühen Vorabversion der VSTO 3.0 war auch eine Publisher-Vorlage dabei.

Die SmartTag-Unterstützung wurde mit den VSTO 2.0 eingeführt, bei den VSTO 3.0 hat es in diesem Punkt keine Änderungen gegeben. Mehr zu diesem Thema in Kapitel 9, in dem es allgemein um Dokumenterweiterungen geht.

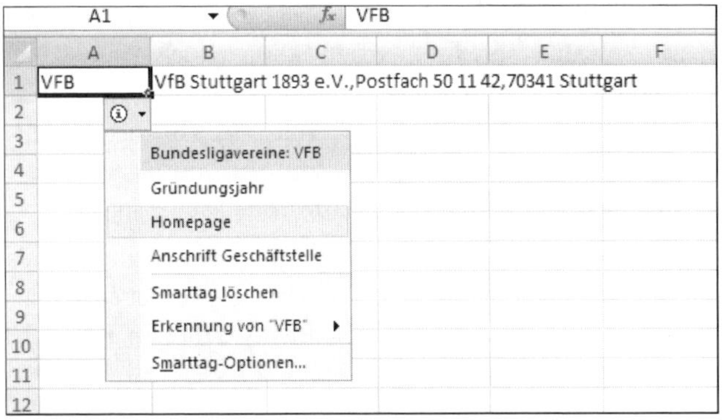

Abbildung 1.4 Ein SmartTag besteht aus einer Auswahlliste, die eine Liste mit Einträgen anzeigt

Die Rolle der Host Controls

Dieser Begriff ist genauso allgemein wie irreführend. Die Host Controls sind ein Satz von »Controls« (zu Deutsch »Steuerelemente«), die aus der VSTO-Laufzeit stammen, aber von der jeweiligen Office-Anwendung »gehostet« werden (daher der Name). Sie sind Teil der VSTO und nicht der Office-Anwendung. Es gibt insgesamt sieben Host Controls (Tabelle 1.2), wobei nicht alle gleich wichtig sind. Die interessanten Host Controls sind *NamedRange* für Excel und *Bookmark* für Word. Sie erweitern die Möglichkeiten des *Range*- und *Bookmark*-Objekts unter anderem um zusätzliche Ereignisse und die bei den VSTO allgegenwärtige Datenbindung. Die Host Controls wurden mit den VSTO 2.0 eingeführt, bei den VSTO 3.0 hat es in diesem Punkt keine Änderungen gegeben.

Host Control	Bedeutung
Bookmark	Erweitert eine Textmarke (*Bookmark*-Objekt) bei Word 2003/2007.
NamedRange	Erweitert einen Zellbereich (*Range*-Objekt) bei Word 2003/2007.
ListObject	Erweitert eine Tabelle/Liste (*ListObject*-Objekt) bei Word 2003/2007.
XmlMappedRange	Steht für eine Verknüpfung eines Zellbereichs mit einem sich nicht wiederholenden Element einer XML-Datei bei Excel 2003/2007.
Chart	Steht für ein *Chart*-Objekt bei Excel 2003/2007.
XmlNode3	Steht für eine Verknüpfung zwischen einem Textelement und einem Element einer XML-Datei bei Word 2003/2007.
XmlNode	Steht für eine Verknüpfung zwischen einem Textelement und einem sich nicht wiederholenden Element einer XML-Datei bei Word 2003/2007.

Tabelle 1.2 Die Host Controls der VSTO

Multifunktionsleisten erweitern

Multifunktionsleisten (im Original »Ribbons«) sind die auffälligste Neuerung bei Office 2007. Von vielen Anwendern (nicht Entwicklern) zunächst eher skeptisch aufgenommen, dürften sie sich inzwischen als »Fact of Life« etabliert haben. Viele Anwender, die am Anfang eher ablehnend waren, dürften inzwischen die Vorzüge des »Fluent UI« erkannt haben. Die Multifunktionsleisten sind keinesfalls nur eine optische Spielerei, sondern weisen mindestens zwei konkrete Vorteile auf. Sie zeigen immer nur jene Befehle an, die im aktuellen Kontext benötigt werden. Und sie bieten gegenüber den recht schlichten Befehlsleisten leistungsfähigere Bedienelemente, wie zum Beispiel Galerien, in denen jede zur Verfügung stehende Vorlage in Gestalt einer Vorschau angezeigt wird, und Auswahllisten, in denen zu jedem Eintrag auch eine Bitmap enthalten ist. Der Anwender profitiert von einer reichhaltigeren und trotzdem übersichtlicheren Funktionsleiste.

Die VSTO 3.0 stellen für das Erstellen eigener Multifunktionsleisten einen komfortablen Designer auf der Grundlage einer Vorlage bereit, der alle Möglichkeiten bietet, die für Multifunktionsleisten offiziell vorgesehen sind. Dies ist eine etwas angenehmere Alternative zur direkten Variante, bei der eine XML-Datei angelegt wird, durch die der Aufbau der Leiste vorgegeben wird. Mit anderen Worten, die VSTO 3.0 sind der Weg, um als Entwickler Multifunktionsleisten für Office 2007-Anwendungen anzulegen. Das Thema Multifunktionsleisten ist in Kapitel 17 an der Reihe.

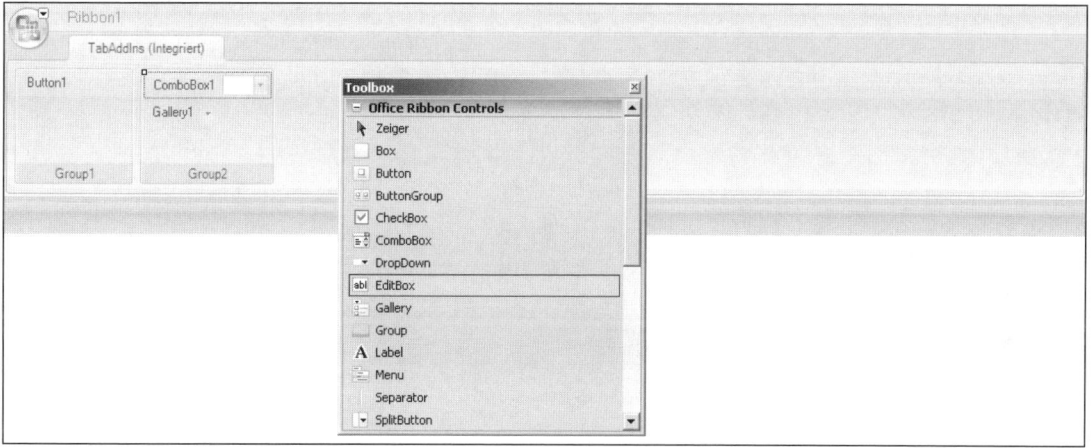

Abbildung 1.5 Die VSTO 3.0 bieten für das Erweitern der Multifunktionsleisten einen komfortablen Designer

Outlook-Formularbereiche

Mit Outlook 2007 wurden die Formularbereiche eingeführt, sie sind daher ein Merkmal von Outlook 2007 und nicht der VSTO. Ein Formularbereich erweitert oder ersetzt ein Outlook-Formular. Damit erhalten Anwender, in erster Linie aber Entwickler, die Möglichkeit, eigene Bereiche, in denen beliebige Daten angezeigt werden können, in einem Outlook-Formular unterzubringen. Outlook 2007 bietet von Haus aus einen eigenen Satz an (ActiveX-) Steuerelementen. Die VSTO 3.0 ermöglichen über eine Vorlage im Rahmen eines Outlook Add-Ins, dass anstelle der Outlook-Steuerelemente ein reguläres Benutzersteuerelement mit Win-Forms-Steuerelementen den Formularbereich bilden kann. Mithilfe eines Assistenten wird vorher festgelegt, für welche Outlook-Formulare der Formularbereich auf welche Weise platziert werden soll. Alternativ kann ein Formularbereich auch auf einem bereits in Outlook 2007 erstellten Formularbereich basieren. Die VSTO

3.0 machen die Outlook-Formularbereiche damit so einfach erstellbar, erweiterbar und programmierbar wie zum Beispiel das ActionsPane bei Dokumenterweiterungen. Für viele Entwickler werden Outlook-Formulare damit zum ersten Mal auf dem Radarschirm erscheinen, was Outlook als »Informationsdrehscheibe« in Unternehmensanwendungen einen weiteren Schub geben dürfte. Mehr zu dem Thema in Kapitel 8.

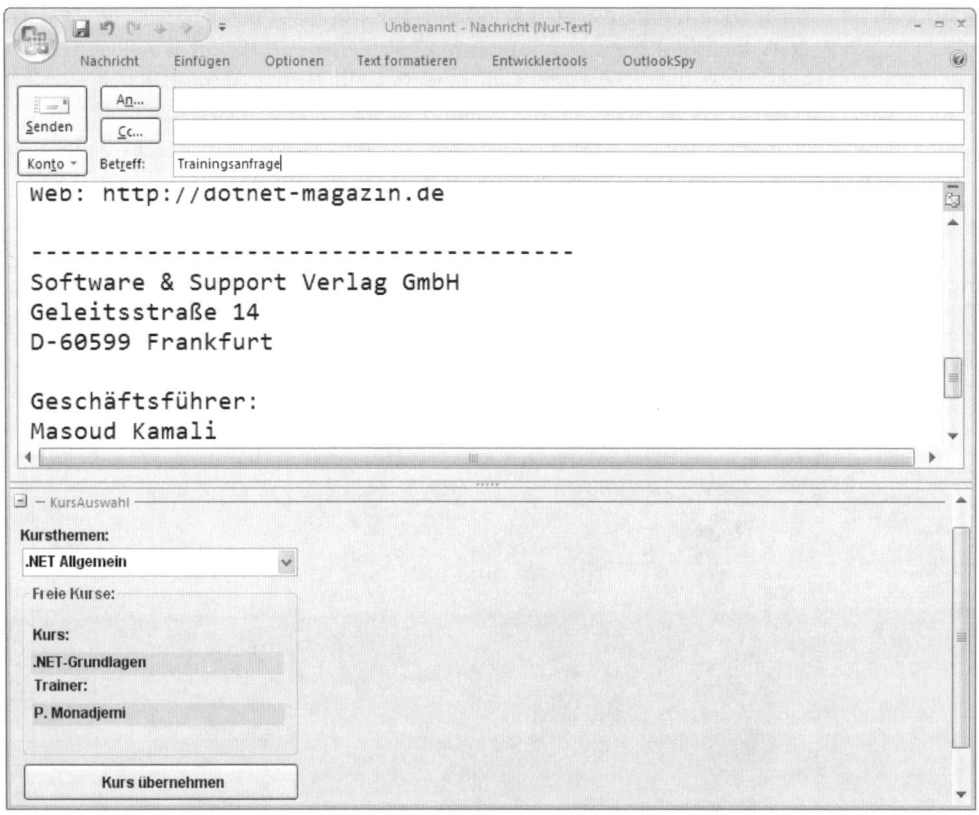

Abbildung 1.6 Ein E-Mail-Formular wurde um einen Formularbereich erweitert

Word 2007-Inhaltssteuerelemente

Inhaltssteuerelemente (engl. »content controls«) sind eine Neuerung, die mit Word 2007 eingeführt wurde, und die, wie die Outlook-Formularbereiche, zunächst vollkommen unabhängig von den VSTO oder einem Entwicklungsthema ist. Mit Inhaltssteuerelementen lassen sich Formularbereiche in einem Word-Dokument etwas komfortabler und wirkungsvoller anlegen, als das in der Vergangenheit mit den regulären Steuerelementen der Fall war. Der große Vorteil gegenüber den herkömmlichen Word-Steuerelementen ist, dass der Autor des Dokuments diese Elemente schützen (sperren) und der Anwender sie daher nicht verändern kann. Außerdem kann ein Inhaltssteuerelement Daten aus einer externen Datenquelle oder aus dem Dokument selbst anzeigen, die über eine XML-Schemaverknüpfung zugeordnet werden. Die VSTO 3.0 erweitern die Inhaltssteuerelemente, indem sie eine Datenbindung gegen einzelne Inhaltssteuerelemente bieten, sodass der Inhalt, den ein Inhaltssteuerelement anzeigt, direkt aus »unsichtbaren« Bereichen des Dokuments (den Custom XML Parts), einer externen XML-Quelle oder einer Datenbank stammen kann. Mehr zu den Inhaltssteuerelementen in Kapitel 7.

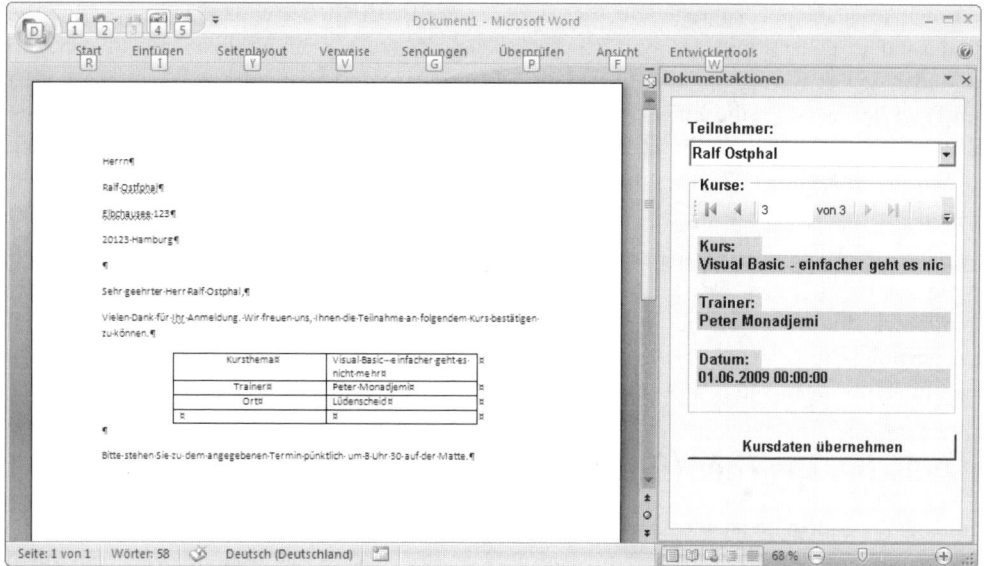

Abbildung 1.7 Inhaltssteuerelemente zeigen in einem Word-Dokument Inhalte aus einer Datenbank an, die in einem ActionsPane ausgewählt werden

Server-Dokumente und Dateninseln

Ein so allgemeiner Begriff wie »Server-Dokument« muss natürlich erst einmal spezifiziert werden, bevor deutlich wird, welche Möglichkeiten sich im Zusammenhang mit den VSTO ergeben. Ein Server-Dokument ist in diesem Zusammenhang ein Excel- oder Word-Dokument, das auf einem »Server« abgelegt wird. Ein Server ist wiederum ein regulärer Computer, auf dem Windows (im Allgemeinen aber Windows Server und nicht Windows XP oder Windows Vista) läuft und der von anderen Computern im Netzwerk in der Regel über den Browser angesprochen wird. Es geht also um ein typisches Intranet, zum Beispiel auf der Basis von SharePoint. Üblicherweise ruft ein Anwender eine (SharePoint-)Webseite auf, in der zum Beispiel eine Excel-Arbeitsmappe entweder direkt eingeblendet wird oder Daten aus der Mappe in der Webseite angezeigt werden. Und genau da beginnen die Probleme. Damit die Webanwendung (normalerweise wird sie auf ASP.NET basieren, wenngleich das keine Voraussetzung ist) auf die Excel-Arbeitsmappe zugreifen kann, muss sie dies bei Excel 2003 per Automatisierung tun. Dies bedeutet, dass Excel auf dem Server nicht nur installiert sein muss (was im Allgemeinen kein Thema ist), sondern auch als Anwendung gestartet werden muss. Und das nicht einmal, sondern bei jedem Abruf einer Webseite. Und da weder Excel noch Word für diese »Server-Einsätze« vorgesehen sind, kommt es in diesem Zusammenhang zu Problemen, die sich nicht programmiertechnisch lösen lassen.

Die VSTO bieten ab der Version 2.0 mit den »Dateninseln« eine Lösung, die aber sehr begrenzt ist. Eine Dateninsel ist ein Bereich innerhalb einer Excel-Arbeitsmappe oder eines Word-Dokuments, in dem theoretisch beliebige Daten abgelegt werden können. Für den Anwender sind diese Daten aber nicht sichtbar und er kann sie auch nicht direkt bearbeiten. Sie sind der unsichtbare Teil des Dokuments. Der Zugriff erfolgt bei Office 2003-Dokumenten, die noch im Binärformat vorliegen, über das *ServerDocument*-Objekt, das Teil der VSTO-Laufzeit ist. Die Idee ist, dass eine Arbeitsmappe, die auf dem Server liegt, Daten, die im Rahmen der Webanwendung angezeigt werden sollen, in den Dateninseln speichert, sodass diese per *ServerDocument*-Objekt einfach gelesen und geschrieben werden können, ohne dass es zu »Nebeneffekten« kommt. Denn Excel als Anwendung ist dabei nicht involviert (und muss auch nicht vorhanden sein), da die VSTO-Laufzeit direkt auf die Excel-Arbeitsmappe zugreift. Ob dies wirklich etwas bringt, sei einmal dahingestellt. Die Dateninseln sind wohl in erster Linie der Versuch, eine Behelfslösung für ein Problem anzubieten, das eigentlich ganz anders gelöst werden müsste, indem zum Beispiel aus Excel eine echte Serveranwendung wird. Die neuen *Excel 2007 Services*, die ein »Excel auf dem Server« suggerieren könnten, sind übrigens keine Alternative, da sie nur ein Minimum an Excel-Funktionalität bieten (und Teil des nicht gerade preiswerten *Microsoft Office SharePoint Server 2007 Enterprise* sind).

Mit Office 2007 hat sich die »Sachlage« grundlegend gewandelt. Da Office 2007-Dokumente in einem XML-Format vorliegen, werden keine »VSTO-Spezialitäten« mehr benötigt, um auf die Dateninseln einer Excel-Arbeitsmappe zugreifen zu können. Das kann direkt geschehen über Bibliotheken, die entweder Teil der .NET-Klassenbibliothek sind, oder wie bei der Java-Bibliothek *OpenXML4J* nachträglich geladen werden müssen. Über sogenannte *Custom XML Parts* gibt es zudem die Möglichkeit, beliebige Daten in einem Office 2007-Dokument unterzubringen, die beim Laden des Dokuments nicht angezeigt werden.

Dokumentzwischenspeicher (Data Cache)

Eng im Zusammenhang mit dem im letzten Abschnitt beschriebenen *ServerDocument*-Objekt steht das Prinzip der *Data Caches*, zu Deutsch »Zwischenspeicher für Daten«. Die Idee ist, dass sich beliebige Variablen durch Voranstellen des <Cached>-Attributs im Dokument speichern lassen, sodass sie mit dem nächsten Laden des Dokuments wieder zur Verfügung stehen (eine Alternative zur *Variables*-Eigenschaft in Word). Dies ist besonders für »Datenvariablen« wie ein DataSet attraktiv, da sich ein Dokument, zum Beispiel vor dem Abruf von einem Webserver, mit Daten »befüllen« lässt, die im Dokument gespeichert werden, aber für den Anwender nicht sichtbar sind, sodass das Dokument »auf Reisen gehen« kann und die Daten mit. Im Rahmen einer VSTO-Erweiterung können die Daten auch »offline« aktualisiert werden. Landet das Dokument später wieder auf dem Server, lassen sich die aktualisierten Daten mit den Daten auf dem Server abgleichen.

Die Dateninseln wurden mit den VSTO 2.0 eingeführt, mit den VSTO 3.0 hat es, wie beim *ServerDocument*-Objekt, keine Weiterentwicklung mehr gegeben. Auch das steht in dem Zusammenhang, dass ein Datenzwischenspeicher über *Custom XML Parts* in einem Office 2007-Dokument jederzeit direkt angelegt werden kann, sodass dazu kein spezielles VSTO-Hilfsmittel erforderlich ist.

SharePoint-Anbindung durch Workflow-Vorlagen

Die VSTO 3.0 sind kein »Entwicklungswerkzeug« für SharePoint. Aus einem einfachen Grund, denn ein solches wird nicht unbedingt benötigt, da es dafür Visual Studio 2005/2008 und Vorlagen, zum Beispiel für Webparts, gibt. Die VSTO 3.0 bieten dennoch etwas für SharePoint-Entwickler, was es in dieser Form nur bei den VSTO gibt: zwei Projektvorlagen, mit denen sich auf der Grundlage der *Windows Workflow Foundation* Workflow-Komponenten erstellen lassen, die direkt in ein SharePoint-Web integriert werden. Das Thema SharePoint-Entwicklung ist in Kapitel 11 an der Reihe.

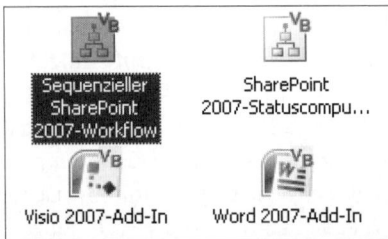

Abbildung 1.8 Die VSTO 3.0 bieten zwei Vorlagen für das Entwickeln von Workflow-Komponenten für SharePoint

War das alles?

Ja, mehr haben die VSTO in der Version 3.0 nicht zu bieten. Und das ist bereits eine ganze Menge. Die Zwischenüberschrift ist daher auch ein wenig ironisch gemeint, allerdings mit einem seriösen Hintergrund, denn die Office-Welt ist im Jahre 2008 mit Themen wie Office Communication Server, Office Live, Microsoft Office SharePoint Server usw. so vielfältig geworden, dass man der Meinung sein könnte, das alles müsste mit den VSTO auch irgendwie möglich sein. Nun, das ist es nicht, was aber nicht bedeutet, dass es nicht geht. Die VSTO sind für Erweiterungen auf Dokument- und Anwendungsebene zuständig, für die Brücke zwischen einer Office-Anwendung oder einem Office-Dokument mit einer .NET-Assembly. Soll eine VSTO-Anwendung vielleicht über einen Office Communication Server eine Instant Messaging-Sitzung starten oder auf die Inhalte einer Liste in einem SharePoint-Web zugreifen, ist dies natürlich problemlos möglich. Allerdings geschieht dies mit den Klassen der .NET-Klassenbibliothek oder einer speziell dafür zuständigen Assembly. Die VSTO sind in diesem Fall nur das Mittel zum Zweck. Unter diesem Blickwinkel betrachtet sind die Möglichkeiten der VSTO »unbegrenzt«, auch wenn die gewünschte Funktionalität nicht offiziell in der Liste der VSTO-Merkmale auftaucht.

Die Neuerungen der VSTO 3.0

Die VSTO 3.0 bieten einige interessante Neuerungen, die in diesem Abschnitt stichwortartig aufgezählt und in den folgenden Kapiteln des Buches ausführlicher vorgestellt werden. Sofern es um einen Vergleich mit der letzten VSTO-Version geht, bezieht sich dieser auf die Version 2.0 und nicht auf die VSTO 2005 SE, da dies keine »echte« VSTO-Version war[7]. Tabelle 1.3 stellt die Neuerungen stichwortartig zusammen.

Stichwort	Was steckt dahinter?
Add-In-Vorlagen	Das mit den VSTO 2.0 für Outlook 2003 eingeführte neue Add-In-Modell gibt es auch für alle übrigen Office 2003/2007-Anwendungen, wobei die Add-Ins bei den VSTO 3.0 per ClickOnce verteilt werden.
Ribbon-Vorlagen	Für die mit Office 2007 eingeführten Multifunktionsleisten gibt es einen komfortablen Designer.
Outlook-Formularbereiche	Für die mit Outlook 2007 eingeführten Formularbereiche steht für Outlook-Add-Ins eine Vorlage zur Verfügung.
Workflow-Vorlagen für SharePoint	Speziell im Zusammenspiel mit den SharePoint Services 3.0 und MOSS 2007 (und nur dort) gibt es zwei Vorlagen für das Erstellen von Workflow-Komponenten.
Word 2007 Content Controls	Dank dieser Controls wird das Ansprechen von Inhaltssteuerelementen in einem Word 2007-Dokument erleichtert.
ClickOnce-Auslieferung	Add-Ins und Dokumenterweiterungen werden über ClickOnce und einem auf Zertifikaten basierenden Sicherheitskonzept deutlich einfacher ausgeliefert als bei den VSTO 2.0.
VBA-Interoperabilität	Über eine Reihe neuer »COM-Eigenschaften« lassen sich die Komponenten eines VSTO-Projekts direkt in VBA-Projekten ansprechen und VBA-Code in einem VSTO-Projekt aufrufen.

Tabelle 1.3 Die wichtigsten Neuerungen der VSTO 3.0 auf einen Blick

---

[7] Eine unechte Version war es natürlich auch nicht, eher eine aus der »Not« geborene Zwischenversion.

Add-Ins für alle Office-Anwendungen

Die VSTO 3.0 bieten scheinbar eine unüberschaubare Fülle von Vorlagen für Add-Ins, bei näherer Betrachtung stellt sich allerdings heraus, dass es doch nicht so viele sind. Für folgende Anwendungen sind Vorlagen für Erweiterungen auf Anwendungsebene verfügbar: Excel 2003 und 2007, Word 2003 und 2007, InfoPath 2007, Outlook 2003 und 2007, PowerPoint 2003 und 2007, Project 2003 und 2007 sowie Visio 2003 und 2007. Haben Sie mitgezählt? Es sind etwas mehr als ein Dutzend[8]. Nicht nur die Anzahl der Vorlagen wurde vergrößert, alle Add-Ins basieren auf einem einheitlichen Basismodell. Mehr zu diesem Thema in Kapitel 10.

Dokumenterweiterungen

In diesem Bereich hat sich funktional nichts getan, außer dem Umstand, dass es die Dokumenterweiterungen auch für Excel 2007 und Word 2007 gibt (es stehen zum Beispiel keine Dokumenterweiterungen für PowerPoint oder Visio zur Verfügung).

Vorlagen für Multifunktionsleistenerweiterungen

Das ist eines der Highlights der VSTO 3.0. Für die mit Office 2007 eingeführten Multifunktionsleisten (Ribbons) gibt es gleich zwei Vorlagen sowohl für Erweiterungen auf Anwendungs- als auch auf Dokumentebene. Eine basiert auf XML, die zweite auf einem wirklich komfortablen Designer. Eine neue Multifunktionsleiste lässt sich damit in wenigen Schritten und ohne, dass man etwas mit der zugrunde liegenden XML-Definition zu tun haben muss, erstellen. Mehr zu diesem Thema in Kapitel 17.

Workflow-Vorlagen für SharePoint

Workflow, also das programmgesteuerte Umsetzen von Abläufen, die aus Teilschritten bestehen, die zeitlich nicht unmittelbar aufeinander folgen, und bei denen zwischen einzelnen Teilschritten Abhängigkeiten existieren, sodass ein Teilschritt erst dann ausgeführt werden kann, nachdem ein anderer Teilschritt abgeschlossen wurde, ist im Zusammenhang mit SharePoint ein wichtiges Thema. Für die Entwicklung solcher Vorgänge gab es bislang nur den SharePoint Workflow-Designer, der sich aber auf die Umsetzung einfacher Workflows beschränkte und in erster Linie für Anwender und nicht für Entwickler konzipiert wurde. Mit Visual Studio 2008 wird der Workflow-Designer offizieller Bestandteil von Visual Studio (bis dahin gab es nur eine Vorabversion). Die VSTO 3.0 bieten zwei Vorlagen, mit denen sich sequenzielle und auf Zustandsmaschinen basierende Workflows für SharePoint erstellen lassen.

Die Word 2007 Content Controls

Dies ist keine direkte Eigenschaft der VSTO 3.0, sondern von Word 2007. Die Inhaltssteuerelemente (engl. »Content Controls«) wurden mit Word 2007 eingeführt und erlauben es, spezielle Eingabeelemente in ein Word-Dokument, wie zum Beispiel ein Textfeld, eine Auswahlliste oder ein Kalenderblatt, unterzubringen und es zu sperren, sodass der Anwender den Bereich nicht verändern kann. Insgesamt stehen sieben dieser Content Controls zur Verfügung. In den Bereich eines Inhaltssteuerelements lassen sich beliebige Daten »einblenden«, die zum Beispiel aus einer Datenbank stammen oder per XML-Schema dem Bereich zugeord-

---

[8] Die Vorlage für Publisher aus den VSTO 2005 SE ist nicht mehr dabei, was gewisse Rückschlüsse zulässt.

net werden. Die VSTO 3.0 bieten über die Visual Studio-Toolbox für Word 2007-Dokumente und -Vorlagen sieben Content Controls an, gegen die zum Beispiel eine (XML-) Datenbindung möglich ist, sodass der Inhalt einer Datenquelle automatisch im Inhaltsbereich erscheint. Mehr zu diesem Thema in Kapitel 7.

Integration mit VBA

Die VSTO sind nicht der Nachfolger von VBA. Das ergibt sich bereits aus dem Unterschied, dass VBA eine Programmiersprache ist, die VSTO dagegen sehr viel mehr sind. Möchte man einen Vergleich ziehen, dann sind die VSTO der Nachfolger der durch VBA ermöglichten Erweiterung von Anwendungsfunktionalität. Zwischen VBA als Programmiersprache und den VSTO gibt es eine Brücke, die in beide Richtungen begangen werden kann. Vorhandene VBA-Makros lassen sich in einer VSTO-Erweiterung über die *Run*-Methode des *Application*-Objekts ausführen. Umgekehrt kann ein VBA-Makro öffentliche Funktionen in einer VSTO-Assembly aufrufen. Mehr dazu in Kapitel 4.

Auslieferung über ClickOnce

Dies ist sicher die wichtigste Neuerung der VSTO 3.0. Sowohl Erweiterungen auf Anwendungs- als auch auf Dokumentebene lassen sich über ClickOnce sehr viel einfacher verteilen (bereitstellen), als es bei den VSTO 2.0 möglich war. Die VSTO 3.0 verzichten komplett auf Codezugriffsrichtlinien und arbeiten stattdessen mit Zertifikaten, die auch für die Signierung von VBA-Projekten benutzt werden können. Allerdings hat diese Neuerung einen kleinen schalen Beigeschmack. Sie funktioniert nur mit Office 2007 und setzt .NET 3.5 überall dort voraus, wo die Anwendung ausgeführt werden soll. Mehr zum Thema Ausliefern einer VSTO-Anwendung in Kapitel 14, das noch ausführlich auf die VSTO 2.0 und Office 2003 eingehen wird.

.NET 3.5

Die VSTO 3.0 basieren auf dem .NET Framework 3.5 und dessen umfangreicher Klassenbibliothek, die gegenüber der Klassenbibliothek des .NET Frameworks 2.0 um so viele Bereiche und Klassen erweitert wurde, dass man sie in einem eigenen Buch beschreiben müsste. Tabelle 1.4 zählt die wichtigsten Neuerungen stichwortartig auf. Viele kleinere Neuerungen, die sich durch neue Klassen zwischen .NET 3.0 und .NET 3.5 ergeben haben, würden den Rahmen des Kapitels sprengen. Wichtig ist vor allem, dass alle diese Neuerungen bei den VSTO 3.0 genutzt werden können.

Stichwort	Was steckt dahinter?
WCF	Die Windows Communication Foundation ermöglicht, dass ein »Host« anderen Anwendungen beliebige Funktionen über das Netzwerk zur Verfügung stellt, wobei die Details, wie zum Beispiel das zugrunde liegende Protokoll, extern konfiguriert werden.
WF	Die Windows Workflow Foundation ist die Workflow Engine, die auch in SharePoint eingesetzt wird und die über Klassen angesprochen wird. Workflows können in Visual Studio mit einem Designer zusammengestellt werden.
WPF	Die Windows Presentation Foundation sind eine neue GUI-Bibliothek als Nachfolger der WinForms, bei der eine Benutzerschnittstelle durch die XAML-Beschreibungssprache definiert wird. Die Stärken von WPF liegen unter anderem in einer auflösungsunabhängigen Darstellung basierend auf Vektorgrafik und einer Unterstützung für 3D-Grafik und Animationen.
CardSpaces	Mit CardSpaces wird ein Identitätsmanagement für Web- und Windows-Anwendungen möglich.
Packaging-API	Diese API ist als offizieller Teil der .NET-Klassenbibliothek für den Zugriff auf Open XML-Dokumente bzw. allgemein Dokumente, deren Aufbau der Open Packaging Convention entspricht, zuständig.

Tabelle 1.4 Wichtige Neuerungen bei .NET 3.0/3.5, die natürlich auch den VSTO 3.0 zur Verfügung stehen

Dinge, die bei den VSTO 3.0 nicht dabei sind

Manche erfahrene Office-Entwickler werden vielleicht an dieser Stelle (erneut) ein »War das schon alles?« im Sinn haben. Ja, das war alles und es ist auch nicht gerade wenig. Nicht dabei sind unter anderem neue Objekte in der VSTO-Laufzeit und Klassen für einen vereinfachten Zugriff auf Open XML-Dokumente (mit Ausnahme des bereits erwähnten Word 2007 Content Controls)[9].

Office-Programmierung mit .NET, aber ohne VSTO

Auch diese Variante muss in diesem Buch erwähnt werden. Die VSTO sind nicht erforderlich, um Office-Anwendungen mit Visual Basic .NET oder C# zu automatisieren. Es ist überhaupt kein Problem, Excel, Outlook oder Word von einem .NET-Programm aus anzusteuern. Das funktioniert bereits mit den »Uralt«-Versionen ab Office 97 und setzt auch keine Visual Studio-Lizenz voraus, sondern geht mit allen (kostenlosen) Express Editionen von Visual Studio, mit der Open Source-IDE SharpDevelop und theoretisch auch mit Notepad, indem die Befehle in einer Textdatei gespeichert und in der Kommandozeile mit einem Verweis auf die Office-Bibliotheken kompiliert werden. Ab Office 2003 gibt es diese PIAs (*Primary Interop Assemblies*) bei Microsoft zum Download, für Office 2000 und Office 97 müsste man sie sich mit dem Tool *Tlbimp.exe* aus dem .NET Framework SDK selbst anlegen, was schnell erledigt wäre. Da die Möglichkeiten aber jenen sehr ähnlich sind, die bereits seit vielen Jahren mit Programmiersprachen wie C++, Visual Basic 6.0 oder Delphi zur Verfügung stehen, wäre damit nicht allzu viel gewonnen. Auch Add-Ins für moderne Office-Anwendungen lassen sich theoretisch ohne die VSTO erstellen. Allerdings kommt in diesem Fall ein Modell zum Einsatz, das dem Entwickler etwas mehr »Handarbeit«, Erfahrung und Geduld abverlangt. Für die Entwicklung von Add-Ins sollten daher, sofern es keine konkreten Gründe gibt, die dagegen sprechen, die VSTO 2005 SE oder VSTO 3.0 verwendet werden.

Wer zum Beispiel mit Word- oder Excel-Dokumenten Operationen durchführen, auf deren Inhalte zugreifen, neue Dokumente anlegen oder Outlook-Ablagen durchsuchen, per Outlook E-Mails versenden oder vielleicht neue Kontakte oder Termine in Outlook anlegen möchte, benötigt dazu nicht die VSTO. Auch das Anlegen von Office 2007-Dokumenten auf der Basis von Open XML hat mit den VSTO (die dafür auch nichts beisteuern) nichts zu tun. Mehr zu diesem Thema in Kapitel 5.

Auch für sämtliche Beispiele in den »XML-Kapiteln« dieses Buches sind die VSTO ebenfalls nicht notwendig (die ließen sich mit wenig Aufwand auch auf VBA umstellen). Es ist daher sehr wichtig, die Einsatzbereiche der VSTO zu kennen. Diese sind Office-Erweiterungen auf Anwendungs- und Dokumentebene, die mit dem Start der Anwendung oder dem Laden des Dokuments aktiv werden, sowie die Anbindung an moderne Server-Anwendungen auf der Basis der Windows SharePoint Services 3.0 und Microsoft Office Server 2007.

VSTO und VBA

Die VSTO mit VBA zu vergleichen ist wie der sprichwörtliche Vergleich zwischen Äpfeln und Birnen, es geht nicht bzw. ein solcher Vergleich lässt sich auf keine für alle befriedigende Formel bringen. VBA ist die Makrosprache aller Office-Anwendungen und in erster Linie für Makros und kleinere Erweiterungen gedacht (wenngleich einen niemand davon abhält, größere Erweiterungen zu entwickeln). Das wichtigste Merkmal von VBA

---

[9] Eine bekannte Lebensweisheit besagt: Es gibt (fast) immer eine nächste Version. Bei den VSTO wird dies mit Sicherheit der Fall sein. Ende Januar ergab eine Suche nach »VSTO 4.0« noch exakt 0 Treffer. Spätestens im November 2008 könnte aber eine erste »Alpha« verfügbar sein.

ist, dass VBA-Erweiterungen immer Teil des Dokuments sind (bei Office 2007 gibt es dafür mit *.Docm*, *.Xlsm* und *.Pptm* eigene Dokumenttypen, die sich von den regulären Dokumenttypen durch den Umstand unterscheiden, dass hier VBA-Makros enthalten sind). VSTO-Erweiterungen liegen dagegen grundsätzlich extern vor. Beide Ansätze haben ihre kleineren Vor- und Nachteile, wobei die Tatsache, dass bei den VSTO der »aktive Code« nicht Teil des Dokuments ist, gerade unter dem Aspekt der Sicherheit eine hohe Attraktivität aufweist. Für die VSTO sprechen ganz einfach die sehr viel größeren Möglichkeiten, was die Integration mit anderen Systemen, etwa einer Datenbank, einem SharePoint-Portal und dessen Listen und auch »einer SAP«, angeht. Vieles von dem wäre mit VBA sehr umständlich oder gar nicht möglich. Der größte Vorteil der VSTO liegt darin, dass es hier um richtige Software-Entwicklung geht und nicht um Makroprogrammierung. Ein VSTO-Projekt basiert auf Quelltext, es kann im Team entwickelt werden, es ist eine Wiederverwendung von Quellen möglich, es kann metrischen Analysen unterworfen werden (wie viel Quellcode wurde in wie vielen Personentagen entwickelt?), es stehen im Rahmen der .NET-Klassenbibliothek moderne Mechanismen wie Tracing und Logging zur Verfügung und einiges mehr. Und mit Visual Studio existiert eine moderne, robuste und überaus komfortable Entwicklungsumgebung, die sowohl Profis als auch »Einsteigern« sehr viel zu bieten hat.

Gerüchte über das bevorstehende »Ableben« von VBA sind (wie so oft) anscheinend maßlos übertrieben. VBA als Programmiersprache mag inzwischen im Vergleich zu modernen Sprachen wie Visual Basic.NET und C# altbacken erscheinen, aber es geht hier nicht um einen Vergleich der Sprachspezifikationen. Für Excel- und Access-Anwender ist VBA nicht irgendeine Sprache, sondern der Mittel zum Zweck. Und das soll wenn möglich »für immer« so bleiben. Das verhält sich ein wenig so wie ein Wagen mit Formel-1-Motor, der einem Bauern, der seine Felder bestellen will, zunächst keine Vorteile bringt. Dass die Landwirtschaft aber Hightech mehr als aufgeschlossen ist, macht der Umstand deutlich, dass es kaum noch moderne Traktoren ohne Satellitennavigation geben dürfte und Satelliten zum Beispiel eingesetzt werden, um Felder aufzuspüren, bei denen »nicht lizenziertes Saatgut« eingesetzt wird. Bevor der Autor aber zu sehr vom Thema abschweift, bei Access und Excel ist .NET nicht sehr viel mehr als ein Schlagwort. Solange die VSTO nicht ganz konkrete Vorteile für das Arbeiten mit Excel bieten können, werden sie nicht viel mehr als eine theoretische Option sein.

Angeblich soll »Excel 14« die alten Excel-Makros nicht mehr ausführen können und die Möglichkeiten des Makrorekorders werden insofern reduziert, dass nicht mehr alle Vorgänge aufgezeichnet werden können. Gleichzeitig gibt es Gerüchte, dass der VBA-Editor mit »Excel 14« verbessert werden soll.

Ähnlich sieht es bei Access aus, bei dem die Anwender VBA als ein Bindeglied zwischen Datenbank und den Formularen nutzen und .NET und die VSTO hier keinerlei Vorteile bieten können[10].

Bei Word spielt VBA in erster Linie bei Vorlagen eine Rolle, sodass dem Anwender nach dem Anlegen eines Dokuments bestimmte Zusatzfunktionen über die Befehlsleisten angeboten werden können. Auch wenn es grundsätzlich kein Problem ist, diese Funktionalitäten mit Visual Studio im Rahmen eines VSTO-Add-Ins zu implementieren, würde dies keine Vorteile bringen und sogar den »Nachteil« aufweisen, dass die Erweiterung installiert werden muss, während sie früher einfach Teil der Word-Vorlage war. Das wäre bei bestimmten Anwenderkreisen nicht machbar[11].

Was in den letzten Absätzen beschrieben wurde, war jedoch die Sichtweise auf die Anwendung. Richtet man den Blick auf das Unternehmen, tritt die einzelne Anwendung in den Hintergrund. In einer Unternehmensperspektive sind Anwendungen wie Excel oder Word nur »Oberflächen« für den Zugriff auf Unternehmensdaten, mit denen man völlig unabhängig davon noch viele andere Dinge machen kann. Ein Mitarbeiter benutzt Excel auf

---

[10] Ein Microsoft-Mitarbeiter hat im VSTO-Forum allerdings angedeutet, dass Access-Unterstützung in einer »future version« der VSTO geplant sei.

[11] Zum Beispiel bei Autoren von IT-Fachbüchern. Hier wird es die gute, alte Word-Vorlage, die auch mit Word 97 funktioniert, noch in zehn Jahren geben.

zwei vollkommen verschiedene Arten. Zum einen traditionell, indem er oder sie Arbeitsmappen lädt oder neu anlegt und lokale Daten bearbeitet (hier wird VBA auch in Zukunft die gleiche Bedeutung haben wie seit Jahren). Zum anderen aber, indem Excel Daten in Arbeitsmappen anzeigt, die aus Unternehmensdatenbanken stammen. Hier ist VBA uninteressant, denn die Anbindung muss mit den VSTO und .NET vorgenommen werden.

In diesem Buch geht es vorwiegend um diesen modernen Ansatz. Natürlich kann .NET auch die Rolle von VBA in Bezug auf das Automatisieren und Erweitern von Office-Anwendungen übernehmen. Hier kommt es primär auf die Bereitschaft der Anwender an, den Schritt von VBA zu .NET zu machen und die nicht gerade geringe Lernhürde zu überwinden. Dazu sollen die folgenden Kapitel in diesem Buch behilflich sein.

Was ist mit Access?

Microsoft Access ist eine Anwendung, die nur offiziell zum Microsoft Office-Paket gehört, ansonsten aber in vielerlei Hinsicht eigene Wege geht und eine »Welt« für sich ist. Mit den VSTO gibt es insofern eine Verbindung, dass die Access 2003 Developer Extensions und Runtime noch Teil der VSTO 1.0 waren, inzwischen sind diese optionalen Komponenten ein freier Download. Zwischen Access und VSTO existieren darüber hinaus keine Berührungspunkte. Das soll nicht bedeuten, dass bei Access keine Weiterentwicklung stattgefunden hätte. Auch Access 2007 hat die neuen Multifunktionsleisten erhalten, die sich per VBA problemlos erweitern lassen. Informationen dazu bietet zum Beispiel das *Office Developer Center* unter *http://msdn2.microsoft.com/en-us/office/aa905409.aspx*. Da es aber auch bei Access 2007 keine Brücke zu .NET gibt, wird Access in diesem Buch nicht behandelt. Mit einer Ausnahme: In Kapitel 12 wird gezeigt, wie sich Datenbankinhalte in einer VSTO-Anwendung darstellen lassen. Dabei geht es natürlich auch um Access-Datenbanken.

Als vorläufiges Fazit lässt sich Folgendes festhalten: VBA wird zwar von Microsoft seit vielen Jahren nicht mehr offiziell weiterentwickelt[12], aber mit an Sicherheit grenzender Wahrscheinlich auf absehbare Zeit ein fester Teil des Office-Pakets bleiben. Es gibt »Millionen VBA-Makros« in der ganzen Welt, die es auch noch in ein paar Jahren geben wird. Es existieren »Hunderttausende« von Anwendungen, die auf Access basieren, und die in sehr kleinen wie in sehr großen Unternehmen wichtige Aufgaben übernehmen[13]. Diese Anwendungen können (und sollen auch) nicht durch die VSTO ersetzt werden. Weder heute noch in einigen Jahren. Die einschlägigen Internetforen zu Excel, Word, PowerPoint und Outlook sind voller Einträge von Menschen, die Rat zu Themen rund um VBA-Makros suchen, daran wird sich vermutlich auch in Zukunft nichts ändern. Auch Access 2007 enthält keine .NET-Anbindung. Trotzdem wird Access auch in Zukunft noch eingesetzt werden (zum Beispiel als Reportgenerator auf der Grundlage von SharePoint-Inhalten), wenngleich sicherlich mit fallender Tendenz, auch wenn es weder von Microsoft noch von einer anderen Firma eine direkte Alternative gibt, die auf .NET basiert. Die Schlussfolgerung aus diesem Vergleich ist, dass VBA und VSTO in den nächsten Jahren parallel existieren werden. Die Zeit läuft gegen VBA (und damit auch »gegen« Menschen, die mit VBA-Know-how ihren Lebensunterhalt verdienen), insbesondere im Unternehmen sollten auch kleinere Projekte nicht mehr mit VBA begonnen werden. Dafür gibt es einige Gründe, die weniger etwas mit Features und Funktionalität, sondern mit IT im Allgemeinen und einem besonnenen und zukunftsorientierten Handeln zu tun haben:

---

[12] Die Tatsache, dass es ein VBA 6.1, 6.2, 6.3 und 6.4 gab bzw. gibt, hat nichts zu bedeuten, da funktional nie etwas hinzugefügt wurde. Angeblich hatte sich mit den Versionssprüngen das Marketing »einen Scherz erlaubt« bzw. man hatte wohl das Gefühl, dass sich eine Versionsnummer 6.0 im VBA-Editor über die Office-Versionen hinweg nicht gut machen würde.

[13] Die Autoren hoffen, dass diese »Mengenangaben« nicht unprofessionell klingen, aber es ist sehr schwierig bis unmöglich, halbwegs genaue Zahlen über die Verbreitung von VBA zu gewinnen bzw. diese Verbreitung abzuschätzen. Die von Microsoft früher gerne zitierte Zahl von 2 bis 3 Millionen VBA-Programmierern dürfte ein wenig zu optimistisch sein.

- VSTO-Lösungen sind im Allgemeinen sicherer, da VBA-Projekte nur selten digital signiert werden und beim Programmieren keine sicheren Techniken (Stichwort: Zugangsdaten für Datenbanken werden häufig sträflicherweise direkt im Quelltext hinterlegt) angewendet werden.
- Es ist sinnvoll, die Inhouse-Entwicklung auf eine einheitliche Grundlage zu stellen.
- Der »VBA-Individualprogrammierer«, der als Einziger weiß, wie eine Inhouse-Lösung funktioniert, auf die ganze Abteilungen angewiesen sind, ist ein Relikt der 90er-Jahre und für ein Unternehmen heutzutage ein gewisses »Risiko«. .NET-Know-how ist mittlerweile breiter gestreut als VBA-Know-how. Wer sich mit .NET auskennt, verfügt als Entwickler über eine solide Grundausbildung und ist in der Lage, über den sprichwörtlichen Tellerrand hinauszuschauen.
- Für .NET und damit für die VSTO gibt es eine Fülle von Werkzeugen, Erweiterungen und »Best Practices«.
- Die UserForms bei VBA sind auf dem Stand von Office 97. Moderne Benutzeroberflächen lassen sich nur mit den VSTO realisieren.
- Entwickler sind im Allgemeinen sehr viel zufriedener, wenn sie mit modernen Techniken arbeiten können. Auch wenn es bedeutet, dass sie nach einem Umstieg eine Weile unproduktiv sind, weil sie sich an die neue Umgebung gewöhnen müssen (und damit vielleicht eine Weile auch unzufriedener sind).
- .NET ist keine »new technology« mehr, die gerade erst freigegeben wurde und erst einmal in Ruhe reifen sollte. Das .NET Framework 1.0 wurde offiziell im Januar 2002 freigegeben, .NET ist als Technologie für Software-Entwickler über sechs Jahre alt und damit mit Sicherheit ausgereift. Auch die VSTO liegen inzwischen immerhin in der vierten Version vor.

Diese Argumente sprechen für sich. Mehr soll in diesem Buch zum Thema »VBA versus VSTO« auch nicht an Worten verloren werden. Die Zeit der »Glaubenskriege« zwischen Entwicklern im Speziellen und IT-Leuten im Allgemeinen ist ein weiteres Relikt der 90er-Jahre und damit im Jahre 2008 (weitestgehend) vorbei. Das Motto heißt friedliche Koexistenz. Linux mit Windows über Virtualisierung und überzeugenden und sympathischen Varianten wie Ubuntu Linux, C# mit Visual Basic, indem beide Sprachen vollkommen gleichberechtigt sind, und VBA mit VSTO (sofern es hier jemals eine Kluft gegeben hat[14]), indem Microsoft bei den VSTO 3.0 gewisse Brücken baut, die in Kapitel 4 vorgestellt werden.

Auf den Weg zu den OBAs

Das Kürzel OBA steht bei Microsoft (seit einiger Zeit) für *Office Business Application*. Dies ist eine relativ neue Kategorie von Geschäftsanwendungen, die in den letzten Jahren durch das Zusammenwachsen der im Unternehmensalltag eingesetzten Systeme entstanden ist. Wie es bei solchen marketinggeprägten Schlagworten üblich ist[15], gibt es keine »harten Kriterien«, die festlegen, wann eine Anwendung eine OBA ist. Charakteristisch für eine OBA ist, dass moderne Office-Anwendungen auf der Anwenderseite im Mittelpunkt stehen, und dass die Anbindung an sogenannte *Line Of Business*-Anwendungen (LOB, ein weiteres Schlagwort der Branche) über moderne Schnittstellen wie zum Beispiel den *Business Data Catalog* (BDC) eines *Microsoft Office SharePoint Servers 2007* vorgenommen wird. Nachdem es unter anderem mit VBA und dem inzwischen ausrangier-

---

[14] Und wenn, dann basierte diese auf Missverständnissen wie der »Ankündigung«, dass ein »Office 14« kein VBA mehr enthalten würde.
[15] Microsofts Business Division, zu der auch Office System gehört, trug 2007 zu mehr als einem Drittel des Gesamtumsatzes des Konzerns von 51 Milliarden US-Dollar bei. Und das soll mit Sicherheit auch in Zukunft so bleiben.

ten *Information Bridge Framework* (IBF) in der Vergangenheit für Unternehmen mehrere Alternativen gab, OBAs zu entwickeln, hat Microsoft die VSTO (in der aktuellen Version 3.0) zu dem Werkzeug für die OBA-Entwicklung auserkoren.

Es ist wichtig zu verstehen, dass OBA voraussichtlich nicht ein weiteres dieser Kürzel ist, an die sich nächstes Jahr niemand mehr erinnern kann. Dahinter steckt ein Architekturkonzept für moderne Unternehmensanwendungen, das durch Abbildung 1.9 nur ansatzweise wiedergegeben werden kann. Einsatzbereiche für OBAs sind daher auch weniger die Abteilungsebene, sondern ganze Unternehmensbereiche, wie Materialbeschaffung, Logistik, Kostenrechnung, Angebotserstellung und überall dort, wo mit Office-Anwendungen auf der Grundlage von Daten, die sich an verschiedenen Orten im Unternehmen befinden, komplexere Entscheidungen getroffen werden müssen. Zu einer modernen OBA gehört auch, dass sich die beteiligten Personen über moderne Kommunikationsmittel wie *Instant Messaging* austauschen, um in einem Entscheidungsprozess zu einem Ergebnis zu kommen, und diese Form der Verständigung zum Beispiel in einen Workflow einbezogen wird. Dass es Microsoft mit dem Thema ernst meint, beweisen nicht nur die zahlreichen Vorträge und Ankündigungen auf Branchenkongressen, sondern auch der Umstand, dass es bereits eine Reihe von *Reference Architecture Packs* (RAPs genannt) gibt, die an einem Praxisbeispiel die Architektur einer OBA veranschaulichen sollen. Die VSTO und Visual Studio sind natürlich nur das Grundwerkzeug, mit dem sich die Anbindung eines Office-Frontends an eine LOB oder ein Workflow für ein SharePoint-Portal, aber auch Erweiterungen für SharePoint und BizTalk Server erstellen lassen. Das zugrunde liegende Architekturmodell gibt VSTO nicht vor und beantwortet auch nicht die Frage, wie man an die Daten einer LOB konkret herankommt. Das Thema OBA soll daher in diesem Buch auch nicht weiter vertieft werden. Lediglich ein Buchtipp zum Schluss. Wer mehr über die Möglichkeiten der OBA an Beispielen aus der Praxis erfahren möchte, dem sei das Buch »6 Microsoft Office Business Applications for Office SharePoint Server 2007« (erschienen bei Microsoft Press) empfohlen. Die Adresse vom OBA Teamblog lautet *http://blogs.msdn.com/oba/default.aspx*.

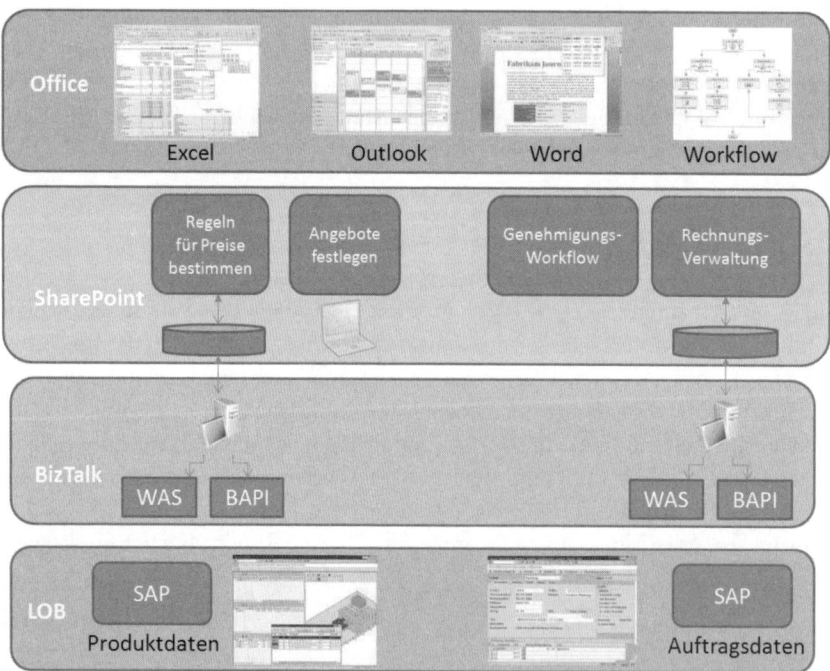

Abbildung 1.9 Eine OBA integriert nicht nur Daten, sondern auch Prozesse mit einem »Office-Frontend«

Auch der Begriff VSTO soll sich nach dem Willen noch Microsoft nicht ewig halten, zumal es mit Visual Studio 2008 die VSTO als eigenständiges Produkt nicht mehr gibt. In Zukunft wird es wohl eher »Office-Integration« heißen.

Wo gibt es Hilfe?

Für die VSTO gibt es (natürlich) eine ordentliche Dokumentation, in der alle wichtigen Themen ausführlich behandelt werden. Sie ist unter Umständen nicht so einfach zu finden, sodass es am einfachsten sein könnte, unter der Adresse *http://msdn2.microsoft.com/de-de/library/d2tx7z6d.aspx* ins *World Wide Web* zu gehen und die einzelnen Kapitel eventuell auszudrucken.

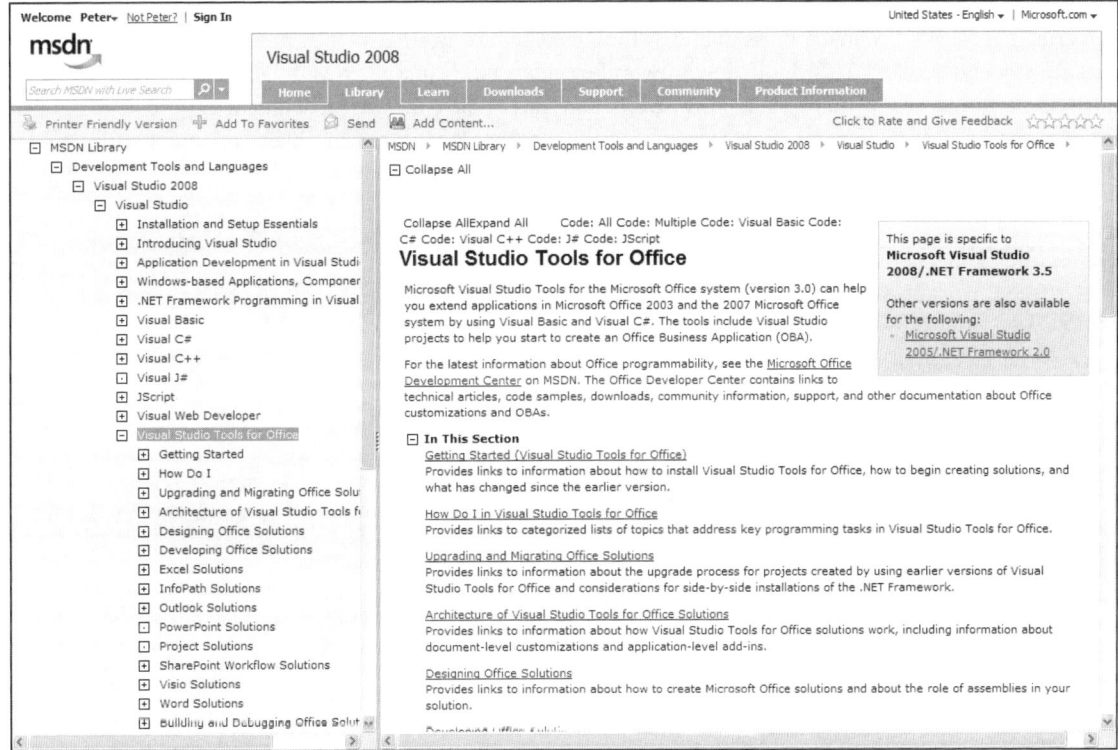

Abbildung 1.10 Der Ersatz für das Handbuch – die Online-Dokumentation der VSTO im MSDN-Angebot (hier noch in der englischsprachigen Version)

Die Dokumentation ist zwar eine solide Grundlage, um einen ersten Überblick zu erhalten, löst im Allgemeinen aber keine Probleme, die in der Praxis auftreten. Die erste Anlaufstelle für derartige Probleme ist das *VSTO-Forum* auf MSDN. In der Newsgroup *microsoft.public.vsnet.vstools.office* ist dagegen nicht viel los. Wer heutzutage Probleme mit den VSTO hat, auf Fragen Antworten sucht oder einfach einen Kommentar loswerden möchte, wendet sich dazu an das MSDN-Forum unter der allgemeinen Adresse *http://forums.microsoft.com/msdn*. Nach dem Motto »wer nicht fragt, bleibt dumm« sollten Sie es ruhig einmal mit einer Frage (allerdings wenn möglich auf Englisch) versuchen.

Hier ein Beispiel:

Hi all,

I have to write a book about VSTO (in German). Does anybody knows how this goes?

Thank you,

Peter

Auch wenn das Beispiel nicht ganz ernst gemeint ist, es soll deutlich machen, dass der Stil in einem Forum stets »casual«, also ungezwungen höflich und vor allem ohne Floskeln ist. Ein Standardschema für ein »Posting« lautet »Allgemeine Anrede, Frage, Danke, Gruß«. Im Zweifelsfall eher sachlich und ohne sprachliche Schnörkel oder betont »lockere« Elemente. Das Problem sollte so knapp und so präzise wie möglich geschildert werden. Das erhöht die Antwortchancen im Allgemeinen am meisten. Erwarten Sie aber nicht sofort eine Antwort, manchmal kann es ein wenig dauern. Und wenn es einmal dringender sein sollte, müssten Sie die Frage unter Umständen erneut »posten«. Bedanken muss man sich für eine Antwort im Allgemeinen nicht, da dies nicht erwartet wird. Es sei denn, jemand hat sich für eine Antwort besonders viel Mühe gegeben. Möchten Sie über alle Aktivitäten im Forum auf dem Laufenden bleiben? Dann abonnieren Sie den RSS-Feed, indem Sie entweder auf den orangefarbenen Button oder den Link *Subscribe to RSS* klicken. Je nach ausgewählter Variante wird Ihnen der RSS-Feed als Lesezeichen oder direkt in Outlook (ab Version 2007) oder im Newsreader Ihrer Wahl angezeigt.

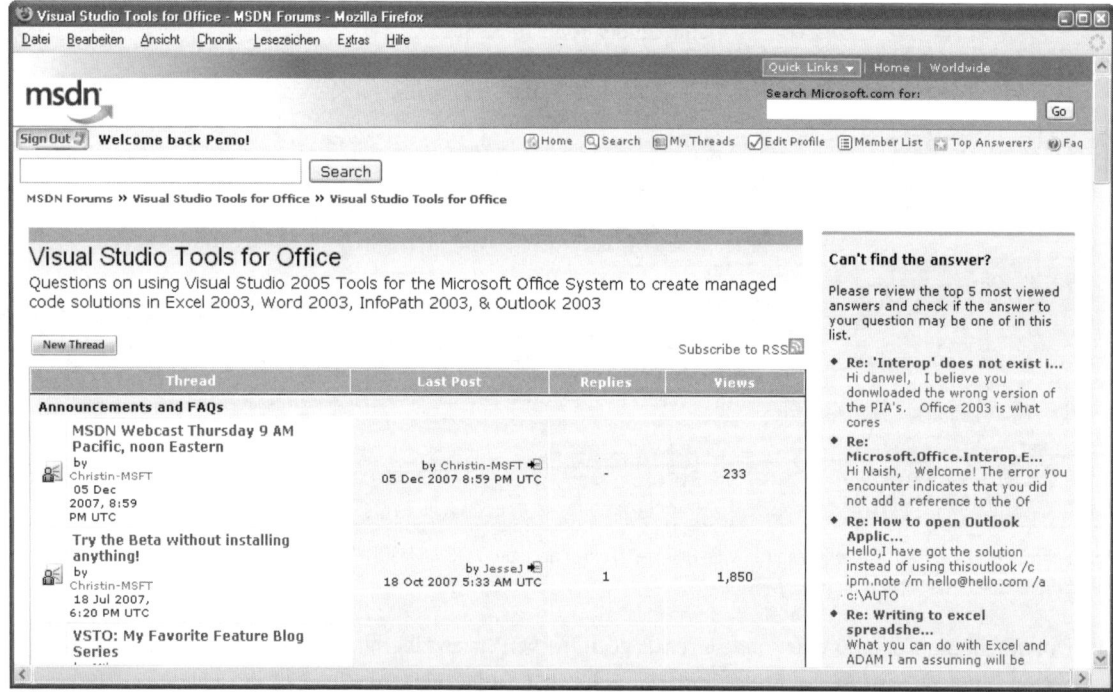

Abbildung 1.11 Hier wird Ihnen unter Umständen geholfen – fragen kostet nichts

Zusammenfassung

Mit den aktuellen VSTO 3.0 wird eine Entwicklung vorläufig abgeschlossen, die vor einigen Jahren mit den VSTO 1.0 als ein erster Versuch begann, Office mit .NET zu »verheiraten«. Die VSTO 3.0 bringen nicht nur Vorlagen für Add-Ins für alle wichtigen Office 2003/2007-Anwendungen, sondern vereinfachen durch ClickOnce die Verteilung von VSTO-Anwendungen. Auch wenn es bei den VSTO nicht so sehr darum geht, VBA abzulösen, und sich VBA mit dem VBA-Editor, dem Makrorekorder sowie dem Direktfenster zum schnellen Ausprobieren von Befehlen großer Beliebtheit erfreut und weit verbreitet ist – man denke nur an die Millionen im Einsatz befindlichen VBA-Makros, die in den nächsten Jahren nicht verschwinden werden –, sollten moderne Office-Erweiterungen auf der Basis der VSTO geplant und umgesetzt werden. Dass es nicht eine Entweder-oder-Entscheidung sein muss, macht der Umstand deutlich, dass sich die öffentlichen Funktionen von VSTO-Komponenten direkt in VBA ansprechen lassen.

Wie geht es in diesem Buch weiter?

Im nächsten Kapitel werden die VSTO 3.0 an einem kleinen Beispiel vorgestellt. Dies ist für viele VBA-Programmierer unter Umständen der erste Kontakt mit Visual Studio und dem »neuen« .NET Framework. In den Kapiteln 3 und 4 werden Visual Studio 2008 als Nachfolger des VBA-Editors und Visual Basic (.NET) als Nachfolger von VBA vorgestellt.

Kapitel 2

Die ersten Schritte mit den VSTO

In diesem Kapitel:

Das Beispielprojekt stellt sich vor	48
Die Umsetzung beginnt	49
Zusammenfassung	61

Microsoft-Chef *Steve Ballmer* ist vielen Menschen nur deswegen bekannt, weil er vor ein paar Jahren bei einer großen Veranstaltung für Microsoft-Mitarbeiter in den USA wie ein Verrückter über die Bühne hüpfte und so lange »Developers, Developers, Developers« skandierte, bis er vollkommen heiser war und die Schweißflecken unter seinen Achseln auch in der letzten Reihe des Saales unübersehbar waren (natürlich alles zu bewundern auf YouTube & Co). Der Schlachtruf in diesem Kapitel (allerdings ohne Schweißflecken und Heiserkeit) heißt »Praxis, Praxis, Praxis«. Nachdem das erste Kapitel einen ersten Überblick über das Thema VSTO gab und in den folgenden Kapiteln Visual Studio als neue Entwicklungsumgebung und Visual Basic .NET als neue Programmiersprache für die VSTO-Entwicklung vorgestellt werden, geht es in diesem Kapitel um Praxis pur. Es wird ein kleines Projekt mit Visual Studio 2008 und den VSTO 3.0 umgesetzt, bei dem eine Erweiterung für Word 2007 auf Dokumentebene, XML und die neuen Multifunktionsleisten vorkommen. Bis auf die Multifunktionsleisten, die natürlich optional sind, würde sich die kleine Anwendung auch für Word 2003 umsetzen lassen, da sich am Prinzip der Dokumenterweiterungen nichts geändert hat. Mehr dazu am Ende des Kapitels.

Das Beispielprojekt stellt sich vor

Die Aufgabe des Projekts ist schnell beschrieben. Es ist eine Erweiterung vom Typ Add-In für Word 2007. Es soll das Einfügen von Bildern aus einem »Bildarchiv« (dahinter steht lediglich eine Verzeichnisstruktur mit Bitmapdateien) in das aktuelle Word-Dokument erlauben. Das ginge bei Word über den Menübefehl *Einfügen/Grafik* natürlich auch, doch die hier vorgestellte Art des Einfügens ist etwas komfortabler, da die Bilder über Kategorien ausgewählt werden und der Anwender daher nicht wissen muss, wo sich das Bild physikalisch befindet (es könnte theoretisch auch aus einer Datenbank, einem SharePoint-Web oder direkt von der International Space Station kommen).

Damit besteht das Projekt aus folgenden Komponenten:

- Eine XML-Datei als »Datenbank«. Hier werden die Kategorien, die verfügbaren Bilder pro Kategorie und für jedes Bild der Pfad der Bitmapdatei (also nicht die Bitmap selbst) gespeichert.
- Eine Erweiterung auf Dokumentebene für ein Word-Dokument. Wird das Word-Dokument geladen, wird am rechten Rand ein CustomTaskPane eingeblendet, über welche die Auswahl der Bilder erfolgt.
- Eine Multifunktionsleiste, über die das CustomTaskPane ein- und ausgeblendet werden kann.
- Damit ein Hauch von Unternehmensanwendung ins Spiel kommt, werden die Daten von einer weiteren Assemblybibliothek zur Verfügung gestellt. Diese ist ein weiteres Projekt, auf das das Dokumenterweiterungsprojekt zugreift, um zum Beispiel eine Liste aller Kategorien oder eine Liste aller Bilder pro Kategorie zu erhalten. Diese Auslagerung ist im Allgemeinen sinnvoll und bei größeren Anwendungen sogar Pflicht, damit die Benutzeroberfläche von der Datenschicht der Anwendung entkoppelt wird.

Es handelt sich daher insgesamt um ein bereits etwas anspruchsvolleres Projekt, dessen Umsetzung aber keine speziellen Vorkenntnisse oder Fähigkeiten voraussetzt. Lediglich Grundkenntnisse der Programmierung (konkret Visual Basic) und im Umgang mit einer Entwicklungsumgebung (konkret Visual Studio) werden erwartet.

Die Umsetzung beginnt

Im Folgenden wird vorausgesetzt, dass Visual Studio 2008 Professional einsatzbereit ist. Sie finden das komplette Projekt zwar auf der Buch-CD in Gestalt der Projektdatei *VSTOBildauswahl.sln*, Sie sollten es aber Schritt für Schritt umsetzen, da dadurch der Lerneffekt größer ist.

Das Projekt wird angelegt

Der erste Schritt bei den VSTO ist immer, dass in Visual Studio ein neues Projekt mit der entsprechenden Projektvorlage angelegt wird. Starten Sie Visual Studio, öffnen Sie das *Datei*-Menü und rufen Sie nacheinander die Menüeinträge *Neu* und *Projekt* auf. Jetzt kommt die »Stunde der Wahrheit«, denn aus der Fülle an Projektvorlagen muss die »richtige« Vorlage ausgewählt werden. Markieren Sie in der Kategorie *Visual Basic* die Unterkategorie *Office* und dort die Kategorie *2007*. Wählen Sie anschließend in der rechten Fensterhälfte die Vorlage *Word 2007-Add-In* aus. Geben Sie dem Projekt zum Beispiel den Namen **VSTOBildAuswahl** (der genaue Wortlaut spielt keine Rolle) und bestätigen Sie die Auswahl mit *OK*. Das voreingestellte Projektverzeichnis (*Speicherort*) können Sie genauso übernehmen wie den Projektmappennamen und das Häkchen, das festlegt, dass Visual Studio ein Projektmappenverzeichnis erstellt.

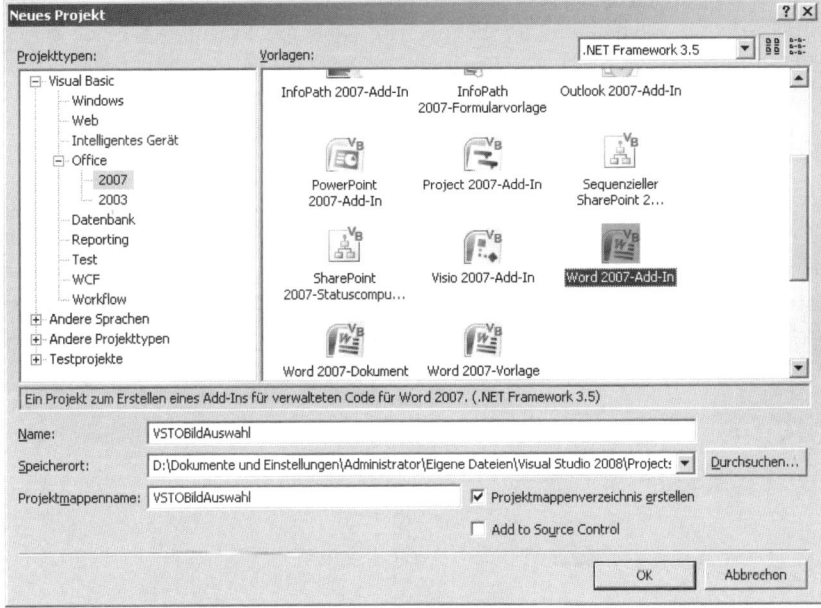

Abbildung 2.1   Ein Visual Studio-Projekt beginnt mit der Auswahl der Projektvorlage

Die Festplatte rumpelt ein wenig und kurz danach begrüßt Sie Visual Studio mit einem relativ weißen und zudem relativ leeren Fenster. Konkret wird die Klasse *ThisAddIn* im Modul *ThisAddIn.vb* angezeigt, auf dem das Add-In basiert. Mehr ist nicht zu sehen, da sich der vom Designer generierte Befehlscode in einer weiteren Datei mit dem Namen *ThisAddIn.Designer.vb* versteckt, die im Projektmappen-Explorer zunächst unsichtbar im Hintergrund ist und dies auch bleiben soll. Ein Word-Dokument ist nicht im Spiel, denn es geht um eine Erweiterung auf Anwendungsebene. Dafür sehen Sie zwei innovative Neuerungen, bezogen auf das alte Shared-Add-In-Modell, in Gestalt zweier Prozeduren:

```
Private Sub ThisAddIn_Startup(ByVal sender As Object, ByVal e As System.EventArgs) Handles Me.Startup
End Sub
Private Sub ThisAddIn_Shutdown(ByVal sender As Object, ByVal e As System.EventArgs) Handles Me.Shutdown
End Sub
```

Doch was ist daran so innovativ? Ganz einfach, das ist bereits die komplette Add-In-Schnittstelle. Kein *IExtensibility2*, keine *Object*-Parameter und kein »Stress« mit der Registry. Darum kümmert sich freundlicherweise die VSTO. Wird das Projekt später mit F5 gestartet, wird das Add-In registriert, die Anwendung gestartet und die *Startup*-Prozedur aufgerufen.

Alles, was gemacht werden muss, besteht daher darin, jene Befehle einzugeben, die nach dem Laden des Add-Ins (was automatisch mit dem Start der Anwendung geschieht) ausgeführt werden sollen. Doch zuvor muss noch eine andere Formalität erledigt werden.

Das Projekt wird gespeichert

Auch wenn heutzutage weder Anwendungen noch ganze Computer einfach so abstürzen, sollten Sie der guten Gewohnheit halber als Erstes das Projekt speichern. Das ist durch einen Klick auf den *Alle speichern*-Button in der Symbolleiste schnell erledigt. Nach einem Verzeichnis wird dabei nicht mehr gefragt, da dieses bereits beim Anlegen des Projekts ausgewählt wurde.

Ein CustomTaskPane wird angelegt

Dreh- und Angelpunkt der Erweiterung soll ein CustomTaskPane sein. Das ist ein frei definierbarer Bereich, der in der Regel am rechten Rand des Dokuments eingeblendet wird und auf dem Steuerelemente für die Steuerung der Erweiterung platziert werden. Ein CustomTaskPane basiert, wie ein ActionsPane für Dokumenterweiterungen (mehr dazu in Kapitel 9), auf einem Benutzersteuerelement, das daher als Erstes über den Menübefehl *Projekt/Neues Element hinzufügen* und Auswahl der Vorlage *Benutzersteuerelement* zum Projekt hinzugefügt wird. Geben Sie als Name **CtpBildAuswahl** an und bestätigen Sie mit *Hinzufügen*.

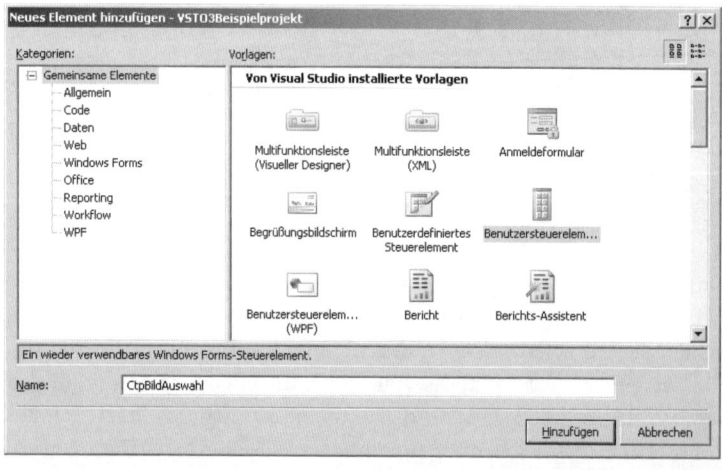

Abbildung 2.2 Zum Projekt wird ein Benutzersteuerelement hinzugefügt

Die Umsetzung beginnt

Das Benutzersteuerelement für die spätere Bildauswahl präsentiert sich als unscheinbare graue Fläche. Das ist die Designoberfläche, auf der aus der Toolbox stammende Steuerelemente platziert werden. Benötigt werden vier Labels, zwei ListBoxen, ein Button, eine PictureBox und eine CheckBox, die der Reihe nach auf dem Benutzersteuerelement (das dazu ein wenig vergrößert werden muss) angeordnet werden. Orientieren Sie sich bei der Umsetzung an Abbildung 2.3. Die Eigenschaften, die bei den einzelnen Steuerelementen geändert werden müssen, entnehmen Sie Tabelle 2.1.

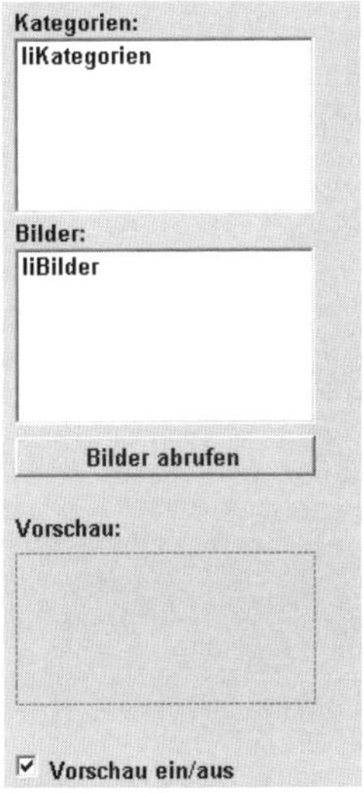

Abbildung 2.3 Das fertige Benutzersteuerelement

Steuerelement	Eigenschaften
Label	Name = Label1 Text = Kategorien:
ListBox	Name = liKategorien
Label	Name = Label2 Text = Bilder:
ListBox	Name = liBilder
Button	Name = bnBildAbrufen Text = Bilder abrufen
Label	Name = Label3 Text = Vorschau:
PictureBox	Name = pbVorschau SizeMode = StretchImage
Label	Name = lbPicSize Hinweis: Das Label gehört in den freien Bereich zwischen der PictureBox und der Checkbox ganz unten (in der Abbildung nicht direkt zu sehen).
CheckBox	Name = cbVorschauAus Text = Vorschau ein/aus

Tabelle 2.1 Die Steuerelemente des Benutzersteuerelements und die Eigenschaften, die sich ändern

Die Datenzugriffsschicht entsteht – ein zweites Projekt kommt hinzu

Bevor es an die »Ausprogrammierung« des Benutzersteuerelements geht, soll die »Datenschicht« angelegt werden, denn diese stellt dem Benutzersteuerelement jene (Bild-)Daten zur Verfügung, die es später anzeigen soll. Der folgende Schritt ist für Leser, die zum allerersten Mal mit Visual Studio arbeiten, unter Umständen etwas anspruchsvoller, denn das Projekt, genauer die Projektmappe, wird um ein weiteres Projekt ergänzt, sodass danach zwei Projekte im Spiel sind. Kompliziert wird es aber nicht, zumal jeder Schritt ausführlich beschrieben wird. Fügen Sie über *Datei/Hinzufügen/Neues Projekt* ein neues Projekt hinzu. Wählen Sie in der Kategorie *Visual Basic/Windows* den Projekttyp *Klassenbibliothek* aus, geben Sie dem Projekt den Namen **BilderDAL** (»DAL« steht hier für »Data Access Layer«) und bestätigen Sie das Hinzufügen mit *OK*.

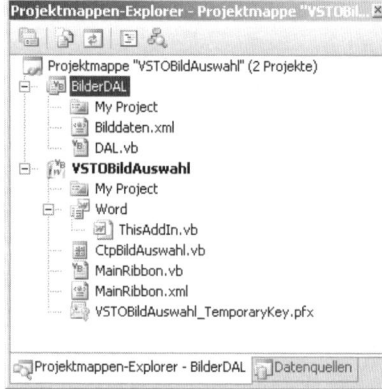

Abbildung 2.4 Die Datenschicht wird in einem eigenen Projekt eingebaut

Das Projekt besteht am Anfang lediglich aus einem Modul mit dem Namen »Class1.vb«, in dem eine Klasse mit dem Namen, Sie werden es sich gedacht haben, »Class1« definiert wird. Klicken Sie das Modul *Class1.vb* im Projektmappen-Explorer mit der rechten Maustaste an, wählen Sie *Umbenennen* und geben Sie als neuen Namen **DAL.vb** an. Dadurch ändert sich auch der Name der Klasse in *DAL*.

Doppelklicken Sie im Projektmappen-Explorer auf das Modul; Sie öffnen damit den Code-Editor. Im Moment enthält das Modul außer der Klassendefinition keine Befehle.

Als Erstes werden eine Reihe von *Imports*-Befehlen benötigt, sodass den Klassen der .NET-Klassenbibliothek, die im Folgenden benutzt werden sollen, nicht jedes Mal ihr kompletter Namespace vorangestellt werden muss. Geben Sie die folgenden Befehle oberhalb des *Class*-Befehls ein:

```
Imports System.Xml.Linq
Imports System.Linq
Imports System.IO
Imports System.Reflection
```

Jetzt kommt ein wenig Tipparbeit auf Sie zu, denn innerhalb der Klasse müssen insgesamt fünf (!) Methoden eingegeben werden. Den Auftakt macht die Methode *ReadXml*, die Sie unterhalb des *Class*-Befehls einfügen:

```
Private Shared Function ReadXml() As XDocument
  Dim Ass As Assembly = Assembly.GetExecutingAssembly
  Dim ResName As String = "BilderDAL.Bilddaten.xml"
  Dim XDoc As XDocument
```

Die Umsetzung beginnt

```
Try
    Using St As Stream = Ass.GetManifestResourceStream(ResName)
        Using Sr As New StreamReader(St)
            XDoc = XDocument.Load(Sr)
        End Using
    End Using
    Return XDoc
Catch ex As SystemException
    Throw New SystemException("Fehler in ReadXml - XML konnte aus Ressource nicht gelesen werden.")
End Try
End Function
```

Diese Methode macht nichts anderes, als den Inhalt der Datei *Datei.xml* (die noch anzulegen sein wird) zu lesen und als *XDocument*-Objekt zurückzugeben (dies ist ein neuer Typ, der mit .NET 3.5 eingeführt wurde und der für ein komplettes XML-Dokument steht). Die Methode ist insofern interessant, als dass sich die XML-Daten als Ressource in die Assembly einbetten lassen, die Datei bei der Programmausführung also nicht als eigenständige Datei vorliegt. Ein kleiner Vorteil besteht darin, dass die Datei später nicht mit ausgeliefert werden muss, was bei der Verteilung über ClickOnce (Kapitel 14) leider nicht so einfach ist, wie es sein könnte.

Die Methode ist, wie alle übrigen Methoden auch, vom Typ *Shared*. Das bedeutet, dass sie später direkt über die Klasse angesprochen werden kann und die Klasse dazu nicht instanziiert werden muss.

Geben Sie als Nächstes die Methode *GetKategorien* ein:

```
Shared Function GetKategorien()    ' Kein Rückgabewert, da anonymer Typ
    Dim XDoc As XDocument = ReadXml()
    ' Hier wird ein anonymer Typ angelegt
    Dim Kategorien = From K In XDoc.<BilderDaten>.<Kategorien>.<Kategorie> Select New With _
        {.Kategorie = K.Value, .ID = K.Attribute("ID").Value}
    ' Alternativ geht auch New XElement("Kategorie", K.Value)
    Return Kategorien.ToList
End Function
```

Achten Sie beim zweiten *Dim*-Befehl vor allem auf den Teil rechts vom Gleichheitszeichen, da dieser auch für erfahrene Programmierer recht ungewöhnlich erscheinen dürfte. Das ist die neue LINQ-Technik, über die die Namen der Kategorien aus der XML-Datei abgerufen werden (mehr dazu später) und durch die sie als Liste an das aufrufende Programm zurückgegeben werden (dass die Funktion keinen Datentyp besitzt, ist Absicht, mehr dazu in Kapitel 13, wenn es um das Thema LINQ geht).

Tippen Sie im Anschluss daran die Definition der Methode *GetBilderByKatID* ein:

```
Shared Function GetBilderByKatID(ByVal KatID As Integer)    ' Ebenfalls anonymer Typ
    Dim XDoc As XDocument = ReadXml()
    Dim Bilder = From B In XDoc.<BilderDaten>.<BilderListe>.<Bild> _
        Where B.Attribute("KategorieID").Value = _
        KatID Select New With {.Titel = B.Element("Titel").Value, .BildID = B.Attribute("BildID").Value}
    ' Alternativ geht auch New XElement("Kategorie", K.Value)
    Return Bilder.ToList
End Function
```

Auch hier ist das neue LINQ im Spiel, das dieses Mal alle Bilder in einer Liste zurückgibt, die die übergebene Kategorie-ID besitzen.

Geben Sie als Nächstes die Definition der Methode *GetBildPfad* ein:

```
Shared Function GetBildPfad(ByVal BildTitel As String) As String
  Dim XDoc As XDocument = ReadXml()
  Dim BildPfad As String = (From B In XDoc.<BilderDaten>.<BilderListe>.<Bild> Where _
      B.Element("Titel").Value = BildTitel Select B.Element("BildPfad").Value).SingleOrDefault
  Return BildPfad
End Function
```

Zum Abschluss geben Sie die Definition der Methode *GetBildPfadByID* ein:

```
Shared Function GetBildPfadByID(ByVal BildID As Integer) As String
  Dim XDoc As XDocument = ReadXml()
  Dim BildPfad As String = (From B In XDoc.<BilderDaten>.<BilderListe>.<Bild> Where _
      B.Attribute("BildID").Value = BildID Select B.Element("BildPfad").Value).SingleOrDefault
  Return BildPfad
End Function
```

Die XML-Datei wird erstellt

Eine Kleinigkeit fehlt in der Datenschicht natürlich noch, die Daten. Die »Datenbank«, die die Namen aller Kategorien, der Bilder und vor allem die Pfade der Bilder enthält, ist eine XML-Datei. Warum gerade XML? Dafür gibt es keinen zwingenden Grund und es hat auch nichts damit zu tun, dass Office 2007 seine Dokumente in einem XML-Format speichert. Anders als eine Datenbank lässt sich eine XML-Datei »mal eben schnell« erstellen und vor allem sehr leicht verändern. Bei sehr großen Datenmengen wäre eine Datenbank die bessere Wahl, zum Beispiel eine, die auf der neuen und sehr kompakten SQL Server 2005 Compact Edition basiert, doch für diese Übung ist XML hervorragend geeignet.

Fügen Sie über den Menübefehl *Projekt/Neues Element hinzufügen* (achten Sie darauf, dass das *BildDAL*-Projekt im Projektmappen-Explorer selektiert ist, damit die Datei auch in das richtige Projekt aufgenommen wird) eine *XML-Datei* hinzu (Sie müssen die Liste der Vorlagen dazu ein wenig nach unten scrollen) und weisen Sie ihr den Namen **Bilddaten.xml** zu. Geben Sie in die Datei den folgenden XML-Text ein:

```xml
<?xml version="1.0" encoding="utf-8" ?>
<BilderDaten>
  <Kategorien>
    <Kategorie ID="1">Sommer</Kategorie>
    <Kategorie ID="2">Herbst</Kategorie>
    <Kategorie ID="3">Natur</Kategorie>
    <Kategorie ID="4">Tiere</Kategorie>
    <Kategorie ID="5">Sonstiges</Kategorie>
  </Kategorien>
  <BilderListe>
    <Bild KategorieID="2" BildID="2001">
      <Titel>Eine schöne Herbstwiese</Titel>
      <BildPfad>\\PMServer\Bilder\Autumn Leaves.jpg</BildPfad>
    </Bild>
    <Bild KategorieID="3" BildID="3001">
      <Titel>Eine Wiese mit einem Fluss</Titel>
      <BildPfad>\\PMServer\Bilder\Creek.jpg</BildPfad>
    </Bild>
    <Bild KategorieID="1" BildID="1001">
      <Titel>Ufersteg im Sonnenuntergang</Titel>
```

```xml
      <BildPfad>\\PMServer\Bilder\Dock.jpg</BildPfad>
    </Bild>
    <Bild KategorieID="3" BildID="3002">
      <Titel>Blumen im Wald</Titel>
      <BildPfad>\\PMServer\Bilder\Forest Flowers.jpg</BildPfad>
    </Bild>
    <Bild KategorieID="3" BildID="3003">
      <Titel>Klassische Waldlichtung</Titel>
      <BildPfad>\\PMServer\Bilder\Forest.jpg</BildPfad>
    </Bild>
    <Bild KategorieID="4" BildID="4001">
      <Titel>Schildkröte unter Wasser</Titel>
      <BildPfad>\\PMServer\Bilder\Green Sea Turtle.jpg</BildPfad>
    </Bild>
    <Bild KategorieID="4" BildID="4002">
      <Titel>Wal im Ozean</Titel>
      <BildPfad>\\PMServer\Bilder\Humpback Whale.jpg</BildPfad>
    </Bild>
  </BilderListe>
</BilderDaten>
```

Spätestens jetzt dürfte bei einigen Lesern die Frage nach der »Zumutbarkeit« aufkommen, denn der Text ist nicht gerade ein Dreizeiler. Und ist das überhaupt legal? Dazu zwei Einwände. Zum einen ist das weit weniger Arbeit, als es vielleicht den Anschein haben mag, denn sobald ein Knoten eingeben wurde, können Sie ihn per Copy & Paste duplizieren und müssen lediglich die Knoteninhalte ändern. Zum anderen müssen Sie die Datei nicht detailgetreu abtippen und können natürlich die Namen der Kategorien und Bilder variieren. Und natürlich gibt es XML-Editoren, mit denen das vielleicht noch ein wenig einfacher geht. Auch wenn es ein wenig stupide erscheinen mag, das Abtippen eines XML-Codes ist eine gute Übung. (Und zu guter Letzt: Die Datei finden Sie unter dem Namen *Bilddaten.xml* natürlich auf der Buch-CD im Verzeichnis *\Beispielprojekte\Kapitel2*; Sie können per *Projekt/Vorhandenes Element hinzufügen* einfach nachladen – sie wird dadurch in das Projektverzeichnis kopiert.)

ACHTUNG Das ist ein wichtiger Punkt für das Funktionieren des Projekts. Die XML-Datei verweist in ihrem Element *BildPfad* auf den Pfad einer Bitmapdatei, die auf dem jeweiligen Computer natürlich auch vorhanden sein muss. Damit später tatsächlich eine Bitmap angezeigt wird, müssen Sie den Pfad anpassen (es sei denn, es gibt in ihrem Netzwerk zufällig ein Netzwerkshare mit dem Namen »\\pmserver\bilder«[1]). Ein realistisches Szenario wäre, dass die Bilddateien auf einem Netzwerkshare liegen, sodass jeder Arbeitsplatz, auf dem Word mit der Erweiterung gestartet wird, auf die Bilder zugreifen kann.

XML-Daten als eingebettete Ressource

Aus Gründen, die am Ende des Abschnitts noch deutlicher werden, soll die XML-Datei als Ressource in die VSTO-Assembly, die beim Erstellen des Projekts entsteht, eingebettet werden. Selektieren Sie dazu im Projektmappen-Explorer die Datei *Bilddaten.xml*, drücken Sie F4, um ihre Eigenschaften anzuzeigen, und stellen Sie bei der Eigenschaft *Buildvorgang* den Eintrag *Eingebettete Ressource* ein. Damit ist die Datenschicht endlich fertig.

---

[1] Was in der Tat ein großer Zufall wäre. Die Vista-Bilder stammen übrigens aus einem der zahleichen »Vista UI«-Pakete für Windows XP, die es zum Download gibt (und bei Windows Vista übrigens fest dabei sind – im Ordner *\Users\Public\Pictures\Sample Pictures*).

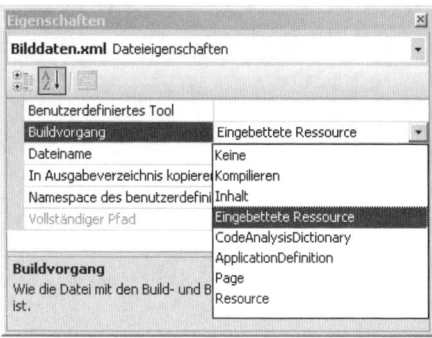

Abbildung 2.5 Die XML-Datei soll als Ressource in die VSTO-Assembly eingebettet werden

Das Add-In-Projekt setzt einen Verweis auf die Klassenbibliothek

Damit das Add-In-Projekt auf das zweite Projekt mit der Datenschicht zugreifen kann, muss es einen Verweis auf dieses Projekt setzen. Dieser Schritt ist zwar einfach, aber fehlerträchtig, denn es kommt darauf an, den Verweis in das richtige der beiden Projekte einzufügen. Klicken Sie daher im Projektmappen-Explorer das Projekt *VSTOBildAuswahl* mit der rechten Maustaste an, wählen Sie *Verweis hinzufügen* und im gleichnamigen Dialog im Register *Projekte* den Eintrag *BilderDAL* und bestätigen Sie die Auswahl mit *OK*. Dadurch wird der Verweis in das Projekt aufgenommen.

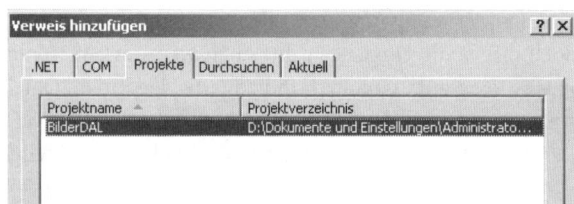

Abbildung 2.6 In das Projekt *VSTOBildAuswahl* wird ein Verweis auf das *BilderDAL*-Projekt eingefügt

Das Benutzersteuerelement erhält seine Funktionen

Nachdem die Datenschicht steht, kann das Benutzersteuerelement seine Funktionalität erhalten, die aus insgesamt drei Methoden besteht. Beim Laden des Benutzersteuerelements sollen die Namen aller Kategorien in der Liste angezeigt werden. Dank Datenbindung (die in Kapitel 12 an der Reihe ist) geht dies erstaunlich einfach.

Als Erstes werden auch hier *Imports*-Befehle benötigt, die wie üblich oberhalb des *Class*-Befehls eingegeben werden:

```
Imports BilderDAL
Imports Wd = Microsoft.Office.Interop.Word
Imports System.Windows.Forms
```

Im nächsten Schritt wird unterhalb vom *Class*-Befehl der *Load*-Event des Benutzersteuerelements gefüllt. Wählen Sie aus der linken Auswahlliste *CtpBildAuswahl-Ereignisse* und aus der rechten Auswahlliste *Load* aus und tragen Sie die folgenden Befehle im Prozedurrahmen ein:

Die Umsetzung beginnt

```
Dim Liste = DAL.GetKategorien
liKategorien.DisplayMember = "Kategorie"
liKategorien.ValueMember = "ID"
liKategorien.DataSource = Liste
```

Im nächsten Schritt soll erreicht werden, dass wenn eine Kategorie in der Liste ausgewählt wird, die Namen der Bilder in dieser Kategorie angezeigt werden. Entscheiden Sie sich in der linken Auswahlliste für *liKategorien* und in der rechten Auswahlliste für *SelectedIndexChanged* und tragen Sie die folgenden Befehle ein:

```
Dim Liste = DAL.GetBilderByKatID(liKategorien.SelectedValue)
liBilder.ValueMember = "BildID"
liBilder.DisplayMember = "Titel"
liBilder.DataSource = Liste
```

Nachdem der Fall behandelt wurde, bei dem der Anwender einen Eintrag in der Liste der Kategorien auswählt, muss auch jener Fall behandelt werden, bei dem der Anwender einen Eintrag in der Bilderliste dieser Kategorie selektiert. Diesen Part übernimmt der *SelectedIndexChanged*-Event von *liBilder*. Geben Sie in die Ereignisprozedur die folgenden Befehle ein:

```
If Not cbVorschauAus.Checked Then
    Dim BildPfad As String = DAL.GetBildPfadByID(liBilder.SelectedValue)
    pbVorschau.Image = System.Drawing.Image.FromFile(BildPfad)
    lbPicSize.Text = String.Format("{0}x{1}", pbVorschau.Image.Height, pbVorschau.Image.Width)
End If
```

Eine Methode fehlt noch, es ist die *Click*-Prozedur des Buttons, über die eine Bilddatei aus dem in der XML-Datei festgelegten Verzeichnis (mehr dazu später) abgerufen und an der Position der Einfügemarke eingefügt wird. Wählen Sie aus der linken Auswahlliste *bnBildAbrufen* und aus der rechten Auswahlliste *Click* aus und tragen Sie die folgenden Befehle ein:

```
Dim BildPfad As String = DAL.GetBildPfadByID(liBilder.SelectedValue)
If BildPfad <> "" Then
    Try
        ' Bild einfügen
        Globals.ThisAddIn.Application.Selection.InlineShapes.AddPicture(FileName:=BildPfad, _
            LinkToFile:=True, SaveWithDocument:=False)
        ' Beschriftung nach leerem Absatz einfügen
        Globals.ThisAddIn.Application.Selection.TypeParagraph()
        Globals.ThisAddIn.Application.Selection.InsertCaption(Label:="Abbildung", _
            Title:=CType(liBilder.Text, Object), Position:=Wd.WdCaptionPosition.wdCaptionPositionBelow)
    Catch ex As SystemException
        MessageBox.Show("Bild konnte nicht geladen werden." & vbCrLf & ex.Message)
    End Try
Else
    MessageBox.Show("Keinen Bildpfad erhalten!", "Seltsam, seltsam...")
End If
```

Damit ist das Benutzersteuerelement fertig und das CustomTaskPane funktionstüchtig.

Falls Ereignisprozedurrahmen einmal nicht sichtbar sein sollten

Alle drei Methoden der *CtpBildAuswahl*-Klasse sind Ereignisprozeduren. Die Rahmen für Ereignisprozeduren werden im Allgemeinen nicht eingegeben (auch wenn das ginge, wäre das eine unnötige und vor allem leicht fehlerträchtige Tipparbeit), sondern aus der Auswahlliste des Code-Editors eingefügt.

Die Multifunktionsleiste wird erweitert

Da es um eine Erweiterung für Word 2007 geht, soll natürlich die Multifunktionsleiste (Ribbon) der Anwendung einbezogen werden, indem eine neue Gruppe mit einem Button angelegt wird, über die das Custom-TaskPane ein- und wieder ausgeblendet werden kann (würde dieses vom Anwender geschlossen werden, gäbe es keine Möglichkeit, es wieder einzublenden, ohne die Anwendung neu zu starten). Die VSTO 3.0 bieten gleich zwei Möglichkeiten, eine vorhandene Multifunktionsleiste zu erweitern: über einen Designer oder über eine XML-Vorlage. Für dieses Beispiel wird die zweite Variante gewählt, da für eine einfache Erweiterung wie diese kein Designer benötigt wird.

Fügen Sie zum Add-In-Projekt über *Projekt/Neues Element hinzufügen* eine Vorlage vom Typ *Multifunktionsleiste (XML)* hinzu und geben Sie ihr den Namen **MainRibbon** (sollte die Vorlage wider Erwarten nicht angeboten werden, liegt dies daran, dass im Projektmappen-Explorer noch das andere Projekt selektiert ist). Fügen Sie in die XML-Datei (*MainRibbon.xml*) den folgenden XML-Text komplett ein, indem Sie den vorhandenen Inhalt erst einmal löschen. Der XML-Text definiert eine Erweiterung, die aus einem Button besteht:

```xml
<?xml version="1.0" encoding="UTF-8"?>
<customUI xmlns="http://schemas.microsoft.com/office/2006/01/customui" onLoad="Ribbon_Load">
  <ribbon>
    <tabs>
      <tab idMso="TabHome">
        <group id="MainGroup">
          <button id="bnMain" label="Auswahl ein/aus" imageMso="HappyFace" onAction="bnMainClick">
          </button>
        </group>
      </tab>
    </tabs>
  </ribbon>
</customUI>
```

Die XML-Datei wird von einer Datei mit der Erweiterung *.Vb* begleitet, die die Eventhandler der Ribbon-Erweiterung enthält. Hier wird festgelegt, was nach dem Anklicken eines Buttons oder der Auswahl eines Listenelements geschehen soll. Die Quelltextdatei weist bereits vom Designer angelegte Regionen auf, die ein Entwickler nicht verändern sollte. Für die Eventhandler ist ein eigener Bereich mit dem Namen »Multifunktionsleisten-Rückrufe« vorgesehen. Fügen Sie hier (unterhalb von *Ribbon_Load*) die folgende Prozedur ein:

```
Public Sub bnMainClick(ByVal control As Microsoft.Office.Core.IRibbonControl)
  Globals.ThisAddIn.CustomTaskPanes.Item(0).Visible = Not
Globals.ThisAddIn.CustomTaskPanes.Item(0).Visible
End Sub
```

Die Umsetzung beginnt

Diese sorgt dafür, dass die neue Gruppe ein- oder ausgeblendet (je nach aktuellem Zustand) wird.

Abbildung 2.7 Die Multifunktionsleiste von Word wird durch das Add-In um eine Gruppe erweitert

Das CustomTaskPane wird eingebunden

Aktiviert wird das CustomTaskPane im *Startup*-Event des Add-Ins, womit sich der Kreis langsam schließt. Fügen Sie im Modul *ThisAddIn.vb* zunächst die folgende Prozedur ein:

```
Protected Overrides Function CreateRibbonExtensibilityObject() As
Microsoft.Office.Core.IRibbonExtensibility
    Return New MainRibbon()
End Function
```

Geben Sie dann innerhalb der Prozedur *ThisAddIn_Startup* die folgenden Befehle ein:

```
Dim Ba As New CtpBildAuswahl
Dim Tp As Microsoft.Office.Tools.CustomTaskPane = Me.CustomTaskPanes.Add(Ba, "Bildauswahl")
  ' Eintrag in Ribbon-Leiste Start hinzufügen
Tp.Visible = True
```

Das Projekt ist fertig

Damit ist das Projekt abgeschlossen. Für das erste Beispielprojekt war die Umsetzung eine Menge Arbeit, doch die hat sich gelohnt. Wenn Sie noch einmal alles abgleichen möchten, die zurückliegende Abbildung 2.4 (Seite 52) zeigt den Projektmappen-Explorer mit seinen Bestandteilen. Werfen Sie über *Ansicht/Fehlerliste* auch einen Blick in die Fehlerliste. Hier sollte kein Eintrag zu sehen sein.

Ein erster Probelauf

Testen Sie das Projekt, indem Sie [F5] drücken. Wenn Sie alles richtig gemacht haben, sollte kurz danach Word 2007 mit einem leeren Dokument starten und am rechten Rand das CustomTaskPane mit einer ListBox erscheinen, in der verschiedene Kategorienamen angezeigt werden. In der zweiten Auswahlliste darunter erscheinen die Namen von Bitmaps und in der Vorschau das momentan selektierte Bild als Vorschau. Wenn Sie auf den Button klicken, wird das ausgewählte Bild an der aktuellen Position in das Word-Dokument eingefügt.

Abbildung 2.8 Das Beispielprojekt in Aktion

Das große Finale – die Auslieferung

Natürlich soll das VSTO-Add-In nicht nur innerhalb von Visual Studio laufen, sondern prinzipiell überall dort, wo im Unternehmensnetzwerk ein Word 2007 installiert ist. Das ist theoretisch sehr einfach und in der Praxis meistens auch. Das Prinzip der Auslieferung besteht darin, dass alle für die Installation erforderlichen Dateien in ein ausgewähltes Verzeichnis (meistens ein Netzwerkshare, wenngleich dies keine Voraussetzung ist) kopiert werden. Die Installation wird über die Bereitstellungsmanifestdatei (zu erkennen an der Erweiterung *.Vsto*) gestartet, die nicht viel mehr macht, als die Assemblydatei in ein Verzeichnis zu kopieren, von dem sie entweder mit dem Start der Anwendung oder dem Laden des Dokuments gestartet wird. Warum dieser Aufwand, würde es nicht genügen, die VSTO-Assembly einfach in das dafür vorgesehene Verzeichnis zu kopieren? So einfach geht es leider nicht, aus zwei Gründen: Zum einen benötigt eine VSTO-Assembly, damit sie von der .NET-Laufzeit geladen wird, immer eine FullTrust-Berechtigung, die ihr am einfachsten durch den ClickOnce-Mechanismus der VSTO 3.0 verliehen wird. Zum anderen setzt ein Add-In auch bei den VSTO Einträge in der Registry voraus, die ansonsten »zu Fuß« hinzugefügt werden müssten.

Führen Sie folgende Schritte durch, um die aktuelle Anwendung in ein Verzeichnis Ihrer Wahl »auszuliefern«, sodass sie von dort installiert werden kann:

1. Wählen Sie im *Erstellen*-Menü den Befehl *<Projektname> veröffentlichen*, wobei *<Projektname>* für den von Ihnen gewählten Projektnamen steht (zum Beispiel »VSTOBildAuswahl«).
2. Geben Sie das Verzeichnis an, in das die Dateien kopiert werden sollen. Das Verzeichnis kann ein lokales Verzeichnis, ein Netzwerkshare, ein Webverzeichnis oder auch ein Ftp-Verzeichnis sein. Für diese Übung genügt ein lokales Verzeichnis (zum Beispiel »C:\VSTOBildAuswahlSetup«). Weiter geht es mit *Weiter*.

3. Wenn Sie sich für ein lokales Verzeichnis entschieden haben, können Sie in diesem Schritt nur die Voreinstellung *Von CD-ROM oder DVD-ROM* bestätigen. Übernehmen Sie ansonsten das voreingestellte Verzeichnis, aus dem die Anwendung später heraus installiert werden soll (in der Regel sind es identische Verzeichnisse). Weiter geht es erneut mit *Weiter*.
4. Klicken Sie auf *Fertig stellen*. Das Projekt wird gegebenenfalls noch einmal kompiliert und anschließend ausgeliefert (achten Sie auf die Fortschrittsanzeige im linken Bereich der Statusleiste).

Ging alles gut, finden Sie im ausgewählten Verzeichnis eine Reihe von Dateien und Unterverzeichnissen. Maßgeblich ist die Datei mit der Erweiterung *.Vsto*. Über diese sogenannte *Bereitstellungsmanifestdatei* wird die Installation der Anwendung gestartet, die in diesem Fall darin besteht, dass die VSTO-Assembly in den sogenannten *ClickOnce-Downloadcache* kopiert und die Anwendungsmanifestdatei im Add-Ins-Bereich von Word 2007 in der Registry eingetragen wird, sodass sie Word mit dem nächsten Start als reguläres COM-Add-In lädt. Da keine Codezugriffsrichtlinien mehr im Spiel sind, muss die Installation lediglich einmal bestätigt werden. Mehr zu dem Thema in Kapitel 14.

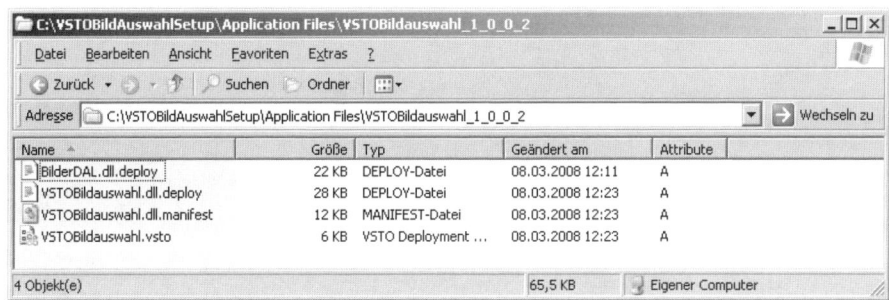

Abbildung 2.9   Nach dem Ausliefern befinden sich alle für die ClickOnce-Installation benötigten Dateien im ausgewählten Auslieferungsverzeichnis

Zusammenfassung

Die VSTO-Programmierung unterscheidet sich von der VBA-Programmierung in erster Linie dadurch, dass sich ein VSTO-Programm nicht auf wenige Befehlszeilen beschränkt, die mit dem VBA-Editor »irgendwo« eingegeben werden können. Eine VSTO-Anwendung basiert auf einem Projekt, verschiedenen Dateien und anderen Details, an die sich angehende Office-Entwickler unter Umständen erst gewöhnen müssen. Anders als bei VBA ist das Office-Dokument nicht im Mittelpunkt des Geschehens, sondern nur ein Teil des Ganzen.

Wie geht es in diesem Buch weiter?

In diesem Kapitel wurden sehr viele Details vorausgesetzt, die erst in den nachfolgenden Kapiteln erläutert werden. Vor allem wurden Fähigkeiten im Umgang mit Visual Studio und auch mit der Programmierung mit Visual Basic erwartet, die in den folgenden beiden Kapiteln ausführlich an der Reihe sind. Manches von dem, was in diesem Kapitel noch unklar gewesen sein dürfte, wird nach dem Durcharbeiten der Kapitel 3 und 4 sehr viel klarer sein.

Kapitel 3

Von VBA nach VSTO (Teil 1) – die neue Entwicklungsumgebung Visual Studio

In diesem Kapitel:

Visual Studio oder Visual Basic?	64
Ein erster Rundgang durch Visual Studio	64
Die Rolle der Projekte	73
Anatomie eines VSTO-Projekts	77
Die wichtigsten Arbeitsschritte beim Umgang mit Visual Studio	80
Hilfe in allen Lebenslagen	92
Tipps für den Umgang mit Visual Studio	95
Details zur Umsetzung von VSTO-Anwendungen	100
Zusammenfassung	102

Wer jahrelang in VBA kleinere und größere Makros programmiert, hat sich an viele Kleinigkeiten gewöhnt. An den VBA-Editor, den Makrorekorder, an die Prozeduren, die mit einem *Sub* beginnen und mit *End Sub* enden, an den Umstand, dass ein VBA-Programm jederzeit unterbrochen werden und im komfortablen Debugger fortgesetzt werden kann, an das praktische Direktfenster, an die Art und Weise, wie VBA-Makros in die Befehlsleisten der Anwendung eingebunden werden, und eventuell auch an die UserForms mit ihren Steuerelementen, mit denen sich mit wenig Aufwand individuelle Dialoge zusammenstellen lassen. Bei den VSTO ist vieles anders. Statt dem »gemütlichen« und vor allem überschaubaren VBA-Editor gibt es das »große« Visual Studio, statt Prozeduren existieren Klassen mit Methoden und Eigenschaften, die UserForms wurden durch die WinForms ersetzt (wobei mit der neuen *Windows Presentation Foundation* eine weitere Alternative zur Verfügung steht), die um Größenordnungen mehr Möglichkeiten bieten, das Direktfenster verhält sich am Anfang ein wenig »eigenartig«, und überhaupt scheint nichts mehr zu sein, wie es einem vertraut war. Das ist natürlich alles eine Frage der Gewöhnung. In diesem Kapitel wird Visual Studio als Entwicklungsumgebung, als die »Heimat« für die VSTO und als inoffizieller »Nachfolger« des VBA-Editors vorgestellt, im nächsten Kapitel ist mit Visual Basic der »Nachfolger« von VBA an der Reihe.

Visual Studio oder Visual Basic?

Manchmal können Kleinigkeiten unnötig kompliziert sein. Visual Studio ist ein Microsoft-Produkt, Visual Basic eine Programmiersprache und die *Visual Studio Tools für Office* ein Teil von Visual Studio 2008 sowohl für Visual Basic als auch C# (die zweite Microsoft-Programmiersprache für .NET), die in *Visual Studio Professional* und *Visual Studio Team System* integriert ist. Visual Studio gibt es in mehreren »Geschmacksrichtungen«, die sich in Preis und Funktionsumfang unterscheiden, wobei sich Letztere nur auf zusätzliche Werkzeuge oder Vorlagen, nicht aber auf die Programmiersprache oder das .NET Framework oder die VSTO beziehen. Diese sind stets identisch.

In diesem Kapitel, wie im gesamten Buch, geht es in erster Linie um die aktuelle Version *Visual Studio 2008*, wenngleich sich viele (aber nicht alle) Beispiele auch mit der Vorgängerversion Visual Studio 2005 und den Visual Studio Tools für Office 2005 umsetzen lassen.

Visual Studio-Variante	Besonderheit	VSTO dabei?
Visual Basic Express, Visual C# Express	Die kostenlose Variante für Schüler, Studenten, Hobby-Programmierer	Nein
Visual Studio Standard	Die Einstiegsversion, die sich aber nur geringfügig von der Express Edition unterscheidet	Nein
Visual Studio Professional	Das »Alles in einem«-Paket	Ja
Visual Studio Team System	Richtet sich an Entwickler, die im Team arbeiten, ist außerdem in mehreren Editionen verfügbar (Developer, Tester, Architect und Database)	Ja

Tabelle 3.1 Die verschiedenen Produktvarianten von Visual Studio 2005/2008

Ein erster Rundgang durch Visual Studio

Visual Studio ist eine *Entwicklungsumgebung*, kurz *IDE* (für »Integrated Development Environment«). Das Attribut »integriert« bezieht sich auf den Umstand, dass alle für die Umsetzung einer Anwendung erforderlichen Werkzeuge in einer Umgebung vereint sind[1]. Mit Visual Studio werden nicht nur VSTO-Anwendun-

---

[1] Was vor vielen, vielen Jahren nicht selbstverständlich war. Dieser Begriff ist bereits ein wenig älter.

gen, sondern alle Typen von .NET-Anwendungen entwickelt (es ist zum Beispiel auch die Basis für das *SQL Server Management Studio* und andere Werkzeuge, die nichts mit Entwicklung zu tun haben). Auf den ersten Blick besitzt Visual Studio gewisse Ähnlichkeiten zum VBA-Editor, die auch auf den zweiten Blick noch Bestand haben, es handelt sich aber um eine andere Größenordnung. Der Grund hierfür ist weniger die große Anzahl an Befehlsleisten, Fenstern und »Einstellmöglichkeiten«, sondern die grundsätzlich andere Herangehensweise. Während der VBA-Editor eine Art Add-On der jeweiligen Office-Anwendung ist, mit der sich Makros erstellen lassen, die in einem geöffneten Dokument gespeichert werden, ist Visual Studio eine komplett unabhängige Anwendung. Der Befehlscode wird bei den VSTO daher auch nicht in einem Office-Dokument, sondern in separaten Quelltextdateien gespeichert, die sich im zuvor ausgewählten Projektverzeichnis befinden. Damit etwas passiert, muss das Projekt erstellt werden, was zur Folge hat, dass der Quelltext vom internen Compiler (was sich auf Deutsch mit »Zusammenbauer« übersetzen ließe[2]) in ausführbaren Programmcode kompiliert, also umgesetzt wird. Das Ergebnis ist eine sogenannte Assembly, die bei den VSTO stets entweder mit dem Start der Office-Anwendung oder dem Laden des Office-Dokuments aktiv wird. Das sind aber Details, die angehende Office-Entwickler, die ihre ersten Schritte mit Visual Studio gerade vor sich haben, nicht interessieren müssen. Sie sind mehr an der Praxis interessiert und an der Frage, was man denn unternehmen muss, um ein erstes (VSTO-)Programm auf die Beine zu stellen. Beim VBA-Editor ist das sehr einfach. Man aktiviert den VBA-Editor mit Alt+F11, wählt ein Modul aus und beginnt die Programmierung mit der Eingabe der ersten (Makro-)Prozedur. Bei Visual Studio sieht es ein wenig anders aus. Hier wird als Erstes ein neues Projekt angelegt. Doch bevor es so weit ist, steht eine kleine »Besichtigungstour« auf dem Programm.

Die Entwicklungsumgebung und ihre (wichtigsten) Fenster

Die Entwicklungsumgebung ist eine typische Windows-Anwendung, die aus Menüs, Befehlsleisten und einer großen Anzahl an Fenstern besteht. Die wichtigsten Menüs sind am Anfang das *Datei*-Menü, denn darüber werden unter anderem neue Projekte angelegt und vorhandene geladen, das *Projekt*-Menü, hier werden neue Elemente hinzugefügt, und das *Debuggen*-Menü, denn über dessen Einträge wird das Projekt gestartet. Wichtig ist auch das *Ansicht*-Menü, denn es ist der zuverlässigste Weg, ein Fenster erneut zu öffnen, wenn man wieder einmal den Tastaturshortcut vergessen hat[3].

Welche Fenster sind relevant und welche nicht? Wichtig sind, gerade für das erste Kennenlernen, der Projektmappen-Explorer, das Eigenschaftenfenster, die Fehlerliste, das Direktfenster und die Toolbox. Die wichtigsten Fenster sind in Tabelle 3.4 zusammengestellt. Bei den angegebenen Tastaturshortcuts muss berücksichtigt werden, dass sich diese auf die Visual Basic-Tastaturzuordnung beziehen und jederzeit in den Optionen der IDE geändert werden können (mehr dazu im Abschnitt »Tastaturshortcuts ändern« auf Seite 96).

Fenster	Welche Rolle spielt es?	Tastaturshortcut
Projektmappen-Explorer	Zeigt alle Projekte der Projektmappe an.	Strg+R
Eigenschaftenfenster	Zeigt die Eigenschaften des aktuell selektierten Objekts an.	F4
Fehlerliste	Zeigt die aktuellen Fehler im Quelltext des momentan selektierten Projekts an.	Strg+W+E

Tabelle 3.2 Die wichtigsten Fenster der Visual Studio-Entwicklungsumgebung

---

[2] Der Begriff *Compiler* ist noch etwas älter, schätzungsweise 50 Jahre.
[3] Man soll natürlich nicht von sich auf andere schließen.

Fenster	Welche Rolle spielt es?	Tastaturshortcut
Direktfenster	Erlaubt das Ausführen von Befehlen und den Aufruf von Prozeduren bzw. Funktionen, auch wenn das Projekt nicht gestartet wurde.	Strg + G
Toolbox	Zeigt die Steuerelemente an, die auf dem aktuell ausgewählten Designer angeordnet werden können. Ist ein Codefenster selektiert, stellt die Toolbox unter Umständen Textfragmente dar.	Strg + Alt + X
Objektbrowser	Zeigt die Klassen an, die im aktuellen Projekt zur Verfügung stehen.	F2

Tabelle 3.2 Die wichtigsten Fenster der Visual Studio-Entwicklungsumgebung *(Fortsetzung)*

Mit Fenstern jonglieren

Der Umgang mit den Fenstern der IDE erfordert am Anfang ein wenig Fingerspitzengefühl, man kommt sich manchmal vor wie beim Jonglieren mit drei Bällen. Der »Trick« ist, auf die Feinheiten zu achten. Diese bestehen zum Beispiel darin, dass beim Verschieben eines Fensters Markierungspunkte auf dem Bildschirm erscheinen (diese haben nichts mit Vista zu tun). Wird ein Fenster auf einem der Markierungspunkte »fallen gelassen«, dockt das Fenster an dem entsprechenden Rand an. Das ist sehr praktisch, da sich auf diese Weise genau bestimmen lässt, an welchem Rand ein Fenster andocken soll.

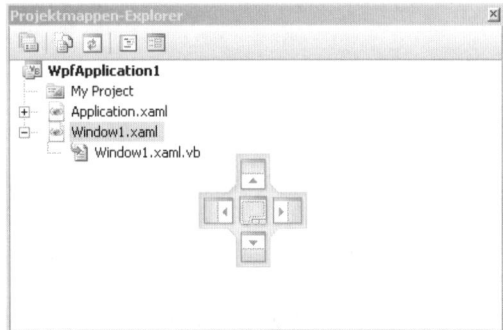

Abbildung 3.1 Über Markierungspunkte wird festgelegt, wo ein Fenster andocken soll

Die zweite Kleinigkeit, die man am Anfang leicht übersehen kann, ist der Umstand, dass ein Fenster Teil eines anderen Fensters werden kann. Auch das ist sehr praktisch, da dadurch Platz gespart wird. Die einzelnen Fenster werden über einen Registerkartenreiter am unteren Rand umgeschaltet.

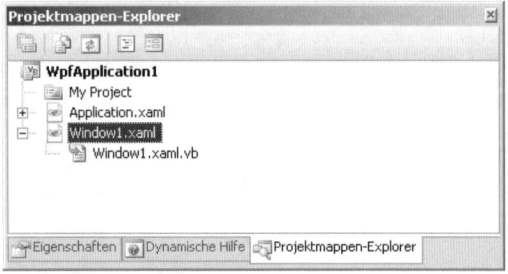

Abbildung 3.2 Befinden sich mehrere Fenster in einem Fenster, erfolgt das Umschalten über die Reiter am unteren Rand

TIPP Möchten Sie erreichen, dass ein weiteres Fenster Teil des »integrierten« Fensters wird, ziehen Sie es auf den Registerkartenreiter.

Falls Ihnen die moderne Fensterakrobatik überhaupt nicht behagt, im *Fenster*-Menü erhalten Sie die Möglichkeit, das Verhalten der Fenster zu ändern. Sollen die Fenster etwa wie beim VBA-Editor frei verschiebbar sein, wählen Sie hier den Eintrag *Andockbar*. Über den unscheinbaren Eintrag *Fenster* geht eine Liste mit allen aktuell geöffneten Fenstern auf, aus der sich das gewünschte Fenster in den Vordergrund bringen lässt.

Der Projektmappen-Explorer

Der Projektmappen-Explorer ist so etwas wie das »Steuerpult« eines Projekts, denn hier werden alle zum Projekt bzw. zur Projektmappe gehörenden Dateien angezeigt. Allerdings besitzt der Projektmappen-Explorer zwei Gesichter. Standardmäßig werden nur jene Dateien angezeigt, die der Entwickler direkt editieren soll. Die verschiedenen Designer-, Ressourcen- und Config-Dateien werden erst über einen Klick auf *Alle Dateien anzeigen* in der Symbolleiste des Fensters sichtbar gemacht. Ein wenig störend ist, dass auch die Verweise erst in diesem Modus sichtbar sind.

Der Objektbrowser

Der Objektbrowser listet alle Klassen auf, die zu allen Assemblies gehören, die im Moment entweder direkt bearbeitet werden oder auf die die einzelnen Projekte Verweise gesetzt haben. Der Objektbrowser ist eine rein passive Einrichtung, in dem die Inhalte der einzelnen Assemblies bzw. Namespaces – das heißt die Namen der jeweils enthaltenen Klassen, Methoden usw. und deren Parameter, die erwarteten Datentypen und weitere Informationen – nur angezeigt werden. Das wichtigste Detail des Objektbrowsers ist, dass dieser die vorhandenen Klassen entweder nach Assemblies (auch Container genannt) oder nach Namespaces unterteilt darstellt. Die sinnvollere Einstellung ist die Auflistung nach Namespaces, da dies im Allgemeinen der wichtigste Orientierungspunkt bei der Frage ist, wo sich eine Klasse oder eine Konstantenauflistung aufhält. Selbstverständlich ist es im Objektbrowser möglich, analog zum Objektkatalog des VBA-Editors, nach Namen zu suchen. Die Suchergebnisse erscheinen in der linken Fensterhälfte. Sehr nett ist die Möglichkeit, einen Verweis auf die Assembly über einen Button (rechts neben dem Suchknopf) hinzufügen zu können, in dem sich eine über die Suchfunktion gefundene Klasse befindet.

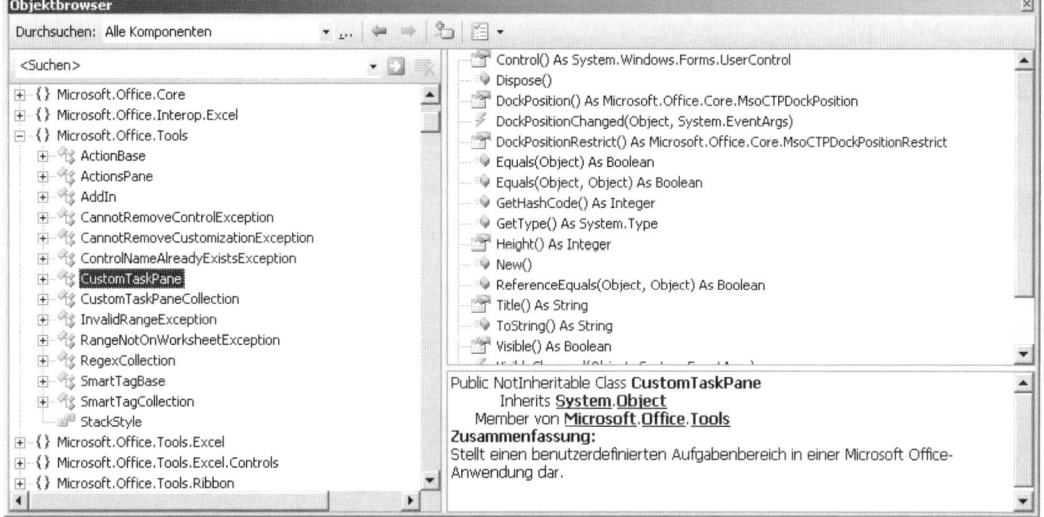

Abbildung 3.3   Der Objektbrowser zeigt alle Klassen aller geladenen Assemblies an

Nur bestimmte Assemblybibliotheken durchsuchen

Per Standardeinstellung werden alle Assemblies durchsucht, aber Sie können sich einen »benutzerdefinierten Komponentensatz« zusammenstellen (über den Button »...«), wenn Sie nur bestimmte Bibliotheken durchsuchen möchten. Das ist gerade bei der VSTO-Entwicklung sehr praktisch, da man auf diese Weise jene VSTO- und Office-Bibliotheken zusammenfassen kann und bei einer Suche nur diese durchsucht werden.

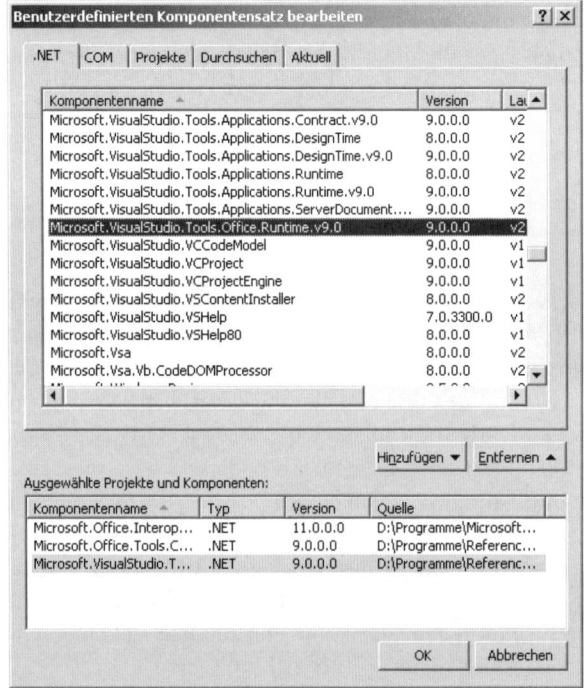

Abbildung 3.4 Über einen Komponentensatz lässt sich die Suche im Objektbrowser auf bestimmte Bibliotheken einschränken

Einstellungen beim Objektbrowser ändern

Da es bei Klassen mit sehr vielen Mitgliedern recht schnell unübersichtlich werden kann, werden von Anfang an nicht mehr alle Mitglieder angezeigt. Was konkret erscheint, kann in den Einstellungen des Objektbrowsers (Button ganz rechts) festgelegt werden.

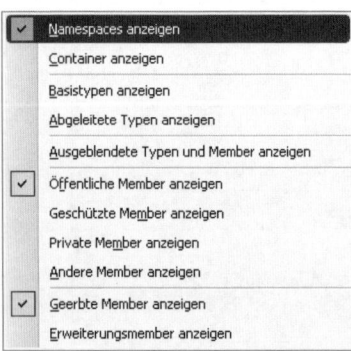

Abbildung 3.5 Beim Objektbrowser kann eingestellt werden, welche Mitglieder angezeigt werden

Die Fehlerliste

Die Fehlerliste zeigt alle aktuellen Fehler und Warnungen des Compilers bezogen auf den Quellcode des aktuellen Projekts an. Ein Doppelklick auf einen Eintrag bewirkt, dass die Stelle im Quellcode hervorgehoben wird, die den Fehler oder die Warnung verursacht (sofern es eine solche Stelle gibt).

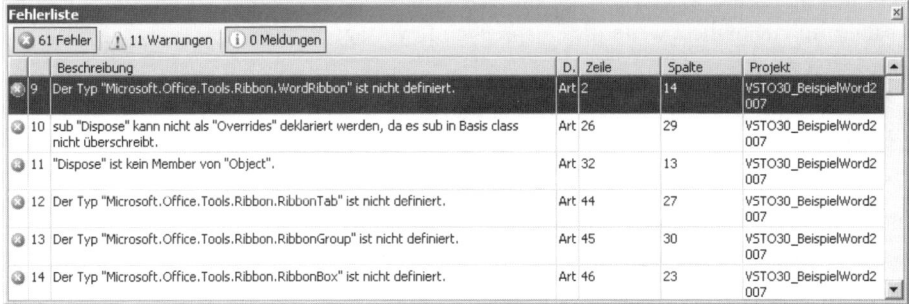

Abbildung 3.6   Die Fehlerliste fasst alle Fehlermeldungen und Warnungen zusammen (so viele Fehler sind es allerdings selten)

HINWEIS   Die Anzahl der angezeigten Fehler ist nicht ein Maßstab für den aktuellen Zustand eines Projekts. Fehlt ein Verweis oder wird der falsche Verweis eingefügt, was gerade bei einem VSTO-Projekt schnell passieren kann[4], werden Dutzende von Fehlern angezeigt, die wieder verschwinden, sobald der richtige Verweis ausgewählt wird.

Das Eigenschaftenfenster

Das Eigenschaftenfenster (engl. »property window«) zeigt die Eigenschaften (und Ereignisse, sofern vorhanden) des momentan selektierten Objekts an. Neben einem Steuerelement kann dies auch eine Datei sein. Am schnellsten wird es über [F4] geöffnet, wenn das Element zuvor ausgewählt wurde. Besonders praktisch ist das Einfügen einer Ereignisprozedur geworden. Schalten Sie dazu auf die Ereignisliste (Blitzsymbol) um und doppelklicken Sie auf das Ereignis. Dadurch wird der Rahmen für die Ereignisprozedur in das Codefenster eingefügt.

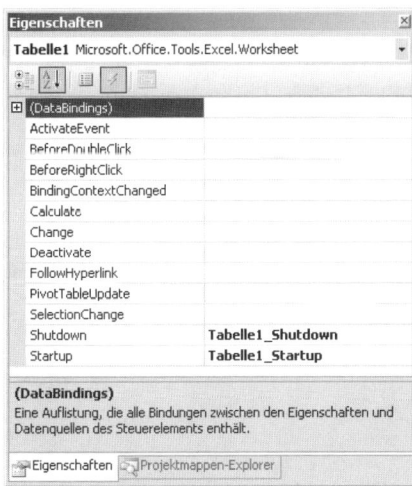

Abbildung 3.7   Das Eigenschaftenfenster zeigt auch Ereignisse an, zum Beispiel von einem Tabellenblatt

---

[4]   Insbesondere wenn man ein VSTO-Projekt noch unter der Beta 2 von Visual Studio 2008 begonnen hat.

Die Toolbox

Die Toolbox von Visual Studio bietet alle Steuerelemente (engl. »controls«) und Komponenten an, die sich zur Entwurfszeit auf der Oberfläche eines Formulars oder, zum Beispiel im Falle einer VSTO-Dokumenterweiterung, auch auf der Dokumentoberfläche platzieren lassen. Der Umstand, dass die Toolbox in verschiedene Sektionen unterteilt ist, dient lediglich der Übersichtlichkeit. Sie können jederzeit die Aufteilung ändern oder neue Sektionen anlegen. Bestimmte Bereiche, wie zum Beispiel der Bereich mit den Ribbon-Steuerelementen, sind aber nur zugänglich, wenn die entsprechende Vorlage aktiv ist.

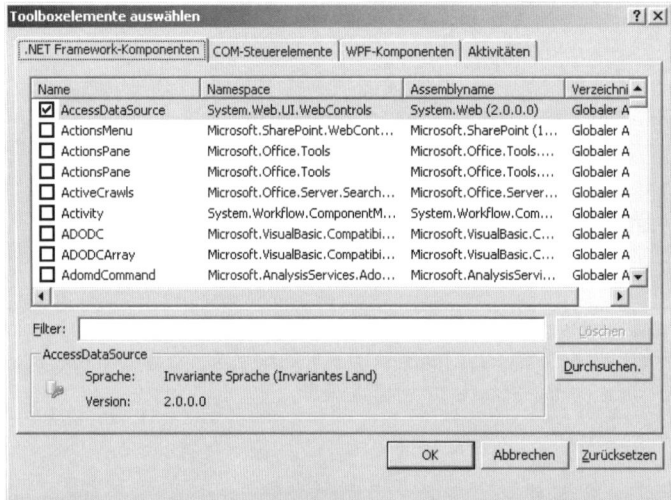

Abbildung 3.8 Die Visual Studio-Toolbox ist erweiterbar

Die Toolbox bietet über ihr Kontextmenü noch einiges mehr, auf das aus Platzgründen aber nur in einer kurzen Übersicht eingegangen werden kann:

- Einzelne Elemente lassen sich ausblenden, sodass nicht immer alle Elemente angezeigt werden.
- Die Elemente können alphabetisch aufgelistet werden.
- Der »Grundzustand« wird über den *Toolbox zurücksetzen*-Befehl wiederhergestellt.
- Es lassen sich neue Registerkarten (Sektionen) anlegen und die Mitglieder mit der Maus hin und her verschieben.
- Auch Texte können auf der Toolbox abgelegt werden (dazu muss allerdings das Codefenster aktiv sein). Diese Texte stehen in jedem Projekt zur Verfügung.

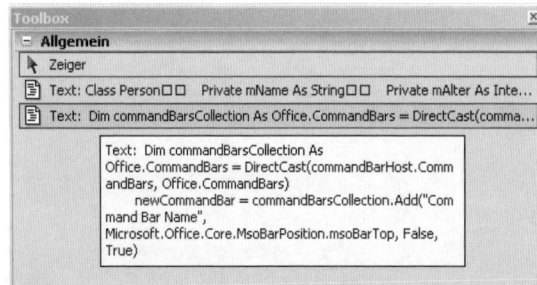

Abbildung 3.9 Die Toolbox kann auch Textausschnitte aufnehmen (der selektierte Eintrag wird als Vorschau angezeigt)

Das Lesezeichenfenster

Ein Lesezeichen ist eine Markierung im Quelltext, durch die sich die betreffende Stelle direkt aufrufen lässt. Gerade bei großen Quelltextmengen können diese Lesezeichen sehr praktisch sein. Alle gesetzten Lesezeichen werden im Lesezeichenfenster aufgelistet. Doppelklicken Sie auf einen Eintrag, wird die Stelle im Quellcode angezeigt, an der der Eintrag definiert ist. Dies ist oft der schnellste Weg, um eine Stelle im Quellcode zu lokalisieren.

Die Klassenansicht

Die Klassenansicht zeigt, das legt der Name auch nahe, alle Klassen eines Programms an. Und nachdem jedes Visual Basic-Programm ausschließlich aus Klassen besteht, gibt es auch die Programmstruktur sehr schön wieder, da auch eine eventuell existierende Hierarchie der Klassen berücksichtigt wird. Damit im unteren Bereich der Klassenansicht nicht jene Mitglieder aufgelistet werden, die von irgendwelchen Basisklassen übernommen wurden und damit im Allgemeinen »uninteressant« sind, muss die Einstellung *Geerbte Member anzeigen* deaktiviert werden.

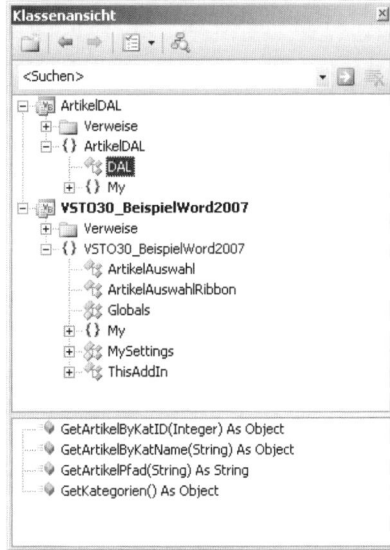

Abbildung 3.10 Die Klassenansicht zeigt alle Klassen und deren Mitglieder an

Das Direktfenster

Das Direktfenster ist beim VBA-Editor der beste Freund des Programmierers, da sich hier Befehle direkt ausführen und so die einzelnen Objekte der Anwendung mal eben ausprobieren lassen, ohne dass dafür eine Prozedur angelegt werden muss. Bei Visual Studio ist das Direktfenster, das am schnellsten über `Strg`+`G` geöffnet wird, nicht ganz so flexibel, da jeder Befehl erst kompiliert werden muss, aber es kommt der »Experience« des VBA-Direktfensters recht nahe.

Das Befehlsfenster

Das Befehlsfenster sieht dem Direktfenster zum Verwechseln ähnlich, besitzt aber eine andere Aufgabe. Es erlaubt die Eingabe von IDE-Befehlen (und keinen Programmbefehlen). Die IDE-Befehle werden direkt so eingegeben, wie sie sich durch den Menünamen und den entsprechenden Menüeintrag ergeben, wobei die passende Auswahl bereits nach Eingabe der ersten Buchstaben erscheint. Um vom Direktfenster in den Befehlsmodus und damit in das Befehlsfenster umzuschalten, tippen Sie »>cmd« ein. Zurück zum Direktfenster gelangt man über ein »immed«.

Abbildung 3.11 Die ganze IDE lässt sich über das Befehlsfenster steuern

Die Debugging-Fenster

Visual Studio bietet noch eine Reihe weiterer Fenster, die aber nur während einer Programmunterbrechung zur Verfügung stehen. Dazu gehören unter anderem das Lokalfenster, das Haltepunktfenster oder die Aufrufliste. Sie werden über *Debuggen/Fenster* angezeigt. Sie kommen in Kapitel 13 an die Reihe, wenn es um das Thema Debuggen geht.

Die Rolle der Vorlagen

Bei Visual Studio dreht sich alles um Vorlagen (engl. »templates«). Eine Vorlage steht entweder für eine Datei oder für mehrere Dateien, die als »Verbund« auftreten. Bei Dateien, die mit einem Designer bearbeitet werden, ist stets eine zweite (zunächst unsichtbare) Datei mit von der Partie, in der der vom Designer erzeugte Befehlscode abgelegt wird. Visual Studio nutzt hier die Möglichkeit der partiellen Klassen, die darin besteht, dass eine Klasse auf mehrere Dateien verteilt sein kann. Das ist sehr praktisch, da dadurch die »Hauptklasse« leer ist und die vom Designer generierten Befehlszeilen nicht im Weg stehen.

TIPP Das wird am Anfang noch keine Rolle spielen, ist aber eine sehr praktische Angelegenheit. Visual Studio erlaubt es, aus jedem Projekt eine Vorlage zu machen, sodass neue Projekte auf dieser Vorlage angelegt werden können und bereits von Anfang an eine bestimmte Funktionalität (zum Beispiel eine Multifunktionsleiste) zur Verfügung steht.

HINWEIS Dieser Hinweis ist, gerade am Anfang, recht speziell. Hinter den Vorlagen stehen Zip-Archive im Vorlagenverzeichnis von Visual Studio (per Voreinstellung ist es *%ProgramFiles%\Microsoft Visual Studio 9.0\Common7\IDE\ProjectTemplates*). Sollten, was sehr unwahrscheinlich ist, keine Vorlagen mehr angezeigt werden, hat es etwas mit diesem Verzeichnis und seinem Inhalt zu tun.

Die IDE über die Kommandozeile starten

Dies ist zwar nur etwas für echte »Profis«, doch manchmal kann auch der folgende »Trick« recht praktisch sein, zumal er alles andere als kompliziert angewendet wird. Hinter der Visual Studio-IDE steckt eine Datei mit dem unscheinbaren Namen *Devenv.exe*. Normalerweise wird sie über eine Verknüpfung im *Start*-Menü aufgerufen. Dabei, oder über einen direkten Aufruf durch Eingabe per *Start/Ausführen* (der Eintrag muss unter Windows Vista eventuell erst sichtbar gemacht werden), können ihr verschiedene »Schalter« übergeben werden. Eine komplette Liste erhalten Sie, wenn Sie *devenv.exe* mit /? als Schalter aufrufen. Am interessantesten sind die Schalter */Build* und */Deploy*, da sich auf diese Weise der komplette Build- und Bereitstellungsprozess auch über die Kommandozeile oder im Rahmen einer kleinen Stapeldatei steuern lässt.

> **TIPP** Der folgende Aufruf erstellt die Projektmappe *VSTO3Beispiel.sln* in der Debug-Konfiguration:

```
devenv VSTO3Beispielprojekt.sln /build debug
```

Einstellungen übernehmen

Je länger mit Visual Studio gearbeitet wird, desto mehr richtet man sich die Umgebung nach den persönlichen Vorlieben ein. Typischerweise werden zum Beispiel einzelne Tastaturshortcuts geändert, Farben angepasst und externe Tools hinzugefügt. Dann zieht man eines Tages an einen anderen Arbeitsplatz um, auf dem sich ein frisch installiertes Visual Studio befindet, und alle Einstellungen sind weg. Damit das nicht passiert, lassen sich über den Eintrag *Einstellungen importieren und exportieren* im *Extras*-Menü die Einstellungen in eine Datei exportieren, die auf einem anderen PC lediglich wieder importiert werden muss. Die Auswahl des Befehls startet einen kleinen Assistenten, in dem im Detail ausgewählt werden kann, was exportiert werden soll.

Die Rolle der Projekte

Bei Visual Studio dreht sich alles um Projekte. Ein Projekt umfasst alle Dateien, die Teil der Anwendung sein sollen. Das können Quelltextdateien sein, die in die Assembly kompiliert werden, aber auch andere Dateien, etwa ein Office-Dokument (ob eine Datei kompiliert wird oder nicht, wird in den Eigenschaften der Datei eingestellt). Alle Bestandteile eines Projekts sind (Text-)Dateien mit typischen Erweiterungen. Eine Visual Basic-Projektdatei besitzt die Erweiterung *.Vbproj*, eine Visual Basic-Quelltextdatei stets die Erweiterung *.Vb*. Bei Visual Studio können mehrere Projekte zu einer Projektmappe zusammengefasst werden. Die Projektmappendatei trägt die Erweiterung *.Sln* (für »Solution«). Theoretisch können Sie jede Projektdatei auch mit einem beliebigen Texteditor bearbeiten. Im Allgemeinen gibt es dazu aber keinen Grund. Tabelle 3.3 stellt die wichtigsten Erweiterungen zusammen.

Bei den vielen Dateien stellt sich natürlich die Frage, welche Dateien wichtig sind und welche nicht. In einem Visual Basic-Projekt sind es die Dateien mit der Erweiterung *.Vb*, denn hier sind die Befehle enthalten. Der Rest ist entbehrlich. Das bedeutet natürlich nicht, dass Sie diese Dateien löschen sollten, aber sollte es einmal darauf ankommen, kann man auf Basis dieser Dateien mit etwas Handarbeit das Projekt wiederherstellen.

> **TIPP** Leider besitzt Windows die im Allgemeinen wenig hilfreiche Voreinstellung, dass Dateierweiterungen bei bekannten Dateitypen nicht angezeigt werden. Um am Anfang einen besseren Überblick zu gewinnen, sollten Sie im Explorer-Fenster unter *Extras/Ordneroptionen* (Register *Ansicht*) die entsprechende Option *Erweiterungen bei bekannten Dateitypen ausblenden* deaktivieren.

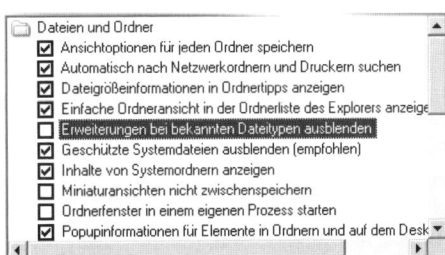

Abbildung 3.12 Dateierweiterungen sollten auch bei bekannten Dateitypen angezeigt werden

Projektdatei	Erweiterung
Visual Basic-Projektdatei	.Vbproj
C#-Projektdatei	.Csproj
Projektmappendatei	.Sln
Visual Basic-Quelltextdatei	.Vb
C#-Quelltextdatei	.Cs
Designerdatei bzw. allgemeine XML-Datei	.Xml
Ressourcendatei	.Resx

Tabelle 3.3 Typische Projektdateien und ihre Erweiterungen

Projekttypen

Bei den Projekttypen herrscht bei Visual Studio eine große Auswahl. Mit der aktuellen Version 2008 sind weitere Varianten dazugekommen. Für dieses Buch spielen aber nur wenige Projekttypen eine Rolle:

- Die VSTO-Projekttypen
- Der Projekttyp *Windows-Anwendung*
- Der Projekttyp *Klassenbibliothek*
- Der Projekttyp *Konsolenanwendung*

Die VSTO-Projekttypen

Die VSTO-Projekttypen sind in den folgenden Kapiteln ausführlich an der Reihe, daher an dieser Stelle nur so viel: Alle VSTO-Projekttypen werden in der Kategorie *Office* zusammengefasst. Der Begriff »VSTO« taucht in Visual Studio direkt gar nicht auf[5].

Der Projekttyp Windows-Anwendung

Dies ist der Projekttyp für alle Windows-Anwendungen, die aus einem oder mehreren Formularen und Steuerelementen bestehen. Von einer Windows-Anwendung kann per Automatisierung (Kapitel 5) auf eine Office-Anwendung zugegriffen werden. Der Projekttyp wird für einige Beispiele in diesem Buch verwendet.

Der Projekttyp Klassenbibliothek

Eine Kassenbibliothek ist eine Assemblybibliothek, die mindestens eine öffentliche Klasse mit öffentlichen Mitgliedern zur Verfügung stellt, die von anderen Programmen aus genutzt wird. Der Projekttyp wird ebenfalls für einige Beispiele in diesem Buch benutzt.

Der Projekttyp Konsolenanwendung

Eine Konsolenanwendung ist ein spezieller Typ von Windows-Anwendung, bei der die Anwendung in der Eingabeaufforderung ausgeführt wird und ihr für die Ausgabe nur das Fenster der Eingabeaufforderung und für die Eingabe nur die Tastatur zur Verfügung stehen. Auch wenn sich dies nach »Steinzeitprogrammie-

---

[5] Und wird mit der nächsten Version angeblich durch den Begriff »Office-Integration« abgelöst. Eine Webseite dazu gibt es schon – http://msdn2.microsoft.com/en-us/office/aa905372.aspx.

rung« anhören mag, für diese Sorte von Anwendungen gibt es durchaus Bedarf. Sie werden immer dann eingesetzt, wenn eine Anwendung nur einen Vorgang durchführt, bei dem keine Fenster und andere »UI-Elemente« benötigt werden. Auch in diesem Buch kommen Konsolenanwendungen ein paar Mal für Beispiele vor, bei denen es lediglich darum geht, die Bedeutung eines Befehls oder einer Klasse zu veranschaulichen, und kein Fenster benötigt wird.

Der Programmcode einer Konsolenanwendung besitzt einen sehr einfachen Aufbau:

```
Module Module1

  Sub Main()

  End Sub

End Module
```

Die Befehle, die nach dem Start der Konsolenanwendung ausgeführt werden sollen, werden in die *Main*-Prozedur eingebaut.

Eine Konsolenanwendung, die in die Zelle *A1* einer Excel-Arbeitsmappe per Automatisierung einen Wert einträgt, sieht wie folgt aus:

```
Imports Ex = Microsoft.Office.Interop.Excel

Module Module1

  Sub Main()
    Dim ExApp As New Ex.Application
    ExApp.Workbooks.Add()
    ExApp.Visible = True
    ExApp.Range("A1").Value = 123
  End Sub

End Module
```

Projekt = Projektverzeichnis

Wird nichts anderes festgelegt (und im Allgemeinen gibt es dafür keinen Grund), wird mit dem Anlegen eines neuen Projekts auch ein neues Verzeichnis erstellt. In diesem *Projektverzeichnis* werden alle Dateien abgelegt, die zu dem Projekt gehören. Neben Dateien besitzt das Projektverzeichnis auch Unterverzeichnisse wie *My Project* oder *bin*. Letzteres ist besonders wichtig, da hier die (VSTO-)Assemblydatei abgelegt wird. Doch wo befindet sich das Projektverzeichnis? Versteckt ist es natürlich nicht, doch am Anfang kann der Umstand leicht übersehen werden, dass das Projektverzeichnis mit dem Anlegen des Projekts indirekt ausgewählt wird. Wird nichts anderes festgelegt, ist es bei Windows XP und Windows Server 2003 ein Unterverzeichnis von *Eigene Dateien* (bei Windows Vista entsprechend von *Documents*)[6]. Sein Pfad lautet daher *%userprofile%\Eigene Dateien\Visual Studio 2008\Projects* und dann der Name des Projekts (für Visual Studio 2005 entsprechend *%userprofile%\Eigene Dateien\Visual Studio 2005\Projects*), wobei *%userprofile%* als Umgebungsvariable für den Pfad des Benutzerprofils steht.

---

[6] Spätestens an dieser Stelle sei erwähnt, dass alle Beispielprojekte für dieses Buch entweder unter Windows XP SP2 oder Windows Server 2003 R2 SP2 umgesetzt wurden.

TIPP Dieser Tipp ist hoffentlich nicht zu trivial. Klicken Sie auf *Start*, dann auf *Ausführen* und geben Sie (unter Windows XP bzw. Windows Server 2003) »%userprofile%\Eigene Dateien\Visual Studio 2008\Projects« ein. Damit wird der Ordner mit dem Projekthauptverzeichnis geöffnet. Wenn Sie noch mit Visual Studio 2005 arbeiten, muss der Pfad entsprechend angepasst werden. Falls Sie Windows Vista einsetzen sowieso.

Visual Studio hat so seine kleinen Eigenheiten, die das Kennenlernen etwas erschweren können. Dazu gehört zum Beispiel der Umstand, dass mit jedem neuen Projekt per Voreinstellung auch eine Projektmappe und damit ein weiteres Verzeichnis angelegt wird (wenn man das nicht möchte, kann man das in den Optionen der IDE abstellen, doch auch dafür gibt es im Allgemeinen keinen Grund). Das bedeutet, dass wenn ein Projekt zum Beispiel »HalloVSTO« heißt, es unter *Projects* einen Ordner *HalloVSTO* gibt, der wiederum einen Ordner mit dem Namen *HalloVSTO* enthält. Warum zwei Mal? Weil der erste Ordner für die Projektmappe da ist und sich hier mehrere Projektordner befinden könnten. Im Moment ist es nur ein Ordner und der heißt ebenfalls *HalloVSTO*. Das ist der »wahre« Projektordner, der alle Projektdateien enthält.

HINWEIS Auch diesen Kniff findet man nicht unbedingt auf Anhieb. Wenn Sie den Reiter eines Quellcodefensters mit der rechten Maustaste anklicken, lässt sich über den Eintrag *Enthaltenden Ordner öffnen* der Projektordner im Windows-Explorer öffnen, in dem sich die Datei befindet.

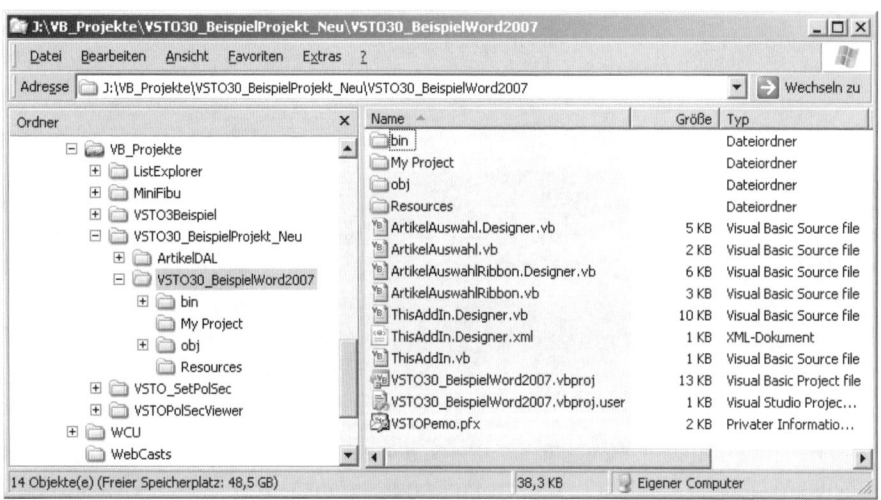

Abbildung 3.13 Die Verzeichnisstruktur eines Projektordners

HINWEIS Visual Studio »überwacht« die Projektordner. Das heißt, sollten Dateien im Projektordner außerhalb von Visual Studio verändert werden, stellt Visual Studio dies fest und bietet an, die Datei neu zu laden, was im Allgemeinen eine gute Idee ist.

Dateien zum Bestandteil eines Projekts machen

Dass sich eine Datei im Projektverzeichnis befindet, bedeutet noch nicht, dass sie auch Bestandteil des Projekts ist. Sie erkennen dies unter anderem daran, dass die Datei im Projektmappen-Explorer zunächst gar nicht angezeigt wird und sie, nach einem Klick auf *Alle Dateien anzeigen* in der Symbolleiste des Projektmappen-Explorers, etwas »blass« wirkt. Soll sie beim Erstellen des Projekts auf irgendeine Weise berücksichtigt werden oder soll es beim Bearbeiten ihres Inhalts zum Beispiel Auswahllisten und Code-Einfärbung geben, muss sie Teil des Projekts sein. Klicken Sie die Datei dazu im Projektmappen-Explorer mit der rechten Maustaste an und wählen Sie *Zu Projekt hinzufügen*.

Anatomie eines VSTO-Projekts

Ein Skalpell kommt in diesem Abschnitt nicht zum Einsatz, es geht lediglich um den Aufbau eines Visual Studio-Projekts an einem »lebenden Beispiel«. Im Folgenden soll ein VSTO-Projekt angelegt werden, um anschließend die einzelnen Mitglieder des Projekts vorstellen zu können.

1. Starten Sie Visual Studio, führen Sie im *Datei*-Menü nacheinander die Befehle *Neu* und *Projekt* aus und wählen Sie als Vorlage *Excel 2007-Arbeitsmappe* (oder *Excel 2003-Arbeitsmappe*, das spielt für diese Übung keine Rolle).
2. Übernehmen Sie den voreingestellten Namen *ExcelWorkbook1*. Ein Verzeichnis wird an dieser Stelle noch nicht ausgewählt, das kommt später. Bestätigen Sie zuerst mit *OK*.
3. Wie es für Dokumenterweiterungen erforderlich ist, muss das Dokument ausgewählt werden, auf dem sie basieren sollen. In diesem Beispiel soll eine neue Excel-Arbeitsmappe angelegt werden, sodass Sie die Voreinstellung mit *OK* bestätigen.
4. Jetzt rumort es ein wenig auf der Festplatte, denn Visual Studio legt das Projektverzeichnis an und in der Mitte erscheint tatsächlich eine echte Excel-Arbeitsmappe (das ist bei den ersten Malen wirklich beeindruckend und tatsächlich wurde auch Excel »im Hintergrund« gestartet). In dieser Übung soll es aber lediglich um die Projektstruktur und ihre Mitglieder gehen.
5. Machen Sie über *Ansicht/Projektmappen-Explorer* den Projektmappen-Explorer sichtbar. Er zeigt alle geladenen Projekte an und auch die Dateien, die sie beinhalten.
6. Auch der Projektmappen-Explorer besitzt seine zwei »Eigenheiten«. Zum einen wird die Projektmappendatei nicht angezeigt (das kann in den Optionen der IDE geändert werden, ist in der Regel aber nicht erforderlich). Zum anderen, und das wiegt im Moment etwas schwerer, erscheinen am Anfang nicht alle Dateien, die Teil des Projekts sind[7]. Das müssen Sie leider in jedem Projekt ändern, indem Sie einmal auf den Button *Alle Dateien anzeigen* in der Symbolleiste des Projektmappen-Explorers klicken. Nachdem eben alles noch so schön übersichtlich war, sieht es auf einmal regelrecht übervölkert aus. Doch es hilft alles nichts, der Wahrheit muss man ins Auge blicken. In Tabelle 3.4 werden die Bestandteile des Projekts der Reihe nach vorgestellt.

Abbildung 3.14 Dieser Button sorgt dafür, dass alle Dateien angezeigt werden

---

[7] Microsoft geht nicht immer so schonend mit seinen Anwendern um.

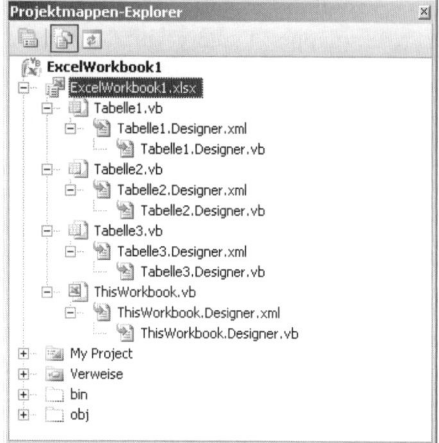

Abbildung 3.15 Der Projektmappen-Explorer zeigt jetzt alle Dateien an, die zum Projekt gehören

Projektbestandteil	Welche Rolle spielt es?
ExcelWorkbook1	Das ist der Name des Projekts.
ExcelWorkbook1.xslx	Das ist der Name jener Arbeitsmappe, die beim Anlegen des Projekts ausgewählt wurde.
Tabelle1.vb	Hierbei handelt es sich um die Quelltextdatei, die hinter der *Tabelle1* der Arbeitsmappe steht. Sie besteht aus einer Klasse mit dem Namen *Tabelle1* (bzw. allgemein so, wie das Tabellenblatt heißt). Über ⇧+F7 wird der Tabellendesigner angezeigt, über F7 der Programmcode.
Tabelle1.Designer.xml	Dies ist eine Hilfsdatei des Designers. Sie spielt keine direkte Rolle.
Tabelle1.Designer.vb	Auch dies ist eine Hilfsdatei. Hier wird der vom Designer generierte Code eingefügt. Sie ist ebenfalls ein Teil der Klasse *Tabelle1*. Sie spielt aber keine direkte Rolle.
Tabelle2.vb	Entspricht mit ihren »Hilfsdateien« exakt der Bedeutung von *Tabelle1.vb* & Co. Für alle Tabellen der Arbeitsmappe gibt es im Projekt jeweils entsprechende Quelltextdateien.
ThisWorkbook.vb	Diese Datei steht für die Arbeitsmappe als Ganzes und enthält die Klasse *ThisWorkbook*, die die Arbeitsmappe im Programm repräsentiert. Einen Designer gibt es hier nicht, da eine Arbeitsmappe keine eigene Oberfläche besitzt. Stattdessen wird eine allgemeine Designeroberfläche angezeigt, auf der man Komponenten anordnen könnte, was im Allgemeinen aber keine Rolle spielt. Auch *ThisWorkbook.vb* wird von zwei Hilfsdateien begleitet.
My Project	Hinter diesem Unterverzeichnis verbergen sich allgemeine Projektdateien, wie *AssemblyInfo.vb* (enthält recht spezielle Projekteinstellungen), *Resources.resx* (enthält die Ressourcen) und *Settings.settings* (enthält allgemeine Einstellungen). Diese Dateien werden nur in Ausnahmefällen direkt geöffnet oder gar direkt editiert.
Verweise	Dies ist kein Ordner, sondern lediglich eine Liste mit allen Verweisen auf andere Assemblybibliotheken.
bin	Das Unterverzeichnis enthält in seinen Unterverzeichnissen *Debug* und *Release* die Assemblydatei, die beim Erstellen des Projekts entsteht.
obj	Ein temporäres Projektverzeichnis, das keine direkte Rolle spielt.

Tabelle 3.4 Die Bestandteile eines frisch angelegten VSTO-Projekts

Die Bestandteile eines Word-Dokument-Objekts

Ein VSTO-Projekt, das auf einem Word-Dokument oder einer Word-Vorlage basiert, entspricht (natürlich) weitestgehend einem Excel-Projekt. Anstelle einer Arbeitsmappe und deren Tabellen gibt es eine Datei *ThisDocument.vb*, die das Word-Dokument repräsentiert und aus einer Klasse mit dem Namen *ThisDocument* besteht.

Anatomie eines VSTO-Projekts

Die Bestandteile eines Add-In-Projekts

Ein Add-In-Projekt ist bei allen Anwendungen schnell ausgewählt, denn es ist grundsätzlich anwendungsunabhängig. Es besteht aus einer Datei mit dem Namen *ThisAddIn.vb*, die eine Klasse *ThisAddIn* enthält. Diese Datei repräsentiert das Add-In. Nicht ganz unwichtig ist die zunächst unsichtbare Datei *ThisAddIn.Designer*.vb. Sie erweitert die *ThisAddIn*-Klasse um zahlreiche Funktionalitäten, die scheinbar von Anfang an im Add-In zur Verfügung stehen, »in Wirklichkeit« aber von Visual Studio eingefügt werden. Dazu gehört zum Beispiel die *Application*-Eigenschaft, die für das *Application*-Objekt der jeweiligen Anwendung steht. Das ist ein angenehmer Vorteil gegenüber dem alten Add-In-Modell der COM-Add-Ins, bei dem dieser Verweis als *As Object* im *OnConnection*-Event übergeben wurde. Mehr zu diesen Dingen in Kapitel 10, wenn es um die Add-Ins geht.

> **HINWEIS** Bei Add-In-Projekten für Office 2003 wird zusätzlich ein Setup-Projekt eingefügt, das sich um die Berechtigungen und die erforderlichen Registry-Einträge kümmert. Dieses wird bei Office 2007 nicht benötigt, da die Weitergabe hier auf ClickOnce basiert.

Die Bestandteile eines SharePoint Workflow-Projekts

Ein SharePoint Workflow-Projekt fällt insofern ein wenig aus der Reihe, als es nicht an eine Office-Anwendung oder ein Office-Dokument gekoppelt ist, sondern an ein existierendes SharePoint-Web, in das es beim Start »deployt« wird. Es besteht aus einer *Workflow1.vb*-Datei, die eine Klasse mit dem Namen *Workflow1* enthält, die eine einzelne Activity repräsentiert. Ferner gibt es eine Datei *Workflow.xml*, die den Workflow beschreibt, und eine Datei *Feature.xml* für das Überspielen auf den angegebenen SharePoint-Server. Abgerundet wird das Projektensemble durch eine Schlüsseldatei (*Key.snk*), mit dem die Assembly signiert wird, da SharePoint-Erweiterungen einen starken Namen haben müssen (bzw. sollten). Das Highlight des Ganzen ist natürlich der komfortable Designer, mit dessen Hilfe sich ein Workflow ohne Kodierung bequem mit der Maus und einer großen Auswahl an Activity-Steuerelementen aus der Toolbox zusammenstellen lässt. Mehr zum Thema »SharePoint-Programmierung« in Kapitel 11.

Die allgemeinen Eigenschaften eines Projekts

Die große Zahl an Vorlagen bei Visual Studio 2008 darf nicht darüber hinwegtäuschen, dass ein Projekt immer ein und dieselbe Grundstruktur besitzt, die sich in der Projektdatei manifestiert. Dazu gehören die Projekteigenschaften, die entweder über *Projekt/<Projektname>-Eigenschaften* aufgerufen werden oder indem das Projekt im Projektmappen-Explorer mit der rechten Maustaste angeklickt und *Eigenschaften* gewählt wird. Es ist wichtig zu verstehen, dass hier keine Änderungen gemacht werden müssen, damit ein Projekt fehlerfrei kompiliert und ausgeführt werden kann. Es kann von Fall zu Fall aber notwendig sein, und es ist mit Sicherheit eine gute Idee, über die wichtigsten Einstellungen Bescheid zu wissen. Die Einstellungen werden auf Projektebene vorgenommen (gelten also nur für ein bestimmtes Projekt) und in der Projektdatei hinterlegt. Die einzelnen Einstellungen sind auf immerhin zehn Registern übersichtlich verteilt, sodass es relativ einfach ist, einen Überblick zu erhalten.

Register	Was wird hier eingestellt?	Wichtige Einstellungen
Anwendung	Allgemeine Einstellungen zur Anwendung und zur Assembly. Bei einem VSTO-Projekt sind die Einstellungen insgesamt stark reduziert. Im Unterschied zu regulären Projekten kann der Namespace nicht mehr nachträglich geändert werden (was auch sinnvoll ist).	*AssemblyName*
Kompilieren	Allgemeine Einstellungen, die das Kompilieren der Projektdatei in eine Dll-Assemblydatei betreffen. Hier wird auch festgelegt, ob Compilerhinweise als Warnungen oder als Fehler angezeigt werden.	Der Ausgabepfad, der festlegt, wo die Dll-Datei abgelegt wird
Debuggen	Einstellungen, die die Ausführung des Programms betreffen. Auch diese Einstellungen spielen bei VSTO-Anwendungen im Allgemeinen keine Rolle, da sie nicht direkt, sondern durch die VSTO-Laufzeit gestartet werden.	–
Verweise	Hier werden die Verweise und Namespace-Importe für das Projekt zusammengestellt.	Die Möglichkeit, nicht verwendete Verweise auflisten zu können
Ressourcen	Der Ressourceneditor des Projekts. In einer Ressourcendatei werden zum Beispiel Bitmaps und Zeichenketten abgelegt, auf die während der Programmausführung ein Zugriff über einen Namen möglich sein soll.	–
Dienste	Neu bei Visual Studio 2008. Hier lassen sich die sogenannten ASP.NET-Anwendungsdienste, etwa zur Benutzeranmeldung, nutzen. Dies spielt für eine VSTO-Anwendung im Allgemeinen aber keine Rolle.	–
Einstellungen	Hier können allgemeine Einstellungen so gespeichert werden, dass sie mit dem nächsten Programmstart wieder zur Verfügung stehen. Das Besondere ist, dass jede Einstellung typisiert ist, ihr also immer ein Datentyp zugewiesen wird. Interessant ist zum Beispiel der Typ *Verbindungszeichenfolge*.	–
Signierung	Hier werden ClickOnce-Manifeste, sofern diese eine Rolle spielen, und die Assembly selbst mit einer Schlüsseldatei signiert, die das Paar aus privatem und öffentlichem Schlüssel enthält.	–
My-Erweiterungen	Dieser Bereich ist sehr speziell und für VSTO-Projekte meistens ohne Bedeutung. An dieser Stelle kann der *My*-Namespace, der über das Wort *My* im Quellcode zur Verfügung steht, erweitert werden.	–
Veröffentlichen	Dies ist das für VSTO-Anpassungen wichtigste Register, denn hier werden die Details zum Bereitstellen der Anwendung eingestellt.	Pfad des Bereitstellungsordners

Tabelle 3.5 Die Projekteigenschaften und ihre Bedeutung

Die wichtigsten Arbeitsschritte beim Umgang mit Visual Studio

Wenn es um die Bedienung geht, verhält sich Visual Studio nicht viel anders als eine typische Office-Anwendung. Man muss wissen, wo sich welcher Knopf und welcher Hebel befinden, und dazu bedarf es einfacher einer gewissen Übung.

Vorhandene Projekte öffnen

Ein vorhandenes Projekt wird entweder hochoffiziell über *Datei/Öffnen* und dem dann angebotenen Eintrag *Projekt/Projektmappe* (mit `Strg`+`O` geht es im Allgemeinen schneller) oder über die Startseite geöffnet, die unter anderem auch die zuletzt geöffneten Projekte auflistet. Ob Sie die Projektdatei oder die Projektmappe öffnen, spielt im Allgemeinen keine Rolle. Außerhalb von Visual Studio wird das Projekt durch einen Doppelklick auf die Sln- oder Vbproj-Datei geöffnet.

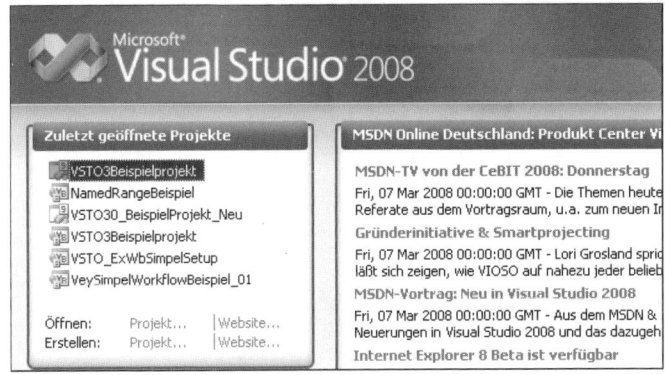

Abbildung 3.16 Die Startseite zeigt auch die zuletzt bearbeiteten Projekte an

Ein neues oder ein vorhandenes Projekt hinzufügen

Mit diesem Schritt tun sich Neulinge bei Visual Studio erfahrungsgemäß ein wenig schwer. Ein Projekt hinzuzufügen bedeutet nicht, es neu anzulegen, sondern ein neues oder ein bereits vorhandenes Projekt in die aktuelle Projektmappe aufzunehmen, sodass das Projekt ein Teil der Projektmappe wird. Das geschieht über den Menübefehl *Datei/Hinzufügen/Neues Projekt* bzw. *Datei/Hinzufügen/Vorhandenes Projekt*.

Sobald eine Projektmappe mehrere Projekte umfasst, spielt ein Projekt die Rolle des Startprojekts. Welches Projekt das ist, wird durch Anklicken des Projekts im Projektmappen-Explorer mit der rechten Maustaste und Wahl des Menübefehls *Als Startprojekt festlegen* bestimmt.

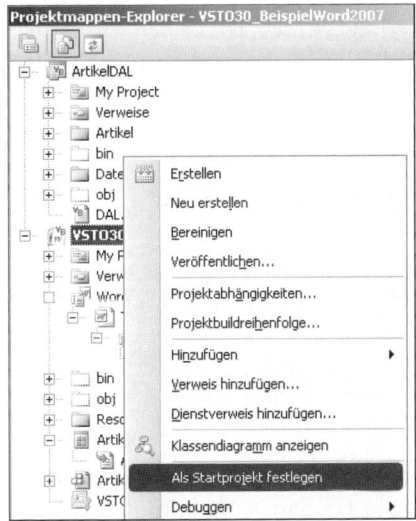

Abbildung 3.17 Enthält die Projektmappe mehrere Projekte, muss eines zum Startprojekt gemacht werden

HINWEIS Über den Konfigurations-Manager kann auch festgelegt werden, dass mehrere Projekte gleichzeitig gestartet werden. Der Konfigurations-Manager ist aber erst dann sichtbar, wenn dies in den Optionen der IDE eingestellt wurde.

Der Konfigurations-Manager

Der Konfigurations-Manager legt fest, mit welcher Konfiguration die einzelnen Projekte der Projektmappe übersetzt werden. Besteht eine Projektmappe aus einem Projekt, spielt der Konfigurations-Manager keine Rolle.

Den Konfigurations-Manager sichtbar machen

Der *Konfigurations-Manager* wird per Voreinstellung nicht angezeigt. Er wird wie folgt sichtbar gemacht:
1. Öffnen Sie die Projekteinstellungen über *Extras/Optionen*.
2. Wechseln Sie in den Zweig *Projekte und Projektmappen/Allgemein*.
3. Setzen Sie bei der Option *Erweiterte Buildkonfigurationen anzeigen* ein Häkchen.
4. Bestätigen Sie die Einstellungen mit *OK*.

Der Konfigurations-Manager wird über *Erstellen/Konfigurations-Manager* angezeigt.

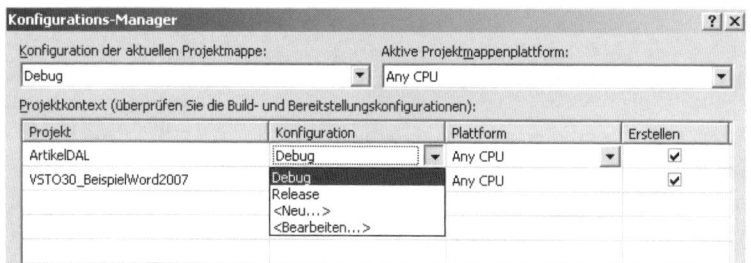

Abbildung 3.18 Über den Konfigurations-Manager kann für jedes Projekt eine andere Konfiguration ausgewählt werden

Die Rolle der Konfiguration

Visual Studio unterscheidet zwischen der Debug- und der Release-Konfiguration. Dahinter stehen lediglich ein paar Einstellungen, die beim Kompilieren unterschiedlich berücksichtigt werden. Die beiden wichtigsten Unterschiede zwischen Debug- und Release-Konfiguration sind folgende: Zum einen werden in Verbindung mit der Release-Konfiguration keine Symbolinformationen in die Assemblydatei eingefügt, sodass sie sich nicht mehr auf Quelltextebene debuggen lässt. Zum anderen wird die Assembly je nach Konfiguration in dem Ausgabeverzeichnis *bin\Debug* oder *bin\Release* abgelegt. Im Allgemeinen werden Projekte zunächst in der Debug-Konfiguration kompiliert (das ist die Voreinstellung), vor der Auslieferung sollten sie in der Release-Konfiguration erstellt werden, wenngleich das keine Voraussetzung ist.

Die Projektkonfiguration hat nichts mit der Anwendungskonfiguration zu tun. Diese wird durch eine Datei mit dem Namen *App.config* vorgenommen und über *Projekt/Neues Element hinzufügen* und Auswahl von *Anwendungskonfigurationsdatei* als Vorlage zum Projekt hinzugefügt.

Verweise hinzufügen

Ein Verweis ist der Name bzw. Pfad einer anderen Assemblybibliothek, deren Inhalt beim Erstellen des Projekts ausgewertet wird. Welche Verweise beim Anlegen des Projekttyps gesetzt werden, hängt vom Projekttyp ab. Bei einem VSTO-Erweiterungsprojekt ist unter anderem ein Verweis auf die PIA der jeweiligen Office-Anwendung gesetzt. Dass weitere Verweise hinzugefügt werden müssen, kommt zwar selten vor, aber es kann erforderlich werden (zum Beispiel wenn aus einer Konsolenanwendung die Klassen der VSTO-Laufzeit angesprochen werden sollen oder allgemein bei Projekten, die per Automatisierung auf eine Office-Anwendung zugreifen). Es gibt gleich mehrere Möglichkeiten, einen Verweis hinzuzufügen. Über die Projekteigenschaften, über *Projekt/Verweis hinzufügen* oder über die Rubrik *Verweise* im Projektmappen-Explorer, indem dieser mit der rechten Maustaste angeklickt wird. Verweise werden stets für ein bestimmtes Projekt gesetzt und müssen, nachdem ein neues Projekt angelegt wurde, eventuell erneut hinzugefügt werden.

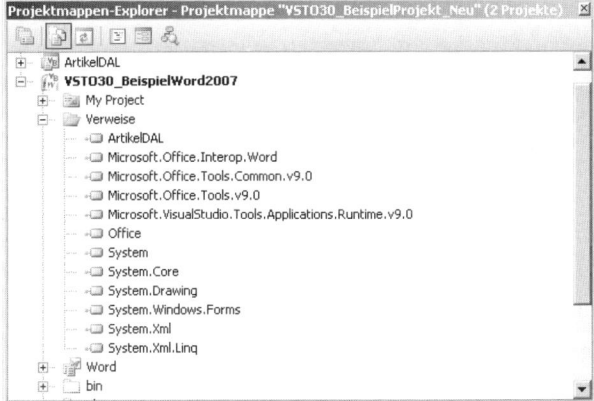

Abbildung 3.19 Der Projektmappen-Explorer zeigt auch die Verweise an

Auch beim VBA-Editor gibt es Verweise, allerdings nur auf COM-Bibliotheken und auf andere Projekte. Diese Möglichkeit ist bei Visual Studio ebenso vorhanden. Sie wird immer dann genutzt, wenn zum Projekt eine Bibliothek hinzugefügt wurde, deren Inhalt von dem »Hauptprojekt« angesprochen werden soll. Sobald in ein Projekt ein Verweis auf ein anderes Projekt eingefügt wurde, werden beim Erstellen beide Projekte in diesen Vorgang einbezogen und die Assemblies aller Projekte im selben Ausgabeverzeichnis abgelegt.

Neue Elemente zu einem Projekt hinzufügen

Ein Projekt enthält am Anfang nur eine »Rumpfbesatzung«. Im Laufe der Zeit werden weitere Elemente in Gestalt von Klassen, Benutzersteuerelementen, Ribbons usw. hinzugefügt. Dies geschieht über den Menübefehl *Projekt/Neues Element hinzufügen* oder einfacher über [Strg]+[⇧]+[A]. Es erscheint eine umfangreiche Auswahl von Vorlagen. Jede dieser Vorlagen, so exotisch die Namen teilweise auch klingen mögen, führt lediglich dazu, dass eine oder mehrere Textdateien eingefügt werden, die teilweise bereits mit Codebefehlen gefüllt sind. Am Ende spielt es keine Rolle, welcher Vorlagentyp gewählt wurde, es kommt auf den Inhalt der Datei an.

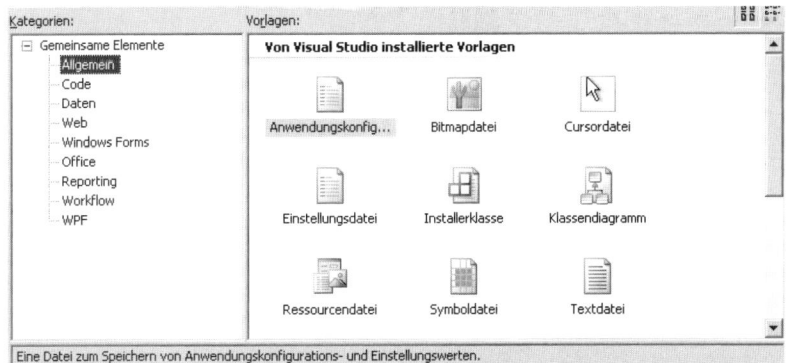

Abbildung 3.20 Visual Studio bietet nicht nur für VSTO-Anwendungen eine reichhaltige Auswahl an Vorlagen

Mit Quelltext arbeiten

Programmieren bedeutet Quelltext (engl. »source code«) einzugeben und ihn zu editieren. Dies geschieht im Code-Editor von Visual Studio. Dieser ist überaus komfortabel und bietet viele Eingabehilfen. Wer zum ersten Mal mit einer IDE wie Visual Studio in Berührung kommt, mag diesen vielleicht als normal empfinden, aber er ist keinesfalls selbstverständlich. Der VBA-Editor bietet zwar auf den ersten Blick ähnliche Hilfen, doch die von Visual Studio sind deutlich umfassender und subtiler. Im Einzelnen gehören dazu:

- Das automatische Einfärben der Sprachelemente je nach Typ. Die Farben können in den Optionen der IDE eingestellt werden (das bietet der VBA-Editor zwar auch, allerdings nicht so weitreichend).
- Nach Eingabe eines Punktes (.) erscheint eine Auswahlliste mit allen Mitgliedern der Klasse oder des Objekts (das kann der VBA-Editor auch, doch bei Visual Studio wird die Liste in häufig benötigte und alle Elemente unterteilt und es werden nur jene Namen angezeigt, die mit den bereits eingegebenen Buchstaben übereinstimmen).
- Bereits vor der ersten Eingabe wird eine Auswahlliste mit allen zur Verfügung stehenden Befehlen und Schlüsselwörtern angeboten. Diese ist kontextsensitiv, es werden also immer nur jene Elemente angezeigt, die zur aktuellen Situation passen (da muss der VBA-Editor leider passen).
- Befehle werden unmittelbar nach der Eingabe ausgewertet und Fehler sofort angezeigt. Das ist möglich, da Visual Basic auf einem Compiler basiert, der den Quellcode im Hintergrund sofort umsetzt, VBA auf einem Interpreter, der erst gestartet werden muss, um den Code zu analysieren. Fehler werden durch wellenförmige Unterstreichungen angezeigt – Rot bedeutet Fehler, Grün eine Warnung, die man ignorieren kann, und Violett deutet während einer Programmunterbrechung an, dass Änderungen vorgenommen wurden, die zu einem Neustart des Projekts führen.

Und einiges mehr, die Aufzählung erhebt keinen Anspruch auf Vollständigkeit. Fortgeschrittenere Entwickler profitieren von der Möglichkeit, den Code durch Umstrukturierung optimieren zu können, ohne dass Seiteneffekte auftreten, oder von der Möglichkeit, per Mausklick ein Testprojekt anzulegen mit Testroutinen, die die Methoden des Programms dahingehend prüfen, ob sie die richtigen Resultate liefern. Visual Studio ist eine professionelle Entwicklungsumgebung, das können das Kapitel und das Buch nur andeuten, zumal viele der Möglichkeiten im Rahmen der Entwicklung von VSTO-Anwendungen nicht zwingend benötigt werden.

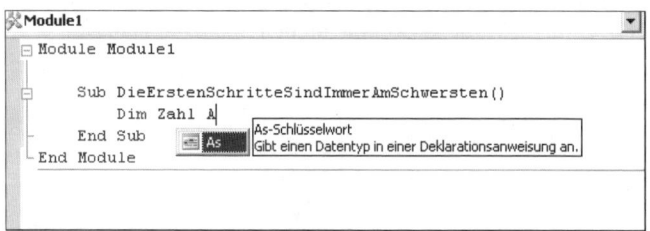

Abbildung 3.21 Neben den üblichen Auswahlhilfen bietet Visual Studio auch Syntaxhilfen bei der Eingabe von Befehlen

Auf den Quellcode umschalten

Das Umschalten auf den Code-Editor geschieht zum Beispiel über die [F7]-Taste oder über das Symbol *Code anzeigen* in der Symbolleiste des Projektmappen-Explorers. Über [⇧]+[F7] gelangt man wieder in den Designer zurück.

Automatische Fehlerkorrektur

In vielen Situationen kann Visual Studio Hilfestellungen anbieten, die weit über eine Fehlermeldung hinausgehen. Dieses Verhalten ist so interessant, dass Sie es einmal selbst ausprobieren sollten.

Starten Sie dazu Visual Studio, legen Sie ein Projekt vom Typ *Windows Forms-Anwendung* an (übernehmen Sie den vorgeschlagenen Namen) und doppelklicken Sie auf das Formular, um in den Code-Editor und dort in die *Form_Load*-Prozedur zu gelangen. Geben Sie Folgendes ein:

```
Dim ZahlenWert As Strng = "12345"
```

Klar, hier fehlt ein »i« in dem Datentypbezeichner. Visual Studio zeigt dies entsprechend mit einer blauen Welle an. Doch wenn Sie genau hinsehen, werden Sie feststellen, dass das »g« mit einem Balken unterlegt wird. Das ist ein typisches Zeichen für einen SmartTag. Bewegen Sie den Mauszeiger auf den Balken und warten Sie einen kurzen Augenblick. Daraufhin wird ein rotes Ausrufezeichen sichtbar. Klicken Sie auf das Pfeilsymbol, wird ein Textfeld angezeigt, das einen Korrekturvorschlag enthält. Sie müssen die Korrektur nicht eintippen, sondern klicken einfach auf den Vorschlag in dem Textfeld und damit wird der Fehler korrigiert.

Doch die Fehlerkorrektur kann noch etwas mehr. Dazu müssen Sie als Erstes oberhalb des *Class*-Befehls den Befehl

```
Option Strict On
```

eingeben. Er bewirkt, dass keine impliziten Typenumwandlungen erlaubt sind. Damit wird Visual Basic sehr viel strenger, was implizite Typenumwandlungen angeht, zum Beispiel bei Zuweisungen. Geben Sie jetzt unterhalb des *Dim*-Befehls den folgenden Befehl ein:

```
Dim Zahl As Integer = ZahlenWert
```

Hier soll einer *Integer*-Variablen die Ziffernfolge einer *String*-Variablen zugewiesen werden. Was unter VBA kein Problem war, ist bei Visual Basic bei *Option Strict On* nicht mehr erlaubt. Doch statt eines Fehlers gibt Ihnen Visual Studio eine echte Hilfestellung. Öffnen Sie das Hinweisfenster, erhalten Sie nicht nur eine Vorschau auf die korrekte Schreibweise, sondern können diese per Mausklick anwenden.

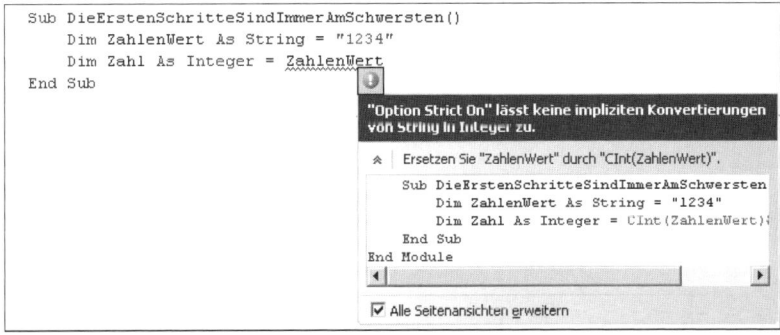

Abbildung 3.22 Visual Studio bietet praktische Fehlerkorrekturhilfen an

TIPP Das kann schnell übersehen werden. Am linken Rand werden jene Bereiche mit einem gelben Streifen gekennzeichnet, die sich nach dem letzten Speichern verändert haben. Ein grüner Randstreifen bedeutet, dass der Bereich gesichert wurde.

Die Rolle der Regionen

Vielleicht sind Ihnen am linken Rand die Minus- und Pluszeichen aufgefallen. Damit werden bei Visual Studio die sogenannten Regionen gekennzeichnet. Bei einer Region handelt es sich um einen ein- und ausblendbaren Bereich im Code-Editor. Das ist sehr praktisch, da auf diese Weise nicht der komplette Quellcode sichtbar sein muss, sondern nur jener Teil, der momentan von Interesse ist. Visual Studio fügt zum Beispiel jede Klassendefinition automatisch in eine Region ein. Über die Spezialanweisung *#Region* werden eigene Regionen definiert:

```
#Region "NichtSoWichtig"

#End Region
```

Dadurch entsteht ein weiterer Bereich, der sich ein- und ausblenden lässt. Auf die Programmausführung haben die Regionen keinen Einfluss, das heißt, die Befehle in einer ausgeblendeten Region werden (natürlich) ebenfalls ausgeführt.

Nach Quelltextelementen suchen

Wie eine Textverarbeitung besitzt auch Visual Studio eine leistungsfähige Funktion für das Suchen und Ersetzen von Text. Leistungsfähig deswegen, weil neben einfachen Suchbegriffen auch reguläre Ausdrücke eingesetzt werden können, mit deren Hilfe sich Textmuster finden lassen. Es ist wichtig, anzugeben, welche Bereiche des Projekts durchsucht werden sollen. Bei kleinen Projekten spielt dies im Allgemeinen keine Rolle, da man in etwa weiß, wo sich das gesuchte Element aufhält, bei Projekten mit mehreren Hundert Modulen und entsprechend Tausenden von Befehlszeilen wäre es zu ineffektiv, stets das komplette Projekt zu durchsuchen. Die Suche wird, wie könnte es anders sein, über [Strg]+[F] gestartet. Es öffnet sich ein zunächst noch kleiner Suchdialog. Wichtig ist hier vor allem die Auswahlliste *Suchen in*, denn standardmäßig beschränkt sich die Suche auf das aktuelle Dokument. Häufig möchte man jedoch sämtliche Dateien des Projekts durchforsten und muss daher die Suche ausweiten.

Abbildung 3.23 Der *Suchen und Ersetzen*-Dialog dient dem schnellen Suchen und Ersetzen

Die wichtigsten Arbeitsschritte beim Umgang mit Visual Studio

TIPP Diese praktische Hilfe kann leicht übersehen werden. Über den Button *Lesezeichen* wird erreicht, dass alle Stellen im Quelltext, an denen der Suchbegriff vorkommt, mit einem Lesezeichen versehen werden. Das Lesezeichenfenster wird über das *Ansicht*-Menü geöffnet.

Über Suchoptionen stehen weitere Varianten zur Auswahl, die die Suche eingrenzen. Eine wichtige Suchoption kann leicht übersehen werden. Normalerweise wird das erste Vorkommen des Suchbegriffs angezeigt und weitere Vorkommnisse müssen durch Fortsetzen der Suche aufgespürt werden. Es gibt aber auch einen Modus, in dem alle Ergebnisse in einer Ergebnisliste aufgelistet werden, was oft ein wenig praktischer ist. Dieser Modus wird über die unscheinbare Symbolleiste des Suchendialogs mit ihrem Button *In Dateien suchen* aktiviert. Damit nicht die unwichtigen (vom Designer generierten) Dateien durchsucht werden, lässt sich die Suche auf bestimmte Dateitypen beschränken. Die Suchfunktion ist leistungsfähiger, als es zunächst vielleicht den Anschein haben könnte, Sie müssen sich nur die Zeit nehmen und die verschiedenen Varianten ausprobieren. Ein Aspekt, der in diesem Buch nur angedeutet werden soll, ist die Suche über reguläre Ausdrücke.

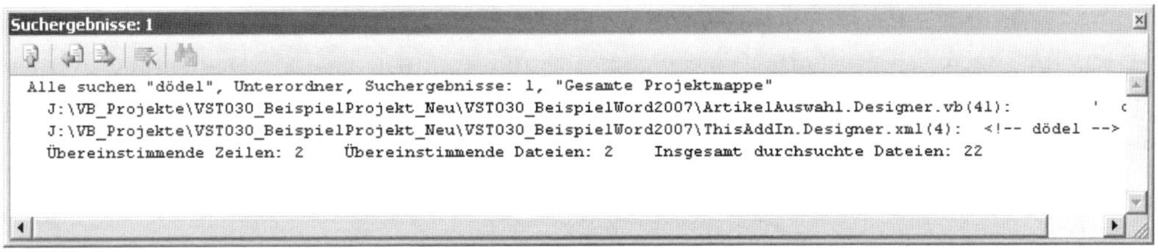

Abbildung 3.24 Die Ergebnisse einer Dateisuche werden in einer eigenen Liste angezeigt

Suchen mit Platzhaltern

Wenn reguläre Ausdrücke am Anfang ein wenig zu speziell sein sollten, ist die Suche mit Platzhaltern ein einfacher und praktischer Ersatz dafür. Wählen Sie dazu aus der Liste *Mit* bei *Suchoptionen* den Eintrag *Platzhalter* aus. Jetzt ist der Pfeil rechts neben dem Sucheingabefeld aktiv und zeigt die zur Verfügung stehenden Platzhalter an. Ein [:]? findet zum Beispiel Unterstriche, auf die ein beliebiges Zeichen folgt.

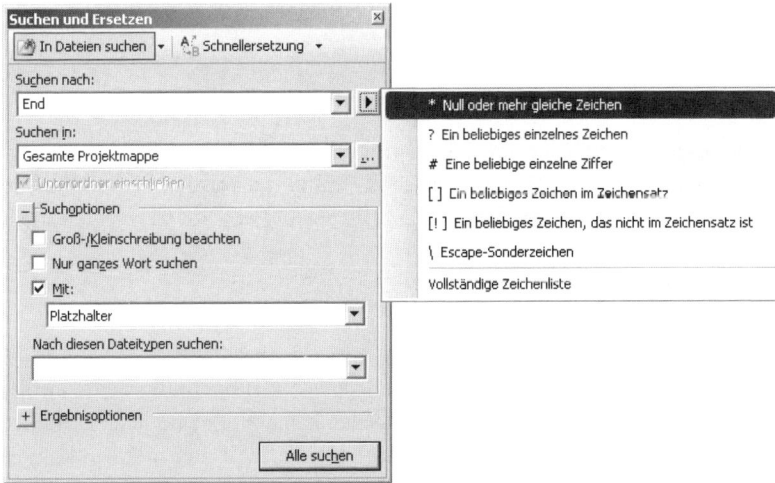

Abbildung 3.25 Auf Wunsch stehen für die Suche im Quelltext und in Dateien auch Platzhalter zur Verfügung

Die inkrementelle Suche

Ein weiteres sehr interessantes Merkmal ist die inkrementelle Suche, die vor allem bei großen Textdateien sehr nützlich ist. Wird sie über [Alt]+[I] (oder über *Bearbeiten/Erweitert/Inkrementelle Suche*) aktiviert, nimmt der Mauszeiger das Symbol eines Fernglases mit einem Pfeil an, der die Suchrichtung symbolisiert, und die Eingabe eines Zeichens führt dazu, dass das nächste Textelement angesteuert wird, das mit den bereits eingegebenen Zeichen übereinstimmt. Der aktuelle Status der Suche wird in der Statusleiste angezeigt.

Projekte starten und debuggen – die [F5]-Taste

Der wichtigste Vorgang bei Visual Studio ist das Starten des Projekts. Dadurch werden die Quelltextdateien durch den internen Compiler kompiliert. Sollten diese keine Fehler enthalten haben, ist eine Assemblydatei (Erweiterung *.Dll*) das Resultat, die im Ausgabeverzeichnis abgelegt wird. Je nach Projektkonfiguration ist dies das Verzeichnis *bin\Debug* oder *bin\Release* im Projektverzeichnis. Da sich Dll-Assemblies nicht direkt starten lassen, ruft Visual Studio die jeweilige Office-Anwendung auf, die wiederum das Dokument mit der erzeugten Assembly lädt. Allerdings gibt es in Visual Studio nirgendwo einen »Start-Befehl«. Er heißt entweder *Debugging starten* ([F5]) oder *Starten ohne Debugging* ([Strg]+[F5]). Beide Befehle finden Sie im *Debuggen*-Menü. Im ersten Fall wird das Projekt gestartet und eventuell gesetzte Haltepunkte werden berücksichtigt. Im zweiten Fall wird das Projekt »regulär« gestartet, die Möglichkeit, es auf Quelltextebene zu debuggen, besteht nicht. Im Allgemeinen ist das Starten mit Debugging die bessere Wahl. Wie ein Projekt im Einzelschrittmodus ausgeführt wird, ist in Kapitel 13 an der Reihe.

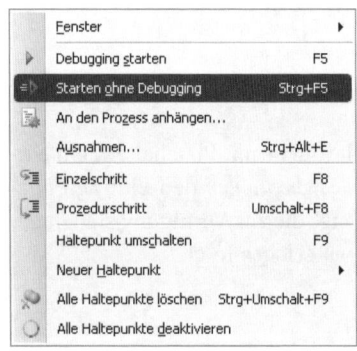

Abbildung 3.26 Die Befehle zum Starten des Projekts sind im *Debuggen*-Menü enthalten

Die Rolle von Vshost.exe

Projekte, die in einer Exe-Datei resultieren, werden durch ein Hilfsprogramm mit dem Namen *Vshost.exe* ausgeführt. Das kann in den Projekteigenschaften (*Debuggen*-Register) deaktiviert werden. *Vshost.exe* soll unter anderem die Ausführung nach dem Drücken von [F5] etwas beschleunigen. Bei VSTO-Projekten spielt *Vshost.exe* keine Rolle.

Projekte erstellen

Ein Projekt zu erstellen ist nicht dasselbe wie es auszuführen, sondern etwas weniger. Beim Erstellen wird das Projekt lediglich kompiliert, aber nicht ausgeführt. Neben dem reinen Erstellen kann ein Projekt neu erstellt (im Unterschied zum Erstellen werden auch die seit dem letzten Erstellen nicht geänderten Dateien erneut kompiliert) und bereinigt werden (dabei werden temporäre Dateien gelöscht). Das Veröffentlichen eines Projekts bedeutet, es über den ClickOnce-Mechanismus für die Installation bereitzustellen. Mehr dazu in Kapitel 14.

Der IDE bei der Arbeit zusehen

Wenn Sie sehen möchten, wie ein Projekt kompiliert und später ausgeführt wird, können Sie dies im Ausgabefenster von Visual Studio verfolgen. Es ist interessant zu beobachten, wie viele Bibliotheken beim Laden einer simplen VSTO-Anwendung geladen werden (was ein Grund dafür sein kann, dass es manchmal etwas länger dauert). Die sehr langen Verzeichnisnamen, wie zum Beispiel *C:\Windows\Assembly\GAC_MSIL\Microsoft.VisualStudio.Tools.Office* usw., haben ihre Berechtigung, denn es sind Verzeichnisse der .NET- bzw. VSTO-Laufzeit, die tatsächlich so lange Namen besitzen, da unter anderem die Versionsnummer und der Public Key-Token Teil des Verzeichnisnamens sind. Wenn Sie einen Blick in eines dieser Verzeichnisse werfen möchten, kopieren Sie den Pfad aus dem Ausgabefenster in das Eingabefeld, das über *Start/Ausführen* erscheint. Außer einer unscheinbaren Dll-Datei sehen Sie dort aber nichts.

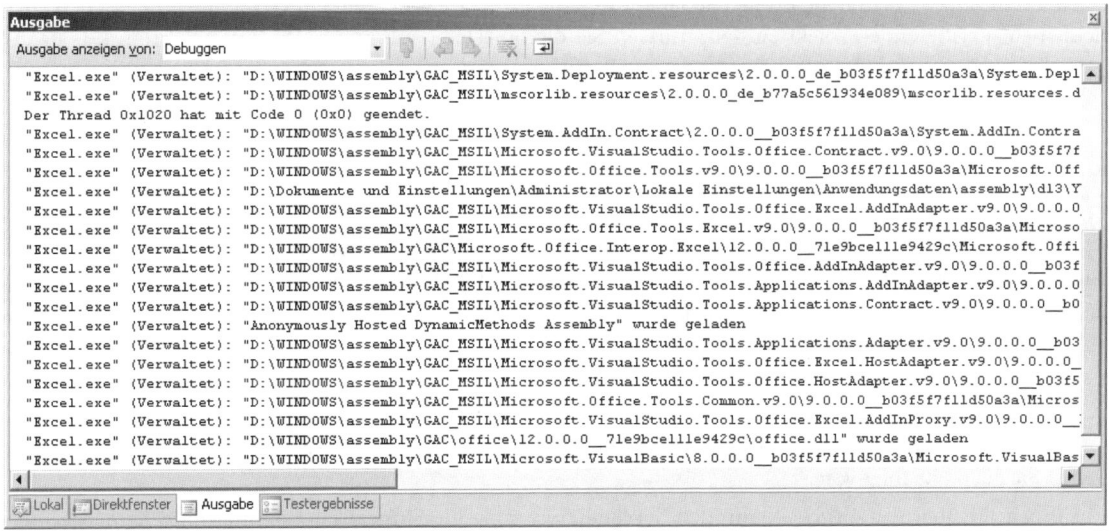

Abbildung 3.27 Im Ausgabefenster werden beim Start einer VSTO-Anwendung alle Assemblybibliotheken aufgelistet, die der Reihe nach geladen werden

Eine Assembly in ein Projekt zurückverwandeln

Diesen »Zaubertrick« müssen Sie unbedingt einmal selbst ausprobieren. Er besteht darin, aus einer (VSTO-)Assembly wieder das Projekt zu rekonstruieren, aus dem heraus es erstellt wurde, ohne dass die Quelltextdateien dazu vorliegen müssen. Möglich wird dieser Trick, der natürlich keiner ist, über das kleine Tool *Reflector* von *Lutz Roeder* (Download unter *http://www.aisto.com/roeder/dotnet/*). Nach dem Laden der Assembly steht in deren Kontextmenü unter anderem der Eintrag *Export* zur Verfügung.

Projekte drucken

Die Möglichkeit, den Quelltext eines Projekts zu drucken, ist auch bei der aktuellen Version von Visual Studio sehr eingeschränkt. Ein Projekt lässt sich leider nur Datei für Datei drucken. Es gibt keinen Befehl, der ein komplettes Projekt auf einmal druckt. Formulare oder andere Oberflächenelemente, wie zum Beispiel eine hübsch gestaltete Multifunktionsleiste, lassen sich grundsätzlich nicht über die Visual Studio-Druckfunktion drucken.

TIPP	Natürlich gibt es nette Tools, die den fehlenden Komfort nachreichen, doch leider sind diese nicht kostenlos.

Projekte umbenennen

Das nachträgliche Umbenennen eines Projekts ist gar nicht so einfach. Es wird zum Beispiel notwendig, wenn Sie ein Projekt unter einem falschen Namen gespeichert haben und dies nun ändern möchten. Das »Einfachste« ist es vermutlich, die Projektdatei (Erweiterung *.Vbproj*) außerhalb der IDE umzubenennen, eine neue, leere Projektmappe (Erweiterung *.Sln*) in der IDE anzulegen (dafür gibt es eine eigene Vorlage) und das umbenannte Projekt in die leere Projektmappe zu laden. Dabei dürfen Sie nicht vergessen, auch den Assemblynamen und gegebenenfalls den Stammnamespace in den Projekteigenschaften anzupassen. Sollte sich die IDE weigern, das neue Projekt zu laden, weil die Projektmappendatei noch das alte, inzwischen aber nicht mehr existierende Projekt enthält, müssen Sie die Sln-Datei außerhalb der IDE editieren. Das nachträgliche Umbenennen eines Projekts bedeutet daher etwas Arbeit und ist zudem fehlerträchtig, sodass Sie besser gleich beim ersten Speichern den richtigen Namen für die Projektdatei vergeben sollten.

Datenbankinhalte anzeigen

Visual Studio ist auch ein richtiges Datenbankentwicklungssystem. Sie können nicht nur die Inhalte von Datenbanken sehen, sondern auch Datenbanken und deren Tabellen neu anlegen. Voraussetzung dafür ist, dass ein entsprechender »Provider« vorhanden ist und dieser diese Möglichkeit auch unterstützt. Von Anfang an werden alle gängigen Datenbanktypen von SQL Server über Access bis Oracle unterstützt. Auch für Datenbanktypen wie MySQL oder SQLite gibt es entsprechende Provider, die aber nachträglich installiert werden müssen. Häufig möchte man nur sehen, welche Tabellen und Felder eine existierende Datenbank enthält. Dazu muss im Server-Explorer von Visual Studio eine Datenbankverknüpfung angelegt werden. Gehen Sie dazu wie folgt vor:

1. Öffnen Sie über das *Ansicht*-Menü den Server-Explorer. Keine Sorge, man benötigt dazu keinen echten Server. Jeder Computer, unabhängig davon, ob dort Windows XP oder Windows Server 2011 läuft, ist ein Server.
2. Wählen Sie in der Symbolleiste *Mit Datenbank verbinden*. Es öffnet sich das typische Dialogfeld, in dem die Verbindung zu einer Datenbank hergestellt wird. Je nach Datenbanktyp wird entweder das Verzeichnis der Datenbankdatei oder der Server ausgewählt, der den Datenbankserver verwaltet.

Anschließend wird der Server-Explorer um eine Datenbankverbindung erweitert. Durch Anklicken der Datenbank können Sie sich durch die Tabellen, Ansichten und Abfragen bewegen. Ein Rechtsklick auf eine Tabelle und die Auswahl von *Tabellendefinition öffnen* zeigt die Struktur der Tabelle an, der Eintrag *Tabellendaten anzeigen* entsprechend den Inhalt der Tabelle, jeweils in einem eigenen Fenster der IDE. Es ist sogar möglich, neue gespeicherte Prozeduren und Funktionen in einer SQL Server-Datenbank anzulegen.

Mehr zum Thema »Datenbankinhalte in eine VSTO-Anwendung integrieren« in Kapitel 12.

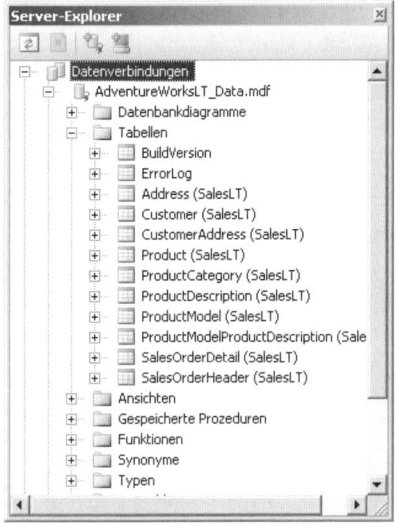

Abbildung 3.28 Der Server-Explorer zeigt den Inhalt der *AdventureWorks*-Datenbank an

Ein Projekt schließen

Normalerweise wird ein Projekt mit dem Beenden von Visual Studio geschlossen. Über den Menübefehl *Datei/Projekt schließen* kann es jederzeit vorzeitig geschlossen werden.

Speichern oder Verwerfen?

Wurde ein Projekt nicht offiziell gespeichert, erhalten Sie beim Verlassen der IDE (oder beim Neuanlegen eines Projekts) die Gelegenheit, es zu »verwerfen« oder zu speichern. Verwerfen bedeutet, dass die temporär angelegten Dateien wieder gelöscht werden. Ob die Projektdateien bei jedem Programmstart gespeichert werden, wird in den Optionen der IDE eingestellt.

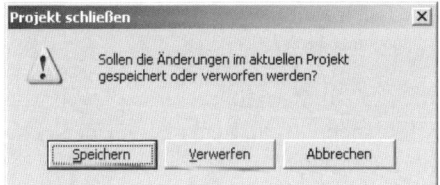

Abbildung 3.29 Vor dem Öffnen eines neuen Projekts muss das aktuelle Projekt entweder gespeichert oder verworfen werden

Nicht gesicherte Projekte retten

Was passiert, wenn Visual Studio abstürzt, das Projekt aber nicht gesichert wurde? Sind in diesem Fall alle Änderungen, die seit dem letzten Speichern vorgenommen wurden, weg? Ja und Nein. Nein, weil Visual Studio, ähnlich wie Word, das Projekt in regelmäßigen Abständen sichert (das kann in den Optionen der IDE eingestellt werden). Nein, weil dies nicht immer zuverlässig funktioniert. Und was geschieht, wenn Visual Studio abstürzt und das Projekt noch gar nicht gesichert wurde? In diesem Fall hängt es davon ab, ob das Projekt bereits mit dem Anlegen gespeichert wird, was in den Optionen der IDE unter *Projekte und*

Projektmappen/Neue Projekte beim Erstellen speichern eingestellt wird (und normalerweise aktiviert ist). Da Visual Studio ein Projekt (ebenfalls per Voreinstellung) mit jedem Ausführen sichert ist, für den unwahrscheinlichen Fall eines Absturzes (nach dem die IDE im Allgemeinen von allein wieder neu startet) meistens nicht allzu viel verloren.

Hilfe in allen Lebenslagen

Visual Studio bietet natürlich eine umfangreiche Hilfe, die neben der IDE auch alle Bereiche der Programmierung mit .NET im Allgemeinen und den VSTO im Spezielleren umfasst. Die Hilfe wird entweder über F1 oder über das *Hilfe*-Menü aufgerufen.

Suchen in der Hilfe

Rufen Sie in Visual Studio den Menübefehl *Hilfe/Suchen* auf oder drücken Sie Strg+Alt+F3, um die Hilfe mit geöffnetem Suchregister zu starten. Bevor Sie zum ersten Mal einen Suchlauf starten, sollten Sie sich mit dem (neuen) Auswahlmechanismus der zu durchsuchenden Bereiche vertraut machen. In den drei Kategorien *Sprache*, *Technologie* und *Inhaltstyp* legen Sie fest, was durchsucht werden soll. Wenn Sie ausschließlich in Visual Basic programmieren, sollten Sie keine Zeit damit verschwenden, zum Beispiel C++- oder JScript-Themen zu durchsuchen. Bei den Technologien können Sie speziellere Bereiche wie *Win32 und COM* und *Server-Technologien* abwählen und sich gegebenenfalls nur auf das Thema *Office-Entwicklung* beschränken. Und beim Inhaltstyp müssen Sie am Anfang zum Beispiel die *Knowledge Base* (die Supportdatenbank von Microsoft, die auch über *http://support.microsoft.com* online erreichbar ist) nicht unbedingt durchsuchen. Je enger Sie die Auswahl treffen, desto genauer werden die Suchergebnisse. Generell ist die VSTO-Dokumentation sehr gut, sodass sich der geringe Aufwand lohnt, die Hilfe so zu präparieren, dass VSTO-Themen bevorzugt angezeigt werden.

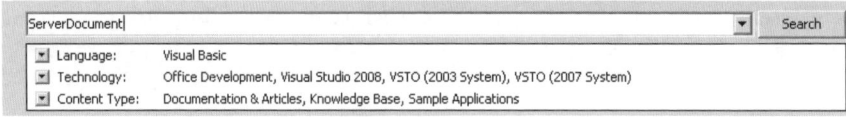

Abbildung 3.30   Bei der Eingabe des Suchbegriffs sollte der zu durchsuchende Bereich eingegrenzt werden

Achten Sie während der Suche darauf, wie sich die einzelnen Kategorien mit Treffern füllen. Da die Ergebnisse nach Kategorien sortiert angeboten werden, lässt sich unter anderem erkennen, ob ein Treffer zur lokalen Hilfe oder zum MSDN Online-Angebot auf Deutsch oder auf Englisch gehört.

TIPP   Deaktivieren Sie über *Extras/Optionen* die Onlinehilfe. Es gibt normalerweise keinen Grund, dass bei der Suche eine Internetverbindung erforderlich ist. Es sei denn, die MSDN-Dokumentation wurde aus irgendeinem Grund nicht installiert (das ist bei der Visual Studio-Installation ein separater Schritt[8]).

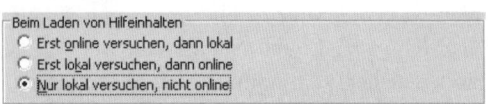

Abbildung 3.31   Support your local Hilfe – die Hilfe muss dieselben Inhalte, die es auf der Festplatte gibt, nicht aus dem Internet holen

---

[8]   Kein Wunder, bei mehreren GByte Umfang.

Die Indexsuche

Bei der Indexsuche geht es mehr um das Lokalisieren von Begriffen, die aus den Hilfedokumenten extrahiert wurden. Sie ist praktisch, wenn Sie gezielt nach einem Begriff suchen und sich nicht allgemein über ein Thema informieren möchten.

Einstellungen bei der Hilfe

Alle Einstellungen werden über den Menübefehl *Extras/Optionen* vorgenommen. Einen zwingenden Grund, Änderungen vorzunehmen, gibt es im Allgemeinen nicht. Zu den wichtigsten Einstellungen gehören:

- Ob zu jedem Suchtreffer auch eine Zusammenfassung angezeigt werden soll.
- Ob englischsprachige Themen durchsucht werden sollen (das scheint aber keine Auswirkung auf die Resultate zu haben).
- Ob bei der Suche die Onlinethemen einbezogen werden sollen (wird nicht empfohlen, da es nichts bringt).
- Welche »Inhaltsanbieter« durchsucht werden sollen.

Außerdem können Sie jedem Menübefehl einen neuen Tastaturshortcut zuordnen.

Hilfefavoriten und Suchen speichern

Damit Sie interessante Seiten schneller wiederfinden, legen Sie für den Eintrag einen Hilfefavoriten an. Alle diese Merker werden in einem eigenen Fenster angezeigt, das sich normalerweise mit dem Index- und Inhaltsfenster kombiniert. Etwas weniger offensichtlich ist der Button *Suche speichern*, der eine Suche mit ihren Suchbegriffen, aber nicht deren Ergebnisse speichert.

Für was steht eigentlich MSDN?

Auch dieser Begriff muss irgendwo erklärt werden. MSDN steht für *Microsoft Developer Network* und fasst das gesamte Know-how-Angebot für Entwickler unter einem Namen zusammen. Unter der Adresse *http:// msdn.microsoft.com* gelangen Sie auf die Portalseite, von der aus Sie das gesamte Angebot erkunden können. Ein interessanter Bereich ist natürlich *http://msdn2.microsoft.com/en-us/office* bzw. *http://msdn2.microsoft. com/de-de/office*, da es hier um das Thema Office-Entwicklung geht.

Eine Anmeldung oder einen Login gibt es nicht, allerdings können Sie sich das umfangreiche Angebot seit Neuestem nach Ihren Wünschen zusammenstellen und zum Beispiel festlegen, welche Inhalte nach dem Aufruf angezeigt werden sollen.

Es gibt auch ein »kommerzielles« MSDN. Es steht für den Onlinezugang auf einen Downloadbereich mit praktisch allen aktuellen und älteren Microsoft-Anwendungen, die für Entwickler interessant sein könnten[9]. Die Palette reicht von den Office-Versionen über alle aktuelle Windows-Versionen bis natürlich hin zu den verschiedenen Editionen von Visual Studio in allen gängigen Sprachen (die meisten Versionen können bis zu zehn Mal aktiviert werden). Auch ältere Versionen der VSTO sind hier abrufbar. Das Jahresabonnement ist nicht ganz preiswert, doch für professionelle Entwickler mit Sicherheit sein Geld wert. Die meisten Down-

---

[9] Von Spielen einmal abgesehen.

loads stehen als Iso-Images bereit, die gleich auf eine DVD gebrannt werden können (zum Beispiel mit dem sehr empfehlenswerten und kostenlosen Brennprogramm *CD Burner Pro*). Ein komplettes *Visual Studio 2008 Professional* lässt sich so unter idealen Bedingungen in weniger als einer Stunde herunterladen.

Die »Gewusst wie«-Hilfe

Unter der Rubrik *Gewusst wie* finden Sie in der Hilfe jene Grundlagenthemen übersichtlich erklärt, die gerade für Programmieranfänger wichtig sind. Indem Sie sich am Anfang speziell mit diesen Themen beschäftigen, erhalten Sie einen guten Überblick über jene Grundlagen, die in allen Bereichen der Office-Programmierung mit den VSTO bzw. allgemein der Visual Basic-Programmierung von Bedeutung sind.

Abbildung 3.32   Die *Gewusst wie*-Hilfen erklären die Grundlagen und stellen alle dazu passenden Informationen übersichtlich zusammen

Die dynamische Hilfe

Die dynamische Hilfe wird über den Menübefehl *Hilfe/Dynamische Hilfe* oder einfacher über Strg+Alt+F4 geöffnet (bei Visual Basic 6-Tastaturbelegung, die in den Optionen der IDE jederzeit geändert werden kann). Das Besondere an diesem Hilfefenster ist, dass sich sein Inhalt dynamisch an die Stelle innerhalb der IDE anpasst, an der sich die Einfügemarke gerade befindet bzw. die momentan ausgewählt ist. Ist zum Beispiel etwas im Projektmappen-Explorer selektiert, erscheinen im Hilfefenster Einträge zum Thema Projektmappen-Explorer. Wenn das Codefenster eines Windows-Formulars aktiv ist oder darin etwas markiert ist, werden entsprechend Informationen zu diesen Themen angezeigt. Ist die Einfügemarke im Programmeditor zum Beispiel innerhalb eines *Imports*-Befehls positioniert, erscheint automatisch ein Eintrag, der Erklärungen zu diesem Befehl abruft. Das funktioniert zum einen, weil ein Hintergrundthread laufend die Begriffe sammelt, die sich in der Umgebung der Einfügemarke befinden. Zum anderen sind die Schlüsselwörter, die in den Programmeditor eingegeben werden können, mit (unsichtbaren) Attributen versehen, mit deren Hilfe eine Zuordnung zu einem Hilfethema hergestellt wird.

Tipps für den Umgang mit Visual Studio

Dieser Abschnitt verrät Ihnen ein paar Kniffe, die beim täglichen Umgang mit Visual Studio hilfreich sein können.

Leerzeichen sichtbar machen

Über *Bearbeiten/Erweitert/Leerstelle anzeigen* lässt sich, wie bei einer Textverarbeitung, erreichen, dass die Leerzeichen optisch hervorgehoben werden.

Visual Studio-Einstellungen ändern

Die IDE besitzt eine Fülle von Einstellungen, doch werden diese recht übersichtlich präsentiert. Der Einstellungendialog wird über *Extras/Optionen* aufgerufen. Per Voreinstellung werden nur die wichtigsten Einstellungen angezeigt. Möchte man alle Optionen sehen, geschieht dies durch Aktivierung des Kontrollkästchens *Alle Einstellungen anzeigen*.

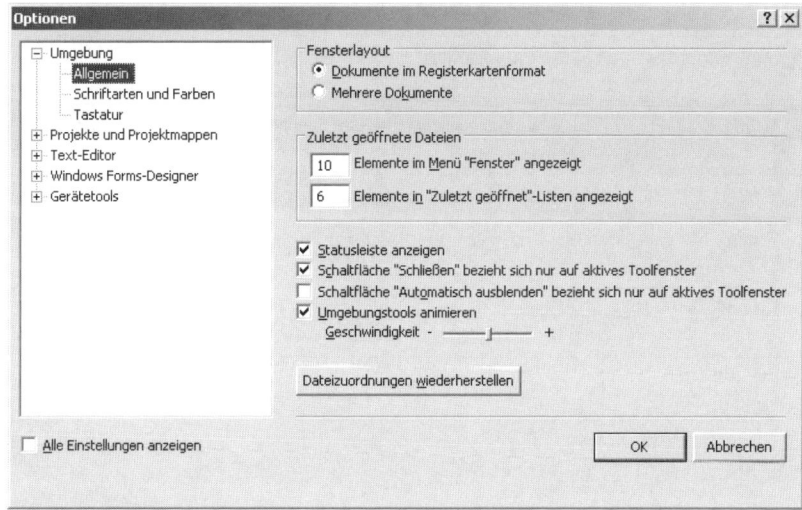

Abbildung 3.33 Damit es übersichtlich bleibt, werden bei den IDE-Optionen zu Beginn nicht alle Einstellungen angezeigt

TIPP Alle Einstellungen werden (selbstverständlich) auch in der Hilfe beschrieben. Klicken Sie dazu auf das Fragezeichen in der rechten oberen Ecke und dann auf den Eintrag, zu dem Sie eine Erklärung wünschen.

Einstellung	Kategorie	Was bewirkt sie?
Erweiterte Buildkonfigurationen anzeigen	Projekte und Projektmappen/ Allgemein	Der Konfigurations-Manager wird immer angezeigt.
Neue Projekte beim Erstellen speichern	Projekte und Projektmappen/ Allgemein	Beim Anlegen eines neuen Projekts kann ein Projektverzeichnis ausgewählt werden. Ansonsten (und das ist die bequemere Variante) werden die Projektdateien zunächst in einem temporären Verzeichnis gespeichert.
Benutzer bei nicht vertrauenswürdigem Projektspeicherort warnen	Projekte und Projektmappen/ Allgemein	Diese Option hört sich dramatischer an, als es ist. Ein nicht vertrauenswürdiger Speicherort ist zum Beispiel ein Netzlaufwerk, da Assemblies, die über ein Netzlaufwerk gestartet werden, automatisch einer niedrigeren Sicherheitsstufe zugeordnet werden.
Aktives Element im Projektmappen-Explorer überwachen	Projekte und Projektmappen/ Allgemein	Recht praktisch, da dadurch im Projektmappen-Explorer stets jene Datei selektiert wird, die aktuell bearbeitet wird.
Vor Erstellen	Projekte und Projektmappen/ Erstellen und Ausführen	Hier wird eingestellt, ob vor jedem Erstellen automatisch alle Projektdateien gespeichert werden, was im Allgemeinen empfehlenswert ist.
Fensterlayout	Umgebung/Allgemein	Hier kann festgelegt werden, ob alle Fenster auf einem Reiter oder alle unabhängig voneinander, wie bei VB6, angezeigt werden.
Tokenliste	Umgebung/Aufgabenliste/Token	An dieser Stelle lassen sich Kommentartoken definieren, die, wenn sie in einer Kommentarzeile auftauchen, bewirken, dass die Kommentarzeile in der Aufgabenliste erscheint.
Informationen für Auto-Wiederherstellen speichern alle	Umgebung/AutoWiederherstellen	Hier wird das Intervall eingestellt, in dem Visual Studio die Dateien sichert.
Ermitteln, ob Datei außerhalb der Umgebung geändert wird	Umgebung/Dokumente	Im Allgemeinen praktisch, da verhindert wird, dass Dateien außerhalb der IDE geändert werden und diese Änderungen automatisch berücksichtigt werden.
Hilfe anzeigen mit	Umgebung/Hilfe/Allgemein	Hier wird eingestellt, ob die Hilfe in der IDE oder in einem separaten Fenster angezeigt wird.
Schriftart, Schriftgrad und weitere Einstellungen	Umgebung/Schriftarten und Farben	Hier werden die Schriftattribute für alle Elemente des Code-Editors eingestellt.
Beim Start	Umgebung/Start	Hier wird eingestellt, was nach dem Start der IDE angezeigt wird.
Tastenkombination für ausgewählten Befehl	Umgebung/Tastatur	Hier kann jedem Menübefehl eine Tastenkombination zugeordnet werden.
Vorschläge für Fehlerkorrektur aktivieren	Text-Editor/Basic/VB-spezifisch	Ist diese Option gesetzt, erscheint die mit Visual Studio 2005 eingeführte SmartTag-Hilfe bei Codefehlern.

Tabelle 3.6 Nützliche Einstellungen in der IDE

Tastaturshortcuts ändern

Sie können jedem Menübefehl einen neuen Tastaturshortcut zuordnen. Eine der ersten Einstellungen, die Sie nach der (Neu-)Installation von Visual Studio 2005 vornehmen sollten, besteht darin, den Menübefehl *Extras/Optionen* mit einem Tastenkürzel, zum Beispiel F12, zu belegen, sodass Sie nicht jedes Mal zunächst das *Extras*-Menü öffnen und den Menüeintrag *Optionen* auswählen müssen. Gehen Sie dazu wie folgt vor:

1. Wählen Sie den Menübefehl *Extras/Optionen* (unter Umständen zum letzten Mal).
2. Wählen Sie in der Kategorie *Umgebung* den Untereintrag *Tastatur* (dazu muss *Alle Einstellungen anzeigen* aktiviert sein).
3. Wählen Sie aus der oberen Auswahlliste ein Tastaturschema aus (zum Beispiel *Standard*).
4. Tragen Sie in das Eingabefeld *Befehle mit folgendem Inhalt anzeigen* den Befehlstext **Extras.Optionen** ein oder wählen Sie den Befehl aus der Liste darunter aus.
5. Klicken Sie in das Eingabefeld *Tastenkombination drücken* und betätigen Sie die neue Taste oder Tastenkombination.
6. Klicken Sie am Ende auf *Zuweisen*, damit die Tastenbelegung aktiv wird, und bestätigen Sie die Änderung mit *OK*.

Nach diesem Schema erhalten sämtliche Menübefehle eine individuelle Tastenkombination.

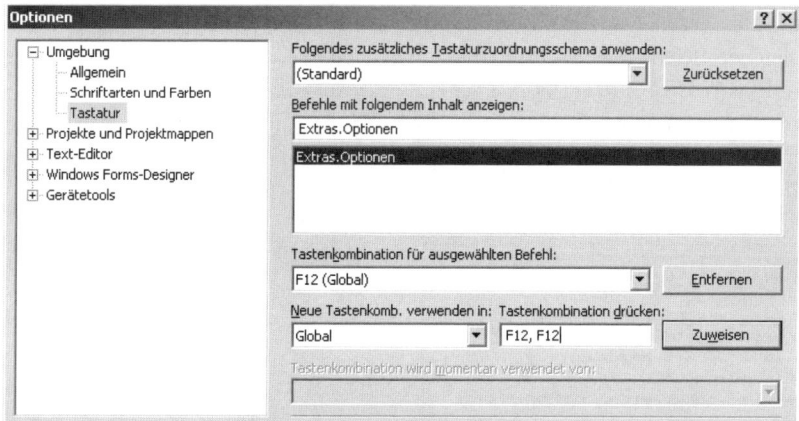

Abbildung 3.34 Jedem Menübefehl kann ein eigener Tastenshortcut zugeordnet werden

TIPP Vielleicht haben Sie festgestellt, dass ⇧ + F2 nicht mehr wie beim VBA-Editor dazu führt, dass die Definition jenes Programmelements angezeigt wird, in dem sich die Textmarke gerade befindet. Entweder ändern Sie diese Zuordnung im *Standard*-Layout oder Sie wählen *Visual Basic 6* als Tastaturzuordnungsschema aus, sodass alle Shortcuts wieder so sind, wie Sie es von früher gewohnt waren.

Quellcode kommentieren

Das Kommentieren von Quellcode ist eine wichtige, wenngleich auch ein wenig lästige Angelegenheit. Ungeschriebenen Konventionen zufolge sollte jede Klasse und jede Methode mit einem Kommentarkopf eingeleitet werden, der unter anderem eine kurze Zusammenfassung enthält. Damit Programmierer diesen »Kopf« nicht immer wieder erneut eintippen müssen, gibt es bei Visual Studio eine praktische Abkürzung. Tippen Sie einfach drei Apostrophzeichen (') ein, und schon wird ein einfacher Kommentarkopf eingefügt. Da die Kommentarzeilen die typische XML-Struktur besitzen, werden sie auch als XML-Kommentare bezeichnet. XML wurde nicht zufällig gewählt. Externe Tools, wie zum Beispiel das sehr empfehlenswerte *GhostDoc* (*http://www.roland-weigelt.de/ghostdoc/*), können aus diesen Kommentaren eine Dokumentation des Programmcodes zusammenstellen.

```
Imports System.Xml.Linq
Imports System.Linq
Imports System.IO

''' <summary>
''' Die Klasse repräsentiert den Datenlayer
''' </summary>
''' <remarks></remarks>
Public Class DAL
    Private Shared ArtikelXmlPfad As String
    Private Shared DatenVerzeichnis As String
    Private Shared ArtikelVerzeichnis As String
```

Abbildung 3.35 XML-Kommentare erleichtern später das Erstellen einer Codedokumentation

Codeausschnitte sparen Tipparbeit

Codeausschnitte sind kleine »Codeschnipsel« für eine bestimmte Aufgabenstellung, zum Beispiel das Implementieren einer Eigenschaft oder das Lesen einer Dokumenteigenschaft bei einem Word-Dokument. Sie ersparen das Eintippen der oft gleichen Befehlsfolgen. Durch das Anklicken des Code-Editorfensters mit der rechten Maustaste und der Auswahl von *Ausschnitt einfügen* erscheint eine Auswahlliste mit allen derzeit verfügbaren Codeausschnitten sortiert nach Thema. Die Auswahl erfolgt durch einen Doppelklick auf eine Kategorie, sodass man sich zum Einfügen eines Ausschnitts einfach durch eine Themenliste hindurchklickt (es geht auch wieder zurück, indem man den vorherigen Eintrag anklickt).

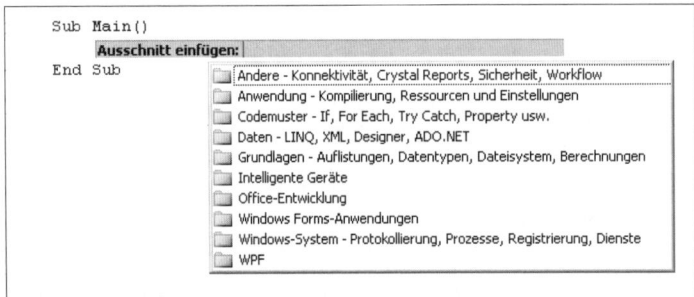

Abbildung 3.36 Codeausschnitte sind kleine Codeschnipsel, die über die rechte Maustaste in den Code-Editor eingefügt werden

Dass nach dem Einfügen einzelne Bereich des Schnipsels grün hinterlegt werden, ist kein Zufall. Das sind variable Felder. Tragen Sie hier einen Namen ein, zum Beispiel einen Datentyp, wirkt sich die Änderung auf die übrigen Felder aus. Dadurch muss ein Name nur einmal eingegeben werden. Zwischen den einzelnen Feldern bewegen Sie sich mit der ⇥-Taste.

```
Class Person
    Private newPropertyValue As String
    Public Property NewProperty() As String
        Get
            Return newPropertyValue
        End Get
        Set(ByVal value As String)
            newPropertyValue = value
        End Set
    End Property
End Class
```

Abbildung 3.37 Die grün hinterlegten Felder lassen sich überschreiben

Die Liste der Codeausschnitte ist über den Menübefehl *Extras/Codeausschnitt-Manager* theoretisch beliebig erweiterbar. Sowohl durch heruntergeladene Snippet-Dateien (diese lassen sich mit einem Snippet-Editor auch selbst anfertigen – zum Beispiel *http://www.codeplex.com/snippy* –, eine Snippet-Datei ist eine Textdatei in einem bestimmten XML-Format) oder über eine Suche im Internet im Rahmen der Visual Studio-Hilfe.

Externe Tools einbinden

Eine der einfachsten Möglichkeiten, die IDE zu erweitern, geht über neue Einträge im *Extras*-Menü. Hinzugefügt werden diese Einträge über *Extras/Externe Tools*. Es erscheint ein Dialogfeld, in dem der Name und vor allem der komplette Pfad des Tools angegeben werden. Auf diese Weise lassen sich zum Beispiel *Ildasm* und Kommandozeilentools aus dem Windows SDK, wie zum Beispiel *MageUI.exe* zum Editieren einer Manifestdatei, dem .NET Framework SDK bzw. aus dem *bin*-Verzeichnis von Visual Studio einbauen. Jetzt kommt ein wichtiger Punkt: Da viele Tools auf das Projektverzeichnis umschalten, dieses aber immer anders lauten kann, stehen entsprechende Variablen in der Auswahlliste *Argumente* bereit. Soll zum Beispiel *Ildasm* mit der Exe-Datei als Argument aufgerufen werden, lautet dieses *$(TargetDir)$(TargetName)$(TargetExt)*.

Gehen Sie wie folgt vor, um *MageUI.exe* einzubinden:

1. Selektieren Sie *Extras/Externe Tools*.
2. Wählen Sie *Hinzufügen*.
3. Geben Sie für den *Titel* zum Beispiel **MageUI** ein, klicken Sie auf den Button mit den drei Punkten (…) bei *Befehl* und wählen Sie die Exe-Datei *Mageui.exe* im *bin*-Verzeichnis des Windows SDK aus, das zuvor aber installiert werden muss[10].
4. Jetzt wird es etwas knifflig, welche der in der Auswahlliste bei *Argumente* angebotenen Variablen ist die richtige? Es stellt sich heraus, dass es gleich mehrere sind: *$(BinDir)$(TargetName)$(TargetExt)*, an die ein ».manifest« gehängt wird. Eigentlich logisch[11].

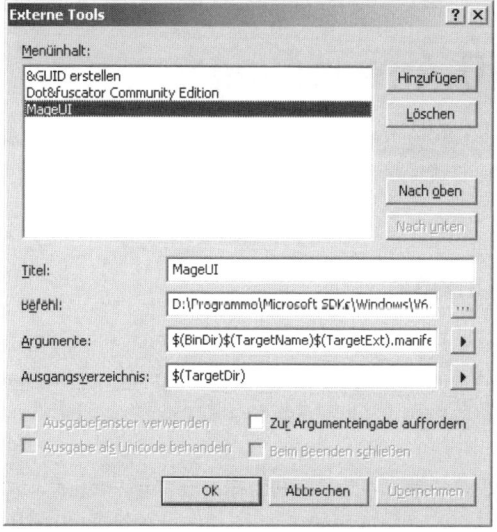

Abbildung 3.38 Über ein externes Tool lässt sich zum Beispiel Mageui.exe zum Editieren von Manifestdateien einbinden

---

[10] Und das mit etwas mehr als 1 GByte Downloadgröße kein Leichtgewicht ist.
[11] Vorsicht, leichte Ironie.

Wenn Sie über das *Extras*-Menü den Kommandoprompt anzeigen möchten, fügen Sie ein externes Kommando mit »Cmd.exe« als Befehl ein und wählen *$(TargetDir)* oder *$(ProjectDir)* dieses Mal als Ausgangsverzeichnis. Ein kleiner Nachteil dieses Prompts ist es aber, dass die *Path*-Umgebungsvariable nicht erweitert wird, sodass sich die Kommandozeilentools wie zum Beispiel *Ildasm.exe* nicht aufrufen lassen, ohne dass deren Pfad vorangestellt werden muss. Das Erweitern der *Path*-Variablen und das Setzen von Umgebungsvariablen (also das Einrichten einer »Umgebung«) übernimmt die Stapeldatei *Vsvars32.bat* im Verzeichnis *Common7\Tools,* die dazu mit dem Start von *Cmd.exe* einmal aufgerufen werden muss. Wenn Sie der Ehrgeiz packen sollte und Sie einen perfekten Kommandozeilenprompt möchten, geben Sie bei *Argumente* Folgendes ein:

```
%comspec% /k ""%programfiles%\Microsoft Visual Studio 9.0\VC\vcvarsall.bat"" x86
```

TIPP Einen Visual Studio-Prompt mit gesetzten Pfaden rufen Sie unter der Bezeichnung *Visual Studio 2008-Eingabeaufforderung* über das *Start*-Menü in der Kategorie *Alle Programme/Visual Studio 2008/Visual Studio Tools* auf.

Zeilennummern einblenden

Zeilennummern, die am linken Rand einblendet werden, erleichtern nicht nur die Orientierung, sondern korrespondieren auch direkt mit den Zeilennummern in einer Fehlermeldung. Zeilennummern werden in den Optionen der IDE in der Kategorie *Text-Editor* entweder für alle Programmiersprachen oder für einzelne Programmiersprachen aktiviert.

Programmbereiche vertikal markieren

Möchten Sie im Code-Editor einen rechteckigen Bereich markieren, halten Sie beim Markieren mit der Maus die `Alt`-Taste gedrückt.

Details zur Umsetzung von VSTO-Anwendungen

VSTO-Anwendungen basieren zwar auf regulären Visual Studio-Projekten, eine VSTO-Assembly ist auch eine reguläre Assembly, es gibt aber ein paar kleinere Unterschiede zu anderen (noch etwas »reguläreren«) Projekttypen, die in diesem Abschnitt an der Reihe sind.

Die Visual Studio-Umgebung »verschlanken«

Am Anfang nimmt man es hin, dass Visual Studio mit dem Anlegen eines neuen VSTO-Projekts ein Dutzend und mehr Dateien hinzufügt, doch irgendwann fragt man sich natürlich, ob das wirklich sein muss, da die Dateien bei jedem Erstellvorgang berücksichtigt werden. Folgende Möglichkeiten gibt es, den Erstellvorgang etwas zu »verschlanken«:

- Entfernen Sie in einem Excel-Projekt die Tabellen *Tabelle* 2 und *Tabelle* 3, wenn diese nicht benutzt werden. Dadurch werden die Dateien *Tabelle2.vb* und *Tabelle3.vb* und die damit verbundenen Designerdateien überflüssig und können gelöscht werden.

- Löschen Sie unter *My Project* den Eintrag *Resources*, wenn das Programm keine Ressourcen benutzt.

Details zur Umsetzung von VSTO-Anwendungen

- Löschen Sie unter *My Project* den Eintrag *Settings*, wenn das Programm keine Einstellungen in der Config-Datei speichert.
- Entfernen Sie nicht benötigte Verweise, indem Sie in den Projekteigenschaften im Register *Verweise* auf den Button *Nicht verwendete Verweise* klicken. Die nicht verwendeten Verweise werden daraufhin zusammengestellt und können gelöscht werden. Unter Umständen müssen danach Imports entfernt werden, die auf nicht mehr vorhandenen Verweisen basieren.

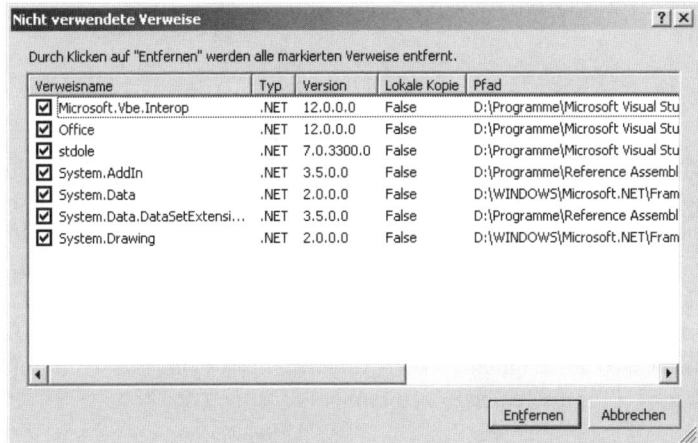

Abbildung 3.39 Visual Studio bietet die Option, nicht verwendete Verweise aus dem Projekt zu entfernen

Damit sollte der Erstellvorgang insgesamt ein wenig beschleunigt werden. Was genau beim Erstellen passiert, können Sie sich im Ausgabefenster anzeigen lassen, indem Sie in der Auswahlliste *Ausgabe anzeigen von* den Eintrag *Erstellen* auswählen.

Wie wird ein VSTO-Projekt mit einem Office-Dokument verknüpft?

Dieser nicht ganz unwichtige Punkt soll an dieser Stelle nur kurz erläutert werden, da er in Kapitel 14, wenn es um die Auslieferung einer Anwendung geht, etwas ausführlicher besprochen wird. Damit ein Office-Dokument »weiß«, welche .NET-Assembly es nach dem Laden starten soll, muss der Dateipfad der Assembly irgendwo hinterlegt sein. Dieses »Irgendwo« ist bei Office 2003-Dokumenten ein Teil des Dokuments, das als *Manifest* bezeichnet wird und sich als »Dateninsel« im Dokument befindet. Dieser Bereich wird nicht über das Objektmodell angesprochen, sondern über das *ServerDocument*-Objekt der VSTO Runtime. Bei Office 2007 und dem neuen Open XML-Dokumentformat sind Name und Pfad der Assembly, wie bei den VSTO 1.0 ganz am Anfang, wieder Eigenschaften des Dokuments und Teil der Datei *Custom.xml*. Sie können entweder direkt in den Dokumenteigenschaften oder programmgesteuert über das *ServerDocument*-Objekt der VSTO 3.0-Runtime angesprochen werden. Mehr dazu in Kapitel 14.

Ein Wort zur Auslieferung

Die Auslieferung ist bei VSTO-Anwendungen ein heikles Thema. Nicht, weil es nicht funktionieren würde (wenn es erst einmal funktioniert, funktioniert es meistens tadellos), sondern weil Microsoft eine kleine Hürde eingebaut hat. Es ist nicht möglich, ein Office-Dokument, das mit einer Anpassung erweitert wurde, einfach zu öffnen, ohne dass eine Voraussetzung erfüllt ist. Die Voraussetzung besteht bei den VSTO 2.0

darin, dass eine Codegruppe angelegt wurde, die der Assembly FullTrust-Berechtigungen verleiht. Die Voraussetzung besteht bei den VSTO 3.0 darin, dass die beiden Manifestdateien vorhanden sind, die durch Visual Studio automatisch angelegt werden, und dass der Anwender der Anpassung entweder explizit vertrauen muss oder dem Zertifikat vertraut wird, mit dem die Manifestdateien signiert wurden. Damit Entwicklern ein erstes Erfolgserlebnis nicht verwehrt bleibt bzw. (und das ist der wahre Grund) damit das Testen der Anwendung möglich ist, ohne sich um Berechtigungen kümmern zu müssen, schafft Visual Studio sowohl für Office 2003- als auch für Office 2007-Dokumente die erforderlichen Voraussetzungen, sodass das Projekt über F5 gestartet werden kann. Mehr dazu in Kapitel 14.

Zusammenfassung

Der erste Teil der Reise von VBA nach VSTO beschäftigte sich mit der Entwicklungsumgebung, die nicht mehr VBA-Editor, sondern Visual Studio heißt. Hinter der Namensänderung steckt ein gänzlich anderes Konzept. Während VBA-Projekte und ihre Bestandteile Teil des Office-Dokuments sind, sind VSTO-Projekte komplett eigenständig. Sie werden in eine Assembly (eine Datei mit der Erweiterung *.Dll*, die IL-Code, also Managed Code enthält, kompiliert, der mit dem Start der Office-Anwendung oder dem Laden des Office-Dokuments ausgeführt wird. Die Verknüpfung zwischen Anwendung und Add-In-Assembly wird wie üblich über die Registry (es handelt sich um reguläre COM-Add-Ins) hergestellt, die Verknüpfung zwischen Dokument und Assembly über zwei Eigenschaften des Dokuments.

Wie geht es weiter in diesem Buch?

Den ersten Teil des »Umstiegsprogramms« haben Sie absolviert und Visual Studio als den »Nachfolger« des VBA-Editors kennengelernt. Im zweiten Teil ist in Kapitel 4 der Umstieg von VBA nach Visual Basic (.NET) an der Reihe.

Kapitel 4

Von VBA nach VSTO (Teil 2)

In diesem Kapitel:

Vorhang auf für den Visual Basic-Compiler	104
Ein erstes Beispiel	104
Die Rolle der Objekte	110
Die .NET-Klassenbibliothek	114
Die Anatomie eines VSTO-Projekts	119
Die wichtigsten Sprachelemente von Visual Basic .NET (und die Unterschiede zu VBA)	119
Programmieren mit Klasse(n)	149
VBA ruft VSTO und umgekehrt	154
Zusammenfassung	164

Nachdem es im letzten Kapitel um die neue Entwicklungsumgebung Visual Studio als »Nachfolger« des VBA-Editors ging, steht in diesem Kapitel die Programmierung mit Visual Basic .NET auf dem Programm. Am Beispiel einer kleinen VSTO-Anwendung für Excel wird der Programmaufbau einer VSTO-Anwendung veranschaulicht und es werden die wichtigsten Visual Basic-Befehle und die Unterschiede zu ihren VBA-Pendants vorgestellt. Eine kleine »Warnung« gleich vorweg. Dieses Kapitel ist bereits ein wenig anspruchsvoller, da die Programmierung mit Visual Basic .NET (oder C#) deutlich mehr Details umfasst, als es bei VBA der Fall ist. Geben Sie daher bitte nicht gleich auf, wenn die ersten Abschnitte nach »höherer Mathematik« klingen sollten, was sie mit Sicherheit nicht sind. Es ist wie immer alles eine Frage der Gewöhnung und der Übung. Unter Umständen müssen Sie das Kapitel mehrfach lesen und sich vor allem mit den Beispielen ausführlich beschäftigen. Dafür erfahren Sie am Ende des Kapitels, wie sich die Funktionen einer VSTO-Anwendung auch von einem regulären VBA-Projekt aus aufrufen lassen, sodass Sie Ihre vorhandenen VBA-Programme mit .NET/VSTO-Funktionalität erweitern können.

Für dieses Kapitel werden (gute) Kenntnisse in VBA oder einer anderen Programmiersprache vorausgesetzt. Wer mit den VSTO neu in die Programmierung einsteigt, dem sei das Buch »Visual Basic 2008 Schritt für Schritt« (Microsoft Press) empfohlen, das in die Grundlagen der Visual Basic-Programmierung mit Visual Studio einführt.

Ein kleiner Formalismus vorweg – in dem Buch werden die Bezeichnungen *Visual Basic .NET* und *Visual Basic* »gemischt« verwendet. Offiziell heißt die Programmiersprache Visual Basic, doch da sie einige Leser noch unter ihrem »alten« Namen Visual Basic .NET kennen dürften, wird auch diese Bezeichnung verwendet[1]. Es ist aber stets von ein und derselben Programmiersprache Visual Basic 9.0 (in der aktuellen Version als Teil von .NET Framework 3.5) die Rede.

Vorhang auf für den Visual Basic-Compiler

Vom *Compiler* war bereits in Kapitel 3 die Rede. Dieser »Zusammenbauer« macht aus dem Quelltext, der in Visual Studio im Rahmen eines Projekts eingegeben wird, eine Assembly-Programmbibliothek. Diese enthält IL-Code (*Intermediate Language*), der von der CLR (*Common Language Runtime*) der .NET-Laufzeit ausgeführt wird. Dies ist ein großer Unterschied zu VBA, wo der Programmcode beim Aufruf eines VBA-Makros durch den in die Office-Anwendung eingebauten Interpreter Befehl für Befehl ausgeführt wurde[2]. Mehr müssen Sie über den Compiler nicht wissen, denn er hält sich stets unauffällig im Hintergrund und tritt nicht direkt in Erscheinung.

Ein erstes Beispiel

Zur Einstimmung ein kleines Praxisbeispiel, das jene Befehle und Programmiertechniken vorstellen soll, die den Kern einer VSTO-Anwendung ausmachen. Bei dem Beispiel handelt es sich um eine Excel-Erweiterung (wahlweise für Excel 2003 oder Excel 2007), die auf einer Arbeitsmappe basiert. Die Aufgabenstellung ist schnell beschrieben. In einer Tabelle (Liste) können Belege erfasst werden. Für jeden Beleg werden verschiedene Angaben wie Betrag, Mehrwertsteueranteil, der Gegenstand, das Datum und ein Konto eingegeben. Über einen Button, der auf dem Tabellenblatt platziert wird, sollen die erfassten Beträge nach Konten gruppiert aufaddiert und in einem Chart angezeigt werden. Insgesamt eine nette kleine Übung, die genauso gut mit VBA hätte umgesetzt werden können, sodass sie sich gut für eine Gegenüberstellung eignet.

---

[1] Bei Microsoft gehören diese »Namensspielchen« einfach dazu.
[2] Der aber nichts mit 70er-Jahre-Schlagern zu tun hat. Eine Soundkarte ist also nicht erforderlich.

Ein erstes Beispiel

> **CD-ROM** Sie finden das Beispiel auf der Buch-CD in Gestalt der Projektmappendatei *VSTOBeispiel_Kapitel4.sln*.

1. Starten Sie Visual Studio und legen Sie in der Kategorie *Visual Basic/Office/2007* (bzw. *2003*) ein neues Projekt vom Typ *Excel-Arbeitsmappe* an. Geben Sie dem Projekt den Namen **VSTOBeispiel_Kapitel4** (oder einen anderen Namen). Einen Augenblick später erscheint die Excel-Arbeitsmappe in Visual Studio.
2. Speichern Sie das Projekt über den Button *Alle speichern* in der Visual Studio-Hauptbefehlsleiste.

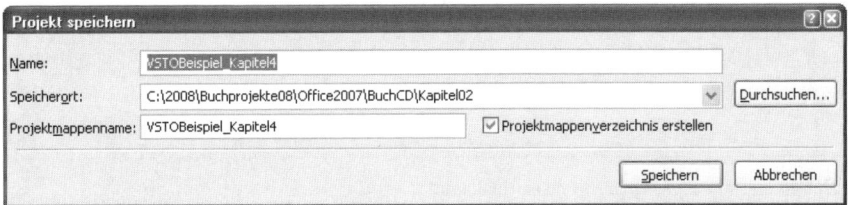

Abbildung 4.1 Das Beispielprojekt wird gespeichert

3. Dieser Schritt ist optional. Entfernen Sie die beiden Tabellenblätter *Tabelle2* und *Tabelle3* aus der Arbeitsmappe, da sie nicht benötigt werden, und geben Sie *Tabelle1* den Namen **Belege**. Dadurch wird es auch im Projektmappen-Explorer ein wenig übersichtlicher.
4. Ordnen Sie auf dem Tabellenblatt in der Zelle *A2* eine Tabelle (Liste bei Excel 2003) an, indem Sie aus der Toolbox (*Ansicht/Toolbox*) ein *ListObject*-Steuerelement (in der Kategorie *Excel-Steuerelemente*) auf die Zelle ziehen. Die Tabelle soll sich bis zur Spalte *F2* erstrecken (Sie können den Bereich einfach mit der Maus markieren und müssen die Adresse nicht eintragen, diese passt sich automatisch an). Geben Sie den insgesamt sechs Spalten die Namen **Betrag**, **Mwst**, **Netto**, **Gegenstand**, **Datum** und **Konto**. Die Namen der Spalten *Betrag* und *Konto* müssen stimmen, da diese beiden Spalten später im Code über ihren Namen angesprochen werden. Setzen Sie außerdem im Eigenschaftenfenster des ListObject die Eigenschaft *ShowTotals* auf *True*. Dadurch wird die Ergebniszeile eingeblendet. Weitere Einstellungen sind nicht erforderlich, da diese im Code vorgenommen werden. Durch das Anordnen des ListObject ist ein Objekt entstanden, das den Namen *List1* trägt und über diesen Namen im Programmcode später angesprochen wird.
5. Ordnen Sie rechts von der Tabelle einen Button an. Sie finden ihn in der Toolbox in der Kategorie *Allgemeine Steuerelemente*. Geben Sie dem Button über das Eigenschaftenfenster ([F4]-Taste) den Namen **bnKonten**. Tragen Sie bei *Text* Folgendes ein: **Zusammenfassung nach Konten**. Auch wenn diese Operation mit einem Doppelklick erledigt werden kann, steckt dahinter ein Menge Technik. Denn damit wird ein .NET-Steuerelement auf einem Tabellenblatt abgelegt, das nichts von .NET und seinen Steuerelementen »weiß«. Und das ist nur möglich, weil die VSTO einen sogenannten ActiveX-Container dazwischenschalten. Für die Programmierung hat dies aber keine Bedeutung, es funktioniert genauso, als wäre es ein Excel-Steuerelement[3].
6. Damit ist das Tabellenblatt fertig. Schalten Sie mit [F7] in den Code-Editor um. Das ist ein wenig wie ein [Alt]+[F11], das in den VBA-Editor wechselt, nur dass Sie den Code-Editor von Visual Studio sehen und der Code Teil des Projekts und nicht der Arbeitsmappe ist, auch wenn Letzteres vielleicht zunächst den Anschein haben könnte.

---

[3] Kommt Ihnen der Button etwas blass vor? Das liegt daran, dass er als Bitmap angezeigt werden muss.

Abbildung 4.2 Das Tabellenblatt besteht aus einer Tabelle und einem Button

7. Betrachten Sie die bereits vorhandene Prozedur *Tabelle1_Startup*. Sie sieht ein wenig »komplizierter« aus als eine typische VBA-Prozedur (mehr dazu im nächsten Abschnitt), besitzt aber eine einfache Aufgabe. Hier werden jene Befehle eingegeben, die ausgeführt werden sollen, wenn die Tabelle geladen wird. Geben Sie die folgenden Befehle ein:

```
List1.ListColumns("Betrag").TotalsCalculation = Excel.XlTotalsCalculation.xlTotalsCalculationSum
List1.ListColumns("Betrag").Range.NumberFormatLocal = "#.##0,00  "
List1.ListColumns("Netto").Range.NumberFormatLocal = "#.##0,00  "
List1.ListColumns("Netto").Range.FormulaLocal = "=A2/(100+B2)*B2"
```

Der erste Befehl sorgt dafür, dass in der Spalte *Betrag* der Tabelle (*List1*) eine Summe angezeigt wird, der zweite Befehl formatiert dieses Feld mit dem Währungsformat. Die beiden folgenden Befehle tragen ein Format und eine Formel zur Mehrwertsteuerberechnung in die *Netto*-Spalte ein. Diese Einstellungen hätten natürlich auch direkt über die Tabelle vorgenommen werden können.

8. Die eigentliche Funktionalität soll in Aktion treten, wenn der Button mit der Maus angeklickt wird. Benötigt wird dazu das *Click*-Ereignis des Buttons, genauer gesagt, die zuständige Ereignisprozedur. Diese muss nachträglich hinzugefügt werden. Wählen Sie im Code-Editor aus der linken Auswahlliste den Eintrag *bnKonten* (also den Name des Buttons) und aus der rechten Auswahlliste den Eintrag *Click* aus. Beim VBA-Editor wird dies auf die exakt gleiche Weise erreicht. Das führt dazu, dass der Ereignisprozedurrahmen eingefügt wird:

```
Private Sub bnKonten_Click(ByVal sender As System.Object, ByVal e As System.EventArgs) _
    Handles bnKonten.Click

End Sub
```

Das ist der typische Aufbau von Ereignisprozeduren bei .NET. Daran werden Sie sich schnell gewöhnen. Abbildung 4.3 illustriert die Zusammenhänge, Tabelle 4.1 stellt die Elemente einzeln vor. Lässt man alle Formalitäten weg, unterscheidet sich diese Prozedur nicht mehr von einer VBA-Prozedur:

```
Sub bnKonten_Click(sender As Object, e As EventArgs)

End Sub
```

Ein erstes Beispiel

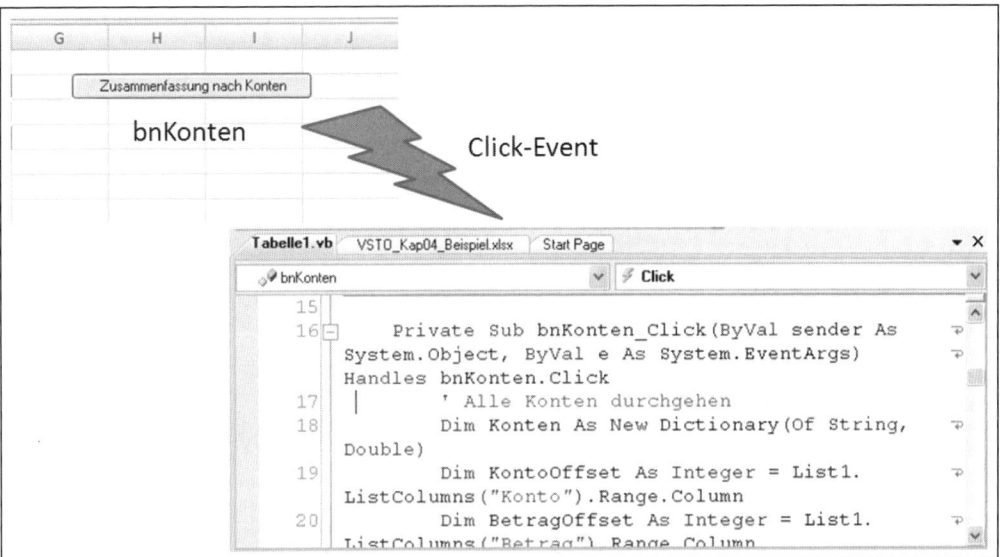

Abbildung 4.3 Der Zusammenhang zwischen Steuerelement und Ereignisprozedur bei .NET

Tabellenelement	Welche Rolle spielt es?
Private	Die Prozedur soll nur innerhalb der Klasse ansprechbar sein.
Sub	Der *Sub*-Befehl leitet wie bei VBA eine Prozedur ein.
bnKonten_Click	Der Name der Ereignisprozedur (auch wenn er vorgegeben wird, kann er frei gewählt werden).
ByVal	Parameter werden per Default als Wert übergeben, *ByVal* wäre daher nicht erforderlich.
sender	Dieser Parameter steht für das Objekt, das das Ereignis ausgelöst hat.
System.Object	Der *sender*-Parameter ist immer vom Typ *Object*, wobei hier der Namespace *System* vorangeht, daher *System.Object*.
E	Dieser Parameter steht für ein zweites Argument, das beim *Click*-Event aber keine Rolle spielt. Es ist vom Typ *EventArgs*, dem auch hier der Namespace vorangeht.
Handles	Verbindet die Prozedur mit einem Eventhandler, in diesem Fall *bnKonten.Click*.
bnKonten.Click	Der Eventhandler.
End Sub	Beendet wie bei VBA eine Prozedur.

Tabelle 4.1 Die Bestandteile einer Ereignisprozedur

9. Im Folgenden werden knapp 40 Befehlszeilen in die Prozedur *bnKonten_Click* eingefügt. Nicht gerade wenig, doch der Aufwand lohnt sich, denn dadurch wird das Programm funktional. Die erste Teilaufgabe besteht darin, die Spalte mit den Konten durchzugehen und Konten mit demselben Namen zusammenzufassen. Hier lässt die .NET-Klassenbibliothek ein wenig ihre Muskeln spielen, denn mit ihrer *Dictionary(Of T)*-Klasse wird das Aufteilen relativ einfach:

```
Dim Konten As New Dictionary(Of String, Double)
Dim KontoOffset As Integer = List1.ListColumns("Konto").Range.Column
Dim BetragOffset As Integer = List1.ListColumns("Betrag").Range.Column
Dim ZeilenNr As Integer = 0
For ZeilenNr = 2 To List1.Range.Rows.Count - 1
  Dim KontoName As String = _
      CType(List1.Range.Item(RowIndex:=ZeilenNr, ColumnIndex:=KontoOffset).Value2, String)
  ' Gibt es überhaupt ein Konto?
  If KontoName Is Nothing Then
    Exit Sub
  End If
  Dim Betrag As String = List1.Range.Item(RowIndex:=ZeilenNr, ColumnIndex:=BetragOffset).Value2
  If Not Konten.ContainsKey(KontoName) Then
    Konten.Add(KontoName, Betrag)
  Else
    Konten.Item(KontoName) += Betrag
  End If
Next
```

Dictionary(Of T) ist eine Collection (Auflistung), die Wert-Schlüssel-Paare aufnimmt. Der Schlüssel dient später dazu, gezielt auf den Wert zugreifen zu können. Es handelt sich um eine generische Collection. Erst beim Instanziieren wird angegeben, von welchem Typ der Schlüssel (*String*) und der Wert (*Double*) sein sollen.

Die *For*-Schleife geht die *Konto*-Spalte der Tabelle durch und prüft bei jedem Durchlauf, ob der Kontenname bereits in der Collection enthalten ist, wobei der Kontenname die Rolle des Schlüssels spielt. Ist dies nicht der Fall, werden ein Element und der Betrag hinzugefügt, ansonsten wird der Betrag auf das vorhandene Element aufaddiert. Am Ende gibt es eine Collection mit dem Namen *Konten*, die für jedes Konto einen Eintrag und die Summe aller Buchungen auf diesem Konto enthält.

10. Im nächsten Schritt wird die Collection im Tabellenblatt ausgegeben, damit daraus später ein Diagramm werden kann. Fügen Sie die folgenden Befehle an die bereits in *bnKonten_Click* eingegebenen Befehle an:

```
' Jetzt Kontenzusammenfassung im Tabellenblatt in einem "unbewohnten" Bereich ausgeben
Dim RKonten As Excel.Range = Me.Range("K2")
RKonten.Offset(RowOffset:=0, ColumnOffset:=0).Value2 = "Konto"
RKonten.Offset(RowOffset:=0, ColumnOffset:=1).Value2 = "Betrag"
ZeilenNr = 1
For Each K As String In Konten.Keys
  RKonten.Offset(RowOffset:=ZeilenNr, ColumnOffset:=0).Value2 = K
  RKonten.Offset(RowOffset:=ZeilenNr, ColumnOffset:=1).Value2 = Konten.Item(K)
  RKonten.Offset(RowOffset:=ZeilenNr, ColumnOffset:=1).NumberFormatLocal = "#.##0,00  "
  ZeilenNr += 1
Next
```

Dieser Befehlsabschnitt würde in VBA praktisch identisch umgesetzt werden. Ein kleiner Unterschied ist, dass in einer *For Each*-Schleife die Schleifenvariable direkt in der Schleife deklariert und dass eine Variable über += etwas kompakter um eins erhöht werden kann.

Ein erstes Beispiel

11. Die Kontenübersicht ist Teil der Tabelle, jetzt wird daraus ein Diagramm gemacht. Hängen Sie an die Prozedur noch die folgenden Befehle an:

```
' Jetzt ein Chart anlegen
Dim PositionLinks As Single = List1.Range.Left + List1.Range.Width + 20
Dim PositionOben As Single = RKonten.Offset(RowOffset:=ZeilenNr + 2).Top
' Gibt es das Chart schon?
Dim Cho As Excel.ChartObject
If Globals.Tabelle1.ChartObjects.Count = 0 Then
   Cho = Globals.Tabelle1.ChartObjects.Add(PositionLinks, PositionOben, 300, 240)
Else
   Cho = Globals.Tabelle1.ChartObjects(1)
End If
Cho.Chart.ChartType = Excel.XlChartType.xl3DPie
Cho.Chart.HasTitle = True
Cho.Chart.ChartTitle.Text = "Kontenzusammenfassung"
Dim RKontenBereich As Excel.Range = RKonten.Resize(RowSize:=ZeilenNr, ColumnSize:=2)
Cho.Chart.SetSourceData(RKontenBereich)
```

Auch diesen Abschnitt würde man in VBA nahezu identisch realisieren, da sich beim Zugriff auf die Objekte natürlich nichts geändert hat. Das ist eine gute Nachricht, denn dieses VBA-Know-how kann damit direkt in die neue Welt übernommen werden.

12. Damit ist das Projekt komplett und es kann gestartet werden, was wie bei VBA über die [F5]-Taste geschieht. Da es sich um eine Dokumenterweiterung handelt, startet als Nächstes Excel 2003/2007 und lädt die Arbeitsmappe. Da im Anschluss daran die Befehle in *Tabelle1_Startup* ausgeführt werden, wird die Tabelle entsprechend präpariert und zeigt eine Ergebnisliste an. Geben Sie in die Tabelle ein paar Belege ein, wobei es nur auf den Betrag und den Namen eines Kontos ankommt. Klicken Sie auf den Button und kurz darauf sollte eine Kontenzusammenfassung in einem Chart erscheinen.

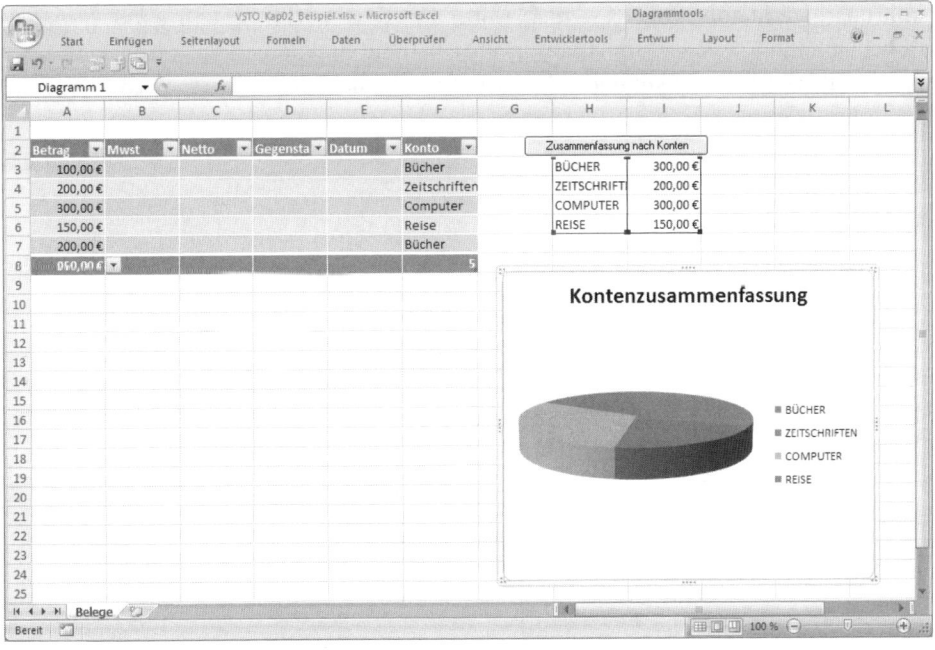

Abbildung 4.4 Die Excel-Erweiterung im Einsatz

Was genau ist im Rahmen der Übung passiert? Sie haben mit Visual Studio im Rahmen eines VSTO-Projekts eine VSTO-Assembly erstellt und diese mit einer vorher ausgewählten Excel-Arbeitsmappe verknüpft. Anschließend haben Sie ein »paar« Visual Basic-Befehle eingefügt, die mit dem Laden des Tabellenblattes und dem Klick auf den Button ausgeführt werden. Funktioniert das auch außerhalb von Visual Studio? Selbstverständlich, denn genau das ist der Sinn und Zweck dieser Erweiterung. Lokalisieren Sie die Arbeitsmappe im *bin\debug*-Unterverzeichnis des Projektverzeichnisses und öffnen Sie sie. Die Erweiterung sollte auf exakt die gleiche Weise zur Verfügung stehen.

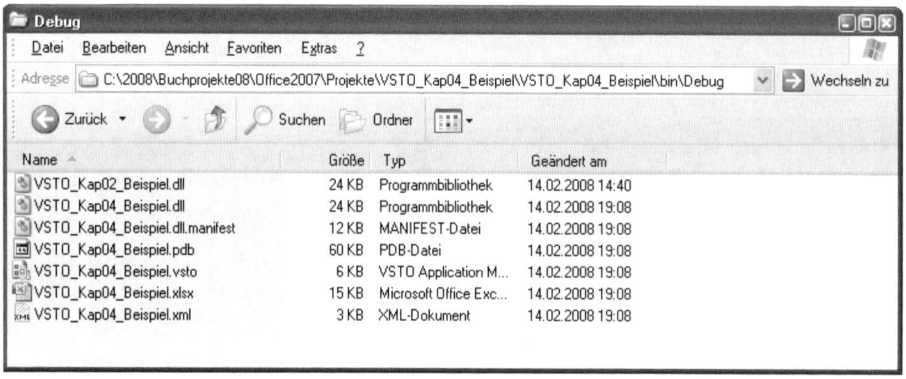

Abbildung 4.5 Ein Blick in das *bin\Debug*-Verzeichnis, in dem sich die Excel-Erweiterung befindet

Kann ich die Arbeitsmappe jetzt aus jedem Verzeichnis heraus öffnen und damit die VSTO-Erweiterung starten? Genau das geht bei den VSTO nicht, zumindest nicht ohne weitere Vorbereitungen. Das ist einer der größten Unterschiede zu VBA. Zum einen erwartet die Arbeitsmappe, dass sich die Assembly (in diesem Beispiel heißt sie zum Beispiel *VSTOBeispiel_Kapitel4.dll*) im selben Verzeichnis befindet. Zum anderen muss eine »Ausführungsberechtigung« gesetzt werden, wobei die VSTO 3.0 dies bei Office 2003 grundlegend anders regeln als bei Office 2007. Dass es so nahtlos in Visual Studio funktioniert, liegt einfach daran, dass sich Visual Studio um alle Formalitäten kümmert. Außerhalb von Visual Studio gibt es diesen Komfort nicht und Sie müssen selbst aktiv werden. Mehr dazu in Kapitel 14.

Die Rolle der Objekte

Visual Basic ist, im Unterschied zu VBA, eine objektorientierte Programmiersprache. Dies ergibt sich vor allem daraus, dass praktisch sämtliche Funktionen, die für die Programmausführung benötigt werden, ein Teil der aus vielen Tausend Klassen bestehenden .NET-Klassenbibliothek sind (mehr dazu in Abschnitt »Die .NET-Klassenbibliothek« auf Seite 114). VBA-Programmierer sind zwar daran gewohnt, mit Objekten umzugehen, doch der Begriff *Objekt* besitzt hier praktisch keine echte Definition, zumal man nichts von Objekten oder Klassen wissen muss, um unter VBA »alles« machen zu können. Bevor es mit Visual Basic und der VSTO-Programmierung weitergeht, müssen daher die Begriffe *Objekte*, *Klassen* und *Instanzen* erklärt werden. Diese »Dreifaltigkeit« bildet das Fundament der gesamten .NET-Programmierung.

Was ist eine Klasse?

Eine *Klasse* steht für einen Namen (und damit einen Typ) und eine Reihe von Eigenschaften und Methoden, die als *Mitglieder* (engl. »members«) bezeichnet werden (es gibt noch einige weitere Membertypen, wie zum Beispiel Events, doch für den Anfang spielen diese keine Rolle). Klassen übernehmen zwei unterschiedliche Aufgaben. Sie bilden »Gegenstände« aus der Wirklichkeit ab, wie zum Beispiel einen Benutzer, einen Kunden, ein Konto oder eine Rechnung, und sie stellen eine bestimmte Funktionalität zur Verfügung. Beispielsweise eine Funktion, sie wird im Zusammenhang mit Klassen auch *Methode* genannt, mit der sich eine Datei kopieren oder verschieben lässt. Im Allgemeinen handelt es sich bei diesen »Gegenständen« um sehr kleine Gegenstände, wie zum Beispiel eine Datei (*File*-Klasse), ein Fenster (*Form*-Klasse) oder eine Http-Anfrage an einen Webserver (*HttpRequest*-Klasse). Das .NET Framework kennt Tausende dieser Klassen, die sehr spezielle Gegenstände repräsentieren und gleichzeitig eine Funktionalität in Gestalt von Funktionen (Methoden) zur Verfügung stellen, mit denen sich mit dem Gegenstand arbeiten lässt.

Die universelle *File*-Klasse soll als Beispiel herhalten. Sie repräsentiert eine Datei. Keine bestimmte Datei (dafür gibt es die *FileInfo*-Klasse), sondern die Datei als allgemeinen »Gegenstand« der Programmierung. Sie besitzt ausschließlich Methoden, keine Eigenschaften. Warum keine Eigenschaften? Weil nur eine bestimmte Datei Eigenschaften wie Größe oder Zeitpunkt der letzten Änderung besitzt, aber nicht die Datei selbst. Das mag am Anfang nicht ganz logisch sein, ist aber von grundlegender Bedeutung für das Verständnis von Klassen. Es gibt keine Eigenschaften, dafür aber jede Menge Methoden wie zum Beispiel *Copy*, mit der eine Datei kopiert wird, oder *Delete*, mit der eine Datei gelöscht wird. Der Befehl

```
File.Copy "C:\Boot.ini", "D:\Backup"
```

kopiert die Datei *C:\Boot.ini* in ein anderes Verzeichnis. Achten Sie auf den unscheinbaren Punkt (.), der auf *File* folgt. Er trennt den Namen der Klasse von dem Namen der Methode. Wenn Sie in Visual Studio auf *File* folgend einen Punkt eingeben, erscheint eine Auswahlliste mit allen zur Verfügung stehenden Methoden. Ganz korrekt ist diese Aussage allerdings nicht, denn wie es in Kürze erläutert wird, muss der Namespace, in dem sich die *File*-Klasse befindet, vorangestellt werden, wenn er nicht per *Imports*-Befehl zu Beginn des Programms bekannt gemacht wird. Korrekt muss der Befehl daher

```
System.IO.File.Copy "C:\Boot.ini", "D:\Backup"
```

lauten.

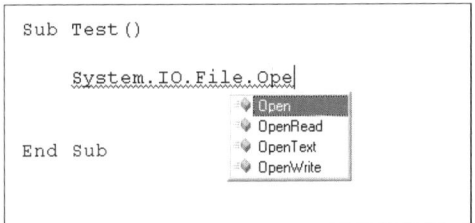

Abbildung 4.6 Visual Studio zeigt die Mitglieder einer Klasse in einer Auswahlliste an

TIPP Dieser Tipp ist praktisch allgemeingültig. Sollte nach der Eingabe eines Punktes einmal keine Auswahlliste aufgehen, liegt höchstwahrscheinlich ein Programmfehler vor.

Klassen sind in einem VSTO-Projekt bzw. allgemein in einer .NET-Anwendung allgegenwärtig. Ob Arbeitsmappe, Tabellenblatt, Word-Dokument oder Ribbon-Erweiterung, alle basieren auf einer Klasse, die Teil einer Klassenbibliothek ist, in der Regel der .NET-Klassenbibliothek, der Office-Bibliotheken oder der VSTO-Laufzeit, die ihre eigenen Klassen mitbringt. Neue Klassen müssen in einem VSTO-Projekt eher selten definiert werden. Es ist aber vor allem dann erforderlich, wenn Datenstrukturen abgebildet werden sollen, wenngleich dazu auch die Strukturen (*Structure*-Befehl) als Alternative bereitstehen.

Was ist ein Objekt?

Eine Klasse ist nur eine Definition. Im Programm stehen nur jene Mitglieder der Klasse zur Verfügung, die mit *Shared* deklariert sind (im Falle der *File*-Klasse aus dem letzten Abschnitt wären dies alle ihre Methoden). Eine Klasse kann zwar Funktionen anbieten, aber keine Daten speichern. Das geht erst, wenn aus der Klasse ein Objekt und damit eine Instanz der Klasse gebildet wird. Dieser Vorgang heißt entsprechend *Instanziieren*. Einen »Instanz«-Befehl gibt es aber nicht, diese Aufgabe übernimmt das Schlüsselwort *New*.

Statt der *File*-Klasse (diese lässt sich absichtlich nicht instanziieren, da sie nur *Shared*-Mitglieder anbietet) soll für die nächste Demonstration die *FileInfo*-Klasse herhalten. Sie steht für eine bestimmte Datei. Welche Datei das ist, wird beim Instanziieren im sogenannten Konstruktor übergeben:

```
Dim Fi As New FileInfo("C:\Boot.ini")
```

Jetzt steht die Variable *Fi* für das *FileInfo*-Objekt, das die Datei *C:\Boot.ini* repräsentiert. Anders als die *File*-Klasse besitzt die *FileInfo*-Klasse Eigenschaften, wie zum Beispiel *Length* (Größe der Datei) oder *LastAccessTime* (Zeitpunkt des letzten Zugriffs). Möchten Sie die Länge der Datei in Bytes in Erfahrung bringen, geschieht dies wie folgt:

```
Dim DateiLaenge As Integer = Fi.Length
```

Die *FileInfo*-Klasse besitzt auch ein paar Methoden, darunter auch die *Copy*-Methode. Doch während die *Copy*-Methode der *File*-Klasse eine Quelle und ein Ziel erwartet, benötigt die *Copy*-Methode der *FileInfo*-Klasse nur ein Ziel, da die Quelle die Datei ist, die durch das *FileInfo*-Objekt repräsentiert wird. Auch bei *FileInfo* muss natürlich der Namespace vorangestellt werden, sodass der Befehl, der die Klasse instanziiert, korrekt geschrieben wie folgt lautet:

```
Dim Fi As New System.IO.FileInfo("C:\Boot.ini")
```

Klassen können beliebige »Gegenstände« repräsentieren, zum Beispiel einen Zufallsgenerator, wie es bei der *Random*-Klasse der Fall ist.

Beispiel

Der folgende Befehl bildet aus der Klasse *Random* eine Instanz und weist den Verweis auf die Instanz (also das Objekt) der Variablen *R* zu:

```
Dim R As Random = New Random()
```

Die Rolle der Objekte

oder etwas kürzer:

```
Dim R As New Random()
```

Erst jetzt kann die Instanzenmethode *Next* aufgerufen werden:

```
Dim z As Byte = R.Next(1,50)
```

Der Aufruf

```
Dim z As Byte = Random.Next(1, 50)
```

ist nicht zulässig, da *Next* nur über die Instanz der Klasse und nicht über die Klasse selbst aufgerufen werden kann. Das erkennen Sie auch daran, dass *Next* nach der Eingabe des Punktes nicht in der Liste erscheint.

Beim Zugriff auf die Objekte einer Office-Anwendung spielen Klassen und Instanzen keine Rolle, da man stets direkt auf die vorhandenen Instanzen zugreift. Mit Ausnahme von *Application* lässt sich keine andere Klasse instanziieren. Der Befehl

```
Dim D As New Document()
```

funktioniert nicht, um ein neues Dokument zu erhalten, da der Bezug zur Anwendung fehlt. Möchte man ein *Document*-Objekt erhalten, geschieht dies wie gewohnt über ein

```
Dim D As Document = Application.Documents.Add()
```

Damit steht die Variable *D* für das neu angelegte *Document*-Objekt.

Was ist eine Instanz?

Jetzt wird es ein wenig schwierig, allerdings nicht aus technischen, sondern eher aus sprachlichen Gründen. Eine *Instanz* ist ein bestimmtes Objekt. Doch welches? Irgendeines. Jedes Objekt steht daher immer auch für eine (bestimmte) Instanz. Die einzelnen Instanzen sind Objekte desselben Typs. Theoretisch unterscheidet sich jede Instanz von der anderen durch eine interne »Kennung«, die die *GetHashCode*-Methode liefert, über die jedes Objekt verfügt, doch spielt diese in der Praxis keine Rolle, zumal sich Instanzen durch andere Eigenschaften, wie zum Beispiel den Wert einer Eigenschaft, hinreichend unterscheiden.

Beispiel

Das folgende Beispiel geht von einer Klasse mit dem Namen *Person* aus. Die Klasse wird zwei Mal instanziiert und die jeweilige Instanz in den Variablen *P1* und *P2* abgelegt:

```
Dim P1 As New Person
Dim P2 As New Person
```

P1 ist ein Objekt (genauer gesagt eine Objektvariable, die einen Verweis auf das Objekt enthält) und eine Instanz der Klasse *Person*; *P2* ist ebenfalls ein Objekt und ebenfalls eine Instanz der Klasse *Person*. *P1* und *P2* sind aber unterschiedliche Instanzen der Klasse *Person*.

So viel zum Theorieteil, der im Abschnitt »Programmieren mit Klasse(n)« (Seite 149), wenn es um die Programmierung mit Klassen geht, noch ein wenig vertieft wird. Die Frage, die sich angehende »Klassenprogrammierer« stellen, lautet natürlich immer: Wozu braucht man die Klassen überhaupt? Es geht doch scheinbar ohne. Nun, nur scheinbar. Während bei VBA das Argumentieren pro Klassen (auch bei VBA können über den *Class*-Befehl Klassen definiert werden) ein wenig schwierig ist, da es nur selten zwingende Gründe gibt, sie einzusetzen, bedürfen die Klassen bei .NET keinerlei Argumentationshilfen, denn da wäre die Kleinigkeit der .NET-Klassenbibliothek, die mehrere Tausend Klassen und damit die gesamte Funktionalität enthält, die .NET-Programmen zur Umsetzung ihrer Aufgaben zur Verfügung steht.

Objekte und der With-Befehl

Wie VBA kennt auch Visual Basic den *With*-Befehl, der immer dann ganz praktisch ist, wenn ein und dasselbe Objekt mehrfach nacheinander angesprochen werden soll. Anstatt den Namen des Objekts oder der Objektvariablen jedes Mal voranzustellen, folgt dieser nur auf den *With*-Befehl.

Beispiel

Der folgende Befehl vereinfacht das Zuweisen von drei Eigenschaften des *Range*-Objekts ein wenig:

```
With Application.Range("A1")
  .Clear()
  .Cells.Font.ColorIndex = 3
  .Cells.Font.Size = 12
End With
```

Der *With*-Befehl erspart das erneute Eingeben von *Application.Range("A1")* und macht den Quelltext etwas besser lesbar. Ein kleiner »Nachteil« des *With*-Befehls ist, dass es ihn bei C# nicht gibt und dieser daher für den Fall, dass ein VSTO-Projekt nach C# konvertiert werden soll, aus dem Quelltext wieder entfernt werden muss.

Die .NET-Klassenbibliothek

Das zweite Fundament des .NET Frameworks ist, neben der CLR, die .NET-Klassenbibliothek. Es ist eine große Sammlung von Klassen, die über ihre Methoden und Eigenschaften jene Funktionalität zur Verfügung stellen, die Programmierer für ihre eigenen Programme nutzen können. Die .NET-Klassenbibliothek besteht aus mehreren Dutzend Assemblybibliotheken, die Teil der .NET-Laufzeit sind und daher immer zur Verfügung stehen. Voraussetzung ist lediglich, dass in einem Visual Studio-Projekt ein Verweis auf die jeweilige Bibliothek eingefügt wurde, was für die wichtigsten Bibliotheken von Anfang an der Fall ist.

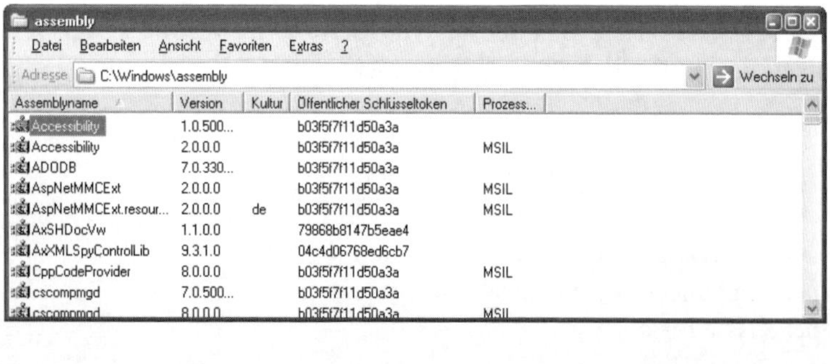

Abbildung 4.7 Das Verzeichnis der .NET-Laufzeit enthält die meisten, aber nicht alle Assemblybibliotheken, die Teil der großen .NET-Klassenbibliothek sind

Die Rolle der Namespaces

Der Begriff *Namespace* wirkt unter Umständen kompliziert, ist es aber nicht. Namespaces sind dazu da, die vielen, vielen Klassen der .NET-Klassenbibliothek in Gruppen zu unterteilen. So gibt es einen Namespace *System.IO* mit allen Klassen für den Dateizugriff und einen Namespace *System.Data* für alle Klassen, die etwas mit Datenbankzugriffen zu tun haben, und viele mehr. Insgesamt sind mehrere Hundert dieser Namespaces vorhanden. Die Namespaces sind hierarchisch strukturiert. An der Spitze steht der Namespace *System*, von dem sich alle anderen Namespaces ableiten. Die Hierarchie geht im Allgemeinen aber nicht sehr tief. Der Namespace *System.IO* (der mit den Dateiklassen) besitzt zum Beispiel einen Unternamespace *Packaging* für den Zugriff auf Dateien im *Open Packaging-Format* (kurz OPC, darunter fallen alle Office 2007-Dokumentdateien im Open XML-Format) oder einen Unternamespace *Ports* für den Zugriff auf die serielle Schnittstelle. Es wird immer der komplette Namespace angegeben, zum Beispiel *System.IO.Packaging* oder *System.IO.Ports*. Auch die verschiedenen Office-Bibliotheken besitzen ihre eigenen Namespaces, zum Beispiel *Microsoft.Office.Interop.Word* für alle Klassen, die die Objekte aus dem Word-Objektmodell repräsentieren.

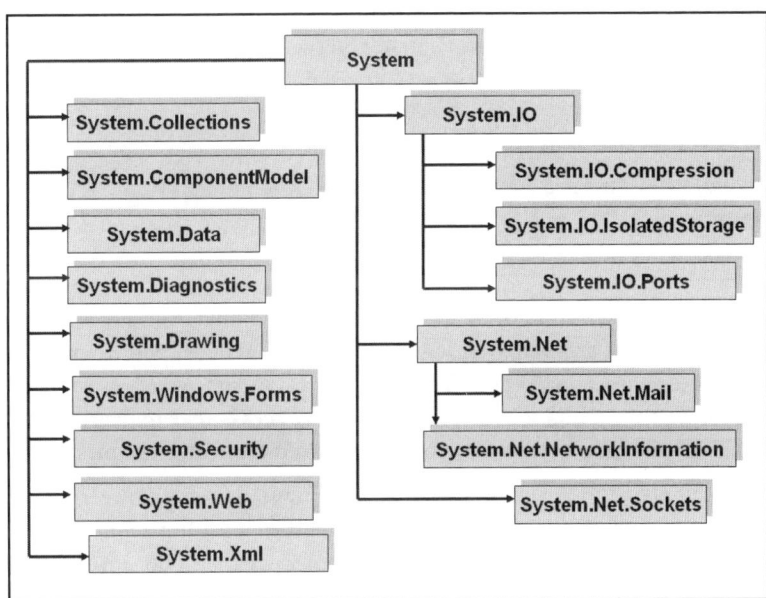

Abbildung 4.8 Die Namespaces der .NET-Klassenbibliothek sind hierarchisch organisiert

Namespaces sind allgegenwärtig und keine Option. Der offizielle Name einer Klasse besteht immer aus dem Namespacenamen. Wenn irgendwo *Range* auftaucht, ist klar, dass es sich um die *Range*-Klasse handeln muss, die einen Excel-Bereich repräsentiert. Der offizielle Name lautet allerdings *Microsoft.Office.Interop.Excel.Range* und muss (oder besser müsste) offiziell dem Klassennamen vorangestellt werden.

Auch Konstanten sind Teil eines Namespaces

Dies gilt auch für die vielen Konstanten aus den Office-Bibliotheken. Diese sind stets Teil einer sogenannten *Enumerationsklasse*, die wiederum Teil eines Namespaces ist.

Beispiel

Der folgende Befehl gibt dem ersten Absatz im aktuellen Dokument eine zentrierte Ausrichtung:

```
D.Paragraphs(1).Alignment = Word.WdParagraphAlignment.wdAlignParagraphCenter
```

Bei *Word* handelt es sich um den Namespace, bei *WdParagraphAlignment* um den Namen der Enumerationsklasse und bei *wdAlignParagraphCenter* schließlich um den Namen der Konstante. Bei .NET werden Befehlszeilen schon einmal ein wenig länger. Damit Sie aber nicht den vollen Namespacenamen eingeben müssen, gibt es die Möglichkeit, diese im Programm bekannt zu machen. Zum Beispiel über den *Imports*-Befehl.

Der Imports-Befehl

Da es auf Dauer etwas lästig ist, einer Klasse oder einer Konstantenenumeration die Namespacenamen voranzustellen, gibt es eine praktische Abkürzung. Sie besteht darin, den Namespace zu »importieren«. Entweder über den *Imports*-Befehl oder in den Projekteigenschaften. Der *Imports*-Befehl bietet den kleinen Vorteil, dass er sich mit einer Abkürzung definieren lässt. Dies ist oft die bessere Variante, als den Namespace komplett wegzulassen.

Beispiel

Der folgende Befehl definiert die Abkürzung *Wd* für den Namespace *Microsoft.Office.Interop.Word*:

```
Imports Wd = Microsoft.Office.Interop.Word
```

Warum ist diese Abkürzung praktisch? Weil nach der Eingabe von *Wd* und dem Punkt eine Auswahlliste erscheint, in der alle Klassen in diesem Namespace angezeigt werden, und weil die Lesbarkeit des Programmcodes in dieser Variante etwas besser ist, als wenn auf die Angabe des Namespaces komplett verzichtet wird. Im Rahmen eines VSTO-Projekts ist eine solche Abkürzung nicht erforderlich, da sie hier bereits in den Projekteigenschaften (Register *Verweise*) definiert wird (zum Beispiel Excel oder Word für die jeweiligen Namespaces).

Der *Imports*-Befehl lädt jedoch keine Assemblybibliotheken und setzt zudem voraus, dass ein Verweis auf die Assemblybibliothek, in der der Namespace definiert ist, bereits hinzugefügt wurde. Sonst führt ein *Imports*-Befehl (natürlich) zu einer Fehlermeldung. Verweise werden in den Projekteigenschaften oder im Projektmappen-Explorer hinzugefügt. Dies kann nicht im Code geschehen, da dies eine Angelegenheit der IDE ist (natürlich kann man über die Methoden der *Assembly*-Klasse Assemblybibliotheken zur Laufzeit nachladen, doch ist dies ein ganz anderes Thema).

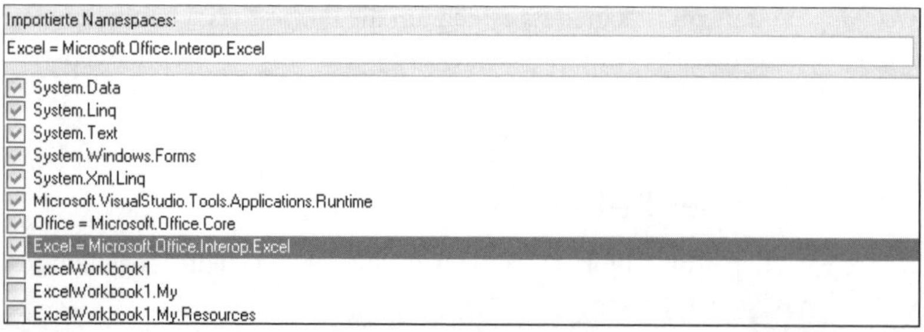

Abbildung 4.9 Auch in den Projekteigenschaften können Namespaces importiert werden

Die .NET-Klassenbibliothek

Objektbibliothek	Namespace
Excel	Microsoft.Office.Interop.Excel
Word	Microsoft.Office.Interop.Word
CommandBars	Microsoft.Office.Core (Office.dll)
Outlook	Microsoft.Office.Interop.Outlook

Tabelle 4.2 Die Namespaces der einzelnen Office-Objektbibliotheken

Die Assemblybibliotheken der VSTO-Laufzeit

Wie die .NET-Laufzeit besteht auch die VSTO-Laufzeit aus einer Reihe von Assemblybibliotheken. Obwohl es nur ein halbes Dutzend Assemblies sind, ist es gar nicht so einfach, einen Überblick zu erhalten, da manche Namen recht ähnlich klingen und der Stammnamespacename nicht *System*, sondern *Microsoft* heißt. Doch dahinter steckt ein System. Klassen, die nicht zur Basisklassenbibliothek des .NET Frameworks gehören, beginnen mit dem Namen des Herstellers.

Als Orientierung soll Tabelle 4.3 dienen, die die Bibliotheken aus dem Laufzeitverzeichnis der VSTO 3.0-Laufzeit *%Programfiles%Reference Assemblies\Microsoft\VSTO\v9.0* zusammenfasst. Zu wissen, wo sich eine VSTO-Bibliothek befindet, ist im Allgemeinen nicht wichtig, denn Visual Studio fügt beim Anlegen eines Projekts die erforderlichen Verweise automatisch ein.

Bibliothek	Was steckt dahinter?
Microsoft.Office.Tools.Common.v9.0.dll	Klassen wie *ActionsPane* sowie die SmartTag- und Ribbon-Klassen
Microsoft.Office.Tools.Excel.v9.0.dll	Klassen wie *ListObject* oder *NamedRange*, die das Excel-Objektmodell »erweitern«
Microsoft.Office.Tools.Outlook.v9.0.dll	Klassen für die Outlook-Formularbereiche
Microsoft.VisualStudio.Tools.Office.Runtime.v9.0.dll	Verschiedene Hilfsklassen, die nicht direkt benutzt werde
Microsoft.Office.Tools.Word.v9.0.dll	Klassen für *Bookmark* und *XMLNode*, ein Satz von knapp 30 Steuerelementklassen sowie zahlreiche »Spezialklassen«

Tabelle 4.3 Ein Überblick über die Bibliotheken der VSTO-Laufzeit

Kurzer Überblick über den Namespace Microsoft.Office.Tools

Die Bibliothek *Microsoft.Office.Tools.Common.v9.0.dll* enthält mehrere Namespaces. Im allgemeinen Namespace *Microsoft.Office.Tools* (Tabelle 4.4) sind Klassen enthalten, die die Grundlage für die verschiedenen Anwendungstypen bilden. Im Namespace *Microsoft.Office.Tools.Ribbon* werden alle Ribbon-Klassen zusammengefasst.

Klasse	Bedeutung
ActionBase	Definiert eine Aktion im Rahmen eines VSTO-SmartTags.
ActionsPane	Steht für einen Bereich, der in Dokumenterweiterungen am Rand des Dokuments eingeblendet werden kann.
AddIn	Basisklasse für ein Add-In.
CustomTaskPane	Steht für einen Bereich, der in Add-Ins am Rand des Dokuments eingeblendet werden kann.

Tabelle 4.4 Die wichtigsten Klassen im Namespace *Microsoft.Office.Tools*

Klasse	Bedeutung
CustomTaskPaneCollection	Fasst alle CustomTaskPanes einer Erweiterung zusammen.
RegexCollection	Fasst alle regulären Ausdrücke zusammen, die ein VSTO-SmartTag zur Eingabeerkennung benutzt.
SmartTagBase	Steht für einen VSTO-SmartTag.
SmartTagCollection	Fasst alle VSTO-SmartTags einer Dokumenterweiterung zusammen.

Tabelle 4.4 Die wichtigsten Klassen im Namespace *Microsoft.Office.Tools (Fortsetzung)*

Der Namespace Microsoft.VisualStudio.Tools.Applications

Ein weiterer Namespace, der für VSTO-Anwendungen eine direkte Rolle spielt, ist *Microsoft.VisualStudio.Tools.Applications*. Die dazugehörige Assemblybibliothek heißt bei den VSTO 3.0 allerdings *Microsoft.VisualStudio.Tools.Applications.ServerDocument.v9.0.dll* und befindet sich zur Abwechslung im Verzeichnis der »VSTA-Assemblies« *%Programfiles%\Reference Assemblies\Microsoft\VSTA\v9.0*. Die wichtigste Klasse in dem Namespace ist *ServerDocument*. Tabelle 4.5 stellt die übrigen Klassen vor, die in diesem Namespace eine Rolle spielen.

Klasse	Bedeutung
CachedAttribute	Das Attribut, durch das Variablen in einer VSTO-Anwendung gekennzeichnet werden, die in einer Dateninsel des Dokuments »gecached« werden sollen.
CachedData	Steht für die Dateninsel in einem Office-Dokument.
CachedDataHostItem	Steht für ein Element einer Dateninsel.
CachedDataItem	Steht für ein Datenelement eines Elements einer Dateninsel (mehr zu den Dateninseln in Kapitel 9).
ServerDocument	Ermöglicht den Zugriff auf die Daten in einer Dateninsel und das Manifest der Dokumenterweiterung.

Tabelle 4.5 Die wichtigsten Klassen im Namespace *Microsoft.VisualStudio.Tools.Applications*

HINWEIS Zwischen den VSTO 2.0 und 3.0 hat sich der »Aufenthaltsort« der *ServerDocument*-Klasse geändert. Bei den VSTO 2.0 befindet sie sich im Namespace *Microsoft.VisualStudio.Tools.Applications.Runtime* in der Assemblybibliothek *Microsoft.VisualStudio.Tools.Applications.Runtime.dll* im Verzeichnis *%Programfiles%\Gemeinsame Dateien\Microsoft Shared\VSTO\8.0*.

Namensänderungen zwischen Beta 2 und der finalen Version der VSTO 3.0

Auch wenn die Wahrscheinlichkeit nicht sehr groß sein dürfte, aber wer ein Programm in Visual Studio 2008 lädt, das noch mit der Beta 2 begonnen wurde, wird feststellen, dass einige Verweise ungültig geworden sind. Die Ursache ist, dass sich die Namen der Assemblybibliotheken geändert haben. Eine Übersicht gibt der VSTO-Blog unter *http://blogs.msdn.com/vsto2/archive/2008/01/09/vsto-runtime-assembly-name-changes-from-beta-2-to-rtm.aspx*.

TIPP Einer Assemblybibliothek sieht man von außen nicht unbedingt an, welche Namespaces sie enthält. Ein nützliches Tool ist in diesem Zusammenhang der *Reflector* von *Lutz Roeder*. Er macht die »Innereien« einer beliebigen Assembly sichtbar. Über den Explorer lässt sich einstellen, dass diese Datei über das Kontextmenü einer Datei mit der Erweiterung *.Dll* zur Verfügung stehen soll. Download unter *http://www.aisto.com/roeder/dotnet/*.

Die Anatomie eines VSTO-Projekts

Von Anatomie war bereits im letzten Kapitel die Rede, doch auch in diesem Kapitel wird kein Skalpell benötigt. Es geht erneut um die Anatomie eines VSTO-Projekts, diese Mal aber auf der Ebene des Quellcodes. Wenn Sie ein neues VSTO-Projekt für Excel oder Word anlegen, wird ein Projekt mit einer Vielzahl von Dateien erzeugt. Welche Dateien dies sind, wurde in Kapitel 3 besprochen. In diesem Abschnitt geht es ausschließlich um jene Quelltextdatei, die hinter einer Excel-Arbeitsmappe steht (für ein Word-Dokument liegen die Verhältnisse praktisch identisch, nur dass andere Namen im Spiel sind). Tabelle 4.6 stellt die Klassen eines VSTO-Projekts zusammen. Es wird deutlich, dass in einem Excel-Dokument-Projekt sowohl die Arbeitsmappe als auch jede Tabelle durch eine eigene Klasse repräsentiert wird. Bei einem Word-Projekt wird jedes Dokument durch eine eigene Klasse repräsentiert. Diese Klassen stellen das Grundgerüst der Anwendung dar.

Der Umstand, dass zum Beispiel ein frisch angelegtes Add-In-Projekt nur aus einer Klasse mit dem Namen *ThisAddIn* besteht, die lediglich zwei leere Prozedurrahmen für die Prozeduren *Startup* und *ShutDown* enthält, darf nicht darüber hinwegtäuschen, dass Visual Studio hinter den Kulissen eine Menge Code produziert hat. Genau wie der Windows-Explorer am Anfang nicht alle Dateien anzeigt, verrät auch der Projektmappen-Explorer von Visual Studio nur die Hälfte. Ein Klick auf den Button *Alle Dateien anzeigen* bringt unter anderem ans Licht, dass die Datei *ThisAddIn.vb* von einer Datei mit dem Namen *ThisAddIn.Designer.vb* begleitet wird. In dieser Datei wird die Klasse *ThisAddIn* über den *Partial*-Befehl von Visual Basic fortgesetzt. Neben einigen recht speziellen Dingen, wird hier auch die Klasse *Globals* um die *ThisAddIn*-Eigenschaft erweitert. Was sich zunächst nach einem Detail am Rande anhören mag, hat eine wichtige Konsequenz. Über ein *Globals.ThisAddIn* kann später die Instanz der *ThisAddIn*-Klasse und damit das Add-In als Ganzes angesprochen werden, als wäre es schon immer vorhanden. Möchte man innerhalb der Add-In-Klasse auf die Host-Anwendung zugreifen, lautet der Ausdruck entsprechend *Globals.ThisAddIn.Application*, wobei das *Application*-Objekt jeweils typisiert (also mit dem *Application*-Objekt der jeweiligen Anwendung) geliefert wird. Gegenüber früher ist das ein großer Komfortgewinn.

Auch wenn man den Code in den Designerdateien nicht ändern sollte, da er beim nächsten Generieren der Designerdatei durch Visual Studio wieder überschrieben werden würde (grundsätzlich wäre es aber möglich), ist es lehrreich, zu mindestens einen Blick hineinzuwerfen.

VSTO-Projekt	Klassen
Add-In	*ThisAddIn*
Excel-Dokument	*Tabelle1, Tabelle2, Tabelle3, ThisWorkbook*
Word-Dokument	*ThisDocument*

Tabelle 4.6 Die wichtigsten Klassen in einem VSTO-Projekt

Die wichtigsten Sprachelemente von Visual Basic .NET (und die Unterschiede zu VBA)

Zuerst eine kleine Enthüllung, Visual Basic .NET heißt streng genommen gar nicht (mehr) Visual Basic .NET, sondern seit Visual Basic 2005 nur noch Visual Basic (genau wie Visual Studio auch nicht mehr Visual Studio .NET heißt). Das Microsoft-Marketing war der Meinung, dass der Zusatz .NET nicht mehr ganz zeitgemäß ist. Da das aber viele noch nicht mitbekommen haben und das Buch nicht den Anspruch erhebt, auf dem allerneuesten Stand der microsoftschen Rechtschreibreform zu sein, wird der Begriff *Visual Basic .NET* weiterhin verwendet. Allerdings nicht mit letzter Konsequenz, sodass Sie auch von Visual Basic lesen werden. Gemeint ist, davon war bereits in der Einleitung zu lesen, damit aber stets ein und dieselbe Programmiersprache.

Warum nicht C#?

Moment, da gibt es doch noch dieses C# (ausgesprochen wie »Siiieeeh-Scharp«[4]), das bei den VSTO als Alternative zu Visual Basic zur Auswahl steht. Für welche der beiden Sprachen man sich entscheidet, ist in erster Linie eine Frage der Vertrautheit und in zweiter Linie eine Frage des Geschmacks. Wer bereits C# benutzt, bleibt natürlich auch bei den VSTO dabei. Wer in der Vergangenheit C, C++, Delphi oder Java benutzt hat, fühlt sich mit Sicherheit von C# magnetisch angezogen und meidet eine Sprache, bei der »Basic« im Namen enthalten ist[5]. Wer dagegen VBA kennt, greift natürlich zu Visual Basic (.NET), wenngleich der Aufwand, C# zu lernen ist, nicht allzu groß ist (aber auch nicht unterschätzt werden darf, da C# sehr viel formaler ist). Beide Sprachen sind sich sehr ähnlich, sodass es am Ende dann doch nur eine Frage des Geschmacks ist. Da die Office-Programmierung von Anfang an auf VBA abgestimmt war, gibt es bei den Office-Objekten und deren Methoden ein paar Eigenheiten (wie zum Beispiel optionale Parameter), die sich von C# nicht ganz so einfach ansprechen lassen. Die Programmierung mit C# ist daher in einigen Situationen ein wenig umständlicher, sodass sich VBA-Programmierer, die es mit C# probieren wollen, am Anfang doppelt schwer tun. Wer aber Zeit und Ausdauer mitbringt, sollte vor C# nicht zurückschrecken. Nachdem die ersten anfänglichen Schwierigkeiten überwunden sind, wird man genauso produktiv arbeiten wie mit Visual Basic. Speziell bei der SharePoint- und BizTalk-Entwicklung ist C# sogar die etwas populärere Sprache. In diesem Buch wird Visual Basic .NET eingesetzt und das ist hoffentlich auch gut so.

Variablen

Wie in jeder Programmiersprache stehen auch bei Visual Basic Variablen für Namen, die während der Programmausführung für einen Wert stehen, und deren Werte, sobald das Programm beendet wird, verloren gehen. Eine Variable besitzt neben ihrem Namen noch zwei weitere wichtige Merkmale: einen (Daten-)Typ und einen Gültigkeitsbereich. Daran hat sich gegenüber VBA übrigens nichts geändert, wenngleich dort sowohl Typ als auch Gültigkeitsbereich oft keine Rolle spielten.

Variablen deklarieren

Wie in VBA werden Variablen auch bei Visual Basic über den *Dim*-Befehl deklariert (oder definiert, um einen ebenfalls üblichen Begriff zu verwenden). Befindet sich die Deklaration außerhalb einer Funktion bzw. Prozedur, sind die Befehle *Public*, *Friend* und *Private* besser geeignet, da sie gleichzeitig auch den Gültigkeitsbereich festlegen. Gleich drei Befehle für eine Variablendeklaration (mit dem *Dim*- und dem *Static*-Befehl, der aber sehr selten benutzt wird, sind es sogar fünf)? Ja, das ist Visual Basic.

Es ist eine im Vergleich zu VBA sehr angenehme Eigenschaft, dass eine Variable bei der Deklaration gleich einen Anfangswert erhalten kann:

```
Dim Zahl As Integer = 1234
```

---

[4] In etwa und ohne Anspruch auf phonetische Korrektheit.
[5] Was nicht jeder weiß: Visual Basic wurde von C-Programmierern entwickelt. Angeblich recht widerwillig.

Die wichtigsten Sprachelemente von Visual Basic .NET (und die Unterschiede zu VBA)

Ab Visual Basic 9.0 muss der Datentyp bei lokalen Variablen nicht mehr unbedingt angegeben werden, da der Compiler diesen aus der Zuweisung erkennen kann:

```
Dim Zahl = 1234
```

Die Variable *Zahl* ist vom Typ *Integer* und nicht *Object*, wie es bei VBA der Fall wäre. Das Initialisieren von Werten bei der Deklaration einer Variablen funktioniert übrigens auch mit Arrays:

```
Dim Zahlen() As Byte = {22, 33, 44, 11}
```

Soll das Array *Zahlen* sortiert vorliegen? Kein Problem, das erledigt die *Sort*-Methode der *Array*-Klasse:

```
Array.Sort (Zahlen)
```

Das ist Komfort, an den man sich schnell gewöhnen wird. Bei VBA gab es diesen Komfort nicht, da keine Klassenbibliothek im Hintergrund vorhanden ist und Datentypen wie *Integer* und *String* bei VBA nicht auf Klassen basieren. Auch *Array* ist kein Befehl, sondern eine Klasse der .NET-Klassenbibliothek im Namespace *System* (der aber nicht vorangestellt werden muss).

Fortgeschrittenere Möglichkeiten bei Arrays

Soll jedes Element des Arrays ausgegeben werden, würde man bei VBA dazu eine kleine Programmschleife einsetzen, die das Array »durchläuft« und jeden Wert der Reihe nach ausgibt. Das geht bei Visual Basic natürlich auch, doch gibt es eine moderne Variante, die unter Umständen etwas eleganter ist. Diese besteht in der *ForEach*-Methode der *Array*-Klasse, die mit der »Adresse« einer Prozedur aufgerufen wird, die wiederum für jedes Element im Array aufgerufen wird:

```
Dim Zahlen() As Byte = {22, 23, 11, 44}
Array.Sort(Zahlen)
Array.ForEach(Zahlen, New Action(Of Byte)(AddressOf Ausgabe))
```

Ausgabe ist eine reguläre Prozedur, die lediglich einen *Byte*-Parameter entgegennimmt:

```
Sub Ausgabe(ByVal b As Byte)
   Console.WriteLine(b)
End Sub
```

Das ist jene objektorientierte Programmierung in Aktion, von der zu Eingang des Kapitels die Rede war.

Objektvariablen

Variablen, die für Objekte stehen, werden als *Objektvariablen* bezeichnet. Objekte sind bei der Office-Programmierung allein schon aus dem Grund allgegenwärtig, da sich bei der Office-Programmierung alles um Objekte dreht. Ist eine Objektvariable eine Variable, die ein Objekt enthält? Ja und Nein. Ja, weil diese Beschreibung nicht direkt falsch ist. Nein, weil die Variable (natürlich) nicht das ganze Objekt umfasst, sondern nur eine Zahl (auch Adresse genannt), die für den »Ort« steht, unter dem das Objekt im Arbeitsspeicher abgelegt ist. Man spricht hier auch von einer Objektreferenz (oder einem Objektverweis). Das bedeutet, dass eine Objektvariable, die auf ein vom Umfang her gesehen kleines Objekt »zeigt«, exakt genauso groß ist wie eine Objektvariable, die auf ein sehr großes Objekt verweist, da in beiden Fällen nur die Adresse des Objekts im Arbeitsspeicher in der Variablen enthalten ist. Objektvariablen werden auch als *Verweistypen* bezeichnet, im Unterschied zu den Werttypen, in denen der Wert selbst abgelegt ist. Werttypen sind zum Beispiel Integer-Variablen (Tabelle 4.7 stellt alle Visual Basic-Datentypen zusammen und gibt an, ob es sich um einen Wert- oder Verweistyp handelt – wichtig ist diese Unterscheidung aber nur in Ausnahmefällen). Dies ist ein weiterer Beleg dafür, dass sich angehende VSTO- bzw. allgemein .NET-Programmierer viele Begriffe merken müssen (oder besser sollten).

Ein kleiner Verständnistest

Wie wäre es mit einem kleinen »Wissenstest«? Warum wird der folgende Befehl fehlerfrei kompiliert und ausgeführt

```
Dim z = New Random().Next(1,50)
```

während der folgende Befehl zu einem Compilerfehler führt:

```
Dim z As New Random().Next(1,50)
```

Im ersten Fall erhält *z* einen *Integer*-Wert, der von der *Next*-Methode zurückgegeben wird, die auf das zuvor angelegte *Random*-Objekt angewendet wird. Im zweiten Fall soll *z* eine Instanz der *Random*-Klasse erhalten, auf die dann die *Next*-Methode angewendet wird, was syntaktisch nicht korrekt ist.

Von VSTO-Anwendungen auf Office-Objekte zugreifen – die Globals-Klasse

Eine VSTO-Anwendung greift, wie jede Anwendung, über die Objektbibliotheken auf die Objekte einer Office-Anwendung zu. Da dieses im Rahmen eines Add-In-Projekts aber nicht sofort offensichtlich ist, gibt es die sehr praktische *Globals*-Klasse, die die Bestandteile des VSTO-Projekts als Mitglieder zur Verfügung stellt. In einem Excel-Add-In bietet der Befehl

```
Globals.ThisAddIn.Application
```

den Zugriff auf das *Application*-Objekt von Excel. In einem Excel-Dokument-Projekt bietet *Globals* einen Zugriff auf *ThisWorkbook*, *Tabelle1*, *Tabelle2* usw., in einem Word-Dokument-Projekt entsprechend auf *ThisDocument*. *Globals* ist also immer dann sehr praktisch, wenn man ohne Klimmzüge und Umwege an das *Application*-Objekt und die Dokumente der Anwendung herankommen möchte.

Eine andere, nicht ganz so nützliche Funktion übernimmt der *Global*-Namespace. Er steht für die Spitze der Namespacehierarchie und wird immer dann eingesetzt, wenn man einen Ausdruck mit dem obersten Namespace beginnen möchte. *Global* ist eine Hilfestellung, um sich in der Namespacehierarchie etwas besser zurechtfinden zu können. Nach der Eingabe von *Global* und des Punktes werden die Namespacenamen auf der obersten Ebene aufgelistet. Neben den Namespaces *Microsoft* und *System* gehört dazu auch der Stammnamespace, der von Visual Studio für das Projekt angelegt wird. Ein

```
Global.Microsoft.Office.Interop.Excel.Range
```

spricht die *Range*-Klasse an. Das Voranstellen von *Global* wäre natürlich nicht zwingend, erleichtert aber ein wenig das Navigieren innerhalb der Namespacehierarchie.

Ordentliche Programmierer räumen ihre Objekte auf

Müssen Objektvariablen, wenn sie nicht mehr benötigt werden, durch Setzen auf den Spezialwert *Nothing* wieder freigegeben werden? Diese Frage hat ganze Generationen von Programmierern bei früheren Visual Basic-Versionen beschäftigt. Der Hintergrund ist, dass Objekte Platz im Arbeitsspeicher belegen, den man möglichst bald wieder für »die Allgemeinheit« zur Verfügung stellen sollte. Auch wenn ein Objekt nicht viel Arbeitsspeicher beansprucht (unter Umständen nur wenige Bytes), die Summe macht es aus. Die Antwort auf die eingangs gestellte Frage lautet im Allgemeinen nein. Bei .NET kümmert sich die CLR und deren *Garbage Collector* (gewissermaßen der Abfalleinsammler, so auch die wörtliche Übersetzung) um das Aufräumen nicht mehr benötigter Objekte. Ein Objekt gilt als nicht mehr beansprucht, wenn keine Variable (oder Collection) mehr einen Verweis auf das Objekt hält. Das Setzen auf *Nothing* bewirkt lediglich, dass der Verweis gelöscht wird und der interne Verweiszähler für diese Instanz um eins verringert wird. Ist er bei 0 angelegt, wird das Objekt als »aufräumbar« markiert und der Garbage Collector wird es irgendwann aus dem Arbeitsspeicher entfernen. Wann das genau der Fall sein wird, hängt von der Arbeitsspeicherauslastung ab. Es kann sehr schnell passieren, es kann aber auch eine Weile dauern. Im Allgemeinen spielt es für die Programmausführung keine Rolle, wann genau ein Objekt aus dem Arbeitsspeicher »disposed« (so der Fachausdruck) wird. Gerade bei VSTO-Anwendungen, die nur selten speicherkritisch sein sollten, muss man sich um diesen Aspekt vermutlich keine Gedanken machen[6].

Datentyp	Wert/Referenztyp	Bedeutung	Größe in Byte	System-Datentyp	Anmerkung
Boolean	Wert	True/False-Wert	1	System.Boolean	–
Byte	Wert	Vorzeichenlose 8-Bit-Zahl im Bereich 0 bis 255	1	System.Byte	–
Char	Wert	Ein Unicode-Zeichen	2	System.Char	–
Date	Wert	Datumswert im Bereich 1.1.0001 bis 31.12.9999	8	System.DateTime	–
Decimal	Wert	128-Bit-Ganzzahl mit maximal 28 Stellen nach dem verschiebbaren Dezimaltrennzeichen – ermöglicht Rechenoperationen ohne Genauigkeitsverlust	16	System.Decimal	Genau, aber langsam
Double	Wert	Fließkommazahl mit bis zu 15 Nachkommastellen	8	System.Double	–
Integer	Wert	Vorzeichenbehaftete 32-Bit-Zahl im Bereich von -2.147.483.648 bis + 2.147.483.647	4	System.Int32	Das VBA-Äquivalent ist *Long*.
Long	Wert	Vorzeichenbehaftete 64-Bit-Zahl im Bereich von - 9.223.372.036.854.775.808 bis + 9.223.372.036.854.775.807	8	System.Int64	–
Object	Referenz	Steht allgemein für eine untypisierte Objektreferenz	4	System.Object	Kommt in der »Natur« relativ selten vor.

Tabelle 4.7 So viel Auswahl gab es bei VBA nicht – die Datentypen von Visual Basic im Überblick

---

[6] Zumal es Wichtigeres gibt, und das Entwickeln von Software das Lösen von echten Problemstellungen bedeuten sollte. Sich um diese Details nicht kümmern zu müssen, ist einer der Vorzüge von VBA.

Datentyp	Wert/Referenztyp	Bedeutung	Größe in Byte	System-Datentyp	Anmerkung
SByte	Wert	Vorzeichenbehaftete 8-Bit-Zahl im Bereich von -128 bis +127	1	System.SByte	–
Short	Wert	Vorzeichenbehaftete 16-Bit-Zahl im Bereich -32.768 bis +32.767	2	System.Int16	Das VBA-Äquivalent ist *Integer*.
Single	Wert	Fließkommazahl mit bis zu 7 Nachkommastellen	4	System.Single	–
String	Referenz	Zeichenkette im Unicode-Format (bis zu 2 Milliarden Zeichen)	10 + Anzahl der Zeichen * 2	System.String	–
UInteger	Wert	Vorzeichenlose 32-Bit-Zahl im Bereich 0 bis 4.294.967.295	4	System.UInt32	–
ULong	Wert	Vorzeichenlose 64-Bit-Zahl im Bereich 0 bis 18.446.744.073.709.551.615	8	System.UInt64	–
UShort	Wert	Vorzeichenlose 16-Bit-Zahl im Bereich 0 bis 65.535	2	System.UInt16	–

Tabelle 4.7 So viel Auswahl gab es bei VBA nicht – die Datentypen von Visual Basic im Überblick *(Fortsetzung)*

HINWEIS Objektvariablen erhalten ihren Wert nicht über den *Set*-Befehl, den es bei Visual Basic nicht mehr gibt. Sie können ihn eingeben, er wird aber automatisch wieder entfernt[7].

Der Gültigkeitsbereich bei Variablen

Jede Variable besitzt einen Gültigkeitsbereich. Der Satz ist einfach und eindeutig. Programmierneulinge tun sich mit dem *Gültigkeitsbereich* (engl. »scope«) von Variablen erfahrungsgemäß etwas schwer, dabei ist die Bedeutung sehr einfach. Der Gültigkeitsbereich bestimmt, in welchem Bereich des Programms die Variable (bzw. allgemein das Element, um das es geht) gültig, also ansprechbar ist. In einem VSTO-Programm kann es folgende Gültigkeitsbereiche geben:

- Innerhalb eines Blocks (wie zum Beispiel der Teil zwischen *If* und *Else*, *For* und *Next* oder *Try* und *Catch*)
- Innerhalb einer Funktion bzw. Prozedur
- Innerhalb einer Klasse
- Nur in abgeleiteten Klassen
- Innerhalb des gesamten Programms
- Innerhalb des gesamten Programms und außerhalb des Programms

Das Ansprechen einer nicht gültigen Variablen ist nicht möglich, dies wird vom Compiler, der stets so tut, als gäbe es die Variable im gesamten Programm nicht, mit einer entsprechenden Fehlermeldung quittiert. Die Aufzählung macht deutlich, das Thema gibt einiges her (dabei wurde verschwiegen, dass mit der aktuellen Version 9.0 von Visual Basic und LINQ noch ein weiterer Gültigkeitsbereich hinzugekommen ist, der sich nur auf eine Abfrage beschränkt).

---

[7] Das Gleiche gilt für den *Let*-Befehl, den aber vermutlich niemand mehr kennen dürfte.

Die beiden wichtigsten Gültigkeitsbereiche sind innerhalb der Klasse und innerhalb einer Funktion bzw. Prozedur. Erstere Variablen werden mit den Befehlen *Private* (dann ist die Variable nur innerhalb der Klasse gültig) oder *Public* (dann ist die Variable »überall« gültig) deklariert. In Verbindung mit den letzteren Arten von Variablen dient für die Deklaration, wie bei VBA, der *Dim*-Befehl. Tabelle 4.8 stellt die Gültigkeitsbereiche noch einmal zusammen. Generell ist das Thema »harmlos«, da man als Entwickler nicht viel falsch machen kann. Engt man den Gültigkeitsbereich zu stark ein, ist ein Compilerfehler die Folge, macht man ihn »zu weit« (das ist die Regel), hat dies im Allgemeinen keine (negativen) Konsequenzen.

Gültigkeitsbereich	Befehle
Über die Anwendungsebene hinaus	*Public*
Innerhalb der Anwendung	*Friend*
Innerhalb der Klasse	*Private*
Innerhalb der Prozedur bzw. Funktion	*Dim*
Innerhalb eines Blocks	*Dim*

Tabelle 4.8 Die verschiedenen Gültigkeitsbereiche in einem Visual Basic-Programm

Die Rolle der Datentypen

Jede Variable besitzt einen Datentyp, auch wenn dieser nicht explizit angegeben wird. Bei VBA war dieses Thema oft ein wenig eine Frage des guten »Geschmacks«, bei Visual Basic müssen (besser sollten) Variablen einen Datentyp besitzen. Statt

```
Dim Zahl
```

schreibt man

```
Dim Zahl As Integer
```

und gibt damit an, dass die Variable *Zahl* nur Werte vom Typ *Integer* (also ganze Zahlen) aufnehmen kann. Doch warum ist das überhaupt wichtig? Aus zwei Gründen. Zum einen kann Visual Studio dann nach der Eingabe des Punktes entsprechende Auswahllisten anbieten, was vor allem bei Objektvariablen wichtig bzw. nützlich ist. Zum anderen gilt die Regel: Je genauer der Compiler eine Variable kennt, umso genauer kann er überprüfen, ob die Variable den richtigen Wert erhalten hat, sodass unnötige Konvertierungen vermieden werden können.

Unterschiede bei den Datentypen

Zwischen VBA und Visual Basic gibt es ein paar kleinere Unterschiede bei den Datentypen, die sich aber auf Kleinigkeiten beschränken, wie den Umstand, dass ein *Integer* bei Visual Basic 32 Bit breit ist und daher dem *Long*-Datentyp von VBA entspricht. Den Universaldatentyp *Variant* (sein »Nachfolger« ist *Object*) gibt es nicht mehr, genau wie den Datentyp *Currency* (er wurde durch *Decimal* ersetzt). Bei Visual Basic wurden eine Reihe neuer Datentypen eingeführt, etwa *Char* (ein Unicode-Zeichen) oder *UInt* (vorzeichenloser Integer), die in Tabelle 4.7 zusammengestellt sind. In der Tabelle werden auch die »internen« Bezeichnungen der .NET-Klassenbibliothek aufgeführt. Ein *Integer* heißt offiziell *System.Int32*, wobei in einem Programm selbstverständlich beide Bezeichnungen benutzt werden können.

Datentyp	Änderung bei Visual Basic
Integer	Ist 32 Bit breit.
Long	Ist 64 Bit breit.
DateTime	Wird intern anders dargestellt.
Variant	Gibt es nicht mehr und wurde durch *Object* ersetzt.
Currency	Gibt es nicht mehr und wurde durch *Decimal* ersetzt.
Strings fester Länge	Gibt es offiziell nicht mehr.

Tabelle 4.9 Änderungen bei den Datentypen zwischen VBA und Visual Basic

Die Rolle von Option Explicit

Der Spezialbefehl *Option Explicit On* legt fest, dass eine Variable deklariert werden muss.

HINWEIS Bei VBA musste der Befehl *Option Explicit* entweder in jedes Modul eingefügt werden oder es musste einmalig die Option *Variablendeklaration erforderlich* in den Optionen des VBA-Editors eingeschaltet werden, damit es nicht möglich war, Variablen ohne einen Datentyp zu deklarieren. Bei Visual Basic ist diese Einstellung (in den Projekteigenschaften) von Anfang an auf *On* gesetzt und sollte auch nicht zurückgesetzt werden.

Interessanterweise gibt es beim aktuellen Visual Basic 9.0 eine Entwicklung, die gerade VBA-Programmierern entgegenkommen dürfte. Bei lokalen Variablen (also Variablen, die innerhalb einer Funktion bzw. Prozedur definiert werden) muss kein Datentyp angegeben werden, da ihn der Compiler aus der ersten Zuweisung an die Variable ableiten kann. Diese Neuerung wird als *Typinferenz* bezeichnet (und über *Option Infer on/off* gesteuert).

Angenommen, im Programm ist eine Klasse *Person* definiert, dann führt die folgende Zuweisung dazu, dass die Variable *P* vom Typ *Person* ist:

```
Dim P = New Person()
```

Die Variable *P* ist nicht vom Typ *Object*, was immer dann der Fall ist, wenn eine Variable keinen Datentyp explizit erhalten hat, sondern vom Typ *Person*. Es ist wichtig zu verstehen, dass dies bei der Vorgängerversion Visual Basic 8.0 auch so war, allerdings konnte der Compiler den Typ erst während der Programmausführung feststellen und der Variablen zuordnen. Bei Visual Basic 9.0 ist der Typ bereits zur Entwurfszeit und in diesem Fall unmittelbar nach dem Drücken der ⏎-Taste (wodurch ein Kompilieren der Befehlszeile ausgelöst wird) bekannt. Somit kann in der nächsten Zeile eine Auswahlliste mit allen Mitgliedern der Klasse *Person* angeboten werden, wenn auf die Variable *P* der Punkt folgt.

Die Rolle von Option Strict

Der Spezialbefehl *Option Strict On* legt fest, dass implizite Typenkonvertierungen nicht erlaubt sind. In diesem Modus ist es zum Beispiel nicht zulässig, einer *Integer*-Variablen eine Zeichenkette zuzuweisen, die eine Ziffernfolge enthält. Die Voreinstellung in den Projekteigenschaften ist jedoch *Option Strict Off*, was ruhig so bleiben kann.

Operatoren

Operatoren sind »Sonderzeichen«, die zwei Operanden (Zahlen, Zeichenketten usw.) zu einem Ergebnis verknüpfen. Die Standardoperatoren wie +, -, * (Multiplikation) oder / (Division) gibt es auch bei Visual Basic. Es sind aber einige Operatoren hinzugekommen, wie zum Beispiel ein Bit-Schieboperator, die in Tabelle 4.10 zusammengestellt sind. Besonders interessant (wenngleich optional) sind die kombinierten Operatoren, die eine Zuweisung mit einer Operation verknüpfen. Ein += bedeutet, dass zu der Variablen auf der linken Seite ein Wert addiert wird. Die Operation

```
n += 1
```

ist etwas kürzer, vor allem aber etwas »eleganter« als die klassische VBA-Iteration:

```
n = n + 1
```

die vor allem Mathematikern jedes Mal ein wenig seltsam erschienen sein dürfte.

Operator	Bedeutung
+=	Fasst Addition und Zuweisung zusammen.
-=	Fasst Subtraktion und Zuweisung zusammen.
*=	Fasst Multiplikation und Zuweisung zusammen.
/=	Fasst Division und Zuweisung zusammen.
<<, >>	Bit-Schiebeoperatoren
IsNot	Praktisch beim Vergleich von Objektvariablen mit *Nothing*.
AndAlso	Wie *And*, nur dass der Folgeausdruck nicht ausgewertet wird, wenn der erste Ausdruck ein *False* ergeben hat.
OrElse	Wie *Or*, nur dass der Folgeausdruck nicht ausgewertet wird, wenn der erste Ausdruck ein *True* ergeben hat.

Tabelle 4.10 Neue Operatoren bei Visual Basic

Entscheidungen

Bei den Entscheidungen hat sich im direkten Vergleich mit VBA nicht viel geändert. Für Entscheidungen ist der *If*-Befehl zuständig, auf den ein »Ausdruck«, also eine Variable, ein Vergleich oder etwas folgt, das in einen einzelnen Wert resultiert. Ist der Ausdruck *True* (also ungleich 0), werden die bis *End If* oder *Else* folgenden Befehle ausgeführt wird, ansonsten werden sie übersprungen. Auch die Mehrfachentscheidung per *Select Case*-Befehl hat sich, wenn überhaupt, nur in Details geändert.

Beispiel

Das folgende Beispiel gibt über einen *Select Case*-Befehl den Namen des Bundespräsidenten der Bundesrepublik Deutschland aus, der im angegebenen Jahr im Amt war bzw. ist. Liegt das Jahr außerhalb des möglichen Bereichs, wird über den *Throw*-Befehl (mehr dazu später) eine Ausnahme geworfen.

```
Dim Jahr As Integer = 1961
Dim Bundespraesident As String
Select Case Jahr
    Case 1949 To 1959
        Bundespraesident = "Theodor Heuss"
    Case 1959 To 1969
        Bundespraesident = "Heinrich Lübke"
    Case 1969 To 1974
        Bundespraesident = "Gustav Heinemann"
    Case 1974 To 1979
        Bundespraesident = "Walter Scheel"
    Case 1979 To 1984
        Bundespraesident = "Karl Carstens"
    Case 1984 To 1994
        Bundespraesident = "Richard von Weizäcker"
    Case 1994 To 1999
        Bundespraesident = "Roman, es muss ein Ruck, Herzog"
    Case 1999 To 2004
        Bundespraesident = "Johannes Rau"
    Case Is >= 2004
        Bundespraesident = "Horst Köhler"
    Case Else
        Throw New ApplicationException("In diesem Jahr gab es keinen Bundespräsidenten!")
End Select
Console.WriteLine("Der Bundespräsident heißt " & Bundespraesident)
```

Logische Ausdrücke fehlerfrei verknüpfen mit AndAlso und OrElse

Eine wichtige Neuerung gibt es bei Visual Basic, wenn zwei logische Ausdrücke (ein logischer Ausdruck ist ein Ausdruck, der *False* oder *True* ergibt) über die Operatoren *And* und *Or* verknüpft werden sollen. Bei VBA ist es üblich, dass mit *And* und *Or* stets beide Ausdrücke ausgewertet werden:

```
If TypeOf ActiveSheet Is Worksheet And ActiveSheet.Range("A1").Value2 > 0 Then
    MsgBox "Alles klar!"
End If
```

Was ist an diesem verknüpften Ausdruck problematisch? Ganz einfach: Wenn der erste Ausdruck nicht erfüllt ist, weil das ActiveSheet kein Worksheet ist, führt die zweite Prüfung zwangsläufig zu einem Laufzeitfehler, da es in diesem Fall kein *Range*-Objekt geben kann. Dieses Verhalten ist nicht nur ein wenig lästig, sondern insofern unlogisch, als für den Fall, dass bei einer Und-Verknüpfung der erste Operand *False* ist, der Wert des zweiten Operanden keine Rolle mehr spielt, da das Ergebnis in jedem Fall *False* sein wird. Bei Visual Basic gibt es für diesen Fall den *AndAlso*-Operator, der das »wahre« Verhalten der Und-Verknüpfung verkörpert. Ergibt der erste Ausdruck ein *False*, wird der zweite Ausdruck nicht mehr ausgewertet:

```
If TypeOf Me.Application.ActiveSheet Is Excel.Worksheet _
    AndAlso Me.Application.ActiveSheet.Range("A1").Value2 > 0 Then
    Messagebox.Show ("Alles klar!")
End If
```

Bei *OrElse* wird entsprechend die Auswertung abgebrochen, wenn der erste Ausdruck ein *True* ergeben hat, da damit bereits die Gesamtbedingung der Fall ist. Auch hier wertet VBA die übrigen Ausdrücke ebenfalls aus. Es gibt einige Fälle, in denen das zu einem kleinen Problem werden kann.

HINWEIS Die unter Umständen von VBA etwas vertrauteren Operatoren *And* und *Or* sollten nicht mehr eingesetzt werden.

Programmschleifen

Auch bei den Programmschleifen gibt es, wie bei den Entscheidungen, im direkten Vergleich mit VBA wenig Neues. Die Schleifentypen *For Next*, *Do Loop* und *For Each Next* sind nahezu unverändert auch bei Visual Basic vorhanden. Lediglich aus der *While Wend*-Schleife wurde die *While End While*-Schleife, weil dies zu etwas mehr Konsistenz führt. Genau wie in VBA wird eine Programmschleife vorzeitig mit dem *Exit*-Befehl verlassen, wobei es bei Visual Basic als Alternative den *Continue*-Befehl gibt, der an das Ende der Programmschleife springt. Wie so manches bei Visual Basic ist der Umgang mit Programmschleifen im Vergleich zu VBA etwas komfortabler geworden, da die Schleifenvariable direkt in der Schleife deklariert werden kann.

Beispiel

Das folgende Beispiel ist der Klassiker unter den Schleifen. Sie wiederholt die Anweisungen zwischen *For* und *Next* genau 10 Mal und gibt dadurch die Zahlen von 1 bis 10 in den Zellen *A1* bis *A10* in einem fiktiven Excel-Sheet aus, das über die Variable *R* angesprochen wird:

```
For n As Integer = 0 To 9
  R.Offset(RowOffset:=n).Value2 = n + 1
Next
```

Der kleine Vorteil gegenüber VBA ist, dass die Variable *n* in der Schleife definiert werden kann. Ein kleiner Nachteil liegt aber darin, dass die Variable nur innerhalb der Schleife gültig ist. Dennoch kann außerhalb der Prozedur keine weitere Variable mit diesem Namen deklariert werden.

Schleifen vorzeitig verlassen

Schleifen werden über den *Exit*-Befehl vorzeitig verlassen (zum Beispiel *Exit For*). Soll gleich die gesamte Methode verlassen werden, muss der Befehl entsprechend *Exit Sub* oder *Exit Function* lauten. Der *Continue*-Befehl »springt« an das Ende der Schleife.

Auch Arrays können per For Each durchlaufen werden

Analog zu VBA können natürlich auch in Visual Basic Arrays per *For Each* durchlaufen werden, was ein wenig praktischer ist, da man sich dadurch nicht um die Obergrenze kümmern muss und keine Schleifenvariable mitgeführt werden muss, die lediglich zum Ansprechen der einzelnen Elemente dient. Anders als bei VBA ist diese Variante nicht mehr langsamer, da der interne Verwaltungsaufwand nicht mehr so groß ist.

Beispiel

Die folgende Schleife durchläuft das Array *ZahlenFeld*, das zuvor mit Zufallszahlen gefüllt wurde, und bildet die Summe aller Zahlen:

```
Dim ZahlenFeld(20) As Byte
Dim R As New Random()
R.NextBytes(ZahlenFeld)
Dim Summe As Short
For Each z As Byte In ZahlenFeld
  Summe += z
Next
```

Umgang mit Zeichenketten

Für den Umgang mit Zeichenketten (engl. »strings«) gibt es bei VBA eine Reihe von Stringfunktionen, etwa *Len* (Länge des Strings feststellen), *Mid* (ein Zeichen aus einem String heraustrennen), *Instr* (Position eines Teilstrings in einem String finden) oder *UCase* (alle Zeichen des Strings in Großbuchstaben umwandeln). Diese Funktionen existieren auch in Visual Basic. Es sind Methoden im Namespace *Microsoft.VisualBasic*. Grundsätzlich spricht nichts dagegen, diese Methoden weiterhin zu benutzen. Allerdings gibt es attraktive Alternativen in Gestalt von Methoden der *String*-Klasse, von denen die wichtigsten in Tabelle 4.11 zusammengestellt sind. Damit lassen sich die wichtigsten Operationen mit Zeichenketten etwas komfortabler umsetzen als mit den VBA-Stringfunktionen. Die *Split*-Methode ist dafür ein gutes Beispiel. Während die *Split*-Methode bei VBA nur ein Trennzeichen akzeptiert, kann bei der .NET-Variante auch ein *String*-Array mit einer Vielzahl an Trennzeichen übergeben werden. Das sind die kleinen Vorzüge, die eine modernere Sprache wie Visual Basic gegenüber VBA zu bieten hat.

Beispiel
Das folgende Beispiel splittet einen Dateipfad anhand der verschiedenen Trennzeichen auf, die in einem Pfad vorkommen können:

```
Dim DateiPfad As String = "http:\\Server/WebDir\Index.html"
Dim PfadElemente() As String = DateiPfad.Split(New String() {"\\", "\", "/"}, StringSplitOptions.None)
```

Mitglied	Was bewirkt es?
Chars-Eigenschaft	Steht für die einzelnen Zeichen als *Char*-Array.
Length-Eigenschaft	Gibt die Länge der Zeichenkette an.
EndWith-Methode	*True/False*-Wert, der angibt, ob die Zeichenkette mit der als Argument übergebenen Zeichenkette endet.
IndexOf-Methode	Gibt die Position innerhalb der Zeichenkette zurück, an der ein übergebener String erscheint.
Insert-Methode	Fügt eine Zeichenkette in die Zeichenkette an der angegebenen Position ein.
Join-Methode	Fügt mehrere Zeichenketten zu einer neuen Zeichenkette zusammen, wobei an den Verbindungsstellen jeweils das übergebene Trennzeichen eingefügt wird.
PadLeft-Methode	Richtet die Zeichen der Zeichenkette rechtsbündig aus und füllt die frei gewordenen Plätze am linken Rand mit einem übergebenen Zeichen.
PadRight-Methode	Richtet die Zeichen der Zeichenkette linksbündig aus und füllt die frei gewordenen Plätze am rechten Rand mit einem übergebenen Zeichen.
Remove-Methode	Entfernt eine Anzahl an Zeichen an der vorgegebenen Position aus der Zeichenkette.
Replace-Methode	Tauscht alle enthaltenen Teilzeichenketten in der Zeichenkette durch eine andere Teilzeichenkette aus.
Split-Methode	Zerlegt eine Zeichenkette in Teilzeichenketten anhand eines übergebenen Trennzeichens und gibt ein Array mit Teilzeichenketten zurück.
Substring-Methode	Extrahiert eine Teilzeichenkette, deren Position und Länge übergeben wird, aus der Zeichenkette.
ToCharArray-Methode	Kopiert die Zeichen der Zeichenkette in ein *Char*-Array.
ToLower-Methode	Wandelt alle Buchstaben der Zeichenkette in Kleinbuchstaben um.

Tabelle 4.11 Interessante Mitglieder der *String*-Klasse

Mitglied	Was bewirkt es?
ToUpper-Methode	Wandelt alle Buchstaben der Zeichenkette in Großbuchstaben um.
Trim-Methode	Entfernt alle Zeichen, die einem oder mehreren vorgegebenen Zeichen entsprechen, sowohl am linken als auch am rechten Rand der Zeichenkette.
TrimEnd-Methode	Entfernt alle Zeichen, die einem oder mehreren vorgegebenen Zeichen entsprechen, am rechten Rand der Zeichenkette.
TrimStart-Methode	Entfernt alle Zeichen, die einem vorgegebenen Zeichen entsprechen, am linken Rand der Zeichenkette.

Tabelle 4.11 Interessante Mitglieder der *String*-Klasse *(Fortsetzung)*

Prozeduren und Funktionen

Prozeduren und Funktionen fassen Befehlsfolgen unter einem Namen zusammen. Eine Funktion unterscheidet sich von einer Prozedur lediglich dadurch, dass sie über den *Return*-Befehl einen Wert zurückgibt und damit auch einen Datentyp besitzt. Prozeduren und Funktionen werden, wenn sie Teil einer Klasse sind, unter dem Namen *Methode* zusammengefasst. Gegenüber VBA hat sich an dem Prinzip nichts geändert, aber es hat drei kleinere, aber wichtige Änderungen gegeben:

- Parameter werden per Default nicht mehr als Verweis, sondern als Wert übergeben. Dadurch werden unbeabsichtigte Nebeneffekte vermieden, die immer dann auftraten, wenn eine übergebene Variable in der aufgerufenen Funktion/Prozedur verändert wurde. Trotzdem wird jedem Parameter von Visual Studio ein *ByVal* vorangestellt.
- Bei Funktionen wird der Rückgabewert über den *Return*-Befehl zurückgegeben und nicht mehr durch Zuweisen an den Funktionsnamen.
- Die Parameter, die beim Aufruf der Prozedur bzw. Funktion (und damit allgemein der Methode) übergeben werden, müssen immer in Klammern gesetzt werden. Dies ist ein angenehmer Kontrast zu VBA, wo dieser simple Umstand häufig für unnötige Verwirrung sorgte.

> **TIPP** Auch das Einfügen des Prozedur- bzw. Funktionsrahmens geht am bequemsten über Codeausschnitte.

Collections und der For Each-Befehl

Praktisch alles im Objektmodell einer Office-Anwendung kommt mehrfach vor: Worksheets (mehrere Tabellenblätter), Documents (mehrere Dokumente) oder Items (mehrere Elemente in einer Outlook-Ablage) seien als Beispiele genannt. Diese »Objektsammlungen« werden Collections oder auf Deutsch Auflistungen genannt[8]. Tabelle 4.12 stellt einige der insgesamt mehrere Dutzend Auflistungsklassen zusammen, die in der .NET-Klassenbibliothek enthalten sind.

Es gibt zwei Möglichkeiten, auf die Elemente einer Liste zugreifen: über den Index oder über den Namen des Elements (sofern es einen solchen besitzt). Leider gibt es beim Index eine Besonderheit, die immer wieder zu Verwirrung führt. Auflistungen im Office-Objektmodell beginnen immer mit dem Index 1, reguläre Auflistungen dagegen mit dem Index 0. Der folgende Befehl führt daher zu einem Laufzeitfehler:

```
TabName = Me.Application.Worksheets(0).Name
```

---

[8] Warum Auflistung und nicht Liste oder Elementsammlung? Gute Frage, nächste Frage. Manchmal ist es nicht ganz nachzuvollziehen, wie ein Begriff zustande kommt.

Warum? Ganz einfach, weil es einen Index 0 nicht gibt, es muss *Worksheets(1)* heißen. Oft ist es besser, über den Namen auf eine Collection zuzugreifen:

```
TabName = Me.Application.Worksheets("Tabelle1").Name
```

Das funktioniert aber nur, wenn das Objekt einen Namen besitzt, was zum Beispiel bei den Collections im Office-Objektmodell, nicht aber bei den allgemeinen Collections der Fall ist.

Um alle Elemente einer Auflistung der Reihe nach ansprechen zu können, gibt es den *For Each*-Befehl. Es ist ein typischer Programmschleifenbefehl. Die Programmschleife wird dabei so oft wiederholt, wie Elemente in der Auflistung enthalten sind.

Beispiel

Die folgende Befehlsfolge geht über den *For Each*-Befehl in einem Excel-Add-In alle Arbeitsblätter durch und kopiert die leeren Arbeitsblätter in eine Auflistung, die zuvor angelegt wurde.

```
Dim EmptyTabs As New List(Of Excel.Worksheet)
For Each W As Excel.Worksheet In Me.Application.Worksheets
If W.Cells.SpecialCells(Excel.XlCellType.xlCellTypeLastCell).Address = "$A$1" Then
    EmptyTabs.Add(W)
  End If
Next
```

Mit dem *For Each*-Befehl lassen sich nicht nur beliebige Collections, sondern auch Arrays durchlaufen. Der *For Each*-Befehl basiert auf einem sogenannten *Enumerator*. Dieser Mechanismus ist allgemein für das Durchlaufen von Auflistungen zuständig. Möchte man (im Allgemeinen gibt es dafür keinen Grund) direkt auf den Enumerator zugreifen, geschieht dies über die *GetEnumerator*-Methode, über die jede Collection verfügt. Sie liefert den Enumerator als ein Objekt, das über eine *Current*-Eigenschaft (sie steht für das aktuelle Objekt) und die Methoden *MoveNext* (sie setzt den internen Zeiger auf das nächste Element der Collection) und *Reset* (sie setzt den internen Zeiger wieder auf das erste Element der Collection zurück) verfügt.

Es ist wichtig zu verstehen, dass die Collection *EmptyTabs* am Ende nur Verweise auf die einzelnen *Worksheet*-Objekte, nicht die *Worksheet*-Objekte selber enthält.

Beispiel

Die folgende Befehlsfolge durchläuft die Collection *EmptyTabs* aus dem letzten Beispiel nicht mit dem *For Each*-Befehl, sondern direkt über den zugrunde liegenden Enumerator, der über die *GetEnumerator*-Methode, über die jedes Objekt verfügt, »geholt« wird:

```
Dim En As System.Collections.IEnumerator = Me.Application.Worksheets.GetEnumerator()
While En.MoveNext
    MessageBox.Show(En.Current.Name)
End While
```

Vorteile bringt diese Variante im Allgemeinen nicht. Das Beispiel soll lediglich deutlich machen, dass hinter dem *For Each*-Befehl immer ein Enumerator steht. *IEnumerator* ist keine Klasse, sondern eine Schnittstelle. Im Unterschied zu Klassen bestehen Schnittstellenmitglieder nur aus dem Kopf der Eigenschaft oder Methode, sie enthalten keinerlei Implementierungscode. Implementiert wird die Schnittstelle in allen Collections. Dass ihr in dem obigen Beispiel der Namespace voranging, geschah nicht ohne Grund, denn ansonsten würde die generische Variante *IEnumerator(Of)* angesprochen werden, an die sich aber keine *Worksheets*-Collection zuweisen lässt, da diese nicht über diese Sorte von Enumerator verfügt.

Collection	Steht für ...
ArrayList	Eine Liste, die beliebige Elemente aufnehmen kann, und zu der Elemente über *Add* hinzugefügt und per *Remove* wieder entfernt werden.
Dictionary	Generische Liste mit Wert-Schlüssel-Paaren. Bei generischen Listen wird über das *Of*-Schlüsselwort ein Typ angegeben, den alle Elemente der Liste besitzen müssen.
Hashtable	Eine Liste mit Wert-Schlüssel-Paaren.
LinkedList	Doppelt verknüpfte generische Liste. Bei generischen Listen wird über das *Of*-Schlüsselwort ein Typ angegeben, den alle Elemente der Liste besitzen müssen.
List	Generische Liste. Bei generischen Listen wird über das *Of*-Schlüsselwort ein Typ angegeben, den alle Elemente der Liste besitzen müssen.
Stack	Eine Liste, die nach dem Prinzip eines Stapels (das zuletzt abgelegte Element wird als Erstes wieder vom Stapel genommen) angesprochen wird.

Tabelle 4.12 Interessante Collections der .NET-Klassenbibliothek

Objekte SQL-ähnlich abfragen – LINQ to Objects

Eine sehr interessante Neuerung von Visual Basic 9.0 heißt *LINQ* (*Language Integrated Query Framework*). Damit lassen sich beliebige Collections auf eine Weise abfragen, die stark an die Datenbankabfragesprache SQL erinnert. LINQ ist optional, sodass niemand »gezwungen« wird, es zu benutzen, und vor allem im Zusammenhang mit größeren Datenbanken interessant, bietet aber auch im Kleinen seine Vorzüge, wie die folgenden Beispiele deutlich machen werden.

Die Beispiele basieren auf einer kleinen Klasse *Person*, die am Ende des Kapitels definiert wird (mehr zu Klassen im Abschnitt »Programmieren mit Klasse(n)« auf Seite 149). Sie besitzt die Eigenschaften *PersonNr*, *Alter* und *Name*. Zunächst wird ein Array mit dem Namen *Personen* definiert, das drei *Person*-Objekte enthält, die zuvor angelegt werden:

```
Dim P1 As New Person With {.Alter = 66, .Name = "Udo"}
Dim P2 As New Person With {.Alter = 72, .Name = "Herbert"}
Dim P3 As New Person With {.Alter = 56, .Name = "Helmut"}
Dim Personen() As Person = {P1, P2, P3}
```

In dem Beispiel wird bereits von den mit Visual Basic 9.0 eingeführten Objektinitialisierern Gebrauch gemacht, mit denen sich die Werte von Eigenschaften beim Instanziieren belegen lassen, ohne dass ein Konstruktor benötigt wird.

Der folgende Befehl definiert ein neues »Gebilde« mit dem Namen *Oldies*, in dem nur *Person*-Objekte enthalten sind, bei denen die Eigenschaft *Alter* > 60 ist:

```
Dim Oldies = From P In Personen Where P.Alter > 60 Select P
```

Das Ganze mag bereits von der Syntax her ein wenig seltsam wirken, es sind aber Standardbefehle. *Oldies* ist eine Collection, der eine Reihe von Objekten zugewiesen werden. Sie kann zum Beispiel per *For Each* durchlaufen werden, wodurch die Abfrage tatsächlich ausgeführt wird:

```
For Each P In Oldies
Next
```

Dass die Variable *Oldies* keinen Datentyp besitzt, ist kein Zufall, denn bei Visual Basic 9.0 ist der Compiler in der Lage, den Typ einer Variablen aus der Zuweisung heraus zu bestimmen.

LINQ hat mit den VSTO direkt nichts zu tun, allerdings wird es nicht lange dauern, bis es für alles Mögliche (und weniger Mögliche) eingesetzt wird. In Kapitel 2 wurde es im Zusammenhang mit LINQ to XML bereits benutzt, um die Inhalte einer XML-Datei abzufragen. In Kapitel 13 wird es noch einmal zum Einsatz kommen.

Strukturen

Eine *Struktur* ist ein Datentyp, der sich aus vorhandenen Datentypen zusammensetzt. Sein Nutzen liegt darin, dass sich damit Datenstrukturen, die sich aus Teilelementen zusammensetzen, unter einem Namen ansprechen lassen. Bei VBA werden diese Strukturen über den *Type*-Befehl definiert:

```
Private Type Person
    Name As String
    Alter As Integer
End Type
```

Jetzt kann eine Variable vom Typ *Person* definiert werden:

```
Dim P1 As Person
```

Nach der Eingabe eines Punktes auf *P1* folgend werden die Mitglieder der *Struktur* Person in der Auswahlliste angeboten.

Bei Visual Basic werden Strukturen über den *Structure*-Befehl definiert. Der wichtigste Unterschied ist, dass Zeichenketten fester Länge (wie generell bei Visual Basic) nicht mehr zulässig sind:

```
Structure Person
    Dim Name As String
    Dim Alter As Integer
End Structure
```

Strukturen sind bei .NET Werttypen im Gegensatz zu den Referenztypen. Das bedeutet, dass sie etwas »schlanker« sind als Objekte, die auf Klassen basieren. Geht es nur darum, dass lediglich Datenstrukturen nachgebildet werden sollen, aber fortgeschrittenere Merkmale wie Vererbung keine Rolle spielen, sind Strukturen gegenüber Klassen die etwas bessere Wahl.

Enumerationen

Eine *Enumeration* ist bei .NET eine Konstantenauflistung. Sie fasst unter einem Namen konstante Werte vom Typ *Long* zusammen, die alle ihren eigenen Namen besitzen. Die Idee ist, dass thematisch zusammenhängende Konstanten über einen Sammelnamen angesprochen werden können, was deutlich komfortabler ist, als sich die Namen der Konstanten oder gar die Zahlenwerte merken zu müssen. Die .NET-Klassenbibliothek enthält eine Vielzahl von Enumerationen, auch in den Office-Bibliotheken spielen sie eine wichtige Rolle, da hier sämtliche Konstanten in Enumerationen zusammengefasst sind. Folgt auf den Namen der Enumeration ein Punkt, werden alle Konstantennamen, die in der Enumeration enthalten sind, aufgelistet. Ein Beispiel von vielen ist die Enumeration *XlSaveAction*, sie die Konstanten *xlDoNotSaveChanges* und *xlSaveChanges* umfasst. Auch wenn es kein Problem wäre, direkt die Zahlenwerte einzusetzen, ist es üblich, die Konstantennamen zu verwenden.

Beispiel

Der folgende Befehl gibt beim Schließen einer Arbeitsmappe an, dass diese nicht gespeichert werden soll:

```
Wb.Close(SaveChanges:=Microsoft.Office.Interop.Excel.XlSaveAction.xlDoNotSaveChanges)
```

Der Grund, warum die Konstante, die auf das benannte Argument *SaveChanges* folgt, soooo lang erscheint, ist einfach der, dass der komplette Namespace vorangestellt wurde. Mit einem *Imports*-Befehl wird die Konstante etwas kürzer:

```
Wb.Close(SaveAction:= XlSaveAction.xlDoNotSaveChanges)
```

Es bleibt allerdings dabei, dass die Konstante über ihren Enumerationsnamen »qualifiziert« wird.

Wie in VBA lassen sich über den *Enum*-Befehl eigene Enumerationen definieren.

Beispiel

Der folgende Befehl definiert eine Enumeration, die für eine Reihe von Farbwerten steht:

```
Enum FarbWerte
  Rot
  Blau
  Gruen
End Enum
```

Was zunächst ein wenig seltsam erscheinen mag (für was stehen die Namen *Rot*, *Blau* und *Gruen*?), ergibt einen Sinn, wenn man weiß, dass dies nur die Kurzschreibweise für eine ordentliche Wertzuweisung ist:

```
Enum FarbWerte
  Rot = 0
  Blau = 1
  Gruen = 2
End Enum
```

Rot, *Blau* und *Gruen* sind Konstanten, die in der Enumeration *FarbWerte* zugefasst werden. Das Besondere ist, dass es sich bei *FarbWerte* um einen Typ handelt, der bei einer Deklaration angegeben werden kann:

```
Dim Farbe As FarbWerte = FarbWerte.Blau
```

Dass Visual Studio in der Auswahlliste nur die Werte der Enumeration anzeigt, bedeutet nicht, dass es unzulässig wäre, der Variablen einen beliebigen Wert zuzuweisen, denn letztendlich ist *Farbe* nur eine *Long*-Variable, die einen beliebigen Wert besitzen kann.

Mitteilungsboxen und Auswahldialoge anzeigen

Auch wenn das Office-Dokument die primäre »Ausgabefläche« ist und sowohl Excel als auch Word »jede Menge« eingebauter Dialoge zur Verfügung stellen, gibt es immer wieder einmal einen Grund, eine Mitteilungsbox anzuzeigen oder den Anwender dazu aufzufordern, eine Datei oder ein Verzeichnis auszuwählen. Der Namespace *System.Windows.Forms* enthält etwa ein halbes Dutzend Klassen zur Anzeige der wichtigsten Standarddialogfelder.

Beispiel

Der folgende Befehl zeigt einen Auswahldialog zur Auswahl eines Ordners an. Der gewählte Ordnerpfad, sofern einer selektiert wurde, steht anschließend in der Variablen *OrdnerPfad* zur Verfügung:

```
Dim OrdnerPfad As String = ""
Using Fd As New FolderBrowserDialog
  If Fd.ShowDialog = DialogResult.OK Then
    OrdnerPfad = Fd.SelectedPath
  End If
End Using
```

Da der Anwender das Dialogfeld auch mit dem *Abbrechen*-Button schließen kann, muss am Ende noch einmal geprüft werden, ob die Variable *OrdnerPfad* einen Wert enthält.

Der *Using*-Befehl ist optional, er instanziiert die Variable *Fd* derart, dass sich .NET bei *End Using* um das empfehlenswerte »Aufräumen« kümmert. Ohne *Using* sähe das Beispiel wie folgt aus:

```
Dim OrdnerPfad As String = ""
Dim Fd As New FolderBrowserDialog
If Fd.ShowDialog = DialogResult.OK Then
  OrdnerPfad = Fd.SelectedPath
End If
```

Klasse	Was zeigt sie an?
MessageBox	Eine Mitteilungsbox mit einer Reihe vordefinierter Buttons und Icons
OpenFileDialog	Einen Windows-Dialog zur Auswahl einer Datei, die geöffnet werden soll
SaveFileDialog	Einen Windows-Dialog zur Auswahl einer Datei, in die etwas gespeichert werden soll
FolderBrowserDialog	Einen Windows-Dialog zur Auswahl eines Ordners

Tabelle 4.13 Klassen in *System.Windows.Forms* für Standarddialoge

MsgBox oder MessageBox?

Die gute, alte *MsgBox*-Funktion zur Anzeige einer Meldungsbox gibt es natürlich auch bei Visual Basic, wenngleich sie nicht zur Programmiersprache gehört, sondern wie praktisch alles eine Methode der .NET-Klassenbibliothek ist. Auch wenn es nur eine unbedeutende Kleinigkeit am Rande ist, verwenden Sie diese Funktion nicht mehr. Der Aufruf *MessageBox.Show()* läuft zwar auf dasselbe hinaus (intern wird dieselbe Funktion aufgerufen) und ist sogar ein wenig länger, er ist aber die offizielle und modernere Variante. Wer sich dazu zwingt, auf eine vertraute Bequemlichkeit zu verzichten, gewöhnt sich schneller an die objektorientierte Denkweise bei Visual Basic und den VSTO.

Dateizugriffe

Für Dateizugriffe sind verschiedene Klassen im Namespace *System.IO* zuständig. Einen FileRead-Befehl gibt es leider nicht. Vor dem Zugriff auf Dateien haben die .NET-Götter aus Redmond noch eine kleine Hürde eingebaut. Man muss in etwa das Prinzip der sogenannten *Streams* (zu Deutsch »Datenstrom«) verstanden haben, da alle Dateiklassen auf diesen Streams basieren. Zum Glück lässt sich dieser Teil schnell abhandeln. Ein Stream ist in der Welt der Programmierung ein interner Speicherbereich (engl. »buffer«), der aus einer Aneinanderreihung von Bytes besteht, die stets nacheinander angesprochen werden. Dazu gibt es einen internen Positionszeiger, der festlegt, welches Byte im Puffer als Nächstes an der Reihe ist.

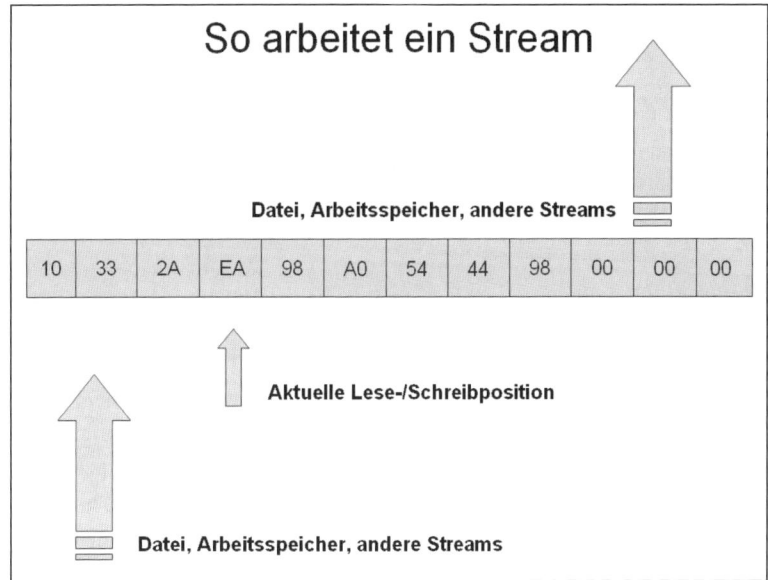

Abbildung 4.10 Das Prinzip eines Streams

Ein kleiner Nachteil von *System.IO* ist, dass es aufgrund der vielen recht ähnlich klingenden Klassennamen alles andere als leicht ist, einen Überblick zu gewinnen. Das fängt bereits bei der Frage an, welche Klasse für einen Dateizugriff zuständig ist. Naheliegend wäre die *File*-Klasse mit ihrer *OpenRead*-Methode, die wie folgt aufgerufen wird:

```
File.OpenRead("C:\Boot.ini")
```

Doch was gibt *OpenRead* zurück? Ein File-Objekt, einen String oder etwas ganz anderes? Korrekt ist die letzte Variante, denn *OpenRead* liefert (natürlich) das erwähnte *Stream*-Objekt. Es wird als Erstes einer Variablen zugewiesen (das ist immer eine gute Idee):

```
Dim St As Stream = File.OpenRead("C:\Boot.ini")
```

Doch was lässt sich mit einem *Stream*-Objekt anfangen? Wie ein Blick in die Auswahlliste mit den Methoden zeigt, die nach Eingabe eines Punktes auf *St* folgend angezeigt wird, lässt sich der Inhalt der Datei offenbar nur Byte für Byte lesen. Enthält die Datei Text, ist das natürlich nicht besonders komfortabel. Eine bessere Alternative ist daher die *StreamReader*-Klasse. Sie öffnet eine Datei so, dass der Stream über komfortable Methoden wie *ReadLine* oder *ReadToEnd* gekapselt wird, die für das Auslesen von Text sehr viel besser geeignet sind.

Beispiel

Das folgende Beispiel liest erneut den Inhalt der Datei *C:\Boot.ini* und gibt ihn dieses Mal komplett in einer MessageBox aus:

```
Using Sr As New StreamReader("C:\Boot.ini")
  MessageBox.Show(Sr.ReadToEnd, "C:\Boot.ini")
End Using
```

Um das Schließen der Datei muss sich das Programm nicht kümmern. Warum? Lesen Sie dazu den nächsten Abschnitt.

> **HINWEIS** Das gute, alte *FileSystemObject*-Objekt gibt es natürlich auch bei .NET, denn grundsätzlich lässt sich jede COM-Bibliothek über *Projekt/Verweis hinzufügen* einbinden. Es wird daher auch genauso eingesetzt wie unter VBA. Im Allgemeinen sind die Klassen im Namespace *System.IO* aber die bessere Wahl.

Verwenden Sie unbedingt Using

Stream-Klassen wie zum Beispiel *StreamWriter* sollten unbedingt mit dem *Using*-Befehl angelegt werden. Dies ist eine Warnung vom Stil »Bei Glatteis nicht rauchen«, man kann sie ignorieren, ohne dass das Programm gleich abstürzt, aber man sollte sich daran halten, weil es einfach besser ist. Es gibt auch konkrete Gründe. Wenn eine *Stream*-Klasse mit *Using* instanziiert wird, muss man sich um zwei Dinge nicht mehr kümmern. Erstens, dass der Stream am Ende wieder »geschlossen« wird. Das ist bei Dateien wichtig, wenn man auf sie gleich im Anschluss wieder zugreifen möchte. Zweitens, dass das *Stream*-Objekt »aufgeräumt« wird. Das ist bei ein paar *Stream*-Objekten kein Thema, bei einer Million *Stream*-Objekten durchaus (und dann kann es wirklich passieren, dass der Computer abstürzt, weil sich der Garbage Collector »aufgehängt« hat – aus lauter Frust, weil er mit dem Aufräumen nicht mehr hinterherkommt).

Den Pfad einer VSTO-Assembly bestimmen

Der Umstand, dass mit dem Drücken von F5 die VSTO-Anwendung jedes Mal anstandslos ausgeführt wird, verdeckt die Tatsache, dass der Ablauf hinter den Kulissen ein wenig komplizierter ist (und an dieser Stelle auch nur angedeutet werden kann). Visual Studio kopiert die Assembly (Dll-Datei) zunächst in das Ausgabeverzeichnis, das in den Projekteigenschaften eingestellt ist (in der Regel *bin\Debug*). Bei der Ausführung jedoch wird die Assembly (beim Laden in die Anwendungsdomäne) in ein anderes Verzeichnis kopiert, den *Assembly*

Download Cache (ADC), nicht zu verwechseln mit dem *Global Assembly Cache* (GAC). Dahinter steckt ein Verzeichnis mit dem Pfad *%userprofile%\Lokale Einstellungen\Anwendungsdaten\Assembly* (bzw. *%userprofile%\AppData\Local\Assembly* bei Windows Vista), der anschließend mit einer Reihe von computergenerierten Namen fortgesetzt wird (der genaue Pfad spielt im Allgemeinen auch keine Rolle). Anstelle der Assembly im Ausgabeverzeichnis wird diese Schattenkopie (engl. »shadow copy«) ausgeführt. Eine lokale VSTO-Assembly wird damit auf dieselbe Weise geladen wie eine reguläre Assembly aus dem Intranet bzw. Internet.

Im Allgemeinen spielt es keine Rolle, wo genau eine Assembly ausgeführt wird. Es kann aber von Bedeutung sein, wenn die Assembly über relative Pfade auf Datendateien zugreift. Über den sehr praktischen *My*-Namespace von Visual Basic erhält man das Verzeichnis, in dem die Assembly zur Ausführung gelangt:

```
My.Application.Info.DirectoryPath
```

Dies ist eine Art »Kurzschreibweise« für die reguläre Methode über die *Assembly*-Klasse, wobei diese Variante auch den Dateinamen umfasst:

```
Dim AssDateiPfad As String = System.Reflection.Assembly.GetExecutingAssembly.Location
```

Das Verzeichnis, aus dem die Assembly in den Downloadcache geladen wurde, erhält man über die *CodeBase*-Eigenschaft der *Assembly*-Klasse. Hier muss berücksichtigt werden, dass diese Pfadangabe in der URI-Schreibweise vorliegt und bei lokalen Verzeichnissen ein file:/// vorausgeht und Leerzeichen standardmäßig durch Escape-Zeichen ersetzt werden[9]. Möchte man auch diesen Pfad erhalten, ginge dies zum Beispiel wie folgt:

```
Dim AssPfadUri As String = System.Reflection.Assembly.GetExecutingAssembly.CodeBase
Dim AssPfad As String = IO.Path.GetDirectoryName(New Uri(AssPfadUri).AbsolutePath).Replace("%20", " ")
```

Leider enthält der Downloadcache nur die Assemblydatei. Datendateien, die durch Visual Studio in das Ausgabeverzeichnis kopiert werden, werden nicht in das Downloadcache-Verzeichnis kopiert, sodass es keine Möglichkeit zu geben scheint, relativ auf eine Datendatei zugreifen. Auch eine *App.config*-Datei, die von Visual Studio nach dem Start automatisch unter dem Namen *<Assemblydateiname.config>* in das Ausgabeverzeichnis kopiert wird, wird ebenfalls nicht in den Downloadcache kopiert. Die VSTO-Assemblydatei befindet sich in ihrem anonymen Verzeichnis allein auf weiter Flur (für die Codezugriffsrichtlinien spielt dieses Verzeichnis keine Rolle, ihm wird offenbar vertraut).

Soll sich eine VSTO-Assembly nur ein paar Daten merken, wie zum Beispiel Einstellungen usw., die nicht sehr umfangreich sind, bietet es sich an, dafür Einträge in den Projekteinstellungen anzulegen (Projekteigenschaften, Register *Einstellungen*). Diese Einstellungen werden in einer *User.config*-Datei ebenfalls im Benutzerprofil (also für jeden Benutzer) abgelegt. Es sollten daher keine »lebenswichtigen« Daten sein.

Natürlich kann man als letzten »Rettungsanker« beim Zugriff auf Datendateien auch mit absoluten Pfaden arbeiten, allerdings ist diese Variante aus verständlichen Gründen nicht optimal (es ist nichts ärgerlicher für den Anwender und beschämend für den Entwickler, wenn Programme gleich nach dem Start mit einer »File not found«-Meldung abbrechen).

HINWEIS   In einer regulären .NET-Anwendung liegen die Verhältnisse deutlich einfacher. Hier wird die Exe-Datei nicht in den Downloadcache kopiert, sodass man über ein *My.Application.Info.DirectoryPath* den Verzeichnispfad erhält, in dem die Assembly ausgeführt wird.

---

[9]   Weil sich die Assembly auch irgendwo im Internet befinden könnte, was aber auf 99,9 Prozent aller Fälle nicht zutrifft.

Dateien als eingebettete Ressourcen

Hier ist eine weitere Variante für den Fall, dass eine (VSTO-)Anwendung Daten mitführen soll, wie zum Beispiel eine Textdatei, eine XML-Datei oder eine oder mehrere Bitmaps. Der einfachste Weg ist es natürlich, diese externen Daten in Dateien auszulagern und diese Dateien mit auszuliefern, wobei diese Dateien am besten im Benutzerprofil abgelegt werden. Optimal ist diese Variante jedoch nicht, da solche Dateien verloren gehen oder gelöscht werden können und unter Umständen wichtige Daten nicht zur Verfügung stehen. Eine Alternative ist es, diese Inhalte direkt in die Assembly einzubauen. Diese liegen dann als eingebettete Ressourcen innerhalb der Assemblydatei vor und werden über die Methode *GetManifestResourceStream* der *Assembly*-Klasse als (Byte-)Stream angesprochen. Das ist natürlich nur dann sinnvoll, wenn die Datendatei nicht zu groß wird, wenngleich es eine »maximale Größe« sicher nicht gibt. Einige KByte bis einige Hundert KByte sind sicher kein Problem, vom »Winde verweht« als kompletten Spielfilm oder alle Folgen der Simpsons sollte man auf diese Weise sicher nicht in einer Assembly unterbringen.

Voraussetzung ist, dass die Datendatei eine Projektdatei ist und dass die Eigenschaft *Buildvorgang* auf den Wert *Eingebettete Ressource* gesetzt wurde. Dann wird sie beim Kompilieren in die Assemblydatei »eingebaut«.

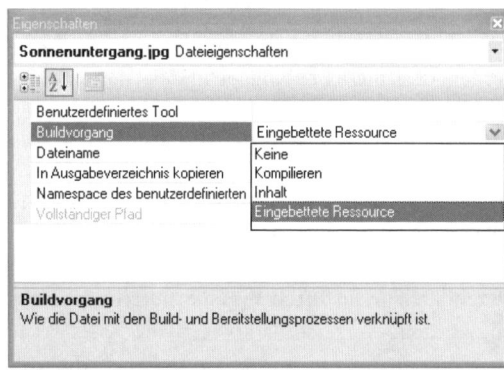

Abbildung 4.11 Die Eigenschaft *Buildvorgang* muss den Wert *Eingebettete Ressource* aufweisen, damit die Datei in die Assemblydatei integriert wird

Beispiel

Die folgende Befehlsfolge listet die Namen aller eingebetteten Ressourcen in einer *ListBox* auf:

```
Dim Ass As Assembly = Assembly.GetExecutingAssembly
For Each R As String In Ass.GetManifestResourceNames
  ListBox1.Items.Add(R)
Next
```

Beim Zugriff auf eine eingebettete Ressource kommt es auf den richtigen Namen an. Dieser setzt sich aus dem Stammnamespacenamen (Projekteigenschaften) und dem Namen der Ressource zusammen. Handelt es sich bei der eingebetteten Ressource um eine Bitmap mit dem Namen *Sonnenuntergang.jpg*, lautet der Zugriff auf sie wie folgt:

```
Dim ResName As String = Ass.GetName().Name & "." & "Sonnenuntergang.jpg"
PictureBox1.Image = Image.FromStream(Ass.GetManifestResourceStream(ResName))
```

Ist die eingebettete Ressource eine Textdatei, kann sie über einen *StreamReader* gelesen werden:

```
ResName = Ass.GetName().Name & "." & "TextFile1.txt"
Using Sr As New StreamReader(Ass.GetManifestResourceStream(ResName))
  Label2.Text = Sr.ReadLine
End Using
```

Fehlerbehandlung

Der Begriff *Fehlerbehandlung* heißt bei .NET Ausnahmebehandlung (engl. »exception handling«). Der Begriff *Ausnahme* hört sich nicht nur viel netter an als der etwas unschöne Begriff Fehler, er trifft auch den Kern, um den es geht, etwas genauer. Eine Ausnahme (engl. »exception«) tritt immer dann auf, wenn die CLR bei der Ausführung einer Assembly nicht weiterweiß. Sie »wirft« eine Ausnahme und die Ausnahmebehandlung tritt in Aktion. Diese besteht normalerweise darin, dass die Programmausführung beendet und der Anwender mit einer kryptischen Meldung konfrontiert und ihm als Option angeboten wird, einen Debugger zu starten. Bei einer VSTO-Erweiterung ist dies oft nicht ganz so tragisch, da die »lebenswichtigen« Daten im Office-Dokument und nicht in der Erweiterung enthalten sind. Bei einem regulären .NET-Programm kann dies jedoch ernstere Konsequenzen haben, denn für den Fall, dass das Programm vorzeitig beendet werden muss, sind nicht gesicherte Daten auf Nimmerwiedersehen verloren.

Es ist die Aufgabe des Programmierers, dies zu verhindern, doch wie? Ganz einfach: indem Ausnahmen abgefangen werden. Dazu werden der oder die Befehle, die eine Ausnahme auslösen könnten, in einen *Try Catch*-Block »eingerahmt«. Dieser Block besitzt den folgenden allgemeinen Aufbau:

```
Try
' Irgendwelche Befehle
Catch [<Variable> As <Ausnahmeklasse>]
[Finally]
End Try
```

Löst ein Befehl zwischen *Try* und *Catch* eine Ausnahme aus, springt die Programmausführung automatisch in den *Catch*-Block und es werden die Befehle abgearbeitet, die zwischen *Catch* und *End Try* bzw. *Finally* aufgeführt sind. Diese Befehle kümmern sich um die Ausnahme, indem sie zum Beispiel eine Fehlermeldung anzeigen oder die Ausnahme an den aufrufenden Teil des Programms per *Throw*-Befehl »weiterreichen«, wo sich die Fehlerbehandlung dieser Prozedur um die Ausnahme kümmert. Bei der Ausnahmebehandlung geht es also nicht darum, den Fehler ungeschehen zu machen oder ihn unter den Teppich zu kehren. Der Zweck liegt darin, einen Programmabbruch zu verhindern, was ohne Ausnahmebehandlung der Fall wäre.

Beispiel

Ein kleines Beispiel soll die Notwendigkeit für eine Ausnahmebehandlung deutlich machen. Die *Startup*-Prozedur eines VSTO-Add-Ins enthält die folgenden Befehlsfolge:

```
Dim DateiGibtEsNicht As String = "C:\GibtEsNicht.doc"
Me.Application.Selection.InsertFile(FileName:=DateiGibtEsNicht)
```

Damit ist klar, was nach dem Start passiert. Da es die Datei (absichtlich) nicht gibt, ist eine Ausnahme die Folge. Im Unterschied zu einem regulären .NET-Programm handelt es sich um eine *COMException*, sodass die Fehlermeldung nicht viel über die wahre Ursache des Fehlers verrät. Das ist nicht nur unbefriedigend, sondern sieht auch sehr unschön aus. Der Anwender kann die Meldung zwar wegklicken, doch die *Startup*-Prozedur wird nicht weiter ausgeführt und das Add-In womöglich nicht korrekt initialisiert.

```
Public Class ThisAddIn

    Private Sub ThisAddIn_Startup(ByVal sender As Object, ByVal e As System.EventArgs) Handle Startup
        Dim DateiGibtEsNicht As String = "C:\GibtEsNicht.doc"
        Me.Application.Selection.InsertFile(FileName:=DateiGibtEsNicht)
    End Sub

    Private Sub ThisAddIn_Shutdown(ByVal sender As Object, ByVal e As System.EventArgs) Handl Shutdown

    End Sub
End Class
```

Abbildung 4.12 Eine nicht abgefangene Ausnahme

Da es immer passieren kann, dass eine angeforderte Datei nicht existiert, ist es praktisch obligatorisch, den Aufruf von *InsertFile* in einen *Try Catch*-Block zu setzen. Das Ergebnis sieht wie folgt aus:

```
Dim DateiGibtEsNicht As String = "C:\GibtEsNicht.doc"
Try
  Me.Application.Selection.InsertFile(FileName:=DateiGibtEsNicht)
Catch ex As COMException
  MessageBox.Show("Die Datei konnte nicht geladen werden, sorry.", "Fehler in ThisAddIn_Startup")
End Try
Messagebox.Show("Weitere Befehle!")
```

Nicht nur, dass jetzt eine »anständige« Fehlermeldung erscheint, anschließend wird die Programmausführung regulär fortgesetzt, sodass auch die abschließende Meldung ausgegeben wird. Damit das kleine Beispiel aber auch wirklich funktioniert, müssen zwei *Imports*-Befehle an den Anfang des Moduls gesetzt werden:

```
Imports System.Windows.Forms
Imports System.Runtime.InteropServices
```

Die Frage, die sich geradezu aufdrängt, ist natürlich, ob grundsätzlich jeder Befehl in einen *Try Catch*-Block gepfercht werden muss. Auch wenn dies theoretisch möglich wäre, wäre dies ein wenig übertrieben (zumal zu viele solcher Blöcke die Programmausführungsgeschwindigkeit ein wenig herabsetzen könnten). Es sollten nur jene Befehle oder Befehlsblöcke »behandelt« werden, bei denen die Wahrscheinlichkeit hoch ist, dass hier eine Ausnahme auftreten kann. Besonders offensichtlich ist dies, wenn Dateien angesprochen werden, die möglicherweise nicht existieren, auf Zellbereiche zugegriffen wird, die keine Inhalte besitzen könnten, oder auf einen Anhang, der unter Umständen nicht vorhanden ist. Nach dem Motto »Vorbeugen ist besser als abfangen« ist es oft besser, vorher abzufragen, ob zum Beispiel eine Datei existiert oder eine Zelle einen Inhalt besitzt.

Beispiel

Im folgenden Beispiel prüft die *Exists*-Methode der *File*-Klasse im Namespace *System.IO*, ob es die Datei gibt. Ist das nicht der Fall, geschieht gar nichts, was auch eine Alternative ist, da der Anwender nicht immer mit Meldungen behelligt werden soll:

```
Dim DateiGibtEsNicht As String = "C:\GibtEsNicht.doc"
If File.Exists(DateiGibtEsNicht) Then
  Me.Application.Selection.InsertFile(FileName:=DateiGibtEsNicht)
End If
MessageBox.Show("Weitere Befehle!")
```

Damit das Beispiel funktioniert, wird ein weiterer *Imports*-Befehl benötigt, da sich die *File*-Klasse im Namespace *System.IO* befindet, der in den Projekteigenschaften normalerweise nicht angekreuzt ist:

```
Imports System.IO
```

Der Finally-Befehl

Soll im Rahmen eines *Try Catch*-Blocks eine Befehlsfolge immer ausgeführt werden, muss sie auf den *Finally*-Befehl folgen. Dieser Block wird auch dann abgearbeitet, wenn im *Try*-Block die Programmausführung zuvor über einen *Exit*-Befehl abgebrochen wurde.

Die Rolle der Exception-Variablen oder warum es keine Fehlernummern mehr gibt

Bei .NET sind Laufzeitfehler Exceptions, eine Fehlernummer gibt es offiziell nicht. Das Unterscheidungsmerkmal für eine Exception ist ihr Typ (mehr dazu in Kürze). Falls VBA-Code übernommen werden soll, der Fehlernummern abfragt, ist dies grundsätzlich kein Problem, denn ein *Err.Number* liefert wie bei VBA die Fehlernummer und ein *Err.Description* den Text der Fehlermeldung. Und wenn es unbedingt sein muss, steht auch die gute, alte *Erl*-Funktion zur Verfügung, die aber nur dann eine Zeilennummer liefern kann, wenn diese in Gestalt von Labels gesetzt wurden. Ansonsten muss die Zeilennummer (in der Debug-Konfiguration) aus der *StackTrace*-Eigenschaft des *Exception*-Objekts herausgefischt werden.

Um mehr über eine Ausnahme erfahren zu können, zum Beispiel die Fehlermeldung, den Namen der Methode, in der die Ausnahme auftrat, muss auf *Catch* eine Variable folgen, die vom Typ der Ausnahme ist. Im Allgemeinen heißt die Variable *Ex* (wenngleich der Name beliebig lauten kann) und der Typ der Ausnahme ist meistens vom Typ *SystemException*:

```
Try
  ' Löst eine FileNotFoundException-Exception aus
  Dim Sr As New StreamReader("C:\GibtEsNicht.txt")

  Catch ex As SystemException
  ' Hier passiert "Irgendetwas"
End Try
```

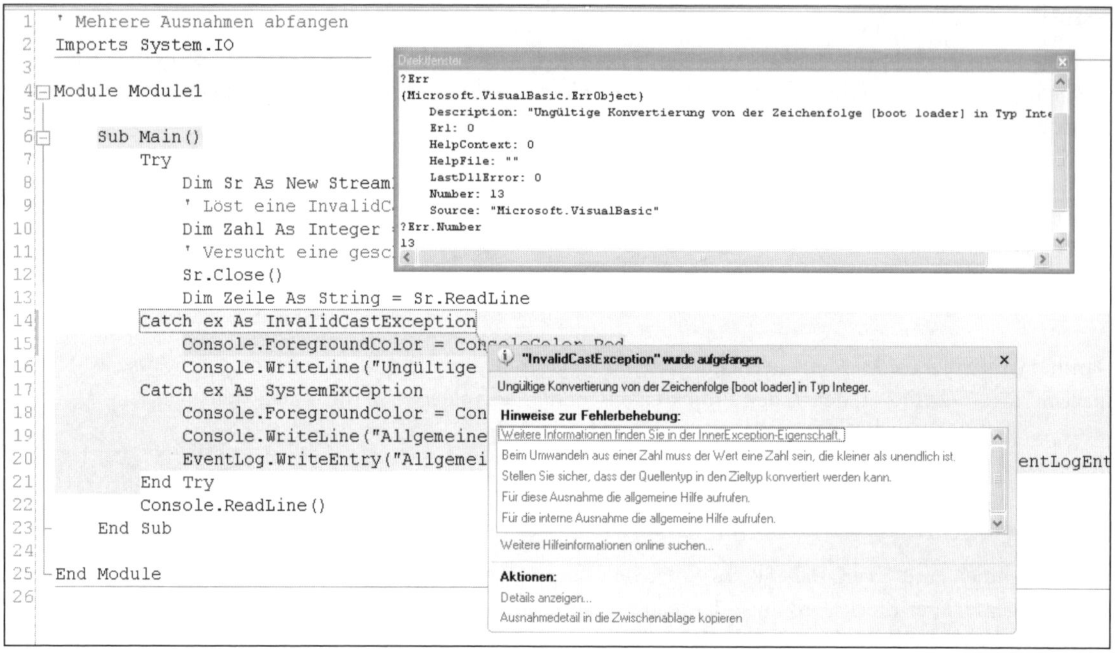

```
 1  ' Mehrere Ausnahmen abfangen
 2  Imports System.IO
 3
 4  Module Module1
 5
 6      Sub Main()
 7          Try
 8              Dim Sr As New StreamReader(...)
 9              ' Löst eine InvalidC...
10              Dim Zahl As Integer =
11              ' Versucht eine gesc...
12              Sr.Close()
13              Dim Zeile As String = Sr.ReadLine
14          Catch ex As InvalidCastException
15              Console.ForegroundColor = ConsoleColor.Red
16              Console.WriteLine("Ungültige...
17          Catch ex As SystemException
18              Console.ForegroundColor = Con...
19              Console.WriteLine("Allgemeine...
20              EventLog.WriteEntry("Allgemei...                                    entLogEnt
21          End Try
22          Console.ReadLine()
23      End Sub
24
25  End Module
26
```

Abbildung 4.13   Visual Studio bietet beim Auftreten einer Ausnahme verschiedene Hilfestellungen an

Wenn mehrere Ausnahmen auftreten können

Manche Befehle (genauer gesagt, Methodenaufrufe) können mehrere verschiedene Ausnahmetypen auslösen. Denkbar ist, dass bei einem Dateizugriff die Datei existiert, aber der Anwender keine Berechtigungen hat. In diesem Fall müssen mehrere Ausnahmen abfangen werden, indem in den *Try*-Befehl einfach mehrere *Catch*-Zweige aufgenommen werden. Für jede Ausnahme, die abgefangen werden soll, wird dabei ein eigener *Catch*-Zweig eingefügt. Dabei muss aber unbedingt berücksichtigt werden, dass die Reihenfolge der *Catch*-Zweige stets von der speziellsten zur allgemeinsten Ausnahme verlaufen muss. Konkret muss eine *FileNotFoundException* vor einer allgemeinen *SystemException* abgefangen werden. Wäre es umgekehrt, würde die allgemeinste Ausnahme sofort abgefangen werden und die spezielleren Ausnahmen kämen nicht zum Zug.

Beispiel

Das folgende Beispiel simuliert eine Befehlsfolge, die zwei unterschiedliche Ausnahmen auslösen kann. Die erste ist eine *InvalidCastException*-Ausnahme, die immer dann auftreten kann, wenn aus einer Datei eine Zeile gelesen wird, die sich nicht in eine Zahl umwandeln lässt. Diese Ausnahme wird durch den ersten *Catch*-Zweig abgefangen. Die zweite Ausnahme tritt auf, weil versucht wird, auf einen bereits geschlossenen Stream zuzugreifen. Diese Ausnahme wird nur allgemein über die *SystemException* abgefangen. Würde die *SystemException* zuerst abgefangen werden, hätte die *InvalidCastException* »keine Chance«, da eine *SystemException* als die allgemeinere Ausnahme immer auftritt.

```
Try
  Dim Sr As New StreamReader("C:\Boot.ini")
  ' Löst eine InvalidCastException-Exception aus
  Dim Zahl As Integer = Sr.ReadLine
  ' Versucht, eine geschlossen Datei zu lesen
```

```
  Sr.Close()
  Dim Zeile As String = Sr.ReadLine
Catch ex As InvalidCastException
  Console.ForegroundColor = ConsoleColor.Red
  Console.WriteLine("Ungültige Umwandlung.")
Catch ex As SystemException
  Console.ForegroundColor = ConsoleColor.Red
  Console.WriteLine("Allgemeiner Fehler - " & ex.GetType().Name)
End Try
```

Theoretisch kann natürlich auch eine *FileNotFoundException* auftreten, wenn die Datei nicht vorhanden ist. Wie bereits erwähnt, sollte aber über eine Abfrage sichergestellt werden, dass nur Dateien geöffnet werden, die auch existieren (und die entsprechenden Berechtigungen vorliegen).

TIPP Welche Ausnahmen eine Methode auslösen kann (meistens ist es der Klassenkonstruktor, der die Ausnahme wirft), ist in der Dokumentation zur .NET-Klassenbibliothek zu finden.

Was steckt hinter einer Ausnahme?

Jede Ausnahme basiert auf einer speziellen *Exception*-Klasse, zum Beispiel *COMException* für allgemeine COM-Interop-Fehler, *FileNotFoundException* für den Fall, dass eine Datei nicht gefunden wurde, oder *ArgumentException*, falls ein unpassendes Argument übergeben wurde. Alle Exception-Klassen leiten sich von der allgemeinen *SystemException*-Klasse ab, die sich wiederum von der noch allgemeineren *Exception*-Klasse ableitet. Während die *SystemException*-Klasse nur sehr allgemeine Eigenschaften enthält, bietet die *FileNotFoundException*-Klasse zum Beispiel eine *FileName*-Eigenschaft, über die man erfährt, welche Datei nicht gefunden wurde. Es ist auch möglich, eigene Exception-Klassen zu definieren, die sich von der *SystemException*-Klasse ableiten. Damit verfügt man über eine weitere Klasse, die bei der Ausnahmebehandlung gezielt abgefragt werden kann.

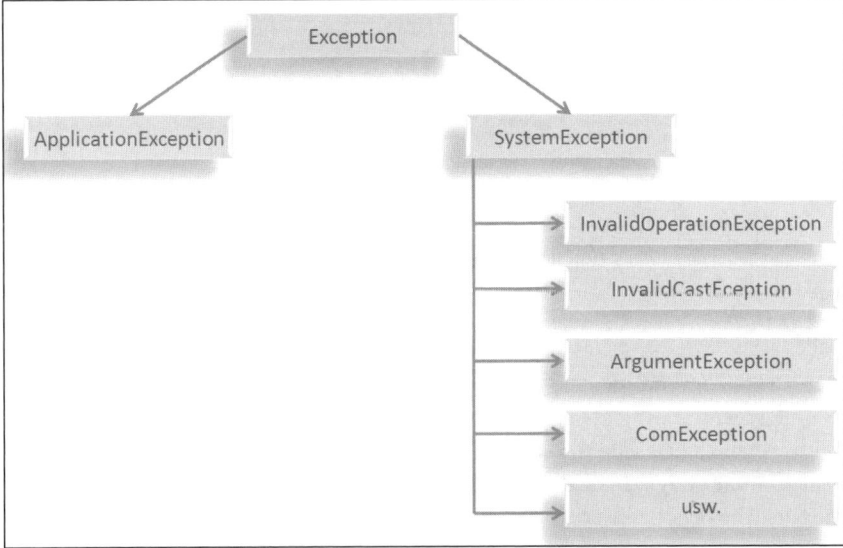

Abbildung 4.14 Die Exception-Klassen basieren auf einer einfachen Hierarchie

Ausnahmen werfen mit dem Throw-Befehl

Mit dem *Throw*-Befehl wird eine Ausnahme gezielt ausgelöst. Doch warum sollten Programmierer mit Ausnahmen um sich werfen, das Ziel sollte doch darin liegen, Ausnahmen zu verhindern? Dafür gibt es natürlich gute Gründe. Mit dem gezielten Werfen einer Ausnahme wird ein Fehlerzustand im Programm weitergereicht. In der Regel an die aufrufende Ebene des Programms, in der sie dann behandelt wird. Dies ist im Allgemeinen die bessere Methode, als die Ausnahme an dieser Stelle zu behandeln oder stattdessen eine Meldung anzuzeigen, die keine weiteren Folgen hat.

Tipps für die Ausnahmebehandlung

Entwickler müssen davon ausgehen, dass in einzelnen Programmabschnitten theoretisch mehrere unterschiedliche Ausnahmetypen auftreten können. Wie macht man es nun richtig? Wichtig ist, die »richtige« Ausnahme abzufangen. Je genauer der Ausnahmetyp angegeben wird, desto genauer kann man auch auf den Fehler reagieren. Im einfachsten Fall fängt man *SystemException* ab und »erschlägt« damit sämtliche Ausnahmen, da sich alle Ausnahmeklassen von *SystemException* ableiten. Der Nachteil dieser Holzhammermethode ist, dass der Fehler nicht differenziert behandelt wird. Tritt beim Laden einer XML-Datei beispielsweise eine Ausnahme auf, weil die Struktur nicht stimmt, sollte man darauf anders reagieren, als wenn die Datei nicht gefunden werden kann. Man muss daher oft mehrere Ausnahmen abfangen, aber selten mehr als drei oder vier (das wäre bereits ein Maximalfall). So viel Arbeit ist es daher nicht, doch man muss sich sie sich leider jedes Mal machen. Eine »globale Ebene«, auf der alle Fehler der Anwendung abgefangen werden könnten, gibt es bei VSTO-Anwendungen nicht. Sie ließe sich einrichten, indem alle Methoden einen *Catch*-Zweig erhalten, der die Ausnahme mit dem *Throw*-Befehl stets eine Ebene nach oben weiterreicht. Doch so viel Arbeit wird man sich im Allgemeinen nicht machen wollen, zumal dann die Frage entsteht, wo die Programmausführung fortgesetzt wird. Eine »saubere« und umfassende Fehlerbehandlung ist eine Aufgabe, die man nicht unterschätzen sollte und die vor allem, wenn man sie möchte, von Anfang an in die Programmentwicklung einbezogen werden muss.

> **TIPP** Eine Alternative sind auch hier die Codeausschnitte, durch die sich ein kompletter *Try Catch*-Block einfügen lässt. Das erspart das Eintippen der immer gleichlautenden Befehle.

Abbildung 4.15 Über Codeausschnitte wird das Einfügen einer Ausnahmebehandlung etwas einfacher

Ausnahmen in einer VSTO-Anwendung

Tritt bei der Ausführung einer VSTO-Anwendung eine nicht behandelte Ausnahme auf, wird der Anwender lediglich durch eine genauso allgemein wie nichtssagend gehaltene Meldungsbox informiert und besitzt, außer sich die Fehlerursache im Detail zu betrachten, keine andere Möglichkeit, als die Erweiterung zu beenden. Im Allgemeinen ist dies nicht weiter tragisch, da das Add-In oder das Dokument lediglich erneut geladen werden muss (sofern die Fehlerursache behoben werden konnte).

Die wichtigsten Sprachelemente von Visual Basic .NET (und die Unterschiede zu VBA)

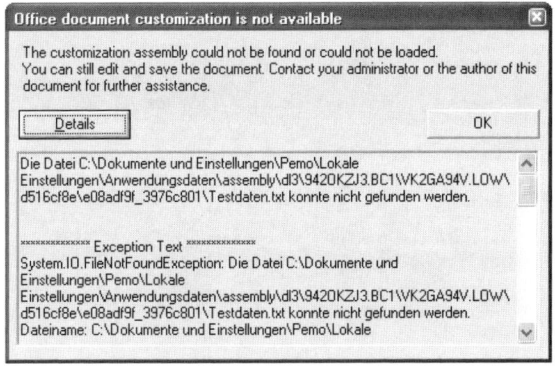

Abbildung 4.16 Eine Ausnahme in einer VSTO-Erweiterung führt zu einer relativ nichtssagenden Meldung

Logging statt Fehlermeldungen

Das Reagieren mit Fehlermeldungen auf Ausnahmen ist nicht immer die beste Idee. Zum einen ist einem Anwender mit einer mehr oder weniger nichtssagenden Meldung nur selten geholfen, die im Allgemeinen nur weggeklickt werden kann. Zum anderen gibt es Situationen, in denen die Meldungsbox nicht zu sehen ist. Eine deutlich flexiblere Methode, Fehlermeldungen, die während des Programmverlaufs auftreten können, zu »erfassen«, besteht darin, sie im Ereignisprotokoll von Windows zu protokollieren. Dazu genügt ein Aufruf der *WriteEntry*-Methode der *EventLog*-Klasse:

```
EventLog.WriteEntry("VSTO-Anwendung", " Allgemeiner Fehlertyp: " & ex.GetType().Name, _
    EventLogEntryType.Error, 1000)
```

Die *WriteEntry*-Methode ist eine Shared-Methode, sodass die *EventLog*-Klasse nicht instanziiert wird. Neben einer Quelle (in der Regel der Name der Anwendung, den zum Beispiel ein *My.Application.Info.Title* liefert) wird eine beliebige Meldung geschrieben. Der Eintragstyp ist genauso optional wie eine Event-ID.

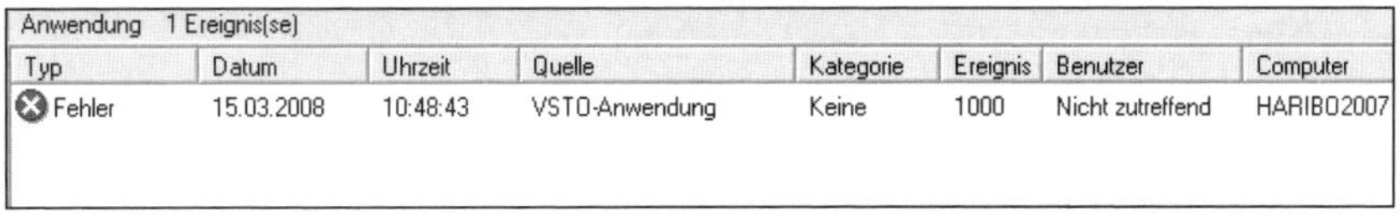

Abbildung 4.17 Die *WriteEntry*-Methode schreibt in das *Anwendung*-Ereignisprotokoll von Windows

Nicht jeder weiß, dass das Ereignisprotokoll von Windows auch im gesamten Netzwerk abgefragt werden kann, sodass ein Entwickler bequem von seinem Arbeitsplatz aus betrachten kann, was die Anwender seiner Anwendung so treiben. Eine komfortable Methode, die Einträge im Ereignisprotokoll abzufragen, besteht darin, die *Windows PowerShell* einzusetzen, die unter *http://www.microsoft.com/downloads* als Download bereitsteht. Möchte man alle Einträge sehen, die von der Quelle »VSTO-Anwendung« geschrieben wurden, lautet die Abfrage wie folgt:

```
get-eventlog -log Application | Where { $_.Source -eq "VSTO-Anwendung"}
```

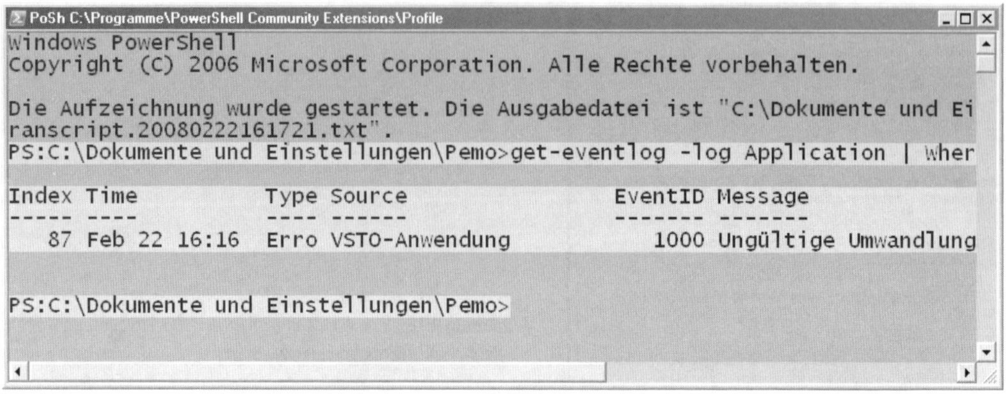

Abbildung 4.18 Die Windows PowerShell bietet den einfachsten Weg, die Einträge im Ereignisprotokoll von Windows abzufragen

Fehlerbehandlung bei VBA

Bei VBA wird die Fehlerbehandlung vom *On Error*-Befehl übernommen. Dieser wird im Allgemeinen zu Beginn der Prozedur bzw. Funktion platziert und überwacht die Ausführung der Prozedur bzw. Funktion. Tritt ein Laufzeitfehler auf, wird ein beim *On Error*-Befehl angegebenes Sprunglabel »angesteuert« und dort die Programmausführung fortgesetzt. Oder es wird direkt nach dem Befehl, der einen Laufzeitfehler hätte auslösen können, durch Abfragen von *Err.Number* geprüft, ob ein Fehler auftrat.

Beispiel

Das folgende VBA-Beispiel stellt eine Prozedur dar, die eine Textdatei liest und deren Inhalt zeilenweise ausgibt. Dabei wird der Fall, dass die Datei nicht existieren könnte, durch eine Abfrage ausgeschlossen. Welcher Fehler könnte dann noch auftreten? Beispielsweise, dass der aktuell angemeldete Benutzer keine Berechtigung für den Dateizugriff besitzt.

```
Sub ReadTestdaten()
  On Error GoTo errFileRead
  Dim DateiPfad As String
  Dim Fso As Object
  Dim Ts As Object
  DateiPfad = "C:\Testdaten.txt"
  Set Fso = CreateObject("Scripting.FileSystemObject")
  If Fso.FileExists(DateiPfad) Then
    Set Ts = Fso.OpenTextFile(DateiPfad)
    While Not Ts.AtEndOfStream
      MsgBox Ts.ReadLine()
    Wend
  End If
  Exit Sub
errFileRead:
  MsgBox "Fehler beim Lesen der Datei", vbExclamation, Err.Description
End Sub
```

Wer möchte, kann diese Variante praktisch eins zu eins unter .NET verwenden (damit die obige VBA-Prozedur funktioniert, muss lediglich das, was auf die *MsgBox*-Funktion folgt, geklammert werden). Diese Variante ist nicht grundsätzlich schlechter als die strukturierte Ausnahmebehandlung per *Try Catch*; sie ist nur nicht ganz so flexibel. Generell spielt die Fehlerbehandlung bei VBA keine so große Rolle. Denn die VBA-Makros sind häufig überschaubar und Laufzeitfehler werden in Kauf genommen, da der Anwender lediglich eine Fehlerbox wegklicken muss und das Makro anschließend einfach noch einmal startet[10].

Tools für Profis

Wer ein Programm wirklich »wasserdicht« machen möchte, kommt mit den Mitteln von Visual Studio allein nicht zum Ziel. Es werden Tools benötigt, die zum Beispiel auf einen Blick anzeigen, welche Ausnahmen ein Programm überhaupt werfen kann. Manche dieser Tools erscheinen auf den ersten Blick vielleicht nicht gerade preiswert, doch der Preis relativiert sich sehr schnell, wenn der Umstand berücksichtigt wird, dass es viele, viele Stunden dauern kann, dies auf konventionellem Weg herauszufinden.

Programmieren mit Klasse(n)

In diesem Kapitel war bereits eine Menge über Klassen zu lesen. Wie sie definiert werden und wie Mitglieder hinzugefügt wurden, wurde noch nicht erklärt. Diese Dinge werden bei der VSTO-Programmierung, gerade am Anfang, auch eher selten benötigt, da alle Klassen bereits in der .NET-Klassenbibliothek, den Interop-Bibliotheken und der VSTO-Laufzeit enthalten sind. Eine Klasse ist das Grundgerüst jedes Moduls, das ein Add-In, eine Excel-Arbeitsmappe/Tabelle, ein Word-Dokument oder ein »Ribbon« repräsentiert. Wird über *Projekt/Neues Element hinzufügen* ein neues Element aufgenommen, wird damit auch eine weitere Klasse definiert. Wenn Klassen darüber hinaus im Programmcode definiert werden, dann meistens aus dem Grund, dass sie Datenstrukturen abbilden, die im Programm benötigt werden. Und das ist gerade bei Add-Ins nur selten erforderlich. Sehen Sie den folgenden Abschnitt daher in erster Linie als ein notwendiges Pflichtthema als eine Notwendigkeit[11].

Auch bei VBA gibt es Klassen, wobei aus den erwähnten Gründen selbst definierte Klassen ebenfalls nur in Ausnahmefällen in Erscheinung treten.

TIPP Auch beim Einfügen der immer gleichen Eigenschaftsdefinitionen können Ihnen die Codeausschnitte lästige Tipparbeit abnehmen.

Lies die Hilfe

LDH ist keine gebräuchliche Abkürzung, wohlmeinende Experten empfehlen allzu naiven Fragestellern eher ein »RTFM«. Im Falle der Klassenprogrammierung, die manchem Neuling als recht anspruchsvolles Thema erscheinen mag, ist die Empfehlung mehr als nur eine Floskel. In der generell sehr gut gemachten Visual Basic-Dokumentation wird das Thema ausführlichst und in allen Nuancen beschrieben. Daher, please LDH.

Klassen definieren

Eine Klasse wird über den *Class*-Befehl definiert, die Definition wird über den *End Class*-Befehl abgeschlossen. Wo eine Klasse definiert wird, spielt im Allgemeinen keine Rolle. Es ist aber trotzdem üblich, für eine neue Klasse über *Projekt/Klasse hinzufügen* ein neues Modul aufzunehmen, sodass es für jede Klasse ein Modul im Projekt gibt (ein solches Modul kann aber beliebig viele Klassendefinitionen enthalten). Dem *Class*-Befehl

---

[10] Oder sich wortreich beim Benutzersupport beschwert.
[11] So wie den Satz des Euklids im Mathematikunterricht.

kann einer der Gültigkeitsbereichsbezeichner *Private*, *Friend*, *Protected* oder *Public* vorangestellt werden, die festlegen, in welchen Bereichen des Projekts die Klasse angesprochen werden kann. Wird nichts festgelegt, gilt *Friend*, und die Klasse ist nur innerhalb des Projekts ansprechbar, was im Allgemeinen auch sinnvoll ist.

Eine Klasse besitzt somit vier Grundmerkmale:

- Einen Namen (dieser kann beliebig gewählt werden)
- Einen Typ (dieser ergibt sich aus dem Namen und lautet auch so)
- Einen Gültigkeitsbereich (meistens *Friend*)
- Mitglieder

Die Mitglieder einer Klasse

Eine leere Klasse ist nur eine Schablone, mit der sich nicht viel anfangen lässt. Eine Klasse dient dazu, für ihre Mitglieder die Rolle eines »Behälters« zu spielen. Der Sammelbegriff *Mitglied* (engl. »member«) steht für vier verschiedene Kategorien von Mitgliedern:

- Felder (einfache Variablen)
- Eigenschaften (*Property*-Prozeduren bzw. -Funktionen)
- Methoden (Prozeduren bzw. Funktionen)
- Events (Ereignisse, die innerhalb der Klasse ausgelöst werden können)

Die Shared-Members

Geht einem Mitglied ein *Shared* voran, wird es direkt über die Klasse und nicht über die Instanz der Klasse (mehr dazu im nächsten Absatz) aufgerufen. Das Mitglied heißt daher Shared-Member, wobei die deutsche Übersetzung »freigegebenes Mitglied« eher irritiert, da statt des beabsichtigten »gemeinsam« leicht »freigegeben« verstanden werden dürfte. Ein Shared-Member ist immer dann praktisch bzw. sinnvoll, wenn sich das Mitglied nicht auf eine Instanz bezieht, sondern allgemein auf das, was die Klasse repräsentiert. Das sicher beste Beispiel ist die *File*-Klasse der .NET-Klassenbibliothek im Namespace *System.IO*. Diese repräsentiert allgemein eine Datei und besitzt daher ausschließlich Shared-Mitglieder, etwa die *Exists*-Methode, die prüft, ob eine Datei existiert, oder die *Open*-Methode, die eine Datei öffnet. Soll eine konkrete Datei angesprochen werden, kommt die *FileInfo*-Klasse ins Spiel. Sie besitzt keine Shared-Member, sondern nur Instanzenmitglieder, die nur über die Instanz angesprochen werden können. Eine *Length*-Eigenschaft ist nur als Instanzenmitglied vorstellbar, da nur dann eine bestimmte Datei dahinter steht.

Klassen instanziieren – die Rolle des Konstruktors

Klassen werden in der Regel definiert, damit sie instanziiert werden und aus der Klasse ein Objekt abgeleitet wird. Dies geschieht über das *New*-Schlüsselwort.

Beispiel

Der folgende Befehl instanziiert die Klasse *Person*:

```
Dim P As New Person()
```

P ist eine Variable vom Typ *Person*, die für eine Instanz der *Person*-Klasse steht.

Viele angehende Visual Basic-Programmierer haben mit dem unscheinbaren *New* ihre liebe Not. Verständnisschwierigkeiten gibt es vor allem mit der Alternative, die ohne *New* auskommt:

```
Dim P As Person
```

Wird hier nicht auch ein Objekt angelegt? Nein, hier wird nur eine Variable vom Typ *Person* definiert. Sie besitzt aber auch keinen Inhalt, sondern den Spezialwert *Nothing*, der für »Keine Objektreferenz« steht.

Felder

Ein *Feld* (engl. »field«) ist lediglich ein anderes Wort für eine Variable. Aus diesem Grund lässt sich das Thema auch schnell abhandeln. Anzumerken ist, dass Felder im Allgemeinen privat sind, das heißt nicht von außerhalb der Klasse angesprochen werden können (das Prinzip der Kapselung). Sie dienen dazu, jene Werte aufzunehmen, die den Eigenschaften zugewiesen werden.

Beispiel

Das folgende Beispiel definiert eine Klasse *Person* mit zwei privaten Feldern:

```
Class Person
   Private mName As String
   Private mAlter As Integer

End Class
```

Eigenschaften

Eine *Eigenschaft* (engl. »property«) ist eine besondere »Sorte« einer Prozedur bzw. Funktion. Eigenschaften werden Werte zugewiesen und die Werte von Eigenschaften lassen sich abfragen. Eigenschaften stehen aber nicht direkt für einen Wert, da sie nur auf einer Prozedur bzw. Funktion basieren. Soll der einer Eigenschaft zugewiesene Wert dauerhaft gespeichert werden, muss er einem Feld zugewiesen werden.

Beispiel

Das folgende Beispiel definiert eine Klasse *Person* mit einer Eigenschaft und dem dazugehörigen privaten Feld:

```
Class Person
   Private mName As String

   Property Alter As String
     Get
        Return mName
     End Get
     Set (Value As String)
        mName = Value
     End Set
   End Property

End Class
```

Eine Property ist damit bereits ein etwas größeres »Gebilde«, aber alles andere als kompliziert. Auf *Property* folgen Name und Typ der Eigenschaft. Innerhalb der *Property* gibt es einen sogenannten *Get-* und einen *Set-*Accessor. Der *Get*-Accessor (Funktion) wird aufgerufen, wenn der Wert der Eigenschaft abgefragt wird, der *Set*-Accessor (Prozedur) entsprechend, wenn der Eigenschaft ein Wert zugewiesen wird. Was im *Get-* und *Set-*Accessor im Detail geschieht, ist dem Programmierer überlassen. Es ist üblich, dass in *Set* der über den *Value*-Parameter zugewiesene Wert in einem privaten Feld abgelegt und dieses Feld in *Get* per *Return*-Befehl zurückgegeben wird. Es kann aber auch »alles mögliche« passieren.

Bliebe noch zu erwähnen, dass Properties über ein vorangestelltes *ReadOnly*-Schlüsselwort zu Nur-Lese-Eigenschaften gemacht werden können, in diesem Fall gibt es keinen *Set*-Accessor. Das Pendant ist *Write-Only*.

Methoden

Eine *Methode* (engl. »method«) ist nichts anderes als eine Funktion oder Prozedur[12]. Da das Thema bereits behandelt wurde, wird auf eine Besonderheit hingewiesen, die es bei VBA nicht gibt. Methoden können überladen werden. Das bedeutet lediglich, dass sie mit identischen Namen mehrfach vorkommen, sich aber in ihrer Signatur unterscheiden. Signatur? Richtig, der Begriff wurde noch nicht formal eingeführt:

Die Signatur einer Methode umfasst die Anzahl und die Datentypen ihrer Parameter und, sofern es sich um eine Funktion handelt, auch den Datentyp des Rückgabewertes. Die Namen der Parameter spielen dabei keine Rolle.

Das Überladen kann mit dem Schlüsselwort *Overloads* angegeben werden, es ist im Allgemeinen aber nicht erforderlich.

Und warum sollte man eine Methode überladen? Ganz einfach, damit sie auf unterschiedliche Weise aufgerufen werden kann und dafür weder optionale Parameter (die es bei Visual Basic und auch bei VBA ebenfalls gibt) noch unterschiedliche Methodennamen eingesetzt werden müssen.

Beispiel

Das folgende Beispiel definiert eine Klasse *Person*, in der die Methode *Print* zweifach überladen wird. Der ersten Variante wird der Druckername als *String*-Parameter übergeben, die zweite Variante kommt ohne Parameter aus (und druckt dann auf dem Standarddrucker):

```
Class Person

   Overloads Sub Print (PrinterName As String)

   End Sub

   Overloads Sub Print ()

   End Sub

End Class
```

Methoden der .NET-Klassenbibliothek sind im Allgemeinen mehrfach überladen. Sie erkennen das daran, dass Visual Studio die verschiedenen Varianten in der QuickInfo-Hilfe anzeigt.

---

[12] Wie dieser Name zustande kam, ist ein seltsames Kapitel in der »Visual Basic-Geschichte«.

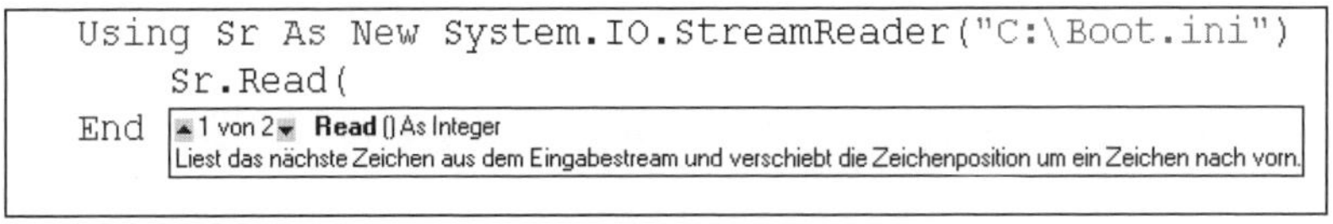

```
Using Sr As New System.IO.StreamReader("C:\Boot.ini")
    Sr.Read(
End  ▲ 1 von 2 ▼  Read () As Integer
     Liest das nächste Zeichen aus dem Eingabestream und verschiebt die Zeichenposition um ein Zeichen nach vorn.
```

Abbildung 4.19 Visual Studio zeigt an, dass eine Methode überladen ist

Eigene Namespaces

Namespaces sind ein fester Bestandteil jeder Klassenbibliothek, so wie die Abgeltungssteuer und andere moderne Erfindungen des Staates. Anders als das letztgenannte Beispiel erfüllen sie einen guten Zweck, sie strukturieren die Klassen der Anwendung. Über den *Namespace*-Befehl lassen sich Klassen weiter strukturieren, wenngleich dies im Allgemeinen nur in Klassenbibliotheken, nicht aber in VSTO-Anwendungen üblich ist.

Beispiel

Der folgende Befehl fasst die Klasse *Person* in einen Namespace ein:

```
Namespace HR

    Class Person

    End Class

End Namespace
```

Eine solchermaßen strukturierte Klasse muss dann auch über ihren vollständigen Namen angesprochen werden, wenn der Namespace nicht per *Imports*-Befehl bekannt gemacht wird:

```
Dim P As HR.Person
```

Eine vollständige Klasse

Nachdem in den letzten Abschnitten lediglich die Fragmente einer Klasse vorgestellt wurden, lernen Sie in diesem Abschnitt eine vollständige Klasse kennen. Es ist die Klasse *Person*, die in zahlreichen Beispielen in diesem Buch zum Einsatz kommt. Sie besteht aus drei Feldern, einem zweifach überladenen Konstruktor und drei Eigenschaften (eine davon *ReadOnly*). Methoden gibt es nicht, da sie bei Klassen, die Daten repräsentieren, im Allgemeinen auch keinen Sinn ergeben würden.

```
Class Person
    Private mName As String
    Private mAlter As Integer
    Private mPersonenNr As Integer

    Sub New(ByVal PersonenNr As Integer)
        mPersonenNr = PersonenNr
    End Sub

    Sub New()
        mPersonenNr = -1
    End Sub
```

```
    Property Alter() As Integer
        Get
            Return mAlter
        End Get
        Set(ByVal value As Integer)
            mAlter = value
        End Set
    End Property

    Property Name() As String
        Get
            Return mName
        End Get
        Set(ByVal value As String)
            mName = value
        End Set
    End Property

    ReadOnly Property PersonenNr() As Integer
        Get
            Return mPersonenNr
        End Get
    End Property
End Class
```

Vererbung, abstrakte Basisklassen, Schnittstellen, Polymorphie und andere Spezialitäten

Das Thema OOP (*Objektorientierte Programmierung*) gibt bei Visual Basic noch etwas mehr her, doch soll es in diesem Kapitel (und auch in diesem Buch) bei den Basics bleiben. Die in der Zwischenüberschrift angedeuteten Themen spielen bei der VSTO-Programmierung am Anfang keine Rolle, wenngleich die Frage, ob ein Programmierer zum Beispiel Klassen ableitet (Vererbung) oder Funktionalität über Schnittstellen definiert, nicht vom Typ der Anwendung, sondern von deren Größe abhängt. Sobald ein VSTO-Projekt etwas größer wird und komplexere Datenstrukturen abgebildet werden müssen, zwischen denen unter Umständen eine Beziehung existiert, ergeben sich diese Themen von ganz allein. Wie schon zu Beginn dieses Abschnitts erwähnt, werden auch diese Themen in der Visual Basic-Hilfe ausführlich und mit vielen Beispielen beschrieben.

VBA ruft VSTO und umgekehrt

Eine der Neuerungen von Visual Studio 2008 ist, dass sich die öffentliche Funktionen einer VSTO-Anwendung auch von einem VBA-Projekt aus direkt aufrufen lassen. Grundsätzlich war das (über COM-Interop) schon immer möglich, doch mit Visual Studio 2008 wird es noch ein wenig einfacher, da in das VBA-Projekt automatisch der erforderliche Verweis auf den »COM-Wrapper« eingefügt wird. Voraussetzung ist ein Office 2007-Dokument, das VBA-Makros enthalten kann, also eine Xlsm- bzw. Docm-Datei. Verwenden Sie beim Anlegen eines VSTO-Projekts ein solches Dokument. In den Eigenschaften einer Arbeitsmappe, eines einzelnen Tabellenblattes bzw. eines Word-Dokuments muss die Eigenschaft *EnableVBACallers* auf *True* gesetzt werden. Dies führt dazu, dass die Eigenschaft *ReferenceAssemblyFromVbaProject* ebenfalls auf *True* gesetzt wird. Wird das VSTO-Projekt gestartet und per [Alt]+[F11] auf den VBA-Editor des Dokuments umgeschaltet, stellt das VBA-Projekt automatisch eine Referenz auf die VSTO-Assembly und die einzelnen Objekte, wie *ThisWorkbook*, zur Verfügung, sodass deren öffentliche Mitglieder in dem VBA-Makro aufgerufen werden können.

HINWEIS Änderungen, die in Visual Studio an einem Office-Dokument gemacht werden, werden grundsätzlich nicht gespeichert, da Visual Studio das Office-Dokument im Ausgabeverzeichnis (in der Regel *bin\Debug*), an dem die Änderungen gemacht wurden, bei jedem Programmstart mit der Kopie im Projektverzeichnis überschreibt.

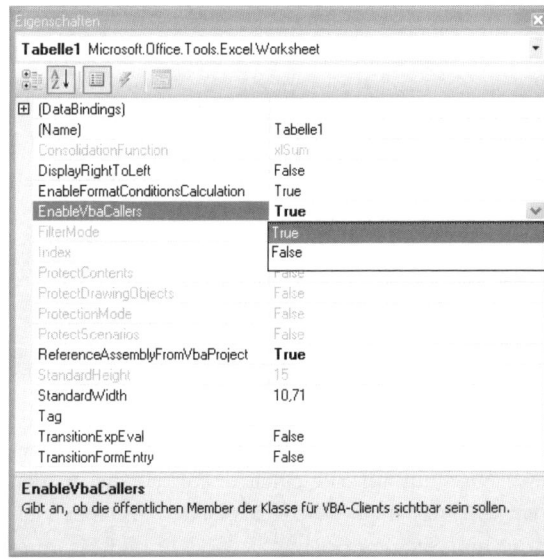

Abbildung 4.20 Damit ein VBA-Makro öffentliche Mitglieder der VSTO-Assembly aufrufen kann, muss in Visual Studio beim Tabellenblatt bzw. Dokument *EnableVBACallers* auf *True* gesetzt werden

VSTO ruft VBA-Makros auf

Auch der umgekehrte Weg ist möglich, aus einer VSTO-Anwendung heraus lassen sich über das Objektmodell der Office-Anwendung jederzeit auch VBA-Makros aufrufen. Dazu sind keinerlei Vorkehrungen erforderlich, es muss lediglich die *Run*-Methode des *Application*-Objekts der jeweiligen Office-Anwendung aufgerufen werden.

Beispiel

Der folgende Aufruf ruft die VBA-Funktion *Zufallszahl* auf, die sich im Modul *Modul1* befindet:

```
Dim z As Integer = Me.Application.Run("Modul1.Zufallszahl", 100, 1000)
```

und dort wie folgt definiert ist:

```
Function Zufallszahl(Optional Start As Integer, Optional Ende As Integer) As Integer
    Randomize Timer
    If Ende = 0 Then Ende = 49
    Dim z As Integer
    z = Int(Rnd() * Ende) + Start
    Zufallszahl = z
End Function
```

Der Nachteil dieser Variante ist natürlich der »Unsicherheitsfaktor«, der zum Beispiel darin besteht, dass die VBA-Makros aktiviert sein müssen und ein Anwender jederzeit die Funktion löschen kann, sodass keine Garantie besteht, dass sie tatsächlich aufgerufen werden kann. Es ist daher auch in diesem Fall mehr als nur ein guter Programmierstil, den Aufruf in einen *Try Catch*-Block zu setzen:

```
Try
  Dim z As Integer = Me.Application.Run("Modul1.Zufallszahl", 100, 1000)
  MessageBox.Show("Ihre Glückszahl: " & z)
Catch ex As Runtime.InteropServices.COMException
  MessageBox.Show("VBA-Funktion kann nicht aufgerufen werden.", ex.Message)
End Try
```

WinForms als Nachfolger der UserForms

Zu .NET und damit zu den VSTO gehören nicht nur neue Programmiersprachen und eine umfangreiche Klassenbibliothek, sondern auch Formulare und Steuerelemente, die ebenfalls Teil dieser Klassenbibliothek sind und unter dem Sammelnamen *WinForms* zusammengefasst werden. WinForms besitzen grundsätzliche Ähnlichkeit mit den VBA-UserForms, bieten aber weitreichendere Möglichkeiten, die in diesem Kapitel nur angedeutet werden können. Das Einarbeiten geht mit den WinForms aber relativ schnell, insbesondere natürlich, wenn man sich bereits mit den VBA-UserForms beschäftigt hat.

Ein erster Überblick

Da einem systematischen Überblick der Umstand entgegensteht, dass sich das »WinForms-Modell« aus mehreren Hundert Klassen zusammensetzt, beschränkt sich dieser Abschnitt auf eine einfache Formel, die für den Anfang vollkommen ausreichend ist. Die WinForms sind ein leistungsfähiges »GUI-Paket«, das aus einer Vielzahl von Klassen (in den Namespaces *System.Windows.Forms* und *System.Drawing*) besteht. Es umfasst unter anderem eine *Form*-Klasse als Grundlage für Formulare (Fenster) und zahlreiche Klassen, über die eine Vielzahl unterschiedlicher Steuerelemente zur Verfügung gestellt werden. Da sich alle Steuerelemente von der *Control*-Klasse ableiten, besitzen sie einen einheitlichen Satz an Eigenschaften und Methoden, der die Programmierung vereinfacht. Bei Visual Studio werden alle Steuerelemente in der Toolbox angeboten, die automatisch eingeblendet wird, wenn ein WinForms-Formular aktiv ist, und die über das *Ansicht*-Menü sichtbar gemacht wird.

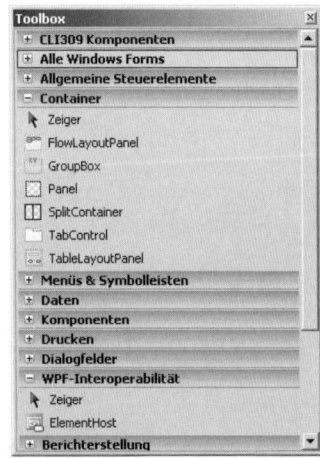

Abbildung 4.21 Alle Steuerelemente werden in der Toolbox von Visual Studio angeboten

HINWEIS Sowohl ActiveX-Steuerelemente als auch die VBA UserForms-Controls stehen nach wie vor zur Verfügung. Sie müssen lediglich zur Toolbox über die rechte Maustaste und *Elemente auswählen* hinzugefügt werden.

Das Anordnen eines Steuerelements auf dem Formular erfordert zwar ein wenig Fingerspitzengefühl beim Umgang mit der Maus, ist aber sehr einfach. Entweder wird das Steuerelement per Doppelklick oder per Ziehen und Ablegen auf dem Formular an der gewünschten Stelle und in der gewünschten Größe positioniert. Als Nächstes erhalten, sofern es erforderlich ist, einzelne Eigenschaften, wie zum Beispiel die *Text*-Eigenschaft, neue Werte. Alle Einstellungen werden offiziell im Eigenschaftenfenster vorgenommen, können aber auch direkt im Quellcode (in der Designerdatei des Formulars) gesetzt werden.

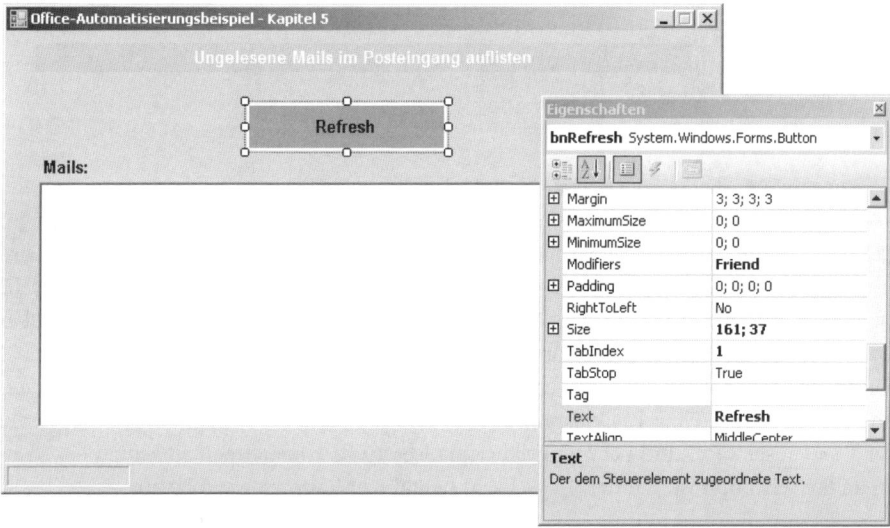

Abbildung 4.22 Die Eigenschaften des momentan ausgewählten Steuerelements werden im Eigenschaftenfenster aufgelistet

Der Umgang mit Events

Bei den Steuerelementklassen spielen die sogenannten *Events* (zu Deutsch »Ereignisse«) eine zentrale Rolle. Über Events erhält ein WinForms-Programm Gelegenheit, auf Aktionen des Anwenders oder innerhalb der Programmausführung zu reagieren. Jede Steuerelementklasse bietet mehrere Dutzend dieser Events. Die Palette reicht vom *Click*-Event (Steuerelement wurde mit der Maus einmal angeklickt) über den *MouseHover*-Event (Mauszeiger hat die Innenfläche des Steuerelements passiert) bis zu »Special Events«, wie *FontChanged* (die Schrifteinstellungen wurden geändert), die nur selten eine Rolle spielen dürften. Damit ein Event etwas bewirkt, muss dieser mit einem Eventhandler verknüpft werden. Der Eventhandler basiert auf einem *Delegaten* (zu Deutsch ein »typsicherer Funktionszeiger«, dieser grundlegende Begriff wurde in diesem Buch noch nicht erklärt, da er bei VSTO nur indirekt eine Rolle spielt), der mit einer Prozedur verknüpft ist. Das kann auf zwei unterschiedliche Weisen geschehen:

- Indem die Variable, die für das Steuerelement oder Formular steht, mit *WithEvents* deklariert wird.
- Indem nach dem Programmstart über den *AddHandler*-Befehl der Event mit einer Prozedur verknüpft wird.

Der WinForms-Designer von Visual Studio wählt stets die erste Variante. Ordnen Sie zum Beispiel einen Button auf einem Formular an, wird in die Designerdatei, die das Formular »unsichtbar« begleitet, der folgende Befehl eingefügt:

```
Friend WithEvents Button1 As System.Windows.Forms.Button
```

Dass Visual Studio stets die Namespaces voranstellt, obwohl das Projekt entsprechende Imports besitzt, ist ein wenig störend, folgt aber offenbar einem tieferen Sinn.

Innerhalb der Prozedur *InitializeComponent*, die ebenfalls Teil der Designerdatei ist, wird das Steuerelement initialisiert:

```
Me.Button1 = New System.Windows.Forms.Button
Me.Button1.Location = New System.Drawing.Point(26, 41)
Me.Button1.Size = New System.Drawing.Size(123, 44)
Me.Button1.Name = "Button1"
```

Die verkürzte Befehlsfolge instanziiert die *Button*-Klasse, weist dem Button eine Position und eine Größe zu und gibt ihm einen Namen. Es ist wichtig zu verstehen, dass dies reguläre Visual Basic-Befehle sind, die irgendwo im Programmtext stehen könnten. Damit sie unmittelbar nach dem Laden des Formulars ausgeführt werden, wird eine Prozedur mit dem Namen *InitializeComponent* im Rahmen des Default-Konstruktors (eine *Sub New*, die aber jedoch nicht im Quellcode erscheint, wenn sie nicht explizit angelegt wurde) aufgerufen. Das spielt sich aber alles hinter den Kulissen ab und muss den Entwickler normalerweise nicht interessieren (wenn etwas unmittelbar nach dem Laden des Formulars passieren soll, wird dies entweder in den *New*-Konstruktor oder das *Form_Load*-Ereignis eingefügt). Um einen Event mit einer Ereignisprozedur zu verknüpfen, wird im Eigenschaftenfenster in der Spalte *Ereignisse* der Event ausgewählt und per Doppelklick ein leerer Prozedurrahmen eingefügt, der automatisch mit dem Eventhandler verknüpft ist. Für den *Click*-Event sieht dieser Rahmen wie folgt aus:

```
Private Sub Button1_Click(ByVal sender As System.Object, ByVal e As System.EventArgs) Handles Button1.Click

End Sub
```

Bei dieser Prozedur kommt es weniger auf den Namen (der im Grunde beliebig lauten kann), sondern nur auf zwei Dinge an: erstens auf die Signatur bestehend aus dem ersten Parameter vom Typ *Object* und dem zweiten Parameter vom Typ *EventArgs*. Zweitens auf die Verknüpfung der Prozedur mit dem *Click*-Event über das *Handles*-Schlüsselwort. Grundsätzlich kann jede Prozedur die Rolle der Ereignisprozedur spielen, wenn diese beiden Voraussetzungen erfüllt sind.

VBA ruft VSTO und umgekehrt

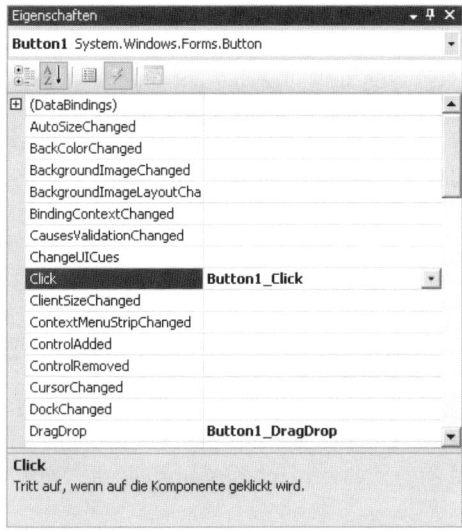

Abbildung 4.23 Eventprozeduren werden in der Regel über das Eigenschaftenfenster angelegt oder ausgewählt

Ein Blick hinter die Kulissen

Wie jede .NET-Anwendung kann auch eine VSTO-Anwendung um WinForms-Formulare erweitert werden. Mit jedem WinForms-Formular werden dabei zwei Dateien zum Projekt hinzugefügt. Bei der ersten Datei handelt es sich um die Formulardatei, zum Beispiel *Form1.vb*. Hier ist lediglich eine leere Klasse enthalten. Begleitet wird die Formulardatei von einer Designerdatei, zum Beispiel *Form1.Designer.vb*, die die Formularklasse »fortsetzt«. In dieser Datei werden vom Designer jene Befehle eingefügt, die unter anderem dazu führen, dass das Formular mit seinen Steuerelementen später angezeigt wird.

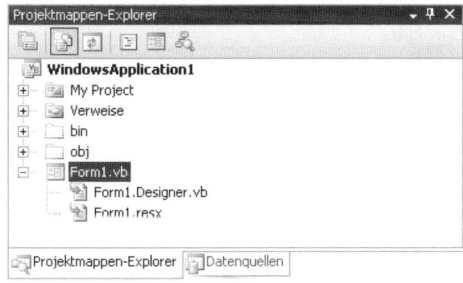

Abbildung 4.24 Jedes Formular besteht aus zwei Quelltextdateien

WinForms im Einsatz

Der Umgang mit WinForms ist sehr einfach. Soll eine VSTO-Anwendung ein WinForms-Formular anzeigen, wird es zunächst per *Projekt/Windows Form hinzufügen* in das Projekt aufgenommen. Anschließend wird es »designt«, indem zum Beispiel Steuerelemente angeordnet werden und einzelne Eigenschaften neue Werte erhalten. Die Befehle zum Anzeigen des Formulars müssen in das Programm eingefügt werden, denn dies geschieht nicht von allein. Lautet ein Formular zum Beispiel *fmEinstellungen*, wird es wie folgt auf den Bildschirm gebracht:

```
Dim fmEinst As New fmeinstellungen
fmEinst.Show()
```

Es ist wichtig zu verstehen, dass die *Show*-Methode das Fenster nicht modal anzeigt, das heißt, die Anwendung ist nicht blockiert. Es kann beiseite geschoben werden, um zum Beispiel mit dem Dokument der Anwendung arbeiten zu können. Soll das Fenster dagegen modal angezeigt werden, muss anstelle der *Show*- die *ShowDialog*-Methode zum Einsatz kommen:

```
Dim fmEinst As New fmEinstellungen
fmEinst.ShowDialog()
```

Solange das Fenster nicht geschlossen wird, ist in diesem Fall die gesamte Anwendung blockiert. Mit welchem Button das Fenster geschlossen wurde, verrät der Rückgabewert der *ShowDialog*-Methode. Da die Buttons auf einem Formular normalerweise alle gleich sind, muss der *DialogResult*-Eigenschaft eines Buttons ein entsprechender Wert zugewiesen werden. Auf diese Weise lässt sich abfragen, ob das Fenster durch einen bestimmten Button geschlossen wurde.

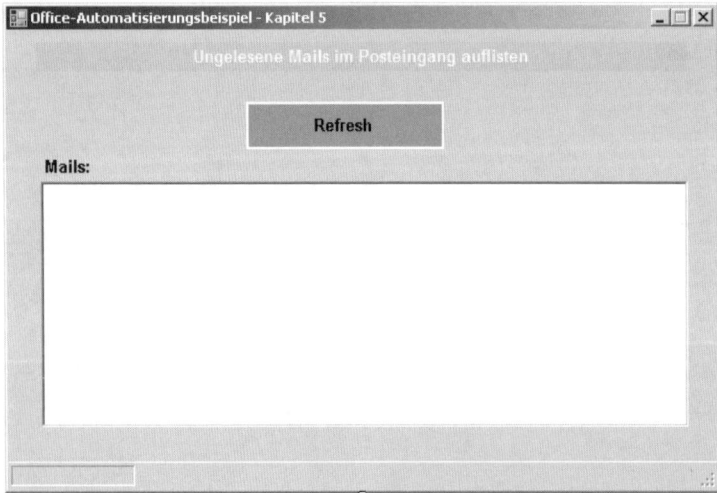

Abbildung 4.25 Ein WinForm-Formular im Entwurfsmodus

Das in Abbildung 4.25 gezeigte WinForm-Formular stammt aus Kapitel 5, in dem es Schritt für Schritt umgesetzt wird.

Von den UserForms zu WinForms

Um es gleich vorwegzunehmen: Einen Konverter oder eine andere Möglichkeit, UserForms-Formulare mit ihren (ActiveX-)Steuerelementen auf WinForms umstellen zu können, gibt es nicht. Zwar ist es theoretisch möglich, eine UserForm in ein VSTO-Projekt einzubinden, doch ist damit im Allgemeinen nicht viel gewonnen. Die sinnvolle Alternative ist es, das WinForm-Formular auf der Grundlage des UserForm-Formulars nachzubauen, was für einen erfahrenen Visual Basic-Programmierer relativ schnell erledigt ist. Abbildung 4.26 zeigt ein typisches UserForm-Formular mit einer Reihe von Steuerelementen.

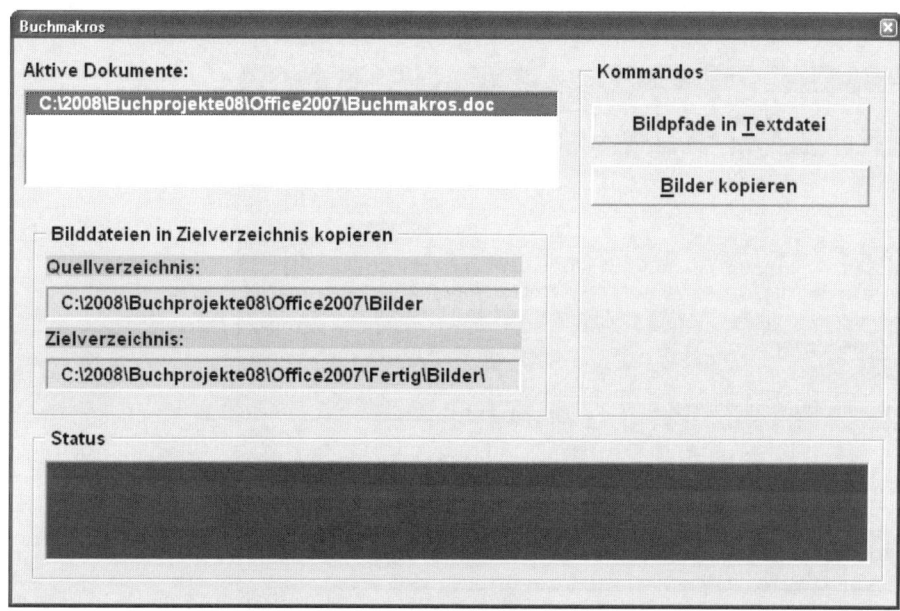

Abbildung 4.26 Ein UserForm-Formular mit Steuerelementen

Die Umstellung auf ein WinForm-Formular bedeutet, in einem VSTO-Projekt ein solches Formular über *Projekt/Windows Form hinzufügen* aufzunehmen und die Steuerelemente gemäß dem Vorbild auf dem Formular anzuordnen. Abbildung 4.27 zeigt das Ergebnis, das erstaunlich wenig Arbeitsaufwand bedeutet hat. Eine andere Geschichte ist natürlich die Umstellung des Programmcodes, die aber ebenfalls nicht allzu kompliziert ist und mit der »Umstiegshilfe« in diesem Kapitel alles andere als eine unlösbare Aufgabe sein sollte (das Beispiel finden Sie ebenfalls auf der Buch-CD). Um das WinForm-Formular aus einem Add-In heraus aufrufen zu können, sind drei Schritte erforderlich:

1. In der *Startup*-Prozedur des Add-Ins wird ein Eintrag in der Befehlsleiste angelegt (Kapitel 5).
2. Im *Click*-Eventhandler des Eintrags wird das Formular angezeigt:

```
Try
    Dim Frm As New fmMain(Me.Application)
    ' Nicht gebunden anzeigen
    Frm.Show()
Catch ex As SystemException
    MessageBox.Show("Formular kann nicht angezeigt werden!", ex.Message)
End Try
```

3. Das Formular muss einen *New*-Konstruktor überladen, sodass in der neuen Variante eine Instanz des *Application*-Objekts übergeben werden kann:

```
Private mWdApp As Word.Application
Private BildDateiPfad As String
Private D As Word.Document

Sub New(ByVal WdApp As Word.Application)
    InitializeComponent()
    mWdApp = WdApp
End Sub
```

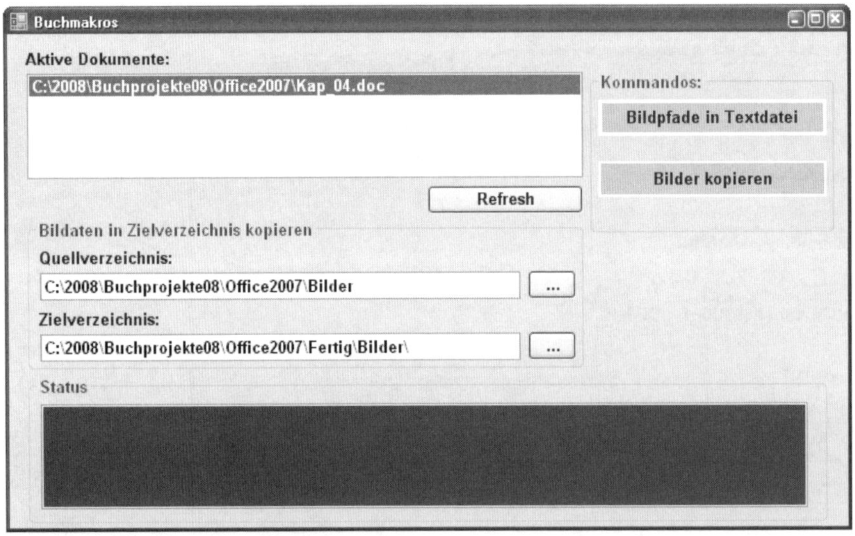

Abbildung 4.27 Das umgestellte WinForm-Formular unterscheidet sich nur in Details vom UserForm-Formular

WPF als Alternative?

Dieser hochinteressante Aspekt kann aus Platzgründen – und weil für das Thema aufgrund der Tiefe und Komplexität ein eigenes Buch erforderlich wäre – nur angedeutet werden. Mit der *Windows Presentation Foundation* (WPF) steht seit .NET 3.0 (und damit bei den VSTO 3.0) ein neues »GUI-Paket« zur Verfügung, das gegenüber WinForms zahlreiche Vorteile aufweist. Es bietet ein Modell für Fenster und Steuerelemente, die auf Vektorgrafik basieren und zum Beispiel beliebig skalierbar sind. Die WPF-Klassen beherrschen unter anderem 3D-Grafikoperationen und Animationen (das heißt sich über die Zeit automatisch ändernde Werte von Eigenschaften), sodass sich ganze neue Möglichkeiten ergeben. Das wichtigste Merkmal ist eine sehr klare Trennung von Anwendungs- und Darstellungscode und der Umstand, dass WPF-Oberflächen auf der XML-Beschreibungssprache *XAML* (*eXtented Application Markup Language*) basieren, sodass sich der Beschreibungscode zwischen unterschiedlichen Anwendungen (etwa Visual Studio und Microsoft Expression Blend) austauschen lässt, was ein echtes Teamwork von Entwicklern und Designern ermöglicht. Richtig interessant werden die WPF mit (allerdings nicht kostenlosen) Erweiterungen, wie zum Beispiel *WPF NetAdvantage* der Firma *Infragistics*[13], die unter anderem eindrucksvolle Charts und andere Controls mitbringen, gegen die Excel 2007-Charts relativ »blass« aussehen.

---

[13] Die natürlich nicht der einzige Anbieter von »WPF-Zubehör« ist.

Auch wenn Visual Studio 2008 einen komfortablen WPF-Designer bietet und WPF-Formulare damit genauso für VSTO-Anwendungen zur Verfügung stehen wie WinForms-Formulare, liegt die Messlatte für Entwickler deutlich höher, sodass das Thema WPF nur etwas für erfahrene Entwickler ist, die an den speziellen Vorteilen der WPF interessiert und dafür bereit sind, den deutlichen Mehraufwand bei der Entwicklung in Kauf zu nehmen. Trotz der beeindruckenden Möglichkeiten entwickelt sich das Thema WPF nur relativ langsam, was nicht nur an der Komplexität, sondern auch an der fehlenden Nachfrage und der Tatsache, dass eine relativ leistungsfähige Grafikkarte vorausgesetzt wird, liegen kann. Auch der Umstand, dass einige der Microsoft-WPF-Demoanwendungen wie die Portfolio-Verwaltung Woodgrove Financial (Abbildung 4.28 basiert auf der Browseranwendung – *http://scorbs.com/workapps/woodgrove/FinanceApplication.xbap*) noch auf dem Stand der .NET 3.0-Betaversion sind und sich unter Visual Studio 2008 nicht fehlerfrei kompilieren lassen, stärkt nicht gerade das Vertrauen in die neue API. Der nächstliegende Einsatz von WPF im Rahmen einer VSTO-Anwendung dürfte das Hinzufügen von WPF-Controls auf einem CustomTaskPane sein, was sehr einfach ist, da diese dank des *ElementHost*-Steuerelements direkt auf einem Benutzersteuerelement platziert werden können.

Abbildung 4.28 So farbenfroh und dreidimensional könnten künftig OBAs aussehen – am Beispiel des Microsoft-Demoprojekts Woodgrove Financial (das als XBAP-Anwendung auch im Browser läuft)

Zusammenfassung

Mit Visual Basic als »neue Programmiersprache« macht die Office-Programmierung einen Sprung nach vorne, da Visual Basic im Vergleich zu VBA eine modernere, vollständig objektorientierte Programmiersprache ist. Leider wird dadurch auch manches, wie zum Beispiel die Fehlerbehandlung, etwas anspruchsvoller, wenngleich sich die Entwickler bei Microsoft sehr viel Mühe gegeben haben, die wichtigsten VBA-Elemente auch bei Visual Basic zur Verfügung zu stellen.

Wie geht es in diesem Buch weiter?

Das Fundament ist gelegt. Sie haben Visual Studio als die neue Entwicklungsumgebung und Visual Basic als die neue Programmiersprache kennengelernt. Im nächsten Kapitel werden beide für eine überaus vertraute Tätigkeit eingesetzt, die nichts mit VSTO zu hat – zur Office-Automatisierung.

Kapitel 5

Office automatisieren mit PIAs

In diesem Kapitel:

Anwendungen per Automatisierung starten	166
Ein erstes Beispielprojekt	168
Was ist eine Assembly?	174
Die Rolle der Verweise	179
Das Erstellen von Befehlsleisten	184
Zusammenfassung	193

In diesem Kapitel geht es um das »Automatisieren« einer Office-Anwendung mit den Mitteln von Visual Studio und .NET. Das ist ein Thema, das ausnahmsweise nichts mit den VSTO zu tun hat, da das Objektmodell einer Office-Anwendung (bereits seit vielen Versionen) praktisch von jeder beliebigen Programmiersprache angesprochen werden kann. Ob VBA, VB.NET, VBScript oder Delphi spielt dabei grundsätzlich keine Rolle. Da die Objektmodelle von Excel, Outlook und Word in den folgenden Kapiteln ausführlicher vorgestellt werden, ist es auch ein relativ kurzes Kapitel. Im Wesentlichen sollen Sie mit dem Prinzip der Verweise auf Assemblybibliotheken vertraut gemacht werden, da dies der Dreh- und Angelpunkt der gesamten Office-Automatisierung unter .NET ist. Dabei lernen Sie auch die Rolle der *Primary Interop Assemblies* (PIAs) kennen. Ein imposanter Name mit seiner sehr einfachen Bedeutung. Als kleines Highlight geht es am Ende des Kapitels um das Erstellen von Befehlsleisten (CommandBars), die auch im Zeitalter der Multifunktionsleisten noch ihre Berechtigung besitzen.

Anwendungen per Automatisierung starten

Um eine Office-Anwendung per Automatisierung ansprechen zu können, muss sie gestartet werden. Dies geschieht aber nicht über die *Shell*-Funktion oder die *Start*-Methode der *Process*-Klasse, es geschieht indirekt. Folgende Varianten stehen zur Auswahl:

- Die Instanziierung der *Application*-Klasse mit *New*
- Die *CreateObject*-Funktion
- Die *GetObject*-Funktion

Die Instanziierung der Application-Klasse mit New

Der übliche Weg, eine Anwendung für die Automatisierung zu starten, besteht darin, die *Application*-Klasse mit *New* zu instanziieren, was einen zuvor eingefügten Verweis auf die jeweilige PIA (mehr dazu im weiteren Verlauf des Kapitels) voraussetzt.

Beispiel

Der folgende Befehl startet Excel:

```
Dim ExApp As New Excel.Application()
```

Die CreateObject-Funktion

Die *CreateObject*-Funktion gibt es auch bei Visual Basic. Sie startet auch hier eine Anwendung über einen internen Namen, der als *ProgID* bezeichnet wird, und der sich im Allgemeinen aus dem Namen der Anwendung und *Application* zusammensetzt. Möchte man eine bestimmte Version starten, kann an *Application* die Versionsnummer gehängt werden (zum Beispiel *Word.Application.12*), wenngleich dies eine Ausnahme ist. Eine Garantie, dass es funktioniert, gibt es nicht, denn *CreateObject* verlässt sich blind auf das, was in der Registry für die angegebene ProgID hinterlegt ist (theoretisch kann über ein *CreateObject("Word.Application")* statt Word der Windows-Rechner gestartet werden, wenn der entsprechende Registry-Wert *Calc.exe* heißt). Der einzige Unterschied gegenüber einem regulären Start der Anwendung besteht darin, dass die Anwendung mit dem Schalter */Automation* gestartet wird.

Beispiel

Der folgende Befehl startet Excel zu Automatisierungszwecken:

```
Dim ExApp As Excel.Application
Try
  ExApp = CreateObject("Excel.Application")
Catch Ex As Exception

End Try
```

Excel wird dadurch zwar als Anwendung gestartet, bleibt aber noch unsichtbar im Hintergrund. Soll das Anwendungsfenster sichtbar sein, muss die *Visible*-Eigenschaft auf *True* gesetzt werden.

Wenn beim Aufruf etwas schiefgeht

Es ist praktisch obligatorisch, den Aufruf von *CreateObject*, wie jedes Anlegen eines Automatisierungsservers, in einen *Try Catch*-Block zu setzen, um zum Beispiel den »berüchtigten« Fehler 429 (ActiveX-Komponente kann nicht erstellt werden) abzufangen, der immer dann auftritt, wenn die Anwendung aus irgendeinem Grund nicht in diesem Modus gestartet werden kann. Man kann damit die Ursache des Problems zwar nicht beheben (bei Outlook kann zum Beispiel ein Virenscanner schuld sein, der anstelle von *Outlook.exe* startet – in diesem Fall funktioniert auch ein *New Application* nicht), aber der Anwender erhält zum Beispiel eine halbwegs aussagekräftige Fehlermeldung.

Mehr über den Fehler liefert das *Exception*-Objekt, dessen *Message*-Eigenschaft neben der (sehr langen) Fehlernummer auch die Fehlermeldung im Klartext enthält. Mehr lässt sich über die Ursache vermutlich nicht in Erfahrung bringen, zumal dieser Bereich in den »Zuständigkeitsbereich« von COM fällt, das nicht gerade auskunftsfreudig ist.

TIPP Unter *http://support.microsoft.com/kb/186063/de* gibt es eine Liste aller Fehler, die bei Automatisierungen auftreten können.

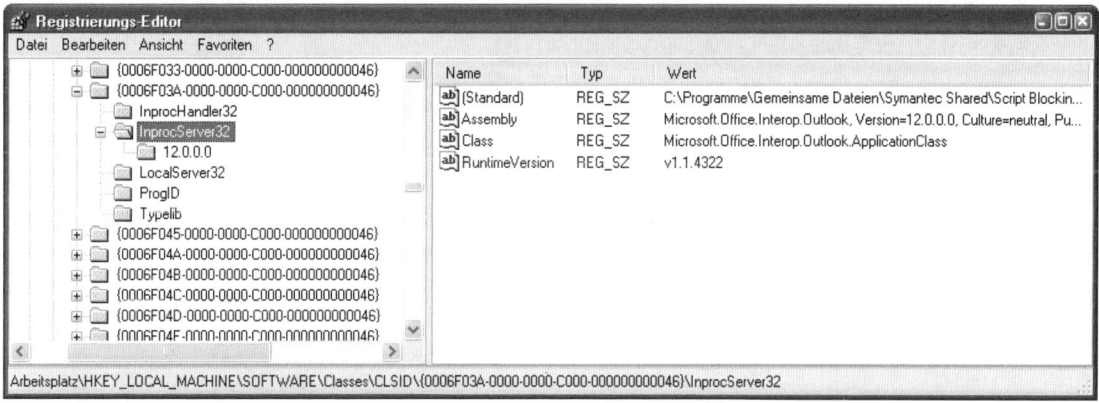

Abbildung 5.1 Der Eintrag *InprocServer32* bestimmt, welches Programm gestartet wird (hier hat sich ein bekannter Hersteller von Antivirensoftware »eingeklinkt«)

Das Starten eines Automatisierungsservers per *CreateObject* bedeutet nicht, dass eine späte Bindung im Spiel ist und die Variable vom Typ *Object* ist. Im obigen Beispiel ist die Variable *ExApp* typisiert.

Die GetObject-Funktion

Die *GetObject*-Funktion wird selten eingesetzt. Sie unterscheidet sich von *CreateObject* durch zwei Details. Sie legt keine neue Instanz an, sondern greift auf eine vorhandene Instanz zu (laufen mehrere Instanzen, hängt die Frage, welche Instanz genommen wird, von einer internen Liste und der Reihenfolge ab, in der die Anwendungen gestartet wurden). Oder sie startet die Anwendung unter Angabe eines existierenden Dokuments, das dann auch geladen wird. Ein Vorteil ist dies aber nicht, da das Dokument bei einer regulär gestarteten Anwendung problemlos nachträglich geladen werden kann.

Beispiel

Der folgende Aufruf soll die Variable *ExApp* mit einer laufenden Excel-Instanz verbinden:

```
ExApp = GetObject("Excel.Application")
```

Doch warum muss dieser Aufruf in jedem Fall schiefgehen? Weil die ProgID der zweite Paramerter ist und sie in diesem Fall für den ersten Parameter (*PathName*) eingesetzt wird. Richtig lautet der Aufruf daher entweder:

```
ExApp = GetObject(,"Excel.Application")
```

oder weil das Komma am Anfang ein wenig irritieren kann:

```
ExApp = GetObject(Class:="Excel.Application")
```

Der Haupteinsatzzweck von *GetObject* liegt (wenn überhaupt) in dem direkten Zugriff auf ein vorhandenes Dokument:

```
Try
  If System.IO.File.Exists("C:\Verkaufsdaten2008.xls") Then
    ExWb = GetObject(PathName:="C:\Verkaufsdaten2008.xls")
  End If

Catch Ex As Exception

End Try
```

In diesem Fall ist das zurückgegebene Objekt übrigens ein *Workbook*-Objekt.

Ein erstes Beispielprojekt

Gleich zur Einstimmung ein »kleines« Beispiel, das demonstrieren soll, dass sich am Prinzip der Automatisierung gegenüber VBA nicht allzu viel geändert hat. Es setzt voraus, dass Sie bereits grundsätzlich mit der Entwicklung einer Windows-Anwendung (WinForms) mit Visual Studio vertraut sind (Kapitel 4) und über Grundkenntnisse in Visual Basic verfügen. Der Zweck des kleinen WinForms-Programms ist schnell beschrieben. Nach dem Klick auf einen Button wird der Outlook-Posteingang nach ungelesenen Mails

Ein erstes Beispielprojekt

durchsucht und diese werden in einer Liste angezeigt. Ein Doppelklick auf einen Eintrag zeigt die Nachricht im Posteingang an. Sie lernen damit nicht nur das Prinzip der Automatisierung, sondern auch den Umgang mit WinForms-Formularen kennen.

Die VSTO spielen in der Übung keine Rolle. Die Umsetzung würde sowohl mit älteren Versionen von Visual Studio (.NET) als auch mit älteren Versionen von Outlook funktionieren.

> **CD-ROM** Sie finden das Beispiel auf der Buch-CD in Gestalt der Projektmappendatei *OutlookAutomatisierung.sln*.

Die Umsetzung beginnt

Für die folgende Umsetzung wird vorausgesetzt, dass Visual Studio 2005/2008 einsatzbereit ist und Outlook auf dem System installiert ist.

1. Anlegen eines neuen Projekts. Dies ist bei Visual Studio immer der erste Schritt. Starten Sie Visual Studio und wählen Sie als Projekttyp in der Kategorie *Visual Basic* den Eintrag *Windows Forms-Anwendung*, geben Sie dem Projekt den Namen **OutlookAutomatisierung** und bestätigen Sie die Auswahl mit *OK*.

Abbildung 5.2 Ein neues Projekt vom Typ *Windows Forms-Anwendung* wird angelegt

2. Das Projekt wird gespeichert. Es ist eine gute Angewohnheit, ein Projekt unmittelbar nach dem Anlegen zu speichern. Das geschieht entweder über *Datei/Alle speichern* oder das entsprechende Symbol in der Symbolleiste.

3. Hinzufügen eines Verweises auf die Outlook-Interop-PIA. Um auf die Outlook-Objekte zugreifen zu können, muss in das Projekt ein entsprechender Verweis eingefügt werden. Wählen Sie diesen über *Projekt/Verweis hinzufügen* aus, indem Sie im Register *COM* zum Beispiel den Eintrag *Microsoft Outlook 12.0 Object Library* selektieren (die Versionsnummer hängt von der Outlook-Version ab, 11.0 für Outlook 2003 und entsprechend 12.0 für Outlook 2007).

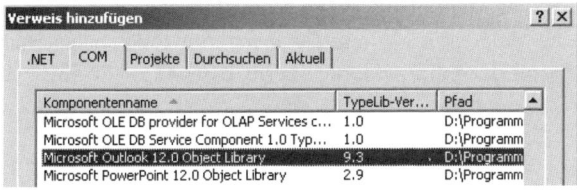

Abbildung 5.3 Das Projekt wird um einen Verweis auf die Outlook-Bibliothek erweitert

4. Das Formular wird entworfen. Das Projekt verfügt bereits über ein Formular. Es wird im Folgenden um Steuerelemente erweitert, die Sie in der Toolbox finden und entweder per Doppelklick oder per Ziehen & Ablegen auf dem Formular platzieren. Damit die Beschreibungen nicht »ausufern«, werden in Tabelle 5.1 alle Steuerelemente zusammengestellt, wobei jeweils die Eigenschaften angegeben sind, die im Eigenschaftenfenster neue Werte erhalten sollen. Bei der optischen Gestaltung besitzen Sie natürlich alle Freiheiten, die WinForms-Steuerelemente zu bieten haben (Buttons sehen im Allgemeinen etwas moderner aus, wenn sie über die *FlatStyle*-Eigenschaft einen »flachen« Look und über *BackgroundColor* eine andere Hintergrundfarbe erhalten). Orientieren Sie sich bei der Umsetzung auch an Abbildung 5.4.

Steuerelement	Rolle	Eigenschaften
Label	Zeigt eine Überschrift an	Text = Ungelesene Mails im Posteingang auflisten
Button	Startet die Aktion	Text = Refresh Name = bnRefresh
Label	Beschriftung der ListView	Text = Mails:
ListView	Anzeige der ungelesenen Mails	Name = lvMails
StatusStrip	Statusleiste	Es werden ein *StatusLabel* und eine *Progressbar* hinzugefügt.
StatusLabel	Zeigt Meldungen an	Name = tsStatusFeld
Progressbar	Zeigt den Fortschritt beim Durchsuchen des Posteingangs an	Name = tsProgress

Tabelle 5.1 Die Steuerelemente des Formulars mit ihren Eigenschaften

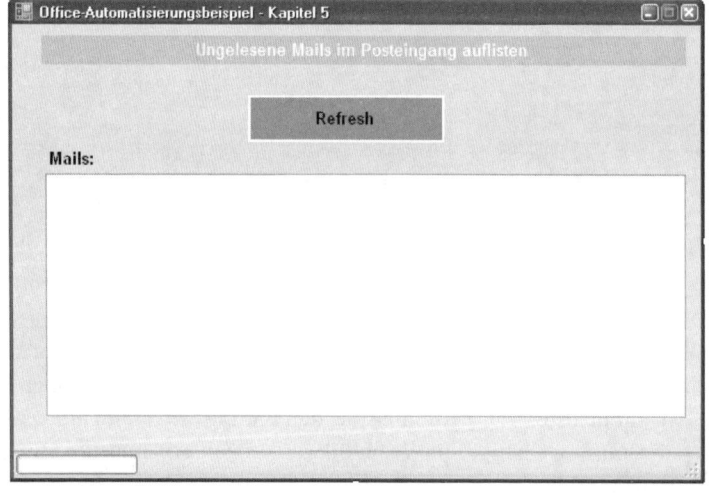

Abbildung 5.4 Das Formular mit seinen Steuerelementen im Entwurfsmodus

5. Der Ereigniscode wird hinzugefügt. Das Formular steht, jetzt geht es an die Programmierung, die immerhin knapp 100 Befehlszeilen umfasst. Schalten Sie mit [F7] auf das Programmcodefenster um (das Formular muss dazu selektiert sein). Sie landen mit der Einfügemarke oberhalb des *Class*-Befehls, wo als Erstes ein *Imports*-Befehl eingetragen wird:

```
Imports Out = Microsoft.Office.Interop.Outlook
```

Ein erstes Beispielprojekt

6. Fügen Sie unterhalb des *Class*-Befehls die folgenden Variablendeklarationen ein:

```
Private OutApp As Out.Application
Private Ta As Out.Table
Private InBox As Out.Folder
```

Die Variable *OutApp* steht dabei für das *Outlook.Application*-Objekt und damit für Outlook als Anwendung.

7. Als Nächstes wird eine Prozedur benötigt, die das *ListView*-Steuerelement »einrichtet«, indem es Spalten für jene Eigenschaften einer gefundenen Nachricht hinzufügt, die angezeigt werden soll:

```
Sub InitListView()
   lvMails.View = View.Details
   lvMails.Columns.Add("Absender", 180, HorizontalAlignment.Center)
   lvMails.Columns.Add("Betreff", 240, HorizontalAlignment.Left)
   lvMails.Columns.Add("Zeitpunkt", 140, HorizontalAlignment.Center)
   lvMails.ShowItemToolTips = True
End Sub
```

8. Der mit Abstand größte »Brocken« ist eine Funktion, die Outlook startet, sofern dies noch nicht geschehen sein sollte, den Posteingang nach ungelesenen Mails durchsucht und deren Anzahl zurückgibt. Bei der Funktion wird einiges vorweggenommen, was erst in Kapitel 8, wenn es um die Outlook-Programmierung geht, an die Reihe kommt. Nur so viel an dieser Stelle. Die Suche bedient sich der mit Outlook 2007 eingeführten Tables, durch die eine Suche deutlich beschleunigt wird. Gesucht werden alle Mails, bei denen die *Unread*-Eigenschaft den Wert *True* besitzt. Jede gefundene Nachricht wird mit ihren Eigenschaften *Absender*, *Betreff* und *Zeitpunkt des Erstellens* in die *ListView* eingetragen. Da dies trotz beschleunigter Suche bei einem sehr großen Posteingang mit vielen ungelesenen Mails eine Weile dauern kann, wird der Fortschritt der Operation durch einen Fortschrittsbalken in der Statusleiste angezeigt.

```
Function ReadMails() As Integer
    Dim Betreff As String
    Dim Absender As String
    Dim AnzahlMails As Integer
    Dim AnzahlGelesen As Integer
    Try
        ' Für denn Fall, dass Outlook bereits läuft
        OutApp = GetObject([Class]:="Outlook.Application")
    Catch ex As Exception
        ' Hier passiert nichts
    End Try
    If OutApp Is Nothing Then
        Try
            ' Outlook läuft noch nicht und wird gestartet
            OutApp = CreateObject("Outlook.Application", "Localhost")
        Catch ex As Exception
            MessageBox.Show("Outlook kann nicht gestartet werden, sorry!", Application.ProductName)
            bnRefresh.Enabled = False
            Return 0
        End Try
    End If
```

```
    InBox = OutApp.Session.GetDefaultFolder _
        (Microsoft.Office.Interop.Outlook.OlDefaultFolders.olFolderInbox)
    Ta = InBox.GetTable("[Unread]=True")
    lvMails.Items.Clear()
    AnzahlMails = Ta.GetRowCount
    tsProgress.Minimum = 0
    tsProgress.Maximum = AnzahlMails
    While Not Ta.EndOfTable
        Dim Zeile As Out.Row = Ta.GetNextRow
        Try
            ' Absender über EntryID des MailItems holen
            Absender = CType(OutApp.Session.GetItemFromID(Zeile.Item("EntryID")), _
                Out.MailItem).SenderName
        Catch ex As Exception
            ' Wenn es nicht geklappt hat
            Absender = "Kein Absender"
        End Try
        ' Die Betreff-Zeile direkt aus der Zeile holen
        Try
            Betreff = Zeile.Item("Subject").ToString
        Catch ex As Exception
            Betreff = "Kein Betreff"
        End Try
        ' ListView-Eintrag mit Absender als ersten Eintrag hinzufügen
        Dim Lv As ListViewItem = lvMails.Items.Add(Absender)
        ' Betreff und Zeitpunkt hinzufügen
        Lv.SubItems.Add(Betreff)
        Lv.SubItems.Add(Zeile.Item("CreationTime").ToString)
        Lv.ToolTipText = Betreff
        AnzahlGelesen += 1
        tsProgress.Value = AnzahlGelesen
    End While
    tsProgress.Value = 0
    Return AnzahlMails
End Function
```

Ein besonderes Augenmerk wird auf den Fall geworfen, dass sich Outlook nicht starten lässt. In diesem Fall wird im Rahmen einer strukturierten Ausnahmebehandlung (Kapitel 4) eine Meldung ausgegeben und der Button deaktiviert, da in diesem Fall natürlich kein Posteingang zur Verfügung steht. Diese Spezialfälle müssen bei jedem Programm, das »vor Ort« beim Anwender funktionieren soll, abgefragt werden und sind jene Bereiche bei der Programmierung, die leider sehr zeitaufwendig und frustrierend sein können.

Bliebe noch zu erwähnen, dass die Variable *OutApp*, die für das *Outlook.Application*-Objekt und damit für die Outlook-Anwendung steht, ihren Wert entweder über die *GetObject*-Funktion, die es auch bei Visual Basic gibt, erhält oder, wenn Outlook noch nicht gestartet wurde, über ein *New OutApp.Application*. Anschließend wird die Variable *InBox* mit dem Posteingangsordner belegt und die Suche kann beginnen.

9. Es ist für eine Automatisierungsanwendung wichtig, dass sie keine Anwendungen startet, die am Ende einfach im Arbeitsspeicher bleiben. Auch wenn ein moderner Windows-PC durchaus eine weitere Anwendung verkraftet, die nichts verrichtet und trotzdem 50 bis 80 MByte im Arbeitsspeicher belegt (sie wird vom Windows-Speichermanager auf die Festplatte ausgelagert), ist es kein guter Stil und kann in der Summe dazu führen, dass der Computer immer reaktionsträger wird. Das Beenden von Outlook erfolgt in der *Form_Closing*-Ereignisprozedur. Hier muss abgefragt werden, ob die Variable *OutApp* überhaupt noch einen Wert besitzt. Ist dies der Fall, wird die *Quit*-Methode des *Application*-Objekts aufgerufen. Da es aber passieren kann, dass der Anwender Outlook bereits (über den Task-Manager) beendet hat und die Variable

dann eine Referenz auf eine nicht mehr existierende Anwendung halten und der Aufruf von *Quit* scheitern würde, wird das Ganze in einen *Try Catch*-Block eingefügt. Geben Sie in die *FormClosing*-Ereignisprozedur die folgenden Befehle ein:

```
If OutApp IsNot Nothing Then
  Try
      OutApp.Quit()
      OutApp = Nothing
  Catch ex As Exception
      ' Hier passiert nichts
  End Try
End If
```

10. Das meiste ist geschafft. Jetzt muss noch dafür gesorgt werden, dass mit dem Laden des Formulars die *ListView* eingerichtet wird. Wählen Sie aus der linken Auswahlliste *Form1 Ereignisse* (*Form1* ist der Name des Formulars) und aus der rechten Auswahlliste *Load* aus und geben Sie in die Ereignisprozedur den folgenden Befehl ein:

```
InitListView()
```

11. Damit nach dem Anklicken des Buttons etwas passiert, muss in seiner *Click*-Ereignisprozedur die Suche gestartet werden. Wählen Sie zunächst in der linken Auswahlliste *bnRefresh* aus (*bnRefresh* ist der Name des Buttons) und in der rechten Auswahlliste *Click*. Geben Sie dann in die Ereignisprozedur die folgenden beiden Befehle ein:

```
Dim AnzahlMails As Integer = ReadMails()
tsStatusFeld.Text = AnzahlMails & " Mails gelesen."
```

12. Der folgende Schritt ist optional. Damit ungelesene Mails nicht nur in einer *ListView* angezeigt, sondern auch im Posteingang lokalisiert werden können, soll erreicht werden, dass ein Doppelklick auf einen Eintrag dazu führt, dass die angeklickte Mail im Posteingang selektiert wird. Einen direkten Weg scheint es nicht zu geben, aber einen indirekten, der darin besteht, dass eine Schnellsuche mit dem Betreff der Nachricht durchgeführt wird. Man sieht daher nicht die Nachricht, sondern das Ergebnis der Suche, zu dem die Nachricht gehört. Optimal ist die Variante daher nicht, da die Suche jedes Mal ein wenig dauern kann, doch dafür ist die Implementierung relativ einfach. Wählen Sie zunächst in der linken Auswahlliste *lvMails* aus (*lvMails* ist der Name der *ListView*) und in der rechten Auswahlliste *DoubleClick*. Geben Sie dann in die Ereignisprozedur die folgenden Befehle ein:

```
Dim Betreff As String
If lvMails.SelectedItems.Count > 0 Then
  Betreff = lvMails.SelectedItems.Item(0).Text
  Dim bGefunden As Boolean
  Dim InEx As Out.Explorer
  For Each Ex As Out.Explorer In OutApp.Explorers
    If Ex.CurrentFolder Is InBox Then
        bGefunden = True
        InEx = Ex
    End If
  Next
```

```
If bGefunden = False Then
    InEx = OutApp.Explorers.Add(InBox, _
        Microsoft.Office.Interop.Outlook.OlFolderDisplayMode.olFolderDisplayNormal)
End If
InEx.Display()
InEx.Search(Betreff, Microsoft.Office.Interop.Outlook.OlSearchScope.olSearchScopeCurrentFolder)
End If
```

Jetzt kann das Programm getestet werden. Nach dem Start per F5 erscheint allerdings erst der Outlook-Sicherheitshinweis, da das Programm die Absenderadresse abfragt und es sich nicht um ein vertrauenswürdiges Add-In handelt. Gestatten Sie den Zugriff, woraufhin das Formular angezeigt werden sollte. Ein Klick auf den Button sollte bewirken, dass die ungelesenen Mails in der *ListView* erscheinen. Das ist Office-Automatisierung mit Visual Studio und dem .NET Framework in Aktion.

Noch Fragen zum Programm und seinen Befehlen? Die Details werden in Kapitel 8 verraten, wenn es um das Thema Outlook-Automatisierung geht.

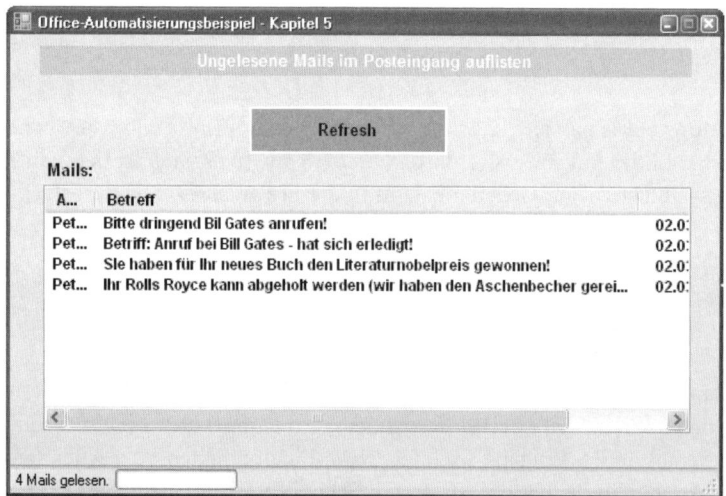

Abbildung 5.5 Office-Automatisierung in Aktion

Was ist eine Assembly?

Bei .NET spricht man nicht so sehr von Programmen oder Anwendungen, im Mittelpunkt aus Entwicklersicht stehen die *Assemblies*. Was steckt hinter diesem etwas eigentümlich klingenden Namen? Eine Assembly ist in der Regel ein Programm oder eine Programmbibliothek, also eine Datei mit der Erweiterung *.Exe* oder *.Dll*, die keinen Maschinencode, sondern Managed Code aufweist. Der etwas ungewöhnliche Begriff lässt sich in etwa mit »Ausführungseinheit« übersetzen. Zur Ehrenrettung der Entwickler muss allerdings angemerkt werden, dass hier nicht wieder einmal alter Wein in neue Schläuche gefüllt, sprich ein uralter Gegenstand wie eine Programmdatei mit einem neuen Label versehen wurde. Der Begriff Assembly wurde im Zusammenhang mit dem .NET Framework gewählt, weil mehr dahintersteckt, als es der etwas nüchterne Begriff Programm oder Programmdatei suggerieren würde. Ein direktes Pendant gibt es in der VBA-Welt nicht. Man kann eine Assembly bezüglich ihrer Rolle noch am ehesten mit einem COM-Add-In vergleichen.

Bei den VSTO sind die »Anpassungen«, also das, was mit der Anwendung oder einem Dokument geladen werden soll, in Assemblies enthalten, die die Erweiterung *.Dll* tragen. Diese »Sorte« von Programmen lassen sich bekanntlich nicht direkt starten, sie müssen vielmehr geladen werden, damit ihr Inhalt aktiv werden kann.

HINWEIS Dieser Hinweis ist an dieser Stelle noch etwas speziell, aber wichtig. Eine Assembly ist die Einheit, für die die CLR (*Common Language Runtime*), die eine Assembly lädt und ausführt, ihre Berechtigungen vergibt. Beim Einrichten von Berechtigungen, wie es beim Ausliefern einer VSTO-Assembly grundsätzlich der Fall ist, muss der Assembly, die ausgeführt werden soll, FullTrust-Berechtigung gegeben werden.

Die Rolle der Anwendungsdomäne

Auch dieser Hinweis ist speziell, aber über diesen Umstand sollte jeder .NET-Entwickler zumindest Bescheid wissen. Mit dem Laden einer Assembly wird von der CLR eine Anwendungsdomäne (engl. »app domain«) eingerichtet, in der der Programmcode zur Ausführung gebracht wird. Die Anwendungsdomäne definiert den Kontext, in dem eine Assembly ausgeführt wird. Theoretisch könnten weitere dieser Anwendungsdomänen nachträglich geladen werden, die alle innerhalb der Assembly ihren eigenen »Bereich« erhalten, was aber in der Praxis nur selten genutzt wird. Die Anwendungsdomäne spielt bei den VSTO insofern eine Rolle, als hier dafür gesorgt wird, dass die Assembly sämtliche Berechtigungen zur Ausführung verliert, sodass diese ihr nachträglich explizit wieder gegeben werden müssen. Mehr dazu in Kapitel 14, wenn es um das Ausliefern von VSTO-Assemblies geht.

Wo findet man bei Visual Studio die Assemblies?

Das Ziel eines Visual Studio-Projekts ist es, dass durch das Kompilieren aller Quelltextdateien die Assembly entsteht. Diese wird in dem Ausgabeverzeichnis abgelegt, das in den Projekteigenschaften eingestellt ist. Wird nichts anderes festgelegt, befindet sich das Ausgabeverzeichnis im *bin*-Unterverzeichnis des Projektverzeichnisses und dort wiederum entweder (je nach Konfigurationsmodus) im *Release*- oder im *Debug*-Unterverzeichnis.

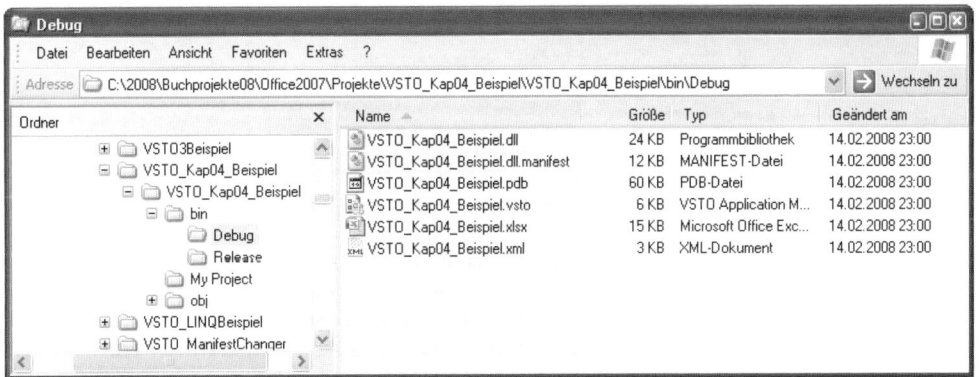

Abbildung 5.6 Durch das Erstellen des Projekts wird die Assembly im Zielverzeichnis abgelegt – bei einem VSTO-Projekt ist es immer eine Datei mit der Erweiterung .Dll

Wie werden Assemblies weitergegeben?

Diese Frage soll an dieser Stelle nur kurz angesprochen werden, da sie in Kapitel 14 ausführlich an der Reihe ist. Eine Assembly wird weitergegeben, indem sie in ein (beliebiges) Verzeichnis kopiert wird. Sie muss weder registriert werden noch müssen irgendwelche Einstellungen vorgenommen werden. Handelt es sich um eine Exe-Datei, kann sie direkt gestartet werden. Ist es eine Assemblybibliothek (Erweiterung .*Dll*), muss sich die Exe-Datei, die auf sie zugreift, im selben Verzeichnis befinden, sofern der Pfad, unter dem die Dll-Datei zu finden ist, nicht in einer Konfigurationsdatei (Config-Datei), die die Exe-Datei begleitet, angegeben wird. Möchte man erreichen, dass eine Assemblybibliothek von mehreren Exe-Dateien angesprochen werden kann, muss sie entweder in die jeweiligen Verzeichnisse der einzelnen Exe-Dateien oder in den *Global Assembly Cache* (GAC) kopiert werden.

Die Rolle des GAC

GAC steht für *Global Assembly Cache* und ist das Verzeichnis, in dem diejenigen Assemblybibliotheken abgelegt werden, die allen Assemblies (Assemblyprogrammdateien) zur Verfügung stehen sollen. Somit muss sich die entsprechende Assemblybibliothek nicht in dem gleichen Verzeichnis befinden wie die Assembly, die auf diese zugreift. Alle PIAs befinden sich im GAC. Für VSTO-Anwendungen spielt der GAC abgesehen davon dagegen keine Rolle, da die jeweilige Assembly stets in ihrem Verzeichnis untergebracht ist und im Allgemeinen nicht von anderen Assemblies angesprochen werden soll. Unter diesem Blickwinkel betrachtet ist der GAC eher eine theoretische Angelegenheit. Dennoch soll im Folgenden kurz die Frage geklärt werden, wie eine Assembly in den GAC gelangt.

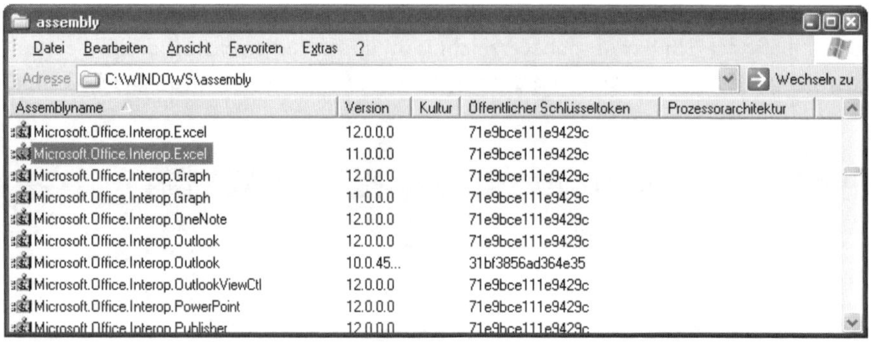

Abbildung 5.7 Ein Blick in das GAC-Verzeichnis – hier sind auch die PIAs abgelegt

Wie gelangt eine Assembly in den GAC?

Jede Assembly kann in den GAC kopiert werden, sie muss dazu nicht speziell aufgebaut sein oder irgendwelche besonderen Inhalte besitzen. Die Assembly muss lediglich eine Voraussetzung erfüllen: Sie muss einen starken Namen (engl. »strong name«) besitzen. Der Begriff *starker Name* bedeutet aber nicht, dass es sich um einen besonders ausgefallenen Namen handelt, das Attribut »strong« bezieht sich vielmehr auf die Eindeutigkeit des Namens. Es sind insgesamt vier Bestandteile, aus denen sich der starke Name zusammensetzt:

- Der Name der Assembly (aber ohne die Erweiterung .*dll*)
- Die Versionsnummer

- Die sogenannte Kulturinformation. Das ist lediglich ein Namenskürzel für die geographische Region (zum Beispiel »de-DE« für Deutschland). Die allermeisten Assemblies besitzen diese Information nicht und sind »kulturneutral«. In diesem Fall entfällt dieser Teil des Namens einfach.
- Das sogenannte Public Key-Token. Das ist die »Kurzform« des öffentlichen Schlüssels. Hierbei handelt es sich um den entscheidenden Part, denn eine Assembly muss mit einem Schlüsselpaar, bestehend aus öffentlichem und privatem Schlüssel, signiert werden, wobei die Kurzform des öffentlichen Schlüssels in den starken Namen einfließt und diesen eindeutig macht. Wenn kein öffentlicher Schlüssel zur Verfügung steht, kann man mit dem Tool *Sn.exe* aus dem .NET Framework SDK oder noch einfacher in den Projekteigenschaften von Visual Studio einen provisorischen Schlüssel anlegen.

Was hat das alles mit den VSTO zu tun? Nicht sehr viel, denn VSTO-Assemblies werden im Allgemeinen nicht signiert und landen daher auch nicht im GAC. Für die Unterbringung im GAC gibt es auch wie erwähnt im Allgemeinen keinen Grund, da VSTO-Assemblies nicht von anderen Assemblies aufgerufen werden. Es wäre eher denkbar, dass mehrere VSTO-Assemblies eine Assembly mit allgemeinen Funktionen nutzen, die dann vorteilhaft (aber nicht zwingend) im GAC abgelegt wird.

Es gibt daher im Allgemeinen keine Notwendigkeit, selbst Assemblies zu signieren, wenngleich dies in Visual Studio sehr einfach geht:

1. Öffnen Sie die Projekteigenschaften und wechseln Sie auf das Register *Signierung*.
2. Setzen Sie das Häkchen bei *Assembly signieren*.
3. Wählen Sie aus der Auswahlliste darunter entweder eine vorhandene Schlüsseldatei (Erweiterung *.Snk*) aus oder legen Sie eine neue an (ein Kennwort ist beim unverbindlichen Kennenlernen nicht erforderlich, zumal man es leicht vergessen kann).

Das war alles. Beim nächsten Erstellen wird die Assembly zusätzlich signiert. Das ist wichtig: Sicherer wird sie dadurch nicht, aber sie kann in den GAC kopiert werden (was aber bei VSTO-Anwendungen bekanntlich nicht viel bringt) und sie wird nicht mehr gestartet, wenn sie nach dem Signieren noch einmal verändert werden sollte (etwa durch einen »chirurgischen Eingriff« von außen), da dann die interne Prüfsumme nicht mehr korrekt ist. Unter diesem Aspekt bringt es einen kleinen Vorteil, wenn eine (VSTO-)Assembly signiert wird.

Halten wir fest: Assemblies müssen nicht signiert werden, diese in den GAC zu kopieren, bringt bei den VSTO-Assemblies keine Vorteile – warum wird das Thema denn überhaupt so ausführlich behandelt? Ganz einfach, weil die PIAs sowohl signiert sind als auch sich im GAC befinden.

Lassen sich Assemblies schützen?

Ein kleiner Nachteil von VBA-Makros ist, dass sie stets Teil des Dokuments sind und mit dem Dokument weitergegeben werden. Ohne einen Passwortschutz kann jeder Anwender auf den VBA Editor umschalten und sich den VBA-Code anschauen. Bei einem VSTO-Projekt, bzw. allgemein einer Assembly, verhält es sich anders: Hier wird grundsätzlich eine Assembly erzeugt, die als Dll-Datei vorliegt und zusammen mit dem Dokument, aber als eigene Datei, verteilt wird. Die gute Nachricht ist, dass damit kein Quellcode ausgeliefert wird und es daher nicht so ohne Weiteres möglich ist, sich den Quellcode anzusehen. Eine Assembly ist daher relativ gut geschützt.

Doch es gibt auch eine weniger gute Nachricht. Eine Assembly enthält immer sogenannten IL-Code, der sich, sofern keine Vorkehrungen getroffen wurden, sehr einfach sichtbar machen lässt. Im .NET Framework SDK und in der .NET-Laufzeit finden Sie ein kleines Tool mit dem Namen *Ildasm.exe*, dessen einzige Aufgabe darin besteht, den IL-Code einer Assembly zu »disassemblieren« und anzuzeigen. Es erfordert zwar gewisse Detailkenntnisse, den IL-Code zu lesen und zu verstehen, aber es ist grundsätzlich möglich.

Noch deutlicher macht es das kleine und sehr empfehlenswerte Tool *Reflector* von *Lutz Roeder*. Dieses Programm übersetzt den IL-Code auf Wunsch sogar in Visual Basic- oder C#-Code zurück, sodass ein Quelltext entsteht, der dem Original sehr ähnlich ist. Insbesondere Zeichenketten liegen, sofern die Assembly keine Verschlüsselung verwendet, in lesbarer Form vor. Über einen Export der ausgewählten Assembly ist es sogar möglich, ein Projektverzeichnis mit einer Projektdatei und den Quelltextdateien zu erzeugen, aus denen sich die Assembly ursprünglich zusammengesetzt hat. Einem fremden Entwickler wird das eigene Projekt damit auf einer Art Silbertablett serviert. Dies ist eine allgemeine Eigenschaft des .NET Frameworks und ausnahmsweise keine »Sicherheitslücke«.

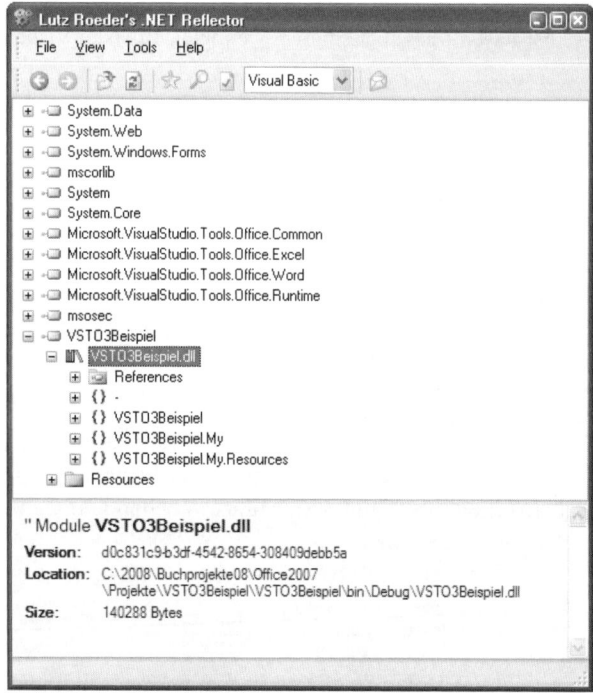

Abbildung 5.8 Der Reflector macht den Inhalt einer VSTO-Assembly wieder lesbar

Wem das aus irgendeinem Grund zu heikel ist, hat die Möglichkeit, eine Assembly mit einem separaten Werkzeug »unleserlich« zu machen. Die Assembly funktioniert (selbstverständlich) nach wie vor, nur die symbolischen Namen sind kaum mehr lesbar, da sie extrem verkürzt wurden. Ein solches Werkzeug ist der *Dotfuscator*, ein sogenannter *Obfuskator* von der Softwarefirma *Preemptive Solutions*, der in der *Community Edition* Teil von Visual Studio Professional ist. Leider reicht diese Edition nicht für VSTO-Anwendungen, es muss die Professional Edition sein.

Die Rolle der Verweise

Keine größere .NET-Anwendung kommt ohne Verweise auf Assemblybibliotheken der .NET-Klassenbibliothek aus. Sobald eine Klasse und deren Mitglieder nicht in einer »Kernbibliothek« enthalten sind, muss der Compiler die Klassenbibliothek, in der die Klasse definiert ist, beim Kompilieren einbinden. Dazu muss zu den Projektverweisen der entsprechende Verweis hinzugefügt werden. Normalerweise ist das Setzen weiterer Verweise nicht erforderlich. Eine dieser Ausnahmen ist die Office-Automatisierung, da hier stets ein Verweis auf die jeweilige Office-Interop-Bibliothek aufgenommen werden muss (das ist beim VBA-Editor grundsätzlich nicht anders, nur dass es hier keine Assemblies, sondern COM-Bibliotheken sind).

Einen Verweis einzubinden bedeutet lediglich, dass die auf diese Weise ausgewählte Assemblybibliothek beim Kompilieren des Programms berücksichtigt wird, um die Namen von Klassen aufzulösen, die nicht im Programm selbst definiert sind.

Gehen Sie wie folgt vor, um einen Verweis einzubinden:
1. Wählen Sie im *Projekt*-Menü den Befehl *Verweis hinzufügen*.
2. Selektieren Sie den Verweis in der Liste. Sollte der Verweis hier nicht aufgelistet werden, was bei allen nachträglich installierten Assemblies der Fall ist, muss der Verweis auf dem *Durchsuchen*-Register ausgewählt werden.

Anschließend wird der Verweis in der Liste der Verweise geführt (die im Projektmappen-Explorer aber erst dann sichtbar werden, wenn alle Dateien angezeigt werden) und die in der Assemblybibliothek definierten Namespaces und deren Klassen stehen im Projekt zur Verfügung.

Verweise auf andere Projekte einfügen

Ein Verweis kann auch auf ein anderes Projekt eingefügt werden, das Teil der Projektmappe ist. In diesem Fall gibt es zwei Assemblies – die Assembly des »Hauptprojekts« und die Assembly des nachträglich hinzugefügten Projekts, bei dem es sich im Allgemeinen um eine Assemblybibliothek handeln wird. Es ist wichtig zu verstehen, dass eine Assembly normalerweise nur dann auf andere Assemblies zugreifen kann, wenn sie sich im selben Verzeichnis befinden. Wenn Sie alle Dateien im Projektmappen-Explorer sichtbar machen, werden Sie feststellen, dass Visual Studio alle Assemblies in das Ausgabeverzeichnis kopiert, auf die innerhalb des Projekts verwiesen wird. Bedeutet das etwa, dass alle Office-Assemblies ebenfalls in dieses Verzeichnis kopiert werden müssen? Das natürlich nicht, denn für diesen Zweck gibt es die globalen Assemblies. Diese halten sich in dem bereits erwähnten Verzeichnis auf, das als globaler Assembly Cache bezeichnet wird und das ein Teil der .NET Laufzeit ist.

Die Rolle der PIAs

PIA steht bei Office weder für eine Fluggesellschaft noch für einen Frauennamen, die Abkürzung bedeutet (natürlich) *Primary Interop Assemblies*. PIAs sind Assemblies, die Teil der Office-Installation sind (sie sind für Office 2003 auch separat als Download verfügbar) und die die Typenbeschreibung für die Objekte der jeweiligen Office-Anwendung enthalten. Für jede Office-Anwendung gibt es eine PIA. Da sie keinen Code enthalten, sind sie nicht zwingend erforderlich. Sie sind aber vorhanden, da sie den empfohlenen Weg darstellen und für den Zugriff von .NET aus »optimiert« wurden, was immer das im Einzelnen bedeuten mag. Das wichtigste Detail ist, dass sie offiziell von Microsoft stammen und mit einem Microsoft-Schlüssel signiert wurden. Daher auch der Begriff »Primary«.

Die PIAs werden mit der Office-Installation automatisch in den GAC kopiert. Sie sind standardmäßig ausgewählt und müssen daher im Allgemeinen nicht separat in die Auswahl einbezogen werden. Allerdings heißt der entsprechende Eintrag nicht »PIA«, sondern ganz neutral *.NET-Programmierunterstützung*. Dahinter verbirgt sich also lediglich die jeweilige PIA.

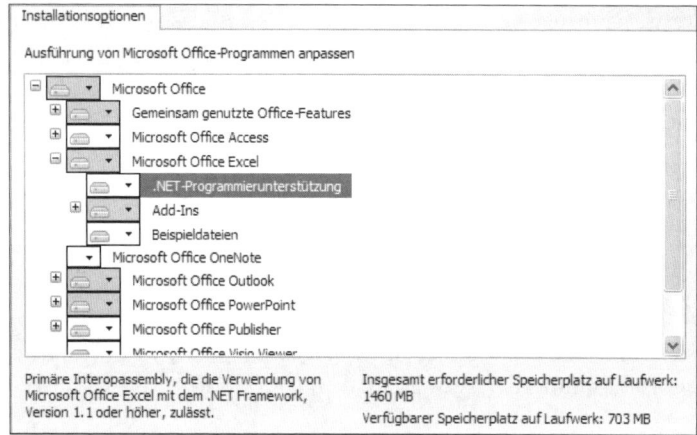

Abbildung 5.9 Beim Office-Setup werden die PIAs automatisch installiert

Die jeweilige PIA wird automatisch ausgewählt, sobald in einer .NET-Anwendung ein Verweis auf die Office-Bibliothek gesetzt wird. Dies gilt auch dann, wenn die Auswahl im *COM*-Register vorgenommen wird, über das normalerweise COM-Bibliotheken ausgewählt werden. Und woran erkennt man, dass tatsächlich der Verweis auf eine PIA eingefügt wurde und Visual Studio nicht ad hoc eine Interop-Typenbibliothek angelegt hat? Ganz einfach, an der Eigenschaft *Lokale Kopie*, die auf *False* stehen muss. Gehen Sie wie folgt vor, um das zu überprüfen:

1. Rufen Sie in Visual Studio den Projektmappen-Explorer auf und stellen Sie sicher, dass alle Dateien angezeigt werden.
2. Öffnen Sie den Zweig *Verweise* und selektieren Sie den Verweis, zum Beispiel *Microsoft.Office.Interop.Word*.
3. Drücken Sie [F4], um das Eigenschaftenfenster zu öffnen.
4. Die Eigenschaft *Lokale Kopie* muss den Wert *False* besitzen. Ansonsten wurde der »falsche« Verweis eingefügt, was sehr unwahrscheinlich wäre.

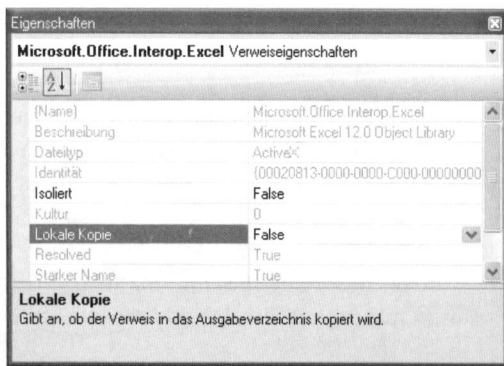

Abbildung 5.10 Die Eigenschaft *Lokale Kopie* einer GAC-Assembly besitzt den Wert *False*

Der private Schlüssel ist wichtig (aber nicht notwendig)

Auch wenn in diesem Kapitel unter Umständen suggeriert wurde, es ließen sich praktisch am laufenden Band Schlüsseldateien anlegen, die man nach dem Ausprobieren wieder vergessen kann, sieht dies in der Praxis ein wenig anders aus. Setzt ein Unternehmen oder eine Entwicklungsabteilung wirklich auf den starken Namen als Authentifizierungsmerkmal der Assemblies, kommt dem privaten Schlüssel eine sicherheitskritische Rolle zu. Gerät er in die falschen Hände, könnten entsprechend erzeugte »Schad-Assemblies« dort ausgeführt werden, wo der starke Name als Sicherheitskriterium herangezogen wird. Das ist ein wenig so wie der Firmenausweis, der auch nicht in fremde Hände fallen sollte. Offiziell heißt es immer, dass der private Schlüssel in einem Tresor aufbewahrt werden sollte. Und da es zu umständlich wäre, ihn jedes Mal hervorzuholen, wenn ein Projekt neu übersetzt wird, gibt es bei Visual Studio in den Projekteigenschaften die Option *Nur verzögerte Signierung*. In diesem Fall muss die Assembly erst bei der Auslieferung tatsächlich signiert werden.

Einen Verweis auf eine PIA einfügen

Das Einfügen eines Verweises ist ein Schritt, den Sie sehr häufig durchführen werden, da er immer dann erforderlich ist, wenn ein VSTO-Programm auf eine weitere Office-Anwendung bzw. allgemein ein .NET-Programm auf eine Office-Anwendung zugreifen soll. Verweise werden immer projektbezogen gespeichert, sodass ein Verweis für jedes neue Projekt erneut eingefügt werden muss.

1. Wählen Sie im *Projekt*-Menü den Befehl *Verweis hinzufügen*. Es erscheint nach einem kurzen Augenblick ein Dialogfeld, in dem alle verfügbaren Bibliotheken aufgelistet werden.
2. Wechseln Sie auf das *COM*-Register.
3. Selektieren Sie die gewünschte Bibliothek. Um mehrere Bibliotheken auf einmal auswählen, klicken Sie diese bei gedrückt gehaltener `Strg`-Taste an.
4. Bestätigen Sie die Auswahl mit *OK*.

Alle Verweise werden im Projektmappen-Explorer aufgelistet. Allerdings sind sie zunächst unsichtbar, was stets ein wenig irritierend ist. Um die Verweise sichtbar zu machen, klicken Sie auf das Symbol *Alle Dateien anzeigen*. Sie können an dieser Stelle einzelne Verweise entfernen oder über die rechte Maustaste einen Verweis hinzufügen. Das Einfügen eines Verweises bedeutet aber nicht, dass die betreffende Bibliothek geladen wird. Es bedeutet lediglich, dass der Compiler die Bibliothek beim Erstellen einbezieht und Verweise auf die angesprochenen Funktionen einbinden kann. Zur Ausführungszeit muss jede als Verweis eingebundene Bibliothek vorhanden sein.

Die PIAs lokalisieren

Auch wenn es beim Arbeiten mit Visual Studio keine Rolle spielt, wo sich eine Assembly befindet, kann es hin und wieder nützlich sein zu wissen, wo sich zum Beispiel die PIAs aufhalten. Machen Sie sich auf eine kleine, aber richtig spannende Suchaktion gefasst.

1. Wechseln Sie über *Start/Ausführen* und Eingabe von **cmd** in die Eingabeaufforderung.
2. Steuern Sie das Windows-Verzeichnis und von dort aus das Verzeichnis *Assembly/GAC* an. Sie befinden sich in dem Verzeichnis, das den *Global Assembly Cache* (GAC) enthält.
3. Wechseln Sie in das Verzeichnis, das exakt so lautet wie der Name der Assembly, die Sie lokalisieren möchten, aber ohne die Dateierweiterung *.Dll*. Also zum Beispiel *Microsoft.Office.Interop.Excel*.

4. Jetzt wird es ein wenig kompliziert, denn das aktuelle Verzeichnis besteht aus einem weiteren Verzeichnis mit einem recht langen Namen, da er neben der Versionsnummer auch das bereits erwähnte *Public Key Token* umfasst. Sie müssen die Zahlenkolonne aber nicht eintippen, denn es gibt einen einfachen Trick. Geben Sie nach dem *Cd*-Kommando nur die ersten Ziffern ein und drücken Sie dann die ⇥-Taste und die ↵-Taste. Jetzt befinden Sie sich in dem Verzeichnis, in dem auch die Assembly enthalten ist.

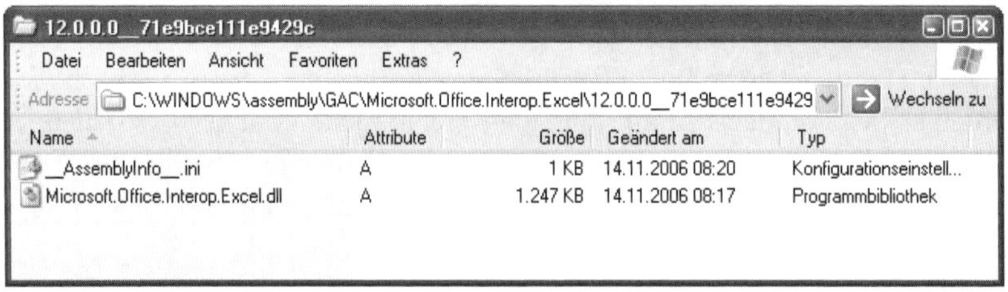

Abbildung 5.11 Die PIAs verbergen sich in der Tiefe der GAC-Verzeichnishierarchie

PIAs ausliefern

Im Allgemeinen ist es nicht erforderlich, die PIAs mit einer Anwendung auszuliefern, da diese auf dem Zielsystem vorhanden sein müssen[1]. Microsoft rät sogar davon ab, da die PIAs nur im Rahmen einer Office-Installation auf ein Zielsystem gelangen sollten. PIAs sind außerdem grundsätzlich versionsspezifisch. Eine Office 2003-PIA kann nicht dazu benutzt werden, eine Office XP-Anwendung anzusprechen. Letztere benötigt eine entsprechende Office XP-PIA, die sich wiederum nicht dafür verwenden lässt, auf eine Office 2003-Anwendung zuzugreifen. Wird eine auf Excel 2003 oder Word 2003 basierende Anpassung weitergeben, wo es sein kann, dass auf dem Zielsystem die PIAs nicht verfügbar sind, sollte dies im Rahmen eines Setup-Projekts und einer entsprechenden Abfrage geprüft werden und gegebenenfalls sollten die PIAs von einem im Setup festgelegten Ort nachgeladen werden. Die PIAs müssen nicht installiert, sondern lediglich in den GAC kopiert werden. Da sie sich über ihren stets gleichen starken Namen auszeichnen, gibt es keine Verwechslungsgefahr.

TIPP   Auch wenn die PIAs ein Teil der Office-Installation sind und bei Office 2007 ungefragt installiert werden, es gibt sie unter *http://www.microsoft.com/downloads* in Gestalt einer Datei mit dem Namen *PrimaryInteropAssembly.exe* auch als Download (achten Sie auf die Landessprache).

Die Rolle von ReleaseComObject

Jedes .NET-Programm, das auf eine Office-Anwendung zugreift, benutzt dafür COM-Objekte, die von der CLR und der zuständigen »Unterabteilung« in ein .NET-Objekt (genannt *Runtime Callable Wrapper*) eingepackt werden, sodass das COM-Objekt auf dieselbe Weise angesprochen werden kann wie ein .NET-Objekt. Während sich die Garbage Collection der .NET-Laufzeit um das Aufräumen der .NET-Objekte kümmert, ist das bei den angelegten COM-Objekten nicht der Fall. Für deren explizite Freigabe gibt es die *ReleaseComObject*-Methode der Klasse *Marshal* im Namespace *System.Runtime.InteropServices*, die das Wrapper-Objekt und das COM-Objekt explizit wieder freigibt, indem durch den Aufruf der interne Referenzzähler um eins verringert wird.

---

[1] Wenn nicht, dann stimmt irgendetwas mit dem Zielsystem nicht und der Anwender arbeitet womöglich mit OpenOffice 2.0.

Beispiel

Das folgende Beispiel legt per Outlook-Automatisierung (Kapitel 8) ein neues *MailItem*-Objekt an, weist ihm ein paar Eigenschaftswerte zu und gibt es am Ende per *ReleaseComObject* wieder frei:

```
Imports System.Runtime.InteropServices

Dim NeueMail As Out.MailItem =
OutApp.CreateItem(Microsoft.Office.Interop.Outlook.OlItemType.olMailItem)

' Irgendwelche Befehle

Dim Ret As Integer = Marshal.ReleaseComObject(NeueMail)
```

Viel steckt nicht dahinter. Dieser Aufruf muss für jedes Outlook-Objekt durchgeführt werden. Der Vorteil ist, dass das Objekt schneller freigegeben wird, als wenn dies dem Garbage Collector der CLR überlassen wird (Outlook 2003 verfügt angeblich über einen Mechanismus, durch den es erkennen kann, wenn ein Add-In seine Referenzen nicht freigibt, und selbst aktiv wird, indem es das Add-In beendet).

Die optimale Vorgehensweise besteht darin, das Anlegen von Objekten generell in einen *Try Catch*-Block einzubauen und im *Finally*-Bereich *ReleaseComObject* aufzurufen, wenn die Objektvariable nicht den Wert *Nothing* besitzt:

```
Dim NeueMail As Out.MailItem
Try
   NeueMail = OutApp.CreateItem(Outlook.OlItemType.olMailItem)
   NeueMail.To = "peterm@activetraining.de"
   NeueMail.Body = "Just a little Test!"
   NeueMail.Send()
Catch ex As COMException

Finally
   If NeueMail IsNot Nothing Then
      Dim Ret As Integer = Marshal.ReleaseComObject(NeueMail)
   End If
End Try
```

Ob der Aufruf von *ReleaseComObject* wirklich in allen »Lebenslagen« erforderlich ist, kann der Autor leider nicht mit Sicherheit sagen, da es nicht ganz klar ist, inwieweit sich die VSTO-Laufzeit um diese Dinge kümmert. In einer reinen Automatisierungsanwendung, die mehr unternimmt, als im Rahmen von zum Beispiel Outlook nur eine Mail zu versenden oder einen neuen Eintrag im Terminkalender anzulegen, sollte der Aufruf erfolgen. In einem VSTO-Add-In, das ebenfalls mehr leistet, als nur ein paar Objekte zu erstellen, ebenfalls. Eine Pflichtaufgabe ist die explizite Freigabe jedoch sicher nicht.

HINWEIS Ein Aufruf von *GC.Collect*, der manchmal in Beispielen zu finden ist, ist sicher nicht erforderlich. Dieser Aufruf der *Collect*-Methode der *GC*-Klasse bewirkt, dass alle zum Aufräumen anstehenden Objekte sofort und nicht erst beim nächsten automatischen Aufruf des Garbage Collectors entfernt werden. Auch wenn es sich nach einer guten Idee anhören mag, das Aufräumen nicht zu vertagen, darf nicht vergessen werden, dass das Aufräumen bei einigen Tausend Objekten eine Weile dauern kann. Ein *GC.Collect* sollte daher wirklich nur bewusst und nicht nach dem Motto »Kann ja nicht schaden« eingesetzt werden.

Das Erstellen von Befehlsleisten

Nun zu etwas ganz anderem. In diesem Abschnitt geht es um das Thema Befehlsleisten. Diese haben insofern etwas mit diesem Kapitel zu tun, als dass sich sämtliche Office-Anwendungen ein und dieselbe Office-Bibliothek teilen, in der die zuständigen Objekte enthalten sind. Doch soll man sich überhaupt noch mit diesem »altmodischen« Thema beschäftigen, es gibt doch bei Office 2007 diese schicken Multifunktionsleisten? Nun, so modern sie auch erscheinen mögen, viele Office-Erweiterungen werden auch in Zukunft weiterhin auf Office 2003 und damit auf die klassischen Befehlsleisten setzen müssen (wenngleich es eine erstaunlich große Auswahl an Toolboxen gibt, die das Look & Feel der Ribbons täuschend echt »nachbauen«, sodass es grundsätzlich kein Problem sein sollte, die Multifunktionsleisten auch im Rahmen einer Office 2003-Erweiterung anzubieten).

Die Befehlsleisten werden beim Laden eines Office 2003-Dokuments oder eines Add-Ins unter Office 2007 natürlich nicht ignoriert. Sie werden in der *Add-Ins*-Gruppe mit den Elementen der Multifunktionsleiste angezeigt und nicht im alten Look. Microsoft ist sehr restriktiv, was das Anpassen der Multifunktionsleisten angeht, und möchte verhindern, dass Anwender und Entwickler irgendwelche Freiheiten besitzen und alles durcheinanderbringen, indem sie ihre eigenen Wünsche verwirklichen. Es gibt offenbar keine Möglichkeit zu erreichen, dass in einer Office 2007-Anwendung die Multifunktionsleisten durch die alten Befehlsleisten ersetzt werden. Die folgenden Erläuterungen beziehen sich daher in erster Linie auf Office 2003, wenngleich sie auch unter Office 2007 funktionieren.

Ein Überblick über das Befehlsleisten-Objektmodell

Alle Office-Anwendungen verwenden dieselbe Bibliothek und daher auch dasselbe Objektmodell, dessen Klassen im Namespace *Microsoft.Office.Core* zusammengefasst werden (Tabelle 5.2). Ein Projekt, das auf die Befehlsleisten zugreifen möchte, muss daher einen Verweis auf die *Microsoft Office 11.0 Object Library* für Office 2003 und entsprechend *Microsoft Office 12.0 Object Library* für Office 2007 enthalten. Dahinter steckt die Assemblydatei mit dem unscheinbaren Namen *Office.dll*, in der auch die Objekte für die Office 2007-Ribbons enthalten sind.

Einige »Klassen« in *Office.dll* sind keine Klassen, sondern Schnittstellen (das ist im Objektbrowser an dem entsprechenden Symbol zu erkennen). Für die Programmierung macht dies insofern einen Unterschied, als Schnittstellen nur bei der Deklaration einer Variablen angegeben, aber nicht instanziiert werden können.

Klasse/Schnittstelle	Steht für was?
CommandBar	Eine Befehlsleiste. Entweder eine vorhandene, die über *CommandBars.Item(Name)* angesprochen wird, oder eine, die über die *Add*-Methode von *CommandBars* neu angelegt wurde.
CommandBarButton	Eine Schaltfläche in einer Befehlsleiste
CommandBarComboBox	Eine Auswahlliste in einer Befehlsleiste
CommandBarControl	Allgemein für ein Steuerelement in einer Befehlsleiste (*Button* oder *ComboBox*)
CommandBarControls	Alle Steuerelemente eine Befehlsleiste
CommandBarPopup	Ein Untermenü in einer Befehlsleiste
CommandBars	Alle Befehlsleisten der Anwendung

Tabelle 5.2 Die Klassen und Schnittstellen für die Office-Befehlsleisten in *Office.dll*

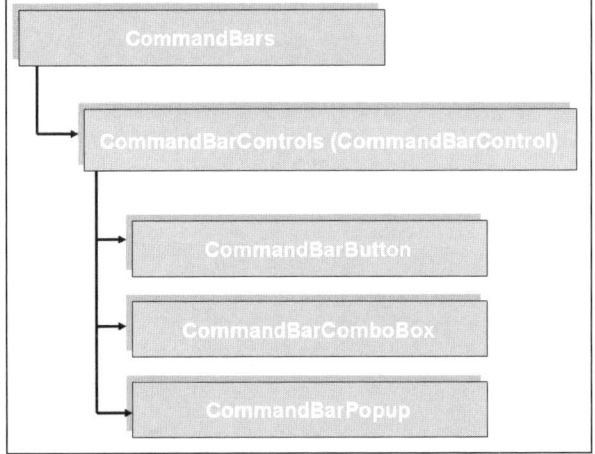

Abbildung 5.12 Wie zu Zeiten von Office 97 – das *CommandBars*-Objektmodell

Die CommandBars-Collection

Die Verbindung zwischen den allgemeinen Office-Objekten, aus denen sich die Befehlsleisten zusammensetzen, und der Office-Anwendung wird über die *CommandBars*-Eigenschaft des *Application*-Objekts hergestellt. Es steht für eine *CommandBars*-Collection, die sämtliche Befehlsleisten der Anwendung repräsentiert. In einem Add-In liefert daher ein *Me.Application.CommandBars* das Verbindungsstück zu den Befehlsleisten.

Die ersten Gehversuche

Der Umgang mit der *CommandBars*-Collection ist alles andere als kompliziert, höchstens ein wenig gewöhnungsbedürftig. Der erste Schritt besteht meistens darin festzulegen, was in welcher Form wo eingefügt werden soll. Soll für ein Add-In eine eigene Befehlsleiste angelegt werden, soll diese frei schwebend oder Teil der Hauptmenüleiste sein oder soll das Add-In Einträge erhalten, die Teil einer vorhandenen Befehlsleiste sind, etwa des *Extras*-Menüs, in dem Erweiterungen im Allgemeinen gut aufgehoben sind? Sind diese Fragen geklärt, geht es an die Umsetzung. Hier ist es hilfreich, sich erst einmal ein wenig mit dem *CommandBars*-Objekt und seinen Verwandten zu beschäftigen. Die folgenden Befehlsfolgen können während einer Unterbrechung in der *Startup*-Prozedur eines Add-Ins oder auch im Direktbereich des VBA-Editors ausgeführt werden, denn das Objekt wird (natürlich) in VBA auf die exakt gleiche Weise angesprochen. Los geht's.

```
?Application.CommandBars.Count
149
```

Dieser Befehl gibt die Anzahl der Befehlsleisten aus. Mit 149 (die Zahl wird bei Ihnen variieren) sind es natürlich eine ganze Menge. Kein Wunder, denn Office versteht unter einer Befehlsleiste einiges. Die folgende kleine Schleife listet (im Direktbereich des VBA-Editors) die Namen aller Befehlsleisten auf:

```
For Each Cb In Application.CommandBars : ? Cb.Name : Next
```

Von vielen der Namen werden Sie vermutlich noch nie etwas gehört haben. Das »Geheimnis« ist, dass das, was Office unterhalb des oberen Randes anzeigt, nur eine Befehlsleiste in dieser »Großfamilie« ist. Ihr Name ist *Menu Bar* (tatsächlich mit einem Leerzeichen in der Mitte).

Der folgende Befehl greift direkt auf diese Befehlsleiste zu und gibt die Anzahl ihrer »Controls« aus:

```
?Application.CommandBars.Item("Menu Bar").Controls.Count
11
```

Das sieht doch schon gleich etwas überschaubarer aus. Der folgende Befehl gibt die Überschriften (eine Name-Eigenschaft gibt es nicht) dieser Controls aus:

```
For Each CBn In Application.CommandBars.Item("Menu Bar").Controls : ? CbN.Caption : Next

&Datei
&Bearbeiten
&Ansicht
&Einfügen
Forma&t
E&xtras
```

Da sind sie also, die vertrauten Menüs einer Office-Anwendung. Dabei sollen gleich zwei Begriffe klargestellt werden. Bei Office spricht man von *Befehlsleisten* (engl. »command bars«). Eine Befehlsleiste kann Teil der Hauptsymbolleiste sein oder frei schweben. Sie kann aber auch ein Menü sein, das es daher streng genommen gar nicht als eigenes Element gibt (es existiert in *Office.dll* kein Menu-Objekt oder etwas Vergleichbares). Das, was der gemeine Anwender als Menü kennt, ist bei Office ein *CommandBarPopUp*-Objekt.

Der folgende Befehl listet alle Einträge im *Datei*-Menü auf:

```
For Each CBn In Application.CommandBars.Item("Menu Bar").Controls.Item("Datei").Controls : ? CbN.Caption
 : Next
```

Lassen Sie sich nicht durch den Umstand irritieren, dass bei *Item("Datei")* nach der Eingabe des Punktes keine Auswahlliste mehr aufgeht, oder durch die Frage, ob das &-Zeichen mit angegeben werden muss. Der Grund für die fehlende Auswahlliste ist, dass eine Befehlsleiste aus unterschiedlichen Typen bestehen kann (und in der Regel auch besteht). Ein Beispiel ist die *Standard*-Befehlsleiste, in der alle drei Typen von Controls vertreten sind, wie die folgende Befehlsschleife zeigt:

```
For Each CBn In Application.CommandBars.Item("Standard").Controls : ? Typename(CBn) : Next

CommandBarButton
CommandBarComboBox
CommandBarPopup
CommandBarControl
```

Was bei VBA die praktische *Typename*-Funktion ist, ist bei Visual Basic die (meistens) genauso nützliche *GetType*-Methode, über die jedes Objekt verfügt. Damit lässt sich »nachweisen«, dass bei den CommandBars Control nicht gleich Control ist. Ein Control ist entweder vom allgemeinen Typ *CommandBarControl* oder eine von drei verschiedenen »Sorten«: *CommandBarButton* (ein normaler, anklickbarer Eintrag), *CommandBarCombox* (eine Auswahlliste) und schließlich *CommandBarPopup*, (eine aufklappbare Liste), das heißt ein Untermenü. Und da ein Untermenü wieder Einträge enthalten kann, bei denen sich ein Untermenü findet, ergibt sich so die unendliche Geschichte.

Eine neue Befehlsleiste anlegen

Das Anlegen einer neuen Befehlsleiste geschieht über die *Add*-Methode von *CommandBars*. Dabei werden im Allgemeinen zwei Angaben gemacht: der Name der Leiste und eine Angabe darüber, ob diese dauerhaft bestehen bleiben oder mit dem Beenden der Anwendung wieder verschwinden soll.

Beispiel

Der folgende Befehl legt eine neue, temporäre Befehlsleiste an:

```
Dim Cb As Office.CommandBar = Me.Application.CommandBars.Add(Name:="TestBar", Temporary:=True)
Cb.Visible = True
```

Hinzufügen eines Buttons

Die Befehlsleiste steht, jetzt muss sie auch mit Inhalten, sprich Buttons, ComboBoxen oder Untermenüs gefüllt werden. Dazu bietet ein *CommandBar*-Objekt eine *Add*-Methode, über deren *Type*-Parameter festgelegt wird, welche Sorte von Befehlsobjekt (gemäß Abbildung 5.12) eingefügt werden soll.

Beispiel

Das folgende Beispiel fügt zur angelegten Befehlsleiste einen *CommandBarButton* hinzu:

```
Dim Cbc As Office.CommandBarButton = Cb.Controls.Add(Type:=Office.MsoControlType.msoControlButton)
With Cbc
    .Caption = "Eintrag1"
    .Width = 40
    .FaceId = 50
    .TooltipText = "Dies ist Eintrag1"
End With
```

Hinzufügen einer Auswahlliste (ComboBox)

Zum Standardrepertoire einer Befehlsleiste gehört auch eine *ComboBox*-Auswahlliste, in der Einträge zur Auswahl angeboten werden.

Beispiel

Das folgende Beispiel fügt zur angelegten Befehlsleiste eine ComboBox mit ein paar Einträgen hinzu:

```
Dim CbCb As Office.CommandBarComboBox = Cb.Controls.Add(Type:=Office.MsoControlType.msoControlComboBox)
With CbCb
    .BeginGroup = True
    .Caption = "Eintrag2"
    .Width = 100
    .TooltipText = "Dies ist Eintrag2"
    .AddItem("Untereintrag 1")
    .AddItem("Untereintrag 2")
    .AddItem("Untereintrag 3")
    .ListIndex = 1
End With
```

Hinzufügen eines Untermenüs

Eine Befehlsleiste kann auch ein Popup-Menü anbieten. Der Unterschied zur Combo-Auswahlliste ist eher eine Frage der »Darbietung« als der Funktionalität. Bei der ComboBox besteht zusätzlich die Möglichkeit einer direkten Eingabe, bei einem Menü nicht.

Beispiel

Das folgende Beispiel fügt zur angelegten Befehlsleiste ein Popup-Menü mit ein paar Einträgen hinzu:

```
Dim CbPop As Office.CommandBarPopup = Cb.Controls.Add(Type:=Office.MsoControlType.msoControlPopup)
With CbPop
  .BeginGroup = True
  .Caption = "Untermenü"
  Dim CbcSub1 As Office.CommandBarButton = .Controls.Add(Type:=Office.MsoControlType.msoControlButton)
  CbcSub1.Caption = "Untermenü-Eintrag1"
  Dim CbcSub2 As Office.CommandBarButton = .Controls.Add(Type:=Office.MsoControlType.msoControlButton)
  CbcSub2.Caption = "Untermenü-Eintrag2"
End With
```

Hinzufügen eines Eingabefeldes

Auch ein Eingabefeld steht zur Verfügung, wenngleich es dafür im Office-Objektmodell kein eigenes Objekt gibt, sondern dieses unter die allgemeine Control-Kategorie fällt.

Beispiel

Das folgende Beispiel fügt zur angelegten Befehlsleiste ein Eingabefeld hinzu:

```
Dim CbEdit As Office.CommandBarControl = Cb.Controls.Add(Type:=Office.MsoControlType.msoControlEdit)
CbEdit.BeginGroup = True
CbEdit.Caption = "Eingabefeld"
```

Hinzufügen eines Trennzeichens

Für den »Separator«, der zwei Befehlsleistenelemente optisch trennt, gibt es kein eigenes Control, stattdessen muss bei dem Element, bei dem die Trennung beginnen soll, die *BeginGroup*-Eigenschaft auf *True* gesetzt werden.

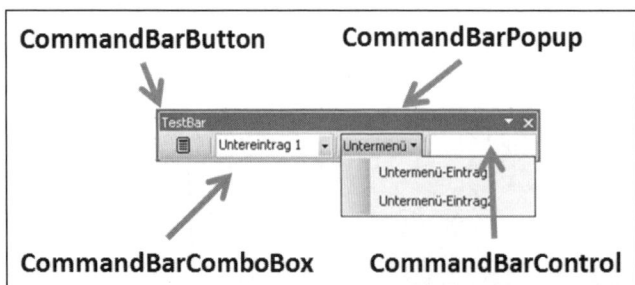

Abbildung 5.13 Die zusammengebaute Befehlsleiste enthält die Standardelemente einer Befehlsleiste

Einen Eintrag mit einer Aktion verbinden

Bislang ist die Befehlsleiste (Abbildung 5.13) rein passiv. Natürlich soll beim Anklicken eines Elements oder der Auswahl eines Eintrags auch etwas passieren. Das muss für jedes Element nach dem Hinzufügen über den *AddHandler*-Befehl von Visual Basic festgelegt werden, der allgemein einen Event mit einer Ereignisprozedur verknüpft. Als Ereignisprozedur kommt jede Prozedur infrage, die die erwartete Signatur besitzt. Für einen *CommandBarButton* und dessen *Click*-Event besteht diese darin, dass der erste Parameter vom Typ *CommandBarButton* und der zweite Parameter vom Typ *Boolean* ist, wobei dieser mit *ByRef* als Verweis übergeben wird, da er innerhalb der Ereignisprozedur einen Wert erhalten kann, der nach dem Verlassen der Prozedur ausgewertet wird. Er spielt nur dann eine Rolle, wenn der *Click*-Handler für ein Control eingerichtet wird, das bereits zur Befehlsleiste gehört. In diesem Fall bewirkt das Setzen auf *True*, dass die Originalaktion nicht ausgeführt wird.

Beispiel

Das folgende Beispiel verknüpft den *Click*-Event des CommandBarButtons *Cbc* mit einer Ereignisprozedur.

```
AddHandler CType(Cbc, Office.CommandBarButton).Click, AddressOf Eintrag1Click
```

Die Typkonvertierung mit *CType* ist erforderlich, da der Compiler ansonsten den *Click*-Event nicht zuordnen kann. Wird der Button später angeklickt, wird die Prozedur *Eintrag1Click* aufgerufen, in der wieder einmal nicht allzu viel geschieht:

```
Sub Eintrag1Click(ByVal Btn As Office.CommandBarButton, ByRef CancelDefault As Boolean)
  MessageBox.Show("Guten Abend!")
End Sub
```

HINWEIS Es ist eine Eigenheit von Visual Studio 2008, dass Prozeduren mit unpassenden Signaturen nicht mehr als fehlerhaft angezeigt werden (früher konnte man aus der Fehlermeldung die passende Signatur herauslesen).

Zugriff auf vorhandene Befehlsleisten

Bislang wurde gezeigt, wie eine neue Befehlsleiste angelegt wird. Häufig möchte man aber einen oder mehrere Einträge zu existierenden Befehlsleisten der Anwendung hinzufügen oder vorhandene Einträge unsichtbar machen bzw. entfernen, damit sie nicht aufrufbar sind. Hier kommt die *FindControl*-Methode ins Spiel, die eine Befehlsleiste oder ein Element einer Befehlsleiste lokalisiert, zum Beispiel anhand seiner ID oder, bei benutzerdefinierten Elementen, anhand ihrer beim Anlegen vergebenen *Tag*-Eigenschaft. Die ID-Werte sind von Microsoft dokumentiert und lassen sich über eine Internetsuche schnell ausfindig machen.

Beispiel

Die Prozedur *BefehlsleisteAnlegen* fügt in das *Extras*-Menü von Excel einen Eintrag ein und verknüpft ihn mit einem *Click*-Handler, sodass nach der Auswahl des Eintrags auch etwas passiert:

```
Sub BefehlsleisteAnlegen()
  ' Neuen Eintrag ins Extra-Menü
  Dim Cb As Office.CommandBarPopup = Me.Application.CommandBars.FindControl(Id:=30007)
  If Cb IsNot Nothing Then
    Dim Cbc As Office.CommandBarButton = Cb.Controls.Add(Temporary:=True)
    Cbc.Caption = "Neuer Eintrag"
    Cbc.Tag = "NeuerEintrag"
    Cbc.FaceId = 51
    AddHandler CType(Cbc, Office.CommandBarButton).Click, AddressOf Eintrag1Click
  End If
End Sub
```

In der Regel sorgt man dafür, dass über den *Temporary*-Parameter ein Element nicht dauerhaft in die Befehlsleiste eingefügt wird. Dennoch ist es guter Stil bzw. manchmal sogar erforderlich, die hinzugefügten Elemente beim Entladen des Add-Ins wieder zu entfernen. Auch das erledigt die *FindControl*-Methode, nur dass anstelle einer ID der beim Anlegen des Eintrags für die *Tag*-Eigenschaft definierte Wert übergeben wird.

Beispiel

Die Prozedur *BefehlsleisteEntfernen* entfernt den im letzten Beispiel angelegten Eintrag aus dem *Extras*-Menü.

```
Sub BefehlsleisteEntfernen()
  Dim Cbc As Office.CommandBarButton = Me.Application.CommandBars.FindControl(Tag:="NeuerEintrag")
  If Cbc IsNot Nothing Then
    Cbc.Delete()
  End If
End Sub
```

> **TIPP** Da nicht jeder Office-Entwickler wissen dürfte, wie die Symbole einer vorhandenen Befehlsleiste bei Excel nachträglich »konfiguriert« werden, ein kleiner Tipp: Klicken Sie (bei Office 2003) eine freie Stelle auf einer Befehlsleiste an und wählen Sie *Anpassen*. Aktivieren Sie dann das zu konfigurierende Symbol mit einem Klick mit der rechten Maustaste. Es erscheint ein Kontextmenü, aus dem sich alles Weitere ergibt. Hier lässt sich zum Beispiel einstellen, ob für einen Button nur das Symbol oder der Text oder beides erscheinen soll.

Wie erhält ein CommandBarControl-Objekt ein eigenes Symbol?

Das direkte Zuweisen einer Bitmap an ein *CommandBarControl*-Objekt ist leider nicht möglich, denn es gibt nicht so etwas wie eine LoadBitmap-Methode. Entweder weist man der FaceID direkt eine Zahl zu (zum Beispiel 59 für das Lachgesicht) oder man behilft sich, indem man eine Bitmap in Gestalt eines *Image*-Objekts über ein *Clipboard.SetImage()* zunächst in die Zwischenablage kopiert, um es über die *PasteFace*-Methode einem Element zuzuweisen. Was viele nicht wissen: Excel hält bereits Hunderte kleiner Bildchen bereit, deren ID man aber kennen muss. Ein Klassiker unter den Excel-Tipps ist daher seit vielen Jahren der *Symbol-Picker* von *Hans Herber*, den es auf seiner empfehlenswerten Excel-Know-how-Seite kostenlos zum Download gibt (*http://www.herber.de/tools/symbolpicker.zip*). Das Tool besteht aus einer Xla-Datei, die in das Add-Ins-Verzeichnis (*%userprofile%\Anwendungsdaten\Microsoft\Addins*) oder das Excel-Startverzeichnis (*%userprofile%\Anwendungsdaten\Microsoft\XlStart*) kopiert wird und als Add-In über den Menübefehl *Extras/Add-Ins* ausgewählt wird. Anschließend steht es (bei Office 2003) im *Extras*-Menü zur Verfügung.

Abbildung 5.14 Seit vielen Jahren ein unentbehrlicher Helfer – Herber's Symbol-Picker

Befehlsleisten bei Outlook

Outlook 2007 verwendet für das Anwendungsfenster die gleichen Befehlsleisten wie die Office 2003-Anwendungen, die Multifunktionsleisten gibt es nur in einem Inspektorfenster, das zum Beispiel eine E-Mail-Nachricht anzeigt. Allerdings ist ein kleiner, aber wichtiger Unterschied zu beachten: Die *CommandBars*-Auflistung gehört nicht zum *Application*-Objekt von Outlook, sondern zum jeweiligen *Explorer*-Objekt, das für die aktuelle »Ansicht« steht. Die aktuelle Anzahl an Befehlsleisten liefert daher der folgende Befehl (im Direktfenster des VBA-Editors von Outlook):

```
?Application.ActiveExplorer.CommandBars.Count
25
```

Ein Beispiel aus der Praxis

In diesem Abschnitt werden die in den letzten Abschnitten vorgestellten Teilbereiche in einem etwas größeren Beispiel zusammengefasst. Im Rahmen eines Excel-Add-Ins wird eine etwas größere Befehlsleiste eingerichtet, aus der die an der (Fußball-)EM 2008 beteiligten Teams ausgewählt werden können. Das Add-In ruft in seiner *Startup*-Prozedur die Prozedur *BefehlsleisteAnlegen* auf, in der die Befehlsleiste aus jenen Namen zusammengebaut wird, die in einer einfach strukturierten XML-Datei enthalten sind. Diese wird mithilfe der »alten« Klassen im Namespace *System.Xml* eingelesen, wenngleich es mit den neuen »XLINQ-Klassen« von .NET 3.5 und Visual Basic 9.0 ein wenig einfacher und eleganter gewesen wäre:

```
Sub BefehlsleisteAnlegen()
    ' Erst die neue Befehlsleiste als CommandBar anlegen
    Dim CbEm As CommandBar = Me.Application.CommandBars.Add(Name:="EMBar", Temporary:=True)
    CbEm.Visible = True
    Dim XDoc As New XmlDocument
    Try
        Dim AssPfad As String = Assembly.GetExecutingAssembly.CodeBase
        AssPfad = AssPfad.Substring(AssPfad.IndexOf("///") + 3)
        AssPfad = Path.GetDirectoryName(AssPfad)
        XDoc.Load(Path.Combine(AssPfad, "EMTeams.xml"))
    Catch ex As XmlException
        MessageBox.Show("EmTeams.xml konnte nicht geladen werden!", ex.Message)
    Catch ex As SystemException
        MessageBox.Show("Allgemeiner Fehler!", ex.Message)
    End Try
    Dim Gruppen As XmlNodeList = XDoc.SelectNodes("//EM/Gruppe")
    For Each G As XmlNode In Gruppen
        Dim CbGrupCb As CommandBarComboBox = _
            DirectCast(CbEm.Controls.Add(Type:=MsoControlType.msoControlComboBox), CommandBarComboBox)
        Dim GruppenNr As String = G.Attributes("Nr").InnerText
        CbGrupCb.Caption = "Gruppe " & GruppenNr
        CbGrupCb.Style = MsoComboStyle.msoComboLabel
        ' Jetzt die Teams einlesen
        Dim Teams As XmlNodeList = XDoc.SelectNodes("//EM/Gruppe[@Nr='" & GruppenNr & "']/Team")
        For Each T As XmlNode In Teams
            CbGrupCb.AddItem(T.InnerText)
        Next
        If CbGrupCb.ListCount > 0 Then
            CbGrupCb.ListIndex = 1
        End If
    Next
End Sub
```

Abbildung 5.15   Die Befehlsleiste enthält für jede Gruppe eine eigene ComboBox

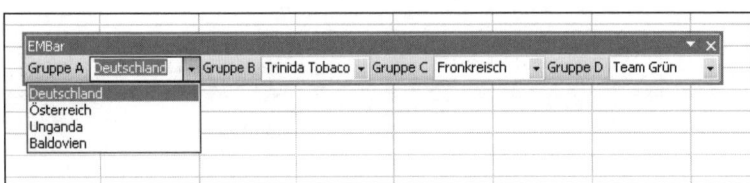

Abbildung 5.16   Dieselbe Befehlsleiste in Office 2007

Zusammenfassung

Bei der .NET-Programmierung dreht sich alles um Assemblies. Eine Assembly (zu Deutsch »Ausführungseinheit«) ist ein anderer Name für die Programmdatei oder die Programmbibliothek, die den IL-Programmcode (»Managed Code«) enthält. Wird ein VSTO-Projekt mit F5 gestartet, wird die Assemblydatei mit der Erweiterung *.Dll* im Ausgabeverzeichnis abgelegt und später mit dem Start der Anwendung oder dem Öffnen des Dokuments automatisch geladen.

Die Verbindung zwischen einer .NET-Anwendung und einer Office-Anwendung wird über die *Primary Interop*-Assemblybibliotheken (PIAs) hergestellt. Diese enthalten keinen ausführbaren Programmcode, sondern sorgen lediglich dafür, dass die Objekte der Office-Anwendung gemäß den Beschreibungen der zugrunde liegenden COM-Objektbibliothek .NET-konform angesprochen werden können. Die PIAs werden mit der Office-Anwendung installiert und in den *Global Assembly Cache* (GAC) kopiert, sodass sie von jeder Anwendung benutzt werden können.

Die Office 2003-Befehlsleisten werden über ein Objektmodell in der Bibliothek *Office.dll* angesprochen, das sich alle Office 2003-Anwendungen teilen. Es basiert auf *CommandBars*-, *CommandBar*- und *CommandBar-Button*-Objekten. Wird ein Office 2003-Dokument mit eigener Befehlsleiste in Office 2007 geladen, wird die Befehlsleiste in der *Add-Ins*-Gruppe angezeigt. Eine Möglichkeit, die Befehlsleisten im Original anzuzeigen, gibt es bei Office 2007 nicht[2].

Wie geht es in diesem Buch weiter?

Der »Theorieteil« ist damit beendet. In den folgenden Kapiteln werden die Objektmodelle von Excel, Word und Outlook vorgestellt.

---

[2] Und das ist gut so, denn ansonsten wäre das »UI-Chaos« perfekt.

Kapitel 6

Excel im Zusammenspiel mit .NET

In diesem Kapitel:

Die Gründe für Automatisierung	196
Erforderliche Verweise und Imports-Befehl	200
Der Zugriff auf Arbeitsmappen und Arbeitsblätter	200
Der Zugriff auf einzelne Zellen	206
Diagramme anlegen	218
Listen (Tabellen)	229
Die XML-Funktionalität	234
Webabfragen steuern	235
VSTO-Erweiterungen für Excel	237
Kleine Tipps für die Excel-Automatisierung	243
VBA-Code umstellen	249
Zusammenfassung	252

In diesem Kapitel geht es um das Zusammenspiel von Excel (ab Version 97) mit Visual Basic .NET – einmal ohne die VSTO und, gegen Ende des Kapitels, mit den VSTO. Da das Objektmodell von Excel (wie das Objektmodell aller Office-Anwendungen) vollkommen unabhängig vom .NET Framework ist, bringt die Programmierung mit Visual Studio und .NET, was die Funktionalität der Anwendung angeht, keine direkten Vorteile. Die meisten Beispiele funktionieren daher nahezu identisch auch im VBA-Editor. Diese Feststellung darf natürlich nicht so verstanden werden, dass Visual Basic .NET (oder C#) beim Zugriff auf das Objektmodell einer Anwendung überhaupt nicht gewinnbringend wären. Dass Visual Basic .NET und Visual Studio als modernere Werkzeuge viele kleinere Vorzüge mit sich bringen, wurde in den letzten beiden Kapiteln deutlich. Kommen die VSTO ins Spiel, besteht die Möglichkeit, dass mit dem Öffnen einer Excel-Arbeitsmappe eine .NET-Assembly geladen wird, die zum einen (wie in VBA) auf das Objektmodell zugreift, zum anderen aber die vielen Möglichkeiten der .NET-Klassenbibliothek nutzen kann und zusätzliche Funktionalitäten wie Datenbindung und Events zur Verfügung stellt, die es im Excel-Objektmodell nicht gibt.

Da das Excel-Objektmodell mit seinen weit über 200 Klassen sehr umfangreich ist, kann dieses Kapitel nur einen kleinen Teil der Funktionalität vorstellen. Hier sei auf die auch bei der .NET-Programmierung sehr nützliche VBA-Hilfe verwiesen, die alle Objekte ausführlich mit vielen Beispielen beschreibt. In diesem Kapitel werden die deutschen Bezeichnungen verwendet – Arbeitsmappe statt Workbook, Arbeitsblatt statt Worksheet und Tabelle statt List(e) bzw. List Object.

Die Gründe für Automatisierung

Excel war von Anfang an eine Anwendung, die sehr viel Funktionalität bereits von Haus aus mitbringt. Im Idealfall ist keinerlei Programmierung erforderlich oder man kommt zumindest mit einfachen internen Makros aus. Gerade bei Excel ist es daher sehr wichtig, die Notwendigkeit der Automatisierung zu verstehen. Daher ein paar einleitende Worte vorweg, die Ihnen helfen sollen, auch die Notwendigkeit für die VSTO, das wie VBA für Automatisierungsaufgaben eingesetzt werden kann, besser einschätzen zu können. Excel bietet von Haus aus bereits eine reichhaltige Benutzeroberfläche. Diese besteht aus vielen Millionen Zellen, die sich zwar nicht in ihrer Form, aber in ihrer Größe, der Farbe des Hintergrunds, der Schriftart, neuerdings in Farbverläufen (sehr hübsch) und anderen optischen Details verändern lassen. Bereits auf dieser Ebene können Arbeitsblätter individuell gestaltet werden und es lassen sich umfangreiche Eingabeformulare realisieren, ohne dass dafür Steuerelemente und VBA-Programmierung erforderlich wären. Das Schöne an Makroerweiterungen ist zudem, dass sie nur punktuell eingesetzt werden müssen. Eine individuelle Eingabeüberprüfung, die Zellen nach der Eingabe eines unpassenden Wertes einfärbt, oder ein Button, der eine Berechnung startet, mehr wird oft nicht benötigt.

Auch für einen flexiblen Umgang mit Daten hält Excel bereits standardmäßig etwas bereit. Dazu gehört zum Beispiel die Möglichkeit, strukturierte Daten durch das Ein- und Ausblenden von »Ebenen« in einem Tabellenblatt optimal darstellen zu können oder in Abhängigkeit eines Wertes unterschiedlich einzufärben. Ebenso sind die Kreuz- und Pivot-Tabellen zu nennen (bei Excel heißen sie im Original »PivotTables«), die eine Menge gleichartiger Datensätze in Gruppen zusammenfassen und das Ergebnis als Tabelle darstellen. Nach welchen Feldern gruppiert wird und welche Felder angezeigt werden, kann der Benutzer frei wählen und vor allem – nachdem die Pivot-Tabelle angezeigt wird – interaktiv verändern, ohne dass die Tabelle erneut erstellt werden muss. Umfasst die Gruppierung zwei oder mehr Felder, lässt sich die Pivot-Tabelle als Kreuztabelle anzeigen, was die Übersichtlichkeit erhöht. Alle diese Leistungsmerkmale stehen zur Verfügung, ohne dass eine einzige Befehlszeile dafür irgendwo hinterlegt werden muss.

Seit Excel 2003 gibt es die Listen bzw. Tabellen bei Excel 2007, mit deren Hilfe sich in einem Arbeitsblatt der Inhalt eines Bereichs in Gestalt einer Liste anzeigen lässt, bei der für jede Spalte eine Sortiermöglichkeit und auf Wunsch für die gesamte Liste eine Ergebniszeile zur Verfügung steht. In der Ergebnisliste kann über einzelne Spalten zum Beispiel die Summe oder der Durchschnittswert angezeigt werden und sie lässt sich bei Excel 2007 auch hübsch formatieren. Die Inhalte einer Liste bzw. Tabelle stammen zum Beispiel aus einem Datenimport oder wurden manuell eingegeben. Die Ergebniszeile wird über die Symbolleiste bzw. in der Gruppe *Entwurf* ein- bzw. ausgeblendet. Die Möglichkeit, nach den einzelnen Spalten sortieren oder einzelne Zeilen anhand eines Filterkriteriums ein- und ausblenden zu können, ist von Anfang an fest eingebaut. Auch diese Funktionalität ist ein Teil von Excel, der nicht »automatisiert« werden muss. Features, mit denen sich Daten aus Datenbanken oder aus dem Internet über Webabfragen einfügen lassen, und andere Funktionsmerkmale runden das Bild ab.

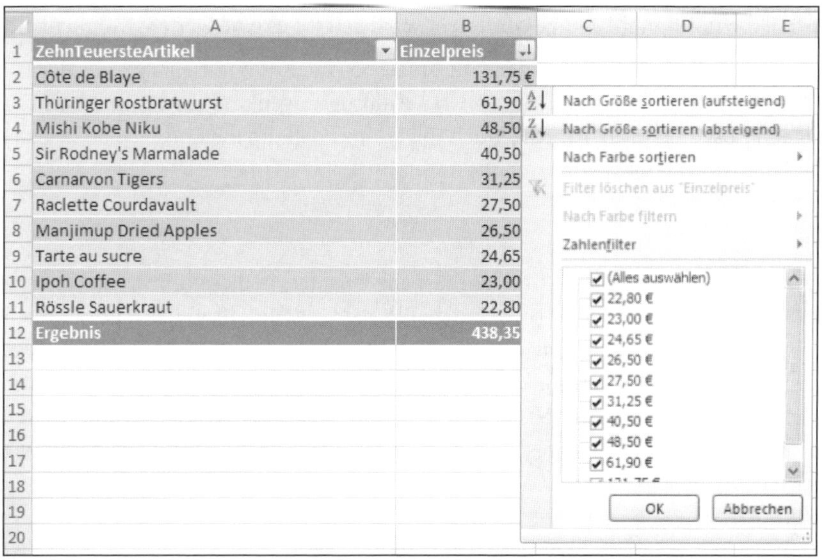

Abbildung 6.1 Über Listen bzw. Tabellen steht seit Excel 2003 ein flexibles Mittel zur Darstellung von Tabellen innerhalb eines Arbeitsblattes zur Verfügung

Das vorläufige Fazit dieser kleinen Übersicht lautet: Bereits ohne Automatisierung lässt sich ein »harmloses« Excel-Tabellenblatt mit einer einfachen Benutzeroberfläche ausstatten und mit umfangreicher Funktionalität versehen, sodass auch aus einer Arbeitsmappe ohne Programmierung eine Anwendung wird, mit der ein Anwender gut arbeiten kann.

Die Frage lautet daher: Wann wird Automatisierung bzw. Programmierung überhaupt gebraucht? Automatisierung bedeutet, dass entweder durch eine fremde Anwendung oder mit dem Start von Excel bzw. dem Laden einer bestimmten Arbeitsmappe eine Assembly (bzw. allgemein ein Programm) gestartet wird, die auf das Excel-Objektmodell zugreift, um zum Beispiel weitere Tabellenblätter (Worksheets) zu laden, Zellen zu formatieren, Inhalte in die Zellen zu laden, Events einzurichten und einiges mehr. Wird die Automatisierungslösung als Add-In geladen (VSTO), kann zum Beispiel ein Event darauf reagieren, wenn sich der Inhalt in einer bestimmten Zelle oder die aktuelle Auswahl ändert. Der Begriff Automatisierung hat übrigens nur indirekt etwas damit zu tun, dass durch eine Automatisierung irgendwelche Vorgänge automatisch ablaufen. Das ist nur ein Nebeneffekt. Der Begriff ist vielmehr die Übersetzung des Begriffs »OLE Automation«, mit dem das Ansprechen von Anwendungen über ihre Objektschnittstelle früher in der Microsoft-Welt bezeichnet wurde. Der Begriff Programmierung ist in diesem Zusammenhang einfach nur der Oberbegriff, in den auch die Automatisierung fällt.

Drei Dinge sind in diesem Zusammenhang sehr wichtig:

- Es muss zu Beginn überlegt werden, ob und in welchem Umfang eine Automatisierung überhaupt erforderlich ist.
- Es muss darüber nachgedacht werden, auf welche Weise die Automatisierung geschehen soll – durch eine fremde Anwendung oder durch ein Add-In auf Anwendungs- oder Arbeitsmappenebene.
- Ist die Entscheidung für eine Automatisierung gefallen, stehen verschiedene Alternativen zur Auswahl: mit VBA und innerhalb der Anwendung – oder mit den VSTO und einer Assembly, die separat geladen wird. Mit den Shared Add-Ins, die in Kapitel 10 kurz vorgestellt werden, gibt es eine weitere Möglichkeit.

Damit soll die theoretische Betrachtung abgeschlossen werden. Die Frage, ob eine Automatisierung erforderlich ist, muss von Fall zu Fall neu beantwortet werden, und hängt von den Anforderungen und vom Know-how der Beteiligten, den damit verbundenen Kosten usw. ab. Im Folgenden soll es nur noch um die Frage gehen, wie die Automatisierung von Excel mit .NET durchgeführt wird.

Die Beispiele in diesem Kapitel

Die Beispiele, die in diesem Kapitel abgedruckt werden, sind, wie fast alle Beispiele in diesem Buch, keine vollständigen Beispiele, sondern lediglich Auszüge aus dem vollständigen Projekt, das auf der Buch-CD zu finden ist. Die meisten »Automatisierungsbeispiele« sind Teil einer kleinen WinForms-Anwendung, die in der Projektmappendatei *Kap6_Automatisierungsbeispiele.sln* enthalten ist. Der Quellcode des Projekts fasst das zusammen, was man über Excel-Automatisierung mit Visual Basic (.NET) statt VBA für den Anfang wissen muss. Excel wird bei jedem Beispiel auf dieselbe Weise gestartet, das *Application*-Objekt steht danach über die Variable *ExApp* zur Verfügung:

```
Try
  ExApp = New Ex.Application
  ExApp.Visible = True
  ExApp.Workbooks.Add()
Catch ex As SystemException
  MessageBox.Show(ex.Message, My.Application.Info.Title)
End Try
```

Auch bei den kleinen Beispielen wird, wie es sich gehört, auf eine »anständige« Ausnahmebehandlung geachtet. Einige Beispiele in diesem Kapitel sind schlichte Konsolenanwendungen, kommen also ohne ein WinForm-Fenster aus.

VBA versus Visual Basic

VBA und sein »Nachfolger« Visual Basic wurden in Kapitel 4 ausführlich gegenübergestellt. In diesem Abschnitt werden beide Sprachen an ein und demselben Automatisierungsbeispiel verglichen. Die Aufgabenstellung ist sehr einfach. Es soll eine Arbeitsmappe mit Produktnamen geladen und in Spalte 1 jede zweite Zeile eingefärbt werden. Die Visual Basic-Variante macht (im Rahmen einer Konsolenanwendung) den Auftakt:

Die Gründe für Automatisierung

```vb
' Ein einfaches Automatisierungsbeispiel
Imports Ex = Microsoft.Office.Interop.Excel

Module Module1

    Sub Main()
        Dim ExApp As New Ex.Application
        ExApp.Visible = True
        Try
            ExApp.Workbooks.Open("C:\Produktnamen2008.xlsx")
            Dim Zeile As Integer = 1
            Do While ExApp.Cells(Zeile, 1).Value <> ""
                If Zeile Mod 2 = 0 Then
                    ExApp.Cells(Zeile, 1).Interior.ColorIndex = 3
                End If
                Zeile += 1
            Loop
        Catch ex As System.Runtime.InteropServices.COMException
            Console.WriteLine("Arbeitsmappe konnte nicht geladen werden...")
        End Try

        Console.ReadLine()

    End Sub

End Module
```

Die VBA-Variante besteht aus einer Prozedur und unterscheidet sich überraschend gering von der Visual Basic-Variante:

```vb
Sub ZellenEinfärben()
    Dim ExApp As Application
    Set ExApp = Application
    ExApp.Visible = True
    On Error Resume Next
    ExApp.Workbooks.Open ("C:\Produktnamen2008.xlsx")
    If Err <> 0 Then
        MsgBox "Arbeitsmappe konnte nicht geladen werden!"
        Exit Sub
    End If
    Dim Zeile As Integer
    Zeile = 1
    Do While ExApp.Cells(Zeile, 1).Value <> ""
        If Zeile Mod 2 = 0 Then
            ExApp.Cells(Zeile, 1).Interior.ColorIndex = 3
        End If
        Zeile = Zeile + 1
    Loop
End Sub
```

Als kleines Zwischenfazit lässt sich wieder einmal feststellen, dass bei der Automatisierung zwischen VBA und Visual Basic keine allzu großen Unterschiede bestehen. Hinzu kommt, dass in dem Visual Basic-Code absichtlich auf die typischen VBA-Befehle wie *On Error Resume Next* verzichtet wurde, die es auch bei Visual Basic noch gibt. Damit wäre das Visual Basic-Beispiel dem VBA-Beispiel noch ähnlicher geworden.

Erforderliche Verweise und Imports-Befehl

.NET-Programme, die auf die Excel-Interop-Bibliothek zugreifen, erfordern einen Verweis auf die Bibliothek *Microsoft.Office.Interop.Excel.dll*. Der *Imports*-Befehl, der in diesem Kapitel stets stillschweigend vorausgesetzt wird, lautet entsprechend

```
Imports Ex = Microsoft.Office.Interop.Excel
```

Der zweite Import betrifft die Klassenbibliothek der allgemeinen Office-Objekte:

```
Imports Office = Microsoft.Office.Core
```

Ein dritter jenen Namespace, der die *ComException*-Klasse enthält, die bei der Ausnahmebehandlung bei COM-Interop im Spiel ist:

```
Imports System.Runtime.InteropServices
```

Auch wenn es nicht zwingend erforderlich ist, ist es eine gute Idee, den »Import« durch eine Variable abzukürzen. Bei VSTO-Projekten ist dies bereits von Anfang an der Fall (in den Projekteigenschaften im Register *Verweise*), nur dass die »Abkürzung« hier »Excel« heißt (die Definition des Platzhalters »Ex« wie im obigen Beispiel ist damit nicht erforderlich).

Der Zugriff auf Arbeitsmappen und Arbeitsblätter

Dieser Abschnitt ist für Leser, die bislang relativ wenig mit Excel zu tun hatten oder mit dem Konzept der Anwendung noch nicht so ganz vertraut sind. Excel »denkt« seit jeher in Arbeitsmappen. Eine Arbeitsmappe (engl. »workbook«) kann eine beliebige Anzahl an Arbeitsblättern (engl. »worksheets« oder einfach nur »sheets«) enthalten. Eine leere Arbeitsmappe beginnt in der Regel mit drei Arbeitsblättern, die *Tabelle1*, *Tabelle2* und *Tabelle3* heißen (die Anzahl kann in den Optionen eingestellt werden). Ein Arbeitsblatt ist das, was im Deutschen manchmal auch als Tabelle bezeichnet wird[1], wenngleich dies nicht die offizielle Bezeichnung ist. Kurze Quizfrage für Excel-Kenner: Wie groß ist ein Arbeitsblatt bei Excel 2003? Antwort: 16.777.216 Zellen. Diese Zahl ergibt sich daraus, dass ein Arbeitsblatt aus 65.536 Zeilen und 256 Spalten besteht. Bei Excel 2007 wurde die Anzahl deutlich erhöht. Ein »Big Sheet« besteht hier aus über einer Millionen Zeilen und 16.384 Spalten[2]. Auch andere Parameter wurden bei der aktuellen Version erhöht, wie zum Beispiel die Anzahl an Zeichen pro Zelle (aktuell 32.000). Doch zurück zum Excel-Objektmodell, in dem eine Arbeitsmappe durch ein *Workbook*- und jedes einzelne Arbeitsblatt durch ein *Worksheet*-Objekt repräsentiert wird. Doch wie lässt sich dabei der Umstand berücksichtigen, dass eine Arbeitsmappe eine beliebige Anzahl an Arbeitsblättern besitzen kann? Besitzt jedes *Workbook*-Objekt Eigenschaften wie *Worksheet1*, *Worksheet2*, *Worksheet3* usw.? Das wäre zwar denkbar, wäre aber ein wenig unflexibel.

---

[1] Excel ist schließlich ein Programm der Gattung »Tabellenkalkulation«.
[2] Damit sollte sich so manches Detail vor neugierigen Augen verstecken lassen.

Viele statt einem – die Collections

An diesem Punkt kommen die Auflistungen (engl. »collections«) ins Spiel, die sich wie ein roter Faden durch alle Anwendungsobjektmodelle ziehen. Ein *Workbook*-Objekt besitzt eine *Worksheets*-Eigenschaft – sie repräsentiert eine Auflistung aller *Worksheet*-Objekte, unabhängig davon, ob es drei sind (der Standardzahl einer frisch angelegten Arbeitsmappe) oder 127. Wie es der Zufall will, gibt es in Visual Basic auch einen Befehl, der eine solche Auflistung Objekt für Objekt durchläuft. Es ist der *For Each*-Befehl, ohne den praktisch kein Programm auskommt, das auf die Excel-Objekte und ihre Auflistungen zugreift.

Beispiel

Eine Schleife, die alle Arbeitsblätter durchläuft und jedem Blatt einen Namen gibt, könnte wie folgt lauten

```
For Each Blatt As Excel.Worksheet In Globals.ThisWorkbook.Worksheets
  Blatt.Name = "NeuerName"
Next
```

ThisWorkbook steht dabei für die Instanz der aktuellen Arbeitsmappe, in der die Schleife ausgeführt wird. Diese Variable wird in einem VSTO-Arbeitsmappen-Projekt automatisch angelegt. Damit aber anstelle der Klasse *ThisWorkbook* die gleichnamige Variable, die für die Instanz der Klasse steht, angesprochen wird, muss noch ein *Globals* vorangestellt werden.

> **TIPP** Diesen Tipp werden Sie auch an anderer Stelle in diesem Buch lesen. In einem VSTO-Projekt ist *Globals* der kürzeste Weg, um an die Arbeitsmappen, Tabellenblätter oder das Add-In heranzukommen.

Doch Moment, wenn das erste Blatt den Namen *NeuerName* erhalten hat, kann das zweite Blatt doch nicht ebenfalls so heißen? Da das natürlich nicht geht, muss der Eigenschaft *Name* der Variablen *Blatt*, die hier ein einzelnes Arbeitsblatt repräsentiert, ein variabler Name zugewiesen werden, zum Beispiel ein Name, an den eine Zahl gehängt wird, die sich bei jedem Durchlauf um eins erhöht:

```
Dim Zahl As Integer = 0
For Each Blatt As Excel.Worksheet In Globals.ThisWorkbook.Worksheets
  Zahl +=1
  Blatt.Name = "NeuerName" & CType(Zahl, String)
Next
```

> **HINWEIS** Auch wenn moderne Auflistungen der .NET-Klassenbibliothek eine *AddRange*-Methode bieten, mit der sich ein ganzes Array an Objekten zu einer Auflistung hinzufügen lässt, gibt es diesen Komfort bei den (inzwischen recht betagten) Objektmodellen der Office-Anwendungen noch nicht.

> **HINWEIS** Wie es in Kapitel 4 bereits beschrieben wurde, können Auflistungen in der Regel auch über einen Index angesprochen werden, der bei den Office-Auflistungen aber stets bei 1 beginnt.

Die *CType*-Funktion aus dem letzten Beispiel ist natürlich nicht obligatorisch. Es gehört vielmehr zum »guten Ton« beim Programmieren (ähnlich den Benimmregeln), dass ein *Integer* nicht einfach an einen String gehängt, sondern dieser zuvor ebenfalls in einen String konvertiert wird (würden Sie die Einstellung

Option Strict On in den Projekteigenschaften verwenden, würde diese implizite Typenumwandlung auch nicht bzw. nur eingeschränkt funktionieren). Genauso wenig muss eine Variable mit einem Anfangswert belegt werden, wie es bei der Deklaration von *Zahl* der Fall ist.

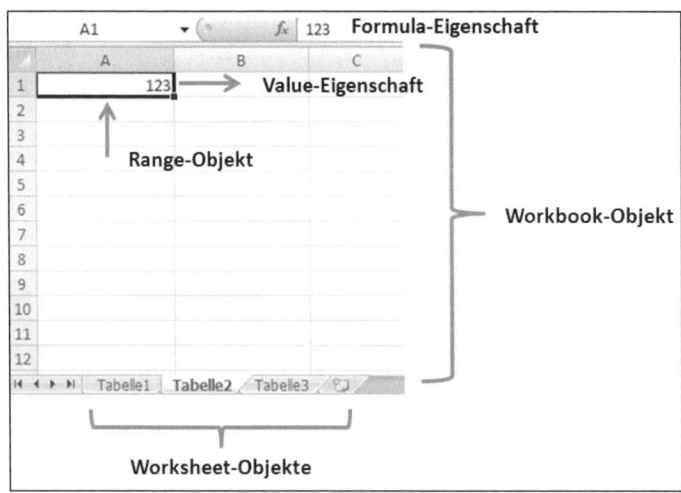

Abbildung 6.2 Eine Arbeitsmappe besteht aus Tabellenblättern, diese wiederum aus vielen, vielen Zellen

Ein Array (Auflistung) in einen Range-Bereich kopieren

Möchte man, was häufig vorkommen dürfte, ein ganzes Array in ein Tabellenblatt kopieren, muss dies keinesfalls in einer Schleife Wert für Wert geschehen. Das *Range*-Objekt bietet dafür die universelle *Value*-Eigenschaft, der gleich ein ganzes Array zugewiesen werden kann.

> **CD-ROM** Sie finden das Beispiel in der Projektmappendatei *Kap6_AutomatisierungsBeispiele.sln* auf der Buch-CD.

Beispiel

Das folgende Beispiel belegt die Zellen *A1* bis *A3* mit den Werten des Arrays *Zahlenfeld*:

```
Dim ZahlenFeld(2,0) As Integer
ZahlenFeld(0,0) = 111
ZahlenFeld(1,0) = 222
ZahlenFeld(2,0) = 333
Dim R As Excel.Range = Range("A1", "C3")
R.Value =ZahlenFeld
```

Wichtig ist dabei lediglich, dass ein zweidimensionales Array angelegt wird, bei dem die zweite Dimension einfach 0 ist, da ansonsten (aufgrund der speziellen Art und Weise, wie das Array über COM-Interop übergeben wird) der erste Wert des Arrays in alle Zellen des Bereichs eingetragen werden würde. Ob das Array der Eigenschaft *Value* oder *Value2* zugewiesen wird, spielt keine Rolle, da beide Eigenschaften praktisch identisch sind (*Value2* wird von C#-Programmierern bevorzugt, da in C# die mit einem optionalen Parameter ausgestattete *Value*-Eigenschaft nicht so einfach angesprochen werden kann).

Der Zugriff auf Arbeitsmappen und Arbeitsblätter

> **HINWEIS** In der Praxis kommen die Daten natürlich nicht aus einem »harmlosen« Array, sondern aus einer Datenbank oder einem SharePoint-Web. Hier ist es am einfachsten, auf die Datenbindung des *NamedRange*-Control im Zusammenhang mit den VSTO zurückzugreifen. Sollte dies nicht möglich sein, müssen die Daten zum Beispiel importiert oder doch Zeile für Zeile in das Arbeitsblatt kopiert werden.

Auf Excel-Tabellendaten direkt zugreifen

Geht es darum, auf die Inhalte einer Excel-Arbeitsmappe zuzugreifen, ohne dass Excel als Anwendung vorhanden sein muss, gibt es dafür gleich mehrere Varianten. Zugegriffen werden kann konkret

- auf Excel-Arbeitsmappen über ODBC, OLE DB oder ADO.NET,
- auf Excel 2007-Arbeitsmappen über .NET-Klassen (setzt Excel 2007 voraus),
- auf Excel-Arbeitsmappe über Tools von Drittanbietern,
- auf Excel 2007-Arbeitsmappen über die *Packaging*-Klassen im Namespace *System.IO* oder die Klasse aus dem Open XML SDK (mehr dazu in Kapitel 16).

Zugriff auf Excel-Arbeitsmappen über ODBC, OLE DB oder ADO.NET

Der einfachste Weg für Programmierer, auf den Inhalt einer Arbeitsmappe zuzugreifen, besteht über eine Datenbankschnittstelle. Mit ODBC und OLE DB/ADO.NET stehen zwei gleichwertige Varianten zur Auswahl, wobei Letztere unter .NET die nächstliegende ist. Der Zugriff erfolgt über die Jet-Engine und ihrem ISAM-Treiber für Excel. Wer mit dem Begriff Jet-Engine nicht vertraut ist: Diese ist die (aus heutiger Sicht etwas veraltete, aber immer noch sehr nützliche) »Datenbankengine«, auf die auch Microsoft Access aufsetzt, und die ab Windows 2000 im Rahmen der *Microsoft Data Access Components* (MDAC) praktisch ein Teil des Betriebssystems ist. Es müssen daher keine besonderen Vorkehrungen getroffen werden, um per ADO.NET auf Excel-Mappen Zugriff zu bekommen, zumal die MDAC Installationsvoraussetzung für das .NET Framework sind. Damit eine *OleDbConnection* (mehr dazu in Kapitel 12) nicht auf eine Access-Datenbank, sondern auf eine Excel-Arbeitsmappe zugreifen kann, muss lediglich die Verbindungszeichenfolge ein wenig angepasst werden. Lautet der Pfad der Arbeitsmappe *C:\Verkaufsdaten2008.xls*, sieht die Verbindungszeichenfolge wie folgt aus:

```
Microsoft.Jet.OleDb.4.0;Data Source = "C:\Verkaufsdaten2008.xls";Extended Properties=Excel 8.0;HDR=YES
```

Kürzer geht es leider nicht. Man muss diese Verbindungszeichenfolge auch nur selten direkt eintippen, sondern wählt die einzelnen Bestandteile aus Auswahllisten aus oder kopiert sie zum Beispiel von einer Webseite in den Programmtext.

> **CD-ROM** Sie finden das Beispiel in der Projektmappendatei *Kap6_ExcelDatenEinlesen.sln* auf der Buch-CD.

Beispiel

Die folgende Prozedur ist Teil einer kleinen WinForms-Anwendung, die den Inhalt der Tabelle *Verkauf2008* der Arbeitsmappe *Verkaufsdaten2008.xls* (sie ist Teil des Projekts) in einem DataGridView anzeigt. Wichtig ist, dass sich in *B1* der Kopf der ersten Spalte befindet, das Tabellenblatt also keine Überschrift usw. enthält. Die Verbindungszeichenfolge wird über die *OleDbConnectionStringBuilder*-Klasse zusammengebaut.

```
Dim OleStCb As New OleDbConnectionStringBuilder
 OleStCb.Provider = "Microsoft.Jet.OleDb.4.0"
 OleStCb.DataSource = "C:\Verkaufsdaten2008.xls"
 OleStCb.Add("Extended Properties", "Excel 8.0;HDR=Yes")
 Cn = New OleDbConnection(OleStCb.ConnectionString)
 Try
     Cn.Open()
     Da = New OleDbDataAdapter("Select * From [Verkauf2008$]", Cn)
     Ta = New DataTable()
     Da.Fill(Ta)
     DataGridView1.DataSource = Ta
 Catch ex As OleDbException
     MessageBox.Show("OleDbError: " & ex.Message, My.Application.Info.Title)
 Finally
     Cn.Close()
 End Try
```

> **TIPP** Praktisch jede denkbare Verbindungszeichenfolge wird unter *http://www.connectionstrings.com* zusammengestellt[3].

Lassen sich die Excel-Daten auch aktualisieren? Im Prinzip ja, allerdings nicht über die *Update*-Methode des Datenadapters, da es kein fertiges *UPDATE*-Kommando gibt, das das *OleDbCommand*-Objekt ausführen könnte, und der *OleDbCommandBuilder* keines zusammenbauen kann, da die Tabelle (natürlich) keinen Primärschlüssel besitzt. Man muss sich die Mühe machen und jede Zeile einzeln an die Excel-Mappe zurückschicken.

Beispiel

Die folgende Prozedur ist Teil einer kleinen WinForms-Anwendung, die den Inhalt des *DataGridView1* per SQL und *OleDbCommand*-Objekt in die Arbeitsmappe zurückschreibt.

```
Dim Anzahl As Integer = 0
 Dim Sql As String
 Dim Cmd As OleDbCommand
 Try
   Cn.Open()
   For Each Dr As DataRow In Ta.Rows
     If Dr.RowState = DataRowState.Modified Then
       Sql = "UPDATE [Verkauf2008$] Set Q1=@Q1, Q2=@Q2, Q3=@Q3, Q4=@Q4 WHERE Filiale=@Filiale"
       Cmd = Cn.CreateCommand
       Cmd.CommandText = Sql
       Cmd.Parameters.AddWithValue("@Q1", Dr.Item("Q1"))
       Cmd.Parameters.AddWithValue("@Q2", Dr.Item("Q2"))
       Cmd.Parameters.AddWithValue("@Q3", Dr.Item("Q3"))
       Cmd.Parameters.AddWithValue("@Q4", Dr.Item("Q4"))
       Cmd.Parameters.AddWithValue("@Filiale", Dr.Item("Filiale"))
       Anzahl += Cmd.ExecuteNonQuery()
     End If
   Next
   MessageBox.Show(Anzahl & " Datensätze aktualisiert", My.Application.Info.Title)
 Catch ex As OleDbException
   MessageBox.Show("OleDb-Error: " & ex.Message, My.Application.Info.Title)
 Catch Ex As SystemException
   MessageBox.Show("Error: " & Ex.Message, My.Application.Info.Title)
 Finally
   Cn.Close()
 End Try
```

---

[3] Ist das Internet nicht praktisch?

Der Zugriff auf Arbeitsmappen und Arbeitsblätter

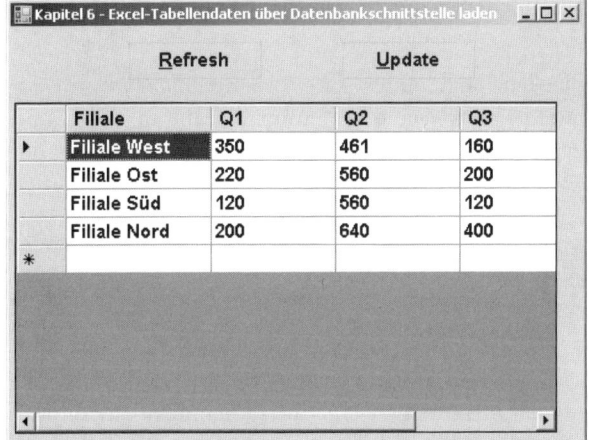

Abbildung 6.3 Das DataGridView zeigt den Inhalt einer Excel-Tabelle an, die eingelesen wurde, ohne dass Excel vorhanden sein muss

Zugriff auf Excel-Arbeitsmappen über Tools von Drittanbietern

Deutlich einfacher ist die zweite Variante, bei der ein Tool eines Drittherstellers eingesetzt wird, zum Beispiel in Gestalt von »ExcelLite« der kleinen Softwarefirma *GemBox Software*. Diese stellt eine kleine Bibliothek zur Verfügung, mit der sich Excel-Arbeitsmappen ansprechen und anlegen lassen, ohne dass Excel dazu installiert sein muss. Es gibt sogar eine kostenlose Version, die aber Einschränkungen unterlegen ist. Nach dem Download installiert das Setup-Programm die Dateien in das voreingestellte Verzeichnis (*C:\GemBox* und nicht *C:\Programme\GemBox* wie üblich). Es kommt dabei lediglich auf die Datei *GemBox.Spreadsheet.dll* an, auf die in einem neuen Projekt ein Verweis in der richtigen Version – bezogen auf die .NET-Laufzeit – gesetzt werden muss. Es werden auch eine Reihe von Beispielen (Samples) installiert, die alle Fragen bezüglich der Programmierung klären sollten.

CD-ROM   Sie finden das Beispiel in der Projektmappendatei *Kap6_ExcelGemboxTest.sln* auf der Buch-CD.

Beispiel

Das folgende Beispiel liest ein paar Zellen aus einer Excel-Arbeitsmappe aus und überträgt sie per *ExcelLite* in eine *ListBox* auf einem WinForms-Formular.

```
Imports GemBox.Spreadhsheet

Dim Ef As ExcelFile = New ExcelFile
Dim Zeile As Integer = 2
Try
  Ef.LoadXls("Verkaufsdaten2008.xls")
  Do
    Dim Filiale As String = ef.Worksheets.ActiveWorksheet.Cells("A" & Zeile.ToString).Value
    Dim UmsatzQ1 As String = ef.Worksheets.ActiveWorksheet.Cells("B" & Zeile.ToString).Value
    If Filiale = "" Then Exit Do
    ListBox1.Items.Add(Filiale & "<>" & UmsatzQ1)
    Zeile += 1
  Loop
Catch ex As SystemException
  Messagebox.Show(ex.Message, My.Application.Info.Title)
End Try
```

Laut Webseite des Herstellers soll diese Variante zudem deutlich schneller sein als der Weg über das Excel-Objektmodell, was durchaus realistisch erscheint.

Weitere Informationen und eine Downloadmöglichkeit sind unter *http://www.gemboxsoftware.com/GBSpreadsheetFree.htm* zu finden. Die kostenlose Variante ist auf eine bestimmte Anzahl an Zeilen und Arbeitsblätter pro Arbeitsmappe limitiert, sodass man für den Einsatz in der Praxis um die Anschaffung der Vollversion nicht herumkommen dürfte.

Der Zugriff auf einzelne Zellen

Jede Zelle wird durch ein *Range*-Objekt repräsentiert, ein Cell-Objekt gibt es nicht. Dieses vielseitige (und was die Anzahl an Eigenschaften und Methoden betrifft, überaus umfangreiche) Objekt ist bei Excel praktisch »omnipräsent«, denn es repräsentiert auch einen oder mehrere Bereiche (die zudem nicht zusammenhängend sein müssen). Kurz, wann immer es um die Zellinhalte und ihre Formatierung geht, steht das *Range*-Objekt im Mittelpunkt. Es gibt demnach auch verschiedene Wege, um zu einem *Range*-Objekt zu gelangen. Der üblichste Weg besteht darin, es über die *Range*-Methode eines *Worksheet*-Objekts oder direkt über das *Application*-Objekt anzusprechen:

```
Wert = Sh.Range("A1").Value
```

Kommt die Adressierung über die Adresse oder der Namen der Zelle aus irgendeinem Grund nicht infrage, gibt es stets die Möglichkeit, die Zelle über ihre Zeilen- und Spaltenposition anzusprechen:

```
Wert = Sh.Cells(1,1).Value
```

ACHTUNG Bei VBA ist es üblich, die Defaulteigenschaften eines Objekts etwas zu selbstverständlich zu nutzen. Ein *Range("A1")* entspricht dabei zum Beispiel *Range("A1").Value*. Bei Visual Basic sollten Sie sich die Mühe machen und einen Objektausdruck stets »ausschreiben«, da dies Fehlerquellen reduziert und dem Compiler implizite Typenkonvertierungen erspart. Die kürzeste Schreibweise für das Ansprechen einer Zelle besteht darin, das *Application*-Objekt voranzustellen:

```
Wert = ExApp.Range("A1").Value
```

Oft möchte man einen Bereich ansprechen, der aus mehreren Zellen besteht. Auch hier ist Excel zwar recht vielseitig, optimal ist das Zusammenspiel zwischen einem *Range*-Objekt und den Datentypen aus .NET, wie etwa Auflistungen, noch nicht. Zum einen gibt es keine Möglichkeit, eine Auflistung direkt in einen Bereich zu kopieren (außer über Datenbindung – mehr dazu im weiteren Verlauf des Kapitels im Zusammenhang mit dem *NamedRange*-Control), zum anderen gehen beim Übertragen die Datentypen verloren. Konkret, wird ein *Integer* in ein *Range*-Objekt kopiert, steht die Information, dass es sich um einen Integer handelt, nicht mehr zur Verfügung.

CD-ROM Sie finden das Beispiel in der Projektmappendatei *Kap6_AutomatisierungsBeispiele.sln* auf der Buch-CD.

Beispiel

Das folgende Beispiel kopiert den Inhalt einer typischen Auflistung (einer *ArrayList*) in ein *Range*-Objekt, indem ein kleiner Umweg über ein Array eingelegt wird.

Der Zugriff auf einzelne Zellen

```
' Kopieren einer ArrayList in ein Range
Try
    Dim MeineFilialen As New ArrayList
    MeineFilialen.Add("Filiale Ost")
    MeineFilialen.Add("Filiale West")
    MeineFilialen.Add("Filiale Süd")
    MeineFilialen.Add("Filiale Nord")
    ' Typ muss "in etwa" passen
    Dim HilfsFeld As Array = Array.CreateInstance(GetType(String), 4)
    ' Es werden nur die Werte kopiert.
    MeineFilialen.CopyTo(HilfsFeld, 0)
    Globals.Tabelle1.Range("A10", "D10").Value2 = HilfsFeld
Catch ex As SystemException
    Messagebox.Show(ex.Message)
End Try
```

Auch für diese kleine Übung gibt es eine Lehre. Diese lautet, ein wenig von den vertrauten »Trampelpfaden« abzuweichen und Dinge auszuprobieren, von denen am Anfang vielleicht nicht klar ist, ob sie zu einem Ergebnis führen. Tabelle 6.1 zeigt einige der interessanteren Mitglieder des bei der Excel-Programmierung allgegenwärtigen *Range*-Objekts.

Mitglied	Bedeutung
AddComment-Methode	Fügt einen Kommentar als Text hinzu.
AutoFill-Methode	Füllt einen Bereich mit einer Folge von Werten, die in einer Beziehung zueinander stehen (zum Beispiel Wochentage).
AutoFit-Methode	Sorgt dafür, dass die Spaltenbreite des Bereichs auf die Größe der breitesten Spalte angepasst wird.
Cells-Eigenschaft	Steht für die Zellen, die zu dem Bereich gehören (es gibt aber kein Cell-Objekt – jedes Objekt der Auflistung ist wieder ein *Range*-Objekt).
Column-Eigenschaft	Die Spaltennummer der Zelle oder der ersten Zelle des Bereichs.
CopyFromRecordset-Methode	Kopiert die Datensätze eines ADODB-Recordsets in den Bereich.
Count-Eigenschaft	Anzahl der Zellen in dem Bereich.
Formula-Eigenschaft	Steht für die Formel der Zelle.
FormulaLocal-Eigenschaft	Steht für die Formel der Zelle mit den an die jeweilige Landessprache angepassten Funktionsnamen.
HasFormula-Eigenschaft	*True*, wenn die Zelle eine Formel enthält.
Interior-Eigenschaft	Steht für den Innenbereich der Zelle als *Interior*-Objekt.
Offset-Eigenschaft	Ermöglicht, Zellen in relativer Entfernung von der aktuellen Zelle aus anzusprechen.
Row-Eigenschaft	Zeilennummer der Zelle oder der obersten Zelle des Bereichs.
Sort-Methode	Sortiert den Bereich nach einem angegebenen Kriterium.
Text-Eigenschaft (nur lesen erlaubt)	Textinhalt der Zelle.
Value/Value2-Eigenschaft	Inhalt der Zelle.
Xpath-Eigenschaft	*Xpath*-Ausdruck als *Xpath*-Objekt, mit dem sich ein mit der Zelle assoziierter XML-Knoten über einen *Xpath*-Ausdruck lokalisieren lässt.

Tabelle 6.1 Ein paar der interessanten Eigenschaften und Methoden des *Range*-Objekts

Mehrere Bereiche kombinieren

Der Bereich, den ein einzelnes *Range*-Objekt repräsentiert, muss nicht aus benachbarten Zellen bestehen, diese können sich »irgendwo« auf dem Tabellenblatt befinden. Es ist jederzeit möglich, beliebige Bereiche zu einem *Range*-Objekt zusammenzufassen.

> **CD-ROM** Sie finden das Beispiel in der Projektmappendatei *Kap6_AutomatisierungsBeispiele.sln* auf der Buch-CD.

Beispiel

Der folgende Befehl stellt über die *Union*-Methode der *Application*-Klasse einen Bereich aus zwei nicht benachbarten Bereichen zusammen.

```
Dim ExAPp As New Ex.Application
ExAPp.Visible = True
ExAPp.Workbooks.Add()
Dim R1 As Ex.Range = ExAPp.Range("A1:A10")
R1.Value = 100
Dim R2 As Ex.Range = ExAPp.Range("A1:J1")
R2.Value = 200
Dim R3 As Ex.Range = ExAPp.Union(R1, R2)
Messagebox.Show("Anzahl Zellen: {0}", R3.Cells.Count)
```

Über die *Intersect*-Methode der *Application*-Klasse lässt sich feststellen, ob es zwischen zwei Bereichen Felder gibt, die in beiden Bereichen vorhanden sind. Ist das der Fall, wird ein *Range*-Objekt mit dieser Schnittmenge zurückgegeben, ansonsten *Nothing*:

```
Dim R4 As Ex.Range = ExAPp.Intersect(R1, R2)
```

Bereiche durchsuchen

Über die *Find*-Methode des *Range*-Objekts wird ein Bereich nach einem Wert durchsucht. Wird dieser gefunden, wird die Zelle, in der er enthalten ist, als *Range*-Objekt zurückgegeben. Um weitere Werte zu finden, kommt die *FindNext*-Methode zum Einsatz. Findet diese Methode allerdings keinen Wert mehr, gibt sie kein *Nothing* zurück, sondern wieder die Zelle, die beim ersten Aufruf gefunden wurde.

> **CD-ROM** Sie finden das Beispiel in der Projektmappendatei *Kap6_AutomatisierungsBeispiele.sln* auf der Buch-CD.

Beispiel

Der folgende Befehl findet in einem Bereich die erste Zelle, die den angegebenen Wert enthält.

```
Dim R As Ex.Range = SuchBereich.Find(What:=100, LookIn:=Ex.XlFindLookIn.xlValues)
```

So formal muss der Aufruf übrigens im Allgemeinen nicht sein. Ein *Find(100)* hätte auch genügt.

Die *Find*-Methode bezieht allerdings nicht den gesamten Bereich in die Suche mit ein, sondern bricht nach dem ersten Vorkommen des Wertes ab und gibt das *Range*-Objekt zurück, in dem sich dieser Wert befindet. Möchte man einen gesamten Bereich per *Find* durchsuchen, muss *FindNext* herangezogen werden.

Beispiel

Das folgende Beispiel durchsucht einen Bereich nach einer bestimmten Zahl.

```
Dim AnzahlGefunden As Short = 0
' Gesucht wird nach der Zahl 104
Dim R As Ex.Range = SuchBereich.Find(What:=104, LookIn:=Ex.XlFindLookIn.xlValues)
If R IsNot Nothing Then
   Dim StartAdresse As String = R.Address
   Do
      AnzahlGefunden += 1
      R = SuchBereich.FindNext(What:=R, LookIn:=Ex.XlFindLookIn.xlValues)
   Loop Until R Is Nothing Or R.Address = StartAdresse
End If
MessageBox.Show("Anzahl gefunden:   " & AnzahlGefunden, My.Application.Info.Title)
```

Am Ende steht die Variable *AnzahlGefunden* für die Anzahl der Vorkommen des Wertes in dem Bereich[4].

Benannte Bereiche

Zellen werden in der Regel nicht über ihre Adresse oder ihre relative Position, sondern über ihren Namen angesprochen. Diesen erhalten sie, indem er in das Namensfeld eingetragen wird. Besitzt eine Zelle oder ein Bereich einen Namen, kann dieser anstelle der Adresse verwendet werden, um die Zelle bzw. den Bereich anzusprechen. Der Vorteil von Namen ist natürlich, dass man die Position der Zelle nicht kennen muss und sich die Zelle folglich auf dem Tabellenblatt frei bewegen kann.

Beispiel

Der folgende Befehl spricht die Zelle mit dem Namen *Umsatz* an.

```
Dim Wert As Integer = ExApp.Range("Umsatz").Value2
```

Alle benannten Bereiche stehen über die *Names*-Eigenschaft des *Application*-Objekts zur Verfügung. Da diese eine *Add*-Methode besitzt, können während der Programmausführung Zellbereiche hinzugefügt werden:

```
ExApp.Names.Add("Umsatz", ExApp.Range("A20"))
ExApp.Range("Umsatz").Value2 = 1000
```

Während der Umgang mit Namen bis Excel 2003 nicht gerade intuitiv war (um zum Beispiel eine Übersicht über alle Namen zu erhalten, musste *Einfügen/Namen/Definieren* gewählt werden), gibt es bei Excel 2007 einen Namens-Manager, mit dem sich alle Namen betrachten und ändern lassen.

---

[4] Excel-Profis werden sicherlich kürzere Alternativen kennen.

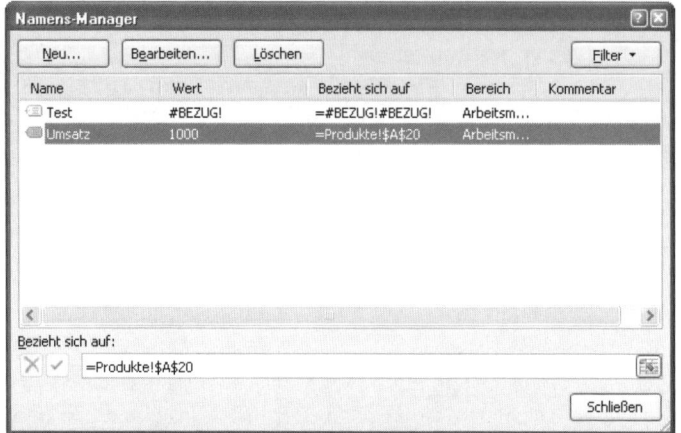

Abbildung 6.4 Der Namens-Manager bei Excel 2007

Das Range-Objekt und die Events

Oft wäre es sehr praktisch, wenn das *Range*-Objekt auf Änderungen in einer Zelle oder einem Bereich mit dem Auslösen eines Ereignisses reagieren würde. Im Objektmodell von Excel sind jedoch keine Ereignisse im Zusammenhang mit dem *Range*-Objekt vorgesehen. Lediglich das *Worksheet*-Objekt besitzt einen allgemeinen *Change*-Event, dessen Ereignisprozedur das betroffene *Range*-Objekt übergibt. Das heißt aber nicht, dass Sie auf Ereignisse verzichten müssen. In einem VSTO-Projekt stellt die VSTO-Runtime das *NamedRange*-Control zur Verfügung, das ein beliebiges *Range*-Objekt repräsentiert und unter anderem einen eigenen *Change*-Event zur Verfügung stellt, dem das betroffene *Range*-Objekt als Argument übergeben wird. Damit kann ein Erweiterungsprojekt direkt auf Änderungen in einer Zelle reagieren. Mehr zum *NamedRange*-Objekt der VSTO 2.0/3.0-Runtime am Ende des Kapitels.

Zellen und ihre Formeln

Das Geheimnis von Excel in seiner Ur-Inkarnation[5] lag darin, dass jeder Zelle eine Formel zugeordnet werden kann, die unter anderem Bezüge auf andere Zellen enthält. Mit .NET hat dies (fast) nichts zu tun, sodass es nur bei dem Hinweis bleiben soll, dass es mit *Formula* und *FormulaLocal* gleich zwei Formeleigenschaften gibt. Letztere ist für die »lokalisierten« Namen der Formeln (zum Beispiel *Summe* statt *Sum*) zuständig.

CD-ROM Sie finden das Beispiel in der Projektmappendatei *Kap6_AutomatisierungsBeispiele.sln* auf der Buch-CD.

Beispiel

Das folgende Beispiel legt zunächst eine Reihe von benannten Bereichen an und weist anschließend einer Zelle eine Formel zu, die diese Bereiche enthält.

```
Try
    Dim Sh As Excel.Worksheet = Me.Application.Worksheets("Tabelle1")
    Sh.Names.Add(Name:="Preis", RefersTo:="=$A$1")
    Sh.Names.Add(Name:="Menge", RefersTo:="=$B$1")
    Sh.Names.Add(Name:="Rabatt", RefersTo:="=$C$1")
```

---

[5] Lange ist es her – die allererste Version von Excel, das ganz nebenbei noch mit einer Laufzeitversion von Windows 2.11 ausgeliefert wurde, da Windows von Anfang an Voraussetzung war.

```
        Sh.Range("Preis").Value = 9.9
        Sh.Range("Menge").Value = 10
        Sh.Range("Rabatt").Value = 20
        With Sh.Range("A2")
            .Value = "=Preis*Menge*(1-Rabatt/100)"
            .NumberFormat = "#,##0.00 $"
        End With
Catch Ex As SystemException
    Messagebox.Show(Ex.Message)
End Try
```

Genauso gut ist es aber auch möglich, die Formel mit einem vorangestellten Gleichheitszeichen der *Value*-Eigenschaft zuzuweisen. Achten Sie darauf, wie im obigen Beispiel die Tabelle angesprochen wird. Da die Befehle in einem Add-In ausgeführt werden, gibt es keine vordefinierten Objekte. Das Worksheet wird vielmehr über die *Worksheets*-Auflistung adressiert. Eine Alternative ist das *Globals*-Objekt, das einen direkten Zugriff auf die einzelnen Worksheet-Objekte bietet.

Formeln à la .NET

Grundsätzlich müsste es doch möglich sein, in einer regulären Zellenformel eine (im Prinzip) beliebige .NET-Formel einzubauen, also eine Funktion aufzurufen, die in Visual Basic oder C# programmiert wurde und daher als Assembly vorliegt. Dies kann grundsätzlich realisiert werden, aber der Aufwand ist etwas größer, sodass es sich nur in speziellen Situationen lohnen dürfte. Die Vorgehensweise sieht dabei wie folgt aus:

1. Mit Visual Studio wird ein neues Projekt vom Typ *Klassenbibliothek* angelegt.
2. Im Register *Kompilieren* wird die Option *Für COM-Interop registrieren* gesetzt, damit die Bibliothek später als COM-Add-In zur Verfügung steht.
3. Die Klasse erhält über das Attribut *ClassInterface* eine sogenannte duale COM-Schnittstelle.
4. In der Klasse werden die aufrufbaren Funktionen als Public Functions definiert. Hier gibt es nichts zu beachten, außer, dass keine »exotischen« Datentypen zurückgegeben werden sollten.
5. Die Standardmethoden *ToString*, *GetHashCode* und *Equals* werden überschrieben und mit dem Attribut *ComVisible(False)* versehen, damit sie später nicht in der Auswahlliste von Excel erscheinen.
6. Eine spezielle *Public Shared*-Funktion wird mit dem Attribut *ComRegisterFunction* versehen (der Name der Funktion spielt keine Rolle, wichtig ist lediglich, dass sie einen *ByVal* vom Typ *Type* entgegennimmt). Diese Funktion sorgt für die Registrierung der Automatisierungs-DLL. Dazu verwenden Sie *Regasm.exe /Codebase <Name.dll>*. Um dieses Tool bequem aufrufen zu können, muss die *Path*-Umgebungsvariable um den Pfad des .NET Framework SDKs erweitert werden. Am einfachsten ist es, den Visual Studio-Prompt über das *Start*-Menü zu öffnen und in das *bin\Debug*-Verzeichnis des Projektverzeichnisses zu wechseln. Die Meldung, dass es sich um eine nicht signierte Datei handelt, kann ignoriert werden.

Mehr ist nicht zu unternehmen. Nach dem Start von Excel 2003 bzw. 2007 rufen Sie *Extras/Add-Ins* (nicht *COM-Add-Ins*) bei Excel 2003 bzw. *Office/Excel-Optionen/Add-Ins/Verwalten: Excel-Add-Ins* (nicht *COM-Add-Ins*)/*Gehe zu* bei Excel 2007 auf, klicken auf den Button *Automatisierung* und wählen dann den Automatisierungsserver aus (sollte er hier nicht zur Verfügung stehen, hat etwas mit der Registrierung nicht funktioniert). Anschließend werden die definierten Funktionen unter der im Quellcode angegebenen Kategorie bei der Auswahl der Excel-Funktionen angeboten. Beim Aufruf spielt es keine Rolle, dass die Funktion aus einer .NET-Bibliothek stammt.

TIPP Die Umsetzung einer .NET-Bibliothek mit von Excel aufrufbaren Funktionen wird in einem lesenswerten Artikel von *Martin Szugat* beschrieben, der in der Ausgabe 11/05 des *dot.net-magazins* erschienen ist – *http://it-republik.de/dotnet/ artikel/Die-Weltformel-0764.html*.

Die Umsetzung Schritt für Schritt

Im Folgenden wird ein kleiner Automatisierungsserver mit Visual Studio umgesetzt, der zwei Funktionen zur Verfügung stellt, die später in Excel im Rahmen einer Funktion eingesetzt werden können.

CD-ROM Sie finden das Beispiel in der Projektmappendatei *Kap6_FunLib.sln* auf der Buch-CD.

1. Anlegen eines neuen Projekts. Erstellen Sie in Visual Studio ein neues Projekt vom Typ *Klassenbibliothek*. Geben Sie dem Projekt den Namen **ExcelFunLib** (wobei dieser Name, wie auch alle übrigen Namen, keine Rolle spielt). Speichern Sie das Projekt als Erstes ab.
2. Festlegen der .NET 2.0-Laufzeit. Auch wenn Sie mit Visual Studio 2008 arbeiten, sollten Sie explizit die .NET-Laufzeit 2.0 auswählen, da zumindest in diesem Beispielprojekt ausdrücklich die Version 2.0 der .NET-Systemdatei *Mscoree.dll* ausgewählt wird. Das geschieht entweder vor Anlegen des Projekts oder nachträglich in den Projekteigenschaften unter *Kompilieren/Erweiterte Kompilierungsoptionen*. Grundsätzlich funktioniert es natürlich auch mit der voreingestellten .NET 3.5-Laufzeit.

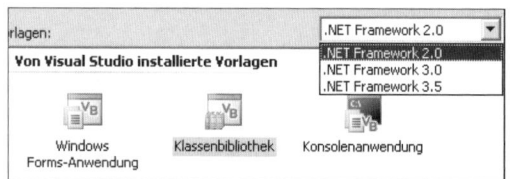

Abbildung 6.5 Für das Projekt sollte die .NET 2.0-Laufzeit ausgewählt werden

3. Ändern des Klassennamens. Ein Klassenbibliotheksprojekt besteht nur aus einer Klasse. Geben Sie dieser den Namen **Functions** (auch dieser Name kann frei gewählt werden).
4. Fügen Sie vor den *Class*-Befehl zwei *Imports*-Befehle ein:

```
Imports System.Runtime.InteropServices
Imports Microsoft.Win32
```

5. Jetzt wird es ein wenig ungewöhnlich. Erweitern Sie den *Class*-Befehl um das *ClassInterface*-Attribut:

```
<ClassInterface(ClassInterfaceType.AutoDual), ProgId("ExcelNET.Functions")> _
Class Functions
```

Das Attribut bewirkt zwei Dinge: Die Klasse erhält die erforderliche duale COM-Schnittstelle und es wird eine (optionale) ProgId festgelegt. Attribute erweitern allgemein eine Klasse, Methode, Property usw. um weitere Informationen, die vom Compiler ausgewertet werden. Da sie dem *Class*-Befehl vorangehen, wird die Zeile am Ende mit dem Zeilenfortführungsoperator in der nächsten Zeile fortgesetzt.

6. Fügen Sie in die Klasse jene Funktionen ein, die die Klassenbibliothek für Excel zur Verfügung stellen soll. Da es nur um das Prinzip der Umsetzung geht, genügen zwei simple Rechenfunktionen:

Der Zugriff auf einzelne Zellen

```
Public Function NetAdd(ByVal n1 As Double, ByVal n2 As Double) As Double
  Return n1 + n2
End Function

Public Function NetSub(ByVal n1 As Double, ByVal n2 As Double) As Double
  Return n1 - n2
End Function
```

Damit beide Funktionen von außen aufrufbar sind, müssen sie mit *Public* öffentlich gemacht werden. Grundsätzlich können die Funktionen »alles« machen, wobei sich die Parameter und Rückgabewerte natürlich auf Zeichenketten und Zahlentypen beschränken müssen.

7. Der nächste Schritt ist optional. Er soll verhindern, dass die lästigen »Standardfunktionen« der Klasse später ebenfalls innerhalb der Excel-Funktionsauswahl angeboten werden, obwohl sie nicht aufgerufen werden können. Fügen Sie in die Klasse die folgenden Befehle ein:

```
#Region "Nicht sichtbare Methoden"

    <ComVisible(False)> _
    Public Overrides Function ToString() As String
      Return "Peters Excel.NET-Funktionen"
    End Function

    <ComVisible(False)> _
    Public Overrides Function GetHashCode() As Integer
      Return MyBase.GetHashCode
    End Function

    <ComVisible(False)> _
    Public Overloads Overrides Function Equals(ByVal obj As Object) As Boolean
      Return MyBase.Equals(obj)
    End Function

#End Region
```

Da dieser Bereich für die Funktionalität der Klasse »unwichtig« ist, wird er in eine Visual Studio-Region eingebaut, die sich aus- und wieder einblenden lässt (dieser Schritt ist optional). Wichtig ist dagegen das *ComVisible*-Attribut, dem ein *False*-Wert übergeben wird, damit diese Funktionen unsichtbar sind.

8. Es bleibt formal. Zum Schluss wird eine Funktion benötigt, die den Automatisierungsserver registriert, sodass er in Excel zur Verfügung steht:

```
#Region "COM Registrierung"

' Name der Funktion spielt keine Rolle
<ComRegisterFunction()> _
  Public Shared Sub RegisterClass(ByVal t As Type)
    ' GUID in HKLM\Software\Classes anlegen
    Dim Key As RegistryKey = Registry.ClassesRoot.CreateSubKey("CLSID\{" & _
      t.GUID.ToString().ToUpper() & "}")
    ' Für Excel-Automatisierung erforderlich
    Dim SubKey As RegistryKey = Key.CreateSubKey("Programmable")
    ' Standardwert setzen
    Key.SetValue("", "Excel.NET Functions")
    ' Standardwert auf Pfad von Mscoree.dll setzen
```

```
    Key.CreateSubKey("InprocServer32\").SetValue("", _
        Environment.GetEnvironmentVariable("systemroot") & "\System32\Mscoree.dll")
        ' Schlüssel in HKLM\Software\Classes anlegen – unter Vista werden administrative Berechtigungen
        ' benötigt
    Key = Registry.ClassesRoot.CreateSubKey("ExcelNET.Functions")
        ' Standardwert setzen
    Key.SetValue("", "Peters Excel.NET-Funktionen")
End Sub

#End Region
```

Auch diese Formalitäten werden in eine Region eingebaut. Über die *Registry*-Klasse werden eine Reihe von Registry-Schlüsseln angelegt, wobei etwas mehr Aufwand betrieben wurde, als erforderlich ist. Wichtig ist lediglich, dass unter *HKLM\Software\Classes\CLSID* ein Eintrag mit der GUID jenes Typs übergeben wird, der beim Registrieren der Bibliothek über das Tool *Regasm.exe* übergeben wird. Unter *InprocServer32* wird nicht die Assemblybibliothek, sondern die CLR-Komponente *Mscoree.dll* eingetragen. Um sicherzugehen, dass sie von Excel gefunden wird, wird der absolute Pfad eingetragen (wenngleich es auch ohne diese Maßnahme funktionieren sollte). Die weiteren Unterschlüssel dienen lediglich dazu, dass der Automatisierungsserver über einen »sprechenden« Namen ausgewählt werden kann.

9. Setzen Sie in den Projekteigenschaften im Register *Kompilieren* die Option *Für COM-Interop registrieren*. Damit wird die Assemblybibliothek als COM-Komponente registriert.

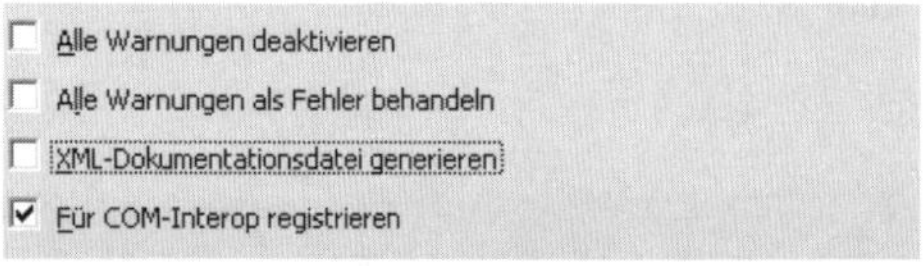

Abbildung 6.6 Die Assemblybibliothek muss als COM-Komponente registriert werden

10. Damit ist die Assemblybibliothek fertig. Erstellen Sie diese über *Erstellen/ExcelFunLib erstellen*. Das Ergebnis ist eine Datei mit dem Namen *ExcelFunLib.dll* im *bin\Debug*-Projektverzeichnis.
11. Eine Formalität muss noch erledigt werden. Auch wenn man sie in Visual Studio in den Projekteigenschaften unter *Kompilieren* als Postbuild-Ereignis durchführen könnte, ist am Anfang der Weg über die Kommandozeile der sicherere Weg. Öffnen Sie über das *Start*-Menü und Auswahl von *Alle Programme/ Microsoft Visual Studio/Visual Studio Tools/Visual Studio 2008-Eingabeaufforderung* jene Eingabeaufforderung (*Cmd.exe*), bei der die Umgebung bereits gesetzt ist, und wechseln Sie in das *bin\Debug*-Projektverzeichnis. Rufen Sie dort *Regasm.exe* wie folgt auf:

```
regasm.exe /codebase ExcelFunLib.dll
```

Den umfangreicheren Hinweis können Sie ignorieren. Wichtig ist nur, dass am Ende die Meldung erscheint, dass der Typ registriert wurde (bei Windows Vista und aktivierter Benutzerkontensteuerung muss die Eingabeaufforderung mit Administratorrechten gestartet werden).

12. Jetzt wird es spannend. Wie wird Excel reagieren? Starten Sie Excel 2003 und fügen Sie über *Extras/Add-Ins* und *Automatisierung* den Automatisierungsserver hinzu. Bei Excel 2007 müssen Sie im *Office*-Menü zuerst über *Excel-Optionen* im Register *Add-Ins* zu den *Excel-Add-Ins* »gehen«, um den Auswahldialog zu erhalten. Ab diesem Punkt gibt es keine Unterschiede zu Excel 2003.

Der Zugriff auf einzelne Zellen

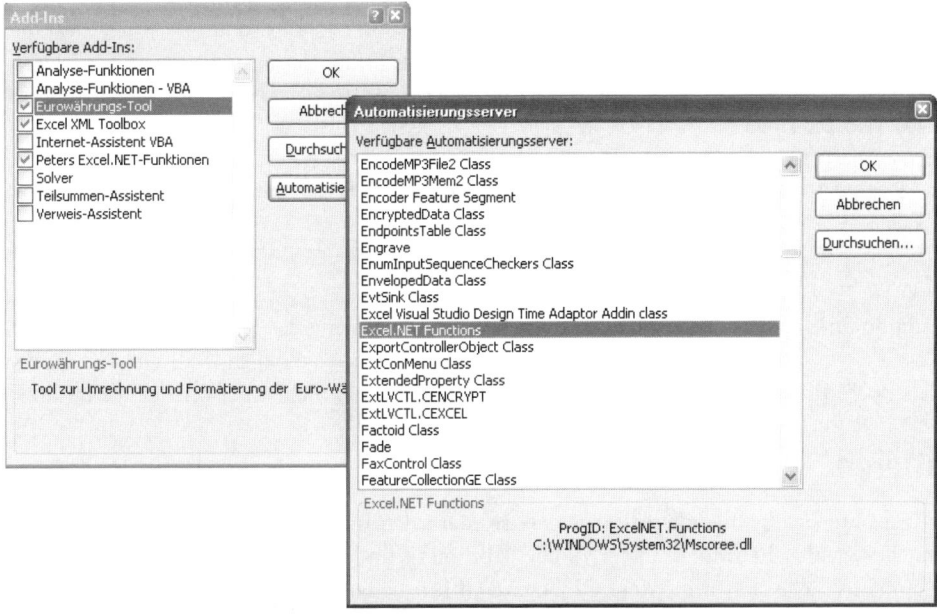

Abbildung 6.7 Damit die .NET-Funktionen zur Verfügung stehen, muss der Automatisierungsserver in Excel hinzugefügt werden

Jetzt stehen die Funktionen auf exakt die gleiche Weise zur Verfügung wie alle übrigen Excel-Funktionen.

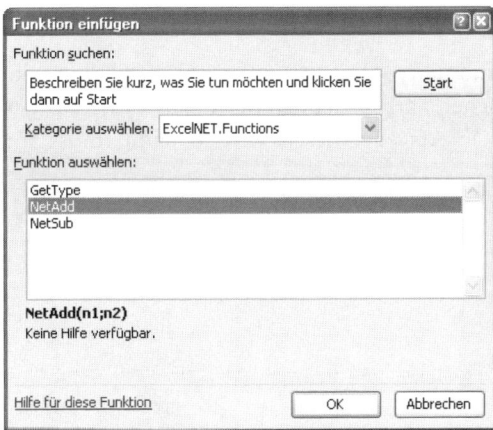

Abbildung 6.8 Die beiden .NET-Funktionen stehen zur Auswahl

HINWEIS Die Erfahrungen des Autors zeigen, dass es nicht immer auf Anhieb funktioniert, wenngleich die Umsetzung alles andere als kompliziert ist. Man muss es unter Umständen mehrmals probieren, bis es endlich funktioniert[6]. Das Beispiel, zusammen mit dem erwähnten Artikel, sollte als Referenz jedoch alle Fragen beantworten. Während das reine Erstellen der Funktionsbibliothek trotz kleinerer Hürden technisch keine anspruchsvolle Aufgabe ist, sieht es mit dem Verteilen einer solchen Bibliothek schon anders aus. In diesem Fall muss im Rahmen eines Setup-Projekts etwas mehr Aufwand betrieben werden. Auch hier geht der Artikel auf die Details ein.

---

[6] Das vorgestellte Beispiel hat natürlich funktioniert.

> **TIPP** Ein vielversprechendes Produkt, das die einfache Einbindung von .NET-Funktionen in eine Excel-Formel verspricht, ist *ManagedXLL* (Info: *http://www.stochastix.de/en/solutions/*) einer kleinen Softwarefirma aus der ehemaligen Bundeshauptstadt *Bonn*. Mit *ManagedXLL* muss eine .NET-Funktion nur mit dem Attribut *<WorksheetFunction>* versehen werden, damit sie von Excel aus aufrufbar wird. Das Produkt ist zwar nicht kostenlos (eine Testversion muss angefordert werden), kann aber für einige Spezialanforderungen die gesuchte Lösung sein, die einige Tage Programmierarbeit erspart. Es sollte sich daher lohnen, das Programm einmal näher anzuschauen. Laut Herstellerwebsite wird es vor allem für Finanzanwendungen an Handelsplätzen eingesetzt, was für die Robustheit der kleinen Software spricht[7].

Ein Wort zu XLL-Erweiterungen

Die bevorzugte Methode für das Hinzufügen externer Funktionen war bislang das Schreiben von XLL-Dlls, zum Beispiel mit Visual C++ oder Borland Delphi (jetzt CodeGear). Zwar ist es möglich, XLL-Dlls mit Managed Code zu erstellen, doch wird dieses Verfahren nach Aussage von Microsoft nicht mehr offiziell unterstützt.

Zellen formatieren

Zellen sollen in der Regel nicht nur irgendetwas anzeigen, sondern den Inhalt möglichst in optisch ansprechender Form darstellen, wobei hiermit in erster Linie Farbhintergründe und Schriftarten gemeint sind. Hinter dem Aussehen einer Zelle stehen mehrere Objekte: *Font* für die Schriftart und Schriftfarbe, *Interior* für das Hintergrundmuster und die Hintergrundfarbe sowie *Border* für die Umrandung. Die Ausrichtung des Textes wird direkt über das *Range*-Objekt festgelegt.

> **CD-ROM** Sie finden das Beispiel in der Projektmappendatei *Kap6_AutomatisierungsBeispiele.sln* auf der Buch-CD.

Beispiel

Das folgende Beispiel verleiht den Zellen *A1* bis *A10* jeweils eine andere Hintergrundfarbe. Dabei kommt die *ColorIndex*-Eigenschaft zum Einsatz. Damit eine der zahlreichen Farbkonstanten der *Color*-Klasse aus der .NET-Klassenbibliothek der *Color*-Eigenschaft des *Range*-Objekts zugewiesen werden kann, muss die *ToArgb*-Methode der *Color*-Klasse benutzt werden.

```
Dim Ex As Excel.Application = Me.Application
Sh = Ex.ActiveSheet
For i As Short = 1 To 10
    Sh.Cells.Item(1, i).Value = i
    With CType(Sh.Cells.Item(1, i), Excel.Range)
        .Interior.ColorIndex = i + 2
        .Font.Bold = True
    End With
Next
```

Ein Zellformat kann natürlich nicht nur auf eine einzige Zelle, sondern auch auf einen ganzen Bereich angewendet werden. Das Geheimnis erfolgreicher Excel-Anwendungen liegt weniger in der Programmlogik, sondern ganz einfach darin, dem Anwender eine »lebensnahe« Eingabemaske zu bieten. Hierbei kommt es nicht ausschließlich auf eine adäquate Formatierung der Zellen an. Entscheidend ist auch, dass bestimmte Zellen vor Eingaben sowie dem Verstellen der Größe und anderer Eigenschaften geschützt sind, damit der wenig erfahrene Anwender nicht mit ein paar »gekonnten« Mausklicks wieder alles durcheinanderbringt. Dies ist ein Aspekt, an dem sich durch .NET und den VSTO nicht das Geringste ändert.

---

[7] Mit knapp 120 EUR ist sie aber auch alles andere als teuer, die Preisangabe ist natürlich ohne Gewähr.

Formatierung von Zahlen

Die Formatierung von Zahlen ist eine kleine Wissenschaft für sich, aber nur eine kleine. Ein *Range*-Objekt bietet zwei Eigenschaften an: *NumberFormat* und *NumberFormatLocal*. Letztere berücksichtigt die länderspezifische Rolle des Dezimal- und Tausendertrennzeichens. Im englischsprachigen Raum ist der Punkt das Dezimaltrennzeichen, während das Komma die Rolle des Tausendertrennzeichens spielt. Auch für die Einstellung »Deutsch (Schweiz)« dient für das Dezimaltrennzeichen der Punkt und für das Tausendertrennzeichen wird ein Apostroph (') verwendet. Generell wird das Format einer Zahl durch eine Kombination von #- und 0-Zeichen bestimmt, wobei das # für eine beliebige Ziffer, die 0 dagegen für die Null steht. Soll für eine Zahl auch dann eine 0 als Nachkommaanteil angezeigt werden, wenn sie ganzzahlig ist, lautet der Formatstring »#.0«. Das # gibt an, dass immer mindestens eine Ziffer vor dem Dezimaltrennzeichen dargestellt wird, und die 0 bewirkt, dass am Ende auch dann eine 0 erscheint, wenn die Zahl keinen Nachkommaanteil besitzt. Eine Art »Allroundformatstring« ist »#.##0,00«. Die Zahl erscheint hierbei mit einem Tausendertrennzeichen, mit mindestens einer Zahl vor dem Dezimaltrennzeichen und mit genau zwei Nachkommastellen, wobei ursprünglich nicht vorhandene Nachkommastellen durch Nullen aufgefüllt werden (eine oder zwei Nullen). Zahlen kleiner als 1 werden mit einer führenden Null versehen. Handelt es sich bei der Zahl um eine Währungsangabe, muss an den Formatstring ein $-Zeichen angehängt werden. Die Zahl wird dadurch mit dem über die Systemsteuerung eingestellten Währungssymbol ausgegeben.

Tabelle 6.2 fasst eine Reihe von Beispielen für die Zahl 1234,567 zusammen. Wenn Sie etwas mit den Zellformatierungsstrings experimentieren möchten, verwenden Sie am besten direkt das Dialogfeld für die Zellformatierung (Menü *Format/Zellen*, Register *Zahlen*, Kategorie *Benutzerdefiniert*) innerhalb von Excel. Denken Sie aber immer daran, dass im Rahmen der Benutzeroberfläche immer die landesspezifischen Einstellungen berücksichtigt werden, im Programmcode dagegen die US-Standardformatierung gilt, sofern Sie nicht die *NumberFormatLocal*-Eigenschaften verwenden.

Formatstring	Ergebnis
####	1235
####.##	1234,57
####.###	1234,567
#,###.##	1.234,57

Tabelle 6.2 Ein paar Beispiele für Zellformatierungsstrings

Formatierung von Datumsangaben

Dieses Thema soll an dieser Stelle nur ganz kurz beschrieben werden, da es natürlich nicht darum geht, das Excel-Handbuch wiederzugeben. Auch für Datums- und Zeitangaben existieren Formatstrings, bei denen Buchstabengruppen angeben, wo welcher Datumsbestandteil ausgegeben wird. Diese werden wie bei Zahlen der *NumberFormat*-Eigenschaft zugewiesen. Enthält eine Zelle ein beliebiges Datum und soll dieses im Format »01/08« (zum Beispiel für den 9. Januar 2008) ausgegeben werden, sollte der Formatstring entsprechend »MM/YY« lauten. Doch so recht scheint es nicht zu funktionieren, anstelle des Schrägstrichs erscheint ein Punkt. Der Grund dafür ist, dass dem »/«-Zeichen eine Sonderrolle zuteil wird. Um das »wahre« »/«-Zeichen zu erhalten, muss diesem das »\«-Zeichen als Escape-Zeichen vorangestellt werden. Der korrekte Formatstring lautet demzufolge »MM\/YY«. Es geht aber noch ein wenig einfacher: Weisen Sie der *NumberFormatLocal*-Eigenschaft den Wert »MM/JJ« zu.

Diagramme anlegen

Diagramme sind bei Excel relativ komplexe Gebilde. Der Umstand, dass es mit *Charts* eine Auflistung aller *Chart*-Objekte und damit Diagramme in Gestalt von Tabellenblättern gibt und dass das Hinzufügen eines neuen Diagramms im einfachsten Fall aus dem Aufruf der *Add*-Methode besteht

```
NeuesChart = Wb.Charts.Add
```

darf nicht darüber hinwegtäuschen, dass sich ein Diagramm aus vielen Unterobjekten zusammensetzt. Klicken Sie spaßeshalber auf einem Excel-Blatt einmal die verschiedenen Bereiche eines fertigen Diagramms an. Sie werden erstaunt sein, was sich alles einzeln selektieren lässt. Und hinter jeder Selektion steht (mindestens) ein weiteres Objekt, das für diesen Bereich zuständig ist. Zum Glück bedeutet es in den seltensten Fällen, alle diese Objekte einzeln ansprechen zu müssen. Der Assistent, der den Anwender durch die einzelnen Schritte zum fertigen Diagramm führt und unter anderem die Auswahl der Daten, das Festlegen der Achsenbeschriftungen und die Eingabe eines Titels erlaubt, steht auch über das Excel-Objektmodell zur Verfügung. Damit vereinfacht sich das Anlegen eines Diagramms deutlich. Wenn Sie das Durchlaufen des Assistenten mit dem Makrorekorder aufzeichnen, erhalten Sie ein Programmgerüst, das Sie nahezu unverändert auch in ein Visual Basic-Programm übernehmen können.

HINWEIS Aus Gründen, die weder in der Dokumentation zu finden sind noch aus dem Zusammenhang hervorgehen, spielt die Reihenfolge, in der die einzelnen Eigenschaften eines *Chart*-Objekts gesetzt werden, offenbar eine Rolle. Bei Weitem nicht jede Eigenschaft kann bei jedem Diagrammtyp verwendet werden, und oft führt die Zuweisung einer Eigenschaft zu einer aussagelosen *COMException*-Ausnahme. Es gehört daher ein wenig »Austüfteln« und Geduld dazu, bis ein Diagramm endlich das gewünschte Aussehen besitzt. Hier werden die Grenzen der COM-Interop-Schnittstelle durch fehlende Auswahllisten und vor allem wenig aussagekräftige Fehlermeldungen deutlich. Abbildung 6.9 soll eine erste Orientierung bieten, indem die bei einem typischen Diagramm beteiligten »Unterobjekte« übersichtlich zusammenstellt werden.

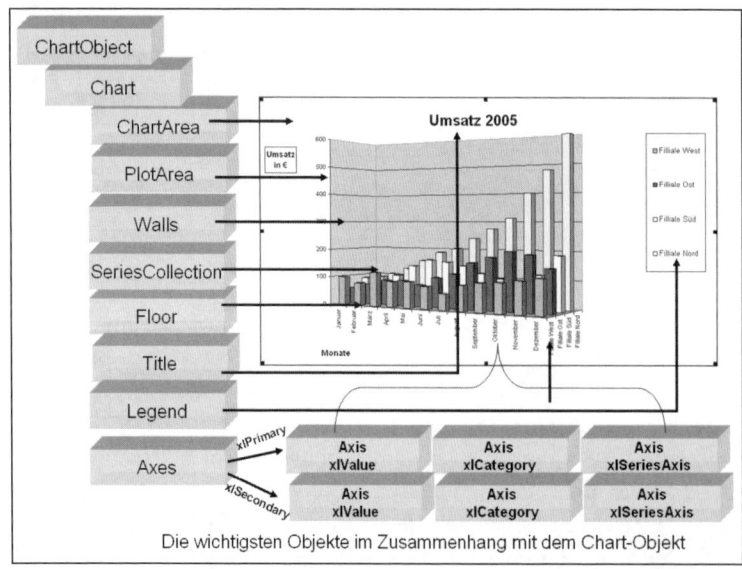

Abbildung 6.9 Das hinter einem Excel-Diagramm stehende Objektmodell im Überblick

Diagramme anlegen

Beispiel

Das folgende Beispiel wandelt zwölf Zahlen im Bereich *A1* bis *L1* in ein hübsches Balkendiagramm um. Damit ein Fehler beim Zugriff auf die *Chart*-Objekte nicht zu einem Abbruch durch eine *COMException*-Ausnahme führt, werden die Befehle in einen *Try Catch*-Block eingerahmt.

> **CD-ROM** Sie finden das Beispiel in der Projektmappendatei *Kap6_AutomatisierungsBeispiele.sln* auf der Buch-CD.

```
Dim C As Ex.Chart
Dim R As Ex.Range
Dim Sh As Ex.Worksheet
Try
  Sh = ExApp.ActiveSheet
  For i As Short = 1 To 12
    Sh.Cells(1, i).Value = New Random(Now.Millisecond).Next(1, 50) + 50
  Next
  C = ExApp.Charts.Add
  C.ChartType = Ex.XlChartType.xl3DColumn
  R = Sh.Range("A1:L12")
  C.ChartWizard(Source:=R, Title:="Umsatz 2008")
  With CType(C.SeriesCollection(1), Ex.Series).Fill
    .TwoColorGradient(Style:=Microsoft.Office.Core.MsoGradientStyle.msoGradientHorizontal, Variant:=1)
    .ForeColor.SchemeColor = 3
    .BackColor.SchemeColor = 17
  End With
Catch Ex As COMException
  MessageBox.Show("COMException:" & Ex.Message, My.Application.Info.Title)
Catch Ex As SystemException
  MessageBox.Show(Ex.Message, My.Application.Info.Title)
End Try
```

Der Weg über den Assistenten in Form der *ChartWizard*-Methode des *Chart*-Objekts ist nur eine von mehreren Möglichkeiten. Eine Alternative besteht darin, ein frisches Diagramm anzulegen und die Daten über die *SeriesCollection*-Eigenschaft des *Chart*-Objekts einzufügen, die für alle Datenreihen steht.

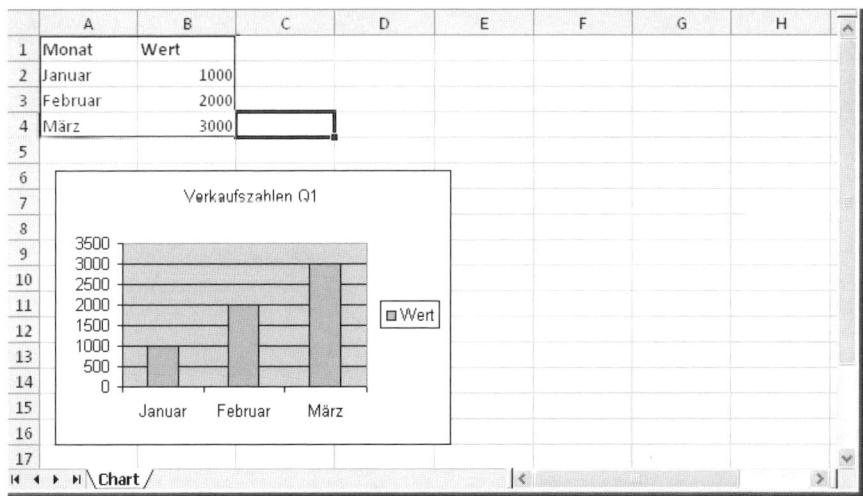

Abbildung 6.11 Ein hübsches Balkendiagramm (das bei Excel 2007 dank der Farbverläufe noch ein wenig ansprechender aussieht)

Beispiel

Auch das folgende Beispiel wandelt zwölf Zahlen im Bereich *A1* bis *L1* in ein Balkendiagramm um, das als eingebettetes *Chart*-Objekt nicht über die allgemeine *Charts*-Auflistung, sondern dieses Mal über die *ChartObjects*-Auflistung des *Worksheet*-Objekts zur Verfügung steht, und fügt am Ende noch eine weitere Datenserie als *Series*-Objekt hinzu, die mit Daten aus einem *Short*-Array gefüllt wird. Ein *ChartObject*-Objekt ist nicht mit einem *Chart*-Objekt identisch, sondern stellt dieses über seine *Chart*-Eigenschaft zur Verfügung.

CD-ROM Sie finden das Beispiel in der Projektmappendatei *Kap6_AutomatisierungsBeispiele.sln* auf der Buch-CD.

```
Dim Sh As Ex.Worksheet
Dim NewChartObj As Ex.ChartObject
Dim C As Ex.Chart
Dim R As Ex.Range
Dim SCol As Ex.SeriesCollection
Try
  Sh = ExApp.ActiveSheet
  ' Zufallszahlen einfüllen
  For i As Short = 1 To 12
    Sh.Cells(1, i).Value = New Random(Now.Millisecond).Next(1, 50) + 50
  Next
  ' Chart zu den eingebetteten Charts hinzufügen
  NewChartObj = Sh.ChartObjects.Add(10, 30, 500, 300)
  C = NewChartObj.Chart
  R = Sh.Range("A1:L1")
  With C
    .SetSourceData(R)
    .ChartType = Ex.XlChartType.xl3DColumn
  End With
  SCol = C.SeriesCollection
  Dim DatenReihe1 As Ex.Series = C.SeriesCollection.NewSeries
  DatenReihe1.Values = _
    New Short() {100, 120, 80, 160, 240, 80, 90, 110, 88, 124, 64, 100}
  Dim DatenReihe2 As Ex.Series = C.SeriesCollection.NewSeries
  DatenReihe2.Values = _
    New Short() {200, 220, 180, 160, 240, 180, 190, 210, 188, 224, 164, 200}
  SCol.Item(2).Interior.ColorIndex = 4
  SCol.Item(3).Interior.ColorIndex = 8
Catch Ex As COMException
  MessageBox.Show("COMException:" & Ex.Message, My.Application.Info.Title)
Catch Ex As SystemException
  MessageBox.Show(Ex.Message, My.Application.Info.Title)
End Try
```

HINWEIS Sollte der direkte Zugriff auf die *SeriesCollection*-Eigenschaft des *Chart*-Objekts zu einer scheinbar grundlosen Ausnahmefehlermeldung führen, kann die Übergabe eines *System.Type.Missing* für den optionalen Parameter Abhilfe schaffen:

```
Dim DatenReihe As Excel.Series = C.SeriesCollection(System.Type.Missing).NewSeries
```

Mitglied	Bedeutung
BarGroups-Methode	Eine von mehreren Methoden, die alle *ChartGroup*-Objekte des gleichen Typs als *ChartGroups*-Auflistung zurückgeben.
ChartArea-Eigenschaft	Steht für die Fläche, in der ein Diagramm angezeigt wird.
ChartGroups-Methode	Steht für eine Auflistung von *ChartGroup*-Objekten, wobei jedes einzelne Objekt die Darstellung einer Datenserie im gleichen Format (Balken, Linie usw.) repräsentiert.
ChartObjects-Methode	Steht für eine Auflistung von *ChartObject*-Objekten, die alle auf einem Arbeitsblatt eingebetteten Diagramme repräsentiert.
ChartTitle-Eigenschaft	Steht für den Titel des Diagramms als *ChartTitle*-Objekt (mit unter anderem einer *Text*-Eigenschaft).
ChartType-Eigenschaft	Legt den Typ des Diagramms fest.
ChartWizard-Methode	Erlaubt das Einstellen von jenen Eigenschaften, die über den Diagramm-Assistenten abgefragt werden.
CopyPicture-Methode	Kopiert das ganze Diagramm in die Zwischenablage, sodass es zum Beispiel in einem Grafikprogramm eingefügt werden kann.
DataTable-Eigenschaft	Steht für die Zahlen, die ein Diagramm visuell repräsentiert, in Form einer Tabelle.
Export-Methode	Speichert das komplette Diagramm entweder als GIF oder JPEG. Beispiel: *C.Export("C:\Chart.jpg", "JPEG", Type.Missing)*.
PrintOut-Methode	Gibt das Diagramm auf dem Drucker aus.
SaveAs-Methode	Speichert ein eigenständiges Diagramm in verschiedenen Formaten (mit eingebetteten funktioniert es offenbar nicht). Die zusätzlichen Parameter entsprechen jenen, die auch beim Speichern einer Mappe angegeben werden können (Beispiel: *C.SaveAs ("C:\Diagramm.html", 44)*, um ein Chart als HTML-Datei zu speichern, wobei 44 der Konstantenwert für das Format *xlFileFormat.xlHTML* ist. Das reine Diagramm kann auch per *Export*- oder *ExportAsFixedFormat*-Methode gespeichert werden.
SeriesCollection-Eigenschaft	Steht für die Datenreihen eines Diagramms als eine Auflistung von *Series*-Objekten, deren *Values*-Eigenschaft die einzelnen Werte enthält.
SetSourceData-Methode	Legt die Datenquelle in Gestalt eines *Range*-Objekts für ein Diagramm fest.

Tabelle 6.3 Die wichtigsten Eigenschaften und Methoden des *Chart*-Objekts

Wenn Diagramme eingebettet werden – die ChartObject-Objekte

Am Anfang wird es Ihnen sicherlich ein paar Mal passieren, dass sich elementare Eigenschaften eines *Chart*-Objekts, wie der Titel, scheinbar nicht setzen lassen, und jeder Versuch zu einer ärgerlichen, weil nichtssagenden *COMException* führt. Der Grund für diese Ausnahme ist in der Regel, dass es sich um ein eingebettetes Diagramm handelt und dieses über das *ChartObject* des Worksheets angesprochen werden muss. Dieses Objekt besitzt eine *Chart*-Eigenschaft, die ein *Chart*-Objekt zur Verfügung stellt, auf das dann regulär zugegriffen werden kann.

Beispiel

Das folgende Beispiel legt ein Diagramm an, bettet es in das aktuelle Tabellenblatt ein und setzt anschließend den Titel. Das hört sich alles andere als spektakulär an, doch wenn man weiß, dass hier ein *ChartObject* im Spiel ist, spart es das auf die Dauer ein wenig ermüdende »Google-Trial-and-Error«-Verfahren.

CD-ROM Sie finden das Beispiel in der Projektmappendatei *Kap6_AutomatisierungsBeispiele.sln* auf der Buch-CD.

```
Dim Ch As Ex.Chart
Dim Sh As Ex.Worksheet = ExApp.ActiveSheet
Dim Wb As Ex.Workbook = ExApp.ActiveWorkbook
' Zufallszahlen einfüllen
For i As Short = 1 To 12
  Sh.Cells(1, i).Value = New Random(Now.Millisecond).Next(1, 50) + 50
Next
Try
  Dim Daten As Ex.Range = Sh.Range(Sh.Cells(1, 1), Sh.Cells(1, 12))
  Ch = Wb.Charts.Add
  With Ch
    .ChartType = Ex.XlChartType.xlLineMarkers
    .SetSourceData(Source:=Daten)
    .Location(Ex.XlChartLocation.xlLocationAsObject, Sh.Name)
  End With
  Dim Cho As Ex.ChartObject
  Cho = Sh.ChartObjects(1)
  With Cho.Chart
    .HasTitle = True
    .ChartTitle.Text = "Ein neuer Titel"
  End With
  Cho.Interior.ColorIndex = 4
  Cho.Interior.ColorIndex = 4
  Cho.Interior.ColorIndex = 4
Catch Ex As COMException
  MessageBox.Show("COMException: " & Ex.Message, My.Application.Info.Title)
Catch Ex As SystemException
  MessageBox.Show("SystemException: " & Ex.Message, My.Application.Info.Title)
End Try
```

HINWEIS Das Excel-Objektmodell ist gerade bei Diagrammen sehr eigen und quittiert manchen logisch erscheinenden Schritt mit einer nichtssagenden *COMException*. So darf ein Diagramm oder eine Achse nur dann einen Titel erhalten, wenn zuvor die *HasTitle*-Eigenschaft auf *True* gesetzt wurde. Sollten selbst simple Einstellungen an einem Diagramm zu einer Fehlermeldung führen, kann es daran liegen, dass das Diagramm noch keine Daten besitzt. Diese und andere »Besonderheiten« findet man meistens nur durch Ausprobieren heraus.

Diagramme verschieben und vergrößern

Automatisiert angelegte Diagramme sind oft zu klein und erscheinen irgendwie »merkwürdig« unproportioniert. Es gehört relativ viel Ausprobieren dazu, ein Diagramm in die gewünschte Größe und an die gewünschte Position zu bekommen. Das kleine »Geheimnis«, das natürlich wieder einmal keines ist, besteht darin, dass ein eingebettetes Diagramm als *Shape*-Objekt über die *Shapes*-Auflistung des Worksheets angesprochen wird. Dessen Eigenschaften *Left*, *Top*, *Width* und *Height* bestimmen Position und Größe des eingebetteten Diagramms (auch das *ChartObject* besitzt diese Eigenschaften, mit dem *Shape*-Objekt funktioniert es aber besser). Da sich die Größe eines Diagramms oft an einem Tabellenblattausschnitt orientieren soll, gibt es einen relativ einfachen Trick, die Größe des Diagramms ansprechend anzupassen: Man übergibt als Größe die entsprechenden Koordinaten des *Range*-Objekts, die den Bereich umgeben, in den das Diagramm eingefügt werden soll.

Beispiel

Die folgende Prozedur lässt sich vielseitig einsetzen. Sie platziert ein Diagramm, das bereits als *ShapeRange*-Objekt übergeben wird, in einem Bereich, der durch ein *Range*-Objekt und jeweils eine Angabe für die Breite und die Höhe in Zellen definiert wird. Viel steckt nicht dahinter. Die Grundidee ist simpel, die Position des Diagramms wird an der Position einer bestimmten Zelle ausgerichtet und lässt sich damit besser relativ angeben als absolut.

> **CD-ROM** Sie finden das Beispiel in der Projektmappendatei *Kap6_AutomatisierungsBeispiele.sln* auf der Buch-CD.

```
Sub DiagrammPlatzieren(ByVal Shp As Ex.ShapeRange, ByVal R As Ex.Range, ByVal Breite As Single, _
    ByVal Hoehe As Single)
  With Shp
    .Left = R.Left
    .Top = R.Top
    .Width = Breite
    .Height = Hoehe
  End With
End Sub
```

ShapeRange oder Shape?

Ein wenig verwirrend, wie einiges im Objektmodell von Excel, ist der Umstand, dass es neben dem *Shape*- auch ein *ShapeRange*-Objekt gibt und nur dieses dazu benutzt werden kann, um bei einem *Shape*-Objekt etwa die Hintergrundfarbe einzustellen. Ein *ShapeRange*-Objekt steht grundsätzlich für eine Gruppe von *Shape*-Objekten, aber auch für ein einzelnes Shape. Die Hintergrundfarbe eines *ShapeRange* wird über die *Fill*-Eigenschaft eingestellt, die wiederum für ein *FillFormat*-Objekt steht. Wer nun glaubt, hier gäbe es endlich eine simple *BackColor*-Eigenschaft, kennt das Excel-Objektmodell noch nicht. Es existiert zwar eine solche Eigenschaft, doch steht diese für ein *ColorFormat*-Objekt, dessen *RGB*- oder *SchemeColor*-Eigenschaft dann endlich entweder ein entsprechender Farbwert als *Long*-Wert oder ein Indexwert zugewiesen werden kann.

> **CD-ROM** Sie finden das Beispiel in der Projektmappendatei *Kap6_AutomatisierungsBeispiele.sln* auf der Buch-CD.

Beispiel

Das folgende Beispiel legt eine neue TextBox in Gestalt eines *Shape*-Objekts an und verleiht ihm eine hellgraue Hintergrundfarbe.

```
Dim Sh As Ex.Worksheet = ExApp.ActiveSheet
Dim ShText As Ex.Shape
Dim Start As Ex.Range = ExApp.Range("C2")
Dim Breite As Integer = 200
Dim Hoehe As Integer = 18
Dim Inhalt As String = "Verkaufszahlen 2008"
Try
  ShText = Sh.Shapes.AddTextbox(Office.MsoTextOrientation.msoTextOrientationHorizontal, _
    Start.Left, Start.Top, Breite, Hoehe)
  With ShText
    .TextFrame.Characters.Text = Inhalt
    .TextFrame.HorizontalAlignment = Ex.XlHAlign.xlHAlignCenter
```

```
        .Fill.Solid()
        .Fill.ForeColor.RGB = RGB(232, 232, 240)
        .Line.Visible = Office.MsoTriState.msoCTrue
    End With
Catch Ex As COMException
    MessageBox.Show("COMException: " & Ex.Message, My.Application.Info.Title)
Catch Ex As SystemException
    MessageBox.Show("SystemException: " & Ex.Message, My.Application.Info.Title)
End Try
```

Der Zugriff auf die Daten eines Diagramms

Ähnlich verwirrend (zumindest am Anfang) ist der Zugriff auf die Daten in einem Diagramm, da das Objektmodell von Excel hier offenbar entweder nicht ganz konsistent ist oder die Entwickler bei Microsoft vergessen haben zu verraten, wie es funktioniert. Hinter den Daten eines Diagramms steckt die *SeriesCollection*, die für jede Datenreihe ein *Series*-Objekt enthält (das Mehrzahl »s« stört ein wenig, wenngleich dies natürlich nur eine Kleinigkeit ist). Die Daten werden übrigens nicht direkt über einen Zellbezug, sondern sehr viel flexibler über die interne Excel-Funktion SERIES (bzw. DATENREIHE innerhalb eines deutschsprachigen Excel) zugewiesen, was sich über die *Formula*-Eigenschaft des *Series*-Objekts feststellen lässt. Die eigentlichen Daten verstecken sich hinter der *Values*-Eigenschaft, wobei (zumindest dem Autor) relativ unklar ist, was sich dahinter genau verbirgt. Die *TypeName*-Funktion verrät immerhin, dass sich um ein *Object()*-Array handelt. Eine *Count*-Eigenschaft besitzt sie aber nicht (dafür eine *Length*-Eigenschaft, wenn sie von Visual Basic angesprochen wird). In VBA muss für den Zugriff auf einen einzelnen Wert das folgende, etwas ungewöhnliche Konstrukt herhalten:

```
Wert = ActiveSheet.ChartObjects(1).Chart.SeriesCollection(1).Values()(1)
```

In Visual Basic ist der direkte Zugriff auf das *Values*-Array über einen Index möglich. Neben einer *Values*-Auflistung gibt es entsprechend auch eine *XValues*-Auflistung für die Werte auf der x-Achse, die leider ähnlich schwer einzuordnen ist. Dennoch ist es interessant, sich die »Formel« hinter einer Datenserie einmal näher anzuschauen. Hier ein kleines Beispiel:

```
=SERIES(Tabelle1!$B$1,Tabelle1!$A$2:$A$13,Tabelle1!$B$2:$B$13,1)
```

Insgesamt setzt sich der Bezug aus vier, durch Kommata getrennten Teilbezügen zusammen: den Namen der Serie, den Bereich der x-Werte, den Bereich der Werte und die Zeichnen-Reihenfolge (engl. »plot order«).

Eigenschaft	Bedeutung
PlotOrder	Legt die Reihenfolge fest, in der die einzelnen Datenserien gezeichnet werden.
Formula	Steht für die *SERIES*-Formel, die die Bezüge auf die Datenquellen enthält.
Interior	Steht für die Innenfläche der Linie. Über *ColorIndex* kann die Farbe festgelegt werden.
Border	Steht für die Umrandung der Linie. Über *ColorIndex* kann die Farbe festgelegt werden.
MarkerBackgroundColor/ MarkerBackgroundColorIndex	Steht für die Hintergrundfarbe des Markierungssymbols bei Liniendiagrammen.

Tabelle 6.4 Wichtige Eigenschaften der *Series*-Klasse

Eigenschaft	Bedeutung
MarkerForegroundColor/ MarkerForegroundColorIndex	Steht für die Vordergrundfarbe des Markierungssymbols bei Liniendiagrammen.
MarkerType	Steht für den Typ des Markierungssymbols bei Liniendiagrammen.
MarkerSize	Steht für die Größe des Markierungssymbols bei Liniendiagrammen.
Values	Steht für die Werte der Datenserie.
XValues	Steht für die Werte auf der x-Achse, die mit den Werten der Datenserie korrespondieren.
Point	Repräsentiert einen einzelnen Datenpunkt in der Serie. Damit lässt sich jeder Punkt gezielt ansprechen. Eine interessante Eigenschaft ist *DataLabel*, die einen Zugriff auf die Beschriftung des Punktes erlaubt.

Tabelle 6.4 Wichtige Eigenschaften der *Series*-Klasse *(Fortsetzung)*

TextBoxen hinzufügen

Als Beschriftung für Tabellen eignen sich TextBoxen oft ein wenig besser, da sie frei verschiebbar und in der Größe flexibler einstellbar sind als eine Zelle. Hinter einer TextBox steckt ein *Shape*-Objekt. Auch wenn es im Excel-Objektmodell offenbar eine *TextBox*-Klasse gibt, lässt sich weder eine Variable von diesem Typ definieren noch wird dieser Typ im Objektkatalog aufgeführt. Der Weg zu einer TextBox führt daher wieder über die universelle *Shapes*-Auflistung.

Beispiel

Der folgende Befehl fügt an der angegebenen Position eine TextBox ein:

```
Dim ShText As Excel.Shape
ShText = Sh.Shapes.AddTextbox(MsoTextOrientation.msoTextOrientationHorizontal, 10, 10, 600, 200)
```

Einen Textinhalt erhält eine solche TextBox über die zugehörige *TextFrame*-Eigenschaft und deren *Characters*-Eigenschaft:

```
ShText.TextFrame.Characters.Text = Inhalt
```

Die Hintergrundfarbe wird, wieder einmal, über die *Fill*-Eigenschaft eingestellt:

```
ShText.Fill.ForeColor.RGB = RGB(234, 234, 234)
```

Möchte man einzelne Zeichen individuell formatieren, ist dies ebenfalls möglich. Man muss dazu nur wissen, dass sich hinter *Characters* ein Array mit den einzelnen Zeichen verbirgt, das über die Startposition und die Anzahl der zu berücksichtigenden Zeichen angesprochen wird. Die folgenden Befehle färben die Zeichenkette *ATTENTION:* in der TextBox nicht nur rot, sondern sorgen auch dafür, dass die Zeichen unterstrichen und fett dargestellt werden:

```
Dim ShText As Ex.Shape
Dim Sh As Ex.Worksheet = ExApp.ActiveSheet
Dim Inhalt As String = "ATTENTION: Datenglatteis"
Dim Suchwort As String = "ATTENTION:"
```

```
ShText = Sh.Shapes.AddTextbox(Office.MsoTextOrientation.msoTextOrientationHorizontal, 10, 10, 200, 50)
ShText.TextFrame.Characters.Text = Inhalt
ShText.Fill.ForeColor.RGB = RGB(234, 234, 234)
With ShText
  With .TextFrame.Characters(.TextFrame.Characters.Text.IndexOf(Suchwort, 0), Suchwort.Length).Font
    .ColorIndex = 3
    .Bold = True
  End With
End With
```

So eindrucksvoll dieses Konstrukt auch erscheinen mag, es darf nicht vergessen werden, dass die ganze »Stringakrobatik« nur funktioniert, wenn die Zeichenkette »ATTENTION:« tatsächlich in der TextBox enthalten ist.

Bilder einfügen

Für Bitmaps, die auf einem Tabellenblatt oder Diagramm platziert werden, gibt es im Excel-Objektmodell das *Picture*-Objekt. Ein wenig kurios ist, dass es zwar Teil des *Microsoft.Office.Interop.Excel*-Namespaces ist, aber nicht in der Auswahlliste erscheint (eines der »Geheimnisse« der PIAs). Trotzdem lässt es sich problemlos verwenden.

CD-ROM Sie finden das Beispiel in der Projektmappendatei *Kap6_AutomatisierungsBeispiele.sln* auf der Buch-CD.

Beispiel

Das folgende Beispiel besteht aus einer Prozedur, die in die als *Worksheet*-Objekt übergebene Tabelle eine Bitmap an der festgelegten Position und in der definierten Größe, die in Pixel angegeben werden, einfügt.

```
Sub LogoSetzen(ByVal Sh As Ex.Worksheet, ByVal Top As Integer, ByVal Left As Integer, _
ByVal Breite As Integer, ByVal Hoehe As Integer, ByVal LogoPfad As String)
  Try
    Dim Pic As Ex.Picture
    Pic = Sh.Pictures.Insert(LogoPfad)
    With Pic
      .Top = Top
      .Left = Left
      .Width = Breite
      .Height = Hoehe
    End With
  Catch Ex As COMException
    MessageBox.Show("COMException: " & Ex.Message, My.Application.Info.Title)
  Catch Ex As SystemException
    MessageBox.Show("SystemException: " & Ex.Message, My.Application.Info.Title)
  End Try
End Sub
```

Ein wenig Spaß mit Liniendiagrammen

Für kleine Beispielchen und zum Vorführen sind 3D-Kuchendiagramme natürlich recht nett, in der Praxis, vor allem wenn es um das Visualisieren von Datenreihen geht, sind Liniendiagramme aber besser geeignet, da jeder Datenreihe ein eigener Linientyp zugeordnet werden kann, bei dem jeder Punkt wiederum optional durch einen »Marker« dargestellt werden kann. Ein Liniendiagramm besteht aus einer Reihe von Punkten, die durch Linien verbunden werden. Jeder Punkt (engl. »marker«) besitzt verschiedene Attribute: die Form des Punktes über die *MarkerStyle*-Eigenschaft (hier stellt Excel eine Reihe von Konstanten zur Verfügung), die Größe des Punktes über die *MarkerSize*-Eigenschaft, die Vorder- und Hintergrundfarbe über die *MarkerForegroundColorIndex*- und *MarkerBackgroundColorIndex*-Eigenschaft, die Innenfläche über die *Interior*-Eigenschaft und nicht zuletzt die Farbe der Linie über die *Border*-Eigenschaft und deren *ColorIndex*-Eigenschaft.

CD-ROM Sie finden das Beispiel in der Projektmappendatei *Kap6_AutomatisierungsBeispiele.sln* auf der Buch-CD.

Beispiel

Das folgende Beispiel legt aus zehn Zufallswerten im Bereich von 0 bis 255 ein Liniendiagramm mit Markierungspunkten an.

```
Try
  Dim Sh As Ex.Worksheet = ExApp.ActiveSheet
  Dim Ch As Ex.Chart = CType(CType(Sh.ChartObjects, Ex.ChartObjects).Add(10, 40, 400, 200),
  Ex.ChartObject).Chart
  Dim Zahlenfeld(10) As Byte
  Dim R As New Random
  R.NextBytes(Zahlenfeld)
  For i As Integer = 1 To 10
    Sh.Cells(1, i).Value = Zahlenfeld(i)
  Next
  Dim Daten As Ex.Range = Sh.Range(Sh.Cells(1, 1), Sh.Cells(1, 10))
  With Ch
    .ChartType = Ex.XlChartType.xlLineMarkers
    .SetSourceData(Daten)
    With .SeriesCollection(1)
      .Name = "Messwerte"
      .MarkerStyle = 8
      .MarkerSize = 6
      .MarkerforegroundColorIndex = 4
      .MarkerbackgroundColorIndex = 4
      .Border.Weight = Ex.XlBorderWeight.xlMedium
      .Border.ColorIndex = 5
    End With
    ' Zum Schluss noch den Titel formatieren
    With .ChartTitle
       .Font.Size = 12
       .Font.Bold = True
    End With
    ' Und die Legende etwas kleiner
    With .Legend
       .Font.Size = 9
    End With
  End With
Catch Ex As COMException
    MessageBox.Show("COMException: " & Ex.Message, My.Application.Info.Title)
Catch Ex As SystemException
    MessageBox.Show("SystemException: " & Ex.Message, My.Application.Info.Title)
End Try
```

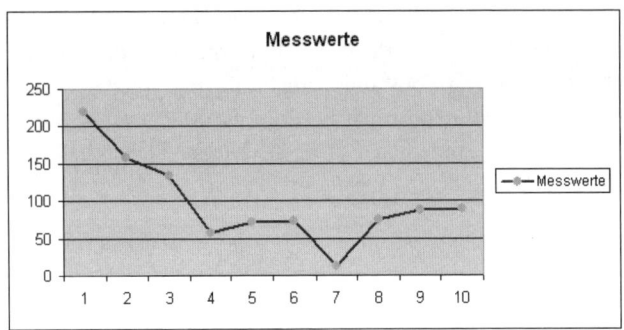

Abbildung 6.12 Ein Liniendiagramm ist oft die beste Variante, um eine Zahlenreihe darzustellen

Linienmarker mit Bitmaps

War nicht in der letzten Überschrift von Spaß die Rede? Wie wäre es damit: Über die unscheinbare *Paste*-Methode kann jedem Marker eine beliebige Bitmap zugeordnet werden. Damit können Sie jeden Punkt zum Beispiel, je nach Lage des Punktes, entweder mit einem lachenden oder mit einem traurigen Smiley ausstatten. Was bei VBA ein wenig knifflig war, da es keine direkte Möglichkeit gab, eine Bitmap direkt zuzuweisen, ist bei Visual Basic dank der *Bitmap*-Klasse ein wenig einfacher und vor allem »logischer«. Angenommen, das Verzeichnis *Eigene Bilder* enthält eine Datei *Smiley.png*, die ein kleines Lachgesicht in der Größe 16¥16 Pixel darstellt. Dann lädt der folgende Befehl diese Bitmap in ein *Bitmap*-Objekt:

```
Dim Pi As New Bitmap(Environment.GetFolderPath(Environment.SpecialFolder.MyPictures) & "\Smiley.png")
```

Der folgende Befehl kopiert die Bitmap in die Zwischenablage:

```
Clipboard.SetDataObject(Pi)
```

sodass es die *Paste*-Methode eines *Series*-Objekts beim Durchlaufen der Datenpunkte dem Marker zuweisen kann:

```
With CType(.SeriesCollection(1), Ex.Series)
  .Name = "Messwerte"
  .MarkerStyle = 8
  .MarkerSize = 6
  For Each M As Ex.Point In .Points
    M.Paste()
  Next
End With
```

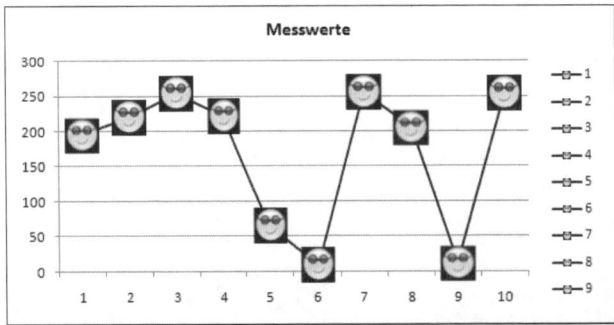

Abbildung 6.13 Liniendiagramme einmal anders – wenn es die Bilanz (und der Chef) erlaubt, werden die Marker mit einem Smiley versehen

> **CD-ROM** Sie finden das Beispiel in der Projektmappendatei *Kap6_AutomatisierungsBeispiele.sln* auf der Buch-CD.

Listen (Tabellen)

Eine der wesentlichen Neuerungen von Excel 2003 waren die Listen, die durch ein *ListObject*-Objekt repräsentiert werden und die bei Excel 2007 auf einmal Tabellen heißen. Listen sind eine sehr praktische Angelegenheit, da sie einen eigenen Bereich innerhalb des Tabellenblattes darstellen, der Anwender die Liste nach jeder einzelnen Spalte sortieren kann und es möglich ist, in der letzten Zeile eine Zusammenfassung anzuzeigen, in der über eine Spalte zum Beispiel die Summe oder der Durchschnitt gebildet werden kann. Die VSTO kapseln ein *ListObject*-Objekt durch ein *ListObject*-Control, das um die Möglichkeit der Datenbindung erweitert wird und das ebenfalls zur Laufzeit hinzugefügt werden kann. In diesem Abschnitt soll es nur um das reine *ListObject*-Objekt gehen, dessen wichtigste Mitglieder in Tabelle 6.5 zusammengestellt sind.

> **CD-ROM** Sie finden das Beispiel in der Projektmappendatei *Kap6_AutomatisierungsBeispiele.sln* auf der Buch-CD.

Beispiel

Das folgende Beispiel importiert den Inhalt einer kleinen Textdatei im CSV-Format über die Auswahl der Datei und den Import über die *OpenText*-Methode des *Workbooks*-Objekts in eine neu angelegte Arbeitsmappe und legt für die Zellen im Bereich *A1* bis *E5* eine Liste an.

```
Try
  Dim Sh As Ex.Worksheet
  Using Ofd As New OpenFileDialog()
    With Ofd
      .Filter = "Csv-Dateien (*.Csv)|*.csv|Alle Dateien|*.*"
      .InitialDirectory = My.Application.Info.DirectoryPath
      Dim ExWin As New NativeWindow()
      ExWin.AssignHandle(Process.GetProcessesByName("Excel")(0).MainWindowHandle)
      If .ShowDialog(ExWin) = Windows.Forms.DialogResult.OK Then
        Dim xlText As Ex.XlColumnDataType = Ex.XlColumnDataType.xlTextFormat
        Dim TestArray(,) As Object = New Object(,) {{1, xlText}, {1, xlText}, {1, xlText}, _
          {1, xlText}, {1, xlText}}
        ExApp.Workbooks.OpenText(Filename:=.FileName, DataType:=Ex.XlTextParsingType.xlDelimited, _
          Comma:=True, FieldInfo:=TestArray)
        Sh = ExApp.ActiveSheet
        Dim Li As Ex.ListObject = Sh.ListObjects.Add(Ex.XlListObjectSourceType.xlSrcRange, _
          Sh.Range("A1:E5"), , Ex.XlYesNoGuess.xlYes)
        Li.ShowTotals = True
        Li.ListColumns(1).Total.Value2 = "Summe"
        For i As Short = 2 To 4
          Li.ListColumns(i).TotalsCalculation = Ex.XlTotalsCalculation.xlTotalsCalculationSum
        Next
      End If
    End With
  End Using
End Try
```

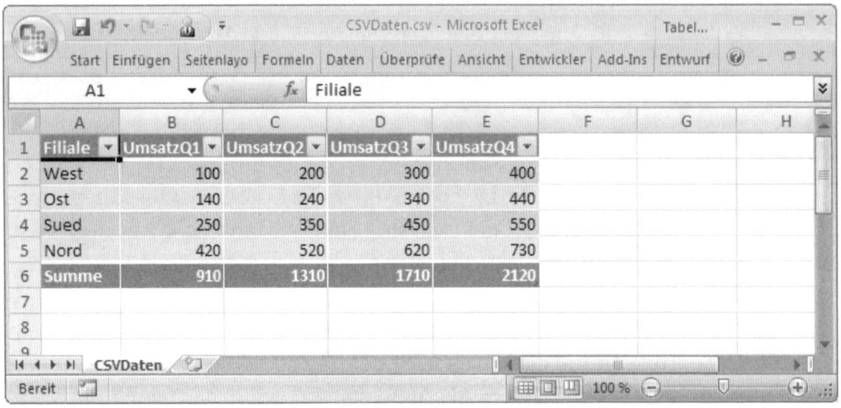

Abbildung 6.14 Der Inhalt einer CSV-Datei wurde in eine Liste importiert

> **HINWEIS** Die Möglichkeit, eine externe Quelle anzugeben, existiert nur in Verbindung mit dem Laden von Daten mithilfe eines Webservice-Aufrufs oder eines SharePoint-Imports.

Kurzer Exkurs zum Thema CSV-Import

Der Import von CSV-Dateien ist eine echte Herausforderung (das zeigen allein die vielen Einträge in den Foren). Die *OpenText*-Methode ist sowohl syntaktisch als auch semantisch ein wenig »daneben« geraten und anscheinend auch nicht vollständig dokumentiert. Das größte Sorgenkind ist dabei der (optionale) *FieldInfo*-Parameter, über den man jeder Spalte einen Datentyp zuordnen kann. Offiziell wird offenbar ein zweidimensionales Array mit *Variant*-Werten erwartet (ein eindimensionales Array tut es aber anscheinend auch), das über die *Array*-Funktion übergeben wird. Die *Array*-Funktion von VBA gibt es in Visual Basic aber nicht, sodass man sich mit einem *Object*-Array behelfen muss, das wie folgt angelegt werden kann:

```
Dim FeldInfoArray(,) As Object = New Object(,) {{1, xlText}, {1, xlText}, {1, xlText}, {1, xlText}, _
    {1, xlText}}
```

In diesem Fall sind insgesamt fünf Spalten im Spiel, die alle denselben Textinhalt besitzen. *xlText* ist eine Konstante (bzw. Variable), die wie folgt definiert ist:

```
Dim xlText As Excel.XlColumnDataType = Excel.XlColumnDataType.xlTextFormat
```

Der eigentliche Importbefehl sieht folgendermaßen aus:

```
ExApp.Workbooks.OpenText(Filename:=.FileName, DataType:=Excel.XlTextParsingType.xlDelimited, _
    FieldInfo:=TestArray)
```

Im einfachsten Fall hat der Import einer semikolongetrennten Textdatei folgendes Aussehen:

```
ExApp.Workbooks.OpenText(Filename:=.FileName)
```

So kompliziert ist der Aufruf von *OpenText* dann doch nicht.

Listen (Tabellen)

Mitglied	Bedeutung
DataBodyRange-Eigenschaft	Steht für den Datenbereich der Liste als *Range*-Objekt.
HeaderRowRange-Eigenschaft	Steht für den Kopfbereich der Liste als *Range*-Objekt.
InsertRowRange-Eigenschaft	Steht für den Einfügebereich einer neuen Zeile als *Range*-Objekt.
ListColumns-Eigenschaft	Steht für die Spalten der Liste als *ListColumn*-Objekte.
ListRows-Eigenschaft	Steht für die Zeilen der Liste als *ListRow*-Objekte.
QueryTable-Eigenschaft	Spielt im Zusammenhang mit einer Abfrage von einem SharePoint eine Rolle.
Publish-Methode	Veröffentlicht die Liste auf einem SharePoint.
Range-Eigenschaft	Steht für den kompletten Bereich der Liste.
SharePointURL-Eigenschaft	Steht für die SharePoint-URL.
ShowTotals-Eigenschaft	*True*, wenn die Liste eine Summenzeile anzeigt.
TotalsRowRange-Eigenschaft	Steht für den Summenbereich der Liste, sofern vorhanden, als *Range*-Objekt.
XmlMap-Eigenschaft (read only)	Steht für ein *XmlMap*-Objekt, das wiederum eine Zuordnung zwischen einem Range und einem XML-Schema repräsentiert.

Tabelle 6.5 Die wichtigsten Eigenschaften und Methoden des *ListObject*-Objekts

XML-Inhalt in eine Liste importieren

Neben Textdateien im CSV-Format oder mit einer schlichten Tabellenstruktur eignen sich auch XML-Dateien für eine Listendarstellung. Das Importieren der XML-Datei geschieht über die *XmlImport*-Methode des *Workbook*-Objekts.

CD-ROM Sie finden das Beispiel in der Projektmappendatei *Kap6_AutomatisierungsBeispiele.sln* auf der Buch-CD.

Beispiel

Das folgende Beispiel liest eine XML-Datei in eine Excel-Liste ein und fügt am Ende in die unterste Zeile eine Durchschnittsfunktion hinzu. Da keine XML-Map existiert, wird für den entsprechenden Parameter ein *Nothing* übergeben.

```
Try
  Using Ofd As New OpenFileDialog()
  With Ofd
    .Filter = "Xml-Dateien (*.xml)|*.xml|Alle Dateien|*.*"
    .InitialDirectory = My.Application.Info.DirectoryPath
    Dim ExWin As New NativeWindow()
    ExWin.AssignHandle(New IntPtr(ExApp.Hwnd))
    If .ShowDialog(ExWin) = Windows.Forms.DialogResult.OK Then
      Wb = ExApp.ActiveWorkbook
      ExApp.DisplayAlerts = False
      Wb.XmlImport(.FileName, Nothing, True, Wb.ActiveSheet.Range("A1"))
      ' Die eingefügte Liste heißt bei Excel 2003 Liste1, bei Excel 2007 Tabelle1
      Liste = ExApp.ActiveSheet.ListObjects(1)
      Liste.ShowTotals = True
```

```
            Liste.TotalsRowRange.Cells(ColumnIndex:=1).Value2 = "Durchschnitt"
            Liste.ListColumns("AnzahlLogins").TotalsCalculation = _
              Ex.XlTotalsCalculation.xlTotalsCalculationAverage
        End If
        ExWin.ReleaseHandle()
    End With
    End Using
End Try
```

Die XML-Datei ist wie folgt aufgebaut, wobei der genaue Aufbau natürlich keine Rolle spielt. Wichtig ist lediglich, dass sich die Struktur in ein Tabellenblatt laden und daraus eine Liste herstellen lässt.

```
<Logins>
 <Login>
   <User>Pemo</User>
   <Zeitpunkt>1.4.2008 12:12</Zeitpunkt>
   <AnzahlLogins>10</AnzahlLogins>
 </Login>
 <Login>
   <User>Demo</User>
   <Zeitpunkt>1.5.2008 14:12</Zeitpunkt>
   <AnzahlLogins>4</AnzahlLogins>
 </Login>
 <Login>
   <User>Rudi</User>
   <Zeitpunkt>2.5.2008 20:12</Zeitpunkt>
   <AnzahlLogins>2</AnzahlLogins>
 </Login>
</Logins>
```

	A	B	C
1	User	Zeitpunkt	AnzahlLogins
2	Pemo	1.4.2008 12:12	10
3	Demo	1.5.2008 14:12	4
4	Rudi	2.5.2008 20:12	2
5	Durchschnitt		5,333333333

Abbildung 6.15 Der Inhalt einer XML-Datei wird in einer Liste angezeigt

Excel-Daten in eine Liste umwandeln

Eine Liste muss natürlich nicht zwangsläufig aus importierten Daten bestehen – jeder vorhandene Tabellenbereich kann in eine Liste umgewandelt werden.

CD-ROM Sie finden das Beispiel in der Projektmappendatei *Kap6_AutomatisierungsBeispiele.sln* auf der Buch-CD.

Beispiel

Das folgende Beispiel legt einen Bereich an, füllt ihn Zelle für Zelle mit ein paar Daten und wandelt den Bereich danach in eine Liste um.

```
Dim Wb As Excel.Workbook = ExApp.ActiveWorkbook
Try
  Dim Liste As Excel.ListObject
  With ExApp.ActiveSheet
```

Listen (Tabellen)

```
        .Range("A1").Value = "Logins"
        .Range("A2").Value = 20
        .Range("A3").Value = 30
        .Range("A4").Value = 40
        .Range("A5").Value = 50
    End With
    Liste = ExApp.ActiveSheet.ListObjects.Add(1, Wb.ActiveSheet.Range("A1:A5"))
    With Liste
        .ShowTotals = True
        .ListColumns("Logins").TotalsCalculation = Excel.XlTotalsCalculation.xlTotalsCalculationAverage
    End With
End Try
```

Die Vorteile liegen auf der Hand. Der Bereich kann nach Spalten sortiert werden, es steht eine Ergebniszeile zur Verfügung und bei Excel 2007 gibt es hübsche Formatvorlagen.

Eingebaute Dialoge anzeigen

Excel besitzt eine Fülle eingebauter Dialoge. Es ist daher häufig gar nicht erforderlich, einen Dialog über ein WinForms-Formular »nachzubauen«. Jeder Dialog steht über das *Application*-Objekt und dessen *Dialogs*-Auflistung zur Verfügung. Ein Dialog wird über eine umfangreiche Konstantenauflistung ausgewählt und mit der *Show*-Methode angezeigt. Es gibt aber weder einen Rückgabewert noch lässt sich feststellen, ob der Dialog bestätigt oder abgebrochen wurde. Die gesamte Funktionalität spielt sich innerhalb des Dialogfeldes ab. Das hat Vor- und Nachteile. Ein Nachteil ist, dass keine Möglichkeit besteht, in die interne Schrittfolge einzugreifen. Ein Beispiel: Beim Importieren von Textdateien über *xlDialogImportTextFile* müssen stets nacheinander der Zielbereich und das Format der Datei ausgewählt werden.

Beispiel

Der folgende Befehl zeigt den *Speichern unter*-Dialog an und ermöglicht es so, aus einem Programm heraus die Arbeitsmappe unter einem anderen Namen zu speichern.

```
Ex.Dialogs(Excel.XlBuiltInDialog.xlDialogSaveAs).Show()
```

WinForms-Dialoge oberhalb des Anwendungsfensters anzeigen

WinForms-Formulare werden entweder mit der *Show*- oder der *ShowDialog* Methode angezeigt. Letztere kommt vor allem bei den »fest eingebauten« Windows-Dialogen, beispielsweise zur Dateiauswahl, zum Einsatz. Das kleine Problem hierbei ist, dass das Standarddialogfeld unterhalb des Excel-Anwendungsfensters erscheint, was meistens nicht gewünscht wird. Was noch nicht einmal auf den zweiten Blick deutlich werden dürfte ist, dass *ShowDialog* zweifach überladen ist. In der zweiten Aufrufvariante kann das Fenster der Hauptanwendung als *IWin32Window*-Parameter übergeben werden. Doch wo bekommt man einen solchen Wert her? Zum Beispiel über die *Hwnd*-Eigenschaft des *Application*-Objekts, die für die Fensternummer des Anwendungsfensters steht. Diese ist zwar nicht vom Typ *IWin32Window*, doch mit der Hilfe von Mr. Google ist eine Lösung schnell gefunden.

Beispiel

Das folgende Beispiel ruft *ShowDialog* mit einem Wert auf, sodass es oberhalb des (Excel-)Anwendungsfensters erscheint.

```
Dim ExWin As New NativeWindow()
ExWin.AssignHandle(New IntPtr(ExApp.Hwnd))
If .ShowDialog(ExWin) = Windows.Forms.DialogResult.OK Then
```

Eine andere Variante besteht darin, die *MainWindowHandle*-Eigenschaft des jeweiligen (Excel-) Prozesses einzusetzen.

```
Dim ExWin As New NativeWindow()
ExWin.AssignHandle(Process.GetProcessesByName("Excel")(0).MainWindowHandle)
```

In beiden Fällen ist *NativeWindow* eine Klasse im Namespace *System.Windows.Forms*, die für ein Window-Fenster auf der Ebene des Betriebssystems steht.

Die XML-Funktionalität

Die mit Excel 2003 eingeführte (und seitdem leider nicht mehr erweiterte) XML-Funktionalität wird natürlich auch durch das Objektmodell abgebildet. Auch wenn dieses Thema in Kapitel 18 ausführlich an der Reihe ist, stellt Tabelle 6.6 jene Objekte zusammen, die in diesem Zusammenhang eine Rolle spielen und die natürlich auch per .NET-Automatisierung zur Verfügung stehen. Die Idee der ganzen XML-Unterstützung liegt darin, dass ein Anwender zuerst eine Schemadefinition (in Gestalt einer Xsd-Datei) lädt und anhand der in diesem Schema enthaltenen Elemente eine Zuordnung zu Bereichen des Arbeitsblattes trifft, indem er dieses »Mapping« entweder mit der Maus, indem die Schemaelemente aus der XML-Quelle-Aufgabenleiste auf eine Zelle gezogen werden, oder programmgesteuert durchführt. Diese Zuordnung zwischen einer Schemadatei und der Arbeitsmappe wird in Gestalt von *XmlMap*-Objekten (in der Benutzeroberfläche heißen sie *XML-Zuordnungen*) mit der Arbeitsmappe gespeichert. Werden im nächsten Schritt, der nicht unmittelbar aufeinanderfolgen muss, XML-Daten importiert, werden diese gemäß der Schemazuordnung auf das Tabellenblatt verteilt. Auf diese Weise kann zum Beispiel erreicht werden, dass aus einem umfangreichen XML-Datenbestand nur bestimmte Elemente im Tabellenblatt erscheinen. Die XML-Quelle einer Zelle wird indirekt über die *XPath*-Eigenschaft des *Range*-Objekts angegeben (zum Beispiel */Bestellungen/Bestellung/@BestellNr*, wenn das *Range*-Objekt oder die Spalte einer Liste mit dem Attribut *@BestellNr* im Knoten *Bestellung* verknüpft ist). Diese steht für den Pfad, der »gegangen« werden muss, um über die aktuelle Schemazuordnung (eine Arbeitsmappe kann auch an unterschiedliche Schemata gebunden werden) an die XML-Daten heranzukommen.

Objekt	Bedeutung	Wie wird es eingesetzt?
XmlMap	Steht für eine Zuordnung zwischen einem XML-Schema und einer Arbeitsmappe.	Zum Beispiel *Application.ActiveWorkbook.XmlMaps*
XmlSchema	Steht für das Schema, das Excel entweder zuvor geladen oder aus der XML-Quelle, wenn kein Schema vorhanden ist, abgeleitet hat.	*ActiveWorkbook.XmlMaps(1).Schemas(1)*
XmlNamespace	Steht für den Namespace, der durch das Schema hinzugefügt wurde.	*ActiveWorkbook.XmlNamespaces(1)*

Tabelle 6.6 Die XML-Objekte bei Excel 2003/2007

Webabfragen steuern

Wäre es nicht praktisch, wenn man Daten, die sich auf einer Webseite befinden, wie zum Beispiel aktuelle Tageskurse oder die Ergebnisse von Sportereignissen[8], wie durch Geisterhand gesteuert in ein Arbeitsblatt übernehmen könnte, sodass dieses immer die aktuellen Daten (welche auch immer das sein mögen) anzeigt? Über die Webabfragen (engl. »web queries«), die es bereits seit Excel 97 gibt, ist das grundsätzlich kein Problem. Eine Webabfrage basiert auf nichts anderem als einer kleinen Textdatei, die neben einer URL noch weitere Angaben aufweist, die festlegen, auf welche Weise der Inhalt der angegebenen Webseite in das Arbeitsblatt geladen wird. Die Webseite selbst ist eine gewöhnliche HTML-Datei, die allerdings irgendetwas enthalten muss, das sich auf ein Arbeitsblatt abbilden lässt. Webabfragen sind nicht der einzige Weg, um an externe Daten zu kommen. Auch Datenbankabfragen (über die ODBC-Datenbankschnittstelle) werden auf diese Weise durchgeführt. Im Mittelpunkt steht das *QueryTable*-Objekt, das zur *QueryTables*-Auflistung des *Worksheet*-Objekts hinzugefügt wird. Dieses ruft die Daten über eine Webabfrage ab, die entweder bereits als Textdatei (Erweiterung *.Iqy*) vorliegt oder deren Eckdaten neu zugewiesen werden (im Office-Verzeichnis, zum Beispiel *%Programfiles%\ Microsoft Office\Office11\Queries* (bei Office 2003) bzw. *%Programfiles%\Microsoft Office\Office12\Queries* (bei Office 2007) finden Sie drei fertige Iqy-Abfragen).

Beispiel

Das folgende Beispiel zeigt aktuelle Devisenkurse über eine Webabfrage an, die die Daten von einer Webseite des Microsoft-Finanzportals *MSN MoneyCentral* holt. Nach dem Start müssen Sie einen Augenblick warten, bis die Wechselkurse im aktuellen Tabellenblatt erscheinen.

```
Dim R As Excel.Range = Sh.Range("A1")
Dim Cn As String = "URL;http://moneycentral.msn.com/investor/external/excel/rates.asp"
Dim Qt As Excel.QueryTable = Sh.QueryTables.Add(Cn, R)
With Qt
  .BackgroundQuery = True
  .Refresh()
End With
```

Webabfragen sind ein typisches Beispiel für jene »old technology«, die im Jahr 2008 ein wenig überholt wirkt, auch wenn sie natürlich nach wie vor solide funktioniert und oft sogar die einfachste Lösung für ein Problem darstellen kann. Die Webservices bieten deutlich mehr Flexibilität und sind zudem einfacher zu benutzen, setzen allerdings voraus, dass die Daten, um die es geht, auch über einen Webservice angeboten werden. Mehr zu dem Thema in Kapitel 20.

Mitglied	Bedeutung
BackgroundQuery-Eigenschaft	*True*, wenn die Abfrage auch im Hintergrund ausgeführt werden soll.
CommandText-Eigenschaft	Enthält den Kommandotext einer Datenbankabfrage in Gestalt eines Arrays (*Object*).
CommandType-Eigenschaft	Konstante vom Typ *xlCmdType*, die für die Art der Datenabfrage steht (zum Beispiel *xlCmdTable*).
Connection-Eigenschaft	Enthält den Text der Verbindung zu einer Datenbank in Gestalt eines Arrays (*Object*).

Tabelle 6.7 Einige der interessanten Eigenschaften und Methoden des *QueryTable*-Objekts

---

[8] Wie etwa die einer netten, lokalen Sportveranstaltung, zum Beispiel einer Fußball-EM.

Mitglied	Bedeutung
Destination-Eigenschaft	Zielbereich der Daten als *Range*-Objekt.
ListObject-Eigenschaft (read only)	Steht für das *ListObject*-Objekt, wenn die *QueryTable* dazu benutzt wird, eine solche mit Inhalten aus einem SharePoint zu füllen.
QueryType-Eigenschaft	Abfragetyp als *XlQueryType*-Auflistung (zum Beispiel *xlWebQuery*).
Refresh-Methode	Aktualisiert die Daten, indem sie erneut abgerufen werden.

Tabelle 6.7 Einige der interessanten Eigenschaften und Methoden des *QueryTable*-Objekts *(Fortsetzung)*

Aktienkurse über URL-Abfragen nach Excel übernehmen

Neben Excel-Webabfragen und Webservices gibt es noch eine dritte Variante, um an bestimmte Daten, wie Aktienkurse, zu kommen. Finanzdienstleister und Webportale bieten eine URL-Syntax an, die für die Abfrage eines Aktienkurses benutzt wird. Durch die verwendete Syntax wird angegeben, welche Daten abgefragt und auf welche Weise sie zur Verfügung gestellt werden sollen. Einer dieser Dienstleister ist das Internetportal *Yahoo!*. Über die allgemeine URL *http://quote.yahoo.com/d/quotes.csv?* können aktuelle Kursabfragen durchgeführt werden, wobei die auf das »?« folgenden Zeichen alle erforderlichen Details enthalten. Möchte man zum Beispiel den aktuellen Kurs der Microsoft-Aktie (MSFT) abfragen, sieht der Aufruf wie folgt aus:

```
http://quote.yahoo.com/d/quotes.csv?s=MSFT&f=sl1d1c1&e=.csv
```

Was recht kompliziert erscheinen mag, hat eine einfache Bedeutung. Unter *http://dirk.eddelbuettel.com/code/yahooquote.html* wird der Aufruf des Abfragestrings ausführlich beschrieben. Doch wie wird der Aufruf in der Praxis durchgeführt? Zur Erinnerung: Es geht nicht darum, eine Webseite in einem Browser anzeigen zu lassen (das wäre zum Beispiel mit dem *WebBrowser*-Steuerelement von Visual Studio auch im Rahmen eines Arbeitsblattes möglich). Die Aufgabe besteht stattdessen darin, den durch den Aufruf der URL zurückgegebenen Text (bei dem es sich in diesem Fall nicht um HTML, sondern wirklich nur um Text handelt) dem Programm als Zeichenkette zur Verfügung zu stellen. Unter VBA wäre diese Aufgabe zwar mit vertretbarem Aufwand technisch lösbar gewesen. Die Hauptschwierigkeit hätte allerdings darin bestanden, die richtige Lösung zu finden und eines der vielen Beispiele aus dem Web auf VBA anzupassen, sodass am Ende eine funktionierende Lösung herauskommt. Und das Ganze in einem Editor, der keinerlei IntelliSense für API-Aufrufe oder COM-Komponenten ohne Typenbibliothek bietet.

Bei Visual Basic liegt der große Gewinn also nicht darin, dass auf einmal neue Möglichkeiten vorhanden sind. Entscheidend ist vielmehr, dass die Funktionen dank der Klassenbibliothek stets auf eine konsistente Weise zur Verfügung gestellt werden, es viele Beispiele gibt (nicht nur im Internet), die sich sehr viel leichter anpassen lassen, die IDE eine vorbildliche Unterstützung bietet und alles sehr schön dokumentiert ist. Scheinbar anspruchsvolle Herausforderungen rücken damit in die Reichweite auch jener Programmierer, die keine Vollblutprofis sind. Das ist oft der eigentliche Fortschritt, der mit .NET einhergeht. So auch im Falle der Webabfrage, die sich dank der Klassen *HttpWebRequest* und *HttpWebResponse* aus dem Namespace *System.Net* und einem allgemeinen *StreamReader* aus dem Namespace *System.IO* mit wenigen Befehlen bewerkstelligen lässt.

Beispiel

Das folgende Beispiel stellt eine kleine Konsolenanwendung dar, die das Ergebnis einer Aktienkursabfrage als Zeichenkette (zum Beispiel *MSFT",27.36,"2/29/2008",-0.57*) in eine Zelle überträgt.

> **CD-ROM** Sie finden das Beispiel in der Projektmappendatei *Kap6_ExcelWebabfrage.sln* auf der Buch-CD.

```
Sub Main()
    Dim ExApp As Ex.Application = New Ex.Application
    ExApp.Visible = True
    ExApp.Workbooks.Add()
    Dim FormatString As String = "&f=sl1d1c1&e=.csv"
    Dim AktienSymbol As String = "MSFT"
    Dim YahooURL As String = "http://quote.yahoo.com/d/quotes.csv?s=" & AktienSymbol & FormatString
    Dim Req As System.Net.HttpWebRequest
    Dim Res As System.Net.HttpWebResponse
    Try
        Req = System.Net.WebRequest.Create(YahooURL)
        Res = Req.GetResponse
        Using Sr As New System.IO.StreamReader(Res.GetResponseStream(), Encoding.Default)
            ExApp.Range("A1").Value = Sr.ReadLine()
        End Using
    Catch Ex As SystemException
        ExApp.Range("A1").Value = "Exception: " & Ex.Message
    End Try
End Sub
```

Natürlich muss man auch hier wissen, was sich hinter »Namen« wie *HttpWebRequest* und *HttpWebResponse* im Namespace *System.Net* oder *StreamReader* im Namespace *System.IO* verbirgt, doch da sich diese Klassen auch in vielen anderen Situationen als nützlich erweisen, ist alles halb so wild. Am Ende enthält die Zelle *A1* das Ergebnis der Abfrage (oder eine Fehlermeldung).

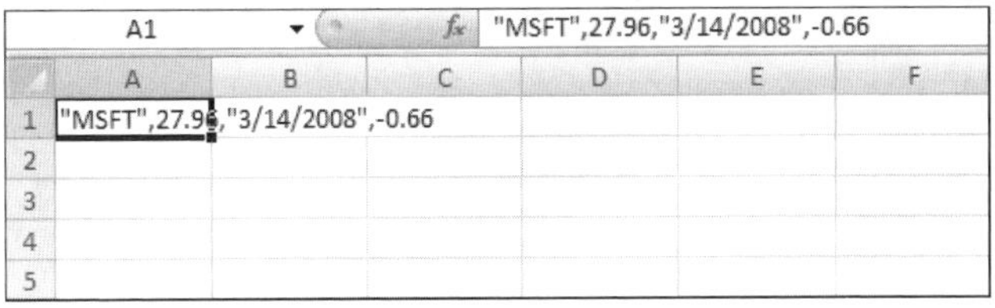

Abbildung 6.16 Wie stehen die Aktien?

VSTO-Erweiterungen für Excel

Bislang war alles sehr allgemein gehalten. Sofern die Beispiele keine Merkmale ansprachen, die erst bei aktuellen Excel-Versionen vorhanden sind, wie zum Beispiel Listen, funktionierten sie ab Excel 97 aufwärts (und auch mit VBA oder einer anderen Programmiersprache). In diesem Abschnitt kommen die VSTO ins Spiel. Im Rahmen eines VSTO-Projekts stehen zusätzliche Objekte zur Verfügung, die nicht durch Excel, sondern durch die VSTO-Runtime-Bibliothek bereitgestellt werden:

- Das *ListObject*-Objekt
- Das *NamedRange*-Objekt

- Das *XmlMap*-Objekt
- Das *Chart*-Objekt

Das ListObject-Objekt

Das *ListObject*-Objekt basiert auf der gleichnamigen Klasse im VSTO-Namespace *Microsoft.Office.Tools.Excel*. Es kapselt eine Liste (Tabelle bei Excel 2007), die im Excel-Objektmodell durch das *ListObject*-Objekt repräsentiert wird[9], und fügt etwa ein halbes Dutzend zusätzlicher Eigenschaften hinzu, die in erster Linie dazu bestimmt sind, eine direkte Datenbindung zu ermöglichen. Interessant ist die *SelectedIndex*-Eigenschaft, mit der sich die Zeile feststellen lässt, die aktuell ausgewählt ist. Bemerkenswert ist auch die *InnerObject*-Eigenschaft, die einen Zugriff auf die Eigenschaften des gekapselten Excel-*ListObject*-Objekts erlaubt. Gegenüber dem Excel-*ListObject*-Objekt, das gar keine Ereignisse besitzt, kommen 15 Ereignisse hinzu, von denen aber nur wenige wirklich interessant sind (Tabelle 6.8). Bei allen Events, mit Ausnahme des *SelectedIndexChanged*-Events, wird der betroffene Bereich als *Range*-Parameter übergeben.

Das VSTO-*ListObject*-Objekt wird in erster Linie datengebunden eingesetzt. In diesem Fall zeigt es Daten im Tabellenblatt an, die aus einer beliebigen Datenquelle stammen (Access-Datenbank, SharePoint-Liste usw.). Da das Thema Datenquellen erst in Kapitel 12 an der Reihe ist und nichts vorweggenommen werden soll, beschränken sich die Beispiele in diesem Kapitel auf sehr einfache Anwendungen, für die das VSTO-*ListObject*-Objekt im Grunde nicht benötigt wird.

Das *ListObject*-Objekt kann auf drei Arten hinzugefügt werden. Wird im Rahmen einer VSTO-Anwendung eine Arbeitsmappe geladen, in der bereits Listen bzw. Tabellen enthalten sind, wird für jede dieser Liste bzw. Tabellen ein korrespondierendes *ListObject*-Objekt angelegt. Es kann zur Entwurfszeit über die Toolbox auf einem Tabellenblatt angeordnet werden und es kann zur Laufzeit hinzugefügt werden.

Beispiel

Das folgende Beispiel legt (im Rahmen einer VSTO-Dokumenterweiterung) einen Bereich mit Zahlen an und wandelt ihn in eine Liste bzw. Tabelle um.

```
Dim R1 As Excel.Range = Me.Range("A1:D3")
R1.Cells(1, 1).Value = "Ost"
R1.Cells(1, 2).Value = "West"
R1.Cells(1, 3).Value = "Süd"
R1.Cells(1, 4).Value = "Nord"
R1.Cells(2, 1).Value = 100
R1.Cells(2, 2).Value = 80
R1.Cells(2, 3).Value = 300
R1.Cells(2, 4).Value = 140
R1.Cells(3, 1).Value = 200
R1.Cells(3, 2).Value = 70
R1.Cells(3, 3).Value = 100
R1.Cells(3, 4).Value = 360
Dim Li As VSTO.ListObject = Me.Controls.AddListObject(R1, "Artikel")
Li.ListColumns(1).TotalsCalculation = Excel.XlTotalsCalculation.xlTotalsCalculationSum
Li.ListColumns(2).TotalsCalculation = Excel.XlTotalsCalculation.xlTotalsCalculationSum
Li.ListColumns(3).TotalsCalculation = Excel.XlTotalsCalculation.xlTotalsCalculationSum
Li.ShowTotals = True
```

---

[9] Die Namensgleichheit ist ein wenig verwirrend, in der Praxis aber kein Problem.

VSTO-Erweiterungen für Excel

Ereignis	Wann wird es ausgelöst?
Change	Wenn sich ein Wert innerhalb der Liste geändert hat.
SelectionChange	Wenn sich die Auswahl der markierten Elemente innerhalb der Liste geändert hat.
BeforeRightClick	Wenn ein Element mit der rechten Maustaste angeklickt und das Kontextmenü angezeigt wird (bevor die Standardklickaktion ausgelöst wird).
BeforeDoubleClick	Wenn ein Element doppelt angeklickt wird (bevor die Standardklickaktion ausgelöst wird).
SelectedIndexChanged	Wenn eine andere Zeile selektiert wurde.

Tabelle 6.8 Die zusätzlichen Ereignisse beim *ListObject*-Objekt der VSTO

Wie lässt sich überhaupt feststellen, welche neuen Eigenschaften das VSTO-*ListObject*-Objekt gegenüber seinem Namensvetter aus dem Excel-Objektmodell besitzt? Zum einen natürlich indirekt aus der Dokumentation oder dem Objektbrowser, bei dem man sich die Mühe machen muss, die Liste der Eigenschaften zu vergleichen, was aufgrund der vielen Namen nicht ganz einfach ist. Einen automatisierten Weg bietet der Umstand, dass sich über die *GetType*-Funktion von Visual Basic das *Type*-Objekt zu jeder Klasse abrufen lässt. Hier besteht die Möglichkeit, sich alle Properties, Methoden, Events usw. auflisten zu lassen. Diese Technik wird als *Reflection* bezeichnet.

Beispiel

Die folgende Schleife gibt (im Rahmen einer Konsolenanwendung) die Namen aller Eigenschaften des VSTO-*ListObject*-Objekts aus:

```
Dim T As Type = GetType(Microsoft.Office.Tools.Excel.ListObject)
For Each P As System.Reflection.PropertyInfo In T.GetProperties()
   Console.WriteLine(P.Name)
Next
```

Voraussetzung ist natürlich, dass in das Projekt ein Verweis auf *Microsoft.Office.Tools.Excel.dll* eingebunden wurde, da der Typ ansonsten nicht zur Verfügung steht. Mehr zum Thema Reflection in Kapitel 13.

Das NamedRange-Objekt

Das *NamedRange*-Objekt der VSTO erweitert ein reguläres *Range*-Objekt um zusätzliche Möglichkeiten wie Events und eine komfortable Datenbindung. Es ist wichtig zu verstehen, dass ein *NamedRange*-Objekt kein *Range*-Objekt ist, sondern ein solches nur repräsentiert. Genau wie ein *ListObject* wird auch ein *NamedRange*-Objekt auf drei verschiedene Arten angelegt. Die erste Variante ist, aus allen bereits als Teil der Arbeitsmappe vorhandenen benannten Bereichen ein *NamedRange*-Objekt herzustellen. Die zweite Möglichkeit besteht darin, ein *NamedRange*-Control aus der Toolbox auf einem Tabellenblatt abzulegen und damit einem Bereich zuzuordnen. Die dritte Art ist, ein *NamedRange*-Control über die *AddNamedRange*-Methode der *Controls*-Auflistung des Tabellenblattes hinzuzufügen.

Beispiel

Der folgende Befehl fügt ein *NamedRange*-Objekt hinzu und verknüpft es mit der Zelle *B10*:

```
Dim Ra As VSTO.NamedRange = Me.Controls.AddNamedRange(Me.Application.Range("B10"), "Summe")
```

Da die *NamedRange*-Klasse zum Namespace *Microsoft.Office.Tools.Excel* gehört, wird zuvor ein *Imports*-Befehl eingefügt:

```
Imports VSTO = Microsoft.Office.Tools.Excel
```

Gegenüber dem *Range*-Objekt sind beim *NamedRange*-VSTO-Objekt elf Eigenschaften hinzugekommen, die sich in erster Linie um die Datenbindung kümmern (Tabelle 6.10). Wie beim VSTO-*ListObject*-Objekt gibt es auch hier eine *InnerObject*-Eigenschaft, die das gekapselte *Range*-Objekt mit seinen Eigenschaften zur Verfügung stellt. Und wie beim VSTO-*ListObject*-Objekt fügt auch das *NamedRange*-Objekt Ereignisse hinzu, wenngleich es nur acht Events sind, von denen *BeforeDoubleClick*, *BeforeRightClick*, *Change*, *SelectionChange* und *Selected* erwähnenswert und selbsterklärend sind. Die Datenbindung wird über die *DataBindings*-Eigenschaft hergestellt (gebunden wird an die *Value*-Eigenschaft), eine DataSource-Eigenschaft gibt es nicht.

Um die Ereignisse auch benutzen zu können, darf die Variable, die für das *NamedRange*-Objekt steht, aber nicht innerhalb einer Prozedur definiert werden, sondern nur im Allgemein-Teil der Klasse, da nur hier das erforderliche *WithEvents* aufgeführt werden darf:

```
Private WithEvents Ra As Microsoft.Office.Tools.Excel.NamedRange
```

Nur dank *WithEvents* kann *Ra* auf die in Tabelle 6.9 aufgeführten Events »reagieren«, indem (wie üblich) aus der linken Auswahlliste im Programmcodefenster der Eintrag *Ra* und aus der rechten Liste der gewünschte Event ausgewählt wird.

Ereignis	Wann wird es ausgelöst?
BeforeDoubleClick	Wenn die Zelle oder der Zellbereich doppelt angeklickt wird (bevor die Standardklickaktion ausgelöst wird).
BeforeRightClick	Wenn die Zelle oder der Zellbereich mit der rechten Maustaste angeklickt und das Kontextmenü angezeigt wird (bevor die Standardklickaktion ausgelöst wird).
Change	Wenn sich ein Wert innerhalb der Zelle oder des Zellbereichs geändert hat.
Deselected	Wenn die Zelle oder der Zellbereich nicht mehr selektiert ist.
Selected	Wenn die Zelle oder der Zellbereich selektiert wurde.
SelectionChange	Wenn sich die Auswahl der markierten Elemente innerhalb des Zellbereichs geändert hat.

Tabelle 6.9 Die zusätzlichen Ereignisse beim *NamedRange*-Objekt der VSTO

Eigenschaft	Wozu ist sie gut?
InnerObject	Erlaubt einen Zugriff auf das *Range*-Objekt.
RefersToRange	Steht ebenfalls für das *Range*-Objekt, das das *NamedRange*-Objekt repräsentiert.
DataBindings	Erlaubt das Einrichten einer Datenbindung.
BindingContext	Stellt den *BindingContext* im Rahmen einer Datenbindung zur Verfügung.

Tabelle 6.10 Neue Eigenschaften beim *NamedRange*-Objekt der VSTO

Das XmlMappedRange-Objekt

Das *XmlMappedRange*-Objekt ist ein recht spezielles VSTO-Objekt für Excel. Wie das *NamedRange*-Objekt repräsentiert es ebenfalls ein *Range*-Objekt und erweitert dieses um Datenbindung und Events wie zum Beispiel *Change*. Es ist immer dann im Spiel, wenn eine Excel-Arbeitsmappe mit einem XML-Schema verknüpft ist und repräsentiert dann ein einzelnes, sich nicht wiederholendes XML-Element innerhalb des geladenen XML-Dokuments. Mit seiner Hilfe kann der Inhalt dieses Elements angesprochen werden – entweder direkt über die *Value*-Eigenschaft oder im Rahmen einer XPath-Abfrage über die *XPath*-Eigenschaft des darunter liegenden *Range*-Objekts. Es wird weder über die Toolbox angeboten noch kann es zur Laufzeit angelegt werden. Es wird von der VSTO-Laufzeit beim Laden einer Arbeitsmappe automatisch für jedes sich nicht wiederholende XML-Element angelegt, also eines, bei dem das *maxOccurs*-Attribut den Wert 1 besitzt (für jedes andere XML-Element wird ein *ListObject*-Objekt angelegt, sodass das *XmlMappedRange*-Objekt relativ selten im Spiel ist) und es steht direkt über das Tabellenobjekt zur Verfügung. Besitzt das Schema zum Beispiel ein Element *Autor* als Unterelement des Elements *Buch* (mit *maxOccurs=1*), dann steht eine Eigenschaft mit dem Namen *BuchAutorCell* zur Verfügung, die das *Range*-Objekt repräsentiert, das mit diesem Element verknüpft wurde.

Möchte man auf die verschiedenen Events reagieren können, muss zum Beispiel innerhalb der Klasse, die das Arbeitsblatt repräsentiert, eine Variable vom Typ *XmlMappedRange* mit *WithEvents* deklariert werden:

```
Public Class Tabelle1
   Private WithEvents Autor As Microsoft.Office.Tools.Excel.XmlMappedRange
```

Wie üblich steht die Variable dadurch in der linken Auswahlliste des Codefensters zur Verfügung. Nach der Auswahl werden in der rechten Auswahlliste alle Events angeboten.

Damit auch tatsächlich ein Event ausgelöst wird, wird die Variable innerhalb des *Startup*-Events mit dem Objekt belegt:

```
Autor = Me.BuchAutorCell
```

Fazit: Das *XmlMappedRange*-Objekt ist für jene Fälle gedacht, in denen ein Excel-Tabellenblatt »Single-Elemente« per Schemazuordnung erhalten hat, während alle übrigen XML-Elemente durch ein *ListObject*-Control repräsentiert werden. Ansonsten entspricht es dem *NamedRange*-Objekt.

Ereignis	Wann wird es ausgelöst?
BeforeDoubleClick	Wenn die Zelle oder der Zellbereich doppelt angeklickt wird (bevor die Standardklickaktion ausgelöst wird).
BeforeRightClick	Wenn die Zelle oder der Zellbereich mit der rechten Maustaste angeklickt und das Kontextmenü angezeigt wird (bevor die Standardklickaktion ausgelöst wird).
Change	Wenn sich ein Wert innerhalb der Zelle oder des Zellbereichs geändert hat.
Deselected	Wenn die Zelle oder der Zellbereich nicht mehr selektiert ist.
Selected	Wenn die Zelle oder der Zellbereich selektiert wurde.
SelectionChange	Wenn sich die Auswahl der markierten Elemente innerhalb des Zellbereichs geändert hat.

Tabelle 6.11 Die zusätzlichen Ereignisse beim *XmlMappedRange*-Objekt der VSTO

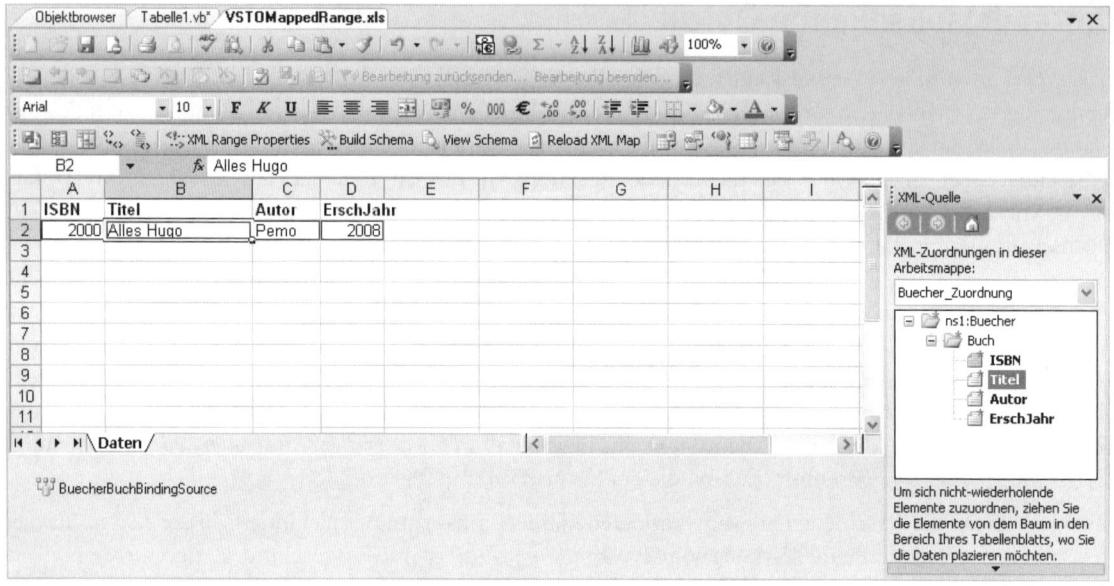

Abbildung 6.17 Für jedes »Single-XML«-Element wird automatisch ein *XmlMappedRange*-Objekt angelegt

Das Chart-Control

Dieses VSTO-Control wird mehr der Vollständigkeit halber erwähnt, denn der verheißungsvoll klingende Name täuscht am Anfang darüber hinweg, dass es lediglich ein reguläres *ChartObject*-Objekt aus der Excel-Objekthierarchie repräsentiert. Theoretisch gibt es über die *DataBindings*-Eigenschaft eine Möglichkeit zur einfachen Datenbindung gegen eine einzelne Eigenschaft, doch bei der Frage, welche Eigenschaft dies beim *Chart*-Objekt sein könnte, schweigt sich die Dokumentation aus, denn eine simple *Value*-Eigenschaft gibt es hier nicht[10]. Der einfachste Weg, das *Chart*-Control mit Daten zu befüllen, besteht sicher darin, über seine *SetSourceData*-Methode die *Range*-Eigenschaft eines *ListControl*-Objekts zu übergeben. Doch das ist mit einem regulären *Chart*-Objekt genauso möglich.

Beispiel

Das folgende Beispiel legt eine generische Liste mit *Verkaufsmonat*-Objekten an, die auf einer simplen Klasse basieren, die aus den Eigenschaften *Monat* und *Wert* besteht (ist im Listing nicht enthalten). Über Datenbindung wird die Liste einem *ListObject*-Objekt zugewiesen, das über seine *Range*-Eigenschaft an ein *Chart*-Objekt weitergereicht wird, das die Verkaufsstatistik darstellt.

```
Try
    ' Ein paar Daten anlegen
    Dim VJan, VFeb, VMrz As Verkaufsmonat
    VJan = New Verkaufsmonat("Januar", 1000)
    VFeb = New Verkaufsmonat("Februar", 2000)
    VMrz = New Verkaufsmonat("März", 3000)
    Dim Zahlen As New System.Collections.Generic.List(Of Verkaufsmonat)
    Zahlen.AddRange(New Verkaufsmonat() {VJan, VFeb, VMrz})
```

---

[10] Sollte ein Leser eine Idee haben, würden sich die Autoren über einen (gerne auch anonymen) Hinweis freuen.

```
        Dim R As Excel.Range = Me.Application.Range("A1")
        Dim LiZahlen As Microsoft.Office.Tools.Excel.ListObject = Me.Controls.AddListObject(R, "Q1Zahlen")
        LiZahlen.DataSource = Zahlen
        LiZahlen.AutoSetDataBoundColumnHeaders = True
        Dim Ch As Microsoft.Office.Tools.Excel.Chart = Me.Controls.AddChart(10, 80, 240, 160, "Q1")
        Ch.SetSourceData(LiZahlen.Range)
        Ch.ChartTitle.Text = "Verkaufszahlen Q1"
Catch ex As SystemException
    MessageBox.Show(ex.Message)
End Try
```

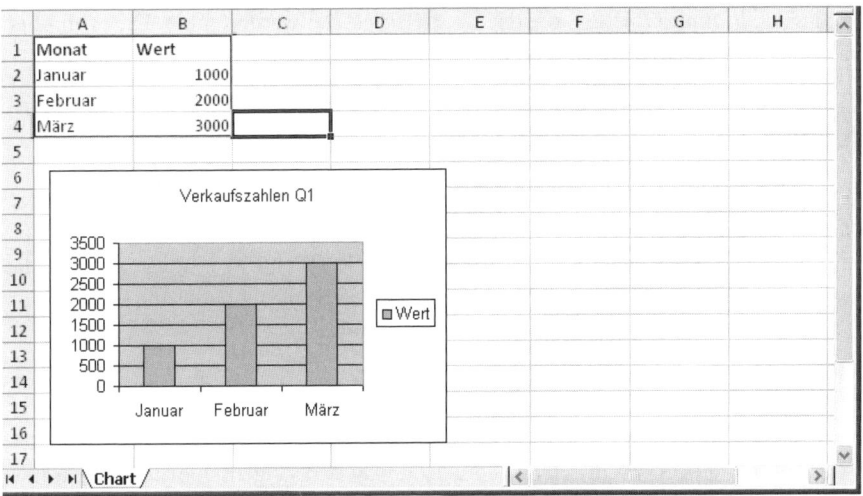

Abbildung 6.18 Das Chart erhält seine Daten aus einem *ListObject*-Objekt

Kleine Tipps für die Excel-Automatisierung

Zum Ende dieses Kapitels ein paar kleinere Tipps, die Ihnen beim Automatisieren von Excel mit Sicherheit nützliche Dienste erweisen werden.

Screen-Updates verhindern

Baut ein Programm eine umfangreichere Tabelle auf, kann es ein wenig störend wirken, wenn dies Zelle für Zelle zu sehen ist. Durch Setzen der Eigenschaft *ScreenUpdating* des *Application*-Objekts auf *False* kann dies verhindert werden. Am Ende muss diese Eigenschaft aber unbedingt wieder auf *True* gesetzt werden.

Meldungen in der Statusleiste anzeigen

Soll ein Programm eine Statusmeldung anzeigen, ist die Statusleiste von Excel oft der beste Ort dafür. Diese wird über die *StatusBar*-Eigenschaft des *Application*-Objekts angesprochen:

```
ExApp.StatusBar = "Alles klar!"
```

Direktes Editieren von Zellen verhindern

Soll der Anwender die einer Zelle zugeordnete Formel nicht per Doppelklick auf die Zelle direkt editieren können, muss die *EditDirectlyInCell*-Eigenschaft des *Application*-Objekts auf *False* gesetzt werden.

Zeilen fixieren

Haben Sie sich schon einmal darüber gewundert, dass in manchen Tabellenblättern die Zeile mit der Kopfzeile der Tabelle beim Scrollen stehen bleibt? Dahinter steckt die Eigenschaft *FreezePanes* des aktiven Fensters (*ActiveWindow*-Eigenschaft des *Application*-Objekts), die dazu auf *True* gesetzt werden muss. Die (von oben beginnend) zu fixierenden Zeilen müssen zuvor selektiert worden sein.

Richtung nach Drücken der Eingabetaste ändern

Normalerweise wird nach dem Drücken der ⏎-Taste die Zellenmarkierung in die nächste Zeile gesetzt. Durch Setzen der *MoveAfterReturn*-Eigenschaft des *Application*-Objekts auf *False* kann dies ganz verhindert und durch Setzen der *MoveAfterReturnDirection*-Eigenschaft lässt sich die »Richtung« ändern, sodass das Drücken von ⏎ zum Beispiel bewirken kann, dass die Markierung eine Zeile nach oben wandert.

Ausblenden von Hinweisdialogen

Die manchmal etwas lästigen, weil unnötigen Hinweisdialoge, etwa vor dem Löschen eines Arbeitsblattes, das in jedem Fall gelöscht werden soll, lassen sich durch Setzen der *DisplayAlerts*-Eigenschaft auf *False* unterdrücken. Über das *Excel.Application*-Objekt können weitere Einstellungen geändert werden, die die allgemeine Arbeitsweise von Excel betreffen.

Die Anzahl der Arbeitsblätter in einer neuen Arbeitsmappe einstellen

Die Anzahl der in einer neuen Arbeitsmappe enthaltenen Arbeitsblätter wird über die *SheetsInNewWorkbook*-Eigenschaft des *Application*-Objekts eingestellt. Der Standardwert ist 3.

Nicht benötigte Excel-Anzeigeelemente einschalten

Wird Excel automatisiert, ist normalerweise nur das Tabellenblatt von Interesse und nicht die ganze »Festbeleuchtung« bestehend aus den verschiedenen Symbolleisten. Diese lassen sich durch Setzen von Eigenschaften wie *DisplayFormulaBar*, *DisplayScrollBars* oder *DisplayStatusBar* des *Application*-Objekts auf *False* unsichtbar machen. Über die Eigenschaften *Height* und *Width* wird die Größe des Anwendungsfensters eingestellt.

Excel-Funktionen benutzen

Excel besitzt intern fast 200 Funktionen, von denen einige wirklich sehr speziell sind. Eine Funktion wird über das *WorksheetFunction*-Objekt aufgerufen.

Beispiel

Das folgende Beispiel bildet aus diversen Werten den Mittelwert:

```
Mw = Application.WorksheetFunction.Average(10, 20, 30, 30)
```

Über Excel drucken

Excel ist auch beim Drucken souverän und bietet sehr viel Komfort, was das Gestalten der Druckseiten angeht, sodass sich Excel auch als »Reportgenerator« verwenden lässt.

Beispiel

Der folgende Befehl zeigt das aktuelle Tabellenblatt in einer Vorschaufunktion an:

```
Sh.PrintPreview()
```

Der folgende Befehl druckt die Seiten 1 bis 2 drei Mal aus:

```
Sh.PrintOut(1, 2, 3)
```

Die Dokumenteigenschaften setzen

Eine Excel-Arbeitsmappe besitzt, wie jedes Office-Dokument, eine Vielzahl von Eigenschaften – fest eingebaute Eigenschaften sowie Eigenschaften, die nachträglich hinzugefügt wurden. Diese Eigenschaften können sehr praktisch sein, wenn es darum geht, einem Dokument »von außen« anzusehen, welchen Inhalt es besitzt, oder wenn es Teil eines »Workflows« sein soll, bei dem das Dokument in Abhängigkeit bestimmter Eigenschaften weitergeleitet werden soll. Die fest eingebauten Eigenschaften werden über die Eigenschaft *BuiltinDocumentProperties* angesprochen (die Eigenschaft gibt ein *DocumentProperties*-Objekt zurück, das im Namespace *Microsoft.Office.Core* enthalten ist).

Beispiel

Das folgende Beispiel besteht aus einer Konsolenanwendung (Kapitel 4), die über Automatisierung Excel startet, die angegebene Arbeitsmappe lädt und dem Autor des Dokuments einen neuen Namen gibt. Dies funktioniert sowohl mit Excel 2003- als auch mit Excel 2007-Mappen.

```
Imports Excel = Microsoft.Office.Interop.Excel
Imports Office = Microsoft.Office.Core

Module Module1

    Sub Main()
        Dim ExApp As New Excel.Application
        Dim Props As Object
        ExApp.Workbooks.Open("C:\Verkaufsdaten2008_07.xlsx")
        ExApp.Visible = True
        Dim Wb As Excel.Workbook = ExApp.ActiveWorkbook
        Props = ExApp.ActiveWorkbook.BuiltinDocumentProperties
        Props.Item("Author").Value = "PemoForEver"
```

```
        Console.ForegroundColor = ConsoleColor.Magenta
        Console.WriteLine("Autor wurde gesetzt...")
        ExApp.ActiveWorkbook.Close(SaveChanges:=True)
        ExApp.Quit()
        Console.ForegroundColor = ConsoleColor.Blue
        Console.WriteLine("Autor wurde gesetzt...")
        Console.ReadLine()
    End Sub

End Module
```

Es ist wichtig zu verstehen, dass diese Variante auf die Anwendung Excel zurückgreift. Möchte man auf die Eigenschaften des Dokuments zugreifen, ohne dass Excel vorhanden sein muss, hängt die Vorgehensweise von der Version ab. Bei Excel 2003 gibt es dafür die COM-Komponente *Dsofile.dll*. Bei Excel 2007 ist ein solches Hilfsmittel nicht mehr erforderlich, denn wird eine Arbeitsmappe im Open XML-Format gespeichert (was der Standard ist), kann sie zum Beispiel mit den Klassen im Namespace *System.IO.Packaging* angesprochen werden. Mehr dazu im Kapitel 16.

Beispiel

Es lassen sich nur vorhandene Dokumenteigenschaften ändern, sondern auch neue definieren. Das folgende Beispiel erweitert das letzte Beispiel, indem es eine neue Dokumenteigenschaft mit dem Namen *Server* anlegt und ihr einen Wert zuweist.

```
' Neue Dokumenteigenschaft anlegen
Dim NewProp As Object
Props = Wb.CustomDocumentProperties
Try
  NewProp = Props.Add("Server", False, Office.MsoDocProperties.msoPropertyTypeString, "PMServer")
  Console.ForegroundColor = ConsoleColor.Magenta
  Console.WriteLine("Der neue Wert: " & Wb.CustomDocumentProperties("Server").Value)
Catch ex As SystemException
  Console.ForegroundColor = ConsoleColor.Red
  Console.WriteLine("Server-Eigenschaft konnte nicht gesetzt werden.")
  Console.WriteLine("Der aktuelle Wert: " & Wb.CustomDocumentProperties("Server").Value)
End Try
```

Ein Arbeitsblatt schützen

Soll verhindert werden, dass der Anwender ein Arbeitsblatt editiert, muss dieses geschützt werden. Das leistet die *Protect*-Methode, der eine Vielzahl an Parametern übergeben werden kann.

Beispiel

Der folgende Befehl versetzt das Tabellenblatt *Tabelle1* in den Schutzmodus:

```
Wb.Worksheets("Tabelle1").Protect
```

Dieser Schutz ist nicht unüberwindbar und kann bei Excel 2003 im Menü über *Extras/Schutz/Blattschutz aufheben* und bei Excel 2007 im *Überprüfen*-Register der Multifunktionsleiste wieder aufgehoben werden, sofern beim Aufruf von *Protect* kein Passwort angegeben wurde.

Ein Arbeitsblatt per E-Mail verschicken

Soll die per Programm angefertigte Benutzerstatistik am Ende per E-Mail verschickt werden, genügt dazu ein Aufruf der *SendMail*-Methode des *Workbook*-Objekts.

Beispiel

Der folgende Befehl verschickt die aktuelle Arbeitsmappe per E-Mail in die große, weite Welt.

```
Wb.SendMail "support@interest.de", "Der große Benutzerreport vom 1.3.2008"
```

Excel beenden

Soll Excel per Automation wieder beendet werden, muss die *Quit*-Methode des *Application*-Objekts aufgerufen werden. Damit keine Abfragen bezüglich nicht gesicherter Arbeitsmappen erscheinen, gibt es zwei Möglichkeiten:

- Setzen von *DisplayAlerts* auf *False*
- Setzen der *Saved*-Eigenschaft aller beteiligten Arbeitsmappen auf *True*

Das Auswerten von Ereignissen

Ein Ereignis dient dazu, dass ein Programm benachrichtigt wird, wenn bei der Programmausführung etwas passiert. Das »etwas passiert« sind genau definierte Ereignisse, wie zum Beispiel das Öffnen einer Arbeitsmappe oder das Ändern der Auswahl in einem Tabellenblatt. Die Benachrichtigung besteht im Aufruf einer vorher definierten Ereignisprozedur durch das System (nicht das Programm). Möchte man daher erreichen, dass etwas passiert, müssen zwei Voraussetzungen erfüllt sein:

- Es muss eine Variable geben, die für das Objekt steht, das das Ereignisse auslösen kann (zum Beispiel ein *Worksheet*-Objekt).
- Es muss eine Ereignisprozedur vorhanden sein, die in diesem Fall aufgerufen wird.

Bei VBA war der Umgang mit Ereignissen zwar nicht schwierig, aber man musste wissen, dass man, zum Beispiel innerhalb des Tabellenmoduls, eine Variable vom Typ *Application* mit *WithEvents* deklarieren muss. Anschließend standen die verschiedenen Ereignisse des *Application*-Objekts in der rechten Auswahlliste des VBA-Editors zur Verfügung, nachdem in der linken Auswahlliste die Variable ausgewählt wurde.

Bei Visual Basic bzw. .NET allgemein funktioniert dies genauso innerhalb einer Anwendung, die per Automatisierung auf das Excel-Objektmodell zugreift. Wird in der Anwendung zunächst eine Variable mit *WithEvents* deklariert:

```
Dim WithEvents ExApp As Excel.Application
```

steht anschließend in der linken Auswahlliste des Codefensters ein Eintrag *ExApp* zur Verfügung. Wird er selektiert, erscheinen (wie beim VBA-Editor) alle Events in der rechten Auswahlliste. Die Auswahl eines Events hat wie beim VBA-Editor zur Folge, dass ein Prozedurrahmen eingefügt wird:

```
Private Sub ExApp_WorkbookOpen(ByVal Wb As Microsoft.Office.Interop.Excel.Workbook) _
    Handles ExApp.WorkbookOpen

End Sub
```

Diese Prozedur unterscheidet sich in zwei wichtigen Aspekten von einer VBA-Ereignisprozedur:

- Sie muss zwei Parameter besitzen, von denen der erste Parameter den Typ *Object* und der zweite Parameter den Typ *Workbook* aufweist (dieser hängt vom Typ des Ereignisses ab). Die Namen spielen keine Rolle.
- Über das *Handles*-Schlüsselwort wird die Ereignisprozedur mit dem Event verknüpft, das geschieht also nicht automatisch wie bei VBA.

Sie können die Ereignisprozedur daher auch selbst eintippen, wenn Sie sich an diese beiden Regeln halten. Der Name der Prozedur hat, genau wie die Namen der beiden Parameter, keine Bedeutung. Auch was in der Prozedur geschieht, hängt von dem gewünschten Effekt ab. Im Falle des *WorkbookOpen*-Events wird die geöffnete Arbeitsmappe als *Workbook*-Objekt übergeben.

Welche Events ein Objekt zur Verfügung hat, geht unter anderem aus dem Objektbrowser hervor. Neben *Application* handelt es sich bei Excel aber nur um die Objekte *Workbook* und *Worksheet*, die ein paar Events anbieten. Das ist auch gut so, denn eine zu große Vielfalt würde die Ausführungsgeschwindigkeit herabsetzen.

Im Rahmen eines VSTO-Projekts vereinfacht sich die Angelegenheit ein wenig, denn über die Prozeduren *Startup* und *Shutdown* gibt es bereits fertige Prozeduren, die beim Öffnen bzw. Schließen einer Arbeitsmappe bzw. eines Arbeitsblattes aufgerufen werden. Mehr wird im Allgemeinen nicht benötigt.

Auch auf die zahlreichen *Application*-Events muss man nicht verzichten, denn in der linken Auswahlliste steht das *Application*-Objekt zum Abruf bereit, sodass aus der rechten Auswahlliste der gewünschte Event ausgewählt werden kann. Das heißt natürlich nicht, dass bei einem VSTO-Projekt andere Regeln gelten. Es verhält sich lediglich so, dass Visual Studio »hinter den Kulissen« (genauer gesagt, in der Designerdatei, die ein Workbook- bzw. Worksheet-Modul begleitet, die Variablen entsprechend deklariert werden – ohne *WithEvents* geht es auch hier nicht).

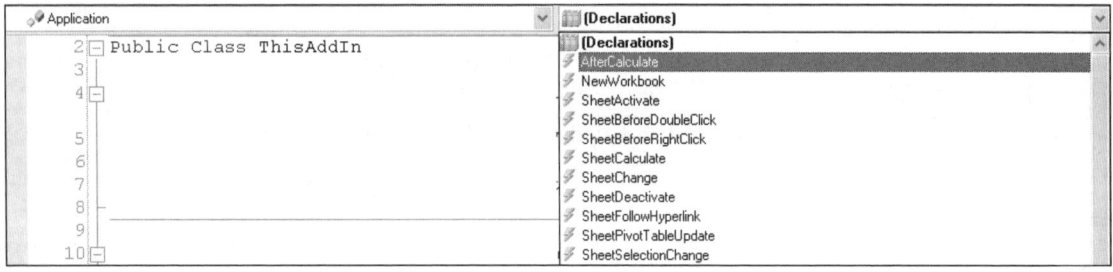

Abbildung 6.19   Die Application-Events stehen in der rechten Auswahlliste zur Verfügung

Der AddHandler-Befehl als Alternative zu WithEvents

Ein Eventhandler kann alternativ während der Programmausführung über den *AddHandler*-Befehl und den *AddressOf*-Operator, auf den der Name der Prozedur folgt, eingerichtet werden. Einen direkten Vorteil bietet diese Variante allerdings nicht. Ein indirekter Vorteil ist, dass diese Verknüpfung über den *RemoveHandler*-Befehl jederzeit wieder aufgehoben werden könnte, was immer dann praktisch ist, wenn zum Beispiel eine Zelle nicht dauernd auf Änderungen reagieren soll.

Beispiel

Das folgende Beispiel richtet für den *SheetChange*-Event des *Application*-Objekts einen Eventhandler ein.

```
AddHandler Application.SheetChange, AddressOf SheetChange
```

VBA-Code umstellen

Die Ereignisprozedur sieht wie folgt aus:

```
Sub SheetChange(ByVal Sheet As Object, ByVal r As Excel.Range)
    MessageBox.Show("Es gab eine Änderung in " & CType(Sheet, Excel.Worksheet).Name & " in Zelle " & _
        r.Address)
End Sub
```

Bei jeder Änderung in einem Tabellenblatt wird ausgegeben, in welchem Blatt und in welcher Zelle sie erfolgte. Es ist klar, dass dies nur zu Testzwecken geschehen darf. Ansonsten sollte man den lieben Anwender nur sehr sparsam mit Meldungsboxen behelligen. Nicht nur die Parameternamen sind frei gewählt, auch ein *Handles*-Schlüsselwort gibt es nicht.

Inkompatible Object Library

Falls Sie beim Zugriff auf das Excel-Objektmodell die Fehlermeldung »Old or invalid object library« erhalten, liegt die Ursache darin, dass zum Beispiel ein US-Excel auf einem »deutschen« Windows ausgeführt wird. Es gibt einen einfachen »Workaround«, der darin besteht, die Kultur (also die Auswahl der Landessprache und aller damit zusammenhängenden Einstellungen) vorübergehend auf Englisch zu setzen, was sich, zum Beispiel innerhalb von *Startup*, durch einen einfachen Aufruf erledigen lässt:

```
CurrentThread.CurrentCulture = New CultureInfo("en-US")
```

Diese Zuweisung legt ein neues *CultureInfo*-Objekt mit der Einstellung »en-US« (alle möglichen Kürzel sind in der Hilfefunktion zusammengestellt) an und weist es der *CurrentCulture*-Eigenschaft des aktuellen Threads zu. Eine dauerhafte Lösung würde darin bestehen, das Office 2003 Language Pack zu installieren, das Teil der Office 2003 Enterprise Edition ist. Damit wird die komplette Anwendung auf eine andere Landessprache umgestellt.

VBA-Code umstellen

Das Umstellen von VBA-Makros nach Visual Basic ist grundsätzlich keine allzu große Herausforderung, denn das Objektmodell steht eins zu eins zur Verfügung und die beiden Sprachen unterscheiden sich eher in Details. Es sind daher auch die Kleinigkeiten, die bei einer solchen Umstellung ein wenig mehr Arbeit machen.

Dieser Abschnitt beschränkt sich (erneut) auf das Gegenüberstellen von zwei Prozeduren, die die gleiche Aufgabe übernehmen. Die eine Prozedur ist in VBA, die zweite Prozedur in Visual Basic programmiert.

Beispiel

Die folgende VBA-Prozedur lädt eine Arbeitsmappe und färbt jede zweite Zeile ein, in der sich ein Produktname befindet.

```
Sub ZeilenFärben()
   Dim ExApp As New Excel.Application
   ExApp.Visible = True
   ' Arbeitsmappe laden
   ExApp.Workbooks.Open ("C:\Produktnamen2008.xls")
   ' Jetzt zweite Zeile einfärben, deren A-Spalte einen Namen enthält
   Dim StartZeile As Integer
```

```
        StartZeile = 1
        Dim Sh As Excel.Worksheet
        Set Sh = ExApp.ActiveWorkbook.Worksheets("Tabelle1")
        With Sh
            Do While .Cells(StartZeile, 1).Value <> ""
                If StartZeile Mod 2 = 0 Then
                    .Rows(StartZeile).Interior.ColorIndex = 3
                End If
                StartZeile = StartZeile + 1
            Loop
        End With
End Sub
```

Beispiel

Die folgende Visual Basic-Prozedur entspricht der VBA-Prozedur aus dem letzten Beispiel.

```
Sub Main()
  ' Excel als Anwendung neu starten
  Dim ExApp As New Excel.Application
  ExApp.Visible = True
  ' Arbeitsmappe laden
  ExApp.Workbooks.Open("C:\Produktnamen2008.xls")
  ' Jetzt zweite Zeile einfärben, deren A-Spalte einen Namen enthält
  Dim StartZeile As Integer = 1
  With CType(ExApp.ActiveWorkbook.Worksheets("Tabelle1"), Excel.Worksheet)
    Do While Cstr(.Cells(StartZeile, 1).Value) <> ""
      If StartZeile Mod 2 = 0 Then
        CType(.Rows(StartZeile), Excel.Range).Interior.ColorIndex = 3
      End If
      StartZeile += 1
    Loop
  End With
End Sub
```

Die sicher wichtigste Kleinigkeit ist der Umstand, dass man bei .NET scheinbare Nebensächlichkeiten ein wenig genauer nehmen muss. Das betrifft vor allem den Umgang mit Defaulteigenschaften, über die zahlreiche Excel-Objekte verfügen. Bei VBA ist es vollkommen in Ordnung, einer Zelle wie folgt einen Wert zuzuweisen:

```
[A1] = 123
```

Diese Extremabkürzung ist in Visual Basic nicht mehr zulässig, da für den Compiler ein *[A1]* keine Bedeutung hat. Visual Basic verlangt (natürlich) eine vollständige Bezeichnung. Doch auch der folgende Befehl führt zu einem Fehler:

```
ExApp.Range("A1") = 123
```

wobei *ExApp* für das *Excel.Application*-Objekt steht. Die Fehlermeldung besagt, dass die *Range*-Eigenschaft *ReadOnly* ist und ihr daher kein Wert zugewiesen werden kann. Das ist auch mehr als nachvollziehbar, denn nicht der Zelle soll ein Wert zugewiesen werden, sondern ihrem Inhalt, was durch eine entsprechende Eigenschaft angegeben werden muss:

```
ExApp.Range("A1").Value2 = 123
```

Es läuft daher auf die einfache Merkregel hinaus, dass das Weglassen von Eigenschaften bei .NET nicht mehr erlaubt ist.

Konstanten

Bei VBA werden Konstanten einfach »hingeschrieben«, bei Visual Basic geht das nicht so ohne Weiteres, da hier bei jeder Konstanten der Name der Enumeration vorangestellt werden muss. Die Konstante *xlDelimited* gehört zur Enumeration *XlTextParsingType*, der komplette Ausdruck lautet daher *Excel.XlTextParsingType.xlDelimited*. Zwar kann man auch Enumerationen mit dem *Imports*-Befehl »importieren«, doch im Allgemeinen bringt das nicht viel. Die größte Herausforderung ist es in der Regel, die passende Enumeration zu einer Konstanten zu finden.

Visual Studio macht es umsteigenden VBA-Entwicklern sowohl schwer als auch leicht. Ein wenig »gewöhnungsbedürftig« sind die ToolTip-Hilfen, die einen förmlich »erschlagen« aufgrund der teilweise recht langen Namen. Hier gilt das Motto »Augen zu und durch«. Sobald Sie die ersten Zeichen des Namens eines benannten Arguments eingeben, wird eine Eingabehilfe angeboten, sodass Sie den vollständigen Namen per ⇥-Taste übernehmen können. Ist eine Eigenschaft vom Typ einer Enumeration, werden nach der Eingabe des Gleichheitszeichens alle infrage kommenden Konstanten angeboten. Diesen Komfort gibt es bei Methodenparametern auch, wenn der Parameter einen eindeutigen Typ besitzt.

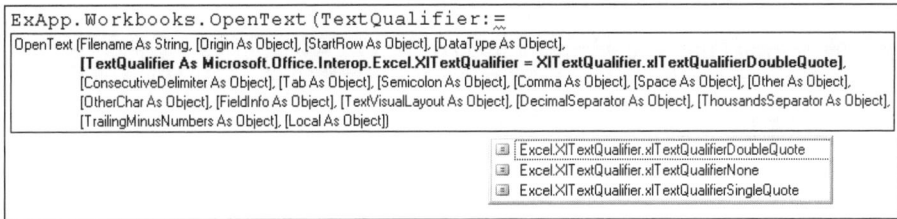

Abbildung 6.20 Bei Methodenaufrufen bietet Visual Studio eine Auswahl der infrage kommenden Konstanten an

Dieser Komfort wird natürlich nicht geboten, wenn der Parameter vom Typ *Object* ist, was aber selten vorkommt. Hier und in anderen Fällen hilft der VBA-Editor weiter, der zu jeder Konstante auch anzeigt, zu welcher Enumeration sie gehört.

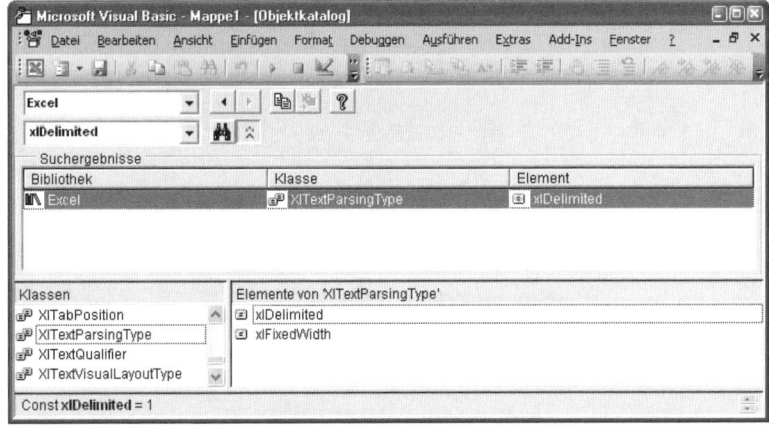

Abbildung 6.21 Der VBA-Editor zeigt an, zu welcher Enumeration eine Konstante gehört

Oft ergibt sich der Name der Enumeration aus dem ersten Teil des Konstantennamens. Enumerationen muss grundsätzlich der *Excel*-Namespace vorangestellt werden. Wird dies vergessen oder ignoriert, bietet Visual Studio eine praktische Hilfe an, wobei die Fehlermeldung auf Wunsch den kompletten Namespacenamen einblendet, der dann per Mausklick ins Programm übernommen werden kann.

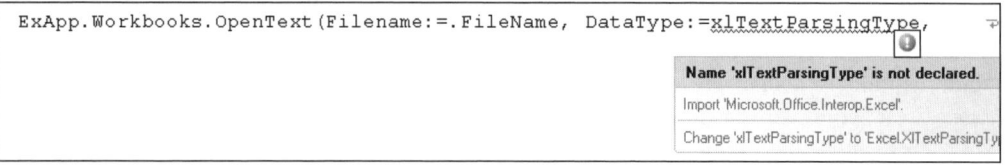

Abbildung 6.22   Visual Studio bietet auch für Konstanten eine Eingabehilfe an

Zusammenfassung

Das Excel-Objektmodell präsentiert sich beim Zugriff durch eine .NET-Programmiersprache in exakt gleicher Weise wie bei VBA, nur dass der Zugriff indirekt über eine *Primary Interop Assembly* (PIA) erfolgt. Für die Antwort auf die stets gleiche Frage, welche Objekte und welche Mitglieder an der Lösung einer Aufgabe beteiligt sind, eignet sich auch bei .NET der gute alte Makrorekorder. In vielen Fällen ist es sogar möglich, den aufgezeichneten VBA-Code per Kopieren und Einfügen in das Visual Studio-Projekt zu übernehmen und ihn durch nur geringfügige Anpassungen lauffähig zu machen.

Wie geht es in diesem Buch weiter?

Im nächsten Kapitel ist die Automatisierung von Word an der Reihe, im übernächsten die von Outlook.

Kapitel 7

Word im Zusammenspiel mit .NET

In diesem Kapitel:

Das Word-Objektmodell in der Übersicht	254
Imports und Verweise	257
Der Umgang mit Dokumenten	258
Der Aufbau eines Dokuments	262
Der Umgang mit Textbereichen oder das universelle Range-Objekt	267
Formatierung für Anfänger	269
Einfügen von Text	271
Das Selection-Objekt steht für die aktuelle Auswahl	272
Bewegen und Suchen im Text	275
Suchen im Dokument	276
Der Umgang mit Textmarken	279
Der Umgang mit Tabellen	280
Der Umgang mit Grafiken	285
Der Umgang mit Feldfunktionen	288
Seriendruck steuern	290
Spezialitäten beim Word-Objektmodell	293
VSTO-Erweiterungen für das Word-Objektmodell	303
Zusammenfassung	315

In diesem Kapitel geht es um das Zusammenspiel von Word (ab Version 97) mit Visual Basic – einmal ohne die VSTO, einmal mit den VSTO. Da das Objektmodell von Word (wie das Objektmodell aller Office-Anwendungen) vollkommen unabhängig vom .NET Framework ist, bringt die Programmierung mit Visual Studio und .NET, was die Funktionalität der Anwendung angeht, keine unmittelbaren Vorteile. Kommt Ihnen dieser Satz bekannt vor? Er war praktisch eins zu eins im letzten Kapitel zu lesen, als es um die Automatisierung von Excel mit .NET ging. Auch die Beispiele in diesem Kapitel funktionieren daher nahezu identisch auch mit VBA. Eine Ausnahme ist der direkte Zugriff auf Word 2000-Dokumente, die im Open XML-Format vorliegen. Hier bietet die .NET-Klassenbibliothek etwas mehr Komfort (der sich theoretisch aber auch von VBA aus nutzen ließe). Kommen die VSTO ins Spiel, besteht die Möglichkeit, dass mit dem Laden eines Word-Dokuments oder einer Word-Vorlage eine .NET-Assembly geladen wird, die zum einen (wie in VBA) auf das Objektmodell zugreift, zum anderen aber die vielen Möglichkeiten der .NET-Klassenbibliothek nutzen kann und zusätzliche Funktionalitäten zur Verfügung stellt, die es im Word-Objektmodell nicht gibt. Wie für Excel stellt die VSTO-Laufzeit auch für Word ein paar erweiterte Objekte zur Verfügung, die am Ende des Kapitels vorgestellt werden.

Das Word-Objektmodell in der Übersicht

Word besitzt in der Version 2007 (intern bereits 12.0) ein sehr umfangreiches Objektmodell mit weit über 200 Objekten, von denen jedes wiederum mindestens ein Dutzend Eigenschaften und Methoden aufweist. Insgesamt gibt es daher mehrere Tausend »Namen«, die alle im Zusammenhang mit Word eine Bedeutung haben[1].

Der Umgang mit den Word-Objekten ist grundsätzlich unproblematisch, meistens selbsterklärend und macht regelrecht Spaß, wenn man sich ein wenig für Word und die damit verbundenen Themen begeistern kann. Man darf nur nicht erwarten, dass alles auf Anhieb funktioniert. Wie bei jeder Anwendung wohnt den Objekten eine etwas eigene Logik inne, wenngleich es den Entwicklern bei Microsoft gelungen ist, die Art und Weise, wie es in der Benutzeroberfläche üblich ist, etwas zu erledigen, auf das Objektmodell zu übertragen. Bereiche, in denen es (aus der Sicht des Autors) ein wenig hakt, sind zum Beispiel die Shapes und InlineShapes. Wie bei Excel liefert die VBA-Hilfe eine vollständige Beschreibung aller Objekte. Zum Kennenlernen wird der Makrorekorder empfohlen. »Das« Buch für die Word-Programmierung ist *Microsoft Word-Programmierung* von *Cindy Meister, Thomas Gahler, Peter Jamieson* und *Christian Freßdorf* (erschienen bei Microsoft Press). Tabelle 7.1, in der die allerwichtigsten Word-Objekte zusammengestellt sind, soll daher auch nur als erste Orientierung und Appetitanreger dienen.

Wie jedes Office-Objektmodell besitzt auch das Word-Objektmodell sein *Application*-Objekt, von dem sich alle übrigen Objekte ableiten. Seine wichtigsten Eigenschaften und Methoden (wobei hier wirklich nur die allerwichtigsten Mitglieder zusammengestellt wurden) zeigt Tabelle 7.2.

Objekt	Steht für ...
Application	Wie bei jeder automatisierbaren Anwendung für die Anwendung als Ganzes.
Bookmark	Eine Textmarke.
Document	Ein einzelnes Dokument.

Tabelle 7.1 Wichtige Objekte im Word-Objektmodell

---

[1] Es gibt angeblich eine Person auf der Welt, die sie alle kennt. Sie ist im VSTO-Forum praktisch »omnipräsent«.

Objekt	Steht für …
DocumentTemplate	Eine einzelne Dokumentvorlage (zum Beispiel *Normal.dot*). Ein *Document*-Objekt ist über seine *AttachedTemplate*-Eigenschaft mit einer Vorlage verknüpft.
Paragraph	Einen Absatz. Der Text des Absatzes wird über die *Range*-Eigenschaft als *Range*-Objekt zur Verfügung gestellt.
Section	Einen Bereich innerhalb eines Dokuments.
Shape	Eine eingebettete Grafik und einiges mehr.

Tabelle 7.1 Wichtige Objekte im Word-Objektmodell *(Fortsetzung)*

Mitglied	Bedeutung
ActiveDocument-Eigenschaft	Steht für das aktive Dokument.
ActivePrinter-Eigenschaft	Steht für den aktuellen Drucker.
ActiveWindow-Eigenschaft	Steht für das *Window*-Objekt, in dem das aktive Dokument angezeigt wird.
Browser-Eigenschaft	Steht für das *Browser*-Objekt, mit dem eine Navigation innerhalb eines Dokuments auf die gleiche Weise wie innerhalb der Anwendung (F5 -Taste, *Gehe zu*-Dialog) möglich ist.
CapsLock-Eigenschaft	*True*, wenn die gleichnamige Taste eingerastet ist.
CheckGrammar-Methode	Überprüft den übergebenen Text mit der eingebauten Grammatikprüfung und gibt *True* zurück, wenn der Text keine Fehler enthält[2].
CheckSpelling-Methode	Überprüft die Rechtschreibung eines Textes, wobei verschiedene Wörterbücher ausgewählt werden können. Ein *CheckSpelling("Papier ist unschuldelig")* gibt *False* zurück, ein *CheckSpelling("Papier ist unschuldig")* dagegen ein *True*.
Dialogs-Eigenschaft	Ermöglicht das Anzeigen der zahlreichen eingebauten Dialoge.
DisplayAlerts-Eigenschaft	Wird sie auf *False* gesetzt, werden keine Hinweisdialoge angezeigt.
KeyBindings-Eigenschaft	Steht für die benutzerdefinierten Tastenzuordnungen.
NewDocument-Methode	Fügt einen Eintrag in der *Neues Dokument*-Aufgabenleiste ein.
OnTime-Methode	Startet ein VBA-Makro zu einem vorgegebenen Zeitpunkt. Lässt sich leider nicht für eine Prozedur in einem VSTO-Add-In zweckentfremden.
Options-Eigenschaft	Steht für das umfangreiche *Options*-Objekt mit seinen zahlreichen Eigenschaften, die alle für mögliche Einstellungen stehen.
Path-Eigenschaft	Steht für den Verzeichnispfad von *Word.exe*.
PrintOut-Methode	Druckt das aktuelle Dokument.
Quit-Methode	Beendet die Anwendung.
ScreenRefresh-Methode	Aktualisiert die Anzeige.
ScreenUpdating-Eigenschaft	Durch Setzen auf *False* kann verhindert werden, dass die Anzeige bei Änderungen am Dokument aktualisiert wird (das beschleunigt die Ausführung von Ausgaben in das Dokument).

Tabelle 7.2 Interessante Mitglieder des *Application*-Objekts

---

[2] Es ist offenbar gar nicht so einfach, einen Grammatikfehler zu »provozieren«. Wird ein Text übergeben, den Word grün unterkringelt, gibt die Methode ein *False* zurück.

Mitglied	Bedeutung
System-Eigenschaft	Steht für das umfangreiche *System*-Objekt, das zahlreiche Systeminformationen anzeigt.
TaskPanes-Eigenschaft	Steht für die Aufgabenleisten.
Tasks-Eigenschaft	Steht für alle laufenden Anwendungsfenster (Prozesse) in Gestalt eines *Task*-Objekts.
Templates-Eigenschaft	Steht für alle vorhandenen Dokumentvorlagen.
WordBasic-Eigenschaft	Erlaubt das Ausführen von alten WordBasic-Befehlen.

Tabelle 7.2 Interessante Mitglieder des *Application*-Objekts *(Fortsetzung)*

Neuerungen bei Word 2007

Beim Objektmodell von Word 2007 sind rund 50 neue Objekte hinzugekommen. Die meisten sind recht speziell. Erwähnenswert sind *Bibliography* (bibliothekarische Quellennachweise, die auf XML-Sources basieren), *BuildingBlock* (damit lassen sich in Dokumentvorlagen Inhaltsbereiche zusammenfassen), *ContentControls* (die Inhaltssteuerelemente) und mehrere Dutzend Objekte, die mathematische Funktionen betreffen. Eine vollständige Übersicht gibt es unter *http://msdn2.microsoft.com/en-us/library/bb243719.aspx*.

Auf das Application-Objekt einer laufenden Word-Anwendung zugreifen

Per Automatisierung muss nicht zwangsläufig ein neues Word gestartet werden. Über die *GetObject*-Funktion von Visual Basic greift ein Programm auf die laufende Word-Instanz zu.

Beispiel
Der folgende Codeschnipsel gibt den Dateipfad des momentan geöffneten Dokuments aus:

```
Dim WdApp As Word.Application = GetObject(Class:="Word.Application")
Messagebox.Show(WdApp.ActiveDocument.FullName)
```

Läuft Word nicht oder ist kein Dokument geladen, ist natürlich eine Exception die Folge. Sollten mehrere Word-Instanzen laufen, sucht sich *GetObject* eine Instanz auf der Grundlage einer internen Tabelle.

Laufende Word-Prozesse »abschießen«

Beim Experimentieren mit der Office-Automatisierung passiert es schnell, dass ein halbes Dutzend Excel- oder Word-Anwendungen im Arbeitsspeicher »hängen«, weil ein Programm wieder einmal nicht korrekt beendet wurde. Auch wenn Word mit dem *Task*-Objekt bereits ein geeignetes Hausmittel anbietet, um nicht benötigte Anwendungen zu entfernen, ist dies nicht die allerbeste Variante, da nur jene Prozesse aufgelistet werden, die über ein Anwendungsfenster verfügen. Wer es trotzdem probieren möchte, über ein *Tasks.Item(<Fenster-Titel>).Close* wird das Anwendungsfenster geschlossen, dessen Titel in Klammern übergeben wurde (wobei der Fenstertitel nicht vollständig angegeben werden muss, es wird auf die erste Übereinstimmung mit einem vorhandenen Titel geprüft). Ein wenig zuverlässiger ist die *Process*-Klasse (Namespace *System*) der .NET-Klassenbibliothek, deren *GetProcessesByName*-Methode alle laufenden Prozesse mit einem bestimmten Namen als eine Auflistung von *Process*-Objekten liefert.

Beispiel

Die folgende Funktion geht alle laufenden Winword-Prozesse durch (bei der Angabe des Prozessnamens muss die Erweiterung *.Exe* weggelassen werden, die, was ein wenig irritierend sein kann, vom Task-Manager angezeigt wird). Alle Prozesse, die länger als zehn Minuten laufen (das ist eine rein willkürliche Festlegung), werden (ohne Rückfrage) »abgeschossen«. Das ist wichtig: Diese Funktion darf (natürlich) nicht aus einem Word-Add-In heraus ausgeführt werden, sondern zum Beispiel im Rahmen einer Konsolenanwendung (wobei dann wegen *Messagebox.Show* auch ein Verweis auf *System.Windows.Forms.Dll* eingefügt werden muss).

```
Imports System.Windows.Forms

Function KillAlleWordProzesse() As Short
  Dim AnzahlKill As Short
  For Each P As Process In Process.GetProcessesByName("Winword")
    Dim AnzahlMinutes As Integer = Now.Subtract(P.StartTime).Minutes
    Messagebox.Show ("Läuft seit " & AnzahlMinutes & " Minuten")
    If AnzahlMinutes > 10 Then
      P.Kill()
    End If
  Next
  Return AnzahlKill
End Sub
```

Achten Sie darauf, wie elegant die Laufzeit eines Tasks in Minuten durch den Ausdruck *Now.Subtract(P.Start-Time).Minutes* berechnet werden kann. Das ist allerdings nicht das Verdienst von Visual Basic, sondern der Eleganz der .NET-Basisklassen zu verdanken. Allein Beispiele wie diese sollten für jeden Entwickler, der Spaß an seinem Beruf hat, Grund genug sein, möglichst schnell mit .NET zu beginnen.

Imports und Verweise

Alle Beispielprojekte gehen davon aus, dass ein Verweis auf die PIA *Microsoft.Office.Interop.Word.dll* in das Projekt eingefügt wurde. Er ist Voraussetzung, um auf das Word-Objektmodell zugreifen zu können. Das Importieren des Namespaces geschieht automatisch, er wird durch *Word* abgekürzt. Wem das immer noch zu lang ist, definiert den *Imports*-Befehl wie folgt:

```
Imports Wd = Microsoft.Office.Interop.Word
```

Wie bei Excel ist es auch bei Word eine gute Idee, den Namespace nicht komplett wegzulassen, sondern ihn durch eine Variable zu verkürzen, da das Voranstellen der Variablen zum einen deutlich macht, dass hier der Word-Namespace angesprochen wird (manche Word-Objekte haben sehr allgemeine Bezeichnungen, wie zum Beispiel *Variable*), und zum anderen nach der Eingabe von *Wd* (bezogen auf das obige Beispiel) eine Auswahlliste mit allen Klassen in diesem Namespace angeboten wird, was auch erfahrenere Anwender zu schätzen wissen.

Die Beispiele in diesem Kapitel

Die Beispiele, die in diesem Kapitel abgedruckt werden, sind, wie fast alle Beispiele in diesem Buch, keine vollständigen Beispiele, sondern lediglich Auszüge aus dem vollständigen Projekt, das auf der Buch-CD zu finden ist. Die meisten »Automatisierungsbeispiele« sind Teil einer kleinen WinForms-Anwendung, die in der Projektmappendatei *Kap7_WordAutomatisierungsbeispiele.sln* enthalten ist. Der Quellcode des Projekts fasst das zusammen, was man über Word-Automatisierung mit Visual Basic (.NET) statt VBA für den Anfang wissen muss. Word wird bei jedem Beispiel im Rahmen der Prozedur *SetupWord* auf dieselbe Weise gestartet, das *Application*-Objekt steht danach über die Variable *WdApp* zur Verfügung:

```
WdApp = GetObject(Class:="Word.Application")
  If WdApp Is Nothing Then
    WdApp = New Wd.Application()
  End If
WdDoc = WdApp.Documents.Add()
```

Nach dem Start von Word wird ein neues Dokument hinzugefügt, das über die Variable *WdDoc* zur Verfügung steht. Andere Beispiele werden aus einem VSTO-Add-In heraus ausgeführt. Der Unterschied ist trivial, kann aber manchmal von Bedeutung sein. Ein Add-In greift immer auf ein gestartetes Word mit einem geladenen Dokument zu. Ein externes Programm muss Word erst starten oder davon ausgehen, dass Word bereits läuft und ein Dokument geladen wurde.

Der Umgang mit Dokumenten

Der Umgang mit Dokumenten ähnelt dem beim Excel-Objektmodell sehr stark. Jedes Word-Dokument wird durch ein *Document*-Objekt repräsentiert. Es ist mit seinen weit über 150 Eigenschaften und Methoden sehr umfangreich, wobei bei Weitem nicht alle Mitglieder gleich wichtig sind. Alle geöffneten Dokumente werden in der *Documents*-Auflistung zusammengefasst. Ein neues Dokument wird über die *Add*-Methode der *Documents*-Auflistung hinzugefügt, die vom *Application*-Objekt zur Verfügung gestellt wird. Ein vorhandenes Dokument wird über die *Open*-Methode geöffnet. Das jeweils aktive Dokument kann über die *ActiveDocument*-Eigenschaft angesprochen werden.

Beispiel

Wird bei einem Dokument nichts anderes festgelegt, wird es mit der globalen Dokumentvorlage *Normal.dot* verknüpft. Der folgende Befehl legt ein neues Dokument an, wobei dieses Mal über den optionalen *Template*-Parameter der *Add*-Methode dem neu angelegten Dokument eine andere Dokumentvorlage aus dem Vorlagenverzeichnis zugeordnet wird.

```
Dim TemplatePfad As String = Environment.GetEnvironmentVariable("APPData") & _
    "\Microsoft\Vorlagen\Spezialvorlage.dot"
Application.Documents.Add(Template:=(TemplatePfad))
```

Welche Dokumentvorlage für ein Dokument gültig ist, gibt die *DocumentTemplate*-Eigenschaft an, die ein *Template*-Objekt zurückgibt.

> **TIPP** Auch wenn es kein Geheimnis ist, soll es noch einmal erwähnt werden: Die bei Word zur Auswahl angebotenen Dokumentvorlagen werden unter Windows XP/Windows Server 2003 im Verzeichnis *%appdata%\microsoft\vorlagen* abgelegt, bei Windows Vista heißt das Verzeichnis *Templates*. Möchten Sie erreichen, dass eine neue Vorlage ebenfalls automatisch angeboten wird, muss sie sich in diesem Verzeichnis befinden.

Feststellen, ob ein Dokument vorhanden ist

Oft möchte man vor dem Aufruf von *Open* feststellen, ob das Dokument überhaupt existiert. Was bei VBA mit der *Dir*-Funktion offenbar etwas »leichtsinnig«[3] und mit dem *FileSystemObject*-Objekt immer einen zusätzlichen Schritt bedeutet, ist bei Visual Basic dank der *File*-Klassen und deren *Exists*-Methode so einfach, wie es sein sollte.

Beispiel

Das folgende Beispiel lädt ein Word-Dokument nur dann, wenn es existiert:

```
Dim WdApp As New Microsoft.Office.Interop.Word.Application
If System.IO.File.Exists("C:\TestDok.doc") Then
  WdApp.Documents.Open("C:\TestDoc.doc")
End If
```

Entsprechend lässt sich für die *Exists*-Methode der *Directory*-Klasse prüfen, ob ein Verzeichnis existiert. Eine *Exists*-Methode für Laufwerke gibt es allerdings nicht. Um festzustellen, ob ein Laufwerk vorhanden ist, empfiehlt sich dann doch wieder das gute, alte *FileSystemObject*-Objekt, das, nachdem ein Verweis auf *Scrrun.dll* hinzugefügt wurde, natürlich auch unter .NET zur Verfügung steht.

Word 2003 – Dokumente in die Aufgabenleiste platzieren

Bei Word 2003 gibt es über die *NewDocument*-Methode des *Application*-Objekts die Möglichkeit, eine beliebige Datei in der *Neues Dokument*-Aufgabenleiste in der Kategorie *Zuletzt verwendete Vorlagen* zu platzieren, sodass sie dem Anwender auf einfachere Art und Weise angeboten wird. Diese Methode gibt ein *NewFile*-Objekt zurück, das scheinbar in der Word-Interop-Bibliothek vergessen wurde. Doch nur scheinbar, denn es gehört in die allgemeine Bibliothek *Office.dll* und damit in den Namespace *Microsoft.Office.Core*.

Beispiel

Der folgende Codeschnipsel platziert die Datei *C:\Ideen2008.doc* im Aufgabenbereich *Neues Dokument*, sodass sie dort unter dem Namen *Ideen2008.doc* zum Abruf bereitsteht.

```
Dim WdApp As New Word.Application
Dim F As NewFile = WdApp.NewDocument
WdApp.Visible = True
Dim WdDoc As Word.Document = WdApp.Documents.Add
F.Add(FileName:="C:\Ideen2008.doc", _
    Section:=MsoFileNewSection.msoNew, _
    DisplayName:="Ideen2008.doc", _
    Action:=MsoFileNewAction.msoCreateNewFile)
```

Über die optionalen Parameter wird unter anderem festgelegt, in welchem Bereich der Eintrag erscheinen soll. Über die *Remove*-Methode lässt sich ein Eintrag wieder entfernen. In beiden Fällen wird aber nicht geprüft, ob die Datei wirklich existiert.

---

[3] In der zu Beginn des Kapitels zitierten »Word-Bibel« heißt es wörtlich: »Wir raten dringend davon ab, die *Dir*-Funktion für diese Aufgabe zu verwenden«.

Die Sache mit den Konstanten

Auch geübte VBA-Programmierer werden sich beim obigen Beispiel mit dem Umgang von Konstanten am Anfang ein wenig schwer tun. Was genau bedeutet zum Beispiel *MsoFileNewSection.msoNew* und warum wird ein *msoNew* allein nicht erkannt? Zunächst muss angemerkt werden, dass jede Konstante Teil einer Konstantenauflistung ist (Enumeration genannt), die wiederum zu einem Namespace in der PIA gehört. Die Konstante *msoNewfromExistingFile* ist Teil der Office-Bibliothek *Office.dll* und gehört zu dem in dieser Assembly definierten Namespace *Microsoft.Office.Core*. Dass das Importieren des Namespaces noch nicht ausreicht, liegt daran, dass *msoNewfromExistingFile* Teil der Enumeration *MsoFileNewSection* ist, deren Name vorangestellt werden muss.

> **TIPP** Der schnellste Weg, an den Namen der Konstantenauflistung zu gelangen, besteht darin, die Einfügemarke auf die Konstante zu setzen und `Strg`+`Leertaste` zu drücken. Wenn der Name der Konstantenauflistung nicht automatisch eingefügt wird, sollte sich zumindest eine Auswahlliste öffnen, aus der dieser ausgewählt werden kann. Wenn das Verfahren nicht zum Ziel führt, besteht die zweitschnellste Variante darin, die Konstante einfach im Objektbrowser (`F2`-Taste) zu suchen.

Dokumente mit einem Passwort versehen

Möchte man ein Dokument derart schreibgeschützt öffnen, dass dieser Schutz erst mit einem Geheimwort wieder aufgehoben werden kann, muss gleich nach dem Start die *Protect*-Methode mit dem erforderlichen Passwort aufgerufen werden.

Beispiel

Der folgende Codeschnipsel öffnet ein Dokument und schützt es anschließend durch ein Kennwort vor Änderungen.

```
Dim WdApp As Word.Application = Me.Application
WdApp.Documents.Open("C:\Ideen2008.doc")
WdApp.ActiveDocument.Protect(Word.WdProtectionType.wdAllowOnlyReading, System.Type.Missing, "Geheim")
```

Ein Dokument drucken

Das Drucken eines Dokuments übernimmt die *PrintOut*-Methode des *Document*-Objekts, die mit einer Fülle optionaler Parameter ausgestattet ist, die in Visual Basic auf die gleiche Weise eingesetzt werden wie bei VBA.

Beispiel

Der folgende Befehl druckt das aktuelle Dokument in dreifacher Ausfertigung aus:

```
ActiveDocument.PrintOut(Copies:=3)
```

Bei den optionalen Parametern finden Sie alle jene Einstellungen wieder, die Sie auch im Druckerauswahldialog treffen können. Hundertprozentig objektorientiert ist dieser Weg nicht, denn streng genommen sollte es ein Printer-Objekt geben, dem alle diese Einstellungen über Eigenschaften oder Methoden mitgeteilt werden. So kann der Aufruf der *PrintOut*-Methode recht umfangreich (und damit unübersichtlich) werden.

Der Umgang mit Dokumenten

> **TIPP** Der Auswahldialog zur Auswahl eines Druckers kann über das universelle *Dialogs*-Objekt geschehen:

```
Dialogs(wdDialogFilePrintSetup).Show()
```

Hier kann auch ein Drucker zum Standard gemacht werden. Dies ist aber nicht der Dialog zum Einrichten eines Druckers, auch wenn es der Name der Konstanten nahelegen könnte. Dieser wichtige Dialog wird über die Konstante *wdDialogFilePrint* angezeigt.

Das Schließen eines Dokuments

Das Schließen eines Dokuments übernimmt die *Close*-Methode des *Document*-Objekts. Über den optionalen Parameter *SaveChanges* wird eingestellt, ob für den Fall, dass Änderungen vorgenommen wurden, eine entsprechende Abfrage erscheinen soll. Der Befehl

```
ActiveDocument.Close(SaveChanges:=False)
```

schließt das aktuelle Dokument, ohne dass der Anwender die Gelegenheit erhält, das Dokument zu speichern. Ohne den *SaveChanges*-Parameter erscheint ein *Speichern unter*-Dialogfeld. Wird hier *Abbrechen* gewählt, ist eine *COMException* die Folge.

> **HINWEIS** Ist kein Dokument mehr geöffnet, führt der Zugriff auf *ActiveDocument* (bzw. alle jene Eigenschaften, wie zum Beispiel *ActiveWindow*, die für das Fenster des aktiven Dokuments steht, die etwas mit Dokumenten zu tun haben) zu einer *COMException*-Ausnahme.

Mitglied	Bedeutung
AddToFavorites-Methode	Fügt das Dokument in die Liste der Favoriten ein, sodass es zum Beispiel über die Favoritenliste im *Start*-Menü abgerufen werden kann.
Bookmarks-Eigenschaft	Gibt als Auflistung alle Textmarken in Gestalt einer *Bookmarks*-Auflistung von *Bookmark*-Objekten zurück.
BuiltInDocumentProperties-Eigenschaft	Gibt eine *DocumentProperties*-Auflistung zurück, die für alle »fest eingebauten« Dokumenteigenschaften steht.
Characters-Eigenschaft	Gibt alle Buchstaben (!) des Dokuments in Gestalt von *Range*-Objekten zurück.
CheckGrammar-Methode	Führt eine Grammatikprüfung durch.
CheckSpelling-Methode	Führt eine Rechtschreibprüfung durch.
Close-Methode	Schließt das Dokument.
CustomDocumentProperties-Eigenschaft	Gibt eine *DocumentProperties*-Auflistung zurück, die für alle benutzerdefinierten Dokumenteigenschaften steht.
Fields-Eigenschaft	Gibt alle Felder des Dokuments in Gestalt einer *Fields*-Auflistung von *Field*-Objekten zurück.
PresentIt-Methode	Startet Microsoft PowerPoint mit dem Dokument als Präsentation.
PrintOut-Methode	Druckt das Dokument.
SaveAs-Methode	Speichert das Dokument unter dem angegebenen Dateinamen.

Tabelle 7.3 Interessante Mitglieder beim *Document*-Objekt

Mitglied	Bedeutung
Sections-Eigenschaft	Gibt alle Bereiche des Dokuments in Gestalt einer *Sections*-Auflistung von *Section*-Objekten zurück.
SendFax-Methode	Sendet das aktuelle Dokument als Fax, was allerdings eine geeignete Faxsoftware voraussetzt (zum Beispiel jene, die zwar Teil von Windows ist, aber nachträglich installiert werden muss).
Sentences-Eigenschaft	Gibt alle Sätze des Dokuments in Gestalt einer *Sections*-Auflistung von *Range*-Objekten zurück.
Styles-Eigenschaft	Gibt alle Formatvorlagen des Dokuments in Gestalt einer *Styles*-Auflistung von *Style*-Objekten zurück.
Tables-Eigenschaft	Gibt alle Tabellen des Dokuments in Gestalt einer *Tables*-Auflistung von *Table*-Objekten zurück.
Undo-Methode	Macht die letzte Änderung am Dokument rückgängig.
Words-Eigenschaft	Gibt alle Wörter des Dokuments in Gestalt einer *Words*-Auflistung von *Range*-Objekten zurück.

Tabelle 7.3 Interessante Mitglieder beim *Document*-Objekt *(Fortsetzung)*

Der Aufbau eines Dokuments

Ein Dokument ist bei Word nicht nur ein Bereich, der seitenweise unterteilt wird und mit Buchstaben und Grafiken gefüllt werden kann, es ist eine regelrechte Struktur, die aus mehreren Bereichen besteht, die auf jeder Seite platziert werden (wie zum Beispiel Kopf- und Fußzeilen). Um das umfangreiche Objektmodell verstehen und die einzelnen Objekte anwenden zu können, muss man über diese Struktur grob Bescheid wissen.

Die Rolle der Artikel (StoryRanges-Objekt)

Neben dem eigentlichen Haupttextbereich des Dokuments gehören weitere Elemente zum Dokument, zum Beispiel die Kopf- und Fußzeile der ersten Seite bzw. der geraden und ungeraden Seiten, Fußnoten und eventuell vorhandene Kommentare. Alle Seitenelemente (in diesem Zusammenhang auch »Artikel« genannt) werden durch das *StoryRanges*-Objekt eines Dokuments zusammengefasst. Es sind insgesamt elf verschiedene Artikeltypen zu unterscheiden, wobei das jeweils erste Artikelelement eines Typs in der *StoryRanges*-Auflistung des *Document*-Objekts zusammengefasst ist. Allerdings gibt es, anders als man es zunächst erwarten könnte, kein StoryRange-Objekt. Stattdessen steht die *StoryRanges*-Auflistung für eine Reihe von *Range*-Objekten. Das ist mehr als sinnvoll, denn auch bei Kopf- und Fußzeilen handelt es sich um Bereiche in dem Dokument, und es wäre ineffektiv, neue Objekte mit einer im Grunde identischen Bedeutung einzuführen. Da hinter allen unterschiedlichen Artikeltypen stets ein *Range*-Objekt steckt, besitzt dieses eine *StoryType*-Eigenschaft, durch die sich feststellen lässt, zu welchem Artikeltyp (etwa eine Fußnote) ein *Range*-Objekt gehört.

Besteht ein Dokument aus mehreren Bereichen, erhält man bei den Artikelobjekten für die Kopf- und Fußzeilen das jeweils korrespondierende Element des nächsten Abschnitts über die *NextStoryRange*-Methode. Existiert kein weiteres Objekt, gibt die Methode *Nothing* zurück. Bei den übrigen Artikeltypen ist eine Fehlermeldung die Folge.

Beispiel
Der folgende Befehl gibt den Text der Kopfzeile auf allen ungeraden Seiten aus:

```
Dim WdApp As Word.Application = GetObject(Class:="Word.Application")
Messagebox.Show(WdApp.ActiveDocument.StoryRanges(Word.WdStoryType.wdPrimaryHeaderStory).Text)
```

Konstante	Steht für ...
wdCommentsStory	Alle Kommentare des Dokuments
wdEndNotesStory	Alle Fußnoten am Ende eines Bereichs (Endnoten)
wdEvenPagesFooterStory	Fußzeile auf allen geraden Seiten des Bereichs
wdEvenPagesHeaderStory	Kopfzeile auf allen geraden Seiten des Bereichs
wdFirstPageFooterStory	Fußzeile auf der ersten Seite des Bereichs
wdFirstPageHeaderStory	Kopfzeile auf der ersten Seite des Bereichs
wdFootnotesStory	Alle Fußnoten des Bereichs
wdMainTextStory	Haupttextbereich des Dokuments
wdPrimaryFooterStory	Fußzeile auf allen ungeraden Seiten des Bereichs
wdPrimaryHeaderStory	Kopfzeile auf allen ungeraden Seiten des Bereichs
wdTextFrameStory	Textinhalt eines Frames in einem HTML-Dokument

Tabelle 7.4 Die verschiedenen Artikeltypen in der Übersicht

HINWEIS Im Zusammenhang mit dem Markieren von Text ist die *WholeStory*-Methode interessant, die einen kompletten Story-Bereich markiert.

Beispiel

Das folgende Beispiel kopiert alle Fußnotentexte eines Dokuments in ein neu angelegtes Dokument.

CD-ROM Sie finden das Beispiel auf der Buch-CD als Teil der Projektmappe *Kap7_AutomatisierungsBeispiele.sln*.

```
Sub CopyFootnotes()

  SetupWord()   Dim WdDocNeu As Word.Document = WdApp.Documents.Add
  WdDocNeu.Content.InsertAfter("Fussnotenliste:" & Chr(10))
  WdApp.Selection.Move(Unit:=Word.WdUnits.wdParagraph, Count:=1)
  For Each F As Word.Footnote In WdDoc.Footnotes
     Dim R As Word.Range = WdDocNeu.Paragraphs.Add().Range
     R.Text = F.Range.Text & Chr(10)
     ' Für den Fall, dass es die Formatvorlage nicht gibt
     Try
         R.Style = "Aufzählungszeichen"
     Catch ex As SystemException
         ' Hier passiert nichts
     End Try
     WdApp.Selection.Move(Unit:=Word.WdUnits.wdParagraph, Count:=1)
  Next
End Sub
```

Die »Herausforderung« besteht weniger darin, an den Text der Fußnote zu gelangen, sondern diese so in den Text einzufügen, dass der aktuelle Text nicht überschrieben wird. In diesem Punkt präsentiert sich das Word-Objektmodell mit seinen unzähligen Variationsmöglichkeiten leider recht unübersichtlich. Im obigen Beispiel wird bei jedem neuen Durchlauf ein Absatz hinzugefügt, dessen Textbereich den Textbereich der Fußnote erhält. Außerdem wird dem Absatz eine Formatvorlage zugeordnet. Am Ende wird die Einfügemarke über das universelle *Selection*-Objekt und dessen *Move*-Methode auf das Zeilenende gesetzt.

Kopf- und Fußzeilen (HeaderFooter-Objekt)

Als Anwender können Sie jeden Abschnitt eines Dokuments mit Kopf- und Fußzeilen versehen, wobei sich einstellen lässt, ob die Kopf- bzw. Fußzeile auf jeder Seite gleich, auf jeweils geraden oder ungeraden Seiten unterschiedlich und auch auf der ersten Seite erscheinen soll (mit gegebenenfalls einem abweichenden Inhalt zu den übrigen Kopf- bzw. Fußzeilen). Für Kopfzeilen ist das *Headers*-Objekt zuständig, für Fußzeilen entsprechend das *Footers*-Objekt. Beide Eigenschaften sind allerdings keine Eigenschaften des *Document*-Objekts, sondern eines *Section*-Objekts. Die beiden Eigenschaften geben ein *HeaderFooters*-Objekt zurück, das wiederum alle Kopf- und Fußzeilen durch *HeaderFooter*-Objekte repräsentiert (über die *IsHeader*-Eigenschaft lässt sich der Unterschied feststellen). Pro Bereich gibt es stets drei Typen von *HeaderFooter*-Objekten: für die erste Seite (*wdHeaderFooterFirstPage*), für gerade Seiten (*wdHeaderFooterEvenPages*) und für ungerade Seiten (*wdHeaderFooterPrimary*).

Beispiel

Der folgende Befehl gibt den Inhalt der Kopfzeile des ersten Abschnitts im Dokument aus, wobei davon ausgegangen wird, dass alle Seiten die gleiche Kopfzeile enthalten:

```
Kopfzeile = _
    WdApp.ActiveDocument.Sections(1).Headers(Word.WdHeaderFooterIndex.wdHeaderFooterPrimary).Range.Text
```

Entsprechend ermittelt der folgende Befehl den Inhalt der ersten Fußzeile:

```
Fusszeile = _
    WdApp.ActiveDocument.Sections(1).Footers(Word.WdHeaderFooterIndex.wdHeaderFooterPrimary).Range.Text
```

Der Abschnitt (Section-Objekt)

Die oberste Unterteilung eines Dokuments ist der Abschnitt (engl. »section«), der durch ein *Section*-Objekt repräsentiert wird. Alle Abschnitte werden in der *Sections*-Auflistung zusammengefasst. Ein Bereich dient dazu, in einem Dokument unterschiedliche seitenspezifische Formatierungen zu verwenden, zum Beispiel verschiedene Seitenbreiten oder eine wechselnde Spaltenanzahl. Die wichtigsten Eigenschaften des *Section*-Objekts sind *First*, *Last* und *PageSetup*. Letzteres gibt ein *PageSetup*-Objekt mit jenen Einstellungen zurück, die für alle Bereiche des Dokuments gelten.

Beispiel

Der folgende Befehl verändert den sogenannten *Bundsteg* (das heißt den zusätzlichen Seitenrand am Innenrand einer Seite beim Ausdruck von geraden und ungeraden Seiten) für den ersten Abschnitt durch Setzen der *Gutter*-Eigenschaft:

```
WdDoc.Sections(1).PageSetup.Gutter = CentimetersToPoints(2)
```

Über die *CentimetersToPoints*-Methode wird der übergebene Zentimeterwert in den erforderlichen Wert in der Einheit Punkt umgerechnet.

Das Hinzufügen eines neuen Bereichs geschieht wahlweise über die *InsertBreak*-Methode eines *Selection*-Objekts oder über die *Add*-Methode des *Section*-Objekts.

Beispiel

Der folgende Befehl fügt an der aktuellen Position der Einfügemarke einen neuen Bereich mit fortlaufender Seitennummerierung (also ohne Seitenumbruch) ein:

```
WdApp.Selection.InsertBreak (Type:=wdSectionBreakContinuous)
```

Der Default für den *Type*-Parameter ist *wdPageBreak*. Bei der *Add*-Methode besteht die Möglichkeit, die Stelle, an der ein Bereichswechsel stattfinden soll, festzulegen:

```
WdApp.ActiveDocument.Sections.Add(Selection.Range, Start:=wdSectionNewPage)
```

Zwar findet der Bereichswechsel wieder an der aktuellen Position der Einfügemarke statt, diesmal erfolgt aber auch ein Seitenumbruch. Der Default für das Einfügen eines Bereichs ist *wdSectionNewPage*.

Die Seite

Ein Page-Objekt gibt es im Word-Objektmodell nicht, da eine einzelne Seite lediglich eine logische Unterteilung eines Dokuments darstellt, die sich indirekt aus verschiedenen Faktoren ergibt, wie den aktuellen Seiteneinstellungen und der Absatzformatierung der einzelnen Absätze (lediglich als *wdGotoPage*-Argument der *Goto*-Methode taucht die Seite als solches im Objektmodell auf). Es existiert lediglich ein allgemeines *PageSetup*-Objekt, über das alle jene Einstellungen vorgenommen werden, die im *Seite einrichten*-Dialog getroffen werden können, der bei Word 2003 über den Menübefehl *Datei/Seite einrichten* aufgerufen wird, bei Word 2007 im Register *Seitenlayout* in der Gruppe *Seitenränder*.

Die Gesamtzahl der Seiten ermitteln

Da es keine Pages-Auflistung gibt, muss auch die aktuelle Anzahl an Seiten im aktuellen Dokument auf einfache Art und Weise, nämlich über eine Feldfunktion ermittelt werden.

Beispiel

Der folgende Befehl fügt an der aktuellen Position der Einfügemarke die Gesamtzahl der Seiten über die Feldfunktion *NUMPAGES* ein:

```
Dim WdApp As Word.Application = GetObject(Class:="Word.Application")
Dim WdDoc As Word.Document = WdApp.ActiveDocument
WdApp.ActiveDocument.Fields.Add(WdDoc.Application.Selection.Range, Word.WdFieldType.wdFieldNumPages)
```

Seitenzahlen und Überschriften in Kopfzeilen

Nicht nur beim Schreiben von Büchern kommt es darauf an, alle Seiten der (meistens umfangreichen) Dokumente mit der entsprechenden Seitenanzahl, vor allem aber mit den Kapitelüberschriften zu versehen. Was sich selbst für erfahrene Anwender, insbesondere wenn mehrere Bereiche im Spiel sind, als nicht gerade einfach zu lösen herausstellt, lässt sich per Automatisierung relativ einfach realisieren.

Beispiel

Das folgende »VBA-Makro« ist bereits etwas umfangreicher, kann einem geplagten Autor aber Arbeit abnehmen. Es geht davon aus, dass der erste Absatz des Dokuments die Überschrift des Kapitels ist, die mit der Formatvorlage »Überschrift 1« verbunden ist, und dass alle Überschriften der zweiten Ebene mit der Formatvorlage »Überschrift 2« verknüpft sind. Ist dies der Fall, sorgt es dafür, dass die Kopfzeile jeder geraden Seite mit der Kapitelüberschrift und die Kopfzeile jeder ungeraden Seite mit der jeweils aktuellen Überschrift zweiter Hierarchie zusammen mit der Seitenzahl, die durch einen rechts- bzw. linksbündigen Tabulator genau an das rechte Ende positioniert wird, versehen wird. Mit anderen Worten: Ein Dokument wird mit Kopfzeilen versehen, die aus den Überschriften stammen. Dass jeweils der aktuelle Überschriftentitel eingesetzt wird, wird durch eine entsprechende Feldfunktion erreicht. Auch wenn Sie diese Problematik nicht unmittelbar interessieren sollte, Sie lernen dabei einiges über den Umgang mit den Word-Funktionalitäten wie Kopfzeilen und Feldfunktionen, die automatisch die erste Überschrift einer Seite in die Kopfzeile setzen:.

CD-ROM Sie finden das Beispiel auf der Buch-CD als Teil der Projektmappe *Kap7_AutomatisierungsBeispiele.sln*.

```
Sub KopfFusszeilenErstellen()
    SetupWord()
    Dim WdR As Word.Range
    Dim WdAbschnitt As Word.Section
    Dim KapitelTitel As String
    Dim AnzahlAbschnitte As Integer
    For Each WdAbschnitt In WdDoc.Sections
        AnzahlAbschnitte += 1
        With WdAbschnitt.PageSetup
            .OddAndEvenPagesHeaderFooter = True
            .DifferentFirstPageHeaderFooter = True
        End With
        ' Verknüpfung auf vorherigen Bereich aufheben
        WdAbschnitt.Headers(Word.WdHeaderFooterIndex.wdHeaderFooterPrimary).LinkToPrevious = False
        ' Verknüpfung auf vorherigen Bereich aufheben
        WdAbschnitt.Headers(Word.WdHeaderFooterIndex.wdHeaderFooterEvenPages).LinkToPrevious = False
        ' Kapitelüberschrift abfragen - 1. Absatz muss "Überschrift 1" als Style besitzen
        If CType(WdAbschnitt.Range.Paragraphs(1).Style, Word.Style).NameLocal = "Überschrift 1" Then
            KapitelTitel = "Kapitel: " & WdAbschnitt.Range.Paragraphs(1).Range.Text
        Else
            KapitelTitel = "Keine Überschrift"
        End If
        ' Chr(13)-Zeichen am Ende entfernen
        If KapitelTitel.Substring(KapitelTitel.Length - 1) = Chr(13) Then
            KapitelTitel = KapitelTitel.Substring(0, KapitelTitel.Length - 1)
        End If
        ' Ungerade Kopfzeilen enthalten aktuelle Zwischenüberschrift
        WdR = WdAbschnitt.Headers(Word.WdHeaderFooterIndex.wdHeaderFooterPrimary).Range
        With WdR
            ' Aktuelle Seitenzahl einfügen
            .Fields.Add(WdR, Word.WdFieldType.wdFieldPage)
```

```
                ' Durch Field-Objekt wird offenbar zentrierter Tab bei 8 cm
                ' gesetzt - kann auch direkt gelöscht werden:
                '   ParagraphFormat.TabStops(1).Clear
                .Text = .Text.Substring(0, .Text.Length - 1) & vbTab
                .Collapse(Word.WdCollapseDirection.wdCollapseEnd)
                ' Formatvorlage muss in Anführungszeichen stehen
                .Fields.Add(WdR, Word.WdFieldType.wdFieldStyleRef, """Überschrift 2""")
                ' Alle Tabstopps löschen und einen rechtsbündigen setzen
                .ParagraphFormat.TabStops.ClearAll()
                .ParagraphFormat.TabStops.Add(Position:= _
                    WdAbschnitt.PageSetup.PageWidth - WdAbschnitt.PageSetup.RightMargin - _
                    WdAbschnitt.PageSetup.LeftMargin, Alignment:=Word.WdTabAlignment.wdAlignTabRight)
            End With
            ' Die geraden Kopfzeilen enthalten die Kapitelüberschrift und eine Seitenzahl
            WdR = WdAbschnitt.Headers(Word.WdHeaderFooterIndex.wdHeaderFooterEvenPages).Range
            With WdR
                .Text = KapitelTitel & vbTab
                .Collapse(Word.WdCollapseDirection.wdCollapseEnd)
                ' Aktuelle Seitenzahl einfügen
                .Fields.Add(WdR, Word.WdFieldType.wdFieldPage)
                ' Alle Tabstopps löschen und einen rechtsbündigen setzen
                .ParagraphFormat.TabStops.ClearAll()
                .ParagraphFormat.TabStops.Add(Position:=WdAbschnitt.PageSetup.PageWidth - _
                    WdAbschnitt.PageSetup.RightMargin - WdAbschnitt.PageSetup.LeftMargin, _
                    Alignment:=Word.WdTabAlignment.wdAlignTabRight)
            End With
        Next
        MessageBox.Show(AnzahlAbschnitte & " Sektion(en) durchlaufen!", My.Application.Info.Title)
End Sub
```

Der Umgang mit Textbereichen oder das universelle Range-Objekt

Der Schlüssel für den Zugriff auf den Inhalt eines Dokuments ist das *Range*-Objekt. Das *Range*-Objekt steht für einen Bereich des Dokuments, der aus einem einzelnen Zeichen, mehreren Sätzen oder dem kompletten Dokument bestehen kann. Probieren Sie es gleich einmal aus:

1. Starten Sie Word und tippen Sie in das leere Dokument ein Wort oder einen Satz ein.
2. Schalten Sie mit [Alt]+[F11] in den VBA-Editor um und öffnen Sie den Direktbereich ([Strg]+[G]).
3. Geben Sie in den Direktbereich den folgenden VBA-Befehl ein:

```
?ActiveDocument.Paragraphs(1).Range.Text
```

Dieser Befehl zeigt den ersten Absatz an, indem der Wert der *Text*-Eigenschaft des *Range*-Objekts, das hinter diesem Absatz steht, ausgegeben wird.

So einfach ist der Umgang mit dem *Range*-Objekt leider nicht immer. Das *Range*-Objekt ist mit über 80 Eigenschaften und über 70 Methoden ein sehr umfangreiches Objekt. Wann immer Sie ein einzelnes Wort, einen Abschnitt oder das gesamte Dokument ansprechen möchten, ist das *Range*-Objekt im Spiel. Die wichtigste Eigenschaft des *Range*-Objekts ist die *Text*-Eigenschaft, die für den (unformatierten) Inhalt des Bereichs steht (das Pendant ist die *FormatedText*-Eigenschaft, die ein *Range*-Objekt zurückgibt, das für den formatierten Text steht). So weit ist alles noch sehr einfach. Ein Umstand, der Anfänger am Anfang zu Recht irritiert, liegt darin, dass das *Range*-Objekt häufig indirekt beteiligt ist, der Name »Range« also in dem Befehl (Objektausdruck), um den es geht, gar nicht auftaucht. Der Befehl:

```
?ActiveDocument.Range.Text
```

gibt den Inhalt des gesamten Dokuments (!) im Direktbereich aus. So etwas macht man normalerweise nicht, aber zu Übungszwecken sei es gestattet. Doch was ist, wenn man nicht das gesamte Dokument, sondern vielleicht nur die ersten vier Buchstaben erhalten möchte? Dann wird ein *Range*-Objekt benötigt, dessen Eigenschaften *Start* und *End* den gewünschten Bereich festlegen:

```
TextBereich = ActiveDocument.Range(Start:=0, End:=4).Text
```

Das Abzählen einzelner Zeichen, etwa um den zweiten Satz im dritten Absatz zu erhalten, ist zum Glück nicht nötig, denn dafür gibt es eigene Eigenschaften wie *Words*, *Sentences* und *Characters*. Anders als man es zunächst vermuten würde, liefern diese Eigenschaften kein Word-, Sentence- oder Character-Objekt zurück. Jeder Textbereich, unabhängig davon, wie groß er ist, wird durch das universelle *Range*-Objekt repräsentiert. Zu den wirklich einfachen Angelegenheiten bei der Word-Automatisierung gehört der Zugriff auf einen einzelnen Satz, ein einzelnes Wort oder einen einzelnen Buchstaben in einem Dokument.

Beispiel

Der folgende Befehl weist den ersten Satz des aktiven Dokuments einer Variablen zu:

```
Satz = WdApp.ActiveDocument.Sentences(1).Text
```

Auch hier ist ein *Range*-Objekt im Spiel, allerdings »unsichtbar«, denn *Sentences(1)* liefert ein *Range*-Objekt.

HINWEIS *Sentences*, *Words* und *Characters* sind Ausnahmen von einer (ungeschriebenen) Regel, die besagt, dass sich über den Namen der Auflistung auf den Namen der in der Auflistung enthaltenen Objekte schließen lässt.

Beispiel

Der folgende Befehl gibt den dritten Buchstaben im zweiten Wort des ersten Satzes im aktuellen Dokument zurück:

```
Dim Buchstabe As Range = WdApp.ActiveDocument.Sentences(1).Words(2).Characters(3)
```

Möchten Sie alle Sätze im aktuellen Dokument durchgehen, um zum Beispiel festzustellen, ob ein Satz mit einem Großbuchstaben beginnt, kann ein *For Next*-Schleifenbefehl zum Einsatz kommen.

Beispiel

Die Programmschleife geht der Reihe nach alle Sätze im aktiven Dokument durch und prüft über die *Characters*-Eigenschaft bei jenem *Range*-Objekt, das von der *Sentences*-Eigenschaft zurückgegeben wird, ob der Zeichencode des ersten Zeichens im Bereich eines Großbuchstabens liegt. Ist dies nicht der Fall, wird die Variable *KeinGrossbuchstabe* um eins hochgezählt. Der Wert dieser Variablen wird am Ende der Prozedur angezeigt.

> **CD-ROM** Sie finden das Beispiel auf der Buch-CD als Teil der Projektmappe *Kap7_AutomatisierungsBeispiele.sln*.

```
Sub AnzahlSaetzeMitKleinbuchstaben()
    Dim KeinGrossBuchstabe As Integer
    SetupWord()
    For Each WdSatz As Word.Range In WdApp.ActiveDocument.Sentences
        If Char.IsLower(WdSatz.Characters(1).Text) Then
            KeinGrossBuchstabe += 1
        End If
    Next
    MessageBox.Show("Anzahl Sätze, die mit keinem Großbuchstaben beginnen: " & KeinGrossBuchstabe, _
        "Word-Automatisierung")
End Sub
```

Auch dieses Beispiel macht einmal mehr deutlich, welche kleinen Vorteile Visual Basic als Programmiersprache gegenüber VBA bringt: Eine Variable kann in der Schleife definiert werden und der Datentyp *Char* bietet als Struktur eine Methode *IsLower*, die *True* zurückgibt, wenn es sich um einen Kleinbuchstaben handelt. Das erspart eine (relativ) umständliche *If*-Abfrage. Macht so Programmieren nicht (wieder) Spaß?

Formatierung für Anfänger

Können Sie sich noch daran erinnern, wie lange es gedauert hat, bis Sie damals das Prinzip der Formatierung bei Word verstanden hatten? Auch wenn bei der Programmierung in puncto Formatierung alles etwas anders funktioniert als bei der Arbeit mit Word, profitieren Sie von Ihrem Wissen aus der Anwenderperspektive. Word-Anwender lernen erfahrungsgemäß meistens gleich zu Beginn, dass es zwei verschiedene Typen von Formaten gibt: Absatzformate und Zeichenformate. Folglich ist für jemanden, der das Objektmodell benutzen möchte, klar, dass die automatisierte Formatierung eines Dokuments bei den Objekten *Paragraph* (Absatzformatierung) und *Range* (Zeichenformatierung) ansetzen muss.

Die Absatzformatierung

Im Mittelpunkt der Absatzformatierung steht (natürlich) das *Paragraph*-Objekt, über dessen Eigenschaften alle Formatierungsmerkmale eines Absatzes vergeben werden. Das Prinzip der programmgesteuerten Absatzformatierung muss nicht im Detail erläutert werden, denn jeder, der in Word bereits über *Format/ Absatz* einen Absatz formatiert hat, ist mit dem Prinzip und den Möglichkeiten der Absatzformatierung vertraut. Hier die Probe aufs Exempel. Wie müsste ein Befehl lauten, der dem aktuellen Absatz einen linken Einzug von 2 cm verpasst? Zum Beispiel wie folgt:

```
Selection.Paragraphs(1).LeftIndent = CentimetersToPoints(2)
```

Die *LeftIndent*-Eigenschaft ist für den linken Einzug zuständig, die *CentimetersToPoints*-Methode des *Application*-Objekts sorgt für die Umrechnung von Zentimetern in die erwartete Maßeinheit Punkt. Alles Weitere ist in der VBA-Hilfe ausführlich beschrieben. Richten Sie Ihr Augenmerk dabei vor allem auf das *ParagraphFormat*-Objekt, das sowohl von der *Format*-Eigenschaft eines *Paragraph*-Objekts als auch von der *ParagraphFormat*-Eigenschaft eines *Range*-Objekts zurückgegeben wird und mit dessen Hilfe die Formatierungsmerkmale eines Absatzes eingestellt werden (die interessantesten Eigenschaften sind in Tabelle 7.5 zusammengefasst). Dies kann auch unabhängig von einem bestimmten Absatz geschehen, indem bei einem *ParagraphFormat*-Objekt zunächst eine Reihe von Einstellungen gesetzt werden und das Objekt als Ganzes einem *Paragraph*-Objekt oder *Range*-Objekt zugewiesen wird.

Eigenschaft	Bedeutung
Alignment	Legt die Ausrichtung des Absatzes fest.
CharacterUnitFirstLineIndent	Legt den Einzug der ersten Zeile des Absatzes in Zeichen fest.
Duplicate	Gibt ein *ParagraphFormat*-Objekt zurück, das die Absatzformatierung des angegebenen Absatzes repräsentiert.
FirstLineIndent	Wert für den Erstzeileneinzug in Punkt.
LineSpacing	Zeilenabstand in Punkt für den Absatz.
OutlineLevel	Gliederungsebene für den Absatz.
PageBreakBefore	Besitzt den Wert *True*, wenn ein Seitenwechsel vor dem Absatz erzwungen werden soll.
Shading	Gibt ein gleichnamiges Objekt zurück, das die Schattierung des Absatzes festlegt.
Style	Gibt ein *Style*-Objekt und damit die Formatvorlage zurück, die mit dem Absatz verbunden ist.
TabStops	Auflistung von *TabStop*-Objekten, die die Tabulatorenstopps in dem Absatz darstellen.

Tabelle 7.5 Die interessantesten Eigenschaften eines *ParagraphFormat*-Objekts

Die Zeichenformatierung

Die Zeichenformatierung beschränkt sich auf eines oder mehrere Zeichen (und kann dabei durchaus absatzübergreifend sein). Da es kein Character-Objekt bei Word gibt (lediglich eine *Characters*-Eigenschaft, die bekanntlich ein *Range*-Objekt zurückgibt), basiert die Zeichenformatierung auf dem *Range*-Objekt, das für einen beliebigen Bereich innerhalb des Dokuments stehen kann. Alle Zeicheneigenschaften dieses Bereichs werden über das *Font*-Objekt eingestellt, dessen Eigenschaften die eigentlichen Zeichenattribute darstellen (Tabelle 7.6 enthält die interessantesten Eigenschaften dieses Objekts). Die Zuweisung einer Formatvorlage funktioniert wie bei einem *Paragraph*-Objekt. Dabei wird die Formatvorlage über die *Style*-Eigenschaft eines *Range*-Objekts angegeben, wobei in diesem Fall nur Zeichenformate infrage kommen.

Ob es sich bei einem *Style*-Objekt um ein Absatz- oder Zeichenformat handelt, wird durch die *Type*-Eigenschaft angegeben. Sie kann die Werte *wdStyleTypeParagraph* und *wdStyleTypeCharacter* annehmen.

Beispiel

Das folgende Beispiel trägt die Namen aller Zeichenformate des aktuellen Dokuments in ein zweites, neu angelegtes Dokument ein.

> **CD-ROM** Sie finden das Beispiel auf der Buch-CD als Teil der Projektmappe *Kap7_AutomatisierungsBeispiele.sln*.

```
Sub ZeichenFormateAuflisten()
    SetupWord()
    Dim WdDocHaupt As Word.Document = WdApp.ActiveDocument
    Dim WdDocNeu As Word.Document = WdApp.Documents.Add
    WdDocNeu.Content.Text = "Zeichenformate in " & WdDocHaupt.FullName
```

```
For Each FormatVorlage As Word.Style In WdDocHaupt.Styles
   If FormatVorlage.Type = Word.WdStyleType.wdStyleTypeCharacter Then
      WdDocNeu.Content.Text &= FormatVorlage.NameLocal '& Chr(10)
   End If
Next
WdDocNeu.Activate()
WdDocNeu.Sentences(1).Font.Bold = True
End Sub
```

Eigenschaft	Bedeutung
Animation	Legt eine Zeichenanimation fest. Die zur Auswahl stehenden Animationen werden am einfachsten über die Auswahlliste ausgewählt, die sich automatisch öffnet.
Bold	Schaltet Fettdruck ein oder aus.
Color	Legt die Farbe fest, wobei als Farbwert eine der zahlreichen *wdColor*-Konstanten (oder ein beliebiger RGB-Farbwert) übergeben wird.
ColorIndex	Legt die Zeichenfarbe fest, wobei anders als bei der *Color*-Eigenschaft nur eine Reihe vordefinierter Werte (VBA-Hilfe) infrage kommt.
DoubleStrikeThrough	Schaltet das doppelte Durchstreichen ein oder aus.
Duplicate	Gibt ein Duplikat des *Font*-Objekts zurück.
Hidden	Schaltet das Ausblenden der Zeichen ein oder aus.
Italic	Schaltet die Kursivschrift der Zeichen ein oder aus.
Name	Name der Schriftart, sofern der betroffene Bereich nicht mehr als eine Schriftart umfasst.
Shading	Schaltet die schattierte Darstellung der Zeichen ein oder aus.
Size	Gibt die Zeichengröße zurück oder legt sie fest.
Spacing	Gibt den Zeichenabstand in Punkten zurück oder legt ihn fest.
StrikeThrough	Schaltet das einfache Durchstreichen ein oder aus.
Subscript	Schaltet das Tieferstellen der folgenden Zeichen ein oder aus.
Superscript	Schaltet das Höherstellen der folgenden Zeichen ein oder aus.
Underline	Schaltet das Unterstreichen ein oder aus.
UnderlineColor	Legt die Farbe der beim Untersteichen verwendeten Linie fest.

Tabelle 7.6 Die interessantesten Eigenschaften des *Font*-Objekts

Einfügen von Text

Dieser für einen Anwender relativ simple Vorgang ist bei Word nicht ganz so trivial, wie er sich zunächst anhören mag. Der direkte Weg ist es, den Text der *Text*-Eigenschaft des *Range*-Objekts zuzuweisen. Doch dadurch wird der bereits vorhandene Text überschrieben, was nur selten erwünscht ist. Aus diesem Grund bietet das *Range*-Objekt nicht eine oder zwei, sondern gleich knapp ein Dutzend verschiedener Methoden, mit denen sich Text in ein Dokument einfügen lässt (Tabelle 7.7). Es ist aber wichtig zu verstehen, dass sich die Einfügeposition nicht auf die aktuelle Position des *Range*-Objekts (was eigentlich logisch wäre), sondern auf die der Einfügemarke (*Selection*-Objekt) bezieht. Das macht einen im Grunde simplen Vorgang unnötig kompliziert.

Methode	Bedeutung
InsertAfter	Fügt den Text als neuen Absatz nach dem Absatz ein, in dem sich die Einfügemarke befindet.
InsertAutoText	Fügt einen Textbaustein ein, wobei der Name des Textbausteins durch das Textelement festgelegt wird, in dem sich die Einfügemarke befindet.
InsertBefore	Fügt den Text als neuen Absatz vor dem Absatz ein, in dem sich die Einfügemarke befindet.
InsertBreak	Fügt einen Seitenumbruch oder einen anderen Wechsel in das Dokument ein.
InsertDatabase	Fügt den Inhalt einer (OLE DB-)Datenbank in das Dokument ein, wobei die Verbindungsinformationen und weitere Angaben benötigt werden.
InsertFile	Fügt den Inhalt einer Datei an der aktuellen Position der Einfügemarke ein.
InsertParagraph	Fügt einen neuen Absatz ein.
InsertParagraphAfter	Fügt einen neuen Absatz nach dem Absatz ein, in dem sich die Einfügemarke befindet. Die Anzahl der *Paragraphs*-Objekte wird dadurch um eins erhöht.
InsertParagraphBefore	Fügt einen neuen Absatz vor den Absatz ein, in dem sich die Einfügemarke befindet. Die Anzahl der *Paragraphs*-Objekte wird dadurch um eins erhöht.
InsertSymbol	Fügt ein Sonderzeichen an die aktuelle Position der Einfügemarke ein.

Tabelle 7.7 Die verschiedenen Methoden des *Range*-Objekts zum Einfügen von Text in ein Dokument

Neben den in Tabelle 7.7 aufgeführten Methoden des *Range*-Objekts gibt es noch drei Methoden des *Selection*-Objekts, die in vielen Situationen einfacher einzusetzen sind: *TypeText* (gibt den folgenden Text an der aktuellen Position der Einfügemarke aus), *TypeParagraph* (fügt einen Absatz ein und entspricht dem Drücken der ⏎-Taste) und *TypeBackspace* (entspricht dem Drücken der Rück-Taste):

```
WdApp.Selection.TypeText "Hallo"
WdApp.Selection.TypeParagraph
WdApp.Selection.TypeBackspace
```

Das Selection-Objekt steht für die aktuelle Auswahl

Zu den ersten Dingen, die man in der ersten Klasse der »Word-Schule« lernt, gehört, dass man zuerst einen Text selektieren muss, um etwas mit ihm anstellen zu können. In dem aktiven Word-Dokument ist zu jedem Zeitpunkt etwas ausgewählt, denn die Einfügemarke (der blinkende senkrechte Strich, der häufig auch Cursor genannt wird) befindet sich immer irgendwo im Text. Entweder blinkt sie nur, um die Position der nächsten Texteingabe anzuzeigen. Oder sie markiert einen Textbereich, mit dem irgendeine Operation durchgeführt werden soll. Unabhängig davon, an welcher Stelle sich die Einfügemarke befindet, der aktuell selektierte Text wird stets über das *Selection*-Objekt zur Verfügung gestellt. Anders als ein *Range*-Objekt kann ein *Selection*-Objekt nur einmal vorkommen (es gibt daher auch keine Selections-Auflistung). Da es bei Word immer nur ein aktives Dokument und damit auch nur eine Einfügemarke geben kann, ist das *Selection*-Objekt kein Unterobjekt des *Document*-, sondern des *Application*-Objekts.

Führen Sie zum Kennenlernen die folgenden Arbeitsschritte im VBA-Editor aus:

1. Starten Sie Word mit einem leeren Dokument und geben Sie einen beliebigen Satz ein (der genaue Wortlaut spielt natürlich keine Rolle). Setzen Sie die Einfügemarke auf den Anfang des Satzes, ohne etwas zu markieren.

2. Schalten Sie mit `Alt`+`F11` in den VBA-Editor um und öffnen Sie den Direktbereich (`Strg`+`G`).
3. Geben Sie in den Direktbereich den Befehl *?Selection* ein und drücken Sie die `⏎`-Taste. Es sollte der erste Buchstabe des Satzes ausgegeben werden, denn dies ist das Zeichen, vor dem sich die Einfügemarke befindet und das dadurch zum »markierten« Bereich wird. *?Selection* heißt ausgeschrieben *?Selection.Text*, wobei das *?* für den Ausgabebefehl im Direktfenster steht.

Das *Selection*-Objekt ist kein *Range*-Objekt. Es stellt als direktes »Unterobjekt« des *Application*-Objekts ein eigenständiges Objekt dar, das über seine *Range*-Eigenschaft aber ein *Range*-Objekt zurückgibt, dessen *Text*-Eigenschaft für den aktuell selektierten Text steht.

In der nächsten Übung geht es um die Frage, wie sich eine Markierung verschieben lässt:

1. Markieren Sie das erste Wort des in der letzten Übung eingegebenen Satzes und führen Sie den obigen Befehl erneut aus. Im Direktbereich erscheint das erste Wort des Satzes.
2. Bewegen Sie die Einfügemarke um eine Position nach rechts und führen Sie wiederum den obigen Befehl aus. Im Direktbereich sollte ein Leerzeichen ausgegeben werden.
3. Markieren Sie nun den ganzen Satz und führen Sie den obigen Befehl erneut aus. Im Direktbereich erscheint der komplette Satz.

Dieses Spielchen ließe sich (theoretisch) endlos fortsetzen, doch es funktioniert natürlich auch programmgesteuert. Geben Sie im Direktbereich den folgenden Befehl ein:

```
Selection.Move
```

Die Markierung wird um ein Zeichen nach rechts verschoben. Ein

```
Selection.Move Unit:=WdWord
```

verschiebt die aktuelle Markierung auf das nächste Wort, wobei *wdWord* eine interne Konstante ist.

Das funktioniert natürlich auch mit der Angabe von absoluten Positionen. Setzen Sie die Einfügemarke auf das erste Zeichen des Satzes und führen Sie im Direktbereich folgenden Befehl aus:

```
Selection.SetRange Start:=5, End:=12
```

Dieser Befehl setzt die Markierung auf einen Bereich, der mit dem sechsten Zeichen beginnt und dem 12. Zeichen endet, denn die *SetRange*-Methode verschiebt das *Range*-Objekt, das hinter dem *Selection*-Objekt steht.

Soll mit dem Verschieben auch die Markierung ausgedehnt oder verkleinert werden, muss dies mit dem *Extend*-Parameter angegeben werden:

```
Selection.MoveRight Unit:=wdWord, Extend:=True
```

Durch die *MoveRight*-Methode wird die Selektion dieses Mal auf das nächste (rechts stehende) Wort ausgedehnt.

Diese kleinen Übungen (im VBA-Editor, was absichtlich geschah) sollten deutlich machen, wie vielseitig und flexibel *Selection*- und *Range*-Objekte zusammenarbeiten. Diese Flexibilität muss es allerdings auch geben, denn die gleichen Möglichkeiten, die Word dem Anwender bereitstellt, stehen auch bei der Automatisierung zur Verfügung.

Tabelle 7.8 zeigt die Methoden des *Selection*-Objekts, mit denen sich die Auswahl verschieben lässt. Den meisten Methoden ist gemeinsam, dass sowohl die Anzahl der Einheiten als auch die Einheit, um die die Selektion verschoben wird (etwa Zeichen, Wörter oder Sätze), festgelegt werden kann. Außerdem wird die Anzahl der tatsächlich verschobenen Einheiten von der Methode zurückgegeben (dies wird in der folgenden Tabelle nicht bei jeder Methode erwähnt). Konnte die Selektion nicht verschoben werden, liefern die Methoden den Wert 0.

Methoden	Was hat sie zu bedeuten?
Move	Die Selektion wird um eine Einheit bewegt. Dabei wird zuerst die aktuelle Selektion auf das Start- oder Endzeichen (je nach Richtung) »kollabiert« und anschließend die Selektion in der angegebenen Richtung verschoben. Das Kollabieren einer Selektion kann über die *Collapse*-Methode vorweggenommen werden. Das Kollabieren eines Bereichs bedeutet in diesem Zusammenhang, dass die Selektion auf ein Zeichen reduziert wird. Das Start- und das Endzeichen des Bereichs sind danach identisch.
MoveDown	Die Selektion wird um eine Einheit nach unten bewegt. Für die Einheiten stehen *wdLine*, *wdParagraph*, *wdWindow* und *wdScreen* zur Auswahl. Die Standardeinstellung ist *wdLine*.
MoveEnd	Verschiebt das letzte Zeichen der Selektion. Für die Einheiten stehen die folgenden *wdUnits*-Konstanten zur Auswahl: *wdCharacter*, *wdWord*, *wdSentence*, *wdParagraph*, *wdSection*, *wdStory*, *wdCell*, *wdColumn*, *wdRow*, *wdLine* und *wdTable*. Die Standardeinstellung ist *wdCharacter*.
MoveEndUntil	Verschiebt das letzte Zeichen der Selektion so lange, bis eines der angegebenen Zeichen gefunden wird.
MoveEndWhile	Verschiebt das letzte Zeichen der Selektion so lange, wie eines der angegebenen Zeichen gefunden wird.
MoveLeft	Die Selektion wird um eine Einheit nach links bewegt.
MoveRight	Die Selektion wird um eine Einheit nach rechts bewegt. Wie groß die Einheit ist, wird über den Parameter *Unit* bestimmt. Ob die Selektion erweitert oder nur verschoben wird, legt der Parameter *Extend* fest. Die Methode gibt zurück, um wie viele Einheiten die Selektion tatsächlich bewegt wurde.
MoveStart	Verschiebt das erste Zeichen der Selektion. Für die Einheiten stehen die *wdUnits*-Konstanten *wdCharacter*, *wdWord*, *wdSentence*, *wdParagraph*, *wdSection*, *wdStory*, *wdCell*, *wdColumn*, *wdRow*, *wdLine* und *wdTable* zur Auswahl. Die Standardeinstellung ist *wdCharacter*.
MoveStartUntil	Verschiebt das erste Zeichen der Selektion so lange, bis eines der angegebenen Zeichen gefunden wird.
MoveStartWhile	Verschiebt das erste Zeichen der Selektion so lange, wie eines der angegebenen Zeichen gefunden wird.
MoveUntil	Verschiebt die Selektion so lange, bis eines der angegebenen Zeichen gefunden wird.
MoveUp	Die Selektion wird um eine Einheit nach oben bewegt. Für die Einheiten stehen *wdLine*, *wdParagraph*, *wdWindow* und *wdScreen* zur Auswahl. Die Standardeinstellung ist *wdLine*.
MoveWhile	Verschiebt die Selektion so lange, wie eines der angegebenen Zeichen gefunden wird.
Collapse	Reduziert die Auswahl auf ein Zeichen, wobei über den *Direction*-Parameter festgelegt wird, in welche Richtung die Selektion aufgehoben wird.

Tabelle 7.8 Methoden des *Selection*-Objekts zum Verändern der Auswahl

Beispiel

Der folgende Befehl verschiebt die aktuelle Einfügemarke so lange, bis eine Absatzmarke (*Chr(13)*-Zeichen bzw. *vbCr*-Konstante) auftritt:

```
Anzahl = WdApp.Selection.MoveUntil (CSet:=Chr(13), Count:=wdForward)
23
```

Zusätzlich wird ausgegeben, um wie viele Zeichen die Einfügemarke dabei verschoben wurde.

Beispiel

Die folgenden Befehle selektieren das nächste Wort vor einem Komma:

```
With Application.Selection
  .MoveUntil CSet:=",", Count:=wdForward
  .MoveLeft Unit:=wdWord, Extend:=True
End With
```

Woran erkennen geübte Programmierer, dass dies VBA und nicht Visual Basic ist? Ganz einfach, an den fehlenden Klammern bei *MoveUntil* und *MoveLeft*, die bei Visual Basic Pflicht sind. Beachten Sie bitte, dass die *MoveUntil*-Methode und ihre engen Verwandten nur Buchstaben lokalisieren und daher nicht für die Suche nach ganzen Wörtern geeignet sind. Für Letzteres muss die *Find*-Methode zum Einsatz kommen. Der folgende Befehl markiert das nächste Wort »Office« im Text:

```
Application.Selection.Find.Execute FindText:="Office"
```

Mehr zum Suchen in Dokumenten im nächsten Abschnitt, in dem es um die etwas spezielleren Möglichkeiten im Word-Objektmodell geht. Die Beispiele werden dann wieder in Visual Basic verfasst (achten Sie auf die runden Klammern).

Bewegen und Suchen im Text

Zu den Dingen, die auch erfahrene Word-Anwender nicht unbedingt wissen müssen, gehört der Umstand, dass sich durch die F8-Taste eine Arretierung der Einfügemarke bewirken lässt und das anschließende Bewegen der Pfeiltasten die Auswahl vergrößert bzw. verkleinert. Über die Esc-Taste wird dieser Modus wieder beendet (probieren Sie es einmal aus). Drücken Sie mehrmals nacheinander die F8-Taste, wird die Selektion auf das ganze Wort, den ganzen Satz, den ganzen Absatz und schließlich auf das ganze Dokument erweitert. Dieses Verhalten lässt sich per Automatisierung über die *Expand*-Methode, die *Shrink*-Methode und die *Collapse*-Methode nachbilden. Die *Expand*-Methode arretiert die Einfügemarke und erweitert die Selektion auf die angegebene Einheit.

Beispiel

Der folgende Befehl markiert den gesamten Satz, in dem sich die Einfügemarke momentan befindet:

```
WdApp.Selection.Expand (Unit:=wdSentence)
```

Das direkte Pendant zur *Expand*-Methode ist die *Shrink*-Methode, die die Selektion auf die nächste kleinere Einheit reduziert und daher ohne Parameter aufgerufen wird:

```
WdApp.Selection.Shrink
```

Ein weiteres Gegenstück zur *Expand*-Methode ist die *Collapse*-Methode, die die erweiterte Selektion wieder auf ein einzelnes Zeichen reduziert. Der folgende Befehl setzt die Einfügemarke an das Ende des Satzes:

```
WdApp.Selection.Collapse (wdCollapseEnd)
```

Anders als bei der *Expand*-Methode wird hier keine Einheit, sondern wahlweise die Konstante *wdCollapseStart* oder *wdCollapseEnd* angegeben, um die Richtung festzulegen, in der sich die Einfügemarke bewegen soll.

Suchen im Dokument

Das Suchen in einem Dokument gehört zu den wichtigsten Aufgaben der Word-Programmierung, denn in der Regel sollen Operationen, wie zum Beispiel die Anbringung einer Formatierung, auf Textelemente angewendet werden, die sich »irgendwo« im Dokument befinden. Für die Suche ist die *Find*-Eigenschaft (auch wenn hier etwas ausgeführt wird, handelt es sich tatsächlich um eine Eigenschaft und nicht etwa um eine Methode – mehr dazu gleich) zuständig, die es sowohl bei einem *Selection*- als auch bei einem *Range*-Objekt gibt (aber nicht bei einem *Document*-Objekt). Letzteres ist sehr praktisch, da sich auf diese Weise die Suche automatisch auf beliebige Bereiche beschränken lässt. Doch warum ist *Find* keine Methode, sondern eine Eigenschaft? Ganz einfach (wenn man die Antwort kennt), denn durch *Find* wird noch keine Suche durchgeführt. Man erhält lediglich ein *Find*-Objekt, dem über die zugehörige *Text*-Eigenschaft mitgeteilt wird, was gesucht werden soll. Die eigentliche Suche wird über die *Execute*-Methode des *Find*-Objekts gestartet.

Beispiel
Die folgende Prozedur zählt, wie oft ein Suchwort im aktuellen Dokument vorkommt.

> **CD-ROM** Sie finden das Beispiel auf der Buch-CD als Teil der Projektmappe *Kap7_AutomatisierungsBeispiele.sln*.

```
Sub Wortsuche()
  SetupWord()
  Dim Suchwort As String = "VSTO"
  Dim Anzahl As Long
  With WdApp.ActiveDocument.Content.Find
    Do
      .Text = Suchwort
      .Execute(MatchCase:=True, MatchWholeWord:=True)
      If .Found = False Then Exit Do
      Anzahl += 1
    Loop
  End With
  Messagebox.Show ("Anzahl Suchergebnisse: " & Anzahl , "Word-Automatisierung")
End Sub
```

Die Programmschleife wird einfach so lange wiederholt, wie die *Found*-Eigenschaft des *Find*-Objekts den Wert *True* zurückgibt. Die *Content*-Eigenschaft des aktiven Dokuments liefert ein *Range*-Objekt, das für den gesamten Dokumentinhalt steht. Dieses *Range*-Objekt wird über seine *Find*-Eigenschaft durchsucht.

> **TIPP** Wie das *Suchen*-Dialogfeld in Word arbeitet auch das *Find*-Objekt mit Platzhaltern (zum Beispiel ? und *), wodurch sich sehr komfortable Suchmöglichkeiten ergeben. Die Platzhalter sind in der VBA-Hilfe beschrieben.

Das *Find*-Objekt leistet noch sehr viel mehr, als es durch dieses relativ einfache Beispiel deutlich wurde. Alle Optionen des *Suchen und Ersetzen*-Dialogfeldes in Word, wie zum Beispiel die Suchrichtung, lassen sich auch über das *Find*-Objekt einstellen. Dazu gehört übrigens auch das Ersetzen von Textelementen. Für diese Operation gibt es (selbstverständlich) ein eigenes Objekt mit dem Namen *Replacement*, das über eine Eigenschaft des *Find*-Objekts aufgerufen wird.

Beispiel

Die folgende Prozedur durchsucht das aktive Dokument nach dem Wort »VSTO« und tauscht es gegen das Wort »Visual Studio Tools for Office« aus.

> **CD-ROM** Sie finden das Beispiel auf der Buch-CD als Teil der Projektmappe *Kap7_AutomatisierungsBeispiele.sln*.

```
Sub WortSuchenErsetzen()
    SetupWord()
    Dim Suchwort, ErsatzWort As String
    Dim WdSuchBereich As Word.Range
    Dim AnzahlGefunden As Integer
    Suchwort = "VSTO"
    ErsatzWort = "Visual Studio Tools for Office"
    WdSuchBereich = WdDoc.Content
    With WdSuchBereich.Find
        .ClearFormatting()
        .MatchCase = False
        .Wrap = Word.WdFindWrap.wdFindStop
        .Replacement.Text = ErsatzWort
        .Text = Suchwort
    End With
    Do
        If Not WdSuchBereich.Find.Execute(Replace:=Word.WdReplace.wdReplaceOne) Then
            Exit Do
        End If
        WdSuchBereich.Start = WdSuchBereich.End
        AnzahlGefunden = AnzahlGefunden + 1
    Loop
    MessageBox.Show ("Anzahl Ersetzungen: " & AnzahlGefunden, "Word-Automatisierung")
End Sub
```

Bei dieser Prozedur gibt es gegenüber dem letzten Beispiel eine Reihe kleinerer Änderungen, sodass Sie sich das Beispiel Zeile für Zeile zu Gemüte führen sollten. Die wichtigste Änderung ist die, dass der zu durchsuchende Bereich einer Objektvariablen (vom Typ *Range*) zugeordnet wird. Diese Maßnahme ist erforderlich, um den zu durchsuchenden Bereich kontrollieren zu können. Als Nebeneffekt der Suche muss jetzt berücksichtigt werden, dass die Suchoperation das *Range*-Objekt auf das gefundene Wort eingrenzt. Damit die Suche anschließend fortgesetzt werden kann, muss das *Range*-Objekt wieder auf das Ende dieses Bereichs gesetzt werden. Dies wird durch Setzen der *Start*-Eigenschaft erreicht (das ist eine Möglichkeit). Damit die *Execute*-Methode etwas ersetzt, wird ihr über den *Replace*-Parameter mitgeteilt, auf welche Weise dies geschehen soll. Der *Wrap*-Parameter gibt an, dass die Suche beendet werden soll, wenn das Ende des zu durchsuchenden Bereichs erreicht ist. Bitte beachten Sie, dass diese Variante lediglich eine von mehreren Alternativen ist. Generell bietet das Suchen und Ersetzen bei Word mit der *Find*-Methode viele Möglichkeiten (und liefert nur selten auf Anhieb das gewünschte Ergebnis). Warum wird das Ersetzen nicht mit der Einstellung *wdReplaceAll* beim *Replace*-Parameter durchgeführt? Dann wäre die *Do*-Schleife überflüssig. Der Grund dafür ist, dass nur auf diese Weise die Anzahl der ausgetauschten Elemente am Ende zur Verfügung steht.

> **HINWEIS** Bei Word 2007 gibt es als Alternative zu *Execute* eine *Execute2007*-Methode.

> **TIPP** Soll das gefundene Wort markiert werden, muss die Suche mit dem *Selection*-Objekt durchgeführt werden.

TIPP Soll das Markieren nicht bei einem Sonderzeichen enden, das von Word als Trennzeichen betrachtet wird, gibt es die Möglichkeit, über sogenannte reguläre Ausdrücke nach Mustern zu suchen, die dem *FindText*-Parameter zugewiesen werden. Ein [A-Z][A-Z][A-z.0-9]* findet zum Beispiel alle Muster, die mit zwei Großbuchstaben beginnen, auf die beliebige Zeichen, Ziffern oder ein Punkt folgen können. In diesem Fall muss der *MatchWildCards*-Parameter auf *True* gesetzt werden.

Wert	Bedeutung
WdFindAsk	Wenn das Ende des Bereichs erreicht wurde, fragt Word, ob der Rest des Dokuments durchsucht werden soll.
wdFindContinue	Wenn das Ende des Bereichs erreicht wurde, wird die Suche mit dem Rest des Dokuments fortgesetzt.
wdFindStop	Wenn das Ende des Bereichs erreicht wurde, wird die Suche abgebrochen.

Tabelle 7.9 Mögliche Werte für den *Wrap*-Parameter

Wert	Bedeutung
wdReplaceOne	Das nächste übereinstimmende Textelement wird ersetzt.
wdReplaceAll	Alle übereinstimmenden Textelemente werden bis zum Ende des Bereichs ersetzt. Wie es danach weitergeht, legt der *Wrap*-Parameter fest. In diesem Fall liefert die *Found*-Eigenschaft den Wert *False*, da ein kompletter Suchlauf durchgeführt wurde.
wdReplaceNone	Das nächste übereinstimmende Textelement wird nicht ersetzt und die Suche wird fortgesetzt.

Tabelle 7.10 Mögliche Werte für den *Replace*-Parameter

Formatvorlagen und wie man sie findet

Alle Formatvorlagen eines Dokuments werden in Gestalt von *Style*-Objekten über die *Styles*-Auflistung zur Verfügung gestellt. Für die Suche nach Absätzen mit einer bestimmten Formatvorlage werden diese Objekte aber nicht benötigt, denn das *Find*-Objekt bietet dafür die *Format*-Eigenschaft, die auf *True* gesetzt werden muss (dies entspricht der Auswahl eines Formats im *Suchen*-Dialog). Anschließend wird das gesuchte Format über die *Font*- bzw. *ParagraphFormat*-Eigenschaft eingestellt oder der Name einer Formatvorlage über die *Style*-Eigenschaft festgelegt.

Beispiel

Die folgende Prozedur durchsucht das aktive Dokument nach der Formatvorlage *Überschrift 3* und unterstreicht alle Absätze, die diese Formatvorlage besitzen.

CD-ROM Sie finden das Beispiel auf der Buch-CD als Teil der Projektmappe *Kap7_AutomatisierungsBeispiele.sln*.

```
Sub U3Unterstreichen()
  SetupWord()
  Dim WdSuchbereich As Word.Range
  Dim SuchEnde, AnzahlGefunden As Integer
  With WdApp.ActiveDocument
    WdSuchbereich = .Content
    SuchEnde = .Content.End
  End With
  With WdSuchbereich.Find
    .Format = True
```

```
      .Style = "Überschrift 3"
   Do
      .Execute()
      If .Found = True Then
         With WdSuchbereich
            If .Font.Underline <> Word.WdUnderline.wdUnderlineDash Then
               .Font.Underline = Word.WdUnderline.wdUnderlineDash
               AnzahlGefunden += 1
            End If
         End With
      Else
         Exit Do
      End If
      With WdSuchbereich
         .Start = .End + 1
         .End = SuchEnde
      End With
   Loop
   End With
   Messagebox.Show ("Anzahl Treffer: " & AnzahlGefunden, "Word-Automatisierung")
End Sub
```

Der Umgang mit Textmarken

Textmarken spielen für die Automatisierung eine zentrale Rolle. Weniger in ihrem ursprünglichen Sinne, sondern als Markierungen für Positionen in einem Dokument, an denen per Automatisierung Text eingefügt werden soll. Eine *Textmarke* (engl. *bookmark*) dient generell dazu, eine Position oder einen Bereich im Dokument mit einem Namen zu versehen, sodass das damit zusammenhängende *Range*-Objekt namentlich angesprochen werden kann. Eine einzelne Textmarke wird durch ein *Bookmark*-Objekt repräsentiert, alle Textmarken eines Dokuments oder eines Bereichs werden in der *Bookmarks*-Auflistung zusammengefasst.

Beispiel

Der Zugriff auf den Inhalt einer Textmarke erfolgt über das assoziierte *Range*-Objekt und deren *Text*-Eigenschaft:

```
WdApp.ActiveDocument.Bookmarks("Hausmarke").Range.Text = "So ein Tag... "
```

Dieser Befehl trägt einen Text an die Stelle im Dokument ein, an der sich die Textmarke *Hausmarke* befindet. Dadurch werden die Markierungszeichen der Textmarke überschrieben, sodass die Textmarke im Dokument gelöscht wird.

Textmarken hinzufügen

Über die *Add*-Methode der *Bookmarks*-Auflistung werden Textmarken in ein Dokument eingefügt. Die *Add*-Methode benötigt zwei Angaben: den Namen der neuen Textmarke und ein *Range*-Objekt, das den Bereich der Textmarke angibt. Um zu verhindern, dass eine bereits vorhandene Textmarke unter Umständen überschrieben wird (was schnell passiert ist), sollte zuvor mit der *Exist*-Methode geprüft werden, ob es eine Textmarke mit dem Namen bereits gibt:

```
WdApp.ActiveDocument.Bookmarks.Add (Name:="Hausmarke", Range:=WdApp.Selection.Range)
```

Der Umstand, dass die *Add*-Methode eine Textmarke sowohl hinzufügt als auch ersetzt, ist nicht optimal, eine Replace-Methode wäre angebrachter. Allerdings deckt sich dieses Verhalten mit dem der Benutzeroberfläche, in der sowohl das Ändern als auch das Löschen von Textmarken über das *Einfügen*-Menü vorgenommen wird. Mit einem kleinen Unterschied: Ist eine Textmarke bereits vorhanden, gibt es (offenbar) keine Möglichkeit festzulegen, ob die Textmarke ersetzt werden soll.

Abbildung 7.1 Eine per Automatisierung angelegte Textmarke erscheint ebenfalls im *Textmarke*-Dialog

TIPP Beim Arbeiten mit Textmarken empfiehlt es sich, diese im Dokument sichtbar zu machen, was in den Word-Optionen im Register *Ansicht* geschieht.

Das Bookmark-Objekt der VSTO

Die VSTO erweitern das *Bookmark*-Objekt von Word um eine Datenbindung, sodass sich beliebige Inhalte aus (im Prinzip) beliebigen Datenquellen gezielt an einzelnen Stellen im Text einblenden lassen. Mehr dazu am Ende des Kapitels.

Der Umgang mit Tabellen

Tabellen sind ein Bereich, in dem Word spätestens sei der Version 97 als Textverarbeitung glänzt. Außerdem wurden mit jeder Nachfolgeversion deutliche Verbesserungen eingeführt. Einen weiteren Höhepunkt erreichte Word 2003 mit der Möglichkeit, Tabellen sehr komfortabel frei zeichnen und individuell formatieren zu können. Bei Word 2007 wurde die Formatierung noch einmal verbessert, indem sich die Formatvorlagen mit Vorschaufunktion im Rahmen der neuen Multifunktionsleiste komfortabel auswählen lassen. Für Programmierer spielen optische Verschönerungen im Allgemeinen keine große Rolle. Hier kommt es zum Beispiel darauf an, Tabellen anzulegen, Formatierungen durchzuführen und vor allem auf die Zellen einzelner Tabellen zuzugreifen. Für Tabellen ist die *Tables*-Eigenschaft des *Document*-Objekts zuständig, die eine Auflistung aller *Table*-Objekte im jeweiligen Dokument repräsentiert. Lediglich eine ActiveTable-Eigenschaft gibt es (leider) nicht, sodass es nicht so einfach ist, wie es sein könnte, das *Table*-Objekt zu finden, in dem sich die Einfügemarke befindet.

Die Add-Methode für das Hinzufügen einer Tabelle

Das Hinzufügen einer neuen Tabelle ist erstaunlich einfach, ein Aufruf der *Add*-Methode genügt.

Der Umgang mit Tabellen

Beispiel

Der folgende Befehl fügt im aktuellen Dokument an der Position der Einfügemarke eine Tabelle mit zehn Spalten und zehn Zeilen ein:

```
WdApp.ActiveDocument.Tables.Add (Range:=WdApp.Selection.Range, NumRows:=10, NumColumns:=10)
```

Drei Parameter sind dabei Pflicht: ein *Range*-Objekt, das die Position angibt, an der die Tabelle eingefügt werden soll, die Anzahl an Zeilen und die Anzahl an Spalten pro Zeile. Der Nachteil dieses Verfahrens ist offensichtlich. Möchte man nämlich auf das neu angelegte *Table*-Objekt zugreifen, muss dies relativ umständlich über die *Tables*-Auflistung geschehen, wobei die Position der Tabelle in der Auflistung bekannt sein muss.

Beispiel

Besser ist es daher, das von der *Add*-Methode angelegte *Table*-Objekt gleich einer Variablen zuzuweisen:

```
Dim WdTabNeu As Word.Table
WdTabNeu = WdApp.ActiveDocument.Tables.Add(Range:=WdApp.Selection.Range, NumRows:=10, NumColumns:=10)
```

Die Cell-Methode für den Zugriff auf eine Zelle

Der Zugriff auf eine Zelle erfolgt in der Regel über die *Cell*-Methode des *Table*-Objekts, der man die Zeilen- und Spaltennummer übergeben muss. Dabei erhält man ein *Range*-Objekt zurück, über dessen *Text*-Eigenschaft der Inhalt festgelegt oder abgefragt wird.

Beispiel

Die Variable *wdTabNeu* steht für die neu angelegte Tabelle. Soll etwa die erste Zelle in der ersten Zeile den Wert 123 erhalten, kann dies wie folgt aussehen:

```
wdTabNeu.Cell(Row:=1, Column:=1).Range.Text = 123
```

Der Zugriff auf Zeilen und Spalten

Alle Zeilen einer Tabelle werden über die *Rows*-Eigenschaft, alle Spalten entsprechend über die *Columns*-Eigenschaft angesprochen. Die *Rows*-Eigenschaft erwartet die Zeilennummer als Parameter und gibt ein *Row*-Objekt zurück. Die *Columns*-Eigenschaft erwartet die Spaltennummer und liefert entsprechend ein *Column*-Objekt.

Beispiel

Der folgende Befehl gibt den Inhalt der ersten Spalte in der zweiten Zeile zurück:

```
Inhalt = WdApp.ActiveDocument.Tables(1).Columns(1).Cells(2).Range.Text
```

Der folgende Befehl gibt die Anzahl der Zellen in der vierten Zeile einer Tabelle aus:

```
Anzahl = wdApp.ActiveDocument.Tables(1).Rows(4).Cells.Count
```

Die gleiche Anzahl ergibt sich natürlich auch (im Allgemeinen) durch die Anzahl der Spalten, das heißt durch folgenden Befehl:

```
Anzahl = wdApp.ActiveDocument.Tables(1).Columns.Count
```

Voraussetzung ist allerdings, dass die Tabelle gleichmäßig aufgebaut ist, was sich über die *Uniform*-Eigenschaft abfragen lässt.

Die Farbe einer Zelle ändern

Für die optische Gestaltung besitzen alle Tabellen-Objekte eine *Shading*-Eigenschaft, die das (bei Word) universelle *Shading*-Objekt zurückgibt, über das sich unter anderem auch die Hintergrundfarbe ändern lässt.

Beispiel

Der folgende Befehl ändert die Hintergrundfarbe einer Zelle:

```
wdApp.ActiveDocument.Tables(1).Cell(1,1).Shading.BackgroundPatternColorIndex = wdBrightGreen
```

Tabellen in Text umwandeln

Der gesamte Text der Tabelle steht über das *Range*-Objekt des *Table*-Objekts zur Verfügung. Möchte man den Text mit Trennzeichen erhalten, muss das *Range*-Objekt über die *ConvertToText*-Methode konvertiert werden.

Beispiel

Der folgende Befehl konvertiert die gesamte Tabelle in ein *Range*-Objekt, wobei die einzelnen Feldinhalte durch ein Trennzeichen getrennt werden:

```
wdRngTabText = wdApp.ActiveDocument.Tables(1).ConvertToText(":")
```

Tabelle automatisch formatieren

Zum Abschluss dieses Abschnitts sollen Sie natürlich auch erfahren, wie eine Tabelle automatisch formatiert wird, denn dies ist eine wirklich praktische Einrichtung. Wie bei der Auswahl über das zuständige Dialogfeld müssen Sie keine speziellen Einstellungen vornehmen, sondern lediglich über die *AutoFormat*-Methode eine der in der Konstantenauflistung *wdTableFormat* vorhandenen Formatierungskonstanten zuordnen.

Beispiel

Der folgende Befehl weist der ersten Tabelle im Dokument ein Format zu, das über den Namen angesprochen wird:

```
wdApp.ActiveDocument.Tables(1).AutoFormat (Format:= WdTableFormat.wdTableFormatProfessional)
```

Die übrigen Parameter der *AutoFormat*-Methode entsprechen jenen Einstellungen, die auch über den zuständigen Dialog vorgenommen werden können.

> **TIPP** Die Konstantenauflistung *WdTableFormat* umfasst über 40 Konstanten. Bei der Übernahme von VBA-Code nach Visual Basic besteht ständig das Problem, dass der VBA-Code lediglich (wenn überhaupt) den Namen der Konstanten enthält, Visual Basic aber auch den Namen der Konstantenauflistung erwartet. Zum Glück gibt es einen einfachen Trick, der bereits erwähnt wurde: Positionieren Sie die Einfügemarke auf die Konstante und drücken Sie [Strg]+[Leertaste]. Wenn Sie Glück

haben, setzt Visual Studio den Namen der Konstantenauflistung bereits vor die Konstante. Ansonsten öffnet sich eine Auswahlliste, in der die passende Konstantenauflistung (in der Regel) bereits selektiert ist. Es klappt leider nicht sehr gut, wenn es sich um ein benanntes Argument in Klammern handelt. Und noch ein Tipp: Halten Sie den Mauszeiger kurz auf eine Konstante, wird ihr Wert als ToolTip-Info angezeigt.

```
FontAuswahl = WdApp.Dialogs(wdDialogFormatFont)
With FontAuswahl
    .Bold = 1
    .Italic = 1
    .Color = 3
    .Points = 24
    .Font = "Courier"
    .Show()
End With
```

Abbildung 7.2 Visual Studio zeigt zu einer Konstante die dazugehörige Auflistung an

Beispiel

Das folgende Beispiel zeigt, wie sich Informationen über Dateien in einer Tabelle darstellen lassen. Damit es nicht unnötig »kompliziert« wird, wird lediglich der Inhalt eines Verzeichnisses (in diesem Fall *%userprofile%\Eigene Dateien\Eigene Bilder* bei Windows XP/Windows Server 2003, bei Vista entsprechend *%userprofile%\Pictures*) berücksichtigt. Die Namen und Größen aller Grafikdateien in diesem Verzeichnis werden in einer frisch angelegten Tabelle aufgelistet, wobei der Dateiname mit einem Hyperlink versehen wird, sodass sich durch Anklicken des Dateinamens der Inhalt der Datei anzeigen lässt (dabei wird das mit der Dateierweiterung verknüpfte Programm gestartet).

CD-ROM Sie finden das Beispiel auf der Buch-CD als Teil der Projektmappe *Kap7_AutomatisierungsBeispiele.sln*.

```
Sub EigeneBilderInTabelle()
    SetupWord()
    Dim WdTab As Word.Table
    Dim BilderVerzeichnis
    Dim DateiZaehler As Integer
    BilderVerzeichnis = Environment.GetFolderPath(Environment.SpecialFolder.MyPictures)
    With WdApp.Selection
        .TypeText("Inhalt von " & BilderVerzeichnis)
        .MoveLeft(Unit:=Word.WdUnits.wdCharacter, Count:=.End)
        .Expand(Word.WdUnits.wdSentence)
        .Range.ParagraphFormat.Alignment = Word.WdParagraphAlignment.wdAlignParagraphCenter
        With .Range.Font
            .Name = "Arial"
            .Size = 16
            .Bold = True
            .ColorIndex = Word.WdColorIndex.wdBlue
        End With
        .Collapse(Direction:=Word.WdCollapseDirection.wdCollapseEnd)
        .TypeParagraph()
        .Expand(Unit:=Word.WdUnits.wdParagraph)
        With .Range.Font
            .Size = 12
            .Bold = False
            .ColorIndex = Word.WdColorIndex.wdAuto
        End With
        .TypeParagraph()
```

```
            WdTab = WdDoc.Tables.Add(Range:=.Range, NumRows:=1, NumColumns:=3)
            With WdTab
                .AutoFitBehavior(Word.WdAutoFitBehavior.wdAutoFitContent)
                .Range.Font.Name = "Arial"
                .Range.Font.Size = 8
            End With
            With WdTab.Rows(1)
                .Cells(1).Range.Text = "Nr."
                .Cells(2).Range.Text = "Dateiname"
                .Cells(3).Range.Text = "Größe"
            End With
        End With
        For Each Datei As FileInfo In New DirectoryInfo(BilderVerzeichnis).GetFiles()
            ' Handelt es sich um eine Bitmap-Datei
            Dim BitmapEx() As String = New String() {".bmp", ".jpg", ".gif"}
            If Array.IndexOf(BitmapEx, Datei.Extension) <> -1 Then
                DateiZaehler += 1
                With WdTab.Rows.Add
                    .Cells(1).Range.Text = DateiZaehler
                    .Cells(2).Range.Hyperlinks.Add(.Cells(2).Range, "file://" & Datei.FullName)
                    .Cells(2).Range.Font.Size = 8
                    .Cells(2).Range.Paragraphs(1).Alignment = Word.WdParagraphAlignment.wdAlignParagraphLeft
                    .Cells(3).Range.Text = Datei.Length
                End With
            End If
        Next
        WdTab.AutoFormat(Format:=Word.WdTableFormat.wdTableFormatGrid8, AutoFit:=True)
End Sub
```

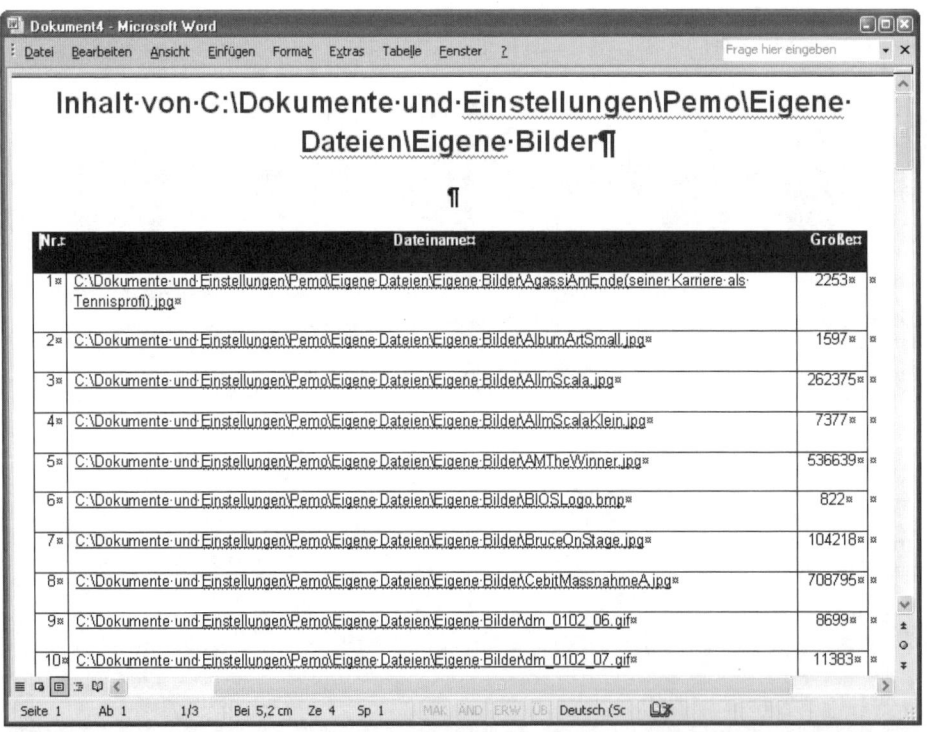

Abbildung 7.3 In einem neuen Dokument wird eine Tabelle mit den Namen aller Grafikdateien angelegt

Das Beispiel macht einmal mehr deutlich, wie viele kleine Verbesserungen der Umstieg von VBA auf Visual Basic nach sich zieht, die mit der Anwendung, die automatisiert werden soll, nur indirekt etwas zu tun haben. Achten Sie einmal darauf, wie elegant sich unter Zuhilfenahme der Basisklassen *FileInfo* und *DirectoryInfo* im Namespace *System.IO* ein Verzeichnis durchsuchen lässt. Oder was halten Sie von der Abfrage auf eine bestimmte Dateierweiterung:

```
Dim BitmapEx() As String = New String() {".bmp", ".jpg", ".gif"}
If Array.IndexOf(BitmapEx, Datei.Extension) <> -1 Then
```

Zuerst wird ein Array mit Dateierweiterungen angelegt, anschließend wird über *IndexOf* geprüft, ob die Erweiterung der aktuellen Datei (bezogen auf die *For Each*-Schleife) in dem Array enthalten ist. Mit der schlichten *Dir*-Funktion in VBA wäre dies viel aufwendiger (und irgendwie auch »uncooler«) gewesen. Sicherlich gäbe es da noch das *FileSystemObject*-Objekt, aber auch dieses kann mit der Eleganz der Basisklassen nicht mithalten und wird bei Visual Basic nicht mehr benötigt.

Das Beispiel zeigt auch noch einmal die verschiedenen Varianten, um die aktuelle Einfügeposition in einem Dokument festzulegen. Damit sich die folgende Formatierung auf den zweiten, über die *TypeParagraph*-Methode hinzugefügten Absatz, und nicht auf den ersten Absatz bezieht, muss die aktuelle Auswahl über die *Collapse*-Methode an das Ende des markierten Bereichs verschoben werden:

```
.Collapse (Direction:=wdCollapseEnd)
.TypeParagraph()
.Expand (Unit:=wdParagraph)
With .Range.Font
    .Size = 12
    .Bold = False
    .ColorIndex = WdColorIndex.wdAuto
End With
.TypeParagraph()
```

Anschließend kann die Tabelle hinzugefügt werden:

```
WdTab = WdDoc.Tables.Add(Range:=.Range, NumRows:=1, NumColumns:=3)
```

Am Ende der Prozedur wird die Tabelle ein wenig formatiert. Über die *Shading*-Eigenschaft eines *Cells*-Objekts, das ein *Shading*-Objekt zurückgibt, steht eine Vielzahl zusätzlicher Formatierungsmöglichkeiten zur Verfügung. Wenn Sie möchten, lässt sich jede Zelle individuell formatieren. Das ist etwas, was über die Menükommandos nur sehr umständlich möglich ist.

Der Umgang mit Grafiken

Grafiken spielen bei Word keine Sonderrolle, sondern fallen, zusammen mit anderen Dingen, wie WordArt-Elementen, OLE-Objekten, Steuerelementen, die auf einem Dokument angeordnet wurden, usw., in die Kategorie der *Shape*- und *InlineShape*-Objekte. Ein *InlineShape*-Objekt ist in das Dokument »eingebettet«, während sich ein *Shape*-Objekt im Dokumentrahmen frei bewegen und daher auch eine Position erhalten kann. Über die Methoden *ConvertToShape* wird ein *InlineShape* in ein *Shape*-Objekt und über die *ConvertToInlineShape*-Methode ein *Shape*-Objekt in ein *InlineShape*-Objekt umgewandelt. Die *Type*-Eigenschaft gibt an, um welche Art von Objekt es sich handelt (die infrage kommenden Konstanten sind in Tabelle 7.11 zusammengefasst).

Beispiel

Der folgende Befehl fügt dem aktuellen Dokument eine Grafik in Gestalt eines *Shape*-Objekts hinzu und legt dabei gleichzeitig die Position der Grafik fest:

```
WdApp.ActiveDocument.Shapes.AddPicture (FileName:="C:\TestBild.jpg", Left:=200, Top:=200)
```

Soll alternativ ein *InlineShape*-Objekt hinzugefügt werden, ist es nicht möglich, die Koordinaten anzugeben. Wie dieses Beispiel zeigt, gibt es diesmal keine allgemeine *Add*-Methode. Stattdessen existiert für jedes infrage kommende Objekt eine eigene Methode.

Konstanten für *InlineShape*-Objekte	Was hat sie zu bedeuten?
wdInlineShapeEmbeddedOLEObject	Eingefügtes OLE-Objekt (zum Beispiel eine Excel-Tabelle)
wdInlineShapeHorizontalLine	Horizontale Linie
wdInlineShapeLinkedOLEObject	Verknüpftes OLE-Objekt
wdInlineShapeLinkedPicture	Verknüpftes Bild
wdInlineShapeLinkedPictureHorizontalLine	Verknüpftes Bild mit horizontaler Linie
wdInlineShapeOLEControlObject	OLE-Control-Objekt (zum Beispiel ActiveX- oder Benutzersteuerelement)
wdInlineShapeOWSAnchor	Verankerungspunkt zu Beginn des Absatzes
wdInlineShapePicture	Bild
wdInlineShapePictureBullet	Aufzählungspunkt mit einem Bild, das über einen Dateinamen ausgewählt wird
wdInlineShapePictureHorizontalLine	Eingefügtes Bild mit horizontaler Linie
wdInlineShapeScriptAnchor	Scriptcode in einer Webseite

Tabelle 7.11 Die infrage kommenden Typen eines *InlineShape*-Objekts

Der Unterschied zwischen Shape- und InlineShape-Objekten

Ein Word-Dokument besteht aus zwei Ebenen: der Textebene und der Grafikebene. Ein *Shape*-Objekt ist ein Zeichenobjekt in der Grafikebene, das mit einem *Range*-Objekt der Textebene verbunden ist. Seine Position wird relativ als Entfernung zu dem *Range*-Objekt festgelegt. Ein *InlineShape*-Objekt hingegen stellt ein Objekt in der Textebene dar, das sich direkt in den umgebenden Text einfügt. *InlineShape*-Objekte sind auf Bilder, OLE-Objekte und ActiveX-Steuerelemente beschränkt.

Beispiel

Die folgende Prozedur gibt die Pfad- und Dateinamen aller verknüpften Bilder des aktiven Dokuments in einem neu angelegten Dokument aus.

> **CD-ROM** Sie finden das Beispiel auf der Buch-CD als Teil der Projektmappe *Kap7_AutomatisierungsBeispiele.sln*.

Der Umgang mit Grafiken

```
Sub VerknüpfteGrafikenAuflisten()
  SetupWord()
  Dim WdBild As Word.InlineShape
  Dim WdDocNeu As Word.Document = WdApp.Documents.Add
  WdDocNeu.Content.Text = "List der verknüpften Bilder"
  For Each WdBild In WdDoc.InlineShapes
    If WdBild.Type = Word.WdInlineShapeType.wdInlineShapeLinkedPicture Then
      WdDocNeu.Content.Text &= WdBild.LinkFormat.SourceFullName
    End If
  Next
End Sub
```

Beachten Sie, dass die *SourceFullName*-Eigenschaft keine direkte Eigenschaft des verknüpften *InlineShape*-Objekts, sondern des *LinkFormat*-Objekts ist. Da dieses aber nicht bei allen möglichen Typen eines *Inline-Shape*-Objekts existiert, ist eine Abfrage der *Type*-Eigenschaft sinnvoll, um einen Laufzeitfehler vom Typ »Objektvariable oder With-Blockvariable nicht festgelegt« zu vermeiden.

Das Einfügen eines Bildes, also eines speziellen *Shape*- bzw. *InlineShape*-Objekts, übernimmt die *AddPicture*-Methode.

Beispiel

Der folgende Befehl fügt an die aktuelle Position der Einfügemarke den Inhalt einer Bitmapdatei ein:

```
WdApp.Selection.InlineShapes.AddPicture (FileName:= Environment.GetEnvironmentVariable("systemroot") & _
  "\Zapotek.bmp", LinkToFile:=True, SaveWithDocument:=False)
```

Beispiel

Das folgende Beispiel zeigt eine Prozedur, die sämtliche Grafiken mit der Erweiterung .*Bmp* in einem vorgegebenen Verzeichnis (in diesem Fall *Eigene Bilder*) in ein neues Dokument als *InlineShape*-Objekte einfügt.

CD-ROM   Sie finden das Beispiel auf der Buch-CD als Teil der Projektmappe *Kap7_AutomatisierungsBeispiele.sln*.

```
Sub AlleBmpGrafikenEinfügen()
  SetupWord()
  Dim WdDocNeu As Word.Document = WdApp.Documents.Add
  For Each Bild As FileInfo In New _
DirectoryInfo(Environment.GetFolderPath(Environment.SpecialFolder.MyPictures)).GetFiles("*.bmp")
    WdApp.ScreenUpdating = False
    With WdApp.Selection
      .InlineShapes.AddPicture(FileName:=Bild.FullName, LinkToFile:=True, SaveWithDocument:=False)
      .InsertParagraphAfter()
      .Collapse(Direction:=Word.WdCollapseDirection.wdCollapseEnd)
      .TypeText(Text:=Bild.FullName)
      .InsertParagraphAfter()
      .Collapse(Direction:=Word.WdCollapseDirection.wdCollapseEnd)
    End With
  Next
  WdApp.ScreenUpdating = True
End Sub
```

Damit das häufige Einfügen von Bitmaps nicht zu einem Flackern bzw. einer Verlangsamung des Programms führt, wird die Bildschirmaktualisierung über *ScreenUpdating = False* vorübergehend deaktiviert.

HINWEIS Die Suchmöglichkeiten innerhalb von Word sind ein wenig limitiert. Mit dem *FileSearch*-Objekt lässt sich die Suche nach beliebigen Grafikdateien zwar sehr viel komfortabler gestalten und zum Beispiel auch auf Unterverzeichnisse ausdehnen, am flexibelsten sind aber die Basisklassen im Namespace *System.IO*, mit deren Hilfe sich Verzeichnisse bequem durchsuchen lassen.

Der Umgang mit Feldfunktionen

Felder und die damit verbundenen Feldfunktionen stellen eine sehr leistungsstarke Einrichtung dar, um ein Dokument »intelligenter« zu machen. Durch eine Feldfunktion kann ein unscheinbar wirkender Text mit einer (im Prinzip beliebigen) Word-Funktion oder einem VBA-Makro hinterlegt werden. Ein Feld ist in Word ein Textbereich (also ein *Range*-Objekt), der in ein Paar geschweifter Klammern ({}) eingerahmt ist (was aber nicht bedeutet, dass man ein Feld durch Eintippen von geschweiften Klammern erzeugen kann; das Einfügen eines Feldes geschieht dagegen mit dem entsprechenden Menübefehl – dazu gleich mehr – oder auch zum Beispiel durch Drücken von Strg+F9). Wird das Feld in der normalen Darstellung angezeigt, wird nicht die Feldfunktion, sondern vielmehr das Ergebnis der ausgewerteten Funktion angezeigt (es lässt sich aber zwischen Ergebnis und Feldfunktion jederzeit mit Alt+F9 hin- und herschalten). Möchte ein Anwender erreichen, dass an einer bestimmten Stelle im Dokument eine Zahl erscheint, die sich durch eine Berechnung ergibt (etwa eine Mehrwertsteuerberechnung), muss an dieser Stelle eine Feldfunktion (also ein Feld) eingefügt werden. Feldfunktionen liefern auch Informationen über das Dokument, wie zum Beispiel die aktuelle Seitenzahl oder eine Zeilennummer.

TIPP Word verfügt über eine reichhaltige Auswahl an Feldfunktionen, sodass es gar nicht so einfach ist, einen Überblick zu gewinnen (die Word-Hilfefunktion listet die Feldfunktionen natürlich auf). Zum Einfügen von Feldern in der Benutzeroberfläche dient der Menübefehl *Einfügen/Feld*, der auch eine gute Übersicht über die verfügbaren Feldfunktionen gibt. Indem Sie eine Feldfunktion auswählen und auf *Optionen* klicken, werden auch die infrage kommenden Schalter aufgelistet.

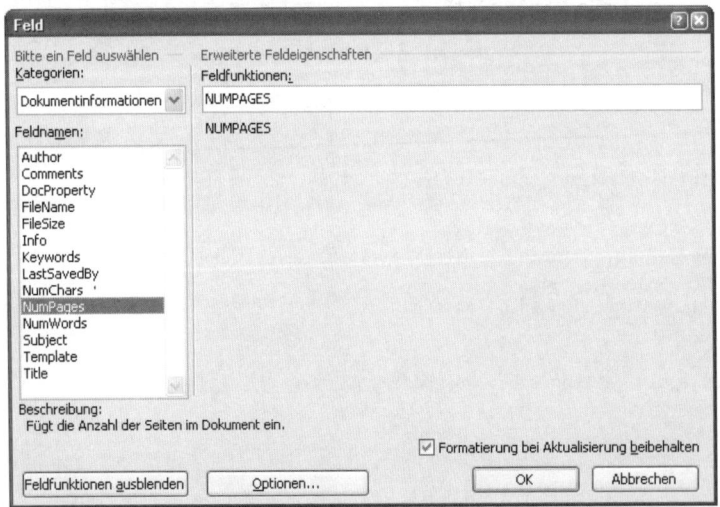

Abbildung 7.4 Die in Word zur Verfügung stehenden Feldfunktionen werden in diesem Dialogfeld aufgelistet

Da der Umgang mit Feldern und Feldfunktionen (also Funktionen, die Teil eines Feldes sind) schon für den Anwender kompliziert ist, sollten Sie sich, bevor Sie sich in die Programmierung stürzen, erst einmal in Ruhe mit den Möglichkeiten der Felder beschäftigen und zum Beispiel Seitenzahlen oder Referenzen auf Bilder oder Tabellen in ein Dokument einfügen und sich die von Word erzeugte Feldfunktion ansehen. Damit der (gedankliche) Umstieg auf die Programmierung etwas leichter fällt, stellt Tabelle 7.12 die wichtigsten Anwenderfunktionen den dazugehörigen Automatisierungspendants gegenüber.

Aktion	Automatisierungspendant
Aktualisieren eines oder aller Felder mit der [F9]-Taste	*Update*-Methode des *Fields*-Objekts
Einfügen der Feldklammern mit [Strg]+[F9]	*Add*-Methode des *Fields*-Objekts (zum Beispiel *Objekt.Fields.Add(Range:=RangeObjekt)*)
Umschalten zwischen Feld- und Feldfunktionsanzeige ([⇧]+[F9])	Setzen der *ShowFieldCodes*-Eigenschaft des *View*-Unterobjekts auf *True/False*
Verhindern, dass ein Feld aktualisiert werden kann ([Strg]+[F11])	*Locked*-Eigenschaft des *Fields*-Objekts auf *True* setzen
Aktualisierungssperre eines Feldes wieder aufheben ([⇧]+[Strg]+[F11])	*Locked*-Eigenschaft des *Fields*-Objekts auf *False* setzen

Tabelle 7.12 Feldkommandos und ihre Automatisierungspendants

Alle Felder eines Dokuments werden über die *Fields*-Eigenschaft des *Document*-Objekts zur Verfügung gestellt. Die wichtigsten Eigenschaften und Methoden eines *Field*-Objekts sind in Tabelle 7.13 zusammengefasst. Die hinter einem Feld stehende Formel wird durch die *Code*-Eigenschaft repräsentiert (bzw. dieser zugewiesen), die wiederum für ein *Range*-Objekt steht.

Beispiel

Das folgende Beispiel legt in einem frischen Dokument eine Tabelle mit zwei Spalten an, trägt in die linke Spalte eine Zahl und eine Textmarke und in die rechte Spalte eine Feldfunktion ein, die von dem Betrag den Mehrwertsteueranteil berechnet.

CD-ROM Sie finden das Beispiel auf der Buch-CD als Teil der Projektmappe *Kap7_AutomatisierungsBeispiele.sln*.

```
Sub FeldInTabelleAnlegen()
  SetupWord()
    Dim WdRa As Word.Range
    WdDoc.Tables.Add(Range:=WdApp.Selection.Range, NumRows:=2, NumColumns:=2)
    WdRa = WdDoc.Tables(1).Cell(1, 1).Range
    WdApp.ActiveDocument.Bookmarks.Add(Name:="Betrag", Range:=WdRa)
    WdRa.Text = 100
    WdDoc.Tables(1).Cell(1, 2).Select()
    WdApp.Selection.MoveLeft()
    WdApp.Selection.Fields.Add(Range:=WdApp.Selection.Range, Type:=Word.WdFieldType.wdFieldEmpty, _
        Text:="=Betrag/119*19")
End Sub
```

Bei der Konstruktion war leider ein kleiner Umweg erforderlich, da es anscheinend nicht möglich ist, beim Hinzufügen einer Feldfunktion direkt ein *Range*-Objekt zu übergeben bzw. dieses bestimmte Voraussetzungen erfüllen muss, ansonsten ist (auch in VBA) ein Fehler 4605 die Folge (angeblich ist es ein Bug in Word 2003).

Das Ergebnis eines Feldes liefert die *Result*-Eigenschaft, die ebenfalls ein *Range*-Objekt darstellt:

```
MwSt = WdApp.ActiveDocument.Fields(1).Result.Text
```

Wurde eine Feldformel geändert, muss das Feld über die *Update*-Methode aktualisiert werden.

Mitglied	Bedeutung
Code-Eigenschaft	Steht für die Formel des Feldes in Gestalt eines *Range*-Objekts.
Next-Eigenschaft	Liefert das nächste *Field*-Objekt in der *Fields*-Auflistung.
Result-Eigenschaft	Steht für das Ergebnis des Feldes in Gestalt eines *Range*-Objekts.
ShowCodes-Eigenschaft	Gibt an, ob bei einem Feld im Dokument die Formel (*True*) oder das Ergebnis (*False*) angezeigt wird.
Type-Eigenschaft	Gibt den Typ des Feldes an.
Update-Methode	Aktualisiert entweder ein einzelnes Feld oder sämtliche Felder. Wurde genau ein Feld aktualisiert, wird im Erfolgsfall *True* zurückgegeben, andernfalls *False*. Werden dagegen alle Felder aktualisiert, wird 0 übergeben, falls der Vorgang erfolgreich war. Andernfalls wird die Indexnummer des ersten Feldes zurückgegeben, bei dem ein Fehler auftrat.

Tabelle 7.13 Die wichtigsten Mitglieder eines *Field*-Objekts

Formeln als Alternative

Innerhalb einer Tabelle ist eine Formel eine Alternative zur Feldfunktion.

Beispiel

Das folgende Beispiel erstellt in einem frisch angelegten Dokument eine Tabelle mit zwei Zeilen und zwei Spalten, fügt in die linke Spalte jeweils eine Zahl und in die rechte Spalte eine Formel ein, die erneut den Mehrwertsteueranteil des Betrags in der linken Spalte ausrechnet:

> **CD-ROM** Sie finden das Beispiel auf der Buch-CD als Teil der Projektmappe *Kap7_AutomatisierungsBeispiele.sln*.

```
Sub SpaltenFormelEinfuegen()
    SetupWord()
    Dim WdTab As Word.Table = WdDoc.Tables.Add(Range:=WdApp.Selection.Range, NumRows:=2, NumColumns:=2)
    WdTab.Rows(1).Cells(1).Range.Text = 100
    WdTab.Rows(2).Cells(1).Range.Text = 200
    Dim MwstSatz As Byte = 19
    For Zeile As Integer = 1 To WdTab.Rows.Count
        WdTab.Rows(Zeile).Cells(2).Formula("=A" & CType(Zeile, String) & "/119 * " & MwstSatz, "0,00€")
    Next
End Sub
```

Seriendruck steuern

Eine der wohl altmodischsten Funktionen einer Textverarbeitung ist der Serienbruck, bei dem ein Dokument mehrfach ausgedruckt und gezielt für jedes Druckexemplar bestimmte, vorher vereinbarte Felder mit einem Inhalt aus einer Datenbank oder einer anderen Datenquelle (zum Beispiel einer Textdatei mit mehreren Werten pro Zeile) ersetzt werden. Der Seriendruck mag zwar von »anno dazumal« sein, er ist aber nach

Seriendruck steuern

wie vor eine sehr praktische Funktion, die sich auch in einer per Visual Basic automatisierten Lösung gut macht. Da es sich um ein relativ komplexes Thema handelt (das zudem, nimmt man die Fragen in den zahlreichen Internetforen als Maßstab, nicht ganz ohne Tücken ist), beschränkt sich das folgende Beispiel darauf, das Prinzip zu illustrieren. Es geht von einem Word-Dokument mit dem Namen *TeilnahmeUrkundeVorlage.doc* aus, das wie folgt aufgebaut ist:

```
Lieber {MERGEFIELD Vorname} {MERGEFIELD Name},

herzlichen Glückwunsch!

Sie haben den Kurs

{MERGEFIELD Kurs}

mit der Bewertung {MERGEFIELD Bewertung} absolviert.

Hochachtungsvoll,

Der Kursleiter
```

Bei { MERGEFIELD } handelt es sich (natürlich) um eine Feldfunktion, die über den entsprechenden Button in der Serienbriefbefehlsleiste (Word 2003) eingefügt (und nicht eingegeben) wird.

Dieses Dokument soll per Seriendruck an jeden Kursteilnehmer verschickt werden. Die Daten der Kursteilnehmer sind in einer simplen Textdatei im CSV-Format untergebracht:

```
Name,Vorname,Kurs,Bewertung
Montag,Michael,Einführung in C#,sehr gut
Dienstag,Dieter,Word-mitmach-Kurs,zufriedenstellend
Mittwoch,Manfred,Excel für Ehrgeizige,mit Auszeichnung
```

Die Zuordnung der Spalten der Textdatei zu den Feldern der Word-Datei geschieht über die Feldfunktion *MERGEFIELD*, an der die Seriendruckfunktion später erkennt, dass hier ein Wert eingefügt werden soll. In der Praxis wird die Datenquelle eine (beliebige) Datenbank oder eine andere Datenquelle sein, was sich problemlos realisieren lässt. Auch das Erstellen der Serienbriefvorlage kann selbstverständlich automatisiert werden, es müssen lediglich die *MERGEFIELD*-Felder über das *Fields*-Objekt an den entsprechenden Stellen eingefügt und mit einem Namen versehen werden. Im Mittelpunkt des Seriendrucks steht das *MailMerge*-Objekt, das einem Dokument über dessen gleichnamige Eigenschaft zugeordnet wird. Der Seriendruck läuft (ein wenig vereinfacht) in folgenden Schritten ab:

1. Die Serienbriefdruckvorlage wird geöffnet.
2. Über die *OpenDataSource*-Methode des *MailMerge*-Objekts des Dokuments wird die Datenquelle geöffnet.
3. Es werden verschiedene (optionale) Einstellungen über die Eigenschaften des *MailMerge*-Objekts vorgenommen, unter anderem, ob ein Seriendruckdokument als Dokument angelegt oder gleich auf den Drucker geschickt werden soll.
4. Der Seriendruck wird über die *Execute*-Methode des *MailMerge*-Objekts gestartet.
5. Die Daten werden über das *DataSource*-Objekt des *MailMerge*-Objekts zur Verfügung gestellt. Die *ActiveRecord*-Eigenschaft bestimmt den jeweils aktuellen Datensatz über eine Zahl. Die *DataFields*-Eigenschaft stellt sowohl den Namen als auch den Wert eines Feldes des aktuellen Datensatzes zur Verfügung. Besitzt die *RecordCount*-Eigenschaft den Wert -1, kann Word die Anzahl der Datensätze nicht bestimmen, diese stehen aber trotzdem zur Verfügung.

Beispiel

Die folgende Prozedur führt einen Seriendruck in dem im letzten Abschnitt beschriebenen Szenario durch. Sowohl die im Projekt verwendete Word-Datei als auch die Textdatei mit den Daten sind Teil des Projekts, sodass keine absoluten Pfade verwendet werden.

> **CD-ROM** Sie finden das Beispiel auf der Buch-CD als Teil der Projektmappe *Kap7_AutomatisierungsBeispiele.sln*.

```
Sub SerienDruckBeispiel()
    SetupWord()
    WdApp.DisplayAlerts = Word.WdAlertLevel.wdAlertsNone
    Dim AppDir As String = My.Application.Info.DirectoryPath
    Dim BriefVorlage As String = System.IO.Path.Combine(AppDir, "TeilnahmeUrkundeVorlage.doc")
    Dim WdBrief As Wd.Document = WdApp.Documents.Open(BriefVorlage)
    Dim TeilnehmerDateiPfad As String = System.IO.Path.Combine(AppDir, "Teilnehmerliste.txt")
    WdBrief.MailMerge.OpenDataSource(Name:=TeilnehmerDateiPfad, _
        SQLStatement:="Select * From TeilnehmerListe.txt")
    Dim WdMerge As Word.MailMerge = WdBrief.MailMerge
    WdMerge.MainDocumentType = Word.WdMailMergeMainDocType.wdFormLetters
    WdMerge.Destination = Word.WdMailMergeDestination.wdSendToNewDocument
    WdMerge.Execute()
    WdMerge.DataSource.Close()
    WdBrief.Close()
    MessageBox.Show("Seriendruck abgeschlossen!", "Word-Automatisierung")
    WdApp.DisplayAlerts = Word.WdAlertLevel.wdAlertsAll
End Sub
```

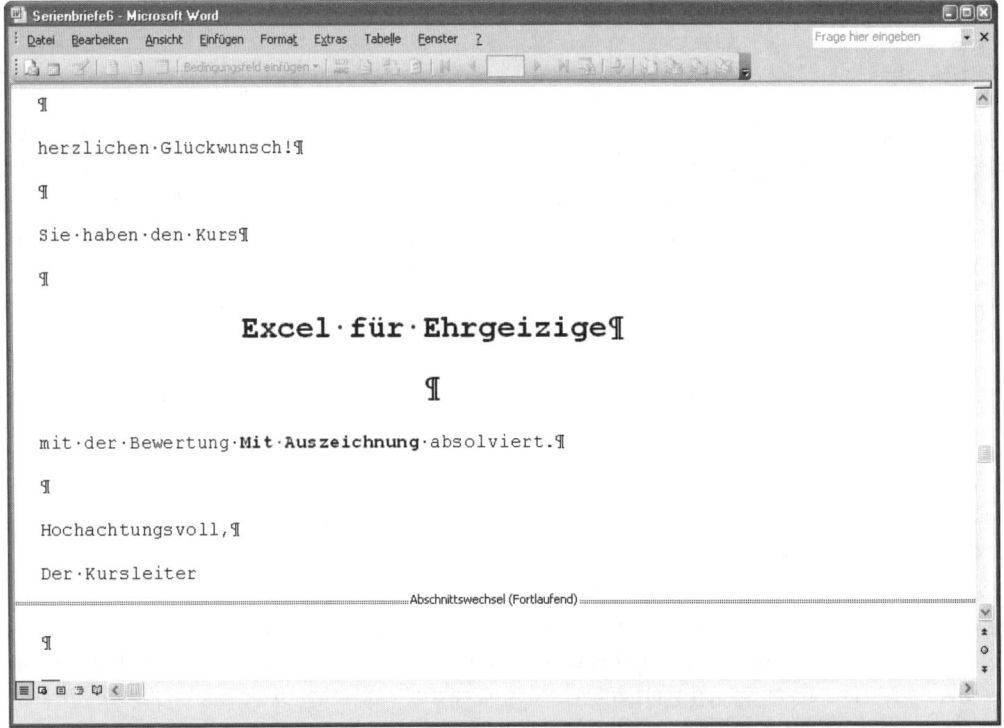

Abbildung 7.5 Das Ergebnis des Seriendrucks

Spezialitäten beim Word-Objektmodell

In diesem Abschnitt geht es um jene Spezialitäten, die sich nicht allein aus der VBA-Referenz oder dem Aufzeichnen von VBA-Makros mit dem Makrorekorder ergeben.

Der Zugriff auf die Zwischenablage

Für die Zwischenablage existiert (anders als zum Beispiel in Visual Basic) kein eigenes Objekt, sie ist vielmehr über die Methoden *Copy* und *Paste* der verschiedenen Word-Objekte präsent.

Beispiel

Das folgende Beispiel kopiert den aktuell markierten Bereich im aktuellen Dokument in ein neues Dokument und speichert dieses:

```
Sub BereichSpeichern()
  Dim WdApp As Word.Application = GetObject(Class:="Word.Application")
  With WdApp
    .Selection.Copy()
    .Documents.Add()
    .Selection.Paste()
    .ActiveDocument.SaveAs("C:\Textbereich.doc")
    .ActiveDocument.Close()
  End With
End Sub
```

Das System-Objekt

Das *System*-Objekt im Word-Objektmodell ist mehr etwas für die »Hacker« unter den Office-Programmierern, die gerne Systeminformationen abfragen oder auf die Registry zugreifen. Es liefert sehr spezielle Informationen, wie den Prozessortyp oder die aktuelle Bildschirmauflösung, und ermöglicht über die *ProfileString*-Eigenschaft einen Zugriff auf die Registry bzw. eine Ini-Datei. Die Eigenschaften und Methoden des *System*-Objekts sind zum einen in der VBA-Hilfe ausreichend beschrieben, zum anderen aufgrund ihres Namens bereits selbsterklärend, sodass in Tabelle 7.14 nur die wichtigsten Mitglieder zusammengefasst werden.

Eigenschaft	Was hat sie zu bedeuten?
Country-Eigenschaft	Gibt die Länderkennung des über die Systemsteuerung ausgewählten Landes als *wdCountry*-Konstante (zum Beispiel 49 für Deutschland) zurück.
Cursor-Eigenschaft	Gibt das Aussehen des Mauszeigers zurück oder legt es fest (zur Auswahl stehen eine Reihe von Konstanten: *wdCursorIBeam*, *wdCursorNormal*, *wdCursorNorthwestArrow* oder *wdCursorWait*).
FreeDiskSpace-Eigenschaft	Gibt den verfügbaren Platz auf dem aktuellen Laufwerk in Bytes zurück.
HorizontalResolution-Eigenschaft	Gibt die aktuelle horizontale Bildschirmauflösung zurück. Das Ändern der Auflösung ist auch bei .NET nur über API-Funktionen möglich.
OperatingSystem-Eigenschaft	Gibt den Namen des Betriebssystems zurück, zum Beispiel »Windows« oder »Windows NT« (auch bei Windows XP und Windows Vista wird »Windows NT« übergeben).

Tabelle 7.14 Die wichtigsten Eigenschaften des *System*-Objekts

Eigenschaft	Was hat sie zu bedeuten?
MacintoshName-Eigenschaft	Gibt den Namen des Macintosh-Modells zurück (nicht unter Windows).[4]
PrivateProfileString-Eigenschaft	Ermöglicht den Zugriff auf eine Ini-Datei oder die Windows-Registry. Mehr zu diesem Thema in Kapitel 13.
ProfileString-Eigenschaft	Ermöglicht einen Zugriff auf den Schlüssel *HKEY_CURRENT_USER\Software\Microsoft\Office\12.0\Word* der Registry, der speziell für Word-Einstellungen vorgesehen ist. Mehr zu diesem Thema in Kapitel 11.
Version-Eigenschaft	Gibt die interne Versionsnummer des Betriebssystems zurück (zum Beispiel 5.1 für Windows XP oder 6.0 bei Windows Vista).
VerticalResolution-Eigenschaft	Gibt die aktuelle vertikale Bildschirmauflösung zurück. Das Ändern der Auflösung ist auch bei .NET nur über API-Funktionen möglich.

Tabelle 7.14 Die wichtigsten Eigenschaften des *System*-Objekts *(Fortsetzung)*

Zugriff auf einzelne Zeilen

Das Word-Objektmodell enthält kein Zeilenobjekt, da es nach dem Verständnis eines aus Bereichen (zum Beispiel Absätzen) bestehenden Dokuments zunächst keine Zeilen gibt. Da der Benutzer jedoch ein Dokument auch zeilenweise sehen kann, gibt es eine Hilfskonstruktion: Eine vordefinierte Textmarke mit dem Namen *\LINE* steht für die aktuell selektierte Zeile.

Beispiel

Der folgende Befehl gibt die Anzahl der Zeichen in der aktuellen Zeile aus:

```
AnzahlZeichen = WdApp.ActiveDocument.Bookmarks("\LINE").Range.Characters.Count
```

Entsprechend steht die Textmarke *\PAGE* für die aktuelle Seite.

Beispiel

Das folgende Beispiel geht alle Zeilen des aktuellen Dokuments der Reihe nach durch und hebt sie hervor. Über die Methode *Sleep* des aktuellen Ausführungsthreads wird dabei eine kurze Verzögerung erreicht.

CD-ROM Sie finden das Beispiel auf der Buch-CD als Teil der Projektmappe *Kap7_AutomatisierungsBeispiele.sln*.

```
Sub AlleZeilenHevorheben()
  SetupWord()
  ' Verschieben der Einfügemarke an den Anfang des Dokuments.
  WdApp.Selection.HomeKey(Unit:=Word.WdUnits.wdStory, Extend:=Word.WdMovementType.wdMove)
  ' Durchführen einer Schleife durch die Anzahl der Zeilen des Dokuments
  Dim AnzahlZeilen As Integer = _
      CType(WdApp.ActiveDocument.BuiltInDocumentProperties("NUMBER OF LINES").Value, Integer)
  'Durchlaufen aller Zeilen des Dokuments
  For ZeilenNr As Integer = 1 To AnzahlZeilen
  ' Markieren einer Zeile.
    WdApp.ActiveDocument.Bookmarks("\LINE").Select()
```

---

[4] Eine in der Tat exotische Eigenschaft.

```
    ' Anzeigen der Zeilenanzahl - Kontrollmeldung zu Testzwecken
    ' Messagebox.Show ("Line: " & ZeilenNr, "Word-Automatisierung")
    ' Wechseln zur nächsten Zeile
    Threading.Thread.Sleep(1000)
    WdApp.Selection.MoveDown(Unit:=Word.WdUnits.wdLine, Count:=1, Extend:=Word.WdMovementType.wdMove)
  Next
End Sub
```

Das Global-Objekt

Das Word-Objektmodell kennt eine Reihe von Eigenschaften und Methoden, die scheinbar zu einem Objekt gehören, das aber nur selten aufgeführt wird. Ein Beispiel ist die sehr nützliche *PointsToCentimeters*-Methode, die einen Wert in der Einheit Punkt in den entsprechenden Wert in Zentimeter umrechnet. Während bei VBA die einzelnen Methoden aufgerufen werden konnten, ohne dass ein Objektname vorangestellt werden musste, geht dies bei Visual Basic im Rahmen einer Automatisierungsanwendung nicht. Hier muss die *GlobalClass*-Klasse instanziiert werden.

Beispiel

Der folgende Befehl führt eine einfache Umrechnung durch:

```
Dim G As New GlobalClass
Messagebox.Show (G.PointsToCentimeters(100))
```

Alternativ stehen die Mitglieder auch direkt über das *Application*-Objekt zur Verfügung. Tabelle 7.15 stellt die interessantesten Mitglieder des *Global*-Objekts zusammen.

Mitglied	Bedeutung
AddIns-Eigenschaft	Steht für alle geladenen (traditionellen) Add-Ins.
CentimetersToPoints-Methode	Rechnet Zentimeter in Punkt um.
CheckSpelling-Methode	Führt mit einem übergebenen Ausdruck eine Rechtschreibprüfung durch.
CleanString-Methode	Entfernt nicht druckbare Zeichen aus einer übergebenen Zeichenkette.
Dialogs-Eigenschaft	Ermöglicht den Aufruf fest eingebauter Dialoge.
FindKey-Eigenschaft	Findet eine vergebene Tastenkombination.
InchesToPoint-Methode	Rechnet Zoll in Punkt um.
IsObjectValid-Eigenschaft	Prüft, ob es sich bei einem Ausdruck um ein gültiges Office-Objekt handelt.
LinesToPoints-Methode	Rechnet Zeilen in Punkt um.
MacroContainer-Eigenschaft	Gibt ein *Document*- oder *Template*-Objekt zurück, in dem das laufende VBA-Makro enthalten ist.
MillimetersToPoints-Methode	Rechnet Millimeter in Punkt um.
NormalTemplate-Eigenschaft	Gibt ein *Template*-Objekt mit der *Normal*-Dokumentvorlage zurück.
PixelsToPoints-Methode	Rechnet Pixel in Punkt um.

Tabelle 7.15 Die interessantesten Mitglieder des *Global*-Objekts in Word

Mitglied	Bedeutung
PointsToCentimeters-Methode	Rechnet Punkt in Zentimeter um.
PointsToInches-Methode	Rechnet Punkt in Zoll um.
PointsToMillimeters-Methode	Rechnet Punkt in Millimeter um.
RecentFiles-Eigenschaft	Steht für die Namen der zuletzt geöffneten Dokumente.
Repeat-Methode	Wiederholt die zuletzt ausgeführte Aktion eine bestimmte Anzahl oft.
ShowVisualBasicEditor-Eigenschaft	Gibt *True* zurück, wenn das VBA-Editor-Fenster angezeigt wird.

Tabelle 7.15 Die interessantesten Mitglieder des *Global*-Objekts in Word *(Fortsetzung)*

Das Options-Objekt zum Einstellen allgemeiner Optionen

Alle Einstellungen, die bei Word unter anderem im relativ umfangreichen *Optionen*-Dialogfeld (Menübefehl *Extras/Optionen*) vorgenommen werden können, werden programmgesteuert über das *Options*-Objekt abgefragt und verändert.

Tastaturzuordnungen manipulieren

Innerhalb von Word sind eine Vielzahl von Aktionen mit Tastenkombinationen belegt. Alle Zuordnungen werden über *KeyBinding*-Objekte festgelegt, die in einer *KeyBindings*-Auflistung zusammengefasst sind.

Beispiel

Die folgende Prozedur überträgt alle Zuordnungen in ein neues Dokument, sodass Sie sich diese in Ruhe anschauen oder ausdrucken können.

> **CD-ROM** Sie finden das Beispiel auf der Buch-CD als Teil der Projektmappe *Kap7_AutomatisierungsBeispiele.sln*.

```
Sub TasturbelegungAusgeben()
  SetupWord()
  Dim WdDocNeu As Word.Document = WdApp.Documents.Add()
  WdApp.Selection.Collapse(Direction:=Word.WdCollapseDirection.wdCollapseEnd)
  For Each K As Word.KeyBinding In WdApp.Application.KeyBindings
    WdApp.Selection.InsertAfter(Text:=K.KeyString & vbTab & K.Command _
        & vbTab & " (" & K.CommandParameter & " ) ")
    WdApp.Selection.Collapse(Direction:=Word.WdCollapseDirection.wdCollapseEnd)
    WdApp.Selection.InsertParagraph()
  Next
  WdApp.Selection.Collapse(Direction:=Word.WdCollapseDirection.wdCollapseEnd)
End Sub
```

Die *Command*-Eigenschaft gibt an, welche Aktion eine über die *KeyString*-Eigenschaft repräsentierte Tastenkombination besitzt (beide Eigenschaften sind Nur-Lese-Eigenschaften).

Über die *Add*-Methode des *KeyBindings*-Objekts wird eine neue Tastaturzuordnung in eine Dokumentvorlage eingetragen. Neben den Formatvorlagen und Makros stehen über 1.000 verschiedene Word-Kommandos zur Auswahl, die individuell beim Anpassen der Symbol- und Menüleisten einer Tastenkombination zugeordnet werden können. Eine neu zu definierende Tastenkombination kann dabei nicht als Klartext der *Add*-Methode übergeben werden, sondern muss mithilfe der *BuildKeyCode*-Methode erzeugt werden.

Beispiel

Der folgende Befehl verknüpft das VBA-Makro *FußnotenKopieren* mit der Tastenkombination [Strg]+[F1]:

```
KeyBindings.Add _
    KeyCode:=BuildKeyCode(wdKeyControl, wdKeyF1), _
    KeyCategory:=wdKeyCategoryMacro, Command:="FußnotenKopieren"
```

Über die Eigenschaft *CustomizationContext* kann eingestellt werden, in welcher Dokumentvorlage die Zuordnung gespeichert werden soll. Bliebe noch zu erwähnen, dass sich über die *FindKey*-Eigenschaft des *Application*-Objekts das zu einer Tastaturzuordnung gehörende *KeyBinding*-Objekt finden lässt.

> **HINWEIS** Prinzipiell funktioniert dies auch mit einem ».NET-Makro«, denn es ist grundsätzlich möglich, aus einem VBA-Makro heraus eine öffentliche Methode in einer .NET-Assembly aufzurufen, da die CLR eine Automatisierungsschnittstelle anbietet. Eine Alternative besteht darin, eine .NET-Assembly als COM-Komponente zu registrieren.

Word-Dialoge anzeigen

Word verfügt über eine Vielzahl »eingebauter« Dialoge, die sich über das *Dialog*-Objekt nicht nur anzeigen, sondern auch ausführen lassen. Das bedeutet konkret, dass wenn dem Anwender die Möglichkeit gegeben werden soll, Schrifteigenschaften einzustellen, dazu lediglich ein Aufruf der *Display*- oder *Show*-Methode des zuständigen *Dialog*-Objekts genügt und die vorgenommenen Einstellungen sich auf die aktuelle Auswahl auswirken.

Beispiel

Das folgende Beispiel zeigt den Dialog zum Einstellen der Schriftattribute an. Die vom Benutzer vorgenommene Auswahl wird auf den zuvor selektierten Text angewendet.

> **CD-ROM** Sie finden das Beispiel auf der Buch-CD als Teil der Projektmappe *Kap7_AutomatisierungsBeispiele.sln*.

```
Sub FontDialogAnzeigen()
  SetupWord()
  Dim FontAuswahl As Word.Dialog
  FontAuswahl = WdApp.Dialogs(Word.WdWordDialog.wdDialogFormatFont)
  With FontAuswahl
    .Bold = 1
    .Italic = 1
    .Color = 3
    .Points = 24
    .Font = "Courier"
    .Show()
  End With
End Sub
```

Die *Show*-Methode zeigt den Dialog nicht nur an, sondern wendet auch die vom Anwender getroffenen und durch die *OK*-Schaltfläche bestätigten Änderungen an. Über einen optionalen *Timeout*-Parameter lässt sich erreichen, dass der Dialog nach Ablauf einer Zeitspanne wieder verschwindet. Soll der Dialog nur angezeigt werden, muss stattdessen die *Display*-Methode verwendet werden. Die Eigenschaften, die auf das *Dialog*-Objekt nach Auswahl eines Dialogtyps folgen können, erscheinen bei Visual Studio in der Auswahlliste der Eigenschaften und Methoden. Sie sind zudem in der VBA-Hilfefunktion im Zusammenhang mit den *wdWordDialog*-Konstanten beschrieben.

Meldungsboxen und WinForms-Dialoge oberhalb des Anwendungsfensters anzeigen

Insbesondere bei der per *Messagebox.Show()* angezeigten Meldungsbox kann es passieren, dass diese unterhalb des Anwendungsfensters angezeigt wird. Abhilfe schafft auch hier ein kleiner »Trick«, der darin besteht, den »Besitzer« des Anwendungsfensters beim Aufruf von *Show* mit anzugeben. Anders als bei Excel besitzt die *Application*-Klasse leider keine Hwnd-Eigenschaft, die das Fensterhandle liefert. Daher muss die API-Funktion *FindWindow* (mehr zu dem Thema in Kapitel 13) zum Einsatz kommen, die nach einem Fenster der internen Klasse »OpusApp« sucht[5]:

```
Sub ShowMeldung(ByVal Meldung As String)
  Dim WdWin As New NativeWindow()
  Dim WdHwnd As Integer = FindWindow("OpusApp", vbNullString)
  WdWin.AssignHandle(New IntPtr(WdHwnd))
  MessageBox.Show(Meldung, My.Application.Info.Title)
  WdWin.ReleaseHandle()
End Sub
```

Meldungen in der Statusleiste anzeigen

Über die *StatusBar*-Eigenschaft des *Application*-Objekts kann ein beliebiger Text in der Statusleiste angezeigt werden.

Beispiel

```
WdApp.StatusBar = "Mach mal eine Pause, Angela!"
```

Bei Word verschwindet die Meldung wieder, sobald das Dokument aktiviert wird. Über die *DisplayStatusBar*-Eigenschaft wird die Statuszeile ein- bzw. ausgeblendet.

Exportieren eines Dokuments in HTML

Auch wenn sich HTML-Puristen mit Grauen abwenden dürften, Word kann jedes Dokument in HTML konvertieren, wobei keine Microsoft-eigenen Erweiterungen eingefügt werden und jede Formatierung durch ein CSS-Inline-Style ersetzt wird.

Beispiel

Der folgende Befehl speichert das aktuelle Dokument im »gefilterten« HTML, wobei keine Office-spezifischen Elemente übernommen werden:

```
WdApp.ActiveDocument.SaveAs(FileName:="WordExport.htm", FileFormat:=WdSaveFormat.wdFormatFilteredHTML)
```

---

[5] Solche Internas erfährt man nicht aus der VBA-Hilfe, sondern natürlich über eine schnelle Internetsuche.

Ein kurzer Auszug aus dem Body-Bereich des exportierten HTMLs soll deutlich machen, wie man sich dieses HTML vorstellen muss, das aus einem kleinen Word-Dokument mit einer Überschrift und einer kleinen Tabelle mit zwei Zeilen und zwei Spalten resultiert:

```html
<body lang=DE>
<div class=Section1>

<h1>Das ist ein <span style='color:#FF6600'>Test</span></h1>

<table class=MsoNormalTable border=1 cellspacing=0 cellpadding=0
 style='margin-left:12.5pt;border-collapse:collapse;border:none'>
 <tr style='height:38.9pt'>
  <td width=252 valign=top style='width:188.7pt;border:solid windowtext 1.0pt;
    padding:0cm 3.5pt 0cm 3.5pt;height:38.9pt'>
  <p class=MsoNormal>Spalte 1</p>
  </td>
 </tr>
</table>

<p class=MsoNormal> </p>

</div>

</body>

</html>
```

Der Ausschnitt macht deutlich, dass es sich zwar um eine Art Standard-HTML handelt, wobei der Verzicht der Anführungszeichen bei den einzelnen CSS-Attributen und das direkte Einfügen absoluter Größenangaben bei der Tabelle aber ein wenig problematisch sind. Immerhin besteht die Möglichkeit, das HTML mit relativ wenig Konvertierungsaufwand wieder in eine andere Anwendung zu reimportieren. Auch Word 2007 verhält sich in diesem Punkt nicht anders. Der Umstand, dass alle Dokumente hier im Open XML-Format gespeichert werden, hat auf den HTML-Export offenbar keinen Einfluss gehabt.

Beliebige Daten im Dokument speichern

Die Möglichkeit, über das *<Cached>*-Attribut der VSTO die Werte beliebiger Variablen in einem Word-Dokument zu speichern, ist nur eine Variante. Vollkommen unabhängig von den VSTO gibt es bei Word bereits »ewig« die *Variables*-Eigenschaft, über die sich ebenfalls beliebige Werte für den Anwender unsichtbar im Dokument speichern lassen.

Beispiel

Der folgende VBA-Code (!) zeigt nicht nur, wie die *Variables*-Eigenschaft angesprochen wird, sondern auch, wie zu Zeiten von VBA die Inhalte von Dateien eingelesen wurden, und ist damit ein weiteres Beispiel für die kleinen Unterschiede zwischen VBA und Visual Basic. Zuerst wird der Inhalt einer (beliebigen) Textdatei gelesen, die sich in demselben Verzeichnis wie das Dokument befinden soll, anschließend wird der komplette Inhalt in einer Variablen abgelegt. Dabei wird zuvor geprüft, ob die Variable existiert, da sie ansonsten neu angelegt werden muss.

```vb
Sub VariableTest()
  Dim XMLText As String
  Dim DateiPfad As String
  DateiPfad = "WMQuiz.xml"
  Dim Fso As FileSystemObject
  Set Fso = New FileSystemObject
  Dim Ts As TextStream
  If Fso.FileExists(DateiPfad) Then
     Set Ts = Fso.OpenTextFile(DateiPfad)
     XMLText = Ts.ReadAll
     If DocVariableExist("XMLText") = False Then
        ActiveDocument.Variables.Add "XMLText", XMLText
     Else
        ActiveDocument.Variables.Item("XMLText").Value = XMLText
     End If
     Ts.Close
  End If
End Sub

Function DocVariableExist(VName As String) As Boolean
  Dim v As Variable
  For Each v In ActiveDocument.Variables
     If v.Name = VName Then
        DocVariableExist = True
        Exit Function
     End If
  Next
  DocVariableExist = False
End Function
```

Mit Visual Basic (.NET) sieht der Ablauf natürlich nicht anders aus, er vereinfacht sich lediglich ein wenig.

```vb
Imports Wd = Microsoft.Office.Interop.Word
Imports System.IO

Module Module1

  Sub Main()
      Dim WdPfad As String = Path.Combine(My.Application.Info.DirectoryPath, "WdTestDoc.doc")
      Dim WdApp As Wd.Application = New Wd.Application
      WdApp.Visible = False
      Dim WdDok As Wd.Document = WdApp.Documents.Open(WdPfad)
      Dim WdVar As Wd.Variable
      If WdDok.Variables.Item("WdTest") Is Nothing Then
         WdVar = WdDok.Variables.Add("WdTest")
      Else
         WdVar = WdDok.Variables("WdTest")
      End If
      WdVar.Value = "Das Rad der Fortuna führt den Tätigen und rädert den Liegenden."
      ' Jetzt Dokument schließen
      WdDok.Close(True)
      ' Und jetzt erneut öffnen und Wert auslesen
      WdDok = WdApp.Documents.Open(WdPfad)
      Console.ForegroundColor = ConsoleColor.Cyan
      Console.WriteLine(WdDok.Variables("WdTest").Value)
      WdDok.Close(True)
      WdApp.Quit()
      Console.ReadLine()
  End Sub

End Module
```

Eigene Dokumenteigenschaften hinzufügen

Dieser Abschnitt gilt für Word gleichermaßen wie für Excel sowie für Office-Anwendungen wie PowerPoint, die ebenfalls mit Dokumenten arbeiten (und auch für ältere Versionen). Die Eigenschaften, die ein Dokument besitzt, wie Autor, Titel usw., lassen sich um beliebige Eigenschaften erweitern. Dabei muss lediglich zwischen den fest eingebauten Eigenschaften, sie werden durch die *BuildInDocumentProperties*-Eigenschaft repräsentiert, und den nachträglich hinzugefügten Eigenschaften, sie werden durch die *CustomDocumentProperties*-Eigenschaft repräsentiert, unterschieden werden. Beide Eigenschaften liefern ein *DocumentProperties*-Objekt, das jede Eigenschaft als *DocumentProperty*-Objekt enthält. Ein wenig irritieren kann der Umstand, dass die erwähnten Objekte nicht Teil des Objektmodells der jeweiligen Anwendung, sondern der *Office.dll*-Bibliothek sind, was bei nüchterner Betrachtung auch logischer ist. Sie finden die Objekte daher im Namespace *Microsoft.Office.Core*.

Beispiel

Das folgende Beispiel fügt zum aktuellen Word-Dokument im Rahmen der *AddDocProp*-Prozedur eine Eigenschaft mit dem Namen *AuthorOwnsRight* vom Typ *Boolean* hinzu. Da es keine direkte Möglichkeit gibt abzufragen, ob eine Eigenschaft bereits existiert, übernimmt das die Funktion *DocPropExists*. Und da das allein ein wenig wenig wäre, werden alle Custom Properties in der Prozedur *ListDocProps* in einer Tabelle ausgegeben.

CD-ROM Sie finden das Beispiel als VSTO-Projekt auf der Buch-CD als Teil der Projektmappe *Kap7_VSTO_DocumentPropertiesBeispiel.sln*.

```
Imports System.Runtime.InteropServices

Public Class ThisDocument

  Private Sub ThisDocument_Startup(ByVal sender As Object, ByVal e As System.EventArgs) Handles _
      Me.Startup
    Dim DocPropName As String = "AuthorOwnsRights"
    If Not DocPropExists(Me, DocPropName) Then
      If AddDocProp(Me, DocPropName, True, _
            Microsoft.Office.Core.MsoDocProperties.msoPropertyTypeBoolean) Then
        MessageBox.Show("Eigenschaft wurde hinzugefügt!", My.Application.Info.Title)
      Else
        MessageBox.Show("Es gab ein Problem beim Hinzufügen der Eigenschaft!", _
            My.Application.Info.Title)
      End If
    End If
    ListDocProps(Me)
  End Sub

  Sub ListDocProps(ByVal D As ThisDocument)
    Dim Ta As Word.Table = D.Tables.Add(D.Application.Selection.Range, 1, 3)
    Ta.Rows(1).Cells(1).Range.Text = "Nr"
    Ta.Rows(1).Cells(2).Range.Text = "Name"
    Ta.Rows(1).Cells(3).Range.Text = "Wert"
    For Each P As Office.DocumentProperty In D.CustomDocumentProperties
      Ta.Rows.Add()
      Ta.Rows(Ta.Rows.Count).Cells(1).Range.Text = Ta.Rows.Count - 1
      Ta.Rows(Ta.Rows.Count).Cells(2).Range.Text = P.Name
      Try
        Ta.Rows(Ta.Rows.Count).Cells(3).Range.Text = P.Value
```

```
            Catch ex As COMException
                Ta.Rows(Ta.Rows.Count).Cells(3).Range.Text = "Kein Wert"
            End Try
        Next
    End Sub

    Function DocPropExists(ByVal D As ThisDocument, ByVal PropName As String) As Boolean
        For Each P As Office.DocumentProperty In D.CustomDocumentProperties
            If P.Name = PropName Then
                Return True
            End If
        Next
        Return False
    End Function

    Function AddDocProp(ByVal D As ThisDocument, ByVal PropName As String, ByVal Wert As Object, _
            ByVal PropTyp As Office.MsoDocProperties)
        Try
            CType(D.CustomDocumentProperties, Office.DocumentProperties).Add(Name:=PropName, _
                LinkToContent:=False, Type:=PropTyp, Value:=Wert)
            Return True
        Catch ex As COMException
            MessageBox.Show(ex.Message, My.Application.Info.Title)
            Return False
        Catch ex As SystemException
            MessageBox.Show(ex.Message, My.Application.Info.Title)
            Return False
        End Try
    End Function

End Class
```

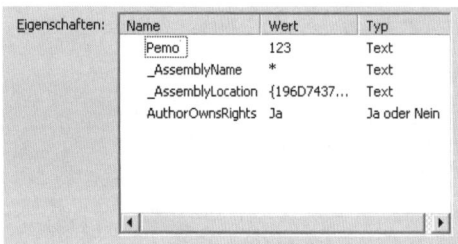

Abbildung 7.6 Das Word-Dokument wurde um eine Eigenschaft erweitert

Dokumenteigenschaften bei Office 2007?

Bei Office 2007 ist es gar nicht so einfach, den »Ort« zu finden, an dem die Dokumenteigenschaften angezeigt werden (bei Office 2003 ist es natürlich *Datei/Eigenschaften*). Bei Office 2007 gelangen Sie zu diesem Ort über das Office-Menü unter *Vorbereiten/Eigenschaften*. Und auch dieses Detail dürfte nicht jedem bekannt sein. Über den neuen Dokumentinspektor (gut versteckt in den Optionen unter *Vertrauensstellungscenter* und dort über *Einstellungen für das Vertrauensstellungscenter*) lassen sich alle hinzugefügten Eigenschaften entfernen. Damit kann sehr einfach sichergestellt werden, dass ein Dokument keine privaten Details enthält, die aus dem Dokument selbst nicht hervorgehen. Der Dokumentinspektor kann übrigens über das *DocumentInspector*-Objekt und dessen *Inspect*- und *Fix*-Methode auch programmgesteuert aufgerufen wurden, sodass sich Dokumente auch per Automatisierung »bereinigen« lassen.

Die Zeilennummer der letzten Zeile feststellen

Die Zeilennummer der letzten Zeile in einem Word-Dokument liefert, neben vielen anderen Details, die *Information*-Eigenschaft eines *Range*-Objekts, wenn dieses für das letzte *Range*-Objekt des Dokuments steht.

Beispiel

Das folgende Beispiel überträgt die letzte Nummer der letzten Zeile in die Variable *LetzteZeile*:

```
Dim R As Word.Range = ActiveDocument.Content
R.Collapse Word.WdCollapseDirection.wdCollapseEnd
Dim LetzteZeile As Integer = R.Information(Word.WdInformation.wdFirstCharacterLineNumber)
```

Automakros

Word-Kenner der ersten Stunde werden sich noch an die Automakros erinnern: *AutoOpen*, *AutoClose* und *AutoNew*. Besitzt ein VBA-Makro diesen Namen, wird es mit dem Öffnen (*AutoOpen*), Schließen (*AutoClose*) oder Neuanlegen (*AutoNew*) des Dokuments ausgeführt. Das moderne Pendant sind die Events des *Application*-Objekts. Enthält ein Dokument diese VBA-Makros, werden sie natürlich nach wie vor ausgeführt, so wie es generell möglich ist, .NET-Code mit VBA-Code in einem Dokument zu kombinieren. Bei Word 2007 gilt zu berücksichtigen, dass VBA-Code nur in Dokumenten mit der Erweiterung *.Docm* gespeichert werden kann.

VSTO-Erweiterungen für das Word-Objektmodell

Die VSTO bringen für Word vier Funktionalitäten ins Spiel:

- Sie erlauben das Verknüpfen eines Word-Dokuments oder einer Word-Vorlage mit einer Assembly, die mit dem Laden des Dokuments oder dem Neuanlegen eines Dokuments auf der Grundlage der Vorlage geladen und ausgeführt wird.
- Sie erlauben das Erstellen von Add-Ins, die mit der Anwendung geladen werden.
- Die VSTO-Laufzeit enthält die Objekte *Bookmark*, *XMLNode* und *XMLNodes*.
- Sie bieten für die mit Word 2007 eingeführten Inhaltssteuerelemente einen Satz von VSTO-Steuerelementen, die die Inhaltssteuerelemente um eine Datenbindung und Events erweitern.

Die Erweiterungen auf Dokument- und Anwendungsebene sind in den folgenden Kapiteln an der Reihe, im Folgenden geht es daher nur um die Punkte 3 und 4.

Verschwiegene Fehlermeldungen

Sollten Sie bei Ihren ersten Gehversuchen mit einer Word-VSTO-Anwendung eine wenig aussagekräftige Fehlermeldung mit dem Hinweis auf eine »Anpassungsassembly« (engl. »customization«), die nicht gefunden werden konnte, erhalten, so liegt dies lediglich daran, dass im Programmcode ein (meistens) harmloser Fehler aufgetreten ist, der lediglich ein wenig »seltsam« angezeigt wird.

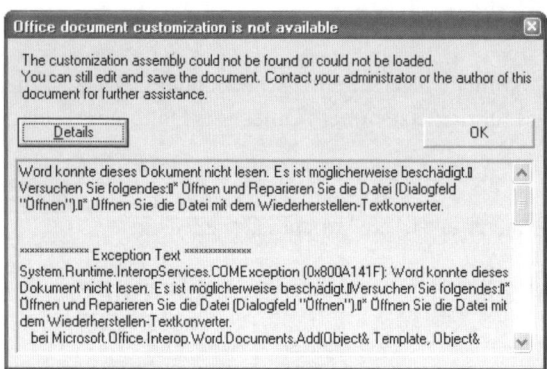

Abbildung 7.7 Diese Fehlermeldung deutet auf einen Fehler im Programmcode einer VSTO-Anwendung hin

Während der Fehler aus Abbildung 7.7 noch relativ harmlos ist, da er lediglich korrigiert werden muss, deutet die Fehlermeldung aus Abbildung 7.8 auf ein grundlegendes Problem bei der Anpassung sind. Sollte sie tatsächlich einmal erscheinen, ist etwas grundlegend durcheinander geraten, und die komplette Anpassung muss entfernt und neu installiert werden[6].

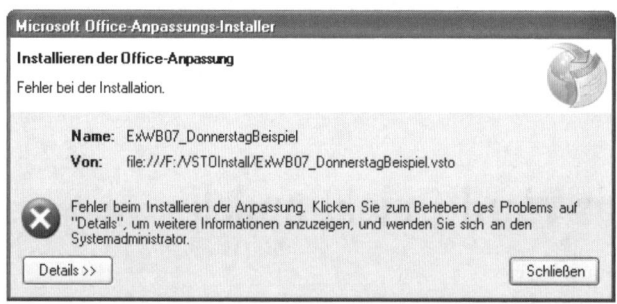

Abbildung 7.8 Wenn diese Meldung erscheint, muss die Anpassung neu installiert werden

Das Bookmark-Control

Das *Bookmark*-Control steht für eine einzelne Textmarke in einem Word-Dokument. Es kapselt damit das *Bookmark*-Objekt aus dem Word-Objektmodell und erweitert es um eine Reihe von Events (Tabelle 7.16), mit denen sich zum Beispiel feststellen lässt, wenn eine Textmarke selektiert wird, und die bei den VSTO allgegenwärtige Datenbindung über die *DataBindings*-Eigenschaft. Mit dieser Eigenschaft lässt sich zum Beispiel die *Text*-Eigenschaft und damit der Inhalt der Textmarke an ein Feld einer (beliebigen) Datenquelle binden, sodass der Inhalt des Feldes automatisch in der Textmarke erscheint (mehr zur Datenbindung in Kapitel 12). Das *Bookmark*-Control steht in der Toolbox in einem Word-VSTO-Projekt zur Verfügung, kann aber auch zur Laufzeit über ein *AddBookmark* hinzugefügt werden.

Beispiel

Der folgende Befehl fügt während der Programmausführung ein *Bookmark*-Control und damit eine Textmarke zum aktuellen Dokument hinzu. Da aber Textmarken im Allgemeinen nicht »irgendwo« in einem Dokument platziert werden, wird davon ausgegangen, dass das Dokument bereits eine Tabelle mit zwei Spalten enthält. Zu

---

[6] Zum Beispiel, weil die Anpassung noch mit der Betaversion 2 von Visual Studio 2008 erstellt wurde.

VSTO-Erweiterungen für das Word-Objektmodell

dieser Tabelle wird eine Zeile hinzugefügt. Anschließend wird die linke Spalte selektiert und für das resultierende *Range*-Objekt eine Textmarke angelegt. So »kompliziert« ist es nur dann, wenn die Textmarke an einer bestimmten Stelle platziert und vermieden werden soll, dass die Absatzmarke eingeschlossen wird:

```
Me.Tables(1).Rows.Add()
Me.Tables(1).Cell(Me.Tables(1).Rows.Count, 1).Select()
Me.Application.Selection.Range.Text = 0
 Me.Application.Selection.Expand(Unit:=Word.WdUnits.wdCharacter)

Dim SumBm As Microsoft.Office.Tools.Word.Bookmark = _
    Me.Controls.AddBookmark(Me.Application.Selection.Range, "Summe")
```

Im Allgemeinen ist das nachträgliche Hinzufügen von *Bookmark*-Controls nur ein Spezialfall. Die Regel dürfte sein, dass aus den bereits vorhandenen Textmarken eines Dokuments automatisch *Bookmark*-Controls werden. Darum kümmert sich die VSTO-Laufzeit beim Laden eines Dokuments.

Deutlich trickreicher als der Umgang mit dem bezüglich seiner Möglichkeiten »harmlosen« *Bookmark*-Control ist der Umgang mit Textmarken bei Word generell. Achten Sie darauf, dass die Textmarke nicht nur ein einzelnes Zeichen, sondern den gewünschten Bereich umfasst (das wird sehr schön im Eigenschaftenfenster des *Bookmark*-Controls über die Eigenschaften *Start* und *End* angezeigt), aber ohne (!) das Absatzendezeichen. Ansonsten ist es praktisch unmöglich, für die Textmarke einen Text einzugeben, und die *Text*-Eigenschaft des *Bookmark*-Controls steht lediglich für ein Leerzeichen gefolgt von dem für Word-Absätze obligatorischen *Chr(13)*-Zeichen (an das sich manchmal noch ein *Chr(7)*-Zeichen hängt). Sehr lästig ist auch der Nebeneffekt, dass beim nachträglichen Hinzufügen einer Zeile zu einer Tabelle eine in der letzten Spalte befindliche Textmarke auf die zweite Zeile ausgedehnt wird, was natürlich nicht erwünscht ist. Das passiert nicht, wenn die Textmarke noch vor der Absatzmarkierung endet. Der Umgang mit Textmarken und damit auch mit dem *Bookmark*-Control setzt daher etwas Geduld und Fingerspitzengefühl voraus.

Abbildung 7.9 Über die *Start*- und *End*-Eigenschaft wird deutlich, welchen Bereich ein *Bookmark*-Objekt »wirklich« abdeckt (in diesem Fall ist es nur ein Zeichen)

Event	Wann wird er ausgelöst?	Welchen Delegaten benutzt er?
BeforeDoubleClick	Bei einem Doppelklick auf die Textmarke (bevor die Standardklickaktion ausgelöst wird).	ClickEvent
BeforeRightClick	Bei einem Klick mit der rechten Maustaste auf die Textmarke (bevor die Standardklickaktion ausgelöst wird).	ClickEvent
Deselected	Wenn die Textmarke ihren Fokus verliert.	SelectionEvent
Selected	Wenn die Textmarke selektiert wird.	SelectionEvent
SelectionChange	Wenn sich die aktuelle Auswahl ändert.	SelectionEvent

Tabelle 7.16 Die Events beim *Bookmark*-Control

Beispiel

Zum Abschluss ein Beispiel, das ein wenig umfangreicher ist und den »wahren« Nutzen des *Bookmark*-Controls deutlich machen soll: das Zuordnen von Elementen, die zum Beispiel aus einer Datenbank stammen. Aus Platzgründen kann das Beispiel, das auf einer VSTO-Word-Erweiterung für eine Dokumentvorlage basiert, nur umrissen werden. Das Projekt basiert auf einer Dokumentvorlage mit dem Namen *Buchinfo.dot*, die eine Tabelle mit fünf Zeilen und zwei Spalten aufweist. Die linke Spalte enthält die Namen *Titel*, *Autor*, *ISBN*, *ErschJahr* und *Preis* – jedes Feld steht für ein Feld einer Datenbanktabelle –, die rechte Spalte jeweils eine Textmarke mit dem Namen des Feldes. Beim Einfügen der Textmarken wurde darauf geachtet, dass sie ein Leerzeichen umfassen, aber nicht die Absatzmarke.

CD-ROM Sie finden das Beispiel als VSTO-Projekt auf der Buch-CD als Teil der Projektmappe *Kap7_VSTOBookmarkBeispiel.sln*.

Mit dem Laden eines Dokuments, das auf *Buchinfo.dot* basiert, wird in der *Startup*-Prozedur der Dokumentvorlage eine kleine Datenbankabfrage gegen eine Access-Datenbank mit dem Namen *Buchinfo.mdb* durchgeführt, die sich im Ordner *Eigene Dateien* befindet (und vor dem Projektstart dort hin kopiert werden muss) und die aus einer Tabelle *Buecher* besteht, die die erwähnten Felder und ein paar Datensätze enthält. Ein Datensatz wird über seine *BuchID* abgerufen, die zum Beispiel 1000 lauten kann. In der *Startup*-Prozedur wird die Prozedur *GetBuchInfo* aufgerufen:

```
Dim BuchID As Integer = 1000
GetBuchInfo(BuchID)
```

Die Prozedur *GetBuchInfo* führt die Datenbankabfrage aus (dazu wird auf das Kapitel 12 vorgegriffen) und füllt die Werte der Felder des abgerufenen Datensatzes in die vorhandenen Textmarken des Dokuments:

```
' Eine fiktive Datenbankabfrage
Sub GetBuchInfo(ByVal BuchID As Integer)
  Try
    ' Pfad zur Mdb-Datei festlegen
    Dim DBPfad As String = Environment.GetEnvironmentVariable("userprofile") & _
        "\Eigene Dateien\BuchInfo.mdb"
    ' Verbindungszeichenfolge zusammenbauen
    Dim CnSt As String = "Provider=Microsoft.Jet.OleDb.4.0;Data Source=" & DBPfad
    ' Connection-Objekt anlegen
    Dim Cn As New OleDb.OleDbConnection(CnSt)
```

```
        ' Command-Objekt anlegen
        Using Cmd As New OleDb.OleDbCommand("Select * From Buecher Where BuchID=@BuchID", Cn)
            ' Parameter zur Abfrage hinzufügen
            Cmd.Parameters.AddWithValue("@BuchID", BuchID)
            ' Verbindung öffnen
            Cn.Open()
            Dim Dr As OleDb.OleDbDataReader = Cmd.ExecuteReader(System.Data.CommandBehavior.SingleRow)
            ' Gibt es eine Zeile?
            If Dr.HasRows Then
                ' Dann diese Zeile lesen
                Dr.Read()
                ' Jetzt Ergebnis den Textmarken zuweisen
                Me.ErschJahr.Range.Text = Dr.Item("ErschJahr")
                Me.Titel.Range.Text = Dr.Item("Titel")
                Me.Preis.Range.Text = Dr.Item("Preis")
                Me.Autor.Range.Text = Dr.Item("Autor")
                Me.ISBN.Range.Text = Dr.Item("ISBN")
            Else
                MessageBox.Show("Zu der Buch-ID gibt es keine Infos, sorry", "Keine Daten erhalten.")
            End If
        End Using
    Catch ex As OleDb.OleDbException
        MessageBox.Show("OleDb-Error: " & ex.Message, "Fehler beim Datenbankzugriff")
    Catch ex As SystemException
        MessageBox.Show("Error: " & ex.Message, "Allgemeiner Fehler")
    End Try
End Sub
```

Lassen Sie sich vom Umfang der Prozedur nicht abschrecken. Der Zugriff auf eine Datenbank ist bei .NET etwas einfacher und vor allem »logischer« als bei VBA mit ADO. Wichtig ist in diesem Zusammenhang lediglich das Zuweisen der Feldinhalte an die *Text*-Eigenschaft des *Range*-Objekts, das hinter einem *Bookmark*-Control steht. Die Datenbindung über *DataBindings* beim *Bookmark*-Control würde hier keine Vorteile bringen, da nur jeweils ein Datensatz angezeigt werden soll.

TIPP Bei VSTO 3.0-Anwendungen für Office 2007 besteht generell das kleine Problem, dass es kein echtes Anwendungsverzeichnis gibt, da sie auch beim Ausführen innerhalb von Visual Studio in das ClickOnce-Anwendungsverzeichnis kopiert werden. Möchte man erreichen, dass eine bestimmte Datei mit dem Erstellen aus dem Projektverzeichnis in ein bestimmtes Verzeichnis kopiert wird, kann dies in einem PostBuild-Event geschehen, der nach erfolgreichem Erstellen ausgeführt wird und der in den Projekteigenschaften festgelegt wird. Der folgende Befehl kopiert die Datei *BuchInfo.mdb* nach *Eigene Dateien*:

```
copy $(ProjectDir)Buchinfo.mdb "%userprofile%\Eigene Dateien"
```

Unterschiede zum Word-Bookmark-Objekt

Es gibt ein paar kleinere und daher entsprechend subtile Unterschiede zwischen dem »Original«-*Bookmark*-Objekt von Word und dem *Bookmark*-Objekt der VSTO, die in erster Linie die Frage betreffen, was geschieht, wenn der Textmarke etwas zugewiesen wird.

Unterschiede VSTO-/Word-*Bookmark*	Word-*Bookmark*	VSTO-*Bookmark*
Text zuweisen	Die Textmarke wird gelöscht.	Die Textmarke wird nicht gelöscht, wenn der Text über *Bookmark.Text* und nicht *Bookmark.Range.Text* zugewiesen wurde.
Einen Leerstring zuweisen	Der Text und die Textmarke werden gelöscht.	Der Text wird gelöscht und die Textmarke hat danach 0 Bytes Länge.
Einen String an eine Textmarke mit 0 Bytes Länge zuweisen	Der Text wird rechts angehängt, die Textmarke bleibt aber bei 0 Bytes Länge.	Der Text wird zugewiesen und die Textmarke entsprechend erweitert.
Events	Keine	Verschiedene Events (Tabelle 7.16)
Datenbindung	Keine	Auf die gleiche Weise wie bei WinForms-Steuerelementen

Tabelle 7.17 Unterschiede zwischen dem Word- und dem VSTO-*Bookmark*-Objekt

Die Controls XMLNode und XMLNodes

Die VSTO-Runtime hat für Word im Namespace *Microsoft.Office.Tools.Word* noch zwei relativ unscheinbare Controls zu bieten: *XMLNode* und *XMLNodes*. Sie besitzen nicht nur denselben Namen wie die Word-Objekte (im Namespace *Microsoft.Office.Interop.Word*), sondern kapseln auch diese Objekte und ergänzen sie um ein paar Events (Tabelle 7.18) und die Möglichkeit der einfachen Datenbindung. Die Controls werden nicht nachträglich hinzugefügt, sondern von der VSTO-Laufzeit beim Laden eines XML-Dokuments für jedes *Range*-Objekt hinzugefügt, das über eine Schemaverknüpfung mit einem Element des Dokuments verknüpft wird. Während ein *XMLNode*-Objekt für jedes sich nicht wiederholende Schemaelement (*maxOccurs=1* oder nicht angegeben, da der Default 1 ist) angelegt wird, wird entsprechend ein *XMLNodes*-Control für jedes sich wiederholende Element erstellt. Das Excel-Pendant zu *XMLNode* ist demnach *XMLMappedRange* und *ListObject* für *XMLNodes*.

Ein kleiner Vorteil dieses automatischen Anlegens ist, dass mit dem Laden des Dokuments über das *Document*-Objekt entsprechende Eigenschaften zur Verfügung stehen, über die die Bereiche im Dokument direkt angesprochen werden können.

> **CD-ROM** Sie finden das Beispiel auf der Buch-CD als Teil der Projektmappe *Kap7_VSTOXMLNodeBeispiel.sln*.

Beispiel

Wird ein XML-Dokument *Buchinfo.xml* geladen, das wie folgt aufgebaut ist:

```xml
<?xml version="1.0" encoding="Windows-1252" ?>
<BuchListe>
  <Buch>
    <Titel>Das große Buch über Bananen</Titel>
    <Autor>Charles Bananas</Autor>
    <Jahr>1956</Jahr>
  </Buch>
  <Buch>
    <Titel>Cobol für Senioren</Titel>
    <Autor>Wilhelm Reich</Autor>
    <Jahr>1914</Jahr>
  </Buch>
</BuchListe>
```

VSTO-Erweiterungen für das Word-Objektmodell

und ist dieses Dokument mit einem entsprechenden Schema verknüpft, stehen nach dem Laden des Dokuments über das *Document*-Objekt die Eigenschaften *BuchAutorNodes* (*XMLNodes*), *BuchJahrNodes* (*XMLNodes*), *BuchListeBuchNodes* (*XMLNodes*), *BuchListeNode* (*XMLNode*) und *BuchTitelNodes* (*XMLNodes*) zur Auswahl. Der Befehl

```
?Me.BuchListe.BuchNodes.Count
2
```

gibt im Direktfenster während eines Haltepunkts in der *Startup*-Prozedur die Anzahl der *Buch*-Knoten (in diesem Fall 2), der Befehl

```
?Me.BuchAutorNodes.Item(2).Text
Wilhelm Reich
```

entsprechend den Textinhalt des zweiten *Autor*-Knotens zurück. Die entsprechenden Node-Objekte werden zudem in der linken Auswahlliste des Codefensters angeboten, sodass ihre Events in der rechten Auswahlliste zur Verfügung stehen. Komfortabler lassen sich die XML-Inhalte des Dokuments sicher nicht mehr ansprechen.

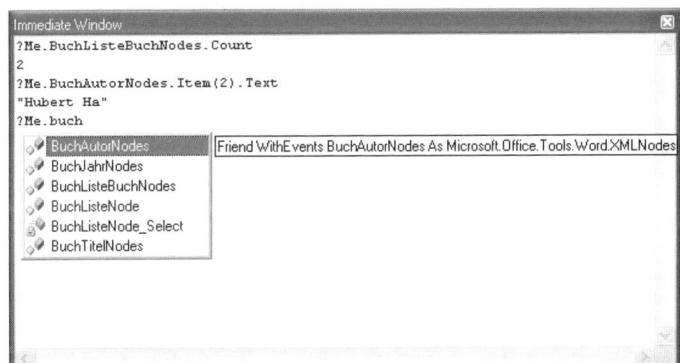

Abbildung 7.10 Die VSTO-Laufzeit fügt für jeden XML-Knoten des Dokuments ein entsprechendes Objekt ein

Event	Wann wird es ausgelöst?	Event-Typ
AfterInsert	Nachdem ein neuer Knoten hinzugefügt wurde.	*Word.NodeInsertAndDeleteEventArgs*
BeforeDelete	Bevor der Knoten entfernt wird.	*Word.NodeInsertAndDeleteEventArgs*
ContextEnter	Nachdem in einer XMLNodes-Auflistung der erste Knoten den Fokus erhalten hat.	*Word.ContextChangeEventArgs*. Über die Eigenschaften *OldXmlNode* und *NewXmlNode* stehen der alte und der neue Knoten zur Verfügung.
ContextLeave	Nachdem in einer XMLNodes-Auflistung die gesamte »Spalte« oder die gesamte XML-Struktur nicht mehr selektiert ist.	*Word.ContextChangeEventArgs*. Über die Eigenschaften *OldXmlNode* und *NewXmlNode* stehen der alte und der neue Knoten zur Verfügung.
Deselect	Wenn der Knoten nicht mehr selektiert ist.	*Word.ContextChangedEventArgs*. Über die Eigenschaften *OldXmlNode* und *NewXmlNode* stehen der alte und der neue Knoten zur Verfügung.
Select	Nachdem der Knoten selektiert wurde.	*Word.ContextChangedEventArgs*. Über die Eigenschaften *OldXmlNode* und *NewXmlNode* stehen der alte und der neue Knoten zur Verfügung.

Tabelle 7.18 Die Events des *XMLNode*- und *XMLNodes*-Controls

Die Inhaltssteuerelemente von Word 2007

Mit Word 2007 wurden die Inhaltssteuerelemente (engl. »content controls«) eingeführt. Dies ist eine neue Sorte von Steuerelementen, die direkt auf einem Dokument platziert werden, die direkt im Dokument gespeichert werden und die gegenüber ihren Vorgängern, den ActiveX-Steuerelementen, wichtige Vorteile bieten. Insgesamt gibt es sieben dieser Steuerelemente, unter anderem eine TextBox, eine TextBox für formatierte Eingabe, eine Listen- und eine Datumsauswahl. Sie bieten, während der Anwender das Dokument bearbeitet, nicht nur einen angenehmen Komfort, sondern lassen sich so sperren, dass der Anwender sie zwar benutzen, die Fläche, die sie einnehmen, aber nicht überschreiben kann, und machen sich beim Ausdruck komplett unsichtbar, sodass nur der Inhalt, nicht aber der Rahmen usw. auf dem Papier erscheint. Im Zusammenhang mit den VSTO sind sie deswegen so attraktiv, weil sich über Datenbindung beliebige Inhalte einblenden lassen, diese also nicht einzeln hinzugefügt werden müssen, wie es beim Formularentwurf innerhalb von Word der Fall wäre. Als Datenquelle kommt entweder XML infrage, das über ein Schema mit dem Word-Dokument verknüpft ist, oder eine beliebige Datenbank, wenngleich es leider keine komplexe Datenbindung gibt, sodass es zum Beispiel nicht möglich ist, eine Tabelle an eine Listenauswahl zu binden.

Neben Inhaltssteuerelementen kann eine Word 2007-Datei, die im Open XML-Format gespeichert wird (was die Voreinstellung ist), beliebiges XML enthalten, das Teil des Dokuments ist, aber nicht angezeigt wird. Diese Bereiche werden auch als *Custom XML Parts* bezeichnet.

XML als Datenquelle

Im Folgenden wird Schritt für Schritt ein kleines VSTO-Projekt auf der Grundlage einer Word 2007-Vorlage umgesetzt, bei dem ein XML-Inhalt in zuvor auf dem Dokument platzierten Inhaltssteuerelementen angezeigt wird. Sie lernen bei der Übung daher auch den Umgang mit dieser neuen und sicherlich im Unternehmenseinsatz in Zukunft sehr wichtig werdenden Funktionalität von Word 2007 kennen.

1. Legen Sie ein neues Projekt vom Typ *Word 2007-Vorlage* an, wählen Sie die voreingestellte Option *Neues Dokument erstellen*, geben Sie der Vorlage den Namen **WD2007_InhaltssteuerelementeBeispiel** und speichern Sie das Projekt als Erstes.
2. Fügen Sie in die Dokumentvorlage eine Tabelle mit drei Spalten und zwei Zeilen ein. In der Kopfzeile erhalten die Spalten die Namen **Datum**, **Titel** und **Autor** (die genauen Namen spielen keine Rolle).
3. Fügen Sie in die linke Spalte der zweiten Zeile ein *Datumsauswahl*-Inhaltssteuerelement ein. Dieses werden Sie vermutlich eine Weile suchen, denn zuerst muss in den *Word-Optionen* (Register *Anpassen*) dafür gesorgt werden, dass die *Entwicklertools*-Gruppe angezeigt wird. Dort finden Sie die sieben Inhaltssteuerelemente in der Kategorie *Steuerelemente*.
4. Fügen Sie in die mittlere Spalte ein *Text*-Feld und in die rechte Spalte eine *Dropdownliste* ein.
5. Selektieren Sie die Dropdownliste, klicken Sie auf *Eigenschaften* und fügen Sie in dem Dialogfeld ein paar Autorennamen hinzu (die Namen selbst spielen keine Rolle). Prinzipiell wäre es auch möglich, die Liste mit dem Laden des Formulars im Rahmen eines VSTO-Projekts zu füllen.

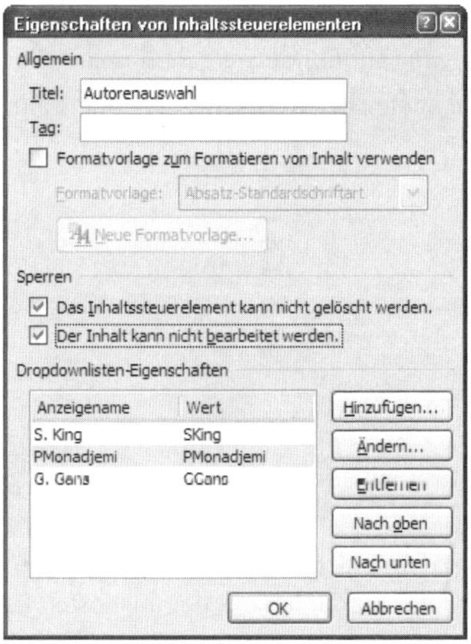

VSTO-Erweiterungen für das Word-Objektmodell

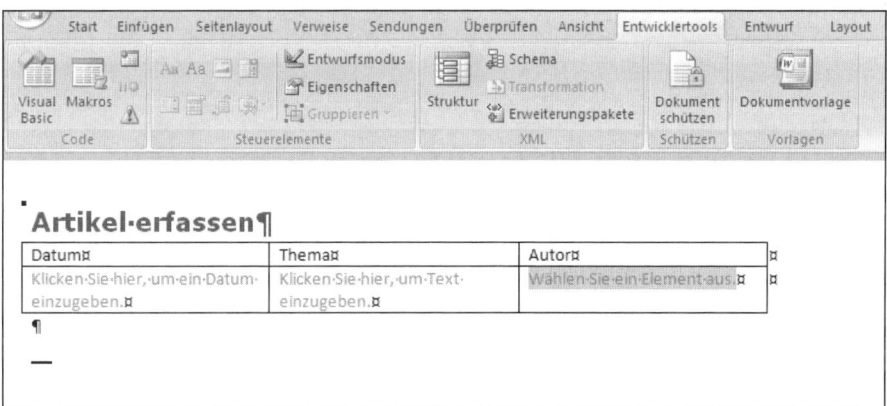

Abbildung 7.11 In den Eigenschaften der Dropdownliste werden Einträge hinzugefügt

Abbildung 7.12 In dem Word 2007-Dokument wurden drei Inhaltssteuerelemente in der Tabelle platziert

6. Fügen Sie zum Projekt eine XML-Datei hinzu, benennen Sie diese mit **Artikel.xml** und geben Sie den folgenden Inhalt ein, wobei der Inhalt zwischen den spitzen Klammern natürlich keine Rolle spielt. Wichtig ist der Namespace, da dieser später für den Zugriff auf die Elemente benötigt wird:

```
<?xml version="1.0" encoding="utf-8" ?>
<ArtikelListe xmlns="http://schemas.microsoft.com/vsto/samples">
  <Artikel>
    <Datum>2008-04-01</Datum>
    <Titel>Alles über VSTO</Titel>
    <Autor>P. Monadjemi</Autor>
  </Artikel>
  <Artikel>
    <Datum>2008-05-01</Datum>
    <Titel>Alles klar mit Vaubeeh</Titel>
    <Autor>G. Gans</Autor>
  </Artikel>
</ArtikelListe>
```

Damit die Datei leichter geladen werden kann, soll sie in die Assemblybibliothek eingebettet werden. Sie müssen dazu in den Eigenschaften der Datei die Eigenstellung *BuildVorgang* auf *Eingebettete Ressource* stellen.

7. Schalten Sie beim Word-Dokument per F7 in das Programmcodefenster und geben Sie oberhalb von *Class ThisDocument* zwei *Imports*-Befehle ein:

```
Imports System.Reflection
Imports System.IO
```

8. Definieren Sie unterhalb von *Class ThisDocument* die folgenden drei Variablen:

```
<Cached()> Public ArtikelXMLPartID As String = String.Empty
Private ArtikelXMLPart As Office.CustomXMLPart
Private Const Prefix As String = "xmlns:ns='http://schemas.microsoft.com/vsto/samples'"
```

Das *<Cached>*-Attribut vor der Variablen *ArtikelXMLPartID* hat mit den Inhaltssteuerelementen nur indirekt etwas zu tun. Es soll lediglich dafür sorgen, dass der Wert der Variablen mit dem nächsten Laden des Dokuments wieder zur Verfügung steht.

9. Fügen Sie in die *Startup*-Prozedur von *ThisDocument* die folgenden Befehle ein:

```
Dim xmlData As String = GetXmlFromResource()
If xmlData IsNot Nothing Then
    AddCustomXmlPart(xmlData)
    BindControlsToCustomXmlPart()
End If
```

Diese Befehlsfolge liest die als Ressource in die Assembly eingebetteten XML-Daten und ruft mit diesem die Prozedur *AddCustomXmlPart* und anschließend *BindControlsToCustomXmlPart* auf.

10. Definieren Sie die Funktion *GetXmlFromResource*, die den XML-Inhalt aus der Assemblydatei abrufen soll, wie folgt:

```
Private Function GetXmlFromResource() As String
    Dim Asm As Assembly = Assembly.GetExecutingAssembly()
    Dim St As Stream = Asm.GetManifestResourceStream("WD2007_InhaltssteuerelementeBeispiel.Artikel.xml")
    Using ResRd As New StreamReader(St)
        If ResRd IsNot Nothing Then
            Return ResRd.ReadToEnd()
        End If
    End Using
    Return Nothing
End Function
```

Beim Zugriff auf die Ressource kommt es immer darauf an, dass der Namespacename gefolgt vom Namen der eingebetteten XML-Datei angegeben wird. Sollten Sie daher für das Projekt und/oder die Datei andere Bezeichnungen verwendet haben, muss der Name entsprechend angepasst werden.

11. Definieren Sie die Funktion *AddCustomXmlPart*, die die im Dokument aktualisierten XML-Daten in das Word-Dokument zurückschreiben soll, wie folgt:

```
Private Sub AddCustomXmlPart(ByVal xmlData As String)
    If xmlData IsNot Nothing Then
        ArtikelXMLPart = Me.CustomXMLParts.SelectByID(ArtikelXMLPartID)
        If (ArtikelXMLPart Is Nothing) Then
            ArtikelXMLPart = Me.CustomXMLParts.Add(xmlData)
            ArtikelXMLPartID = ArtikelXMLPart.Id
        End If
    End If
End Sub
```

Die Methode *CustomXMLParts.SelectByID* wählt einen XML-Part im Dokument gezielt aus. Sollte er noch nicht existieren, wird er aus den eingelesenen XML-Daten über die *Add*-Methode hinzugefügt.

12. Eine Prozedur fehlt noch. Es ist die Prozedur *BindControlsToCustomXmlPart*, die in *Startup* aufgerufen wird und die dafür sorgt, dass die XML-Elemente über XPath-Ausdrücke an die einzelnen Inhaltssteuerelemente gebunden werden:

```
Private Sub BindControlsToCustomXmlPart()
    Dim xPathTitel As String = "ns:ArtikelListe/ns:Artikel/ns:Titel"
    Dim xPathDatum As String = "ns:ArtikelListe/ns:Artikel/ns:Datum"
    Dim xPathAutor As String = "ns:ArtikelListe/ns:Artikel/ns:Autor"
    Me.DatePickerContentControl1.DateDisplayFormat = "MMMM d, yyyy"
    Me.DatePickerContentControl1.XMLMapping.SetMapping(xPathDatum, Prefix, ArtikelXMLPart)
    Me.DropDownListContentControl1.XMLMapping.SetMapping(xPathAutor, Prefix, ArtikelXMLPart)
    Me.PlainTextContentControl1.XMLMapping.SetMapping(xPathTitel, Prefix, ArtikelXMLPart)
End Sub
```

Die Befehlsfolge ist relativ harmlos. Man muss lediglich wissen, dass der Standardnamespace *ns* lautet und *Prefix* bereits in Schritt 8 definiert wurde. Der Aufruf von *SetMapping* verknüpft das jeweilige Inhaltssteuerelement mit dem über den jeweiligen XPath-Ausdruck ausgewählten Bereich der XML-Daten. Auf diese Weise erhält das Inhaltssteuerelement seinen Inhalt.

13. Damit ist das Projekt komplett. Wenn Sie es starten, wird ein neues Dokument auf der Grundlage der Vorlage angelegt und es werden die XML-Inhalte in die zweite Zeile eingefügt. Sie können in der linken Spalte ein anderes Datum, in der mittleren Spalte einen anderen Titel und in der dritten Spalte einen anderen Autor aus der Auswahlliste auswählen (hier sollten ein paar Namen angeboten werden). Das ist noch nicht alles. Wenn Sie das Dokument speichern und anschließend erneut laden, werden die geänderten Daten angezeigt, da sie im Dokument gespeichert wurden und über die ebenfalls (allerdings nicht als XML-Part) gespeicherte ArtikelID ausgewählt wurden.

In den Inhaltssteuerelementen steckt sehr viel Potenzial, das vor allem in den Unternehmen in den nächsten Jahren eine wichtige Rolle spielen dürfte, zumal sie sich auch ohne Programmiereinsatz einsetzen lassen.

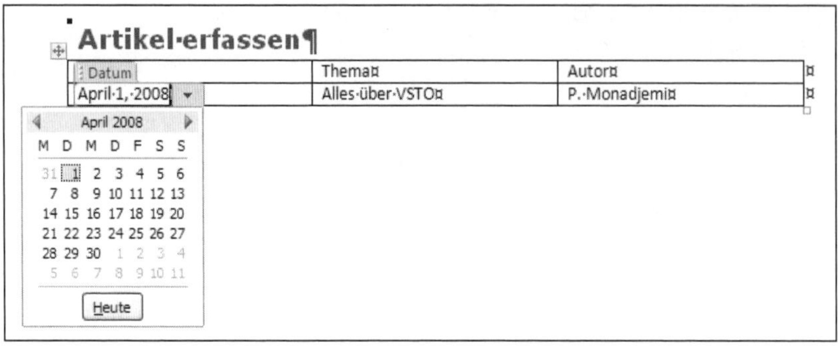

Abbildung 7.13 Die Inhaltssteuerelemente während der Programmausführung

Custom XML Parts

Über Custom XML Parts lassen sich beliebige XML-Inhalte in einem Office 2007-Dokument unterbringen (und wie im letzten Abschnitt gezeigt an Word 2007-Inhaltssteuerelemente binden). Da das Thema in Kapitel 18 ausführlich behandelt wird, hier nur ein einfaches Beispiel zur Einstimmung.

CD-ROM Sie finden das Beispiel auf der Buch-CD als Teil der Projektmappe *Kap7_VSTO_WD_CustomXMLPartBeispiel.sln*.

Beispiel

Das folgende Beispiel ist ein Ausschnitt aus einem Word 2007-Dokument. Zuerst wird ein Custom XML Part angelegt, im Dokument gespeichert und anschließend abgerufen und per XPath-Ausdruck ein Element im Text angezeigt:

```
Imports Microsoft.Office.Core

Public Class ThisDocument

  Dim MyXML = <?xml version="1.0" encoding="UTF-8" standalone="yes"?>
    <BuchInfo xmlns="http://pemo.eu">
      <Buch>
        <Titel>Das große Buch zu VSTO</Titel>
      </Buch>
    </BuchInfo>

  Private Sub ThisDocument_Startup(ByVal sender As Object, ByVal e As System.EventArgs) Handles _
    Me.Startup
    Dim XPart As CustomXMLPart = Me.CustomXMLParts.Add(MyXML.ToString)
    Me.Application.Selection.Text = Me.CustomXMLParts.SelectByNamespace _
        ("http://pemo.eu").Item(1).SelectSingleNode("//ns0:Titel").Text
  End Sub

End Class
```

Beachten Sie, wie elegant die XML-Daten direkt in den Quelltext eingefügt werden. Sie sehen nicht den Inhalt einer XML-Datei, sondern den Quelltext des VSTO-Add-Ins. Das hat mit Custom XML Parts oder den VSTO nichts zu tun, sondern ist eine Neuerung von Visual Basic 9.0.

Das Word 2007 Content Control Toolkit

Ein kleines Open Source-Projekt auf *CodePlex* bietet eine Möglichkeit, unabhängig von Word 2007 nicht nur die Inhaltssteuerelemente, sondern auch eventuell vorhandene Custom XML Parts in einem Word 2007-Open XML-Dokument neben dem reinen Lesen auch zu editieren und hinzuzufügen. Download unter *http://www.codeplex.com/dbe*.

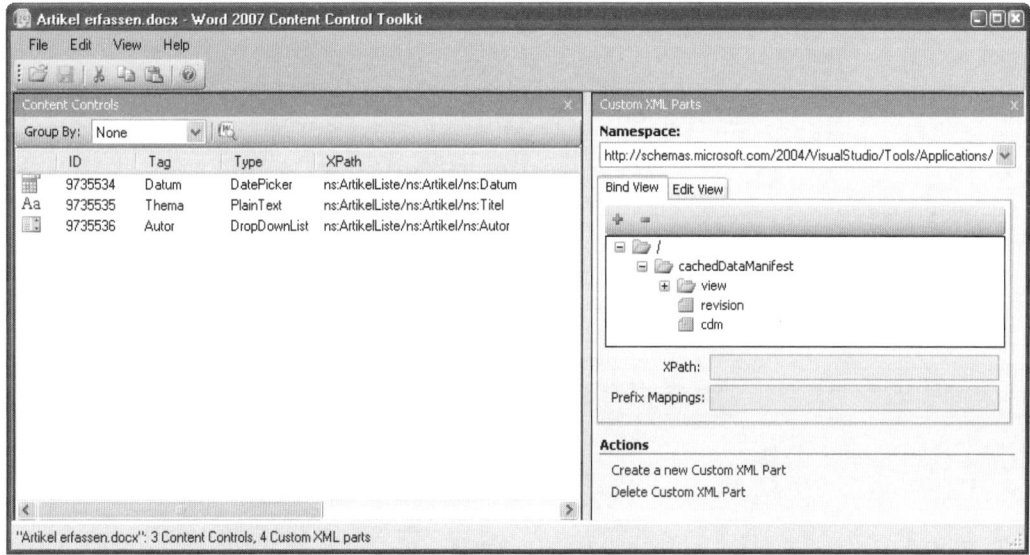

Abbildung 7.14 Das Word 2007 Content Control Toolkit macht die Inhaltssteuerelemente und Custom XML Parts einer Word 2007-XML-Dokumentdatei sichtbar

Zusammenfassung

Das Objektmodell von Word lehnt sich praktisch eins zu eins an die Anwendung an, sodass es sich relativ schnell erschließt. Es ist funktional enorm reichhaltig und eine Wissenschaft für sich[7]. Die PIAs stellen diese Funktionalität praktisch eins zu eins zur Verfügung, was erfahrenen VBA-Programmierern das Kennenlernen sehr einfach macht. Doch die Zeiten gehen auch am Word-Objektmodell nicht spurlos vorüber. Die typischen Automatisierungsaufgaben, bei denen eine externe Anwendung Word wie von Geisterhand steuert, dürften aber heutzutage relativ selten sein und daher sicher keinen Grund zum Umstieg auf .NET bieten. Sehr viel interessanter ist es, Word mit Add-Ins zu erweitern, die auf verwaltetem Code basieren, und in diesem Zusammenhang ein Word-Dokument mit Daten zu füllen, die zum Beispiel aus einer Datenbank stammen und deren Daten über XML-Schemata gesteuert einzelnen Bereichen des Dokuments zugewiesen werden. Hier bieten die VSTO mit den Controls *Bookmark*, *XMLNode* und *XMLNodes* entsprechende Einrichtungen.

Wie geht es in diesem Buch weiter?

Als letzte der »großen Drei«, also der Office-Anwendungen, bei denen die Automatisierung eine wichtige Rolle spielt, wird im nächsten Kapitel das Objektmodell von Outlook vorgestellt.

---

[7] Es gibt sicherlich einige Objekte, die so speziell sind, dass sie noch nie von Menschenhand automatisiert wurden.

Kapitel 8

Outlook im Zusammenspiel mit .NET

In diesem Kapitel:

Ein Überblick über das Outlook-Objektmodell	318
Das Objektmodell in der Praxis	329
Die wichtigsten Outlook-Aufgaben an kleinen Beispielen	336
Die Suche in Ablagen	344
Outlook-Events	350
Outlook-Sicherheit	354
Outlook-Formularbereiche	356
Der OutlookSpy	362
Zusammenfassung	364

Nach Excel und Word ist in diesem Kapitel die dritte Office-Anwendung an der Reihe, die sich per .NET automatisieren lässt, für die es im Rahmen der VSTO (bereits mit der Version 2.0) eine Add-In-Vorlage gibt und die eine wichtige (vielleicht sogar die wichtigste) Rolle in der in Kapitel 1 skizzierten Landschaft der *Office Business Applications* (OBA) spielt, da der »Information Worker« von heute in erster Linie mit Outlook seine zahlreichen Aktivitäten durchführt.

Die Outlook-Programmierung ist nicht kompliziert, aber auch nicht gerade trivial. Das liegt zum einen in dem Umstand begründet, dass das Outlook-Objektmodell damals auch für das Zusammenspiel mit einem Exchange Server konzipiert wurde, heutzutage aber häufiger unabhängig von diesem betrieben wird (das Thema Exchange Server wird in diesem Buch ausgeklammert). Gerade die Suche in einer Outlook-Ablage wird durch verschiedene »Exchange-Einflüsse« ein wenig verkompliziert, denn die Suchsyntax erscheint am Anfang so, als wären sie am Institut für theoretische Mathematik konzipiert worden. Ein weiterer Aspekt, der den Überblick etwas erschwert, ist der Umstand, dass sich das Objektmodell seit der ersten Version von Outlook (Outlook 97) nicht kontinuierlich, sondern sprunghaft entwickelt hat[1]. Deckte das Objektmodell anfangs nur einen kleinen Teil der Möglichkeiten ab und sah es bis Outlook 2003 so aus, als würde sich daran nichts mehr ändern, kamen mit der aktuellen Version 2007 rund 80 neuen Objekten hinzu, was den Umfang des Objektmodells beinahe verdoppelte. Auch wenn mit den Vorgängerversionen bereits sehr vieles möglich war, erst mit Outlook 2007 (und damit mit der »Version 6.0«[2]) steht ein umfassendes und vor allem konsistentes Programmiermodell zur Verfügung, das keine Bereiche komplett ausspart und die bis dahin für manche Anforderungen erforderlichen Alternativen wie zum Beispiel die CDOs überflüssig macht.

Die »ultimative« Referenz zur Outlook-Programmierung ist das Buch *Anwendungsentwicklung für Microsoft Outlook 2007* von *Randy Byrne* und *Ryan Gregg* (erschienen bei Microsoft Press)[3]. Es ist das Standardwerk für alle, die einen (weitestgehend) vollständigen Überblick über die Outlook-Entwicklung erhalten und die Outlook-Funktionalitäten ausreizen möchten, wenngleich die aktuelle Auflage des Buches leider noch nicht die VSTO 3.0 beschreibt. »Die« Webseite zum Thema Outlook-Programmierung ist *http://www.outlookcode.com*, wo »die« Outlook-Expertin *Sue Mosher* keine Frage unbeantwortet lässt.

Trotzdem werden Sie auch in diesem Kapitel einiges lernen. Es gibt zum einen eine gut strukturierte und daher hoffentlich leicht verständliche Übersicht über das Outlook-Objektmodell und seine wichtigsten Vertreter mit einfachen Beispielen. Zum anderen wird das Thema »Erstellen von Outlook-Formularbereichen« mit den VSTO 3.0 behandelt (das Thema »Outlook-Add-Ins« ist aber aufgrund des einheitlichen Modells erst in Kapitel 10 an der Reihe).

Ein Überblick über das Outlook-Objektmodell

Das Outlook-Objektmodell ist in erster Linie dazu da, einen Zugriff auf die Ordnerablage zu ermöglichen, deren Inhalte abzufragen und neue Einträge anzulegen. Auch wenn sich Outlook wunderbar von anderen Anwendungen aus automatisieren lässt, der wichtigste »Ansprechpartner« für die Outlook-Objekte sind die Add-Ins, zumal hier die zahlreichen Events erst voll zur Geltung kommen. Mit der Version 2007 wurde das Objektmodell nicht nur deutlich erweitert, es wurde vor allem (endlich) vereinheitlicht. Hilfsmittel, wie die CDO, die offiziell für .NET gar nicht »zugelassen« sind, oder die *Redemption-DLL*, mit deren Hilfe man von VBA oder jeder anderen

---

[1] Glaubt man Wikipedia, gab es vor Outlook 97 ein auf DOS basierendes Outlook, was dem Autor aber sehr unwahrscheinlich erscheint.
[2] Nach der inoffiziellen Zählweise des Autors. Offiziell trägt die erste richtige Outlook-Version, Outlook 97, die Versionsnummer 8.0, um es an die damalige Office-Versionsnummer anzupassen. Outlook 2007 besitzt intern entsprechend die Version 12.0.
[3] Der Co-Autor des Buches hat das fachliche Lektorat des Buches übernommen, was an der einen und anderen Stelle nicht zu übersehen ist.

Ein Überblick über das Outlook-Objektmodell

Sprache aus auf die Extended MAPI-Funktionalitäten zugreifen und vor allem die durch den »Object Model Guard« bedingten Sicherheitsmeldungen umgehen kann, werden nicht mehr benötigt.

Den vermutlich besten Überblick über das Objektmodell gibt (wie üblich) die VBA-Hilfe (Abbildung 8.1), die im Rahmen von Outlook 2007 überarbeitet wurde und sowohl übersichtlicher als auch informativer ist, als es noch bei Outlook 2003 der Fall war. Abbildung 8.2 veranschaulicht die wichtigsten Objekte und ihre Beziehung untereinander und soll Ihnen als eine erste Orientierung dienen.

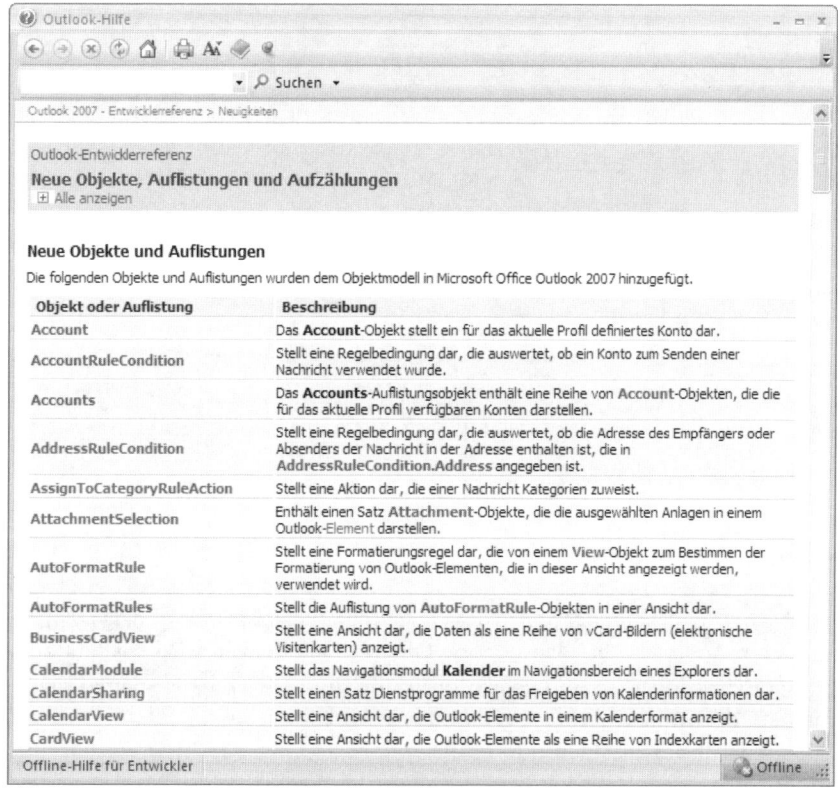

Abbildung 8.1 Die VBA-Hilfe von Outlook 2007 beschreibt alle Objekte mit Beispielen

> **TIPP** Möchte man im Rahmen einer Anwendung den Typ eines Outlook-Objekts feststellen, ist die *TypeName* Funktion von Visual Basic die bessere Wahl als ein *GetType().Name*, da Letzteres nur einen allgemeinen COM-Typ liefert, während *TypeName* den »wahren« Namen des Objekts verrät.

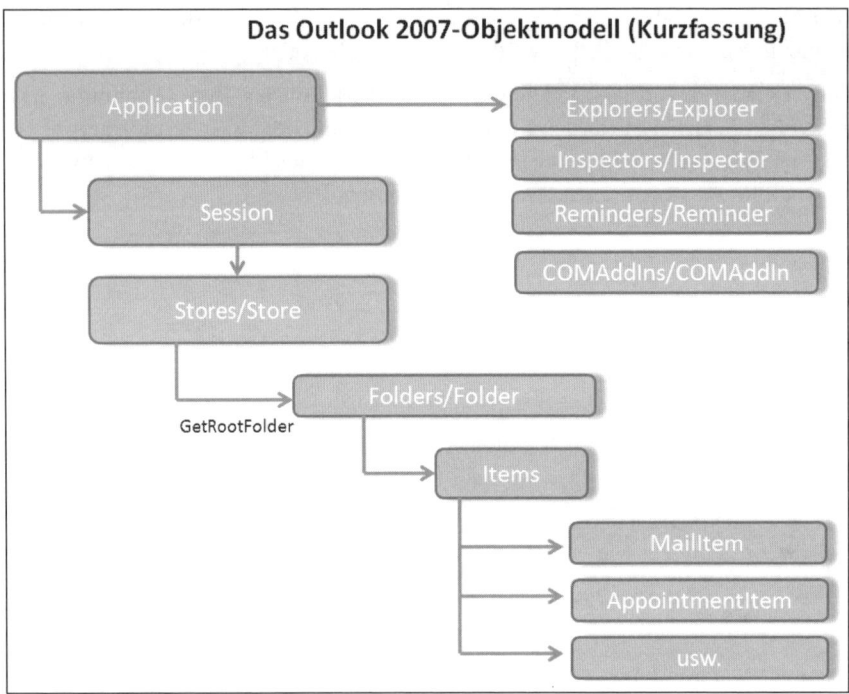

Abbildung 8.2 Die wichtigsten Outlook-Objekte und ihre Beziehung untereinander

Das Application-Objekt

Auch bei Outlook steht ein *Application*-Objekt an der Spitze der Objekthierarchie. Es ist das einzige Objekt, das direkt instanziiert werden kann. Anders als bei den übrigen Office-Anwendungen wird das Outlook-Anwendungsfenster nicht automatisch sichtbar (dazu muss ein Inspektorfenster angezeigt werden). Es existiert auch keine *Visible*-Eigenschaft, durch die es sichtbar gemacht werden könnte. Das *Application*-Objekt dient vorwiegend dem direkten Zugriff auf die Elemente eines Outlook-Ordners, an die man über die *Session*-Eigenschaft und einen Aufruf von *GetDefaultFolder* am einfachsten herankommt. Tabelle 8.1 stellt die wichtigsten Mitglieder des *Application*-Objekts zusammen.

Mitglied	Bedeutung
ActiveExplorer-Methode	Liefert das aktuelle Explorer-Fenster.
ActiveInspector-Methode	Liefert das aktuelle Inspektorfenster.
COMAddIns-Eigenschaft	Repräsentiert die registrierten COM-Add-Ins. Theoretisch steht über die *Object*-Eigenschaft auch ein Zugriff auf öffentliche Klassen des Add-Ins zur Verfügung.
CreateItem-Methode	Universelle Methode, um ein neues »Item« (Mail, Kontakt, Termin usw.) anzulegen.
DefaultProfileName-Eigenschaft	Der Name des Default-Profils.
Explorers-Eigenschaft	Steht für die Auflistung aller geöffneten Explorer und ermöglicht den direkten Zugriff auf einen bestimmten Explorer.

Tabelle 8.1 Die wichtigsten Mitglieder des *Application*-Objekts

Ein Überblick über das Outlook-Objektmodell

Mitglied	Bedeutung
Inspectors-Eigenschaft	Steht für alle geöffneten Inspektorfenster und ermöglicht den direkten Zugriff auf ein bestimmtes Fenster.
Quit-Methode	Beendet die Anwendung.
Session-Eigenschaft	Steht für das *NameSpace*-Objekt der aktuellen Sitzung und ermöglicht damit den Zugriff auf alle mit *NameSpace* verbundenen Objekte.

Tabelle 8.1 Die wichtigsten Mitglieder des *Application*-Objekts *(Fortsetzung)*

Die Beispiele in diesem Kapitel

Die Beispiele, die in diesem Kapitel abgedruckt werden, sind, wie fast alle Beispiele in diesem Buch, keine vollständigen Beispiele, sondern lediglich Auszüge aus dem vollständigen Projekt, das auf der Buch-CD zu finden ist. Die meisten »Automatisierungsbeispiele« sind Teil einer kleinen WinForms-Anwendung, die in der Projektmappendatei *Kap8_OutlookAutomatisierungsBeispiele.sln* enthalten ist. Das Projekt geht davon aus, dass Outlook bereits läuft, sodass der Befehl

```
OutApp = GetObject(Class:="Outlook.Application")
```

genügt, um eine Referenz auf das *Outlook.Application*-Objekt zu erhalten. Angelegte Outlook-Objekte werden am Ende über einen Aufruf von *ReleaseComObject* der *Marshal*-Klasse wieder freigegeben, auch wenn das nicht zwingend erforderlich ist:

```
Dim Ret As Integer = Marshal.ReleaseComObject(NeueMail)
```

Das NameSpace-Objekt

Das *NameSpace*-Objekt ist eines jener Objekte im Outlook-Objektmodell, die ursprünglich einen anderen Stellenwert besaßen, der im Laufe der Versionen aber »verloren« ging. Ursprünglich sollte Outlook einmal eine Vielzahl unterschiedlicher Ablagetypen und deren Inhalte über unterschiedliche Namespaces ansprechen können, übrig blieb als einziger Namespace der MAPI-Namespace, der sich auf alle Ablagen bezieht, die von einem sogenannten MAPI MessageStore verwaltet werden (mehr zur Rolle von MAPI in Kürze). Das mag alles ein wenig diffus klingen und hat für die praktische Outlook-Programmierung heutzutage zum Glück keine direkte Bedeutung mehr. Das *NameSpace*-Objekt besitzt bei Outlook lediglich eine Aufgabe. Es ermöglicht den Zugriff auf alle Objekte, die innerhalb der aktuellen Sitzung (*Session*) eine Rolle spielen, wie zum Beispiel die Benutzerkonten, die Adresslisten, die Ablagen (*Stores*) und natürlich die Ordnerhierarchie mit ihren vielen Ordnern. Inzwischen ist es aber üblich, diese Dinge direkt über das *Session*-Objekt anzusprechen. Wo früher der Befehl

```
Application.GetNamespace("MAPI").GetDefaultFolder(<Name des Ordners>)
```

eingesetzt wurde, wird spätestens seit Outlook 2003 auf den etwas kürzeren (und vor allem verständlicheren) Befehl

```
Application.Session.GetDefaultFolder(<Name des Ordners>)
```

zurückgegriffen. Grundlage ist, dass mit dem Start von Outlook stets eine (MAPI-)Session existiert, über die der Zugriff auf die Ordner usw. erfolgt. Tabelle 8.2 fasst trotzdem die wichtigsten Mitglieder des *NameSpace*-Objekts zusammen.

Mitglied	Bedeutung
Accounts-Eigenschaft	Steht für die Benutzerkonten.
AddressLists-Eigenschaft	Steht für die Adresslisten.
AddStore-Methode	Fügt eine weitere Ablage zum aktuellen Profil hinzu.
Folders-Eigenschaft	Steht für die Auflistung aller Ordner.
GetDefaultFolter-Methode	Erlaubt einen Zugriff auf eine der Standardablagen.
GetItemFromID-Methode	Holt ein Item anhand seiner *EntryID*.
Logoff-Methode	Meldet den Benutzer von der aktuellen MAPI-Sitzung ab.
Logon-Methode	Meldet den Benutzer an eine MAPI-Sitzung an.
PickFolder-Methode	Zeigt den Ordnerauswahldialog aus.
SendAndRecieve-Methode	Startet das Senden und Empfangen aller Nachrichten.
Stores-Eigenschaft	Steht für die Auflistung aller Ablagen (*Stores*).

Tabelle 8.2 Die wichtigsten Mitglieder des *NameSpace*-Objekts

Das Store-Objekt

Das Outlook-Ablagesystem basiert auf verschiedenen »Stores«, zu Deutsch »Ablagen«. In einem frisch installierten Outlook gibt es von Anfang an eine Ablage in Gestalt einer *Pst*-Datei (Personal Store). Sie heißt *Persönliche Ordner* und befindet sich in den Tiefen des Benutzerprofils als Datei mit dem Namen *Outlook.pst*. Diese Ablage enthält unter anderem die Ordner *Posteingang*, *Postausgang* usw. Spielt Outlook die Rolle eines Clients für einen Exchange Server, befindet sich die Ablage auf dem Server. Bis Outlook 2007 waren die Ablagen zwar immer vorhanden, konnten aber nicht direkt angesprochen werden. Seit Outlook 2007 gibt es das *Store*-Objekt, sodass sich zum Beispiel feststellen lässt, in welcher »Sorte« von Ablage die Ordner enthalten sind, die man ansprechen möchte. Tabelle 8.3 stellt die wichtigsten (oder besser fast alle) Mitglieder des *Store*-Objekts zusammen.

TIPP Die Struktur einer Pst-Datei ist nach wie vor nicht dokumentiert. Es ist also offiziell nicht möglich, ohne offizielle APIs an die Inhalte einer Ablage heranzukommen. In Anbetracht der sensiblen Informationen, die eine solche unscheinbare Pst-Datei häufig beherbergt, ist das natürlich ein unbefriedigender Zustand[4]. Sollte eine Pst-Datei kaputtgehen (zum Beispiel weil sie durch einen Stromausfall nur unvollständig beschrieben wurde), kann es erforderlich sein, sie zu reparieren. Dafür gibt es zahlreiche kleinere Tools, die diese Aufgabe zuverlässig erledigen. Es ist generell ratsam, in regelmäßigen Abständen eine Kopie der Pst-Datei anzulegen. Sie finden sie bei Windows XP zum Beispiel im Pfad *%userprofile%\Lokale Einstellungen\Anwendungsdaten\ Microsoft\Outlook*. Wird nichts anderes festgelegt, heißt sie bei Outlook 2007 *Outlook.pst*, wenngleich der Name keine Rolle spielt[5].

---

[4] Das ist keinesfalls nur ironisch gemeint. Man weiß ja nie, wer sich heutzutage für so etwas im Rahmen einer »Online-Durchsuchung« interessiert.

[5] Unterschätzen Sie ihre Größe nicht. Sie kann schnell auf über 1 GByte wachsen. Dank der Kapazität heutiger Memorysticks ist ein schnelles Update für Zwischendurch damit jedoch kein Problem. Eine langfristige Lösung stellt aber ein solcher Speicherstick natürlich nicht dar.

> **TIPP** Im Microsoft-Downloadbereich (*http://www.microsoft.com/downloads*) gibt es ein kleines Add-In für Outlook 2003, das die Pst-Datei sichert. Nach der Installation wird die Sicherung (mit dem nächsten Start von Outlook) über das *Datei*-Menü durchgeführt (es funktioniert auch unter Outlook 2007). Über *Datei/Sicherungskopie* kann eine solche Sicherungskopie wieder eingespielt werden.

> **TIPP** Ebenfalls bei *http://www.microsoft.com/downloads* gibt es ein recht spezielles Tool mit dem Namen *Mdbvu32.exe* (MdbView), mit dem sich der Inhalt einer Pst-Datei (MAPI Store) betrachten lässt, ohne dass hierfür Outlook bemüht werden muss. Es wurde ursprünglich für den Exchange Server 2003 entwickelt, funktioniert aber auch mit aktuellen Outlook 2007-Pst-Dateien.

Mitglied	Bedeutung
DisplayName-Eigenschaft	Der angezeigte Name der Ablage.
ExchangeStoreType-Eigenschaft	Der Typ der Ablage, wenn sie auf einem Exchange Server liegt.
FilePath-Eigenschaft	Der physikalische Pfad der Ablagedatei (sofern die Ablage in einer Datei enthalten ist).
GetRootFolder-Methode	Liefert den obersten Ordner der Ordnerhierarchie.
GetRules-Methode	Liefert eine *Rules*-Collection mit allen Regeln, die für die Ablage eingerichtet wurden.
GetSearchFolders-Methode	Liefert eine Collection der vorhandenen Suchordner.
GetSpecialFolder-Methode	Ermöglicht einen direkten Zugriff auf die »Spezialordner« wie *Posteingang*.
IsDataFileStore-Eigenschaft	*True*, wenn die Ablage auf einer Datei basiert.
IsInstantSearchEnabled-Eigenschaft	*True*, wenn für die Ablage die Sofortsuche aktiv ist.
Session-Eigenschaft	Steht für das *Session*-Objekt, über das die Ablage angesprochen wird.

Tabelle 8.3 Die wichtigsten Mitglieder des *Store*-Objekts

Das Folder-Objekt

Jede Ablage beinhaltet ein hierarchisches Ordnersystem. Es gibt einen Stammordner (*Rootfolder*), von dem sich eine beliebige Anzahl an Unterordnern ableitet. Jeder Ordner wird, unabhängig von seinem Inhalt, durch ein *Folder*-Objekt repräsentiert. Es gibt bei Outlook gleich mehrere Wege, um an die Ordner einer Ablage zu gelangen:

- Über das *NameSpace*-Objekt und dessen *Folders*-Eigenschaft
- Über das *Session*-Objekt und dessen *Folders*-Eigenschaft
- Über das *Store*-Objekt (seit Outlook 2007) und dessen *GetRootFolder*-Methode
- Über das *Session*-Objekt und seine *GetDefaultFolder*-Methode (das ist im Allgemeinen der kürzeste Weg)

Suchen Sie sich eine Variante aus, Outlook bietet häufiger mehrere Wege an, um ein Ziel zu erreichen.

Beispiel

Die folgenden Befehle zeigen, wie sich mit den drei Varianten jeweils die Anzahl der Elemente im *Posteingang*-Ordner in Erfahrung bringen lässt.

```
Application.GetNamespace("MAPI").Folders.Item(1).Folders.Item("Posteingang").Items.Count

Application.Session.Folders.Item(1).Folders.Item("Posteingang").Items.Count

Application.Session.Stores.Item(1).GetRootFolder.Folders.Item("Posteingang").Items.Count
```

Statt über den Index kann die Ablage jeweils auch über ihren Namen angesprochen werden:

```
Application.Session.Stores.Item("Persönliche Ordner").GetRootFolder.Folders.Item _
("Posteingang").Items.Count
```

Das ist im Allgemeinen der bessere Weg, da es auch mehrere Ablagen geben kann. Über *Datei/Neu/Outlook-Datendatei* lässt sich jederzeit eine neue Ablage anlegen.

Der Schlüssel für den Zugriff auf eine Ablage ist das *Folder*-Objekt (Tabelle 8.4 enthält die wichtigsten Mitglieder). Über die *Items*-Eigenschaft werden die einzelnen Mitglieder angesprochen. Dabei muss berücksichtigt werden, dass es in der gesamten Ablage nur einen Typ von *Folder*-Objekt gibt. Ob *Posteingang*, *Terminkalender* oder *Kontakte*, die *Items*-Eigenschaft liefert immer jene Sorte von Objekten, die in der jeweiligen Ablage enthalten sind.

Die GetDefaultFolder-Methode

Möchte man an die Spezialordner, wie den *Posteingang*, den *Kontakte*-Ordner oder den Ordner mit den *RSS-Feeds* herankommen, ist die *GetDefaultFolder*-Methode des *Session*- oder *NameSpace*-Objekts der kürzeste Weg. Der Ordner wird bei *GetDefaultFolder* über eine Konstante angesprochen, die bei Visual Studio über eine Auswahlliste selektiert wird.

Beispiel

Der folgende Befehl weist den *Posteingang* als *Folder*-Objekt der Variablen *Posteingang* zu:

```
Dim Posteingang As Outlook.Folder = Application.Session.GetDefaultFolder(olFolderInbox)
```

Ordner aus einer anderen Ablage ansprechen

Bislang gingen die kleinen Beispiele davon aus, dass die Standardablage angesprochen werden soll. Outlook kann theoretisch mit beliebig vielen Ablagen arbeiten. Folglich muss es auch einen Weg geben, an die Ordner dieser Ablagen heranzukommen. Angenommen, zu Outlook wurde eine weitere Ablage mit dem Namen *Private Ablage* hinzugefügt, die einen Ordner mit dem Namen *Privat* enthält, dann wird dieser Ordner wie folgt angesprochen:

```
Application.Session.Folders.Item("Private Ablage").Folders.Item("Privat").FolderPath
```

Die *FolderPath*-Eigenschaft gibt stets den Pfad bezogen auf die Ablage an. Im obigen Fall lautet er »\\Private Ablage\Privat«.

HINWEIS Bei früheren Outlook-Versionen wurde ein Ordner durch das *MAPIFolder*-Objekt repräsentiert. Dieses Objekt gibt es zwar nach wie vor, es wurde mit Outlook 2007 aber offiziell durch das *Folder*-Objekt abgelöst.

Ein Überblick über das Outlook-Objektmodell

Mitglied	Bedeutung
AddressBookName-Eigenschaft	Steht für den Namen des Adressbuchs, das mit dem Ordner verknüpft ist.
CopyTo-Methode	Kopiert den Ordner samt Inhalt in den angegebenen Zielordner.
CurrentView-Eigenschaft	Steht für die aktuelle Ansicht als *View*-Objekt.
DefaultMessageClass-Eigenschaft	Gibt den Namen der Standard-Message-Klasse an (zum Beispiel *IPM.Note* für einen E-Mail-Ordner).
Delete-Methode	Löscht ein Element aus der *Items*-Auflistung.
Display-Methode	Zeigt den Ordnerinhalt in einem Explorer-Fenster an.
EntryID-Eigenschaft	Steht für die interne *EntryID* des Ordners.
FolderPath-Eigenschaft	Steht für den absoluten Pfad des Ordners innerhalb der Ablage (zum Beispiel *Persönliche Ordner**Posteingang*).
Folders-Eigenschaft	Steht für die Unterordner des Ordners.
GetTable-Methode	Legt eine neue Tabelle mit dem Inhalt einer auf einem Filter basierenden Abfrage an.
IsSharePointFolder-Eigenschaft	*True*, wenn es sich um einen SharePoint-Ordner handelt.
Items-Eigenschaft	Steht für die Elemente des Ordners (diese müssen nicht alle vom selben Typ sein).
MoveTo-Methode	Verschiebt den Ordner in den angegebenen Zielordner.
UnreadItemCount-Eigenschaft	Steht für die Anzahl der als ungelesen markierten Einträge in dem Ordner.
Views-Eigenschaft	Steht für alle *View*-Objekte, die mit dem Ordner verbunden sind, und damit für alle Ansichten, in denen der Orderinhalt angezeigt werden kann. Eine View wird über die *Apply*-Methode angewendet, zum Beispiel *Application.Session.GetDefaultFolder(olFolderInbox).Views(3).Apply*.

Tabelle 8.4 Die wichtigsten Mitglieder beim *Folder*-Objekt

Geheimnisvolles MAPI

MAPI steht für *Mail Application Programming Interface* und ist eine Anfang der 90er-Jahre herstellerübergreifend entwickelte Spezifikation, die im Prinzip beliebigen E-Mail-Programmen den Zugriff auf im Prinzip beliebige Mailserver erlauben soll, wobei das Internet zu dieser Zeit noch keine Rolle spielte und unter Mailservern Systeme wie Microsoft Exchange Server oder Lotus Notes verstanden wurden. MAPI ist eine recht komplizierte Angelegenheit, denn es ist, anders als es der Name vermuten lassen würde, keine Funktionssammlung, sondern die Spezifikation für ein komplexes »Messaging System«, das aus Ablagen, Adressbüchern, Clients und Providern besteht. MAPI wird über eine API programmiert, die ebenfalls MAPI (manchmal auch »Extended MAPI«) heißt. Von den Microsoft-Ingenieuren wurde MAPI Anfang der 90er-Jahre auf der Basis von COM implementiert, sodass »MAPI-Programmierung« offiziell und ohne Hilfsmittel nur mit C++ möglich ist[6].

Das Objektmodell von Outlook benutzt die MAPI-Schnittstellen, um die durch Outlook implementierte MAPI-Funktionalität auf eine möglichst einfache Art und Weise anzubieten. Dabei wurde bis Outlook 2003 aber nur ein Teil der MAPI-Funktionalität zur Verfügung gestellt, sodass Entwickler oft auf Hilfsmittel wie

---

[6] »Das« Buch zu MAPI ist *Inside MAPI* von Irving de la Cruz und Les Thaler, das 1996 als Microsoft Press-Buch erschien, aber kurz danach nicht mehr lieferbar war und bis heute von Microsoft Press nicht neu aufgelegt wurde (angeblich war der Inhalt der CD etwas zu »brisant« für den Geschmack der Microsoft-Verantwortlichen). Für das Buch werden inzwischen Liebhaberpreise von über 100 € bezahlt (vor allem wegen der Buch-CD, die bei vielen Exemplaren, die zum Verkauf angeboten werden, aber nicht enthalten ist). Inzwischen bieten die Autoren das Buch wieder an – *http://www.insidemapi.com*.

CDO oder die bereits erwähnte *Redemption-DLL* (redemption, engl. »Erlösung«) angewiesen waren, um die Extended MAPI-Funktionalität (insbesondere jene MAPI-Eigenschaften, die nicht über das Objektmodell zur Verfügung gestellt wurden) nutzen zu können. Es gibt Dutzende von Eigenschaften, die nur über »Extended MAPI« zur Verfügung stehen. Ein Beispiel von vielen ist die simple Abfrage, ob eine E-Mail bereits beantwortet oder weitergeleitet wurde. Da das *MailItem*-Objekt diese MAPI-Eigenschaft nicht als Eigenschaft anbietet, musste bis Outlook 2003 zum Beispiel auf die CDO und deren *Fields*-Objekt zurückgegriffen werden, mit der sich jede MAPI-Eigenschaft über ihre interne »Kennnummer« ansprechen lässt. Mit Outlook 2007 ist dieser Umweg dank des neuen *PropertyAccessor*-Objekts nicht mehr erforderlich. Es erlaubt den Zugriff auf jede MAPI-Eigenschaft (die aber nach wie vor in der sehr eigenen Namespace-Schreibweise angegeben werden muss), sodass der direkte Zugriff auf MAPI-Funktionalität über CDO oder eine andere Bibliothek nur noch in Ausnahmefällen eine Rolle spielen dürfte.

TIPP Die CDO müssen bei Outlook 2007 folglich nachträglich (heruntergeladen und) installiert werden. Die folgende Befehlsfolge zeigt einen einfachen Weg, die Versionsnummer der installierten CDO-Version im Rahmen einer kleinen Konsolenanwendung auszugeben. Diese sollte stets 1.2.1 lauten:

```
Dim MAPISession As MAPI.Session = CreateObject("MAPI.Session")
MAPISession.Logon(ProfileName:="Outlook", NewSession:=False)
Console.WriteLine("CDO-Versionsnummer: {0}", MAPISession.Version)
```

Damit sich die Variablen typisiert ansprechen lassen, muss in das Projekt ein Verweis auf die *Microsoft CDO 1.21 Library* im Register *COM* eingefügt werden.

HINWEIS Offiziell werden die CDO unter .NET nicht unterstützt, auch wenn der Zugriff auf die CDO-Objekte in den allermeisten Fällen problemlos funktionieren dürfte.

Die universelle Items-Collection

Der Inhalt eines *Folder*-Objekts besteht aus Elementen, die über die *Items*-Eigenschaft zur Verfügung gestellt werden. Der Zugriff erfolgt über einen Index oder gezielt über die *EntryID*, über die jedes Outlook-Element verfügt. Ein Ordner kann nicht nur E-Mail-Nachrichten enthalten, sondern zum Beispiel auch Aufgaben, Termine, Notizen oder Kontakte. Beim Anlegen eines neuen Elements über die *Create*-Methode des *Application*-Objekts wird der Typ des Elements über eine Konstante angegeben. Letztendlich sind alle Typen identisch und unterscheiden sich nur durch zusätzliche Eigenschaften. Ein kleiner Nachteil der *Items*-Auflistung ist, dass die *Item*-Elemente zwangsläufig untypisiert sind, also stets vom Typ *Object* sind. Eine *For Each*-Schleife, die alle Elemente eines Ordners durchläuft (was aus Geschwindigkeitsgründen aber nur die Ausnahme und nicht die Regel sein sollte) kann daher nicht davon ausgehen, dass alle Elemente denselben Typ besitzen und muss daher eine Schleifenvariable vom Typ *Object* verwenden. Tabelle 8.5 stellt die wichtigsten Item-Typen mit ihrem Klassennamen zusammen.

HINWEIS Jedes *Item*-Element gehört zu einer Klasse, deren Name mit »IPM.« (für »Inter Personal Message«) beginnt (zum Beispiel *IPM.Note* für ein E-Mail-Item). Der Klassenname lässt sich über die *MessageClass*-Eigenschaft abfragen.

Ein Überblick über das Outlook-Objektmodell

Item-Typ	Konstante	Steht für ...	Message-Class
AppointmentItem	*olAppointmentItem*	Einen Eintrag im Terminkalender	*IPM.Appointment*
ContactItem	*olContactItem*	Einen Eintrag im *Kontakte*-Ordner	*IPM.Contact*
DistListItem	*olDistributionListItem*	Eine Verteilerliste	*IPM.DistList*
JournalItem	*olJournalItem*	Einen Eintrag im Journal	*IPM.Activity*
MailItem	*olMailItem*	Eine E-Mail-Nachricht	*IPM.Note*
NoteItem	*olNoteItem*	Eine Notiz	*IPM.StickyNote*
PostItem	*olPostItem*	Eine Nachricht für eine Diskussion	*IPM.Post*
TaskItem	*olTaskItem*	Eine Aufgabe	*IPM.Task*

Tabelle 8.5 Die wichtigsten Typen des »Items«-Objekts

Die Rolle der EntryID

Alle Outlook-Objekte wie *Folder* oder *MailItem* besitzen eine interne ID, über die sich das Element im Rahmen seiner Ablage eindeutig ansprechen lässt (Microsoft weist allerdings darauf hin, dass die ID nur im Rahmen einer *Session* eindeutig ist). Die ID wird über die *EntryID*-Eigenschaft des jeweiligen Elements geliefert:

```
?Application.Session.GetDefaultFolder(olFolderInbox).Items.Item(1).EntryID
0000000093705438681D864AA48AA00F66A15A31EA4002000
```

Sie müssen sich diese ID natürlich nicht merken, sie kann aber in einigen Fällen der direkteste Weg sein, um an ein bestimmtes Element zu gelangen. Sie wird allgemein über die *EntryID*-Eigenschaft des Objekts abgefragt, in einer Variablen gespeichert und später für den direkten Zugriff auf das Objekt verwendet, zum Beispiel über die *GetItemFromID*-Methode des *NameSpace*-Objekts.

Die Neuerungen von Outlook 2007

Mit der aktuellen Version Outlook 2007 macht das Objektmodell einen großen Sprung nach vorne. Die Microsoft-Entwickler hatten sich offenbar zum Ziel gesetzt, das Objektmodell möglichst nahe an die Funktionalität der Anwendung, die ebenfalls erheblich erweitert wurde (viele der Neuerungen findet man erst auf den zweiten oder dritten Blick), heranzubringen, was auch sehr gut gelungen ist. Eine hundertprozentige Abdeckung gibt es aber auch bei Outlook 2007 nicht. Insgesamt sind über 80 Objekte hinzugekommen, was zum einen daran liegt, dass einige neue Funktionalität geschaffen wurde, zum anderen aber darin begründet ist, dass wie erwähnt das Objektmodell von Outlook 2003 einige Lücken besaß.

Die wichtigsten Neuerungen sind:

- Das Objektmodell wurde stark erweitert (unter anderem stehen Ablagen über das *Store*-Objekt, Konten über das *Account*-Objekt und Regeln über das *Rule*-Objekt direkt zur Verfügung).
- Bei knapp 30 Objekten (unter anderem *MailItem*) wurden neue Eigenschaften und Methoden eingeführt.
- Für Eigenschaften, die nach wie vor nicht über das Objektmodell angeboten werden, gibt es mit dem neuen *PropertyAccessor*-Objekt einen einheitlichen Zugriff. Er erlaubt das Ansprechen von MAPI-Properties über ihren (Schema-)Namen und nicht eine kryptische Zahl, die teilweise aus der MAPI-Header-Datei herausgesucht oder mit dem OutlookSpy abgefragt werden musste.

- Die Geschwindigkeit beim Durchsuchen von Ablagen wurde erhöht.
- Die Suche wird durch ein *Table*-Objekt unterstützt, mit dem sich die Suchergebnisse sehr viel besser ansprechen lassen, als es in der Vergangenheit bei einer Items-Suche der Fall war.
- Einzelne Outlook-Elemente, wie zum Beispiel ein Kalender, lassen sich in einem Sharing-Mode mit Benutzern eines Exchange oder SharePoint Servers teilen.
- Die Kontextmenüs lassen sich (endlich) um neue Einträge erweitern.

Objekt	Bedeutung
Account	Steht für ein einzelnes Benutzerkonto und stellt Eckdaten wie E-Mail-Adresse und Kontoname zur Verfügung. Das Hinzufügen neuer Konten ist nicht möglich, da es bei Accounts keine Add-Methode gibt.
AddressRuleCondition	Steht für eine Regel (engl. »rule«), die auf einer Adressüberprüfung basiert.
AttachmentSelection	Steht für die ausgewählten Anlagen eines Outlook-Items in Gestalt von *Attachment*-Objekten.
AutoFormatRule	Steht für eine Formatierungsregel, die von einem *View*-Element angewendet wird.
BusinessCardView	Stellt eine Ansicht für eine vCard-Visitenkarte (Kontakt) dar.
CalendarModule	Steht für das Navigationsmodul *Kalender* im Navigationsbereich eines Explorers.
CalendarView	Steht für die Ansicht, in der Outlook-Elemente im Kalenderformat angezeigt werden.
CardView	Steht für die Ansicht, in der Outlook-Elemente als Indexkarten angezeigt werden.
Category	Steht für eine benutzerdefinierte Kategorie, nach der Outlook-Elemente gruppiert werden können.
Column	Steht für eine Spalte in einem *Table*-Objekt.
ContactsModule	Steht für das Navigationsmodul *Kontakte* im Navigationsbereich eines Explorers.
FormRegion	Steht für einen Formularbereich in einem Outlook-Formular.
MailModule	Steht für das Navigationsmodul *E-Mail* im Navigationsbereich eines Explorers.
NavigationFolder	Steht für einen Navigationsordner, der in einer Navigationsgruppe eines Navigationsmoduls im Navigationsbereich angezeigt wird.
OlkBusinessCardControl	Ein spezielles Outlook-Steuerelement, das eine Visitenkarte repräsentiert. Alle Olk-Elemente stehen für Outlook-Steuerelemente.
PlaySoundRuleAction	Steht für eine Aktion, die eine Sounddatei abspielt und die mit einer Regel verknüpft wird.
Row	Steht für eine Zeile in einer Table.
Rule	Steht für eine einzelne Outlook-Regel.
RuleAction	Steht allgemein für eine Aktion, die mit einer Regel verknüpft wird.
StorageItem	Ein MAPI-Objekt, das zum übergeordneten Ordner eines Outlook-Elements gehört, und in dem private Daten gespeichert werden.
Store	Steht für eine Outlook-Ablage (zum Beispiel eine Pst-Datei). Über die *Path*-Eigenschaft erhält man zum Beispiel den Pfad der Pst-Datei.
Table	Enthält das Ergebnis einer Suchabfrage in Tabellenform.
TableView	Steht für eine benutzerdefinierte Ansicht von Outlook-Elementen.
TimeZone	Steht für eine einzelne Zeitzone, wobei die Daten aus der Registry geholt werden. Alle Zeitzonen werden mit allen Details in der *TimeZones*-Auflistung, die über das *Application*-Objekt abrufbar ist, zusammengefasst.

Tabelle 8.6 Interessante neue Objekte bei Outlook 2007 (etwa ein Drittel der neu hinzugekommenen Objekte)

Das Objektmodell in der Praxis

Alle Automatisierungsbeispiele lassen sich auch direkt im VBA-Editor von Outlook ausführen. Dabei muss lediglich berücksichtigt werden, dass es für jeden einzelnen Benutzer nur eine Datei mit dem Namen *Vba-Project.otm* gibt, in der die VBA-Makros abgelegt werden.

Ein Wort zu den Beispielen

Bei allen Beispielen in diesem Abschnitt handelt es sich um Konsolenanwendungen, die per *GetObject* auf ein bereits laufendes Outlook zugreifen:

```
Imports Out = Microsoft.Office.Interop.Outlook

Module Module1
  Private OutApp As Out.Application

  Sub Main()
    OutApp = GetObject(Class:="Outlook.Application")

    Console.ReadLine()
  End Sub

End Module
```

Die Ausgabe erfolgt über ein *Console.WriteLine* im Fenster der Konsole, was für diesen Zweck aber vollkommend ausreichend ist. Ein wenig GUI kommt mit den Outlook-Formularbereichen ins Spiel.

Zugriff auf die Outlook-Konten

Mit Outlook 2007 und dem neuen *Account*-Objekt, das für ein einzelnes Konto steht, ist es erstmals möglich, auf die in Outlook angelegten Konten zuzugreifen.

Beispiel

Das folgende Beispiel listet ein paar Informationen zu allen angelegten Konten auf:

```
Sub KontenAUflisten()
    Dim KontenTypen As String() = {"Exchange", "IMAP", "POP3", "", "HTTP"}
    For Each K As Out.Account In OutApp.Session.Accounts
        Console.WriteLine("======================= Konto ================ ")
        Console.WriteLine("Name: " & K.DisplayName)
        Console.WriteLine("Kontentyp: " & KontenTypen(K.AccountType))
        Console.WriteLine("SMTP-Adresse: " & K.SmtpAddress)
        Console.WriteLine("=========================00000000================ ")
    Next
End Sub
```

Zugriff auf die Outlook-Ablagen

Das Outlook-Ablagesystem basiert, wie bereits im letzten Abschnitt erwähnt, auf Pst-Dateien, deren interne Struktur aber nicht dokumentiert ist. Mit Outlook 2007 gibt es das *Store*-Objekt, das für eine einzelne Ablage steht. Alle Ablagen werden in der *Stores*-Auflistung zusammengefasst. Über die *RootFolder*-Eigenschaft des *Store*-Objekts gelangt man an den obersten Ordner und damit an die Ordnerhierarchie.

Beispiel

Das folgende Beispiel listet ein paar Eckdaten aller vorhandenen Ablagen auf:

```
Sub PSTAuflisten()
  For Each St As Out.Store In OutApp.Session.Stores
    Console.WriteLine("=========== Store ===============")
    Console.WriteLine(St.DisplayName & " : " & St.FilePath)
    Console.WriteLine("Top-Ablage: " & St.GetRootFolder.Name)
    Console.WriteLine("Anzahl Ordner: " & St.GetRootFolder.Folders.Count)
    Console.WriteLine("Instant-Search: " & St.IsInstantSearchEnabled)
    Console.WriteLine("=================================")
  Next
End Sub
```

HINWEIS Über die *FilePath*-Eigenschaft erhält man zwar den Pfad der Pst-Datei, ein Backup aus einem Add-In heraus ist aber nicht möglich, da die Datei während der Ausführung von Outlook gesperrt ist.

Mitglied	Bedeutung
ExchangeStoreType-Eigenschaft	Gibt an, um welche Sorte von Exchange Server-Mailbox es sich handelt.
FilePath-Eigenschaft	Steht für den Pfad der Pst-Datei.
GetRootFolder-Methode	Liefert den Stammordner als *Folder*-Objekt.
GetRules-Methode	Liefert die angelegten Regeln als *Rules*-Objekt.
GetSearchFolders-Methode	Liefert eine Auflistung der Suchordner als *Folders*-Objekt. Das war vor Outlook 2007 nicht so einfach zu realisieren.
IsDataFileStore-Eigenschaft	*True*, wenn die Ablage auf einer Pst-Datei basiert.
IsInstantSearchEnabled-Eigenschaft	*True*, wenn die Sofortsuche für die Ablage aktiviert ist.
IsOpen-Eigenschaft	*True*, wenn die Ablage geöffnet ist.
Session-Eigenschaft	Stellt die mit der Ablage verbundene *Session* zur Verfügung.

Tabelle 8.7 Die wichtigsten Mitglieder des *Store*-Objekts

Zugriff auf einzelne Elemente

So langsam wird es etwas spannender. Das, was eine Outlook-Ablage im Allgemeinen interessant macht, sind die Mails, Termine, Kontakte oder Aufgaben. Sie sind als »Item-Objekte« in den jeweiligen Ordnern enthalten. Es gibt *MailItem*-, *AppointmentItem*-, *ContactItem*-, *TaskItem*-Objekte usw., die alle ihre speziellen Eigenschaften besitzen. Leider gibt es beim Durchlaufen der *Items*-Auflistung häufig ein kleines Problem. Nach dem Motto »Es könnte alles so einfach sein« ist zum Beispiel folgende *For Each*-Schleife ein wenig problematisch:

Das Objektmodell in der Praxis

```vb
Dim Posteingang As Out.Folder = OutApp.Session.GetDefaultFolder(Outlook.OlDefaultFolders.olFolderInbox)
For Each Mi As Out.MailItem In Posteingang.Items

Next
```

Wo liegt das Problem? Ganz einfach: Es kann nicht gewährleistet werden, dass der Posteingang ausschließlich MailItems enthält, es könnte sich zum Beispiel auch ein *MeetingItem* darunter befinden, das seinen eigenen Typ besitzt. Das Adressbuch weist zwangsläufig nicht nur *ContactItem*-Elemente auf, sondern kann auch zum Beispiel *DistListItem*-Elemente (Verteiler) umfassen.

Um Ausnahmen aufgrund inkompatibler Typen auszuschließen und unter Berücksichtigung der Tatsache, dass es bei Outlook leider kein übergreifendes Item-Objekt gibt (das Konzept der Vererbung ist beim Office-Objektmodell unbekannt), muss der Typ innerhalb der Schleife abgefragt werden, was auch bedeutet, dass die Schleifenvariable vom Typ *Object* sein muss:

```vb
Dim Posteingang As Out.Folder = _
    OutApp.Session.GetDefaultFolder(Microsoft.Office.Interop.Outlook.OlDefaultFolders.olFolderInbox)
Console.WriteLine("Anzahl Elemente: {0}", Posteingang.Items.Count)
For Each MiO As Object In Posteingang.Items
  If TypeOf (MiO) Is Out.MailItem Then
    Dim Mi As Out.MailItem = DirectCast(MiO, Out.MailItem)
    Console.WriteLine(Mi.Subject)
  End If
Next
```

Dies ist ein wenig umständlich, aber leider nicht anders machbar. Es verhält sich aber generell dergestalt, dass ein Durchlaufen einer kompletten *Items*-Collection per *For Each* in der Praxis eher die Ausnahme darstellt. In der Regel greift man, zum Beispiel über eine Outlook-Table und einen Filter, gezielt auf Elemente zu, die ein bestimmtes Kriterium erfüllen.

Die Empfänger einer Nachricht festlegen

Die Empfänger einer Nachricht sind nicht einfach Namen (Strings), hinter jedem Empfänger steckt vielmehr ein *Recipient*-Objekt, das in der *Recipients*-Auflistung der Nachricht zusammengefasst wird. Die eigentliche Adresse wird dabei über die *Address*-Eigenschaft angegeben.

Beispiel

Dass ein *Recipient*-Objekt nur selten direkt in Erscheinung tritt, liegt daran, dass mit der Zuweisung einer Empfängeradresse an die *To*-Eigenschaft des *MailItem*-Objekts dieses automatisch angelegt wird:

```vb
Dim NeueMail As Out.MailItem = OutApp.CreateItem(Outlook.OlItemType.olMailItem)
With NeueMail
  .Subject = "Mal wieder so ein Test!"
  .Body = "Leere Nachricht"
  .To = "info@activetraining.de"
  .Send()
End With
```

Die *Recipients*-Auflistung enthält in diesem Fall ein *Recipient*-Objekt, dessen *AddressEntry.Address*-Eigenschaft für die angegebene Adresse steht. Für den Fall, dass ein Name aus dem Adressbuch übergeben wurde, also noch keine gültige E-Mail-Adresse vorliegt, versucht Outlook, den Namen »aufzulösen«. Gelingt dies, wird diese im Adressfeld unterstrichen angezeigt. Die *Resolved*-Eigenschaft des *Recipient*-Objekts besitzt in dem Fall den Wert *True*. Dieser Vorgang kann über die *Resolve*-Methode auch angestoßen werden. Dass eine E-Mail-Adresse aufgelöst werden kann, bedeutet aber natürlich nicht, dass es sich um eine existierende Adresse handelt. Umgekehrt kann eine Mail auch dann verschickt werden, wenn zuvor kein *Resolve* aufgerufen wurde. Generell bezieht sich das »Auflösen« auf alle Items, denen ein Name aus dem Adressbuch zugewiesen werden kann.

Anzeige einer Adressauswahl

Sehr praktisch ist eine kleine Neuerung im Outlook 2007-Objektmodell, die darin besteht, den Adressauswahldialog anzeigen und die ausgewählten Adressen danach als *Recipient*-Objekte abfragen zu können.

Beispiel

Das folgende Beispiel versendet erneut eine Nachricht, wobei die Empfänger zuvor aus dem Outlook-Adressbuch ausgewählt werden können.

```
Dim NeueMail As Out.MailItem = OutApp.CreateItem(Outlook.OlItemType.olMailItem)
Dim Sd As Out.SelectNamesDialog
Sd = OutApp.Session.GetSelectNamesDialog
With NeueMail
  .Subject = "Mal wieder so ein Test!"
  .Body = "Leere Nachricht
  Sd.Display()
  If Sd.Recipients.Count = 0 Then
    .To = "info@activetraining.de"
  Else
    For Each Rcp As Out.Recipient In Sd.Recipients
        .Recipients.Add(Rcp.Address)
    Next
  End If
  .Send()
End With
```

Mitglied	Bedeutung
Address-Eigenschaft	Steht für die Empfängeradresse als Zeichenkette.
AddressEntry-Eigenschaft	Steht für einen Adressbucheintrag.
Delete-Methode	Entfernt den Empfänger aus der Empfängerliste.
Resolve-Methode	Löst einen Namen durch Abgleich mit dem Adressbuch auf.
Resolved-Eigenschaft	*True*, wenn der Empfängername »aufgelöst« wurde.

Tabelle 8.8 Die wichtigsten Mitglieder des *Recipient*-Objekts

Das Objektmodell in der Praxis

Neuerungen beim MailItem-Objekt

Das *MailItem*-Objekt, das für eine einzelne Nachricht steht, wurde mit Outlook 2007 noch einmal erweitert. Die drei wichtigsten Neuerungen sind:

- Über die Methode *MarkAsTask* kann aus einer Nachricht eine Aufgabe gemacht werden. Entsprechend neu sind Eigenschaften wie *TaskDueDate* und *TaskCompletedDate* sowie eine *ClearTaskFlag*-Methode.
- Es gibt eine Reihe neuer Events, mit denen sich der Zugriff auf die Anlagen einer Mail feststellen lässt (ein Beispiel ist der *BeforeAttachmentRead*-Event). Dies kann die Sicherheit im Umgang mit Outlook verbessern, da zum Beispiel verhindert werden kann, dass Anwender bestimmte Anlagetypen öffnen.
- Über die neue *SendUsingAccount*-Eigenschaft kann festgelegt werden, über welches Konto eine Nachricht verschickt wird.

Tabelle 8.9 stellt die wichtigsten Neuerungen beim *MailItem*-Objekt zusammen.

Mitglied	Bedeutung
AddBusinessCard-Methode	Fügt eine Visitenkarte zur Nachricht hinzu.
AttachmentRemove-Ereignis	Tritt ein, bevor eine Anlage von der Nachricht entfernt wird.
BeforeAttachmentAdd-Ereignis	Tritt ein, bevor eine Anlage zur Nachricht hinzugefügt wird.
BeforeAttachmentPreview-Ereignis	Tritt ein, bevor die Anlage in der Vorschau angezeigt wird.
BeforeAttachmentRead-Ereignis	Tritt ein, bevor die Anlage gelesen wird.
BeforeAttachmentWriteToTempFile-Ereignis	Tritt ein, bevor die Anlage in einer temporären Datei gespeichert wird.
BeforeAutoSave-Ereignis	Tritt ein, bevor die Nachricht gespeichert wird.
ClearTaskFlag-Methode	Hebt die Markierung der Nachricht als Aufgabe auf.
IsMarkedTask-Eigenschaft	*True*, wenn die Nachricht als Aufgabe gekennzeichnet wurde.
MarkAsTask-Methode	Kennzeichnet die Nachricht als Aufgabe.
PropertyAccessor-Eigenschaft	Ermöglicht einen Zugriff auf die Spezialeigenschaften der Nachricht, zum Beispiel den Message Header, die direkt über das Schema definiert werden. Es lassen sich auch neue Properties anlegen.
SendUsingAccount-Eigenschaft	Steht für das Konto, mit dem die Nachricht versendet werden soll oder versendet wurde.
TaskCompletedDate-Eigenschaft	Datum, an dem die Aufgabe erledigt wurde.
TaskDueDate-Eigenschaft	Datum, an dem die als Nachricht markierte Aufgabe erledigt sein soll.
TaskSubject-Eigenschaft	Betreff der Aufgabe.
ToDoTaskOrdinal-Eigenschaft	Steht für das Datum, das festlegt, in welche Zeitkategorie der Aufgabenliste die Nachrichtenaufgabe eingereiht wird.

Tabelle 8.9 Die wichtigsten Neuerungen beim *MailItem*-Objekt

Zugriff auf die erweiterten Eigenschaften eines Elements

In der Einleitung wurde es bereits angedeutet. Bei Outlook 2007 werden die CDO nicht mehr benötigt, da sich über die neue *PropertyAccessor*-Eigenschaft, über die viele Item-Objekte verfügen, jede erweiterte MAPI-Eigenschaft ansprechen lässt. Eine häufig benötigte Information ist der SMTP-Mail-Header, der viele Details über den Absender enthält.

Beispiel

Das folgende Beispiel gibt im Rahmen einer Konsolenanwendung den Mail-Header der ersten Nachricht im Posteingang aus:

```vb
Imports Out = Microsoft.Office.Interop.Outlook

Module Module1

  Sub Main()
    Dim OutApp As Out.Application = CreateObject(ProgId:="Outlook.Application")
    Dim EntryID As String
    Dim PR_TRANSPORT_MESSAGE_HEADERS As String = _
       "http://schemas.microsoft.com/mapi/proptag/0x007D001E"
    Dim Filter As String = "@SQL=Not(" & PR_TRANSPORT_MESSAGE_HEADERS & " Is Null)"
    Dim Ta As Out.Table = OutApp.Session.GetDefaultFolder _
       (Microsoft.Office.Interop.Outlook.OlDefaultFolders.olFolderInbox).GetTable(Filter, _
       Out.OlTableContents.olUserItems)
    Console.ForegroundColor = ConsoleColor.Yellow
    If Ta.GetRowCount() > 0 Then
      Dim Zeile As Out.Row = Ta.GetNextRow
      EntryID = Zeile.Item("EntryID").ToString
      Dim Mi As Out.MailItem = OutApp.Session.GetItemFromID(EntryID, Type.Missing)
      Dim Pa As Out.PropertyAccessor = Mi.PropertyAccessor
      Dim Transport As String = Pa.GetProperty(PR_TRANSPORT_MESSAGE_HEADERS)
      Console.Write("Der Transport-Header: {0}", Transport)
    Else
      Console.WriteLine("Keine Ergebnisse...")
    End If
    OutApp.Quit()
    Console.ForegroundColor = ConsoleColor.Green
    Console.ReadLine()
  End Sub

End Module
```

Auflisten noch nicht beantworteter Mails

Auch diese scheinbar triviale Aufgabe war bis Outlook 2003 alles andere als simpel, da es dafür keine entsprechende Eigenschaft im Outlook-Objektmodell gab. Bei Outlook 2007 ist diese Eigenschaft zwar immer noch nicht vorhanden, aber da sich MAPI-Eigenschaften direkt in einen Filter einbauen lassen, kann auch für diese Abfrage auf CDO und andere Hilfsmittel verzichtet werden.

Beispiel

Das folgende Beispiel listet im Rahmen einer Konsolenanwendung alle Nachrichten im Posteingang auf, die noch nicht beantwortet wurden:

```vb
' Beispiel für Zugriff auf Custom Properties
Imports Out = Microsoft.Office.Interop.Outlook

Module Module1

  ' Alle beantworteten Mails auflisten
  Sub Main ()
    Dim OutApp As Out.Application = CreateObject(ProgId:="Outlook.Application")
```

Das Objektmodell in der Praxis

```
        Dim EntryID As String
        Dim PR_LAST_VERB_EXECUTED As String = "http://schemas.microsoft.com/mapi/proptag/0x10810003"
        Dim PR_REPLIED As Integer = 102
        Dim PR_REPLIED_TO_ALL As Integer = 103
        Dim PR_FORWARDED As Integer = 104
        Dim Filter As String = "@SQL=(" & PR_LAST_VERB_EXECUTED & " =" & PR_REPLIED & "OR " & _
            PR_LAST_VERB_EXECUTED & " =" & PR_REPLIED_TO_ALL & ")"
        Dim Ta As Out.Table = OutApp.Session.GetDefaultFolder _
            (Outlook.OlDefaultFolders.olFolderInbox).GetTable(Filter, Out.OlTableContents.olUserItems)
        Console.ForegroundColor = ConsoleColor.Yellow
        If Ta.GetRowCount() > 0 Then
            While Not Ta.EndOfTable
                Dim Zeile As Out.Row = Ta.GetNextRow
                EntryID = Zeile.Item("EntryID").ToString
                Dim Mi As Out.MailItem = OutApp.Session.GetItemFromID(EntryID, Type.Missing)
                Console.WriteLine(Mi.Subject)
            End While
        Else
            Console.WriteLine("Keine Ergebnisse...")
        End If
        OutApp.Quit()
        Console.ForegroundColor = ConsoleColor.Green
        Console.ReadLine()
    End Sub
End Module
```

Das Explorer-Objekt

Mit jedem Ordner ist ein *Explorer*-Objekt verknüpft. Es steht für das Fenster, in dem der Inhalt des Ordners angezeigt wird. Alle *Explorer*-Objekte werden in der *Explorers*-Auflistung zusammengefasst. Das aktuelle *Explorer*-Objekt erhält man über die *ActiveExplorer*-Methode des *Application*-Objekts.

Beispiel

Das folgende Beispiel macht den ersten Explorer sichtbar, sofern dieser noch nicht sichtbar sein sollte, und gibt ein paar Eckdaten aus.

```
Sub ExplorerBeispiel()
    Dim Exp As Out.Explorer = OutApp.ActiveExplorer
    If Exp IsNot Nothing Then
        OutApp.Explorers(1).ShowPane(Microsoft.Office.Interop.Outlook.OlPane.olFolderList, True)
    End If
    Console.WriteLine("Der Explorer heißt: {0}", Exp.Caption)
    Console.WriteLine("Anzahl Elemente: {0}", Exp.CurrentFolder.Items.Count)
End Sub
```

Beispiel

Der folgende Befehl zeigt über die *ShowPane*-Methode des aktiven Explorers die mit Outlook 2007 eingeführte Aufgabenleiste (im Original »todo bar«) an:

```
OutApp.ActiveExplorer.ShowPane(Microsoft.Office.Interop.Outlook.OlPane.olToDoBar, True)
```

Das Inspector-Objekt

Das *Inspector*-Objekt steht für jenes Fenster, in dem der Inhalt eines Ordnerelements angezeigt wird. Alle *Inspector*-Objekte werden in der *Inspectors*-Auflistung zusammengefasst. Das aktuelle *Inspector*-Objekt erhält man über die *ActiveInspector*-Methode des *Application*-Objekts. Das einzig Bemerkenswerte an diesem Objekt ist, dass die Outlook-Befehlsleiste an der *CommandBars*-Eigenschaft eines Inspektorfensters »aufgehängt« ist und dass auf dieser Ebene bei Outlook 2007 eine Multifunktionsleiste angezeigt wird, die ebenfalls über *CommandBars* angesprochen wird (neben *Menu Bar* gibt es auch eine CommandBar mit dem Namen *Ribbon*).

Beispiel

Das folgende Beispiel zeigt die erste E-Mail-Nachricht im Posteingang an und greift anschließend auf das Inspektorfenster zu.

```
Sub InspectorBeispiel()
  CType(OutApp.ActiveExplorer.CurrentFolder.Items(1), Out.MailItem).Display()
  Dim Insp As Out.Inspector = OutApp.ActiveInspector
  Console.WriteLine("Übeschrift: {0}", Insp.Caption)
  Console.WriteLine("Editortyp: {0}", Insp.EditorType)
End Sub
```

Die wichtigsten Outlook-Aufgaben an kleinen Beispielen

Nachdem im letzten Abschnitt die wichtigsten Akteure im Outlook-Objektmodell vorgestellt wurden, kommen diese in diesem Abschnitt an etwas praxisnäheren Beispielen zum Einsatz.

CD-ROM Alle Beispiele sind Teil der Projektmappe *Kap8_OutlookAutomatisierungsBeispiele.sln* auf der Buch-CD.

Eine E-Mail versenden

Der Versand einer E-Mail bedeutet bei Outlook lediglich, ein *MailItem*-Objekt anzulegen und es per *Send*-Methode in den Postausgang zu transferieren. Es wird dann durch Outlook bei der nächsten Gelegenheit versendet.

Beispiel

Das folgende Beispiel stellt eine kleine E-Mail-Nachricht mit Anhang zusammen, die anschließend verschickt wird.

```
Sub SendMail()
    Dim NeueMail As Out.MailItem = _
        OutApp.CreateItem(Microsoft.Office.Interop.Outlook.OlItemType.olMailItem)
    With NeueMail
        .To = "info@activetraining.de"
        .Subject = "Ihr allerletztes Buch"
        .Body = "Ich habe da noch eine klitzekleine Frage. " & _
          "Bitte rufen Sie mich an!, mfg. Konsul Wichtig"
        .Importance = Microsoft.Office.Interop.Outlook.OlImportance.olImportanceHigh
```

```
        .Attachments.Add(Source:="C:\Boot.ini", DisplayName:="Meine Boot.ini")
        .Send()
    End With
    Console.WriteLine("Die Mail wurde versandt...")
End Sub
```

Datum: Heute			
Peter Monadjemi	So 16.03.2008 15:03	5 KB	
Ich habe da noch eine klitzekleine Frage. Bitte rufen Sie mich an!. mfg. <Ende>			

Abbildung 8.3 Die Post ist da

Wenn Sie das kleine Beispiel ausprobieren, werden Sie höchstwahrscheinlich mit einer »seltsam« anmutenden Meldung konfrontiert. Das ist der »Object Model Guard« von Outlook, der den Zugriff auf die Objekte von außen verhindern soll. Diese Meldung erscheint nicht, wenn der Zugriff aus einem Outlook Add-In heraus erfolgt oder wenn bestimmte Maßnahmen getroffen wurden – mehr dazu am Ende des Kapitels.

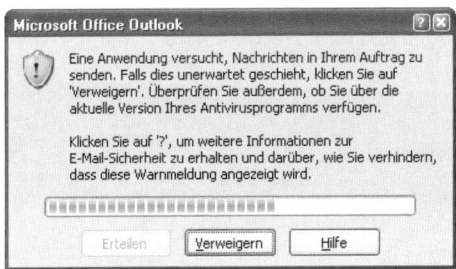

Abbildung 8.4 Diese Meldung erschwert den Zugriff von Trojanern auf Outlook

Eine Nachricht durch den Anwender abschicken lassen

Soll der Anwender selbst die Gelegenheit erhalten, bestimmte Angaben in eine zu versendende Mail einzutragen, wird das neue *MailItem*-Objekt über die *CreateItem*-Methode angelegt und die Nachricht im Inspektorfenster angezeigt:

```
NeueMail.To = "hotline@monadjemi-diese-adresse-gibt es nicht.de"
NeueMail.Subject = "Ein begeisterter Leser schreibt..."
NeueMail.GetInspector.Display()
```

Eine E-Mail zeitverzögert versenden

Dieser Tipp hat ausnahmsweise nichts mit Programmierung zu tun. Er verrät, wie man in das Versenden von Mails eine kurze Verzögerung einbaut, sodass die Mail nicht sofort abgeschickt wird. Man erhält auf diese Weise die Gelegenheit, einen falschen Adressaten, einen Tippfehler oder eine unbedachte Äußerung noch einmal zu korrigieren. Der Trick besteht darin, eine Regel anzuwenden, die nach dem Versenden der Mail aktiv wird.

Mit dem Regel-Assistent ist diese Regel in einer Minute angelegt:

1. Rufen Sie den Menübefehl *Extras/Regeln und Benachrichtigungen* auf.
2. Legen Sie die neue Regel an.
3. Wählen Sie in der Kategorie *Regeln ohne Vorlage erstellen* die Einstellung *Nachrichten nach dem Senden prüfen*.
4. Aktivieren Sie die Option *nur auf diesem Computer*.

5. Schalten Sie die Option *diese eine Anzahl von Minuten verzögert übermitteln* ein, wobei für die Anzahl ein Wert (zum Beispiel 1) eingetragen werden muss.
6. Am Ende erhält die Regel einen Namen und ist damit einsatzbereit.

Damit wird eine Nachricht in Zukunft nicht sofort, sondern nach Ablauf der festgelegten Zeitspanne versendet.

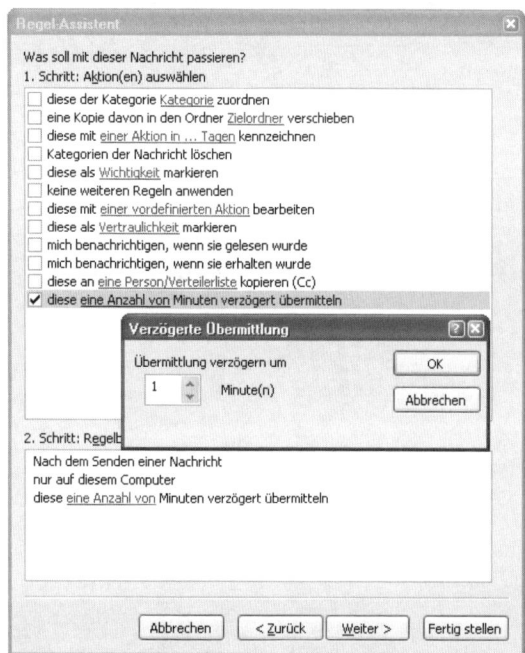

Abbildung 8.5 Diese Regel kann womöglich Beziehungen oder die Karriere retten

Einen Termin anlegen

Jeder Termin wird durch ein *AppointmentItem*-Objekt repräsentiert. Genau wie jedes andere Item wird es über die *CreateItem*-Methode des *Application*-Objekts angelegt. Anstelle der *Send*-Methode, die es hier nicht gibt, kommt am Ende die *Save*-Methode zum Einsatz.

Beispiel

Das folgende Beispiel legt einen neuen Termin an, der anschließend sofort im Terminkalender erscheint:

```
Sub TerminAnlegen()
    Dim NeuerTermin As Out.AppointmentItem = _
        OutApp.CreateItem(Microsoft.Office.Interop.Outlook.OlItemType.olAppointmentItem)
    With NeuerTermin
        .AllDayEvent = True
        .Subject = "Wichtiges Meeting mit Dr. Hc. Konsul Wichtig"
        .Importance = Microsoft.Office.Interop.Outlook.OlImportance.olImportanceHigh
        .Start = "1.4.2008"
        .Save()
    End With
    Console.WriteLine("Termin wurde angelegt!")
End Sub
```

Eine Aufgabe anlegen

Wie eine Aufgabe, die durch ein *TaskItem*-Objekt repräsentiert wird, angelegt wird, sollte anhand der vorangegangenen Informationen im Grunde keiner besonderen Erwähnung mehr bedürfen. Daher geht es in diesem Abschnitt auch mehr um die Frage, wie sich bestimmte »Items« anhand eines Kriteriums lokalisieren lassen.

Beispiel

Dennoch zunächst kurz zum Anlegen einer neuen Aufgabe, worum sich das folgende Beispiel kümmert:

```
Sub AufgabeAnlegen()
    Dim OutTask As Out.TaskItem = OutApp.CreateItem(Out.OlItemType.olTaskItem)
    With OutTask
        .Subject = "Einladung zur Garten-Party am 30.6"
        .Body = "Allen eine Einladung schicken."
        .DueDate = Date.Now.Add(New TimeSpan(1, 0, 0, 0))
        .Status = Out.OlTaskStatus.olTaskNotStarted
        .Importance = Out.OlImportance.olImportanceHigh
        .Save()
        .Display()
    End With
    Console.WriteLine("Aufgabe wurde angelegt!")
End Sub
```

Aufgaben lokalisieren

Um bestimmte Aufgaben zu finden oder festzustellen, ob sie überhaupt existieren, wäre das Durchlaufen der *Items*-Auflistung mit *For Each* zwar die naheliegende, gleichzeitig aber aufgrund der Geschwindigkeit aber auch die ineffektivste Variante. Bei Outlook 2003 musste man sich noch mit der *Find*-Methode begnügen, der zum Beispiel die Betreff-Zeile als Suchkriterium übergeben wurde:

```
Dim Aufgabe As Out.TaskItem = Aufgaben.Find("[Subject] = 'Einladung zur Garten-Party am 30.6'")
```

Ein weiterer Nachteil dieser simplen Variante war, dass die hier zum Einsatz kommende Jet-Syntax keine Platzhalter unterstützt. Der *Like*-Operator ist in diesem Suchkriterium (anscheinend) nicht zulässig. Wer mit Platzhaltern suchen möchte, muss auf die etwas kompliziertere DASL-Suchsyntax zurückgreifen:

```
Dim Aufgabe As Out.TaskItem = Aufgaben.Find("@SQL=""urn:schemas:httpmail:subject"" LIKE '%Garten%'")
```

Durch diesen Aufruf wird die erste Aufgabe gefunden, in deren Betreff ein »Garten« vorkommt. Möchte man alle Aufgaben lokalisieren, muss *Find* mit *FindNext* kombiniert werden:

```
Dim Aufgabe As Out.TaskItem = Aufgaben.Find("@SQL=""urn:schemas:httpmail:subject"" LIKE '%Garten%'")
If Not Aufgabe Is Nothing Then
  Do
      Console.WriteLine("----------Aufgabe--------------")
      Console.WriteLine("Betreff: {0}", Aufgabe.Subject)
      Console.Write("Erledigen bis: {0}", Aufgabe.DueDate)
      Console.WriteLine("----------OOOOOOO--------------")
  Loop While Aufgaben.FindNext IsNot Nothing
Else
  Console.WriteLine("Keine Aufgabe vorhanden!")
End If
```

Diese Suchvariante ist natürlich nicht auf Aufgaben beschränkt, sondern funktioniert mit jedem Outlook-Element, auch oder besser vor allem mit Nachrichten.

Mit Outlook 2007 gibt es durch die neuen *Table*-Objekte eine etwas elegantere, vor allem aber deutlich schnellere Suchalternative.

Beispiel

Das folgende Beispiel entspricht dem letzten Beispiel, nur dass dieses Mal die Aufgaben mit einem bestimmten Betreff über ein *Table*-Objekt lokalisiert werden:

```
Sub AufgabeSuchenMitTable()
  Dim Aufgaben As Out.Items = OutApp.Session.GetDefaultFolder(Out.OlDefaultFolders.olFolderTasks).Items
  Dim Filter As String = "@SQL=""urn:schemas:httpmail:subject"" LIKE '%Garten%'"
  Dim AlleAufgaben As Out.Table = OutApp.Session.GetDefaultFolder _
      (Microsoft.Office.Interop.Outlook.OlDefaultFolders.olFolderTasks).GetTable(Filter)
  If AlleAufgaben.GetRowCount > 0 Then
      Console.WriteLine("{0} Aufgaben gefunden.", AlleAufgaben.GetRowCount)
      While Not AlleAufgaben.EndOfTable
          Dim Aufgabe As Out.Row = AlleAufgaben.GetNextRow
          Console.WriteLine("-----------Aufgabe--------------")
          Console.WriteLine("Betreff: {0}", Aufgabe.Item("Subject"))
          Console.WriteLine("Erledigen bis: {0}", Aufgabe.Item("DueDate"))
          Console.WriteLine("-----------OOOOOOO--------------")
      End While
  Else
      Console.WriteLine("Keine Aufgabe vorhanden!")
  End If
End Sub
```

Eine Notiz anlegen

Eine nette Kleinigkeit sind bei Outlook die Notizen, die als kleine, gelbe Post-it-Zettel angezeigt werden, in die man beliebige Textnachrichten eintippen kann. Hinter jeder Notiz, die im *Notizen*-Ordner abgelegt wird, steckt ein *NoteItem*-Objekt, dessen wesentliche Eigenschaften *Body* (Inhalt der Notiz), *Categories* (die Kategorien, zu denen eine Notiz gehört), *CreationTime* (Zeitpunkt der Erstellung) und *LastModificationTime* (Zeitpunkt der letzten Änderung) sind.

Beispiel

Das folgende Beispiel legt eine neue Notiz an und zeigt sie auch gleich an:

```
Sub NotizAnlegen()
  Dim OutNotiz As Out.NoteItem = OutApp.CreateItem(Out.OlItemType.olNoteItem)
  With OutNotiz
      .Body = "Einladung zur Garten-Party verschicken"
      .Color = Out.OlNoteColor.olBlue
      .Save()
      .Display()
  End With
  OutApp = Nothing
End Sub
```

Abbildung 8.6 Klein und charmant, die Outlook-Notizen

Umgang mit Kontakten

Outlook arbeitet mit mehreren Adressbüchern, von denen aber nicht immer alle »on Board« sind. Der *Kontakte*-Ordner zeigt das Standardadressbuch an, wenn nur POP3- oder IMAP-Konten eingerichtet sind, Outlook also ohne einen Exchange Server im Hintergrund betrieben wird. Der *Kontakte*-Ordner wird, wie jeder Ordner, zum Beispiel über ein *Session.GetDefaultFolder* angesprochen. Der Ordner enthält Kontakte als *ContactItem*-Elemente und Verteilerlisten als *DispList*-Element. Dieser Umstand muss beim Durchlaufen der *Items*-Auflistung berücksichtigt werden.

Beispiel

Das folgende Beispiel ist etwas umfangreicher, denn es »exportiert« die Namen aller *ContactItem*-Elemente des *Kontakte*-Ordners in eine neu angelegte Word-Datei – damit es funktioniert, muss daher ein Verweis auf die Word-PIA (*Microsoft.Office.Interop.Word.dll*) hinzugefügt werden (außerdem wird davon ausgegangen, dass der *Kontakte*-Ordner keine Verteilerlisten aufweist):

```
Sub KontakteNachWordExportieren()
    Dim OutAdressListe As Out.AddressList = OutApp.Session.AddressLists("Kontakte")
    Dim WdApp As New Wd.Application
    WdApp.Visible = True
    Dim WdDoc As Wd.Document = WdApp.Documents.Add
    WdApp.Selection.TypeText("Outlook-Adressbuch")
    WdApp.Selection.TypeParagraph()
    Dim OutAdressbuch As Out.Folder = OutApp.Session.GetDefaultFolder _
        (Microsoft.Office.Interop.Outlook.OlDefaultFolders.olFolderContacts)
    For Each Eintrag As Out.AddressEntry In OutAdressListe.AddressEntries
        WdApp.Selection.TypeText(Eintrag.Name)
        WdApp.Selection.TypeParagraph()
    Next
    ' Alles formatieren
    With WdDoc.Content
        .Font.Name = "Arial"
        .Font.Size = 10
        .Font.Bold = True
        .Font.ColorIndex = Wd.WdColorIndex.wdBlue
    End With
    ' Überschrift einfärben
    With WdDoc.Paragraphs(1).Range.Font
        .Bold = True
        .Size = 24
        .ColorIndex = Wd.WdColorIndex.wdRed
    End With
    Console.WriteLine("Anzahl der übertragenen Einträge: {0} ", OutAdressListe.AddressEntries.Count)
End Sub
```

Umgang mit Regeln

Regeln gibt es bei Outlook schon etwas länger. Sie gehören zu den leistungsfähigsten Eigenschaften der Anwendung. Erst mit der aktuellen Version lassen sie sich auch über das Objektmodell ansprechen, aktivieren und deaktivieren, ausführen und sogar neu anlegen. Im Mittelpunkt steht das *Rule*-Objekt bzw. das *Rules*-Objekt, das alle Regeln einer Ablage zusammenfasst.

Beispiel

Das folgende Beispiel listet alle Regeln einer Ablage mit ein paar Eckdaten auf:

```
Sub RegelnAuflisten()
  Dim RegelTypen As String() = {"Empfang", "Senden"}
  Dim St As Out.Store = OutApp.Session.Stores.Item("Persönliche Ordner")
  For Each R As Out.Rule In St.GetRules
    Console.WriteLine("================= Regel =================")
    Console.WriteLine("Name: " & R.Name)
    Console.WriteLine("Regeltyp: " & RegelTypen(R.RuleType))
    Console.WriteLine("Anzahl Aktionen: " & R.Actions.Count)
    Console.WriteLine("Anzahl Bedigungen: " & R.Conditions.Count)
    Console.WriteLine("=========================================")
  Next
End Sub
```

Eine Regel anlegen

Das Anlegen einer neuen Regel ist dank der *Create*-Methode sehr einfach möglich.

Beispiel

Das folgende Beispiel legt für den Posteingang der Standardablage eine neue Regel an, die bewirkt, dass alle Mails mit einem bestimmten Betreff in einen Ordner, der bereits vorhanden sein muss, verschoben werden. Sollte der Ordner *Leserbriefe*, auf den die Regel angewendet wird, noch nicht existieren, wird er angelegt.

```
Sub NeueRegelAnlegen()
    Dim FoInbox As Out.Folder, FoZielOrdner As Out.Folder
    Dim Regeln As Out.Rules, NeueRegel As Out.Rule
    Dim BetreffCondition As Out.TextRuleCondition
    Dim MoveRuleAction As Out.MoveOrCopyRuleAction
    ' Ordner Leserbriefe anlegen
    Try
        FoZielOrdner = FoInbox.Folders("Leserbriefe")
      Catch Ex1 As COMException
        FoZielOrdner = FoInbox.Folders.Add("Leserbriefe")
    End Try
    FoInbox = OutApp.Session.GetDefaultFolder _
        (Microsoft.Office.Interop.Outlook.OlDefaultFolders.olFolderInbox)
    FoZielOrdner = FoInbox.Folders("Leserbriefe")
    Regeln = OutApp.Session.DefaultStore.GetRules()
    NeueRegel = Regeln.Create("LeserbriefRegel", Out.OlRuleType.olRuleReceive)
    ' Bedingung festlegen - auf Betreff prüfen
    BetreffCondition = NeueRegel.Conditions.Subject
    With BetreffCondition
        .Enabled = True
        .Text = New String() {"Leseranfrage", "Leserfrage", "Leserbrief"}
    End With
```

Die wichtigsten Outlook-Aufgaben an kleinen Beispielen

```
    ' Aktion festlegen - verschieben in anderen Ordner
    MoveRuleAction = NeueRegel.Actions.MoveToFolder
    With MoveRuleAction
        .Enabled = True
        .Folder = FoZielOrdner
    End With
    ' Die neue Regel anlegen
    Regeln.Save()
    Console.WriteLine("Die neue Regel wurde angelegt!")
End Sub
```

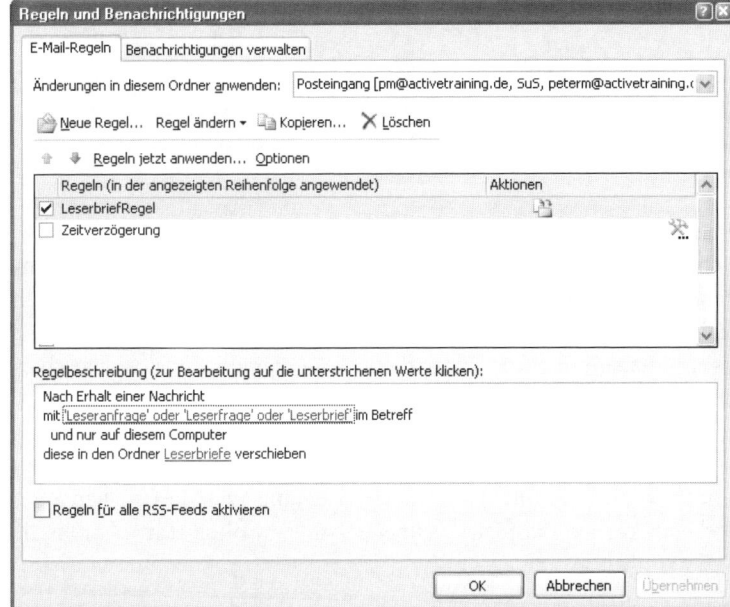

Abbildung 8.7 Die neue Regel wird angezeigt

Umgang mit Views

Eine der zahlreichen Stärken von Outlook ist es, dass sich die Inhalte von Ordnern in verschiedenen Ansichten anzeigen lassen. Eine Ansicht wird durch ein *View*-Objekt repräsentiert und in einer *Views*-Auflistung zusammengefasst, über die jedes *Folder*-Objekt verfügt. Bei Outlook 2003 gab es lediglich ein *View*-Objekt für alle Ansichten. Bei Outlook 2007 stehen neben der Standardansicht sechs weitere Ansichten zur Auswahl:

- *TableView* (Tabellenansicht)
- *CardView*
- *BusinessCardView* (Ansicht im Visitenkartenformat)
- *CalendarView* (Ansicht im Kalenderformat)
- *IconView*
- *TimelineView* (Ansicht auf einer Zeitachse)

Die einzelnen Ansichten können modifiziert einem Ordner hinzugefügt werden (und werden auch im *Ansicht*-Menü von Outlook zur Auswahl angeboten).

Beispiel

Das folgende Beispiel listet alle vorhandenen Ansichten auf und schaltet dann den Posteingang auf die (nicht gerade effektive) Zeitskalaansicht um.

```
Sub ViewsAuflisten()
    Dim ViewNamen As String() = {"Table", "Card", "Kalender", "Icon", "Timeline", "BusinessCard", _
        "Task"}
    Dim Fo As Out.Folder = OutApp.Session.GetDefaultFolder(Out.OlDefaultFolders.olFolderInbox)
    ' Alle Views auflisten
    For Each Vi As Out.View In Fo.Views
        Console.WriteLine("Ansicht: {0}, Ansichtstyp:  {1}", Vi.Name, ViewNamen(Vi.ViewType))
    Next
    ' Auf eine View umschalten
    Fo.Views.Item("Nachrichten in Zeitskalaansicht").Apply()
End Sub
```

Die Suche in Ablagen

Die Suche ist bei Outlook eine Wissenschaft für sich. Das liegt zum einen daran, dass es verschiedene Suchmethoden gibt. Eine, die auf den ersten Blick enorm kompliziert erscheint, weil die Eigenschaften, nach denen gesucht werden soll, über Schemabezeichnungen angegeben werden und sich diese auf den Exchange Server und den Umstand beziehen, dass ein Element in einer Ablage theoretisch unendlich viele Eigenschaften besitzen kann, von denen manche existieren und andere nicht. Und eine Suchmethode, die relativ »harmlos« ist, dafür aber auch nur begrenzte Möglichkeiten bietet, die oft aber ausreichend sind. Eine ausführliche Beschreibung der Suchparameter ist aus Platzgründen in diesem Buch nicht möglich. Dafür sei auf das eingangs erwähnte Werk und die Outlook-VBA-Dokumentation verwiesen, die auch dieses Thema gut beschreibt. Am besten lernt man die Suche an kleinen Beispielen kennen, doch ganz ohne eine theoretische Unterweisung geht es nicht.

Es stehen insgesamt drei Suchvarianten zur Auswahl:

- Die Jet-Abfragesprache. Diese Abfragesprache ist einfach strukturiert und für Standardabfragen, bei denen auf eine exakte Übereinstimmung geprüft wird, gut geeignet.

- Die DASL-Abfragesprache (*DAV Searching and Locating*, wobei das Kürzel *DAV*, das für *Distributed Authoring and Versioning* steht, unabhängig von Outlook existiert). Diese Abfragevariante wurde für den Microsoft Exchange Server entwickelt (und ist entsprechend kompliziert, was ihre Syntax angeht), steht aber seit einigen Versionen auch bei Outlook zur Verfügung. Sie muss verwendet werden, wenn zum Beispiel Platzhalter eine Rolle spielen sollen.

- Die AQS-Abfragesprache. Dies ist die Abfragesprache der (neuen) Windows-Desktopsuche, die bei Outlook gegebenenfalls nachträglich installiert werden muss (und bei Windows Vista standardmäßig bereits vorhanden ist). Sie ist zudem auf die *Search*-Methode des Explorer-Objekts beschränkt.

Die »beste« Variante ist sicherlich DASL, das vor allem beim neuen *Table*-Objekt zum Einsatz kommt. Hier wird der Suchausdruck aus Schlüsselwörtern zusammengesetzt, die vom jeweiligen »Modul« wie zum Beispiel E-Mail oder Kalender abhängig sind. Auf ein Schlüsselwort, wie zum Beispiel »subject«, folgt getrennt durch einen Doppelpunkt der Suchbegriff. Neben einer umfangreichen Auswahl an Schlüsselwörtern gibt es Standardoperatoren wie +, -, >, <, AND, NOT, OR und runde Klammer, um mehrere Begriffe zusammenzufassen, die im Suchelement enthalten sein sollen. Richtig kompliziert wird es bei der Frage, wie der Bereich festgelegt werden soll, der durchsucht werden soll. Die Besonderheit ist, dass Eigenschaftennamen durch Namespace-Schemabezeichnungen, bei denen es auf die Groß- und Kleinschreibung ankommt, festgelegt werden und Eigenschaftennamen in Anführungszeichen (") gesetzt werden. Möchte man zum Beispiel E-Mail-Elemente suchen, lautet die Namespace-Schemabezeichnung *urn:schemas:httpmail*, auf die der Name der Eigenschaft folgt (*urn:schemas:httpmail:subject*). Soll sich die Suche dagegen auf allgemeine MAPI-Eigenschaften beziehen, lautet die Namespace-Schemabezeichnung *http://schemas.microsoft.com/mapi/proptag/*, auf die der Wert der MAPI-Eigenschaft in hexadezimaler Schreibweise folgt (zum Beispiel *0x0E1B000B* für die Frage, ob eine Nachricht Anhänge besitzt). Die Outlook-Suche ist natürlich dokumentiert, aber leider nicht zusammenhängend, sodass man sich die benötigten Informationsschnipsel oft »zusammengoogeln« muss (das in der Einleitung erwähnte Outlook-Buch gibt eine gute Übersicht).

Es ist Zeit für zwei Beispiele, die DASL im Zusammenspiel mit der neuen *GetTable*-Methode zeigen.

Beispiel

Das folgende Beispiel durchsucht mithilfe einer MAPI-Property den Posteingang nach Elementen, die einen Anhang besitzen, und gibt deren Betreff-Zeilen aus:

```
Sub DASLSucheMailsMitAnhaengen()
    Dim Posteingang As Out.Folder = OutApp.Session.GetDefaultFolder(Out.OlDefaultFolders.olFolderInbox)
    Dim Filter As String = "@SQL=""http://schemas.microsoft.com/mapi/proptag/0x0E1B000B""=1"
    Dim Ablage As Out.Folder = OutApp.Session.GetDefaultFolder(Out.OlDefaultFolders.olFolderInbox)
    Dim Ergebnisse As Out.Table = Ablage.GetTable(Filter)
    If Ergebnisse.GetRowCount > 0 Then
        Console.WriteLine("{0} Einträge gefunden.", Ergebnisse.GetRowCount)
        Console.ReadLine()
        While Not Ergebnisse.EndOfTable
            Dim Ergebnis As Out.Row = Ergebnisse.GetNextRow
            Console.WriteLine("Betreff: {0}", Ergebnis.Item("Subject"))
        End While
    Else
        Console.WriteLine("Keine Ergebnisse!")
    End If
End Sub
```

TIPP Der wirklich einfachste Weg, die zahlreichen MAPI-Properties und deren Werte zu finden, geht über den *OutlookSpy*, von dem am Ende des Kapitels kurz die Rede sein wird.

Beispiel

Das folgende Beispiel durchsucht den Posteingang nach Nachrichten, deren Inhalt ein bestimmtes Wort enthält. Am Ende wird die erste Nachricht über die *Display*-Methode des *MailItem*-Objekts angezeigt.

```
Sub DASLSucheNachNachrichtenInhalt()
    Dim Posteingang As Out.Folder = OutApp.Session.GetDefaultFolder(Out.OlDefaultFolders.olFolderInbox)
    Dim Filter As String = _
        "@SQL=""urn:schemas:httpmail:textdescription"" like '%Hans Dürrmeier Weg 2%'"
    Dim Ablage As Out.Folder = OutApp.Session.GetDefaultFolder(Out.OlDefaultFolders.olFolderInbox)
    Dim Ergebnisse As Out.Table = Ablage.GetTable(Filter)
    Ergebnisse.Columns.RemoveAll()
    Ergebnisse.Columns.Add("Subject")
    Ergebnisse.Columns.Add("EntryID")
```

```
    If Ergebnisse.GetRowCount > 0 Then
        Console.WriteLine("{0} Einträge gefunden.", Ergebnisse.GetRowCount)
        Console.ReadLine()
        Dim Ergebnis As Out.Row
        While Not Ergebnisse.EndOfTable
            Ergebnis = Ergebnisse.GetNextRow
            Console.WriteLine("Betreff: {0}", Ergebnis.Item("Subject"))
        End While
        ' Den ersten Eintrag anzeigen
        OutApp.GetNamespace("MAPI").GetItemFromID(Ergebnis.Item("EntryID")).Display()
    Else
        Console.WriteLine("Keine Ergebnisse!")
    End If
End Sub
```

Dieses Mal wird das *Table*-Objekt ein wenig »präpariert«. Zuerst werden die fünf Spalten entfernt, die von Anfang an vorhanden sind, und es werden die Spalten *Subject* und *EntryID* wieder hinzugefügt. Bei Suchvorgängen, bei denen es auf Geschwindigkeit ankommt, empfiehlt es sich, die Anzahl der Spalten auf das erforderliche Minimum zu reduzieren. Die *EntryID* wird am Ende der *GetItemFromID*-Methode des *Namespace*-Objekts übergeben, um auf die Nachricht zuzugreifen und sie über die *Display*-Methode in einem Inspektorfenster anzeigen zu können.

Die beiden Beispiele konnten hoffentlich das Prinzip einer DASL-Suche veranschaulichen. Auch wenn am Anfang das Formulieren von Suchabfragen trocken und vor allem kompliziert erscheinen mag, DASL ist eine sehr leistungsfähige Angelegenheit und, wenn man den sprichwörtlichen Bogen erst einmal raus hat, das effektivste Mittel, um eine Outlook-Ablage zu durchsuchen.

Find und Restrict bei der Items-Auflistung

Es gibt im Outlook-Objektmodell mehrere Gelegenheiten, bei denen Suchbegriffe übergeben werden können. Am häufigsten werden dies die *Find*-Methode, die *Filter*- und *Restrict*-Methode, mit der die Auswahl in einer *Items*-Auflistung gezielt eingegrenzt wird, sowie der *Filter*-Parameter bei der mit Outlook 2007 eingeführten *GetTable*-Methode eines *Folder*-Objekts sein. Keine Sorge, der Filterstring kann in allen Fällen identisch sein, sodass das Thema nicht ganz so kompliziert ist, wie es vielleicht den Anschein haben könnte. Da das Prinzip der Filter bereits am Beispiel der DASL-Syntax erklärt wurde, beschränken sich die Beispiele in diesem Abschnitt auf die einfachere Jet-Syntax.

Beispiel

Das folgende Beispiel sucht alle Nachrichten zusammen, die einen bestimmten Betreff besitzen:

```
Sub FindBeispiel()
    Dim PosteingangItems As Out.Items = _
        OutApp.Session.GetDefaultFolder(Out.OlDefaultFolders.olFolderInbox).Items
    Dim Filter As String = "[subject]='Half Moon Bay Brewing Co. Music Mailer'"
    Dim Ergebnis As Out.MailItem = PosteingangItems.Find(Filter)
    Dim AnzahlGefunden As Integer
    If Ergebnis IsNot Nothing Then
        While Ergebnis IsNot Nothing
            Console.WriteLine("Erhalten am: {0}", Ergebnis.ReceivedTime)
```

```
            Ergebnis = PosteingangItems.FindNext
            AnzahlGefunden += 1
        End While
        Console.WriteLine("{0} Ergebnisse...", AnzahlGefunden)
    Else
        Console.WriteLine("Keine Ergebnisse...")
    End If
End Sub
```

Sehr viel öfter dürfte diese Suchvariante für Termine oder Aufgaben eingesetzt werden, da hier der vermeintliche Geschwindigkeitsnachteil nicht ins Gewicht fallen dürfte.

Beispiel

Das folgende Beispiel durchsucht den Outlook-Kalender nach Einträgen, die in dem angegebenen Datumsbereich liegen:

```
Sub FindBeispielTermine()
    Dim KalenderItems As Out.Items = _
        OutApp.Session.GetDefaultFolder(Out.OlDefaultFolders.olFolderCalendar).Items
    Dim StartDatum As Date = Date.Parse("1.1.2008")
    Dim EndeDatum As Date = Date.Parse("31.3.2008")
    Dim Filter As String = "[start]>'" & StartDatum & "' AND [start] < '" & EndeDatum & "'"
    Dim Ergebnis As Out.AppointmentItem = KalenderItems.Find(Filter)
    Dim AnzahlGefunden As Integer
    If Ergebnis IsNot Nothing Then
        While Ergebnis IsNot Nothing
            Console.WriteLine("Betreff: {0} am {1}", Ergebnis.Subject, Ergebnis.Start)
            Ergebnis = KalenderItems.FindNext
            AnzahlGefunden += 1
        End While
        Console.WriteLine("{0} Ergebnisse...", AnzahlGefunden)
    Else
        Console.WriteLine("Keine Ergebnisse...")
    End If
End Sub
```

Eine Alternative zur Suche besteht darin, die Anzahl der Elemente in der *Items*-Collection einfach anhand eines Filters zu begrenzen, sodass beim Durchlaufen nur noch diese Elemente angezeigt werden. Das erledigt die *Restrict*-Methode der *Items*-Collection.

Beispiel

Das folgende Beispiel entspricht dem letzten Beispiel, nur dass dieses Mal nicht gesucht, sondern eingeschränkt wird:

```
Sub RestrictBeispielTermine()
    Dim KalenderItems As Out.Items = _
        OutApp.Session.GetDefaultFolder(Out.OlDefaultFolders.olFolderCalendar).Items
    Dim StartDatum As Date = Date.Parse("1.1.2008")
    Dim EndeDatum As Date = Date.Parse("31.3.2008")
    Dim Filter As String = "[start]>'" & StartDatum & "' AND [start] < '" & EndeDatum & "'"
    Dim Ergebnisse As Out.Items = KalenderItems.Restrict(Filter)
    Dim AnzahlGefunden As Integer = Ergebnisse.Count
```

```
    If AnzahlGefunden > 0 Then
        Console.WriteLine("{0} Ergebnisse...", AnzahlGefunden)
        For Each CalI As Out.AppointmentItem In Ergebnisse
            Console.WriteLine("Betreff: {0} am {1}", CalI.Subject, CalI.Start)
        Next
    Else
        Console.WriteLine("Keine Ergebnisse...")
    End If
End Sub
```

Suchen über das Table-Objekt

Das mit Outlook 2007 eingeführte *Table*-Objekt war bereits mehrfach an der Reihe, jetzt wird es auch formal eingeführt. Das *Table*-Objekt dürfte den besten Kompromiss aus Geschwindigkeit und Komfort beim Durchsuchen einer Ablage bieten. Es enthält das Ergebnis einer Suche basierend auf einem Filter in Gestalt von *Row*-Objekten. Das Besondere ist, dass sowohl die Anzahl der Spalten als auch die Anzahl der Zeilen, die eine Abfrage zurückgeben soll, frei festgelegt werden können. Werden nur bestimmte Eigenschaften gesucht, wird die Spaltenanzahl eingegrenzt oder erweitert. Bemerkenswert ist, dass über die *Sort*-Methode die Möglichkeit besteht, die Ergebnismenge zu sortieren. Tabelle 8.10 stellt die interessantesten Mitglieder zusammen.

Beispiel

Das folgende Beispiel durchsucht erneut den Outlook-Kalender, gibt dieses Mal die Einträge aber sortiert nach dem Betreff-Feld aus:

```
Sub TableBeispiel()
    Dim StartDatum As Date = Date.Parse("1.1.2008")
    Dim EndeDatum As Date = Date.Parse("31.3.2008")
    Dim Filter As String = "[start]>'" & StartDatum & "' AND [start] < '" & EndeDatum & "'"
    Dim KalenderSuche As Out.Table = _
        OutApp.Session.GetDefaultFolder(Out.OlDefaultFolders.olFolderCalendar).GetTable(Filter)
    Dim AnzahlGefunden As Integer = KalenderSuche.GetRowCount
    If AnzahlGefunden > 0 Then
        Console.WriteLine("{0} Ergebnisse...", AnzahlGefunden)
        KalenderSuche.Sort("Subject")
        While Not KalenderSuche.EndOfTable
            Dim Zeile As Out.Row = KalenderSuche.GetNextRow
            Console.WriteLine("Betreff: {0} am {1}", Zeile.Item("Subject"), Zeile.Item("Start"))
        End While
    Else
        Console.WriteLine("Keine Ergebnisse...")
    End If
End Sub
```

Mitglied	Bedeutung
EndOfTable-Eigenschaft	*True*, wenn das Ende der Tabelle erreicht wurde.
FindNextRow-Methode	Liefert die nächste Zeile als *Row*-Objekt.
FindRow-Methode	Liefert eine bestimmte Zeile anhand eines Filters zurück.
GetArray-Methode	Liefert eine bestimmte Anzahl an Zeilen.

Tabelle 8.10 Die wichtigsten Mitglieder des *Table*-Objekts

Die Suche in Ablagen

Mitglied	Bedeutung
GetRowCount-Methode	Gibt die Anzahl an Ergebnissen zurück.
MoveToStart-Methode	Bewegt den internen Positionszeiger wieder auf die erste Zeile zurück.
Restrict-Methode	Schränkt die Ergebnismenge anhand eines Filters weiter ein.
Sort-Methode	Sortiert die Ergebnismenge.

Tabelle 8.10 Die wichtigsten Mitglieder des *Table*-Objekts *(Fortsetzung)*

Das AdvancedSearch-Objekt

Eine weitere Suchvariante, die bereits seit Outlook 2003 existiert, besteht darin, das Ergebnis als Suchordner zu speichern, sodass die Ergebnismenge jederzeit in der Outlook-Ablage als »virtueller« Ordner zur Verfügung steht. Das Suchkriterium wird über DASL festgelegt, der zu durchsuchende Ordner nach dem Motto »Öfter mal was Neues« als sogenannter »Scope« über seinen absoluten Pfad (bezogen auf die Ordnerhierarchie des Posteingangs).

Beispiel

Das folgende Beispiel durchsucht die Elemente im Posteingang nach einem bestimmten Namen im Betreff. Das Ergebnis der Suche wird als eigener Suchordner angelegt:

```
Sub AdvancedSearchBeispiel()
    Dim OutSuche As Out.Search
    Dim Posteingang As Out.Folder = _
        OutApp.Session.GetDefaultFolder(Out.OlDefaultFolders.olFolderInbox)
    Dim FolderPath As String = Posteingang.FolderPath
    Dim Scope As String = "'" & FolderPath & "'"
    Dim Filter As String = """urn:schemas:httpmail:subject"" Like '%.NET%'"
    OutSuche = OutApp.AdvancedSearch(Scope, Filter, False, "MicrosoftMails")
    Threading.Thread.Sleep(500)
    If OutSuche.Results.Count > 0 Then
        Console.WriteLine("{0} Ergebnisse", OutSuche.Results.Count)
        OutSuche.Save("Mails mit .NET im Betreff")
        Console.WriteLine("Suche wurde gespeichert.")
    Else
        Console.WriteLine("Keine Ergebnisse...")
    End If
End Sub
```

Durch *Threading.Thread.Sleep(500)* wird eine kurze »Verschnaufpause« von 500 ms eingelegt, da die Suche erst einmal absolviert werden muss. Ansonsten kann es passieren, dass ein *Results.Count* den Wert 0 liefert. Die einfachen Apostrophe beim *Scope*-Parameter sind erforderlich, da der Ordnerpfad im Allgemeinen Leerzeichen enthält. Wie sich die Suche ereignisgesteuert durchführen lässt, wird im weiteren Verlauf des Kapitels gezeigt, wenn es um die Outlook-Events geht.

Sofortsuche und Filterausdrücke bei Outlook 2007

Bei Outlook 2007 wird die Suche durch die neue Sofortsuche (im Original »Instant Search«) weiter beschleunigt. Voraussetzung dafür ist allerdings, dass die Windows-Desktopsuche installiert (und Outlook anschließend neu gestartet wurde). Da dieses (etwas fragwürdige) »Zubehör« aber nicht jedermanns Geschmack ist, sollte man zuerst über die *IsInstantSearchEnabled*-Eigenschaft eines Stores erst einmal abfragen, ob diese Suchvariante überhaupt zur Verfügung steht. Nur wenn dies der Fall ist, stehen die beiden Suchwörter *CI_STARTSWITH* und *CI_PHRASEMATCH* zur Verfügung, die den *Like*-Operator ersetzen können. Ohne »Instant Search« sieht ein Filter für die Suche anhand des Betreff-Feldes wie folgt aus:

```
SuchFilter = "@SQL=(" & Chr(34) & "urn:schemas:httpmail:subject" & _
    Chr(34) & " LIKE '%security%')"
```

Steht die Sofortsuche zur Verfügung, hat derselbe Filterausdruck folgendes Aussehen:

```
Suchfilter = "@SQL=(" & Chr(34) & "urn:schemas:httpmail:subject" & _
    Chr(34) & " CI_PHRASEMATCH 'security')"
```

Während *CI_STARTSWITH* nach Wörtern sucht, die mit dem Suchbegriff beginnen (Stringanfangssuche), berücksichtigt *CI_PHRASEMATCH* nur Begriffe, die genau mit dem Suchwort übereinstimmen. Anstelle des Betreffs bietet sich diese Suchvariante vor allem für das Durchsuchen der Nachricht (*urn:schemas:httpmail:textdescription*) an.

Das Ergebnis einer Suche direkt anzeigen

Eine weitere Neuerung bei Outlook 2007 ist, dass sich die Ergebnisse einer Suche mit minimalem Aufwand in einem Explorer-Fenster anzeigen lassen.

Beispiel

Das folgende Beispiel führt eine Suche nach einem bestimmten Betreff durch und sorgt dafür, dass das Resultat in einem Explorer-Fenster erscheint:

```
Sub ShowSearchUI()
  Dim Posteingang As Out.Folder = OutApp.Session.GetDefaultFolder(Out.OlDefaultFolders.olFolderInbox)
  Dim ExpNeu As Out.Explorer = OutApp.Explorers.Add(Posteingang, _
      Microsoft.Office.Interop.Outlook.OlFolderDisplayMode.olFolderDisplayNoNavigation)
  ExpNeu.Search("subject:VSTO", False)
  ExpNeu.Display()
End Sub
```

Outlook-Events

Outlook bietet, nicht erst mit der aktuellen Version, eine Vielzahl von Events, vor allem auf der Ebene des *Application*-Objekts, mit der sich zum Beispiel in einem Add-In auf Ereignisse wie das Verschicken oder Eintreffen einer E-Mail reagieren lässt. Aber auch die verschiedenen Items, wie zum Beispiel *MailItem*, verfügen seit Outlook 2007 über einen Satz an Events, der alle Eventualitäten abdeckt. Tabelle 8.11 stellt die interessantesten Outlook-Events zusammen.

Die Vorgehensweise beim Verknüpfen eines Events mit einer Eventprozedur ist immer gleich:

1. Die zuständige Variable wird mit *WithEvents* deklariert.
2. An die Ereignisprozedur, die die passende Signatur besitzen muss, wird ein *Handles*-Schlüsselwort gehängt, auf das der Name des betreffenden Events folgt. Der einfachste Weg, die passende Signatur zu finden, besteht darin, eine falsche Signatur anzugeben und die Fehlermeldung zu betrachten.

Alternativ kann die Ereignisprozedur auch mit dem *AddHandler*-Befehl und dem *AddressOf*-Operator mit einem Event verknüpft werden. In diesem Fall werden *WithEvents* und *Handles* nicht benötigt.

Eingreifen, bevor eine Mail verschickt wird

Im Allgemeinen sind die Ereignishandler Teil eines Outlook-Add-Ins, da dieses mit dem Start von Outlook aktiv wird und so lange aktiv bleibt, wie Outlook nicht beendet wird.

Beispiel

Das erste Beispiel prüft über den *ItemSend*-Event des Application-Objekts vor dem Versenden einer Mail, ob sie auch einen Betreff besitzt. Ist das nicht der Fall, wird sie nicht abgeschickt:

```
Private Sub OutApp_ItemSend(ByVal Item As Object, ByRef Cancel As Boolean) Handles OutApp.ItemSend
   If Item.Class = Out.OlObjectClass.olMail Then
      Dim Mi As Out.MailItem = DirectCast(Item, Out.MailItem)
      If Mi.Subject = "" Then
         Console.WriteLine("Nachricht besitzt keinen Betreff - Versand abgebrochen!")
         Cancel = True
      End If
   End If
End Sub
```

Cancel ist ein *ByRef*-Parameter, er wird so übergeben, dass ihm innerhalb der Ereignisprozedur ein Wert zugewiesen werden kann. Der *Send*-Event des *MailItem*-Objekts kommt für diese Situation nicht infrage, da die Objektvariable nicht für das aktuelle *MailItem* steht, das im Begriff ist, verschickt zu werden. Dieser Event wird immer dann benötigt, wenn das *MailItem*-Objekt direkt im Programmcode angelegt wurde und daher über eine Objektvariable angesprochen werden kann. Nur so ist gewährleistet, dass die mit *WithEvent* deklarierte Variable auch ein *MailItem*-Objekt repräsentiert.

Ein weiterer Punkt ist der Umstand, dass der Anwender auch ein optisches Feedback erhalten sollte, was mit den Mitteln von Outlook nicht so einfach ist. Ansonsten passiert nach dem Klick auf den *Senden*-Button scheinbar nichts, was natürlich ein wenig irritierend ist.

Feststellen, wenn eine neue Mail im Posteingang eingetroffen ist

Möchte man auf das Eintreffen einer neuen Mail im Posteingang reagieren, gibt es dafür prinzipiell gleich zwei Events: *NewMail* und, seit Outlook 2007, *NewMailEx*. Die Wahl fällt nicht schwer, sofern man bereits mit der aktuellen Outlook-Version arbeiten kann, da nur der *NewMailEx*-Event den gezielten Zugriff auf das neue Poststück ermöglicht, da hier die *EntryID* des *MailItem*-Objekts übergeben wird.

Beispiel

Das folgende Beispiel ist insofern ein wenig ungewöhnlich, als dass es (im Rahmen eines Add-Ins) das Eintreffen von Mails mit dem Betreff »VSTO« im Ereignisprotokoll von Windows protokolliert, sodass später diese Ereignisse abgefragt werden können, ohne dazu Outlook bemühen zu müssen (zum Beispiel mithilfe der Windows PowerShell).

```
Private Sub OutApp_NewMailEx(ByVal EntryIDCollection As String) Handles Application.NewMailEx
    Try
        Dim NewItem As Object = OutApp.Session.GetItemFromID(EntryIDCollection)
        If TypeOf NewItem Is Outlook.MailItem Then
            Dim NeueMail As Outlook.MailItem = DirectCast(NewItem, Outlook.MailItem)
            EventLog.WriteEntry("Outlook-Automatisierung", "VSTO-Mail von " & _
                NeueMail.SenderEmailAddress, EventLogEntryType.Information)
        End If
    Catch ex As SystemException
        Console.WriteLine("Error: " & ex.Message)
    End Try
End Sub
```

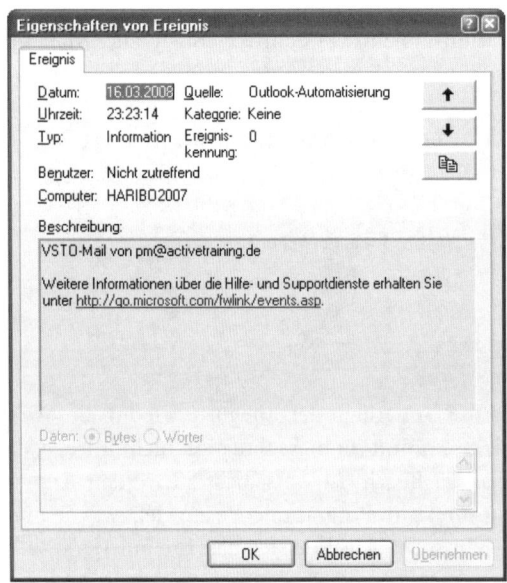

Abbildung 8.8 Das Eintreffen einer Mail wird im Ereignisprotokoll vermerkt

Feststellen, wann eine AdvancedSearch-Suche beendet wurde

AdvancedSearch-Suchen werden im Allgemeinen asynchron durchgeführt. Das bedeutet, dass die Suche nach dem Start im Hintergrund läuft und das Suchergebnis noch nicht zur Verfügung stehen muss, wenn der nächste Befehl abgearbeitet wird. Für diesen Fall gibt es den *AdvancedSearchComplete*-Event, der ausgelöst wird, sobald die Suche beendet ist.

Outlook-Events

Beispiel

Das folgende Beispiel ergänzt die bereits vorgestellte *AdvancedSearch*-Suchmethode.

```
Sub AdvancedSearchBeispielMitEvent()
    Dim OutSuche As Out.Search
    Dim Posteingang As Out.Folder = OutApp.Session.GetDefaultFolder(Out.OlDefaultFolders.olFolderInbox)
    Dim FolderPath As String = Posteingang.FolderPath
    Dim Scope, Filter As String
    Scope = "'" & FolderPath & "'"
    Filter = """urn:schemas:httpmail:subject"" Like '%.NET%'"
    OutSuche = OutApp.AdvancedSearch(Scope, Filter, False, "MicrosoftMails")
    Console.ForegroundColor = ConsoleColor.Yellow
    Console.WriteLine("Suche läuft...")
End Sub

Sub AdvanvedSearchFertig(ByVal Suche As Out.Search) Handles OutApp.AdvancedSearchComplete
    Console.ForegroundColor = ConsoleColor.Cyan
    If Suche.Results.Count > 0 Then
        Console.WriteLine("{0} Ergebnisse", Suche.Results.Count)
        Suche.Save("Mails mit .NET im Betreff")
        Console.WriteLine("Suche wurde gespeichert.")
    Else
        Console.WriteLine("Keine Ergebnisse...")
    End If
End Sub
```

Event	Objekt	Wird ausgelöst, ...
AdvancedSearchComplete	Application	wenn eine Suche beendet wurde.
AttachmentAdd	MailItem, ContactItem usw.	wenn zu einer Nachricht ein Anhang hinzugefügt wird.
AttachmentRead	MailItem, ContactItem usw.	wenn der Anhang einer Nachricht gelesen wird.
BeforeAttachmentRead	MailItem	bevor der Anhang einer Nachricht gelesen wird.
ContextMenuClose	Application	wenn das Kontextmenü geschlossen wurde.
Delete	MailItem, ContactItem usw.	wenn die Nachricht gelöscht wird.
FolderContextMenuDisplay	Application	wenn das Kontextmenü in einem Ordner geöffnet wird.
ItemContextMenuDisplay	Application	wenn das Kontextmenü in einem Item geöffnet wird.
ItemSend	Application	wenn eine Nachricht versendet wird.
NewItem	Application	wenn eine Nachricht im Posteingang eintraf.
Quit	Application	wenn Outlook beendet wird.
Reply	MailItem, ContactItem usw.	wenn die Nachricht beantwortet wird.
Send	MailItem, ContactItem usw.	wenn die Nachricht gesendet wird.
Startup	Application	wenn Outlook gestartet wird.

Tabelle 8.11 Interessante Events im Outlook-Objektmodell

Outlook-Sicherheit

Outlook ist aus zwei Gründen ein »sicherheitskritisches« Programm. Erstens kann es mit wenigen Zeilen Code, der zum Beispiel in einem Trojaner oder einem simplen Skript enthalten ist, als Mailversender »missbraucht« werden. Zweitens stehen über das Adressbuch, aber auch über den Terminkalender und natürlich die E-Mail-Ablage vertrauliche Informationen zur Verfügung. Ein Worst-Case-Szenario würde darin bestehen, dass ein Trojaner das Adressbuch und die E-Mail-Ablage nach sensiblen Informationen durchsucht und diese (ohne dafür Outlook zu benutzen) über das Internet verschickt oder wahllos ausgewählten Empfängern Mails mit dem Namen des Besitzers als Absender verschickt und dabei eventuell Schadcode anhängt. Die Empfänger der Nachricht könnten diese dann in der Annahme öffnen, sie würden von einem vertrauenswürdigen Absender stammen. Damit das alles nicht passieren kann, gibt es seit Outlook 2000 den »Object Model Guard«, der den Zugriff auf das Objektmodell (genauer gesagt, auf bestimmte Objekte im Objektmodell) von außen dadurch erschwert, dass dieser vom Anwender über eine Meldungsbox explizit gestattet werden muss. Es versteht sich von selbst, dass sowohl Anwender, aber auch viele Entwickler von Outlook-Erweiterungen diesen sinnvollen Schutzmechanismus als störend empfinden und entsprechend viel Mühe und Zeit darin investieren, ihn zu umgehen. Der heißeste Tipp besteht darin, das Versenden von Mails über andere Bibliotheken durchzuführen, etwa den CDOs oder mithilfe kommerzieller Tools, die direkt auf die MAPI-Funktionalität zugreifen und damit die lästige Meldung umgehen.

Der *Object Model Guard* verwendet nicht einen Typ von Meldungen, sondern gleich drei, die aber auf den ersten Blick alle sehr ähnlich aussehen:

- Beim Versuch, auf das Adressbuch zuzugreifen (Adressbuchwarnung)
- Beim Versuch, eine Mail zu versenden
- Beim Ausführen bestimmter Aktionen

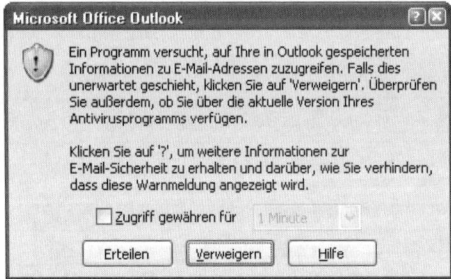

Abbildung 8.9 Diese Meldung erscheint, wenn ein externes Programm versucht, auf das Adressbuch von Outlook zuzugreifen

Es ist zudem interessant, dass die Meldung nur in bestimmten Situationen angezeigt wird. Das Anlegen eines MailItems und das Zuweisen an dessen *To*-Eigenschaft in einem externen Programm führt nicht zu einer Meldung, da keine »sicherheitskritische« Abfrage erfolgt:

```
Dim NeueMail As Out.MailItem = OutApp.CreateItem(Microsoft.Office.Interop.Outlook.OlItemType.olMailItem)
' Löst keine Sicherheitsmeldung aus
NeueMail.To = "peterm@activetraining.de"
```

Wird die *To*-Eigenschaft dagegen abgefragt, ist die Meldung aus Abbildung 8.9 die Folge:

```
Console.WriteLine(NeueMail.To)
```

Outlook-Sicherheit

Umgehen lässt sich die Meldung allerdings nicht, denn der Aufruf von *Send* hat in jedem Fall die Meldung zur Folge, die, wenn der Anwender den Zugriff verweigert, eine *COMException*-Ausnahme mit einer bestimmten Fehlernummer (-2147467260 oder -2147500036) wirft.

Mit Outlook 2007 hat Microsoft den Schutz auf eine einheitlichere Grundlage gestellt und vor allem einen offiziellen Weg geschaffen, wie die Meldungsbox nicht bestätigt werden muss und die Sicherheit trotzdem gewährleistet bleibt. Der wichtigste Unterschied ist, dass beim Einsatz des Betriebssystems Windows XP SP2 oder Vista und für den Fall, dass das Windows Sicherheitscenter gleichzeitig angibt, dass der Antivirenschutz auf dem aktuellen Stand ist, keine Warnmeldungen mehr erscheinen, ohne dass bei Outlook 2007 selbst etwas eingestellt werden muss.

Neu bei Outlook 2007 ist ferner, dass im neuen Vertrauensstellungscenter (*Extras/Vertrauensstellungscenter/ Programmgesteuerter Zugriff*) eingestellt werden kann, dass generell keine Meldungen angezeigt werden, was natürlich nicht empfohlen wird. Ferner kann über Gruppenrichtlinien erreicht werden, dass ein Warnhinweis erscheint, wenn ein veraltetes oder gar kein Antivirenprogramm eingesetzt wird. In diesem Fall unterbleibt eine Meldung des Security Guards.

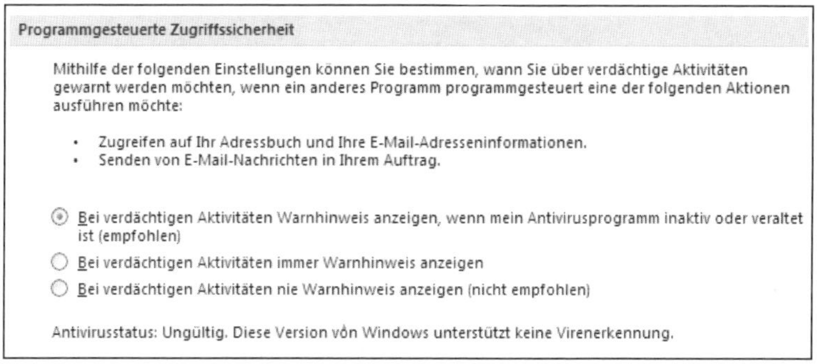

Abbildung 8.10 Im Vertrauenscenter kann eingestellt werden, dass keine Meldungen angezeigt werden

Über die mit Outlook 2007 eingeführte *IsTrusted*-Eigenschaft des *Application*-Objekts können Add-Ins nach dem Start prüfen, ob ihnen vertraut wird (das heißt ihr Code vertrauenswürdig behandelt wird), und entsprechend darauf reagieren, indem sie den Anwender auf die Möglichkeit von Warnungen hinweisen oder bestimmte Aktionen gar nicht erst durchführen. Bei Anwendungen, die Outlook von außen starten, liefert die Eigenschaft immer ein *False*.

Outlook sicher starten

Sicherheit bedeutet auch, Outlook sicher starten zu können (was nach zu viel Herumexperimentieren mit Add-Ins nicht immer gewährleistet ist). Was nicht jeder weiß, Outlook bietet eine Vielzahl von Kommandozeilenparametern, die festlegen, auf welche Weise die Anwendung aufgerufen wird. Der wichtigste Schalter ist sicherlich */safe*, durch den Outlook im abgesicherten Modus gestartet wird. Tabelle 8.12 stellt einige der Schalter zusammen, die gerade im Entwickleralltag nützlich sein können[7].

---

[7] Es ist nicht so, dass Outlook 2007 nicht hin und wieder komplett abstürzt.

> **TIPP** Sollte sich Outlook 2007 störrisch verhalten und nach dem Start gleich wieder abstürzen, kann ein Blick in die Liste der Add-Ins hilfreich sein. Dort sollte man alle Add-Ins deaktivieren (leider gehört der OutlookSpy zu den Kandidaten, die »Ärger« machen können). Im *Hilfe*-Menü erhält man eine Liste der deaktivierten Komponenten, die man an dieser Stelle wieder aktivieren kann.

Schalter	Was bewirkt er?
/safe	Outlook wird im abgesicherten Modus gestartet (es werden keine Add-Ins geladen).
/safe:2	Startet Outlook im abgesicherten Modus, ohne Mails abzuholen.
/autorun	Outlook wird mit dem angegebenen VBA-Makro gestartet.
/nopollmail	Nach dem Start werden keine Mails abgerufen.
/cleanrules	Nach dem Start werden alle Regeln gelöscht.
/firstrun	Startet Outlook wie nach der Erstinstallation.

Tabelle 8.12 Wichtige Schalter, die beim Aufruf von Outlook.exe übergeben werden können

Outlook-Formularbereiche

Eine der wichtigsten Neuerungen bei Outlook 2007 sind die Formularbereiche. Mit ihrer Hilfe können Anwender vorhandene Outlook-Formulare erweitern, neue Seiten zu einem Formular hinzufügen oder komplett neue Formulare anlegen. Outlook bietet dafür einen Formulardesigner (den es auch schon bei früheren Versionen gab) und einen neuen Satz an Steuerelementen, die sich von den alten Steuerelementen in erster Linie dadurch unterscheiden, dass sie sich automatisch an das aktuell eingestellte Desktop-Layout von Windows anpassen und nicht mehr in dem nüchternen mausgrauen Outfit aus der Windows 95-Ära erscheinen[8]. Das Ganze wird als Datei (Erweiterung *.Ofs* für *Outlook Form Storage*) gespeichert. Der Programmcode wird über ein Shared Add-In hinzugefügt, sodass prinzipiell jede Windows-Programmiersprache, die COM-DLLs erzeugen kann, infrage kommt. Die Programmierung ist aufgrund der zahlreichen Einzelschritte nicht gerade trivial und setzt gute Erfahrung im Umgang mit dem jeweiligen Entwicklungssystem voraus.

> **HINWEIS** Der Begriff »Formularbereich« ist nicht gerade optimal gewählt und vermutlich dem Umstand geschuldet, dass es bei Outlook bereits zahlreiche Formulartypen gibt und den Verantwortlichen langsam die Bezeichnungen ausgingen. Man macht keinen Fehler, wenn man Formularbereiche als neue Sorte von Outlook-Formularen, die im Rahmen eines Add-Ins mit Benutzersteuerelementen und Managed Code erweitert werden können, bezeichnet.

Die neuen Formularbereiche haben mit .NET oder den VSTO daher nichts zu tun. Die VSTO 3.0 bieten allerdings die Möglichkeit, mit Visual Studio im Rahmen eines Outlook-Add-Ins Formularbereiche auf der Basis eines Benutzersteuerelements anzulegen. Dieses kann, wie jedes Benutzersteuerelement, mit .NET-Steuerelementen ausgestattet werden. Programmiert wird das Ganze in Visual Basic oder C#. Visual Studio sorgt dafür, dass am Ende ein Add-In entsteht, das den oder die Formularbereiche enthält und diese an den dafür vorgesehenen Orten angezeigt werden. Insgesamt eine feine Sache, die Entwicklern sehr viel Arbeit erspart und weniger erfahrene Entwickler überhaupt erst in die Lage versetzt, Formularbereiche einsetzen zu können.

---

[8] Das damals natürlich topmodern war.

Ein Beispiel für einen Outlook-Formularbereich

Im Folgenden soll ein E-Mail-Formular durch einen Formularbereich erweitert werden, der Daten anbietet, die aus einer Datenquelle stammen. Bei den Daten handelt es sich um die Namen von Trainingskursen, die in Kategorien unterteilt angeboten werden. Mithilfe des Formularbereichs soll es möglich sein, einen Kurs auszuwählen und die Details in die aktuelle Nachricht zu übernehmen. Das Ganze basiert auf einem Outlook Add-In, das erst in Kapitel 10 an der Reihe ist. Ferner zeigt es Daten an, die aus einer Datenbank stammen, die über eine Datenquelle angesprochen wird. Dieses Thema wird erst in Kapitel 12 behandelt (es wird daher wieder einmal einiges vorweggenommen). Aus Platzgründen wird die Umsetzung nicht im Detail beschrieben.

CD-ROM Das Beispiel ist auf der Buch-CD in der Projektmappe *Kap8_OutlookFormularBereich.sln* enthalten.

1. Starten Sie Visual Studio, legen Sie ein neues Projekt vom Typ *Outlook 2007 Add-In* an und nennen Sie es zum Beispiel **OutlookFormularBereich_Beispiel** (wenngleich der Name selbst keine Rolle spielt). Bestätigen Sie die Auswahl mit *OK*.
2. Sie sehen das (relativ) leere Codefensters eines VSTO-Add-Ins. An dieser Stelle wird für dieses Beispiel kein Code benötigt. Fügen Sie stattdessen über *Projekt/Neues Element hinzufügen* eine Vorlage vom Typ *Outlook-Formularbereich* hinzu und geben Sie ihr den Namen **KursAuswahl**.

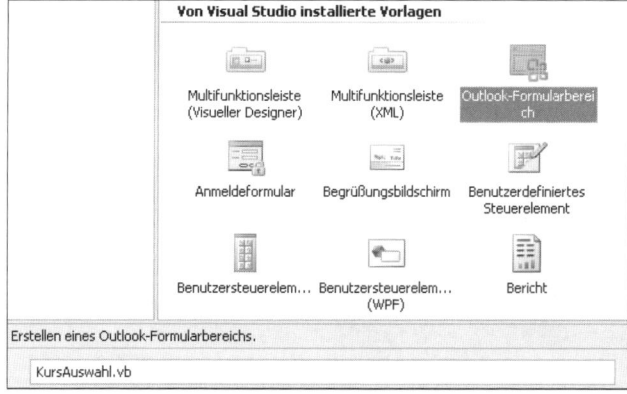

Abbildung 8.11 Das Projekt wird um eine Vorlage vom Typ *Outlook-Formularbereich* erweitert

3. Es startet ein Assistent, der wissen möchte, welche Sorte von Formularbereich gewünscht wird. Übernehmen Sie die voreingestellte Option *Neuen Formularbereich entwerfen* (alternativ könnten Sie an dieser Stelle einen bereits vorhandenen Formularbereich als Osf-Datei laden – das geht nur an dieser Stelle und nicht nachträglich). Weiter geht's mit *Weiter*.
4. Dies ist der wichtigste Schritt, denn es gibt vier »Sorten« von Formularbereichen:
   - *Trennen* (der Formularbereich wird zu einer neuen Seite im Formular)
   - *Benachbart* (der Formularbereich erscheint am unteren Rand des Formulars)
   - *Ersetzung* (der Formularbereich ersetzt nur die Standardseite des Formulars)
   - *Alle ersetzen* (der Formularbereich ersetzt das komplette Formular mit seinen Seiten)

   Wählen Sie die Option *Benachbart*. Dies dürfte auch die gebräuchlichste Variante sein. Weiter geht's mit *Weiter*.

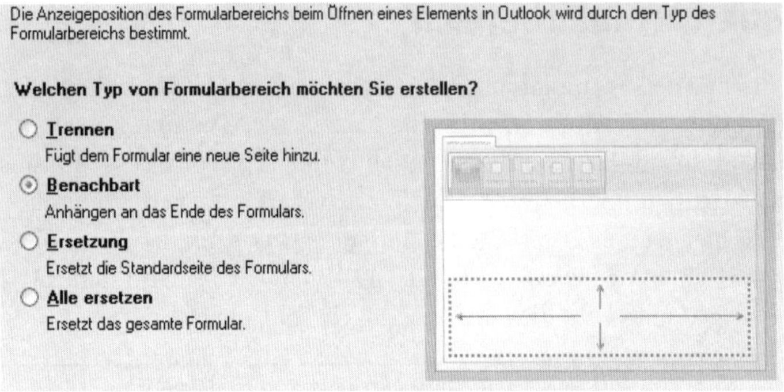

Abbildung 8.12 Für den Formularbereich wird die Option *Benachbart* gewählt

5. Im nächsten Schritt erhält der Formularbereich seinen Namen und Sie können auswählen, in welchen Anzeigemodi der Formularbereich dargestellt werden sollen. Übernehmen Sie lediglich die Option *Inspektoren im Verfassenmodus*. Weiter geht's mit *Weiter*.

6. Es kommt eine weitere wichtige Entscheidung auf Sie zu. Im nächsten Dialog legen Sie fest, für welche Standardmeldungsklassen der Formularbereich angezeigt werden soll. Outlook lädt einen Formularbereich nicht über seinen Namen, sondern über die Meldungsklasse, die ihm zugeordnet wurde. Welche Klassen Sie hier wählen, hängt von der Rolle ab, die der Formularbereich spielen soll. In dieser Übung soll der Formularbereich nur im Fenster einer neuen Nachricht erscheinen, sodass Sie lediglich die Einstellung *E-Mail-Nachricht (IPM.Note)* übernehmen. Beenden Sie den Assistenten durch *Fertig stellen*.

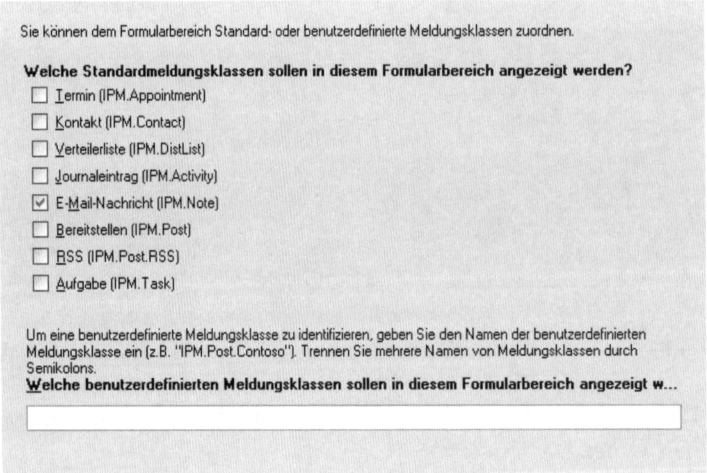

Abbildung 8.13 Über die Meldungsklasse wird festgelegt, in welchen Formulartypen der Formularbereich erscheinen soll

7. So vielversprechend wie es begann, geht es leider nicht weiter. Das Ergebnis des Assistenten ist ein leeres und unscheinbares Benutzersteuerelement (anstelle eines richtigen Designers). Doch auch damit lässt sich eine Menge anfangen. Im Folgenden soll das Benutzersteuerelement umgesetzt werden. Es besteht aus einem Label, einer ComboBox, einer GroupBox, die wiederum vier Labels enthält, einem Button und als kleinen Höhepunkt einem BindingNavigator, durch den der Anwender später zwischen den Kursen in der – über die in der ComboBox ausgewählte – Kurskategorie navigieren kann. Abbildung 8.14 zeigt das fertige Benutzersteuerelement im Entwurfsmodus.

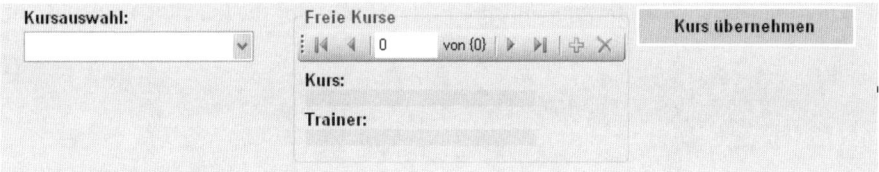

Abbildung 8.14 Das fertige Benutzersteuerelement im Entwurfsmodus

8. Ab diesem Punkt geht es leider nicht mehr in dem gemütlichen Tempo weiter. Der Grund: Die Daten, die im Formularbereich angezeigt werden sollen, stammen aus einer SQL Server Compact-Datenbank (die SQL Server 2005 Compact Edition ist fester Bestandteil von Visual Studio 2008, sodass es naheliegt, sie einmal einzusetzen). Wie eine solche Datenbank erstellt wird, wird in Kapitel 12 besprochen. Im Folgenden wird daher vorausgesetzt, dass eine Datenbank mit dem Namen *VSTOKursInfo.sdf* im Verzeichnis *C:\Daten* existiert, die aus den beiden Tabellen *Kurse* (mit den Feldern *KursID*; *KategorieID, Titel* und *Trainer*) und *KursKategorien* (mit den Feldern *KategorieID* und *Kategorie*) besteht und die ein paar Datensätze enthält (Sie finden die Datenbank sowie das fertige Projekt auf der Buch-CD).

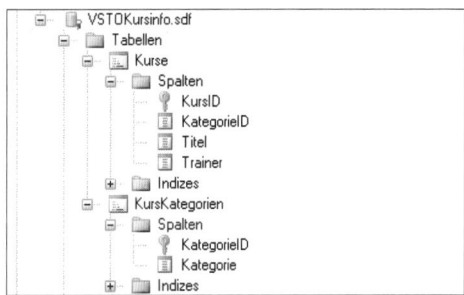

Abbildung 8.15 Die Datenbank *VSTOKursInfo.sdf* wird im Server-Explorer von Visual Studio angezeigt

9. Die Datenbank ist da, jetzt wird zu dem Projekt über *Daten/Neue Datenquelle hinzufügen* eine neue Datenbankquelle basierend auf dieser Datenbank angelegt und dabei beide Tabellen ausgewählt. Das Ergebnis ist ein DataSet, das den Namen **VSTOKursinfoDS** erhält. Auch diese Details werden in Kapitel 12 ausführlich beschrieben.

10. Jetzt muss noch ein »wenig« programmiert werden. Schalten Sie beim Benutzersteuerelement per F7 auf den Programmcode um und geben Sie ganz oben zwei *Imports*-Befehle ein:

```
Imports System.Windows.Forms
Imports System.Data.SqlServerCe
```

Der Namespace *System.Data.SqlServerCe* enthält die Klassen für den Zugriff auf die SQL Server Compact-Datenbank. Die Assemblybibliothek und damit der Namespace stehen zur Verfügung, weil eine SQL Server Compact-Datenbank zum Projekt hinzugefügt wurde.

11. Geben Sie unterhalb des *Class*-Befehls den folgenden Befehl ein:

```
Private Bs As BindingSource
```

Die Variable *Bs* ist später für die Bindung der Kursdaten an die Navigationsleiste zuständig.

12. Fügen Sie in die bereits vorhandene *FormRegionShowing*-Ereignisprozedur die folgenden Befehle ein:

```
Dim AssPfad As String = "C:\Daten"
AppDomain.CurrentDomain.SetData("DataDirectory", AssPfad)
Dim Ds As New VSTOKursinfoDS()
Dim TaKategorien As New VSTOKursinfoDS.KursKategorienDataTable
Dim DaKategorien As New VSTOKursinfoDSTableAdapters.KursKategorienTableAdapter()
DaKategorien.Fill(TaKategorien)
cbKursThemen.DisplayMember = "Kategorie"
cbKursThemen.DataSource = TaKategorien
```

Diese Befehle laden die Daten der Tabelle *Kategorie* aus der Datenbank in das *DataTable*-Objekt *TaKategorien* und binden es an die ComboBox, sodass die Kurskategorien dort angezeigt werden. Ein kleiner Trick kann schnell übersehen werden. Über den Befehl

```
AppDomain.CurrentDomain.SetData("DataDirectory", AssPfad)
```

wird das »Data Directory« der Anwendung auf *C:\Daten* gesetzt, sodass die Datenbankdatei in der Verbindungszeichenfolge über den Platzhalter *DataDirectory* angesprochen werden kann. Der Pfad ist daher nicht absolut.

13. Fügen Sie in die *SelectedIndexChanged*-Ereignisprozedur der ComboBox die folgenden Befehle ein:

```
Try
    Dim TaKurse As New Data.DataTable
    TaKurse.TableName = "Kurse"
    Dim Sql As String = "Select KursID, Titel, Trainer From Kurse, KursKategorien " & _
        "Where Kurse.KategorieID = KursKategorien.KategorieID And Kurse.KategorieID=@KatID"
    Dim DaKurse As New SqlCeDataAdapter(Sql, My.Settings.VSTOKursinfoCn)
    DaKurse.SelectCommand.Parameters.AddWithValue("KatID", _
        cbKursThemen.SelectedItem.Item("KategorieID"))
    DaKurse.Fill(TaKurse)
    Bs = New BindingSource()
    Bs.DataSource = TaKurse
    If lbKurs.DataBindings.Count > 0 Then
        lbKurs.DataBindings.RemoveAt(0)
    End If
    If lbTrainer.DataBindings.Count > 0 Then
        lbTrainer.DataBindings.RemoveAt(0)
    End If
    lbKurs.DataBindings.Add("Text", Bs, "Titel")
    lbTrainer.DataBindings.Add("Text", Bs, "Trainer")
    BindingNavigator1.BindingSource = Bs
    BindingNavigator1.Refresh()
Catch ex As SystemException
    Außergewöhnlicher Fehler
    MessageBox.Show("Fehler in cbKursThemen_SelectedIndexChanged", ex.Message)
End Try
```

Diese Befehle sollen an dieser Stelle noch nicht kommentiert werden, da sie in Kapitel 12 an der Reihe sind. Nur so viel: Durch Auswahl einer Kurskategorie wird eine *KategorieID* produziert, die per SQL-Anweisung zum Abruf der Kurse mit dieser Kategorie aus der Datenbank führt. Über die BindingSource

Bs werden Trainername und Kurstitel an zwei Labels gebunden. Der *BindingNavigator* sorgt dafür, dass sich der Anwender über die Buttons zwischen den einzelnen Kursen der Kategorie vor- und zurückbewegen kann. Dies ist bei den VSTO 3.0 der übliche Weg, um Daten in eine Anwendung hereinzuholen.

14. Fügen Sie zum Schluss in die *Click*-Prozedur des Buttons die folgenden Befehle ein:

```
Dim Insp As Outlook.Inspector = Globals.ThisAddIn.Application.ActiveInspector
Dim Mi As Outlook.MailItem = DirectCast(Insp.CurrentItem, Outlook.MailItem)
Dim AusgabeText As String
AusgabeText = "Kurs:"
AusgabeText &= Bs.Current.Item("Titel") & vbCrLf
AusgabeText &= "Trainer:"
AusgabeText &= Bs.Current.Item("Trainer") & vbCrLf
Mi.Body = AusgabeText
```

Diese Befehle sorgen dafür, dass die Daten des selektierten Kurses in die Nachricht übernommen werden.

15. Das war alles. Jetzt wird es spannend. Starten Sie das Projekt. Da es ein Outlook-Add-In ist, wird kurz darauf Outlook 2007 aufgerufen und das Add-In wird geladen und damit aktiv. Legen Sie eine neue E-Mail-Nachricht an. Im unteren Bereich sollte der Formularbereich *KursAuswahl* angeboten werden. Nach dem Einblenden des Formularbereichs erscheint das Benutzersteuerelement, dieses Mal mit Daten aus der Datenbank gefüllt. Nach dem Klick auf den Button werden die Eckdaten des gewählten Kurses in das Nachrichtenfenster übernommen

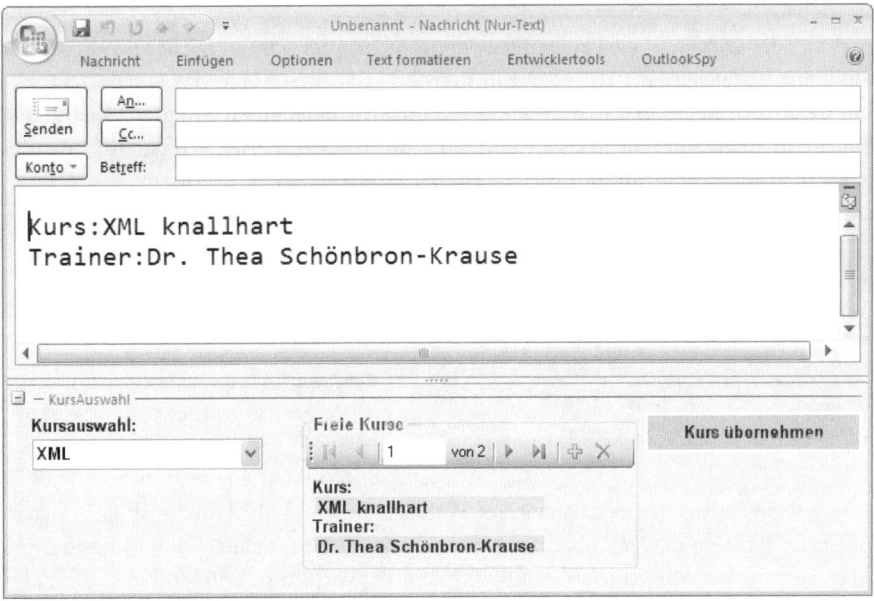

Abbildung 8.16 Der fertige Formularbereich in Aktion

Das ist ein Beispiel für einen Formularbereich, der durchaus nützliche Dienste übernehmen kann. Als Alternative dafür, dass der Anwender die Kursdaten per Copy & Paste einfügt oder gar abtippt, werden sie elegant übernommen. Dass die Daten aus einer Datenbank stammen, ist nur eine Möglichkeit. Theoretisch können sie von überall her kommen.

Ein CustomTaskPane bei Outlook-Formulare

Wie bei Excel und Word kann auch bei Outlook 2007 ein CustomTaskPane im Rahmen eines Add-Ins auf Anwendungsebene angezeigt werden – entweder im Anwendungsfenster oder in einem Inspektorfenster. Das CustomTaskPane basiert auf einem Benutzersteuerelement und wird mit dem Laden des Add-Ins wie folgt hinzugefügt:

```
Private WithEvents Tp As Microsoft.Office.Tools.CustomTaskPane

Private Sub ThisAddIn_Startup(ByVal sender As Object, ByVal e As System.EventArgs) Handles Me.Startup
  Tp = Me.CustomTaskPanes.Add(New UserControl1(), "Test-CustomTaskPane")
  Tp.DockPosition = Microsoft.Office.Core.MsoCTPDockPosition.msoCTPDockPositionRight
  Tp.DockPositionRestrict = _
      Microsoft.Office.Core.MsoCTPDockPositionRestrict.msoCTPDockPositionRestrictNoHorizontal
  Tp.Visible = True
End Sub
```

Da das CustomTaskPane nach dem Start automatisch angezeigt wird, muss – in der Regel über eine Ribbon-Erweiterung – erreicht werden, dass sie wieder sichtbar gemacht werden kann, wenn sie durch den Anwender geschlossen wurde.

Der OutlookSpy

Ein Hinweis gleich vorweg. Der *OutlookSpy* ist keine Freeware, sondern ein kommerzielles Produkt (es kann aber 30 Tage unverbindlich getestet werden), das aber sehr preiswert ist und das manchmal schon nach wenigen Minuten sein Geld wert ist[9]. Dass es in diesem Kapitel erwähnt wird, hat einen einfachen Grund. Es gibt Situationen, da kommt man nicht ohne dieses Werkzeug aus und da es Microsoft nicht für erforderlich gehalten hat, ein solches Werkzeug (etwa im Rahmen eines »Outlook SDKs«) zur Verfügung zu stellen, darf man froh darüber sein, dass sich ein Entwickler die Mühe gemacht hat, es zu programmieren.

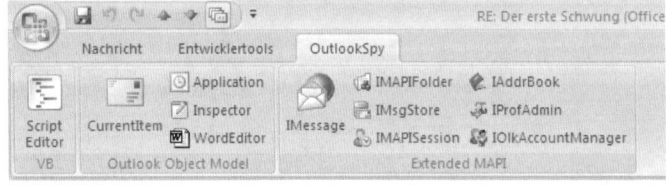

Abbildung 8.17 Der OutlookSpy integriert sich bei Outlook 2007 in die Multifunktionsleiste eines Inspektorfensters

Doch warum ist der OutlookSpy etwas Besonderes? Weil er Einblicke in die MAPI-Funktionalitäten liefert, die man ansonsten mit großem Zeitaufwand (wenn überhaupt) selbst herausfinden müsste. Der wichtigste Aspekt ist dabei der Umstand, dass der OutlookSpy zu jedem Outlook-Element, wie etwa eine Nachricht, alle Extended MAPI-Properties mit ihren aktuellen Werten anzeigt[10]. Nach der Installation integriert sich der OutlookSpy nahtlos in die Outlook-Befehlsleiste, sowohl der Befehlsleiste der Anwendung als auch der eines Inspektorfensters.

---

[9] Und die Autoren stehen natürlich in keiner wie auch immer gearteten Beziehung zum Hersteller, bei dem es sich um Dmitry Streblechenko handelt, der für seine kostenlose Redemption-DLL in der Outlook-Szene bekannt ist und der angeblich im Outlook-Team bei Microsoft mitgearbeitet hat, um deren Funktionalität in das Objektmodell von Outlook 2007 einfließen zu lassen.

[10] An die Namen der MAPI-Properties käme man theoretisch auch über die MAPI-Dokumentation heran, doch da MAPI noch aus dem »Vor-Internet-Zeitalter« stammt, sind auch die Quellen im ansonsten scheinbar unerschöpflichen Internet-Reservoir äußerst dünn.

Der OutlookSpy

Möchten Sie zum Beispiel wissen, wie sich das Beantworten einer Mail auf die erweiterten MAPI-Eigenschaften auswirkt, markieren Sie zunächst die Nachricht im *Posteingang*. Selektieren Sie anschließend *IMessage* in der OutlookSpy-Symbolleiste, wechseln Sie auf das Register *Watch*, suchen Sie die Property in der Liste der verfügbaren Properties und fügen Sie diese über den Button --> zur *Watch*-Liste hinzu. Wenn Sie mit der Nachricht eine Aktion ausführen (sie zum Beispiel weiterleiten oder beantworten), die die gewählte Eigenschaft betrifft und das Fenster im Hintergrund sichtbar bleibt, wird ihr aktueller Wert nach Anklicken von *Dump Now* angezeigt. Eine scheinbar etwas lästige Einschränkung ist, dass Eigenschaften erst dann in der Liste erscheinen, wenn sie einen Wert besitzen (aus diesem Grund ist es etwas schwierig, die Rolle von *PR_LAST_VERB_EXECUTED* zu enträtseln, da diese Eigenschaft erst dann existiert, wenn mit der Nachricht eine Aktion ausgeführt wurde). Doch das liegt in der Natur der MAPI-Properties. Eine Eigenschaft, die immer angeboten wird, ist zum Beispiel *PR_LAST_MODIFICATION_TIME*. Das ist natürlich noch längst nicht alles, was der OutlookSpy zu bieten hat. Es ist sehr einfach, MAPI-Properties anhand ihrer Tags oder ihres Namens ausfindig zu machen (wenngleich sich das Dialogfeld recht kleinlich bei der Eingabe des Property-Wertes anstellt).

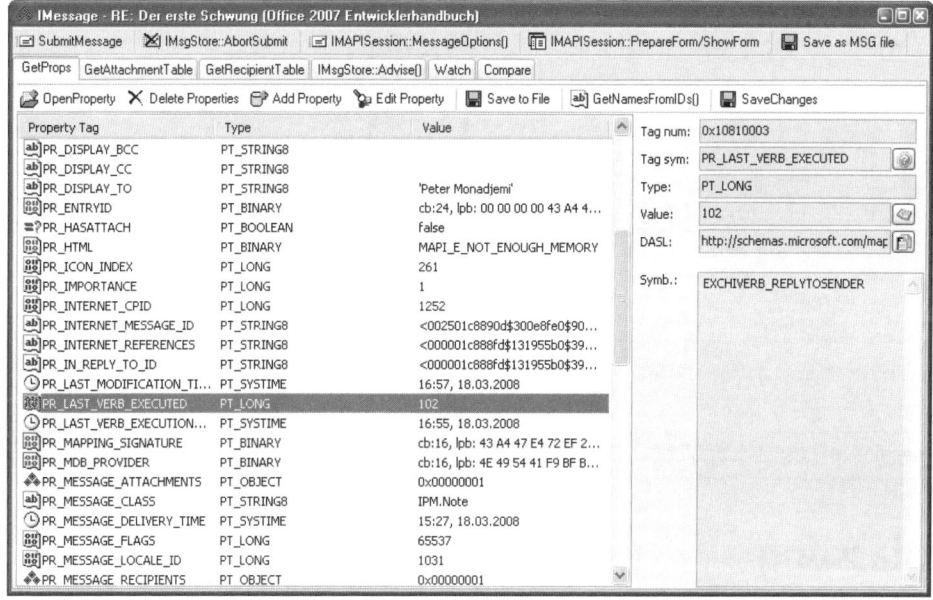

Abbildung 8.18 Spionieren für eine gute Sache – der OutlookSpy zeigt unter anderem die erweiterten MAPI-Eigenschaften einer Nachricht an

Eine nette Kleinigkeit ist es, einzelne Properties direkt in einem Skriptfenster über passende VBScript-Befehle abzufragen. Dabei wird für jedes Fenster, in Abhängigkeit des MAPI-Elements, eine globale Variable (zum Beispiel *MailItem*) angegeben. Diese Variable ist vordefiniert und wird benutzt, um einzelne Properties in Erfahrung zu bringen (Tabelle 8.13 zeigt mögliche Werte der MAPI-Property *PR_LAST_VERB_EXECUTED*).

EXCHIVERB_RESERVED_OPEN	101
EXCHIVERB_REPLYTOSENDER	102
EXCHIVERB_REPLYTOALL	103
EXCHIVERB_FORWARD	104

Tabelle 8.13 Die möglichen Werte des Extended MAPI-Feldes *PR_LAST_VERB_EXECUTED*

EXCHIVERB_PRINT	105
EXCHIVERB_SAVEAS	106
EXCHIVERB_RESERVED_DELIVERY	107
EXCHIVERB_REPLYTOFOLDER	108

Tabelle 8.13 Die möglichen Werte des Extended MAPI-Feldes *PR_LAST_VERB_EXECUTED* (Fortsetzung)

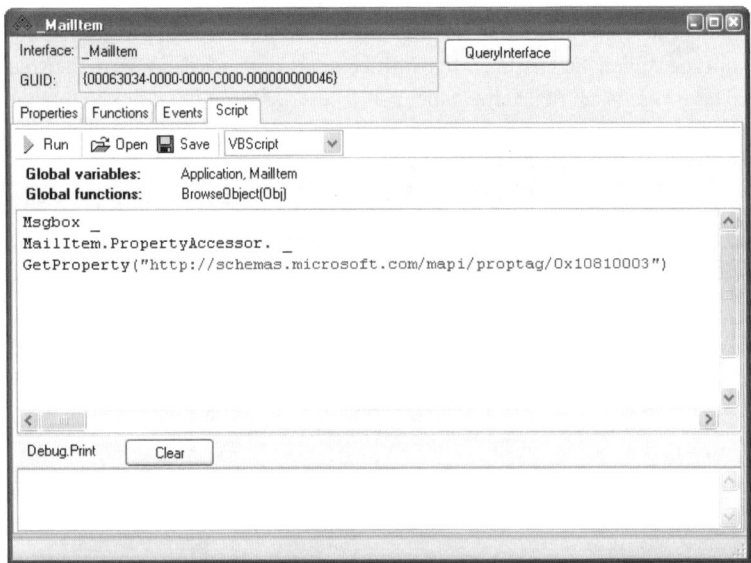

Abbildung 8.19 Im Skriptfenster können VBScript-Befehle ausgeführt werden, zum Beispiel zur Abfrage einzelner Eigenschaften

HINWEIS Weitere Infos zum *OutlookSpy* gibt es unter *http://www.dimastr.com/outspy/*.

Zusammenfassung

Mit Outlook 2007 wurde das Objektmodell der Anwendung so erweitert, dass praktisch alle Funktionalitäten der Anwendung auch programmgesteuert angesprochen werden können. Das war bis Outlook 2003 nicht der Fall. Externe APIs wie die CDO oder die Redemption-DLL werden nicht mehr benötigt, da sich die erweiterten MAPI-Eigenschaften über das *PropertyAccessor*-Objekt direkt ansprechen lassen. Gleichzeitig wurde die Dokumentation im Rahmen der VBA-Hilfe erweitert und durch Beispiele ergänzt, sodass das Einarbeiten in das Objektmodell ähnlich einfach wird wie in das von Excel oder Word.

Wie geht es in diesem Buch weiter?

Damit sind die »Automatisierungsthemen« abgehandelt. Auch Office-Anwendungen wie PowerPoint, Project und Visio bieten selbstverständlich ein Objektmodell, das auf die gleiche Weise im Rahmen eines VSTO-Add-Ins angesprochen wird, wie es für Excel, Word und Outlook beschrieben wurde. In den nächsten beiden Kapiteln sind mit den Erweiterungen auf Dokument- und Anwendungsebene reine VSTO-Themen an der Reihe.

Kapitel 9

Dokumenterweiterungen für Excel und Word

In diesem Kapitel:

Was ist eine Dokumenterweiterung?	366
SmartTags	371
Daten in Dokumenten unterbringen	378
Dateninseln und das ServerDocument-Objekt	379
Dokumenterweiterungen ausliefern	393
Zusammenfassung	394

In diesem Kapitel geht es um Erweiterungen (Anpassungen) auf Dokumentebene, die mit Excel 2003/2007 und Word 2003/2007 möglich sind. Gegenüber den VSTO 2.0 haben sich bis auf die Word-Inhaltssteuerelemente und den Umstand, dass auch Excel 2007 und Word 2007 unterstützt werden, keine (in diesem Zusammenhang erwähnenswerten) Unterschiede ergeben, sodass sich diese Sorte von Erweiterungen auch mit Visual Studio 2005 und den VSTO 2.0 umsetzen ließen (allerdings nicht mit den VSTO 2005 SE). Wie bei den Erweiterungen auf Anwendungsebene, die in Kapitel 10 an der Reihe sind, besteht auch bei den Dokumenterweiterungen der größte Unterschied, der mit den VSTO 3.0 einhergeht, in der Art und Weise, wie eine Dokumenterweiterung verteilt wird.

Was ist eine Dokumenterweiterung?

Diese Frage lässt sich schnell beantworten. Eine Dokumenterweiterung ist eine Assembly, die mit dem Öffnen eines Dokuments geladen wird. Sie wird bei Word in der Regel auf einer Dokumentvorlage basieren, sodass sie in jedem Dokument, das auf dieser Erweiterung basiert, zur Verfügung steht. Was eine Dokumenterweiterung im Einzelnen unternimmt, bleibt der Fantasie des Entwicklers überlassen. Wie ein typisches Add-In wird sie sich in die Befehlsleiste einklinken oder in einer Multifunktionsleiste einen oder mehrere Bereiche anlegen, über die die Funktionalität der Erweiterung zur Verfügung gestellt wird. Anders als bei einer Anwendungserweiterung spielt die Registry keine Rolle, da die Office-Anwendung mit dem Laden der Erweiterung nichts zu tun hat. Sie kann und wird sich in der Regel auch auf einem Netzwerkshare befinden, sodass sie physikalisch nur einmal vorhanden ist und trotzdem von allen Arbeitsplätzen (auf jedem muss allerdings die Ausführung entweder über Codeausführungsrichtlinien oder über ein Zertifikat zugelassen sein) genutzt werden kann. Der entscheidende Unterschied liegt darin, dass für eine Dokumenterweiterung in jedem Fall eine Berechtigung eingerichtet werden muss, was bei Office 2007 deutlich einfacher ist als bei Office 2003.

Die Struktur eines Erweiterungsprojekts

Der Umstand, dass nach der Auswahl eines Excel- oder Word-Erweiterungsprojekts Excel 2003/2007 bzw. Word 2003/Word 2007 direkt in Visual Studio läuft und sich zum Beispiel die Menüs beider Anwendungen entsprechend »vermischen«, ist beeindruckend (auch wenn nicht alle Möglichkeiten der Anwendung zur Verfügung stehen, wie zum Beispiel der VBA-Editor und die Möglichkeit, Makros aufzuzeichnen), spielt aber für die Programmierung nur eine indirekte Rolle. Hier ist es wichtig zu wissen, was hinter den Kulissen geschieht. Das Projekt, das für eine Dokumenterweiterung angelegt wird, bildet die Struktur der Anwendung entsprechend ab, indem bei Excel für die Arbeitsmappe und ihre Arbeitsblätter und bei Word für das Dokument jeweils eine eigene Klasse im Projekt angelegt wird. Für eine Arbeitsmappe heißt sie *ThisWorkbook*, für ein Tabellenblatt entsprechend *Tabelle1*, *Tabelle2* usw. bzw. lauten die Klassennamen so, wie die Tabellenblätter einer bereits existierenden Arbeitsmappe benannt sind. Bei einem Word-Dokument heißt die Klasse entsprechend *ThisDocument*. Die Klasse leitet sich von dem jeweiligen Objekt der Anwendung ab, erweitert dieses aber um VSTO-spezifische Besonderheiten. Was sich zum Beispiel hinter der *ThisDocument*-Klasse verbirgt, wird deutlich, wenn im Projektmappen-Explorer alle Dateien sichtbar gemacht werden. Es wird deutlich, dass jede dokumentspezifische Klasse von einer weiteren Designer-Quelltextklasse begleitet wird, in der die Klassendefinition (auf der Basis einer partiellen Klasse) fortgesetzt wird. In *ThisWorkbook.Desginer.vb* sieht die Definition der *ThisWorkbook*-Klasse zum Beispiel folgendermaßen aus:

```
<Microsoft.VisualStudio.Tools.Applications.Runtime.StartupObjectAttribute(0), _
    Global.System.Security.Permissions.PermissionSetAttribute(Global.System.Security.Permissions. _
    SecurityAction.Demand, Name:="FullTrust")> _
Partial Public NotInheritable Class ThisWorkbook
    Inherits Microsoft.Office.Tools.Excel.Workbook
```

Eine solche Definition wirkt aufgrund der beiden Attribute, denen vom Codegenerator jeweils der komplette Namespace vorangestellt wurde, nicht nur ein wenig »wüst«, der Quellcode ist auch nicht unbedingt für das Anschauen gedacht, da er ausschließlich im Hintergrund wirkt. Wichtig ist lediglich die Erkenntnis, dass sich die Klasse *ThisWorkbook* von der Klasse *Workbook* im Namespace *Microsoft.Office.Tools.Excel.Workbook* ableitet und damit von jener Klasse, die in der VSTO-Laufzeit ein Excel-Workbook-Objekt repräsentiert.

Eigene Aufgabenbereiche mithilfe des ActionsPane

Bereits mit den VSTO 2.0 stellt die Laufzeit zwei Objekte zur Verfügung, die Dokumenterweiterungen die Möglichkeit bieten soll, zu echten »Smart Documents« zu werden: *ActionsPane* und *SmartTags*. Mit den VSTO 3.0 kommt das *CustomTaskPane*-Objekt für Anwendungserweiterungen hinzu. Doch was um alles in der Welt muss man sich unter einem ActionsPane, also einem »Aktionsbereich« vorstellen? Dahinter steckt eine dieser Wortschöpfungen, die vermutlich aus der Not geboren wurde, dass man für eine rechteckige Fläche in einer Office-Anwendung nur eine begrenzte Anzahl an Wortvariationen erfinden kann. Mit Office 2003 wurden bekanntlich die Aufgabenbereiche (engl. »task panes«) eingeführt (allerdings nur, um sie mit Office 2007 wieder von der Bildfläche verschwinden zu lassen). In einem Aufgabenbereich, der über `Strg`+`F1` sichtbar gemacht wird, werden dem Anwender (in der Regel am rechten Rand des Anwendungsfensters) zum Beispiel die ersten Schritte, die Clipart-Sammlung oder die Elemente eines XML-Schemas angeboten. Der Bereich ist nicht nur deswegen so attraktiv, weil hier die für die Benutzung eines geladenen Dokuments wichtigsten Bedienelemente zusammengefasst sind, sondern weil, anders als in einer Befehlsleiste, im Prinzip beliebige Bedienelemente angeboten werden können. Dass es die Aufgabenbereiche bei Office 2007 offiziell nicht mehr gibt, bedeutet nicht, dass sie im Rahmen einer Dokumenterweiterung nicht weniger nützlich sind. Gerade hier sind sie sehr attraktiv, da der Aufgabenbereich deutlich mehr Möglichkeiten bietet als eine Befehlsleiste und auch als eine Erweiterung der Multifunktionsleiste. Sie werden dann lediglich ausschließlich über die Anpassung gesteuert und nicht mehr über die Office-Anwendung.

Das Hinzufügen eines Aufgabenbereichs in Gestalt einer SmartDocument-Erweiterung zu einer Office 2003-Anwendung war vor den VSTO für Normalsterbliche eine praktisch unlösbare Aufgabe (sofern man nicht auf eines der sicher sehr guten Tools wie *Add-In Express* oder *Vertigo* zurückgegriffen hat)[1]. Die Task-Panes basieren auf COM-Schnittstellen, ihr Funktionsumfang wird durch XML-Dateien definiert und sie werden über XML-Erweiterungspakete von der Anwendung geladen. Ihre Umsetzung ist daher entsprechend kompliziert und fehlerträchtig. Die VSTO bieten seit der Version 2.0 ein Objekt mit dem Namen *ActionsPane*, mit dem sich ein eigener Aufgabenbereich auf der Basis einer SmartDocuments-Erweiterung sehr einfach zusammenstellen lässt. Ein ActionsPane ist ein spezielles WinForms-Steuerelement, das die komplette Innenfläche einer Aufgabenleiste ausfüllt. Über seine *Controls*-Auflistung können sowohl reguläre WinForms-Steuerelemente als auch Benutzersteuerelemente hinzugefügt werden. Das Anlegen eines individuellen Aufgabenbereichs für ein Office 2003/2007-Dokument könnte damit einfacher nicht sein. Der folgende Befehl fügt im Rahmen einer VSTO-Anwendung im *Startup*-Event des zuständigen *Workbook*-Objekts der Arbeitsmappe einen Aufgabenbereich mit einem Kalenderblatt und einem Button hinzu, der nach dem Start automatisch angezeigt wird:

---

[1] Wie auch das Kapitel 21 in der ersten »Version« dieses Buches sicher eindrucksvoll demonstriert hat.

```
Me.ActionsPane.Controls.Add (New MonthCalendar)

Dim Bn As New Button()
Bn.Text = "Datum übernehmen"
Me.ActionsPane.Controls.Add (Bn)
```

Der ActionsPane-Bereich (der Aufgabenbereich heißt im deutschsprachigen Office grundsätzlich »Dokumentaktionen«) wird mit dem Hinzufügen eines Controls automatisch sichtbar. Das ActionsPane besitzt kleinere Einschränkungen, wie den Umstand, dass sich der Titel nicht festlegen und die Größe nicht programmgesteuert ändern lässt, ist aber ansonsten eine solide Angelegenheit. Mit den VSTO 3.0 kommt das *CustomTaskPane*-Objekt hinzu, das ähnlich strukturiert ist, dem *ActionsPane*-Objekt aber in ein paar Kleinigkeiten überlegen ist. Der wichtigste Unterschied ist, dass sich auch mehrere dieser Bereiche, zum Beispiel nebeneinander, anzeigen lassen (und jedem Bereich eine eigene Überschrift verliehen werden kann). Mehr dazu in Kapitel 10.

Das ActionsPane-Objekt im Detail

Die *ActionsPane*-Klasse befindet sich im Namespace *Microsoft.Office.Tools.Common*. Sie leitet sich zwar von der allgemeinen *Component*-Klasse ab, entspricht in vielen Punkten aber eher einem typischen WinForms-Control. Tabelle 9.1 stellt die wichtigsten Mitglieder der *ActionsPane*-Klasse zusammen.

Ein *ActionsPane*-Objekt besitzt ein paar Möglichkeiten, die nicht auf den ersten Blick deutlich werden:

- Zur *Controls*-Auflistung können nicht nur reguläre Steuerelemente, wie Buttons oder TextBoxen, sondern zum Beispiel auch ein *DataGridView*-Control zur Anzeige tabellarischer Daten sowie Benutzersteuerelemente hinzugefügt werden. Damit lassen sich vor allem Daten aus einer typischen Datenquelle einfach und elegant in einem Aufgabenbereich anzeigen.

- Eine ActionsPane kann auch Menüs, Befehlsleisten und Kontextmenüs anzeigen und da ein Container-Steuerelement, wie eine GroupBox, selber eine Menüleiste besitzen kann, ergeben sich gewisse Möglichkeiten, viel Funktionalität auf kleinstem Raum unterzubringen.

- Mit einem ActionsPane sind Drag & Drop-Operationen möglich, es lassen sich zum Beispiel Daten aus einem Excel-Tabellenblatt im Aufgabenbereich ablegen und einfache Datenelemente (wie zum Beispiel eine Zahl) auf das Tabellenblatt ziehen.

- Auch das wird nicht unbedingt sofort ersichtlich: Der ActionsPane-Bereich kann mit der Maus verschoben und in seiner Größe verändert werden sowie an den vier Rändern des Anwendungsfensters andocken (er muss also nicht am rechten Rand »kleben« bleiben).

Auch wenn die allermeisten WinForms-Steuerelemente für das Platzieren auf einem ActionsPane infrage kommen, wird die Auswahl natürlich durch den Umstand eingeschränkt, dass der Bereich selten breiter als maximal 10 cm ist (was natürlich nur eine empfohlene Einschränkung ist), sodass die Verwendung eines DataGridView mit mehr als ein paar Spalten nicht unbedingt empfehlenswert ist.

Mitglied	Bedeutung
AccessibleName-Eigenschaft	Über diese Eigenschaft wird ein Satz an Einstellungen ausgewählt, der über die Systemsteuerung von Windows festgelegt wird und der Menschen mit einer Behinderung die Bedienung des Controls erleichtern soll. Dies ist aber eine allgemeine Eigenschaft, die es bei jedem WinForms-Control gibt, und keine Errungenschaft des ActionsPane.
ActiveControl-Eigenschaft	Steht für das innerhalb des ActionsPane aktive Steuerelement.
AutoRecover-Eigenschaft	Dies ist eine spezielle Eigenschaft. Ist ihr Wert *True* (das ist die Voreinstellung), sorgt die VSTO-Laufzeit dafür, dass das ActionsPane automatisch wieder angezeigt wird, wenn es durch eine Aktion, die mit der Anwendung ausgeführt wird, eigentlich verschwunden sein sollte. Normalerweise sollte es keinen Grund geben, sie auf *False* zu setzen[2].
AutoScroll-Eigenschaft	Wenn *True*, wird automatisch eine Bildlaufleiste eingeblendet, falls der Fensterbereich kleiner ist als der Bereich des ActionsPane.
Clear-Methode	Trennt das ActionsPane vom Dokument, indem das dahinter stehende XML-Erweiterungspaket entladen wird, sodass es nicht mehr zur Verfügung steht.
Controls-Eigenschaft	Die Auflistung steht für alle Steuerelemente, die zum ActionsPane hinzugefügt wurden. Über die *Add*-Methode wird ein weiteres Steuerelement aufgenommen. Durch das erste Hinzufügen wird das Actions-Pane nach dem Laden des Dokuments automatisch sichtbar.
Height-Eigenschaft	Hat bei ActionsPanes keine Bedeutung, da die Größe des ActionsPane nicht per Programm geändert werden kann, sondern durch die Größe des Aufgabenbereichs vorbestimmt ist.
Orientation-Eigenschaft	Nur-Lese-Eigenschaft. Gibt die aktuelle Ausrichtung des ActionsPane an. Da die Ausrichtung durch den Anwender geändert werden kann, muss sich das ActionsPane theoretisch auf die aktuelle Ausrichtung einstellen können. Für diesen Zweck gibt es den *OrientationChanged*-Event.
Show-Methode	Macht das ActionsPane sichtbar (und setzt damit die *Visible*-Eigenschaft auf *True*).
Size-Eigenschaft	Hat bei ActionsPanes keine Bedeutung, da die Größe des ActionsPane nicht per Programm geändert werden kann, sondern durch die Größe des Aufgabenbereichs vorbestimmt ist.
StackOrder-Eigenschaft	Legt fest, auf welche Weise die in dem ActionsPane platzierten Controls »gestapelt«, also angezeigt werden. Die Standardeinstellung ist *FromTop*, also von der Spitze beginnend.
Visible-Eigenschaft	*True*, wenn das ActionsPane angezeigt wird. Dies kann auch über die *Show*-Methode erreicht werden.
Width-Eigenschaft	Hat bei ActionsPanes keine Bedeutung, da die Größe des ActionsPane nicht per Programm geändert werden kann, sondern durch die Größe des Aufgabenbereichs vorbestimmt ist.

Tabelle 9.1 Die wichtigsten Mitglieder der *ActionsPane*-Klasse

Das ActionsPane-Objekt in der Praxis

Der Umgang mit dem *ActionsPane*-Objekt ist sehr einfach. Es wird bereits über die *ActionsPane*-Eigenschaft des *ThisDocument*-Objekts bei Word und des *ThisWorkbook*-Objekts von Excel im Rahmen eines VSTO-Projekts fix und fertig zur Verfügung gestellt, sodass im einfachsten Fall (im Prinzip) beliebige Controls über die *Add*-Methode der *Controls*-Eigenschaft hinzugefügt werden. Damit wird der ActionsPane-Bereich automatisch sichtbar. Die *StackOrder*-Eigenschaft bestimmt dabei, ob die Steuerelemente untereinander oder nebeneinander angeordnet werden. Es muss sich dabei nicht nur um schlichte Labels, Buttons oder ListBoxen handeln, auch Menüs und Befehlsleisten können zum ActionsPane hinzugefügt werden. Dies ist besonders dann interessant, wenn eine Datenbindung (Kapitel 12) ins Spiel kommt, weil sich auf diese Weise ausgewählte Inhalte einer

---

[2] Mehr zu dieser Eigenschaft und zu einigen anderen interessanten Details zum ActionsPane gibt es in einem Blogeintrag von Eric Carter – http://blogs.msdn.com/eric_carter/archive/2005/06/01/423950.aspx.

Datenquelle im Aufgabenbereich darstellen lassen, ohne dass dies ausprogrammiert werden muss. Im Allgemeinen wird man aber nicht einzelne Controls hinzufügen, sondern zuvor ein Benutzersteuerelement definieren, das die einzelnen Steuerelemente zusammenfasst und zur *Controls*-Auflistung hinzugefügt wird. Dies soll an einem einfachen Beispiel demonstriert werden.

> **CD-ROM** Das Beispiel ist in der Projektmappendatei *Kap9_VSTOActionsPaneBeispiel.sln* auf der Buch-CD zu finden.

1. Legen Sie ein neues VSTO-Projekt auf der Grundlage einer Excel 2003/2007-Arbeitsmappe oder Word 2003/ 2007-Dokumentvorlage an (der Typ spielt keine Rolle, da ActionsPanes in Excel und Word identisch sind).
2. Fügen Sie über *Projekt/Benutzersteuerelement hinzufügen* ein Benutzersteuerelement zum Projekt hinzu (in diesem Beispiel heißt es **RechnungAuswahlPane**).
3. Ordnen Sie auf dem Benutzersteuerelement verschiedene Steuerelemente an. Im Rahmen dieser Übung soll die Möglichkeit geschaffen werden, über die Eingabe einer Rechnungsnummer Details zu einer Rechnung abzurufen und in das aktuelle Dokument zu übernehmen. Bei dieser Übung stammen die Rechnungsdaten lediglich aus einer *Dictionary(Of T)*-Collection von *Rechnung*-Objekten, wobei die Klasse *Rechnung* Teil des Projekts ist. Die Collection *mRechnungen* wird beim Laden des UserControls mit ein paar *Rechnung*-Objekten gefüllt. Wird in die TextBox eine Rechnungsnummer eingegeben, werden die Rechnungsdetails nach dem Klick auf den Button in der ListBox angezeigt. Dies ist typische WinForms-Programmierung, die auf einem regulären WinForms-Formular exakt gleich aussehen würde.
4. In der *Startup*-Prozedur von *ThisWorkbook* bzw. *ThisDocument* wird das Benutzersteuerelement instanziiert und der *Controls*-Collection von *ActionsPane* hinzugefügt:

```
Dim RAuswahl As New RechnungAuswahlPane
Me.ActionsPane.Controls.Add(RAuswahl)
Me.ActionsPane.BackColor = Color.LightGreen
Me.ActionsPane.ContextMenu = SetupPainMenu()
```

Außerdem werden die Hintergrundfarbe eingestellt und ein Kontextmenü zusammengebaut, das der *ContextMenu*-Eigenschaft zugewiesen wird, sodass durch das Anklicken des ActionsPane mit der rechten Maustaste ein Menü erscheint (das für das Beispielprogramm aber keine Rolle spielt). Die zahlreichen Events, die ein *ActionsPane*-Objekt anbietet, werden durch Auswahl von *ActionsPane* aus der linken Auswahlliste des Programmcodefensters und der Auswahl des Events aus der rechten Auswahlliste einbezogen. Interessant ist zum Beispiel der *VisibleChanged*-Event, über den das Programm feststellen kann, wenn das ActionsPane vom Anwender geschlossen wird.

> **TIPP** Auch wenn es nur eine Kleinigkeit ist, sollten Buttons in einem ActionsPane oder CustomTaskPane durch Setzen der *FlatStyle*-Eigenschaft auf *Flat* und der Auswahl einer Hintergrundfarbe ein »unauffälliges« Look & Feel erhalten, das sich etwas besser an die Office-Optik anpasst, als es bei einem regulären Button der Fall wäre.

SmartTags

Abbildung 9.1 Ein ActionsPane zeigt ein Benutzersteuerelement zur Auswahl von Rechnungsdaten durch Eingabe der Rechnungsnummer an

Den ActionsPane-Bereich ein- und ausblenden

Es gibt drei verschiedene Ebenen, auf denen der ActionsPane-Bereich ein- und ausgeblendet werden kann. Die *Visible*-Eigenschaft des *ActionsPane*-Objekts allein macht nur das UserControl, das den Bereich ausfüllt, sichtbar bzw. unsichtbar. Damit allein ist also noch nichts gewonnen. Möchte man den Aufgabenbereich *Dokumentaktionen* sichtbar oder unsichtbar machen, erledigt das die Eigenschaft *DisplayDocumentActionTaskPane* beim *Application*-Objekt der Anwendung. Schließlich gibt es noch die Möglichkeit, den Aufgabenbereich als Ganzes ein- oder auszublenden. Das geschieht über die *CommandBars*-Eigenschaft des *Application*-Objekts, indem die *Visible*-Eigenschaft der CommandBar mit dem Namen »Task Pane« angesprochen wird.

SmartTags

Ein *SmartTag*-Objekt bietet in einem Office-Dokument die Möglichkeit, bestimmte Wörter mit einer Liste von Aktionen zu verknüpfen, die der Anwender mit dem jeweiligen Wort ausführen kann. Die Möglichkeit, eigene SmartTag-Erweiterungen programmieren zu können, wurde auf der Basis von COM bereits mit Office 2003 geboten, stellte aber, genau wie die SmartDocuments-Erweiterungen, eine recht komplizierte Angelegenheit dar. Mit den VSTO 2.0 wurde das Hinzufügen von SmartTag-Erweiterungen für Excel- und Word-Dokumente genauso einfach wie das Hinzufügen eines Aufgabenbereichs. Bei den VSTO 3.0 hat es in diesem Punkt keine Verbesserungen mehr gegeben (sieht man von der recht speziellen *SmartTagsAsXML-Props*-Eigenschaft ab, die angibt, ob bei einem Word-Dokument, das als HTML gespeichert wird, ein XML-Header mit SmartTag-Informationen erstellt wird).

Was steckt hinter einem SmartTag?

Die Idee hinter einem SmartTag ist simpel. Genau wie die Rechtschreibprüfung überprüft der SmartTag-Recognizer der Anwendung jedes eingegebene Wort und vergleicht es mit in einer Liste hinterlegten Wörtern. Ist das Wort in der Liste enthalten, wird dieses in Word »unterringelt«, in Excel erhält die rechte untere Ecke der Zelle ein kleines Dreieck. Bewegt der Anwender den Mauszeiger über das Wort, erscheint ein kleines Kästchen mit einem Pfeilsymbol, nach dessen Anklicken sich eine Auswahlliste mit auf das Wort abgestimmten Befehlen öffnet. Tippen Sie in Word zum Beispiel eine E-Mail-Adresse ein, besteht die Möglichkeit, die dazugehörigen Kontaktdaten aus Outlook abzurufen. Das klassische Beispiel ist das Aktienkürzel (zum Beispiel »MSFT« für Microsoft – dieses SmartTag-Modul muss allerdings nachträglich installiert werden), über das sich die aktuellen Kursinformationen abrufen und in das Dokument übernehmen lassen. SmartTags sind daher immer dann sehr praktisch, wenn Anwender in einem definierten Rahmen (zum Beispiel in einer Anwaltskanzlei oder einem Patentamt) arbeiten, in dem es viele Kürzel mit einer festen Bedeutung gibt.

Welche SmartTag-Module aktiv sind, wird sowohl bei Excel 2003 als auch bei Word 2003 über den Menübefehl *Extras/AutoKorrektur-Optionen* eingestellt. Bei Office 2007 finden sich die Einstellungen in den Optionen unter *Dokumentprüfung/Autokorrektur-Optionen*.

Das Prinzip der Umsetzung

Das Hinzufügen von SmartTag-Erweiterungen ist auf Dokumentebene genauso einfach wie das Hinzufügen eines Aufgabenbereichs. *ThisDocument* in einer Word- bzw. *ThisWorkbook* in einer Excel-Erweiterung bieten jeweils eine *SmartTags*-Eigenschaft, der ein oder mehrere *SmartTag*-Objekte hinzugefügt werden, die zuvor mit Kennwörtern und Aktionen »bestückt« wurden. Bevor es an eine Umsetzung geht, müssen die zuständigen Klassen *SmartTag* und *Action* vorgestellt und das Prinzip der Eventhandler noch einmal erläutert werden.

Die SmartTag-Klasse

Die *SmartTag*-Klasse steht für eine einzelne SmartTag-Erweiterung, die der *SmartTags*-Collection des Dokuments hinzugefügt wird. Die wichtigsten Mitglieder sind in Tabelle 9.2 zusammengestellt. Beim Instanziieren der *SmartTag*-Klasse wird diese mit einem eindeutigen Namen ausgestattet:

```
Dim StTeams As New Microsoft.Office.Tools.Excel.SmartTag("urn:MeineSmartTags.Vereine#Vereine", _
    "Bundesligavereine")
```

Was genau in Klammern übergeben wird, spielt natürlich keine Rolle, wichtig ist nur, dass die Schreibweise mit dem »Lattenzaun« als Trennzeichen eingehalten wird und die Zeichenkette im Rahmen der SmartTag-Erweiterungen der Anwendung eindeutig ist.

Am Ende darf nur nicht vergessen werden, das neue *SmartTag*-Objekt zur *SmartTags*-Auflistung des *Document*- bzw. *Workbook*-Objekts hinzuzufügen:

```
Me.VstoSmartTags.Add(StTeams)
```

Über die *SmartTagOptions*-Eigenschaft kann eingestellt werden, auf welche Weise die SmartTag-Erweiterung angeboten wird.

Mitglied	Bedeutung
Actions-Eigenschaft	Steht für alle *Action*-Objekte, die Aktionen festlegen, die in der Auswahlliste des SmartTags erscheinen.
Caption-Eigenschaft	Die Überschrift der Auswahlliste.
Expressions-Eigenschaft	Hier lassen sich reguläre Ausdrücke hinzufügen, die für das Erkennen von »Reizwörtern« benutzt werden.
Remove-Methode	Entfernt einen regulären Ausdruck als *RegEx*-Objekt aus der Liste der regulären Ausdrücke.
SmartTagType-Eigenschaft	Legt für den SmartTag einen eindeutigen Bezeichner als Zeichenfolge fest (wird normalerweise im Konstruktor übergeben).
Terms-Eigenschaft	Steht als *StringCollection* für die Liste an »Reizwörtern«, auf die der SmartTag reagiert.

Tabelle 9.2 Die wichtigsten Mitglieder der *SmartTag*-Klasse

Die Action-Klasse

Ein *Action*-Objekt steht, der Name deutet es dezent an, für eine Aktion, die über eine SmartTag-Erweiterung angeboten wird. Ein *Action*-Objekt ist aber lediglich ein Stellvertreter für den Eventhandler, sodass die Klasse mit der *Caption*-Eigenschaft auch nur eine erwähnenswerte Eigenschaft besitzt. Interessant ist, dass alle Aktionen zuerst in einem Array zusammengefasst und anschließend zur *Actions*-Eigenschaft hinzugefügt werden:

```
StTeams.Actions = New VSTO.Action() {StAktion1, StAktion2, StAktion3}
```

Hier kommt eine besondere Visual Basic-Schreibweise als Abkürzung zur Anwendung, bei der sich ein namenloses Array auf der rechten Seite der Zuweisung definieren lässt. Regulär würde die Zuweisung aus zwei Befehlen bestehen:

```
Dim Aktionen As VSTO.Action() = {StAktion1, StAktion2, StAktion3}
StTeams.Actions = Aktionen
```

Zur Erinnerung: VSTO ist die eingangs definierte Abkürzung für den Namespace *Microsoft.Office.Tools.Excel*.

Die Action-Eventhandler

Die Aktion, die bei der Auswahl einer SmartTag-Aktion ausgeführt werden soll, wird über einen regulären Eventhandler festgelegt. Zuerst wird ein *Action*-Objekt angelegt:

```
Dim StAktion1 As New VSTO.Action("Gründungsjahr")
```

Im nächsten Schritt wird sein *Click*-Event über den *AddHandler*-Befehl von Visual Basic mit einer Prozedur verknüpft, die aufgerufen wird, wenn der Anwender die Aktion aus der Liste auswählt:

```
AddHandler StAktion1.Click, AddressOf StAktion1Handler
```

Ein Beispiel

Hinter einem SmartTag steckt zwar viel (auf COM-Schnittstellen basierende) Technik, doch die VSTO verpacken sie so, dass der Einbau eines SmartTags richtig Spaß macht. Wie es geht, wird am besten an einem kleinen Beispiel deutlich, das im Folgenden für Excel 2003/2007 umgesetzt werden soll. Das Ziel der Smart-Tag-Erweiterung ist schnell beschrieben. Es soll in einem Excel-Tabellenblatt möglich sein, dass nach der Eingabe eines Kürzels für einen Fußballbundesligaverein die Eckdaten des Vereins (Gründungsjahr, Adresse und URL der Homepage) abgerufen werden können[3].

> **CD-ROM** Das Beispiel ist in der Projektmappendatei *Kap9_SmartTagBeispiel.sln* auf der Buch-CD zu finden.

1. Starten Sie Visual Studio und legen Sie ein neues Projekt vom Typ einer Dokumenterweiterung für Excel oder Word an. In diesem Fall wird von Excel ausgegangen.
2. Fügen Sie in *ThisWorkbook.vb* oberhalb des *Class*-Befehls ein paar *Imports*-Befehle ein, die aber nichts mit den SmartTags zu tun haben:

```
Imports VSTO = Microsoft.Office.Tools.Excel
Imports System.Xml.Linq
Imports System.IO
Imports System.Reflection
```

Die kleine Abkürzung des VSTO-Namespaces ist natürlich nicht zwingend.

3. Fügen Sie unterhalb des *Class*-Befehls eine Variablendeklaration ein:

```
Private Xdoc as XDocument
```

XDoc steht als Objektvariable später für das gesamte XML-Dokument.

4. Die Daten, mit denen die SmartTag-Erweiterung arbeiten soll, werden über eine XML-Datei mit dem Namen *Vereine.xml* zur Verfügung gestellt, die als XML-Datei zum Projekt hinzugefügt wird, und bei der durch Setzen der Eigenschaft *BuildAction* auf den Wert *Eingebettete Ressource* erreicht wird, dass sie in die Assemblydatei aufgenommen wird. Ihr Inhalt lautet wie folgt:

```xml
<?xml version="1.0" encoding="utf-8" ?>
<Vereine>
  <Verein ID="FCB">
    <Name>FC Bayern München</Name>
    <Gruendungsjahr>1900</Gruendungsjahr>
    <Homepage>http://www.fcbayern.t-home.de/</Homepage>
    <Anschrift>FC Bayern München AG, D-81504 München, Postfach 90 04 51</Anschrift>
  </Verein>
  <Verein ID="VFB">
    <Name>VFB Stuttgart</Name>
    <Gruendungsjahr>1893</Gruendungsjahr>
    <Homepage>http://www.vfbstuttgart.de/</Homepage>
    <Anschrift>VfB Stuttgart 1893 e.V.,Postfach 50 11 42,70341 Stuttgart</Anschrift>
  </Verein>
  <Verein ID="EF">
```

---

[3] Neben dem Abruf von Kontaktdaten und Aktienkursen ist das natürlich eine weitere zwingende Anwendung für eine SmartTag-Erweiterung.

```
    <Name>Eintracht Frankfurt</Name>
    <Gruendungsjahr>1899</Gruendungsjahr>
    <Homepage>http://www.eintracht.de/</Homepage>
    <Anschrift>Eintracht Frankfurt e.V., Gustav-Behringer-Str. 10, 60386 Frankfurt</Anschrift>
  </Verein>
</Vereine>
```

Die genauen Daten spielen natürlich keine Rolle (und die Datei ist selbstverständlich auf der Buch-CD zu finden)[4].

5. In der *Startup*-Prozedur wird die SmartTag-Erweiterung komplett eingerichtet:

```
Dim StTeams As New VSTO.SmartTag("http://MeineSmartTags.Vereine#Vereine", "Bundesligavereine")
Dim StAktion1 As New VSTO.Action("Gründungsjahr")
Dim StAktion2 As New VSTO.Action("Homepage")
Dim StAktion3 As New VSTO.Action("Anschrift Geschäftstelle")
StTeams.Actions = New VSTO.Action() {StAktion1, StAktion2, StAktion3}
AddHandler StAktion1.Click, AddressOf StAktion1Handler
AddHandler StAktion2.Click, AddressOf StAktion2Handler
AddHandler StAktion3.Click, AddressOf StAktion3Handler
' Begriffe zum Recognizer hinzufügen
Dim Ass As Assembly = Assembly.GetExecutingAssembly
Using Sr As New
StreamReader(Ass.GetManifestResourceStream("VSTO_SmartTagBeispiel_Final.Vereine.xml"))
  XDoc = XDocument.Load(Sr)
  For Each XEl As XElement In XDoc...<Verein>
    StTeams.Terms.Add(XEl.Attribute("ID").Value)
  Next
End Using
Me.VstoSmartTags.Add(StTeams)
Me.SmartTagOptions.DisplaySmartTags = Excel.XlSmartTagDisplayMode.xlIndicatorAndButton
```

Wie eine SmartTag-Erweiterung programmiertechnisch umgesetzt wird, wurde in den Abschnitten zuvor bereits beschrieben. Sehr viel spannender ist, auf welche Weise die »Reizwörter« zur *Terms*-Auflistung hinzugefügt werden. Hier kommt wieder einmal das mit .NET 3.5 und Visual Basic 9.0 eingeführte »LINQ to XML« zum Einsatz, mit dem sich XML-Daten sehr elegant im Quellcode abfragen lassen und das daher auch in einer VSTO 3.0-Lösung eingesetzt werden sollte, auch wenn es für erfahrene Entwickler auf den ersten Blick ein wenig exotisch erscheinen mag (in einer VSTO 2.0-Lösung steht es natürlich nicht zur Verfügung, da diese noch auf .NET 2.0 basiert). Über den Befehl

```
For Each XEl As XElement In XDoc...<Verein>
```

werden die *<Verein>*-Elemente durchlaufen und über

```
StTeams.Terms.Add(XEl.Attribute("ID").Value)
```

wird die ID (zum Beispiel »VFB«) der *Terms*-Liste hinzugefügt.

---

[4] Auch die Auswahl der Vereine ist natürlich ein wenig subjektiv (dass der FC Dresden nicht dabei ist, ist ebenfalls reiner Zufall).

6. Blieben noch die Aktionshandler für die drei hinzugefügten Namen, die sich nur dadurch unterscheiden, dass jeweils ein anderes Element aus dem *<Verein>*-Element, dessen ID über die SmartTag-Liste indirekt ausgewählt wurde, herausgefischt wird. Hier der Handler für den ersten Eintrag, der das XML-Element *Jahr* zurückgeben soll:

```
' Gründungsjahr einfügen
Sub StAktion1Handler(ByVal Sender As Object, ByVal e As VSTO.ActionEventArgs)
  Try
    Dim Jahr As String = (From X In XDoc...<Verein> Where X.Attribute("ID").Value = _
      e.Text Select X.Element("Gruendungsjahr")).Single.Value
    e.Range.Offset(ColumnOffset:=1).Value2 = Jahr
  Catch ex As SystemException
    MessageBox.Show(ex.Message)
  End Try
End Sub
```

Auch hier kommt wieder LINQ to XML im Einsatz, mit dem sich sehr elegant die geladenen XML-Daten anhand des ID-Attributs abfragen lassen, das über den *e*-Parameter und dessen *Text*-Eigenschaft übergeben wurde.

7. Damit ist die SmartTag-Erweiterung komplett. Starten Sie das Projekt. Die beim Anlegen des Projekts ausgewählte Excel-Arbeitsmappe wird geladen. Geben Sie in eine Zelle ein Kürzel wie zum Beispiel »VFB« ein und warten Sie einen Augenblick. Das für Excel typische SmartTag-Symbol sollte erscheinen und nach seiner Auswahl sollte die Liste mit den festgelegten Einträgen angezeigt werden. Sollte es nicht funktionieren, kann es nur eine Kleinigkeit im Quellcode sein. Weder bei Excel noch bei Word müssen im Allgemeinen in der Anwendung irgendwelche Einstellungen geändert werden, damit die SmartTag-Erweiterung wirksam werden kann.

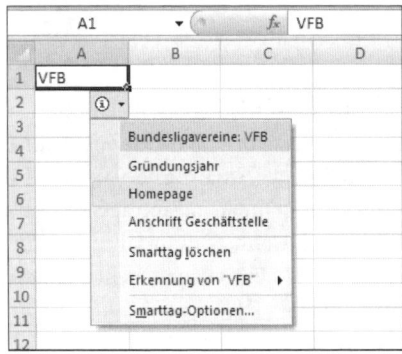

Abbildung 9.2 Der SmartTag in Aktion

HINWEIS Das explizite Aktivieren der SmartTag-Erweiterung in den Anwendungsoptionen (Register *Add-Ins*) ist normalerweise nicht erforderlich.

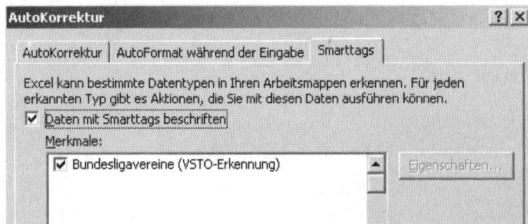

Abbildung 9.3 SmartTags werden explizit aktiviert

Reguläre Ausdrücke

Richtig leistungsfähig wird die Ausdruckserkennung, wenn reguläre Ausdrücke einbezogen werden. Auch hier machen es die VSTO dem Entwickler leicht, da der reguläre Ausdruck als *RegEx*-Objekt lediglich der *Expressions*-Auflistung des *SmartTag*-Objekts hinzugefügt werden muss[5].

> **CD-ROM**   Das Beispiel ist in der Projektmappendatei *Kap9_SmartTagRegExBeispiel.sln* auf der Buch-CD zu finden.

Beispiel

Das folgende Beispiel zeigt einen sehr einfachen Einsatz für reguläre Ausdrücke. Es geht um die Möglichkeit, Buchkennnummern (ISBN-Nummern) bei der Eingabe erkennen und eine entsprechende Auswahlliste (in diesem Fall das Abrufen der Buchdaten über einen Webservice) anbieten zu können. Zwar beschränken sich die »Aktionen« in diesem Beispiel auf das Anzeigen einer Meldungsbox, doch das Beispiel ist natürlich ausbaufähig. Auch der reguläre Ausdruck gibt sich damit zufrieden, eine zehnstellige Zahl zu erkennen, wobei anstelle der letzten Ziffer auch ein »X« vorkommen darf. Hier wäre ebenfalls etwas mehr möglich.

```vb
Imports System.Text.RegularExpressions
Imports VSTO = Microsoft.Office.Tools.Excel

Public Class ThisWorkbook

  Private Sub ThisWorkbook_Startup(ByVal sender As Object, ByVal e As System.EventArgs) _
      Handles Me.Startup
    ' Neuen SmartTag erzeugen
    Try
      Dim SmartTagISBN As New VSTO.SmartTag("urn:SmartTag#ISBNSmartTag", "ISBN-Aktionen")
      SmartTagISBN.Expressions.Add(New Regex("^\d{9}[\d|X]$"))
      ' Action-Titel festlegen
      Dim AmazonAktion As New VSTO.Action("Daten von Amazon abrufen")
      Dim GoogleAktion As New VSTO.Action("Daten von Google abrufen")
      ' Aktionen anhängen
      SmartTagISBN.Actions = New VSTO.Action() {AmazonAktion, GoogleAktion}
      ' SmartTag zur SmartTags-Auflistung hinzufügen
      VstoSmartTags.Add(SmartTagISBN)
      ' Click-Handler hinzufügen
      AddHandler AmazonAktion.Click, AddressOf AmazonActionClick
      AddHandler GoogleAktion.Click, AddressOf GoogleActionClick
    Catch ex As SystemException
      MessageBox.Show("Fehler: " & ex.Message)
    End Try
  End Sub

  Sub AmazonActionClick(ByVal Sender As Object, ByVal e As VSTO.ActionEventArgs)
    MessageBox.Show("Abfrage bei Amazon war leider erfolglos!", My.Application.Info.Title)
  End Sub

  Sub GoogleActionClick(ByVal Sender As Object, ByVal e As VSTO.ActionEventArgs)
    MessageBox.Show("Abfrage bei Google war leider erfolglos!", My.Application.Info.Title)
  End Sub

End Class
```

---

[5] Vorausgesetzt natürlich, die Entwicklerin kennt sich mit regulären Ausdrücken aus, was heutzutage aber zum Standardrepertoire moderner Entwickler gehören sollte.

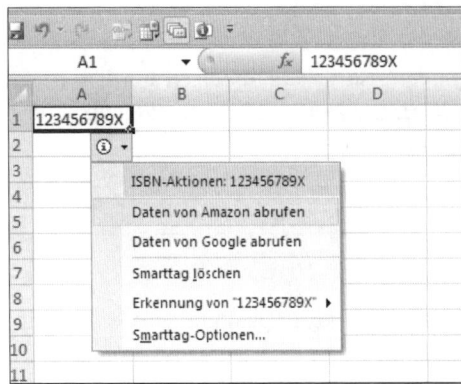

Abbildung 9.4 Die Buchnummer wird über einen regulären Ausdruck erkannt

SmartTags auch für Outlook

Die SmartTag-Erweiterung der VSTO beschränkt sich auch bei der Version 3.0 auf Excel und Word. Natürlich wäre es auch sehr schön, wenn sich genauso einfach SmartTags für Outlook erstellen ließen, die beim Schreiben einer E-Mail zur Verfügung stünden. Abhilfe verspricht ein kleines Tool mit dem Namen *Add-in Express .NET* (Info unter *http://www.add-in-express.com*).

Daten in Dokumenten unterbringen

Zu einer echten Dokumenterweiterung gehört oft die Möglichkeit, dass die erfassten oder bearbeiteten Daten auch irgendwo abgelegt werden sollen. Das »Irgendwo« kann eine Datenbank sein (Kapitel 12), es kann aber auch das Dokument selbst sein. Da die verschiedenen Möglichkeiten an anderer Stelle in diesem Buch beschrieben werden, soll es im Folgenden bei einer kurzen Gegenüberstellung bleiben:

- Handelt es sich um ein Office 2003-Dokument, gibt es bei den VSTO das *ServerDocument*-Objekt, mit dem sich »Dateninseln« im Dokument anlegen lassen, die sich auch ansprechen lassen, ohne dass die Office-Anwendung vorhanden sein muss. Prinzipiell kann dort alles abgelegt werden, was per XML serialisierbar ist. In der Regel wird dies ein DataSet mit Daten sein, die zum Beispiel aus einer Datenbank abgerufen wurden. Da das DataSet mit seinen Tabellen und Datensätzen ein unsichtbarer Teil des Dokuments ist, können die Daten mit dem Öffnen des Dokuments nicht nur einfach abgerufen werden, sondern auch per Datenbindung an bestimmten Stellen im Dokument positioniert werden. Ein weiterer Vorteil dieser Variante ist, dass sich die Daten beim Abruf des Dokuments von einem Server mit Daten »befüllen« lassen, ohne dass dazu Excel oder Word vorhanden sein muss. Ein Nachteil dieser Variante liegt darin, dass es sich um eine VSTO 2.0-Lösung handelt, sodass für die Erweiterung, die einem solchen Dokument stets zugeordnet ist, die FullTrust-Berechtigung eingerichtet werden muss, damit die Daten abgerufen werden können.

- Geht es um ein Office 2007-Dokument, stehen weiter reichende Möglichkeiten als Alternative zum *ServerDocument*-Objekt zur Verfügung, da sich in einem Open XML-Dokument, hinter dem sich »in Wirklichkeit« eine Verzeichnisstruktur verbirgt, beliebige Dateninseln unterbringen lassen, die Teil des Dokuments sind, aber nicht angezeigt werden. Mit den Custom XML Parts gibt es eine offizielle Möglichkeit, die für Word 2007 bereits in Kapitel 7 an einem einfachen Beispiel angedeutet wurde und die in Kapitel 19 etwas ausführlicher vorgestellt wird. Da sich die XML-Elemente auch per VBA ansprechen lassen, ist diese Variante nicht an die VSTO-Laufzeit gebunden.

- Speziell bei Word gibt es seit jeher das *Variables*-Objekt, mit dem sich in erster Linie einfache Werte, aber keine komplexen Datenstrukturen, direkt im Dokument ablegen lassen, ohne dass der Wert im Dokument sichtbar wird (Kapitel 7). Eine Art Pendant existiert bei Excel in Gestalt ausgeblendeter Arbeitsblätter (den »hidden sheets«), die ebenfalls zur Ablage von Daten benutzt werden können, die der Anwender nicht sehen soll.
- Für einfach strukturierte Daten kann immer auf die Dokumenteigenschaften zugegriffen werden, die über das *CustomDocumentProperties*-Objekt der Anwendung angesprochen werden. Dies ist eine einfache Variante, die als Möglichkeit manchmal übersehen wird. Ein kleiner Nachteil ist natürlich, dass sich diese Daten sehr einfach von außen abfragen lassen. Auch dazu finden Sie ein kleines Beispiel in Kapitel 7, das zeigt, wie zu einem Word-Dokument Eigenschaften hinzugefügt werden können.
- Mit den neuen ADO.NET Sync Services bietet Microsoft einen Aufsatz auf das .NET Framework, mit dem sich allgemein Offlinedaten verwalten lassen. Dabei ist lokal eine SQL Server 2005 Compact-Datenbank als Offlinecache im Einsatz, die mit einer Datenquelle auf einem Server synchronisiert wird. Die Offlinedaten werden hier also nicht im Dokument, sondern in einer separaten Datenbankdatei gespeichert. Diese Möglichkeit steht natürlich auch im Rahmen einer VSTO-Anwendung zur Verfügung und scheint sehr vielversprechend zu sein. Die ADO.NET Sync Services werden in diesem Buch nicht behandelt, sie sind aber Teil von Visual Studio 2008.

Welche der vorgestellten Varianten für einen bestimmten Anwendungsfall die beste darstellt, ist sicher nicht ganz einfach zu entscheiden. Zumal es noch unzählige Alternativen in Gestalt von externen Dateien, lokalen Datenbanken usw. gibt, die nichts mit den VSTO zu tun haben. In den folgenden Abschnitten wird das *ServerDocument*-Objekt als Teil der VSTO-Laufzeit vorgestellt, mit dem sich im Prinzip beliebige Daten in einem für den Anwender unsichtbaren Bereich des Dokuments per XML-Serialisierung ablegen lassen. Über das <Cached>-Attribut kann jede Variable in diesem Bereich abgelegt werden, ohne dass sich der Entwickler um die Details kümmern muss. Alternativ lassen sich diese »Dateninseln« aber auch direkt über das *ServerDocument*-Objekt ansprechen.

Dateninseln und das ServerDocument-Objekt

Das *ServerDocument*-Objekt ist eine VSTO-Technik, mit der sich sogenannte *Dateninseln* – für den Anwender nicht sichtbare Datenbereiche – in Office 2003/2007-Dokumenten ansprechen lassen, die von den Microsoft-Entwicklern mit der Version 2.0 damals recht »halbgar« eingebaut und mit den VSTO 3.0 auch nicht mehr wesentlich weiterentwickelt wurden, da es mit Office 2007 und dem Open XML-Format attraktivere Alternativen gibt. Dennoch sollte man diese Option nicht komplett ignorieren. Zum einen arbeitet nicht jeder mit Office 2007, zum anderen ist das *ServerDocument*-Objekt auch unabhängig von den Dateninseln wichtig, da sich mit seiner Hilfe ein Dokument mit einer Anpassungsassembly verknüpfen lässt und deren Pfad sowohl abgefragt als auch aktualisiert werden kann.

2.0 oder 3.0?

Gleich zu Beginn ein wichtiger Hinweis, der ansonsten zu unnötiger Verwirrung führen könnte. Es gibt zwei Varianten des *ServerDocument*-Objekts. Eine Variante ist Teil der VSTO 2.0-Laufzeit, die andere, Sie werden es sich denken können, Teil der VSTO 3.0-Laufzeit. Beide unterscheiden sich nur in Details voneinander, sodass sie sehr leicht verwechselt werden können. Die 2.0-Version ist in der Assembly *Microsoft.VisualStudioTools.Applications.Runtime.dll* enthalten, der Namespace lautet entsprechend *Microsoft.VisualStudio.Tools.Applications.Run-*

time. Die 3.0-Version ist in der Assembly *Microsoft.VisualStudio.Tools.Applications.ServerDocument.v9.0.dll* zu finden, der Namespace lautet geringfügig anders, nämlich *Microsoft.VisualStudio.Tools.Applications*. Allen Nicht-VSTO-Projekten muss ein Verweis auf die (richtige) Assembly hinzugefügt werden, um das (richtige) *ServerDocument*-Objekt ansprechen zu können. Ist nur eine VSTO-Laufzeit vorhanden, fällt die Wahl nicht schwer, denn dann gibt es nur ein *ServerDocument*-Objekt.

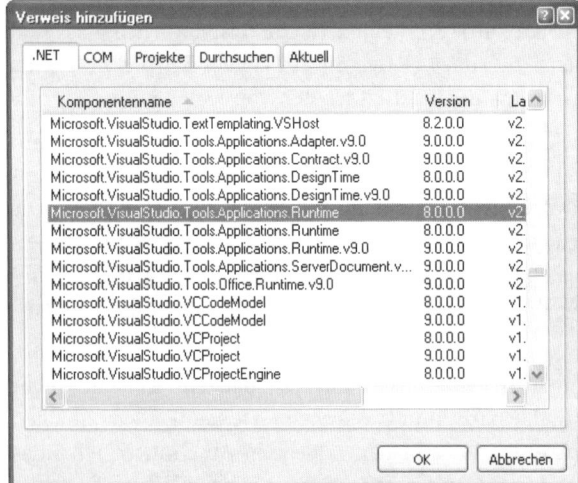

Abbildung 9.5 Das *ServerDocument*-Objekt setzt den Verweis auf die richtige Assemblybibliothek voraus

Wo und wann wird das ServerDocument-Objekt eingesetzt?

Es ist wichtig zu verstehen, dass die Dateninseln in einem Excel- oder Word-Dokument über das *ServerDocument*-Objekt in erster Linie in Web- oder SharePoint-Anwendungen, also zum Beispiel im Rahmen einer Server-Anwendung, angesprochen werden, da in diesen »Szenarien« Excel (oder Word) für den Zugriff (aus technischen Gründen) nicht infrage kommt und daher ein anderer Weg gefunden werden muss, um an die Daten des Dokuments zu gelangen. Auch wenn es grundsätzlich möglich ist, Excel oder Word im Rahmen einer Webanwendung auf dem Webserver zu starten, kann es zu Komplikationen kommen, da diese Anwendungen für diese Art von Einsatz nicht vorgesehen sind und Microsoft dies daher auch nicht offiziell unterstützt (was immer das im konkreten Fall bedeuten mag)[6]. Für den Zugriff auf das eigene Dokument im Rahmen einer VSTO-Erweiterung kann das *ServerDocument*-Objekt nicht benutzt werden, da das Dokument während der Programmausführung für den Zugriff gesperrt ist. Ferner muss berücksichtigt werden, dass in einer Excel- oder Word-Datei eine Dateninsel erst dann zum Speichern von Daten zur Verfügung steht, wenn eine Anpassung (engl. »customization«) in Gestalt eines Verweises auf eine VSTO-Assembly hinzugefügt wurde, was ebenfalls vom *ServerDocument*-Objekt erledigt wird. Es kann also nicht irgendein Dokument benutzt werden, dieses muss zuvor »präpariert« worden sein, um die Dateninseln nutzen zu können. Die übliche Vorgehensweise beim Zugriff auf eine Dateninsel besteht daher darin, dass zuerst über die *IsCustomized*-Eigenschaft geprüft wird, ob eine Anpassungsassembly in das Dokument eingetragen ist und, wenn dies nicht der Fall sein sollte, diese über einen Aufruf von *AddCustomization* unter Angabe des Assemblypfades und des Pfades der Manifestdatei (bei den VSTO 2.0 ist diese Angabe noch optional) zum Dokument hinzugefügt wird.

---

[6] In diesem Zusammenhang entstehen seltsame Konstruktionen, bei denen zum Beispiel ein Excel.exe-Prozess »abgeschossen« werden muss, weil durch eine Aktion ein blockierendes Dialogfeld aufgerufen wurde, das auf einem Server im Allgemeinen niemand schließen kann.

Und auch das soll zumindest einmal explizit erwähnt werden: Mit dem *ServerDocument*-Objekt lassen sich ausschließlich die Dateninseln des Dokuments ansprechen, es ist zum Beispiel nicht möglich, die Zellen eines Arbeitsblattes zu lesen oder zu verändern. Der Zugriff auf diesen Bereich ist bei Office 2003 nur per Automatisierung oder Alternativen (wie sich ein Excel-Arbeitsblatt zum Beispiel in Gestalt einer Datenbank ansprechen lässt, wird in Kapitel 6 gezeigt) möglich.

Der VSTO Application Manifest Editor

Im Leben braucht man bekanntlich gute Freunde und die richtigen Werkzeuge. Mithilfe des *VSTO Application Manifest Editors* ist es sehr einfach, einen Blick in ein Office-Dokument zu werfen, um zum Beispiel nachzusehen, welche Dateninseln im Dokument enthalten sind. Mithilfe des Editors lässt sich eine Anpassung anlegen, eine vorhandene Anpassung editieren und wieder ganz entfernen. Auch Dateninseln können nicht nur angesehen, sondern auch editiert und wieder gelöscht werden. Ferner ist es möglich, für eine Anpassung ein Manifest anzulegen, das in einigen Fällen benötigt wird. Der Editor ist allerdings kein fertiges Tool, sondern ein Visual Studio 2005-Projekt, das von Microsoft als »Sample« zur Verfügung gestellt wird und das nach dem Herunterladen und Entpacken in ein neu angelegtes Projektverzeichnis einfach über die Sln-Datei gestartet wird. Die Downloadadresse sollte *http://msdn2.microsoft.com/de-de/library/ms268756(VS.80).aspx* lauten[7]. Da das Projekt den Quellcode (allerdings in C#) umfasst, eignet es sich auch als Fallstudie für den Umgang mit dem *ServerDocument*-Objekt. Nachdem der Editor für die folgenden Abschnitte benötigt wird, sollten Sie das Projekt erstellen und eine Verknüpfung auf die Exe-Datei zum Beispiel auf dem Desktop anlegen. Auch wenn das Tool nicht alles kann (und die Ausnahmebehandlung nicht perfekt ist), ist es beim Umgang mit Office 2003-Dokumentanpassungen und Dateninseln ein unentbehrlicher Helfer und ideal dazu geeignet, um zu verstehen, was sich hinter einer Dateninsel und dem Caching von Daten in Dokumenten per *<Cached>*-Attribut verbirgt.

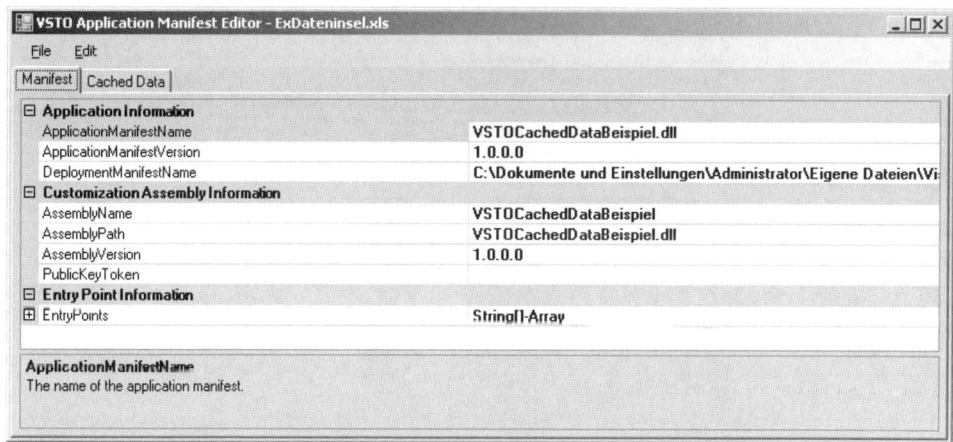

Abbildung 9.6 Der VSTO Application Manifest Editor zeigt die Details einer Customization an

TIPP Der Application Manifest Editor kann auch über die Kommandozeile aufgerufen werden. Das ist zum Beispiel der einfachste Weg, um etwa den Pfad einer Anpassung für eine Gruppe von Dokumenten in einem »Aufwasch« anzupassen.

---

[7] Wenn bei Microsoft eines ungewiss ist, dann die Adressen von Tools zu einer nicht mehr aktuellen Version. Aber mit Google & Co können Sie es im Fall der Fälle schnell aufspüren.

Das ServerDocument-Objekt im Überblick

Das *ServerDocument*-Objekt ist kein besonders komplexes Gebilde und in der VSTO-Dokumentation zudem ausführlich und mit Beispielen beschrieben. Tabelle 9.3 stellt die wichtigsten Mitglieder des *ServerDocument*-Objekts der VSTO 2.0 zusammen. Wie bereits erwähnt, gibt es zwei Varianten des *ServerDocument*-Objekts, die sich auch bezüglich ihrer Mitglieder geringfügig unterscheiden. In den folgenden Projekten geht es um das *ServerDocument*-Objekt der VSTO 2.0-Laufzeit und den Zugriff auf Office 2003-Dokumente.

Die »komplizierteste« Angelegenheit beim *ServerDocument*-Objekt ist vermutlich die *AddCustomization*-Methode, durch die ein Dokument mit einer Assembly verknüpft wird, da hier einige recht spezielle Angaben übergeben werden müssen. Doch mithilfe von Beispielen und dem Umstand, dass bei der VSTO 2.0-Version die Manifestdatei optional ist (für den Parameter kann ein *Nothing*-Wert übergeben werden), bekommt man auch diese Methode schnell in den Griff. Wurden Änderungen am Dokument gemacht, muss am Ende stets die *Save*-Methode aufgerufen werden. Der Aufruf der *Close*-Methode ist nicht erforderlich, wenn die Variable in einen *Using*-Befehl eingerahmt wird. Der Zusatz *Shared* in der Tabelle bedeutet, dass es sich um eine Methode handelt, die direkt auf die Klasse angewendet wird.

Beispiel

Möchte man zum Beispiel feststellen, ob ein Dokument eine Anpassung besitzt, lautet der Befehl wie folgt:

```
If ServerDocument.IsCustomized(DokPfad) Then

End If
```

Mitglied	Bedeutung
AddCustomization-Methode (Shared)	Fügt den Pfad einer Assembly zum Dokument hinzu. Das Dokument ist anschließend »customized«.
AppManifest-Eigenschaft	Steht für das sogenannte Application Manifest der Anpassung, die über das *AppManifest*-Objekt angesprochen wird. Es verweist entweder auf ein Bereitstellungsmanifest (auf dem Server) oder steht für den Pfad der Assembly.
CachedData-Eigenschaft	Steht für ein *CachedData*-Objekt, das die Dateninsel als Ganzes repräsentiert.
Close-Methode	Schließt das Dokument, das mit dem *ServerDocument*-Objekt verbunden ist.
Document-Eigenschaft	Steht für den gesamten Inhalt des *ServerDocument*-Objekts als *Byte*-Array.
IsCacheEnabled-Eigenschaft (Shared)	*True*, wenn das Dokument eine Dateninsel besitzt.
IsCustomized-Eigenschaft (Shared)	*True*, wenn das Dokument eine Anpassung enthält.
RemoveCustomization-Methode (Shared)	Entfernt eine vorhandene Anpassung.
Save-Methode	Speichert die Änderungen, die über das *ServerDocument*-Objekt am Dokument gemacht wurden.

Tabelle 9.3 Die wichtigsten Mitglieder des *ServerDocument*-Objekts der VSTO 2.0

> **TIPP** Eine interessante Neuerung, die beim VSTO 3.0-*ServerDocument*-Objekt hinzugekommen ist, stellt die *GetCustomizationVersion*-Methode dar, die die Versionsnummer der VSTO-Laufzeit liefert, mit der die Anpassung beim Dokument vorgenommen wurde.

Die Rolle des Runtime Storage Controls

Die gesamte Anpassung von Office 2003-Dokumenten basiert auf einem sogenannten *Runtime Storage Control*, das als ActiveX-Control im Rahmen der Anpassung Teil des Dokuments ist. Auch wenn dieses Control unsichtbar ist, kann es passieren, dass es vom Anwender kopiert oder gelöscht wird. Die VSTO-Runtime ist in der Lage, dies zu erkennen und darauf entsprechend zu reagieren (mehr dazu unter *http://msdn2.microsoft.com/en-us/library/7ydwehbf.aspx*). Bei Office 2007-Dokumenten gibt es das ActiveX-Control nicht mehr. Hier basiert die Anpassung auf den *Custom XML Parts*.

Informationen über eine Anpassung ausgeben

Das *ServerDocument*-Objekt lernt man am besten an einem einfachen Beispiel kennen. Im Folgenden geht es noch nicht um die Dateninseln, sondern nur darum, die Informationen über eine Anpassung, sofern vorhanden, auszugeben, zum Beispiel etwa den Pfad der Assembly oder der Manifestdatei. Da die folgenden Beispiele Webanwendungen sind, wurde auch für dieses Beispiel eine Webanwendung gewählt, die aus einem Webformular, einem Button, einer ListBox und einem FileUpload-Control zur Auswahl des Office-Dokuments besteht. Das *ServerDocument*-Objekt kann aber in jedem Anwendungstyp angesprochen werden, zum Beispiel auch in einer Konsolenanwendung.

Die erste Abfrage prüft, ob das ausgewählte Dokument überhaupt über eine Anpassung verfügt:

```
If Not VSTO2.ServerDocument.IsCustomized(ExPfad) Then
  liDetails.Items.Add("Excel-Mappe besitzt keine Anpassung.")
  Exit Sub
Else
  liDetails.Items.Add("Excel-Mappe besitzt eine Anpassung.")
End If
```

Die nächste Abfrage stellt fest, ob das Caching aktiv ist und das Dokument damit eine Dateninsel besitzt:

```
If VSTO2.ServerDocument.IsCacheEnabled(ExPfad) Then
  liDetails.Items.Add("Excel-Mappe besitzt einen Datencache.")
Else
  liDetails.Items.Add("Excel-Mappe besitzt keinen Datencache.")
End If
```

Sind diese Formalitäten geklärt, geht es an die »Innereien«. Über die *AppManifest*-Eigenschaft werden verschiedene Details wie zum Beispiel der Pfad der Anpassungsassembly ausgegeben:

```
With Sd.AppManifest.Dependency.AssemblyIdentity
  AssName = "Name: " & .Name & ","
  AssName &= "Version: " & .Version.ToString & ","
  AssName &= "Public Keytoken: " & .PublicKeyToken
End With
liDetails.Items.Add("Assembly-Identität: " & Spezialtrim(AssName, 60))
liDetails.Items.Add("Assembly-Pfad: " & Spezialtrim(Sd.AppManifest.Dependency.AssemblyPath, 90))
```

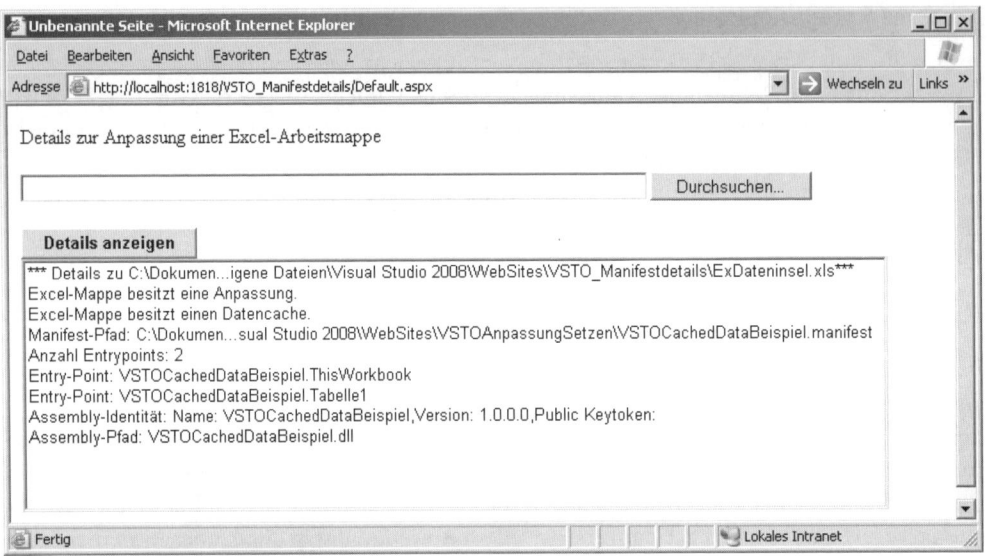

Abbildung 9.7 Die Webseite zeigt alle Details über die Anpassung des ausgewählten Office-Dokuments an

> **TIPP** Vielleicht ist Ihnen im letzten Beispiel der Aufruf der Funktion *Spezialtrim* aufgefallen. Dahinter steckt eine kleine Funktion, die dafür sorgt, dass eine Zeichenkette (meistens ein Verzeichnispfad) nicht länger als eine vorgegebene Länge wird. Natürlich könnte man am Ende oder am Anfang Zeichen wegnehmen, doch gerade für das Anzeigen von Verzeichnispfaden ist das keine gute Idee, da dann wichtige Informationen fehlen. Die Funktion nimmt daher so lange Zeichen »in der Mitte« heraus, bis die Zeichenkette die gewünschte Länge besitzt, und trägt an der Stelle ein »...« ein. Eine solche Funktion ließe sich natürlich auch in VBA umsetzen, doch bei Visual Basic wird dies dank der Methoden *Remove* und *Insert* der *String*-Klasse, die einem umständliche Stringakrobatik ersparen, zu einem echten Vergnügen:

```
Function Spezialtrim(ByVal LangerText As String, ByVal Anzahl As Integer) As String
    If LangerText.Length > Anzahl Then
        Do
            LangerText = LangerText.Remove(10, 4)
        Loop Until (LangerText.Length < Anzahl)
        LangerText = LangerText.Insert(10, "...")
    End If
    Return LangerText
End Function
```

Das Prinzip der Dateninseln

Das *ServerDocument*-Objekt besitzt zwei Aufgaben, die nicht unbedingt direkt zusammenhängen. Zunächst einmal legt es die einem Dokument zugeordnete »Customization« fest, indem es ermöglicht, den Namen und den Pfad der Anpassungsassembly zu ändern. Die zweite Aufgabe ist der Zugriff auf die Dateninseln in einem Dokument. Hinter einer Dateninsel steckt das *CachedData*-Objekt, das über ein oder mehrere *CachedDataHostItem*-Objekte verfügt. Jedes dieser Objekte besitzt eines oder mehrere *CachedDataItem*-Objekte, in denen die eigentlichen Daten enthalten sind. Abbildung 9.8 stellt den Zusammenhang zwischen den Objekten in einer einfachen Übersicht dar.

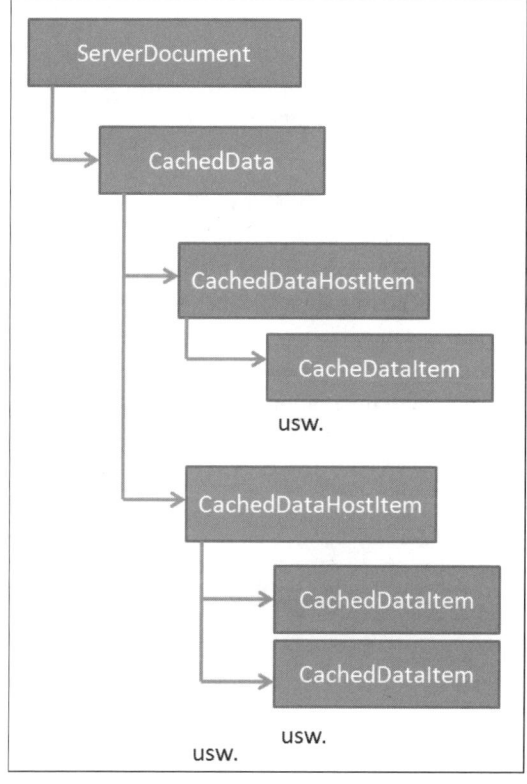

Abbildung 9.8 Der Zusammenhang zwischen dem *ServerDocument*-Objekt und den Dateninseln

Eine Dateninsel in einer Excel-Arbeitsmappe anlegen

Im Folgenden wird gezeigt, wie sich eine Dateninsel in einer Excel-Arbeitsmappe anlegen lässt, in der anschließend der Inhalt eines *DataSet*-Objekts (es besteht aus einer oder mehreren Tabellen mit Datensätzen – mehr dazu in Kapitel 12) gespeichert wird, das zuvor im Programm erstellt und mit Daten gefüllt wurde. Sollte die Excel-Arbeitsmappe keine Anpassung enthalten, wird diese zuerst über einen Aufruf von *Add-Customization* erzeugt. Das Beispielprogramm ist, wie auch das folgende Beispiel, kein VSTO-, sondern ein ASP.NET-Webprojekt, das mit Visual Studio 2008 sehr einfach angelegt werden kann (auf die Details zur Umsetzung wird aus Platzgründen allerdings verzichtet – die Projektmappe von der Buch-CD kann direkt in Visual Studio geladen werden). Als Alternative bieten sich das kostenlose Visual Web Developer 2008 oder ein Editor (zum Beispiel Notepad) an. Das Webprojekt besteht aus einem schlichten Webformular (*Default.aspx*), auf dem ein Button und eine ListBox angeordnet wurden (Abbildung 9.9).

> **CD-ROM** Das Beispiel ist in der Projektmappendatei *Kap9_VSTOCachedDataBeispiel.sln* auf der Buch-CD zu finden.

Das Projekt beginnt mit einer Reihe von *Imports*-Befehlen:

```
Imports VSTO2 = Microsoft.VisualStudio.Tools.Applications.Runtime
Imports System.Data
Imports System.IO
```

Innerhalb der Webformular-Klasse werden als Erstes ein paar Variablen definiert, wobei bei einer Umsetzung wie üblich die Dateinamen angepasst werden müssen:

```
Private ExPfad As String = Server.MapPath("ExDateninsel.xls")
Private AssPfad As String = Server.MapPath("VSTOCachedDataBeispiel.dll")
```

Die Excel-Arbeitsmappe, die mit einer Dateninsel ausgestattet werden soll, heißt in diesem Beispielprojekt *ExDateninsel.xls*. Sie befindet sich im selben Verzeichnis wie die Aspx-Seite, die durch das Webprojekt angelegt wurde. Es handelt sich um eine leere Excel 2003-Arbeitsmappe. Die Anpassungsassembly weist in diesem Beispiel den Namen *VSTOCachedDataBeispiel.dll* auf und ist ebenfalls im selben Verzeichnis zu finden. Der Aufruf von *Server.MapPath* sorgt bei ASP.NET dafür, dass aus dem Dateinamen bzw. einem relativen Verzeichnispfad der absolute Verzeichnispfad für das Webverzeichnis wird, in dem die Dateien untergebracht sind. Die Assembly ist theoretisch eine beliebige Assembly, da es nur darum geht, überhaupt eine Anpassungsassembly festzulegen (sie wurde aber nicht ganz zufällig gewählt, denn es ist die Assembly aus dem nachfolgenden Beispielprojekt).

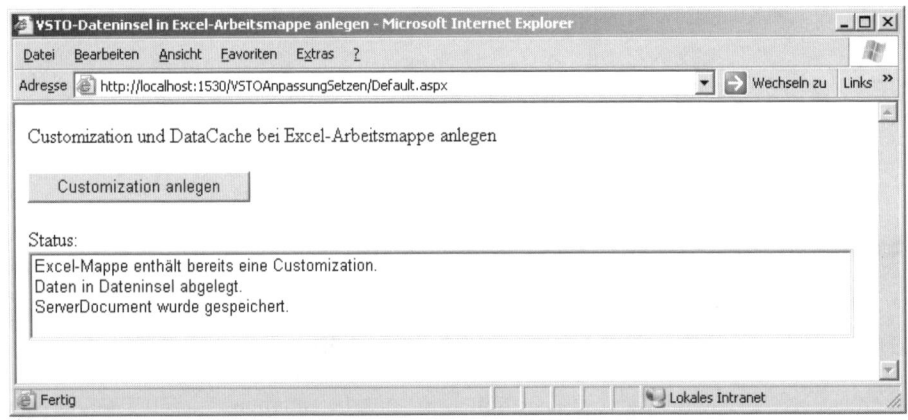

Abbildung 9.9 In diesem Webformular erhält die Excel-Mappe eine Anpassung

Das Anlegen der Dateninsel geschieht in der *Click*-Prozedur des Buttons, der auf dem Webformular angeordnet wurde. Die einzelnen Schritte (vor allem Fehlermeldungen) werden in der ListBox *liStatus* »protokolliert«:

```
Try
  If VSTO2.ServerDocument.IsCustomized(ExPfad) Then
    liStatus.Items.Add("Excel-Mappe enthält bereits eine Customization.")
  Else
    ' Jetzt Customization anlegen
    Try
      ' Der Manifestpfad ist optional
      VSTO2.ServerDocument.AddCustomization(ExPfad, AssPfad, Nothing, "1.0.0.0", True)
      liStatus.Items.Add("Customization wurde angelegt.")
    Catch ex As SystemException
      liStatus.Items.Add("Fehler beim Anlegen der Customization." & ex.Message & _
          "(" & ex.GetType().Name & ")")
      Exit Sub
    End Try
  End If
```

Dateninseln und das ServerDocument-Objekt

```
Catch ex As SystemException
    liStatus.Items.Add("Fehler beim Lesen der Excel-Mappe.")
    Exit Sub
End Try
' Jetzt Dateninsel anlegen
Try
    Using Sd As New VSTO2.ServerDocument(ExPfad)
        Dim DatenInsel As VSTO2.CachedDataHostItem
        Dim DatenBereich As VSTO2.CachedDataItem
        If Not Sd.CachedData.HostItems.Contains("Dateninsel") Then
            DatenInsel = Sd.CachedData.HostItems.Add("Dateninsel")
            liStatus.Items.Add("Dateninsel wurde angelegt.")
        Else
            DatenInsel = Sd.CachedData.HostItems.Item("Dateninsel")
        End If
        If Not DatenInsel.CachedData.Contains("Testdaten") Then
            ' DataSet würde als Typname auch genügen
            Dim Typname As String = "VSTOAnpassungSetzen.DataSet"
            DatenBereich = DatenInsel.CachedData.Add("Testdaten", TypName)
            liStatus.Items.Add("Datenbereich wurde angelegt.")
        Else
            DatenBereich = DatenInsel.CachedData.Item("Testdaten")
        End If
        ' Jetzt Daten schreiben
        Dim DsDaten As DataSet
        DsDaten = InitDs()
        ' Beim Neuanlegen über SerializeDataInstance
        DatenBereich.SerializeDataInstance(DsDaten)
        liStatus.Items.Add("Daten in Dateninsel abgelegt.")
        Sd.Save()
        liStatus.Items.Add("ServerDocument wurde gespeichert.")
    End Using
Catch ex As SystemException
    liStatus.Items.Add("Error: " & ex.Message & "(" & ex.GetType().Name & ")")
End Try
```

Lassen Sie sich durch den Umfang des Codes nicht abschrecken, das Anlegen einer Dateninsel ist eine geradlinige Angelegenheit. Der Code ist auch deswegen ein wenig umfangreicher, weil zum Beispiel geprüft wird, ob die Excel-Arbeitsmappe bereits eine Anpassung, eine Dateninsel mit dem Namen »Dateninsel« und diese Dateninsel einen Datenbereich mit dem Namen »Testdaten« enthält (sowohl Dateninseln als auch Datenbereiche werden über ihren ID-Namen angesprochen, der beim Anlegen vergeben wurde und bei dem es auf die Groß- und Kleinschreibung ankommt). Der wichtigste Schritt ist das Speichern des DataSets *DsDaten* über die *SerializeDataInstance*-Methode der *CachedData*-Klasse. Dieser Methode kann generell jedes Objekt übergeben werden, das serialisierbar ist und das ein paar Grundvoraussetzungen erfüllt (wie zum Beispiel einen öffentlichen Konstruktor).

Die Funktion *InitDs* dient lediglich dazu, in dem DataSet eine Tabelle mit ein paar Testdaten anzulegen:

```
Function InitDs() As DataSet
    Dim Ds As New DataSet("Testdaten")
    Dim Ta As New DataTable("Buecher")
    Ta.Columns.Add("BuchNr", GetType(Integer))
    Ta.Columns.Add("Titel", GetType(String))
    Ta.Columns.Add("Autor", GetType(String))
    Dim Zeile As DataRow = Ta.NewRow()
    Zeile.ItemArray = New Object() {1000, "Alles über VSTO", "Monadjemi"}
```

```
        Ta.Rows.Add(Zeile)
        Zeile = Ta.NewRow()
        Zeile.ItemArray = New Object() {1001, "XML gekonnt und clever", "Dr. Pfeifer"}
        Ta.Rows.Add(Zeile)
        Ds.Tables.Add(Ta)
        Return Ds
    End Function
```

Wird das Projekt gestartet und der Button *Customization anlegen* angeklickt, erhält die Arbeitsmappe nicht nur eine Anpassung, sondern auch eine hübsche Dateninsel, in der ein komplettes DataSet abgelegt wird. Dass dem so ist, lässt sich mit dem Application Manifest Editor schnell nachprüfen (Abbildung 9.10).

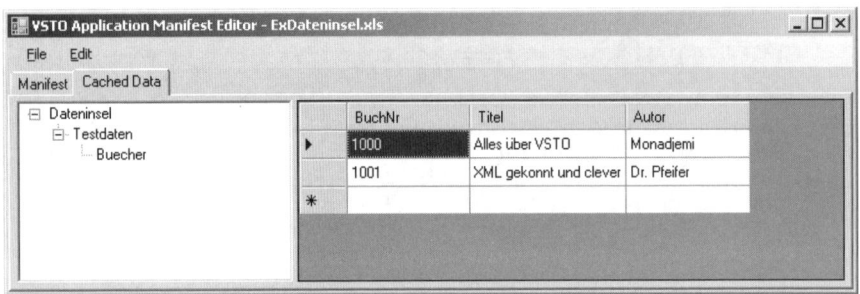

Abbildung 9.10   Der Manifest Editor macht die neu angelegte Dateninsel sichtbar

Auf die Dateninsel in einer Excel-Arbeitsmappe zugreifen

Der Zugriff auf eine vorhandene Dateninsel in einem Dokument ist deutlich einfacher als das Anlegen einer Dateninsel, da die Anpassung und die Dateninsel selbst bereits vorausgesetzt werden können. Auch das folgende Beispiel ist eine kleine ASP.NET-Webanwendung, die aus einem Webformular besteht, auf dem dieses Mal aber mehr Steuerelemente angeordnet wurden als im letzten Beispiel: eine TextBox (mit *TextMode=Multi-Line*, da mehrere Zeilen angezeigt werden sollen), ein Button, eine ListBox, ein GridView, eine weitere TextBox und ein weiterer Button (Abbildung 9.11). Auch der Programmcode des Beispiels ist etwas umfangreicher, da zuerst ein bereits in der Excel-Arbeitsmappe »gecachtes« DataSet angesprochen, angezeigt und anschließend mit dem in der TextBox eingegebenen Wert aktualisiert wird. Sie erfahren im Folgenden daher auch, wie eine vorhandene Dateninsel aktualisiert wird.

> **CD-ROM**   Das Beispiel ist in der Projektmappendatei *Kap9_VSTOServerDocumentBeispiel.sln* auf der Buch-CD zu finden.

Das Webformular beginnt wie beim letzten Beispiel mit einer Reihe von *Imports*-Befehlen:

```
Imports VSTO2 = Microsoft.VisualStudio.Tools.Applications
Imports System.Reflection
Imports System.Data
Imports System.Xml
Imports System.IO
```

Der *ServerDocument*-Namespace wird mit *VSTO2* abgekürzt, um ihn leichter von einem möglicherweise vorhandenen VSTO 3.0-Namespace unterscheiden zu können (es ist grundsätzlich kein Problem, beide Varianten des *ServerDocument*-Objekts in einem Projekt zu benutzen).

Dateninseln und das ServerDocument-Objekt

In der Klasse werden als Erstes der Pfad der Arbeitsmappe und ein DataSet definiert:

```
Private ExPfad As String = "VSTOCachedDataBeispiel.xls"
Private DsBuecher As DataSet
```

Die Arbeitsmappe *VSTOCachedDataBeispiel.xls* ist dieses Mal eine Excel 2003-Mappe, die bereits eine Anpassung sowie ein DataSet mit einer Tabelle und einer Reihe von Datensätzen als Dateninsel enthält und die in das Projektverzeichnis kopiert wurde (Sie finden die Webprojekte bei Visual Studio übrigens im Unterverzeichnis *WebSites* und nicht in *Projects*). Die *Click*-Prozedur des Buttons *bnRefresh* hat die Aufgabe, die vorhandene Dateninsel in ein DataSet zu laden und dessen XML-Inhalt sowohl in einer TextBox als auch in einem GridView anzuzeigen. Beim Zugriff auf eine vorhandene Dateninsel ist es wichtig zu wissen, dass das XML in der Dateninsel im *DiffGram*-Format vorliegt, das sowohl die aktuelle als auch die ursprüngliche Version der Daten umfasst (eine ausführlichere Beschreibung finden Sie unter *http://msdn2.microsoft.com/de-de/library/ms172088(VS.80).aspx*). Dies muss beim Aufruf von *ReadXml* bzw. *WriteXml* beim DataSet entsprechend durch den zweiten Parameter berücksichtigt werden. Ferner ist es wichtig, dass zuerst die Schemadefinition des DataSets gelesen wird, sonst funktioniert es nicht. Sowohl für das Lesen des Schemas als auch des XMLs wird die sehr praktische *StringReader*-Klasse (Namespace *System.IO*) eingesetzt. Dies sind jene Kleinigkeiten, die schnell übersehen werden (man muss natürlich wissen, dass es eine solche Klasse gibt) und die den harten Arbeitsalltag eines Entwicklers ein wenig versüßen. Der Inhalt der *Click*-Prozedur lautet wie folgt:

```
ExPfad = Server.MapPath(ExPfad)
Try
  If Not VSTO2.Runtime.ServerDocument.IsCustomized(ExPfad) Then
    liStatus.Items.Add("Excel-Mappe enthält keine Customization.")
    Exit Sub
  End If
Catch ex As SystemException
  liStatus.Items.Add("Fehler beim Lesen der Excel-Mappe.")
  Exit Sub
End Try
' Jetzt Inhalt der Dateninsel lesen
Using Sd As New VSTO2.Runtime.ServerDocument(ExPfad, IO.FileAccess.Read)
  If VSTO2.Runtime.ServerDocument.IsCacheEnabled(ExPfad) Then
    Dim DatenCache As VSTO2.Runtime.CachedData = Sd.CachedData()
    Try
      Dim Daten As VSTO2.Runtime.CachedDataItemCollection = _
          DatenCache.HostItems.Item("VSTOCachedDataBeispiel.Tabelle1").CachedData
      Dim DatenInselXml As String = Daten.Item("DsBuecher").Xml
      Dim DatenInselSchema As String = Daten.Item("DsBuecher").Schema
      tbDateninsel.Text = DatenInselXml
      liStatus.Items.Add("Dateninsel wurde eingelesen.")
      DsBuecher = New DataSet("Buecher")
      Using SchemaRd As New StringReader(DatenInselSchema)
        DsBuecher.ReadXmlSchema(SchemaRd)
      End Using
      Using XmlRd As New StringReader(DatenInselXml)
        Dim Res As System.Data.XmlReadMode = DsBuecher.ReadXml(XmlRd, XmlReadMode.DiffGram)
      End Using
      liStatus.Items.Add(DsBuecher.Tables(0).Rows.Count & " Datensätze in DataSet eingelesen.")
      GridView1.DataSource = DsBuecher
      GridView1.DataBind()
    Catch ex As SystemException
      liStatus.Items.Add("Error: " & ex.Message & "(" & ex.GetType().Name & ")")
    End Try
```

```
    Else
        liStatus.Items.Add("Keine Dateninsel vorhanden.")
    End If
End Using
' DsBuecher noch für den nächsten Seitenaufruf speichern
Session.Add("DsBuecher", DsBuecher)
```

Beim Update der Dateninsel über den Button *bnUpdate* wird, damit es nicht zu umfangreich wird, lediglich die erste Spalte der ersten Zeile auf jenen Wert gesetzt, der zuvor in die TextBox eingegeben wurde:

```
Try
    DsBuecher.Tables(0).Rows(0).Item(0) = tbNeuerWert.Text
    ExPfad = Server.MapPath(ExPfad)
    Using Sd As New VSTO2.Runtime.ServerDocument(ExPfad, IO.FileAccess.Write)
        Dim DatenCache As VSTO2.Runtime.CachedData = Sd.CachedData()
        Dim HostElement As VSTO2.Runtime.CachedDataHostItem = _
            DatenCache.HostItems.Item("VSTOCachedDataBeispiel.Tabelle1")
        Dim DatenElement As VSTO2.Runtime.CachedDataItem = HostElement.CachedData.Item("DsBuecher")
        Dim Sb As New StringBuilder()
        Dim Sw As New StringWriter(Sb)
        DsBuecher.WriteXml(Sw, XmlWriteMode.DiffGram)
        DatenElement.Xml = Sw.ToString
        Sd.Save()
        liStatus.Items.Add("Dateninsel wurde aktualisiert.")
    End Using
Catch ex As SystemException
    liStatus.Items.Add("Error: " & ex.Message & "(" & ex.GetType().Name & ")")
End Try
```

Da es sich um eine Webanwendung handelt, sollte im *Load*-Event des Formulars bei einem Postback der Seite das im *Session*-Objekt gespeicherte DataSet erneut der Variablen *DsBuecher* zugewiesen werden:

```
If Me.IsPostBack Then
    DsBuecher = Session.Item("DsBuecher")
End If
```

Dieses Beispielprojekt bietet gegenüber dem letzten Beispielprojekt ein paar zusätzliche Möglichkeiten. Lehrreich ist es sicher, einen Blick auf den XML-Inhalt einer Dateninsel werfen zu können. Dass hier XML im Spiel ist, hat aber nichts mit dem Umstand zu tun, dass es seit einiger Zeit als Office-Dokumentformat sehr populär ist, sondern weil .NET generell Objekte ins XML-Format serialisiert (wenngleich auch eine Serialisierung ins Binärformat möglich wäre) und das häufig benutzte *DataSet*-Objekt direkt XML-Inhalte einlesen kann.

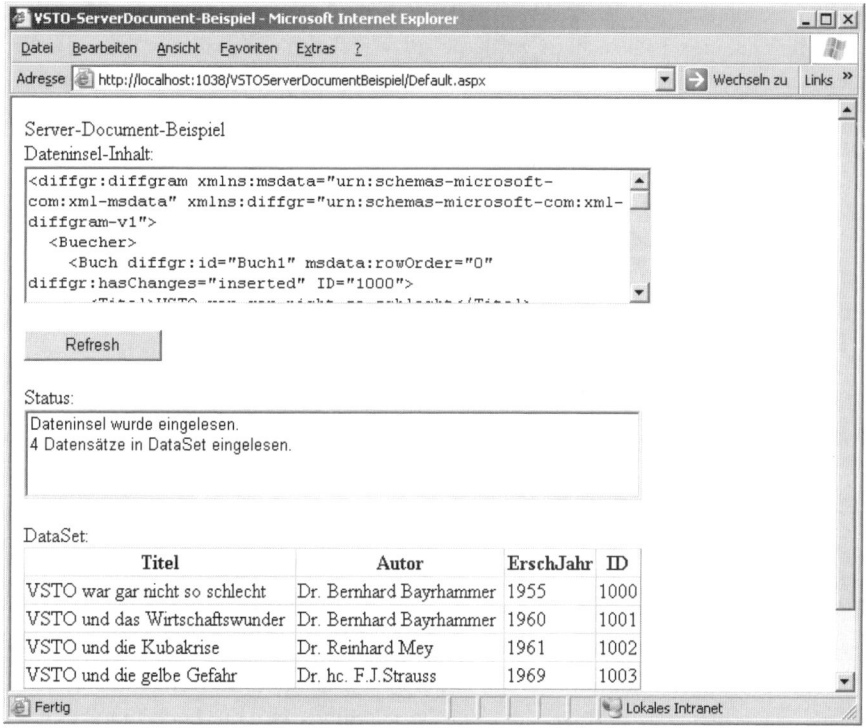

Abbildung 9.11 Im Rahmen der Webanwendung wird eine vorhandene Dateninsel aktualisiert

Datacaching mit dem <Cached>-Attribut

In diesem Abschnitt schließt sich der Kreis, indem gezeigt wird, wie sich Dateninseln nutzen lassen, ohne das *ServerDocument*-Objekt zu bemühen. Wussten Sie, dass theoretisch jede Variable in einer Dateninsel abgelegt werden kann? Ihr muss dazu nur das *<Cached>*-Attribut vorangestellt werden. In diesem Fall sorgt beim Speichern des Dokuments das zu Beginn dieses Abschnitts erwähnte Runtime-Control dafür, dass der Inhalt der Variablen in einer Dateninsel gespeichert wird, ohne dass sich der Entwickler mit den Details beschäftigen muss. Wird das Dokument das nächste Mal geladen, wird der Inhalt der Dateninsel abgerufen und der Variablen zugewiesen.

Das folgende Beispiel ist zur Abwechslung wieder einmal eine reguläre VSTO-Anwendung auf der Basis einer Excel 2003 Arbeitsmappe.

Der wichtigste Befehl befindet sich unterhalb des *Class*-Befehls im Codemodul von *Tabelle1*:

```
Public Class Tabelle1
    <Cached()> Public DsBuecher As DataSet
```

Über das *<Cached>*-Attribut wird die Variable *DsBuecher* markiert, sodass ihr Inhalt beim Speichern des Dokuments automatisch in einer Dateninsel »gecached« wird, die zuvor nicht angelegt werden muss. Da das Dokument beim ersten Laden aber noch keine Dateninsel besitzt, muss eine entsprechende Abfrage eingebaut werden und die Variable gegebenenfalls ihre Daten auf einem anderem Weg erhalten (eine MessageBox muss allerdings nicht unbedingt angezeigt werden):

```
If Not Me.IsCached("DsBuecher") Then
  MessageBox.Show("DsBuecher ist nicht im Cache.", My.Application.Info.Title)
  DsBuecher = InitDs()
End If
If DsBuecher Is Nothing Then
  DsBuecher = InitDs()
End If
```

Anschließend wird das DataSet an eine Liste gebunden, die zuvor auf dem Tabellenblatt platziert wurde:

```
List1.AutoSetDataBoundColumnHeaders = True
List1.DataSource = DsBuecher.Tables("Buecher")
List1.ShowAutoFilter = False
List1.ShowTotals = False
```

In dieser Konstellation ist es aber nicht so einfach, den Vorteil des Cachings zu erkennen. Ändert der Anwender in der Liste eine Zelle und speichert das Dokument, wird der geänderte Wert nicht bereits durch diese reguläre Speicherung des Tabellenblattes dauerhaft gesichert? Das auf alle Fälle, allerdings wird die Änderung durch die Datenbindung auch in das DataSet übernommen, das beim Speichern ebenfalls mit gesichert wird. Beim erneuten Laden des Dokuments wird der Inhalt des DataSets wieder der Liste zugewiesen, sodass der dort bereits befindliche und identische Wert überschrieben wird. Geht es nur darum, dass die Liste die aktuellen Daten enthält, wäre kein Caching erforderlich. Es kommt darauf an, dass die aktuellen Daten Teil der Dateninsel sind und automatisch in das DataSet geladen werden. Dass diese Daten in einer Liste erscheinen, ist nur ein Nebeneffekt. Die folgende Prozedur *DisplayTable* gibt den Inhalt der Tabelle *Buecher* im DataSet *DsBuecher* regulär (also ohne Datenbindung) im Tabellenblatt aus und macht deutlich, dass tatsächlich eine Aktualisierung der Dateninsel stattgefunden hat:

```
Sub DisplayTable(ByVal Ta As DataTable, ByVal R As Excel.Range)
  Dim ZeilenNr As Integer = 0
  For SpaltenNr As Integer = 0 To Ta.Columns.Count - 1
    R.Offset(RowOffset:=ZeilenNr, ColumnOffset:=SpaltenNr).Value = Ta.Columns(SpaltenNr).ColumnName
  Next
  ZeilenNr += 1
  For Each Zeile As DataRow In Ta.Rows
    For SpaltenNr As Integer = 0 To Ta.Columns.Count - 1
      R.Offset(RowOffset:=ZeilenNr, ColumnOffset:=SpaltenNr).Value = Zeile.Item(SpaltenNr)
    Next
    ZeilenNr += 1
  Next
End Sub
```

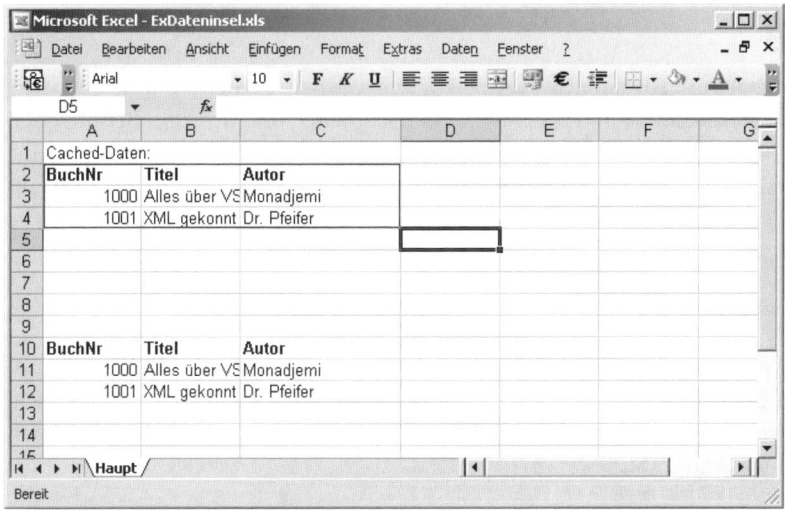

Abbildung 9.12 Das in der Dateninsel enthaltene DataSet füllt die Liste und wird noch einmal separat ausgegeben

Zusammenfassung zum Thema Dateninseln

Die kleinen Übungen konnten hoffentlich anschaulich vermitteln, was es mit den Dateninseln und dem *Server-Document*-Objekt bei Office 2003-Dokumenten auf sich hat. Insgesamt stellen die Dateninseln eine nach wie vor attraktive Möglichkeit dar, beliebige, serialisierbare Daten in einem Office 2003-Dokument unterzubringen, die unabhängig von der Office-Anwendung im Rahmen einer Serveranwendung angesprochen werden können. Dateninseln und das *ServerDocument*-Objekt stehen auch für Office 2007-Dokumente zur Verfügung. Die Frage ist nur, ob das direkte Anlegen von Custom XML Parts nicht die etwas flexiblere Variante ist.

Dokumenterweiterungen ausliefern

Eine Dokumenterweiterung ist eine Assembly, also eine Datei mit der Erweiterung *.Dll*. Dass die Erweiterung in Visual Studio bei jedem Start problemlos funktioniert, bedeutet leider nicht, dass dies außerhalb der IDE ebenfalls der Fall ist. Eine Dokumenterweiterung erfordert, genau wie ein VSTO-Add-In, eine FullTrust-Berechtigung, die auf jedem Computer eingerichtet werden muss, auf denen die Erweiterung ausgeführt werden soll. Dies gilt auch dann, wenn die Erweiterung auf einem Netzwerkshare liegt, da sie auch dann lokal ausgeführt wird. Dieser Punkt wird in Kapitel 14 besprochen. Der zweite Punkt, der bei der Weitergabe einer Dokumenterweiterung geklärt werden muss, ist die Frage, wo sich die Anpassungsassembly befindet. Dass Dokument und Assembly in ein und demselben Verzeichnis untergebracht sind, ist lediglich eine von mehreren Varianten und in der Praxis nicht der Regelfall. Im Allgemeinen wird die Assembly auf einem Netzwerkshare liegen, sodass Dokumente, die auf beliebigen Arbeitsplatzrechnern geladen werden, auf diese Assembly zugreifen und sie nicht im Netzwerk verteilt werden muss (wenngleich dies keinen echten Mehraufwand bedeutet). Die VSTO 2.0 legen sowohl den Assemblynamen als auch die »Location« in einem sogenannten Manifest im Dokument ab. Bei VSTO 3.0 werden sie wieder als erweiterte Dokumenteigenschaften geführt. In beiden Fällen werden sie über das *ServerDocument*-Objekt gesetzt und abgefragt. Auch dazu mehr in Kapitel 14.

Zusammenfassung

Dokumenterweiterungen sind Erweiterungen, die mit dem Dokument geladen werden und die wie jedes Add-In einen kompletten Zugriff auf das Objektmodell der Anwendung erhalten und sich zum Beispiel nach dem Start im Rahmen ihres *Startup*-Events in die Befehls- oder Multifunktionsleiste einklinken. Als kleine Zugabe bieten die VSTO die Möglichkeit, auf der Basis eines *ActionsPane*-Objekts oder, seit VSTO 3.0, auf der Grundlage eines *CustomTaskPane*-Objekts, zum Beispiel am rechten Rand des Dokuments einen frei definierbaren Bereich einzublenden, und die Möglichkeit, ein Dokument mit SmartTags zu erweitern.

Wie geht es in dem Buch weiter?

Im nächsten Kapitel sind Erweiterungen auf Anwendungsebene an der Reihe, die klassischen COM-Add-Ins, für die die VSTO aber ein deutlich entwicklerfreundlicheres Programmier- und Ausführungsmodell bieten. Da COM-Add-Ins durch die Office-Anwendung geladen werden, müssen sie registriert werden, was beim Ausliefern der Erweiterungen berücksichtigt werden muss.

Kapitel 10

Anwendungserweiterungen (Add-Ins)

In diesem Kapitel:

Ein kurzer Rück- und Überblick	396
Ein Beispiel für ein Shared Add-In	404
Ein Beispiel für ein VSTO-Add-In	415
Aufgabenbereiche für Add-Ins die CustomTaskPane-Klasse	420
Zusammenfassung	422

In diesem Kapitel geht es um Erweiterungen auf Anwendungsebene, Add-Ins. Es ist eine der wichtigsten Neuerungen der VSTO 3.0 (die bereits mit den VSTO 2005 SE zur Verfügung standen), dass mit dieser Version für praktisch alle Office 2003/2007-Anwendungen entsprechende Vorlagen angeboten werden. Das VSTO-Modell ist aber nicht die einzige Alternative. Entwicklern stehen bei Visual Studio zwei Modelle zur Auswahl: das neue VSTO-Modell und das ältere Shared Add-In-Modell, das nach wie vor seine Berechtigung besitzt, da sich damit Add-Ins erstellen lassen, die in mehreren Office-Anwendungen verfügbar sind. Der erste Schritt besteht daher darin, zu entscheiden, welche Art von Add-In entwickelt werden soll.

Ein kurzer Rück- und Überblick

Das Thema Add-Ins ist bei Office alles andere als ein neues Thema, denn Add-Ins (oder besser COM-Add-Ins) gibt es bereits seit Office 2000 (die »ganz alten« Add-Ins bei Excel und Word, die lediglich auf einer Dokumentvorlage basieren, spielen in diesem Zusammenhang keine Rolle, zumal diese heutzutage in die Kategorie Dokumenterweiterungen fallen würden). Als COM-Add-Ins mit Office 2000 eingeführt wurden, war dies grundsätzlich eine tolle Sache, denn damit gab es erstmals ein einheitliches Erweiterungsmodell für alle Office-Anwendungen. Programmiert wurden diese Add-Ins mit C++ oder Visual Basic 6.0, wo damals bereits eine entsprechende Vorlage zur Verfügung stand. Das Ergebnis war eine COM-DLL, die in der Registry eingetragen wurde und damit mit dem Laden der Office-Anwendung zur Verfügung stand. Mit der ersten Version von Visual Studio .NET war dieses Modell über die Shared Add-In-Vorlage ebenfalls verfügbar, sodass (COM-)Add-Ins von nun an in Visual Basic .NET oder C# umgesetzt werden konnten, was einen gewissen Fortschritt darstellte. Realisiert wird das Ganze über einen »COM-Wrapper«, der dafür sorgt, dass die Office-Anwendung indirekt eine .NET-Assembly lädt. Allerdings besitzen diese Shared Add-Ins auch eine Reihe von kleineren Nachteilen:

- Alle Shared Add-In-Assemblies werden in dieselbe Anwendungsdomäne geladen. Stürzt ein Add-In ab, zieht es damit alle übrigen Shared Add-Ins in Mitleidenschaft. Durch den von Microsoft nachträglich zur Verfügung gestellten *COM AddIn Shim Loader* fällt dieser Nachteil wieder weg, da durch seine Mitwirkung jede Shared Add-In-Assembly in ihre eigene Anwendungsdomäne geladen wird.

- Shared Add-Ins sind, da sie auf COM-Add-Ins basieren, den Office-Sicherheitseinstellungen unterworfen. Office lädt ein Shared Add-In aber nicht direkt, sondern stattdessen zunächst die .NET-Bibliothek *Mscoree.dll* (die über eine COM-Schnittstelle verfügt), die dann wiederum das Laden der Assembly des Shared Add-Ins initiiert. Damit das Shared Add-In bei den Sicherheitsstufen *Sehr hoch* und *Hoch* ausgeführt werden kann, müsste *Mscroree.dll* signiert werden, was aus verschiedenen Gründen nicht machbar ist. Die Folge ist, dass Shared Add-Ins in Verbindung mit den Makrosicherheitsstufen *Hoch* und *Sehr hoch* nicht geladen werden.

- Die Schnittstelle *IDTExtensibility2*, die jedes COM-Add-In und damit auch jedes Shared Add-In implementieren muss, besitzt zwar nur fünf Methoden, doch bis auf *OnConnection* und *OnDisconnection* werden die übrigen drei in mindestens 90 Prozent der Fälle gar nicht benötigt. Der daraus resultierende Nachteil ist, dass viele Entwickler erst einmal herausfinden müssen, welche Methode für welchen Zweck am besten geeignet ist, was am Anfang Zeit kostet und den Entwicklungsaufwand steigert.

- Für das Ladeverhalten eines COM-Add-Ins gibt es mehrere Möglichkeiten, die ähnlich »undurchsichtig« (und leider auch unzuverlässig) sind wie die Methoden von *IDTExtensibility2*. Der Shared Add-In-Assistent vereinfacht die Auswahl, indem er die in den meisten Fällen gewünschte Einstellung als Voreinstellung anbietet.

- Da ein Shared Add-In »hostagnostisch« ist, wird das *Application*-Objekt als *Object*-Parameter übergeben. Es gibt daher keine Auswahllisten in Visual Studio.

- Bei Visual Studio .NET 2003 wurden die Registry-Einträge noch einmalig mit dem Anlegen des Projekts hinzugefügt, was das Übertragen des Projekts auf einen anderen Computer schwierig machte. Mit Visual Studio 2005 werden die Einträge erst beim ersten Projektstart vorgenommen und die Registry verweist nicht auf die Assembly-DLL, sondern auf eine Manifestdatei, sodass die Assembly-DLL auch verschoben werden kann und in diesem Fall nur die Manifestdatei angepasst werden muss. Außerdem wird für ein Shared Add-In-Projekt ein separates Setup-Projekt angelegt, das bei seiner Ausführung nicht nur die Assembly-DLL in das ausgewählte Verzeichnis kopiert, sondern auch die Registry-Einträge (neu) anlegt, sodass sich auf diese Weise der Ausgangszustand relativ einfach wiederherstellen lässt.

Die Aufzählung macht deutlich: Möchte man eine Office-Anwendung auf Anwendungsebene erweitern, ist das Shared Add-In-Modell nicht die allerbeste Wahl, da es weniger erfahrene Entwickler vor eine Reihe (im Grunde unnötiger) technischer Herausforderungen stellt. Die VSTO bieten seit der Version 2.0 ein neues Modell für die Entwicklung von COM-Add-Ins mit Managed Code, das die aufgezählten Nachteile aufhebt und darüber hinaus ein paar kleinere Vorteile bietet. Wenn im Folgenden von VSTO-Add-Ins die Rede ist, sind damit jene Add-Ins gemeint, die auf diesem Modell basieren. Sie besitzen folgende Vorteile:

- Jedes VSTO-Add-In wird in seine eigene Anwendungsdomäne geladen, das COM-Shim wird nicht benötigt. Das bedeutet eine sicherere Ausführung, ohne dass sich der Entwickler um die Details kümmern muss.

- Anstatt *IDTExtensibilty2* zu implementieren, besitzt die *ThisAddIn*-Klasse, auf der ein VSTO-Add-In basiert, nur zwei Ereignisse: *Startup* und *Shutdown*. Einfacher kann es nicht mehr sein.

- Da ein VSTO-Add-In immer auf eine bestimmte Office-Anwendung bezogen ist, steht über *Me.Application* das typisierte *Application*-Objekt der Anwendung zur Verfügung.

- Speziell bei Outlook 2003 behebt das VSTO-Add-In-Modell einen lästigen Bug, der dazu führen konnte, dass Outlook nicht mehr entladen wurde.

- Das Debugging ist deutlich komfortabler, wie generell die allgemeine Handhabung. Die Entwicklung eines VSTO-Add-In entspricht der Erstellung einer regulären WinForms-Anwendung. Bei Shared Add-Ins kommt leider häufig relativ schnell ein Punkt, wo Haltepunkte aus nicht nachvollziehbaren Gründen übergangen werden, Registry-Einträge »zu Fuß« geändert werden müssen und die Entwicklung ein wenig außer Kontrolle gerät, weil sich das Ausführungsverhalten des Add-Ins nicht mehr vorbestimmen lässt. Kurz, der Entwicklungsaufwand für ein Shared Add-In ist nicht nur deutlich höher, sondern erfordert auch mehr Erfahrung (und ein gewisses Durchhaltevermögen).

Insgesamt bietet das VSTO-Add-In-Modell mehr Komfort bei der Umsetzung, mehr Stabilität und mehr Komfort bei der Weitergabe des Add-Ins, sodass es sich für die meisten Anwendungsfälle als das etwas bessere Modell empfiehlt. In einigen Punkten ist das Shared Add-In-Modell dem VSTO-Modell aber nach wie vor überlegen:

- Ein Shared Add-In kann in mehreren Office-Anwendungen eingesetzt werden. Beim Anlegen eines Shared Add-Ins lässt sich auswählen, in welchen Anwendungen es zur Verfügung stehen soll. Und es ist unabhängig von der Office-Version (zumindest bezogen auf Office 2003/2007, wenngleich Office 2007 keine Add-Ins lädt, die »maschinenweit«, also in HKLM, installiert wurden).

- Shared Add-Ins sind die einzige offizielle Möglichkeit, um Add-Ins für Access oder FrontPage 2003 zu entwickeln.

- Ein Shared Add-In wird von Office geladen, ein VSTO-Add-In dagegen von der VSTO-Laufzeit. Ein Shared Add-In erfordert daher kein explizites Einrichten einer FullTrust-Berechtigung. Es wird einfach installiert bzw. registriert.

- Dieser Punkt dürfte vor allem für Profis keine so große Rolle spielen: Shared Add-Ins können theoretisch auch mit der kostenlosen Express Edition von Visual Basic (oder C#) umgesetzt werden. Es gibt in diesem Fall zwar keinen Assistenten, der ein Codegerüst anlegt, das Projekt basiert vielmehr auf einer allgemeinen Klassenbibliothek, aber allzu viel mehr Aufwand stellt dies auch nicht dar (ein nettes Beispiel für die Umsetzung eines Add-Ins mit Visual Basic 2005 Express finden Sie unter *http://access.joposol.com/artikel/ComAddIn_mit_VBExpress.pdf*).

Ein VSTO-Add-In bezieht sich immer nur auf eine bestimmte Office-Anwendung bzw. -Version. Soll ein VSTO-Add-In von mehreren Anwendungen benutzt werden können, muss für jede Anwendung ein eigenes Projekt angelegt werden. Der Programmcode, der die Anwendungslogik darstellt, muss allerdings nicht in jedem Projekt enthalten sein, sondern kann in einer Assemblybibliothek gehalten werden, auf die die einzelnen VSTO-Projekte verweisen. Ansonsten müsste jede Änderung, die in einem Projekt durchgeführt wird, auf die übrigen Projekte übertragen werden, was in der Praxis kaum machbar wäre.

Es ist daher nicht ganz so einfach, eine Entscheidung zu treffen. Geht es darum, dass ein Add-In in mehreren oder – im Idealfall – allen Office-Anwendungen zur Verfügung steht, dürfte die Shared Add-In-Variante einen Versuch wert sein. Sollte sich später herausstellen, dass die aufgezählten Nachteile doch zu stark ins Gewicht fallen, lässt sich die Programmlogik ohne allzu großen Aufwand auf ein VSTO-Add-In übertragen. Ist von Anfang klar, dass ein Add-In nur für eine Office-Anwendung gedacht ist oder, falls das Add-In nur für zwei oder drei Office-Anwendungen bereitstehen soll, der Aufwand für eine »Parallelentwicklung« vertretbar ist, ist das VSTO-Add-In-Modell die vernünftigere Alternative.

HINWEIS Trotz aller Neuerungen, die mit den VSTO 3.0 eingeführt wurden, und ungeachtet der Tatsache, dass es nicht ganz undenkbar gewesen wäre, wenn mit Office 2007 vielleicht ein erweitertes oder gar neues Add-In-Modell eingeführt worden wäre, handelt es sich nach wie vor um lupenreine COM-Add-Ins.

Die Rolle von IDTExtensibility2

IDTExtensibility2 ist der Name einer COM-Schnittstelle, die ein Programm implementieren muss, damit es von einer Office-Anwendung als COM-Add-In geladen werden kann. Tabelle 10.1 stellt die fünf Methoden dieser Schnittstelle zusammen, von denen aber nur *OnConnection* (wird mit dem Laden des Add-Ins ausgeführt) und *OnDisconnection* (hier kann zum Beispiel eine in *OnConnection* eingerichtete Befehlsleiste wieder entfernt werden) wichtig sind.

Methode	Wann wird sie aufgerufen?	Besonderheit
OnConnection	Wenn das Add-In geladen wird.	Hier wird ein Verweis auf die Hostinstanz übergeben. Hier wird zum Beispiel die Befehlsleiste eingerichtet.
OnDisconnection	Wenn das Add-In entladen wird.	Eine Befehlsleiste kann hier wieder entfernt werden.
OnAddInsUpdate	Wenn ein (beliebiges) Add-In hinzukommt oder entfernt wird (Registry).	–

Tabelle 10.1 Die fünf Methoden der *IDTExtensibility2*-Schnittstelle

Methode	Wann wird sie aufgerufen?	Besonderheit
OnStartupComplete	Wenn die Hostanwendung vollständig geladen wurde.	Spielt für die Programmierung im Allgemeinen keine Rolle.
OnBeginShutDown	Wenn der Entladevorgang der Hostanwendung eingeleitet wird.	Im Unterschied zu *OnDisconnection* steht in dieser Methode das Anwendungsfenster noch zur Verfügung, sodass das Add-In auf einzelne Elemente der Anwendung zugreifen kann. Spielt aber trotzdem für die Programmierung keine Rolle.

Tabelle 10.1 Die fünf Methoden der *IDTExtensibility2*-Schnittstelle *(Fortsetzung)*

Die Rolle der Registry

Damit ein COM-Add-In in der Liste der COM-Add-Ins angeboten bzw. nach dem Start der Office-Anwendung automatisch geladen und damit ausgeführt wird, müssen die entsprechenden Registry-Einträge vorhanden sein. Für die COM-DLL selbst ist ein Schlüssel in *HKey_Classes_Root* (bzw. *HKLM\Software\Classes*) erforderlich. Er besitzt die Unterschlüssel *InProcServer32* und *ProgID* (Abbildung 10.1). Bei *InProcServer32* verweist der *Codebase*-Eintrag auf den Pfad der Assembly-DLL. Bemerkenswert ist, dass bei einem Shared Add-In der Standardeintrag *Mscoree.dll* als Wert enthält, da diese .NET-Systemkomponente für das Laden des Add-Ins zuständig ist.

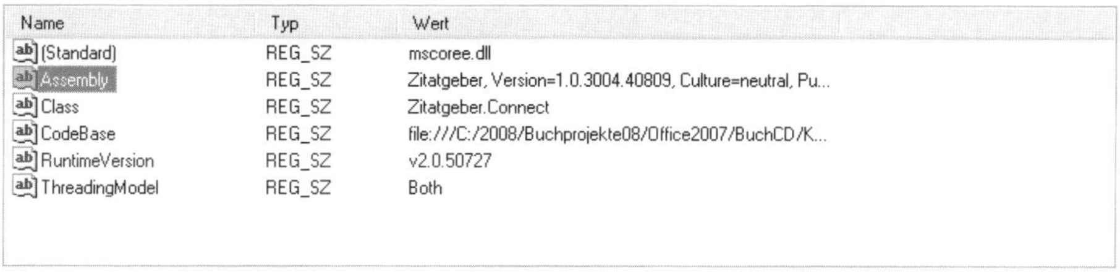

Abbildung 10.1 Die Einträge in *HKLM\Software\Classes* für ein Shared Add-In

Während die Einträge in *HKLM\Software\Classes* mit dem ersten Start des Projekts bzw. der Registrierung der Assembly-DLL während einer Installation angelegt werden und in der Regel vollkommen unkritisch sind, sieht es mit dem zweiten Eintrag ein wenig anders aus, denn dieser ist dafür zuständig, dass das Add-In mit dem Start der Office-Anwendung geladen wird. Ob dieser Eintrag in HKCU oder HKLM erscheint, hängt davon ab, ob das Add-In nur dem Anwender, der es installiert hat, oder als »maschinenweites« Add-In allen Anwendern zur Verfügung stehen soll. Im Allgemeinen ist Letzteres der Fall, sodass die Einträge ebenfalls unter HKLM zu finden sind. Der zuständige Schlüssel lautet *HKLM\SOFTWARE\Microsoft\Office* und dort <*Office-Anwendung*>*Addin*, wobei <*Office-Anwendung*> für die jeweilige Office-Anwendung steht, die beim Anlegen des Shared Add-Ins angegeben wurde. Für jedes Add-In gibt es nur drei Einträge: *Description*, *FriendlyName* und *LoadBehavior* (Tabelle 10.2).

Auch für VSTO-Add-Ins werden die genannten Registry-Einträge angelegt. Allerdings gibt es bei Office 2007 einen wichtigen Unterschied: Die Einträge für das Add-In werden nur noch unter HKCU angelegt, Einträge, die unter HKLM erzeugt werden, werden ignoriert, da Office 2007 keine maschinenweiten Add-Ins mehr lädt. Zusätzlich zu den Einträgen in Tabelle 10.2 gibt es den Eintrag *Manifest*, der auf die für die Ausführung maßgebliche VSTO-Datei (das Deployment-Manifest) verweist. Tabelle 10.3 stellt die wichtigsten Einstellungen für den *LoadBehavior*-Eintrag zusammen.

> **TIPP** Sollte sich ein Add-In nicht laden lassen, kann es passieren, dass der *LoadBehavior*-Eintrag von 3 auf 2 gesetzt und das Add-In nicht mehr automatisch geladen wird und es über *Extras/Com-Add-Ins* »mit Starthilfe« gestartet werden muss. Um den Eintrag nicht jedes Mal in der Registry anpassen zu müssen, wäre ein kleines Visual Studio-Makro praktisch, das den Eintrag für das aktuelle Add-In-Projekt ändert. Ein Makro, das dies erledigt, finden Sie unter *http://markroxberry.spaces.live.com/blog/cns!F4078ACC844DD4E8!493.entry*.

Eintrag	Bedeutung
Description	Beschreibung des Add-Ins.
FriendlyName	Der Name, unter dem das Add-In offiziell läuft.
LoadBehavior	Bestimmt das Ladeverhalten des Add-Ins (3: Add-In wird automatisch geladen, 2: Add-In wird nicht automatisch geladen).
Manifest	Steht für die DLL-Datei hinter dem Add-In bei Office 2003 bzw. für die VSTO-Datei bei Office 2007.

Tabelle 10.2 Die Registry-Einträge für ein Add-In

Wert	Das Add-In wird ...	
0	... mit dem Start der Anwendung ...	nicht geladen.
1		nicht geladen, wurde aber nachträglich geladen.
2		geladen, ist aber aktuell nicht geladen.
3		geladen und ist aktuell geladen.
8	... nur programmgesteuert geladen und ...	ist aktuell nicht geladen.
9		ist aktuell geladen.

Tabelle 10.3 Die wichtigsten Einstellungen für die *LoadBehavior*-Eigenschaft

> **TIPP** Unter *http://msdn2.microsoft.com/en-us/library/bb386106.aspx* sind die für ein Add-In erforderlichen Registry-Einträge zusammengestellt.

Die Registry überwachen

Ein überaus nützliches Tool ist *RegMon* (Download zum Beispiel unter *http://www.sysinternals.com*). Es überwacht die Registry und zeigt alle Änderungen in Echtzeit an (die Anzeige muss dazu also nicht aktualisiert werden). Nach dem ersten Start wird man von der Fülle an Details sprichwörtlich »erschlagen« (das alles spielt sich ständig in der Registry ab), doch sobald man einen Filter (Strg+L) auf die für Add-Ins wichtigen Schlüssel wie zum Beispiel *HKCU\Software\Microsoft\Office\Excel* gesetzt hat, wird die Sache deutlich überschaubarer. Lassen Sie RegMon mitlaufen, wenn Sie zum Beispiel Excel starten, und Sie können beobachten, welche Schlüssel abgefragt werden. Sehr viel interessanter ist es natürlich, nachzuvollziehen, welche Schlüssel beim ersten Start eines Add-In-Projekts (die Schlüssel werden erst mit dem Start des Projekts und nicht bereits beim Anlegen des Projekts erzeugt) oder dem Ausführen eines Add-In-Setups angelegt werden. Eine nützliche Tastenkombination ist Strg+X, denn sie löscht die Anzeige. RegMon ist eines jener Werkzeuge, die einfach dazugehören.

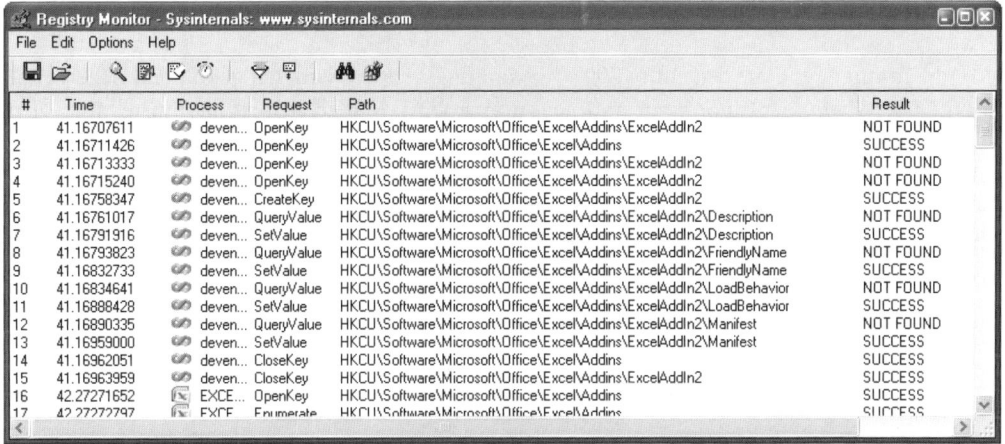

Abbildung 10.2 Visual Studio bei der Arbeit zugeschaut – RegMon zeigt an, welche Registry-Zugriffe beim Start eines Add-In-Projekts durchgeführt werden

Die Rolle des COM-Shims

Wer sich auf die Suche nach Hintergrundinformationen zum Thema Add-Ins mit den VSTO macht, stößt früher oder später auf den Begriff »Shim«, der im Zusammenhang mit Managed Shared Add-Ins eine zentrale Bedeutung besitzt. Auch wenn die Hintergründe zu speziell sind und relativ viel Detailwissen in Bezug auf COM- und .NET-Internas voraussetzen, um sie in diesem Buch im Detail vorstellen zu können, soll zumindest die Bedeutung des Begriffs und seine Rolle für die Entwicklung von Shared Add-Ins erläutert werden[1]. Der Begriff »Shim« lässt sich vermutlich am besten mit »Unterlegscheibe« übersetzen. Bezogen auf ein Shared Add-In ist das COM-Shim die Unterlegscheibe, die bewirkt, dass sich ein Shared Add-In besser in den Kontext der CLR einfügt, als es ohne das COM-Shim der Fall wäre. Das COM-Shim »federt« einige der bei den Shared Add-Ins erwähnten Probleme ab, die ein reines COM-Add-In hätte, wenn es als Shared Add-In umgesetzt werden würde. Die wichtigste Daseinsberechtigung des COM-Shims besteht darin, dass es jedes Shared Add-In in eine eigene Anwendungsdomäne lädt. Um die Vorteile des COM-Shims für die Entwicklung eines Shared Add-Ins nutzen zu können, wird der COM Shim Wizard benötigt (die aktuelle Version des in C++ erstellten Werkzeugs lautet 2.3), den Microsoft unter *http://www.microsoft.com/downloads* zum Herunterladen bereithält. Der Download umfasst auch eine Reihe von Beispielprojekten (allerdings nur in C#). Mithilfe dieses Assistenten wird für ein Shared Add-In ein COM-Shim erstellt, das von der Office-Anwendung als Stellvertreter geladen wird und selbst das Shared Add-In lädt.

> **TIPP** Das Buch zum Thema ist natürlich *Microsoft .NET Development for Microsoft Office* (erschienen bei Microsoft Press) von *Andrew Whitechapel*, dem »Erfinder« des COM-Shims. Leider stammt das Buch noch aus der Zeit der VSTO 1.0, sodass es nicht mehr auf dem aktuellen Stand ist, aber als Ergänzungslektüre ist es sehr wertvoll.

---

[1] Der Autor weiß, wovon er spricht, denn er musste mehr als einmal einem Vortrag des VSTO-Entwicklers Andrew Whitechapel beiwohnen, in dem dieser in aller Ausführlichkeit die Details erläutert hat, die bei den COM-Shims eine Rolle spielen.

Shared Add-Ins und Sicherheit

Ob ein Shared Add-In mit dem Start der Office 2003-Anwendung geladen wird, hängt von der Sicherheitseinstellung ab, die über *Extras/Makro/Sicherheit* vorgenommen wird. Maßgeblich ist die Einstellung *Allen installierten Add-Ins und Vorlagen vertrauen* im Register *Vertrauenswürdige Herausgeber*. Sie entscheidet darüber, ob COM-Add-Ins generell vertraut wird oder die für Makros geltenden Einstellungen maßgeblich sind.

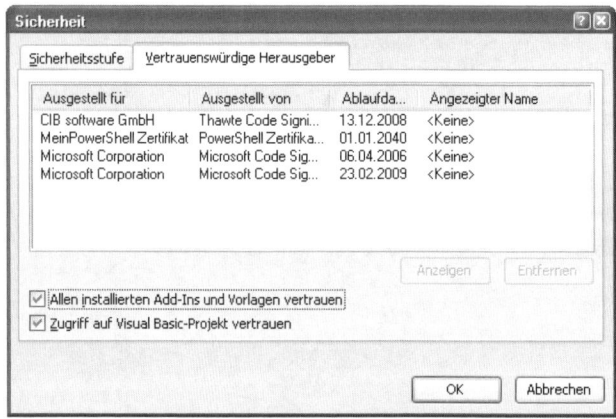

Abbildung 10.3 In diesem Dialogfeld wird festgelegt, ob Add-Ins pauschal vertraut wird

Wird Add-Ins kein Vertrauen geschenkt, werden unsignierte Add-Ins bei Office 2003 bei den Sicherheitseinstellungen *Hoch* und *Sehr hoch* nicht geladen. Bei der Einstellung *Mittel* muss für jedes Add-In einzeln bestätigt werden, ob es geladen werden soll oder nicht (der Hinweis, dass es »Makros« enthält, ist natürlich »ein wenig« irreführend, denn es sind keine Makros im Spiel). Der große Nachteil bei Shared Add-Ins liegt darin, dass bei jedem Add-In *Mscoree.dll* als Name des Add-Ins angegeben wird. Es gibt daher keine Möglichkeit, herauszufinden, welchem Add-In vertraut werden soll. Für einen Anwender ist es daher unmöglich, eine vernünftige Entscheidung zu treffen. Allein dieser Umstand ist ein Grund, auf Shared Add-Ins, sofern möglich, zu verzichten (wenngleich die Verwendung des COM-Shims diesen Nachteil wieder aufhebt).

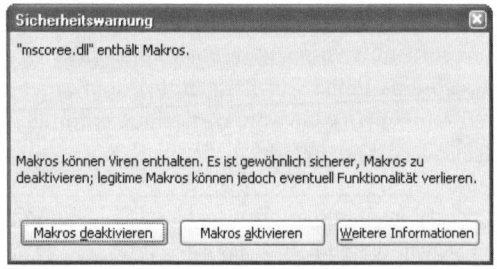

Abbildung 10.4 Diese Meldung erscheint, wenn ein Shared Add-In geladen werden soll und Add-Ins generell nicht vertraut wird

Add-Ins in der Office-Oberfläche

Auch für einen erfahrenen Entwickler ist es nicht ganz so einfach, sich in einem frisch installierten Office 2003/2007 zurechtzufinden.

Add-Ins auflisten

Insbesondere die Frage, wo denn die Add-Ins aufgelistet werden, ist sicher einen Hinweis wert. Bei Office 2003 muss über *Extras/Anpassen* lediglich der Eintrag *COM-Add-Ins* ins *Extras*-Menü hinzugefügt werden. Bei Office 2007 gibt es kein *Extras*-Menü und daher auch keinen *COM-Add-Ins*-Eintrag. Um die Add-Ins aufzulisten, rufen Sie stattdessen im *Office*-Menü die Optionen auf, wählen dann in der Kategorie *Add-Ins* den Eintrag *COM-Add-Ins* aus der Liste und wechseln per *Gehe zu*-Button in die Verwaltung der COM-Add-Ins. Anschließend erscheint die aus Office 2003 bekannte Auswahlliste. Anders als Office 2003 listet Office 2007 auch jene Add-Ins auf, die maschinenweit registriert wurden.

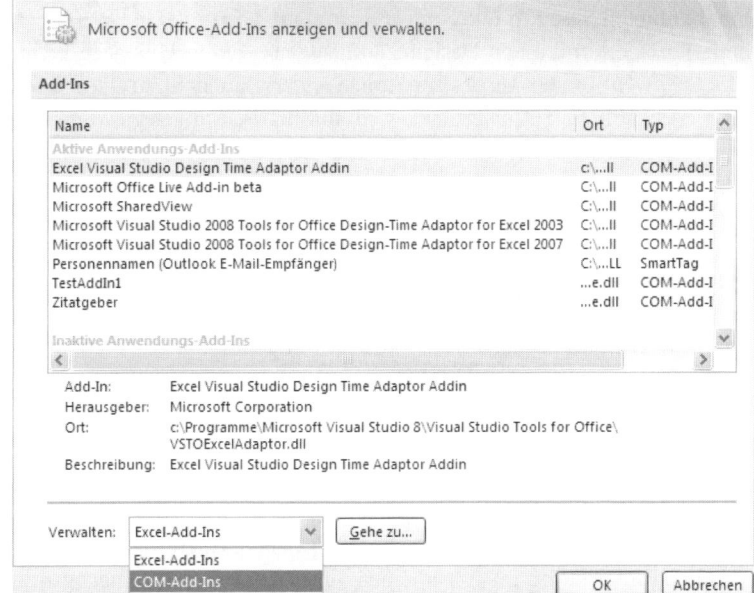

Abbildung 10.5 Die COM-Add-Ins werden bei Office 2007 über die Optionen aufgelistet

Add-Ins nachträglich hinzufügen

Der Button *Hinzufügen* im Dialogfeld mit den COM-Add-Ins hat weder für Shared Add-Ins noch für VSTO-Add-Ins eine Funktion. Hier lassen sich nur »echte« COM-Add-Ins hinzufügen (also reine »COM-Server«, die *IDTExtensibility2* implementieren – dieser Eintrag nimmt einem die Registrierung des COM-Add-Ins ab).

Add-Ins nachträglich aktivieren

Ein Add-In, das automatisch mit dem Starten der Hostanwendung geladen wird, kann bei Office 2003 nachträglich über *Extras/COM-Add-Ins* (sofern das Add-In aufgelistet wird) aktiviert werden, indem vor dem Eintrag ein Häkchen gesetzt wird. Sollte das Add-In nicht geladen und das Häkchen beim erneuten Anzeigen der Liste immer noch nicht gesetzt sein, enthält es vermutlich einen Fehler. Bei Office 2007 wird diese Liste wie beschrieben über das Register *Add-Ins* der Office-Optionen angezeigt.

> **TIPP** Es ist generell empfehlenswert, die Befehle in *OnConnection* bzw. *Startup* in einen *Try Catch*-Block einzurahmen, sodass Fehler, die beim Laden des Add-Ins auftreten, angezeigt werden.

Deaktivierte Elemente reaktivieren

Sollte beim Start des Visual Studio-Projekts die Meldung erscheinen, dass das betreffende Add-In in der Anwendung deaktiviert wurde, können Sie versuchen, es zu reaktivieren. Dies geschieht bei Office 2003 im *Hilfe*-Menü und dort unter *Info*. Dort zeigt der Button *Deaktivierte Elemente* die momentan abgeschalteten Elemente an, die an dieser Stelle reaktiviert werden können. Bei Office 2007 werden diese Elemente in den Optionen im Register *Add-Ins* über die *Verwalten*-Auswahlliste angesteuert.

Add-In Express als die Alternative?

Die in Weißrussland beheimatete Firma *Add-In Express* wirbt seit vielen Jahren damit, die perfekte Lösung für die Entwicklung von Office-Add-Ins anzubieten. Das Produkt *Add-in Express für Microsoft Office .NET* ist eine Visual Studio-Erweiterung, die neue Vorlagen und einen Designer umfasst, mit deren Hilfe sich nicht nur traditionelle Add-Ins für alle Office-Anwendungen versionsneutral, sondern auch SmartTags usw. umsetzen lassen. Das für die Weitergabe erforderliche Setup-Projekt wird automatisch angelegt. Manches klingt zu schön, um wahr zu sein. Weitere Infos (aber leider keine Probierversion) gibt es unter *http://www.add-in-express.com*[2].

Ein Beispiel für ein Shared Add-In

Im Folgenden soll ein (relativ) kleines Shared Add-In für Excel, Word, PowerPoint und Outlook umgesetzt werden. Es handelt sich um einen »Zitatgeber«, bei dem der Anwender in einem WinForms-Formular aus einer Liste von Kategorien eine oder mehrere Kategorien auswählen kann, daraufhin die Zitate dieser Kategorie(n) in einer weiteren Liste aufgelistet werden und das ausgewählte Zitat in das Anwendungsdokument bzw. das Nachrichtenfenster übernommen werden kann. Die Zitate stammen aus einer kleinen XML-Datei, die das Projekt begleitet. Wie es für kleine Projekte üblich ist, besteht es aus mehreren Dutzend Programmzeilen, sodass Leser, die nur am Prinzip der Umsetzung interessiert sind, das Projekt von der Buch-CD laden. Allerdings lernen Sie bei der Umsetzung noch einiges über Office-Entwicklung im Allgemeinen (insbesondere den Umgang mit XML-Daten), sodass es sicher kein Fehler ist, die Umsetzung Schritt für Schritt nachzuvollziehen.

1. Starten Sie Visual Studio und legen Sie in der Kategorie *Andere Projekttypen/Erweiterungen* ein Projekt vom Typ *Gemeinsames Add-In* an. Geben Sie dem Projekt den Namen **Zitatgeber** (wenngleich der genaue Name wie üblich keine Rolle spielt). Auch wenn das .NET Framework 3.5 bei Visual Studio 2008 voreingestellt ist, wird das Projekt auf der Basis des .NET Framework 2.0 angelegt (das ließe sich nachträglich aber ändern).

    Das Ergebnis ist ein Projekt vom Typ *Klassenbibliothek*, das aus einem Modul mit dem Namen *Connect.vb* besteht. Dieses enthält eine *Connect*-Klasse, in der *IDTExtensibility2* implementiert wird. Die *Connect*-Klasse, die mit einer COM-Schnittstelle, einer GUID und einer ProgID ausgestattet ist, ist der Kern des Add-Ins. Wenn Sie später einen Blick in den Projektmappen-Explorer werfen, werden Sie feststellen, dass ein zweites Projekt angelegt wurde. Es ist ein Setup-Projekt, mit dem das Add-In später weitergegeben werden kann. Im Registry-Editor des Setup-Projekts werden später die für die ausgewählten Anwendungen erforderlichen Einträge angezeigt.

---

[2] Ganz billig ist das Produkt nicht, doch wenn es hält, was es verspricht (und danach sieht es aufgrund der ausführlichen Informationen auf der Webseite und der langjährigen Präsenz der Firma aus), ist es sein Geld wert.

Ein Beispiel für ein Shared Add-In

Abbildung 10.6 Ein neues Shared Add-In-Projekt wird angelegt

2. Mit dem Anlegen des Projekts startet ein Assistent, der alle wichtigen Einstellungen abfragt. Nach der Auswahl der Programmiersprache wird gefragt, in welchen Anwendungen das Add-In später zur Verfügung stehen soll. Auch wenn die Version hier keine Rolle spielt, das Add-In ist sowohl in der Office 2003- als auch in der Office 2007-Variante der Anwendung verfügbar. Wählen Sie als Anwendungen Excel, Outlook, PowerPoint und Word. Die Auswahl hat lediglich zur Folge, dass entsprechende Registry-Einträge beim ersten Start angelegt werden (die Verweise auf die PIAs werden nicht eingefügt).

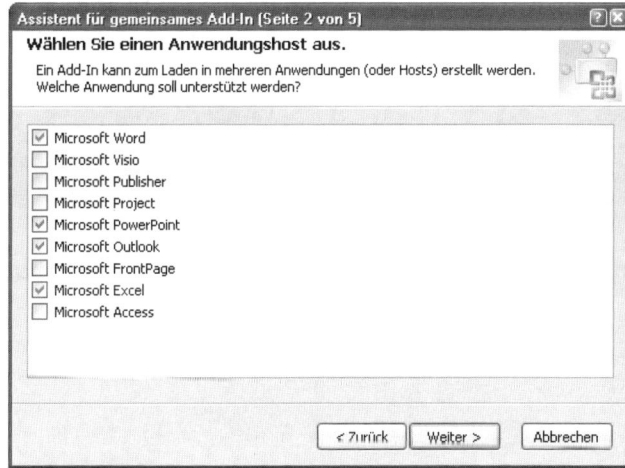

Abbildung 10.7 Die Anwendungen werden ausgewählt

3. Im nächsten Schritt erhält das Add-In einen Namen und eine Beschreibung (auch diese Angaben findet man später in der Registry wieder).
4. Im letzten Schritt muss festgelegt werden, ob das Add-In mit dem Laden der Hostanwendung gestartet werden soll und ob es allen Anwendern zur Verfügung stehen soll. Aktivieren Sie beide Optionen (letztere Option ist unter Windows Vista nicht aktiv, wenn Visual Studio nicht explizit als Administratorkonto gestartet wird).

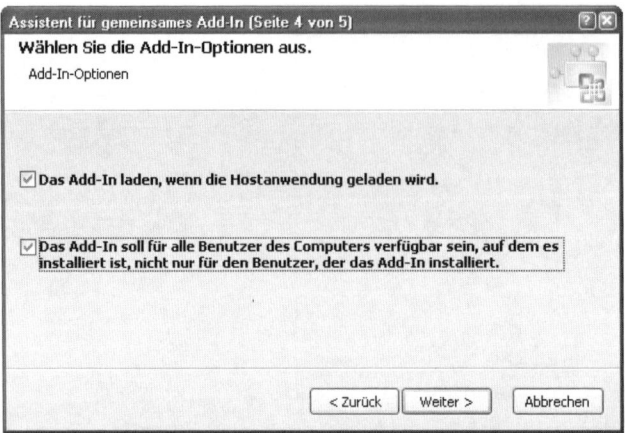

Abbildung 10.8 Zum Schluss wird das Ladeverhalten des Shared Add-Ins festgelegt

5. Damit ist der Projektrahmen fertig. Anders als bei einem VSTO-Add-In enthält das Projekt noch nicht alle Verweise. Der Verweis auf *Office.dll*, etwa zum Erweitern der Befehlsleiste im Rahmen von *OnConnection*, ist enthalten, Verweise auf weitere Office-Anwendungen, deren Objektmodell das Add-In ansprechen soll, müssen nachträglich hinzugefügt werden,.

6. Es geht an die Programmierung. Da das Add-In von Anfang an in vier Office-Anwendungen zur Verfügung stehen soll, ist die Programmierung etwas aufwendiger, aber der Aufwand lohnt sich, denn das Ziel muss immer ein funktional reichhaltiges Add-In sein, das im Idealfall in jeder Anwendung funktioniert. Fügen Sie oberhalb der *Connect*-Klasse folgende *Imports*-Befehle ein (die natürlich entsprechende Verweise auf die einzelnen PIAs voraussetzen):

```
Imports Office = Microsoft.Office.Core
Imports Wd = Microsoft.Office.Interop.Word
Imports Ex = Microsoft.Office.Interop.Excel
Imports Out = Microsoft.Office.Interop.Outlook
Imports Pp = Microsoft.Office.Interop.PowerPoint
```

7. Fügen Sie unterhalb des *Implements*-Befehl in der *Connect*-Klasse folgende Variablendeklarationen ein:

```
Private AppEx As Ex.Application
Private AppWd As Wd.Application
Private AppPP As PP.Application
Private AppOut As Out.Application
Private HostAppName As String
Private CbCn1 As Office.CommandBarButton
```

Jedes *Application*-Objekt der vier Office-Anwendungen erhält seine eigene Variable. Außerdem wird eine Variable benötigt, in der der Name der jeweiligen Office-Anwendung abgelegt wird. Die Variable *CbCn1* steht für den Button der Befehlsleiste, die noch angelegt werden muss.

> **TIPP** Es ist ein beliebter (und schwer zu findender) Fehler, die Variable für die Befehlsleistenbuttons innerhalb der Prozedur, in der der Button angelegt wird, zu deklarieren. Die Folge ist, dass der Eventhandler nicht funktioniert, da die Variable beim Verlassen der Prozedur ungültig wird und damit auch der Eventhandler.

Ein Beispiel für ein Shared Add-In

8. Ignorieren Sie die *IDTExtensibilty2*-Methoden bis auf *OnConnection* und fügen Sie hier die folgenden Befehle zusätzlich ein:

```
Select Case applicationObject.name
  Case "Microsoft Excel"
    AppEx = CType(applicationObject, Ex.Application)
    HostAppName = "Excel"
  Case "Microsoft Word"
    AppWd = CType(applicationObject, Wd.Application)
    HostAppName = "Word"
  Case "Microsoft PowerPoint"
    AppPP = CType(applicationObject, Pp.Application)
    HostAppName = "PowerPoint"
  Case "Outlook"
    AppOut = CType(applicationObject, Out.Application)
    HostAppName = "Outlook"
End Select
SetupCommandbar()
```

Dies ist der Versuch, *OnConnection* so allgemein wie möglich zu gestalten. Und es ist der Versuch, mit den Mitteln von Visual Basic den Typ von *applicationObject* festzustellen und in einer Variablen zu speichern, sodass jede andere Prozedur feststellen kann, in welcher Anwendung sie ausgeführt wird.

9. Fügen Sie die Prozedur *SetupCommandbar* ein. Gegenüber Kapitel 5 gibt es hier nichts Neues. Es wird eine neue Befehlsleiste mit einem anklickbaren Button angelegt, dessen *Click*-Event über *AddHandler* mit einer Prozedur verknüpft wird:

```
Sub SetupCommandbar()
  Dim CbNeu As Office.CommandBar = applicationObject.CommandBars.Add(Name:="Zitatgeber", _
    Temporary:=True)
  With CbNeu
    .Visible = True
    CbCn1 = CbNeu.Controls.Add(Type:=Office.MsoControlType.msoControlButton, Temporary:=True)
    CbCn1.Tag = "Zitatgeber"
    CbCn1.FaceId = 59
    CbCn1.Caption = "Peters Zitatgeber"
    CbCn1.Style = Microsoft.Office.Core.MsoButtonStyle.msoButtonIconAndCaption
  End With
  ' Jetzt Handler hinzufügen
  AddHandler CbCn1.Click, AddressOf CbCn1_ClickHandler
End Sub
```

Lassen Sie sich nicht von den Compilerwarnungen irritieren, die aus dem Umstand resultieren, dass *applicationObject* vom Typ *Object* ist und damit eine späte Bindung vorliegt.

10. Fügen Sie die Prozedur des *Click*-Handlers ein:

```
Sub CbCn1_ClickHandler(ByVal Btn As Office.CommandBarButton, ByRef CancelDefault As Boolean)
  Dim Frm As New frmZitate(HostAppName, applicationObject)
  Frm.Show()
End Sub
```

Hier passiert nicht viel, es wird lediglich das noch nicht vorhandene WinForms-Formular instanziiert und in seinem *New*-Konstruktor werden der Anwender der Hostanwendung und die (untypisierte) Instanz des *Application*-Objekts übergeben.

11. Jetzt erhält das Add-In seine Benutzeroberfläche in Gestalt eines WinForms-Formulars. Das sind Möglichkeiten, die bei einem Shared Add-In, das mit Visual Basic 6.0 oder C++ umgesetzt wird, noch nicht zur Verfügung standen. Fügen Sie über *Projekt/Windows Form hinzufügen* ein Formular hinzu und geben Sie ihm den Namen **frmZitate**. Ordnen Sie auf dem Formular eine CheckedListBox (*cbKategorien*), eine ListBox (*liZitate*), die dazugehörigen Beschriftungslabels sowie zwei Buttons (*bnRefresh* und *bnZitatUebernehmen*) an (Abbildung 10.9).

Abbildung 10.9 Das Formular im Entwurfsmodus

12. Schalten Sie mit [F7] auf das Programmcodefenster des Formulars um und geben Sie als Erstes folgende *Imports*-Befehle ein:

```
Imports System.Xml
Imports System.IO
Imports Ex = Microsoft.Office.Interop.Excel
Imports Wd = Microsoft.Office.Interop.Word
Imports Out = Microsoft.Office.Interop.Outlook
Imports PP = Microsoft.Office.Interop.PowerPoint
```

13. Definieren Sie unterhalb des *Class*-Befehls die folgenden Variablen:

```
Private XDoc As New XmlDocument
Private AppName As String
Private AppObjekt As Object
```

14. Da die Formularklasse im Add-In mit zwei Parametern instanziiert wird, muss der Konstruktor überladen werden. Geben Sie die folgende Prozedur auf die Variablendeklarationen folgend ein:

```
Sub New(ByVal AppName As String, ByVal AppObjekt As Object)
    InitializeComponent()
    Me.AppName = AppName
    Me.AppObjekt = AppObjekt
End Sub
```

Wichtig ist, dass in einem überladenen Formularkonstruktor als Erstes *InitializeComponent* aufgerufen wird, wodurch die Steuerelemente geladen werden (ansonsten wird eine Warnung ausgegeben). Danach werden die beiden Parameter in Variablen abgelegt. Da sie dieselben Namen tragen wie die Parameter, wird ihnen ein *Me* vorangestellt.

15. Fügen Sie in *Form_Load* die folgenden Befehle ein:

```
Dim ZitatePfad As String = Path.Combine(Environment.GetEnvironmentVariable("userprofile"), _
    "Zitate.xml")
Try
  XDoc.Load(ZitatePfad)
  Dim Kategorien As XmlNodeList = XDoc.SelectNodes("//Kategorien/Kategorie")
  cbKategorien.Items.Clear()
  For Each Kat As XmlNode In Kategorien
    cbKategorien.Items.Add(Kat.InnerText)
  Next
Catch ex As SystemException
  MessageBox.Show("Exception - " & ex.Message, ex.TargetSite.Name)
End Try
' ListBox einrichten
liZitate.DisplayMember = "Spruch"
```

Es wird davon ausgegangen, dass sich im Benutzerprofil eine Datei mit dem Namen *Zitate.xml* befindet, in der Namen der Kategorien und die einzelnen Zitate enthalten sind (die Datei wird später angelegt). Diese Datei wird über Klassen im Namespace *System.xml* geladen und die Namen der Kategorien werden in die Checked-ListBox *cbKategorien* übernommen. Am Ende wird dafür gesorgt, dass die ListBox *liZitate* von jedem Objekt *Zitat* (wird noch definiert), das über *Add* später hinzugefügt wird, nur die Eigenschaft *Spruch* anzeigt.

16. Fügen Sie in die *Click*-Prozedur des Buttons *bnRefresh* die folgenden Befehle ein:

```
Dim XMlAbfrage As String = "//Zitate/Zitat["
For Each Kat As String In cbKategorien.CheckedItems
  XMlAbfrage &= "@Kategorie='" & Kat & "' or "
Next
' Das letzte " or " wieder abtrennen, also 4 Zeichen
XMlAbfrage = XMlAbfrage.Substring(0, XMlAbfrage.Length - 4)
XMlAbfrage &= "]"
Dim Zitate As XmlNodeList = XDoc.SelectNodes(XMlAbfrage)
liZitate.Items.Clear()
For Each ZitatNode As XmlNode In Zitate
  Dim Z As New Zitat
  Dim ZitatNr As Integer = CType(ZitatNode.Attributes("Nr").InnerText, Integer)
  Z.Spruch = ZitatNode.SelectSingleNode("Spruch").InnerText
  Z.ZitatNr = ZitatNr
  liZitate.Items.Add(Z)
Next
```

Der Zweck dieser Befehle ist, dass nach Auswahl von einer oder mehreren Kategorien alle *Zitat*-Elemente der XML-Datei, bei denen das Attribut *Kategorie* mit dem oder den ausgewählten Kategoriennamen übereinstimmt, in der ListBox *liZitate* aufgelistet werden. Allerdings wird nicht das Zitat selbst in die ListBox übernommen, sondern ein *Zitat*-Objekt, das auf der gleichnamigen (noch nicht definierten) Klasse basiert. Warum dieser Aufwand? Nur aus dem Grund, weil für jeden Eintrag neben dem Zitat auch die Nummer des Zitats in der Liste abgelegt werden soll, damit über diese Nummer später die Quelle des Zitats aus den XML-Daten abgerufen werden kann.

17. Ein großer »Quellcodebrocken« steht noch bevor. Er ist deswegen etwas umfangreicher, weil das Einfügen des ausgewählten Zitats und der Quelle in jeder der vier Office-Anwendungen etwas anders durchgeführt werden muss. Geben Sie in die *Click*-Prozedur des Buttons *bnZitatUebernehmen* die folgenden Befehle ein:

```
Dim Spruch As String = liZitate.Text
Dim ZitatPfad As String = "//Zitate/Zitat[@Nr='" & CType(CType(liZitate.SelectedItem, _
    Zitat).ZitatNr, String) & "']"
Dim Quelle As String = XDoc.SelectSingleNode(ZitatPfad).SelectSingleNode("Quelle").InnerText
Select Case AppName
    Case "Excel"
        CType(AppObjekt, Ex.Application).ActiveCell.Value2 = Spruch
        CType(AppObjekt, Ex.Application).ActiveCell.Offset(RowOffset:=1).Value2 = Quelle
    Case "Word"
        CType(AppObjekt, Wd.Application).Selection.TypeText(Spruch & vbCrLf)
        CType(AppObjekt, Wd.Application).Selection.TypeText(Quelle)
    Case "Outlook"
        Dim OutApp As Out.Application = CType(AppObjekt, Out.Application)
        If TypeOf OutApp.ActiveInspector.CurrentItem Is Out.MailItem Then
            Dim Mi As Out.MailItem = CType(OutApp.ActiveInspector.CurrentItem, Out.MailItem)
            Mi.Body &= Spruch & vbCrLf
            Mi.Body &= Quelle
        End If
    Case "PowerPoint"
        Dim PPApp As PP.Application = CType(AppObjekt, PP.Application)
        If PPApp.ActivePresentation IsNot Nothing Then
            Dim PPSh As PP.Shape = PPApp.ActivePresentation.Slides.Item _
                (PPApp.ActivePresentation.Slides.Count).Shapes.AddLabel(Microsoft.Office. _
                Core.MsoTextOrientation.msoTextOrientationHorizontal, 10, 10, 200, 32)
            PPSh.TextFrame.TextRange.Text = Spruch & vbCrLf
            PPSh.TextFrame.TextRange.Text &= "Quelle: " & Quelle
        End If
End Select
```

Endlich kommt auch ein wenig PowerPoint ins Spiel, das in diesem Buch ansonsten komplett ausgeklammert wird.

18. Zwei Formalitäten stehen noch aus. Die erste Formalität ist die Klasse *Zitat*, die aus den Eigenschaften *Spruch* (*String*) und *ZitatNr* (*Integer*) besteht:

```
Class Zitat
    Private mSpruch As String
    Private mZitatNr As Integer

    Property Spruch() As String
        Get
            Return mSpruch
        End Get
        Set(ByVal value As String)
            mSpruch = value
        End Set
    End Property

    Property ZitatNr() As Integer
        Get
            Return mZitatNr
        End Get
```

Ein Beispiel für ein Shared Add-In

```
        Set(ByVal value As Integer)
            mZitatNr = value
        End Set
    End Property
End Class
```

19. Zum Schluss muss die XML-Datei *Zitate.xml* angelegt werden. Sie ist nicht Teil des Projekts (kann aber in Visual Studio angelegt und erstellt werden, muss oder besser sollte dann aber aus dem Projekt wieder herausgenommen werden), sondern befindet sich als Datei im Benutzerprofil. Sie ist wie folgt aufgebaut:

```xml
<?xml version="1.0" encoding="utf-8" ?>
<Zitate>
  <Kategorien>
    <Kategorie>Humor</Kategorie>
    <Kategorie>Geek-Humor</Kategorie>
    <Kategorie>Politik</Kategorie>
    <Kategorie>Lebensweisheiten</Kategorie>
    <Kategorie>Sonstiges</Kategorie>
  </Kategorien>
  <Zitat Nr="1000" Kategorie="Humor">
    <Spruch>Humor ist wenn es trotzdem kracht</Spruch>
    <Quelle>Unbekannt</Quelle>
  </Zitat>
  <Zitat Nr="1001" Kategorie="Humor">
<!-- usw. -->
  </Zitat>
</Zitate>
```

Damit ist das Add-In fertig. Wenn Sie das Projekt über [F5] starten, wird die Klassenbibliothek kompiliert und sowohl als COM-Komponente (das ist in den Projekteigenschaften voreingestellt) als auch als COM-Add-In registriert. Da Klassenbibliotheken normalerweise nicht direkt gestartet werden können, geschieht etwas Merkwürdiges, denn es wird ein weiteres Mal Visual Studio gestartet, da dies in den Projekteigenschaften eingestellt wurde (mehr dazu im nächsten Abschnitt). Starten Sie als Nächstes eine der vier Office-Anwendungen, zum Beispiel Word. Nach dem Start sollte bei den Office-2003-Anwendungen die Befehlsleiste mit dem Lachgesicht als einzigem Button erscheinen. Bei den Office-2007-Anwendungen erscheint sie im Register *Add-Ins*. Ein Klick auf den Button öffnet das Formular, in dem die Kategorien und die Zitate zur Auswahl stehen. Nach einem Klick auf den Button *Zitat übernehmen* wird das ausgewählte Zitat an der aktuellen Position im Word-Dokument, in der Excel-Zelle, in der aktuellen PowerPoint-Folie und im aktuellen Outlook-Nachrichtenfenster eingefügt.

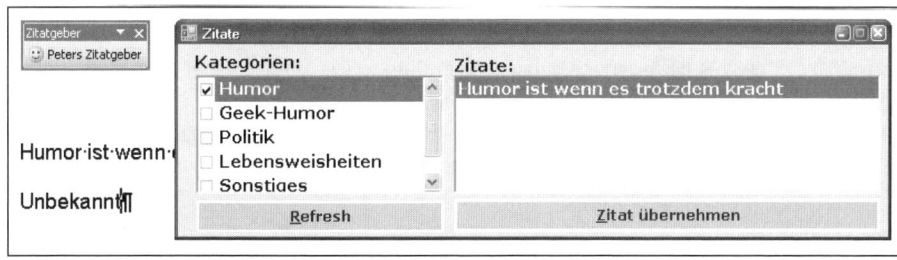

Abbildung 10.10   Das Shared Add-In in Aktion (innerhalb von Word)

In der Liste der COM-Add-Ins erscheinen bei Office 2003-Anwendungen nur jene Add-Ins, die nur für einen einzelnen Benutzer registriert wurden, nicht die maschinenweiten Add-Ins, die allen Benutzern zur Verfügung stehen. Da sich Office 2007 in diesem Punkt offenbar anders verhält als Office 2003, wird ein maschinenweites Shared Add-In bei Office 2007 in der Liste der COM-Add-Ins trotzdem angezeigt.

HINWEIS   Sollte beim erneuten Ausführen ein Fehler resultieren, der besagt, dass die Dll-Datei noch von einem anderen Prozess belegt wird, liegt dies daran, dass eine der Anwendungen, von denen das Add-In geladen wurde, noch läuft. Diese Anwendungen müssen zuerst beendet werden (das ist ein weiterer kleiner »Nachteil« der Shared Add-Ins gegenüber den VSTO-Add-Ins).

Shared Add-Ins debuggen

Ein Shared Add-In kann wie jede Anwendung auch debuggt werden. Dazu ist allerdings eine Vorbereitung erforderlich. Diese besteht darin, in den Projekteigenschaften jene Office-Anwendung einzustellen, in der das Debugging des Add-Ins erfolgen soll (zum Beispiel *Winword.exe*). Am Anfang ist die Visual Studio-IDE (*Devenv.exe*) selbst eingestellt. Die Idee ist, dass innerhalb der zweiten Visual Studio-Instanz der Debugger über *Extras/An den Prozess anhängen* an die Office-Anwendung gehängt wird, die zuvor gestartet wurde. Dabei kann es passieren, dass gesetzte Haltepunkte ignoriert werden, da Visual Studio die Symbolinformationen nicht laden kann. Sehr viel einfacher ist es, die Office-Anwendung gleich mit dem Projektstart aufzurufen, was zur Folge hat, dass das Add-In geladen wird. Im Projekt zuvor gesetzte Haltepunkte werden jetzt zuverlässig erreicht.

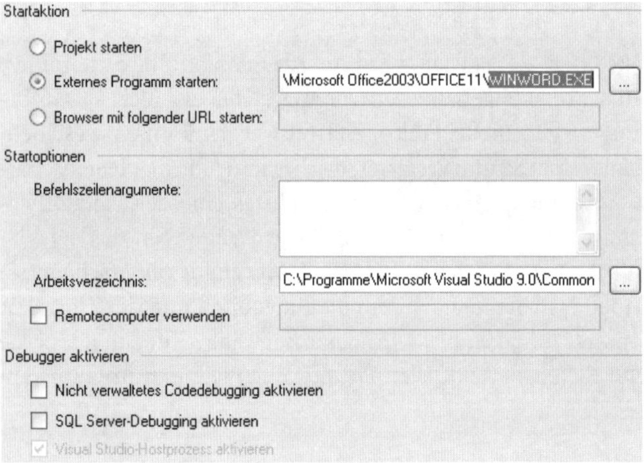

Abbildung 10.11 Für das Debuggen sollte die Hostanwendung als externes Programm gestartet werden

TIPP   Das ist ein wichtiger Tipp. Welches externe Programm beim Drücken von [F5] gestartet wird, muss für jede Konfiguration separat festgelegt werde. Im obigen Beispiel wurde es für die Debug-Konfiguration definiert, in der Release-Konfiguration wird nach wie vor Visual Studio aufgerufen. Falls man ein Projekt mit unterschiedlichen Anwendungen starten möchte, sollte man weitere Konfigurationen anlegen und jeder Konfiguration eine eigene Anwendung zuordnen.

> **TIPP** Der »Debugger für Arme« (der beim Entwickeln von COM-Add-Ins mit Visual Basic 6.0 oft der einfachste Weg war, das Verhalten eines Add-Ins nachzuvollziehen) steht in Gestalt von *Messagebox.Show* als einfachste Alternative zur Verfügung, um zum Beispiel den Wert von Variablen an bestimmten Stellen im Programm auszugeben. Anders als bei Visual Basic 6.0, bei dem ein Aufruf von *Msgbox* dazu führen konnte, dass ein Event gar nicht ausgelöst wurde, scheint bei Visual Studio der Aufruf von *Messagebox.Show* kein Problem zu sein.

Shared Add-Ins mit öffentlichen Klassen

Soll ein Shared Add-In nicht nur über die COM-Schnittstelle für die Hostanwendung, sondern darüber hinaus auch für VBA-Makros oder andere Add-Ins ansprechbar sein, muss es eine öffentliche Klasse anbieten, deren Instanz in der *OnConnection*-Prozedur der *Object*-Eigenschaft des COM-Add-Ins zugewiesen wird.

Beispiel

Das folgende Beispiel zeigt den Inhalt der *OnConnection*-Prozedur, in der eine Instanz einer Klasse mit dem Namen *Helper* der *Object*-Eigenschaft zugewiesen wird.

```
Try
    addInInstance = CType(addInInst, Microsoft.Office.Core.COMAddIn)
    CType(addInInstance, Microsoft.Office.Core.COMAddIn).Object = New Helper
Catch ex As SystemException
    MessageBox.Show(ex.Message)
End Try
```

Helper ist eine beliebige Klasse, wobei aber nur die Instanzenmitglieder von einem VBA-Makro aus aufrufbar sind (auf Shared Members besteht keine Zugriffsmöglichkeit). Der Schlüssel zur Klasse ist die *COMAddIns*-Eigenschaft des *Application*-Objekts, die für alle registrierten COM-Add-Ins steht.

Beispiel

Steht die *Object*-Eigenschaft eines COM-Add-Ins für die Instanz einer Klasse mit einer Methode *VersionsInfo*, wird diese in einem VBA-Makro wie folgt aufgerufen:

```
Msgbox Application.COMAddIns(1).Object.VersionsInfo
```

Shared Add-Ins ausliefern

Damit ein Shared Add-In auf einem anderen Computer ausgeführt werden kann, genügt es natürlich nicht, die Dll-Datei in ein Verzeichnis zu kopieren. Die Datei muss sowohl als COM-Komponente als auch als COM-Add-In registriert werden. Damit das Ganze möglichst komfortabel möglich ist, enthält ein Shared Add-In-Projekt ein eigenes Setup-Projekt. Hier müssen keine Änderungen vorgenommen werden (es sollten allerdings die gefundenen Abhängigkeiten zu den Office-PIAs entfernt werden). Das Setup-Projekt wird erstellt, indem das Projekt im Projektmappen-Explorer mit der rechten Maustaste angeklickt und *Erstellen* gewählt wird. Das Ergebnis ist eine Installerdatei (also eine Datei mit der Erweiterung *.Msi*), die genauso lautet wie das Projekt. Diese Datei enthält (bis auf die .NET-Laufzeit) alles, was zur Installation des Shared Add-Ins benötigt wird. Es ist daher diese Datei, die weitergegeben und vor Ort installiert werden muss. Doch wo findet man diese Datei? Ganz einfach, im *bin\Debug*-Verzeichnis des Setup-Projektordners und dieser ist wiederum ein Teil der

Projektmappe des Add-In-Projekts. Hier ist im Allgemeinen noch eine weitere Datei mit dem Namen *Setup.exe* untergebracht, bei der es sich um eine sogenannte *Bootstrapper-Datei* handelt. Diese wird ausgeführt, wenn das Add-In auf einem Computer installiert werden soll, auf dem die zur Ausführung erforderliche .NET-Laufzeit eventuell nicht vorhanden ist. Der Bootstrapper stellt dies fest und bietet die Möglichkeit, die .NET-Laufzeit von einer voreingestellten URL aus dem Internet herunterzuladen und zu installieren. Kann davon ausgegangen werden, dass die .NET-Laufzeit vorhanden ist, spielt *Setup.exe* keine Rolle. Dass ein Bootstrapper angelegt wird, wird in den Eigenschaften des Setup-Projekts festgelegt. Wird die Msi-Datei gestartet, wird zuerst das Verzeichnis abgefragt, in das die Dll-Datei kopiert werden soll. Hier kann in der Regel das voreingestellte Verzeichnis übernommen werden. Mehr wird für die Installation an Angaben nicht benötigt. Der Installer kopiert aber nicht nur die Dll in das ausgewählte Verzeichnis (sowie verschiedene PIAs, was aber überflüssig ist und unterbunden werden sollte, indem wie vorhin erwähnt die Abhängigkeiten im Setup-Projekt entfernt werden), sondern er legt auch die erforderlichen Registry-Einträge an, damit das Add-In beim nächsten Start einer Office-Anwendung geladen wird.

Es ist interessant, sich einmal die Registry-Einträge anzusehen, die vom Setup-Projekt erzeugt werden. Selektieren Sie dazu das Setup-Projekt und wählen Sie über *Ansicht/Registrierung* den Registry-Editor aus. Hier werden alle Schlüssel und deren Einträge aufgeführt, die bei der Installation angelegt werden. Die Liste ist keinesfalls »in Stein gemeißelt«, sondern kann natürlich nachträglich beliebig verändert werden. Was hier steht, ist Visual Studio salopp gesprochen egal, es wird nicht überprüft, ob ein Eintrag sinnvoll ist oder nicht.

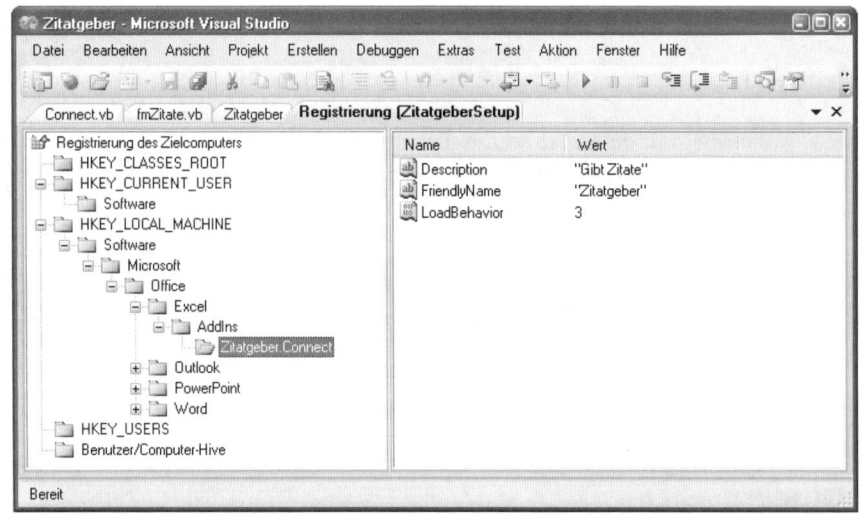

Abbildung 10.12 Diese Einträge werden vom Setup-Projekt in der Registry angelegt

Zu Testzwecken (oder wenn nur die Registry-Einträge »repariert« werden sollen) kann die Msi-Datei auch direkt aus Visual Studio heraus aufgerufen und das Add-In damit installiert werden. Der entsprechende Eintrag heißt *Installieren* und befindet sich ebenfalls im Kontextmenü des Setup-Projekts. Zusätzlich sind beim Aufruf der Msi-Datei über den Windows-Installer *Msiexec.exe* zahlreiche Optionen möglich, die man per Suchmaschine schnell ausfindig macht (zum Beispiel *http://msdn2.microsoft.com/en-us/library/aa367988.aspx*). Erwähnenswert ist die Option */L <Logdateiname>*, durch die während des Setups eine Protokolldatei angelegt wird, in der alle Schritte protokolliert werden (Sie werden überrascht sein, wie viel während einer Installation passiert). Auf diese Weise lässt sich eventuell mehr über einen Fehler erfahren, der während der Installation aufgetreten ist. Um diese Option nutzen zu können, legen Sie eine Verknüpfung auf die Msi-Datei an und hängen die Option (zum Beispiel /L *ZitatgeberSetup.log*) in der Kommandozeile an.

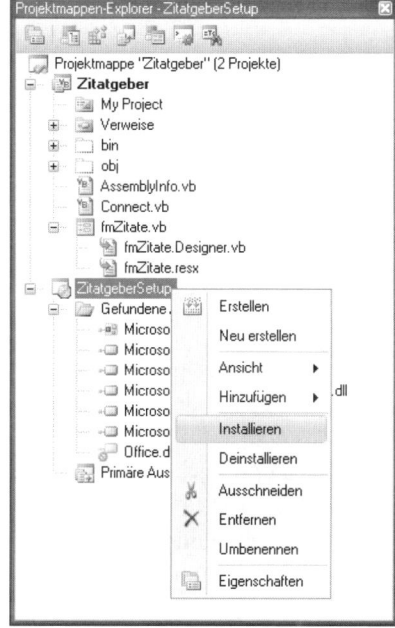

Abbildung 10.13 Das Shared Add-In kann direkt aus dem Projektmappen-Explorer heraus installiert werden

Ein Beispiel für ein VSTO-Add-In

Bevor es an die Umsetzung eines VSTO-Add-Ins geht, noch einmal eine kurze Wiederholung. Es ist wichtig festzuhalten, dass ein Shared Add-In nahezu identische funktionale Möglichkeiten wie ein VSTO-Add-In besitzt, denn beide basieren auf dem .NET Framework und der dazugehörigen Klassenbibliothek (allerdings ist bei einem Projekt *Gemeinsames Add-In* die Version 2.0 der .NET-Klassenbibliothek voreingestellt, was aber geändert werden kann). Der einzige erwähnenswerte Unterschied ist, dass bei den VSTO 3.0 im Rahmen eines VSTO-Add-Ins und der *ThisAddIn*-Klasse eine *CustomTaskPanes*-Eigenschaft zur Verfügung steht, über die sich ein »Task Pane« hinzufügen lässt. Diese Möglichkeit besteht bei einem Shared Add-In nicht.

Im Folgenden wird das Shared Add-In aus dem letzten Abschnitt als VSTO-Add-In umgesetzt, wobei die einzelnen Schritte dieses Mal nur angedeutet werden, da sich an der Programmlogik (natürlich) nichts ändert. Es geht dieses Mal vor allem darum, ein Projekt zu schaffen, das weitestgehend unabhängig von einer Office-Anwendung ist. Das wird erreicht, indem die Programmlogik in eine Klassenbibliothek ausgelagert wird, die von allen VSTO-Add-In-Projekten genutzt werden kann.

1. Bei der Auswahl eines VSTO-Add-Ins kommt es sowohl auf die Anwendung als auch auf die Version an. Im Folgenden wird ein Add-In für Word 2003 gewählt.

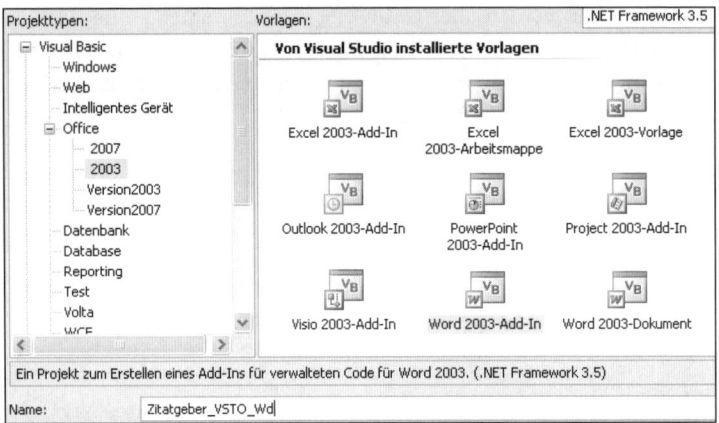

Abbildung 10.14 Ein VSTO-Add-In beginnt mit der Auswahl des Projekts für eine Office-Anwendung

2. Einen Assistenten gibt es bei den VSTO-Add-Ins nicht. Er wird nicht benötigt, da alle Angaben bereits durch die Auswahl der Vorlage getroffen werden. Anstelle einer *Connect*-Klasse enthält das Add-In eine *ThisAddIn*-Klasse und anstelle von *IDTExtensiblity2* und seinen fünf Methoden gibt es die Prozeduren *Startup* und *Shutdown*[3]. Ob auch ein Setup-Projekt vorhanden ist, hängt davon ab, ob das Add-In für Office 2003 oder Office 2007 gedacht ist. Nur in Verbindung mit Office 2003 wird ein separates Setup-Projekt erzeugt.

Bei den Registry-Einträgen ist bemerkenswert, dass das Add-In ausschließlich für HKCU, also für einen Anwender registriert wird. Anders als bei einem Shared Add-In spielt HKLM keine Rolle. Der Standardeintrag beim Schlüssel *InprocServer32* verweist auf *Addinloader.dll*, der *Manifest*-Eintrag unter *Software\Microsoft\Office\Word\Addins* auf eine Manifestdatei.

3. Wie beim Shared Add-In wird als Erstes die Befehlsleiste angelegt und ein Button eingerichtet.

4. Der *Click*-Handler des VSTO-Add-Ins sieht dagegen komplett anders aus. Im Unterschied zum Shared Add-In »weiß« der Handler bereits, von welcher Anwendung aus er aufgerufen wird und muss diese Information nicht mehr an das Formular übergeben. Damit auch das VSTO-Add-In möglichst flexibel bleibt, werden das Anzeigen des Formulars und der Zugriff auf die *Zitate.xml*-Datei in eine Klassenbibliothek und dort in eine Klasse mit dem Namen *Zitatgeber* ausgelagert. Im *Click*-Handler des Buttons muss die *ShowForm*-Methode dieser Klasse aufgerufen werden, die das Formular anzeigt und das ausgewählte Zitat zurückgibt:

```
Sub CbCn1_ClickHandler(ByVal Btn As Office.CommandBarButton, ByRef CancelDefault As Boolean)
    If Zitatgeber.ShowForm() = DialogResult.OK Then
        Me.Application.Selection.TypeText(Zitatgeber.Spruch)
        Me.Application.Selection.TypeParagraph()
        Me.Application.Selection.TypeText(Zitatgeber.Quelle)
    End If
End Sub
```

Anders als beim Shared Add-In ist es beim VSTO-Add-In die Aufgabe der *ThisAddIn*-Klasse und nicht die des Formulars, das Zitat und die Quelle in die Anwendung zu übernehmen. Das ist auch sinnvoll, da das Formular auf diese Weise nichts über die Beschaffenheit der jeweiligen Anwendung wissen muss.

---

[3] Es ist interessant, dass die *ThisAddIn*-Klasse offiziell nicht als COM-Klasse registriert wird, da muss hinter den Kulissen einiges geschehen.

5. Spätestens jetzt muss die Frage geklärt werden, wie das VSTO-Add-In allgemein strukturiert ist. Damit der Zitatgeber in mehreren Office-Anwendungen zur Verfügung steht, wird die Funktionalität in eine Klassenbibliothek ausgelagert. Sie heißt *ZitatgeberLib* und wird dem VSTO-Projekt als weiteres Projekt hinzugefügt. Sie besteht aus einer Klasse *Zitatgeber* und dem Formular *fmZitat*, das bis auf ein paar Details, was die Übergabe eines ausgewählten Zitats angeht, weitestgehend dem Formular aus dem Shared Add-In entspricht (außerdem enthält sie die Klasse *Zitat*, die ein Zitat abbildet). Die Klasse *Zitatgeber* besteht lediglich aus der bereits erwähnten *ShowForm*-Methode und zwei *ReadOnly*-Eigenschaften, über die das Zitat und die Quelle dem Add-In zur Verfügung gestellt werden:

```
Imports System.Windows.Forms

Public Class Zitatgeber
  Private Shared mSpruch As String
  Private Shared mQuelle As String

  Public Shared Function ShowForm() As DialogResult
    Dim Frm As New fmZitate
    If Frm.ShowDialog = DialogResult.OK Then
      mSpruch = Frm.Spruch
      mQuelle = Frm.Quelle
      Return DialogResult.OK
    Else
      Return DialogResult.Cancel
    End If
  End Function

  Shared ReadOnly Property Spruch() As String
    Get
      Return mSpruch
    End Get
  End Property

  Shared ReadOnly Property Quelle() As String
    Get
      Return mQuelle
    End Get
  End Property

End Class
```

6. Das Formular besitzt ebenfalls zwei *ReadOnly*-Eigenschaften, *Spruch* und *Quelle*, über die das ausgewählte Zitat nach dem Schließen des Formulars im Rahmen der *Zitatgeber*-Klasse abgefragt wird. Damit dies aber nur dann geschieht, wenn das Formular durch den Anwender geschlossen wurde (und nicht, weil zum Beispiel die Anwendung beendet wird), wird in *Form_Closing* eine entsprechende Abfrage eingebaut:

```
Private Sub fmZitate_FormClosing(ByVal sender As Object, _
    ByVal e As System.Windows.Forms.FormClosingEventArgs) Handles Me.FormClosing
  If Not e.CloseReason = CloseReason.UserClosing Then
    ' Formular mit Cancel-Result schließen
    Me.DialogResult = Windows.Forms.DialogResult.Cancel
  End If
End Sub
```

Wurde ein Zitat ausgewählt, wird das Formular mit *DialogResult.OK* beendet:

```
' Formular mit OK-Result schließen
Me.DialogResult = Windows.Forms.DialogResult.OK
Me.Close()
```

Ansonsten entspricht das Formular jenem aus dem Shared Add-In.

7. Zurück zum Add-In-Projekt. Hier muss über *Projekt/Verweis hinzufügen* ein Verweis auf die Klassenbibliothek *ZitatgeberLib* eingefügt werden. Außerdem sollte die *ThisAddIn*-Klasse zu Beginn einen *Imports*-Befehl enthalten:

```
Imports ZitatgeberLib
```

Damit ist das Projekt komplett. Es liegt ein VSTO-Add-In vor, das mit dem Start von Word 2003 geladen wird. Im Rahmen der *Startup*-Prozedur der *ThisAddIn*-Klasse wird eine neue Befehlsleiste angelegt, über sich das Add-In in die Anwendung integriert.

Soll das VSTO-Add-In auch für Word 2007, Excel 2003/2007, Outlook 2003/2007 und PowerPoint 2003/2007 zur Verfügung stehen, müssen insgesamt sieben (!) weitere Projekte angelegt werden. Da aber in jedes Projekt nur der Code für das Einrichten der Befehlsleiste und ein Verweis auf die *Zitatgeber*-Bibliothek eingefügt werden muss, hält sich der Kodierungsaufwand in Grenzen. Deutlich aufwendiger ist die Auslieferung, da der Anwender theoretisch insgesamt acht Setups ausführen müsste. Ändert sich die *Zitatgeber*-Klasse, müssen alle VSTO-Add-Ins erneut kompiliert und ausgeliefert werden, was den Aufwand enorm steigert.

Outlook-Add-Ins debuggen

Ein kleiner Nachteil beim Debuggen eines Outlook-Add-Ins (unabhängig davon, ob es sich um ein VSTO- oder ein Shared Add-In handelt) liegt darin, dass jedes Mal das reguläre Outlook startet und es bei einem üblichen Entwickler-Posteingang mit einigen Tausend Mails eine Weile dauern kann, bis es startbereit ist. Ein netter Tipp für die Entwicklung in Outlook ist es daher, über *Systemsteuerung/Mail* ein neues Profil (zum Beispiel mit dem Namen »Entwicklung«) anzulegen und dabei lediglich ein einziges Postfach zu erstellen (zum Beispiel für einen selten oder gar nicht benutzten Mail-Account, sodass nicht bei jedem Start zu Testzwecken eventuell Mails heruntergeladen werden, die dann im Posteingang des Hauptprofils fehlen – für jedes Profil legt Outlook eine eigene Pst-Datei an, das über *Application.GetNamespace("MAPI").CurrentProfileName* abgefragt werden kann). Jetzt kommt der entscheidende Schritt. Um zu erreichen, dass beim Testen eines Add-Ins Outlook mit diesem Profil gestartet wird, muss in den Projekteigenschaften im Register *Debuggen* bei *Externes Programm starten* der Pfad von *Outlook.exe* und bei *Befehlszeilenargumente* die Angabe */Profile "<Name des Profils>"* eingetragen werden. Sollte beim ersten Aufruf die Meldung erscheinen, dass die Exe-Datei nicht gefunden werden kann, starten Sie das Projekt erneut. Dann sollte es funktionieren.

VSTO-Add-Ins mit öffentlichen Klassen

Genau wie ein Shared Add-In kann auch ein VSTO-Add-In eine oder mehrere öffentliche Klassen besitzen, die zum Beispiel von einem VBA-Makro aus angesprochen werden können. Da im Rahmen von *Startup* aber nicht die Instanz des Add-Ins übergeben wird, muss etwas mehr Aufwand betrieben werden. Die zusätzliche Klasse des VSTO-Add-Ins muss nicht nur über Attribute als COM-Klasse markiert werden, in der

ThisAddIn-Klasse muss außerdem die *RequestComAddInAutomationService*-Methode überschrieben werden. Diese Methode sorgt dafür, dass die *Object*-Eigenschaft des COM-Add-Ins später für jenes Objekt steht, das im Rahmen der Methode über *Return* zurückgegeben wird.

Beispiel

Das folgende Beispiel geht von einem VSTO-Add-In aus, das um eine Klasse *Helper* erweitert wird, die wie folgt aufgebaut ist:

```
Imports System.Runtime.InteropServices

<ComVisible(True)> _
<Guid("B523844E-1A41-4118-A0F0-FDFA7BCD77C9")> _
<ClassInterface(ClassInterfaceType.AutoDispatch)> _
Public Class Helper

  Public Function VersionsInfo() As String
    Return My.Application.Info.Version.ToString
  End Function

End Class
```

Dass die Klasse über Attribute eine GUID (*Globally Unique Identifier*) erhält und explizit festgelegt wird, welche Sorte von COM-Interface ihr zugeordnet wird, ist nicht zwingend erforderlich (insbesondere muss die GUID nicht so lauten wie abgebildet, sondern kann zum Beispiel mit dem Tool *Guidgen.exe* aus dem Visual Studio-Verzeichnis erzeugt werden). Es ist eher ein üblicher Formalismus. In der *ThisAddIn*-Klasse muss nur noch die erwähnte Methode überschrieben werden:

```
Protected Overrides Function RequestComAddInAutomationService() As Object
  Return New Helper
End Function
```

Wird das Add-In-Projekt und damit die Hostanwendung gestartet, kann im VBA-Editor der Anwendung folgendes VBA-Makro ausgeführt werden, das auf die *Helper*-Klasse und deren *VersionsInfo*-Methode zugreift:

```
Sub TestHelperKlasse()
  Dim Addin As Office.COMAddIn
  Dim HelperObjekt As Object
  Set Addin = Application.COMAddIns("VSTOAddInPublicClass")
  Set HelperObjekt = Addin.Object
  MsgBox HelperObjekt.VersionsInfo()
End Sub
```

VSTO-Add-Ins ausliefern

Die Auslieferung eines VSTO-Add-Ins ist eine komplett andere Geschichte als die Auslieferung eines Shared Add-Ins. Auch wenn Visual Studio für die Office 2003-VSTO-Add-Ins ein Setup-Projekt anlegt, ist es nicht damit getan, dieses auszuführen. Zwar wird die Dll-Datei kopiert und es werden auch die Registry-Einträge angelegt, beim Versuch, das Add-In während des Ladens der Anwendung zu laden, kommt es jedoch zu einer Fehlermeldung (Abbildung 10.15). Wie in Kapitel 14 beschrieben wird, muss für ein VSTO-Add-In eine

FullTrust-Berechtigung eingerichtet werden, da dieses nicht von Office, sondern von der .NET-Laufzeit geladen wird. Die Frage ist natürlich, warum das die Microsoft-Entwickler nicht in das Setup-Projekt eingebaut haben. Auch wenn dies natürlich technisch möglich gewesen wäre, hat man sich augenscheinlich dagegen entschieden. Ein Grund dafür könnte gewesen sein, dass es mehrere Wege gibt, um den für die FullTrust-Berechtigung erforderlichen »Nachweis« zu erbringen (im Allgemeinen über den Pfad), und einige Varianten (etwa jene, die auf Zertifikaten basiert) eine »Infrastruktur« voraussetzen, sodass man die Entwickler nicht auf eine bestimmte Möglichkeit festlegen wollte. Beim Hauptgrund dürfte es sich aber um die Tatsache gehandelt haben, dass diese Klimmzüge bei einem VSTO-Add-In für Office 2007 nicht erforderlich sind, da hier der Vertrauensnachweis auf Zertifikaten basiert.

Bei einem VSTO-Add-In für eine Office 2007-Anwendung wird kein Setup-Projekt mehr hinzugefügt, weil die Weitergabe hier über den ClickOnce-Mechanismus erfolgen soll. Das bedeutet aber auch, dass die erforderlichen Registry-Einträge »zu Fuß« hinzugefügt werden müssen (unter *http://msdn2.microsoft.com/en-us/library/bb386106.aspx* finden Sie eine Beschreibung der erforderlichen Einträge).

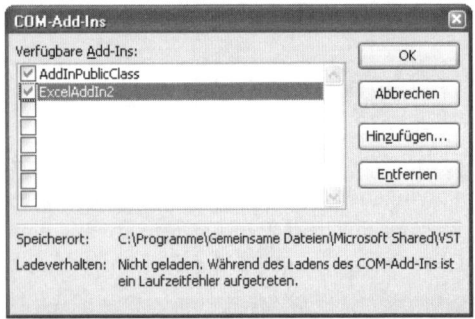

Abbildung 10.15 Die Fehlermeldung ist der subtile Hinweis auf den Umstand, dass ein VSTO-Add-In für eine Office 2003-Anwendung aufgrund fehlender FullTrust-Berechtigungen nicht geladen werden konnte

Maschinenweite Add-Ins für Office 2007

Office 2007 unterstützt offiziell keine maschinenweiten Managed Add-Ins. VSTO-Add-Ins, die unter HKLM in der Registry registriert werden, werden beim Laden der Office 2007-Anwendung ignoriert. Es gibt einen »Trick«, um dennoch zu erreichen, dass ein VSTO-Add-In für jeden Benutzer zur Verfügung steht. Dieser ist allerdings relativ »kompliziert«, sodass es an dieser Stelle nur bei einem Hinweis bleiben soll. Der Trick basiert darauf, dass eine Office 2007-Anwendung vor jedem Start eine Art »Registry-Abgleich« durchführt und dabei in HKLM befindliche Registry-Einträge für Managed Add-Ins nach HKCU kopiert. Mehr dazu finden Sie in zwei Blogeinträgen von VSTO-Teammitglied *Misha Shneerson*, der allerdings eine genauso trickreiche wie offiziell nicht unterstützte Technik beschreibt (*http://blogs.msdn.com/mshneer/default.aspx*).

Aufgabenbereiche für Add-Ins – die CustomTaskPane-Klasse

Auch VSTO-Add-Ins können mit ihrem eigenen Aufgabenbereich ausgestattet werden. Die VSTO 3.0 bieten dafür die *CustomTaskPane*-Klasse aus dem Namespace *Microsoft.Office.Tools*. Ein *CustomTaskPane* ist ein etwas verbessertes ActionsPane (Kapitel 9). Es wurde bereits in Kapitel 2 im Zusammenhang mit dem »Bildauswahl-Projekt« eingesetzt und war bei dieser Anpassung für die komplette Bedienerführung zuständig.

Aufgabenbereiche für Add-Ins – die CustomTaskPane-Klasse

Anders als bei einem ActionsPane, bei dem sowohl allgemeine Controls als auch Benutzersteuerelemente aufgenommen werden können, kommen bei einem CustomTaskPane nur Benutzersteuerelemente infrage (was auch mehr als sinnvoll ist). Beim Hinzufügen zur *CustomTaskPanes*-Auflistung des *AddIn*-Objekts muss ein Titel angegeben werden:

```
Private Ctp1 As Microsoft.Office.Tools.CustomTaskPane

Private Sub ThisAddIn_Startup(ByVal sender As Object, ByVal e As System.EventArgs) Handles Me.Startup
  Dim Uc As New UserControl1
  Ctp1 = Me.CustomTaskPanes.Add(Uc, "Nur ein Test")
  Ctp1.Visible = True
```

Ein weiterer kleiner Unterschied ist, dass ein CustomTaskPane durch Setzen von *Visible* auf *True* sichtbar gemacht werden muss (was ebenfalls sinnvoll ist). Der sicher wichtigste Unterschied zu einem ActionsPane besteht darin, dass mehrere CustomTaskPane-Bereiche gleichzeitig sichtbar sein können und alle (wie ein ActionsPane-Bereich auch) frei verschoben werden können, sodass sich, im Zusammenspiel mit einer Erweiterung der Befehlsleiste bzw. Multifunktionsleiste, eine relativ umfassende Benutzerschnittstelle für ein Add-In entwickeln lässt. Die wichtigsten Mitglieder der *CustomTaskPane*-Klasse sind in Tabelle 10.4 zusammengestellt.

Um die beiden Events *DockPositionChanged* und *VisibleChanged* der *CustomTaskPane*-Klasse nutzen zu können, muss eine Variable vom Typ *CustomTaskPane* oberhalb des *Class*-Befehls mit *WithEvents* deklariert werden:

```
Private WithEvents Ctp As Microsoft.Office.Tools.CustomTaskPane
```

Mitglied	Bedeutung
DockPosition-Eigenschaft	Legt die Ausrichtung der Controls im Panel fest oder gibt sie zurück.
DockPositionChanged-Event	Wird ausgelöst, wenn der Bereich vom Randbereich gelöst wird bzw. an einen anderen Randbereich des Anwendungsfensters andockt.
DockPositionRestrict-Eigenschaft	Legt fest, ob das vertikale oder horizontale »Andocken« möglich ist, oder gibt die aktuelle Einstellung zurück.
Height-Eigenschaft	Die Höhe des Bereichs in Pixel. Anders als bei dem ActionsPane kann dieser Wert im Programm geändert werden.
Visible-Eigenschaft	*True*, wenn der Bereich sichtbar ist.
VisibleChanged-Event	Wird ausgelöst, wenn der Bereich sichtbar oder unsichtbar wird.
Width-Eigenschaft	Die Breite des Bereichs in Pixel. Anders als bei dem ActionsPane kann dieser Wert im Programm geändert werden.

Tabelle 10.4 Die wichtigsten Mitglieder der *CustomTaskPane*-Klasse

Zusammenfassung

Für die Entwicklung von Office-Anwendungserweiterungen (den COM-Add-Ins) gibt es zwei Vorlagenvarianten: Shared Add-Ins und VSTO-Add-Ins. Ein Shared Add-In basiert auf der Vorlage *Gemeinsames Add-In* in der Kategorie *Andere Projekttypen/Erweiterungen*. Es startet stets einen Assistenten, der unter anderem abfragt, mit welcher Sprache (Visual Basic, C# oder C++) und vor allem für welche Anwendungen das Add-In erstellt werden soll. Ein VSTO-Add-In (das natürlich die VSTO ab VSTO 2005 SE voraussetzt) wird ausgewählt, indem die entsprechende Vorlage in der Kategorie *Office* gewählt wird. Damit wurde bereits der wichtigste Unterschied deutlich. Ein Shared Add-In steht in allen ausgewählten Office-Anwendungen zur Verfügung, ein VSTO-Add-In nur in jener Office-Anwendung, für das es erstellt wird. Generell bieten die VSTO-Add-Ins mehr Komfort beim Entwickeln und Debuggen und mehr Sicherheit bei der Ausführung. Shared Add-Ins setzen etwas mehr Erfahrung bei der Umsetzung voraus, sind aber flexibler, wenn das Add-In in mehreren Office-Anwendungen laufen soll, und erfordern zum Beispiel keine FullTrust-Berechtigung bei der Ausführung. Es ist wichtig zu verstehen, dass die Unterschiede aber nur den Rahmen, die Weitergabe und die spätere Ausführung betreffen. Abgesehen von den zusätzlichen Objekten der VSTO-Laufzeit wie zum Beispiel das CustomTaskPane bieten beide Add-In-Typen (natürlich) die gleichen Möglichkeiten, da sie beide auf einem COM-Add-In basieren. Bliebe noch zu erwähnen, dass wenn ein Add-In erst einmal funktioniert, es auf Jahre hinaus zuverlässig seinen Dienst verrichtet, sodass es sich in jedem Fall lohnt, die Hindernisse zu überwinden, die sich eventuell zu Beginn in den Weg stellen könnten. Add-Ins sind generell die flexibelste Möglichkeit, Office-Anwendungen zu erweitern (wenngleich eine funktionierende Word-Vorlage mit VBA-Makros, die unauffällig über die Befehlsleisten zur Verfügung stehen, ebenfalls ihren Reiz besitzt).

Wie geht es in diesem Buch weiter?

Damit ist der »VSTO-Teil« des Buches beinahe abgeschlossen. Im nächsten Kapitel ist mit den Workflow-Vorlagen für den »SharePoint-Server« das letzte VSTO-Thema an der Reihe. Auch wenn SharePoint und Office nicht viel gemeinsam haben, gibt es natürlich eine Verbindung. Diese betrifft den Umstand, dass sich ein SharePoint-Server auch oder in erster Linie als universelle »Ablage« für Office-Dokumente versteht.

Kapitel 11

SharePoint- und Workflow-Entwicklung mit .NET und den VSTO

In diesem Kapitel:

SharePoint in zehn Minuten	424
Über das SharePoint-Objektmodell auf SharePoint-Inhalte zugreifen	427
Auf SharePoint-Inhalte über Webservice-Funktionen zugreifen	429
Excel-Listen mit SharePoint-Inhalten	432
Workflow in zehn Minuten	433
SharePoint-Workflows mit den VSTO erstellen	434
Office Live	446
Zusammenfassung	447

In diesem Kapitel geht es um eines der heißesten Themen, die es derzeit im Office-Umfeld gibt: SharePoint. Doch warum ist SharePoint so heiß? SharePoint bietet drei wesentliche Pluspunkte: Erstens ist es eine funktional reichhaltige Plattform, die auf ASP.NET 2.0 und damit auf einer vielen Entwicklern bereits vertrauten Plattform basiert. Zweitens lässt es sich »out of the box« sofort einsetzen und erfordert keinerlei Spezialkenntnisse (man klickt sich bildlich gesprochen über die sehr anwenderfreundlich organisierten Menüs zu einer funktional reichhaltigen Webanwendung). Drittens ist es in der Grundversion der Windows SharePoint Services 3.0 »kostenlos« als Download erhältlich – es wird lediglich eine Lizenz von Windows Server 2003/2008 vorausgesetzt (unter XP und Vista läuft es dagegen nicht). Es ist daher kein Wunder, dass gerade große Unternehmen die Vorzüge von SharePoint als Grundlage für Intranetlösungen entdeckt haben und im großen Stil einsetzen. In diesem Kapitel geht es nicht um SharePoint-Entwicklung im Allgemeinen (dazu wäre ein sehr umfangreiches Buch erforderlich, das sich ausschließlich diesem Thema widmet, wobei das Windows SharePoint Services 3.0-SDK mit seiner umfangreichen Hilfedatei bereits eine hervorragende Grundlage liefert), sondern beinahe ausschließlich um die Entwicklung eines SharePoint-Workflows mit den VSTO 3.0.

SharePoint in zehn Minuten

»SharePoint« ist ein Produkt von Microsoft, das, wie so manches Produkt aus Redmond, im Laufe seiner Geschichte ein paar Mal den Namen gewechselt hat. Alles begann (vermutlich[1]) mit den »SharePoint Team Services« für Windows 2000 Server. Mit ihnen war es unter anderem möglich, dass mehrere Anwender gemeinsam an einem Dokument arbeiten und darüber »diskutieren« konnten. Parallel dazu wurde der Microsoft SharePoint Portal Server als ein funktional reichhaltigeres Produkt lanciert, wobei an dieser Stelle nicht der Versuch unternommen werden soll, zu erklären, was man sich unter einem »Portal Server« vorstellen muss und vor allem wie sich dieser von den »SharePoint Team Services« unterscheidet[2]. Aus den »Team Services« wurden irgendwann die *Windows SharePoint Services 2.0* als Teil von Windows Server 2003. Diese Version basierte erstmals auf ASP.NET, aber noch auf der Version 1.1. Sie ist daher nicht jene, um die es in Zusammenhang mit den VTSO in diesem Kapitel geht. In diesem Kapitel geht es bereits um die *Windows SharePoint Services 3.0 (WSS)*, die im Herbst 2006 mit Office 2007 vorgestellt wurden und seit Anfang 2007 als separater Download verfügbar sind (die Version 2.0 sollte gar nicht erst installiert werden, auch wenn sie im Rahmen eines frisch installierten Windows Server 2003 angeboten wird). Diese Version basiert auf dem wesentlich leistungsfähigeren ASP.NET 2.0 und nutzt bereits die Workflow-Funktionalität von .NET 3.0. Parallel wurde von Microsoft der *Microsoft Office SharePoint Server 2007 (MOSS 2007)* auf den Markt gebracht, der auf den WSS 3.0 aufsetzt und diese um Vorlagen, eine Anbindungsmöglichkeit an LOB-Systeme (Kapitel 1) über den *Business Data Catalog* (BDC), eine Suchengine, eine Content Management-Funktionalität und weitere Merkmale erweitert, die vor allem in größeren Unternehmen eine Rolle spielen. Mit dem Office 2007-Paket hat der »Office-Server« übrigens rein gar nichts zu tun, doch soll auch dieser Punkt großzügig ignoriert werden. Die einzige Verbindung besteht darin, dass der Office-Server gewissermaßen Office-Dokumente »serviert«, die im Rahmen einer SharePoint-Site zur Verfügung gestellt werden können. Während die WSS 3.0 kostenlos sind, stellt der MOSS 2007 eine relativ kostspielige Angelegenheit dar, doch auch über diesen Punkt soll im Folgenden großzügig hinweggesehen werden. Für dieses Kapitel werden nur die WSS 3.0 vorausgesetzt.

---

[1] Ganz genau lässt sich das ohne umfangreiche Recherchen wohl nicht rekonstruieren – angeblich sollen die »Office 2000 Server Extensions« die Urversion gewesen sein.

[2] Ein Zitat von einer der zahlreichen Webseiten zum Thema soll als Beleg dienen: »Oft herrscht Verwirrung, wie die beiden Produkte gegeneinander abzugrenzen sind.«

Was können die Windows SharePoint Services 3.0?

Nachdem Sie fast alle wissenswerten Details über die bewegte Vergangenheit der Windows SharePoint Services kennen, dürfte es den einen oder anderen Leser sicher auch interessieren, was sich mit den WSS 3.0 alles unternehmen lässt. Die WSS 3.0 sind, in einem Satz umschrieben, eine auf ASP.NET 2.0 (die »Webtechnik-API« des .NET Frameworks) basierende Erweiterung, mit der sich typische Webportale für Unternehmen zusammenstellen lassen, in denen die Anwender Dokumente zur Verfügung stellen, Diskussionsrunden einrichten, Aufgaben, Ankündigungen, Termine oder Umfragen anlegen können und einiges mehr. Es ist wohl das wichtigste Merkmal von SharePoint, dass alle Inhalte, unabhängig davon, ob Dokumentablage, Umfrage oder Blog, in *Listen* verwaltet werden. Die Inhalte werden in einer SQL Server 2005-Datenbank gehalten, auf die aber im Rahmen einer SharePoint-Erweiterung nie direkt zugegriffen wird (die internen Tabellen sind nur in Ausnahmefällen von Interesse). Theoretisch kann auch ein »Privatanwender« im Rahmen eines preiswerten oder kostenlosen SharePoint-Hostings mit den WSS arbeiten, um sich damit eine kleine Webplattform einzurichten, etwa für die Bereitstellung von Dokumenten, doch dürfte dafür eine auf PHP oder einem vergleichbaren System basierende Alternative oft ein wenig attraktiver sein, zumal die Möglichkeit, die Optik der Seiten zu verändern, bei einem SharePoint-Hosting vermutlich sehr begrenzt sein dürften.

Die WSS 3.0 sind erstaunlich reichhaltig und bieten neben den aufgezählten Merkmalen zum Beispiel die Möglichkeit, Blogs und Wikis einzurichten. All diese Dinge werden entweder einer geschlossenen Gruppe oder, wenn man möchte, der ganzen Welt zugänglich gemacht, wenn die SharePoint-Site im Internet gehostet wird (darum muss man sich natürlich nicht selbst kümmern, da es zahlreiche Provider gibt, die unter anderem ein SharePoint-Hosting anbieten). Da ein Berechtigungssystem vorhanden ist, kann im Detail festgelegt werden, wer auf welche Bereiche auf welche Weise zugreifen darf.

Es sind insgesamt drei Aspekte, die die Windows SharePoint Services 3.0 sehr attraktiv machen:

- Sie sind funktional sehr reichhaltig.
- Sie lassen sich dank einer durchdachten Benutzerführung relativ einfach einrichten (im Grunde werden keinerlei Spezialkenntnisse vorausgesetzt).
- Da sie auf ASP.NET 2.0 basieren, können Entwickler auf vielfältige Weise neue Funktionalitäten hinzufügen.

Ein Wort zur Installation

Die Installation ist keine allzu große Herausforderung, wenngleich diese vor allem hinsichtlich des Zeitaufwands nicht unterschätzt werden darf (ein paar Stunden sind realistisch). Zu beachten ist dabei aber, dass bei Windows Server 2003 das Service Pack 2 von Windows Server 2003 Voraussetzung ist, bei Windows Server 2008 das Service Pack 1 der WSS 3.0. Die Installation wird per Doppelklick auf den Download *SharePoint.exe* gestartet. Nach der obligatorischen Bestätigung des Lizenzvertrags wird der Installationstyp gewählt. Zur Auswahl stehen *Standard* und *Erweitert*. Bei der Standardinstallation wird die Express Edition des SQL-Servers 2005 automatisch mit installiert. Dies bedeutet zugleich, dass sowohl der Datenbankserver als auch der Web-Front-End-Server auf ein und demselben System laufen (dies kann zu einem späteren Zeitpunkt nicht mehr geändert werden). Bei der Option *Erweitert* erhalten Sie die Möglichkeit festzulegen, ob alle Komponenten auf einem Server installiert werden sollen (Servertyp *Eigenständig*) oder ob die Installation in Gestalt einer sogenannten Server-Farm, also einer Gruppe von Servern, erfolgen soll (Servertyp *Web Front End-Server*). Für die ersten Gehversuche reicht die Standardvariante vollkommen aus. Sollten Komponenten fehlen, welche die WSS 3.0 zur Installation benötigen, erhalten Sie einen entsprechenden Hinweis, installieren Sie diese nach und starten Sie die Installation danach neu.

> **TIPP** Falls Sie einen Windows Server 2003 frisch einrichten und mit einem Active Directory (AD) arbeiten möchten, beachten Sie, dass dieses unbedingt vor der Installation der WSS 3.0 eingerichtet werden muss. Auch wenn es theoretisch sicher irgendwie möglich ist, die WSS 3.0 nach der Installation des AD wieder zum Laufen zu bringen, scheint dies praktisch eine unlösbare Aufgabe zu sein. In diesem Fall bleibt offenbar nur die komplette Neuinstallation von Windows Server.

Die ersten Schritte

SharePoint wird komplett über den Internetbrowser gesteuert. Nach der Installation der WSS 3.0 wird im Verwaltungsordner die *SharePoint 3.0-Zentraladministration* angeboten. Das ist die erste Anlaufstelle nach der Installation, um eine neue SharePoint-Site anzulegen. Hier besteht unter *Anwendungsverwaltung/Webanwendung erstellen oder erweitern/Neue Webanwendung erstellen* die Möglichkeit, eine neue Webanwendung anzulegen, der dann eine Websitesammlung mit Inhalten hinzugefügt wird. Hier wird ein Verzeichnisname festgelegt, der auf die Server-URL folgt, um die SharePoint-Site später aufzurufen. Sie sollten problemlos damit über die Runden kommen, die Voreinstellungen zu übernehmen. Mit der Webanwendung wird auch eine Datenbank angelegt, in der die Inhalte aller Websitesammlungen dieser Webanwendung enthalten sind. Beim Anlegen einer Websitesammlung stehen bei den WSS 3.0 ein paar Vorlagen zur Auswahl (bei MOSS 2007 ist die Auswahl deutlich umfangreicher). Am Anfang ist »Teamwebsite« eine gute Wahl. Die Wahl der Vorlage bestimmt aber lediglich, welche Inhaltstypen von Anfang an zur Verfügung stehen. Vergessen Sie nicht, einen Administrator für die Websitesammlung auszuwählen (weitere Benutzer lassen sich später hinzufügen). Wenn Sie alles richtig gemacht haben, sollte in wenigen Minuten ein »Gebilde« entstehen, das in seiner Grundstruktur mit Abbildung 11.1 Ähnlichkeit besitzt. Damit ist SharePoint einsatzbereit und kann natürlich auch über das Netzwerk aufgerufen werden. Als URL wird dabei jene Adresse angegeben, die beim Anlegen der Websitesammlung definiert wurde.

Abbildung 11.1 Die Windows Server SharePoint Services 3.0 in Aktion

> **HINWEIS** Eines von mehreren Büchern, die eine gute Übersicht über SharePoint als Unternehmenswerkzeug geben, ist *SharePoint&Co. – Technologien und Tools im Teamwork* von *HanseVision* und *MindBusiness* (erschienen bei Microsoft Press).

Über das SharePoint-Objektmodell auf SharePoint-Inhalte zugreifen

Alles, was eine SharePoint-Site an Inhalten enthält, ist auf Listen verteilt. Der Inhalt dieser Listen kann auf zwei grundsätzlich verschiedene Arten angesprochen werden – über ein Objektmodell und über einen Satz von Webservices-Funktionen, die die SharePoint-Site von Anfang an zur Verfügung stellt. Die erste Variante kommt immer dann infrage, wenn lokal auf die Inhalte zugegriffen werden soll. Die zweite Variante eignet sich entsprechend, wenn der Zugriff über das Netzwerk erfolgen soll. Im Folgenden wird die erste Variante vorgestellt, die deutlich einfacher ist. Denn Webservices-Funktionen geben ihre Ergebnisse in Gestalt von XML zurück, das zuerst »zerlegt« werden muss, um an einzelne Inhalte zu gelangen. Auch spielt hier das Thema Authentifizierung eine Rolle, denn es soll natürlich verhindert werden, dass wildfremde Personen irgendwelche Inhalte über das Web abrufen können.

Das SharePoint-Objektmodell

Das SharePoint-Objektmodell wird über eine Assemblybibliothek mit dem Namen *Microsoft.SharePoint.dll* angesprochen. Sie finden diese DLL im Verzeichnis *%commonprogramfiles%\Microsoft Shared\web Server Extensions\12\ISAPI*. Sie besteht aus einer Reihe von Objekten, die in diesem Kapitel aber nicht näher vorgestellt werden, da sie im SDK der Windows SharePoint Services 3.0 ausführlich und mit Beispielen beschrieben werden. Tabelle 11.1 enthält nur ein paar der wichtigsten Objekte, die auch in den folgenden kleinen Beispielen vorkommen. Für das Verständnis der Objekte muss man sich bereits ein wenig mit dem Aufbau einer SharePoint-Site auskennen. Es sind drei Begriffe, die in diesem Zusammenhang eine Rolle spielen: Webanwendung, Websitesammlung und Website. Die Webanwendung ist die Basis für eine SharePoint-Anwendung. Auf der Ebene der IIS (*Internet Information Services*), die eine SharePoint-Anwendung ausführen, entspricht sie einer Website. Eine Webanwendung kann eine oder mehrere Websitesammlungen enthalten. Innerhalb einer Websitesammlung existieren einzelne Websites. Die Websites stehen somit auf der untersten Stufe der SharePoint-Hierarchie und sind gleichzeitig das Element, mit dem der Anwender direkt in Kontakt kommt. Bei den WSS 3.0 gilt es eine Kleinigkeit zu beachten. Da Begriffe wie *Webserver* sehr allgemein sind, haben die Entwickler beschlossen, ein paar neue Begriffe einzuführen, die Namen im Objektmodell aber beizubehalten. Das Objekt *SPWeb* steht zum Beispiel nicht für den ganzen Server oder ein Web, sondern nur für eine einzelne Site in einer Sitesammlung[3]. Das oberste Objekt in der Hierarchie ist das *SPSite*-Objekt, das eine Sitesammlung repräsentiert. Auch wenn der Name nahelegt, es handele sich um ein »Einzahlobjekt«, bietet es über seine *AllWebs*-Eigenschaft den Zugriff auf eine *SPWebCollection*-Auflistung, die für alle Sites der Sitesammlung steht. Über die *OpenWeb*-Methode von *SPSite* wird eine Referenz auf eine bestimmte Site zurückgegeben.

---

[3] Es soll ja nicht zu einfach werden.

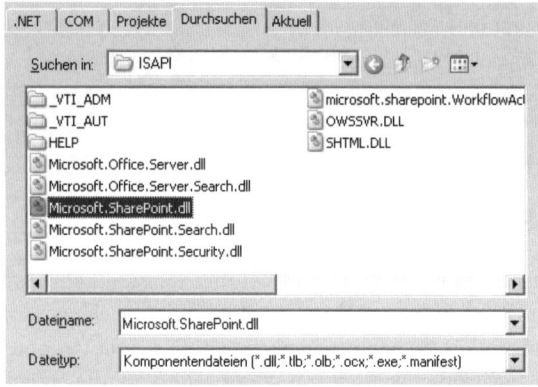

Abbildung 11.2 Für den Zugriff auf das SharePoint-Objektmodell muss ein Verweis eingefügt werden

Beispiel

Das folgende Beispiel listet über das *SPFarm*-Objekt die Namen aller Server auf:

```
' Alle Server auflisten
Sub ServerAuflisten()
  Dim MyFarm As SPFarm = SPFarm.Local
  For Each MyServer As SPServer In MyFarm.Servers
      Console.WriteLine(MyServer.Name)
  Next
End Sub
```

Beispiel

Das folgende Beispiel gibt die Namen aller SharePoint-Sites aus, die auf dem angegebenen Server (die Adresse muss natürlich angepasst werden) enthalten sind. Das *SPSiteCollection*-Objekt stammt aus dem Namespace *Microsoft.SharePoint.Administration*.

```
Private ServerName As String = "http://pmserver"

' Alle Sites eines Servers auflisten
Sub SitesAuflisten()

  Dim SiteUri As New System.Uri(ServerName)
  Dim MyWebApp As SPWebApplication = SPWebApplication.Lookup(SiteUri)
  Dim AlleSites As SPSiteCollection = MyWebApp.Sites
  For Each MySite As SPSite In AlleSites
    Console.WriteLine(MySite.Url)
  Next
End Sub
```

Beispiel

Das folgende Beispiel greift gezielt auf die Liste *AufgabenListe* in der angegebenen SharePoint-Site zu und listet den Titel und die ID aller Einträge auf:

```
' Alle Aufgaben einer Site auflisten
Sub AufgabenAuflisten()
  MySite = New SPSite(SiteName & "/pemo2")
```

```
Dim MyWeb As SPWeb = MySite.OpenWeb()
For Each Li As SPListItem In MyWeb.GetList(MySite.MakeFullUrl("Lists/AufgabenListe")).Items
   Console.WriteLine("Titel: {0}, Beschreibung: {1}", Li.Title, Li.Fields.Item("Beschreibung").Title)
Next
End Sub
```

> **TIPP**   Sehr informativ ist auch das *MOSS 2007 SDK*, ein weiterer Download, der unter *http://www.microsoft.com/downloads* zur Verfügung steht. Dieses lässt sich natürlich installieren, ohne dass ein MOSS-Server vorausgesetzt wird. Es besteht aus einer umfangreichen Hilfedatei, die neben Beispielen, Artikeln und Auszügen aus Büchern auch zahlreiche »Visual How To's« enthält. Das sind Videoanleitungen, welche die wichtigsten Entwicklungsgebiete der SharePoint-Plattform abdecken.

Objekt	Für was steht es?
SPSite	Websitesammlung
SPWebCollection	Fasst alle Sites einer Websitesammlung zusammen
SPWeb	Steht für eine einzelne Website
SPListCollection	Alle Listen einer Website
SPList	Eine einzelne Liste
SPListItem	Ein Listenelement
SPField	Ein Feld eines Listenelements

Tabelle 11.1   Die wichtigsten Objekte des SharePoint-Objektmodells in der Kurzübersicht

Auf SharePoint-Inhalte über Webservice-Funktionen zugreifen

Die zweite Variante, um an die Inhalte einer SharePoint-Site zu gelangen, besteht in einem Satz von Webservice-Funktionen, die eine SharePoint-Site zur Verfügung stellt. Je nach Art des Inhalts gibt es unterschiedliche URLs. Um alle Funktionen für den Zugriff auf Listen zu erhalten, lautet die URL für eine SharePoint-Site mit der Adresse *http://pmserver/websites* zum Beispiel

```
http://pmserver/websites/pemo2/_vti_bin/lists.asmx?WSDL
```

Gibt man diese Adresse in den Browser ein, sollte die WSDL-Beschreibungsdatei angezeigt werden, mit der sich aber nicht viel anfangen lässt. Um die Funktionen in einem Visual Studio-Projekt nutzen zu können, wird über *Projekt/Webverweis hinzufügen* (nicht *Dienstverweis hinzufügen* – sollte nur dieser Eintrag angeboten werden, wählen Sie ihn und selektieren anschließend *Erweitert* und dort *Webverweis hinzufügen*) ein Proxy-Objekt angelegt, das auf Basis der Beschreibung in der angegebenen WSDL-Datei aufgebaut wird und das alle darin beschriebenen Funktionen als Methoden anbietet. Damit wird das SOAP-Protokoll, das beim Aufruf einer Webservice-Funktion im Hintergrund aktiv ist, auf einfachste Weise gekapselt. Nach der Eingabe der URL und dem Klick auf *Gehe zu* sollte die Liste aus Abbildung 11.3 erscheinen. Geben Sie unter *Webverweisname* einen anderen Namen an, zum Beispiel **SPListen**, und klicken Sie auf *Verweis hinzufügen* (wird der Button nicht angeboten, ist etwas mit der URL nicht in Ordnung). Anschließend steht ein *SPListen*-Objekt als Stellvertreter für die Webservice-Aufrufe im Quellcode zur Verfügung.

Kapitel 11: SharePoint- und Workflow-Entwicklung mit .NET und den VSTO

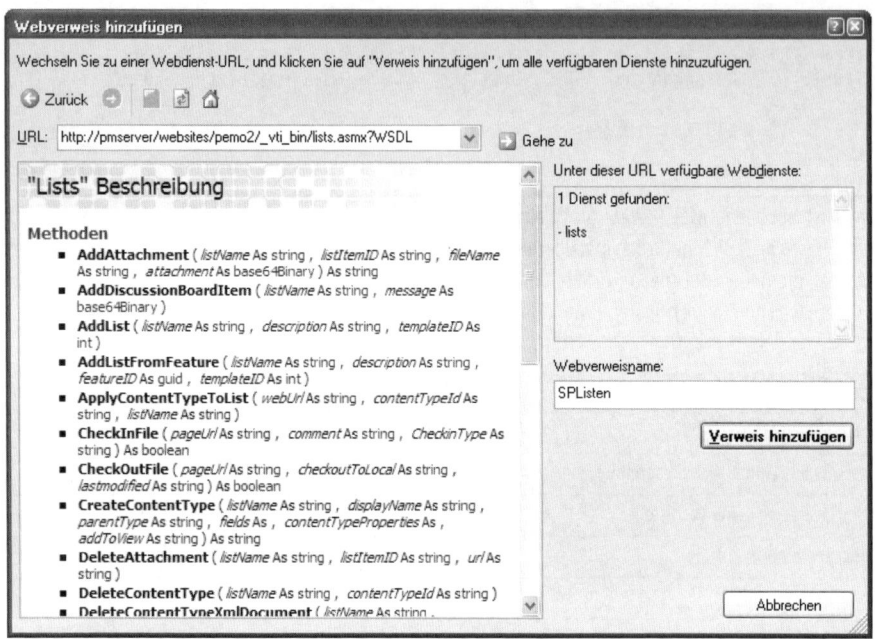

Abbildung 11.3 Auf die Webservice-Beschreibungsdatei wird ein Verweis eingefügt

> **TIPP** Damit der Zugriff über das Netzwerk ermöglicht wird, ist es am einfachsten (wenngleich das nicht die empfohlene Variante ist), in den IIS für das SharePoint-Web den anonymen Zugriff zu erlauben. Ansonsten ist der Zugriff ohne weitere Authentifizierungsmaßnahmen wohl nicht so ohne Weiteres möglich.

Ein einfaches Beispiel

Das folgende Beispiel ist ein Auszug aus einem etwas größeren Projekt, das Sie unter dem Namen *VSTP_SPExplorer.sln* auf der Buch-CD finden. Es ermöglicht im Rahmen eines Excel-Add-Ins über ein CustomTaskPane die Auswahl einer SharePoint-Site und listet anschließend die Listen mit ihren Inhalten auf.

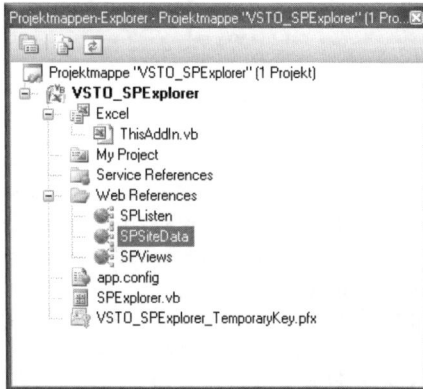

Abbildung 11.4 In das Projekt wurden insgesamt drei Verweise auf Webservice-Funktionen eingefügt

Der wichtigste Aspekt ist die Anmeldung an die SharePoint-Site mit dem Benutzernamen und dem dazugehörigen Kennwort. Das geschieht mithilfe eines *NetworkCredential*-Objekts (Namespace *System.Net*), das der *Credentials*-Eigenschaft des Proxy-Objekts zugewiesen wird:

```
Dim SPCred As System.Net.NetworkCredential
SPCred.UserName = tbBenutzername.Text
SPCred.Password = tbKennwort.Text
SPLists.Url = tbURL.Text + "/_vti_bin/lists.asmx"
SPLists.Credentials = SPCred
SPLists.Timeout = 10000
```

Damit verfügt das Proxy-Objekt *SPLists* über die für die Anmeldung erforderlichen »Credentials«. Beim Abrufen von beispielsweise den Listennamen muss natürlich berücksichtigt werden, dass durch die Webservice-Funktionen pures XML zurückgegeben wird. Das folgende Beispiel nutzt noch die XML-Klassen im Namespace *System.xml*, wenngleich es mit dem neuen *LINQ to XML* sicher ein wenig einfacher gehen würde:

```
' Die Listen durchlaufen
Dim XnListen As XmlNode = SPLists.GetListCollection()
For Each XnListe As XmlNode In XnListen.ChildNodes
  ' Title-Attribut ansprechen
  liListen.Items.Add(XnListe.Attributes("Title").InnerText())
Next
```

Abbildung 11.5 Eine kleine VSTO-Erweiterung erlaubt den Zugriff auf SharePoint-Listen

Deutlich komplizierter ist es, Listeninhalte abzurufen, weil zum Beispiel erst die GUID der Liste in Erfahrung gebracht werden muss. Im Beispielprojekt wird dazu auf eine weitere Webservice-Funktionsgruppe zurückgegriffen, die unter *http://pmserver/websites/pemo2/_vti_bin/sitedata.asmx?WSDL* zu finden ist (stets bezogen auf die für das Beispiel verwendete SharePoint-Site). Damit lediglich die Titel der einzelnen Aufgaben abgerufen werden können, ist bereits etwas mehr Kodierung erforderlich. Wer sich für die Details interessiert, sollte einen Blick in den Quellcode auf der Buch-CD werfen. Mehr zum Prinzip der Webservice-Funktionen erfahren Sie in Kapitel 18. Genau wie über das Objektmodell ist es natürlich auch mithilfe der Webservice-Funktionen möglich, Inhalte zu verändern oder hinzuzufügen.

Excel-Listen mit SharePoint-Inhalten

Excel besitzt bereits seit den mit der Version 2003 eingeführten Listen eine Möglichkeit, SharePoint-Listen zum einen in ein Tabellenblatt zu importieren und zum anderen Excel-Listen in eine SharePoint-Liste zu exportieren. Im Allgemeinen wird man diesen Datenaustausch nicht programmieren, sondern über die Oberfläche der beiden Anwendungen durchführen. In einer SharePoint-Site besteht zum Beispiel die Möglichkeit, den Inhalt einer Liste nach Excel zu exportieren, indem eine Webabfragedatei (Kapitel 6) angelegt wird.

Beispiel

Das folgende Beispiel importiert den Inhalt der Aufgaben-Liste einer SharePoint-Site in ein Excel-Tabellenblatt. Zur Abwechslung kommt wieder einmal das gute, alte VBA zum Einsatz, um zu demonstrieren, dass dies auch per VBA problemlos möglich ist, denn im Mittelpunkt steht das *ListObject*-Objekt aus dem Excel-Objektmodell. Wer möchte, kann dieses Beispiel auf .NET bzw. VSTO umstellen, was sicher eine gute Gelegenheit ist, die bis dahin erworbenen Kenntnisse anzuwenden. Die GUID der Liste muss über die SharePoint-Oberfläche oder eine entsprechende Abfrage über das SharePoint-Objektmodell in Erfahrung gebracht werden, sonst funktioniert es nicht.

```
Option Explicit

Const SERVER As String = "pmserver/websites/pemobooks"
Const LISTNAME As String = "{b80d2951-a121-4541-bce0-becfc66b8715}"
Const VIEWNAME As String = ""

Sub AufgabenListeImportieren()
  On Error Resume Next
  Dim Ws As Worksheet
  Set Ws = Application.Worksheets("Tabelle1")
  Dim Li As ListObject
  Dim SpServer As String
  SpServer = "http://" & SERVER & "/_vti_bin"
  Set Li = Ws.ListObjects.Add(xlSrcExternal, Array(SpServer, LISTNAME, VIEWNAME), True, xlNo, _
      Range("A2"))
  If Err = 0 Then
    MsgBox "Alles klar", vbInformation, "Liste wurde importiert!"
  Else
    MsgBox Err.Description, vbExclamation, "Liste konnte nicht importiert werden!"
  End If
End Sub
```

Workflow in zehn Minuten

In diesem Abschnitt geht es um ein Thema, das von SharePoint komplett unabhängig ist, in diesem Bereich aber am häufigsten eingesetzt wird. Es geht um die Workflows, durch die sich Abläufe außerhalb einer Anwendung festlegen lassen, die das Ausführungsverhalten der Anwendung steuern. Ein Workflow ist ein Arbeitsablauf (das ergibt sich bereits aus dem Namen), der nicht von der Anwendung, sondern von der Workflow-Runtime ausgeführt wird, die in Gestalt der *Windows Workflow Foundation* (WF) seit der Version 3.0 Teil des .NET Frameworks ist und daher als »gegeben« vorausgesetzt werden kann. Bei der WF besteht ein Workflow aus einer Reihe von *Aktivitäten* (engl. »activities«). Eine Aktivität steht für eine einzelne Tätigkeit, die beim Ablauf des Workflows ausgeführt wird. Eine solche Aktivität ist der kleinste und gleichzeitig atomare (also nicht weiter teilbare) Baustein eines Workflows. Beispiele für Aktivitäten sind *CallExternalMethod*, *Code*, *Delay*, *IfElse*, *Listen* oder *While*, die in einem Workflow-Projekt über die Toolbox von Visual Studio 2008 angeboten werden (bei Visual Studio 2005 erst, nachdem die »Workflow Extensions« installiert wurden). Mit diesen Grundbausteinen wird der Ablauf des Workflows beschrieben. Jede dieser Komponenten verfügt über Eigenschaften, über die zum Beispiel die Parameter festgelegt werden, mit denen die Aktivität arbeiten soll. Der gesamte Ablauf wird mithilfe eines komfortablen Designers zusammengestellt, der fester Bestandteil von Visual Studio 2008 ist, aber auch in andere Microsoft-Anwendungen eingebaut wurde. Mit seiner Hilfe lässt sich ein Workflow ähnlich komfortabel erzeugen wie ein WinForms-Formular im Formulardesigner. Ein zusätzlicher Komfort wird durch den Umstand geboten, dass bei den Aktivitäten »Fehlericons« eingeblendet werden, die mit einer aussagekräftigen Meldung ausgestattet werden, wenn eine Aktivität noch nicht vollständig ist oder eine unpassende Einstellung getroffen wurde. Zusätzlich werden Aktionslisten angeboten, die jene Aktionen enthalten, die noch ausgeführt werden sollten.

Eine Workflow-Anwendung kann nicht direkt gestartet werden, denn sie ist am Ende nur eine Assemblybibliothek. Sie muss daher von einer anderen Anwendung »gehostet« werden. Das kann im einfachsten Fall eine Konsolenanwendung oder auch eine VSTO-Anwendung sein, die die Workflow-Runtime über die Workflow-Klassen anspricht. In der Regel handelt es sich um eine SharePoint-Site. In der Praxis stellt sich dabei natürlich die Frage, wo ein Workflow wirklich sinnvoll ist. Gerade erfahrene Entwickler, die noch nicht mit der Workflow-Thematik (die natürlich deutlich älter ist als .NET 3.0) in Kontakt gekommen sind, werden entsprechend skeptisch sein und manches Mal das Gefühl haben, dass sie unter Zuhilfenahme einer simplen *Select Case*-Entscheidung und eines Timers zu einem ähnlichen Ergebnis gelangt wären. Das mag auf manche der einfachen Übungsbeispiele zutreffen, in der Praxis bieten Workflows aber eine Reihe wichtiger Vorteile:

- Sie laufen unabhängig von der Anwendung als eigene Instanz.
- Sie sind in der Lage, ihren Zustand zu speichern (in der Regel in einer SQL Server-Datenbank), sodass sie zum einen über Wochen laufen und zum anderen automatisch ihre Arbeit fortsetzen können, nachdem zum Beispiel der Server heruntergefahren wurde (diese Funktionalität muss aber dazuprogrammiert werden).
- Sie können außerhalb der Anwendung konfiguriert werden (zum Beispiel auf der Grundlage einer im XAML-Format vorliegenden Definitionsdatei), sodass die Anwendung nicht modifiziert werden muss, wenn sich Ablaufregeln ändern.
- Sie ersparen dem Entwickler eine Menge Formalitäten und damit Arbeit.

Ein Bereich, in dem Workflows ihre »wahre Bestimmung« finden, ist natürlich in einer SharePoint-Site. Hier werden »ständig« Dokumente hochgeladen, die zum Beispiel geprüft werden müssen oder mit denen in

Abhängigkeit bestimmter Faktoren »irgendetwas« passieren soll. Anstatt diese Abläufe umständlich und fehleranfällig »prozedural« festzulegen, bietet sich ein Workflow gerade zu an. Es ist daher unter diesem Aspekt keine Überraschung, dass die Microsoft-Entwickler sehr viel daran gesetzt haben, eine Funktionalität, mit der sich Workflows für SharePoint sehr einfach und gleichzeitig besonders flexibel erstellen lassen, möglichst schnell allen Entwicklern zur Verfügung zu stellen. Dass die Wahl dabei auf die VSTO 3.0 gefallen ist, muss wohl damit zusammenhängen, dass, wie es in Kapitel 1 bereits umrissen wurde, diese mehr und mehr das Werkzeug bilden sollen für die Umsetzung von Unternehmensanwendungen, bei denen Office eine Rolle spielt. Ansonsten haben die VSTO mit SharePoint aber nicht das Geringste zu tun.

Sequenzielle Workflows und Statuscomputer-Workflows

Die Windows Workflow Foundation, und damit auch die VSTO, kennt zwei Arten von Workflows: sequenzielle Workflows und sogenannte Statuscomputer-Workflows (engl. »State Machine Workflow«)[4]. Bei einem sequenziellen Workflow werden die einzelnen Aktivitäten der Reihe nach abgearbeitet, wenngleich es Verzweigungen und sogar Programmschleifen gibt. Bei einem Statuscomputer-Workflow existieren dagegen mehrere Zustände, zwischen denen der Workflow wechselt. Ein Zustand beschreibt dabei vereinfacht einen Satz von Einstellungen, wie zum Beispiel Werte von Eigenschaften. Auch wenn ein sequenzieller Workflow einfacher umgesetzt werden kann, für typische Geschäftsprozesse ist der Statuscomputer-Workflow in der Regel die bessere Wahl (der in diesem Kapitel aber nicht behandelt wird). Ein Statuscomputer-Workflow ist ereignisgesteuert und geht anhand eines eingetroffenen Ereignisses in den nächsten Zustand über. Typische Beispiele sind Antragsverfahren oder Bestellprozesse, die mehrere Zustände durchlaufen, und bei denen jeder Zustand mit unterschiedlichen Informationen ausgestattet ist. Der Versuch, solche nicht linearen Abläufe mithilfe eines sequenziellen Workflows abzubilden, würde zu einem Konstrukt mit vielen Schleifen und Abfragen führen. Das Ergebnis wäre entsprechend unhandlich und fehleranfällig. Durch Kombination mit der sogenannten *Rules Engine* der Workflow Foundation lässt sich die Flexibilität weiter erhöhen, indem ein einfach zu parametrisierender Workflow entsteht. Im Folgenden geht es ausschließlich um die Umsetzung eines sequenziellen Workflows.

SharePoint-Workflows mit den VSTO erstellen

In diesem Abschnitt wird mit Visual Studio 2008 und den VSTO 3.0 ein einfacher SharePoint-Workflow umgesetzt. Seine Aufgabe ist schnell beschrieben. Er soll Word-Dokumente, in denen die Eckdaten eines »Kaufvertrags« enthalten sind (Käufer, Verkäufer und Preis), »freigeben«. Das einzig Besondere an diesen Dokumenten ist, dass sie um die drei Dokumenteigenschaften *Käufer*, *Verkäufer* und *Preis* erweitert wurden. Der Ablauf besteht darin, dass der Anwender in der für den Workflow ausgewählten Liste ein solches Word-Dokument öffnet und damit den Workflow startet, in dessen Folge eine Aufgabe in SharePoint angelegt wird. Der Workflow läuft so lange, bis das Feld *Abgeschlossen* der Aufgabe vom Anwender auf 100 % gesetzt wird[5]. Der Workflow erkennt diese Änderung und beendet seine Tätigkeit. Mehr geschieht nicht. In einem richtigen Ablauf könnte als Nächstes eine Aktion angestoßen werden, die das Dokument in eine andere Ablage

---

[4] Die etwas bessere Übersetzung wäre natürlich »Zustandsmaschine« oder zumindest »Zustands-Computer« gewesen.
[5] Für den Fall, dass Ihnen dieses Szenario bekannt vorkommen sollte, es basiert auf einem vierteiligen »Hands-On Lab« zu den VSTO 3.0, das Microsoft als Download zur Verfügung stellt und das generell empfehlenswert ist.

transferiert. Der Vorteil des Workflows ist, dass es keine Rolle spielt, wann der Anwender das Dokument freigibt, und der Workflow auch dann weiterläuft, wenn der Server zwischenzeitlich heruntergefahren und anschließend wieder neu gestartet wurde.

> **HINWEIS** In diesem Abschnitt wird davon ausgegangen, dass die WSS 3.0 erfolgreich installiert wurden und funktionstüchtig sind, und dass Visual Studio 2008 Professional auf demselben Computer ausgeführt wird. Die Entwicklung auf dem SharePoint-Server wird im Allgemeinen empfohlen.

> **HINWEIS** Auch dieser Hinweis ist wichtig. Um neue Workflows anlegen zu können, werden die entsprechenden Berechtigungen benötigt, die nur dann gegeben sind, wenn Sie sich als Administrator angemeldet haben. Das wird für die folgende Übung ebenfalls vorausgesetzt.

1. Bevor es mit der Umsetzung des Workflows losgeht, muss als Erstes die Liste *Freigegebene Dokumente* (bzw. jene Liste, die beim Anlegen des Projekts später ausgewählt wird) »präpariert« werden. Konkret müssen jeweils eine Spalte für den Namen des Käufers und des Verkäufers sowie für den Preis hinzugefügt werden. Wählen Sie dazu in der Spalte *Einstellungen* den Eintrag »Einstellungen für 'Dokumentbibliothek'«. In der Kategorie *Spalten* im unteren Bereich der Seite gibt es den Punkt *Spalte erstellen*. Fügen Sie zuerst eine Spalte **Käufer** vom Typ *Eine Textzeile* hinzu. Die Einstellung *Diese Spalte muss Informationen enthalten* wird auf *Ja* gesetzt.

2. Nehmen Sie eine Spalte **Verkäufer** mit denselben Einstellungen auf und zum Schluss eine Spalte **Preis**, wobei dieses Mal der Informationstyp *Währung* eingestellt wird. Damit kann die Liste drei zusätzliche Spalten darstellen, die allerdings noch der Dokumentvorlage als Eigenschaften hinzugefügt werden müssen.

3. Legen Sie in der Dokumentliste über *Neu/Dokument* ein neues Dokument an. Word startet mit einem leeren Dokument. Die drei neu hinzugefügten Spalten werden bereits als Eigenschaften angezeigt.

4. Damit die Eigenschaften direkt über das Dokument eingegeben werden können, wird für jede Eigenschaft ein Text-Inhaltssteuerelement hinzugefügt. Das geht bei Word 2007 sehr einfach im Register *Einfügen*, dort in der Gruppe *Text* über *Schnellbausteine*, wo die Eigenschaften unter *Dokumenteigenschaft* bereits in der Liste angeboten werden. Ordnen Sie die drei Eigenschaften *Käufer*, *Verkäufer* und *Preis* über Inhaltssteuerelemente auf dem Dokument an.

5. Speichern Sie das Dokument in einem Verzeichnis, das sich leicht lokalisieren lässt (zum Beispiel *C:\VSTO30*) und schließen Sie Word wieder. Da die Datei nicht im SharePoint-Verzeichnis abgelegt wird, erscheint sie nicht in der SharePoint-Liste.

    Damit ist eine neue Vorlage verfügbar, auf deren Basis in der Liste neue Dokumente angelegt werden können, die von Anfang an die drei hinzugefügten Eigenschaften besitzen. Im nächsten Schritt wird ein Workflow für diese Liste erstellt.

6. Starten Sie Visual Studio 2008 und legen Sie in der Kategorie *Visual Basic/Office/2007* ein neues Projekt vom Typ *Sequenzieller SharePoint 2007-Workflow* an[6]. Nennen Sie das Projekt **VSTO_KaufvertragWorkflow**, wenngleich der genaue Name wie üblich keine Rolle spielt.

---

[6] Sollte es irgendeinen Trick geben, mit dem sich erreichen lässt, dass der Name der Vorlage in der deutschen Visual Studio-Version vollständig angezeigt wird, würde sich der Autor über einen Hinweis freuen.

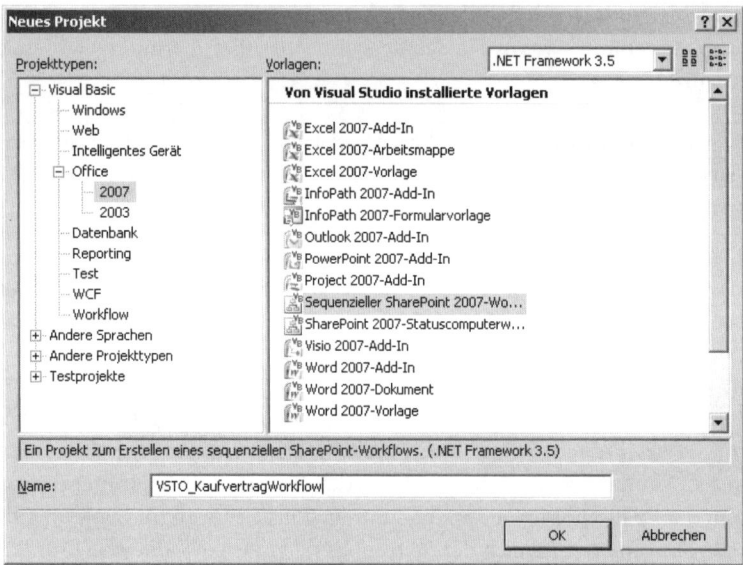

Abbildung 11.6 Auch ein SharePoint-Workflow beginnt mit einer Projektvorlage

7. Die Auswahl der Vorlage startet einen aus drei Dialogfeldern bestehenden Assistenten. Gleich im ersten Schritt muss eine wichtige Entscheidung getroffen werden, denn es muss die URL der SharePoint-Site eingetragen werden. Für dieses Beispiel lautet die URL *http://pmserver/websites/pemobooks*.

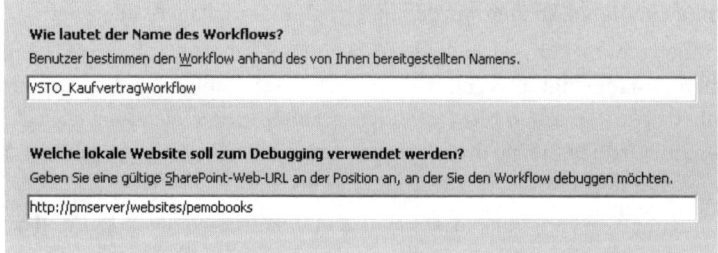

Abbildung 11.7 Im ersten Schritt muss die URL der SharePoint-Site angegeben werden

8. Auch im zweiten Schritt steht eine relativ wichtige Entscheidung an. Es muss jene Liste ausgewählt werden, an die der Workflow »gehängt« werden soll. Für diese Übung wird davon ausgegangen, dass eine Liste mit dem Namen *Freigegebene Dokumente* existiert, die als Liste selektiert wird (dies kann später in den SharePoint-Einstellungen nachträglich geändert werden).

SharePoint-Workflows mit den VSTO erstellen

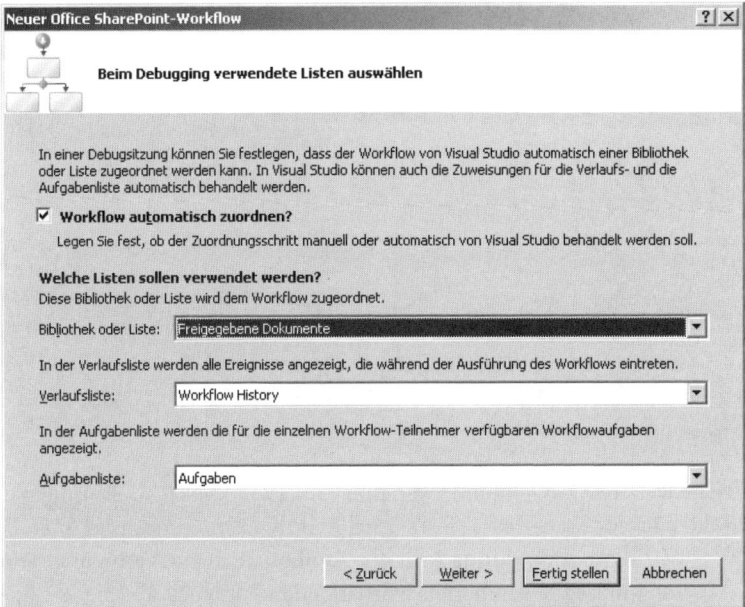

Abbildung 11.8 Der Workflow wird an die Liste *Freigegebene Dokumente* gehängt

9. Die Einstellungen im dritten Schritt können unverändert übernommen werden. Der Workflow soll später manuell oder mit dem Erstellen eines neuen Dokuments gestartet werden.

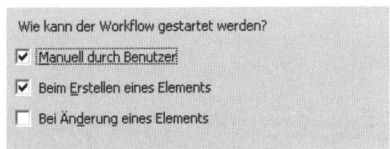

Abbildung 11.9 Die Einstellungen im dritten Schritt werden unverändert übernommen

10. Damit sind alle Einstellungen getroffen und das Projekt wird angelegt. Dabei wird der (neue) Workflow-Designer sichtbar, der gerade am Anfang beeindruckend wirkt und ungewohnten Komfort bietet. Der Designer basiert auf der Datei *Workflow1.vb*, die wie üblich von einer Designerdatei mit automatisch generiertem Quellcode begleitet wird. Beschrieben wird der Workflow durch die XML-Datei *Workflow.xml*, die aber in diesem Zusammenhang keine direkte Rolle spielt. Auch die für die spätere Auslieferung wichtige Datei *Feature.xml* wird im Allgemeinen nicht direkt bearbeitet (wenngleich es in dieser Übung erforderlich sein wird). Die Schlüsseldatei *Key.snk* ist erforderlich, da die Assembly später (vollautomatisch) in den GAC kopiert wird und daher signiert sein muss. Beim Kompilieren entsteht, wie könnte es anders sein, eine Assemblybibliothek, die im *bin\Debug*-Verzeichnis abgelegt wird. Dank des zusätzlichen Komforts, den ein VSTO-Workflow-Projekt mitbringt, wird sie von dort postwendend in das SharePoint-Verzeichnis »deployt«. Das wichtigste Detail in diesem Zusammenhang besteht darin, dass der Workflow von Anfang an mit einer Aktivität ausgestattet ist.

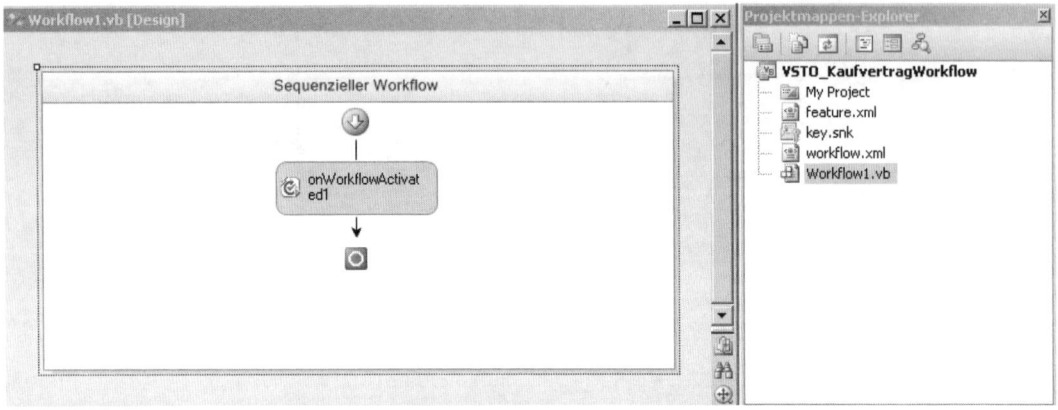

Abbildung 11.10 Im Mittelpunkt des Projekts steht der Workflow-Designer

11. Als Erstes erhält der Workflow eine weitere Aktivität, und zwar eine vom Typ *CreateTask*. Sie finden diese im Bereich *SharePoint-Workflow* der Toolbox. Die Tasks sind spezielle Aktivitäten, die sich auf SharePoint beziehen (und daher in regulären Workflow-Anwendungen in der Toolbox nicht zur Verfügung stehen). Ordnen Sie die *CreateTask*-Aktivität unterhalb der bereits vorhandenen Aktivität an. Sie erhält den Namen *CreateTask1*, der nicht geändert wird.

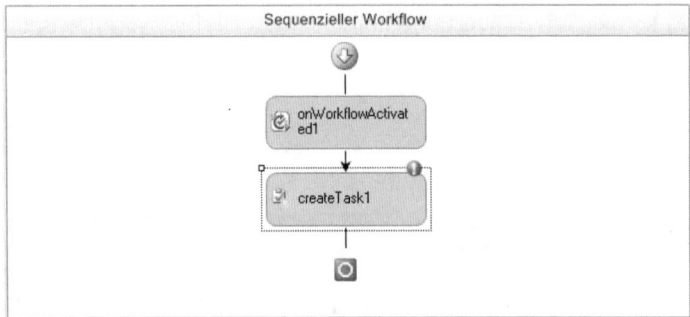

Abbildung 11.11 Eine neue *CreateTask*-Aktivität wurde hinzugefügt

12. Im nächsten Schritt werden bei der neuen Aktivität insgesamt drei ihrer Eigenschaften mit neuen Werten belegt. Selektieren Sie die neue Aktivität und wechseln Sie in das Eigenschaftenfenster. Selektieren Sie zunächst die *TaskID*-Eigenschaft und klicken Sie auf den Button mit den drei Punkten. Es erscheint ein aus zwei Registern bestehendes Dialogfeld. Wechseln Sie in das Register *An neues Mitglied binden* und tragen Sie für den Namen **myTaskID** ein (achten Sie darauf, dass die voreingestellte Einstellung *Eigenschaft erstellen* aktiviert bleibt).

SharePoint-Workflows mit den VSTO erstellen

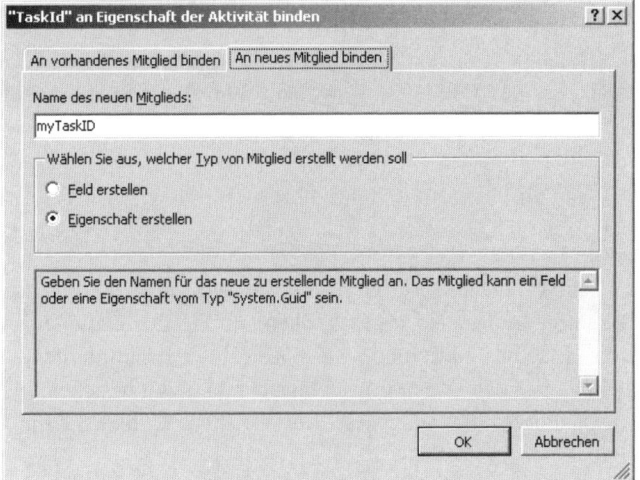

Abbildung 11.12 Die *TaskID*-Eigenschaft erhält einen neuen Wert

13. Jetzt ist die *TaskProperties*-Eigenschaft von *CreateTask1* an der Reihe. Über diese Eigenschaft kann der Workflow der in der SharePoint-Site anzulegenden Aufgabe ihre Einstellungen mit auf den Weg geben. Wechseln Sie in das Register *An neues Mitglied binden* und tragen Sie als Wert **myTaskProperties** ein (auch hier muss die voreingestellte Einstellung *Eigenschaft erstellen* aktiviert bleiben).

14. Zum Schluss wird die Eigenschaft *MethodInvoking* mit einem neuen Wert belegt. Tragen Sie hier **MyTaskCreation** als Name der Methode ein. Sie werden feststellen, dass der Designer nach der Eingabe automatisch in die Code-Ansicht wechselt, in der die Einfügemarke in der neuen Prozedur *MyTask-Creation* platziert wird. Diese wird jedes Mal aufgerufen, wenn der Workflow-Task angelegt wird, was in diesem Fall unmittelbar nach dem Start des Workflows geschieht. Geben Sie hier die folgenden Befehle ein:

```
Try
  myTaskID = Guid.NewGuid()
  myTaskProperties = New Microsoft.SharePoint.Workflow.SPWorkflowTaskProperties
  myTaskProperties.PercentComplete = 0
  myTaskProperties.AssignedTo = System.Threading.Thread.CurrentPrincipal.Identity.Name
  myTaskProperties.DueDate = Now.AddDays(3)
  myTaskProperties.StartDate = Now
  myTaskProperties.Title = "Kaufvertrag-Workflow"
  myTaskProperties.Description = _
      String.Format("Ein Kaufvertrag zwischen Käufer {0} und Verkäufer {1} über einen Betrag" & _
          " von {2}", GetCustomFieldValue("Käufer"), GetCustomFieldValue("Verkäufer"), _
          GetCustomFieldValue("Preis"))
Catch ex As SystemException
  Throw New SystemException("Task kann nicht initialisiert werden.")
End Try
```

Die Befehle erzeugen über das SharePoint-Objektmodell eine neue SharePoint-Aufgabe und belegen die wichtigsten Eigenschaften mit Werten, die sich teilweise aus dem betreffenden Dokument ergeben, das den Workflow angestoßen hat.

15. Die Abfrage der Werte der einzelnen Task-Felder übernimmt die Funktion *CustomFieldValue*, die wie folgt definiert ist:

```
Function GetCustomFieldValue(ByVal FeldName As String) As String
  Try
    Dim PropItem As Object = Me.workflowProperties.Item(FeldName)
    Dim Wert As String = Me.workflowProperties.Item.Fields(FeldName).GetFieldValueAsText(PropItem)
    Return Wert
  Catch ex As SystemException
    Return String.Empty
  End Try
End Function
```

16. Zurück zum Workflow-Designer und dort zur *CreateTask*-Aktivität. Als Nächstes muss die Eigenschaft *CorrelationToken* einen Wert erhalten. Geben Sie in das Feld **myTaskToken** ein. Ein *CorrelationToken* ist eine Art übergeordnete »Klammer«, die die einzelnen Aktivitäten eines Workflows zusammenfasst. Das ist aber noch nicht alles (Sie werden feststellen, dass der »Warnhinweis« bei der Aktivität bestehen bleibt), auch die untergeordnete Eigenschaft *OwnerActivityName* muss einen Wert erhalten. Wählen Sie für diese aus der Liste den Eintrag *Workflow1* aus.

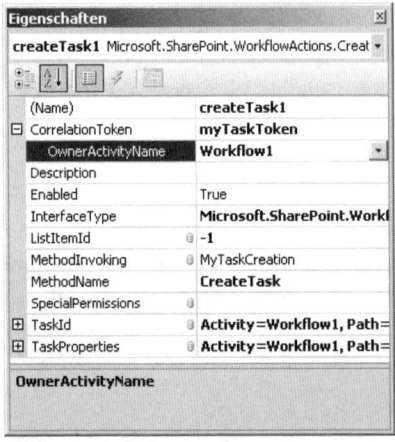

Abbildung 11.13 Die Eigenschaften von *createTask1* haben neue Werte erhalten

17. Fügen Sie unterhalb der *CreateTask*-Aktivität eine *While*-Aktivität ein (Sie finden diese im allgemeinen Bereich *Windows Workflow v3.0*). Sie sorgt dafür, dass der Workflow so lange läuft, wie eine bestimmte Bedingung, die noch definiert werden muss, erfüllt ist.

18. Damit die *While*-Aktivität weiß, auf was sie warten soll, müssen zwei Eigenschaften gesetzt werden: *Condition* (hier wird *Codebedingung* ausgewählt) und die untergeordnete, gleichnamige Bedingung *Condition* (hier wird **myTaskNotCompleted** als Name für den Eventhandler eingetragen). Der Workflow-Designer wechselt erneut in die Code-Ansicht und dort in die Eventprozedur *myTaskNotCompleted*. Tragen Sie hier den folgenden Befehl ein:

```
e.Result = Not TaskCompleted
```

19. Die Variable *TaskCompleted* wird unterhalb des *Class*-Befehls definiert:

```
Private TaskCompleted As Boolean = False
```

SharePoint-Workflows mit den VSTO erstellen

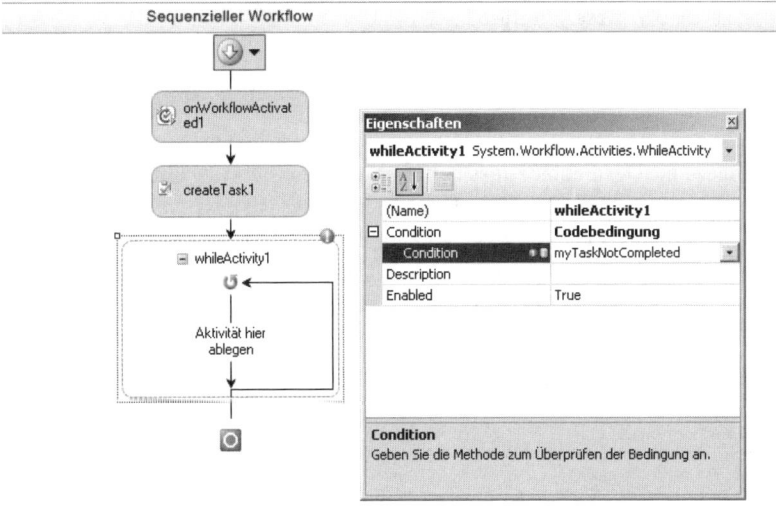

Abbildung 11.14 Die Eigenschaften der *While*-Aktivität

20. Zurück in die Designansicht. Hier fällt auf, dass die *While*-Aktivität offenbar noch nicht komplett ist. Die Hinweismeldung besagt, dass mindestens eine Aktivität enthalten sein muss. Das ist logisch, denn noch wurde nicht festgelegt, was innerhalb der *While*-Schleife geschehen soll. Ziehen Sie aus dem SharePoint-Workflow-Bereich der Toolbox eine *OnTaskChanged*-Aktivität in die *While*-Aktivität. Sie heißt entsprechend *onTaskChanged1*.

21. Auch bei der neuen Aktivität *onTaskChanged1* müssen die Eigenschaften *CorrelationToken* (tragen Sie hier **myTaskToken** ein) und *TaskID* gesetzt werden. Diese Eigenschaft wird an die bereits vorhandene Eigenschaft *myTaskID* im Register *An vorhandenes Mitglied binden* gebunden. Es muss noch eine weitere Eigenschaft gesetzt werden. Wählen Sie hierzu im Eigenschaftenfenster *AfterProperties* und tragen Sie im Register *An neues Mitglied binden* den Wert **afterMyTaskPropertyChange** ein (die Einstellung *Eigenschaft erstellen* sollte aktiviert bleiben).

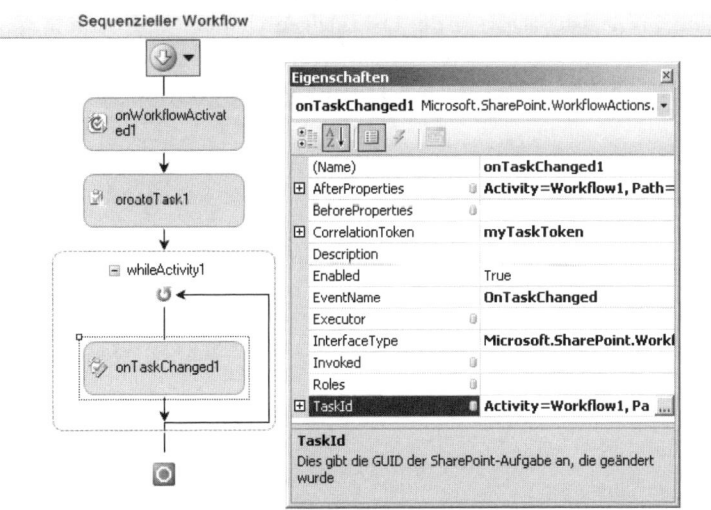

Abbildung 11.15 Die *onTaskChanged1*-Aktivität hat neue Eigenschaftswerte erhalten

22. Zum Schluss muss noch ein wenig kodiert werden. Doppelklicken Sie auf die *onTaskChanged1*-Aktivität im Designer und geben Sie im Codefenster die folgenden Befehle ein:

```
If afterMyTaskPropertyChange.PercentComplete = 1 Then
    taskCompleted = True
End If
```

23. Werfen Sie einen Blick in die Fehlerliste. Falls Sie nur mit den WSS 3.0 arbeiten, werden hier ein paar Warnungen und ein Fehler angezeigt. Der Fehler muss behoben werden, denn ansonsten lässt sich der Workflow nicht in das SharePoint übertragen. Die Ursache für den Fehler ist, dass die Datei *Feature.xml* zwei Einträge enthält, die es anscheinend nur bei MOSS 2007 gibt. Diese Einträge sind *ReceiverAssembly* und *ReceiverClass*, die beide entfernt werden müssen. Die Datei sollte anschließend den Inhalt besitzen, der in Abbildung 11.16 zu sehen ist.

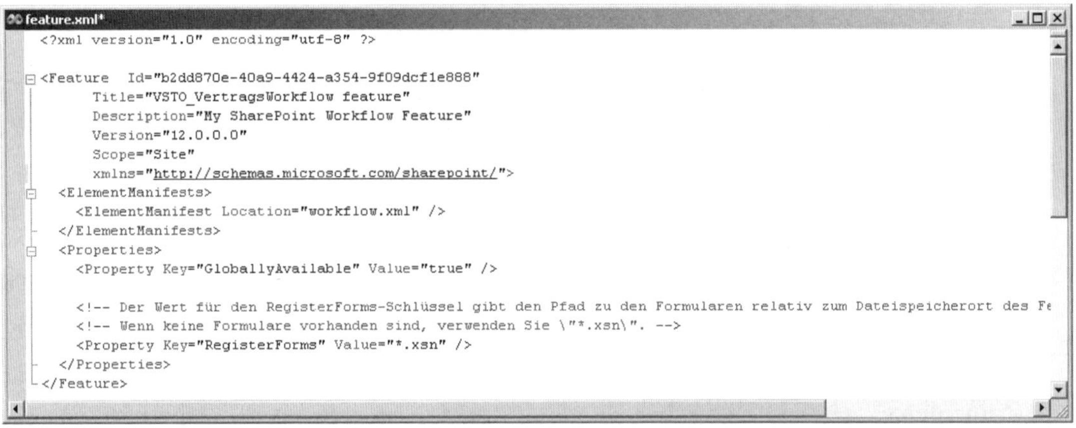

Abbildung 11.16 So sollte *Feature.xml* vor dem Start aussehen

24. Die folgenden Schritte sind optional. Entfernen Sie den Verweis auf *Microsoft.Office.Workflow.Tasks* in den Verweisen des Projektmappen-Explorers und, der Vollständigkeit halber, auch den *Imports*-Befehl auf *Microsoft.Office.Workflow.Utility* im Register *Verweise* der Projekteigenschaften (und wenn Sie schon dort sind, können Sie auch die nicht benötigten Verweise entfernen). Am Ende sollte die Fehlerliste keine Warnungen mehr enthalten, wenngleich Sie das Projekt trotz der ursprünglichen Warnungen hätten starten können.

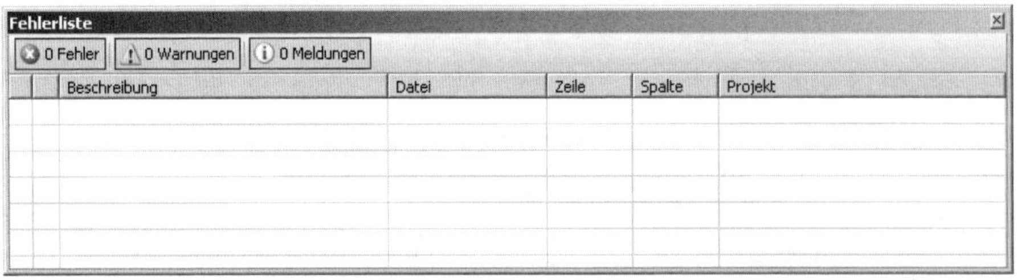

Abbildung 11.17 Eine leere Fehlerliste ist stets ein schöner Anblick

25. Es ist geschafft, das Projekt kann über F5 gestartet werden. Zuvor sollten Sie aber noch jeweils einen Haltepunkt in *MyTaskCreation*, *myTaskNotCompleted* und *onTaskChanged_Invoked* setzen, um den Ablauf bei der Ausführung des Workflows besser verfolgen zu können. Dass nach der Kompilierung noch

eine ganze Menge passiert, macht ein Blick in das Ausgabefenster deutlich, das Sie über *Debuggen/Fenster/Ausgabe* öffnen. Entscheiden Sie sich dort in der Auswahlliste für den Eintrag *Erstellen*. Dies ist der eigentliche Vorteil der Workflow-Vorlagen der VSTO, da diese Schritte ansonsten alle »zu Fuß« erledigt werden müssten. Die Behauptung, dass die VSTO ein »F5-Deployment« für SharePoint-Workflows erlauben, wird damit eindrucksvoll unter Beweis gestellt.

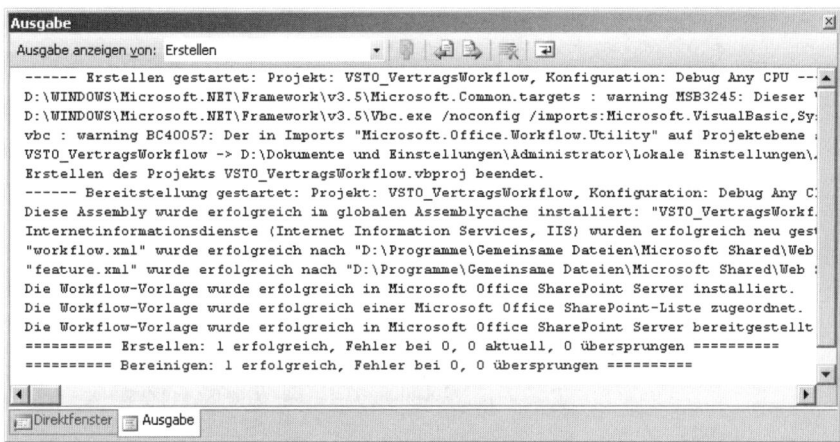

Abbildung 11.18 Das Ausgabefenster zeigt, an, welche Formalitäten die VSTO hinter den Kulissen erledigen

26. Ging alles gut, sollte der Browser starten und jenen Bereich der SharePoint-Site anzeigen, der zu Beginn ausgewählt wurde. In diesem Fall sollte es sich um den Bereich *Freigegebene Dokumente* handeln. Hier sollte sich noch kein Dokument befinden. Legen Sie daher ein neues Dokument an. Damit der Workflow wirksam werden kann, muss er gestartet werden. Sie finden den Eintrag, indem Sie die Liste neben dem Dokument öffnen und den Eintrag *Workflows* wählen.

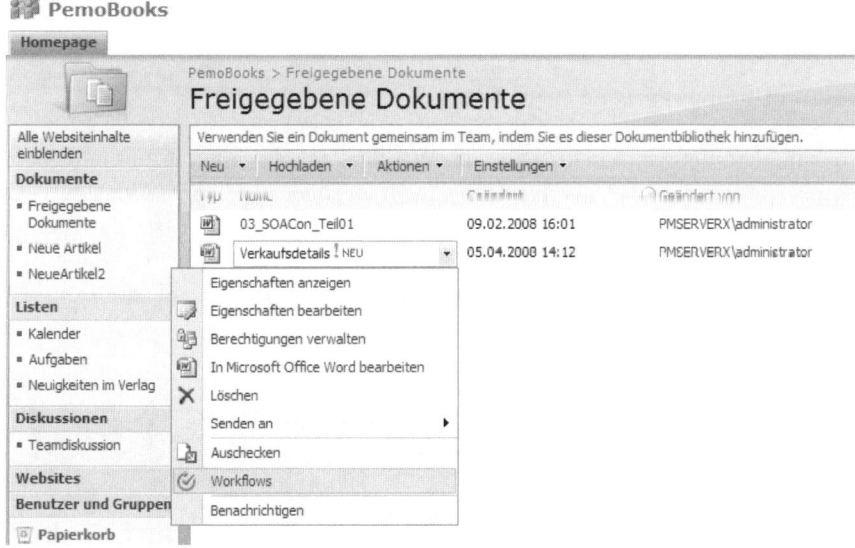

Abbildung 11.19 Die dem Dokument zugeordneten Workflows sollen aufgelistet werden

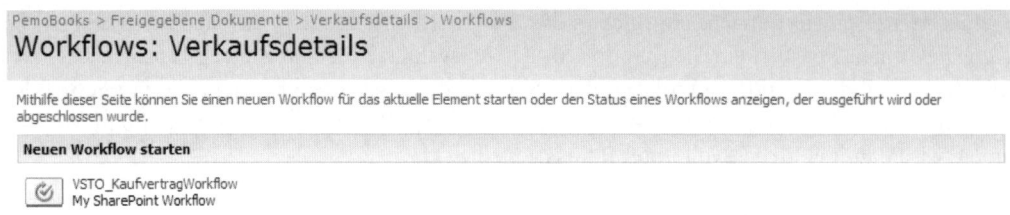

Abbildung 11.20 In diesem Bereich werden die Workflows des Dokuments verwaltet

27. In der Liste der Workflows sollte der Workflow *VSTO_KaufvertragWorkflow* erscheinen. Durch einen Klick auf den Eintrag wird er gestartet.

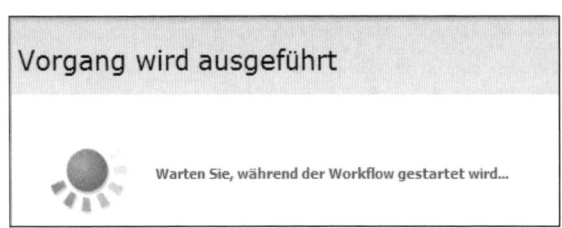

Abbildung 11.21 Der Workflow wird gestartet

28. Dass der Workflow gestartet wurde, wird in der entsprechenden Spalte des Dokuments angezeigt. Hier sollte *In Bearbeitung* vermerkt sein. Wurde in *MyTaskCreation* ein Haltepunkt gesetzt, wird die Projektausführung an dieser Stelle vorübergehend gestoppt.

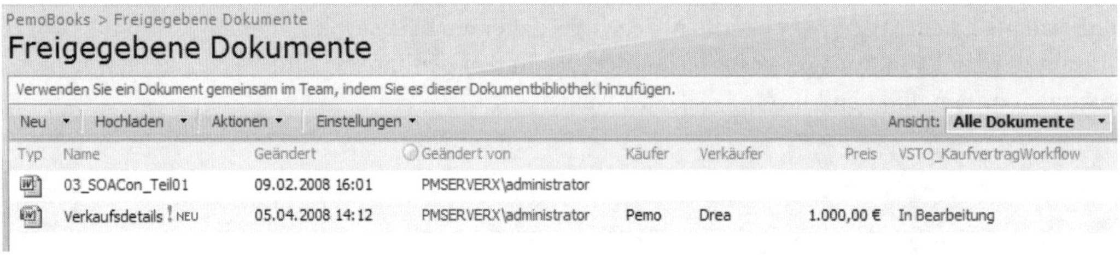

Abbildung 11.22 Der Workflow ist aktiv und wartet darauf, dass die Aufgabe abgeschlossen wird

29. Doch was muss man tun, damit etwas passiert? Nun, der Workflow wurde gestartet und infolgedessen wurde in der SharePoint-Site eine neue Aufgabe angelegt, die mit verschiedenen Eigenschaften des Dokuments belegt wurde. Sie wissen weiter, dass die *While*-Aktivität so lange wartet, bis die Eigenschaft *PercentComplete* der Aufgabe vom Anwender auf 100 % gesetzt wurde. Erst dann wird die Eigenschaft *TaskCompleted* auf *True* gesetzt. Wechseln Sie daher in die Aufgabenliste, selektieren Sie die Aufgabe und schalten Sie in den Bearbeiten-Modus.

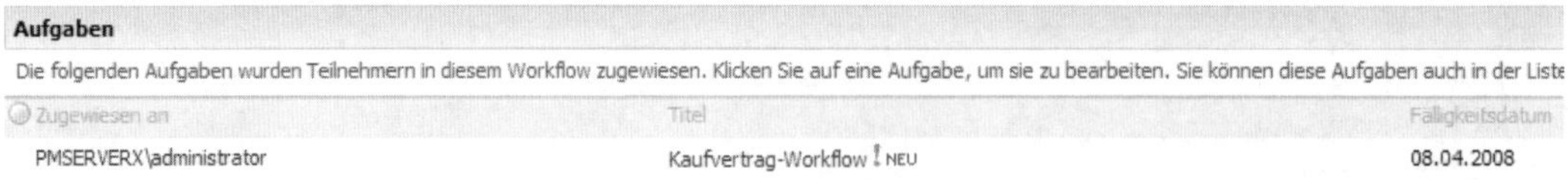

Abbildung 11.23 Mit dem Start des Workflows wird eine Aufgabe angelegt

SharePoint-Workflows mit den VSTO erstellen

Tragen Sie bei *% abgeschlossen* den Wert **100** ein und bestätigen Sie mit *OK* (Sie könnten auch einen kleineren Wert eintragen und in der *onTaskChanged1_Invoked*-Prozedur einen Haltepunkt setzen und den übergebenen Wert abfragen).

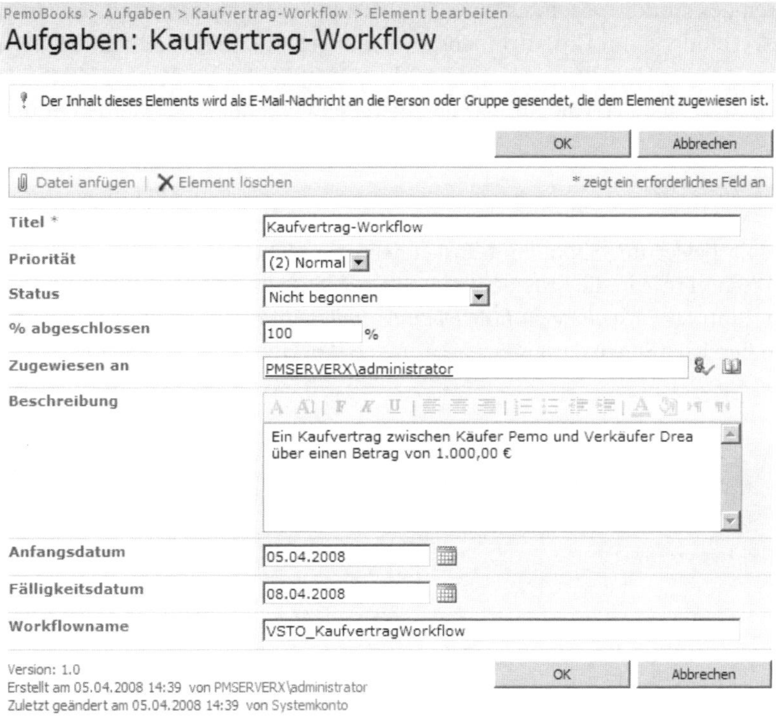

Abbildung 11.24 Um den Workflow abzuschließen, muss *% abgeschlossen* auf *100* gesetzt werden

30. Wechseln Sie nach der Bestätigung mit *OK* noch einmal in die Liste mit den freigegebenen Dokumenten. Sie werden feststellen, dass der Status des Workflows auf *Abgeschlossen* gesetzt wurde.

Das war alles. Sicher ist das Ergebnis ein wenig unspektakulär nach der großen Einleitung, doch genau das ist die Aufgabe von Workflows. Der Anwender lädt ein Dokument und startet damit einen Workflow. Dieser meldet erst dann »Alles okay«, wenn die Aufgabe vom Anwender als beendet vermerkt wurde. In der Praxis könnte dies wie schon angedeutet den Start eines weiteren Workflows auslösen, der das Dokument weiterreicht und ebenfalls auf ein Abschließen der damit angelegten Aufgabe wartet. In einem großen Arbeitsablauf in einem Unternehmen, der viele Stationen umfasst, ist ein solcher Workflow nur ein kleiner Baustein von vielen.

Workflows für SharePoint lassen sich auch ohne die VSTO 3.0 entwerfen. Auch dann steht in Visual Studio 2008 exakt derselbe Designer mit den denselben Aktivitäten zur Verfügung (für Visual Studio 2005 gibt es den Designer im Rahmen der »Workflow-Extensions«, die nachträglich installiert werden müssen). Der »große, kleine« Vorteil der VSTO 3.0 besteht darin, dass sie das Deployment eines Workflows in die SharePoint-Site maximal vereinfachen. Mit Office 2007 hat dieser Aspekt der VSTO 3.0, wie die kleine Übung gezeigt hat, nichts zu tun.

Wenn es Probleme bei der Umsetzung gibt

Sollte die Umsetzung wider Erwarten nicht auf Anhieb funktioniert haben, gehen Sie alle Schritte noch einmal durch. Es kann nur eine Kleinigkeit sein. Geben Sie daher nicht gleich auf, sondern arbeiten Sie auf das erste Erfolgserlebnis im Rahmen der Workflows hin. Es lohnt sich, denn wie es eingangs bereits beschrieben wurde, wird dieser Bereich in Verbindung mit Unternehmensanwendungen, die auf SharePoint basieren, in den kommenden Jahren sehr wichtig werden. Wenn Sie das Projekt *VSTO_KaufvertragWorkflow.sln* von der Buch-CD laden, müssen Sie darauf achten, dass die Adresse der SharePoint-Site angepasst werden muss.

Workflows wieder entfernen

Man muss sich bereits ein wenig besser mit SharePoint auskennen, um nicht mehr benötigte Workflows wieder entfernen zu können. Wechseln Sie in die Liste der freigegebenen Dokumente und wählen Sie dort in der Spalte *Einstellungen* den Eintrag *Einstellungen für 'Dokumentbibliothek'*. Dort gibt es den Punkt *Workfloweinstellungen*, der den Bereich mit den der Liste zugeordneten Workflows ausgibt. Hier lässt sich ein Workflow wieder entfernen.

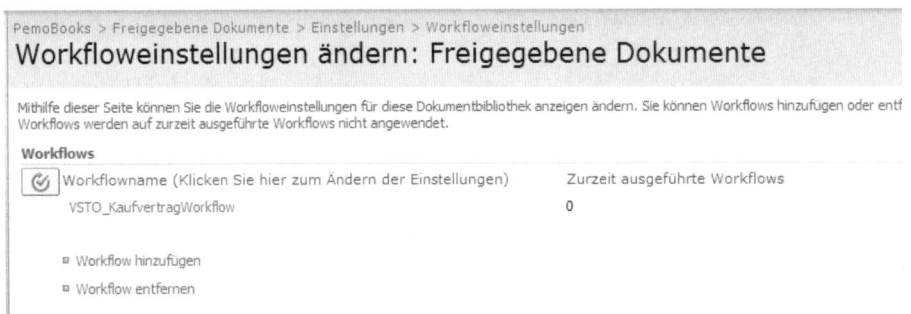

Abbildung 11.25 An dieser Stelle werden Workflows wieder entfernt

Office Live

Unter dem vielversprechenden Namen »Office Live« bietet Microsoft seit einiger Zeit eine Webplattform an, deren Dienste in der Grundversion kostenlos zur Verfügung stehen, bei der es aber auch kostenpflichtige Modelle gibt. Ist das etwa die lang erwartete Onlineversion von Office, die komplett im Browser bedient wird und bei der die Dokumente automatisch auf dem Microsoft-Webserver abgelegt werden, sodass sie von jedem Punkt der Welt aus über das Internet aufgerufen werden können? Ist das etwa die Antwort auf Dienste wie *Google Docs*, die so etwas schon etwas länger bieten? Leider nein und weder noch. Office Live hat so wenig mit dem Office-Paket zu tun wie ein Literaturpapst mit der katholischen Kirche. Hinter Office Live steckt eine relativ schlichte Webplattform, die zwar auf SharePoint basiert, die aber nur ein Minimum an Möglichkeiten bietet. Man kann Dokumentlisten anlegen und dort, neben Dateien, genau drei Listenelemente hinzufügen: Task List, Contact List und Event List. Word- und Excel-Dokumente können nur offline bearbeitet werden, setzen also ein lokal installiertes Word oder Excel voraus. Sehr viel länger ist die Liste jener Funktionen, die nicht zur Verfügung stehen (zum Beispiel die Möglichkeit, Ordner anlegen zu können). Es ist anzunehmen, dass das Angebot in Zukunft ausgebaut wird, derzeit ist es mehr als mager und kein Vergleich zu einem vollwertigen SharePoint-Server, wie er bei zahlreichen Providern angeboten wird.

Zusammenfassung

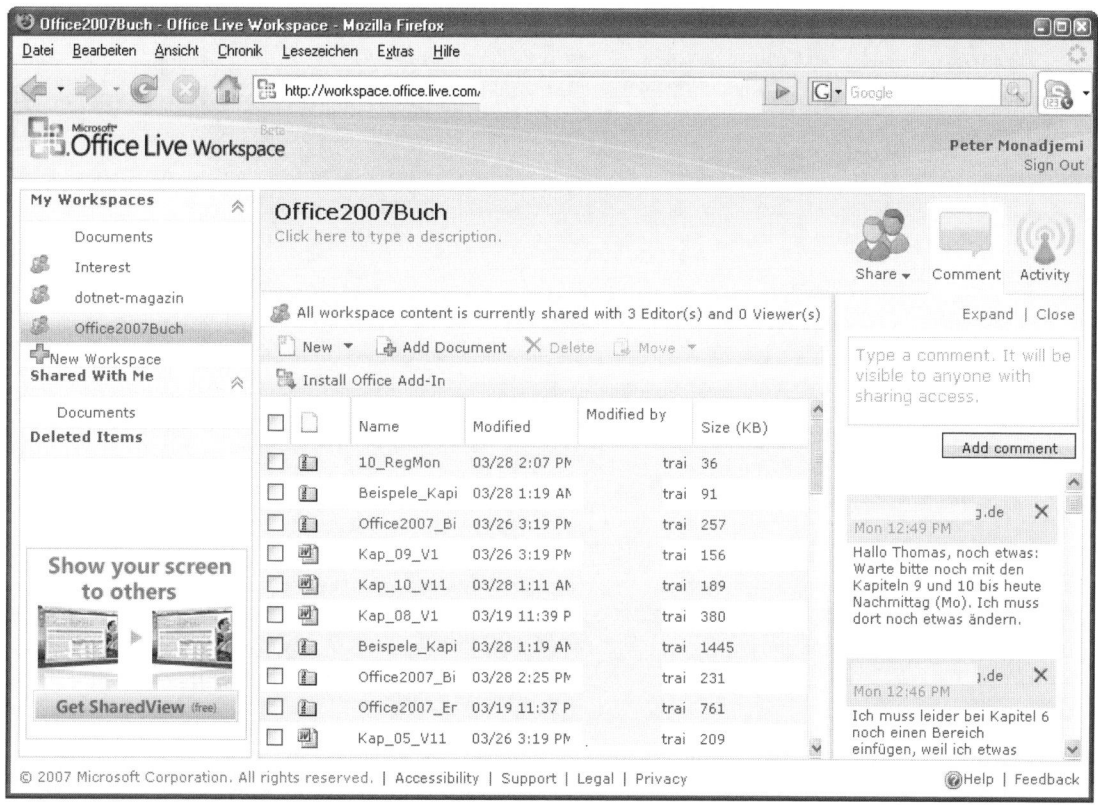

Abbildung 11.26 Officelive.com – ein funktional stark reduziertes SharePoint im Web

Zusammenfassung

Workflows sind flexible wie ebenso leistungsfähige Erweiterungen moderner Unternehmensanwendungen. Microsoft bietet mit der *Windows Workflow Foundation* (WF) seit dem .NET Framework 3.0 eine »Workflow-Runtime« an, die auf Klassen der Klassenbibliothek basiert. Für Visual Studio gibt es einen komfortablen Designer, mit dem sich sowohl sequenzielle Workflows als auch Statuscomputer-Workflows erzeugen lassen. Workflows spielen vor allem in einer SharePoint-Site eine wichtige Rolle, wo sie an Listen gehängt werden, sodass beim Hinzufügen neuer Elemente »etwas geschieht«. Die VSTO 3.0 stellen zwei Vorlagen für Workflows zur Verfügung, die zwar mit demselben Workflow-Designer arbeiten, wie er auch bei einem regulären Workflow-Projekt in Visual Studio 2008 verfügbar ist, der aber das »Deployment« des Workflows in die ausgewählte SharePoint-Site deutlich vereinfacht. Dabei wird dieser mit einem simplen Druck auf F5 übertragen und »registriert«. Einfacher kann die Entwicklung von SharePoint-Workflows nicht mehr werden.

Wie geht es in diesem Buch weiter?

Damit wurden wirklich alle VSTO-Themen behandelt. Im nächsten Kapitel ist der Zugriff auf Datenbanken an der Reihe. Gerade VSTO-Anwendungen profitieren von der modernen und überaus komfortablen Datenbindung, die auf den bereits mit Visual Studio 2005 eingeführten Datenquellen basiert.

Kapitel 12

VSTO und Datenbankinhalte

In diesem Kapitel:

Wie greift .NET auf Datenbanken zu?	450
Ein kurzer Streifzug durch System.Data und die Namespaces der Provider	455
Die Rolle der Projektdatenquellen	465
Das Prinzip der Datenbindung	468
Daten direkt in Excel übernehmen	478
Datenbanken anlegen und verwalten	481
Ein Beispielprojekt zum Schluss	484
Zusammenfassung	490

Auch bei einer VSTO-Anwendung dreht sich am Ende alles um die Daten. Diese kommen heutzutage nicht mehr nur aus klassischen Datenbankservern, sondern aus XML-Dateien, SharePoint-Listen oder gleich direkt aus dem Internet (zum Beispiel in Gestalt eines RSS-Feeds). Die VSTO besitzen keinen eigenen Mechanismus, um auf Daten zuzugreifen. Sie benutzen (natürlich) die allgemeine Datenbankschnittstelle des .NET Framework, ADO.NET. Bereits mit Visual Studio 2005 und den VSTO 2.0 wurde die Datenbindung auf der Grundlage von Projektdatenquellen eingeführt. Diese nehmen den Entwicklern viel Arbeit ab und sind bei VSTO-Anwendungen beinahe ideal dafür geeignet, um Daten, zum Beispiel im Rahmen eines CustomTaskPane oder direkt auf einem Excel-Tabellenblatt bzw. in einem Word-Dokument, zur Verfügung stellen zu können. Die Projektdatenquellen kamen in diesem Buch daher auch schon in einigen Beispielen zum Einsatz und werden in diesem Kapitel endlich offiziell eingeführt.

Wie greift .NET auf Datenbanken zu?

.NET verwendet ein sehr flexibles Konzept, um auf Datenbankinhalte zuzugreifen. Dieses basiert auf einer Providerarchitektur, wobei jeder Provider für einen bestimmten Typ von Datenbank zuständig ist. Von Anfang an enthält das .NET Framework vier Provider für folgende Datenbanktypen:

- SQL Server
- Oracle Server
- OLE DB
- ODBC

Ist diese Auswahl nicht etwas mager, denn wie verhält es sich mit Providern für Datenbanken wie Microsoft Access, FoxPro oder XML? Keine Sorge, das wird alles mit den vorhandenen Providern abgedeckt. Für Access ist der OLE DB-Provider zuständig, für FoxPro-Datenbanken gibt es sicher auch irgendeine Möglichkeit, auf diese per OLE DB- oder ODBC-Provider zuzugreifen, und XML-Daten werden nicht wie Datenbanken angesprochen, sondern direkt über die Klassen im Namespace *System.Xml*. Da Hersteller von Datenbanken eigene Provider entwickeln können, gibt es inzwischen eine große Auswahl an Providern, die alle gängigen Datenbanktypen abdecken, darunter praktisch alle populären Freeware- und Open Source-Datenbanken. Jeder dieser Provider bringt seinen Satz an Klassen ins Spiel, mit denen sich Datenbankinhalte per SQL abrufen und aktualisieren lassen. Das Schöne an diesem Prinzip ist die Vereinheitlichung. Wer sich mit den Klassen eines Providers auskennt, arbeitet sich schnell in die Klassen eines anderen Providers ein, da sie in der Anwendung nahezu identisch sind. Es ist zum Beispiel kein Problem, die populäre Freewaredatenbank *Sqlite* einzubinden, da sich jemand dankenswerterweise die Mühe gemacht hat, einen Provider zu programmieren, der offenbar bestens funktioniert. Das ist ein Grund, warum Datenbankprogrammierung unter .NET im Allgemeinen eine sehr angenehme Angelegenheit ist.

Wurde ein neuer Provider installiert (was meistens im Rahmen eines Setup-Programms geschieht), steht die Assemblybibliothek mit den Klassen danach im bei der Installation ausgewählten Verzeichnis zur Verfügung und muss in ein neues Projekt als Verweis eingebunden werden. Anschließend wird noch der Namespace bekannt gemacht, und schon werden die neuen Klassen auf exakt die gleiche Weise benutzt wie jene, die bereits »fest eingebaut« sind. Die einzige Besonderheit ist, dass die Assemblybibliothek mit der Anwendung weitergegeben werden muss, da sie auf dem Zielsystem natürlich nicht vorausgesetzt werden kann.

Die Rolle der Verbindungszeichenfolge

Sämtliche Datenbanken werden über eine sogenannte *Verbindungszeichenfolge* (engl. »connection string«) angesprochen, die unter anderem den Namen der Datenbank und andere Details enthält und von Datenbanktyp zu Datenbanktyp variiert. Die Verbindungszeichenfolge für die SQL Server Express-Datenbank *Adventureworks*, die sich auf dem Computer *HARIBO2007* befindet, lautet zum Beispiel wie folgt:

```
Data Source=HARIBO2007\SQLEXPRESS;Initial Catalog=Adventureworks;Integrated Security=True;Connect Timeout=60
```

Das ist eine recht lange Zeichenkette, die aus einer Reihe von Bestandteilen besteht, die durch Semikola getrennt werden. Handelt es sich um eine SQL Server Express- und nicht um eine SQL Server-Datenbank, sind zwei Kleinigkeiten von Bedeutung. Zum einen muss der Servername auch dann angegeben werden, wenn es sich um denselben Computer handelt, auf dem der Zugriff durchgeführt wird (der Punkt als Abkürzung für den lokalen Computer ist nicht immer erlaubt). Zum anderen muss an den Servernamen ein »\SQLEXPRESS« gehängt werden (bzw. der Name der SQL Server-Instanz). Die Datenbank wird über die Zeichenfolge *Initial Catalog* ausgewählt, wobei auch der ältere Name *Database* noch akzeptiert wird. Über *Integrated Security=True* wird festgelegt, dass für die Anmeldung bei der Datenbank auf den für die WinForms-Anwendung verwendeten Benutzernamen zurückgegriffen wird. Ansonsten müssten die Elemente *User Name* und *Passwort* zusätzlich in der Verbindungszeichenfolge angegeben werden (was in der Praxis allein schon deswegen unüblich ist, weil das Kennwort nicht im Klartext im Quelltext oder in einer externen Konfigurationsdatei enthalten sein sollte). Es ist wichtig zu verstehen, dass diese Namen keine Eigenschaften einer Klasse sind, sondern aus der Zeichenkette heraus interpretiert werden. Kleine Fehler, wie zum Beispiel ein fehlendes Leerzeichen, haben daher zur Folge, dass kein Datenbankzugriff möglich ist.

Bei einer SQL Server Express-Datenbank gibt es eine weitere Besonderheit zu beachten. Bei dieser SQL Server-Variante kann die SQL Server-Datenbank in Gestalt einer lokalen Datenbankdatei angehängt werden. Dies muss in der Verbindungszeichenfolge über ein *AttachDbFilename*-Element festgelegt werden, auf das der Pfad der Mdf-Datei folgt (außerdem sollte das Element *User Instance=True* hinzugefügt werden.) Die Verbindungszeichenfolge für die Northwind-Datenbank, die in Gestalt der Datei *C:\Northwnd.mdf* vorliegt, lautet zum Beispiel wie folgt:

```
Data Source=.\SQLEXPRESS;AttachDbFilename=C:\Northwnd.mdf;Integrated Security=True;Connect Timeout=30;User Instance=True
```

Verbindungszeichenfolgen gelten auch für Access-Datenbanken. Der Unterschied liegt lediglich darin, dass hier ein anderer Provider im Spiel ist, bei dem geringfügig andere Regeln vorherrschen, was die Zusammensetzung der Zeichenkette angeht. Die Access-Datenbank *C:\Nordwind.mdb* wird über folgende Verbindungszeichenfolge angesprochen:

```
Provider=Microsoft.Jet.Oledb.4.0;Data Source=C:\Nordwind.mdb
```

Hier kommt es auf die korrekte Schreibweise des Providernamens an (die Groß- und Kleinschreibung spielt aber keine Rolle). Der Pfad der Mdb-Datei wird über das *Data Source*-Element (tatsächlich mit einem Leerzeichen dazwischen) festgelegt. Sollten für den Zugriff auf die Datenbank Benutzername und Kennwort erforderlich sein, werden diese ebenfalls in die Verbindungszeichenfolge über die Elemente *User Id* und *Password* eingebaut. Etwas anders sieht es aus, wenn die Datenbank selbst durch ein Kennwort geschützt wird. Dieses wird über das *Extended Properties*-Element *Jet OLEDB:Database Password* angegeben. Auch bei diesem Punkt gibt es eine Kleinigkeit zu beachten: Da Visual Studio beim Anlegen einer Verbindungszeichenfolge in den *Einstellungen* der Projekteigenschaften das Kennwort nicht speichert (was auch mehr als sinnvoll ist), ist es in der Verbindungszeichenfolge auch nicht enthalten und muss nachträglich hinzugefügt werden. Das geschieht am einfachsten über die *Add*-Methode des *OleDbConnectionStringBuilder* (mehr dazu im nächsten Abschnitt):

```
Dim CnCb As New OleDb.OleDbConnectionStringBuilder(My.Settings.Cn)
CnCb.Add("Jet OLEDB:Database Password", "<pw>")
Dim Cn As New OleDb.OleDbConnection(CnCb.ConnectionString)
```

Wie es in Kapitel 6 bereits gezeigt wurde, lassen sich auch Excel-Arbeitsmappen über die Jet-Datenbankengine und damit über den OLE DB-Provider von .NET ansprechen. Soll zum Beispiel die Arbeitsmappe *C:\Verkaufsdaten2008.xls* angesprochen werden, lautet die Verbindungszeichenfolge folgendermaßen:

```
Microsoft.Jet.OleDb.4.0;Data Source = "C:\Verkaufsdaten2008.xls";Extended Properties=Excel 8.0;HDR=YES
```

Über *HDR=Yes* wird dabei festgelegt, dass die Kopfzeilen aus dem Tabellenblatt entnommen werden sollen.

TIPP Auch dieser Tipp wurde bereits in Kapitel 6 gegeben: Unter *http://www.connectionstrings.com* finden Sie praktisch jede denkbare Verbindungszeichenfolge (es gibt ähnliche Websites mit einem ähnlichen Angebot).

Anlegen einer Verbindungszeichenfolge

Es gibt mehrere Wege, um zu einer Verbindungszeichenfolge zu kommen. Sie müssen diese nur selten direkt eintippen. Der einfachste Weg besteht darin, in den *Einstellungen* der Projekteigenschaften einen Eintrag vom Typ *Verbindungszeichenfolge* anzulegen und die Datenbank über den Auswahldialog auszuwählen. Die Verbindungszeichenfolge wird dadurch in das *Wert*-Feld eingefügt.

Wie greift .NET auf Datenbanken zu?

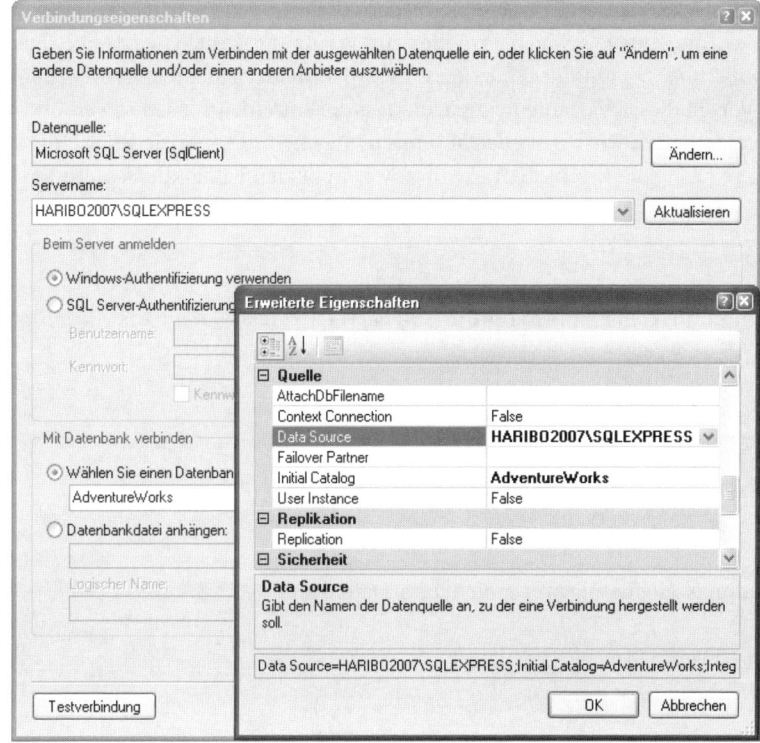

Abbildung 12.1 Der typische Dialog für die Auswahl einer Verbindungszeichenfolge

Die Verbindungszeichenfolge steht danach im Feld *Wert* zur Verfügung und kann von dort herauskopiert werden. Wird die Einstellung in den Projekteinstellungen gespeichert, was generell kein Fehler ist, steht sie im Quellcode über *My.Settings* zur Verfügung, auf den der gewählte Name der Einstellung folgt.

Beispiel

Das folgende Beispiel benutzt die in den Projekteinstellungen gespeicherte Verbindungszeichenfolge, um ein *SqlConnection*-Objekt zu instanziieren:

```
Dim SqlCn As New SqlConnection(My.Settings.NwCn)
```

NwCn ist dabei der in den Einstellungen gewählte Name und wird als *String*-Wert zur Verfügung gestellt. Falls Benutzername und Kennwort für die Anmeldung eine Rolle spielen, muss das Speichern des Kennworts explizit bestätigt werden. Es versteht sich von selbst, dass dieses im Allgemeinen weder in der Konfigurationsdatei noch im Quelltext abgelegt, sondern vor dem Herstellen einer Verbindung per Eingabebox abgefragt werden sollte.

Name	Typ	Bereich	Wert
NwCn	(Verbindungs...	Anwendung	Data Source=HARIBO2007\SQLEXPRESS;Initial Catalog=AdventureWorks;Integrated Security=True
*			

Abbildung 12.2 Die Verbindungszeichenfolge kann über die *Einstellungen* der Projekteigenschaften angelegt werden

Eine weitere Möglichkeit, eine Verbindungszeichenfolge ohne fehlerträchtiges Eintippen zu erhalten, besteht in der ConnectionStringBuilder-Klasse, die vom jeweiligen Provider zur Verfügung gestellt wird. Für den SQL Server-Provider heißt sie *SqlConnectionStringBuilder*, für den OLE DB-Provider entsprechend *OleDb-ConnectionStringBuilder*. Der kleine Vorteil dieser Variante liegt darin, dass die einzelnen Einstellungen über Schlüssel-Werte-Paare hinzugefügt werden oder, wie beim *OleDbConnectionStringBuilder*, für jedes wichtige Element der Verbindungszeichenfolge eine eigene Eigenschaft existiert, was in beiden Fällen die Fehlerquote deutlich reduziert.

Beispiel

Die folgende Befehlsfolge legt die Verbindungszeichenfolge für die SQL Server-Express-Datenbank *AdventureWorks* an:

```
Dim Csb As New Sql.SqlConnectionStringBuilder
Csb.Add("Server", "HARIBO2007\SQLEXPRESS")
Csb.Add("Trusted_Connection", "Yes")
Csb.Add("Database", "Adventureworks")
Csb.Add("Timeout", 60)
```

Diese Befehlsfolge erzeugt die Verbindungszeichenfolge für eine Access-Datenbank:

```
Dim Csb As New Oledb.OleDbConnectionStringBuilder
Csb.Provider = "Microsoft.Jet.Oledb.4.0"
Csb.DataSource = "C:\Nordwind.mdb"
```

Die folgende Befehlsfolge legt die Verbindungszeichenfolge für die Excel-Arbeitsmappe aus dem letzten Abschnitt an, dieses Mal mithilfe des *OleDbConnectionStringBuilder*. Die Funktion gibt die Zeilen des Tabellenblattes als *DataTable*-Objekt zurück:

```
Function GetExcelTable() As DataTable
  Dim Csb As New Oledb.OleDbConnectionStringBuilder
  Csb.Provider = "Microsoft.Jet.Oledb.4.0"
  Csb.DataSource = "C:\Verkaufsdaten2008.xls"
  Csb.Add("Extended Properties", "Excel 8.0;HDR=Yes")
  Try
    Using Cn As New Oledb.OleDbConnection(Csb.ConnectionString)
      Dim Da As New Oledb.OleDbDataAdapter("Select * From [Verkauf2008$]", Csb.ConnectionString)
      Dim Ta As New DataTable("Verkauf2008")
      Da.Fill(Ta)
      Return Ta
    End Using
  Catch Ex As SystemException
    Console.WriteLine("Fehlertyp: {0}, Fehlermeldung: {1}", ex.GetType().Name, _
       Ex.Message)
  End Try
End Function
```

Anlegen der Northwind-Datenbank

Viele Beispiele in diesem Kapitel und in diesem Buch arbeiten mit der SQL Server-Variante der Northwind-Datenbank, einer kleinen Datenbank, die den Geschäftsbetrieb eines Feinkosthändlers abbildet. Die Datenbank wird entweder als lokale Datenbankdatei (*Northwnd.mdf*) angesprochen (SQL Server Express) oder über die SQL Server-Instanz (was auch bei SQL Server Express möglich ist). Der einfachste Weg, die Northwind-Datenbank zu einer SQL Server-Instanz hinzufügen, besteht darin, die »SQL Server 2000 Sample Databases« über *http://www.microsoft.com/downloads* herunterzuladen und die Msi-Datei auszuführen. Sie kopiert die Datei *Instnwnd.sql* in das Verzeichnis *C:\SQL Server 2000 Sample Databases*. Diese Datei enthält das komplette SQL-Skript, das die Datenbank mit ihren Tabellen und deren Inhalten zusammenbaut. Das Skript wird entweder in *SQL Server Management Studio* (oder ein anderes Tool wie *SQL Query Express*) geladen und ausgeführt, oder, das ist im Allgemeinen die schnellste Variante, in der Kommandozeile mithilfe des SQL Server-Tools *Osql.exe* ausgeführt. Starten Sie über *Start/Ausführen* und Eingabe von *Cmd* die Eingabeaufforderung (auch »DOS-Box« genannt) und geben Sie dort folgende Befehlszeile ein (beobachten Sie dabei, wie das Skript Zeile für Zeile ausgeführt wird):

```
Osql -S .\SQLEXPRESS -E -i "C:\SQL Server 2000 Sample Databases\instnwnd.sql"
```

Ging alles gut, kann die Northwind-Datenbank über die SQL Server-Instanz angesprochen werden.

> **TIPP** Sollten im Rahmen der Beispiele in diesem Kapitel, bei denen auf Basis der Northwind-Datenbank eine Projektdatenquelle angelegt wird, alle Stricke reißen und sich der SQL Server aus irgendeinem Grund nicht ansprechen lassen oder gar nicht zur Verfügung stehen, kann auch die (deutschsprachige) Access-Variante verwendet werden, die sich unter dem Namen *Nordwind.mdb* im Verzeichnis *%Programfiles%\Microsoft Office\Office11\SAMPLES* befinden sollte (sofern Office 2003 installiert ist – bei Office 2007 ist sie anscheinend nicht mehr dabei, sieht man von der uralten FrontPage-Demodatenbank *Fpnwind.mdb* einmal ab). Diese Variante benutzt allerdings deutschsprachige Tabellen- und Feldnamen.

Ein kurzer Streifzug durch System.Data und die Namespaces der Provider

Ganz ohne Formalitäten geht es leider auch in diesem Kapitel nicht. Auch wenn man sich für eine VSTO-Anwendung die Anbindung an eine Datenbank mit »ein paar Mausklicks« zusammenstellen kann und damit oft auch sehr gut fährt, ein wenig mehr sollte man über die Hintergründe Bescheid wissen. Und das bedeutet konkret, jene Klassen zu kennen (viele sind es nicht), die beim Datenbankzugriff auch über eine Projektdatenquelle (relativ) unsichtbar im Hintergrund aktiv sind. Für die Datenbankanbindung sind zwei Namespaces wichtig: Der erste ist der allgemeine Namespace *System.Data*. Hier sind providerunabhängige Klassen enthalten, wie *DataTable* und *DataSet* (Tabelle 12.1). Der zweite ist jener Namespace, der vom jeweiligen Provider zur Verfügung gestellt wird. Hier sind Klassen untergebracht, die den Zugriff auf die Datenbank durchführen und die Daten an die providerunabhängigen Objekte *DataTable* und *DataSet* weiterreichen. Ein Beispiel ist der Namespace *System.Data.SqlClient* mit Klassen wie *SqlConnection*, *SqlCommand* und *SqlDataAdapter* für den Zugriff auf eine SQL Server-Datenbank. Diese Klassen werden im weiteren Verlauf des Kapitels vorgestellt.

Klasse	Steht für ...
Constraint	Eine Einschränkung (zum Beispiel eindeutiger Primärschlüssel) für eine oder mehrere DataColumn-Spalten
DataColumn	Eine Spalte in einer DataTable
DataRelation	Eine Beziehung zwischen DataTables in einem DataSet
DataRow	Eine Zeile in einer DataTable
DataSet	Ein DataSet, das aus einem oder mehreren DataTables besteht
DataView	Eine Ansicht auf eine DataTable

Tabelle 12.1 Die wichtigsten Klassen im Namespace *System.Data*

Die Rolle des DataSets

Das DataSet spielt die Rolle einer Datenbank im Arbeitsspeicher, da es aus einem oder mehreren *DataTable*-Objekten besteht und zwischen diesen Tabellen Beziehungen auf der Grundlage gemeinsamer Felder eingerichtet werden können. Der Inhalt eines DataSets wird nicht nur komplett im Arbeitsspeicher gehalten, es besteht auch keine Verbindung zu einer Datenbank. Als providerunabhängiger »Datenbehälter« ist es vollkommen unabhängig von einem bestimmten Datenbanktyp. Es ist daher nicht von Bedeutung, woher die Daten stammen, die im DataSet zusammengefasst werden. Sie werden alle auf die exakt gleiche Art und Weise dargestellt. Haben die Daten ihren Ursprung in einer Datenbank, wird ein »Mittelsmann« benötigt, der diese per SQL oder gespeicherter Prozedur abruft und dazu auf die Verbindungszeichenfolge angewiesen ist. Dieser Mittelsmann heißt bei ADO.NET *Datenadapter* und wird für jeden Provider durch eine eigene Klasse repräsentiert. In Verbindung mit dem Provider für den SQL Server heißt die Klasse *SqlDataAdapter*. Eine Datenbank bildet aber nicht die einzige Quelle für Datensätze, die in ein DataSet geladen werden können.

Es gibt gleiche mehrere Wege, wie ein DataSet zu seinem Inhalt kommt:

- Über die *ReadXml*-Methode, die XML-Daten aus einer Datei oder einem Stream liest. Die Daten werden entsprechend ihrer Struktur auf Tabellen verteilt, die mit dem Einlesen angelegt werden. Falls es die Umstände erfordern, kann über die *ReadSchema*-Methode zuvor ein XML-Schema eingelesen werden, das bei der Validierung der XML-Daten, die über *ReadXml* eingelesen werden, herangezogen wird. Durch *ReadSchema* werden bereits eine oder mehrere Tabellen im DataSet angelegt, die über *ReadXml* mit den passenden Datensätzen gefüllt werden.

- Über das Hinzufügen einer DataTable, die zuvor über einen Datenadapter und dessen *Fill*-Methode oder die *Load*-Methode und einen *DataReader* mit den Datensätzen einer Datenquelle gefüllt wurde. Dies ist die gebräuchlichste Methode, ein DataSet mit Daten zu versorgen.

- Über die *Load*-Methode des DataSets und einen DataReader, wobei ein oder mehrere *DataTable*-Objekte angegeben werden, die bereits im DataSet enthalten sein müssen und deren Struktur für die zu ladenden Datensätze maßgeblich ist.

Das DataSet wird im Allgemeinen nicht direkt zu einem Projekt hinzugefügt (wenngleich es Situationen gibt, in denen das vorteilhaft ist) oder im Quellcode angelegt. Es kommt vielmehr durch das Anlegen einer Projektdatenquelle ins Projekt.

Beispiel

Das folgende Beispiel lädt über *ReadSchema* zunächst ein XML-Schema in ein DataSet und anschließend über *ReadXML* eine XML-Datei:

```
Dim Ds As New DataSet("Buecher")
Ds.ReadXmlSchema("Buecher.xsd")
Dim XmlPfad As String = "Buecher.xml"
Ds.ReadXml(XmlPfad)
```

Beispiel

Das folgende Beispiel liest aus der SQL Server-Datenbank *Northwind*, die über eine in den Projekteinstellungen enthaltene Verbindungszeichenfolge angesprochen wird, den Inhalt der *Employees*-Tabelle in ein *DataTable*-Objekt, anschließend einem DataSet hinzugefügt wird. Die DataTable wird über ihre *Load*-Methode unter Zuhilfenahme eines *SqlDataReader* geladen:

```
Dim Ds As New DataSet("Nw")
Using Cn As New Sql.SqlConnection(My.Settings.NwCn)
    Cn.Open()
    Dim Cmd As Sql.SqlCommand = Cn.CreateCommand
    Cmd.CommandText = "Select * From Employees"
    Dim Dr As Sql.SqlDataReader = Cmd.ExecuteReader
    Dim Ta As New DataTable("Employees")
    Ta.Load(Dr)
    Ds.Tables.Add(Ta)
End Using
```

Auch hier ist es wichtig zu verstehen, dass das DataSet vollständig unabhängig von der Datenbank ist, auch wenn die Datensätze aus einer SQL Server-Datenbank stammen. Es besteht keine direkte Verbindung zwischen dem DataSet und der Datenbank.

Ein DataSet über die Toolbox anordnen

Das DataSet steht auch in der Toolbox zur Verfügung – allerdings nicht typisiert wie bei einer Projektdatenquelle, sondern in seiner Rohform, bei der es keine Schemadefinition gibt. Viel gewonnen wird durch das Anordnen eines solchen DataSets zum Beispiel auf einem Excel-Tabellenblatt im Rahmen einer VSTO-Anwendung aber nicht. Interessant ist lediglich, dass ein solches DataSet eine *CacheInDocument*-Eigenschaft besitzt. Ist sie *True*, wird der Inhalt automatisch im Dokument in einer »Dateninsel« gespeichert.

Die Rolle der DataTable

Es ist wichtig zu verstehen, dass nicht das DataSet die Daten enthält, sondern die DataTable-Objekte, die die einzelnen Tabellen darstellen. Das DataSet stellt lediglich eine »Hülle« dar für eine oder mehrere DataTables und bietet zum Beispiel die Möglichkeit, ihren Inhalt im XML-Format zu exportieren. Eine DataTable besteht aus Spalten (*DataColumn*-Objekten) und Zeilen (*DataRow*-Objekten), die über die *Rows*-Auflistung zur Verfügung gestellt werden. Die Spalten definieren die Felder, die eine einzelne Zeile für das Aufnehmen von Daten enthält. Wie das DataSet ist auch eine DataTable komplett unabhängig von einer Datenbank. Es ist mit wenig Aufwand möglich, eine DataTable im Programm »aus dem Nichts« anzulegen, indem eine

Reihe von Spalten hinzugefügt werden. Anschließend werden über die *NewRow*-Methode *DataRow*-Objekte erzeugt, die diese Spaltenstruktur besitzen. Nachdem die Zeile über die *Item*-Eigenschaft und Angabe des Spaltennamens mit Werten gefüllt wurde, wird sie an die *Rows*-Auflistung der DataTable gehängt und wird damit zu einem Teil der DataTable. Soll ihr Inhalt gespeichert werden, geschieht dies zum Beispiel über die *WriteXml*-Methode.

Eine DataTable mit XML laden

Der einfachste Weg, eine DataTable mit Daten zu füllen, besteht darin, sie mit fertigem XML zu laden, das entweder aus einer Datei stammt oder über einen Stream zur Verfügung gestellt wird, der zum Beispiel das Ergebnis einer Webabfrage im Zusammenspiel mit dem *HttpWebResponse*-Objekt und dessen *GetResponseStream*-Methode ist. Im Unterschied zu einem DataSet ist es zwingend erforderlich, dass ein XML-Schema verwendet wird, andernfalls kommt es beim Laden zu einer Ausnahme.

Beispiel

Das folgende Beispiel lädt eine DataTable über eine XML-Datei. Zuvor wird ein dazu passendes Schema eingelesen:

```
Dim Ta As New DataTable("Buch")
Ta.ReadXmlSchema("Buecher.xsd")
Ta.ReadXml("Buecher.xml")
```

Stimmt das geladene XML nicht mit dem zuvor eingelesenem Schema überein, ist eine *ConstraintException*-Ausnahme die Folge, da die DataTable dann nicht korrekt aufgebaut werden kann.

Eine DataTable direkt anlegen

Eine DataTable stellt eine sehr flexible Datenstruktur dar, die vollkommen unabhängig von einer Datenbank ist und unter anderem über eine Sortier- und Filterfunktion verfügt. Entsprechend kann sie auch in bestimmten Programmiersituationen vorteilhaft eingesetzt werden, die nichts mit der Weiterverarbeitung von Ergebnissen einer Datenabfrage zu tun haben. Man muss sich lediglich von der Vorstellung lösen, die DataTable wäre nur für Datenbankabfragen konzipiert. Die DataTable kann vielmehr in beliebigen Situationen eingesetzt werden, zumal sie ein fester Bestandteil der .NET-Klassenbibliothek ist.

CD-ROM Sie finden den Quellcode zu dem Beispiel auf der Buch-CD in der Projektmappendatei *12_ADODatenbank-Beispiele.sln*.

Beispiel

Das folgende Beispiel legt eine neue DataTable mit drei Spalten an. Die erste Spalte besitzt den Typ *Integer*. Deren Wert wird, beginnend mit dem Anfangswert 1000, mit jedem neuen Datensatz automatisch um eins erhöht (damit wird ein typisches Autoinkrement-Feld realisiert). Außerdem wird die Spalte über die *Constraints*-Auflistung der DataTable zum Primärschlüssel gemacht (auch wenn dies für das Beispiel keine direkte Rolle spielt). Die zweite Spalte ist ein *String*-Feld. Die dritte Spalte besitzt den Typ *Double*. Diese Spalte besitzt ebenfalls eine Besonderheit: Über den *Expression*-Parameter der *Add*-Methode der *Columns*-Auflistung wird ihr ein Rechenausdruck zugewiesen, in diesem Fall »Preis/100*93«. Es sind daher auch »rech-

Ein kurzer Streifzug durch System.Data und die Namespaces der Provider

nende« Spalten möglich, deren Werte sich aus den Werten anderer Spalten ergeben. Des Weiteren wäre es denkbar, eine Spalte mit einer Überprüfung zu verknüpfen, die einen Fehler auslöst, wenn der Spalte später ein ungültiger Wert zugewiesen wird. Von dieser Möglichkeit wird im folgenden Beispiel aber kein Gebrauch gemacht:

```
Dim Ta As New DataTable("Buecher")
Dim Dc As DataColumn = Ta.Columns.Add("Nr", GetType(Integer))
Dc.AutoIncrement = True
Dc.AutoIncrementSeed = 1000
Ta.Constraints.Add("PK_Nr", Dc, True)
Ta.Columns.Add("Titel", GetType(String))
Ta.Columns.Add("Preis", GetType(Double))
Ta.Columns.Add("NettoPreis", GetType(Double), "Preis/100*93")
Dim NeueZeile As DataRow = Ta.NewRow()
NeueZeile.Item("Titel") = "Alles klar mit Vaubeh"
NeueZeile.Item("Preis") = 29.9
Ta.Rows.Add(NeueZeile)
```

Das Ergebnis ist eine vollständige Tabelle, die alle Merkmale einer Datenbanktabelle besitzt, aber nicht mit irgendeiner Datenbank verbunden ist. Auf diese Möglichkeiten (und einige mehr) bezieht sich die eingangs getroffene Feststellung, dass es sich bei einem DataSet um eine Datenbank im Arbeitsspeicher handelt. Wie sich diese Datenbank zum Beispiel durchsuchen und filtern lässt, wird im übernächsten Abschnitt gezeigt. Zuvor soll noch einmal explizit auf das wichtigste Merkmal eines DataSets bzw. einer DataTable hingewiesen werden.

DataSet und DataTable als Offlinecache

Sowohl ein DataSet als auch eine DataTable besitzen eine »Besonderheit«, die schnell übersehen werden kann. Sie sind komplett unabhängig von der Datenbank, von der sie ihre Daten über den Datenadapter erhalten haben. Sie werden daher auch als »Offlinecache« bezeichnet, wobei sich das Attribut »offline« zur Abwechslung nicht auf eine getrennte Internetverbindung bezieht, sondern lediglich darauf, dass keine Verbindung zur Datenbank existiert.

Der Ablauf beim Abruf von Daten in den Offlinecache sieht allgemein wie folgt aus:

- Es wird ein DataSet angelegt. Dies geschieht durch Hinzufügen einer DataSet-Vorlage zum Projekt. Dadurch erhält man ein typisiertes DataSet, dessen Struktur sehr komfortabel mithilfe des Schema-Designers zusammengestellt werden kann. Auf diese Weise entsteht die Struktur einer Datenbankstruktur im Projekt, die sich aus Tabellen und Relationen zwischen den Tabellen zusammensetzt. Sollen die Tabellendaten später in eine Datenbank übernommen werden, benötigt die Tabelle einen Primärschlüssel, was im Designer ebenfalls für ein oder mehrere Felder der Tabelle festgelegt werden kann.

- Das DataSet wird mit Daten gefüllt. Dafür gibt es, wie bereits beschrieben, mehrere Möglichkeiten. Konkret wird das DataSet mit XML-Daten geladen, zu einzelnen Tabellen werden Zeilen hinzugefügt oder, das ist der Regelfall, ein nachträglich hinzugefügter Datenadapter füllt eine Tabelle mit Datensätzen, die aus einer Datenbankabfrage resultieren.

Das DataSet enthält danach eine Reihe von Tabellen mit Datensätzen und ist komplett unabhängig von der Datenbank. Die Bezeichnung Offlinecache ergibt sich aus dem Umstand, dass die von der Datenbank abgerufenen Daten im Programm vorliegen und keine Verbindung zur Datenbank mehr existiert. Das DataSet kann damit »auf Reisen gehen« und in dieser Zeit kann es lokal editiert und beliebig weiterverarbeitet werden. Im Rahmen einer VSTO-Anwendung lassen sich die Daten des DataSets in einer Dateninsel des Dokuments speichern (das DataSet besitzt dazu die *CacheInDocument*-Eigenschaft).

Sollen die Daten zu einem späteren Zeitpunkt wieder in die (oder eine) Datenbank übernommen werden, wird dazu ein Datenadapter benötigt, der über die erforderlichen *Delete-*, *Insert-* und *Update*-Kommandos verfügt. Wie er mit diesen Kommandos bestückt wurde, spielt dabei keine Rolle. Wurde der Datenadapter im Rahmen einer Projektdatenquelle als TableAdapter angelegt, verfügt er über diese Kommandos. Ansonsten müssen sie nachträglich hinzugefügt werden, wobei dafür auch gespeicherte Prozeduren benutzt werden können.

Was genau ist ein typisiertes DataSet?

Auch dieser Aspekt muss irgendwo geklärt werden, schließlich sind DataSets bei Visual Studio und den VSTO immer gleich »typisiert«. Ein DataSet, wie es zum Beispiel über ein *Dim Ds As New DataSet()* jederzeit im Programm angelegt werden kann, besitzt eine *DataTables*-Auflistung, bei der alle Tabellen vom allgemeinen Typ *DataTable* sind. Jede DataTable besitzt eine Reihe von *DataRow*-Objekten, bei denen jedes Feld, das über die *Item*-Eigenschaft angesprochen wird, vom allgemeinen Typ *Object* ist. Dieses DataSet ist nicht typisiert, da seine Inhalte keinen eigenen Typ besitzen. Bei einem typisierten DataSet ist jede Tabelle von einem Typ, der für die Tabelle angelegt wurde. Jeder dieser Tabellentypen wiederum bildet die Struktur der Tabelle über Eigenschaften ab, deren Typ dem Typ des Datenbankfeldes entspricht. Dies bedeutet, dass bei einem typisierten DataSet die Tabellen als Eigenschaften zur Verfügung stehen und über eine Instanz der Tabelle wiederum die Felder als Eigenschaften. Hier ein kleines Beispiel: Wurde zu einem Projekt eine Projektdatenquelle für die Northwind-Datenbank hinzugefügt, dabei unter anderem die *Employees*-Tabelle ausgewählt und das resultierende DataSet mit *NwDs* bezeichnet, kann ein Feld der Tabelle über das resultierende typisierte DataSet wie folgt angesprochen werden:

```
Dim TaEmp As New NwDs.EmployeesDataTable
Dim GebDatum As Date = TaEmp.Item(1).BirthDate
```

Das Besondere an der letzten Zuweisung ist, dass die Eigenschaft *BirthDate* vom Typ *Date* ist und damit typisiert angesprochen wird. Typisierte DataSets werden nicht nur über Datenquellen angelegt, sie können auch über die DataSet-Vorlage direkt zu einem Projekt hinzugefügt werden. Die aus Tabellen und deren Feldern bestehende Struktur wird in einer Schemadatei (im XML-Format) hinterlegt. Das DataSet selbst wird in einer separaten Designerdatei untergebracht, in der das DataSet durch eine Klasse repräsentiert wird, die sich von der DataSet-Klasse ableitet. Für jede Tabelle wird dabei eine eigene Klasse hinzugefügt, die sich von der generischen *TypedTableBase*-Klasse ableitet, die mit dem Typ der Tabellenzeile (zum Beispiel *Employees-Row*) instanziiert wird.

Wie erfährt das DataSet von Aktualisierungen in der Datenbank?

Grundsätzlich ist die nicht vorhandene Dauerverbindung zur Datenbank beim Umgang mit dem DataSet kein Problem. Eine Schwierigkeit kann nur dann auftreten, wenn andere Anwender in der Zwischenzeit die Daten in der Datenbank verändern und das DataSet seinen Inhalt in der Datenbank aktualisieren soll. Da das DataSet von den Veränderungen nichts mitbekommen hat, entsteht die Situation, dass die aktuelleren Datensätze in der Datenbank durch nicht mehr so aktuelle Datensätze aus dem DataSet überschrieben werden könnten. Wird bei der Konfiguration des Datenadapters, der für das Aktualisieren zuständig ist, die Einstellung *Vollständige Parallelität* verwendet (mehr dazu in Kürze), wird das *Update*-Kommando so »konstruiert«, dass es nur dann erfolgreich ist, wenn die Originalversionen der zu schreibenden Datensätze noch mit den Datensätzen in der Datenbank übereinstimmen (jede *DataRow* einer DataTable umfasst mehrere »Versionen« des Datensatzes, unter anderem auch die Originaldaten, wie sie beim Abruf der Datensätze vorlagen). Scheitert ein *Update*-Kommando, weil der in dem zu schreibenden Datensatz enthaltene Originalwert eines Feldes nicht mehr mit dem Feldwert in dem zu überschreibenden Datensatz in der Datenbank identisch ist, wird eine *DBConcurrencyException*-Ausnahme ausgelöst, die vom Programm abgefangen werden kann. Dies ist der einzige Indikator dafür, dass der Datensatz in der Datenbank in der Zwischenzeit (also seit dem Abruf) aktualisiert wurde. Es liegt am Entwickler, darauf entsprechend zu reagieren (in der Regel wird man die Verantwortung an den Anwender übertragen und diesen entscheiden lassen, ob die aktuelleren Daten beibehalten oder durch die nicht mehr ganz so aktuellen Daten überschrieben werden sollen, wenngleich dies keine optimale Lösung ist).

Dies ist der einzige »Nachteil« des DataSets gegenüber dem *Recordset*-Objekt von OLE DB, das bei früheren Visual Basic-Versionen eingesetzt wurde. Da das *Recordset*-Objekt permanent mit der Datenbank verbunden war, konnte es so konfiguriert werden, dass ihm Änderungen an den zugrunde liegenden Datensätzen automatisch übermittelt wurden und es somit immer die aktuellste Version der Datensätze zur Verfügung stellen konnte[1].

DataTable und DataViews – Filtern von Datensätzen

Eine DataTable enthält über ihre *Rows*-Auflistung stets eine feste Zahl von Datensätzen. Ihre Reihenfolge ergibt sich aus der Reihenfolge, in der die Datensätze aus der Datenquelle eingelesen bzw. zur *Rows*-Auflistung hinzugefügt wurden. Sollen die Datensätze gefiltert oder sortiert werden, muss eine neue *Sicht* angelegt werden, die auf der *DataView*-Klasse basiert. Über die *RowFilter*-Eigenschaft der *DataView*-Klasse kann erreicht werden, dass nur jene Datensätze zur Sicht gehören, die das Kriterium erfüllen. Es lassen sich beliebig viele solcher Sichten anlegen.

> **TIPP** Sie finden den Quellcode zu dem Beispiel auf der Buch-CD in der Projektmappendatei *12_ADODataTableFilterView.sln*.

Beispiel

Das folgende Beispiel zeigt, mit wie wenig Aufwand sich die Datensätze einer Datenbank in einer VSTO-Anwendung darstellen lassen. Ausgangspunkt ist wieder einmal die Northwind SQL-Server-Datenbank, deren *Employees*-Tabelle in einem DataGridView-Steuerelement angezeigt wird, das direkt auf einem Excel-Tabellenblatt platziert wurde. In eine Zelle kann der Name einer Stadt eingegeben werden, die nach Anklicken des Buttons als Filterkriterium herangezogen wird, sodass nur jene Datensätze übrig bleiben, die das Kriterium erfüllen.

1. Legen Sie ein neues VSTO-Projekt vom Typ *Excel-Arbeitsmappe* an.
2. Fügen Sie in den *Einstellungen* der Projekteigenschaften eine *Verbindungszeichenfolge* auf die Northwind-Datenbank ein. Der Eintrag soll den Namen **Nw** enthalten.

---

[1] Es gibt nicht wenige Entwickler, die ein solches Modell gerne bei ADO.NET hätten, doch es wird mit an Sicherheit grenzender Wahrscheinlich nicht kommen. Es sei denn, man steigt auf die SQL Server Compact Edition um. Hier gibt es diesen Komfort noch.

3. Ordnen Sie auf dem Tabellenblatt ein DataGridView-Steuerelement aus der Toolbox und einen Button daneben an. Geben Sie einer Zelle oberhalb des Buttons den Namen **Stadt**.
4. Fügen Sie in *Tabelle1.vb* einen *Imports*-Befehl ein:

```
Imports System.Data.SqlClient
```

5. Definieren Sie unterhalb des *Class*-Befehls eine *DataTable*-Variable:

```
Private Ta As DataTable
```

6. Fügen Sie in die *Startup*-Ereignisprozedur die folgenden Befehle ein:

```
Ta = New DataTable("Employees")
Dim Da As New SqlDataAdapter("Select EmployeeID, FirstName, LastName, City From Employees", _
    My.Settings.Nw)
Da.Fill(Ta)
DataGridView1.DataSource = Ta
```

Diese Befehle binden die DataTable, die mit den Datensätzen der *Employees*-Tabelle gefüllt wurden, an das DataGridView-Steuerelement. Mehr ist dazu nicht erforderlich.

7. Viel fehlt nicht mehr. Die entscheidenden Befehle werden in die *Click*-Ereignisprozedur des Buttons eingefügt:

```
Dim Stadt As String = Globals.Tabelle1.Range("Stadt").Value
Dim Dv As New DataView(Ta)
Dv.RowFilter = "City Like '%" & Stadt & "%'"
DataGridView1.DataSource = Dv
```

Wenn Sie das Projekt starten, werden die *Employees*-Datensätze im DataGridView auf dem Tabellenblatt angeordnet. Nach der Eingabe eines Städtenamens und dem Klick auf den Button bleiben nur die Datensätze übrig, bei denen das *City*-Feld mit dem Wert in der Zelle übereinstimmt (wobei genau genommen eine Jokersuche durchgeführt wird, sodass das Kriterium erfüllt ist, wenn der Wert der Zelle im jeweiligen *City*-Feld der Datentabelle *enthalten* ist, *Lon* etwa zeigt Datensätze mit dem Inhalt *London*).

Die wichtigste Erkenntnis aus diesem Beispiel ist, dass wenn die Daten einmal in ein DataSet oder in eine DataTable gefüllt wurden, sie nicht mehr erneut von der Datenbank abgerufen werden, wenn zum Beispiel die Sortierreihenfolge geändert oder ein Filter angewendet werden soll.

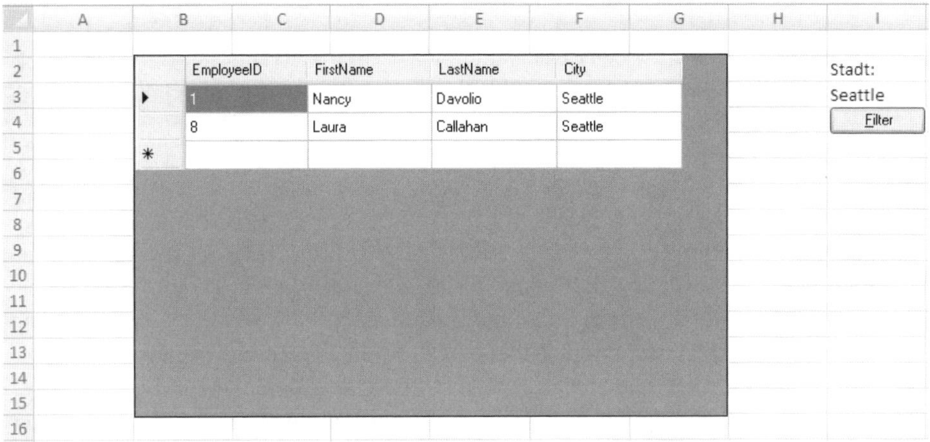

Abbildung 12.3 Die Datensätze aus der Datenbank werden gefiltert in einem DataGridView angezeigt

Eine DataView durchlaufen

Auch eine *DataView* lässt sich per *For Each*-Befehl durchlaufen, auch wenn es keine *Rows*-Auflistung gibt. Der Enumerator wird direkt über das *DataView*-Objekt zur Verfügung gestellt. Anstelle von *DataRow*-Objekten sind hier *DataRowView*-Objekte (eigentlich logisch) im Spiel.

Beispiel

Das folgende Beispiel durchläuft die *DataView* namens *Dv*:

```
For Each Zeile As DataRowView In Dv
    Console.WriteLine("Name: {0}, Ort: {1}", Zeile.Item("NachName"), Zeile.Item("Ort"))
Next
```

Eine DataTable durchsuchen

Häufig möchte man in einer DataTable einen oder mehrere Datensätze finden, die ein bestimmtes Kriterium erfüllen. Eine Search-Methode gibt es bei der DataTable allerdings nicht. Die Suche beschränkt sich meistens darauf, wie im letzten Abschnitt gezeigt, eine *DataView* anzulegen, die über die *RowFilter*-Eigenschaft für jene Datensätze steht, die ein bestimmtes Kriterium erfüllen. Das kann auch ein einzelner Datensatz sein, der damit gefunden wird. Die resultierende *DataView* repräsentiert damit das Ergebnis einer Suche, indem es nur jene Datensätze (als *DataRowView*-Objekte) enthält, die das Suchkriterium erfüllen. Eine andere Variante besteht darin, über die *Select*-Methode der DataTable ein Array von *DataRow*-Objekten abzurufen, die ebenfalls einem bestimmten Kriterium entsprechen.

Beispiel

Der folgende Befehl gibt über die *Select*-Methode der DataTable alle Datensätze als *DataRow*-Objekte zurück, die ein bestimmtes Kriterium erfüllen. Das Array kann anschließend per *For Each* durchlaufen werden:

```
Dim SeattlePeople() As DataRow = Ta.Select("Ort='Seattle'")
For Each Zeile As DataRow In SeattlePeople
```

Möchte man, was häufig dem Charakter einer »echten« Suche näher kommt, einen Datensatz ausfindig machen, der einem Kriterium entspricht, muss dazu eine Ansicht angelegt werden. Denn die *DataView*-Klasse weist eine *Find*-Methode auf, mit der sich ein Datensatz anhand eines Feldwertes aufspüren lässt. Dieses Mal wird aber kein Kriterium übergeben, sondern es muss über die *Sort*-Eigenschaft zuvor eine Sortierreihenfolge festgelegt werden. Die *Find*-Methode lokalisiert dann den ersten Datensatz, dessen Sortierfeld mit dem Suchparameter (der daher vom Typ *Object* ist) übereinstimmt, und gibt die Position als *Integer*-Wert zurück.

Beispiel

Das folgende Beispiel bezieht sich auf die *Personal*-Tabelle der Nordwind-Datenbank, deren Datensätze in der Variablen *Ta* enthalten sind (falls Sie mit der englischen Fassung der Datenbank arbeiten, ist es entsprechend die *Employees*-Tabelle).

```
Dim Dv As New DataView(Ta)
Dv.Sort = "Personal-Nr"
Dim ZeilenNr As Integer = Dv.Find(CType(5, Integer))
```

Aber auch das ist keine klassische Recordset-Suche, bei der ein Datensatzzeiger auf den Datensatz positioniert wird, der das Suchkriterium erfüllt. Der Grund hierfür liegt darin, dass es bei einer DataTable keinen aktuellen Datensatz gibt, denn alle Datensätze werden gleichzeitig über die *Rows*-Auflistung zur Verfügung gestellt. Es ist daher auch kein Positionszeiger vorhanden, der auf den aktuellen Datensatz verweisen könnte. Das ist der größte Unterschied gegenüber dem Recordset aus ADO, das beim Datenbankzugriff aus VBA oder Visual Basic 6.0 im Mittelpunkt steht und das bei .NET/VSTO über die COM-Bibliothek ADODB jederzeit eingebunden werden könnte.

Die Provider und ihre Klassen

Von den Providern war im Zusammenhang mit ADO.NET bereits die Rede. Sie sind ein Teil der Datenbankschnittstelle von .NET, wirken unsichtbar im Hintergrund und regeln den Zugriff auf einen bestimmten Datenbanktyp. Es ist wichtig zu verstehen, dass jeder Provider seinen eigenen Satz an Klassen mitbringt. Wer jetzt aber die große babylonische Sprachverwirrung Teil 2 befürchtet, kann beruhigt zur Kenntnis nehmen, dass die einzelnen Klassen bezüglich ihrer Namen, Methoden und deren Aufrufparameter und vor allem hinsichtlich ihrer Semantik praktisch identisch sind und sich, wenn überhaupt, nur in Details unterscheiden. Eine *SqlCommand*-Klasse für den SQL Server ähnelt ihrem *OracleCommand*-Pendant so sehr, dass die Namen im Quellcode per Suchen und Ersetzen ausgetauscht werden können, sollte eine Anwendung von SQL Server auf Oracle Server umgestellt werden (als Alternative gibt es die providerunabhängigen Klassen, die in diesem Kapitel aber keine Rolle spielen). Tabelle 12.2 stellt die wichtigsten Klassen des SQL Server-Providers zusammen.

Klasse	Bedeutung
SqlCommand	Steht für ein Befehlsobjekt (zum Beispiel ein SQL-Kommando oder eine gespeicherte Prozedur).
SqlCommandBuilder	Legt die für das Aktualisieren einer Datenbanktabelle benötigten *DELETE-*, *INSERT-* und *UPDATE-*Kommandos an.
SqlConnection	Steht für das Verbindungsobjekt, das die Verbindung zur Datenbank herstellt.
SqlDataAdapter	Ruft die Datensätze über ein *SqlCommand*-Objekt oder ein SQL-Kommando von der Datenbank ab und füllt damit ein *DataTable*-Objekt. Aktualisiert Änderungen über seine *Update*-Methode in der Datenbank.
SqlDataReader	Liest Datensätze über ein *SqlCommand*-Objekt ein und ermöglicht, dass diese entweder in einer Schleife durchlaufen oder in eine DataTable geladen werden. Die Daten können nicht direkt aktualisiert werden, da kein Datenadapter im Spiel ist. Dies ist die schnellste Art, die Datensätze in eine SQL Server-Datenbank einzulesen.
SqlException	Providerspezifische Ausnahmeklasse.

Tabelle 12.2 Die wichtigsten Klassen in *System.Data.SqlClient*

Die Rolle der Projektdatenquellen

Eine Projektdatenquelle ist ein Element von Visual Studio, das eine theoretisch beliebige Datenbank kapselt. Da es aber längst viele andere »Aufbewahrungsorte« für Daten gibt, wie zum Beispiel Webservice-Funktionen, beschränken sich die Datenquellen längst nicht mehr auf die klassischen Datenbanken. Die Einleitung müsste daher im Grunde »Eine Projektdatenquelle repräsentiert eine Datenquelle« heißen, doch da dieser Satz sicher mehr Fragen aufwerfen als beantworten würde, bleibt es bei der eingangs getroffenen Definition. Nach den ersten Beispielen wird sehr schnell deutlich werden, dass die Projektdatenquellen von Visual Studio eine genauso nützliche wie einfache Angelegenheit sind.

Eine Projektdatenquelle steht bei Visual Studio für drei Dinge:

- Eine Verbindungszeichenfolge, über die die Datenbank angesprochen wird. Diese wird im Allgemeinen nicht im Quellcode, sondern in der Konfigurationsdatei der Anwendung abgelegt
- Ein typisiertes DataSet, das alle beim Erstellen der Datenquelle ausgewählten Tabellen und Abfragen enthält
- Eine beim Anlegen der Projektdatenquelle generierte Quellcodedatei, die das typisierte DataSet (unsichtbar) begleitet und die die Datenquelle durch eine Klasse kapselt, die sich von der *DataSet*-Klasse in Namespace *System.Data* ableitet

Projektdatenquellen dienen vor allem dazu, eine Datenbindung zu ermöglichen.

Eine Projektdatenquelle anlegen

Eine Projektdatenquelle repräsentiert eine oder mehrere Tabellen und Abfragen aus einer Datenbank. Einem Projekt können auch mehrere Datenquellen hinzugefügt werden. Das Anlegen einer Projektdatenquelle besteht aus wenigen Schritten:

1. Führen Sie den Befehl *Daten/Neue Datenquelle hinzufügen* aus.
2. Im ersten Schritt muss der Typ der Datenquelle ausgewählt werden. Es wird praktisch immer der Typ *Datenbank* gewählt, so auch in diesem Beispiel.

3. Im Anschluss daran wird die Datenbank über eine Datenverbindung ausgewählt, die entweder bereits existiert (und damit in der Auswahlliste angeboten wird) oder bei dieser Gelegenheit neu angelegt wird. Die resultierende Verbindungszeichenfolge wird über das »+«-Zeichen sichtbar gemacht.

4. Im nächsten Schritt werden die Tabellen und Abfragen der ausgewählten Datenbank angezeigt. Es werden nur jene selektiert, die der Anwendung über die Datenquelle zur Verfügung gestellt werden sollen. Für jede Tabelle kann festgelegt werden, welche Felder übernommen werden sollen. Im Eingabefeld *DataSet-Name* kann der Name des DataSets geändert werden. Über diesen Namen werden später im Quellcode die ausgewählten Tabellen typisiert angesprochen.

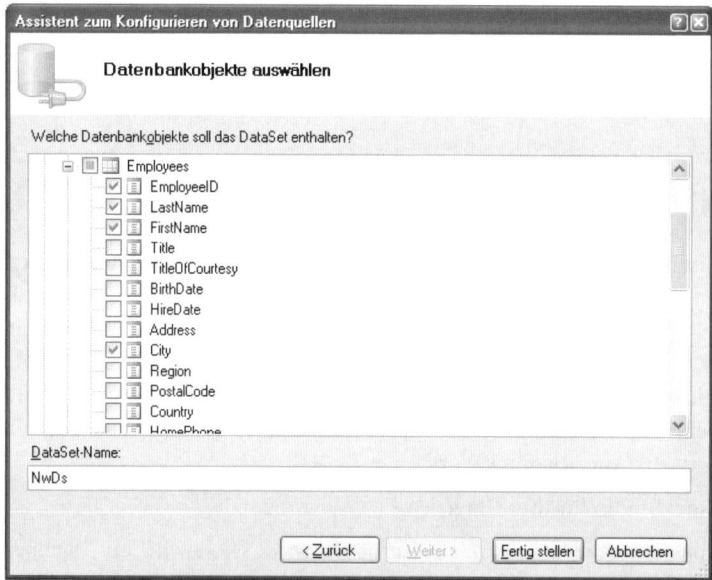

Abbildung 12.4 Beim Anlegen der Projektdatenquelle können für jede Tabelle gezielt die Felder ausgewählt werden, die Teil der Datenquelle sein sollen

5. Über *Fertig stellen* wird die Datenquelle angelegt und erscheint anschließend in der Liste der Datenquellen.

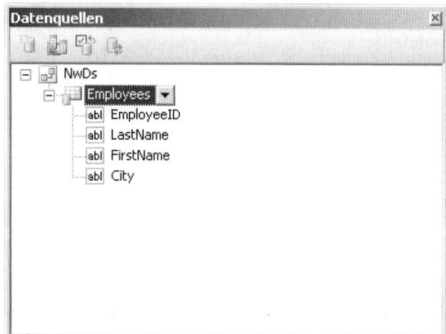

Abbildung 12.5 Die angelegten Datenquellen und ihre DataSets werden im Datenquellenfenster aufgelistet

Sehr viel interessanter ist, wie die Datenquelle im Projektmappen-Explorer abgebildet wird. Für jede Projektdatenquelle wird eine Xsd-Datei angelegt, die von einer Quelltextdatei begleitet wird. Die Xsd-Datei ist eine XML-Schemadatei, die die beim Anlegen der Datenquelle ausgewählten Tabellen und Abfragen beschreibt. Von besonderem Interesse ist hierbei die vom Designer erzeugte Quelltextdatei. Diese enthält nicht nur eine von der *DataSet*-Klasse abgeleitete Klasse, sondern unter anderem für jede ausgewählte

Tabelle eine weitere Klasse, die alle ausgewählten Felder als Eigenschaften aufweist. Über diese Klassen kann die Projektdatenquelle typisiert angesprochen werden.

Eine Projektdatenquelle ist natürlich kein reiner Selbstzweck. Sie wird in der Regel nur aus einem Grund zu einem Projekt hinzugefügt: um die Datenquelle für die Datenbindung verwenden zu können.

Eine Projektdatenquelle neu konfigurieren

Eine Projektdatenquelle kann jederzeit neu konfiguriert werden, was bedeutet, dass aus der über die Datenverbindung bestimmten Datenbank neue Tabellen selektiert, in vorhandene Tabellen Felder hinzugefügt bzw. aus diesen entfernt oder ganze Tabellen wieder entfernt werden. Mit dem Abschließen der Konfiguration werden das typisierte DataSet und die begleitende Quelltextdatei neu erstellt.

Projektdatenquellen in anderen Projekten benutzen

Da eine Projektdatenquelle auf zwei Dateien basiert, kann sie natürlich in andere Projekten übernommen und muss nicht jedes Mal neu angelegt werden. Da nach dem Hinzufügen die Verbindungszeichenfolge in den Projekteigenschaften noch nicht existieren dürfte, ist allerdings beim Zugriff auf das DataSet eine Fehlermeldung die Folge. Zur Sicherstellung, dass die importierte Datenquelle funktioniert, sollte im Designer jeder TableAdapter einzeln neu konfiguriert werden, indem er mit der rechten Maustaste angeklickt, *Konfigurieren* gewählt und die einzelnen Schritte mit ihren Voreinstellungen durchlaufen werden. Um ein komplettes Neuanlegen der Datenquelle zu vermeiden, sollte die Verbindungszeichenfolge in den Projekteigenschaften jenen Wert erhalten, den sie auch in dem Projekt besaß, in dem die Datenquelle angelegt wurde. Ganz so komfortabel importierbar sind die Datenquellen daher nicht.

> **HINWEIS** Auf diesen Aspekt soll zumindest hingewiesen werden, auch wenn er recht speziell ist: Bei Visual Studio 2008 kann die Code-Behind-Datei eines DataSets in ein eigenes Projekt und damit in eine eigene Assemblybibliothek ausgelagert werden. Dies geschieht über die Einstellung *DataSetProject* in den Eigenschaften des DataSets (nicht der Xsd-Datei), das über *Projekt/Neues Element hinzufügen* einem Projekt hinzugefügt wird. Hier wird ein zum Projekt hinzugefügtes Klassenbibliothek-Projekt ausgewählt.

Eine Projektdatenquelle löschen

Das Entfernen einer Projektdatenquelle aus dem Projekt ist anscheinend nicht vorgesehen. Doch natürlich nur anscheinend, denn dafür muss lediglich im Projektmappen-Explorer die Xsd-Datei aus dem Projekt ausgeschlossen oder ganz gelöscht werden. Auf die Datenbank, die hinter der Datenquelle steht, hat dies natürlich keinen Einfluss.

Konfiguration des Datenadapters im Rahmen einer Projektdatenquelle

Bei Visual Studio.NET 2003 konnte ein Datenadapter noch direkt über das Komponentenfach und die dort enthaltene Datenadapter-Komponente konfiguriert werden, ab Visual Studio 2005 geht dies nur noch im Rahmen einer Datenquelle pro TableAdapter, was auch sinnvoll ist, da die jeder Tabelle einer Datenquelle zugeordneten TableAdapter der primäre Weg sind, um die Daten in eine Anwendung zu integrieren. Bei der Konfiguration des Datenadapters kann nicht nur das SQL-Kommando zum Abrufen der Datensätze neu festgelegt werden, sondern auch – über die erweiterten Optionen – erreicht werden, dass die für das Aktualisieren der Datensätze erforderlichen Kommandos ebenfalls angelegt werden und dass festgestellt wird, ob die zu aktualisierenden Datensätze in der Zwischenzeit geändert wurden. Mehr dazu im weiteren Verlauf des Kapitels, wenn ein TableAdapter Schritt für Schritt konfiguriert wird, um eine neue Abfrage hinzuzufügen.

Das Prinzip der Datenbindung

Datenbindung (engl. »data binding«) bedeutet, dass die Inhalte von Tabellen und deren Feldern in Steuerelementen, etwa einem DataGridView, angezeigt werden. Änderungen, die in dem Steuerelement durchgeführt werden, werden automatisch in der Datenquelle aktualisiert. Insbesondere in VSTO-Anwendungen ist Datenbindung eine sehr praktische Angelegenheit, denn per Datenbindung lassen sich beliebige Daten auf eine sehr einfache Weise in die Anwendung integrieren. Die Vorgehensweise könnte simpler nicht sein, denn die Tabellen oder deren Felder werden direkt aus der Datenquelle zum Beispiel auf ein Tabellenblatt (oder ein WinForms-Formular) gezogen. Dabei wird automatisch eine *BindingSource*-Komponente angelegt, die für die Bindung zuständig ist.

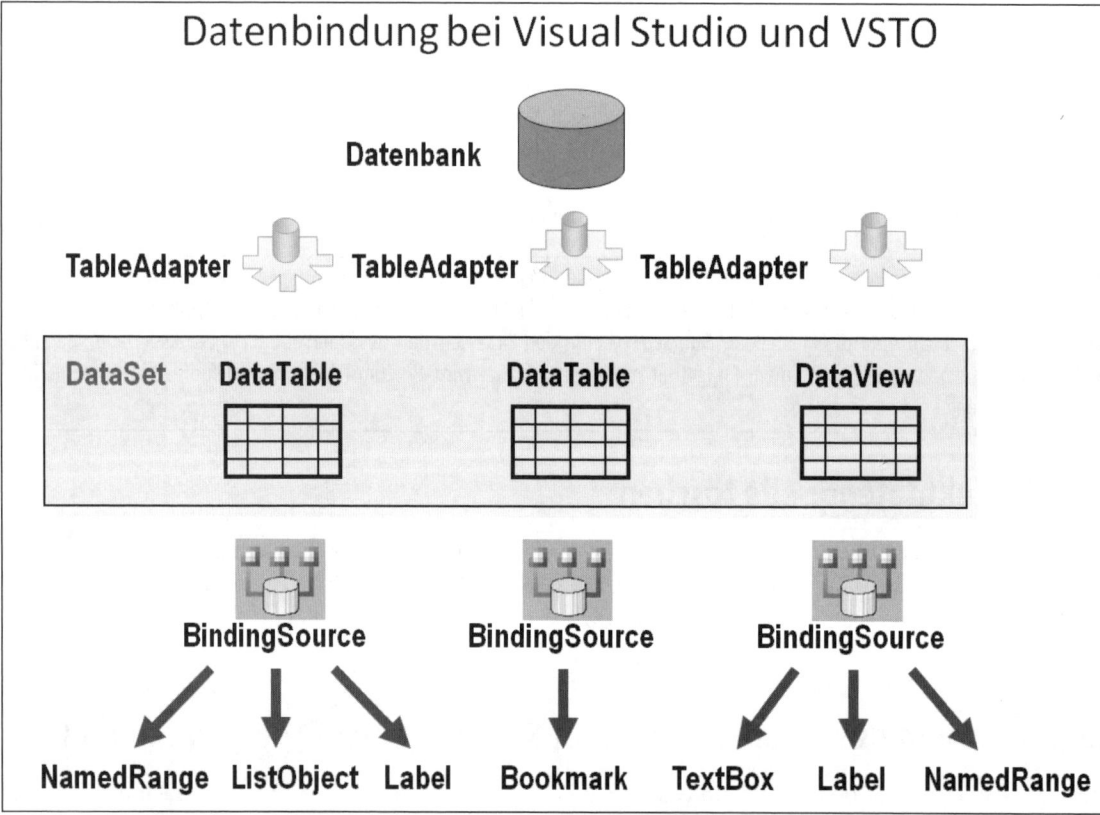

Abbildung 12.6   Die Datenbindung bei den VSTO und Visual Studio im Überblick

Festlegen, auf welche Weise eine Tabelle oder ein Feld dargestellt wird

Tabellen und Felder können auf verschiedene Arten zum Beispiel auf einem Excel-Tabellenblatt dargestellt werden. Welches Steuerelement nach dem Ablegen auf der Zielablage erzeugt wird, kann im *Datenquellen*-Fenster für jede Tabelle und jedes Feld über eine Auswahlliste festgelegt werden. Bei einem Excel-Tabellenblatt wird für eine Tabelle sowohl ein *ListObject* als auch ein DataGridView angeboten. Bei einem Feld ist die Auswahl größer. Hier werden bei einem Excel-Tabellenblatt unter anderem *NamedRange*, *ListObject*, *TextBox* und *Label* angeboten. Welche Steuerelemente verfügbar sind, hängt auch vom Datentyp des Feldes ab. Bei einem Datumswert steht zum Beispiel der *DateTimePicker* an oberster Stelle in der Liste zur Auswahl.

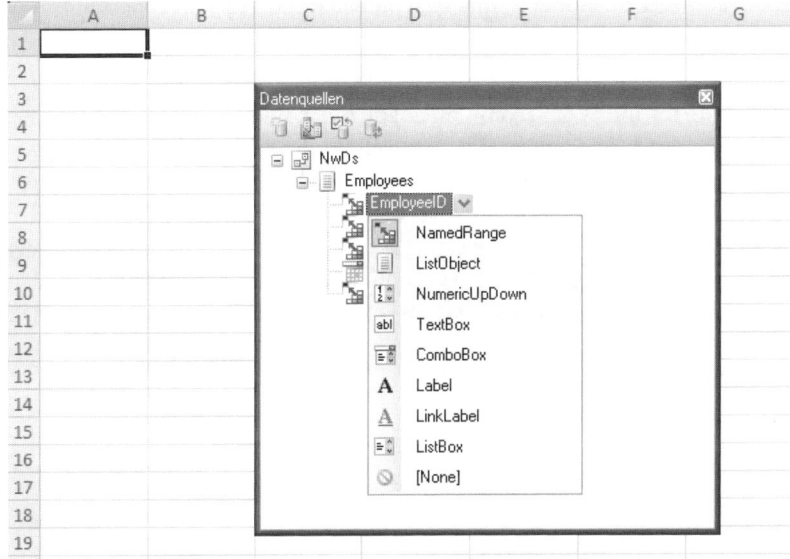

Abbildung 12.7   Für jede Tabelle und jedes Feld der Datenquelle kann festgelegt werden, auf welche Weise die Tabelle bzw. das Feld an der entsprechende Stelle im Tabellenblatt platziert wird

Mit dem Anordnen der Tabelle oder des Feldes aus der Datenquelle auf dem Tabellenblatt werden eine Reihe von Komponenten erstellt und im Komponentenbereich des Tabellenblatt-Designers abgelegt:

- Das DataSet, das hinter der Datenquelle steht
- Der TableAdapterManager (dieser ist neu bei Visual Studio 2008); über ihn stehen die einzelnen *Table Adapter* zur Verfügung
- Der TableAdapter, über den die Datensätze aus der Datenquelle abgerufen werden, und über den sie auch wieder aktualisiert werden
- Eine BindingSource; über sie wird die Datenbindung durchgeführt

Wird eine Tabelle oder ein Feld dagegen auf einem WinForms-Formular oder einem Benutzersteuerelement abgelegt, wird mit dem BindingNavigator eine weitere Komponente angelegt. Sie stellt die Verbindung zwischen der BindingSource-Komponente und dem ToolStrip-Steuerelement her, das auf dem Windows Form-Formular bzw. dem Benutzersteuerelement platziert wird. Letzteres ist gerade für den Fall sehr interessant, dass auf einem ActionsPane oder CustomTaskPane Daten aus einer Datenquelle nicht nur angezeigt, sondern auch aktualisiert werden sollen – Datenbindung funktioniert grundsätzlich in beide Richtungen.

Die Datenbindung manuell durchführen

Das Ziehen und Ablegen von Tabellen und Feldern auf einem Container wie einem Excel-Tabellenblatt ist nur eine Möglichkeit und nicht immer die beste Variante, da sie unter Umständen für bestimmte Anwendungssituationen ein wenig zu unflexibel ist oder einfach nicht optimal passt.

> **CD-ROM** Sie finden den Quellcode zu dem Beispiel auf der Buch-CD in der Projektmappendatei *12_VSTOBindungBeispiel.sln*.

Die folgende Übung zeigt, wie sich mit wenig Aufwand eine Datenquelle an ein Excel-Tabellenblatt binden lässt. Dabei wird die Datenquelle um eine zusätzliche Abfrage erweitert. Ausgangspunkt ist wieder einmal die Northwind-SQL Server-Datenbank, wobei zur Abwechslung jetzt einmal die Tabellen *Suppliers* und *Products* an die Reihe kommen.

1. Starten Sie Visual Studio und legen Sie ein neues Projekt für eine Excel-Arbeitsmappe an.
2. Fügen Sie eine Datenquelle für die Northwind SQL Server-Datenbank hinzu und wählen Sie die Tabellen *Products* und *Supplier* aus. In der Tabelle *Products* entscheiden Sie sich für die Felder *ProductID*, *ProductName*, *UnitPrice*, *UnitsInStock*, *Discontinued* und *SupplierID*, in der Tabelle *Suppliers* für die Felder *SupplierID*, *CompanyName* und *City*. Welche Felder im Einzelnen verwendet werden, ist für die Übung nicht wichtig, mit Ausnahme der Felder *ProductID*, *ProductName*, *SupplierID* in der *Products*-Tabelle und der Felder *SupplierID* und *CompanyName* in der *Suppliers*-Tabelle, da über das Feld *SupplierID* beider Tabellen eine Beziehung zwischen beiden Tabellen hergestellt wird. Geben Sie dem DataSet den Namen **NwDs**.

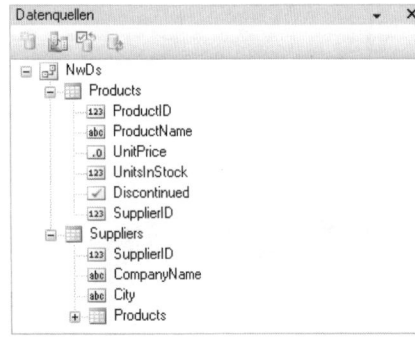

Abbildung 12.8 Die Datenquelle wurde angelegt

3. Dieses Mal wird auf die Drag & Drop-Datenbindung verzichtet. Stattdessen wird die Bindung im Quellcode hergestellt. Schalten Sie beim Tabellenblatt *Tabelle1* auf das Codefenster um. Als Erstes wird ein *Imports*-Befehl benötigt:

```
Imports VSTO = Microsoft.Office.Tools.Excel
```

4. Definieren Sie unterhalb des *Class*-Befehls eine Reihe von Variablen:

```
Private LiProds As VSTO.ListObject
Private WithEvents cbSub As ComboBox
Private TaSup As NwDs.SuppliersDataTable
Private TaProd As NwDs.ProductsDataTable
Private DaSup As NwDsTableAdapters.SuppliersTableAdapter
Private DaProd As NwDsTableAdapters.ProductsTableAdapter
```

Bei der Variable *cbSub* ist ein *WithEvents* im Spiel, da später der *SelectedIndexChanged*-Event eine Rolle spielen wird.

5. Fügen Sie in die *Startup*-Prozedur die folgenden Befehle ein:

```
Try
    DaSup = New NwDsTableAdapters.SuppliersTableAdapter
    TaSup = DaSup.GetData()
```

DaSub steht für den Datenadapter, der über das durch das Hinzufügen der Datenquelle angelegte Objekt *NwDsTableAdapters* bereitgestellt wird. *SuppliersTableAdapter* ist die TableAdapter-Klasse der Datenquelle, die die Daten der *Suppliers*-Tabelle liefert. Ihre *GetData*-Methode liefert eine *DataTable*, die alle Datensätze der Tabelle enthält.

6. Fügen Sie als Nächstes die folgenden Befehle hinzu:

```
Me.Range("A1").Value = "Hersteller"
Dim R As Excel.Range = Me.Range("A2")
cbSub = Me.Controls.AddComboBox(R.Left, R.Top + 1, 180, R.Height - 1, "Lieferanten")
```

Diese Befehle haben mit der Datenbindung nichts zu tun. Sie tragen in die Zelle *A1* eine Beschriftung ein, und am Ende wird eine WinForms-ComboBox auf dem Tabellenblatt an der Position der Zelle *A2* eingefügt. Über die ComboBox werden später die Herstellernamen auswählbar sein.

7. Geben Sie unterhalb der Befehle auf dem letzten Schritt den folgenden Code ein:

```
Me.Range("D1").Value = "Produkte"
R = Me.Range("D2")
LiProds = Me.Controls.AddListObject(R, "Produkte")
LiProds.AutoSetDataBoundColumnHeaders = True
```

Auch diese Befehle betreffen noch nicht die Datenbindung. Es wird vielmehr ein *ListObject*-Objekt hinzugefügt und in der Zelle *R2* platziert.

8. Fügen Sie als Nächstes die folgenden Befehle ein:

```
cbSub.ValueMember = "SupplierID"
cbSub.DisplayMember = "CompanyName"
cbSub.DataSource = TaSup
```

Die Befehle binden die ComboBox *cbSub* an die *DataTable* namens *TaSup*, die die Produktdaten zur Verfügung stellt.

9. Jetzt muss dafür gesorgt werden, dass mit der Auswahl eines Herstellernamens aus der ComboBox alle Produkte dieses Herstellers in der Liste angezeigt werden. Das geschieht in der *SelectedIndexChanged*-Ereignisprozedur der ComboBox. Zuvor muss aber noch die *Startup*-Prozedur mit den folgenden Befehlen vervollständigt werden:

```
Catch ex As SystemException
    MessageBox.Show(ex.Message, "Fehler in Tabelle1_Startup")
End Try
```

10. Fügen Sie in die *SelectedIndexChanged*-Ereignisprozedur der ComboBox die folgenden Befehle ein:

```
DaProd = New NwDsTableAdapters.ProductsTableAdapter()
TaProd = DaProd.GetProducts(cbSub.SelectedValue)
LiProds.DataSource = TaProd

LiProds.HeaderRowRange.Columns.AutoFit()
LiProds.DataBodyRange.Columns(2).AutoFit()
LiProds.DataBodyRange.HorizontalAlignment = Excel.XlHAlign.xlHAlignCenter
```

Während die letzten drei Befehle nur für die Formatierung der Liste zuständig sind, kümmern sich die ersten drei Befehle um die Datenbindung. Der erste Befehl instanziiert dabei die für das Abrufen der Produkte zuständigen *ProductsTableAdapter*-Klasse, die von der Datenquelle über den *NwDsTableAdapters*-Namespace zur Verfügung gestellt wird. Der zweite Befehl ruft die Methode *GetProducts* dieses Datenadapters auf, der die über die ComboBox *cbSub* gelieferte SupplierID übergeben wird. Diese gibt alle Produkte mit dieser *SupplierID* in Gestalt einer gefüllten *DataTable* zurück und weist diese der *DataTable*-Variablen *TaProd* zu. Der dritte Befehl überträgt diese Variable an die *DataSource*-Eigenschaft der Liste und bindet sie somit an die Tabelle.

Doch, Moment, wo kommt denn die *GetProducts*-Methode her? Kann Visual Studio Gedanken lesen und hat diese Methode in einer Art vorausahnendem Gehorsam beim Anlegen der Datenquelle gleich erzeugt? Das natürlich nicht, diese Methode muss selbstverständlich noch zur Datenquelle hinzugefügt werden, was aber mithilfe eines komfortablen Assistenten in wenigen Minuten erledigt ist.

11. Wechseln Sie in den Designer der Datenquelle, klicken Sie die Tabelle *Products* mit der rechten Maustaste an und wählen Sie nacheinander *Hinzufügen* und *Query*. Damit wird zur Datenquelle (nicht zur Datenbank) eine neue Abfrage hinzugefügt.

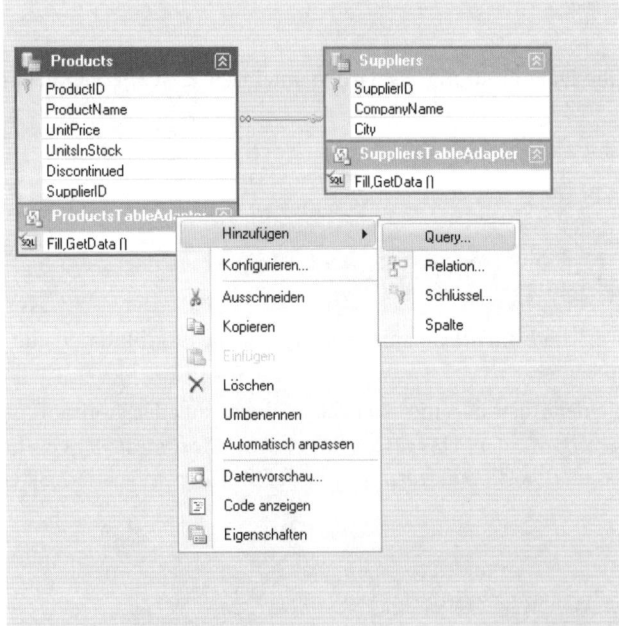

Abbildung 12.9 Die Tabelle *Products* der Datenquelle wird um eine Abfrage im Designer erweitert

12. Es startet der Assistent zur Konfiguration des TableAdapters, der Sie durch eine Reihe von Dialogfeldern führen wird. Als Erstes möchte der Assistent wissen, wie der TableAdapter auf die Datenbank zugreifen soll. Übernehmen Sie die voreingestellte Option *SQL-Anweisung verwenden*.

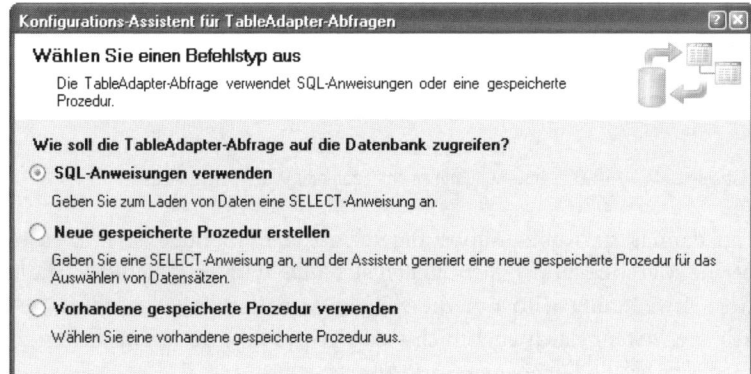

Abbildung 12.10 In diesem Schritt wird festgelegt, dass die Abfrage über eine SQL-Anweisung erfolgt

13. Im nächsten Schritt fragt Sie der Assistent, ob die SQL-Anweisung Datensätze zurückgibt, was der Fall ist, sodass Sie auch hier die Voreinstellung übernehmen.

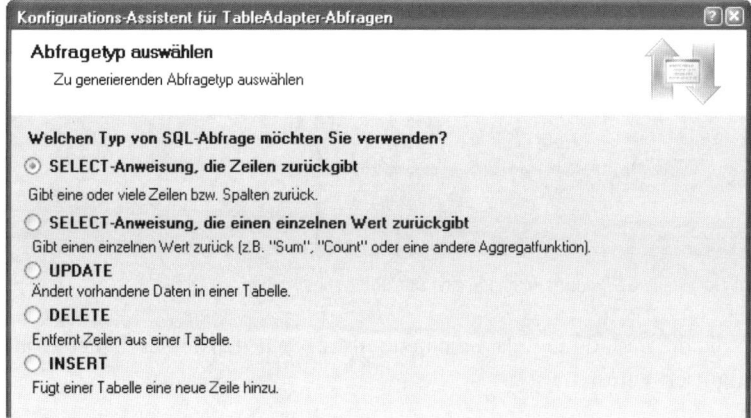

Abbildung 12.11 Hier entscheiden Sie sich dafür, dass die SQL-Anweisung Datensätze zurückgibt

14. Im Anschluss daran erhalten Sie die Gelegenheit, die SQL-Anweisung einzugeben, die die Datensätze abruft. Auch wenn wie üblich ein komfortabler Abfragegenerator angeboten wird, ist dieser nicht erforderlich, da die SQL-Anweisung sehr einfach aufgebaut ist:

```
SELECT ProductID, ProductName, UnitPrice, UnitsInStock, Discontinued, SupplierID FROM Products Where SupplierID=@SupID
```

@SupID ist ein Parameter, für den später beim Aufruf ein Wert übergeben werden muss.

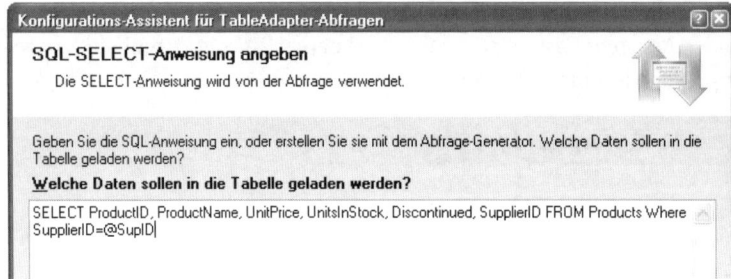

Abbildung 12.12 Die SQL-Anweisung ist eine einfache *SELECT*-Anweisung mit einem Parameter in der *Where*-Klausel

15. Eine Entscheidung steht noch an, dann ist die Konfiguration abgeschlossen. Ein TableAdapter kann generell zwei Methoden anbieten: eine Methode zum Füllen einer *DataTable* und eine Methode, die eine *DataTable* zurückgibt. Für diese Erweiterung wird nur die zweite Methode benötigt, sodass Sie die Option *DataTable füllen* deaktivieren (wenngleich auch nichts dagegenspricht, sie beizubehalten). Die Methode unter *DataTable zurückgeben* erhält den Namen **GetProducts**.

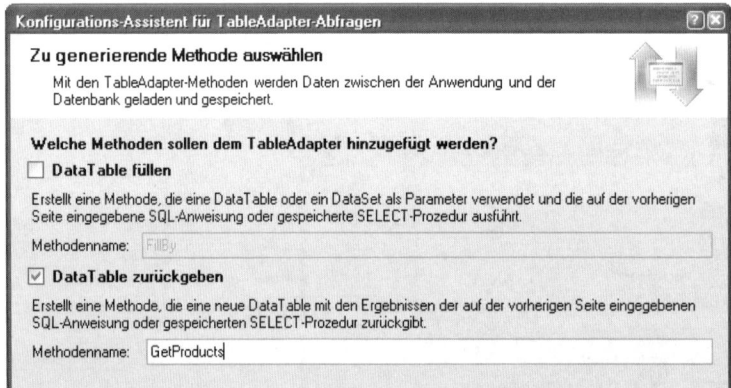

Abbildung 12.13 Der *TableAdapter* soll über seine *GetProducts*-Methode eine *DataTable* zurückgeben

16. Im letzten Dialogfeld erhalten Sie die Bestätigung, dass die neue Abfrage für den TableAdapter *ProductsTableAdapter* erfolgreich konfiguriert wurde.

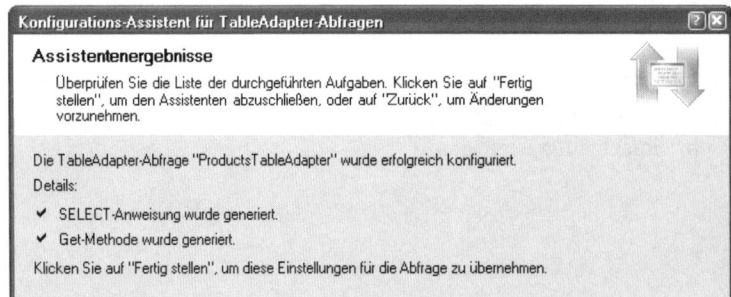

Abbildung 12.14 Der TableAdapter ist fertig konfiguriert, die *SELECT*-Anweisung und die *Get*-Methode wurden generiert

Das Prinzip der Datenbindung

Wenn Sie einen Blick in die Tabelle *Products* im Datenquellendesigner werfen, werden Sie feststellen, dass beim TableAdapter die neue Methode *GetProducts* aufgeführt wird. Sie können sie an dieser Stelle bereits testen, indem Sie diese mit der rechten Maustaste anklicken, *Datenvorschau* wählen, für den Parameter einen Wert eingeben, zum Beispiel 1, und auf *Vorschau* klicken.

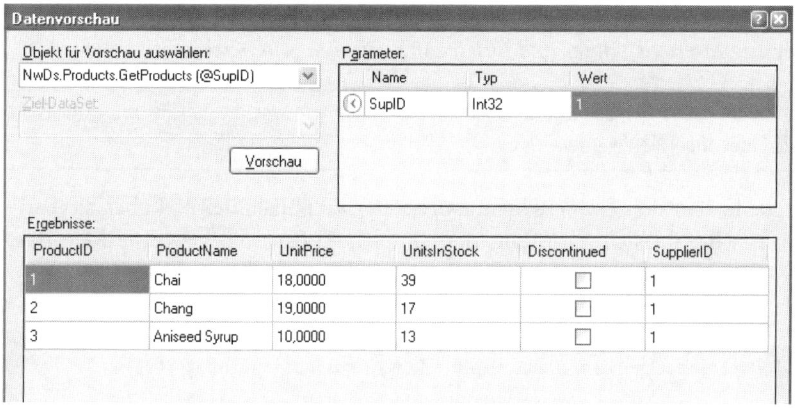

Abbildung 12.15 Die neue Methode für das Abrufen von Produktdaten wird getestet

Damit wurde das fehlende Bindeglied hinzugefügt, eine Abfragemethode des TableAdapters *ProductsTableAdapter*, der eine *SupplierID* übergeben wird und die eine DataTable mit allen Produkten des Herstellers zurückgibt.

Wenn Sie das Projekt über F5 starten, sollten in der ComboBox die Namen aller Hersteller und in einer Liste die Produkte des aktuell selektierten Herstellers angezeigt werden. Das ist Datenbindung bei einer VSTO-Anwendung in Aktion: einfach zu implementieren, funktional reichhaltig und flexibel erweiterbar.

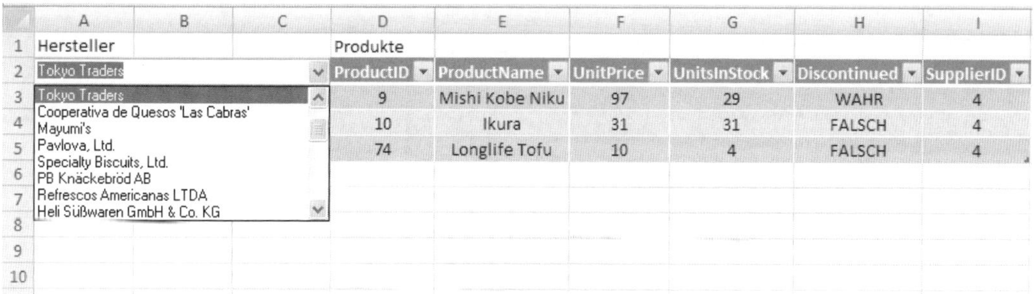

Abbildung 12.16 Die Datenbindung in Aktion – die Inhalte der Tabellen *Customers* und *Products* der Datenquelle werden datengebunden angezeigt

Datenbanken über Datenquellen aktualisieren

Die spannende Frage für viele Leser, die dieser (inzwischen nicht mehr ganz so) neuen Art, auf Datenbankdaten zuzugreifen, unter Umständen noch eher etwas skeptisch gegenüberstehen, ist natürlich, ob sich die im Rahmen der Datenbindung geänderten Daten wieder in die Datenbank zurückschreiben lassen. Konkret: Kann man die Produktdaten in der Liste ändern und anschließend die geänderten Daten wieder in die

Datenbank schreiben? Die Antwortet lautet: Im Prinzip ja. Voraussetzung dafür ist, dass der TableAdapter, der für das Abrufen zuständig ist, auch mit einem passenden *UPDATE*-SQL-Kommando ausgestattet wurde. Wenn das der Fall ist, verfügt dieser über eine *Update*-Methode, die lediglich aufgerufen werden muss, um die geänderten Datensätze in die Datenbank zurückzuschreiben. Zuständig ist bei der Konfiguration des TableAdapters der unscheinbare Button *Erweiterte Optionen*, der aber nur dann zur Verfügung steht, wenn der Konfigurations-Assistent in der Lage ist, das *UPDATE*-Kommando zu generieren. Es öffnet sich ein kleines Dialogfeld, in dem die Einstellung *Insert-, Update- und Delete-Anweisungen generieren* maßgeblich ist.

HINWEIS Eine weitere Voraussetzung für das Aktualisieren über den TableAdapter ist, dass die Tabelle, die aktualisiert werden soll, einen Primärschlüssel besitzt, der abgerufen wurde.

Das Aktualisieren der *Products*-Tabelle über den *ProductsTableAdapter*, der im obigen Beispiel über die Variable *DaProd* angesprochen wird, beschränkt sich damit auf den simplen Aufruf seiner *Update*-Methode, wobei die Anzahl der geänderten Datensätze zurückgegeben wird:

```
Dim AnzahlZeilen As Integer = DaProd.Update(TaProd)
MessageBox.Show(AnzahlZeilen & " Datensätze wurden aktualisiert.", My.Application.Info.Title)
```

Sollte die *Update*-Methode des TableAdapters aus irgendeinem Grund nicht infrage kommen, muss das *UPDATE*-Kommando »zu Fuß« angelegt werden. Dazu werden im Rahmen einer Schleife alle *DataRow*-Objekte der zu aktualisierenden DataTable durchlaufen. Dabei wird für jeden Datensatz der Wert der *RowState*-Eigenschaft abgefragt. Besitzt diese den Wert *Modified*, wird ein *UPDATE*-Kommando zusammengebaut, das den Datensatz aktualisiert. Besitzt sie den Wert *Deleted*, wird entsprechend ein *DELETE*-Kommando erzeugt. Andernfalls, wenn die *RowState*-Eigenschaft den Wert *Added* besitzt, wird ein *INSERT*-Kommando zusammengestellt. Da ist natürlich etwas mehr Aufwand, als eine Update-Methode aufzurufen, doch ist es alles andere als eine unlösbare Aufgabe, was einmal mehr für die Flexibilität des Datenadapter-Konzepts von Visual Studio spricht.

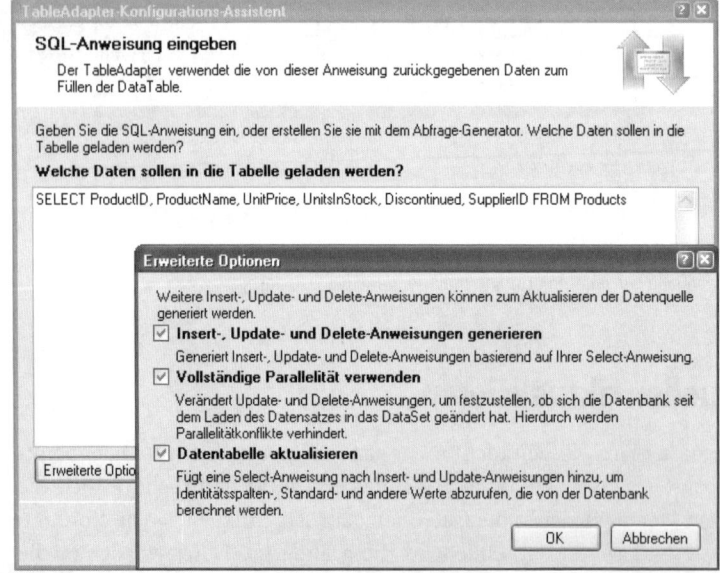

Abbildung 12.17 In den erweiterten Optionen wird unter anderem festgelegt, dass SQL-Kommandos für *Update*, *Delete* und *Insert* erzeugt werden sollen

Erweiterte Option	Bedeutung
Insert-, Update- und Delete-Anweisungen generieren	Legt fest, dass der Datenadapter jeweils ein *INSERT-*, *UPDATE-* UND *DELETE-*Kommando für das Aktualisieren der Datenquelle generiert.
Vollständige Parallelität verwenden	Bewirkt, dass beim *UPDATE*-Kommando im Rahmen der *Where*-Klausel sämtliche Felder des zu aktualisierenden Datensatzes mit den Originalwerten, die beim Abrufen des Datensatzes in der Zeile gespeichert wurden, verglichen werden, sodass festgestellt werden kann, ob dieser Datensatz nach dem Abrufen durch einen anderen Benutzer aktualisiert wurde. Ist das der Fall, gibt es bei diesem Teil der *Where*-Klausel keine Übereinstimmung und der Datensatz wird nicht in die Datenbank geschrieben, was eine *DBConcurrencyException*-Ausnahme zur Folge hat, die abgefangen werden muss.
Datentabelle aktualisieren	Bewirkt, dass an eine *INSERT-* und an eine *UPDATE-*Anweisung eine *SELECT-*Anweisung gehängt wird, sodass der aktualisierte Datensatz dem Programm wieder zur Verfügung gestellt wird. Auf diese Weise können zum Beispiel die Werte der von der Datenbank angelegten Autoinkrement-Felder abgerufen werden. Diese Einstellung gibt es nur beim SQL Server.

Tabelle 12.3 Die erweiterten Optionen und ihre Bedeutung

Ein typisiertes DataSet von Grund auf neu anlegen

Ein typisiertes DataSet kann von Grund auf neu angelegt werden. Damit lässt sich für ein Projekt eine eigene »Datenbank« schaffen, gegen die eine Datenbindung durchgeführt werden kann. Es wird allerdings nur die Struktur erstellt. TableAdapter gibt es zunächst nicht, da es keine Datenbank im Hintergrund gibt. Der Entwickler muss selbst dafür sorgen, dass die über die Oberfläche erfassten Daten »irgendwo« gespeichert werden. Das kann über einen nachträglich hinzugefügten TableAdapter geschehen, der mit einer vorhandenen Datenbank verbunden wird.

Die allgemeine Vorgehensweise sieht wie folgt aus:

- In das Projekt wird über *Projekt/Neues Element hinzufügen* ein DataSet aufgenommen. Dadurch erhält das Projekt eine Xsd-Datei, die von einer Designerdatei begleitet wird.

- In der komfortablen Designeroberfläche des Schema-Designers wird das am Anfang noch leere Schema (unter dem Begriff Schema werden, ein wenig vereinfacht, die Tabellen und ihre Spalten der Datenbank zusammengefasst) um Tabellen und Relationen zwischen zwei Tabellen erweitert. Entsprechende Elemente stehen in der Toolbox bereit. Jede Tabelle wird um Spalten erweitert, wobei für jede Spalte jene Möglichkeiten zur Verfügung stehen, die bereits zu Beginn des Kapitels im Zusammenhang mit dem Anlegen einer DataTable beschrieben wurden. Es stehen auch Abfragen und TableAdapter zur Verfügung, die aber eine Verbindung zu einer existierenden Datenquelle (Datenbank) voraussetzen.

Am Ende entsteht ein DataSet, das eine aus Tabellen und Beziehungen stehende »Arbeitsspeicher-Datenbank« repräsentiert und das typisiert angesprochen werden kann. Da für dieses DataSet eine neue Projektdatenquelle angelegt wird, kann zum Beispiel ein DataGridView gegen das DataSet und eine seiner Tabellen gebunden werden, sodass neue Datensätze über das DataGridView erfasst werden können (durch das Binden wird eine *BindingSource*-Komponente angelegt, deren *AllowNew*-Eigenschaft auf *True* gesetzt ist, sodass das Hinzufügen neuer Datensätze möglich ist).

DataSets bieten gerade bei der VSTO-Entwicklung vielfältige und faszinierende Möglichkeiten, die in diesem Buch aus Platzgründen leider nur angedeutet werden können.

Daten direkt in Excel übernehmen

Bislang wurden die Daten entweder in Steuerelementen oder Listen angeboten, die auf einem Excel-Tabellenblatt platziert wurden oder in einem ActionsPane bzw. CustomTaskPane in dort angeordneten Steuerelementen. Besteht auch eine Möglichkeit, Datenbankbankdaten direkt in ein Excel-Tabellenblatt einzublenden? Die gibt es natürlich, allerdings ist diese bei Weitem nicht so komfortabel, wie es sein könnte. Folgende Varianten stehen zur Auswahl:

- Der Import über eine Query und eine Datenverbindung. Dies ist der offizielle Weg, um Daten in ein Arbeitsblatt zu bekommen. Er basiert auf OLE DB, hat nichts mit .NET und VSTO zu tun, aber er funktioniert auch mit Excel 2007 sehr gut. Das Ergebnis ist zum Beispiel eine Tabelle (Liste bei Excel 2003), die in dem ausgewählten Bereich platziert wird. Dazu ein kleiner Tipp: Möchte man eine SQL Server Express-Datenbank auf dem lokalen Computer ansprechen, lautet der Servername ».\SQLEXPRESS«.

- Über den Import einer CSV- oder XML-Datei, die zuvor aus der Datenbank exportiert wurde. Dieser Umweg sollte nur selten erforderlich sein, da es im Allgemeinen naheliegender ist, eine Datenverbindung anzulegen.

- Über die *CopyFromRecordset*-Methode des *Range*-Objekts. Damit lässt sich eine Gruppe von Datensätzen aus einem ADODB-Recordset kopieren, der zuvor mit Datensätzen aus einer Datensatzabfrage gefüllt wurde. Dieses Verfahren funktioniert theoretisch auch bei .NET/VSTO.

- Über Datenbindung an ein *NamedRange*-Objekt und dessen *Value*-Eigenschaft im Rahmen einer VSTO-Anwendung. Dies ist die einzige Möglichkeit, den Inhalt eines Feldes einer Datenquelle per Datenbindung direkt in eine Zelle »einzublenden« und eine Update-Möglichkeit in der Datenquelle zu erhalten. Sie beschränkt sich auf ein einzelnes Feld der Datenquelle.

Eine DataTable in ein Tabellenblatt kopieren

Das Kopieren einer kompletten DataTable in ein Excel-Tabellenblatt ist, sofern man keine Tricks kennt, eine reine Fleißarbeit, denn die DataTable wird Zeile für Zeile und Spalte für Spalte in den Zellbereich kopiert. Und sie besitzt einen Nachteil. Sie ist relativ langsam, sodass sie für sehr große Tabellen nicht unbedingt infrage kommt.

> **CD-ROM** Das Beispiel finden Sie in Gestalt der Projektmappendatei *12_VSTOCopyDataSetInSheet.sln* auf der Buch-CD.

Beispiel

Die folgende Prozedur kopiert die Datensätze einer DataTable in ein Excel-Tabellenblatt an jene Position, die ihr als *Range*-Objekt übergeben wird:

```
Sub CopyTaToSheet(ByVal Ta As DataTable, ByVal R As Excel.Range)
  If Ta Is Nothing Or Ta.Rows.Count = 0 Then
      Return
  End If
  Dim Zeile As Integer
  Dim Spalte As Integer
  'Dim Werte(Ta.Columns.Count - 1) As Object
  Zeile = R.Row
  ' Kopfzeile aufbauen
```

```
    For Spalte = 0 To Ta.Columns.Count - 1
        R.Cells(Zeile, Spalte + 1).Value = Ta.Columns(Spalte).ColumnName
    Next
    ' Jetzt jede Zeile durchgehen
    For Zeile = 0 To Ta.Rows.Count - 1
        For Spalte = 0 To Ta.Columns.Count - 1
            If TypeName(Ta.Rows(Zeile).Item(Spalte)) <> "Byte()" Then
                R.Cells(Zeile + 2, Spalte + 1).Value = Ta.Rows(Zeile).Item(Spalte)
            End If
        Next
    Next
End Sub
```

Datenbindung an ein NamedRange-Objekt

Das *NamedRange*-Objekt repräsentiert bekanntlich ein reguläres *Range*-Objekt, erweitert es aber um zusätzliche Events und Datenbindung. Die Datenbindung wird über die *Bindings*-Eigenschaft eingerichtet. Hier gibt es eine *Add*-Methode, die ein neues Bindungsobjekt hinzufügt, das eine Bindung zwischen einer Eigenschaft (zur Auswahl stehen *Value2*, *Value* und *Tag*) und einem Feld der Datenquelle einrichtet.

Beispiel

Das folgende Beispiel bindet das *NamedRange*-Objekt *Ort* an das Feld *City* der Datenquelle, die durch eine *BindingSource*-Komponente repräsentiert wird, dessen *DataSource*-Eigenschaft zuvor mit einer DataTable belegt wurde, die die Datensätze enthält:

```
' Datenbindung einrichten
Bs = New BindingSource()
DaEmp = New NwDsTableAdapters.EmployeesTableAdapter
TaEmp = DaEmp.GetData
Bs.DataSource = TaEmp
Vorname.DataBindings.Add("Value2", Bs, "Ort", False, DataSourceUpdateMode.OnPropertyChanged)
```

Warum der Umweg über die BindingSource-Komponente? Ganz einfach, weil diese Methoden wie *MoveNext* oder *MovePrevious* zur Verfügung stellt, mit denen sich in der Datensatzgruppe navigieren lässt. Über diese Methoden wird ein anderer Datensatz zu jenem Datensatz gemacht, dessen Feldinhalt im *NamedRange*-Objekt angezeigt wird. Würde die DataTable direkt gebunden werden, gäbe es diese Möglichkeit in dieser Form nicht (und es müsste der sogenannte *CurrencyManager* mit seiner *Position*-Eigenschaft bemüht werden). Das wichtigste Detail, das man sich im Zusammenhang mit der *BindingSource*-Komponente merken muss, ist, dass der jeweils aktuelle Datensatz über die *Current*-Eigenschaft zur Verfügung steht.

Beim Aktualisieren des Inhalts des *NamedRange* muss beachtet werden, dass es ohne den vierten Parameter *DataSourceUpdateMode* anscheinend nicht geht. Wird dieser Parameter weggelassen, werden Änderungen in der Zelle nicht in die gebundene DataTable übernommen. Dieser Parameter hat allerdings auch zur Folge, dass das bloße Wechseln auf den nächsten Datensatz den bis dahin aktuellen Datensatz als geändert markiert, sodass beim Aufruf der *Update*-Methode des TableAdapters alle Datensätze zurück in die Datenbank geschrieben werden, von denen auf einen anderen Datensatz gewechselt wurde. Da ist natürlich nicht ganz so optimal, bei kleinen Datensatzgruppen aber an sich kein Problem.

Wie sich im Rahmen einer kleinen VSTO-Anwendung mit einer *BindingSource*-Komponente und drei Buttons einzelne Felder eines Datensatzes in einem Excel-Arbeitsblatt einblenden lassen und auch eine Aktualisierung der Daten in der Datenbank möglich ist, wird im Folgenden im Rahmen einer kleinen Übung gezeigt.

CD-ROM   Sie finden das Beispiel auf der Buch-CD in der Projektmappendatei *12_VSTONamedRangeBindung.sln*.

1. Grundlage ist ein Excel-Arbeitsmappen-Projekt.
2. Es wird eine Projektdatenquelle für die Northwind-Datenbank mit der Tabelle *Employees* angelegt. Das DataSet erhält den Namen **NwDs**.
3. In der *Tabelle1* werden vier Zellen benannt: *Vorname*, *Nachname*, *GebDatum* und *Stadt*. Daraus werden automatisch *NamedRange*-Controls.
4. Auf der Tabelle werden aus der Toolbox drei Buttons angelegt (*bnMoveNext*, *bnMovePrev* und *bnUpdate*).
5. Im Allgemein-Teil der *Tabelle1*-Klasse werden ein paar Variablen definiert:

```
Private Bs As BindingSource
Private DaEmp As NwDsTableAdapters.EmployeesTableAdapter
Private TaEmp As DataTable
```

Die Variable *Bs* steht für die BindingSource, gegen die die Datenbindung durchgeführt wird.

6. In der *Startup*-Prozedur der Tabelle wird die Datenbindung eingerichtet:

```
' Datenbindung einrichten
Bs = New BindingSource()
DaEmp = New NwDsTableAdapters.EmployeesTableAdapter
TaEmp = DaEmp.GetData
Bs.DataSource = TaEmp
Vorname.DataBindings.Add("Value2", Bs, "FirstName", False, DataSourceUpdateMode.OnPropertyChanged)
Nachname.DataBindings.Add("Value2", Bs, "LastName", False, DataSourceUpdateMode.OnPropertyChanged)
GebDatum.DataBindings.Add("Value2", Bs, "BirthDate", False, DataSourceUpdateMode.OnPropertyChanged)
Stadt.DataBindings.Add("Value2", Bs, "City", True, DataSourceUpdateMode.OnPropertyChanged)
```

7. In der *Click*-Prozedur des Buttons *bnNext* wird ein Befehl eingefügt, der den nächsten Datensatz ansteuert:

```
Bs.MoveNext()
```

8. Analog dazu wird die *Click*-Prozedur des Buttons *bnPrev* erweitert. Dabei wird der Befehl eingefügt, der den nächsten Datensatz in Richtung Beginn der Datensatzgruppe ansteuert:

```
Bs.MovePrevious()
```

9. In der *Click*-Prozedur des Buttons *bnUpdate* werden die Befehle eingefügt, die sich um die Aktualisierung der Daten kümmern:

```
Dim Anzahl As Integer = DaEmp.Update(TaEmp)
MessageBox.Show(Anzahl & " Datensätze aktualisiert.")
```

Das war alles. Damit werden die vier Zellbereiche datengebunden betrieben und zeigen den Inhalt eines Feldes der über die Projektdatenquelle eingebundenen Datenbanktabelle an.

Datenbanken anlegen und verwalten

Bislang wurde bei allen Beispielen von gegebenen Datenbanken ausgegangen. Es ist im Rahmen von Visual Studio aber auch problemlos möglich, die Struktur vorhandener Datenbanken zu verändern (die erforderlichen Berechtigungen stets vorausgesetzt) oder auch eine komplett neue Datenbank anzulegen, wenn es sich um eine SQL Server- oder SQL Server Compact Edition-Datenbank handelt. Der »Datenbankmanager« von Visual Studio verbirgt sich im Server-Explorer, wo diese Möglichkeit für eine SQL Server-Datenbank durch Anklicken von *Datenverbindungen* mit der rechten Maustaste und Auswahl von *Neue SQL Server-Datenbank erstellen* und bei der SQL Server Compact Edition durch Hinzufügen einer Datenverbindung besteht. Dies soll im Rahmen einer kleinen Schritt-für-Schritt-Übung am Beispiel einer SQL Server Compact-Datenbank demonstriert werden, die für die Übung im nächsten Abschnitt benötigt wird.

1. Öffnen Sie den Server-Explorer und wählen Sie *Verbindung hinzufügen*.
2. Wählen Sie als Datenquelle *Microsoft SQL Server Compact 3.5*, geben Sie für die Datenbank einen Namen ein (zum Beispiel **MiniFibu**). Über *Erweitert* können spezielle Einstellungen vorgenommen werden, was aber am Anfang nicht erforderlich sein dürfte.
3. Klicken Sie auf *Erstellen*. Es erscheint ein weiteres Dialogfeld, in dem noch einmal der Name bestätigt werden muss. Hier sollte die Sortierreihenfolge auf *Deutsch - Deutschland* gestellt werden. Ein Kennwort zu vergeben ist grundsätzlich keine schlechte Idee, soll im Rahmen der Übung aber ausgelassen werden. Ein Klick auf *Testverbindung* sollte zu einer positiven Meldung führen. Damit wurde die Datenbank angelegt.

HINWEIS Unter Windows Vista muss Visual Studio als Administrator gestartet werden, damit sich eine Datenbank erstellen lässt.

Der optimale Ort für Datenbankdateien

Die spannende Frage ist natürlich, wo die Datenbank angelegt wurde, denn SQL Server Compact-Datenbanken basieren auf Dateien mit der Erweiterung *.Sdf*. Wie bei einer Access-Datenbank kommt es daher auf den Verzeichnispfad an. Eine kurze Suche ergibt, dass die Datenbank im Installationsverzeichnis von Visual Studio gelandet ist (*%programfiles%\Microsoft Visual Studio 9.0\Common7\IDE*). Das ist natürlich nicht der richtige Ort für eine Anwendungsdatenbank. Das führt generell zur Frage, was der »optimale« Aufenthaltsort für eine Datenbankdatei ist. Wenn nichts dagegenspricht, stellt das Anwendungsverzeichnis (das Ausgabeverzeichnis bei Visual Studio), in dem sich auch die Assemblydatei befindet, eine gute Wahl dar. In diesem Fall wird die Sdf-Datei ohne Pfadangabe angesprochen, da sie sich im selben Verzeichnis befindet. Um zu erreichen, dass die Sdf-Datei automatisch in das Ausgabeverzeichnis kopiert wird, wird sie zum Projekt über *Projekt/Vorhandenes Element hinzufügen* hinzugefügt. In den Dateieigenschaften muss die Einstellung *In Ausgabeverzeichnis kopieren* auf *Kopieren, wenn neuer* stehen.

CD-ROM Sie finden das Beispielprojekt mit der SQL Server Compact-Datenbankdatei auf der Buch-CD in der Projektmappendatei *12_SQLCompactBeispiel.sln*.

Beispiel

Das folgende Beispiel greift im Rahmen einer kleinen Konsolenanwendung über den Provider für die SQL Server Compact-Datenbank auf die im letzten Abschnitt angelegte Datenbank in Gestalt der Sdf-Datei zurück.

Dazu muss in das Projekt gegebenenfalls noch ein Verweis auf die Assemblybibliothek *System.Data.SqlServerCe.dll* eingefügt werden, die sich im Verzeichnis *%programfiles%\Programme\Microsoft SQL Server Compact Edition\v3.5\Desktop* befinden sollte. Der Namespace lautet entsprechend *System.Data.ServerCe*.

```
' Eine SQL Server Compact-Datei im Code ansprechen
Imports System.Data.SqlServerCe

Module Module1

  Sub Main()
    Dim Cn As New SqlCeConnection("Data Source=MiniFibu.sdf")
    Try
      Cn.Open()
      Console.WriteLine("Datenbank wurde geöffnet...")
    Catch ex As SqlCeException
      Console.WriteLine("SqlCe-Error: " & ex.Message)
    Catch ex As SystemException
      Console.WriteLine("System-Error: " & ex.Message)
    End Try
    Console.ReadLine()
  End Sub

End Module
```

Da das Ausgabeverzeichnis zwar häufig, aber nicht immer der optimale Ort ist, gibt es noch eine weitere, relativ unbekannte Variante, das Verzeichnis festzulegen, in dem sich die Datenbankdatei befindet, ohne dass es komplett im Quellcode hinterlegt werden muss. Die Variante besteht in der Abkürzung *DataDirectory*, die in die Verbindungszeichenfolge eingebaut werden kann und die für ein vorher festgelegtes Verzeichnis steht. Doch wie wird das Verzeichnis definiert? Ein wenig umständlich über die Anwendungsdomäne, die durch die *AppDomain*-Klasse repräsentiert wird, und deren *SetData*-Methode.

TIPP Wählen Sie beim Editieren der Verbindungszeichenfolge zu einer im Projektverzeichnis befindlichen Datenbankdatei in den Projekteigenschaften die Datenbankdatei aus, trägt Visual Studio anstelle des absoluten Verzeichnispfades das *DataDirectory*-Makro ein, was sehr praktisch ist.

Beispiel

Das folgende Beispiel geht davon aus, dass sich die Datei *MiniFibu.sdf* dieses Mal im Verzeichnis *C:\Datenbanken* befindet (also nicht mehr im Projektverzeichnis):

```
AppDomain.CurrentDomain.SetData("DataDirectory", "C:\Datenbanken")
Dim Cn As New SqlCeConnection("Data Source=|DataDirectory|\MiniFibu.sdf")
```

Die Abkürzung »|DataDirectory|« spielt vor allem in Webanwendungen eine Rolle, bei denen das Makro von Anfang an mit einem Wert belegt wird.

Im Rahmen einer WinForms-Anwendung bzw. in einer VSTO-Anwendung, die einen Verweis auf *System.Windows.Forms.dll* eingefügt hat, stehen über die *Application*-Klasse die Eigenschaften *LocalUserAppDataPath* und *CommonAppDataPath* zur Verfügung. Erstere repräsentiert das Verzeichnis *%userprofile%\Lokale Einstellungen\Anwendungdaten\<Firmenname>\<Anwendungsname>\<Version>*, Letztere für das Verzeichnis *%allusersprofile%\Anwendungsdaten\<Firmenname>\<Anwendungsname>\<Version>*. Diese Verzeichnisse spielen vor allem dann eine Rolle, wenn eine Anwendung mit lokaler Datenbankdatei verteilt wird. In diesem Fall muss im Rahmen des Setup-Programms bzw. einer ClickOnce-Installation dafür gesorgt werden, dass die Datenbankdatei in eines der beiden Verzeichnisse kopiert wird.

Die gebräuchlichste Variante, den Pfad einer lokalen Datenbankdatei in der Anwendung zu hinterlegen, dürften nach wie vor die Projekteinstellungen sein. In diesem Fall wird sie per *My.Settings.<Name des Eintrags>* angesprochen.

SQL Server Management Studio als komfortable Alternative

Microsoft bietet mit dem SQL Server Management Studio bereits seit dem SQL Server 2005 ein komfortables Werkzeug an, mit dem sich alles erledigen lässt, was im Zusammenhang mit einer SQL Server-Datenbank anfallen könnte. Das Anlegen einer kleineren SQL Server-Datenbank ist in wenigen Minuten erledigt, wenngleich man sich im Allgemeinen für eine solche wichtige Angelegenheit etwas mehr Zeit nehmen sollte (und es mit dem Server-Explorer von Visual Studio ähnlich komfortabel geht). Das SQL Server Management Studio ist Teil einer SQL Server-Installation und steht als SQL Server Management Studio Express für SQL Server Express als kostenloser Download unter *http://www.microsoft.com/downloads* zur Verfügung.

SQL Server-Datenbank »anhängen«

SQL Server Express arbeitet in erster Linie mit lokalen Datenbankdateien (Mdf-Dateien). Normalerweise werden die SQL Server-Datenbanken aber über ihren Namen und Angabe des Servers angesprochen. Damit das mit einer Mdf-Datei möglich ist, muss sie an den Server »angehängt« werden, was im SQL Server Management Studio durchgeführt werden kann. Steht dieses nicht zur Verfügung, kann das Anhängen über die gespeicherte Prozedur *sp_attach* vorgenommen werden. Ausgeführt werden können solche Befehle zum einen natürlich im SQL Server Management Studio im Rahmen einer neuen Abfrage, zum anderen in zahlreichen SQL Server-Tools wie SQL Query Express, die das Ausführen von Abfragen ermöglichen, oder über das Kommandozeilentool *Osql.exe*, das Teil einer SQL Server-Installation ist. Soll die Datenbankdatei *Northwnd.mdf* im Verzeichnis *C:\Datenbanken* angehängt werden, lautet das Kommando wie folgt:

```
exec sp_attach_db @dbname=N'NwSQL', @filename1=N'C:\Datenbanken\Northwnd.mdf
```

oder über das Kommandozeilentool *Osql.exe*:

```
osql -S HARIBO2007\SQLEXPRESS -E -Q "exec sp_attach_db @dbname=N'NwSQL',
@FileName1=N'C:\Datenbanken\Northwnd.mdf'"
```

wobei in diesem Fall der Name des Servers noch angepasst werden muss. Ging die Operation gut, kann für die Datenbank anschließend zum Beispiel eine Datenverbindung im Server-Explorer von Visual Studio angelegt werden.

TIPP Sollte beim Umgang mit SQL Server-Datenbanken oder SQL Server Management Studio etwas schiefgehen, die Fehlermeldungen werden im Ereignisprotokoll von Windows in der Kategorie »Anwendung« eingetragen.

Ein Beispielprojekt zum Schluss

In diesem Abschnitt wird eine komplette Dokumenterweiterung für Excel 2003/2007 umgesetzt. Sie basiert auf der Adventureworks-Datenbank, die allerdings zuvor installiert werden muss.

Die Beispieldatenbank

Die Beispieldatenbank ist zur Abwechslung einmal nicht die *Northwind*-Datenbank, die Generationen von Buchautoren bereits dazu benutzt haben, ihre Beispiele an einer halbwegs realistischen Datenbank zu erklären. Dieses Mal ist die *AdventureWorks*-Datenbank an der Reihe, die für einen Hersteller von Outdoorzubehör konzipiert wurde. Sie ist deutlich umfangreicher (vor allem, was die Anzahl der Tabellen angeht) und es gibt den inoffiziellen »Northwind-Nachfolger« in verschiedenen Varianten, sodass es nicht ganz so einfach ist, die passende Variante ausfindig zu machen. Die Datenbank befindet sich auch nicht im Lieferumfang von Visual Studio, sondern muss erst einmal heruntergeladen werden. Die Downloadadresse lautet:

```
http://www.codeplex.com/MSFTDBProdSamples/Release/ProjectReleases.aspx?ReleaseId=4004
```

Laden Sie auf der Seite die Datei *AdventureWorksLT.msi* herunter. Das ist die etwas »kleinere« Variante der Datenbank, die für Testzwecke am besten geeignet ist. Durch die Installation wird die Datenbank in das Verzeichnis *%ProgramFiles%\Microsoft SQL Server\MSSQL.1\MSSQL\Data* kopiert (sollten mehrere SQL Server-Instanzen installiert sein, kann das Unterverzeichnis statt *MSSQL.1* auch *MSSQL.2* sein).

Die Datenbankdatei *AdventureWorksLT_Data.mdf* kann auf zwei verschiedene Arten angesprochen werden: über den SQL Server 2005 Express direkt als Datenbankdatei oder als reguläre SQL Server-Datenbankdatei, die aber zuvor zum SQL Server hinzugefügt werden muss. Die einfachste Variante ist jene, bei der die Datenbank als lokale Datei angesprochen wird. Falls Sie aus irgendeinem Grund die zweite Variante bevorzugen, benötigen Sie SQL Server Management Studio (gibt es ebenfalls in einer Express Version als kostenlosen Download). Führen Sie folgende Schritte aus:

1. Starten Sie SQL Server Management Studio und verbinden Sie sich über den Anmeldedialog mit der SQL Server-Instanz.
2. Klicken Sie den Eintrag *Datenbanken* mit der rechten Maustaste an und wählen Sie *Anfügen*.
3. Wählen Sie die Mdf-Datei im entsprechenden Verzeichnis aus und bestätigen Sie den Dialog mit *OK*.
4. Ging alles gut, wird die Datenbank mit ihren zwölf Tabellen im Objekt-Explorer angezeigt.

Ein Beispielprojekt zum Schluss

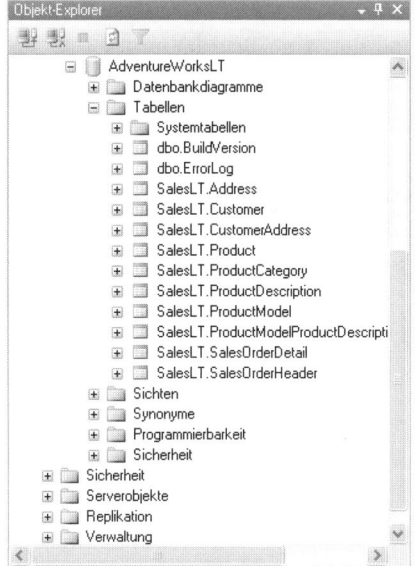

Abbildung 12.18 Die AdventureWorks-Datenbank wurde zum SQL Server hinzugefügt

Die Projektumsetzung

Im Folgenden wird die Projektumsetzung nur oberflächlich beschrieben. Dies liegt zum einen daran, dass die meisten Teilschritte bereits bei anderen Beispielprojekten zur Anwendung kamen. Zum anderen sollten Sie sich inzwischen so gut mit den VSTO auskennen, dass Sie die Anwendung sicher auch ohne eine lückenlose Schritt-für-Schritt-Anleitung umsetzen können. Es handelt sich nicht um eine »aufgewärmte« Übung, sondern um das wichtigste Beispiel bislang, denn es zeigt sehr schön, wie eine Dokumenterweiterung für Excel dem Anwender die Arbeit erleichtert.

CD-ROM Das komplette Projekt finden Sie in Gestalt der Projektmappendatei *12_VSTO_DB_AdWorksBeispiel.sln* auf der Buch-CD.

Das Ziel der Anwendung ist, dass ein Anwender eine Rechnung zusammenstellen kann, indem er über ein ActionsPane Produktdetails aus der Produktdatenbank abrufen kann. Die Abfrage geschieht entweder über die Produktnummer oder über eine Suchfunktion. Bei dieser Funktion kann das ActionsPane seine Vorteile ausspielen, da es ansonsten nicht so elegant möglich wäre, eine Suchfunktion anzubieten. Weniger günstig ist der Umstand, dass sich aufgrund der begrenzten Breite des ActionsPanes die Suchergebnisse nur eingeschränkt anzeigen lassen, doch auch dafür gäbe es eine Lösung (zum Beispiel die Anzeige der Ergebnisse in einem WinForms-Formular, das frei über den Bildschirm »schwebt«).

1. Starten Sie Visual Studio und legen Sie ein neues Projekt vom Typ *Excel-Arbeitsmappe* an (ob 2003 oder 2007 spielt keine Rolle). Geben Sie dem Projekt den Namen **VSTO_DB_AdWorksBeispiel**. Bestätigen Sie die Voreinstellung *Neues Dokument erstellen* und Xlsx als Dokumentformat mit *OK*.
2. Speichern Sie die komplette Projektmappe über *Datei/Alle speichern* oder über das entsprechende Symbol in der Symbolleiste und bestätigen Sie das vorgeschlagene Projektverzeichnis.
3. Bevor es an die Programmierung geht, muss das erste Tabellenblatt der neuen Arbeitsmappe ein wenig präpariert werden. Es soll zum Erfassen von Rechnungsbeträgen dienen. Orientieren Sie sich bei der

Umsetzung an Abbildung 12.19. Neben einer netten Überschrift wird vor allem ein *ListObject*-Control benötigt, das Sie von der Toolbox auf das Tabellenblatt ziehen und dort zum Beispiel in der Zelle *A5* anordnen. Geben Sie dem Control den Namen **liRechnung**. Hier werden später die aus der Datenbank abgerufenen Rechnungsdetails eingefügt.

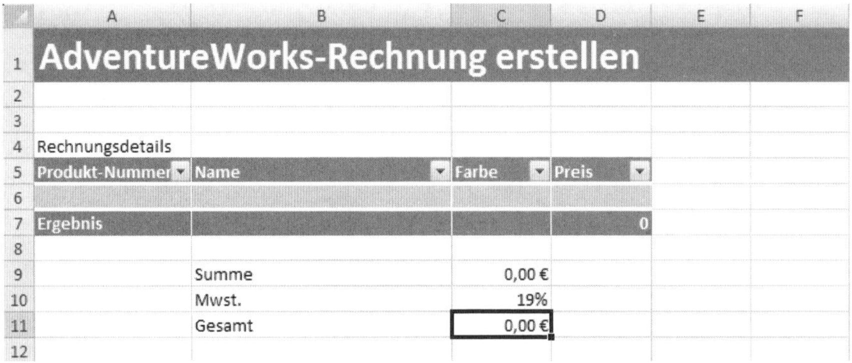

Abbildung 12.19 Das Arbeitsblatt wurde für das Erfassen von Rechnungsposten präpariert

4. Die Auswahl der Rechnungsdaten soll über ein ActionsPane erfolgen. Dieses basiert auf einem benutzerdefinierten Steuerelement, das über *Projekt/Neues Element hinzufügen* und Auswahl der Vorlage *Benutzersteuerelement* zum Projekt hinzugefügt wird. Geben Sie dem neuen Element den Namen **Rechnungsauswahl.vb**.

Ein Benutzersteuerelement bietet eine einfache Designoberfläche, auf der alle Steuerelemente platziert werden, die Teil des ActionsPanes sein sollen. Da das ActionsPane in der Regel am rechten Rand erscheint, ist der Platz begrenzt. Für diese Übung werden lediglich ein paar Labels, TextBoxen und Buttons benötigt, die in Tabelle 12.3 zusammengestellt sind. Abbildung 12.20 zeigt das fertige Ergebnis.

Steuerelement	Zu setzende Eigenschaften
Label	Text = Artikel#
TextBox	Name = tbArtikelNr
Button	Name = bnArtikelAbrufen Text = Artikel abrufen FlatStyle = Flat
Textbox	Name = tbArtikel ReadOnly = True Text =
Button	Name= bnArtikelDirektEinfuegen Text = Artikel einfügen
Label	Text = Produktname
TextBox	Name = tbProduktName Text =
Label	Text = (z.B. Mountain)

Tabelle 12.4 Die (relevanten) Steuerelemente für das Benutzersteuerelement *Rechnungsauswahl*

Steuerelement	Zu setzende Eigenschaften
Button	Name = bnSuchen Text = Suchen FlatStyle = Flat
Label	Text = Artikel:
ListBox	Name = liArtikel
Label	Text = ProductID:
TextBox	Name = tbProductID ReadOnly = True Text =
Label	Text = Prod.Number
TextBox	Name = tbProductNumber ReadOnly = True Text =
Label	Text = Name:
TextBox	Name = tbProdName ReadOnly = True Text =
Button	Name= bnArtikelAusListeEinfuegen Text = Artikel einfügen
Label	Text = Status:
Label	Name= lbStatus Text =

Tabelle 12.4 Die (relevanten) Steuerelemente für das Benutzersteuerelement *Rechnungsauswahl (Fortsetzung)*

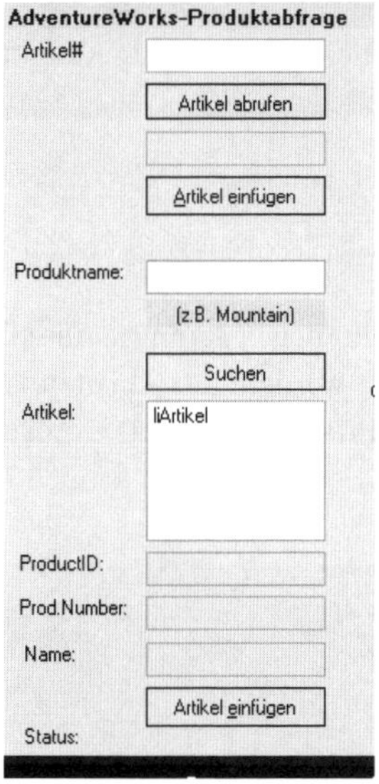

Abbildung 12.20 Das Benutzersteuerelement in seiner fertigen Form

5. Die Datenbank soll über eine Projektdatenquelle angesprochen werden. Das ist bei Visual Studio der einfachste Weg, um an die Daten einer Datenbank zu gelangen (von der Datenbindung wird kein Gebrauch gemacht). Was Projektdatenquellen sind und wie sie angelegt werden, wurde bereits im letzten Abschnitt beschrieben. In diesem Beispiel dient die Projektdatenquelle dazu, möglichst einfach an die Inhalte der Datenbank heranzukommen und sie an die Steuerelemente des ActionsPane binden zu können.

Fügen Sie über *Daten/Neue Datenquelle hinzufügen* eine Projektdatenquelle hinzu. Wählen Sie *Datenbank*, klicken Sie auf *Neue Verbindung*, wählen Sie als *Datenquelle* den Eintrag *Microsoft SQL Server-Datenbankdatei*, wählen Sie über *Durchsuchen* die Datei *AdventureWorksLT_Data.mdf* im entsprechenden Verzeichnis aus (siehe oben), wählen Sie *Nein* bei der Frage, ob die Datenbank ins Projektverzeichnis kopiert werden soll, geben Sie der Verbindungszeichenfolge den Namen **AwCn** (wenngleich der Name selbst keine Rolle spielt), wählen Sie bei den Datenbankobjekten in der Kategorie *Tabellen* die Tabelle *Product (SalesLT)* aus, geben Sie dem DataSet den Namen **AwDs** (wenngleich auch hier der Name selbst keine Rolle spielt) und klicken Sie auf *Fertig stellen*. Fertig ist die Projektdatenquelle, die anschließend im *Datenquellen*-Fenster erscheint und als Datei mit dem Namen *AwDs.xsd* Teil des Projekts geworden ist.

Abbildung 12.21 Die Datenquelle wurde angelegt

6. Im *Startup*-Event des Workbooks *ThisWorkbook* wird das Benutzersteuerelement zur *Controls*-Auflistung des ActionsPane hinzugefügt:

```
Dim RAw As New Rechnungsauswahl
Me.ActionsPane.Controls.Add(Raw)
```

7. Die komplette Programmlogik ist Teil des Benutzersteuerelements. Auch wenn der Programmcode nicht sehr umfangreich ist, sollen im Folgenden lediglich zwei Bereiche vorgestellt werden: das Abrufen eines Artikels über seine Artikelnummer und die Suche nach Artikeln über einen Produktnamen. Das Abrufen eines Artikels übernimmt die *Click*-Prozedur des Buttons *bnArtikelAbrufen*:

```
Dim ProdID As Integer
Dim ProdIdIsNumber As Boolean = Int32.TryParse(tbArtikelNr.Text, ProdID)
If Not ProdIdIsNumber AndAlso ProdID = 0 Then
  lbStatus.Text = "ArtikelNr als Zahl eingeben (zum Beispiel 780)."
  Exit Sub
End If
```

Ein Beispielprojekt zum Schluss

```
' Liste mit gefundenen Artikeln vorsorglich leeren
liArtikel.Items.Clear()
TadProdQuery = New AwDsTableAdapters.ProductTableAdapter
TaProdukte = TadProdQuery.GetProductByID(ProdID)
If TaProdukte.Rows.Count > 0 Then
  tbArtikel.Text = TaProdukte.Rows(0).Item("Name")
  lbStatus.Text = "Abfrage wurde ausgeführt."
Else
  lbStatus.Text = "Kein Ergebnis."
End If
```

Für die Suche nach einem Produkt über seine *ProductID* ist die Abfrage *GetProductByID* zuständig, die dem TableAdapter über die Konfigurationsmöglichkeit nachträglich hinzugefügt wurde:

```
SELECT ProductID, Name, ProductNumber, Color, StandardCost, ListPrice, Size, Weight,
ProductCategoryID, ProductModelID, SellStartDate, SellEndDate, DiscontinuedDate FROM SalesLT.Product
Where ProductID=@ProdID
```

Für die Suche nach einem Artikel dient die *Click*-Prozedur des Buttons *bnSuchen*:

```
If tbProduktName.Text = "" Then
    lbStatus.Text = "Produktname eingeben (zum Beispiel 'helmet')."
    Exit Sub
End If
TadProdQuery = New AdwDsTableAdapters.ProductTableAdapter
TaProdukte = TadProdQuery.GetProductByName("%" & tbProduktName.Text & "%")
If TaProdukte.Rows.Count > 0 Then
    liArtikel.Items.Clear()
    For Each Dr In TaProdukte.Rows
        liArtikel.Items.Add(Dr.item("Name"))
    Next
    lbStatus.Text = TaProdukte.Rows.Count & " Artikel."
Else
    lbStatus.Text = "Kein Ergebnis."
End If
```

Dass auch diese Prozedur so kompakt wirkt, hat einen einfachen Grund, die Suche wird nämlich über die Methode *GetProductByName* durchgeführt, die zum TableAdapter nachträglich hinzugefügt wurde. Die SQL-Anweisung sieht wie folgt aus:

```
SELECT ProductID, Name, ProductNumber, Color, StandardCost, ListPrice, Size, Weight,
ProductCategoryID, ProductModelID, SellStartDate, SellEndDate, DiscontinuedDate, ThumbNailPhoto,
ThumbnailPhotoFileName, rowguid, ModifiedDate FROM SalesLT.Product Where Name Like @ProdName
```

@ProdName ist der Name des Parameters, für den beim Aufruf der Methode ein Wert übergeben wird (in diesem Fall die Eingabe aus der TextBox).

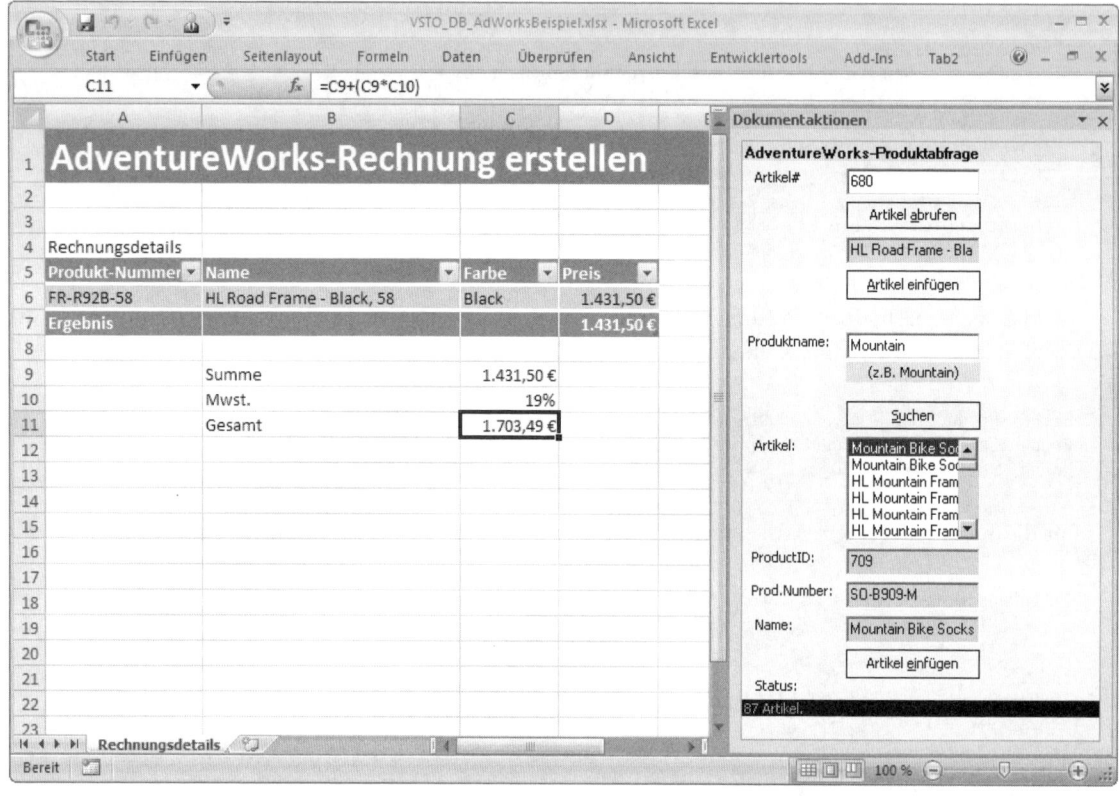

Abbildung 12.22   Das fertige Beispiel in Aktion

Zusammenfassung

Datenbanken sind im Rahmen einer Unternehmensanwendung nach wie vor der Ort, an dem Unternehmensdaten gehalten werden. Das .NET Framework und seine »Datenbankschnittstelle« ADO.NET bieten auf Basis des Providermodells eine datenbanktypneutrale, flexible und sehr entwicklerfreundliche Schnittstelle, die sich natürlich auch im Rahmen einer VSTO-Anwendung vorteilhaft einsetzen lässt. Das größte Umdenken wird durch den Umstand verursacht, dass ADO.NET grundsätzlich verbindungslos operiert. Die Daten werden über einen Datenadapter aus der Datenbank, in der Regel auf der Grundlage einer SQL-Anweisung oder einer gespeicherten Prozedur, abgerufen und stehen anschließend in einer DataTable oder einem DataSet zur Verfügung. Beide besitzen aber keine Verbindung zur Datenbank mehr, sodass Änderungen, die in der Zwischenzeit durch andere Anwender gemacht werden könnten, dem Programm nicht mitgeteilt werden. Überaus komfortabel ist die Datenbindung auf der Grundlage von Datenquellen, die für jedes Projekt zuvor ausgewählte Tabellen und Abfragen über typisierte DataSets zur Verfügung stellen, und einer BindingSource-Komponente, die zum Beispiel gegen ein DataGridView-Steuerelement auf einem Excel-Arbeitsblatt, einem *NamedRange*-Objekt oder beliebigen Steuerelementen, zum Beispiel auf einem ActionsPane oder CustomTaskPane, gebunden werden kann. Im Prinzip können so beliebige Unternehmensdaten komfortabel und vor allem flexibel erweiterbar in VSTO-Anwendungen integriert werden, wobei die vertrauten Mechanismen, etwa Queries in Excel, natürlich nach wie vor zur Verfügung stehen. Damit schließt sich der in Kapitel 1 begonnene Kreis, denn der Zugriff auf Unternehmensdaten ist die Grundlage für die in diesem Kapitel skizzierten *Office Business Applications* (OBAs).

Kapitel 13

Spezialitäten der .NET-Programmierung

In diesem Kapitel:

Projekte debuggen	492
Typen und Reflection	497
Regelmäßige Vorgänge über einen Timer steuern	499
Der Zugriff auf die Registry	500
Tracing und Logging	504
Der My-Namespace	509
Daten im Programmcode abfragen – LINQ	510
Weitere Kleinigkeiten und »Spielereien«	513
Zusammenfassung	522

In diesem Kapitel geht es um jene »Spezialitäten«, die Ihnen bei der Programmierung mit .NET in mehr oder weniger regelmäßigen Abständen begegnen werden, die nur indirekt etwas mit Office-Programmierung oder den VSTO zu tun haben, und die (viel) zu speziell für die bisherigen Kapitel gewesen wären. Ein Beispiel ist das Anlegen von Registry-Einträgen, um ein Add-In zur Abwechslung »zu Fuß« zu registrieren oder die Überbleibsel alter Add-In-Projekte »aufzuräumen«, ein anderes das Abfragen von Typeninformationen bei einer Assembly über Reflection. Ein Thema, das jeder Entwickler beherrschen muss, und das ebenfalls noch nicht an der Reihe war, ist das Debuggen einer (VSTO-)Anwendung. Dieses Kapitel werden Sie vermutlich nicht an einem Stück lesen oder gar durcharbeiten, sondern immer dann konsultieren, wenn ein Problem gelöst werden muss, das mit einem der Themen dieses Kapitels etwas zu tun haben könnte, oder wenn Sie einfach etwas mehr über die .NET-Programmierung erfahren möchten.

Projekte debuggen

Das Debuggen eines Projekts bedeutet, es im Einzelschrittmodus auszuführen und dabei die Auswirkung bestimmter Befehle auf die Variablen des Programms zu überprüfen. Visual Studio besitzt einen überaus komfortablen integrierten Debugger, mit dessen Hilfe sich der Ablauf eines Programms verfolgen lässt. Dabei kommt es vor allem darauf an, die Tastenkombinationen zu kennen, mit denen zum Beispiel ein einzelner Befehl ausgeführt oder ein Haltepunkt gesetzt wird. Tabelle 13.1 stellt die wichtigsten Tasten und Tastenkombinationen zusammen, wobei einige Shortcuts vom verwendeten Tastaturlayout abhängig sind, das wiederum in den Optionen der IDE (*Umgebung/Tastatur*) eingestellt werden kann (die Tabelle geht vom »Visual Basic 6«-Layout aus). Die »Befehle« des Debuggers werden über das *Debuggen*-Menü zur Verfügung gestellt. Der wichtigste Befehl ist am Anfang *Einzelschritt*, der zweitwichtigste *Haltepunkt umschalten* (was aber am einfachsten über einen Klick in den grauen Bereich am linken Rand auf Höhe der Zeile, in der der Haltepunkt gesetzt werden soll, geschieht) und, sobald Sie etwas Übung mit dem Debugger haben, der Befehl *Prozedurschritt*, denn sobald eine Prozedur bzw. Funktion aus mehr als ein paar Befehlen besteht, möchte man sie nicht jedes Mal Befehl für Befehl durchlaufen.

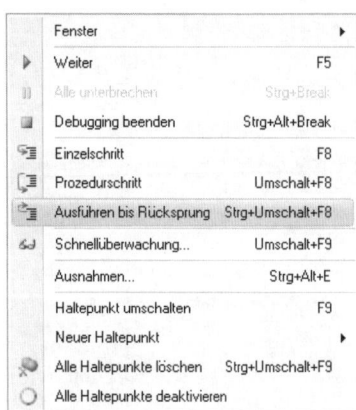

Abbildung 13.1 Die wichtigsten Debugger-Befehle stehen über das *Debuggen*-Menü zur Verfügung

Taste/Tastenshortcut	Funktionen
`F8`	Einzelschritt ausführen
`⇧`+`F8`	Eine Prozedur bzw. Funktion in einem Schritt ausführen und nicht Befehl für Befehl durchlaufen
`F9`	Haltepunkt umschalten
`Strg`+`F5`	Projekt ohne Debugger ausführen (Haltepunkte werden ignoriert)
`Strg`+`⇧`+`F9`	Alle Haltepunkte löschen
`Strg`+`Alt`+`B`	Haltepunkte-Fenster anzeigen
`⇧`+`F9`	Aktuellen Wert des selektierten Ausdrucks anzeigen (Schnellüberwachung)
`Strg`+`Alt`+`Untbr`	Debuggen beenden
`Strg`+`G`	Direktfenster anzeigen
`Strg`+`L`	Aufrufliste anzeigen
`Strg`+`Alt`+`V` `L`	Lokalfenster anzeigen (auch dieser Tastenshortcut lässt sich wie alle anderen auf Wunsch ändern)
`Strg`+`Alt`+`H`	Threads-Fenster

Tabelle 13.1 Nützliche Tasten und Tastenkombinationen für das Debuggen

Die Rolle der Haltepunkte

Ein Haltepunkt (engl. »break point«) ist eine Markierung, an der das Programm während der Programmausführung (sofern der Debugger nicht per `Strg`+`F5` übergangen wird) anhält. Das gibt Ihnen die Gelegenheit, die Werte von Variablen oder Eigenschaften zu inspizieren und gegebenenfalls auch Änderungen am Quelltext vorzunehmen, die nach Fortsetzen des Programms über `F5` berücksichtigt werden (bei VSTO-Anwendungen ist der Spielraum für solche Änderungen aber gering, sodass das Projekt in der Regel anschließend neu gestartet werden muss).

Gesetzt, oder genauer gesagt umgeschaltet, wird ein Haltepunkt, indem die Einfügemarke in die Zeile gesetzt und die `F9`-Taste gedrückt wird. Die Zeile wird rot unterlegt (wobei die Farbe in den Optionen geändert werden kann).

Haltepunkte deaktivieren

Ein Haltepunkt kann auch deaktiviert werden. Das ist bei einem größeren Projekt, in dem zahlreiche Haltepunkte gesetzt wurden, in der Regel besser als das Löschen des Haltepunktes. Denn es ergibt sich nicht immer auf Anhieb, an welchen Stellen ein Haltepunkt Sinn ergibt. Es ist entsprechend einfacher, bestehende Haltepunkte zu reaktivieren, als zunächst zu überlegen, wo Haltepunkte neu gesetzt werden sollten. Alle Haltepunkte werden im Haltepunkte-Fenster zusammengestellt, das über *Debuggen/Fenster/Haltepunkte* sichtbar gemacht wird.

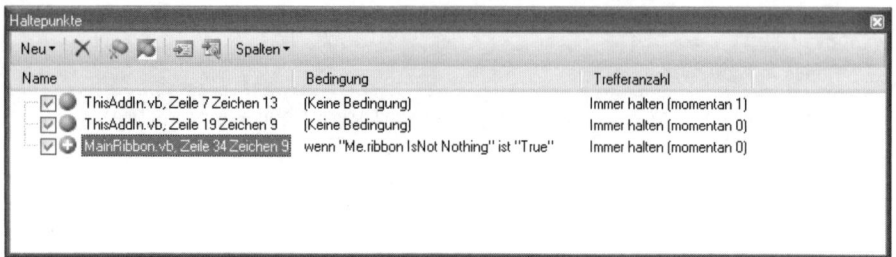

Abbildung 13.2   Das Haltepunkte-Fenster zeigt alle Haltepunkte an

Bedingte Haltepunkte

Ein bedingter Haltepunkt ist ein Haltepunkt, bei dem die Frage »anhalten oder nicht« von einer Bedingung abhängt. Bedingte Haltepunkte werden bei Visual Studio ganz einfach durch Anklicken eines (absoluten) Haltepunktes mit der rechten Maustaste und Auswahl von *Bedingung* eingerichtet. Allerdings ist es nicht ganz so einfach, eine passende Bedingung zu wählen. Im einfachsten Fall besteht eine Bedingung aus einem Ausdruck, der entweder *True* werden oder sich ändern muss, damit der Haltepunkt wirksam wird (Visual Studio 2008 bietet auch beim Festlegen der Bedingung in dem kleinen Eingabebereich Auswahllisten an). Als weitere Einschränkungen können eine Trefferanzahl oder ein Filter festgelegt werden. Außerdem lassen sich in Reaktion auf das Erreichen eines Haltepunktes auch »Makros« ausführen.

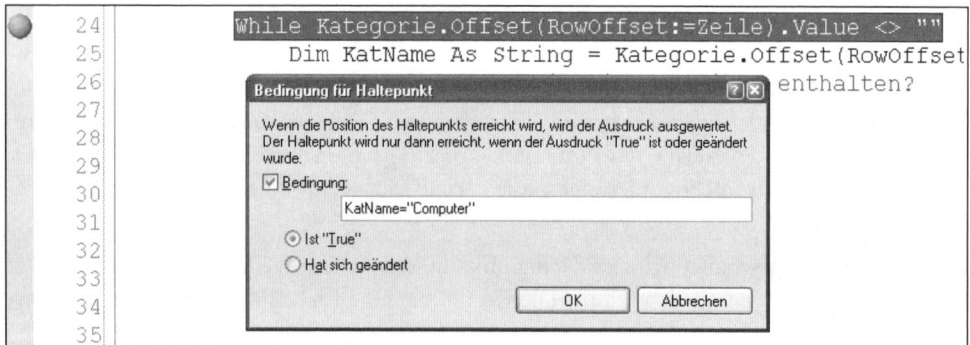

Abbildung 13.3   Für Haltepunkte lassen sich Bedingungen festlegen

Das Direktfenster

Das Direktfenster ist auch bei Visual Studio eine sehr praktische Angelegenheit, denn hier können Sie während einer Programmunterbrechung den Wert von Ausdrücken ausgeben lassen und einzelne Befehle ausführen. Allerdings verhält sich das Direktfenster ein wenig anders, als Sie es unter Umständen vom VBA-Editor gewohnt sind. Eingaben können nicht frei, sondern stets nur in der untersten Zeile durchgeführt werden. Steuert man mit der Maus eine andere Zeile an, erscheint diese in der untersten Zeile. Über die Pfeiltasten werden die bereits ausgeführten Befehle abgerufen.

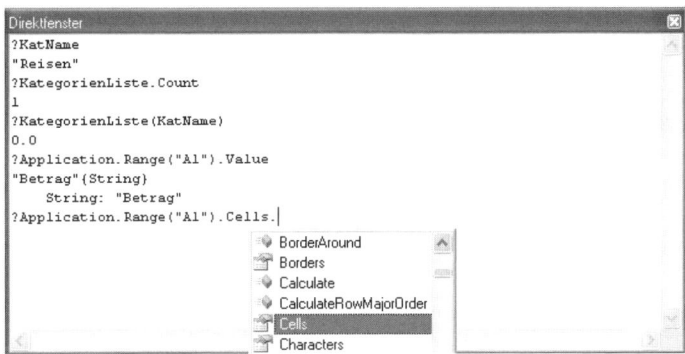

Abbildung 13.4 Im Direktfenster können sowohl zur Entwurfszeit als auch während der Programmunterbrechung Programmbefehle ausgeführt werden

Ausdrücke überwachen

Ab einer gewissen Größe des Programms wird es praktisch unmöglich, die aktuellen Werte aller Variablen im Kopf zu behalten. Wäre es nicht praktisch, wenn die IDE die aktuellen Werte in einem Fenster anzeigen würde? Genau dafür gibt es das Überwachungsfenster. Es funktioniert allerdings nur während einer Programmunterbrechung. Markieren Sie den zu überwachenden Ausdruck, klicken Sie ihn mit der rechten Maustaste an und wählen Sie *Überwachung hinzufügen*. Er wird dadurch einem von insgesamt vier Überwachungsfenstern hinzugefügt. Hier können Sie die zu überwachenden Ausdrücke auch direkt eingeben und editieren.

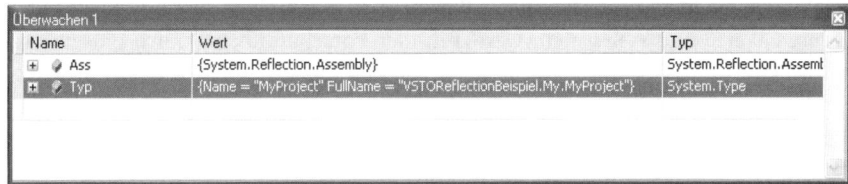

Abbildung 13.5 Im Überwachungsfenster werden die aktuellen Werte der überwachten Ausdrücke angezeigt

Die Programmfortführung variieren

Ein Programm muss im Debug-Modus nicht Befehl für Befehl abgearbeitet werden. Soll ein Bereich in einem Rutsch ausgeführt werden, definiert man entweder am Ende des Bereichs einen Haltepunkt und setzt die Programmausführung mit [F5] bis zu diesem Punkt fort oder man klickt die letzte Zeile mit der rechten Maustaste an und wählt *Ausführen bis Cursor*. Ein weiterer »Kniff«, den nicht jeder Entwickler kennt, ist das Festlegen einer Programmzeile, an der die Programmausführung als Nächstes fortgesetzt werden soll. Dabei kann auch eine innerhalb der Prozedur bzw. Funktion zurückliegende Methode gewählt werden, sodass es auch möglich ist, im Programmcode zurückzuspringen (allerdings ist der Radius auf die aktuelle Prozedur bzw. Funktion begrenzt). Alle diese Befehle finden Sie während des Debuggens im Kontextmenü des Programmcodefensters.

Abbildung 13.6   Im Kontextmenü des Programmcodefensters stehen einige Befehle zur Verfügung, mit denen sich die Programmausführung steuern lässt

Variablenwerte inspizieren

Auch für das Inspizieren von Werten von Eigenschaften oder Variablen während einer Programmunterbrechung hat Visual Studio einiges an Komfort zu bieten. Oft reicht es aus, den Mauszeiger auf eine Variable oder Eigenschaft zu bewegen, einen Augenblick innezuhalten, um ihren aktuellen Wert in einem kleinen Infofeld betrachten zu können. Alternativ wird der gesamte Name markiert und sein aktueller Wert über ⇧+F9, womit die Schnellüberwachung aktiviert wird, zur Anzeige gebracht. Die Anzeige ist dabei nicht auf einfache Werte beschränkt, auch »Strukturwerte« wie Objekte mit Eigenschaften, Collections oder Arrays mit Objekten sowie deren Werte und vieles mehr werden in der Vorschau übersichtlich präsentiert. Was nicht jeder erfahrene Entwickler weiß: Die Werte lassen sich an dieser Stelle auch editieren.

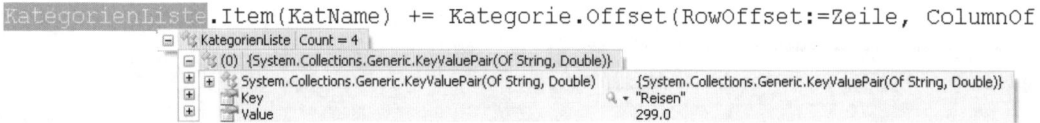

Abbildung 13.7   Während einer Programmunterbrechung werden die aktuellen Werte von Eigenschaften angezeigt

TIPP   Halten Sie während der Anzeige der Infobox mit dem aktuellen Wert die Strg-Taste gedrückt, wird die Box transparent dargestellt, sodass der darunter liegende Quellcode wieder sichtbar wird.

Der formale Weg, um die Werte von Variablen während der Programmunterbrechung betrachten zu können, besteht in dem Lokalfenster, das während einer Programmunterbrechung über *Debuggen/Fenster/Lokal* sichtbar gemacht wird.

Name	Wert	Typ
Me	{ExcelVSTOBeispiel01.Haupt}	ExcelVST(
e	{X = 99 Y = 15 Button = Left {1048576}}	System.E
KatName	"Reisen"	String
sender	{Text = "Summe"}	Object
Zeile	1	Integer

Abbildung 13.8   Das Lokalfenster zeigt während der Programmunterbrechung die Werte von Eigenschaften an

Das Debuggen beenden

Eine »Debug-Sitzung« kann jederzeit über *Debuggen/Debugging beenden* wieder beendet werden. Bei einer VSTO-Anwendung ist das vorzeitige Beenden aber eine Art »brachialer Kraftakt«, denn es muss nicht nur die Office-Anwendung vorzeitig beendet, sondern es müssen auch eine Vielzahl von »Interop-Konstruktionen« wieder sauber entsorgt werden. Es ist ein kleines technisches Wunder, dass dies so reibungslos funktioniert. Dass das interne Räderwerk dennoch ein wenig zu knirschen beginnt, wird jedes Mal an der warnenden Fehlermeldung deutlich, die erscheint, wenn eine VSTO-Sitzung vorzeitig beendet werden soll.

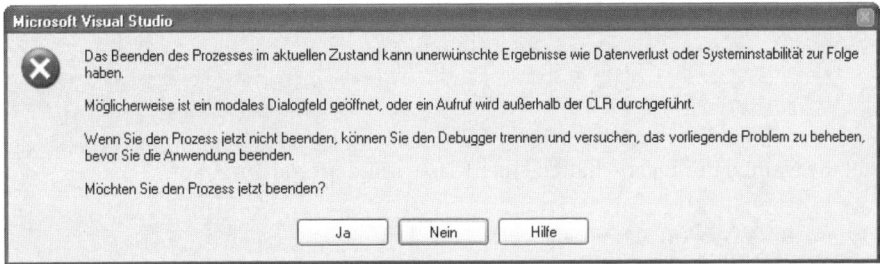

Abbildung 13.9   Diese Meldung erscheint, wenn eine VSTO-Debug-Sitzung vorzeitig beendet werden soll

Typen und Reflection

Bei der .NET-Programmierung dreht sich alles um Typen. Jede Klasse, Struktur, Schnittstelle, Konstantenauflistung usw., die in einer Assembly definiert ist, bildet einen Typ. Ein Typ besitzt einen Namen (jenen, der bei der Definition vergeben wurde) und eine Reihe von Mitgliedern. Diese Informationen sind, neben dem Programmcode, Teil der Assembly und werden auch als *Metadaten* bezeichnet (also »Daten über die Daten«). Ansatzweise gibt es diese Metadaten auch bei COM, nur dass die Typenbibliothek, in der zum Beispiel die Mitglieder eines COM-Objekts beschrieben werden, oft als separate Dateien vorliegen und ihr Inhalt bei Weitem nicht so elegant abfragbar ist wie bei .NET (die in Kapitel 5 vorgestellten PIAs sind Assemblies, die die COM-Typenbibliotheken kapseln). Mithilfe einer Technik, die bei .NET als *Reflection* bezeichnet wird (der Typ »reflektiert« gewissermaßen alle Informationen über seine Beschaffenheit), lässt sich jedes beliebige Detail eines Typs abfragen. Das spielt bei der »normalen« Office-Programmierung zwar nur selten eine direkte Rolle, aber jeder Office-Entwickler, der mit den VSTO arbeitet, sollte über Reflection in Grundzügen Bescheid wissen, zumal es ein alles andere als kompliziertes Thema ist. Im Mittelpunkt steht die *Type*-Klasse, die bei .NET von zentraler Bedeutung ist, da sie einen Typ repräsentiert. Es gibt zwei Wege, um an ein *Type*-Objekt zu gelangen: unter Zuhilfenahme der *GetType*-Methode, über die jedes Objekt verfügt, oder mithilfe der *GetType*-Funktion von Visual Basic. Was mit Reflection alles möglich ist, wird am besten an ein paar Beispielen deutlich, die, da es nur um die Technik geht, als Konsolenanwendungen umgesetzt werden.

CD-ROM   Die Beispiele finden Sie auf der Begleit-CD in Gestalt der Datei *13_VSTOReflectionBeispiel.sln*.

Beispiel

Das folgende Beispiel listet die Namen aller Klassen im aktuellen Projekt auf:

```
Imports System.Reflection
...
Dim Ass As Assembly = Assembly.GetEntryAssembly
Dim Typen() As Type = Ass.GetTypes
Console.WriteLine("Die Klassen in der Assembly:")
For Each Typ As Type In Typen
    If Typ.IsClass Then
        Console.WriteLine("Die Klasse: {0}", Typ.Name)
    End If
Next
```

Beispiel

Das folgende Beispiel listet die Namen der Eigenschaften einer Klasse mit dem Namen *A* auf:

```
For Each Prop As PropertyInfo In GetType(A).GetProperties()
    Console.WriteLine("Die Property: {0}", Prop.Name)
Next
```

Mit den Office-Objekten ist das leider nicht möglich. Ein *Application.Range("A1")* liefert nur scheinbar ein *Range*-Objekt, sondern in Wirklichkeit ein COM-Proxy-Objekt mit dem Namen *__ComObject*, das das *Range*-Objekt kapselt. Mit Reflection kommt man hier also nicht weit.

Beispiel

Das folgende Beispiel greift auf den Wert einer Instanzeneigenschaft der Klasse *A* zu. Dazu muss man über die *CreateInstance*-Methode erst eine Instanz der Klasse anlegen:

```
Dim AInstanz As A = Ass.CreateInstance("VSTOReflectionBeispiel.A")
Console.WriteLine("Der Wert ist: {0}", AInstanz.P1)
```

Methoden dynamisch aufrufen

Reflection bietet noch sehr viel mehr als nur die Möglichkeit, Typeninformationen abfragen zu können. Es lassen sich auch Methoden indirekt über ihren Namen aufrufen und einiges mehr. Eine sehr interessante, wenngleich sehr spezielle Technik ist das Nachladen einer kompletten Assembly zur Laufzeit, deren Methoden anschließend aufgerufen werden.

Beispiel

Das folgende Beispiel geht von einer sehr einfachen Assemblybibliothek aus, die aus einer Klasse mit dem Namen *ZufallsLib* besteht, die eine *Shared*-Funktion mit dem Namen *GetZahl* enthält. Die Assembly wird zur Laufzeit geladen und die Funktion aufgerufen. Es wird davon ausgegangen, dass der absolute Pfad der Dll-Datei in der Variablen *AssPfad* enthalten ist:

```
Dim AssLib As Assembly = Assembly.LoadFile(AssPfad)
Dim AssLibKlasse As Type = AssLib.GetType("ZufallsLib.Zufall")
Dim M As MethodInfo = AssLibKlasse.GetMethod("GetZahl", BindingFlags.Static + BindingFlags.Public)
Dim ZufallsZahl As Byte = M.Invoke(Nothing, Nothing)
```

Beim dynamischen Aufrufen von Methoden kommt das sogenannte »Binding« ins Spiel. Darunter wird in diesem Zusammenhang das Verbinden einer geladenen Assembly mit den über die Metadaten der Assembly festgelegten Typeninformation verstanden. Beim Aufruf von *GetMethod* der *Assembly*-Klasse kommt es zum Beispiel darauf an, diese Bindungsinformationen über die entsprechenden Konstanten festzulegen.

Regelmäßige Vorgänge über einen Timer steuern

Soll in einer Anwendung regelmäßig etwas passieren, wird ein Timer benötigt. Was bei VBA purer Luxus ist, der entweder durch den Aufruf von API-Callbackfunktionen oder das Einbinden einer externen Komponente erkauft werden muss, ist bei .NET fest eingebaut. Es gibt nicht nur eine, sondern gleich drei Timer-Klassen, die sich nur in Details unterscheiden. Allen drei Timern ist gemeinsam, dass sie die Prozedur, die in regelmäßigen Intervallen ausgeführt werden soll, auf einem Hintergrundthread ausführen.

CD-ROM Sie finden das Beispiel auf der Buch-CD in der Projektmappe *13_VSTOBlinkZelle.sln*.

Beispiel

Das folgende Beispiel implementiert auf der Basis der *Timer*-Klasse im Namespace *System.Windows.Forms* im Rahmen eines VSTO-Add-Ins für Excel einen Timer, der dafür sorgt, dass eine per Zufallszahlengenerator ausgewählte Zelle blinkt. Mit dem Klick auf den Button, der auf dem Tabellenblatt platziert wurde, werden Zeile, Spalte und Farbe per Zufallszahlengenerator ausgewählt:

```
Spalte = New Random().Next(1, BlinkBereich.Columns.Count)
Zeile = New Random().Next(1, BlinkBereich.Rows.Count)
Farbe = New Random().Next(1, 16)
```

Die *Interval*-Eigenschaft wird auf 1000 (Millisekunden) gesetzt, was einem gemütlichen Blinken entspricht. Anschließend wird der Zeitgeber gestartet:

```
ZeitGeber.Interval = 1000
ZeitGeber.Start()
```

Damit wird alle 1000 ms die *Tick*-Ereignisprozedur aufgerufen, in deren Verlauf die Hintergrundfarbe der selektierten Zelle geändert wird. Da dieser Zugriff von einem weiteren Thread aus erfolgt, kommt es schnell zu einer *COMException*-Ausnahme, wenn zum Beispiel das Intervall geändert wird, während der Zeitgeber noch aktiv ist. Aus diesem Grund wird der Zugriff auf die Zelle zur Farbänderung in einen *Try Catch*-Block eingerahmt.

Der Zugriff auf die Registry

Die Registry, das geheimnisvolle Wesen. So in etwa wurde die Registry in den Anfangsjahren von Windows häufig umschrieben (offiziell eingeführt wurde sie mit Windows 95 und Windows NT). Dabei ist an der Registry nichts Geheimnisvolles. Es ist eine hierarchisch organisierte Ablage, in der nicht nur Windows, sondern auch praktisch sämtliche Anwendungen ihre Konfigurationsdaten ablegen. Wie »hektisch« es in der Registry zugeht, wird schnell deutlich, wenn man mit einem Tool wie *RegMon* (Download unter *http://www.sysinternals.com*) die Aktivitäten in der Registry betrachtet. Beinahe im Sekundentakt fragen Anwendungen, aber auch Teile von Windows die Werte einzelner Schlüssel ab. Allein die Installation von Visual Studio fügt mehrere Tausend Einträge in der Registry ein, die (vermutlich) alle ihre Bedeutung haben. Bei VSTO-Anwendungen spielt die Registry offiziell nur bei den Anwendungserweiterungen (Add-Ins) eine Rolle, wie es in Kapitel 10 bereits dargestellt wurde. Möchte man ein Add-In selbst registrieren oder die Informationen für das Add-In entfernen oder, das kann bei Office 2007 eine Rolle spielen, wo es offiziell keine maschinenweiten Add-Ins mehr gibt, von einem Schlüssel in einen anderen kopieren, muss man zwangsläufig direkt auf die Registry zugreifen. Das Ablegen von Werten während der Programmausführung, die beim erneuten Programmstart wieder zur Verfügung stehen sollen, sollte nicht mehr in der Registry erfolgen, da es dafür zum Beispiel die Anwendungskonfigurationsdateien gibt, die über *My.Settings* sehr einfach angesprochen werden.

Der Aufbau der Registry

Die Registry besteht aus Schlüsseln, Einträgen und Werten. Die Schlüssel sind die Zweige, an denen ein oder mehrere Einträge aufgehängt sind. Jeder Eintrag besitzt genau einen Wert. Das Besondere an den Schlüsseln ist, dass sie beliebig tief verschachtelt sein können. Ein Schlüssel besitzt Unterschlüssel, die wiederum Unterschlüssel aufweisen, die erneut Unterschlüssel haben usw. Jeder Schlüssel verfügt über eine bestimmte Anzahl an Einträgen. Jeder Eintrag besteht aus einem Namen und einem Wert. Eine Ausnahme ist der sogenannte *Standardeintrag*, der meistens keinen Namen und oft keinen Wert besitzt. Auf der obersten Ebene der Schlüsselhierarchie befinden sich die Hauptschlüssel, wie *HKey_Local_Machine* oder *HKey_Current_User*, die in der Regel mit HKLM bzw. HKCU abgekürzt werden[1]. Was wo in welcher Form abgelegt wird, obliegt alleinig der jeweiligen Anwendung. Es gibt in dieser Beziehung keine »Vorschriften«. Die einzige Einschränkung resultiert aus dem Umstand, dass es auch bei Registry-Schlüsseln Berechtigungen gibt und für den Zugriff auf bestimmte Bereiche, wie zum Beispiel HKLM, administrative Berechtigungen erforderlich sind. Anwendungen sollten ihre Schlüssel daher stets in HKCU anlegen, wenngleich dies leider nicht immer der Fall ist[2].

Bearbeitet wird die Registry mit Tools wie *Regedit.exe*, wobei auch hier die Berechtigungen wirksam sind (die man nach Auswahl eines Schlüssels über *Bearbeiten/Berechtigungen* betrachten und auch ändern kann).

---

[1] Bevor Sie sich bei Wikipedia auf die Suche begeben, das »H« steht für »hive«, also auf Deutsch so etwas wie Bienenstock bzw. einfach der oberste Aufhänger für die Schlüssel.

[2] Und ein klares Beispiel dafür ist, dass der zuständige Programmierer die allgemeinen Empfehlungen von Microsoft in diesem Punkt ignoriert hat.

Der Zugriff auf die Registry

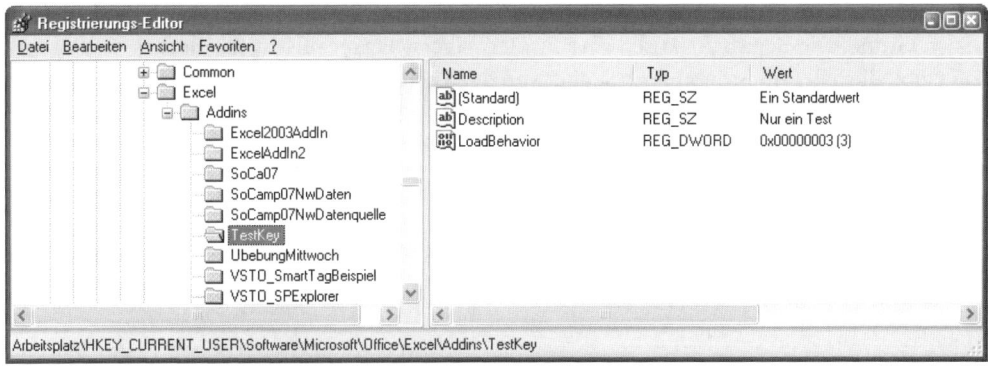

Abbildung 13.10 Regedit zeigt die hierarchische Schlüsselstruktur der Registry an

Arbeiten mit der Registry

Tools wie *Regedit.exe* stellen alle Befehle bereit, mit denen sich sämtliche Aktionen, die für den Umgang mit der Registry eine Rolle spielen, durchführen lassen. Lediglich die Suche ist etwas unhandlich und auch langsam, sodass man sich für diese Dinge nach einer Alternative umschauen sollte.

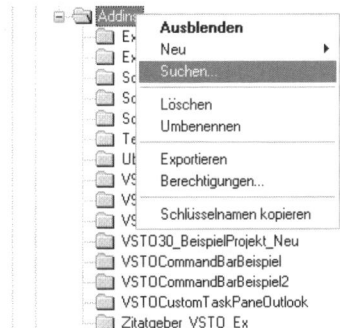

Abbildung 13.11 Über das Kontextmenü eines Eintrags werden die meisten Operationen angeboten

Ein für VSTO-Entwickler interessanter Schlüssel ist zum Beispiel *HKCU\Software\Microsoft\Office\Excel\Addins*, denn hier werden für Excel 2003/2007 die benutzerspezifischen Add-Ins registriert. Interessant sind vor allem die Unterschlüssel, von denen jeder für ein Add-In steht, das »irgendwann« einmal registriert wurde. Es gestaltet sich übrigens so, dass sich Excel nicht automatisch um eventuell verwaiste Einträge kümmert. Wenn ein Add-In aus irgendwelchen Gründen nicht oder nicht mehr in der Liste der COM-Add-Ins erscheint, muss der Eintrag zu Fuß wieder entfernt werden. Wird es dagegen im Rahmen der Add-In-Verwaltung von Excel entfernt, kümmert sich Excel auch um das Entfernen der Registry-Einträge.

Die Registry-Klassen in Microsoft.Win32

Für den Zugriff auf die Registry, also für das Abfragen, Ändern und Neuanlegen von Schlüsseln, Einträgen und deren Werten, gibt es keine Befehle, das erledigen natürlich die Klassen und deren Methoden in der .NET-Klassenbibliothek. Es sind derer zwei: *Registry* und *RegistryKey*. Während *Registry* für die gesamte Registry steht und die Hauptzweige *HKCU* und *HKLM* über Konstanten vom Typ *RegistryKey* zur Verfügung stellt, steht *RegistryKey* für einen beliebigen Schlüssel. Ein wenig ungewöhnlich mag zunächst erscheinen,

> **CD-ROM** Sie finden die Beispiele in Gestalt der Projektmappendatei *13_VSTORegistry.sln* auf der Buch-CD.

Beispiel

Das folgende Beispiel führt ein paar elementare Operationen mit der Registry durch. Als Erstes werden über die *GetSubKeyNames*-Methode alle Unterschlüssel im Schlüssel *HKCU\Software\Microsoft\Office\Excel* aufgelistet:

```
Const AddinKey As String = "Software\Microsoft\Office\Excel\AddIns"

Using R As RegistryKey = Registry.CurrentUser.OpenSubKey(AddinKey)
    Console.ForegroundColor = ConsoleColor.Blue
    For Each W As String In R.GetSubKeyNames()
        Console.WriteLine(W)
        SubKeyName = W
    Next
End Using
```

Da ein Schlüssel offiziell auch wieder geschlossen werden sollte, wird der *Using*-Befehl verwendet, der sich um diese Details kümmert.

Das nächste Beispiel listet über die Methoden *GetValueNames* und *GetValue* alle Einträge und deren Werte in einem Schlüssel auf:

```
' Die Namen und Werte eines Schlüssels
SubKeyName = AddinKey & "\" & SubKeyName
Using R1 As RegistryKey = Registry.CurrentUser.OpenSubKey(SubKeyName)
Console.WriteLine("Die Namen in {0}", SubKeyName)
For Each N As String In R1.GetValueNames()
  Dim W As Object = R1.GetValue(N)
  Console.WriteLine("Name: {0}, Wert: {1}", N, W)
Next
End Using
```

Das letzte Beispiel zeigt, wie ein neuer Schlüssel als Unterschlüssel eines vorhandenen Schlüssels angelegt wird:

```
' Einen neuen Add-In-Unterschlüssel anlegen
Using R As RegistryKey = Registry.CurrentUser.OpenSubKey(AddinKey, True)
  Dim RkNeu As RegistryKey = R.CreateSubKey("TestKey")
  RkNeu.SetValue("", "Ein Standardwert")
  RkNeu.SetValue("LoadBehavior", 3)
  RkNeu.SetValue("Description", "Nur ein Test")
  Console.WriteLine("Registry-Schlüssel wurde angelegt!")
End Using
```

Beim Schreiben muss darauf geachtet werden, dass über den zweiten Parameter der Schreibzugriff erlaubt wird. Alternativ kann eine Berechtigung gesetzt werden, die aber auch vorhanden sein muss (durch Ankli-

Der My-Namespace

Der praktische *My*-Namespace von Visual Basic hat auch für den Registry-Zugriff etwas zu bieten. Es sind zwar dieselben Klassen mit denselben Methoden im Spiel, doch geht das Eintippen der Klassen über ein *My.Computer.Registry* als Ausgangspunkt für einen Zugriff ein wenig leichter von der Hand.

Beispiel

Das folgende Beispiel listet erneut die Namen aller Excel-Add-In-Einträge unter *HKCU* auf.

```
For Each K As String In My.Computer.Registry.CurrentUser.OpenSubKey(AddinKey).GetSubKeyNames
    Console.WriteLine(K)
Next
```

GetSetting und SaveSetting als Alternative

Geht es darum, lediglich ein paar Werte in der Registry zu speichern, sind die Visual Basic-Funktionen *GetSetting* und *SaveSetting* (beide im Namespace *Microsoft.VisualBasic*), die es auch bei VBA gibt, unter Umständen eine Alternative. Sie greifen auf einen Bereich der Registry zu (*HKEY_CURRENT_USER\Software\VB and VBA Program Settings*), der speziell für diese Programmeinstellungen vorgesehen ist.

Beispiel

Der folgende Befehl speichert den Wert einer Variablen in der Registry:

```
AnzahlAufrufe += 1
SaveSetting ("AppName", "Allgemein", "AnzahlAufrufe", AnzahlAufrufe)
```

Die Namen der Anwendung, der Sektion und des Schlüssels werden frei festgelegt. Über den Aufruf von *GetSetting* wird der Wert wieder abgefragt:

```
AnzahlAufrufe = GetSetting("AppName", "Allgemein", "AnzahlAufrufe")
```

Die Namen müssen natürlich identisch sein, sonst wird nichts zurückgegeben.

Konfigurationsdaten in der Programmkonfiguration speichern

Der offizielle Ort für Einstellungen, die auch nach dem Beenden der Anwendung erhalten bleiben sollen, sodass sie beim nächsten Start der Anwendung wieder zur Verfügung stehen, sind die Programmeinstellungen, die in den Projekteigenschaften im Register *Einstellungen* vorgenommen werden. Hier kann eine beliebige Anzahl an Einträgen hinzugefügt werden, was allerdings vor dem Programmstart geschehen muss. Jedem Eintrag kann ein Typ zugewiesen werden, was aber nicht erforderlich ist (in diesem Fall wird der voreingestellte Universaltyp *String* gewählt). Wo die Einstellungen gespeichert werden, hängt davon ab, ob es eine Benutzer- oder eine Anwendungseinstellung ist. Letztere werden in der Config-Datei gespeichert, die die Assemblydatei begleitet und den Namen der Assemblydatei mit der Erweiterung und einem angehängten

.Config trägt. Die Benutzereinstellungen werden dagegen in einer Datei mit dem Namen *User.config* abgelegt, die sich »irgendwo« in den Tiefen der Verzeichnishierarchie des Benutzerprofils versteckt (der genaue Pfad spielt keine Rolle). Der wichtigste Unterschied ist, dass sich nur die Benutzereinstellungen während der Programmausführung ändern lassen, die Anwendungseinstellungen sind dagegen schreibgeschützt. Ausgelesen werden beide über *My.Settings*.

Beispiel

Das folgende Beispiel geht von einem Windows-Dienst aus, der Verzeichnisse überwacht. Der Pfad des zu überwachenden Verzeichnisses wird über die zuvor angelegte Programmeinstellung *FolderPath* festgelegt, die nach dem Programmstart abgefragt wird:

```
UbPfad = My.Settings.FolderPath
```

Enthalten ist die Einstellung in der Anwendungskonfigurationsdatei, die sich im selben Verzeichnis befindet wie die Assemblydatei. Heißt die Assemblydatei zum Beispiel *Folderwatch.exe*, lautet der Name der Konfigurationsdatei entsprechend *Folderwatch.exe.config*. Ein wenig irritierend ist, dass sie im Projekt lediglich mit *App.config* benannt ist und unter diesem Namen angelegt wird (sie muss also nicht umbenannt werden) und erst bei Projektstart unter ihrem »wahren Namen« ins Ausgabeverzeichnis kopiert wird. Über die Config-Datei wird die Anwendungsdatei »von außen« konfiguriert. Über eine Ini-Datei wäre dies grundsätzlich auch möglich, aber sicher nicht so elegant.

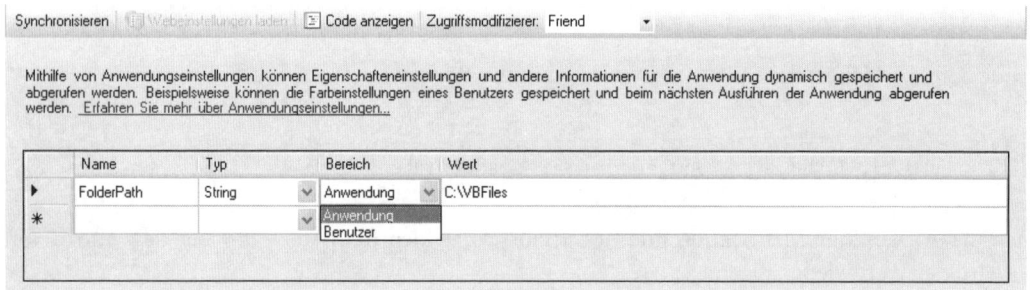

Abbildung 13.12 Programmeinstellungen werden auf dem Register *Einstellungen* in den Projekteigenschaften angelegt

Tracing und Logging

Tracing und Logging sind zwei Techniken, die vor allem bei größeren (VSTO-) Projekten eine Rolle spielen und das Debuggen bzw. die Fehlersuche unterstützen. Tracing bedeutet, den Programmverlauf durch »Kontrollmeldungen« zu verfolgen, Logging ihn zu protokollieren. Prinzipiell ist auch bei VBA ein einfaches Tracing möglich, nur dass das »Ausgabemedium« hier stets das Debugfenster ist oder man selbst aktiv werden und eine eigene Ablaufverfolgung implementieren muss. Die modernere Architektur des .NET Frameworks ermöglicht es, für Meldungen im Prinzip jedes Ausgabemedium zu benutzen, was vor allem die Auswertung der Meldungen enorm erleichtert. Oft geschieht das Tracing und Logging während der Ausführung der Anwendung beim Anwender, sodass der zuständige Entwickler erst später die Gelegenheit erhält, den Output auszuwerten. Über selbst entwickelte »Listener« wäre es sogar möglich (ohne allzu großen Aufwand), dass Meldungen per E-Mail direkt an den Entwickler verschickt werden. Im Mittelpunkt des Tracing steht die *Trace*-Klasse. Tabelle 13.2 stellt ein paar interessante Mitglieder dieser Klasse zusammen. Bei allen Ausgabemeldungen muss berücksichtigt werden, dass diese an alle Listener geschickt werden (mehr dazu in Kürze).

CD-ROM Die Beispiele finden Sie auf der Buch-CD in Gestalt der Projektmappendatei *13_TraceBeispiel.sln*.

Beispiel

Im einfachsten Fall wird eine Meldung im Direktfenster ausgegeben, wobei es oft keine Rolle spielt, ob dafür die *Debug*- oder die *Trace*-Klasse zum Einsatz kommt.

```
System.Diagnostics.Trace.WriteLineIf(KategorienListe.Count < 10, "Nicht genügend Werte eingelesen")
```

Diese Meldung wird nur ausgegeben, wenn die Bedingung *KategorienListe.Count < 10* erfüllt ist.

Trace-Fehlermeldungen

Eine interessante Möglichkeit, Testfehlermeldungen (sogenannte »Assertionsfehler«) auszugeben, die nicht auf Exceptions basieren, bietet die *Fail*-Methode der *Trace*-Klasse. Es erscheint eine Meldung mit einer ausführlichen *StackTrace*-Fehlermeldung und der Anwender erhält die Gelegenheit, das Programm abzubrechen oder fortzusetzen. Wird die *#TRACE*-Konstante später wieder aus den Projekteigenschaften herausgenommen, wird die Meldung nicht mehr angezeigt.

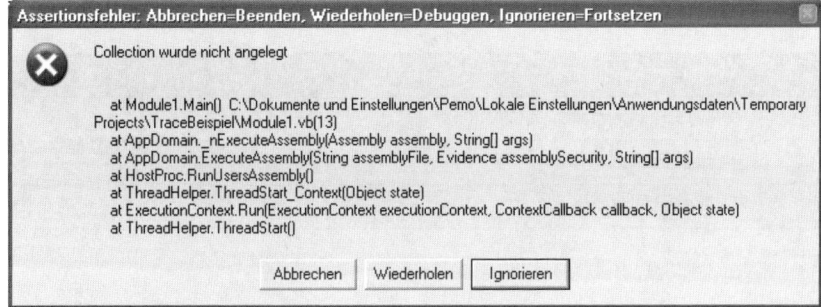

Abbildung 13.13 Sieht streng aus, ist aber nützlich – ein Assertionsfehler

Mitglied	Bedeutung
Assert-Methode	Führt einen Assert durch.
Close-Methode	Schließt den Ausgabepuffer und anschließend alle Listener.
Fail-Methode	Schreibt eine Fehlermeldung mit *StackTrace*-Informationen in die Listener.
Ident-Methode	Erhöht die *IdentLevel*-Eigenschaft um eins, mit der Meldungen optisch eingerückt werden, um sie von anderen Meldungen zu unterscheiden.
IdentLevel-Eigenschaft	Legt die Ebene des Einrückens fest.
Listeners-Eigenschaft	Steht für die Auflistung an Listener-Objekten in Gestalt einer *TraceListenerCollection*.

Tabelle 13.2 Interessante Mitglieder der *Trace*-Klasse

Mitglied	Bedeutung
TraceError-Methode	Schreibt eine Fehlermeldung in die Listener.
WriteIf-Methode	Gibt eine Meldung in den Listenern aus, wenn eine Bedingung erfüllt ist.
Write-Methode	Schreibt eine Meldung in die Listener.

Tabelle 13.2 Interessante Mitglieder der *Trace*-Klasse *(Fortsetzung)*

Die Rolle der TraceListener

Ein simpler Befehl wie *Trace.WriteLine* verbirgt die Tatsache, dass hier ein sogenannter TraceListener im Spiel ist, ein »Zuhörer« für die Ausgabemeldungen. Standardmäßig ist das Direktfenster als Default-Trace-Listener festgelegt. Über die *Add*-Methode der *Listener*-Auflistung werden weitere Zuhörer hinzugefügt.

Beispiel

Der folgende Befehl fügt die Konsole als Ausgabemedium für Trace-Meldungen hinzu:

```
Trace.Listeners.Add(New ConsoleTraceListener())
```

Grundlage für einen Listener ist die *TraceListener*-Klasse, die als abstrakte Basisklasse in abgeleiteten Klassen implementiert werden muss. Da es aber bereits fertige Listener gibt (Tabelle 13.3), ist dies nur in Ausnahmefällen erforderlich. Eine weitere Möglichkeit, Listener zu konfigurieren, bietet die Config-Datei der Anwendung (*App.config* im Projektverzeichnis). Der Vorteil dieser Variante liegt darin, dass die Listener konfiguriert werden können, ohne dass der Programmcode angepasst werden muss.

Listener	Schreibt Meldungen in ...
EventLogTraceListener	das Ereignisprotokoll von Windows
TextWriterTraceListener	eine Textdatei
DefaultTraceListener	den Default-Listener

Tabelle 13.3 Standard-Listener im Überblick

Beispiel

Die folgende Befehlsfolge fügt gleich zwei Listener hinzu, die beide auf der *TextWriterTraceListener*-Klasse basieren. Damit wird jede Meldung gleich in zwei Dateien geschrieben:

```
Using Tr1 As New 
System.Diagnostics.TextWriterTraceListener(Environment.GetEnvironmentVariable("userprofile") & _
    "\TraceBeispiel01.txt")
  Using Tr2 As New 
System.Diagnostics.TextWriterTraceListener(Environment.GetEnvironmentVariable("userprofile") & _
    "\TraceBeispiel02.txt")
    Trace.Listeners.Add(Tr1)
    Trace.Listeners.Add(Tr2)
    Trace.WriteLineIf(KategorienListe.Count < 10, "Nicht genügend Werte eingelesen")
    Trace.Fail("Collection wurde nicht angelegt")
End Using
```

Es ist in der Regel flexibler, diese Dinge in der Datei *App.config* des Projekts festzulegen (zumal eine Anwendung unter Windows Vista nicht auf Laufwerk C: schreiben darf, wenn sie nicht explizit mit einem Administratorkonto gestartet wurde). Diese Datei muss über *Projekt/Neues Element hinzufügen* aufgenommen werden und ist eine simple Textdatei im XML-Format (daher spielt auch die Groß- und Kleinschreibung bei den Elementnamen eine Rolle).

Das, was in die Sektion *<system.diagnostics>* in *App.config* eingetragen werden muss, wirkt auf den ersten Blick ein wenig »Ehrfurcht einflößend«, ist aber wie so oft relativ harmlos.

Beispiel

Die folgende Ergänzung zu *App.config* sorgt dafür, dass ein neuer Listener mit dem Namen »TestListener« angelegt (und zur *Listeners*-Collection hinzugefügt) wird, der Trace-Meldungen in einer Datei mit dem Namen »TestListenerOutput.log« ausgibt (diese Datei befindet sich im selben Verzeichnis wie die Assembly):

```
<system.diagnostics>
  <trace autoflush="true" indentsize="4">
    <listeners>
      <add name="TestListener" type="System.Diagnostics.TextWriterTraceListener"
        initializeData="TestListenerOutput.log" />
      <remove name="Default" />
    </listeners>
  </trace>
</system.diagnostics>
```

TIPP Bei Visual Studio legt die Compilerkonstante *#TRACE* fest, ob Trace-Meldungen überhaupt ausgegeben werden. Sie kann in den Projekteigenschaften (Register *Kompilieren/Erweiterte Kompilierungsoptionen*) eingefügt bzw. entfernt werden. Die Konstante besitzt standardmäßig den Wert -1, sodass die folgende Befehlsfolge die Ausgabe unterdrückt, wenn *#TRACE* (zum Beispiel in den erweiterten Optionen unter *Benutzerdefinierte Konstanten*) auf 0 gesetzt wurde:

```
#If TRACE Then
  Trace.WriteLineIf(KategorienListe.Count < 10, "Nicht genügend Werte eingelesen")
#End If
```

Die Rolle der Asserts

Asserts sind ein fester Bestandteil vieler Programmiersprachen. Es gibt sie auch bei VBA über *Debug.Assert*. Ein Assert (zu Deutsch in etwa »eine nachdrückliche Erklärung«) ist eine Prüfung einer Bedingung zur Laufzeit, die entweder *True* oder *False* sein kann. Ein wenig ungewöhnlich ist, dass eine *True*-Bedingung dazu führt, dass nichts passiert und die Programmausführung fortgesetzt wird. Sie formulieren die Bedingung also so, dass sie etwas prüft, was nicht passieren sollte. Wenn dies dann doch passiert, löst das Programm den Assert aus, sodass der Quellcode gegebenenfalls korrigiert werden kann (das Ziel ist es, dass keine Asserts ausgelöst werden).

Ein *Assert* wird über die gleichnamige Methode der *Debug*-Klasse aufgerufen.

Beispiel

Der folgende Befehl gibt eine Assertionsfehlermeldung aus, wenn die Variable *Dateiname* keinen Wert besitzt:

```
Debug.Assert (Dateiname IsNot Nothing, "Dateiname muss einen Wert besitzen")
```

Erscheint die Meldungsbox, können Sie entscheiden, ob das Programm abgebrochen oder fortgesetzt werden soll. Es ist wichtig zu verstehen, dass die obige Abfrage nicht dazu dient, festzustellen, ob die Variable *Dateiname* während der Programmausführung *einen* Wert besitzt. Das wird, wie immer, über einen *If*-Befehl erledigt. Asserts dienen dazu, Situationen aufzudecken, die gar nicht erst auftreten dürften, weil sich damit herausstellt, dass etwas mit dem Quellcode nicht in Ordnung ist. In der Release-Version der Assembly spielen sie keine Rolle.

Fehlermeldungen protokollieren – das Logging

Es ergibt wenig Sinn, einen Anwender mit Fehlermeldungen zu konfrontieren, die im Allgemeinen lediglich weggeklickt werden. Möchte ein Entwickler wissen, wie sich seine Anwendung beim Anwender »draußen« verhält, ist das Protokollieren von Meldungen, die über das Programmverhalten Auskunft geben, eine Alternative. Das Protokollieren erfolgt zum Beispiel in einer eigenen Log-Datei oder, das macht die Auswertung später sehr viel leichter, im Windows-Ereignisprotokoll. Das ermöglicht die *EventLog*-Klasse im Namespace *System.Diagnostics*. Im einfachsten Fall beschränkt sich das Protokollieren auf den Aufruf der *WriteEntry*-Methode.

CD-ROM Das Beispiel finden Sie auf der Buch-CD in der Projektmappendatei *13_EventLogBeispiel.sln*.

Beispiel

Der folgende Befehl schreibt eine Reihe von Meldungen in das Ereignisprotokoll *Anwendung*:

```
EventLog.WriteEntry(My.Application.Info.Title, "Programm wurde gestartet.", _
    EventLogEntryType.Information)
Try
  Throw New SystemException("Hier geht etwas in die Hose.")
Catch ex As SystemException
  EventLog.WriteEntry(My.Application.Info.Title, "Es ging etwas in die Hose.", EventLogEntryType.Error)
End Try
  EventLog.WriteEntry(My.Application.Info.Title, "Programm ordnungsgemäß beendet (ein Glück)", _
    EventLogEntryType.Information)
```

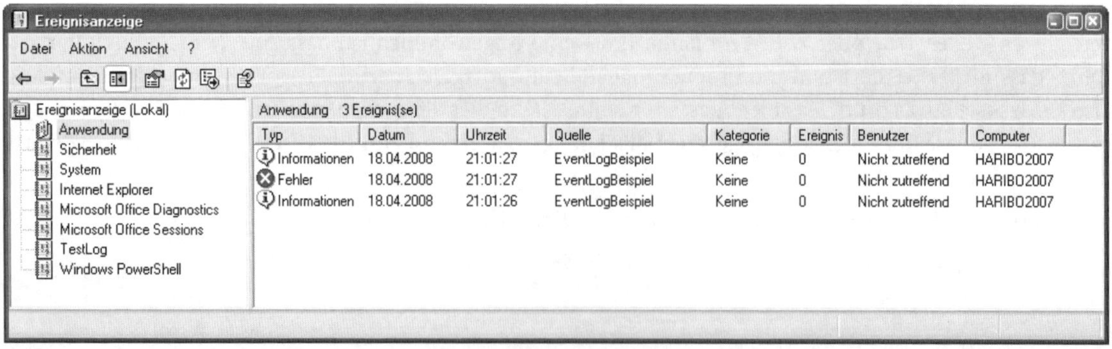

Abbildung 13.14 Die Ereignisanzeige von Windows zeigt die protokollierten Einträge an

Natürlich muss man die Einträge nicht der Reihe nach durchklicken, um herauszufinden, was während der Ausführung eines Programms passiert ist. Die *EventLog*-Klasse bietet auch eine Möglichkeit, um an den Inhalt des Eventlogs heranzukommen.

Beispiel

Das folgende Beispiel listet alle Einträge auf, die von der Anwendung vorgenommen wurden:

```
' Alle Einträge auflisten
For Each En As EventLogEntry In Ev.Entries
  If En.Source = My.Application.Info.Title Then
    Console.WriteLine(En.Message)
  End If
Next
```

Eine andere Alternative ist die Windows PowerShell, mit der sich Ad-hoc-Abfragen schnell durchführen lassen:

```
get-eventlog Application | where-object { $_.Source -eq 'EventLogBeispiel'}
```

Der My-Namespace

Visual Basic-Programmierer verfügen über ein kleines Juwel, um das sie mit Sicherheit manche Kollegen, die mit C# arbeiten müssen, beneiden dürften: den (künstlichen) *My*-Namespace, der eine Reihe von sehr praktischen Klassen mit praktischen Mitgliedern zur Verfügung stellt. Doch warum ist dieser Namespace so praktisch? Weil mit seiner Hilfe häufig anfallende Problemstellungen einfach, elegant und trotzdem hundertprozentig .NET-konform gelöst werden können, ohne sich mit den .NET-Basisklassen allzu gut auskennen zu müssen. Hier ein einfaches Beispiel. Ein Befehl soll nur dann ausgeführt werden, wenn der Computer mit dem Netzwerk verbunden ist (was meistens ja auch eine Verbindung mit dem Internet bedeutet). Was für einen .NET-Anfänger gar nicht so einfach ist (bei welcher der vielen Klassen sollte man suchen, wenngleich *System.Net* in diesem Fall ein guter Startpunkt wäre), wird dank des *My*-Namespaces und seiner Klassen intuitiv einfach:

```
If My.Computer.Network.IsAvailable Then

End If
```

Ein anderer Fall: Ein Programm soll eine Datei von einem Webserver laden. Mit den .NET-Basisklassen in *System.Net* ist das sicher irgendwie möglich, doch wie? Der *My*-Namespace macht es sehr einfach.

Beispiel

Der folgende Befehl lädt eine Datei herunter:

```
My.Computer.Network.DownloadFile("http://www.activetraining.de/buchliste.xml",
"Environment.GetEnvironmentVariable("userprofile") & "\BuchlisteDownload.xml")
```

Stimmt die Adresse nicht, ist eine wenig aussagekräftige Fehlermeldung die Folge. Unter Windows Vista muss das Programm explizit mit einem Administratorkonto gestartet werden.

Der *My*-Namespace bietet noch einiges mehr. Tabelle 13.4 stellt ein paar Kostproben zusammen. Eine vollständige Übersicht ergibt sich sehr schnell durch Eingabe von *My* im Visual Studio-Editor, da nach Eingabe des Punktes die zur Verfügung stehenden Klassen aufgelistet werden, sodass man sich auf diese Weise schnell durch die Klassenhierarchie hindurchbewegen kann. Verwechseln Sie den *My*-Namespace nicht mit dem *Global*-Namespace, der von der Spitze der Namespacehierarchie ausgeht, oder dem *Globals*-Objekt, über das alle Instanzen der »Anwendungsklassen« zur Verfügung stehen.

Problemstellung	Wie wird sie gelöst?
Feststellen, ob eine Netzwerkverbindung existiert	*My.Computer.Network.IsAvailable*
Computername abfragen	*My.Computer.Name*
Tastendruck an ein Fenster senden	*My.Computer.Keyboard.Sendkeys* (geht nur in einer Windows-Anwendung)
Datei aus dem Web herunterladen	*My.Computer.Network.DownloadFile*
Wav-Datei abspielen	*My.Computer.Audio.Play*
Feststellen, ob ein Verzeichnis existiert	*My.Computer.FileSystem.DirectoryExists*
Feststellen, ob eine Datei existiert	*My.Computer.FileSystem.FileExists*
Verzeichnis nach einer Datei durchsuchen, deren Name einen bestimmten Wert beinhaltet	*My.Computer.FileSystem.FindInFiles("C:\", "Stoer", True, FileIO.SearchOption.SearchTopLevelOnly)* (geht auch rekursiv)
Feststellen, ob der aktuelle Benutzer zur Administratorgruppe gehört	*My.User.IsInRole*
Namen des Benutzers abfragen	*My.User.Name* (steht nur zur Verfügung, wenn eine Authentifizierung erfolgt ist, was in einer WinForms-Anwendung automatisch der Fall ist).
Namen des Betriebssystems abfragen	*My.Computer.Info.OSFullName*
Computer im Netzwerk »anpingen«	*My.Computer.Network.Ping*
Feststellen, ob die Maus ein Rädchen besitzt	*My.Computer.Mouse.WheelExists*
Bildschirmauflösung feststellen	*My.Computer.Screen.WorkingArea*

Tabelle 13.4 Informationen, die über den *My*-Namespace verfügbar sind

Daten im Programmcode abfragen – LINQ

Vom neuen *Language Integrated Query Framework*, kurz LINQ, war in diesem Buch bereits in Kapitel 2 die Rede, als es um das Abfragen der Inhalte einer XML-Datei ging. In diesem Abschnitt soll LINQ noch einmal ganz allgemein beschrieben werden, da es eine der wichtigsten Neuerungen ist, die mit .NET 3.5 eingeführt wurden, und fest davon ausgegangen werden kann, dass in einigen Jahren 90 Prozent aller Entwickler (auch bei VSTO) mit LINQ arbeiten werden. Doch was macht LINQ so besonders? Es ist die Leichtigkeit und Eleganz, mit der sich per LINQ beliebige »Datenablagen« abfragen (allerdings nicht aktualisieren) lassen. Unter eine Datenablage fällt alles, was eine gewisse »Mindestanforderung« erfüllt. Da darunter bereits simple Arrays und Collections fallen, ist es problemlos möglich, LINQ an einfachen Beispielen zu erkunden.

Daten im Programmcode abfragen – LINQ

CD-ROM Die Beispiele finden Sie auf der Buch-CD in Gestalt der Projektmappendatei *13_LINQBeispiele.sln*.

Beispiel

Die folgenden Abfragebeispiele gehen von zwei Klassen *Buch* und *Autor* aus, die wie folgt definiert sind:

```
Class Buch
  Friend Titel As String
  Friend ErschJahr As Integer
  Friend Preis As Single
  Friend AutorID As Integer
End Class

Class Autor
  Friend AutorID As Integer
  Friend Name As String
End Class
```

An die Klassen müssen keinerlei Anforderungen gestellt werden, es handelt sich um »handelsübliche« Exemplare.

Ferner gibt es zwei generischen Listen, die die Objekte aufnehmen:

```
Private Buecher As New List(Of Buch)
Private Autoren As New List(Of Autor)
```

Auch hier handelt es sich um gewöhnliche Collection-Klassen. Sie werden wie folgt mit Daten initialisiert:

```
Sub InitDaten()
  Buecher.Add(New Buch With {.AutorID = 1, .ErschJahr = 2007, .Preis = 10, .Titel = "Alles über VB9"})
  Buecher.Add(New Buch With {.AutorID = 1, .ErschJahr = 2008, .Preis = 20, .Titel = "VB9-Geheimnisse"})
  Buecher.Add(New Buch With {.AutorID = 2, .ErschJahr = 2008, .Preis = 30, .Titel = _
      "Der große Bluff - VB9"})
  Buecher.Add(New Buch With {.AutorID = 2, .ErschJahr = 2007, .Preis = 40, .Titel = _
      "C# als Offenbarung"})
  Buecher.Add(New Buch With {.AutorID = 3, .ErschJahr = 2007, .Preis = 125, .Titel = _
      "VB als die neue Mitte"})
  Autoren.Add(New Autor With {.AutorID = 1, .Name = "Otto Optimist"})
  Autoren.Add(New Autor With {.AutorID = 2, .Name = "Dr. Pia Pessimist"})
  Autoren.Add(New Autor With {.AutorID = 3, .Name = "Guido Dauerwelle"})
End Sub
```

Hier wird zwar bereits von den mit Visual Basic 9.0 eingeführten Objektinitialisierern Gebrauch gemacht, doch hat dies mit LINQ nichts zu tun.

Die erste LINQ-Abfrage gibt alle Bücher zurück, die 2007 erschienen sind:

```
Dim Titel2007 = From B In Buecher Where B.ErschJahr = 2007 Select B
```

Titel2007 ist eine spezielle Sorte von Collection. Die Schlüsselwörter *From*, *In*, *Where* und *Select* sind neu bei Visual Basic 9.0 und ein Teil von LINQ. Sie werden auch als »Query Comprehensions« bezeichnet (zu

Deutsch »Verständlichmacher«). Ausgegeben werden die Titel als Objekte vom Typ *Buch* in einer kleinen *For Each*-Schleife:

```
For Each T In Titel2007
  Console.WriteLine("Titel: {0}, Preis: {1}", T.Titel, T.Preis)
Next
```

Die Variable *T* erhält keinen Datentyp, trotzdem kann Visual Studio IntelliSense anbieten, da der Compiler den Typ dank Typinferenz abgeleitet hat. Die nächste LINQ-Abfrage gibt alle Autoren zurück, die 2007 ein Buch veröffentlicht haben:

```
Dim Autoren2007 = From B In Buecher Join A In Autoren On B.AutorID Equals A.AutorID _
    Where B.ErschJahr = 2007 Select A
```

Hier kommt eine Technik zum Einsatz, die bei SQL-Datenbankabfragen als »Join« (zu Deutsch »Verknüpfung«) bezeichnet wird, denn es werden die Elemente zweier Collections über ihr gemeinsames Feld *AutorID* verknüpft (dass die beiden Felder dieselben Namen tragen, ist keine Voraussetzung). Das Ergebnis ist eine Collection mit Objekten vom Typ *Autor*:

```
For Each A In Autoren2007
  Console.WriteLine("Autor: {0}", A.Name)
Next
```

Die folgende Abfrage ermittelt die Summe der Preise aller Bücher, die 2008 erschienen sind:

```
Dim Summe2008 = (From B In Buecher Where B.ErschJahr = 2008 Select B.Preis).Sum
```

Mit *Sum* kommt eine der zahlreichen mit .NET 3.5 eingeführten Erweiterungsmethoden ins Spiel (insgesamt sind es knapp über 40), die alle Collections und Arrays besitzen. Natürlich muss sie wissen, über was die Summe gebildet werden soll. Dies ist ein Zahlenwert, der über *B.Preis* ausgewählt wird.

Im nächsten Beispiel lässt LINQ ein wenig von seinem Potenzial erahnen. Die folgende Abfrage gibt den Namen des Autors aus, der das Buch mit dem höchsten Verkaufspreis geschrieben hat:

```
Dim TeuersterAutor = (From B In Buecher Join A In Autoren On B.AutorID Equals A.AutorID Where B.Preis = _
    (From B1 In Buecher Select B1.Preis).Max Select A.Name).First
```

Hier wird eine *Join*-Abfrage mit dem Ergebnis einer weiteren Abfrage verknüpft. Von der Ergebnismenge wird über die Erweiterungsmethode *First* das erste Element zurückgegeben (auch wenn nur ein Element resultieren kann, ist eine Collection im Spiel). Eine solche Abfrage wäre in SQL deutlich aufwendiger zu formulieren. Mit LINQ wird alles ein wenig natürlicher.

Machen Sie sich keine Gedanken darüber, dass LINQ-Abfragen scheinbar gegen ein paar elementare Regeln der Visual Basic-Programmierung verstoßen. Warum erhalten die Variablen zum Beispiel keinen Datentyp? Er ist nicht erforderlich, da dieser per Typinferenz abgeleitet wird. Aus was für einer »Sorte« von Collection besteht das Resultat? Hier sind sogenannte *Iteratoren* im Spiel, die mit .NET 3.5 eingeführt wurden. Da sie bequem per *For Each* durchlaufen werden können, spielt es keine Rolle, was sich genau hinter dem Ergebnis einer LINQ-Abfrage verbirgt (erwähnenswert ist in diesem Zusammenhang noch, dass die Abfrage erst ausgeführt wird, wenn die Collection durchlaufen wird). Und warum kann das Ergebnis einer LINQ-Abfrage mal eine Collection und mal ein einzelner Wert sein? Das hängt davon ab, was genau per *Select* ausgewählt wird. Auch hier zeigt sich Visual Basic 9.0 von seiner dynamischen Seite.

Probieren Sie weitere Beispiele aus. Hat man den sprichwörtlichen Bogen erst einmal raus, kann das Herumspielen mit LINQ regelrecht »süchtig« machen. Insbesondere natürlich, weil Visual Studio für alle Abfragen IntelliSense anbietet (auch wenn explizit keine Datentypen deklariert werden). Auch das ist wichtig: LINQ basiert weder auf SQL noch soll es SQL in seinen klassischen Einsatzgebieten ersetzen (höchstens für Adhoc-Queries von Daten, die zum Beispiel über eine Datenquelle ins Programm geholt werden). Der SQL-Standard spielt daher im Zusammenhang mit LINQ keine Rolle. LINQ ist immer dann sehr praktisch, wenn Datenbereiche auf eine einheitliche Weise abgefragt werden sollen.

Weitere Kleinigkeiten und »Spielereien«

Sehr viel Know-how, das für das Lösen der kleineren und größeren Herausforderungen benötigt wird, die einem täglich begegnen, befindet sich in den vielen Blogs, die von den Mitgliedern der »Community« mehr oder weniger regelmäßig geschrieben werden. Wer heute zum Beispiel vor der Aufgabe steht, eine Sounddatei abzuspielen, wird dazu nicht die VSTO-Dokumentation konsultieren, die ja ohnehin nur aus vielen Seiten in der schier unendlich weiten MSDN-Referenz besteht, oder gar den Bücherschrank durchforsten, sondern einfach so etwas wie »VSTO .NET play sound file« in die Suchmaschine eingeben und in 0,24 Sekunden genau 1.780 Treffer erhalten (darunter ist auch ein Eintrag in der Microsoft-Supportdatenbank *http://support.microsoft*, in der man die Lösung gleich gefunden hätte). In diesem letzten Abschnitt werden ein paar jener Aufgabenstellungen zusammengestellt, die man heutzutage meistens per Search&Trial-Verfahren löst.

Aufruf von Betriebssystemfunktionen (API-Funktionen)

Das Betriebssystem enthält weit über 50.000 Funktionen, die unter dem allgemeinen Sammelbegriff »Application Programming Interface« (zu Deutsch »Schnittstelle zur Anwendungsprogrammierung«) oder kurz und allgemeingültig unter dem Kürzel *API* zusammengefasst werden. Die beeindruckende Zahl darf nicht darüber hinwegtäuschen, dass ca. 98 Prozent der Funktionen zu speziell sind, als dass sie von einem Anwendungsentwickler von Interesse sein könnten, und die .NET-Klassenbibliothek ebenfalls eine reichhaltige Funktionalität besitzt, sodass am Ende vielleicht ein paar Dutzend Funktionen übrig bleiben. Und auch hier gilt, dass der direkte Aufruf von API-Funktionen immer nur eine Notlösung sein sollte. Aus einem einfachen Grund: Die API-Funktionen sind aus der Sicht der .NET-Welt unbekanntes Terrain, in dem andere Regeln und andere Datentypen gelten. Zwar sind die wichtigsten API-Funktionen ausführlich dokumentiert und es gibt auf Webseiten wie *http://www.pinvoke.net* Aufrufdeklarationen für Visual Basic und C#, doch es existiert kein offizieller Weg, wie eine bestimmte Funktion aufgerufen werden sollte. Die Brücke zwischen der .NET-Welt und der API-Welt heißt *COM-Interop*, die Parameter werden über eine Technik übertragen, die bei .NET als »Marshalling« bezeichnet wird. Beim Marshalling wird ein Parameter, wie eine Zahl oder ein String, über die Grenze der Anwendungsdomäne an den COM-Interop-Layer weitergereicht, der mit dem Wert die API-Funktion aufruft. Was für einen simplen Integerwert gut geht, ist beim *String*-Wert bereits ein wenig problematisch, da Strings in der .NET-Welt offiziell »unveränderbar« sind (erhält ein String einen neuen Wert, wird intern ein neues *String*-Objekt angelegt und das alte *String*-Objekt zerstört) und sich bei API-Funktionen, denen ein String-Puffer übergeben werden soll, immer die Frage stellt, ob String, StringBuilder, ein *Byte*-Array oder vielleicht ein *Char*-Array die beste Wahl ist. Richtig »kompliziert« wird es, wenn

Pointer ins Spiel kommen, für die es bei .NET mit *IntPtr* zwar einen Typ gibt, die aber in der API-Welt keine direkte Entsprechung haben. Kurz, sobald API-Funktionen ins Spiel kommen, muss man sich auf Kochrezepte und andere »heiße Tipps« aus dem Internet verlassen, was zu einer Lösung führt, die erst einmal getestet werden muss. Es gibt daher viele gute Gründe, auf API-Funktionen wenn irgendwie möglich zu verzichten. Alternativen im Rahmen der .NET-Klassenbibliothek und vor allem dem *My*-Namespace sind genügend vorhanden.

Trotzdem soll das Thema in diesem Buch nicht ganz ausgespart werden. Bei der VSTO-Programmierung gibt es zwei Situationen, bei denen API-Funktionen nützlich sein können:

- Beim direkten Zugriff auf einzelne Fenster
- Beim direkten Zugriff auf Ini-Dateien

Beide Varianten sollen im Folgenden an einem kleinen Beispiel vorgestellt werden.

HINWEIS Das Beispielprogramm mit verschiedenen API-Aufrufen finden Sie auf der Buch-CD in Gestalt der Projektmappendatei *13_APIBeispiele.sln*.

API-Funktionen deklarieren

Eine API-Funktion ist in einer Dynamic Link Library (DLL) des Betriebssystems enthalten und nicht in einer .NET-Programmbibliothek. Sie muss daher als externe Funktion deklariert werden. Dafür gibt es zwei Varianten: den *Declare*-Befehl und das *DllImport*-Attribut, das einer regulär deklarierten Funktion einfach vorangestellt wird. Im Allgemeinen ist der *Declare*-Befehl die etwas bessere Variante, da sich hier Visual Basic um die Formalitäten kümmert, wie zum Beispiel die Übergabe der Parameter im passenden Format. Beim *DllImport*-Attribut bestehen weiter reichende Möglichkeiten, was die Parameterübergabe und andere Details angeht, die aber im Rahmen einer VSTO-Anwendung nur selten gebraucht werden dürften.

Beispiel

Der folgende Befehl deklariert die API-Funktion *GetPrivateProfileString* per *DllImport*-Attribut:

```
<DllImport("kernel32.dll", SetLastError:=True, CharSet:=CharSet.Ansi)> _
    Private Shared Function GetPrivateProfileString(ByVal lpAppName As String, _
    ByVal lpKeyName As String, _
    ByVal lpDefault As String, _
    ByVal lpReturnedString() As Byte, _
    ByVal nSize As Integer, _
    ByVal lpFileName As String) As Integer
End Function
```

Diese stellt eine reguläre Funktionsdeklaration dar, nur dass der Compiler über das *DllImport*-Attribut erfährt, dass es sich um eine externe Funktion handelt, die in der DLL *Kernel32.dll* enthalten ist. Damit ist die Funktion im Programm bekannt und kann wie jede andere Funktion aufgerufen werden. Visual Basic-Programmierern ist der *Declare*-Befehl vertrauter, der sich nur in Details von der ersten Variante unterscheidet:

```
Private Declare Ansi Function GetPrivateProfileSectionNames Lib "Kernel32" _
    Alias "GetPrivateProfileSectionNamesA" (ByVal lpszReturnBuffer() As Byte, ByVal nSize As Integer, _
    ByVal lpFileName As String) As Integer
```

Die Bedeutung der API-Funktionen und ihrer Parameter ist im großen Windows SDK beschrieben. In der Regel ist aber einfacher, sie per Windows Live-Suche aufzuspüren[3].

Fenster lokalisieren und in den Vordergrund bringen

Soll ein bestimmtes Anwendungsfenster lokalisiert werden, um es anschließend in den Vordergrund bringen zu können, erledigt dies die API-Funktion *FindWindow*. Ihr wird der komplette Titel des Anwendungsfensters übergeben. Sie wird per *DllImport*-Attribut wie folgt deklariert:

```
<DllImport("user32.dll", EntryPoint:="FindWindow", SetLastError:=True, CharSet:=CharSet.Auto)> _
    Private Shared Function FindWindowByCaption( _
    ByVal zero As IntPtr, _
    ByVal lpWindowName As String) As IntPtr
End Function
```

Dass die Funktion *FindWindow* hier *FindWindowByCaption* genannt wurde, hat keinen besonderen Grund. Der Name, der auf *Function* folgt, kann beliebig gewählt werden, während der Name, der auf den *EntryPoint*-Parameter des *DllImport*-Attributs folgt, der »wahre Name« der Funktion ist.

Der Aufruf sieht wie folgt aus:

```
Dim hWnd As IntPtr = FindWindowByCaption(IntPtr.Zero, tbTitel.Text)
```

Der Rückgabewert ist das Fensterhandle. Auch wenn es sich um eine 32-Bit-Zahl handelt, wird sie einer Variablen vom Typ *IntPtr* zugewiesen. Mit dieser »Nummer« wird die *SetWindowPos*-API-Funktion aufgerufen, die das Fenster in der angegebenen Größe und an der angegebenen Position in den Vordergrund bringt:

```
SetWindowPos(hWnd, IntPtr.Zero, 0, 0, Breite, Hoehe, SWP_SHOWWINDOW)
```

SWP_SHOWWINDOW ist eine Konstante (Wert &H40, wobei »&H« für die Hexadezimalschreibweise steht), die Funktion selbst ist wie folgt deklariert:

```
<DllImport("user32.dll", SetLastError:=True)> _
    Private Shared Function SetWindowPos(ByVal hWnd As IntPtr, _
    ByVal hWndInsertAfter As IntPtr, _
    ByVal X As Integer, _
    ByVal Y As Integer, _
    ByVal cx As Integer, _
    ByVal cy As Integer, _
    ByVal uFlags As UInteger) As Boolean
End Function
```

---

[3] Oder über diese andere Suchmaschine.

Fenster auflisten mit der EnumWindow-Funktion

Warum sollte man die Fenster auflisten wollen, man kann sie doch auf dem Bildschirm alle sehen? Nun, das scheint nur so. Ein Fenster muss nicht sichtbar sein und Fenster können auch Teile eines Hauptfensters sein, sodass es »Hunderte« von Fenstern gibt, die nicht sichtbar sind. Für Windows ist ein Fenster nur eine Datenstruktur, die mit einer Kennung versehen ist, dem Fensterhandle (einer Zahl). Wie und wo das Fenster dargestellt wird, steht auf einem anderen Blatt. Die *EnumWindow*-Funktion ruft für jedes vorhandene Fenster eine zuvor als Delegat übergebene »Rückruffunktion« auf. Die Funktion selbst wird wie folgt definiert, wobei dieses Mal der *Declare*-Befehl zum Einsatz kommt:

```
Declare Function EnumWindows Lib "User32" (ByVal lpEnumFunc As EnumWindowsProc, _
    ByVal lParam As Integer) As Integer
```

Die Rückruffunktion wird über einen Delegaten (einen typsicheren Funktionszeiger) definiert:

```
Delegate Function EnumWindowsProc(ByVal hWnd As System.IntPtr, ByVal lParam As IntPtr) As Boolean
```

Der Aufruf von *EnumWindows* ist einfach:

```
EnumWindows(New EnumWindowsProc(AddressOf WindowsProc), 0)
```

Für jedes Fenster wird die vereinbarte Rückruffunktion aufgerufen, wobei für jedes Fenster dessen Fensterhandle übergeben wird:

```
Function WindowsProc(ByVal hWnd As IntPtr, ByVal lParam As Integer) As Boolean
  Dim FensterName As String = GetFensterName(hWnd)
  If FensterName.Trim(ControlChars.NullChar) <> "" Then
    liFenster.Items.Add(FensterName)
  End If
  Return True
End Function
```

Damit in der ListBox *liFenster* nicht das Fensterhandle, sondern der Titel ausgegeben wird, ist noch ein Aufruf der *GetWindowText*-API-Funktion erforderlich. Sie wird wie folgt deklariert:

```
<DllImport("user32.dll", SetLastError:=True, CharSet:=CharSet.Ansi)> _
    Private Shared Function GetWindowText(ByVal hwnd As IntPtr, _
    ByVal lpString As Byte(), _
    ByVal cch As Integer) As Integer
End Function
```

und wird eingebettet in die Funktion *GetFensterName* aufgerufen:

```
Function GetFensterName(ByVal hWnd As IntPtr) As String
  Dim tmpBuffer(256) As Byte
  Dim Ret As Integer = GetWindowText(hWnd, tmpBuffer, tmpBuffer.Length)
  Return Encoding.ASCII.GetString(tmpBuffer)
End Function
```

Zugriff auf Ini-Dateien

Ini-Dateien spielen für Office-Anwendungen auch im Jahre 2008 noch eine Rolle, wenn auch nur eine Nebenrolle. Manche VBA-Anwendungen rufen ihre Konfigurationseinstellungen aus Ini-Dateien ab. Werden diese Anwendungen auf .NET umgestellt, möchte man das vertraute Prinzip unter Umständen beibehalten. Der Schlüssel für den Zugriff auf Ini-Dateien sind die API-Funktionen *GetPrivateProfileString* und *GetPrivateProfileSectionNames*. Erstere liefert einen einzelnen Wert oder die Namen aller Einträge, Letztere die Namen aller Sektionen. Funktionen zum Schreiben von Ini-Dateien gibt es auch (zum Beispiel *WritePrivateProfileString*), doch sollten diese nicht mehr benutzt werden. Wenn es darum geht, Konfigurationsdaten während der Programmausführung auch schreiben zu können, sind die in diesem Kapitel vorgestellten Konfigurationsdateien die deutlich bessere Alternative.

Beispiel

Die folgenden Ausschnitte stammen aus dem Beispielprojekt *13_APIBeispiele.sln* auf der Buch-CD. Ausgangspunkt ist eine einfache Ini-Datei:

```
[Sektion1]
Eintrag10=100
Eintrag20=200

[Sektion2]
Eintrag20=100
Eintrag21=220
Eintrag31=330

[Sektion3]
Eintrag30=500
Eintrag31=600
Eintrag32=700
```

Auch wenn sich die Ini-Datei im Beispielprojekt im Projektverzeichnis befindet und in das Ausgabeverzeichnis kopiert wird, beim Zugriff auf die Ini-Datei muss stets ein absoluter Pfad übergeben werden.

Im Mittepunkt für den Zugriff auf eine Ini-Datei steht die API-Funktion *GetPrivateProfileString*. Sie ist wie folgt deklariert:

```
<DllImport("kernel32.dll", SetLastError:=True, CharSet:=CharSet.Ansi)> _
    Private Shared Function GetPrivateProfileString(ByVal lpAppName As String, _
    ByVal lpKeyName As String, _
    ByVal lpDefault As String, _
    ByVal lpReturnedString() As Byte, _
    ByVal nSize As Integer, _
    ByVal lpFileName As String) As Integer
End Function
```

Bemerkenswert ist, dass für den Puffer, in dem die eingelesenen Werte, jeweils getrennt durch ein *Chr(0)*-Zeichen, abgelegt werden, ein *Byte*-Array und kein StringBuilder übergeben wird (und es trotzdem funktioniert).

Das Einlesen aller Sektionsnamen übernimmt die API-Funktion *GetPrivateProfileSectionNames*, die zur Abwechslung mal wieder per *Declare* deklariert wird:

```
Private Declare Ansi Function GetPrivateProfileSectionNames Lib "kernel32" _
    Alias "GetPrivateProfileSectionNamesA" (ByVal lpszReturnBuffer() As Byte, ByVal nSize As Integer, _
    ByVal lpFileName As String) As Integer
```

Das Einlesen aller Sektionsnamen ist relativ einfach:

```
Dim ReturnPuffer(1024) As Byte
Dim Ret As Integer
Ret = GetPrivateProfileSectionNames(ReturnPuffer, 1024, IniPfad)
Dim Sektionen() As String = _
    Encoding.ASCII.GetString(ReturnPuffer).Trim(ControlChars.NullChar).Split(ControlChars.NullChar)
```

Eingelesen werden die Zeichen zunächst in einen *Byte*-Puffer, in dem auf jeden Namen ein *Chr(0)*-Zeichen als Trennzeichen folgt. Ein *Encoding.ASCII.GetString* macht aus dem *Byte*-Puffer einen String, der mit der *Trim*-Funktion zunächst um angehängte *Chr(0)*-Zeichen befreit und mit der *Split*-Methode in seine Namensbestandteile zerlegt wird (sehr praktisch ist dabei die Konstante *ControlChars.NullChar*).

Über einen Sektionsnamen gibt der folgende Aufruf die Namen aller Einträge zurück:

```
Dim ReturnPuffer(1024) As Byte
Dim Ret As Integer
Ret = GetPrivateProfileString(Sektion, vbNullString, "Keine Namen", ReturnPuffer, 1024, IniPfad)
Dim Eintraege() As String = _
    Encoding.ASCII.GetString(ReturnPuffer).Trim(ControlChars.NullChar).Split(ControlChars.NullChar)
```

Ist der Name eines Eintrags bekannt, liefert der folgende Aufruf den dazugehörigen Wert:

```
Dim ReturnPuffer(1024) As Byte
Dim Ret As Integer
Ret = GetPrivateProfileString(Sektion, Eintrag, "Kein Wert", ReturnPuffer, 1024, IniPfad)
Dim Wert As String = Encoding.ASCII.GetString(ReturnPuffer).Trim(ControlChars.NullChar)
```

TIPP   Eine hervorragende Quelle für Informationen rund um das Thema API-Aufrufe unter .NET ist das Wiki *http://www.pinvoke.net*. Hier gibt es auch ein kleines Add-In für Visual Studio (allerdings im Verbund mit den Testversionen zweier kommerzieller Produkte), mit dem sich die Deklarationsbefehle online abrufen lassen.

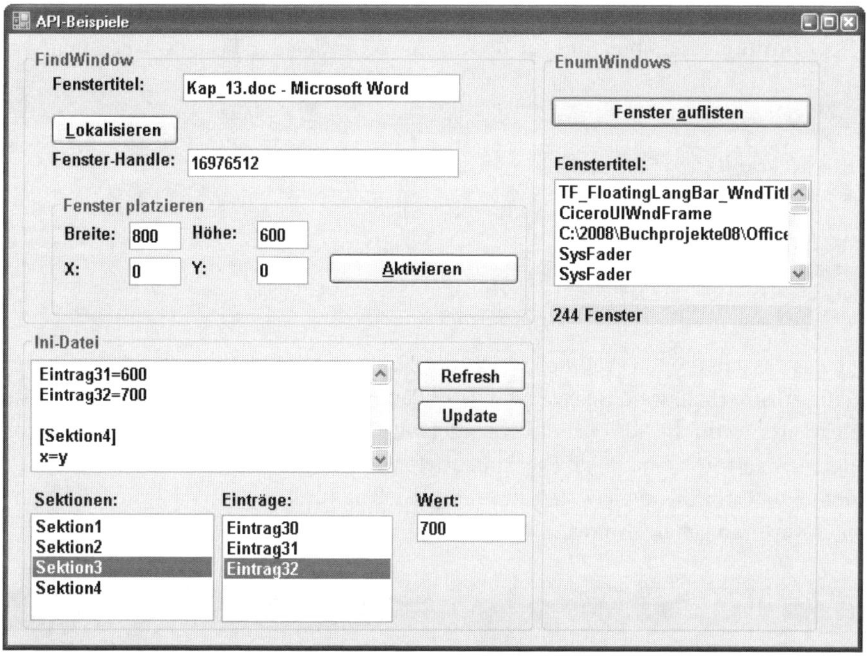

Abbildung 13.15 Das Beispielprogramm veranschaulicht den Einsatz von API-Funktionen

Tasten an ein Fenster senden

Möchte man eine beliebige Anwendung fernsteuern, geht dies nicht über das Einbinden von Verweisen oder das Senden von Fensternachrichten, da man im Allgemeinen nichts über den Aufbau dieser Anwendung weiß und diese in der Regel für die Kontaktaufnahme von außen gar nicht präpariert ist. In diesem Fall führt eine genauso einfache wie wirkungsvolle Technik zum Erfolg: Man sendet dem Anwendungsfenster jene Tasteneingaben, die ein Anwender eingeben würde, um zum selben Resultat zu gelangen. Dazu setzt man entweder die *SendKeys*-Klasse und ihre *Send*-Methode oder ein *My.Computer.Keyboard.SendKeys* ein. In beiden Fällen werden zuvor festgelegte Tastencodes an das aktive Anwendungsfenster gesendet. Dieses muss zuvor über einen Aufruf von *AppActivate* aktiviert werden, dem entweder eine sogenannte AppID (wie sie die *Shell*-Funktion für die gestartete Anwendung liefert) oder der Titel des Anwendungsfensters übergeben wird. Die Tastencodes sind in der Hilfe zusammengestellt.

> **TIPP** Bei den Sonderzeichen kommt es auf die Groß- und Kleinschreibung an. Ein %d ist nicht dasselbe wie ein %D, das das *Datei*-Menü aktiviert, da hier der Buchstabe »D« für die Kombination mit der Alt -Taste vorgesehen ist.

> **CD-ROM** Sie finden das folgende Beispiel auf der Buch-CD in Gestalt der Projektmappendatei *13_SendKeys.sln*.

Beispiel

Das folgende Beispiel sendet eine Tastenfolge an ein Word-Anwendungsfenster, die über ein »=rand()« zuerst den bekannten Blindtext (bis Word 2003 der mit dem Franz, der in einem verwahrlosten Taxi durch Bayern jagt, und der mit Word 2007 leider in Rente geschickt wurde) in das Dokument einfügt und Word anschließend über das *Datei*-Menü und dessen *Beenden*-Befehl beendet. Um die Sicherheitsabfrage entsprechend zu beantworten und Word ohne Speichern des Dokuments zu verlassen, wird dabei der Fokus per Senden von ⇥ auf den *Nein*-Button verschoben und der Button durch Senden der Taste ↵ betätigt.

```
AppActivate(tbFensterTitel.Text)

My.Computer.Keyboard.SendKeys("=rand{(}{)}", True)
My.Computer.Keyboard.SendKeys("{ENTER}", True)
Application.DoEvents()
My.Computer.Keyboard.SendKeys("%(db)", True)
My.Computer.Keyboard.SendKeys("{TAB}", True)
My.Computer.Keyboard.SendKeys("{ENTER}", True)
```

Ein *Application.DoEvents()*, das das Abarbeiten eventuell wartender Nachrichten für das Anwendungsfenster durchführt, ist genauso wenig erforderlich wie das Setzen des *True*-Parameters, der bewirkt, dass der nächste Befehle erst dann ausgeführt wird, wenn die Tastencodes gesendet wurden, da dieser standardmäßig bereits auf *True* gesetzt ist. Im Allgemeinen muss eine Weile experimentiert werden, bis es funktioniert. So einfach das Prinzip ist, es gibt leider keine Garantie, dass es stets hundertprozentig funktioniert, da Tastencodes aus irgendwelchen Gründen auch verloren gehen können.

Taste	SendKeys-Code
↵	{ENTER}
⇥	{TAB}
Alt	%
Esc	{ESC}
F1	{F1}
⇧	+
Strg	^

Tabelle 13.5 Einige *SendKeys*-Codes, die häufiger benötigt werden

Alle Fenster minimieren

Möchte man alle Fenster in einem Durchgang minimieren, erledigt das ein Aufruf der *MinimizeAll*-Methode des *Shell.Application*-Objekts.

Beispiel

Der folgende Aufruf minimiert alle Fenster:

```
Dim WshShell As Object = CreateObject("Shell.Application")
WshShell.MinimizeAll()
```

Den Desktop sichtbar machen

Eine Alternative, alle Fenster zu minimieren, besteht darin, den Desktop sichtbar zu machen, was eine Verknüpfung mit dem Namen *Desktop anzeigen.scf* im *Quick Launch*-Ordner erledigt.

Beispiel

Das folgende Beispiel zeigt unter Windows XP/Windows Server 2003 den Desktop an:

```
Dim UserProfilPfad As String = Environment.GetEnvironmentVariable("userprofile")
Dim ScfDateiPfad As String = UserProfilPfad & _
    "\Anwendungsdaten\Microsoft\Internet Explorer\Quick Launch\Desktop anzeigen.scf"

Environment.GetEnvironmentVariable("AppData") & _
    "\Microsoft\Internet Explorer\Quick Launch\Process.Start(Chr(34) & ScfDateiPfad & Chr(34))
```

XML aus der Assembly lesen

XML-Dateien liegen normalerweise »irgendwo« auf dem Dateisystem. Da sich die Assembly ebenfalls irgendwo befindet, kann es schnell passieren, dass der relative Pfad nicht mehr stimmt. Da absolute Pfade nicht die allerbeste Idee sind, muss ein Ort gefunden werden, an dem die Assembly die XML-Daten immer finden kann, der aber gleichzeitig pfadunabhängig ist. Wie wäre es mit der Assembly selbst als Aufenthaltsort für das XML (und andere Daten)? Möglich wird dies über die *GetManifestResourceStream*-Methode, die unter Angabe des Namens eine Ressource als Stream zurückgibt. Der Name setzt sich dabei aus dem Stammnamespacenamen und dem Namen der Datei zusammen, wobei die Groß- und Kleinschreibung eine Rolle spielt. Handelt es sich um XML, kann der gelesene Stream direkt in ein DataSet geladen werden, da dessen *ReadXml*-Methode unter anderem einen Stream als Parameter akzeptiert.

> **TIPP** Das kleine Beispiel finden Sie in der Projektmappendatei *XMLAssemblyRessource.sln*.

Beispiel

Der folgende Befehl ruft den Inhalt einer XML-Datei mit dem Namen *Buecher.xml* ab, die beim Kompilieren in die Exe-Datei eingebaut wurde, indem bei *BuildVorgang* der Eintrag *Eingebettete Ressource* ausgewählt wird, und lädt das XML direkt in ein DataSet, das anschließend in einem DataGridView-Control angezeigt wird:

```
Dim Ds As New DataSet
Dim Ass As Assembly = Assembly.GetExecutingAssembly
Ds.ReadXml(Ass.GetManifestResourceStream("XMLAssemblyRessource.Buecher.xml"))
DataGridView1.DataSource = Ds.Tables(0)
```

Eleganter lässt sich ein XML-Inhalt kaum in ein Programm integrieren.

XML-Import und das geheimnisvolle ExcelLocale1033-Attribut

Der Import einer XML-Datei in eine Excel-Arbeitsmappe, sodass aus dem XML eine Liste bzw. Tabelle entsteht, ist grundsätzlich eine simple Angelegenheit, auch wenn kein Schema existiert. In VBA genügt der Aufruf der *XmlImport*-Methode des *Workbook*-Objekts wie folgt:

```
ActiveWorkbook.XmlImport URL:="C:\Buchliste.xml", ImportMap:=Nothing, _
    Overwrite:=True, Destination:=Range("$A$1")
```

Für das nicht vorhandene Mapping zu einem Schema wird einfach ein *Nothing* übergeben. Weglassen kann man den Parameter nicht, denn es ist ein Pflichtparameter. In Visual Basic (oder C#) liefert der Aufruf (unter einem deutschsprachigen Excel) eine seltsame *COMException*-Ausnahme, die etwas mit einem nicht passenden Typenparameter zu tun hat. Das ist insofern verwunderlich, da der Befehl eins zu eins übertragen wurde. Ein Blick in die MSDN-Dokumentation führt zu dem etwas geheimnisvollen Hinweis, dass wenn das *ExcelLocale1033*-Attribut, das auf die Assembly angewendet werden muss, den Wert *True* besitzt, ein *XmlMap*-Objekt übergeben werden muss (ein *Nothing* also nicht erlaubt ist). Doch wie setzt man den Wert auf *False* und was bitte ist ein Attribut? Ein Attribut erweitert eine Assembly, eine Klasse oder ein Mitglied einer Klasse um eine Zusatzinformation. Das Attribut geht bei Klassen und deren Mitgliedern deren Definition voraus (zum Beispiel dem *Class*-Befehl). Da es für Assemblies aber keinen Definitionsbefehl gibt, wird das Attribut einfach »irgendwo« innerhalb des Programmcodes platziert. Bei einem Visual Basic-Projekt ist dieses Irgendwo die Datei *AssemblyInfo.vb* im *My Project*-Ordner. Hier findet man folgenden Befehl:

```
<Assembly: ExcelLocale1033(True)>
```

Damit wäre das Geheimnis um *ExcelLocale1033* gelüftet.

Zusammenfassung

Das .NET Framework (inzwischen bereits in der Version 3.5) bietet Entwicklern eine überaus reichhaltige Funktionalität, die natürlich auch für die VSTO-Entwicklung zur Verfügung steht.

Kapitel 14

VSTO-Anpassungen verteilen

In diesem Kapitel:

Ausliefern einer Office 2003-Dokumentanpassung	524
Erstellen eines Setup-Projekts für eine Office 2003-Dokumentanpassung	534
Berechtigungen für Office 2003-Dokumente auf einem Netzwerkshare einrichten	544
Ausliefern einer Office 2007-Anpassung	545
Bereitstellen einer Office 2007-Anwendungsanpassung (Add-In)	550
Bereitstellen einer Office 2007-Dokumentanpassung	555
Die Rolle der Zertifikate	557
Click & Dirty (statt ClickOnce)	564
VSTO 3.0-Anpassungen per MSI-Paket verteilen	564
Umstellen von VSTO 2005 auf VSTO 3.0	572
Laufzeitvoraussetzungen	572
Spezialitäten rund um das Thema Auslieferung	577
Nützliche Tools für VSTO-Entwickler	580
Zusammenfassung	581

In den letzten Kapiteln haben Sie praktisch alles Wissenswerte über die VSTO-Programmierung erfahren. Bis auf eine Kleinigkeit: die im Grunde simple Frage, wie man eine VSTO-Anpassung (dieses Kapitel verwendet den offiziellen Microsoft-Begriff »Customization« bzw. dessen offizielle Übersetzung) auch außerhalb der Visual Studio-Umgebung zur Ausführung bringt, wobei dieses »Außerhalb« in der Regel ein anderer Computer sein wird. Dass dieser Frage ein eigenes Kapitel gewidmet wird, hat einen einfachen Grund. Die Antwort lässt sich leider nicht in einem Satz so zusammenfassen, dass keine Fragen mehr offenbleiben. Im Gegenteil, eine Antwort wie »Sieh zu, dass die VSTO-Laufzeit installiert ist und gib der Assembly FullTrust« dürfte mehr Fragen aufwerfen, als der Satz Buchstaben hat. Zumal diese »Hilfestellung« nur für Office 2003-Anpassungen gilt, da für Office 2007 neue und deutlich einfacher zu befolgende Spielregeln eingeführt wurden. In diesem Kapitel wird daher gezeigt, wie sich sowohl Office 2003- als auch Office 2007-Anpassungen »bereitstellen« lassen. Zwei Hinweise vorweg. Dieses Kapitel wird nicht alle Fragen beantworten, dafür sind die Anforderungen in der Praxis zu speziell. Es soll in erster Linie einen Überblick geben und die Bereitstellung sowohl einer Anpassung für Office 2003 als auch einer für Office 2007 jeweils an einem Schritt-für-Schritt-Beispiel zeigen. Für weitere Details sei auf die zahlreichen Blogs einschlägiger Experten, das Blog der Autoren sowie, das ist der zweite Hinweis, auf die VSTO-Dokumentation verwiesen, in der im Grunde alles drinsteht. Mit einem fröhlichen »LDH« (Lies die Hilfe) lässt sich so manche vermeintliche »Problemstellung« beantworten.

Ausliefern einer Office 2003-Dokumentanpassung

Eine Office 2003-Dokumentanpassung erfordert grundsätzlich eine FullTrust-Berechtigung, die der Assemblydatei vor der Ausführung verliehen werden muss. Dass diese »Kleinigkeit« beim Testen in Visual Studio nie eine Rolle spielt, liegt einfach daran, dass die IDE mit dem ersten Start des Projekts eine Richtlinie für die Assembly im Ausgabeverzeichnis anlegt. Führen Sie ein kleines Experiment durch, indem Sie das Office 2003-Dokument im Projektverzeichnis direkt im Explorer öffnen – die Anpassung wird nicht mehr geladen. Kein Wunder, denn die angelegte Richtlinie bezieht sich nur auf das Ausgabeverzeichnis. Dasselbe gilt für jene Situation, in der das Projekt auf einen anderen Computer kopiert wird. Nach dem Start funktioniert die Anwendung auch in Visual Studio nicht mehr, da es keine Richtlinie gibt. Es wird zwar keine Fehlermeldung angezeigt, es geschieht einfach nichts (abgesehen von der fehlenden Funktionalität, die durch die Anpassung zur Verfügung gestellt worden wäre, kann der Anwender aber normal mit der Anwendung arbeiten).

Die entscheidende Frage lautet daher: Wie lässt sich eine solche Richtlinie mit möglichst wenig Aufwand möglichst flexibel anlegen? Wie immer bei solchen Fragen gibt es gleich mehrere Antworten, die in diesem Abschnitt der Reihe nach vorgestellt werden.

Was macht eine VSTO-Assembly anders?

Warum erfordert eine VSTO-Assembly eine FullTrust-Berechtigung, wenn eine reguläre Assembly sie nicht benötigt? Das hat etwas mit dem Thema Office-Sicherheit zu tun und geht zurück bis zum legendären »I love you«-Virus, der damals den IT-Verantwortlichen auf der ganzen Welt eindrucksvoll vor Augen führte, was es für Folgen haben kann, wenn Anwender zu vertrauensselig sind (was sie auch noch heute sind) und auf einen Anhang einer E-Mail-Nachricht sorglos doppelklicken. Eine VSTO-Anpassung basiert auf einem Office-Dokument, das normalerweise keine VBA-Makros enthält (aber enthalten könnte). Die Makrosicherheit spielt für eine VSTO-Anpassung daher keine Rolle. Die Entwickler der VSTO suchten damals nach einer Möglichkeit, mit VSTO-Anpassungen keine neue Sicherheitslücke einzuführen. Es soll verhindert werden, dass mit dem Doppelklick auf ein Dokument eine eventuell vorhandene Assembly geladen wird und alles darf. Ein Einschränken der Berechtigungen kam, anders als bei regulären Assemblies, nicht infrage, da aufgrund von COM-Interop (also der Brücke zwischen .NET und der COM-Schnittstelle der Office-Anwendungen) grundsätzlich eine FullTrust-Berechtigung erforderlich ist. Es ist daher nicht möglich, einer VSTO-Assembly über Codezugriffsrichtlinien zum Beispiel den Zugriff auf ein Verzeichnis einzuschränken. Nach dem Durchspielen verschiedener Varianten entschieden sich die VSTO-Entwickler für einen kleinen »Trick«. Dieser besteht darin, dass der VSTO-Loader auf der Ebene der Anwendungsdomäne der VSTO-Assembly ihre FullTrust-Berechtigung entzieht, sodass sie ihr explizit zugeteilt werden muss, damit sie überhaupt ausgeführt werden darf.

Es sind daher zwei Eigenschaften, die eine VSTO-Assembly von einer regulären Assembly unterscheiden:

- Es muss für sie eine FullTrust-Berechtigung eingerichtet werden.
- Zusätzlich zur .NET-Laufzeit wird die VSTO-Laufzeit benötigt, die zum Beispiel in Gestalt der Datei *Vstor30.exe* für eine VSTO 3.0-Anpassung weitergegeben wird.

VSTO-Anpassungen für Office 2003

Eine VSTO-Anpassung für Office 2003 erhält die erforderliche FullTrust-Berechtigung auf der Grundlage einer Codezugriffssicherheits-Richtlinie. Handelt es sich um eine Dokumentanpassung und befindet sich das Dokument auf einem Netzlaufwerk, muss auch für das Dokument eine solche FullTrust-Berechtigung angelegt werden. Mit anderen Worten: Auf jedem Computer, auf dem die Anpassungsassembly ausgeführt werden soll, muss eine solche Richtlinie existieren, die der Assembly FullTrust-Berechtigung erteilt. Diese Richtlinie kann auf verschiedene Arten eingerichtet werden:

- Über die .NET-Konfiguration aus dem .NET Framework 2.0
- Über das Kommandozeilenprogramm *Caspol.exe*
- Durch Exportieren einer Richtlinie in Gestalt eines Msi-Pakets
- Über die Klassen im Namespace *System.Security.Policy*

Welche der Varianten gewählt wird, hängt natürlich von den Anforderungen, der Motivation und den »Fähigkeiten« des Entwicklers bzw. der für die Verteilung zuständigen Person ab. Der von Microsoft empfohlene Standardweg besteht darin, über ein Visual Studio Setup-Projekt ein Msi-Paket zu erstellen und dieses mit einer Installerklasse auszustatten, in der nach der Installation über die Policy-Klassen die Richtlinie eingerichtet wird. Diese Variante wird im nächsten Abschnitt Schritt für Schritt umgesetzt. Eine Alternative ist, anstelle der Policy-Klassen *Caspol.exe* aus der Installerklasse (zum Beispiel über *Process.Start*) heraus aufzurufen. Im Allgemeinen ist die erste Variante nicht viel komplizierter, sodass Sie diese als Erstes in Angriff nehmen sollten.

Einrichten über die .NET-Konfiguration

Die .NET-Konfiguration ist die »Konsole«, in der verschiedene Einstellungen vorgenommen werden, die die Ausführung von Assemblies betreffen. Die mit Abstand wichtigste Daseinsberechtigung ist das Einrichten von *Ausführungsrichtlinien*. Es sei allerdings bereits an dieser Stelle darauf hingewiesen, dass die .NET-Konfiguration als typische .NET-Anwendung auf den Policy-Klassen basiert und daher nichts anderes unternimmt, was sich nicht auf »direktem« Weg ebenfalls erreichen ließe. Und: Die .NET-Konfiguration ist nicht besonders komfortabel, sie wurde seit ihrer Einführung mit dem .NET Framework 1.0 nicht überarbeitet. Ihr größtes Manko ist, dass es keinen Refresh-Button gibt. Möchte man sehen, wie sich eine per Programmcode vorgenommene Änderung auswirkt, muss die .NET-Konfiguration jedes Mal neu gestartet werden. Das, was in der .NET-Konfiguration eingestellt wird, wird übrigens nicht irgendwo in der Registry hinterlegt, die offiziell bei .NET keine Rolle spielt[1], sondern in verschiedenen Konfigurationsdateien, wie *Security.config*, im Verzeichnis der .NET-Laufzeit. Theoretisch könnte man auch hier Änderungen direkt vornehmen, doch wird diese Variante natürlich nicht empfohlen.

Ebene	Dateipfad
Enterprise	Runtime-Installationspfad\Config\Enterprisesec.config
Machine	Runtime-Installationspfad\Config\Security.config
User (XP/2000/NT)	%userprofile%\Anwendungsdaten\Microsoft\CLR Security Config\v2.0.50727.312\Security.config
User (Vista)	%userprofile%\AppData\Roaming\Microsoft\CLR Security Config\v2.0.50727.312\Security.config

Tabelle 14.1 Die verschiedenen »Aufenthaltsorte« für die Config-Dateien, in denen die Codezugriffsrichtlinien enthalten sind

Die allgemeine Vorgehensweise beim Einrichten einer Ausführungsrichtlinie sieht wie folgt aus:

1. Starten Sie die *Microsoft .NET Framework 2.0-Konfiguration* in *Systemsteuerung/Verwaltung* und öffnen Sie den Zweig *Arbeitsplatz/Laufzeitsicherheitsrichtlinie/Benutzer*. Mit *Organisation*, *Computer* und *Benutzer* gibt es insgesamt drei Ebenen, auf denen eine Richtlinie eingerichtet werden kann (mit der Ebene der Anwendungsdomäne existiert noch eine vierte Ebene, die allerdings nur per Programmcode zugänglich ist). Werden für eine Assembly mehrere Richtlinien auf verschiedenen Ebenen wirksam, wird am Ende die Schnittmenge der Berechtigungen gebildet. Für VSTO-Anwendungen ist in der Regel die Benutzerebene zuständig, sodass die Schnittmenge keine Rolle spielt. Eine Ausnahme von dieser Regel sind Dokumente, die im Netzwerk liegen. Für sie wird eine Richtlinie auf Computerebene eingerichtet.

2. Auf der Benutzerebene sind unter *Codegruppen/All_Code/VSTOProjects* eventuell bereits Laufzeitsicherheitsrichtlinien durch Visual Studio für Office 2003-Anpassungen eingerichtet worden. An diesem »Muster« können Sie sich beim Anlegen einer neuen Sicherheitsrichtlinie zwar orientieren, Sie müssen das Schema aber nicht eins zu eins übernehmen, da Visual Studio ein wenig zu formal vorgeht und insgesamt drei Einträge für eine VSTO-Anpassung vornimmt, auch wenn ein Eintrag genügen würde. Öffnen Sie den Zweig *Codegruppen/All_Code*.

3. Klicken Sie *All_Code* mit der rechten Maustaste an und selektieren Sie *Neu*. Es startet ein aus drei Schritten bestehender Assistent, über den alle Details der anzulegenden Richtlinie abgefragt werden.

4. Im ersten Schritt des Assistenten wird der Name der neuen Codegruppe benötigt, der beliebig lauten kann. Weiter geht es mit *Weiter*.

5. Im zweiten Schritt des Assistenten wird der *Bedingungstyp* ausgewählt. Er legt fest, welche Bedingung eine Assembly erfüllen muss, damit sie den noch festzulegenden Berechtigungssatz erhält. Von den insgesamt zehn zur Auswahl stehenden Varianten ist *URL* am Anfang jene, die mit dem geringsten Aufwand realisiert werden kann. *URL* bedeutet, dass die Mitgliedschaftsbedingung aus einem beliebigen Dateipfad besteht. Bei der Schreibweise gibt es keine speziellen Regeln zu beachten, insbesondere muss es sich nicht unbedingt um einen Netzwerkpfad handeln, ein *C:\VSTOApps\Assemblyname.dll* würde bereits genügen.

---

[1] Inoffiziell auch nicht.

Wichtig ist, dass entweder der Name der Assembly angegeben wird oder, wenn allen Assemblies in diesem Verzeichnis vertraut werden soll, ein »*«. Weiter geht es mit *Weiter*.

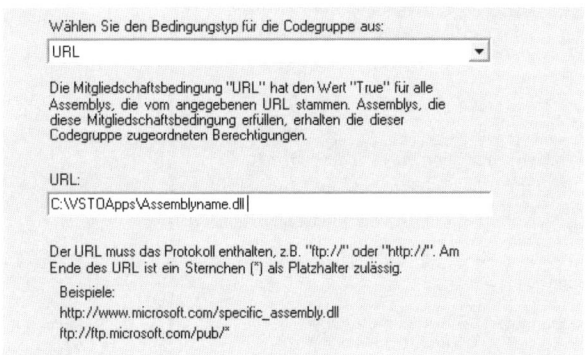

Abbildung 14.1 Als Mitgliedschaftsbedingung wird eine URL ausgewählt

6. Im letzten Schritt des Assistenten wird der Berechtigungssatz ausgewählt. Hier könnte es bei den VSTO einfacher nicht sein, denn es muss lediglich die (in der Regel) voreingestellte *FullTrust*-Berechtigung übernommen werden. Weiter geht es mit *Weiter*.

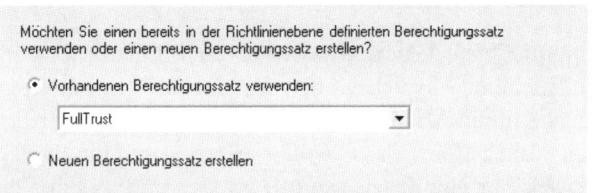

Abbildung 14.2 Die neue Codegruppe erhält eine *FullTrust*-Berechtigung

7. Zum Abschluss wird die Codegruppe über einen Klick auf *Fertig st.* angelegt. Lassen Sie sich nicht durch den Umstand irritieren, dass dem Namen der neuen Codegruppe ein »Kopie von« vorausgeht (das ist anscheinend ein kleiner Bug). Sie können der Codegruppe durch Umbenennen auch einen »richtigen« Namen geben.

Damit wurde eine neue Codegruppe angelegt, die dafür sorgt, dass der ausgewählten Assembly durch die CLR eine FullTrust-Berechtigung zugeteilt wird. Die VSTO-Assembly kann damit ausgeführt werden. Dies funktioniert auf Anhieb, ein Neustart der .NET-Konfiguration ist nicht erforderlich. Die Codegruppe kann jederzeit editiert oder wieder entfernt werden.

TIPP Sollte sich beim »Herumexperimentieren« mit der .NET-Konfiguration herausstellen, dass eine Einstellung scheinbar keine Wirkung hat, obwohl sie zu einer solchen führen müsste, kann es helfen, sich bei Windows abzumelden und wieder neu anzumelden (ein kompletter Neustart muss es nicht sein).

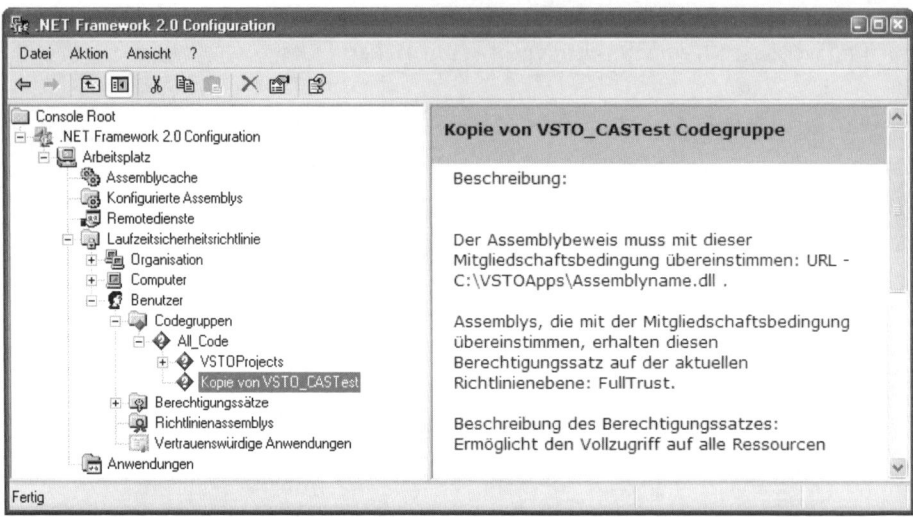

Abbildung 14.3 In der .NET-Konfiguration werden für VSTO-Assemblies Ausführungsrichtlinien angelegt

Verteilen einer Richtlinie über ein Msi-Paket

Wurde eine Ausführungsrichtlinie auf einem Computer erstellt, ist es wünschenswert, die Schrittfolge nicht auf jedem anderen Computer wiederholen zu müssen. Eine Möglichkeit der »Automatisierung« dieses Vorgangs besteht darin, die komplette Richtlinienebene in ein Msi-Paket zu exportieren. Den erforderlichen Befehl finden Sie im Kontextmenü des Knotens *Laufzeitsicherheitsrichtlinie* unter dem Eintrag *Bereitstellungspaket erstellen*. Beachten Sie, dass sich jeweils nur eine Ebene exportieren lässt und dies die Ebene *Benutzer* sein muss (sofern die Ausführungsrichtlinie dort angelegt wurde).

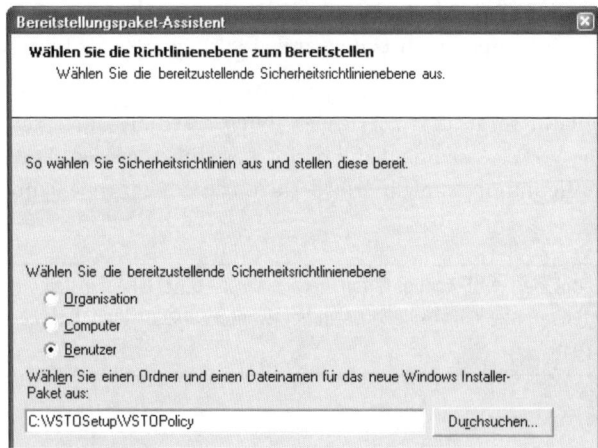

Abbildung 14.4 Eine komplette Richtlinienebene kann als Msi-Paket exportiert werden

Und wie wird ein Msi-Paket auf einem anderen Computer wieder importiert? Ganz einfach, indem es dort ausgeführt wird. Dabei muss ein wichtiger Umstand berücksichtigt werden – eventuell bereits in der Ebene vorhandene Richtlinien werden überschrieben. Aus diesem Grund ist diese Variante nicht optimal.

TIPP Führen Sie ein Msi-Paket mit einer exportierten Richtlinienebene nicht »mal so zum Spaß« aus. Denn es kann passieren, dass danach alle VSTO-Sicherheitsrichtlinien verschwunden sind und sich die betroffenen Anpassungen nicht mehr ausführen lassen. Testen Sie das Ausführen auf einem System, auf dem keine Richtlinien existieren oder es keine Rolle spielt, ob danach bestehende Anpassungen eventuell nicht mehr funktionieren.

Anatomie einer Visual Studio-Richtlinie

Es ist lehrreich, einen Blick auf jene Richtlinie zu werfen, die beim ersten Start eines VSTO-Anpassungsprojekts durch Visual Studio angelegt wird. Ausgangspunkt ist der Knoten *VSTOProjects* auf der Benutzerebene. Hier wird für jedes Visual Studio-Projekt ein Knoten mit drei Unterknoten angelegt:

- Ein Knoten mit dem Namen des Verzeichnispfades, dem eine GUID vorausgeht. Die Mitgliedschaftsbedingung ist *Gesamter Code,* dem der Berechtigungssatz *Nothing* zugewiesen wird. Dieser Knoten ist lediglich ein Behälter für die übrigen Konten. Der Umstand, dass der Knoten allen Assemblies sämtliche Berechtigungen entzieht, hat keine Bedeutung, da am Ende die Berechtigungen zusammengeworfen werden und auf den unteren Knoten die benötigte FullTrust-Berechtigung hinzukommt.
- Ein Unterknoten mit dem Namen *Debug.* Die URL-Mitgliedschaftsbedingung ist auf alle Assemblies in dem Verzeichnis gesetzt, der Berechtigungssatz ist *Execution* (also deutlich eingeschränkt gegenüber *FullTrust*).
- Ein Unterknoten mit dem Namen der Assembly. Die URL-Mitgliedschaftsbedingung ist auf den kompletten Dateipfad der Assembly gesetzt, der Berechtigungssatz ist *FullTrust.*

Warum Microsoft diese Struktur gewählt hat, hat sicher seine Gründe. Notwendig ist sie sicher nicht.

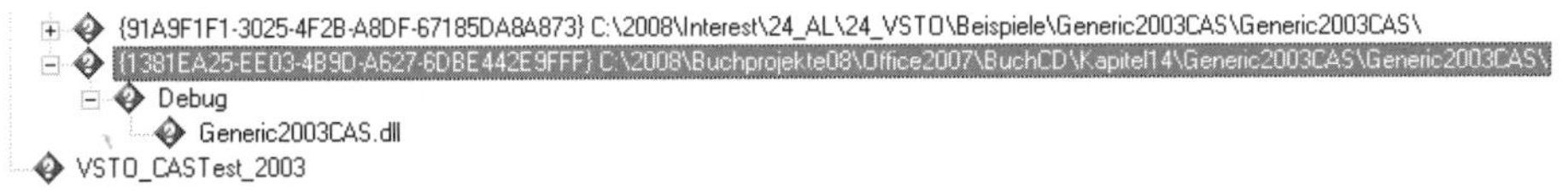

Abbildung 14.5 Visual Studio legt für eine VSTO-Anpassungsassembly gleich drei Einträge an

Die .NET-Konfiguration bei .NET 3.0/3.5

Bei .NET 3.0/3.5 ist die .NET-Konfiguration leider nicht mehr dabei. Wenn Sie daher Visual Studio 2008 frisch installiert haben, werden Sie das Tool in der Systemsteuerung vermutlich nicht finden. Sie müssen das mit knapp 350 MByte nicht gerade leichtgewichtige .NET Framework 2.0 SDK nachinstallieren. Eine solche Installation »gegen den Strom« kann aber nichts durcheinanderbringen, da sie keine .NET 3.0/3.5-Dateien überschreibt und die einzelnen Laufzeitverzeichnisse friedlich nebeneinander vorliegen.

Einrichten über Caspol.exe

Die dritte Variante beim Anlegen von Ausführungsrichtlinien besteht in dem Aufruf des Kommandozeilentools *Caspol.exe.* Es ist Teil der .NET 2.0-Laufzeit (Sie finden es daher unter *%systemroot%\Microsoft.NET\Framework\v2.0.50727*). Als reines Kommandozeilentool wirkt es nicht gerade besonders einladend, aber auch hier gilt, dass es sich mit ein wenig Übung als ein sehr nützliches Werkzeug entpuppt, mit dem erfahrene Anwender schneller arbeiten als mit der vermeintlich komfortableren .NET-Konfiguration. Und auch hier muss man wissen, dass es nur für Office 2003-Erweiterungen infrage kommt.

Den Umgang mit *Caspol.exe* lernt man am besten an kleinen Beispielen. Der folgende Aufruf listet alle Richtlinien auf Benutzerebene auf, wenngleich der »Output« nicht gerade leserlich ist:

```
caspol -user -lg
```

Caspol.exe nummeriert die einzelnen Ebenen intern durch, sodass man sich beim Neuanlegen einer Richtlinie auf eine vorhandene Richtlinie über ihre Nummer beziehen kann, die man zuerst in Erfahrung bringen muss.

Der folgende Aufruf legt auf der Ebene *Benutzer* unter *All_Code* eine Richtlinie für die Assembly *C:\VSTOApps\VSTOTest.dll* mit einer entsprechenden URL-Mitgliedschaftsbedingung an:

```
caspol -user -addgroup All_Code -url "C:\VSTOApps\VSTOTest.dll" FullTrust -description "Just a Test" -name "VSTOTest"
```

Eine Hilfe zum Anlegen von Codegruppen erhält man auch durch Eingabe von »caspol -lg -?«.

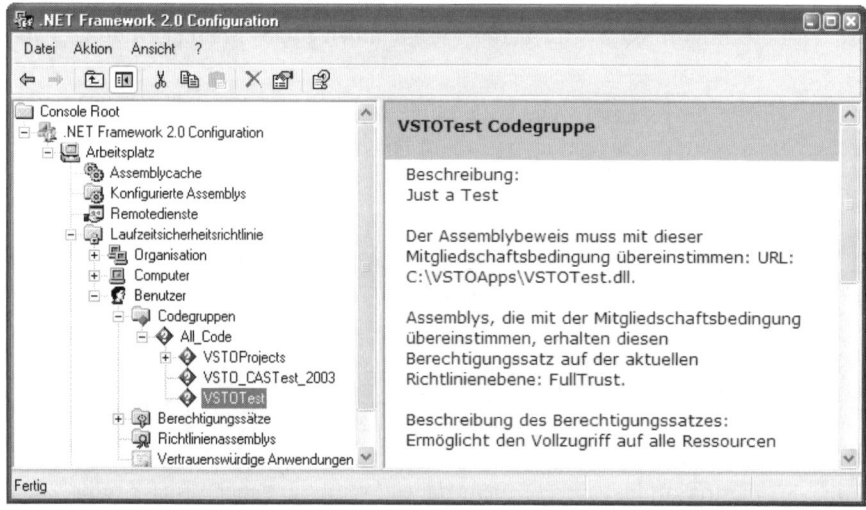

Abbildung 14.6 Mit Caspol.exe wurde eine neue Richtlinie angelegt

Der Strong Name als Allheilmittel?

Eine URL-Mitgliedschaftsbedingung ist nicht optimal, da sie voraussetzt, dass sich die Assembly stets in dem angegebenen Verzeichnis befindet, was oft nicht realisierbar ist. Eine bessere Variante besteht darin, alle VSTO-Assemblies, für die eine FullTrust-Berechtigung eingerichtet werden soll, mit ein und demselben Schlüssel zu signieren und diesen für eine StrongName-Mitgliedschaftsbedingung heranzuziehen. Dann spielt es keine Rolle mehr, in welchem Verzeichnis die Assembly untergebracht ist. Auch ein Netzwerkshare kommt infrage, da die Assembly in jedem Fall eine FullTrust-Berechtigung erhält. Das Einrichten einer solchen Mitgliedschaftsbedingung ist zudem sehr einfach, denn der erforderliche Schlüssel kann aus einer Datei »extrahiert« werden, die bereits mit diesem Schlüssel signiert wurde.

Einrichten über die Policy-Klassen

Das, was per .NET-Konfiguration oder per *Caspol.exe* eingerichtet wird, basiert am Ende auf Klassen im Namespace *System.Security.Policy*. Es ist daher kein allzu großer Aufwand erforderlich, ein kleines Programm, zum Beispiel als Konsolenanwendung, zu erstellen, das lokal ausgeführt wird, um dort die Richtlinie anzulegen. Noch besser ist es natürlich, wenn dies bequem im Rahmen eines Msi-Installationsprogramms durchgeführt wird. Auch das ist, sofern man den Bogen heraushat, kein allzu großes Problem.

Kurzer Überblick über den Namespace System.Security.Policy

Wer Sicherheitsrichtlinien per Programmcode einrichten möchte, was für viele Entwickler die attraktivste Variante sein dürfte, muss sich ein wenig mit den Klassen im Namespace *System.Security.Policy* auskennen, die man oft eher kochrezeptartig einsetzt. Tabelle 14.2 stellt jene Klassen aus dem Namespace vor, die im Zusammenhang mit dem Einrichten von VSTO-Codegruppen eine Rolle spielen.

CD-ROM Die folgenden Beispiele finden Sie im Rahmen der Projektmappe *14_PolicyBeispiele.sln* auf der Buch-CD.

Beispiel

Das folgende Beispiel listet im Rahmen einer Konsolenanwendung die Namen aller Codegruppen auf der Benutzerebene rekursiv auf (in einem etwas komfortableren Beispiel würden die Namen in ein TreeView-Steuerelement übernommen werden).

```
Sub ListCodegroupStart()
  Dim AnzahlCodeGruppen As Integer
  Try
    Dim PolLevel As PolicyLevel = GetPolLevelUser()
    For Each CG As CodeGroup In PolLevel.RootCodeGroup.Children
        ListCodeGroups(CG, AnzahlCodeGruppen)
    Next
    Console.WriteLine("Anzahl Codegruppen: {0}", AnzahlCodeGruppen)
  Catch ex As SystemException
    ' Es trat ein Fehler auf
    Console.WriteLine("Error: " & ex.Message)
  End Try
End Sub

Sub ListCodeGroups(ByVal GC As CodeGroup, ByRef AnzahlCodeGruppen As Integer)
  Static Level As Integer
  Level += 1
  Console.WriteLine(New String("*", Level * 3) & "Codegruppe: " & GC.Name)
  AnzahlCodeGruppen += 1
  For Each GCSub As CodeGroup In GC.Children
      ListCodeGroups(GCSub, AnzahlCodeGruppen)
  Next
  Level -= 1
End Sub

' Liefert das PolicyLevel-Objekt für die User-Ebene
Private Function GetPolLevelUser() As PolicyLevel
  Try
    Dim PL As PolicyLevel
    Dim AllePolLevel As IEnumerator = SecurityManager.PolicyHierarchy()
```

```
        While AllePolLevel.MoveNext()
            Dim PolLevel As PolicyLevel = CType(AllePolLevel.Current, PolicyLevel)
            If PolLevel.Label = "User" Then
                PL = PolLevel
                Exit While
            End If
        End While
        If PL Is Nothing Then
            Throw New ApplicationException _
                ("User-Gruppe nicht gefunden - Probleme mit CAS-Konfiguration auf diesem Computer")
        End If
        Return PL
    Catch ex As SystemException
        ' Es trat ein Fehler auf
        Console.WriteLine("Error: " & ex.Message)
        Return Nothing
    End Try
End Function
```

Beispiel

Das nachstehende Beispiel legt auf Benutzerebene unter *All_Code* eine neue Gruppe mit dem Namen *Kapitel 14-Policy* für eine ULR-Mitgliedschaft für das Verzeichnis *\\PMServer\VSTO** an, sodass Assemblies, die aus diesem Verzeichnis geladen werden, eine FullTrust-Berechtigung erhalten (besonders fortschrittlich eingestellte Leser, die bereits unter dem neuen Windows Vista bei aktivierter Benutzerkontensteuerung arbeiten, müssen Visual Studio mit der Option *Als Administrator ausführen* starten, damit es funktioniert).

```
Sub UrlPolicyAnlegen()
    Dim AllCodeCodeGroup As CodeGroup
    Dim VSTOCodeGroup As UnionCodeGroup
    Dim VSTOPermSet As PermissionSet
    Dim VSTOAssUrl As String = "\\PMServer\VSTO\*"
    Try
        Dim PolLev As PolicyLevel = GetPolLevelUser()
        AllCodeCodeGroup = DirectCast(PolLev.RootCodeGroup, UnionCodeGroup)
        VSTOPermSet = PolLev.GetNamedPermissionSet("FullTrust")
        Dim UrlMemCond As New UrlMembershipCondition(VSTOAssUrl)
        Dim PolStm As New PolicyStatement(VSTOPermSet)
        VSTOCodeGroup = New UnionCodeGroup(UrlMemCond, PolStm)
        VSTOCodeGroup.Description = "Codegruppe aus Kapitel 14"
        VSTOCodeGroup.Name = "Kapitel 14-Policy"
        AllCodeCodeGroup.AddChild(VSTOCodeGroup)
        ' TODO: Besser wäre es, an die VSTOProjects-Gruppe zu hängen
        ' Alle Änderungen speichern
        SecurityManager.SavePolicy()
        Console.WriteLine("Codegruppe wurde angelegt.")
    Catch Ex As PolicyException
        Console.WriteLine("Policy-Error: " & Ex.Message)
    Catch ex As SystemException
        Console.WriteLine("System-Error: " & ex.Message)
    End Try
End Sub
```

Beispiel

Das folgende Beispiel entspricht dem letzten Beispiel, nur dass die Mitgliedschaftsbedingung dieses Mal auf einem Strong Name basiert, der aus der eigenen Assemblydatei zuvor ausgelesen wurde, was daher voraussetzt, dass diese beim Kompilieren mit einem Schlüssel signiert wird.

```
Sub StrongNamePolicyAnlegen()
  ' Nimmt eigene Assembly an
  Dim Ass As Assembly = Assembly.GetExecutingAssembly
  Dim snName As String = Ass.GetName.Name
  Dim snVersion As System.Version = Ass.GetName.Version
  Dim snPK() As Byte
  Try
    snPK = Ass.GetName.GetPublicKey()
  Catch ex As SystemException
    Console.WriteLine("Fehler beim Lesen des Public Key.")
    Exit Sub
  End Try
  Try
    Dim snPKB As New StrongNamePublicKeyBlob(snPK)
    Dim StrongCond As StrongNameMembershipCondition = _
        New StrongNameMembershipCondition(snPKB, snName, snVersion)
    Dim VSTOPermSet As New NamedPermissionSet("FullTrust")
    Dim VSTOCodeGroup As UnionCodeGroup = _
        New UnionCodeGroup(StrongCond, New PolicyStatement(VSTOPermSet))
    VSTOCodeGroup.Description = "StrongName-Codegruppe aus Kapitel 14"
    VSTOCodeGroup.Name = "Kapitel 14-Policy (Strong)"
    Dim PolLev As PolicyLevel = GetPolLevelUser()
    Dim AllCodeCodeGroup As CodeGroup = DirectCast(PolLev.RootCodeGroup, UnionCodeGroup)
    AllCodeCodeGroup.AddChild(VSTOCodeGroup)
    ' TODO: Besser wäre es, an die VSTOProjects-Gruppe zu hängen
    ' Alle Änderungen speichern
    SecurityManager.SavePolicy()
    Console.WriteLine("StrongName-Codegruppe wurde angelegt.")
  Catch Ex As SecurityException
    Console.WriteLine("Security-Error: " & Ex.Message)
  Catch Ex As PolicyException
    Console.WriteLine("Policy-Error: " & Ex.Message)
  Catch ex As SystemException
    Console.WriteLine("System-Error: " & ex.Message)
  End Try
End Sub
```

Klasse	Steht für .../Stellt für ...
CodeGroup	als abstrakte Basisklasse allgemein für eine Codegruppe.
PolicyException	eine Ausnahme, die beim Umgang mit den Policy-Klassen auftreten kann.
PolicyLevel	eine Sicherheitsrichtlinienebene.
StrongName	eine Richtlinienauswertung den starken Namen einer Assembly als Nachweis zur Verfügung.
StrongNameMembershipCondition	eine Strong Name-Mitgliedschaftsbedingung.
UnionCodeGroup	eine konkrete Codegruppe, deren Richtlinienanweisung die Richtlinienanweisungen aller übergeordneten Codegruppen als Schnittmenge zur Verfügung stellt.

Tabelle 14.2 Interessante Klassen im Namespace *System.Security.Policy*

Klasse	Steht für .../Stellt für ...
Url	eine Richtlinienauswertung eine URL als Nachweis zur Verfügung.
UrlMembershipCondition	eine URL-Mitgliedschaftsbedingung.

Tabelle 14.2   Interessante Klassen im Namespace *System.Security.Policy (Fortsetzung)*

Die SecurityManager-Klasse

Nicht alle für das Einrichten und Entfernen von Codegruppen und Richtlinien erforderlichen Klassen befinden sich in *System.Security.Policy*. Für das Festlegen von Berechtigungen werden Klassen im Namespace *System.Security.Permissions* benötigt. Die zentrale Klasse für Änderungen von Richtlinien ist die Klasse *SecurityManager* im Namespace *System.Security*. Am wichtigsten ist ihre *PolicyHierarchy*-Eigenschaft, denn über sie erhält man einen Enumerator, um über die Richtlinienebenen gezielt auf eine Richtlinie und deren Codegruppen zugreifen zu können. Das zweite, im Zusammenhang mit Zugriffsrichtlinien wichtige Mitglied ist die *SavePolicy*-Methode, denn diese speichert eine neu angelegte Richtlinie.

Erstellen eines Setup-Projekts für eine Office 2003-Dokumentanpassung

Im Folgenden wird am Beispiel einer Excel 2003-Dokumentanpassung Schritt für Schritt ein (generisches) Setup-Projekt umgesetzt, das zu einem Msi-Paket führt, mit dem auf einem Zielsystem eine Assembly in ein vom Anwender ausgewähltes Verzeichnis kopiert und für dieses Verzeichnis eine auf einer URL-Mitgliedschaft basierende FullTrust-Berechtigung eingerichtet wird.

Das Projekt ist sehr einfach gehalten, da es in erster Linie um das Prinzip geht. Es versteht sich als Projektvorlage, die lediglich angepasst werden muss. Alle Einstellungen, wie der Name der Codegruppe, werden direkt im Quelltext vorgenommen.

1. Legen Sie ein neues Projekt vom Typ *Excel 2003-Arbeitmappe* an. Es erhält den Namen **Generic2003CAS**. Dies ist gleichzeitig auch der Name der Projektmappe. Entfernen Sie die Tabellen *Tabelle2* und *Tabelle3*, damit es im Projekt ein wenig übersichtlicher wird, und nennen Sie *Tabelle1* in **Haupt** um (wenngleich dies natürlich nicht zwingend erforderlich ist). Speichern Sie das Projekt über *Alle speichern*.
2. Fügen Sie in die *Startup*-Prozedur der *ThisWorkbook*-Klasse den folgenden Befehl ein, damit nach dem Laden der Mappe etwas geschieht:

```
MessageBox.Show("Es ist jetzt: " & Now.ToShortTimeString, "Excel " & Application.Version)
```

Dies war der leichte Teil der Übung, ab jetzt wird es ein wenig anspruchsvoller.

3. Nehmen Sie in das Projekt über *Projekt/Neues Element hinzufügen* eine *Installerklasse* durch Auswahl der gleichnamigen Vorlage auf. Sie ist das Bindeglied zwischen dem Setup-Projekt und dem VSTO-Projekt. Die Klasse enthält im Folgenden den kompletten Code, der die Codezugriffsrichtlinien einrichtet und wieder entfernt. Es kommt vor allem darauf an, dass die Methoden *Install*, *Uninstall* und *Commit* (hier passiert aber nichts, sie müssen aber vorhanden sein) überschrieben werden.

Erstellen eines Setup-Projekts für eine Office 2003-Dokumentanpassung

Abbildung 14.7 Das Projekt wird um eine Installerklasse erweitert

4. Schalten Sie bei der Installerklasse per F7 von der Designeroberfläche auf den Programmcode um. Die Installerklasse erhält zwei zusätzliche *Imports*-Befehle:

```
' Generische Installerklasse für das Einrichten einer VSTO-Policy
Imports System.Security
Imports System.Security.Policy
```

5. Als Nächstes werden unterhalb des *Class*-Befehls ein paar Variablen benötigt, über die alle Details, wie der Name der anzulegenden Codegruppe, festgelegt werden:

```
Public Class CASInstaller
 ' Private Variablen - hier werden die Details festgelegt
 Private ReadOnly PolLevel_Install As String = "User"
 Private ReadOnly Permset_Install As String = "FullTrust"
 Private ReadOnly CodeGroupDesc_Install As String = "VSTO_CASTest_2003-Group"
 Private ReadOnly ProduktName As String = "VSTO_CASTest_2003"
 Private ReadOnly AppName As String = My.Application.Info.Title
 Private mCodeGroupName_Install As String = "VSTO_CASTest_2003"
```

Eine flexiblere Variante wäre es sicherlich, diese variablen Daten über eine externe Konfigurationsdatei zur Verfügung zu stellen, sodass das Projekt nicht neu erstellt werden muss, wenn sich die Angaben ändern.

6. In den nächsten Schritten werden die Methoden *Commit*, *Install* und *Uninstall* der Installerklasse der Reihe nach überschrieben. Sie werden feststellen, dass Visual Studio nach Eingabe von *Public Overrides Sub* die überschreibbaren Prozeduren in einer Auswahlliste anbietet, sodass man bereits einen Überblick über jene Mitglieder erhält, die überhaupt überschreibbar sind. Im Folgenden erhalten nur *Install* und *Uninstall* neue Inhalte. Die *Commit*-Methode muss aber trotzdem durch Eingabe von *Public Overrides Sub Commit* und Drücken der ⏎-Taste überschieben werden, auch wenn hier nichts passiert:

```
' Hier passiert nichts
Public Overrides Sub Commit(ByVal savedState As System.Collections.IDictionary)
  MyBase.Commit(savedState)
End Sub
```

7. In der *Install*-Methode wird die Prozedur *SetupCAS* aufgerufen (sie wird später definiert). Dies ist der Kern der Installerklasse, denn hier wird die Richtlinie eingerichtet. Über den Parameter *stateSaver* werden der Installerklasse Parameter übergeben.

```
' Wird bei der Installation aufgerufen
Public Overrides Sub Install(ByVal stateSaver As IDictionary)
  Try
    SetupCAS()
    MyBase.Install(stateSaver)
  Catch ex As SystemException
    LogError("Install", ex)
    Me.Rollback(stateSaver)
  End Try
End Sub
```

Da während der Installation keine Meldungsboxen angezeigt werden sollten, werden Ausnahmen und andere »Wasserstandsmeldungen« im Ereignisprotokoll protokolliert (die Prozedur *LogError* wird noch definiert). Dies ist auf die Schnelle der einfachste Weg, Fehler in der Installerklasse (die am Anfang mit Sicherheit auftreten werden) zu rekonstruieren. Geizen Sie nicht mit Meldungen, denn durch sie lässt sich ein Fehler schnell lokalisieren.

8. In der *Uninstall*-Methode wird mit *RemoveCAS* das Pendant zu *SetupCAS* aufgerufen (auch sie wird später definiert). Sie sorgt dafür, dass beim Deinstallieren der Anwendung die Richtlinie wieder entfernt wird, zumal sie eine potenzielle, wenn auch sicher kleine Sicherheitslücke darstellt.

```
' Wird bei der Deinstallation aufgerufen
Public Overrides Sub Uninstall(ByVal savedState As IDictionary)
  Try
    Me.RemoveCAS()
  Catch Ex As SystemException
    LogError("UnInstall", Ex)
    MyBase.Uninstall(savedState)
  End Try
End Sub
```

9. Fügen Sie eine *ReadOnly*-Eigenschaft *InstallDirectory* hinzu, die das vom Anwender ausgewählte Installationsverzeichnis zurückgibt. Sie greift dazu über *Me.Context.Parameters* auf einen Parameter mit dem Namen *AssInstallPfad* zu, der im Rahmen einer noch hinzuzufügenden benutzerdefinierten Aktion übergeben wird:

```
' Liefert das Installationsverzeichnis
Private ReadOnly Property InstallDirectory() As String
  Get
    ' Installationsverzeichnis des Installers abfragen - AssInstallPfad
    Dim AssPfad As String = Me.Context.Parameters("AssInstallPfad")
    Dim InstallDir As String = AssPfad.Substring(0, AssPfad.LastIndexOf("\"))
    EventLog.WriteEntry(AppName, "Install-Directory: " & AssPfad, EventLogEntryType.Information)
    If Not InstallDir.EndsWith("\") Then
      InstallDir &= "\"
    End If
    InstallDir &= "*"
    Return InstallDir
  End Get
End Property
```

10. Im nächsten Schritt kommt der wichtigste Part, die Prozedur *SetupCAS*, die die Ausführungsrichtlinie einrichtet. Diese Prozedur ist entsprechend umfangreich, doch bei näherer Betrachtung wie so oft alles andere als kompliziert:

```
' Richtet die CAS-Policy ein
Sub SetupCAS()
  Try
    EventLog.WriteEntry(AppName, "SetupCAS wird ausgeführt", EventLogEntryType.Information)
    Dim PolLev As PolicyLevel = GetPolLevel()
    If GetCodeGroup(PolLev) Is Nothing Then
      ' Neuen FullTrust-Permissionset anlegen
      Dim PermSet As PermissionSet = New NamedPermissionSet(Me.Permset_Install)
      Dim MembershipCond As IMembershipCondition = New UrlMembershipCondition(InstallDirectory)
      ' Jetzt die Gruppe anlegen
      Dim PolStat As New PolicyStatement(PermSet)
      Dim CodeGruppe As CodeGroup = New UnionCodeGroup(MembershipCond, PolStat)
      CodeGruppe.Description = Me.CodeGroupDesc_Install
      CodeGruppe.Name = mCodeGroupName_Install
      ' Neue Codegruppe zum PolicyLevel hinzufügen
      PolLev.RootCodeGroup.AddChild(CodeGruppe)
      ' Alles speichern
      SecurityManager.SavePolicy()
    End If
  Catch ex As SystemException
    ' Es trat ein Fehler auf
    LogError("SetupCAS", ex)
  End Try
End Sub
```

11. Die Prozedur *SetupCAS* ruft die Funktion *GetPolLevel* auf, die nach Übergabe eines Richtlinienebenennamens (zum Beispiel »User«) das *PolicyLevel*-Objekt für diese Ebene zurückgibt:

```
' Liefert das PolicyLevel-Objekt, zum Beispiel User
Private Function GetPolLevel() As PolicyLevel
  Try
    ' Den Level erst lokalisieren
    EventLog.WriteEntry(AppName, "GetPolLevel wird ausgeführt", EventLogEntryType.Information)
    Dim tmpPolLevel As PolicyLevel = Nothing
    Dim AllePolLevel As IEnumerator = SecurityManager.PolicyHierarchy()
    While AllePolLevel.MoveNext()
      Dim PolLevel As PolicyLevel = CType(AllePolLevel.Current, PolicyLevel)
      If (PolLevel.Label.CompareTo(Me.PolLevel_Install) = 0) Then
        tmpPolLevel = PolLevel
        Exit While
      End If
    End While
    If tmpPolLevel Is Nothing Then
      Throw New ApplicationException _
          ("User-Gruppe nicht gefunden - Probleme mit CAS-Konfiguration auf diesem Computer")
    End If
    Return tmpPolLevel
  Catch ex As SystemException
    ' Es trat ein Fehler auf
    LogError("GetPolLevel", ex)
    Return Nothing
  End Try
End Function
```

12. Die Prozedur *SetupCAS* ruft unter anderem die Funktion *GetCodeGroup* auf, die prüft, ob eine Codegruppe auf jener Ebene, die durch das übergebene *PolicyLevel*-Objekt festgelegt wird, mit dem Namen, der über die Variable *mCodeGroupName_Install* definiert wird, bereits existiert. Sollte dies der Fall sein, wird sie als *CodeGroup*-Objekt zurückgegeben:

```
' Prüft, ob die anzulegende Codegruppe bereits existiert und gibt diese zurück,
' sollte dies der Fall sein
Private Function GetCodeGroup(ByVal PolLevel As PolicyLevel) As CodeGroup
    Try
        EventLog.WriteEntry(AppName, "GetCodeGroup wird ausgeführt.", EventLogEntryType.Information)
        For Each tmpCodeGroup As CodeGroup In PolLevel.RootCodeGroup.Children
            If (tmpCodeGroup.Name.CompareTo(mCodeGroupName_Install) = 0) Then
                Return tmpCodeGroup
            End If
        Next
        Return Nothing
    Catch ex As SystemException
        ' Es trat ein Fehler auf
        LogError("GetCodeGroup", ex)
        Return Nothing
    End Try
End Function
```

13. Was durch die Prozedur *SetupCas* im Rahmen der *Install*-Methode angelegt wird, wird durch die Prozedur *RemoveCAS* bei einem Uninstall wieder entfernt:

```
' Entfernt die CAS-Policy wieder
Sub RemoveCAS()
    Try
        EventLog.WriteEntry(AppName, "RemoveCAS wird ausgeführt", EventLogEntryType.Information)
        Dim PolLevel As PolicyLevel = GetPolLevel()
        Dim CodeGruppe As CodeGroup = GetCodeGroup(PolLevel)
        If CodeGruppe IsNot Nothing Then
            PolLevel.RootCodeGroup.RemoveChild(CodeGruppe)
            ' Nicht vergessen alles zu speichern
            SecurityManager.SavePolicy()
        End If
    Catch Ex As SystemException
        ' Es trat ein Fehler auf
        LogError("RemoveCAS", ex)
    End Try
End Sub
```

14. Zum Schluss wird eine kleine Prozedur hinzugefügt, die Meldungen im Windows-Ereignisprotokoll vermerkt:

```
' Fehler im Eventlog protokollieren
Sub LogError(ByVal QUelle As String, ByVal Ex As SystemException)
    EventLog.WriteEntry(My.Application.Info.Title, "Error in " & Quelle & _
    "Error-Message: " & Ex.Message, EventLogEntryType.Error)
End Sub
```

Zu diesem Zeitpunkt sollte die Fehlerliste keine Fehler enthalten.

Erstellen eines Setup-Projekts für eine Office 2003-Dokumentanpassung 539

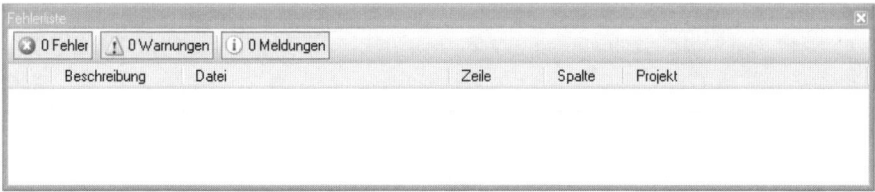

Abbildung 14.8 Keine Fehler, keine Meldungen – so sollte es immer sein

15. Das Projekt für die Excel 2003-Anpassung ist fertig. Erstellen Sie das Projekt, damit eine Assembly entsteht, die im nächsten Schritt für das Setup-Projekt verwendet werden kann.
16. Im nächsten Schritt wird über *Datei/Hinzufügen/Neues Projekt* ein *Setup-Projekt* in die Projektmappe aufgenommen. Es erhält den Namen **Generic2003CAS_Setup**.

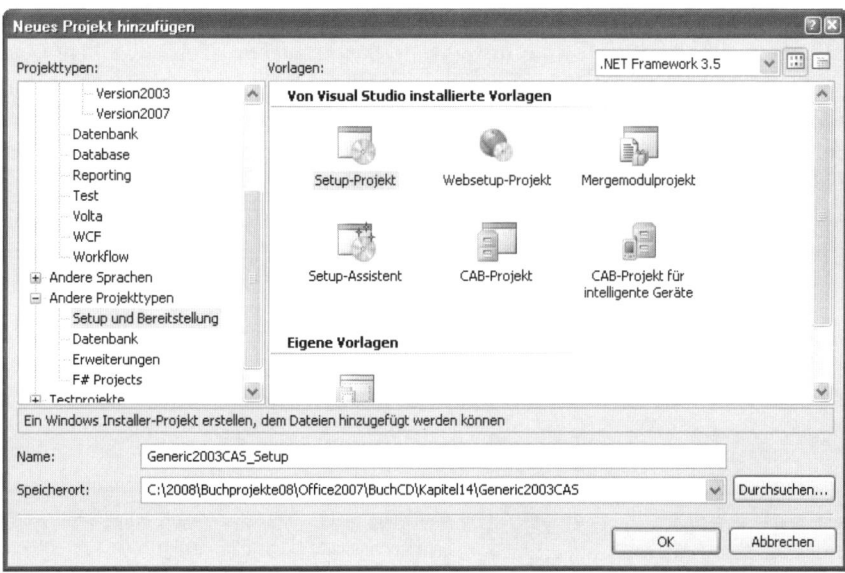

Abbildung 14.9 Zur Projektmappe wird ein Setup-Projekt hinzugefügt

17. Im Setup-Projekt werden im Dateisystem-Editor sowohl die Assembly (über *Anwendungsordner/Hinzufügen/Projektausgabe/Primäre Ausgabe*) als auch die Arbeitsmappe (über *Anwendungsordner/Hinzufügen/ Datei* und Auswahl der Xls-Datei aus dem *bin\Debug*-Verzeichnis des Projektordners, weil nur diese die Verknüpfung zur Assembly enthält) in den Anwendungsordner eingefügt. Eine Verknüpfung wird nicht erstellt, da das Excel-Dokument nicht über das Startmenü zur Verfügung stehen soll.
18. Durch das Hinzufügen der VSTO-Assembly erkennt Visual Studio eine Vielzahl von Abhängigkeiten, die alle im Projektmappen-Explorer aufgelistet werden. Da diese aber bereits Teil der VSTO-Laufzeit sind, die als vorhanden vorausgesetzt wird (das Setup-Projekt ließe sich über eine hinzugefügte Startbedingung um eine Abfrage erweitern, die das Vorhandensein der Laufzeit prüft und diese gegebenenfalls nachinstalliert), müssen oder besser sollten sie alle durch Setzen von *Exclude* auf *True* im Eigenschaftenfenster aus dem Projektmappen-Explorer entfernt werden. Sie werden zwar noch aufgeführt, aber entsprechend als nicht vorhanden gekennzeichnet.

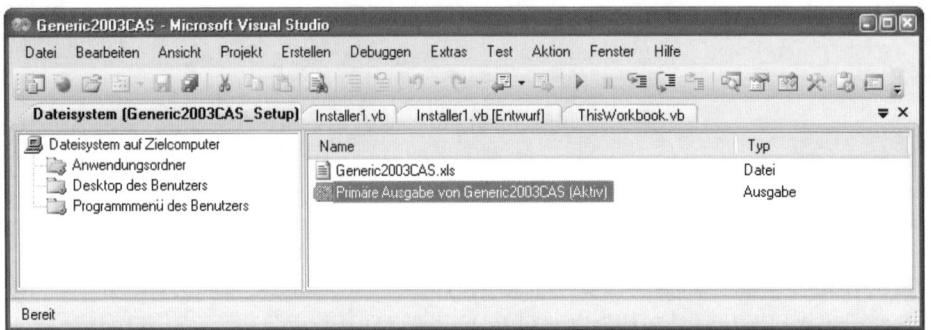

Abbildung 14.10 In das Ausgabeverzeichnis werden beim Setup die VSTO-Assembly und die Excel-Mappe kopiert

19. Das Setup-Projekt wird im Editor für benutzerdefinierte Aktionen (*Ansicht/Editor/Benutzerdefinierte Aktionen*) um eine »Custom Action« erweitert. Dies geschieht durch Anklicken des Knotens *Benutzerdefinierte Aktionen* mit der rechten Maustaste und Auswahl von *Benutzerdefinierte Aktion hinzufügen*. Im nächsten Schritt muss das Element auf dem Zielcomputer ausgewählt werden, dem eine solche benutzerdefinierte Aktion hinzugefügt werden soll. Doppelklicken Sie auf den Eintrag *Anwendungsordner*, um diesen zu öffnen, und wählen Sie die primäre Ausgabe aus, die sich dort bereits befinden sollte. Bestätigen Sie die Auswahl mit *OK*. Die primäre Ausgabe wird dadurch bei allen vier Zweigen *Installieren*, *Commit ausführen*, *Rollback* und *Deinstallieren* aufgeführt, was bedeutet, dass im Rahmen dieser vier während der Installation stattfindenden Vorgänge eine entsprechende Methode in der Installerklasse aufgerufen wird.

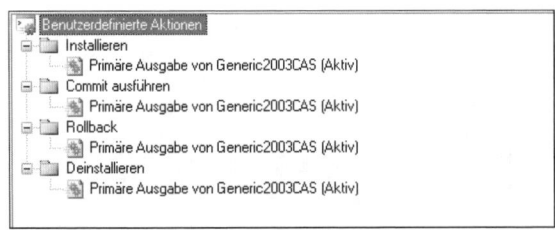

Abbildung 14.11 Zum Setup-Projekt wurde eine benutzerdefinierte Aktion hinzugefügt

HINWEIS Benutzerdefinierte Aktionen auf der Grundlage einer Installerklasse laufen im Kontext des Installerprozesses (*Msiexec.exe*). Im Rahmen einer benutzerdefinierten Aktion kann auch eine reguläre Exe-Datei ausgeführt werden. Parameter, wie das vom Anwender ausgewählte Installationsverzeichnis, können auf der Kommandozeile übergeben werden.

20. Im nächsten Schritt soll erreicht werden, dass in den Eigenschaften der benutzerdefinierten Aktion *Installieren* jener Anwendungspfad übergeben wird, der vom Anwender bei der Installation ausgewählt wurde. Dieser wird durch die Setup-Variable *TARGETDIR* repräsentiert. Selektieren Sie den Eintrag *Primäre Ausgabe* im *Installieren*-Zweig, öffnen Sie das Eigenschaftenfenster über F4 und tragen Sie bei *CustomActionData* ein »/AssInstallPfad=[TARGETDIR]« ein. *AssInstallPfad* ist ein frei gewählter Name, der in der Property *InstallDirectory* in der Installerklasse zur Verfügung steht.

Erstellen eines Setup-Projekts für eine Office 2003-Dokumentanpassung

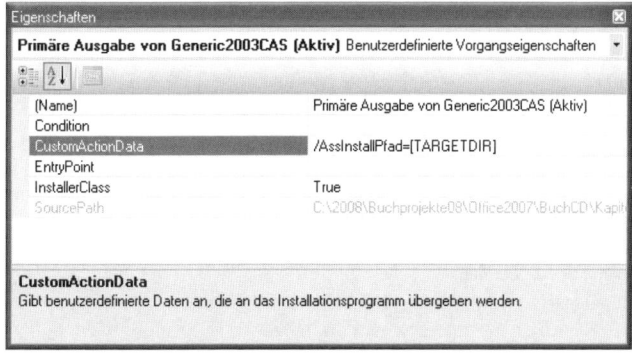

Abbildung 14.12 Die CustomAction bekommt den vom Anwender ausgewählten Installationspfad übergeben

21. Damit sind alle Einstellungen gemacht. Das Setup-Projekt wird über das *Erstellen*-Menü erstellt, was im Allgemeinen eine Weile dauert. Dass alles erfolgreich verlaufen ist, erfährt man lediglich über einen unscheinbaren Eintrag in der Statusleiste von Visual Studio.

TIPP Beim Erstellen der Projektmappe wird das Setup-Projekt zu Beginn noch nicht mit erstellt. Das kann (und sollte) über den Konfigurationsmanager geändert werden.

Das Ergebnis ist eine Msi-Datei mit dem Namen *Generic2003CAS_Setup.msi* im Verzeichnis *bin\Debug* des Setup-Projektverzeichnisses. Diese sollte zwar nicht auf demselben Computer ausgeführt werden, auf dem die Anwendung entwickelt wird, da sich dadurch nie der »Ernstfall« simulieren lässt, bei dem die Anwendung auf einem »nackten« System zur Ausführung gelangt und sich dabei herausstellen muss, ob alle Laufzeitkomponenten vorhanden sind. Doch zum Testen, ob das Setup grundsätzlich funktioniert, spricht nichts dagegen. Zusätzlich wird eine Datei *Setup.exe* angelegt, die im Folgenden aber keine Rolle spielt.

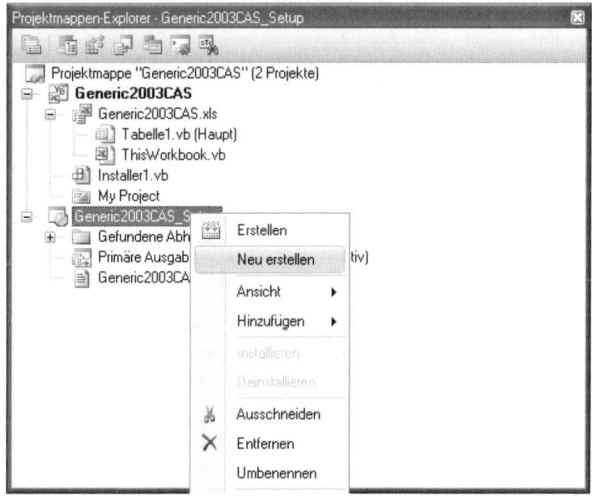

Abbildung 14.13 Das Setup-Projekt wird über sein Kontextmenü im Projektmappen-Explorer erstellt

22. Die entstandene Msi-Datei kann auf verschiedene Arten ausgeführt werden. Eine Möglichkeit besteht darin, das Setup-Projekt im Projektmappen-Explorer mit der rechten Maustaste anzuklicken und *Installieren* zu wählen. Ging alles gut, befinden sich im ausgewählten Installationsverzeichnis die Dateien *Generic2003CAS.dll* und *Generic2003CAS.xls*.

Abbildung 14.14   Die Msi-Datei kann direkt über den Projektmappen-Explorer installiert werden

Installerklassen debuggen

Trifft der Installer auf einen Haltepunkt, hält er die Installation an und gibt eine spezielle Meldung aus. Die Installation kann durch Schließen der Meldungsbox fortgeführt werden, sofern nicht tatsächlich ein Fehler auftrat. Der »Trick« besteht darin, dass ein Installer-Haltepunkt nicht wie üblich über die F9-Taste, sondern durch Einfügen des folgenden Codes gesetzt wird:

```
System.Diagnostics.Debugger.Break()
```

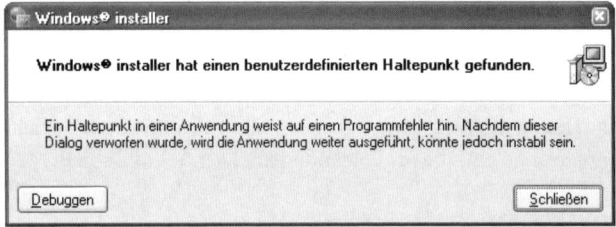

Abbildung 14.15   Der Installer hat einen benutzerdefinierten Haltepunkt erreicht

Über den *Debuggen*-Button kann der Visual Studio-Debugger aktiviert werden. Wurde der Installer im Rahmen von Visual Studio gestartet, wird auch der laufende Visual Studio-Debugger mit dem geladenen Projekt angeboten.

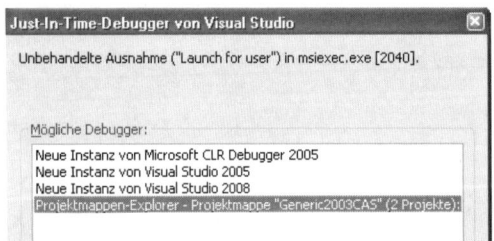

Abbildung 14.16   Bei der Ausführung in Visual Studio steht auch das geladene Projekt zur Verfügung

Nach der Auswahl des Debuggers und dem Umschalten auf den Quelltext wird der Haltepunkt zwar zunächst grün hinterlegt, durch Drücken von F8 bzw. F11 kann die Debug-Sitzung aber normal fortgesetzt werden. Alternativ oder ergänzend lassen sich auch Meldungsboxen anzeigen, wobei das Protokollieren von Meldungen über die *EventLog*-Klasse generell die etwas bessere Alternative ist.

Erstellen eines Setup-Projekts für eine Office 2003-Dokumentanpassung

```
53        ' Liefert das Installationsverzeichnis
54        Private ReadOnly Property InstallDirectory() As String
55            Get
56                MessageBox.Show("InstallDirectory...")
57                System.Diagnostics.Debugger.Break()
58                ' Installationsverzeichnis des Installers abfragen - AssInstallPfad
59                Dim AssPfad As String = Me.Context.Parameters("AssInstallPfad")
60                Dim InstallDir As String = AssPfad.Substring(0, AssPfad.LastIndexOf("\"))
61                EventLog.WriteEntry(AppName, "Install-Directory: " & AssPfad, EventLogEntryType.
       Information)
62                If Not InstallDir.EndsWith("\") Then
63                    InstallDir &= "\"
```

Abbildung 14.17   Die Installerklasse kann regulär gedebuggt werden

Die Office-Anpassung ist damit installiert und kann über *Systemsteuerung/Software* auch wieder deinstalliert werden. Die VSTO-Assembly befindet sich im vom Anwender ausgewählten Verzeichnis. Die wichtigste »Kleinigkeit« ist jedoch, dass eine Codezugriffsrichtlinie angelegt wurde, die auf dem Zielsystem in der .NET-Konfiguration oder mit *Caspol.exe* angezeigt werden sollte.

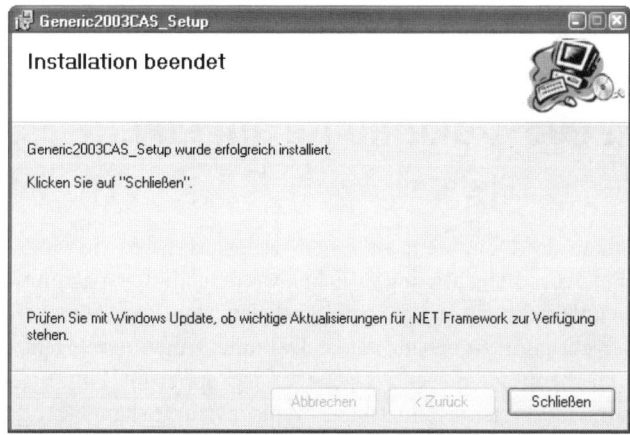

Abbildung 14.18   Die Installation verlief erfolgreich

Jetzt kommt die Nagelprobe. Öffnen Sie die Excel-Arbeitsmappe. Die Anpassung sollte gestartet und die Meldung angezeigt werden.

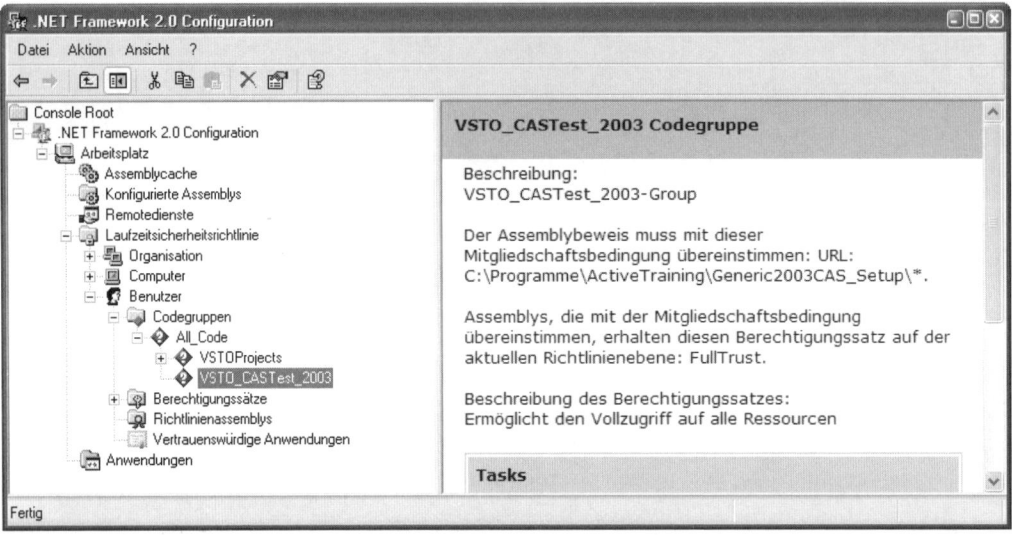

Abbildung 14.19   Durch das Setup wurde eine neue Codegruppe mit der Sicherheitsrichtlinie für die VSTO-Assembly angelegt

Berechtigungen für Office 2003-Dokumente auf einem Netzwerkshare einrichten

Befindet sich bei einer Office 2003-Anpassung auch das Dokument auf einem Netzwerkshare, muss dem Verzeichnis bzw. dem Dokument ebenfalls eine FullTrust-Berechtigung verliehen werden. Sind Anpassungsassembly und Dokument im selben Verzeichnis untergebracht, ist es am einfachsten, dem gesamten Verzeichnis durch Angabe eines * eine FullTrust-Berechtigung zu geben. Ist das Dokument in einem eigenen Verzeichnis enthalten, wird eine zweite Richtlinie benötigt, die eine eigene Codegruppe mit FullTrust-Berechtigung für das Dokument bzw. das Dokumentverzeichnis einrichtet. Wem das zu »riskant« ist, da damit alle Assemblies in diesem Verzeichnis ebenfalls eine FullTrust-Berechtigung erhalten würden, kann von einer speziellen Berechtigungsassembly mit dem Namen *Msosec.dll* Gebrauch machen, die Teil einer Office-Installation ist, und die einmalig zum *Global Assembly Cache* (GAC) hinzugefügt werden muss, damit sie als benutzerdefinierte Mitgliedschaftsbedingung eingesetzt werden kann.

Unter *http://msdn.microsoft.com/de-de/library/9w6bd8f1(VS.80).aspx* wird der gesamte Ablauf vorbildlich beschrieben. Die folgende Schrittfolge versteht sich in erster Linie als Kurzfassung. Es wird davon ausgegangen, dass für die Assembly bereits auf der Ebene *Computer* entweder unter *All_Code/LocalIntranet_Zone* oder direkt unter *All_Code* eine Codegruppe eingerichtet wurde, die ihr FullTrust gewährt.

1. Die Datei *Msosec.dll* muss ausnahmsweise einmal nicht aus dem Internet geladen werden, sie befindet sich bereits im Office-Verzeichnis unter dem Verzeichnispfad *%programfiles%\Microsoft Office\OFFICE11\ADDINS* für Office 2003 bzw. *%programfiles%\Microsoft Office\OFFICE12\ADDINS* für Office 2007. Öffnen Sie den entsprechenden Ordner, je nach Office-Dokumentversion.
2. Öffnen Sie den GAC über *Start/Ausführen* und Eingabe von *Assembly*.
3. Ziehen Sie die Datei *Msosec.dll* bei gedrückter Strg -Taste aus ihrem Ordner in den GAC-Ordner. Dadurch wird die Assembly in den GAC kopiert und liegt anschließend als globale Assembly vor.

4. Wechseln Sie in die .NET-Konfiguration und legen Sie auf der Ebene *Computer* unter *Codegruppen/ All_Code* entweder auf derselben Ebene wie die vorhandene Codegruppe für die Assembly oder eine Ebene darunter eine neue Codegruppe an. Geben Sie der Codegruppe zum Beispiel den Namen **VSTO-Docs**. Wählen Sie für die Mitgliedschaftsbedingung *URL* aus und tragen Sie den Pfad des Netzwerkshares mit einem »*« am Ende ein (zum Beispiel »\\Pmserver\VstoDocs*«). Entscheiden Sie sich beim Berechtigungssatz für *Nothing*, da diese Codegruppe keine aktive Rolle spielt, sondern in erster Linie als Behälter für die folgende Codegruppe dient.

5. Legen Sie unterhalb der im letzten Schritt erstellten Codegruppe eine weitere Codegruppe an, indem Sie diese mit der rechten Maustaste anklicken und *Neu* wählen. Geben Sie ihr zum Beispiel den Namen **VSTO_Ex07Mappe**. Selektieren Sie für die Mitgliedschaftsbedingung den Eintrag *(Benutzerdefiniert)* – ganz unten in der Liste –, klicken Sie auf *Importieren* und wählen Sie die Datei *Msosec.xml* im Verzeichnis *%programfiles%\Microsoft Office\Office11\AddIns* bzw. *%programfiles%\Microsoft Office\Office12\AddIns*. Entscheiden Sie sich beim Berechtigungssatz für *FullTrust*.

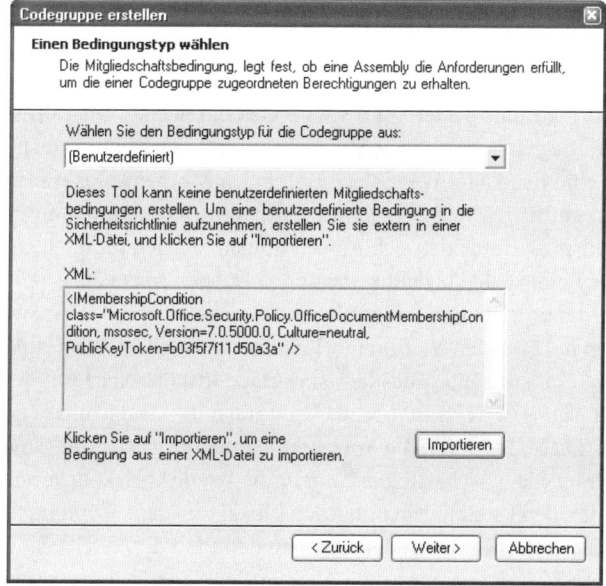

Abbildung 14.20 Die Custom Membership Condition sorgt dafür, dass nur Office-Dokumente eine FullTrust-Berechtigung erhalten

Das war alles. Wenn das Office-Dokument das nächste Mal über das Netzwerk geöffnet wird, sollte die Anpassungsassembly, die sich auch in einem anderen Verzeichnis befinden kann (in diesem Fall muss der Verweis auf das Anwendungsmanifest im Dokument entsprechend angepasst werden), geladen werden.

Ausliefern einer Office 2007-Anpassung

Wer die Erläuterungen im letzten Abschnitt gelesen oder vielleicht sogar das Beispielprojekt Schritt für Schritt nachvollzogen hat, wird zu dem Entschluss gekommen sein, dass es angenehmere Tätigkeiten gibt, als sich um das »Deployment« einer VSTO-Anpassung kümmern zu müssen. Mit Office 2007 und VSTO 3.0 ist das alles kein Thema mehr. Die gute Nachricht zuerst: Bei Office 2007-Anpassungen spielen die Codezugriffsrichtlinien keine Rolle mehr. Es heißt bye-bye, Caspol.exe, wir werden dich sicher nicht vermissen. Wenn Sie eine Office 2007-Anpassung mit Visual Studio erstellen und starten, werden Sie feststellen, dass keine Codezugriffsrichtlinie angelegt wurde, die aber trotzdem anstandslos gestartet wird. Gibt es auch eine schlechte Nachricht? Nicht direkt, aber von dem neuen Komfort profitieren Sie nur im Rahmen von Office 2007-Anpassungen, bei Office 2003-Anpassungen bleibt auch bei Visual Studio 2008 alles beim Alten. Das kann gerade in Unternehmen und Behörden noch ein Ausschlusskriterium sein[2]. Auch eine Office 2007-Anpassungsassembly erfordert eine Full-Trust-Berechtigung, sie wird ihr nur auf andere Weise erteilt. Entweder, indem der Anwender der Anpassung unmittelbar nach dem Laden explizit vertraut, was generell keine optimale Lösung ist, da dies bereits bei der Makrosicherheitsfrage zu einem reflexartigen Wegklicken der Meldung führte. Oder, indem dem Zertifikat und/oder dem Herausgeber jenes Zertifikats vertraut wird, mit dem die (neuen) Bereitstellungs- und Anwendungsmanifestdateien signiert wurden. Oder, und das ist die dritte Variante, indem die Anpassungsassembly in die sogenannten Aufnahmeliste, die in der Registry enthalten ist, aufgenommen wird. Im Idealfall startet der Anwender die Office-Anwendung oder öffnet ein Dokument und die Anpassung wird per ClickOnce in wenigen Sekunden installiert, ohne dass eine Bestätigung erforderlich ist. Es erscheint lediglich ein kleines Meldungsfenster, das über den Fortschritt der Installation informiert (und das sich über eine Option des VSTO-Installers auch unsichtbar machen ließe). Doch der Reihe nach.

Ein erster Überblick

Bei Office 2007-Anpassungen wird mit den VSTO 3.0 und Visual Studio 2008 vieles einfacher. Microsoft hat den bereits mit .NET 2.0 eingeführten ClickOnce-Mechanismus für die VSTO erweitert, sodass dieser auch mit Assemblybibliotheken funktioniert (bislang war eine Exe-Datei Voraussetzung). Doch Moment, was war noch einmal dieses ClickOnce? Dahinter verbirgt sich ein intern relativ komplexer, für Entwickler und Anwender aber genauso einfacher wie komfortabler Mechanismus, durch den sich Anwendungen mit den für die Installation erforderlichen Dateien »bereitstellen« lassen. Bereitstellen bedeutet, dass diese Dateien in ein ausgewähltes Verzeichnis kopiert werden. Die Anwendung wird damit noch nicht installiert. Das geschieht erst dann, wenn der Anwender das sogenannte *Bereitstellungsmanifest* (bei den VSTO eine Textdatei im XML-Format mit der Erweiterung *.Vsto*) öffnet und damit die Installation »anstößt« und den ClickOnce-Installer startet (bei den VSTO ist dies eine Datei mit dem naheliegenden Namen *VSTOInstaller.exe* – zu finden im Verzeichnis *%CommonProgramFiles%\Microsoft Shared\VSTO\9.0*). Dieser installiert die Anwendung über ihr Anwendungsmanifest (die zweite Textdatei im XML-Format, sie trägt die Erweiterung *.Manifest*, die bei der ClickOnce-Bereitstellung im Spiel ist) gemäß den Vorgaben in der Bereitstellungsmanifestdatei lokal auf dem Computer des Anwenders – entweder im lokalen Downloadcache von ClickOnce oder, wenn an den Pfad der Bereitstellungsdatei ein »|vstolocal« angehängt wurde, in jenem Verzeichnis, das dem Namen der Vsto-Datei vorausgeht. Durchgeführt wird die Bereitstellung eines VSTO-Projekts in Visual Studio entweder über *Erstellen/Veröffentlichen* oder über den *Jetzt veröffentlichen*-Button im Register *Veröffentlichen* der Projekteigenschaften. Beide Varianten unterscheiden sich lediglich durch den Umstand, dass über den Menüpunkt *Erstellen/Veröffentlichen* ein Assistent aktiv wird, der in drei Schritten alle Einstellungen abfragt, während über das Register *Veröffentlichen* das Projekt mit den getroffenen (Vor-)Einstellungen sofort veröffentlicht wird. Am Ende liegen die für die ClickOnce-Installation erforderlichen Dateien in dem ausgewählten Verzeichnis vor. Ganz so neu ist ClickOnce übrigens nicht. Einige Entwickler haben bereits ihre VSTO 2005 SE-Add-Ins auf diese Weise verteilt, wenngleich die damalige Variante längst nicht so komfortabel war.

> **HINWEIS** Bei regulären ClickOnce-Bereitstellungen trägt die Bereitstellungsmanifestdatei die Erweiterung *.Application*, bei VSTO-Bereitstellungen *.Vsto*.

---

[2] Auf der anderen Seite kann es gerade ein Grund sein, auf Office 2007 umzusteigen.

Wird ein VSTO-Projekt in Visual Studio gestartet, ist von Bereitstellungsmanifesten und anderen Neuerungen scheinbar nichts zu sehen. Wie schafft es Visual Studio, die Anpassungsassembly auszuführen? Besitzt es etwa eine Art »Sondererlaubnis«? Die Antwort hängt damit zusammen, dass Visual Studio mit dem ersten Ausführen des Projekts eine Bereitstellungs- und eine Anwendungsmanifestdatei im Ausgabeverzeichnis anlegt, diese mit einem ebenfalls spätestens zu diesem Zeitpunkt angelegten Zertifikat signiert und das Projekt anschließend über den VSTO-Loader lädt und zur Ausführung bringt. Der einzige Unterschied zum Start der Anwendung über die Bereitstellungsmanifestdatei besteht darin, dass die Anwendung nicht in der Liste der installierten Anwendungen erscheint.

Ein weiteres positives Merkmal von ClickOnce ist, dass eine Installation keine administrativen Berechtigungen erfordert, die gerade auf Arbeitsplätzen in Unternehmen im Allgemeinen nicht gegeben sind. Bei einer VSTO-Anwendung gilt dies aber nur für die Anwendung selbst, für die Installation der VSTO- und gegebenenfalls auch der .NET-Laufzeit, die durch den Bootstrap-Loader *Setup.exe* vorgenommen wird, werden nach wie vor administrative Rechte benötigt (liegen diese Berechtigungen nicht vor, erscheint unmittelbar nach dem Start der Laufzeitinstallation eine entsprechende Meldung).

Die ClickOnce-Bereitstellung ist nur eine Option

Es ist wichtig zu verstehen, dass ClickOnce auch bei den VSTO 3.0 für die Bereitstellung von Office 2007-Anpassungen lediglich eine Option ist, wenngleich eine, die vermutlich in rund 90 Prozent aller Fälle gewählt wird. Alternativ stehen nach wie vor zwei Optionen zur Verfügung, die erfahrene (VSTO-)Entwickler bereits kennen dürften: Die erste Option stellt das Setup-Projekt dar, zu dem neben der Anpassungsassembly die beiden Bereitstellungsdateien und gegebenenfalls das Dokument hinzugefügt werden, sodass diese in das Anwendungsverzeichnis kopiert werden. Es wird nur nicht mehr, wie noch bei den VSTO 2005 SE, automatisch angelegt. Der »Vorteil« gegenüber einer ClickOnce-Bereitstellung liegt darin, dass es sich hier etwas einfacher gestaltet, den Ablauf der Installation zu steuern und über benutzerdefinierte Aktionen im Prinzip beliebige Aktionen auszuführen. Dafür ist der Aufwand zum Erstellen und vor allem Testen des Setup-Projekts etwas größer. Die zweite Option ist, die benötigten Dateien einfach aus dem Ausgabeverzeichnis in jenes Verzeichnis zu kopieren, von dem aus sie später ausgeführt werden sollen (bei einer Anwendungsanpassung müssen natürlich die Registry-Einträge in HKCU angelegt werden).

Die spannende Frage ist natürlich, wie die Anpassungsassembly die weiterhin erforderliche FullTrust-Berechtigung erhält. Sie wird vom VSTO-Loader durch den Umstand gewährt, dass Bereitstellungs- und Anwendungsmanifest beim Kompilieren durch ein und dasselbe Zertifikat signiert wurden. Dieses Zertifikat ist entweder jenes, das Visual Studio anlegt, oder ein dem Projekt nachträglich hinzugefügtes. Das explizite Anfordern der FullTrust-Berechtigung geschieht dabei in der Anwendungsmanifestdatei.

Da die ersten Erläuterungen noch relativ allgemein gehalten waren, zunächst ein kurzes Zwischenfazit. Visual Studio erledigt beim Erstellen (nicht bereits beim Anlegen) einer VSTO-Anwendung für Office 2007 zwei Dinge, die es bei den VSTO 2.0 nicht gab:

- Es erstellt ein temporäres Zertifikat im Projektverzeichnis (durch einen Aufruf von *Makecert.exe*).
- Es generiert zwei Manifestdateien im Ausgabeverzeichnis, die mit dem Zertifikat signiert werden.

Ein Setup-Projekt wie bei den VSTO 2005 SE gibt es nicht mehr, auch wenn dies in einigen Fällen nach wie vor ganz praktisch wäre.

Mit dem Erstellen des Projekts wird wie üblich die Anpassungsassembly im Ausgabeverzeichnis angelegt. Anders als bei einer VSTO 2.0- bzw. VSTO 3.0 für Office 2003-Anpassung spielt das Verzeichnis aber keine

Rolle mehr, da keine Codezugriffsrichtlinie existiert. Die Anpassungsassembly wird aktiv, indem entweder die Office 2007-Anwendung gestartet, das Office-Dokument geöffnet oder die Vsto-Datei doppelt angeklickt wird. In allen drei Fällen tritt der VSTO-Installer in Erscheinung, der die Anpassungsassembly (gegebenenfalls zusammen mit dazugehörigen Inhaltsdateien) entweder in den ClickOnce-Cache oder das angegebene Verzeichnis kopiert und die Anwendung offiziell installiert, sodass sie in die Liste der installierten Anwendungen aufgenommen wird. Bei einer Anwendungserweiterung werden auch die erforderlichen Registry-Einträge erzeugt.

> **HINWEIS** In diesem Kapitel ist mehrfach von einem »Downloadcache« die Rede. Dieser Downloadcache ist ein Verzeichnis im Benutzerprofil unter *%userprofile%\Lokale Einstellungen\Apps\2.0*, das bei jeder Installation einen anderen »Zufallsnamen« erhält. Die »Anonymisierung« geschieht nicht ohne Grund, denn der konkrete Pfad spielt keine Rolle (und man sollte nicht auf die Idee kommen, mit absoluten Pfaden im ClickOnce-Verzeichnis zu arbeiten – wie sich der relative Pfad des Datenverzeichnisses in Erfahrung bringen lässt, wird im Abschnitt über die Spezialitäten am Ende des Kapitels gezeigt).

Die Rolle von Bereitstellungs- und Anwendungsmanifest

Das Bereitstellungsmanifest (Vsto-Datei) beschreibt die Bereitstellung, das Anwendungsmanifest (Manifestdatei) die Anwendung selbst. Ein Office 2007-Dokument verweist über seine *_AssemblyLocation*-Eigenschaft auf das Bereitstellungsmanifest, ein Add-In über den Unterschlüssel *Manifest* auf die Bereitstellungsmanifestdatei. Diese verweist wiederum auf die Anwendungsmanifestdatei. Abbildung 14.21 macht diesen Zusammenhang noch einmal deutlich.

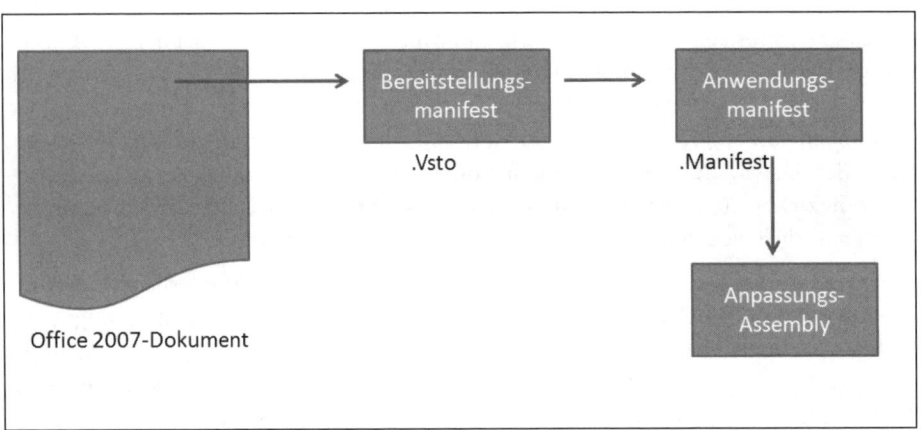

Abbildung 14.21 Das Zusammenspiel von Bereitstellungs- und Anwendungsmanifestdatei bei einer Office 2007-Anpassung

Die Rolle der Versionierung

Bei ClickOnce spielt die Möglichkeit, mehrere Versionen der bereitgestellten Anwendung parallel halten zu können, eine zentrale Rolle. Wird nichts anderes festgelegt, entsteht mit jedem Veröffentlichen eine neue Version, die in einem eigenen Unterverzeichnis von *Application Files* angelegt wird. Die von ClickOnce verwendete Versionsnummer unterliegt jedoch einer eigenen Zählweise und entspricht nicht der internen Versionsnummer der Assembly.

Aktualisieren einer Anwendung

Die Bereitstellung über ClickOnce beinhaltet auch die Aktualisierung der Anwendung. Im Register *Veröffentlichen* kann über *Updates* der Zeitpunkt eingestellt werden, an dem geprüft werden soll, ob eine aktuellere Version vorliegt. Die Option *Bei jeder Ausführung der Anpassung überprüfen* klingt attraktiv, besitzt aber den kleinen Nachteil, dass sich der Start der Anpassung eventuell spürbar verzögern kann, etwa, wenn die Netzwerkverbindung nicht oder nur eingeschränkt zur Verfügung steht.

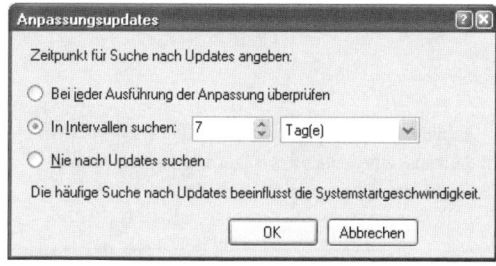

Abbildung 14.22 Eine per ClickOnce bereitgestellte Anpassung kann sich selbstständig aktualisieren

Die ClickOnce-Aktualisierung könnte scheinbar einfacher nicht sein. Das zu erwartende Verhalten sieht beispielsweise wie folgt aus: Eine Anwendungsanpassung wird in der Version 1.0 veröffentlicht. Der Anwender startet die Anwendung und damit Version 1.0 des Add-Ins. Der Entwickler macht eine Änderung und veröffentlicht die Version 1.1. Der Anwender ruft, zum Beispiel am nächsten Tag, seine Anwendung erneut auf. Der in der Registry eingetragene Verweis auf die (inzwischen aktualisierte) Bereitstellungsmanifestdatei führt dazu, dass automatisch die aktuelle Version 1.1 installiert und aufgerufen wird. Dass es in der Praxis häufig so nicht läuft und nach dem Bereitstellen der aktualisierten Version der nächste Start der Anwendung zu einer »seltsamen« Fehlermeldung (Abbildung 14.23) führt, liegt ganz einfach daran, dass viele Entwickler auf ein und demselben Computer programmieren und dort die Bereitstellung testen, was generell keine gute Idee ist, da dies nicht die typische Bereitstellungssituation darstellt. Es sind zwei nahe verwandte Gründe, die die Fehlermeldung aus Abbildung 14.23 zur Folge haben:

- Ein und dieselbe Anpassung (bezogen auf ihre Solution ID) kann nicht von zwei unterschiedlichen Orten aus installiert werden. Die unterschiedlichen Orte sind in diesem Fall das *bin\Debug*-Verzeichnis, aus dem die Anpassung bereits durch Visual Studio installiert wird, und das Bereitstellungsverzeichnis, aus dem heraus sie später installiert werden soll.

- Es wird zwischen der Erstinstallation (Erstellen und Veröffentlichen) und der Zweitinstallation (Installation aus dem Bereitstellungsverzeichnis) unterschieden, bei der jeweils ein anderes Ausgangsverzeichnis involviert ist. Eine solche Situation liegt vor, wenn die Anpassung zuerst in Visual Studio gestartet und anschließend zum Beispiel über ein Webverzeichnis, in das sie bereitgestellt wurde, installiert wird.

Das kleine »Problem« wird durch den Umstand verursacht, dass Visual Studio mit dem Veröffentlichen der aktualisierten Anwendungsanpassung den Registry-Eintrag *Manifest* für das Add-In wieder auf den Pfad der Vsto-Datei im *bin\Debug*-Verzeichnis mit einem angehängten »vstolocal« setzt und damit dafür sorgt, dass beim nächsten Start der Anwendung dieselbe Anpassung aus einem anderen Verzeichnis installiert werden soll. Dieses Phänomen tritt natürlich nur dann auf, wenn Entwicklungs- und Auslieferungscomputer identisch sind. Ansonsten wird über die Vsto-Datei automatisch die jeweils aktuelle Version geladen (wobei die älteren bereitgestellten Versionen nach wie vor zur Verfügung stehen). Wird auf dem Entwicklungscomputer in der Registry im *Manifest*-Eintrag der Pfad der Vsto-Datei im Bereitstellungsverzeichnis eingesetzt, wird ebenfalls die aktuelle Version geladen.

Die einfachste Lösung dieser Konfliktsituation besteht darin, die Anpassung entweder auf einem anderen Computer oder unter einem anderen Benutzerkonto zu testen, da eine ClickOnce-Installation stets benutzerspezifisch ist. Ansonsten muss die Anpassung vor dem Bereitstellen der aktualisierten Version über *Systemsteuerung/Software* jedes Mal deinstalliert werden.

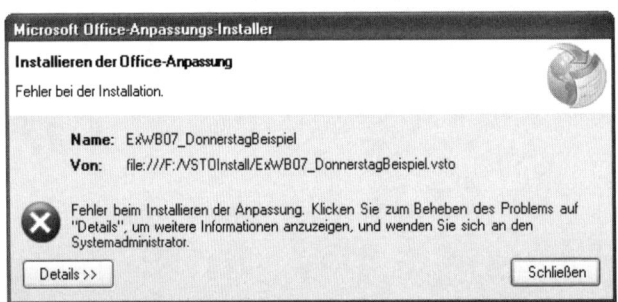

Abbildung 14.23 Diese Fehlermeldung erscheint, wenn die Anpassung bereits aus einem anderen Verzeichnis heraus installiert wurde

TIPP Soll anstatt der aktuellen Version eine ältere Version installiert werden, muss die Vsto-Datei im Installationsverzeichnis mit der entsprechenden Vsto-Datei im Versionsunterverzeichnis des *Application Files*-Verzeichnisses ersetzt werden. Wird die Vsto-Datei geöffnet, wird die ältere Anwendung installiert.

TIPP Die VSTO-Dokumentation beschreibt unter *http://msdn.microsoft.com/de-de/library/bb608594.aspx* verschiedene Möglichkeiten für das »Troubleshooting« einer Office 2007-Bereitstellung.

Bereitstellen einer Office 2007-Anwendungsanpassung (Add-In)

Im Folgenden wird Schritt für Schritt mit Visual Studio 2008 eine kleine Anwendungsanpassung für Word 2007 erstellt und über den neuen, mit Visual Studio 2008 und den VSTO 3.0 eingeführten ClickOnce-Mechanismus verteilt.

1. Starten Sie Visual Studio und legen Sie ein neues Projekt vom Typ *Word 2007-Add-In* an und geben Sie ihm den Namen **Wd2007_DeploymentTest** (der genaue Name spielt natürlich keine Rolle). Dies ist gleichzeitig auch der Name der Projektmappe. Speichern Sie das Projekt über *Alle speichern*.

2. Fügen Sie in die *Startup*-Prozedur der *ThisAddIn*-Klasse den folgenden Befehl ein, damit nach dem Laden der Mappe etwas geschieht:

```
System.Windows.Forms.MessageBox.Show(My.Application.Info.Title & " ordnungsgemäß geladen!", _
    "Ihre Glückszahl: " & New Random().Next(1, 10))
```

Was hier passiert, ist natürlich nebensächlich, lassen Sie Ihrer Fantasie freien Lauf.

3. Das war einfach und dieses Mal bleibt es einfach. Erstellen Sie das Projekt über *Erstellen/Wd2007_DeploymentTest neu erstellen*. Dabei wird ein temporäres Zertifikat mit dem Namen *Wd2007_DeploymentTest_TemporaryKey.pfx* angelegt. Auch wenn es nicht erforderlich ist, sollten Sie die Datei umbenennen, zum Beispiel in *Wd2007_DeploymentTest.pfx*.

Bereitstellen einer Office 2007-Anwendungsanpassung (Add-In)

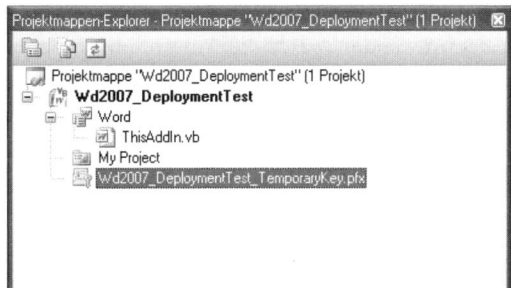

Abbildung 14.24 Visual Studio legt mit dem Erstellen automatisch ein Zertifikat an

TIPP Da mit der Ausführung des Projekts das Zertifikat automatisch in die Ablage *Eigene Zertifikate* des lokalen Zertifikatsspeichers übernommen wird und es beim Austesten vieler kleiner Projekte schnell vorkommen kann, dass sich ein halbes Dutzend und mehr Zertifikate in dieser Ablage tummeln, die sich lediglich durch ihr Gültigkeitsdatum nach außen unterscheiden, sollten Sie von Anfang an nur mit einem Zertifikat arbeiten. Visual Studio bietet im Register *Signierung* in den Projekteigenschaften die Möglichkeit, als Alternative zu dem automatisch angelegten Zertifikat ein vorhandenes Zertifikat aus der Zertifikatablage auszuwählen.

TIPP In der Zertifikate-Konsole können Sie jedem Zertifikat in den Eigenschaften einen Anzeigenamen und eine Beschreibung geben. Dadurch werden die einzelnen Zertifikate in der Ablage etwas leichter unterscheidbar.

4. Wählen Sie im *Erstellen*-Menü den Eintrag *WD2007_DeploymentTest veröffentlichen* (der Ihnen vermutlich bislang noch gar nicht aufgefallen sein dürfte), wobei der angezeigte Projektname natürlich von jenem Namen abhängt, der in Schritt 1 gewählt wurde. Veröffentlichen bedeutet bei Visual Studio das Kopieren aller für die Installation erforderlichen Dateien in ein Verzeichnis, sodass es von dort später per ClickOnce lokal installiert werden kann. Es gibt grundsätzlich zwei Möglichkeiten, ein Projekt zu veröffentlichen: über *Erstellen/... veröffentlichen* und über den Button *Jetzt veröffentlichen* im Register *Veröffentlichen* der Projekteigenschaften. Variante 1 startet einen kleinen Assistenten, Variante 2 übernimmt die aktuellen Einstellungen im *Veröffentlichen*-Register ohne weitere Rückfrage. Im Folgenden wird zum Kennenlernen der Assistent verwendet. Es versteht sich von selbst, dass für die ausgewählten Verzeichnisse entsprechende (NTFS-)Schreibberechtigungen notwendig sind. Das Verzeichnis selbst muss nicht vorhanden sein, sollte es noch nicht existieren, wird es durch das Veröffentlichen angelegt.

5. Im ersten Schritt fragt der Assistent nach dem Namen des Bereitstellungsverzeichnisses. In dieses Verzeichnis werden die Dateien kopiert, die für die Installation später benötigt werden. Sie können hier sowohl ein lokales Verzeichnis als auch ein Web- oder Netzwerkverzeichnis angeben. Für welche Variante Sie sich entscheiden, hängt davon ab, welche Voraussetzungen existieren und auf welche Weise das Bereitstellungsverzeichnis erreicht werden kann. Im Rahmen dieser kleinen Übung soll es ein lokales Verzeichnis (*C:\WD2007Publish*) sein.

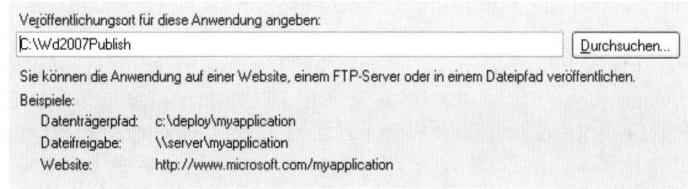

Abbildung 14.25 Im ersten Schritt des Assistenten wird das Bereitstellungsverzeichnis abgefragt

6. Im nächsten Schritt des Assistenten kann der Pfad für das Installationsverzeichnis festgelegt werden. Das Installationsverzeichnis ist das Verzeichnis, aus dem der Anwender später die Anwendung installieren soll. Oft sind beide Verzeichnisse identisch. Es ist aber auch denkbar, dass in ein Netzwerkverzeichnis veröffentlicht wird, auf das die Endanwender keinen direkten Zugriff besitzen. Die Angabe eines anderen Verzeichnisses bedeutet aber lediglich, dass dieser Pfad in die Bereitstellungsdatei eingetragen wird. Es bedeutet nicht, dass die Dateien auch in dieses Verzeichnis kopiert werden. Das muss, sofern erforderlich, später nachträglich geschehen. Da im letzten Schritt bereits ein lokales Verzeichnis ausgewählt wurde, übernehmen Sie die voreingestellte Einstellung *Von CD-ROM oder DVD-ROM*. Die Auswirkung ist, dass die Anwendung aus dem Installationsverzeichnis heraus installiert wird. Die Bezeichnung rührt ganz einfach aus dem Umstand, dass das Verzeichnis mit seinem Inhalt komplett auf eine CD bzw. DVD kopiert und diese dem Anwender zwecks Installation per Aufruf von *Setup.exe* übergeben werden kann.

Abbildung 14.26 In diesem Schritt des Assistenten wird das Installationsverzeichnis abgefragt

7. Weitere Angaben müssen nicht gemacht werden. Das Bereitstellen beginnt über einen Klick auf den *Fertig stellen*-Button und ist nach kurzer Zeit abgeschlossen. Jetzt wird es spannend – was wurde per ClickOnce bereitgestellt? Ein Blick in das in Schritt 5 festgelegte Bereitstellungsverzeichnis offenbart folgenden Inhalt:

- Eine Datei mit dem Namen *Setup.exe*
- Eine Datei mit dem Namen *Wd2007_DeploymentTest.vsto*
- Ein Ordner mit dem Namen *Application Files*. Hier ist ein weiterer Ordner mit dem Namen *Wd2007_DeploymentTest_1_0_0_0* enthalten, der drei Dateien aufweist: *Wd2007_DeploymentTest.dll.deploy*, *Wd2007_DeploymentTest.dll.manifest* und *Wd2007_DeploymentTest.vsto*

Bei *Setup.exe* handelt es sich um den Bootstrap-Installer, von dem noch einmal die Rede sein wird. Seine Aufgabe ist es, vor der Installation der Anwendung auf das Vorhandensein der zuvor festgelegten Softwarekomponenten zu prüfen und diese gegebenenfalls von einer festgelegten Adresse oder einem festgelegten Verzeichnis herunterzuladen und zu installieren.

Am Anfang mag es vielleicht ein wenig befremdlich erscheinen, dass ClickOnce selbst für das Bereitstellen in einem lokalen Verzeichnis herangezogen wird. Doch das ist kein Widerspruch zur eingangs getroffenen Feststellung, dass mit den VSTO 3.0 und ClickOnce alles einfacher wird, denn auch wenn ClickOnce ursprünglich in erster Linie für das Bereitstellen von WinForms-Anwendungen in einem Netzwerk oder über das Internet konzipiert wurde, funktioniert es genauso für lokale Verzeichnisse.

HINWEIS Beim Arbeiten mit den deutschsprachigen VSTO werden Sie nach dem Veröffentlichen die Warnung erhalten, die besagt, dass der Wert des *PublicKey*-Attributs der Visual Studio für Office System 3.0 Runtime nicht dem der Datei *Vstor_lp_de_30.exe*, also dem VSTO-Language Pack Deutsch entspricht. Diese Warnung können (besser gesagt müssen) Sie ignorieren. Offensichtlich wurden beide mit einem unterschiedlichen Schlüssel signiert. Das Problem lässt sich beheben, indem Sie den (recht langen) Wert des *PublicKey*-Attributs in der Datei *Product.xml* im Verzeichnis *%Program Files%\Microsoft SDKs\Windows\v6.0A\Bootstrapper\Packages\VSTOR30* beim *PublicKey*-Attribut in der Datei *package.xml* im *de*-Unterverzeichnis eintragen.

Bereitstellen einer Office 2007-Anwendungsanpassung (Add-In)

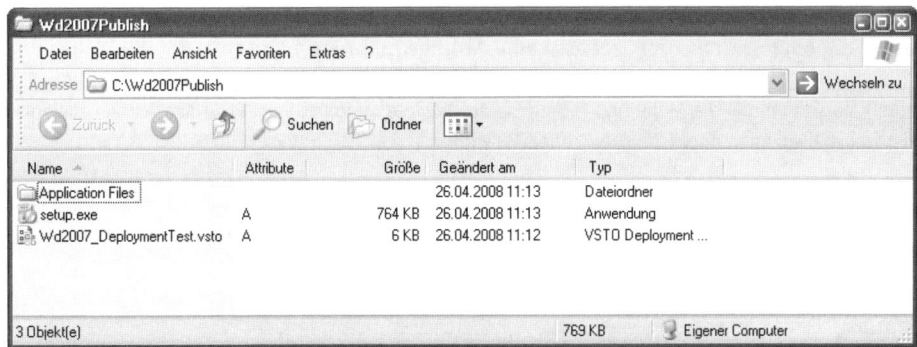

Abbildung 14.27 Das Bereitstellungsverzeichnis enthält nach dem Bereitstellen alle Dateien (mit Ausnahme der Laufzeit), die für die Installation auf einem Arbeitsplatz benötigt werden

8. Die Anwendung wurde bereitgestellt, wie geht es weiter? Ganz einfach, der Anwender öffnet zum Beispiel die Vsto-Datei (das Bereitstellungsmanifest) und »stößt« damit die Installation an (alternativ könnte auch das Dokument geladen werden, das auf die Bereitstellungsmanifestdatei verweist). Die Auswahl eines Verzeichnisses ist hier nicht vorgesehen, da die Dateien in den bereits erwähnten ClickOnce-Downloadcache im Benutzerprofil kopiert werden. Da es sich um ein Add-In handelt, werden ferner die in der Registry benötigten Einträge im Zweig *HKCU* angelegt (siehe Kapitel 10).

TIPP Falls Sie die Installation auf demselben System testen, auf dem das Add-In erstellt wurde, sollten Sie dieses zuvor entfernen, indem Sie Word starten, über die Optionen die Liste der Add-Ins aufrufen und es dort explizit löschen. Denn durch das Veröffentlichen wurde das Add-In bereits erstellt und damit lokal installiert.

HINWEIS Alternativ kann die Anpassung auch direkt über den VSTO-Installer installiert werden, der in Gestalt der Datei *VSTOInstaller.exe* im Verzeichnis *%commonprogramfiles%\microsoft shared\VSTO\9.0* zu finden ist. Über den Schalter */I* wird der komplette Pfad (entweder als Netzwerkpfad oder als Webadresse) der Vsto-Datei angegeben. Der Schalter */S* sorgt dafür, dass keine Installationsbox erscheint. Der Schalter */?* liefert eine kurze Beschreibung der zur Verfügung stehenden Schalter. Im Unterschied zum Doppelklick auf die Vsto-Datei muss sich das Zertifikat bereits in der Liste der vertrauenswürdigen Stammzertifizierungsstellen befinden, sonst ist eine Fehlermeldung die Folge.

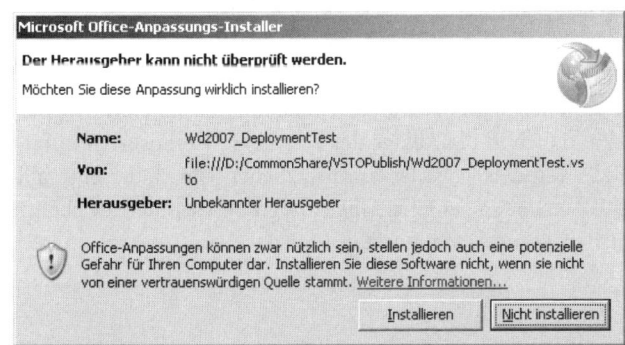

Abbildung 14.28 Da der Herausgeber des Zertifikats nicht bekannt ist, muss die Installation explizit genehmigt werden

Da das hinter dem für die Signierung der beiden Manifestdateien verwendete Zertifikat nicht von einem vertrauenswürdigen Hersteller stammt, müssen Sie dem Herausgeber explizit vertrauen, was für »Otto Normalanwender« keine optimale Situation ist. Im nächsten Abschnitt wird gezeigt, wie sich erreichen lässt, dass bei einem selbst erstellten Zertifikat sowohl der Herausgeber als auch die »Stelle«, die das Zertifikat ausgestellt hat, als vertrauenswürdig eingestuft werden, sodass keine Abfrage mehr erscheint.

TIPP Machen Sie sich einmal die Mühe und klicken Sie auf *Weitere Informationen*. Es öffnet sich ein Dialogfeld, in dem die Sicherheit der zu installierenden Anpassung »beschrieben« wird.

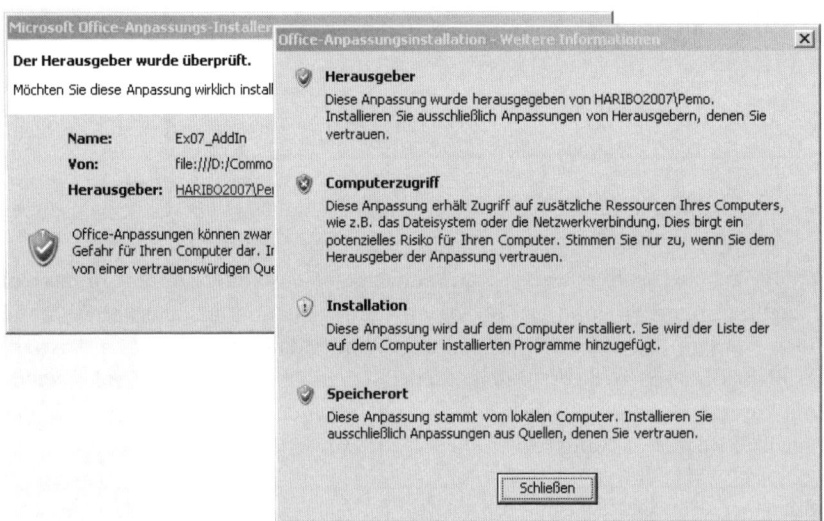

Abbildung 14.29 Die Symbole beschreiben die Sicherheit der zu installierenden Anpassung

Wird Word das nächste Mal gestartet, sollte das Add-In aktiv und die Meldung angezeigt werden. Gegenüber dem Bereitstellen einer Office 2003-Anpassung könnte der Kontrast kaum größer sein. Programmieren, Veröffentlichen, Installieren, fertig. Lediglich der Umstand, dass der Anwender der Installation immer dann explizit vertrauen muss, wenn das Zertifikat, mit dem die Manifestdateien signiert wurden, nicht von einem vertrauenswürdigen Hersteller stammt, ist nicht optimal, da dies wieder an die Zeiten der Word-Makros erinnert, bei denen bei Sicherheitsstufe *Mittel* der Anwender mit einer wenig aussagekräftigen Meldung konfrontiert wurde, die in der Regel einfach weggeklickt wurde. Doch die VSTO 3.0 haben auch in diesem Punkt noch etwas auf Lager. Alles, was dazu unternommen werden muss, besteht darin, das Zertifikat auf dem Computer, auf dem die VSTO-Anpassung installiert werden soll, als Erstes in die Ablage der vertrauenswürdigen Stammzertifizierungsstellen aufzunehmen. Dadurch wird die Bestätigungsanforderung zwar etwas »freundlicher«, der Anwender muss aber nach wie vor entscheiden, ob er die Anpassung installieren will. Soll auch dieser Schritt wegfallen, muss das Zertifikat zusätzlich in die Ablage der vertrauten Herausgeber aufgenommen werden (mehr dazu im weiteren Verlauf des Kapitels). Das ist ein zusätzlicher Schritt, der einmalig ausgeführt werden muss, und der sich nicht in das Bereitstellen per ClickOnce integrieren lässt (dafür aber in ein Setup-Projekt, das auch bei den VSTO 3.0 trotz ClickOnce seine Vorzüge besitzt).

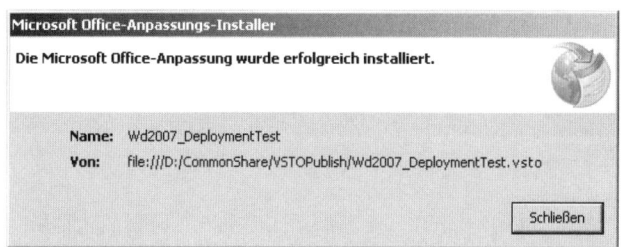

Abbildung 14.30 Die ClickOnce-Installation wurde erfolgreich abgeschlossen

Es gibt also nach wie vor eine kleine Hürde bei der Auslieferung einer VSTO-Anpassung für Office 2007, doch ist diese deutlich niedriger als bei Office 2003, zumal das erforderliche Zertifikat nicht nur für ClickOnce benötigt wird und daher unter Umständen bereits verteilt ist bzw. im Rahmen der IT-Infrastruktur des Unternehmens verteilt werden kann. Bevor die Frage geklärt wird, was man sich unter einem Zertifikat vorstellen muss, soll auch das Bereitstellen einer Dokumentanpassung an einem einfachen Beispiel gezeigt werden.

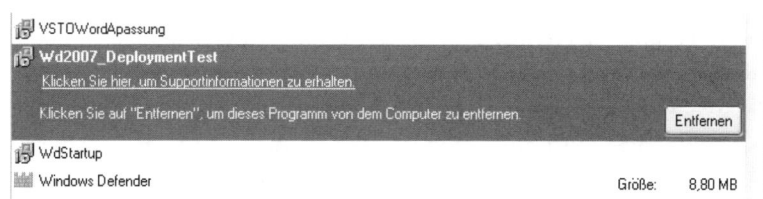

Abbildung 14.31 Die Anpassung erscheint in der Liste der installierten Anwendungen

Bereitstellen einer Office 2007-Dokumentanpassung

Bei einer Dokumentanpassung ist neben der Assembly und den beiden Manifestdateien auch ein Dokument oder, das dürfte in der Praxis die Regel sein, eine Dokumentvorlage im Spiel. Auch wenn beim Veröffentlichen nicht zwischen Anwendungs- und Dokumentanpassungen unterschieden wird, ganz so elegant ist das Bereitstellen einer Dokumentanpassung leider nicht, da das Bereitstellungsverzeichnis in der Regel nicht jenes Verzeichnis ist, aus dem der Anwender das Dokument später laden soll. Im Allgemeinen wird das Dokument nach dem Bereitstellen in sein Bestimmungsverzeichnis kopiert, wodurch gegebenenfalls auch der Pfad der Bereitstellungsmanifestdatei in den Dokumenteigenschaften nachträglich angepasst werden muss. Eine häufig anzutreffende Situation ist, dass eine VSTO-Anpassung über eine Word-Dokumentvorlage zur Verfügung gestellt wird, sodass jeder Anwender, der ein neues Dokument auf der Grundlage dieser Vorlage anlegt, die Funktionalität erhält (zum Beispiel über eine Multifunktionsleistenerweiterung). In diesem Fall spielt die VSTO-Anpassung jene Rolle, die in der Vergangenheit VBA-Makros in einer Dot-Datei übernommen haben.

Im Folgenden wird Schritt für Schritt mit Visual Studio 2008 eine kleine Dokumentanpassung für Word 2007 erstellt und am Ende ebenfalls veröffentlicht. Da es gegenüber der Schrittfolge beim Erstellen einer Anwendungsanpassung nur geringe Unterschiede gibt, bleibt es bei einer stichwortartigen Beschreibung:

1. Starten Sie Visual Studio und legen Sie ein neues Projekt vom Typ *Word 2007-Dokument* an, geben ihm zum Beispiel den Namen **Wd07_DocDeployBeispiel** und speichern Sie es.
2. Fügen Sie in den *Startup*-Event einen Befehl ein, der nach dem Laden des Dokuments dafür sorgt, dass »etwas« passiert, zum Beispiel:

```
Dim P As Word.Paragraph = Me.Paragraphs.Add()
P.Range.Text = "Anpassungsassembly wurde geladen."
P.Range.Font.Size = 24
P.Range.Font.Bold = 2
P.Alignment = Word.WdParagraphAlignment.wdAlignParagraphCenter
P.Range.Font.Color = Word.WdColor.wdColorOrange
```

3. Veröffentlichen Sie das Projekt über *Erstellen/Wd07_DocDeployBeispiel veröffentlichen*, wobei Sie als Veröffentlichungsordner zum Beispiel *C:\Wd07_DocDeployBeispiel_Install* wählen (diesen Ordner muss es nicht geben) und die restlichen Voreinstellungen einfach übernehmen.

Ging alles gut, wurden folgende Dateien in das Bereitstellungsverzeichnis kopiert:

- Die Dokumentdatei (Docx-Datei)
- Die Bereitstellungsmanifestdatei (Vsto-Datei)
- Der (optionale) Bootstrap-Loader (*Setup.exe*)
- Das *Application Files*-Verzeichnis mit dem versionsabhängigen Anwendungsverzeichnis, das neben der Anpassungsassembly und der Anwendungsmanifestdatei noch einmal die Dokumentdatei und die Bereitstellungsmanifestdatei enthält (sollte der ClickOnce-Mechanismus nicht in Anspruch genommen werden, sind es aber nicht diese vier Dateien, die weitergegeben werden, sondern die gleichnamigen Dateien aus dem Visual Studio-Ausgabeverzeichnis)

Ein weiterer Schritt kommt ins Spiel, wenn es sich um eine Vorlage handelt. Im Allgemeinen möchte man die Dotx-Datei über das *Templates*-Verzeichnis von Word 2007 zur Verfügung stellen, sodass sie nachträglich in dieses Verzeichnis kopiert werden muss. Im zweiten Schritt muss in der Dotx-Datei an ihrem neuen Aufenthaltsort der Pfad der Bereitstellungsmanifestdatei in den Dokumenteigenschaften angepasst werden. Konkret geht es um die Eigenschaft *_AssemblyLocation*, der der Pfad des Bereitstellungsverzeichnisses vorangestellt werden muss. Wird anschließend ein neues Dokument auf der Grundlage der Dokumentvorlage angelegt, sollte die Anpassung installiert werden und anschließend zur Verfügung stehen. Auch wenn diese beiden zusätzlichen Schritte durchaus vertretbar sind (im Allgemeinen sollen Dokumentvorlagen eine »Weile« im Vorlagenverzeichnis zur Verfügung stehen, sodass dies ein einmaliger Vorgang ist), eine automatische Lösung ist diese ClickOnce-Bereitstellung in diesem Fall nicht. Die in der Praxis angewandte Lösung dürfte im Allgemein darin bestehen, eine Dotx-Datei zur Verfügung zu stellen, deren *_AssemblyLocation*-Eigenschaft bereits auf das Verzeichnis mit der Bereitstellungsmanifestdatei verweist, bei dem es sich auch um ein Netzwerkshare handeln kann.

Nachträgliches Ändern des Pfades der Bereitstellungsmanifestdatei

Beim Verteilen einer Dokumentanpassung muss als Erstes festgelegt werden, wo sich die Assembly relativ zum Dokument befinden soll (Visual Studio geht stets davon aus, dass sich beide im selben Verzeichnis befinden). Für den Fall, dass die Assembly in einem anderen Verzeichnis liegt, muss der Pfad der Bereitstellungsmanifestdatei im Dokument angepasst werden. Das geschieht am einfachsten über das Editieren der Dokumenteigenschaften unter *Office*-Menü/*Vorbereiten/Eigenschaften/Dokumenteigenschaften/Erweiterte Eigenschaften/Anpassen*. Dort gibt es die beiden Eigenschaften *_AssemblyName* und *_AssemblyLocation*. Während *_AssemblyName* unverändert bleibt, muss *_AssemblyLocation* auf den neuen Pfad der Bereitstellungsmanifestdatei verweisen. Der Anhang bestehend aus einem senkrechten Strich und eine GUID bleiben dabei unverändert.

Abbildung 14.32 Die Dokumenteigenschaft _AssemblyLocation verweist auf die Bereitstellungsmanifestdatei

Ob die Anpassungsassembly direkt geladen wird oder der Anwender die Installation explizit bestätigen muss, hängt auch hier davon ab, ob dem Zertifikat, mit dem die Manifestdateien signiert wurden, vertraut wird. Ist das der Fall, kann im Dialog, der über *Office-Menü/Word-Optionen/Vertrauensstellungscenter/Einstellungen für das Vertrauensstellungscenter/Vertrauenswürdige Speicherorte* die Option *Alle vertrauenswürdigen Speicherorte deaktivieren. Nur von vertrauenswürdigen Herausgebern signierte Dateien sind vertrauenswürdig* aktiviert werden. Damit wird allen Zertifikaten misstraut, außer jenen mit einer »Trust Chain«, die aus einem Zertifikat besteht, das in den Ablagen *Vertraute Herausgeber* und *Vertrauenswürdige Stammzertifizierungsstellen* enthalten ist. Ist das nicht der Fall, muss das Verzeichnis, das die Assembly aufweist, zur Liste der vertrauenswürdigen Orte hinzugefügt werden, indem die Option *Vertrauenswürdige Speicherorte im Netzwerk zulassen* eingeschaltet und der Pfad der Bereitstellungsassembly über die Schaltfläche *Neuen Speicherort hinzufügen* hinzugefügt wird. Anschließend wird die Assembly mit dem Dokument geladen, wenngleich dieser Weg ein kleines »Sicherheitsrisiko« darstellt, da jetzt jeder Assembly in diesem Verzeichnis vertraut wird.

Die Rolle der Zertifikate

Ein Zertifikat (oder besser digitales Zertifikat) ist eine »Informationseinheit« (natürlich bestehend aus einer Folge von Bytes), durch die der Eigentümer und weitere Eigenschaften eines öffentliches Schlüssels bestätigt werden. Bei einem öffentlichen Schlüssel (engl. »public key«) handelt es sich um eine »Informationseinheit« (die sich ebenfalls aus Bytes zusammensetzt), die im Rahmen eines Sicherheitssystems jedem zugänglich ist. Der öffentliche Schlüssel ist deswegen öffentlich, weil er allein »wertlos« ist. Erst im Zusammenspiel mit dem privaten (und in der Regel geheim gehaltenen) Schlüssel kann ein Text, der mit dem öffentlichen Schlüssel verschlüsselt wurde, wieder entschlüsselt werden. Um überprüfen zu können, ob ein Schlüssel echt ist oder nachträglich »angefertigt« wurde, gibt es das Zertifikat. Seine wichtigsten Bestandteile sind:

- Der Name des Ausstellers
- Die Gültigkeitsdauer des Zertifikats (bei selbst ausgestellten Zertifikaten ein Jahr vom Zeitpunkt des Erstellens – abgelaufene Zertifikate können weiterhin benutzt werden, es erscheint lediglich eine entsprechende Meldung)
- Der öffentliche Schlüssel
- Eine digitale Signatur des Ausstellers, die mit dem privaten Schlüssel erstellt wurde

Die Struktur eines Zertifikats wird durch Standards geregelt. Der wichtigste Standard in diesem Zusammenhang ist X.509 – mehr dazu unter *http://de.wikipedia.org/wiki/X.509*.

Was heißt hier vertrauen?

Wer sich um ersten Mal mit den Zertifikaten beschäftigt, wird unweigerlich an der Frage hängen bleiben, wie ein Zertifikat als Vertrauensbeweis dienen soll, wenn scheinbar niemand da ist, der für die Vertrauenswürdigkeit sorgt. Es gibt grundsätzlich zwei Kategorien von Zertifikaten: solche, die von einer »Zertifizierungsautorität« (engl. »Certificate Authority«, kurz CA) ausgestellt werden, und solche, die man sich selbst ausstellt (in der Regel mit dem Tool *Selfcert.exe*). Bei letzterer Kategorie ist klar, dass ein solches Zertifikat keiner Person oder Organisation zugeordnet werden kann. Diese Zertifikate sind entweder auf das aktuelle Benutzerkonto oder auf jenen Namen ausgestellt, der beim Aufruf von *Selfcert.exe* übergeben wurde. Trotzdem spielen diese Zertifikate eine wichtige Rolle, denn sie sind im Allgemeinen die einzigen Zertifikate, die dem Entwickler zur Verfügung stehen. Wie es an den folgenden Beispielen deutlich werden wird, lassen sich auch mit diesen »Zertifikaten für Arme« alle Funktionalitäten der Bereitstellung nutzen. Die »wahren« Zertifikate werden von einer Zertifizierungsstelle wie *VeriSign* ausgestellt, was nicht ganz preiswert ist (mehr dazu später). Hier muss sich der Antragssteller im Allgemeinen ausweisen, sodass das Zertifikat einer Person oder einer Organisation zugeordnet werden kann. Am Ende ist auch ein Zertifikat nur eine Folge von Bytes.

Zertifikatverwaltung unter Windows

Windows arbeitet bereits seit vielen Versionen mit Zertifikaten, die unterschiedliche Aufgaben übernehmen, meistens im Zusammenhang mit dem Aufruf von Webseiten über eine sichere Verbindung auf der Grundlage des Https-Protokolls. Nicht jeder weiß, wo sich die »Zertifikatverwaltung« befindet. Der offizielle Ort ist die Managementkonsole, die am einfachsten über *Start/Ausführen* und Eingabe von *Certmgr.msc* geöffnet wird. Eine Alternative ist die Benutzeroberfläche, die über den Internet Explorer in den *Internetoptionen* im Register *Inhalte* durch einen Klick auf *Zertifikate* geöffnet wird. Für alle folgenden Beispiele wird die Managementkonsole verwendet, die etwas mehr Möglichkeiten bietet. Sie zeigt die vorhandenen Zertifikate nicht nur an, sondern erlaubt auch das Importieren und Exportieren von Zertifikaten (oder ein wenig komfortabler das Verschieben per Drag & Drop), was im Zusammenhang mit der Verteilung von VSTO-Anpassungen wichtig ist.

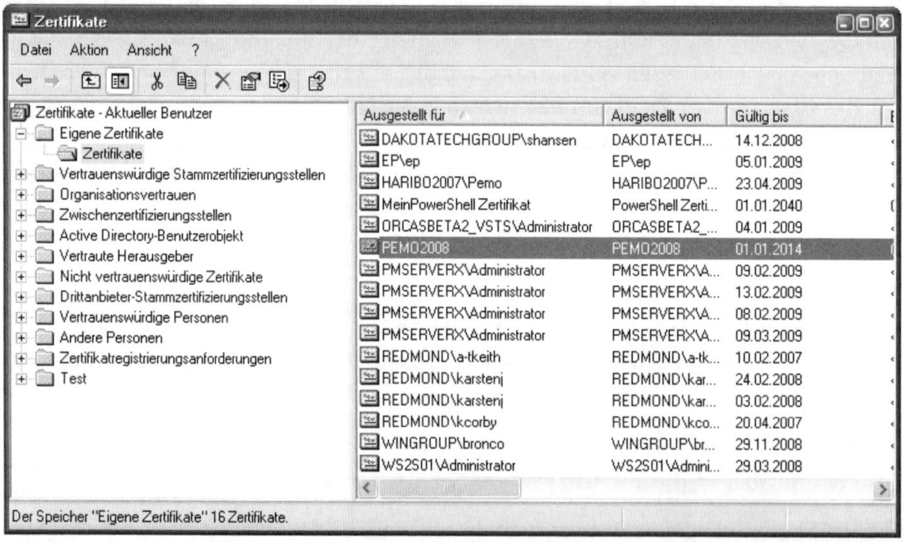

Abbildung 14.33 Die Zertifikate-Erweiterung der Computermanagementkonsole zeigt alle Zertifikate an

Das Anlegen von neuen Zertifikaten ist dagegen nicht möglich. Dafür gibt es zum Beispiel das Tool *Digitale Signatur für VBA-Projekte* in den Office 2003-Tools (auf der Basis des Office-Kommandozeilentools *Selfcert.exe*) bzw. das Tool *Digitales Zertifikat für VBA-Projekte* bei den Office 2007-Tools. Eine weitere Alternative ist natürlich Visual Studio, das für eine Office 2007-Anpassung ein zwar »temporäres«, ansonsten aber vollwertiges (X.509-)Zertifikat mit einem privaten Schlüssel in Gestalt einer Pfx-Datei anlegt, das beim Erstellen des Projekts automatisch in die Ablage mit den eigenen Zertifikaten übernommen wird.

Bei einem Zertifikat kommt es nicht nur auf seinen Inhalt an, sondern auch auf die Aufgaben, für die es vorgesehen ist. Für VSTO-Anpassungen wird ein Zertifikat speziell für die Codesignierung benötigt (was aber in der Regel voreingestellt ist und nicht nachträglich gesetzt werden muss).

Ein Zertifikat »vertrauenswürdig« machen

Das von Visual Studio angelegte temporäre Zertifikat stammt (natürlich) nicht von einem vertrauenswürdigen Herausgeber. Auch wenn der Begriff »vertrauenswürdig« einen gewissen Interpretationsspielraum bietet, im Zusammenhang mit Zertifikaten besitzt er einen eindeutigen Hintergrund. Das Zertifikat muss von einem Herausgeber stammen, dessen Zertifikat in der Liste der vertrauenswürdigen Stammzertifizierungsstellen enthalten ist. Richtig vertrauenswürdig ist ein Zertifikat natürlich nur dann, wenn es von einer offiziellen »Certificate Authority« (CA) wie zum Beispiel VeriSign oder Thawte (diese Firma gehört inzwischen ebenfalls zum US-Konzern VeriSign, der unter anderem für die Registrierung aller .com und .net-Top-Level-Domains zuständig ist[3]) ausgestellt wurde. Man kann aber auch ein eigenes, zum Beispiel per *Selfcert.exe* erstelltes Zertifikat in den Rang eines vertrauenswürdigen Zertifikats erheben, indem man es zuerst in die Ablage der vertrauenswürdigen Stammzertifizierungsstellen und anschließend in die Ablage der vertrauten Herausgeber aufnimmt (die Reihenfolge spielt dabei keine Rolle), was in der Zertifikate-Konsole per Drag & Drop schnell erledigt ist.

Die folgende Schrittfolge zeigt, wie sich aus dem von Visual Studio angelegten provisorischen Zertifikat ein Zertifikat mit einem vertrauenswürdigen Herausgeber machen lässt.

1. Stellen Sie sicher, dass sich das von Visual Studio angelegte Zertifikat bzw. jenes, das für die Weitergabe der Anpassung benutzt werden soll, in der Liste *Eigene Zertifikate* befindet. Sollte das nicht der Fall sein, müssen Sie es importieren, indem Sie den Knoten *Eigene Zertifikate/Zertifikate* mit der rechten Maustaste anklicken, *Alle Aufgaben/Importieren* wählen und dann die Pfx-Datei im Projektverzeichnis selektieren. Lassen Sie sich nicht durch den Umstand irritieren, dass in der linken Spalte der Name des Benutzerkontos erscheint, für das das Zertifikat ausgestellt wurde, und nicht der Name der Zertifikatdatei (Sie sollten dem Zertifikat in seinen Eigenschaften einen Namen und gegebenenfalls auch eine Beschreibung geben, damit es leichter auffindbar wird; ansonsten kann es passieren, dass beim »Herumexperimentieren« ein Dutzend Zertifikate und mehr mit demselben »Namen« aufgelistet werden, was das Aufspüren des richtigen Zertifikats schwierig macht).

---

[3] Auch wenn es eigentlich nicht zum Thema passt, aber Thawte Consulting wurde 1995 vom Südafrikaner Mark Shuttleworth gegründet, der später mit seinem Ubuntu-Linux Furore machte.

Kapitel 14: VSTO-Anpassungen verteilen

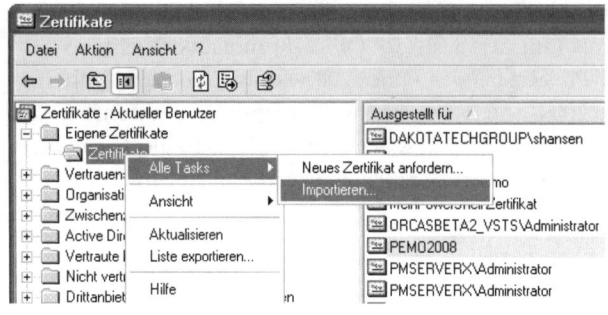

Abbildung 14.34 Das von Visual Studio angelegte Zertifikat muss importiert werden

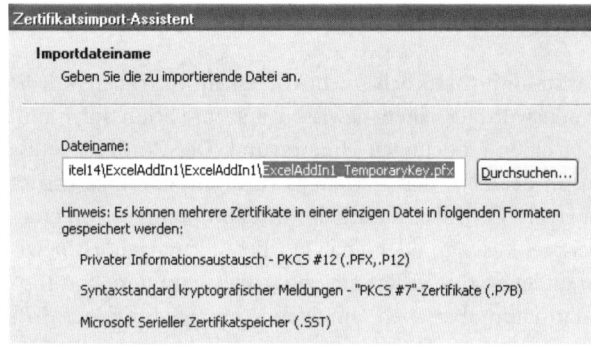

Abbildung 14.35 Die zu importierende Pfx-Datei wird ausgewählt

> **TIPP** Auch wenn es nicht zwingend erforderlich ist, private Schüssel sollten grundsätzlich mit einem Kennwort geschützt werden.

2. Wählen Sie die Pfx-Datei aus und bestätigen Sie mit *Weiter*. Sollte der private Schlüssel durch ein Kennwort geschützt sein, muss es an dieser Stelle angegeben werden (wenn das Zertifikat direkt aus dem Visual Studio-Projektverzeichnis übernommen wurde, besitzt es noch kein Kennwort). Ferner sollten Sie den Schlüssel als exportierbar markieren.

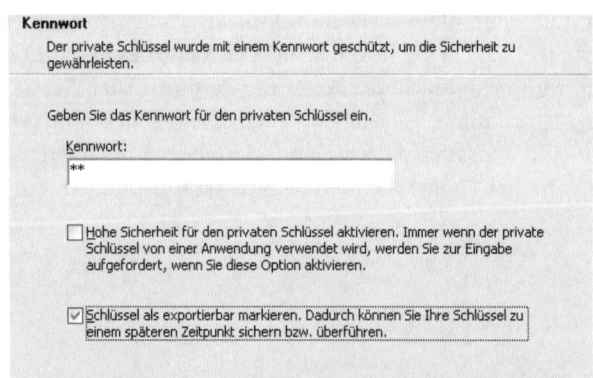

Abbildung 14.36 Der Schlüssel des zu importierenden Zertifikats sollte als exportierbar gekennzeichnet werden

3. Weiter geht es mit *Weiter*. Im nächsten Schritt wird der Zertifikatspeicher ausgewählt, in dem das Zertifikat abgelegt werden soll. Die Voreinstellung ist *Eigene Zertifikate*. Über *Durchsuchen* wählen Sie die

Ablage *Vertrauenswürdige Stammzertifizierungsstellen* aus, in der das Zertifikat abgelegt werden muss, damit sein Herausgeber als vertrauenswürdig heraufgestuft wird.

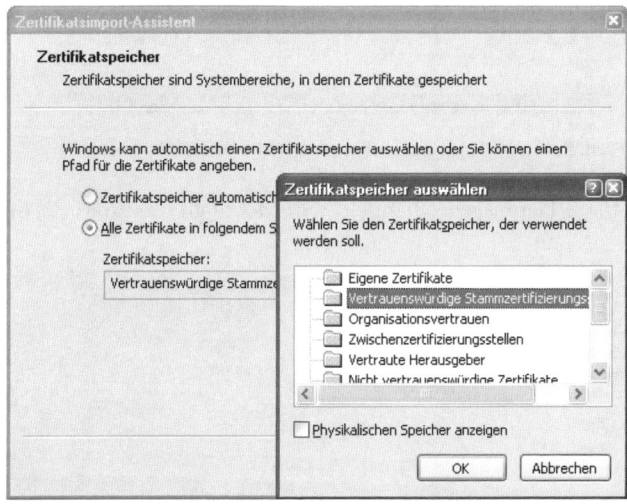

Abbildung 14.37 Beim Import kann die Ablage ausgewählt werden

4. Weiter geht es mit *Weiter*. Es erscheint eine kurze Zusammenfassung der getroffenen Einstellungen. Über *Fertig stellen* wird der Import abgeschlossen. Allerdings muss zuvor eine Sicherheitswarnung bestätigt werden, da (natürlich) nicht überprüft werden kann, ob die Person, die das Zertifikat erstellt hat, jene ist, die sie vorgibt zu sein (im Falle des im Rahmen dieser Übung erstellten Zertifikats wird der Name des Ausstellers lediglich durch den Namen des Benutzerkontos repräsentiert, was als Vertrauensnachweis natürlich nicht ausreicht). Erst durch das Bestätigen mit *Ja* wird der Import abgeschlossen.

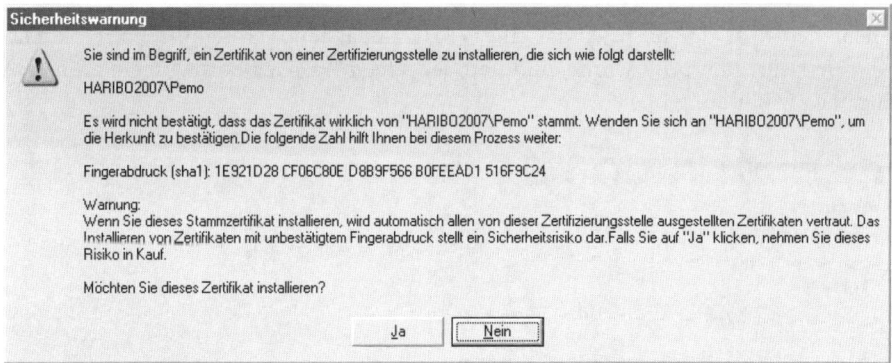

Abbildung 14.38 Der Import des Zertifikats in die Ablage der vertrauenswürdigen Stammzertifizierungsstellen muss explizit bestätigt werden

Das Zertifikat ist damit in der Liste der vertrauenswürdigen Hersteller gelandet und auf diese Weise zu einem vertrauenswürdigen Stammzertifikat geworden. Allen Zertifikaten, die sich von diesem Zertifikat ableiten, wird ab jetzt ebenfalls vertraut (»Trust Chain«-Prinzip). Damit sich das Zertifikat beim nächsten Mal leichter auffinden lässt, sollten Sie ihm in den Eigenschaften einen Namen und gegebenenfalls eine Beschreibung verpassen.

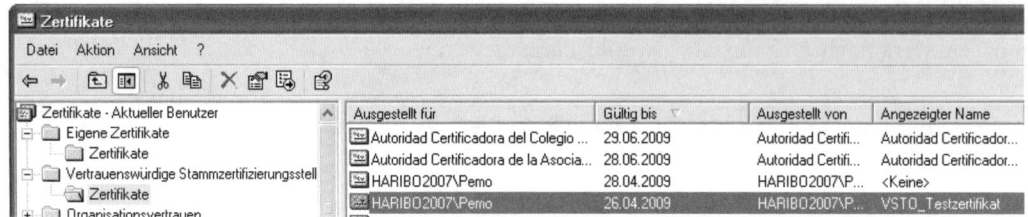

Abbildung 14.39 Das Zertifikat wurde in die Liste der vertrauenswürdigen Stammzertifizierungsstellen aufgenommen

Dass es sich nun um ein Zertifikat mit einem Herausgeber handelt, wird deutlich, wenn das Zertifikat geöffnet wird (Abbildung 14.40).

Abbildung 14.40 Das Zertifikat besitzt einen Herausgeber

Wenn Sie mit dem Zertifikat das nächste Mal eine VSTO-Anpassung veröffentlichen, erscheint die Meldung, dass der Hersteller überprüft wurde, und statt des gelben Warnsymbols wird ein grünes »Alles klar«-Symbol angezeigt (Abbildung 14.41).

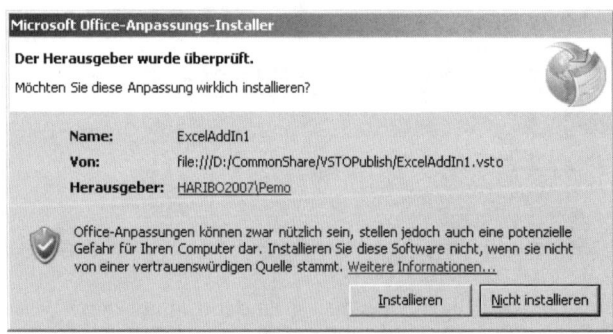

Abbildung 14.41 Jetzt wird dem Herausgeber vertraut

5. Der Anwender muss die Installation der Anwendung allerdings nach wie vor bestätigen. Soll die Installationsabfrage gar nicht mehr erscheinen, muss das Zertifikat zusätzlich in die Liste der vertrauten (bzw. vertrauenswürdigen) Herausgeber aufgenommen werden, was sich in der Managementkonsole ebenfalls

Die Rolle der Zertifikate

per Drag & Drop bequem erledigen lässt (achten Sie durch Drücken der [Strg]-Taste darauf, dass das Zertifikat kopiert und nicht verschoben wird). Dies ist für alle Beteiligten die deutlich bessere Lösung.

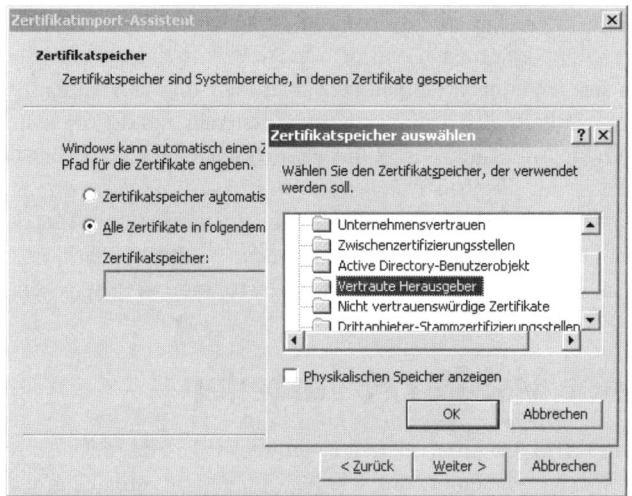

Abbildung 14.42 Wird das Zertifikat zur Liste der vertrauten Herausgeber hinzugefügt, unterbleibt der Installationshinweis

Ein Zertifikat mit Selfcert.exe selbst erstellen

In großen Unternehmen erhalten Entwickler die für die Codesignierung benötigten Zertifikate von ihrem Administrator oder einem »Zertifikatbeauftragten« oder sie werden über eine »Zertifikatinfrastruktur« (zum Beispiel auf der Basis von Windows Server) zur Verfügung gestellt. Im rauen Entwickleralltag gibt es diesen Komfort im Allgemeinen nicht. Hier muss der Entwickler selbst aktiv werden und sich mit »provisorischen« Zertifikaten behelfen. Wie das von Visual Studio entweder mit dem Anlegen eines neuen Projekts oder über das Register *Signierung* in den Projekteigenschaften ausgestellte Zertifikat zu einem vertrauenswürdigen Zertifikat wird, wurde im letzten Abschnitt gezeigt. Eine Alternative, die unabhängig von Visual Studio ist, stellt ein kleines Tool mit dem Namen *Selfcert.exe* dar, das unter anderem über die Office-Gruppe im Startmenü zur Verfügung gestellt wird, wenn die Option *VBA-Projekte signieren* bei der Office-Installation ausgewählt wurde. Der Umgang mit dem Tool könnte einfacher nicht sein. Nach dem Start wird der Name abgefragt, der später in der *Ausgestellt für*-Spalte erscheint. Nach Bestätigung wird das Zertifikat erstellt und in die Liste der eigenen Zertifikate aufgenommen. *Selfcert.exe* kann auch über die Kommandozeile aufgerufen werden, was sicher der einfachste Weg ist, ein Zertifikat programmgesteuert anzulegen.

HINWEIS Wo bekommt man offizielle Zertifikate, bei denen der Herausgeber eine Person oder ein Unternehmen namentlich aufgeführt und keine anonyme Größe ist? Bei verschiedenen Zertifizierungsstellen. Welche das sind, erfährt man für Deutschland auf der Webseite der Bundesnetzagentur (für Österreich und die Schweiz gibt es ähnliche Institutionen) unter *http://www.bundesnetzagentur.de* bzw. *http://www.bundesnetzagentur.de/enid/1f39643c254eb4a5d1a22d3531f9c644,0/ph.html*. Die Adresse müssen Sie natürlich nicht abtippen, aber da sich die Bundesnetzagentur für diese imposante Adresse entschieden hat und es wichtig ist, die richtige Seite zu finden, soll sie Ihnen nicht vorenthalten werden.

Click & Dirty (statt ClickOnce)

Das Bereitstellen über *Erstellen/Veröffentlichen* im Rahmen von Visual Studio 2008 ist auch für Office 2007-Anpassungen nur eine Option, die in erster Linie für den Unternehmenseinsatz konzipiert wurde. Dieser kurze Absatz soll zeigen, dass es dem VSTO-Installer salopp gesprochen egal ist, wie die Bereitstellungsmanifestdatei dorthin gelangt ist, wo sie ausgeführt werden soll. Im einfachsten Fall verzichtet man auf das Veröffentlichen durch Visual Studio und kopiert Bereitstellungsmanifestdatei, Anwendungsmanifestdatei und die Anpassungsassembly in ein Verzeichnis auf dem PC, in dem die Anpassung ausgeführt werden soll. Ist die VSTO 3.0-Laufzeit dort bereits installiert, führt ein Doppelklick auf die Vsto-Datei dazu, dass die Anwendung durch den VSTO-Installer lokal installiert wird. Oder – falls der Doppelklick bei einer Dokumentanpassung keine Wirkung zeigt – die Installation wird mit dem Öffnen des Dokuments angestoßen. Wird dem Zertifikat lokal nicht vertraut, was im Allgemeinen der Fall sein dürfte, muss der Anwender die Installation explizit bestätigen.

VSTO 3.0-Anpassungen per Msi-Paket verteilen

Eine weitere Alternative zur Bereitstellung von VSTO 3.0-Anpassungen ist ein Msi-Paket, das über ein reguläres Setup-Projekt erstellt wird. Neben der Anpassungsassembly müssen die beiden Manifestdateien, zusätzliche Datendateien und bei einer Dokumentanpassung gegebenenfalls auch das Dokument (sofern dieses nicht auf einem Netzlaufwerk verbleiben soll) in das Ausgabeverzeichnis kopiert werden.

In der folgenden Übung soll erneut eine Excel 2007-Anwendungsanpassung (Add-In) verteilt werden, dieses Mal aber per Msi-Paket:

1. Legen Sie ein neues *Excel 2007-Add-In*-Projekt an, geben Sie dem Projekt einen aussagekräftigen Namen, zum Beispiel **Ex2007Msi**, und fügen Sie in den *Startup*-Event der *ThisAddIn*-Klasse den obligatorischen Aufruf der Messagebox ein.

2. Erstellen Sie das Projekt, da dadurch auch die beiden Manifestdateien im Ausgabeverzeichnis (*bin/Debug*) angelegt werden.

3. Starten Sie Visual Studio ein weiteres Mal, da das Setup-Projekt ausnahmsweise einmal nicht zur Projektmappe hinzugefügt werden, sondern ein eigenständiges Projekt sein soll. Legen Sie über *Datei/Neu/Projekt* ein *Setup-Projekt* an und geben Sie ihm den Namen **Ex2007MsiSetup**.

4. Fügen Sie im Setup-Projekt zum Anwendungsordner die Anpassungsassembly, die Bereitstellungs- und die Anwendungsmanifestdatei hinzu, indem Sie den Anwendungsordner mit der rechten Maustaste anklicken, *Hinzufügen/Datei* wählen und die drei Dateien in ihrem Projektverzeichnis lokalisieren.

5. Entfernen Sie im Projektmappen-Explorer (wie üblich) alle entdeckten »Abhängigkeiten«, da diese nicht gebraucht werden, weil sie bereits durch die VSTO-Laufzeit und die (hoffentlich) stets vorhandenen PIAs an Bord sind.

VSTO 3.0-Anpassungen per Msi-Paket verteilen

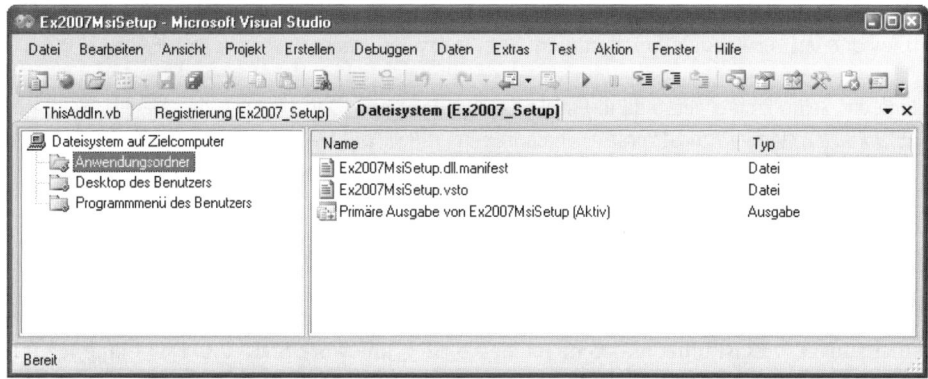

Abbildung 14.43 Das Ausgabeverzeichnis enthält neben der Anpassungsassembly auch die beiden Manifestdateien

6. Da es sich um ein Add-In handelt, müssen auch ein paar Registry-Einträge hinzugefügt werden (siehe Kapitel 10). Wechseln Sie über *Ansicht/Editor/Registrierung* in den Registry-Editor und fügen Sie bei *HKEY_CURRENT_USER\Software* den Zweig *Microsoft\Office\Excel\AddIns\Ex2007MsiSetup* hinzu, in dem Sie die einzelnen Zweige neu anlegen (dies ist bei ClickOnce nicht erforderlich, da sich die Bereitstellungsmanifestdatei um diese Dinge kümmert).

7. Legen Sie beim Schlüssel *Ex2007MsiSetup* insgesamt vier Einträge an: *Description* und *FriendlyName* jeweils mit dem Wert *Ex2007MsiSetup-Beispiel*, *LoadBehavior* mit dem Wert *3* (Typ *DWORD-Wert*) und *Manifest* mit dem Wert *[TARGETDIR]Ex2007Msi.vsto|vstolocal*. Dies ist der wichtigste Eintrag, denn er legt fest, welche Assembly später beim Start von Excel geladen wird.

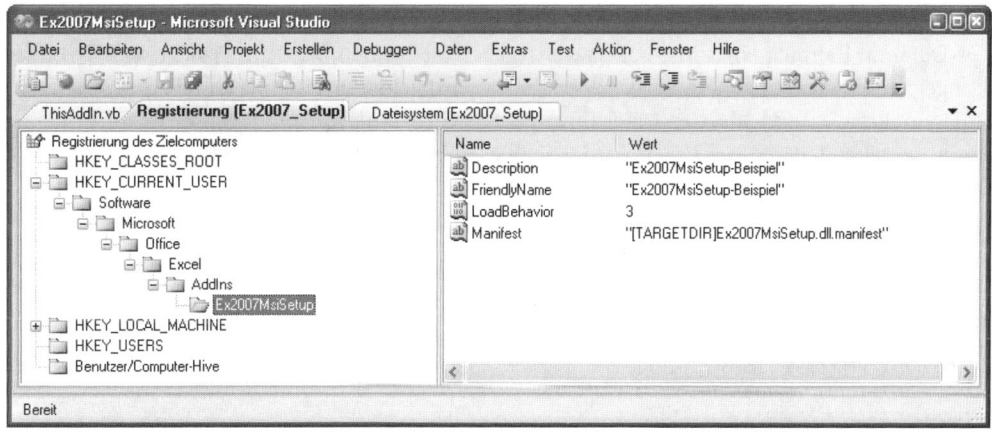

Abbildung 14.44 Für das Add-In muss ein Registry-Schlüssel mit vier Einträgen angelegt werden

8. Das war auch schon alles. Sollte das Add-In weitere Datendateien benötigen, ließen sich diese hinzufügen, was in diesem Fall aber nicht erforderlich ist. In den Eigenschaften des Setup-Projekts könnten Sie noch den Titel und andere Kleinigkeiten ändern, was hier aber ebenfalls nicht notwendig ist. Erstellen Sie das Setup-Projekt. Das Ergebnis ist eine Datei mit dem Namen *Ex2007MsiSetup.Msi*, die weitergegeben und auf dem Zielsystem ausgeführt wird. Dadurch werden neben der Anpassungsassembly auch die beiden Manifestdateien in das vom Anwender ausgewählte Verzeichnis kopiert. Außerdem werden die für das Add-In erforderlichen Registry-Einträge angelegt. Das Add-In wird damit mit dem nächsten Start der Anwendung

installiert, wobei die Installation vom Anwender explizit bestätigt werden muss, sofern dem für die Signierung der Manifestdateien verwendete Zertifikat auf dem Zielsystem nicht bereits vertraut wird.

> **HINWEIS** Wurde das Setup-Projekt zum Add-In-Projekt hinzugefügt, ändert Visual Studio den Manifesteintrag in der Registry von *[TARGETDIR]MyExcelAddIn.vsto|vstolocal* eigenmächtig in *[TARGETDIR]MyExcelAddIn.dll.manifest* und vertauscht damit das Bereitstellungsmanifest mit dem Anwendungsmanifest, sodass das Add-In nicht mehr geladen wird.

Ein Zertifikat programmgesteuert in die Zertifikatablage laden

Der einfachste Weg, ein Zertifikat programmgesteuert zu laden, besteht sicher darin, das Kommandozeilentool *Certmgr.exe* direkt aufzurufen. Es ist unter anderem Teil des .NET Framework SDKs 2.0. Das kleine »Problem« dabei ist, dass das Tool aus Sicherheitsgründen keine Pfx-, sondern nur Cer-Dateien importieren kann, die lediglich den öffentlichen Teil des Zertifikats enthalten. Das von Visual Studio angelegte Zertifikat muss daher zuerst in die Zertifikatablage (in *Eigene Zertifikate*) importiert und anschließend als Cer-Datei exportiert werden, die dann weitergegeben wird. Der folgende Aufruf importiert mithilfe von *Certmgr.exe* die Cer-Datei *Ex07_TrustPromptBeispiel.cer* in die Ablage der vertrauenswürdigen Stammzertifizierungsstellen:

```
Certmgr -add -c Ex07_TrustPromptBeispiel.cer -s Root
```

Dabei muss ein Dialogfeld bestätigt werden, das sich offenbar nicht unterdrücken lässt. Soll, was im Allgemeinen wünschenswert ist, das Zertifikat zusätzlich in die Ablage der vertrauten Herausgeber aufgenommen werden, ist ein weiterer Aufruf erforderlich:

```
Certmgr -add -c Ex07_TrustPromptBeispiel.cer -s TrustedPublisher
```

Um die Cer-Datei im Rahmen eines Msi-Pakets weitergeben zu können, wird ein Projekt vom Typ *Klassenbibliothek* angelegt, die von Anfang an vorhandene Klasse wird gelöscht und eine Installerklasse aufgenommen. Zu diesem Projekt wird die Cer-Datei hinzugefügt. Ihre *Buildvorgang*-Eigenschaft wird auf *Inhalt* gesetzt, damit sie später Teil des Msi-Pakets wird. Die überschriebene *Install*-Methode sieht wie folgt aus:

```vb
Public Overrides Sub Install(ByVal stateSaver As System.Collections.IDictionary)
    ' Aufruf von certmgr -add -c Ex07_TrustPromptBeispiel.cer -s Root
    Dim CertArgs As String = "-add -c Ex07_TrustPromptBeispiel.cer -s Root"
    Dim AppDir As String = Me.Context.Parameters("AppDir")
    Dim CertPfad As String = AppDir & "Certmgr.exe"
    Dim PI As New ProcessStartInfo(CertPfad, CertArgs)
    PI.WindowStyle = ProcessWindowStyle.Hidden
    ' Wichtig, sonst funzt es nicht
    PI.WorkingDirectory = AppDir
    Try
        If DebugMode Then
            System.Diagnostics.Debugger.Break()
        End If
        Dim P As Process = Process.Start(PI)
        P.WaitForExit()
    Catch ex As SystemException
        EventLog.WriteEntry(My.Application.Info.Title, "Error in Install: " & ex.Message, _
            EventLogEntryType.Error)
    End Try
    MyBase.Install(stateSaver)
End Sub
```

Als Nächstes wird zum Projekt ein *Setup-Projekt* hinzugefügt. In den Anwendungsordner werden sowohl die primäre Ausgabe als auch alle Inhaltsdateien hinzugefügt. Neben der Cer-Datei muss (oder besser sollte) auch die Programmdatei *Certmgr.exe* zum Projekt hinzugefügt und durch Setzen der *Buildvorgang*-Eigenschaft auf *Inhalt* zur Inhaltsdatei gemacht werden (dafür muss sie eine Projektdatei sein). Damit wird sichergestellt, dass die Datei im Anwenderverzeichnis vorhanden ist und über einen bekannten Pfad angesprochen werden kann.

Im Rahmen der *Uninstall*-Methode sollte das Zertifikat wieder entfernt werden. Das erledigt der Schalter *-del* beim Aufruf von *Certmgr.exe*, dem aber jener Name übergeben werden muss, der in der Zertifikatliste in der Spalte *Ausgestellt für* ausgeführt wird. Der folgende Aufruf geht davon aus, dass sich der Name aus dem Domänen- bzw. Workgroup-Namen und dem Benutzernamen zusammensetzt, was in der Praxis nicht immer der Fall sein muss[4]:

```
Dim ZertName As String = Environment.UserDomainName & "\" & Environment.UserName
Dim CertArgs As String = "-del -c -n " & ZertName & " -s Root"
```

Wird das Msi-Paket auf dem Anwendercomputer ausgeführt, wird das enthaltene Zertifikat in die Liste der vertrauenswürdigen Stammzertifizierungsstellen aufgenommen (was allerdings eine explizite Bestätigung durch den Anwender erfordert). Anschließend kann die Anpassung, deren Bereitstellungsmanifestdatei mit diesem Zertifikat signiert wurde, sofort ausgeführt werden, ohne dass eine weitere Bestätigung erforderlich ist. Auch das Entfernen des Zertifikats muss vom Anwender explizit bestätigt werden.

CD-ROM   Auf der Buch-CD finden Sie in der Projektmappe *14_ZertifikatInstaller.sln* ein Beispiel, wie sich ein Zertifikat über ein Msi-Paket auf einem anderen System installieren lässt.

Alternativ lässt sich das Exportieren aus der Ablage der eigenen Zertifikate in die Ablage der vertrauenswürdigen Stammzertifizierungsstellen auch über die Klassen im Namespace *System.Security.Cryptography* durchführen.

CD-ROM   Auf der Buch-CD finden Sie in der Projektmappe *14_ZertifikatBeispiele.sln* eine kleine Konsolenanwendung, die ein paar elementare Operationen mit Zertifikaten und der Zertifikatablage durchführt.

Eine VSTO-Anpassung zur Aufnahmeliste hinzufügen

Es gibt generell zwei Wege, um zu erreichen, dass der Anwender einer Office 2007-Anpassung nicht mit dem Dialogfeld konfrontiert wird, in dem er der zu installierenden Anwendung explizit vertrauen muss. Bei der ersten Variante werden die beiden Manifestdateien mit einem Zertifikat signiert, dessen Herausgeber vertraut wird, und das daher sowohl in der Liste der vertrauenswürdigen Stammzertifizierungsstellen als auch in der Liste der vertrauten Herausgeber enthalten ist. Bei der zweiten Variante ist die Anpassung Teil einer Liste, die von der VSTO 3.0-Laufzeit unterhalten wird und die alle Anpassungen enthält, die eine FullTrust-Berechtigung bekommen haben und daher mit dem Laden der Anwendung oder des Dokuments ausgeführt werden. Diese Liste heißt *Aufnahmeliste* (engl. »inclusion list«) und wird in der Registry im Schlüssel *HKCU\Software\Microsoft\VSTO\Security\Inclusion* (und damit auf Benutzerebene) abgelegt. Für jede

---

[4]   Mit anderen Worten, dem Autor ist weder spontan noch bei etwas längerem Nachdenken eine Möglichkeit eingefallen, wie sich dieser Name abfragen ließe. Die Klassen im Namespace *System.Security.Cryptography.X509Certificates* wären sicher ein heißer Kandidat.

Anpassung existiert ein Schlüssel, dessen Name aus einer GUID besteht, der lediglich zwei Einträge (Typ *REG_SZ*) enthält: den Eintrag *Uri* mit der URI der Vsto-Datei im URI-Format und den Eintrag *PulicKey*, der den Public Key aus der Manifestdatei aufweist. Der Schlüssel kann entweder direkt oder mithilfe der *UserInclusionList*-Klasse (Namespace *Microsoft.VisualStudio.Tools.Office.Runtime.Security*) der VSTO-Runtime und ihrer *Add*-Methode hinzugefügt werden.

HINWEIS Das Hinzufügen der Bereitstellungsmanifestdatei zur Aufnahmeliste ist der einfachste Weg, die Ausführung einer VSTO 3.0-Anpassung für Office 2007 zu ermöglichen.

Eine VSTO-Anpassung, die mit einem Zertifikat signiert wurde, dessen Herausgeber nicht vertraut wird, wird in die Aufnahmeliste aufgenommen, indem der Anwender der Installation explizit zustimmt. Damit wird ihr vertraut und die Abfrage erscheint beim nächsten Start der Anpassung nicht noch einmal. Der Umkehrschluss lautet daher, dass wenn die Anpassung bereits in der Aufnahmeliste enthalten ist, die Abfrage gar nicht erst angezeigt wird und die Anpassung mit dem Start der Anwendung bzw. dem Laden des Dokuments ohne weitere Rückfragen ausgeführt wird. Gesucht wird daher eine Möglichkeit, mit der dieser Eintrag mit minimal möglicher Einbeziehung des Anwenders zur Aufnahmeliste hinzugefügt wird. Diese Möglichkeit ist (wieder einmal) ein Setup-Projekt, das zum Projekt der VSTO-Anpassung hinzugefügt wird. Das Setup-Projekt wird um eine Installerklasse erweitert, in dessen *Install*-Methode der Eintrag zur Aufnahmeliste hinzugefügt wird. Dies soll im Folgenden an einem Schritt-für-Schritt-Beispiel umgesetzt werden:

1. Legen Sie ein neues *Excel 2007-Add-In*-Projekt mit dem Namen **Ex2007_InclusionList** an, geben Sie in die *Startup*-Prozedur von *ThisAddIn* einen Befehl ein, sodass sich das Add-In nach dem Start bemerkbar macht, speichern Sie das Projekt und fügen Sie ein Setup-Projekt hinzu. Geben Sie dem Setup-Projekt den Namen **Ex2007_InclusionListSetup**.
2. Fügen Sie beim Setup-Projekt die primäre Ausgabe dem Anwendungsordner hinzu und entfernen Sie die nicht benötigten Verweise. Damit sind den Minimalanforderungen des Setup-Projekts Genüge getan. Registry-Schlüssel müssen dieses Mal nicht aufgenommen werden, da dies später bei der Ausführung der Bereitstellungsmanifestdatei durchgeführt wird.
3. Fügen Sie zum Add-In-Projekt eine *Installerklasse* hinzu.
4. Als Erstes werden in der Installerklasse eine Reihe zusätzlicher *Imports*-Befehle benötigt:

```
Imports System.Security
Imports System.Security.Permissions
Imports Microsoft.VisualStudio.Tools.Office.Runtime.Security
```

5. Im nächsten Schritt müssen Sie den Eintrag *<RSAKeyValue>* aus der Bereitstellungsmanifestdatei fischen und einer Konstante zuweisen, die unterhalb des *Class*-Befehls definiert wird:

```
Private Const RSA_PublicKey As String = _
"<RSAKeyValue><Modulus>sNGD/+TsKbciw8g3xdDvODL/7ujXZDGBKP1h8E/
T6nAQFhFhUjWz4nbrqAw+OrtECsa1UZqqfaDN/WMwLMqbUo2xBUqKM9fbN/8/HxU8yC1exqM/TbStdMJm2VKm61q3WiYJ/
eRcWnUzLfoTuD+YEkofT7u/pm3/dBzpge/KXpc=</Modulus><Exponent>AQAB</Exponent></RSAKeyValue>"
```

6. Überschreiben Sie die *Install*-Methode wie folgt:

VSTO 3.0-Anpassungen per Msi-Paket verteilen

```
Public Overrides Sub Install(ByVal stateSaver As System.Collections.IDictionary)
    Try
        ' Ist die erforderliche FullTrust-Berechtigung vorhanden?
        Dim SecPerm As New SecurityPermission(PermissionState.Unrestricted)
        SecPerm.Demand()
    Catch Ex As SecurityException
        Throw New InstallException("Keine ausreichendenden .NET-Berechtigungen. Add-In muss " & _
            "direkt durch Aufruf der Vsto-Datei installiert werden.")
    End Try
    Dim DeployManifestLocationString As String = _
        MyBase.Context.Parameters.Item("deploymentManifestLocation")
    Dim DeployManifestLocationUri As Uri = Nothing
    If Not Uri.TryCreate(DeployManifestLocationString, UriKind.RelativeOrAbsolute, _
        DeployManifestLocationUri) Then
        Throw New InstallException("Verzeichnispfad der Vsto-Datei nicht vorhanden oder ungültig.")
    End If
    Dim SecEntry As New AddInSecurityEntry(DeployManifestLocationUri, RSA_PublicKey)
    UserInclusionList.Add(SecEntry)
    stateSaver.Add("entryKey", DeployManifestLocationUri)
    MyBase.Install(stateSaver)
End Sub
```

Lassen Sie sich durch die Fülle der Befehle nicht abschrecken. Der Ablauf ist im Grunde sehr einfach. Als Erstes wird geprüft, ob das Setup-Programm überhaupt die erforderlichen FullTrust-Berechtigungen für das Hinzufügen eines neuen Eintrags besitzt. Dies sollte zwar im Allgemeinen der Fall sein, doch es entspricht dem »guten Stil«, dies trotzdem zu testen[5]. Ist dies der Fall, wird der vom Anwender ausgewählte Verzeichnispfad über die *CustomActionData*-Eigenschaft *DeploymentManifestLocation* in eine URI umgewandelt und diese für einen neuen *AddInSecurityEntry*-Eintrag benutzt, der zur Aufnahmeliste hinzugefügt wird. Damit diese URI bei einer Deinstallation wieder zur Verfügung steht, wird sie vom Installer über *stateSaver.Add* intern zwischengespeichert.

7. Überschreiben Sie die *Uninstall*-Methode wie folgt:

```
Public Overrides Sub Uninstall(ByVal savedState As System.Collections.IDictionary)
    Dim DeployManifestLocation As Uri = DirectCast(savedState.Item("entryKey"), Uri)
    If Not DeployManifestLocation Is Nothing Then
        UserInclusionList.Remove(DeployManifestLocation)
    End If
    MyBase.Uninstall(savedState)
End Sub
```

Hier wird lediglich die vom Installer zwischengespeicherte URI dazu verwendet, den Eintrag wieder aus der Aufnahmeliste zu entfernen.

8. Überschreiben Sie *Commit* und *Rollback*. Hier muss nichts passieren.
9. Fügen Sie im Setup-Projekt im Editor für benutzerdefinierte Aktionen eine benutzerdefinierte Aktion hinzu und wählen Sie dabei (wie üblich) die primäre Ausgabe im Anwendungsordner aus.

---

[5] Lassen Sie sich nicht von der leider weit verbreiteten »Mal eben schnell ausprobieren«-Vorgehensweise zu einer schlampig umgesetzten Lösung verleiten. Die Microsoft-Beispiele sind in diesem Punkt kein Vorbild (und manche in diesem Buch gezeigten Beispiele auch nicht).

10. Selektieren Sie den Eintrag *Primäre Ausgabe* bei den benutzerdefinierten Aktionen im Zweig *Installieren* und drücken Sie F4, um das Eigenschaftenfenster zu öffnen. Tragen Sie bei *CustomActionData* den folgenden Wert ein:

```
/DeploymentManifestLocation="[TARGETDIR]Ex2007_InclusionList.vsto"
```

DeploymentManifestLocation ist der Name einer Variablen, die in der Installerklasse verwendet wird, um den während der Installation vom Anwender ausgewählten Pfad zu übergeben, der in der Variablen *[TARGETDIR]* enthalten ist. *Ex2007_InclusionList.vsto* ist der Name der Bereitstellungsmanifestdatei, der gegebenenfalls angepasst werden muss.

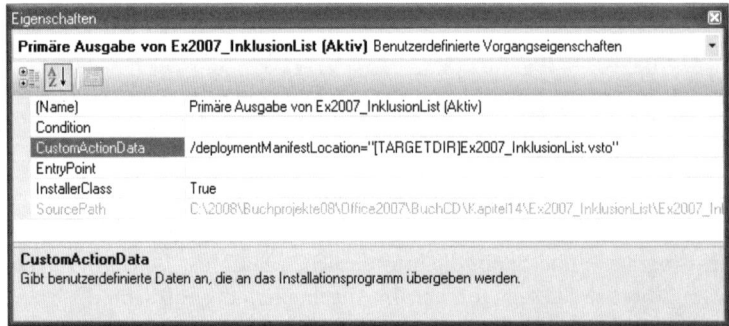

Abbildung 14.45 Über *CustomActionData* wird der Name der Bereitstellungsdatei angegeben

Das war alles. Erstellen Sie die komplette Projektmappe (wobei in der Standardeinstellung das Setup-Projekt separat erstellt werden muss). Im *bin\Debug*-Verzeichnis des Setup-Projekt-Verzeichnisses steht die Msi-Datei zur Verfügung, die weitergegeben wird.

Wird die Msi-Datei auf dem Zielcomputer installiert, werden nicht nur die Assemblydatei und die beiden Manifestdateien in das vom Anwender ausgewählte Verzeichnis kopiert. Durch die benutzerdefinierte Aktion wird zudem die Bereitstellungsmanifestdatei der Aufnahmeliste hinzugefügt, sodass die Anpassung mit dem nächsten Start von Excel aktiv wird, ohne dass eine weitere Bestätigung verlangt wird.

Die Anzeige des Benutzerprompts für die Aufnahmeliste konfigurieren

Ob die Eingabeaufforderung, mit der ein Anwender entscheiden kann, ob eine Anpassung, die mit einem Zertifikat signiert wurde, dessen Herausgeber nicht vertraut wird, überhaupt angezeigt wird, kann ebenfalls in der Registry eingestellt werden. Der zuständige Schlüssel ist *HLKM\SOFTWARE\Microsoft\.NETFramework\Security\TrustManager*. Hier wird ein Unterschlüssel mit dem Namen *PromptingLevel* angelegt (sofern dieser noch nicht existiert), der für jede der Sicherheitszonen *Internet*, *LocalIntranet*, *MyComputer*, *TrustedSites* und *UntrustedSites* einen entsprechenden Eintrag (Typ *REG_SZ*) besitzt, der einen von drei Werten aufweisen kann (Tabelle 14.3). Die Standardeinstellung ist *Enabled*. Sie bewirkt, dass die Eingabeaufforderung angezeigt wird. Besitzt der Eintrag *MyComputer* zum Beispiel den Wert *Disabled*, werden Anpassungen mit einem Zertifikat, dessen Herausgeber nicht vertraut wird, gar nicht erst ausgeführt (stattdessen erscheint eine etwas unschöne Fehlermeldung, die man irgendwie unterdrücken können müsste). Ein Spezialfall ist die Einstellung *AuthenticodeRequired*. Der sogenannte »Trust Prompt« wird angezeigt, wenn die Anpassung mit einem gültigen Zertifikat signiert wurde.

VSTO 3.0-Anpassungen per Msi-Paket verteilen

TIPP Details zum Thema »Konfigurieren der Aufnahmeliste« finden Sie in der VSTO-Dokumentation unter *http://msdn.microsoft.com/de-de/library/bb772070.aspx*.

Wert	Zertifikat ist nicht vertrauenswürdig	Zertifikat ist vertrauenswürdig	Zertifikat und Herausgeber sind vertrauenswürdig
Enabled	Warnmeldung, Anpassung wird nicht installiert.	Eingabeaufforderung, Anwender kann entscheiden.	Keine Eingabeaufforderung, Anpassung wird installiert.
Disabled	Anpassung wird nicht installiert.		
AuthenticodeRequired		Anpassung wird nicht installiert.	

Tabelle 14.3 Mögliche Werte für den Eintrag *PromptingLevel*

Abbildung 14.46 fasst den Ablauf nach dem Laden einer Office 2007-Anpassung noch einmal zusammen. Die Abbildung orientiert sich dabei an dem Ablauf, wie er in der VSTO-Dokumentation ein wenig ausführlicher beschrieben wird (*http://msdn.microsoft.com/de-de/library/bb157863.aspx*).

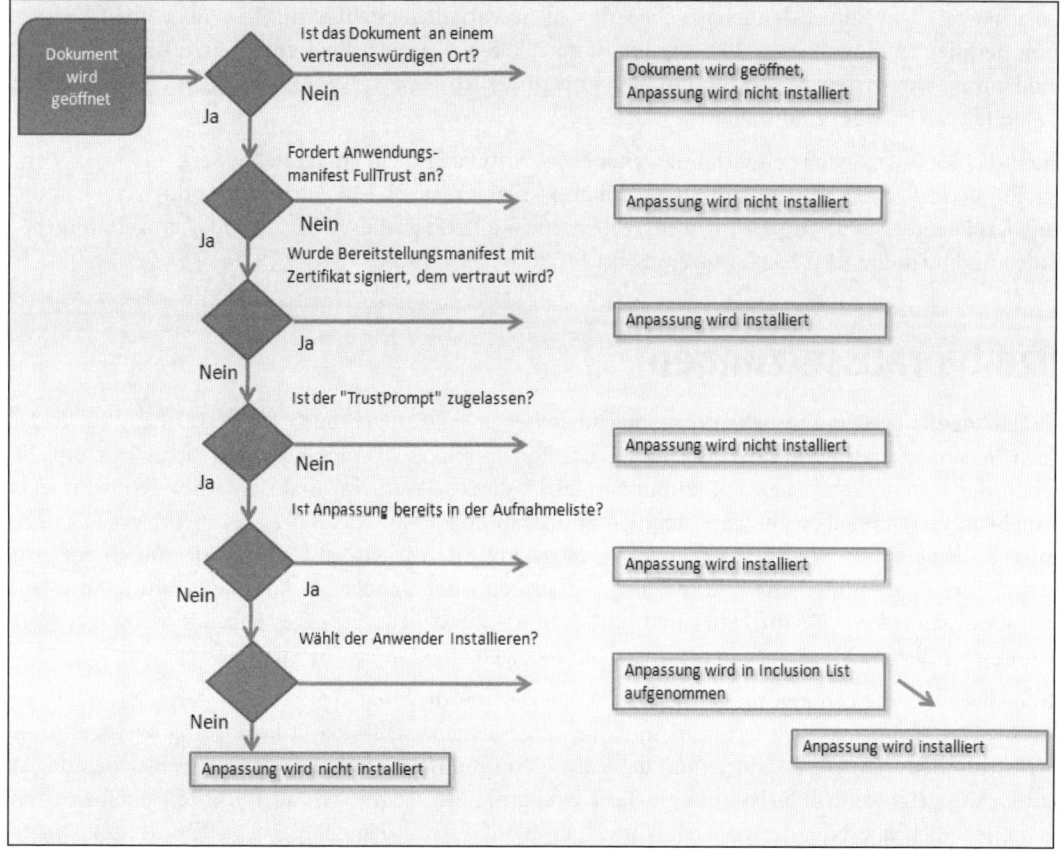

Abbildung 14.46 Ob eine Office 2007-Anpassung installiert wird, hängt von verschiedenen Faktoren ab

Umstellen von VSTO 2005 auf VSTO 3.0

Wer ein Anpassungsprojekt mit den VSTO 2005 begonnen hat, sollte es problemlos auf VSTO 3.0 umstellen können. Nach dem Öffnen der Projektmappe unter Visual Studio 2008 wird diese durch einen Assistenten in das neue Format konvertiert (was aber nichts mit den VSTO zu tun hat). Der Umstand, dass per Voreinstellung eine Projektkopie angelegt wird, ist praktisch, da das Projekt nach der Konvertierung weiterhin in seiner alten Form zur Verfügung steht. Anschließend sollte es lauffähig sein, ohne dass Änderungen vorgenommen werden müssen. Es nutzt dabei aber nach wie vor die VSTO 2005 SE-Laufzeitdateien. Theoretisch kann das Projekt dadurch auf »Office 2007 umgestellt« werden, indem ein entsprechendes Office 2007-Projekt angelegt und der Quellcode in das neue Projekt eingefügt wird. Dieser Schritt mag etwas seltsam erscheinen, ist aber der einfachste Weg, die erforderlichen VSTO 3.0-Verweise zu erhalten.

Es wird allerdings nicht empfohlen, mit Visual Studio 2008 auf einem Arbeitsplatz sowohl Anpassungen für Office 2003 als auch für Office 2007 zu entwickeln. Auch wenn es theoretisch machbar ist, kommt es zu kleineren Komplikationen in der Art, dass zum Beispiel beim erneuten Öffnen einer Office 2003-Dokumentanpassung mit Visual Studio 2008 das Projekt erneut »konvertiert« wird und das Dokumentformat auf eines der beiden Office 2007-Formate (XML oder binär) umgestellt werden muss. Oder, dass nach dem Anlegen eines neuen Office 2003-Dokumentanpassungsprojekts stattdessen die korrespondierende Office 2007-Anwendung startet. Das sind Kleinigkeiten, die auf Dauer ein wenig lästig sind und am Ende indirekt mehr Arbeit machen, als dem Entwickler lieb ist. Die empfohlene Variante besteht darin, etwa über Virtual Server 2007 zum Beispiel Windows Server 2003 erneut zu installieren (was allerdings eine weitere Lizenz voraussetzt) und auf diesem System Visual Studio 2007 und zusätzlich je nach Fall Office 2003 oder aber Office 2007 (keinesfalls aber beide) zu installieren.

Soll eine VSTO 2005-Anpassung einfach nur weiter ausgeführt, aber nicht »umgestellt« werden, ist das ebenfalls kein Problem, da beide VSTO-Laufzeiten parallel existieren können. Möchte man eine mit Visual Studio 2008 entwickelte Office 2003-Anpassung weitergeben, muss allerdings die VSTO 2005 SE-Laufzeit mitgeliefert werden und nicht die VSTO 3.0-Laufzeit. Sonst funktioniert es nicht.

Laufzeitvoraussetzungen

Eine VSTO-Anpassung benötigt neben der obligatorischen .NET-Laufzeit auch die VSTO-Laufzeit in der passenden Version. Das für Windows-Anwendungen konzipierte ClickOnce kümmert sich nicht um die Installation der erforderlichen Laufzeit, zumindest nicht direkt. Wie beim Erstellen eines Setup-Projekts wird auch beim Veröffentlichen per ClickOnce ein Bootstrap-Loader in Gestalt der Datei Setup.exe angelegt, der prüft, ob die zu einer Liste hinzugefügten »Voraussetzungen« vorhanden sind und sie von einer zuvor festgelegten Adresse »herunterlädt« und installiert. Über den Bootstrapper Manifest Generator, den es auf *http://www.codeplex.com/bmg* zum Download gibt, können zusätzliche Packages angelegt werden, sodass sich theoretisch beliebige Msi-Pakete in den Installationsreigen einschließen lassen.

Zur Minimalausstattung gehören neben der VSTO 3.0-Laufzeit die .NET 3.5-Laufzeit sowie der Windows Installer 3.1. Das »Language Pack Deutsch« muss im Allgemeinen nicht separat hinzugefügt werden, da es bei einer »deutschen« VSTO 3.0-Laufzeit mit dabei ist. Es sorgt unter anderem dafür, dass Fehlermeldungen auf Deutsch angezeigt werden. Es ist nur ein paar KByte groß. Mit 2 MByte ist auch die VSTO 3.0-Laufzeit ein Klacks, lediglich die .NET 3.5-Laufzeit, für die es ebenfalls ein »Language Pack« gibt, ist mit knapp 200 MByte »ein wenig« umfangreicher.

> **HINWEIS** Das wurde an anderer Stelle bereits erwähnt – VSTO 3.0-Anpassungen für Office 2003 benötigen nach wie vor die VSTO 2005 SE-Runtime und nicht die VSTO 3.0-Runtime.

Der Bootstrap-Loader

Der Bootstrap-Loader ist bei Visual Studio eine Datei mit dem Namen *Setup.exe*, die mit dem Veröffentlichen eines Projekts automatisch angelegt wird. Dabei werden jene Komponenten ausgewählt, von denen Visual Studio der Meinung ist, dass sie Voraussetzung für das spätere Ausführen der Anwendung sind. Man kann jederzeit Einträge dazunehmen oder voreingestellte Einträge abwählen. Hinter jedem Eintrag steht ein »Package«, das bei Visual Studio 2008 Teil des Verzeichnisses *%Programfiles%\ Microsoft SDKs\Windows\V6.0A\Bootstrapper\Packages* ist (bei Visual Studio 2005 war es noch ein Unterverzeichnis im Visual Studio-Verzeichnis). Diese Packages lassen sich mit dem Veröffentlichen der Anwendung ebenfalls in das Bereitstellungsverzeichnis oder in ein anderes Verzeichnis transferieren. Insgesamt stehen drei Optionen zur Auswahl:

- *Erforderliche Komponenten von der Website des Komponentenherstellers herunterladen*
- *Erforderliche Komponenten von demselben Speicherort wie Anwendung herunterladen*
- *Erforderliche Komponenten von folgendem Speicherort herunterladen*

Übernimmt man die voreingestellte Einstellung, werden nicht vorhandene Komponenten vom Microsoft-Download-Server herunterladen und installiert. Im Allgemeinen möchte man nicht, dass für eine Installation eine Internetverbindung erforderlich ist. Die etwas bessere Variante besteht darin, die einzelnen Komponenten, die stets als Msi- oder Exe-Dateien vorliegen, mit der Anwendung bereitzustellen. Entweder begleiten sie die Anwendung in ihrem Bereitstellungsverzeichnis oder es wird ein anderes Verzeichnis ausgewählt, in dem die Komponenten bereits vorliegen (dabei muss die Verzeichnisstruktur des Packages-Verzeichnis eingehalten werden, ansonsten »beschwert« sich *Setup.exe*, dass es die Dateien nicht finden kann).

Ein wenig irritiert der Umstand, dass bei der Option *Erforderliche Komponenten von folgendem Speicherort herunterladen* die Komponenten zwar ebenfalls in das Bereitstellungsverzeichnis kopiert werden, sie aber nicht aus diesem Verzeichnis heraus installiert werden.

Eigene Komponenten mit dem Bootstrapper Manifest Generator hinzufügen

Damit eigene Einträge in der Liste erscheinen, muss für die zu installierende Komponente eine solche Packagedatei *Product.xml* generiert werden sowie eine *Package.xml*-Datei für jedes Unterverzeichnis eines zu installierenden Pakets. Das erledigt der bereits vorhin kurz erwähnte *Bootstrapper Manifest Generator* (Bmg), ein kleines und enorm nützliches Tool, das unter *http://www.codeplex.com/bmg/* sowohl als Msi-Paket als auch über ClickOnce zur Verfügung steht (es gibt jeweils eine Version für Visual Studio 2005 und eine für Visual Studio 2008). Auch wenn es kein offizielles Microsoft-Tools ist, wird es im Verzeichnis *%Programfiles%\Microsoft\Bootstrapper Manifest Generator for VS2008* abgelegt. Die Aufgabe des Tools liegt darin, für die ausgewählten Installationspakete die erforderlichen Packagedateien anzulegen, die anschließend nur noch in das zuständige Verzeichnis kopiert werden müssen. Der Umgang mit dem Tool ist nicht gerade selbsterklärend (es gibt eine Hilfedatei, in der der Umgang mit dem Tool beschrieben wird), aber auch nicht kompliziert. Nach dem Start von *Bmg.exe* wird ein neues Projekt vom Typ *Package Manifest* angelegt. Das

Package erhält einen Namen und einen »Product Code«, der im einfachsten Fall eine Wiederholung des Namens ist (Leerzeichen werden durch Punkte ersetzt). Als Nächstes wird über den *Add Install File*-Button eine zu installierende (Msi-)Datei hinzugefügt (die Auswahl einer Sprache ist optional). Über *Display Name* wird der Name angegeben, der später in der Liste der Komponenten erscheint. Weitere Angaben müssen nicht gemacht werden. Das Projekt wird gespeichert und über *Project/Build* wird das Package in Gestalt einer *Package.xml*-Datei angelegt. Ging alles gut, wird der Vorgang mit einem »Build Succeeded« quittiert. Achten Sie auf das Verzeichnis, in dem der Build Output abgelegt wird. Handelt es sich nicht um *%Programfiles%\ Microsoft SDKs\Windows\v6.0A\Bootstrapper\Packages*, muss das Gespann aus *Product.xml* und Sprachunterverzeichnis samt Inhalt dort hineinkopiert werden, damit es automatisch in der Komponentenliste von Visual Studio erscheint. Das kleine Tool kann aber noch mehr. Für jede zu installierende Datei können Systemchecks und »Install Conditions« angelegt werden, die prüfen, ob die Komponente installiert werden muss. Ein Language Pack sollte zum Beispiel nur dann installiert werden, wenn die Komponente, auf die es sich bezieht, bereits installiert wurde. Bei den Standardkomponenten wie der VSTO-Laufzeit sind solche Checks bereits eingebaut. Sie werden daher nur installiert, wenn sie wirklich benötigt werden.

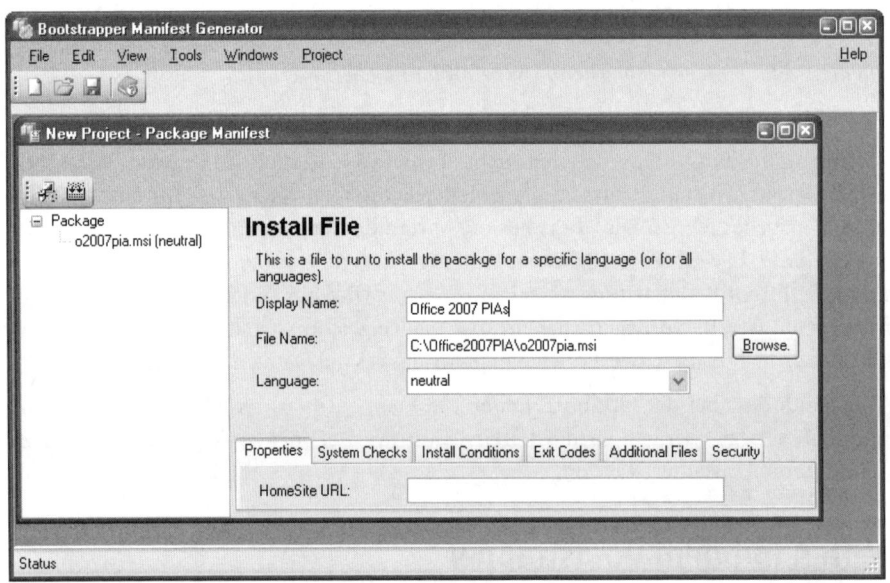

Abbildung 14.47   Der Bootstrapper Manifest Generator erlaubt das Hinzufügen weiterer Packages

Setup.exe prüft der Reihe nach, ob die einzelnen Komponenten vorhanden sind und installiert diese gegebenenfalls nach. Am Ende wird die VSTO-Anpassung über ihre Vsto-Datei installiert. Liegt das Zertifikat bereits vor und wird Zertifikat, Herausgeber und Aussteller vertraut, läuft die Installation ohne Eingabeaufforderung durch, sodass der Anwender, nachdem das Setup abgeschlossen wurde, die VSTO-Anwendung benutzen kann. Wird die Anpassung später aktualisiert und erneut bereitgestellt, wird mit dem nächsten Start der Office-Anwendung automatisch die aktuelle Version geladen. Einfacher kann das Bereitstellen einer Office-Erweiterung im Grunde nicht mehr werden.

Laufzeitvoraussetzungen

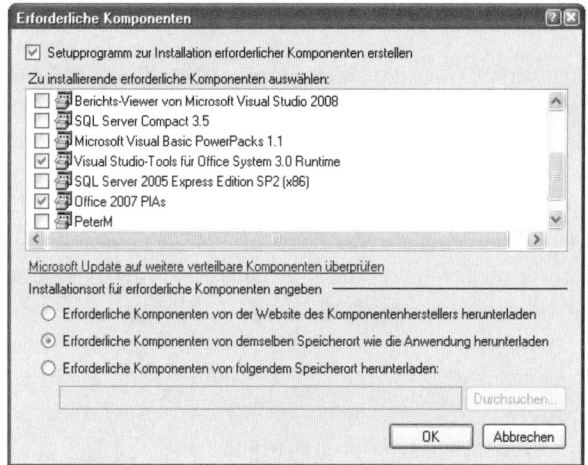

Abbildung 14.48 Die Office 2007-PIAs werden als installierbare Komponente gelistet

Festlegen des Bereitstellungsverzeichnisses für die erforderlichen Komponenten

Das Bereitstellungsverzeichnis kann nicht für jede Komponente einzeln festgelegt werden, sondern nur für alle Komponenten gemeinsam. Entscheidet man sich für ein allgemeines Verzeichnis, muss dieses als Netzwerkshare angesprochen werden (auch wenn es sich um ein lokales Verzeichnis handelt). Das angegebene Verzeichnis ist jenes Verzeichnis, von dem *Setup.exe* die Komponenten vor der Installation der VSTO-Anwendung bei Bedarf lädt. Die Komponenten müssen dort bereits vorliegen, wobei es auf die korrekten Datei- und Verzeichnisnamen ankommt. Diese Option ist zum Beispiel dann attraktiv, wenn in einem Unternehmen mehrere Anwendungen installiert werden und sich die Laufzeitkomponenten stets in ein und demselben Verzeichnis befinden sollen. Falls es keinen zentralen Ort für die Laufzeitkomponenten geben soll, wird die Einstellung *Erforderliche Komponenten von demselben Speicherort wie Anwendung herunterladen* gewählt. In diesem Fall werden die Komponenten ebenfalls in das Bereitstellungsverzeichnis kopiert.

> **TIPP** Falls Installationsmeldungen auf Englisch erscheinen sollten, wurde das VSTO 3.0-Language Pack für Deutsch nicht installiert (es wird durch Visual Studio 2008 normalerweise mitinstalliert).

Tabelle 14.4 enthält abschließend jene Systemkomponenten, die für die Ausführung einer VSTO-Anwendung vorhanden sein müssen. Neben der obligatorischen .NET-Laufzeit ist auch die jeweilige VSTO-Laufzeit erforderlich. Je nachdem, ob eine Anpassung für Office 2003 oder Office 2007 konzipiert ist, handelt es sich um die Laufzeit der VSTO 2005 SE oder die Laufzeit der VSTO 3.0.

Komponente	Welche Rolle spielt sie?	Dateiname
.NET-Laufzeit	Muss generell und in der passenden Version (2.0 oder 3.5) vorhanden sein.	*Dotnetfx.exe*
VSTO-Laufzeit	Muss ebenfalls generell und ebenfalls in der passenden Version (2.0 oder 3.0) vorhanden sein.	*Vstor.exe* bzw. *Vstor30.exe*
PIAs	Müssen für jede Office-Anwendung in der richtigen Version vorhanden sein.	–

Tabelle 14.4 Komponenten, die für die Ausführung einer VSTO-Anwendung vorhanden sein müssen

Der »perfekte« Bootstrap-Loader

Wer träumt nicht von einem Setup, das nur ausgeführt werden muss und alle erforderlichen Komponenten in einem Rutsch installiert? Ein solcher Traum kann Wirklichkeit werden, aber es steckt Arbeit dahinter, Ausdauer und Geduld sowie eine gewisse Portion »Entdeckergeist«. Es ist möglich, die VSTO-Anwendung mit allen zur Ausführung benötigten Komponenten auf einer CD oder einem Memorystick auszuliefern, aber das Zusammenstellen des Gesamtpakets kostet Zeit und erfordert einiges an »Herumprobieren«, bis es endlich funktioniert. Der Autor empfiehlt für diese Art der Weitergabe, ein Msi-Paket im Rahmen eines Setup-Projekts anzufertigen, da diese Form der Weitergabe etwas mehr Spielraum für eigene Anpassungen erlaubt und man nicht auf den ClickOnce-Mechanismus angewiesen ist.

Der VSTO Troubleshooter

Ein kleines, nützliches Programm, das beim Verteilen von VSTO-Anwendungen gute Dienste leistet und einem vor allem das beruhigende Gefühl vermittelt, an alles gedacht zu haben, ist der *VSTO Troubleshooter*. Nach dem Start analysiert es das System und stellt in einem Report zusammen, was da ist und was fehlt.

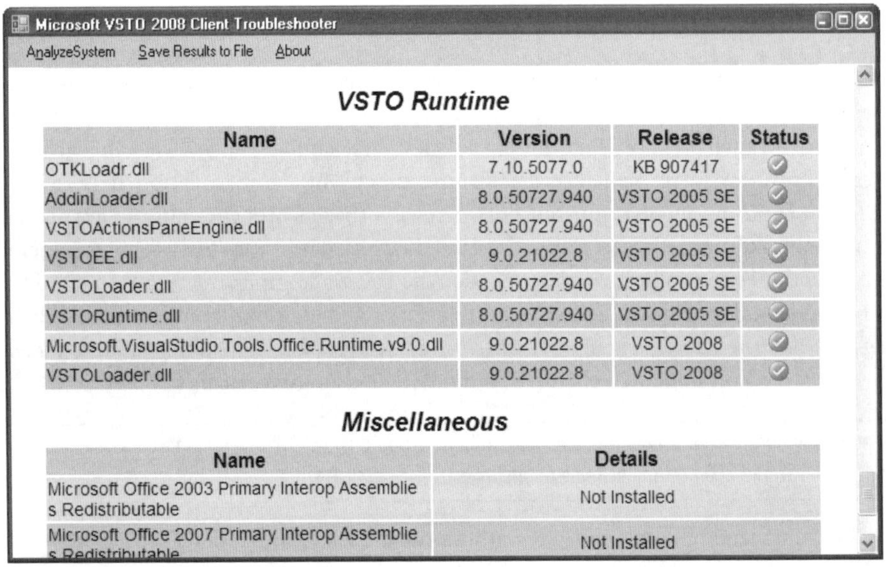

Name	Version	Release	Status
OTKLoadr.dll	7.10.5077.0	KB 907417	✓
AddinLoader.dll	8.0.50727.940	VSTO 2005 SE	✓
VSTOActionsPaneEngine.dll	8.0.50727.940	VSTO 2005 SE	✓
VSTOEE.dll	9.0.21022.8	VSTO 2005 SE	✓
VSTOLoader.dll	8.0.50727.940	VSTO 2005 SE	✓
VSTORuntime.dll	8.0.50727.940	VSTO 2005 SE	✓
Microsoft.VisualStudio.Tools.Office.Runtime.v9.0.dll	9.0.21022.8	VSTO 2008	✓
VSTOLoader.dll	9.0.21022.8	VSTO 2008	✓

Miscellaneous

Name	Details
Microsoft Office 2003 Primary Interop Assemblies Redistributable	Not Installed
Microsoft Office 2007 Primary Interop Assemblies Redistributable	Not Installed

Abbildung 14.49 Der VSTO Troubleshooter untersucht auf einem Computer, ob alle für das Ausführen einer VSTO-Anwendung benötigten Komponenten vorhanden sind

Der *VSTO Troubleshooter* ist Teil der relativ neuen *VSTO Power Tools*, die unter der allgemeinen Adresse *http://www.microsoft.com/downloads* zur Verfügung stehen. Er ist der Nachfolger des *Microsoft PSS VSTO 2005 Client Troubleshooter*. Nach dem Download und der Ausführung der Datei *Pst.exe* steht der Troubleshooter als Datei mit dem Namen *VSTOTroubleshooter.exe* im Verzeichnis *%programfiles%\Microsoft VSTO Power Tools 1.0\VSTO Troubleshooter* zur Verfügung.

Spezialitäten rund um das Thema Auslieferung

In diesem Abschnitt geht es, in loser Reihenfolge, um ein paar »Spezialitäten«, die beim Ausliefern einer Office-Anpassung eine Rolle spielen können.

Zusätzliche Dateien per ClickOnce verteilen

Anders als bei einer regulären ClickOnce-Bereitstellung, etwa einer WinForms-Anwendung, lassen sich im *Veröffentlichen*-Register keine zusätzlichen Dateien aufnehmen. Das ist oft aber auch nicht erforderlich, da im Rahmen eines VSTO-Projekts jene Dateien aus dem Projektverzeichnis automatisch in das ClickOnce-Downloadverzeichnis kopiert werden, bei denen die *Buildvorgang*-Eigenschaft auf *Inhalt* gestellt ist. Diese Dateien stehen während der Programmausführung im Datenverzeichnis der ClickOnce-Anwendung zur Verfügung. Lassen Sie sich nicht durch den Umstand irritieren, dass an diese Dateien die Erweiterung *.Deploy* angehängt wird. Diese Maßnahme ist erforderlich, damit beim Bereitstellen über ein Webverzeichnis der Webserver nicht »misstrauisch« wird und die Datei blockt.

Manifestdateien nachträglich bearbeiten

Sollte man, was am Anfang nur in Ausnahmefällen erforderlich sein dürfte, die Manifestdateien nachträglich bearbeiten wollen, so besteht die besondere Herausforderung darin, dass nach einer Änderung die Manifestdatei neu signiert werden muss. Am einfachsten geht das Editieren daher mit dem Manifest Generator/Editor (als Teil der .NET Framework Tools), der sowohl in einer GUI-Version (*Mageui.exe*) als auch in einer Kommandozeilenvariante (*Mage.exe*) vorliegt, die funktional gleichwertig sind. Die Kommandozeilenvariante wird im Allgemeinen bevorzugt, da das nachträgliche Editieren von Manifestdateien in der Regel programmgesteuert geschieht. Ein wenig irritierend ist, dass bei der GUI-Variante die bei VSTO üblichen Erweiterungen *.Vsto* und *.Manifest* nicht in der Auswahlliste angeboten werden. Das liegt einfach daran, dass *Mageui.exe* noch aus der Ära vor den VSTO stammt.

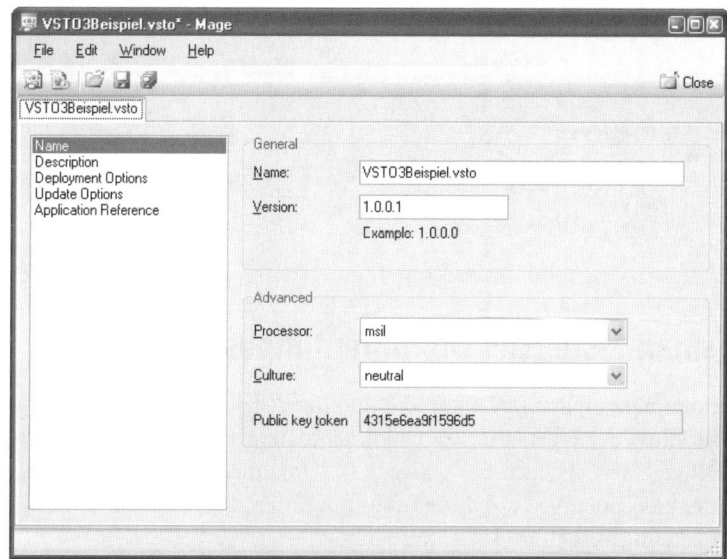

Abbildung 14.50 Mageui.exe erlaubt das nachträgliche Bearbeiten von ClickOnce-Manifestdateien

Das ClickOnce-Datenverzeichnis abfragen

Sollte das absolute Verzeichnis der Anpassungsassembly eine Rolle spielen, was nur selten der Fall sein dürfte, kann es über *My.Application.Info.DirectoryPath* abgefragt werden. Was dagegen häufiger benötigt wird, ist das sogenannte Datenverzeichnis (Data Directory), das Teil des ClickOnce-Downloadcaches ist. Hier werden nach der Installation die sogenannten Inhaltsdateien des Projekts abgelegt. Der Verzeichnispfad kann sehr einfach über die ClickOnce-Klassen abgefragt werden. Voraussetzung dafür ist, dass ein Verweis auf *System.Deployment.dll* eingefügt wurde. In diesem Fall liefert zum Beispiel die Eigenschaft *DataDirectory* der Klasse *CurrentDeployment* das Datenverzeichnis der ClickOnce-Installation. Dies funktioniert aber nur in einer Anwendung, die per ClickOnce »deployt« wurde, also nicht, wenn die Anwendung in Visual Studio ausgeführt wird. Dies wiederum kann durch die Abfrage der Eigenschaft *IsNetworkDeployed* der *ApplicationDeployment*-Klasse festgestellt werden.

Beispiel

Das folgende Beispiel greift auf eine SQL Server Compact Edition-Datenbankdatei *TestDb.sdf* zu, die in das Datenverzeichnis der ClickOnce-Installation kopiert wurde. Da eine VSTO-Anpassung automatisch FullTrust-Berechtigungen erhält, gibt es mit den erforderlichen Lese- und Schreibberechtigungen keine Probleme:

```
If ApplicationDeployment.IsNetworkDeployed Then
  Dim AppDir As String = ApplicationDeployment.CurrentDeployment.DataDirectory
  Dim DBPfad As String = AppDir & "\TestDB.sdf"
  If File.Exists(DBPfad) Then
    Try
      Using Cn As New SqlCeConnection("Data Source=" & DBPfad)
        Cn.Open()
        Dim Cmd As SqlCeCommand = Cn.CreateCommand()
        Cmd.CommandText = "Select * From Teilnehmer"
        Dim Dr As SqlCeDataReader = Cmd.ExecuteReader
        Dim Zeile As Integer = 1
        While Dr.Read
          Globals.ThisAddIn.Application.Cells(RowIndex:=Zeile, ColumnIndex:=1).Value = Dr.Item("Name")
          Zeile += 1
        End While
      End Using
    Catch Ex As SqlCeException
        MessageBox.Show("Sql-Error: " & Ex.Message)
    Catch ex As SystemException
        MessageBox.Show("System-Error: " & ex.Message)
    End Try
  End If
End If
```

Anpassen des Anwendungsmanifestes bei Dokumentanpassungen

Normalerweise befinden sich bei einer Dokumentanpassung Dokument und Bereitstellungsmanifestdatei im selben Verzeichnis. Ist das nicht der Fall, muss der Eintrag in der Dokumentdatei entsprechend angepasst werden. Dies übernimmt sowohl bei Office 2003- als auch bei Office 2007-Dokumenten das *ServerDocument*-Objekt, allerdings in der Version der passenden VSTO-Laufzeit (2.0 für Office 2003 und 3.0 bei Office 2007). Mit seiner Hilfe lässt sich eine Anpassung auch komplett entfernen.

Spezialitäten rund um das Thema Auslieferung

CD-ROM Sie finden die folgenden Beispiele auf der Buch-CD in Gestalt der Projektmappendatei *VSTO_ManifestChanger.sln*.

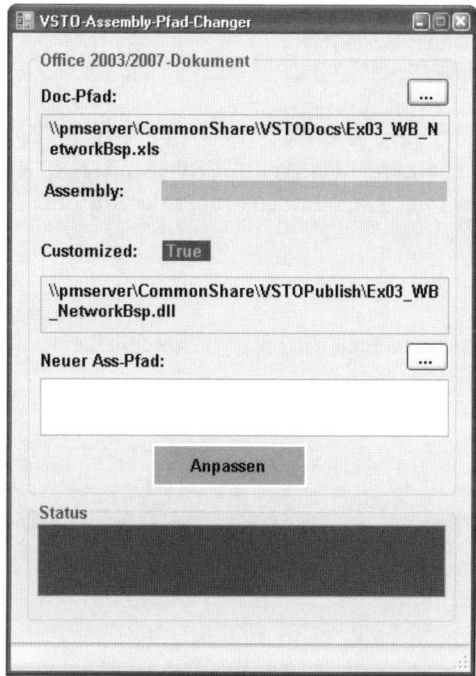

Abbildung 14.51 Das Beispielprogramm erledigt das Anpassen des Anpassungsassemblypfades

Ändern einer Anpassung für Office 2003

Für ein Office 2003-Dokument bedeutet das Anpassen des Pfades der Anpassungsassembly lediglich, den neuen Pfad über die Eigenschaft *Dependency.AssemblyPath* zu setzen und das Dokument anschließend zu speichern.

Beispiel

Das folgende Beispiel ist Teil einer WinForms-Anwendung, in der der Namespace der *ServerDocument*-Klasse wie folgt deklariert wurde:

```
Imports VSTO = Microsoft.VisualStudio.Tools.Applications.Runtime
```

Anschließend erhält das über die Variable *DocPfad* angegebene Office 2003-Dokument den Pfad der Anpassungsassembly, die über die Variable *AssNeuPfad* festgelegt wird:

```
Using Sd As New VSTO.ServerDocument(DocPfad)
    Sd.AppManifest.Dependency.AssemblyPath = AssNeuPfad
    Sd.Save()
End Using
```

Ändern einer Anpassung für Office 2007

Die Anpassung eines Office 2007-Dokuments unterscheidet sich ein wenig von der eines Office 2003-Dokuments. Das fängt bereits beim Namespace an, der sich geringfügig unterscheidet:

```
Imports VSTO = Microsoft.VisualStudio.Tools.Applications
```

Beim Ändern einer Anpassung sollte zunächst geprüft werden, ob diese bereits existiert. Sollte dies der Fall sein, wird sie über den Aufruf der *Shared*-Methode *RemoveCustomization* entfernt. Anschließend wird der neue Pfad der signierten Bereitstellungsmanifestdatei (also nicht der Assemblydatei) über den Aufruf der *Shared*-Methode *AddCustomization* hinzugefügt.

Beispiel

Das folgende Beispiel entfernt zunächst eine Anpassung, sofern vorhanden, und fügt sie anschließend mit dem neuen Pfad hinzu:

```
If VSTO3.ServerDocument.IsCustomized(DocPfad)
  VSTO3.ServerDocument.RemoveCustomization(DocPfad)
  MessageBox.Show("Anpassung wurde entfernt!")
End If
VSTO3.ServerDocument.AddCustomization(DocPfad, New System.Uri(ManifestPfad,
UriKind.RelativeOrAbsolute))
```

Wenn es Probleme gibt

Auch ClickOnce ist nicht unfehlbar. Sollte sich, was vor allem unter Vista passieren kann, eine Anpassung nicht installieren lassen und eine unspezifische Fehlermeldung die Folge sein, kann das komplette Löschen des ClickOnce-Caches (bei Vista unter *%Userprofile%/AppData/Local/Apps/2.0*) das Problem beheben. Doch Vorsicht, bei dieser »Holzhammermethode« gehen alle zuvor per ClickOnce installierten Anwendungen ebenfalls verloren. Eine Alternative ist es daher, das spezielle Anwendungsverzeichnis zu lokalisieren und lediglich dieses zu löschen.

Nützliche Tools für VSTO-Entwickler

Zum Abschluss dieses hoffentlich genauso informativen wie spannenden Kapitels fasst Tabelle 14.5 ein paar Tools zusammen, die VSTO-Entwickler kennen sollten, und die nicht nur beim Bereitstellen einer Anwendung nützliche Dienste leisten.

Tool	Wozu ist es gut?	Downloadadresse
VSTO Power Tools	Ein Muss für alle VSTO-Entwickler, unter anderem wegen des VSTO Troubleshooter.	http://www.microsoft.dom/downloads
Mageui.exe	Ermöglicht das Editieren und nachträgliche Signieren von Manifestdateien.	Sollte mit Visual Studio installiert werden, Teil des Windows SDKs.

Tabelle 14.5 Nützliche Tools für VSTO-Entwickler

Tool	Wozu ist es gut?	Downloadadresse
Application Manifest Editor	Gewährt nicht nur Einblicke in das Application Manifest eines Office 2003-Dokuments und seiner Dateninseln, sondern erlaubt auch das Editieren dieser Bereiche.	–
Bootstrapper Manifest Generator	Erlaubt das Editieren der Liste der Komponenten, auf deren Vorhandensein der von Visual Studio angelegte Bootstrapper Setup.exe prüft.	*http://www.codeplex.com*
VSTO Manifest Changer	Ermöglicht das Setzen oder Ändern des Pfades auf die Anpassungsassembly bzw. Bereitstellungsmanifestdatei bei einem Office 2003/2007-Dokument.	Homepage bzw. Blog des Autors
VSTO SecPol Manager	Im Prinzip eine etwas benutzerfreundlichere Variante der .NET-Konfiguration, die vor allem dann nützlich ist, wenn die Original-.NET-Konfiguration nicht zur Verfügung steht.	Homepage bzw. Blog des Autors

Tabelle 14.5 Nützliche Tools für VSTO-Entwickler *(Fortsetzung)*

Zusammenfassung

Dies war ein langes Kapitel, das hoffentlich alle Fragen zumindest in groben Zügen beantworten konnte, die sich sowohl bei der Bereitstellung einer Anpassung für Office 2003 als auch für Office 2007 stellen könnten. Detailfragen müssen aus der Praxis heraus und unter Einbeziehen verschiedener Sekundärinformationsquellen wie Blogs, Newsgroup-Postings (selbst Fragen zu stellen kann der Autor nur empfehlen) und, nicht zu vergessen, der auch in diesem Punkt sehr ausführlichen VSTO-Dokumentation geklärt werden. Es ist im Nachhinein genauso erstaunlich wie faszinierend, welchen Sprung die VSTO zwischen der Version 2.0 und 3.0 beim Thema »Bereitstellung« gemacht haben. »Warum nicht gleich?«, so möchte man sagen, doch die Dinge entwickeln sich bei den VSTO etwas langsamer, aber dafür zielstrebig in die richtige Richtung. Dafür sorgt ein zwar relativ kleines, aber mit Sicherheit hoch motiviertes Entwicklerteam bei Microsoft. Das Fazit dieses Kapitel ist, dass es für Entwickler erstrebenswert ist, Office 2003 bei der Bereitstellung nicht mehr berücksichtigen zu müssen, denn mit Office 2007 werden die Dinge deutlich einfacher. VSTO-/OBA-Entwickler, die ihren »Boss«, Kunden oder Auftraggeber noch nicht von der Notwendigkeit des Umstiegs auf Office 2007 überzeugen können oder diesen selbst nicht für erforderlich halten, sollten sich trotzdem ausführlich mit der »neuen« ClickOnce-Bereitstellung bei Visual Studio 2008 beschäftigen. Mittelfristig wird die Mehrheit der VSTO-Anwendungen (bzw. OBA) auf Office 2007 (oder einer Folgeversion) laufen.

Kapitel 15

XML-Grundlagen für Office-Entwickler

In diesem Kapitel:

Wohlgeformt und gültig	585
XML-Daten transformieren und suchen	594
XML editieren mit VS 2008	600
Zwei Praxisbeispiele	604
Zum XML-Namensraum im .NET Framework	609
LINQ to XML und XML-Literale	616

In diesem Kapitel geht es um eines der spannendsten Kapitel der letzten Jahre in der IT-Branche: XML. Die Abkürzung steht für *eXtensible Markup Language* und ist der Name einer wirklich universellen Beschreibungssprache für Daten jeglicher Art.

Natürlich hatte auch Microsoft die Bedeutung von XML erkannt und bereits in das Office 2000-Paket eine Prise XML einfließen lassen. Hier hieß das Zauberwort XHTML, das es erlaubte, Excel-, Word- und PowerPoint-Dokumente in einem auf XML basierenden HTML-Format zu speichern und so das sogenannte Round Tripping umzusetzen: die XHTML-Dokumente (die also nicht im proprietären Format der Anwendungen vorliegen) durch die Anwendungen »wiedererkennen« zu lassen und weiterzubearbeiten.

Mit Office XP wurde eine Möglichkeit innerhalb von Excel geschaffen, mit der das Datenmaterial der Tabellen einer Arbeitsmappe (inklusive Formeln und Formatierungen) in einer XML-Datei (der Dialekt hieß hier »XML Spreadsheet« oder kurz »XMLSS«) so hinterlegt werden kann, dass sowohl Excel als auch die Office-Spreadsheet-Webkomponenten in der Lage sind, eine voll funktionsfähige Arbeitsmappe (ohne eingebettete Objekte und ohne VBA-Projekte) aus dieser Datei zu rekonstruieren. Auch die SmartTags, die nicht überall auf Gegenliebe gestoßen sind, haben etwas mit XML zu tun.

Mit Office 2003 übernimmt XML eine neue Rolle. Es ist nicht länger nur ein weiteres Dateiformat, es wird mehr und mehr zu dem primären Format, in dem Office-Dokumente gespeichert werden. Das ist zunächst mit *WordprocessingML* zum vollständigen Speichern von Word-Dokumenten und *SpreadsheetML* zum Speichern von Excel-Arbeitsmappen umgesetzt.

Mit Microsoft Office 2007 wurde dieser Prozess der Standardisierung der Dateiformate zunächst wohl erst einmal abgeschlossen. Auch PowerPoint gehört nun mit *PresentationML* dazu.

Und noch etwas begann mit Office 2003: Einzelnen Teilen eines Dokuments bzw. einzelnen Zellen einer Arbeitsmappe können XML-Datenelemente zugeordnet werden (mehr hierzu in den Kapiteln 18 und 19).

Da es in einem Buch wie dem vorliegenden nicht möglich ist, auch nur den Ansatz einer vollständigen Einführung in die Sprache XML, den Umgang mit ihr, die Möglichkeiten der Nutzung innerhalb der zur Office-Suite gehörenden Programme und die »programmatische« Bewältigung unter Visual Basic bzw. auch unter VBA zu geben, möchte dieses Kapitel Ihnen zumindest einen ersten Überblick zum Thema XML vermitteln, der mit kleinen Beispielen zur weiteren Beschäftigung mit einem der interessantesten Gebiete der Office-Programmierung anregen will.

In den ersten beiden Abschnitten erhalten diejenigen Leser, die noch nie mit XML in Berührung gekommen sind, einen kurzen Einblick in die Sprache selbst. Der nächste Abschnitt führt Sie in Visual Studio 2008 als komfortablem XML-Editor ein. Der vierte Abschnitt will die erworbenen Kenntnisse mit zwei Praxisbeispielen untermauern. Im fünften Abschnitt steht die Welt des *System.Xml*-Namensraumes des .NET Frameworks im Mittelpunkt und es werden einige grundlegende Techniken mithilfe von Visual Basic vorgestellt. Der letzte Abschnitt erweitert diese Grundkenntnisse um einige Aspekte, die mit dem Namen *LINQ to XML* einhergehen, wobei LINQ für *Language INtegrated Query* steht und aus einem gewissen Blickwinkel betrachtet im Moment »state of the art« im Umgang mit XML in der Visual Studio-basierten Programmierung ist.

Während der Word- oder Excel-Anwender nach einer Standardinstallation der Programme mit XML nur im *Speichern unter*-Dialogfeld konfrontiert wird[1], genügt dem Access-Anwender ein einfacher Klick mit der rechten Maustaste auf den Namen eines Tabellen- oder Abfrageobjekts, um unter *Exportieren* die Möglichkeit des *XML-Exports* zu finden. Auch die Gruppe *Exportieren* unter der Registerkarte *Externe Daten* hält den

---

[1] Der Umgang mit XML-Daten ist denjenigen vorbehalten, die die Registerkarte *Entwicklertools* der Multifunktionsleiste einblenden.

Exportbefehl bereit. Im Dialogfeld aus Abbildung 15.1, das den Export einleitet, wird der Anwender sofort und unmittelbar auf drei Kernbegriffe gestoßen:

- XML-Daten als die »Rohform« des Datenexports,
- XSD-Schema als das zu den Daten gehörende Regelwerk, dem die Daten folgen (müssen), und
- XSL-Transformation als eine Möglichkeit, den rohen Daten ein »angenehmes Äußeres« zu geben. Diesen Gesichtspunkt haben die Entwickler sicher im Auge gehabt, als sie sich für den Optionsnamen *Präsentation Ihrer Daten* entschieden haben. Hinter XSL steckt allerdings etwas, das weit über eine reine Präsentation hinausgeht. Konkret handelt es sich um den Gedanken einer umfassenden Transformation von Daten einer Anwendung in solche einer anderen Anwendung.

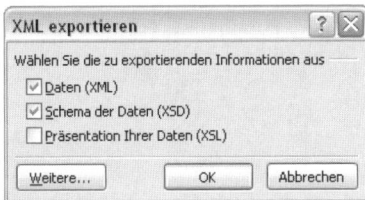

Abbildung 15.1 Access-Anwender in der Welt der Abkürzungen aus drei Buchstaben

Diesen drei Aspekten widmen sich die ersten beiden Abschnitte.

Wohlgeformt und gültig
Syntaktische Strenge durch wohlgeformte Dokumente

Extensible Markup Language (*XML*) ist eine Teilmenge von *Standard Generalized Markup Language (SGML)* und wird durch das W3C (World Wide Web Consortium) spezifiziert (*http://www.w3.org/TR/REC-xml*). Ein erster Eindruck Ende der 90er-Jahre, dass es sich bei XML um das »SGML für HTML« handeln würde (oder SGML fürs Internet), wurde vielleicht durch Entwicklungen wie den »Data Islands« (XML-basierten Dateninseln innerhalb von HTML-Dokumenten zur Anzeige von datenbankähnlichen Informationen) gestützt, ist aber durch die Zeit vollkommen überholt worden.

Eine Sprache braucht ihre Syntax, sonst entsteht ein babylonisches Gewirr. Umgangssprachen erfordern tägliche Begriffe, damit Menschen sich verständigen können, und Fachsprachen ihre Spezialbegriffe, damit Fachleute untereinander kommunizieren können. Ohne eine sinnvolle und den grammatischen Regeln folgende Aneinanderreihung der Begriffe ist jedoch eine Verständigung nahezu ausgeschlossen. Und nicht anders ist es bei XML.

XML-Dokumente müssen nicht unbedingt (obwohl sie es oft sind) in Dateien »materialisiert« sein. Mit anderen Worten, ein XML-Dokument wird durch eine Folge von Zeichen (eine Zeichenkette), die nach bestimmten Regeln die Elemente des Dokuments definieren, aufgebaut. Elemente sind durch sogenannte »Tags« markierte (daher der Name Markierungs- oder Auszeichnungssprache) Teile der Zeichenkette, die gelegentlich auch als Knoten bezeichnet werden. Jedes Element darf in sich weitere Elemente beherbergen, wobei an der »Spitze der Hierarchie« nur ein einziges Element im Dokument steht, das *Wurzelelement*.

Die »Inhalte« von Elementen können nicht nur weitere Elemente (die so die Struktur der Daten des Dokuments beschreiben), sondern natürlich auch die Daten selbst sein – Informationen in Textform. Außerdem lassen sich Elemente neben ihrem Inhalt mit Attributen versehen. Auch hier handelt es sich um Textinformationen.

Um die Wohlgeformtheit – so heißt die syntaktische Strenge von XML-Dokumenten – eines XML-Dokuments zu prüfen, können Sie die gesamte Zeichenkette in einer (etwa mit dem Windows-Editor erzeugten) Textdatei mit der Endung *.xml* unterbringen und die so gespeicherte Datei im Internet Explorer zur Ansicht bringen. Wird keine Fehlermeldung angezeigt, ist zumindest syntaktisch alles in Ordnung.

Listing 15.1 zeigt zur weiteren Erläuterung ein Beispiel: Workshops zum Thema XML werden hinsichtlich ihres *Inhalts*, des zur Verfügung stehenden *Trainers*, des *Zeitpunktes* ihres Stattfindens und ihres *Schwierigkeitsgrads* in einem XML-Dokument erfasst:

```xml
<?xml version="1.0" encoding="UTF-8"?>
<workshops>
    <workshop level="1">
        <thema>XML Grundlagen</thema>
        <trainer>Herr Meier</trainer>
        <tag>Montag</tag>
        <uhrzeit>11 Uhr</uhrzeit>
    </workshop>
    <workshop level="2">
        <thema>XML Aufbau</thema>
        <trainer>Herr Meier</trainer>
        <tag>Dienstag</tag>
        <uhrzeit>10 Uhr</uhrzeit>
    </workshop>
    <workshop level="2">
        <thema>XML und Office</thema>
        <trainer>Herr Müller</trainer>
        <tag>Dienstag</tag>
        <uhrzeit>14 Uhr</uhrzeit>
    </workshop>
</workshops>
```

Listing 15.1 Beispiel eines XML-Dokuments

Folgende Regeln der Wohlgeformtheit wurden beachtet:

- Damit ein Dokument als XML-Dokument erkannt wird, muss diesem eine sogenannte Verarbeitungsanweisung (*processing instruction*) mit mindestens folgendem Inhalt vorangestellt werden: <?xml version="1.0"?>.

- *Elemente* werden durch Tags, das sind in spitze Klammern eingeschlossene Zeichenketten, markiert. Elemente werden wie bereits erwähnt auch als *Knoten* bezeichnet.

- Der Name des Elements steht in der Markierung. Namen folgen den in Programmiersprachen üblichen Regeln (etwa: keine Ziffern am Anfang, keine Sonderzeichen, keine Leerzeichen). Für Visual Basic-Entwickler ist wichtig zu wissen (da es weitestgehend ungewohnt ist), dass streng zwischen Groß- und Kleinschreibung unterschieden wird.

- Einer »öffnenden« Markierung, die den Beginn eines Elements signalisiert (etwa <*thema*>), muss notwendig irgendwann später eine »schließende« folgen. Der Abschluss enthält vor dem Namen einen Schrägstrich (hier passend </*thema*>). Bei der Verschachtelung von Elementen ist im Unterschied zu HTML zu beachten, dass es nicht zulässig ist, innerhalb eines Elements A ein neues Element B zu beginnen und dieses nicht vor dem Ende des Elements A wieder zum Abschluss zu bringen, sondern es weiterlaufen zu lassen. Bei HTML wird also etwas wie

```
<b><i>italic</b>weiter  italic</i>
```

akzeptiert, bei XML wäre solch eine Zeichenfolge unzulässig.

- *Attribute* folgen innerhalb des öffnenden Tags auf den Namen. Attribute haben selbst einen Namen. Durch das Gleichheitszeichen nach dem Namen erfolgt die Zuweisung eines Wertes. Dieser steht notwendigerweise in doppelten Anführungszeichen, also " (*double quotes*). Beispiel: <workshop level="2">. Hier ist *level* das Attribut.
- Es gibt nur ein einziges *Wurzelelement* (Element der obersten Stufe). Dokumente ohne jedes Element sind keine XML-Dokumente.

Eine Textdatei mit dem Inhalt

```
<html>
   <head>
      <title>Beispiel</title>
   </head>
   <body>
      <p>fetter <span><b>Text<br>mit Umbruch
      <p>und neuer Zeile</b></span>
   </body>
</html>
```

können Sie, wenn die Dateiendung *.htm* heißt, bequem im Internet Explorer zur Ansicht bringen (es ist in diesem Sinne gültiges HTML). Speichern Sie die Datei aber mit der Endung *.xml*, kommt es zu mehreren Fehlern: Es wurden Tags in der vorhin beschriebenen unzulässigen Weise verschachtelt sowie öffnende Tags ohne schließende Pendants verwendet. Korrekt ist hier

```
<html>
   <head>
      <title>Beispiel</title>
   </head>
   <body>
      <p>fetter <span>
         <b>Text</b>
         <br />
         <b>mit Umbruch</b>
         <p>
            <b>und neuer Zeile</b>
         </p>
      </span></p>
   </body>
</html>
```

wobei die verkürzte Schreibweise *
* für ein Element ohne Inhalt steht.

HINWEIS Interessanterweise richtet sich der Internet Explorer bei »seinen Interpretationen« nach der Dateiendung und nicht nach dem Vorhandensein einer XML-Verarbeitungsanweisung der Form *<?xml version="1.0"?>*.

TIPP Mit Microsoft Expression Web, dem Nachfolger von FrontPage, haben Sie zu Beginn einen ausreichend guten XML-Editor, der auch die Wohlgeformtheit prüft. In den meisten Situationen ist allerdings Visual Studio die bessere Wahl. Auch das kostenlose XML Notepad 2007, das Microsoft zum Download bereitstellt, ist nach einigen Eingewöhnungsversuchen, die einer gewissen Sperrigkeit der Anwendung geschuldet sind, ein brauchbares Instrument. Des Weiteren gibt es zahlreiche kommerzielle Anbieter mit teilweise hervorragenden Werkzeugen.

Zeichenkodierung

Da die spitzen Klammern als Zeichen für Tags verwendet werden, müssen diese, falls sie Bestandteil der Daten sind, anders angegeben werden. Dann stehen < für < (lt = less than)[2] und > für > (gt = greater than). Anderweitig belegt sind auch der Apostroph ('), die doppelten Anführungszeichen (") sowie das Kaufmanns-Und (&), die durch ' (für '), " (für ") sowie & (für &) umschrieben werden.

Auch einzelne Zeichen, die keine vordefinierte Bedeutung haben, lassen sich durch ihre (Unicode-)Kodierung angeben. So steht A für ein großes A und © für das Copyright-Symbol ©. Anstelle von Dezimalziffern können auch hexadezimale Angaben verwendet werden, die durch ein »x« eingeleitet werden. Im ersten Fall lautet die Angabe damit A und im zweiten ©.

TIPP Word 2007 ist ein schneller Helfer bei der Suche nach Kodierungen (*Einfügen/Symbol*).

Besondere Aufmerksamkeit erfordern im deutschsprachigen Raum die Umlaute und das »ß«. Mithilfe einer Erweiterung der Verarbeitungsanweisung im Kopf des Dokuments zu

```
<?xml version="1.0" encoding="UTF-8"?>
```

oder speziell

```
<?xml version="1.0" encoding="Windows-1252"?>
```

sollten Sie im Wesentlichen auf keine weiteren Kodierungsprobleme stoßen. Testen Sie das, indem Sie mit dem Windows-Editor ein kleines Dokument unter Verwendung von deutschsprachigen Sonderzeichen erstellen und speichern sowie im Internet Explorer anzeigen lassen. Kopieren Sie die deutschsprachigen Sonderzeichen aus einer Word-Datei über die Zwischenablage in das Textdokument und verwenden Sie das *encoding*-Attribut bzw. lassen Sie es weg.

Visual Studio beugt hier vor und setzt das *encoding*-Attribut beim Erzeugen neuer Dokumente korrekt. Werden XML-Dokumente durch Office-Anwendungen erstellt, sollte es ebenfalls keine Probleme geben. Ausnahmen bestätigen sicher wie immer die Regel.

Eindeutigkeit durch Namensräume

Für eine Bank wäre es fatal, wenn bei der Datenübergabe (vielleicht findet sie sogar im XML-Format statt) das Konto des Schuldners mit dem des Gläubigers verwechselt würde. Jeder Teilnehmer einer Transaktion

---

[2] Achten Sie auf das jeweils abschließende Semikolon.

gehört im Falle dieser Transaktion zu einer der beiden Gruppen: Er ist entweder Schuldner oder Gläubiger. Unabhängig davon sind sein Name, seine Anschrift, Kontonummer und so weiter.

Um Überschneidungen bei der Namensvergabe für Elemente und/oder Attribute zu vermeiden, können diese Namen mit einem Präfix nach dem Muster

```
<prefix:name>…</prefix:name>
```

versehen werden. Dadurch wird ein sogenannter Namensraum (man trifft hier auch die englische Bezeichnung *Namespace*) definiert. An anderer Stelle (als Attribut im Wurzelelement für das gesamte Dokument, als Attribut in Knoten nur für diesen) wird dieses Präfix mit einer URI (*Uniform Resource Identifier*) verknüpft. Es wird auf URIs zurückgegriffen, da dadurch weltweit einmalige Namen erzielt werden können, die zur Abgrenzung der Anwendungsgebiete eingesetzt werden:

```
<?xml version="1.0" encoding="UTF-8"?>
<pre:workshops xmlns:pre="URI">
   <pre:workshop pre:level="1">
…
   </pre:workshop>
…
</pre:workshops>
```

Durch Angabe des Attributs *xmlns* (*XML NameSpace*) wird der Identifikator (URI) für den jeweiligen Knoten festgelegt. Die Verwendung eines Präfixes ist nicht zwingend, reduziert aber den Aufwand zur *Manipulation* von Dokumenten (im positiven Sinne, das heißt *Ändern*, *Hinzufügen* und *Löschen* von Knoten) an vielen Stellen. Ohne Präfix greift die Vergabe eines Namensraumes allein, etwa in der Form

```
<?xml version="1.0" encoding="UTF-8"?>
<workshops xmlns="URI">
   <workshop level="1">
…
   <workshop>
…
</workshops>
```

Als einen Identifikator (URI) können Sie eine URL (*Uniform Resource Locator*) nach dem Muster von Internetadressen (*http://www.myDomain.biz/myNamespaceName*) verwenden, ohne dass es die Adresse wirklich gibt. Es geht ausschließlich um die Wahrung der Eindeutigkeit in der Zuordnung der Elemente über ihren Namen zu einem konkreten Namensraum. Eine andere Möglichkeit besteht in der Verwendung eines URN (*Uniform Resource Name*). Diese haben prinzipiell die Form *urn:myDomain.biz:myNamespaceName*. Auch hier geht es nur darum, Eindeutigkeit zu gewährleisten.

Eine Reihe von Namensräumen ist fest vergeben und besitzt eine wohldefinierte Funktion innerhalb bereits implementierter Anwendungen. Sie können das an einem einfachen Beispiel testen. Legen Sie mit Excel 2007 eine neue Arbeitsmappe an, die einige Einträge auf dem ersten Tabellenblatt hat. Speichern Sie die Mappe im XML-Format (als *XML-Kalkulationstabelle 2003*) und schließen Sie diese. Wenn Sie nun die Mappe per Doppelklick im Explorer öffnen, greift Excel zu und alles ist im Lot.

Haben Sie aber vorher mit dem Windows-Editor die Datei manipuliert und etwa

```
<DocumentProperties xmlns="urn:schemas-microsoft-com:office:office">
```

zu

```
<DocumentProperties xmlns="urn:schemas-microsoft-com:office:office12">
```

geändert, so sind nach dem Öffnen durch Excel die Dateieigenschaften der Datei verschwunden. Noch schlimmer wird es, wenn Sie die Zeile

```
<Workbook xmlns="urn:schemas-microsoft-com:office:spreadsheet"
```

zu

```
<Workbook xmlns="urn:schemas-microsoft-com:office:spreadsheet12"
```

anpassen: Die Datei kann dann zwar noch durch Excel geöffnet werden, ist aber inhaltlich unbrauchbar geworden.

Inhaltliche Regeln durch Schemata – gültige Dokumente

Syntaktisch korrekte Dokumente müssen nicht immer semantisch korrekt sein. Oder anders ausgedrückt: Die zu vermittelnden Inhalte sollten, vor allem, wenn sie nicht durch den Menschen geprüft werden sollen oder können (sondern zwischen Anwendungen ausgetauscht werden), in bestimmte Schemata passen. Das kann die Art (Typ) der Daten sein (Zahlen, reine Zeichenketten, Datumsangaben usw.), aber auch deren Erfordernis, Häufigkeit und Anordnung. Es ist also nicht schlecht, wenn es Automatismen gibt, die diese Gültigkeit der Daten prüfen (validieren).

Stellen Sie sich folgende Situation vor: In einem Unternehmen werden E-Mail-Nachrichten zu bestimmten Anlässen automatisch generiert. So auch im Falle der Zu- oder Absage zu Besprechungen. Eine solche Nachricht kann im Kern wie in Listing 15.2 dargestellt aussehen, der »Umschlag« bzw. das »Briefpapier« wird durch das verwendete Mailprogramm geliefert.

```
<?xml version="1.0" encoding="windows-1256" ?>
<mitteilung>
    <an>Herrn Meier</an>
    <von>Herrn Müller</von>
    <betreff>Treffen</betreff>
    <text>Klappt nicht</text>
    <unterschrift>Ihr Müller</unterschrift>
</mitteilung>
```

Listing 15.2 Inhalt einer Nachricht, reduziert auf die wesentlichen Informationen

Es muss also sichergestellt werden, dass keine Nachricht erzeugt wird, bei der die Unterschrift fehlt. Und mehr noch: Die Unterschrift muss die eines Berechtigten sein.

Eine sehr ausführliche Darstellung finden Sie in der Datei *Xmlsdk5.chm*, die zu den *Microsoft XML Core Services* (XML Basisdienste) *5.0* gehört und bereits mit Office System 2003 installiert wird. Eine gleichnamige Datei gibt es auch zu Office 2007, jedoch ist diese nicht voll funktionsfähig.

Aus dem SDK geht hervor, dass es wenigstens drei Varianten der Gültigkeitsdefinition gibt:

- Document Type Definition Language (DTD)

    Für die Office-Anwendungen spielt diese Art der Vorgabe von Elementen und Attributen sowie ihrer Reihenfolge eher eine untergeordnete Rolle. Aus der geschichtlichen Entwicklung von XML heraus sind aber DTD-Vorgaben wohl die ersten Ansätze zur Gewährleistung gültiger Dokumente, ihr Aufbau selbst ist allerdings kein »XML-Dialekt«.

- XML-Data Reduced (XDR)

    Auch diese Form der Vorgabe von Regeln in einem Schema stammt aus den letzten Tagen des vorigen Jahrhunderts, hat allerdings anders als DTD an Modernität und Bedeutung eingebüßt. Sie beruht auf der *XML-Data*-Notiz des W3C-Konsortiums und wurde im Wesentlichen durch Microsoft getragen und in den XML Basisdiensten v2.0 umgesetzt. Office macht auch von dieser Art der Datendefinition keinen Gebrauch. Es handelt es sich um eine angenehme Art der Schemaerstellung in XML-Form, die mit Visual Basic auch eingesetzt und angewendet werden kann. Sie wurde mit Version 4.0 der Basisdienste von der *XML Schema Definition Language* langsam abgelöst.

- XML Schema Definition Language (XSD)

    Die neueste Form der Vorgabe von Gültigkeitskriterien wurde mit den Schemadefinitionen der gleichnamigen Sprache in die *Microsoft XML Core Services* der Version 4.0 eingeführt und folgt einer Empfehlung des W3C-Konsortiums. Als Sprache der Schemadefinitionen wird wieder XML verwendet.

Das .NET Framework unterstützt zur Validierung von XML-Dokumenten alle drei hier beschriebenen Schemamöglichkeiten.

Der Internet Explorer beinhaltet keinen validierenden XML-Prozessor. Das heißt, Sie können wohlgeformte, aber ungültige XML-Dokumente ohne Weiteres zur Ansicht bringen.

Die XML Schema Definition Language (XSD) ist die Art der Schemadefinition, die durchgängig die Office-Dokumente verlangen, die selbst oder in ihren Bestandteilen als XML-Dateien auftreten (das können Dokumente von Word, Excel, Project, Visio und InfoPath sein). Es sind auch solche Schemata, die beim Umgang von Office-Anwendungen (Word, Excel und Access) verlangt werden, wenn diese Anwendungen zur Erzeugung und/oder Bearbeitung von Daten in XML-Dateien herangezogen werden. Und auch die Anpassung der Multifunktionsleiste folgt einem solchen Schema.

HINWEIS   Das Erzeugen von Schemadateien ist alles andere als einfach[3]. Deshalb der Hinweis auf vier mögliche Startpositionen:

- Visual Studio erzeugt, wie Sie im übernächsten Abschnitt sehen werden, auf Verlangen aus einer XML-Datendatei ein passendes Schema, das den weiteren Bedürfnissen entsprechend angepasst werden kann.

- Auch Access bietet, wie bereits angedeutet, beim Export von Daten aus Tabellen oder Abfragen an, die Schemadefinition als Datei mit anzulegen (Abbildung 15.1, Seite 585).

- Als dritte Variante, möglichst schnell zu einem Schema zu kommen, das für weitere Studien hilfreich sein kann, sei der Datenexport eines DataSets unter Visual Basic genannt (vorausgesetzt, Sie haben eine Verbindung zu einer Datenbank sowie den entsprechenden Datenadapter eingerichtet):

---

[3] In der Mathematik spricht man davon, dass Differenzieren ein Handwerk und Integrieren eine Kunst seien. In Analogie dazu ist das Erstellen von XML-Dateien das Handwerk, das der Schemadateien die Kunst.

```
SqlConnection1.Open()
SqlDataAdapter1.Fill(DataSet11)
SqlConnection1.Close()
DataSet11.WriteXml("data.xml", XmlWriteMode.WriteSchema)
```

In diesem Falle wird das Schema als »Vorspann« in die Datendatei mit aufgenommen.

- Importieren Sie XML-Daten ohne Schema unter Excel, so richtet dieses, und das ist die vierte Variante, ein internes Schema ein (Abbildung 15.2).

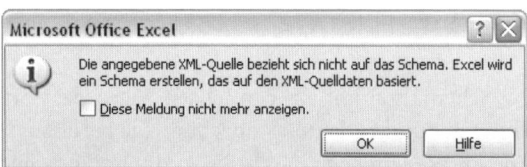

Abbildung 15.2 Excel erstellt ein Schema für sich selbst – im Dialogfeld muss es allerdings korrekt heißen: »... bezieht sich auf kein Schema«

Sie können die Schemadefinition schnell durch etwas VBA-Code sichtbar machen:

```
Dim map As XmlMap
Set map = ThisWorkbook.XmlMaps(1)
MsgBox map.Schemas.Item(1).XML
```

Mehr zu Excel und XML erfahren Sie in Kapitel 18.

Für die Daten aus Listing 15.1 sieht ein mit Visual Studio erzeugtes Schema (XML-Datei anlegen, im Editor zur Ansicht bringen und den Menüpunkt *XML/Schema erstellen* auswählen) nach einer kleinen Anpassung in der Attributdefinition wie in Listing 15.3 dargestellt aus:

```
<?xml version="1.0" encoding="utf-8"?>
<xs:schema attributeFormDefault="unqualified" elementFormDefault="qualified" xmlns:xs="http://www.w3.org/2001/XMLSchema">
  <xs:element name="workshops">
    <xs:complexType>
      <xs:sequence>
        <xs:element maxOccurs="unbounded" name="workshop">
          <xs:complexType>
            <xs:sequence>
              <xs:element name="thema" type="xs:string" />
              <xs:element name="trainer" type="xs:string" />
              <xs:element name="tag" type="xs:string" />
              <xs:element name="uhrzeit" type="xs:string" />
            </xs:sequence>
            <xs:attribute name="level" type="xs:integer" use="required" />
          </xs:complexType>
        </xs:element>
      </xs:sequence>
    </xs:complexType>
  </xs:element>
</xs:schema>
```

Listing 15.3 Ein durch Visual Studio erstelltes Schema (etwas angepasst)

Die verwendeten Datentypen sind im Beispiel mehrheitlich als Zeichenketten (*xs:string*) erzeugt worden, in vielen Fällen werden Sie aber darüber wachen wollen, dass auch andere Typen mit Notwendigkeit Einsatz finden – etwa *float* für 32-Bit-Zahlen, *Boolean* für Wahrheitswerte, *dateTime* als Zeitangaben im Format *CCYY-MM-DDThh:mm:ss* oder auch Zeitdifferenzen (*duration*). Die genannten Datentypen heißen primitiv. Von ihnen abgeleitet wurden *integer*, *negativeInteger*, *long*, *short*, *byte* und viele andere.

Der Rest aus Listing 15.3 ist durch die Begriffe wie *xs:sequence* (Einhaltung einer gewissen Reihenfolge) und *maxOccurs* (es wird das maximale Auftreten eines Elements eingeschränkt) über weite Strecken selbsterklärend. Weitere Details finden Sie im SDK.

Nehmen wir an, dass für den Trainer nur ein beschränkter Personenkreis – etwa Peter, Thomas und Eckehard – zur Verfügung steht (damit wird auch das Problem der oben genannten Unterschrift in der Mitteilung mit einem Lösungsansatz versehen). Sie definieren nun das Trainer-Element mit seinem Typ als

```xml
<xs:element name="trainer" type="trainerType" />
```

und den benutzten Typ selbst über den Knoten

```xml
<xs:simpleType name="trainerType">
  <xs:restriction base="xs:string">
    <xs:pattern value="Peter|Thomas|Eckehard"></xs:pattern>
  </xs:restriction>
</xs:simpleType>
```

den Sie als letzten in die Definition einbringen. Dieser Datentyp basiert auf dem primitiven Datentyp *string* und bekommt durch *xs:pattern* seine (hier drei) zugelassenen Formen (wobei auch reguläre Ausdrücke einfließen könnten).

Woher weiß nun eine Anwendung, welches Schema zu einer gegebenen XML-Datendatei gehört? Dazu gibt es wenigstens drei Möglichkeiten:

- Sie geben die Information dem Wurzelement mit:

```xml
<workshops xmlns:xsi="http://www.w3.org/2001/XMLSchema-instance"
xsi:noNamespaceSchemaLocation="workshops.xsd">
```

Es bedarf hier des speziellen Namensraumes *http://www.w3.org/2001/XMLSchema-instance*, der das Präfix *xsi* bekommt, und eines Hinweises auf den Ort der Speicherung der Schemadatei, wobei hier ein Protokollvorspann wie *http://* oder *file://* zulässig ist. Eine Anwendung, die in der Lage ist, eine Validierung durchzuführen, wird das dann automatisch durchführen. Wie Sie in Kapitel 18 sehen werden, ist zum Beispiel Excel eine solche Anwendung im Falle des Umgangs mit XML-Datendateien.

Wird in einem solchen Fall ein benutzerdefinierter Namensraum (mit oder ohne Präfix) verwendet, so ist der interne Hinweis auf ein Schema in der Form

```xml
<ep:workshops xmlns:xsi=http://www.w3.org/2001/XMLSchema-instance
    xmlns:ep="urn:ep:dev2007:workshops:definedTrainer"
    xsi:schemaLocation="urn:ep:dev2007:workshops:definedTrainer workshopsWithNamespace.xsd">
```

anzubringen, das heißt, die *schemaLocation*-Angabe beinhaltet die Bezeichnung des Namensraumes und davon durch ein Lehrzeichen getrennt den Speicherort der Schemadatei.

- Manche Programme, und dazu gehören Visual Studio, Excel und Word (beim Umgang mit XML-Daten), sind in der Lage, aus dem *targetNamespace* (das ist ein Attribut im Wurzelelement der Schemadefinition) XML-Datendateien automatisch gegen dieses Schema zu validieren, wenn diese nur den gleichen Namensraum aufweisen. Im Falle der Workshops kann dies so aussehen: Die Schemadatei beginnt mit

```
<?xml version="1.0" encoding="utf-8"?>
<xs:schema xmlns:ep="urn:ep:dev2007:workshops:definedTrainer" attributeFormDefault="qualified"
           elementFormDefault="qualified" targetNamespace="urn:ep:dev2007:workshops:definedTrainer"
           xmlns:xs="http://www.w3.org/2001/XMLSchema">
</xs:schema>
```

und die Datendatei benutzt den gegebenen Zielnamensraum (hier *urn:ep:dev2007:workshops:definedTrainer*) über

```
<?xml version="1.0" encoding="UTF-8"?>
<ep:workshops xmlns:ep="urn:ep:dev2007:workshops:definedTrainer">
...
</ep:workshops>
```

Einzelheiten zu Visual Studio folgen im übernächsten Abschnitt, die zu Excel und Word finden Sie in den Kapiteln 18 und 19.

- Bei allen Anwendungen, die Sie selbst implementieren und dabei XML-Datendateien lesen oder schreiben wollen, müssen Sie höchstpersönlich für die Validierung sorgen. Dazu gibt es für VBA-Programmierer die Möglichkeit des Einsatzes der Microsoft XML Basisdienste (aktuell ist derzeit die Nummer 6.0, aber auch mit früheren Versionen ist eine gute Leistungsfähigkeit gegeben). Visual Studio hat mit dem .NET Framework und dem dort vorhandenen *System.Xml*-Namensraum die Werkzeuge für .NET-Programmierer im Kasten.

CD-ROM Die auf der Begleit-CD befindlichen XML-Dateien und deren Schemata im Ordner *\Buch\Kap_15\basics* haben an dieser Stelle also nur informativen Charakter, da der Internet Explorer bei der Anzeige keine Validierung vornimmt.

XML-Daten transformieren und suchen

Die beiden »Fachsprachen«, die sich dieser Überschrift unterordnen, heißen *XSL* und *XPath*. *XSL* steht für *Extensible Stylesheet Language*. Wichtiger Bestandteil dieser Sprache sind Transformationen (*Extensible Stylesheet Language Transformations – XSLT*), die es erlauben, XML-Dokumente eines bestimmten Formats in andere XML-Dokumente eines anderen bestimmten Formats zu transformieren. Wesentliches Detail dieser Transformationen sind Knotenabfragen nach bestimmten Kriterien. Die dahinter befindliche Sprache hat den Namen *XPath*.

HINWEIS Die Empfehlungen des W3C-Konsortiums jeweils in der Version 1.0 finden Sie unter *http://www.w3.org/TR/xslt* und *http://www.w3.org/TR/xpath*. Ein »Muss« bei der täglichen Arbeit ist wiederum *Xmlsdk5.chm*, eine Hilfedatei, die mit Office 2007 zwar installiert wird, aber nur eingeschränkt nutzbar ist. Sie sollte durch die gleichnamige Datei, die zur Microsoft Office 2003-Installation gehört, ersetzt werden.

Beispiel einer einfacher Transformation

Wegen des Umfangs der Möglichkeiten sollen die wichtigsten Dinge an Beispielen gezeigt werden. Der einfachste (aber auch ein unflexibler, weil gewissermaßen »fest verdrahteter«) Weg, ein XML-Dokument zu transformieren, besteht darin, diesem in der zweiten Zeile eine Verarbeitungsanweisung der Form

```
<?xml:stylesheet type="text/xsl" href="workshops.xsl"?>
```

mitzugeben. Das *href*-Attribut zeigt dabei (gegebenenfalls unter Verwendung des Protokollvorspanns *http://* oder *file://*) auf eine Datei, die die Transformationen für die Daten bereithält. Im Falle der Workshop-Daten aus Listing 15.1 (Seite 586) soll die Absicht darin bestehen, nur solche Workshops herauszufiltern und anzuzeigen, deren Level auf Stufe zwei gesetzt wurde. Das Ergebnis soll eine HTML-Datei sein (das ist ein sehr häufiger Fall von Transformationen, aber bei Weitem nicht der einzige). Listing 15.4 zeigt eine Variante, die zum Ziel führt:

```xml
<?xml version="1.0" encoding="windows-1256" ?>
<xsl:stylesheet version="2.0" xmlns:xsl="http://www.w3.org/1999/XSL/Transform">
  <xsl:template match="/" >
    <html>
      <head>
        <style>
          table     { border-style: solid; border-width: medium}
          td        { border-style: solid; border-width: thin}
        </style>
      </head>
      <body>
        <h1 style="font-family:Arial;font-size:13pt">Unsere Workshops der Woche</h1>
        <table style="font-family:Arial;font-size:11pt" width="80%" align="center">
          <thead style="font-weight:bold">
            <td>Thema</td>
            <td>Trainer</td>
            <td>Tag</td>
            <td>Uhrzeit</td>
            <td>Level</td>
          </thead>
          <xsl:for-each select="workshops/workshop[@level=2]" order-by="trainer" >
            <tr>
              <td>
                <xsl:value-of select="thema" />
              </td>
              <td>
                <xsl:value-of select="trainer" />
              </td>
              <td>
                <xsl:value-of select="tag" />
              </td>
              <td>
                <xsl:value-of select="uhrzeit" />
              </td>
              <td>
                <xsl:value-of select="@level" />
              </td>
            </tr>
```

Listing 15.4 Aus XML wird HTML zur Anzeige im Internet Explorer

```
            </xsl:for-each>
        </table>
      </body>
    </html>
  </xsl:template>
</xsl:stylesheet>
```

Listing 15.4 Aus XML wird HTML zur Anzeige im Internet Explorer *(Fortsetzung)*

Achten Sie auf die Verwendung der folgenden XSLT-Elemente (drei von fast 40 möglichen):

- *<xsl:template>*: Mit diesem Element wird eine Art Knotenschablone hergestellt, mithilfe derer die betroffenen Knoten im Dokument angesprochen werden. Dieses Element kann auch mehrfach vorkommen und wird dann durch das Element *<xsl:apply-templates>* ins Leben gerufen.

- *<xsl:for-each>*: Mit diesem Element gelingt eine Auswahl von Knoten gleichen Namens unter Angabe von Suchkriterien (das Zusatzzeichen @ zielt auf Attribute des entsprechenden Knotens, fehlt es, so ist der Knotentext gemeint). In der gleichen Anweisung kann noch eine Sortierordnung durch *order-by* vereinbart werden, allerdings erst mit Version 2.0.

- *<xsl:value-of>*: Hiermit wird festgelegt, welche Bestandteile der gefundenen Knoten zur »Ansicht« kommen (allgemein: ins neue Dokument aufgenommen werden) sollen.

Haben Sie die Informationen zu den Workshops in einer Datei mit der Endung .xml hinterlegt und die Verarbeitungsanweisung zur Transformation hinzugefügt, so bringt Sie der Doppelklick in den Internet Explorer und Sie sehen eine Darstellung wie in Abbildung 15.3.

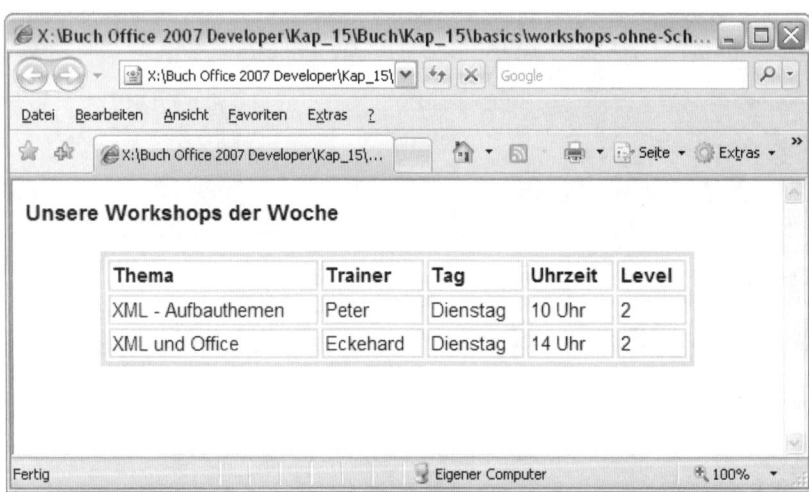

Abbildung 15.3 XML-Daten in gefällige Form gebracht

HINWEIS Excel 2007 kann optional solche mit Stylesheets versehene XML-Dateien ebenfalls öffnen und behandelt den Tabellenteil des HTML-Codes entsprechend als Tabellenausschnitt in einem Arbeitsblatt.

Gehen Sie über *Daten/Externe Daten abrufen*, so haben Sie die Wahl zwischen einem XML-Import (*Aus anderen Quellen*) und einem Import als Webabfrage. Letzterer hat allerdings Probleme mit der Zeichenkodierung.

CD-ROM Die auf der Begleit-CD befindlichen XML-Dateien und die zugehörigen Transformationen helfen Ihnen beim ersten Einstieg (Ordner *\Buch\Kap_15\basics*).

Word-Literaturverzeichnisse

Ein neues Feature von Word ist die Verwaltung und Verwendung von Literaturquellen in Zitaten und Literaturverzeichnissen. Der Umgang mit diesen erschließt sich dem Anwender durch einige Übungen in der Reihenfolge

- *Quellen verwalten* (was das Anlegen und Bearbeiten bestehender Quellen umfasst),
- *Formatvorlage* für den Zitierstil auswählen,
- *Zitate einfügen* im Text und
- am Ende des Dokuments das *Literaturverzeichnis* einfügen (es existieren zwei Vorlagen in Form von Inhaltssteuerelementen sowie die Möglichkeit eines einfachen Verzeichnisses).

Was passiert im Hintergrund? Die Quellen existieren als XML-Datendateien in Verzeichnissen Ihrer Wahl. Die Transformationsdateien befinden sich im Ordner *\Office12\Bibliography\Style* des Office-Installationsordners. Ein Blick in diese Transformationsdateien zeigt, dass es sich hier auch um eine »höhere Schule« handeln muss. Dankenswerterweise hat das Microsoft Office Word Team in seinem Blog *http://blogs.msdn. com/microsoft_office_word* einen Artikel veröffentlicht, der die Grundstruktur solcher Transformationen beschreibt. Diesem Gedanken soll hier in etwas abgewandelter Form gefolgt werden.

Angenommen, die Literaturangaben befinden sich in einer Datei *bookSources.xml* und folgen dem folgenden Muster[4]:

```xml
<b:Sources SelectedStyle="" xmlns:b="http://schemas.openxmlformats.org/officeDocument/2006/bibliography"
xmlns="http://schemas.openxmlformats.org/officeDocument/2006/bibliography">
  <b:Source>
    <b:Tag>Mus08</b:Tag>
    <b:SourceType>Book</b:SourceType>
    <b:Guid>{41F4B88C-2B55-44C0-BD1D-6731CBF87600}</b:Guid>
    <b:LCID>1031</b:LCID>
    <b:Author>
      <b:Author>
        <b:NameList>
          <b:Person>
            <b:Last>Mustermann</b:Last>
            <b:First>Hans</b:First>
          </b:Person>
        </b:NameList>
      </b:Author>
    </b:Author>
    <b:Title>XML ultimativ</b:Title>
    <b:Year>2008</b:Year>
    <b:City>Bonn</b:City>
    <b:Publisher>Non Plus Ultra</b:Publisher>
  </b:Source>
  ...
</b:Sources>
```

---

[4] Das tun sie automatisch, wenn sie mit Word erstellt werden.

Der Trick besteht nun darin, zu wissen, dass HTML-Transformationen erzeugt werden müssen. Aus den resultierenden Dokumenten zieht Word alle notwendigen Informationen. In einem einfachen[5] Fall kann die Transformationsdatei wie in Listing 15.5 aussehen:

```xml
<?xml version="1.0" encoding="utf-8" ?>
<xsl:stylesheet version="1.0" xmlns:xsl="http://www.w3.org/1999/XSL/Transform"
                xmlns:b="http://schemas.openxmlformats.org/officeDocument/2006/bibliography">
  <xsl:output method="html" encoding="utf-8"/>
  <xsl:template match="/">
    <xsl:apply-templates select="*" />
  </xsl:template>
  <xsl:template match="b:StyleName">
    <xsl:text>Einfaches Literaturverzeichnis</xsl:text>
  </xsl:template>
  <xsl:template match="b:GetImportantFields[b:SourceType = 'Book']">
    <b:ImportantFields>
      <b:ImportantField>
        <xsl:text>b:Author/b:Author/b:NameList</xsl:text>
      </b:ImportantField>
      <b:ImportantField>
        <xsl:text>b:Title</xsl:text>
      </b:ImportantField>
      <b:ImportantField>
        <xsl:text>b:Publisher</xsl:text>
      </b:ImportantField>
      <b:ImportantField>
        <xsl:text>b:City</xsl:text>
      </b:ImportantField>
      <b:ImportantField>
        <xsl:text>b:Year</xsl:text>
      </b:ImportantField>
    </b:ImportantFields>
  </xsl:template>
  <xsl:template match="b:Source[b:SourceType = 'Book']">
    <p>
      <b>
        <xsl:value-of select="b:Author/b:Author/b:NameList/b:Person/b:Last"/>
        <xsl:text>, </xsl:text>
        <xsl:value-of select="b:Author/b:Author/b:NameList/b:Person/b:First"/>
        <xsl:text>: </xsl:text>
      </b>
      <xsl:value-of select="b:Title"/>
      <xsl:text>. </xsl:text>
      <xsl:value-of select="b:Publisher"/>
      <xsl:text>, </xsl:text>
      <xsl:value-of select="b:City"/>
      <xsl:text> </xsl:text>
      <xsl:value-of select="b:Year"/>
      <xsl:text>.</xsl:text>
    </p>
  </xsl:template>
  <xsl:template match="b:bliography">
    <html xmlns="http://www.w3.org/TR/REC-html40">
      <body>
```

Listing 15.5 Literaturverzeichnisse und Zitate erzeugen

---

[5] Und das ist sehr wörtlich zu nehmen.

XML-Daten transformieren und suchen

```
        <xsl:apply-templates select ="*">
        </xsl:apply-templates>
      </body>
    </html>
  </xsl:template>
  <xsl:template match="b:Citation/b:Source[b:SourceType = 'Book']">
    <html xmlns="http://www.w3.org/TR/REC-html40">
      <body>
        <xsl:text>(</xsl:text>
        <xsl:value-of select="b:Author/b:Author/b:NameList/b:Person/b:Last"/>
        <xsl:text> [</xsl:text>
        <xsl:value-of select="b:Year"/>
        <xsl:text>])</xsl:text>
      </body>
    </html>
  </xsl:template>
  <xsl:template match="text()" />
</xsl:stylesheet>
```

Listing 15.5 Literaturverzeichnisse und Zitate erzeugen *(Fortsetzung)*

Die Verwendung der beiden Dateien führt zu Ergebnissen wie in Abbildung 15.4.

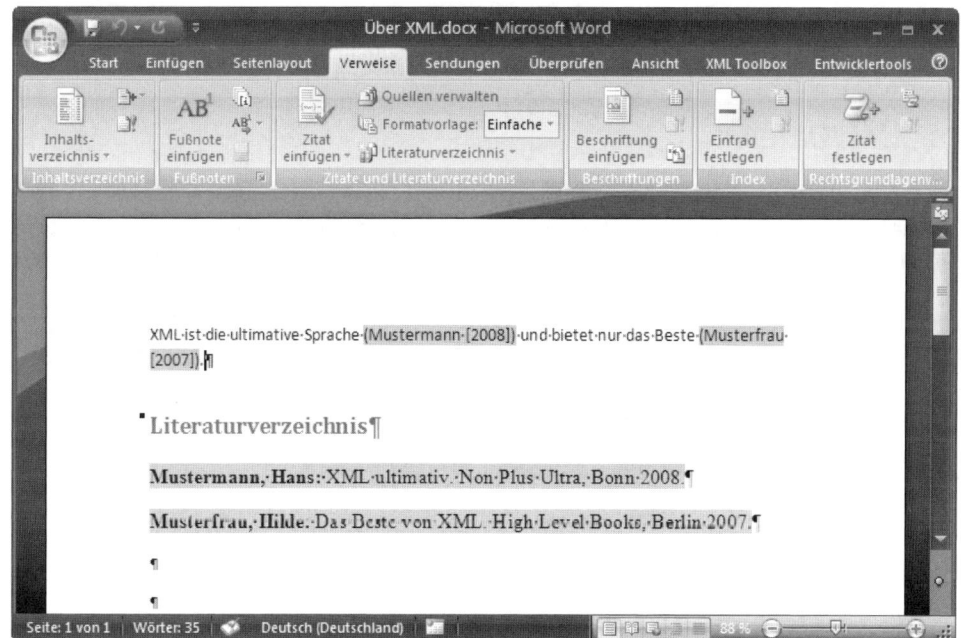

Abbildung 15.4 Zitate und Quellen im Einsatz

Zu einigen Details aus Listing 15.5:

- Man kann erkennen, dass die ersten drei Vorlagen *<xsl:template />* von Word zur Anzeige des Namens und zum Erfassen der Felder im Dialogfeld zu den Quellen benutzt werden.

- Die vierte Vorlage beschreibt den Aufbau eines Eintrags im Verzeichnis und wird von Word entsprechend umgesetzt. Prinzipiell entsteht ein HTML-Dokument, das man auch speichern und an anderer Stelle einsetzen könnte. Durch Word wird eine Speicherung in dieser Weise nicht vorgenommen.

- Die Verwendung der HTML-Tags in der Form *<p>...</p>* ist erlaubt, kann aber auch in einer XSL-deutlicheren Schreibweise in Gestalt von *<xsl:element name="p">...</xsl:element>* geschehen[6].

- Die fünfte Vorlage gibt das gesamte Literaturverzeichnis aus und verdeutlicht so den Einsatz von *<xsl:apply-templates>*.

- Schließlich wird mit der sechsten Vorlage die Art der Zitate definiert.

- Vergleiche mit der Datendatei zeigen schön das Pfadprinzip in den XPath-Ausdrücken der *select*-Attribute.

CD-ROM Im Ordner *\Buch\Kap_15\basics* der Begleit-CD sind es die beiden Dateien *bookSources.xml* und *bibliography.xsl*, die im Zusammenspiel mit Word arbeiten.

XML editieren mit VS 2008

Etwas weiter oben wurde die Rolle von Visual Studio als XML-Editor bzw. beim Erzeugen von Schemadateien bereits erwähnt. In diesem Abschnitt sollen noch ein paar Einzelheiten hierzu vorgestellt werden.

Editieren von XML-Dateien

Das Bearbeiten von XML-Dateien unter Visual Studio ist selbsterklärend, da der spezielle XML-Editor (genau genommen gibt es zwei, den Standard-Editor und einen zweiten, der auf Zeichenkodierungen Rücksicht nimmt) arbeitet wie andere Editoren auch. Es gibt die Möglichkeit der automatischen Formatierung, damit die Knotenstruktur besser veranschaulicht werden kann – der Zugang geschieht über die zweite und die dritte Schaltfläche der Symbolleiste *XML-Editor* (Abbildung 15.5) oder alternativ über einen der Menüpunkte *Bearbeiten/Erweitert/Dokument formatieren* bzw. *Auswahl formatieren*. In den beiden Menüpunkten werden Sie auch über die zu verwendenden Shortcuts informiert.

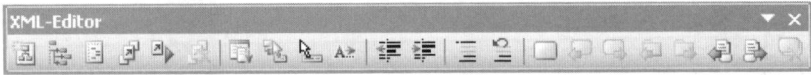

Abbildung 15.5 XML wie Visual Basic-Quellcode editieren

Angenehm ist der Umgang mit Gliederungsstrukturen, die es gestatten, Unterknoten von Knoten aus- bzw. wieder einzublenden. Und ebenso komfortabel ist die Autovervollständigung, die dafür sorgt, dass wohlgeformte Dokumente entstehen. In diesem Punkt arbeitet die genannte Symbolleiste wie die des Visual Basic-Quellcode-Editors. Sogar das Setzen von Kommentaren (Auskommentieren von Teilen des Dokuments) ist vorgesehen – die Kommentarzeichen werden in der Form *<!-- ....-->* um den markierten Text gesetzt und dieser grün eingefärbt.

---

[6] In ähnlicher Weise lassen sich auch Attribute durch *<xsl:attribute name="Name">Wert</xsl:attribute>* einfügen.

Erzeugen von Schemadateien

Besonders beeindruckend ist das schnelle Erstellen von XSD-Schemadateien aus gegebenen Daten, wobei andererseits keine Wunder erwartet werden dürfen. Das liegt daran, dass in den Datendateien die Werte von Attributen und Knoten zunächst Zeichenketten sind. In gewissen Situationen ist Visual Studio durchaus in der Lage, aus der Gestalt der Werte den richtigen Datentyp zu bestimmen. Und so entsteht aus

```xml
<ep:workshops xmlns:ep="urn:ep:dev2007:workshops:definedTrainer">
    <ep:workshop ep:level="1">
        <ep:thema>XML Grundlagen</ep:thema>
        <ep:trainer>Peter</ep:trainer>
        <ep:tag>13.04.2008</ep:tag>
        <ep:uhrzeit>12:00:00</ep:uhrzeit>
    </ep:workshop>
</ep:workshops>
```

die Schemadatei

```xml
<?xml version="1.0" encoding="utf-8"?>
<xs:schema xmlns:ep="urn:ep:dev2007:workshops:definedTrainer" attributeFormDefault="unqualified"
elementFormDefault="qualified" targetNamespace="urn:ep:dev2007:workshops:definedTrainer"
xmlns:xs="http://www.w3.org/2001/XMLSchema">
  <xs:element name="workshops">
    <xs:complexType>
      <xs:sequence>
        <xs:element name="workshop">
          <xs:complexType>
            <xs:sequence>
              <xs:element name="thema" type="xs:string" />
              <xs:element name="trainer" type="xs:string" />
              <xs:element name="tag" type="xs:string" />
              <xs:element name="uhrzeit" type="xs:time" />
            </xs:sequence>
            <xs:attribute ref="ep:level" use="required" />
          </xs:complexType>
        </xs:element>
      </xs:sequence>
    </xs:complexType>
  </xs:element>
  <xs:attribute name="level" type="xs:unsignedByte" />
</xs:schema>
```

(durch den Menübefehl *XML/Schema erstellen* bzw. die erste Schaltfläche aus Abbildung 15.5). Fünf Dinge sind bemerkenswert:

- Das Datum wird nicht als solches erkannt[7]. Stünde dort *2008-04-13*, würde der Typ *xs:date* entstehen, da diese Darstellung diesem XSD-Datentyp entspricht.
- 12:00:00 wird als Uhrzeit identifiziert, 12:00 nicht.

---

[7] Das Datumsformat bereitet auch an anderen Stellen Probleme – etwa bei der Prüfung, ob ein Datum ein gültiges Datum ist. Statt des Datumstyps ist es dann oft sinnvoll, reguläre Ausdrücke einzusetzen.

- Nach der Erstellung des Schemas hat dessen Datei in den Dateieigenschaften (im Fenster von Visual Studio) einen Hinweis unter *Schemas* auf die Schemadatei *xsdschema.xsd*, wodurch automatisch IntelliSense beim weiteren Bearbeiten des Schemas (Abbildung 15.6) zur Verfügung steht.
- Die Verwendung eines Namensraumes in der XML-Datendatei erzeugt in der Schemadatei das entsprechende Attribut *targetNamespace*.
- Dieses Attribut sorgt nun dafür, dass wenn Sie im Editor zur Datendatei zurückkehren, dort ebenfalls unter *Schemas* (Dateieigenschaften) der Verweis auf die gerade erzeugte Schemadatei steht und nun für die Datendatei IntelliSense zum Einsatz kommt. Und mehr: Der Editor validiert die Daten gegen das Schema!

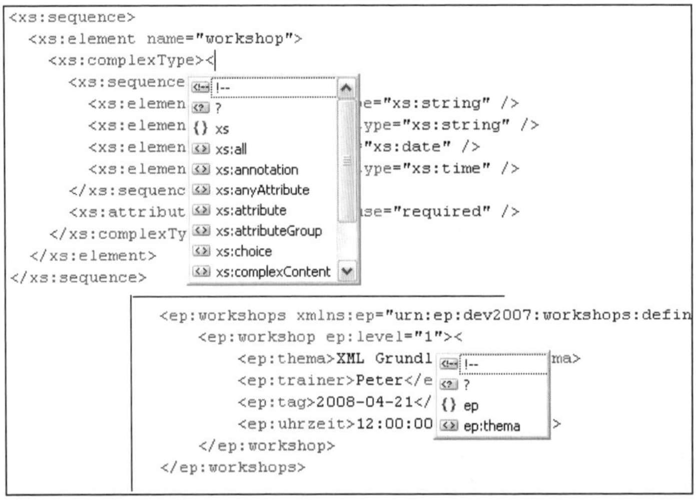

Abbildung 15.6 IntelliSense auch bei XML

HINWEIS Wollen Sie weitere Daten (*workshop*) hinzufügen, ist

```
<xs:element name="workshop">
```

durch

```
<xs:element name="workshop" maxOccurs="unbounded">
```

zu ersetzen.

Anbinden von Schemadateien

Der beobachtete Effekt der Zuordnung von Schemadateien (zur Erzeugung von IntelliSense bei gleichzeitiger Validierung gegen das Schema) beruht auf dem Namensraum. Allerdings wird die entsprechende Dateieigenschaft *Schemas* der Datendatei (unter Visual Studio) nur in zwei Fällen automatisch durch den Editor erkannt:

XML editieren mit VS 2008

- Die Schemadatei befindet sich im gleichen Verzeichnis wie die Datendatei oder
- die Schemadatei wurde in Visual Studio als solche registriert.

Diese Registrierung erfolgt mit der *Durchsuchen*-Schaltfläche, die sich in der *Schemas*-Eigenschaft der Datendatei befindet, wenn man in deren Wert klickt. Es öffnet sich das etwas sperrig gestaltete Dialogfeld aus Abbildung 15.7, das Häkchen am kleinen Auswahlfeld links sollte gesetzt sein und Sie können eine weitere Entscheidung hinsichtlich der Schemaverwendung treffen. Die anderen Einträge informieren über den Namensraum, den Dateinamen und den Speicherort der Schemadatei.

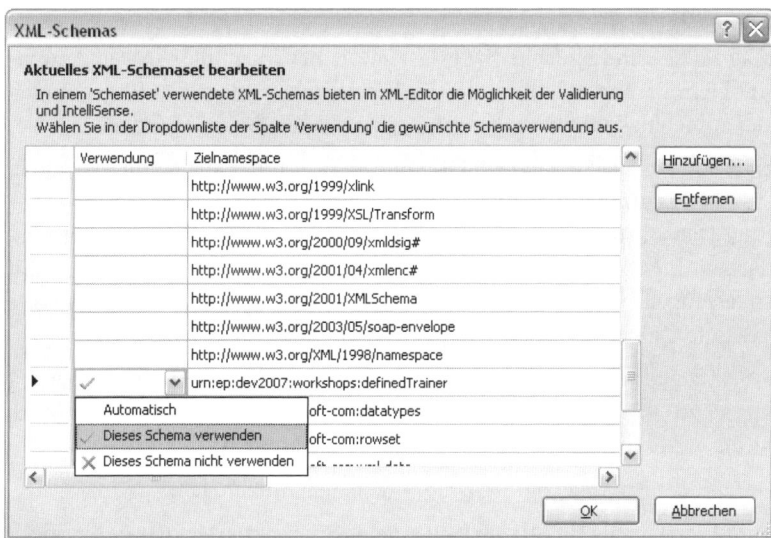

Abbildung 15.7   Die Einbindung von Schemadateien unter Visual Studio 2008 gestaltet sich einfacher als unter Visual Studio 2005

Durchführen von Transformationen

Wie bereits angedeutet, ist auch das Entwerfen von XSL-Transformationen im Allgemeinen nicht gerade einfach. Neben dem gerade gezeigten IntelliSense gibt es nun noch ein zweites Hilfsmittel: das Debuggen von XSL-Transformationen. Dieses geschieht wie bei der Programmierung unter Visual Basic: Es können Haltepunkte gesetzt und die Transformation schrittweise durchgegangen werden (*Standard*-Symbolleiste bzw. Menü *Debuggen*). Gestartet wird der Debugprozess durch den Menüpunkt *XML/XSLT debuggen*. Wollen Sie die Ausgabe sofort anzeigen, steht der Menüpunkt *XML/XSLT-Ausgabe anzeigen* zur Verfügung. In diesem Fall können Sie den Namen der Ausgabedatei in den Dateieigenschaften auch im Voraus festlegen (*Ausgabe*-Eigenschaft).

Lassen Sie sich nicht durch die ständig wechselnden Fenster beim Debuggen irritieren. Hier liegt wie so oft in der Ruhe die Kraft. Am Ende überzeugt der Erfolg.

Zwei Praxisbeispiele

Zwei kleinere Beispiele sollen an dieser Stelle die Leistungsfähigkeit von XML in der Praxis unterstreichen[8].

MOSTL – SmartTag-Listen

»SmartTags? Sind das nicht die kleinen störenden Icons, die man am besten abstellt?« So oder ähnlich haben die Autoren es von verschiedenen Anwendern gehört. Umso erfreulicher ist es, dass die Idee für das folgende Beispiel auch von einem Anwender stammt.

MOSTL – Microsoft Office SmartTag Lists – sind einfache XML-Listen, die bewirken, dass in den Anwendungen Word, Excel und PowerPoint beim Erkennen bestimmter, vorher definierter Begriffe, die genannten Icons erscheinen und dem Anwender anbieten, kontextbezogene weitere Aktionen durchzuführen.

Nachlesen kann man alles über SmartTags im gleichnamigen SDK von Microsoft, das auch zum Download bereitsteht. SmartTags können auch über Laufzeitbibliotheken erzeugt werden, allerdings ist die Programmierung etwas gewöhnungsbedürftig. Dies dürfte ein weiterer Grund sein, weshalb der Eindruck entsteht, dass SmartTags die Praxis nicht beleben. Etwas angenehmer ist es, dokumentbezogene Erweiterungen mit den Visual Studio Tools for Office zu erzeugen (vielleicht liegt die Zukunft sogar in SmartTags für bestimmte Dokumente und nicht gleich fürs gesamte Office), worüber in Kapitel 17 kurz informiert wird.

Die Idee für das folgende Beispiel ist einfach: Immer dann, wenn in einem Word-Text das Paragrafenzeichen mit einer Nummer und einem Kürzel zu einem Gesetzestext (wie also etwa §1 HGB) »entdeckt« wird, erscheint ein SmartTag mit den jeweiligen Möglichkeiten (Abbildung 15.8). Sie können konkret

- eine Ergänzung nach dem Muster »in der Fassung vom 17.4.2007« dem Text hinzufügen,
- zum passenden Paragrafen, der im Wortlaut als HTML-Text auf einem Server hinterlegt wurde, springen (Internet Explorer) sowie
- mit dem Internet Explorer zu einer Suchseite (etwa Google) springen, auf der der zu suchende Paragraf bereits als Suchtext eingetragen ist.

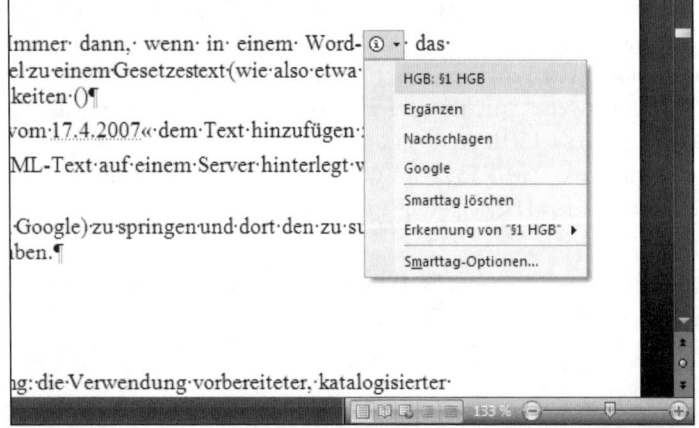

Abbildung 15.8 Die SmartTags aus dem Beispiel sind hier bereits beim Schreiben dieses Kapitels aktiv

---

[8] Bevor es dann in den nächsten Kapiteln »so richtig zur (Office-)Sache geht«.

MOSTL folgen einem Schema, das sich in den beiden Dateien *mostlAnnotated.xsd* und *propsAnnotated.xsd* befindet. Beide gehören zum Namensraum *http://schemas.microsoft.com/office/smarttags/2003* und befinden sich im genannten SDK.

Legen Sie eine XML-Datei unter Visual Studio an und nehmen Sie die beiden genannten Schemadateien mit ins Projekt oder lassen Sie diese, wie im vorigen Abschnitt beschrieben, als Schemadateien durch Visual Studio erkennen. Schreiben Sie nun nach der Verarbeitungsanweisung der Datei die Zeile

```
<smartTagList xmlns="http://schemas.microsoft.com/office/smarttags/2003/mostl">
```

so wird das Schema erkannt und es ist nicht besonders schwer, unterstützt durch IntelliSense, eine Datei wie in Listing 15.6 aufzubauen:

```xml
<?xml version="1.0" encoding="utf-8" ?>
<smartTagList xmlns="http://schemas.microsoft.com/office/smarttags/2003/mostl">
  <name>HGB</name>
  <description>Handelsgesetzbuch</description>
  <smartTag type="urn:ep:hgb#par">
    <caption>HGB</caption>
    <terms>
      <termList>
        §1 HGB, §2 HGB, §3 HGB
      </termList>
    </terms>
    <actions>
      <action id="A">
        <caption>Ergänzen</caption>
        <elementAction>
          <insertXML>
            <w:wordDocument xmlns:w="http://schemas.microsoft.com/office/word/2003/wordml"
              xml:space="preserve">
              <w:body>
                <w:p>
                  <w:r>
                    <w:t>in der Fassung vom dd.MMM.YYYY</w:t>
                  </w:r>
                </w:p>
              </w:body>
            </w:wordDocument>
          </insertXML>
        </elementAction>
      </action>
      <action id="B">
        <caption>Nachschlagen</caption>
        <url>http://localhost/{TEXT}.htm</url>
      </action>
      <action id="C">
        <caption>Google</caption>
        <url>http://www.google.de/search?q={TEXT}</url>
      </action>
    </actions>
  </smartTag>
</smartTagList>
```

Listing 15.6 Reagieren auf Paragrafen des Handelsgesetzbuches

Zu den Details:

- Die Angabe von *name* sowie *description* ist zwar notwendig, dient aber eher dem Selbstverständnis, da beide dem Anwender wohl nicht gezeigt werden.
- Der Knoten *smarttag* nimmt mindestens vier weitere notwendige Elemente auf:
  - das *type*-Attribut, das eindeutig sein muss und eher eine ID verkörpert, die Form *etwas#undnochetwas* scheint zwingend,
  - den *caption*-Eintrag, der dem Anwender so auch angeboten wird,
  - die zu erkennenden Schlagworte in *terms*, als Liste oder Datei mit kommagetrennten Einträgen, und
  - die Liste der Aktionen *actions*. Diese bestehen im Wesentlichen aus Hyperlinks, aber auch Elementaktionen – das Einfügen bzw. Entfernen XML-basierten Textes – sind möglich. Im vorliegenden Falle wird Word-Text eingefügt[9].

Die fertige Datei ist im Ordner *C:\Programme\Gemeinsame Dateien\Microsoft Shared\Smart Tag\LISTS* unterzubringen. Außerdem ist Word über den Eintrag *Add-Ins* in den *Word-Optionen* auf die Liste »aufmerksam zu machen«, das heißt, die SmartTags sind zu aktivieren und die eben erstellte Liste (neben anderen SmartTags) auszuwählen.

Der Einsatz von Codeausschnitten (Code Snippets)

Visual Studio verfügt über eine wunderbare Einrichtung: die Verwendung vorbereiteter, katalogisierter Codefragmente. Diese werden sowohl zu den verschiedensten Aufgabenstellungen – auch dem Erzeugen und Verarbeiten von XML-Daten[10] – im Rahmen der Installation mitgeliefert, können aber auch selbst erstellt und eingeordnet werden.

Einfach zu verwenden

Wollen Sie etwa ein XML-Dokument innerhalb Ihrer Anwendung einsetzen[11], so klicken Sie an der entsprechenden Stelle im Code mit der rechten Maustaste, um über *Ausschnitt einfügen* zum Katalog wie in Abbildung 15.9 zu kommen.

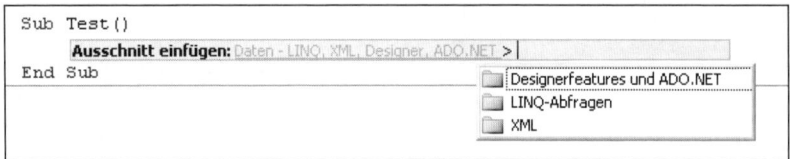

Abbildung 15.9 Die Qual der Wahl – wo befindet sich der gebrauchte Codeausschnitt?

Sicherlich muss man auch hier üben, um bei der Vielzahl der Angebote den Durchblick zu erhalten. Angenommen, ein XML-Dokument soll aus einer Datei gelesen werden. Dann finden Sie unter *XML/XML - Lesen* drei Einträge zur Wahl (Abbildung 15.10).

---

[9] Weitere Details zum Einsatz von WordprocessingML befinden sich in Kapitel 19.
[10] Bei der Verwendung unter Visual Basic und C# heißen die Schnipsel Codeausschnitte, unter XML entsprechend XML-Ausschnitte. Dieser Unterschied ist wichtig, um die entsprechenden Einträge der Hilfe zu finden.
[11] Mehr zu den Möglichkeiten und Verfahren im nächsten Abschnitt.

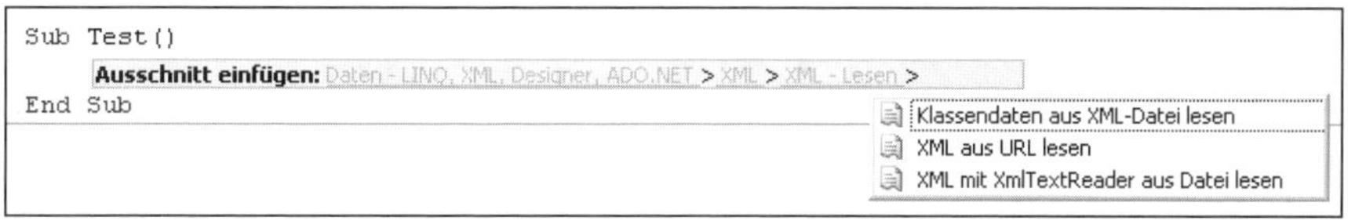

```
Sub Test()
    Ausschnitt einfügen: Daten - LINQ, XML, Designer, ADO.NET > XML > XML - Lesen >
End Sub
                                                    Klassendaten aus XML-Datei lesen
                                                    XML aus URL lesen
                                                    XML mit XmlTextReader aus Datei lesen
```

Abbildung 15.10   Standardaufgaben beim Lesen eines XML-Dokuments

Wollen Sie den *XMLTextReader* einsetzen, so entsteht beim Einfügen Quellcode, dessen zu ersetzende Parameter grün markiert sind (Abbildung 15.11). Damit der Editor keine Fehler anzeigt, wurde noch

```
Imports System.Xml
```

vor der Klassendeklaration eingefügt, was

```
Dim reader = New XmlTextReader("Snippet.xml")
```

statt des längeren

```
Dim reader = New System.Xml.XmlTextReader("Snippet.xml")
```

erlaubt.

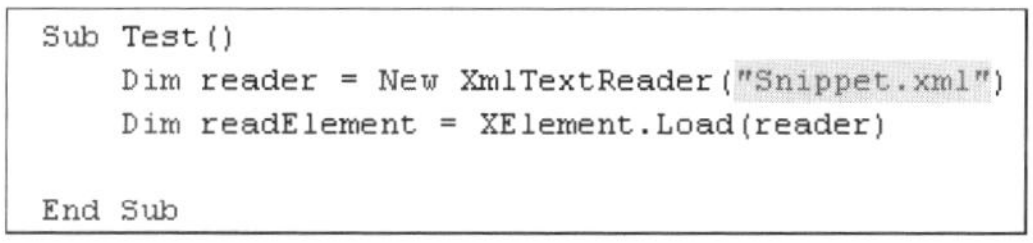

```
Sub Test()
    Dim reader = New XmlTextReader("Snippet.xml")
    Dim readElement = XElement.Load(reader)
End Sub
```

Abbildung 15.11   Das Codeskelett ist fertig

Eigene Codebeispiele sammeln

Nicht alle mitgelieferten Codeschnipsel sind von gleicher Qualität, sodass beizeiten der Wunsch entstehen kann, die eigenen Bemühungen zur Wiederverwendung festzuhalten. Der Weg zum Ziel besteht aus vier Schritten:

1. Erstellen des Codes (einer Prozedur oder Funktionsprozedur)
2. Erstellen einer XML-Datei mit der Endung *snippet*, die gewissen Regeln folgen muss, welche in der Offlinehilfe zur Verfügung gestellt werden
3. Speichern dieser Datei im Ordner *Eigene Dateien/Visual Studio 2008/Code Snippets/Visual Basic/My Code Snippets*
4. Einbinden dieses Schnipsels mithilfe des *Codeausschnitt-Managers*

Da der letzte Schritt der einfachste ist, soll mit diesem begonnen werden. Den *Codeausschnitt-Manager* erreichen Sie über den Menüpunkt *Extras*. Es erscheint ein Dialogfeld wie in Abbildung 15.12, das selbsterklärend ist.

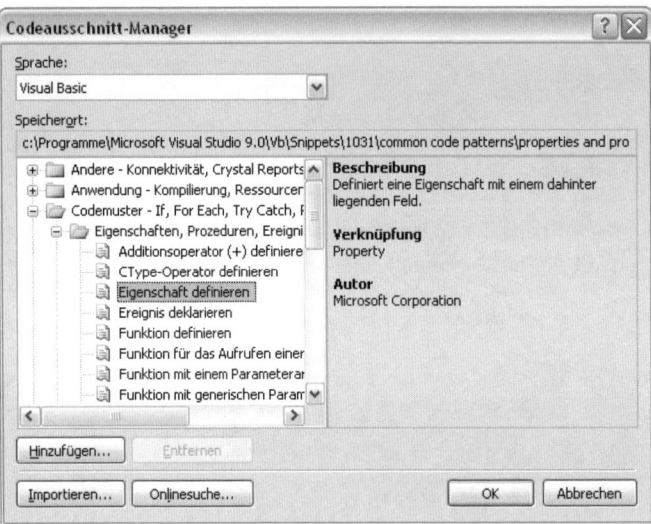

Abbildung 15.12 Der Codeausschnitt-Manager ist für die Katalogisierung nicht nur hilfreich, sondern notwendig

Wissen müssen Sie hier nur, dass die angezeigte Ordnerstruktur eine Zusammenstellung von Ordnern mit verschiedenen Speicherorten auf dem Computer abbildet. Daraus leitet sich die unterschiedliche Bedeutung der Schaltflächen *Hinzufügen* und *Importieren* ab: Die erste hilft beim Aufbau der Struktur und nimmt Ordner mit Inhalten auf, die zweite fügt durch Kopieren anderweitig vorhandene Snippets dieser Struktur hinzu. Der Manager hilft beim Entfernen ganzer Ordner aus der Struktur, nicht aber einzelner Dateien.

Das Erstellen der XML-Datei ist nicht ganz so einfach, allerdings erhalten Sie wertvolle Hilfe. Nachdem Sie unter Visual Studio eine (fast) leere Datei auf der Basis der *XML-Datei*-Dateivorlage mit der Endung *snippet* angelegt und den ersten Tag in der Form

```xml
<?xml version="1.0" encoding="utf-8"?>
<CodeSnippets xmlns="http://schemas.microsoft.com/VisualStudio/2005/CodeSnippet"></CodeSnippets>
```

eingefügt haben, wird automatisch die Schemadatei für Codeausschnitte angebunden und weiter geht es mit IntelliSense. Da Microsoft aber auch ein Schnipsel für solche Ausschnitte bereitstellt, nutzen Sie am besten dieses und erhalten ein Minimalgerüst zum Testen (Listing 15.7):

```xml
<?xml version="1.0" encoding="utf-8"?>
<CodeSnippets xmlns="http://schemas.microsoft.com/VisualStudio/2005/CodeSnippet">
  <CodeSnippet Format="1.0.0">
    <Header>
      <Title>Titel</Title>
      <Author>Autor</Author>
      <Shortcut>Verknüpfung</Shortcut>
      <Description>Beschreibung</Description>
      <SnippetTypes>
        <SnippetType>SurroundsWith</SnippetType>
        <SnippetType>Expansion</SnippetType>
      </SnippetTypes>
    </Header>
    <Snippet>
```

Listing 15.7 Ein erster Codeausschnitt

```xml
        <Declarations>
          <Literal>
            <ID>Name</ID>
            <Default>Wert</Default>
          </Literal>
        </Declarations>
        <Code Language="XML">
          <![CDATA[<test>
<name>$Name$</name>
$selected$ $end$</test>]]>
        </Code>
      </Snippet>
    </CodeSnippet>
</CodeSnippets>
```

Listing 15.7 Ein erster Codeausschnitt *(Fortsetzung)*

Ein paar Details:

- Die im *Header* befindlichen Einträge sind die, die auch der Codeausschnitt-Manager anbietet (Abbildung 15.12).
- Der *Shortcut* (deutsch: *Verknüpfung*) arbeitet durch Einfügen desselben in den Quellcode und anschließendes Drücken der ⇥-Taste (Visual Basic) bzw. Voranstellen eines <-Zeichens vor den Shortcut unter XML.
- Der *SnippetType* entscheidet beim Einfügen über das Menü, ob der markierte Text durch den Code eingeschlossen werden soll (*SurroundsWith*) oder nicht (*Expansion*).
- Ein *Literal* ist ein Parameter, der im Codeausschnitt selbst durch $-Zeichen eingeschlossen und dort mit dem *Default*-Wert belegt wird.

Für weitere Informationen muss an dieser Stelle auf die Hilfe verwiesen werden, die hier sehr ausführlich ist:

- »Gewusst wie: Erstellen eines grundlegenden Codeausschnitts« und
- »Gewusst wie: Verwenden von XML-Ausschnitten«.

Zum XML-Namensraum im .NET Framework

Der Namensraum *System.Xml*, dessen Klassen sich mit allem, was sich um das Thema dieses Kapitel rankt, »beschäftigt«, ist mehr als reichhaltig ausgestattet. Die zum Teil mehrfach überladenen Methoden zum Schreiben, Lesen und Auswerten von XML-Dokumenten sind gerade beim Einstieg in das Thema irritierend und erdrückend. In diesem Abschnitt[12] sollen nur einige ausgewählte Methoden vorgestellt werden. Je mehr der Entwickler sich mit der Thematik auseinandersetzt, desto reicher wird sein Erfahrungsschatz werden.

Erzeugen eines XML-Dokuments

Das Beispiel hierzu soll eine XML-Datendatei erzeugen, die dem Workshops-Beispiel der vorigen Abschnitte entspricht. Die Vorgehensweise orientiert sich am Knotenmodell der Datei (*DOM = Document Object*

---

[12] Dieser Abschnitt behandelt den schon klassisch zu nennenden Zugang, wie er im Prinzip bereits mit dem .NET Framework 1.0 vorlag. Der nächste Abschnitt zeigt die neuesten Techniken, die mit der Version 3.5 des Frameworks zur Verfügung stehen.

Model), das heißt, Knoten und ihre Unterknoten werden erzeugt und zum Dokument zusammengefügt. Dazu stehen die Methoden *CreateNode* und *AppendChild* zur Verfügung. Attribute lassen sich prinzipiell auch als Knoten interpretieren und über *CreateNode* erzeugen, im vorliegenden Fall wurde aber *CreateAttribute* eingesetzt:

```
Private Sub btnCreate_Click(ByVal sender As System.Object, ByVal e As System.EventArgs) Handles _
        btnCreate.Click
    Const strPre As String = "n"
    Const strUrn As String = "urn:ep:dev2007:workshops:test"

    Dim xmlDoc As New Xml.XmlDocument
    Dim nspmgr As New Xml.XmlNamespaceManager(xmlDoc.NameTable)
    nspmgr.AddNamespace(strPre, strUrn)

    Dim pi As Xml.XmlProcessingInstruction = xmlDoc.CreateProcessingInstruction("xml", _
        "version='1.0' encoding='utf-8'")
    xmlDoc.AppendChild(pi)

    Dim ndRoot As Xml.XmlNode = xmlDoc.CreateNode(Xml.XmlNodeType.Element, strPre, "workshops", strUrn)
    xmlDoc.AppendChild(ndRoot)

    Dim ndWorkshop As Xml.XmlNode = xmlDoc.CreateNode(Xml.XmlNodeType.Element, strPre, "workshop", _
        strUrn)
    Dim attrLevel As Xml.XmlAttribute = xmlDoc.CreateAttribute(strPre, "level", strUrn)
    'Dim attrLevel As Xml.XmlNode = xmlDoc.CreateNode(Xml.XmlNodeType.Attribute, strPre, "level", strUrn)
    attrLevel.Value = "1"
    ndWorkshop.Attributes.Append(attrLevel)

    Dim ndThema As Xml.XmlNode = xmlDoc.CreateNode(Xml.XmlNodeType.Element, strPre, "thema", strUrn)
    ndThema.InnerText = "XML Aufbau"
    ndWorkshop.AppendChild(ndThema)

    Dim ndTrainer As Xml.XmlNode = xmlDoc.CreateNode(Xml.XmlNodeType.Element, strPre, "trainer", strUrn)
    ndTrainer.InnerText = "Peter"
    ndWorkshop.AppendChild(ndTrainer)

    ndRoot.AppendChild(ndWorkshop)
    MsgBox(xmlDoc.OuterXml)

    xmlDoc.Save("c:\workshopsTest.xml")
End Sub
```

Listing 15.8 Erzeugen, Anzeigen und Speichern eines XML-Dokuments[13]

Sie sehen in Listing 15.8, dass es auf die Reihenfolge der Erzeugung eigentlich nicht ankommt, *ndRoot* wird dem Dokument bereits angehängt, bevor sein Inhalt feststeht. Der *XmlNamespaceManager* kümmert sich um den Einsatz von Namensräumen.

HINWEIS An dieser Stelle ein Hinweis für diejenigen Leser, die mit VBA über die Microsoft XML Basisdienste (Core Services) auf XML-Dokumente zugreifen wollen oder müssen. Es besteht eine große Ähnlichkeit zwischen den in diesem Abschnitt vorgestellten Möglichkeiten zum Schreiben und Lesen eines Dokuments auf der Basis der Klasse *XmlDocument* und denen der Basisdienste.

---

[13] Unter Windows XP gibt es beim Speichern auf C keine Probleme, unter Windows Vista ist das bei fehlenden Rechten anders. Unter Umständen sind also Pfadangaben in diesem und anderen Listings dieses Kapitels etwas anzupassen.

Zum XML-Namensraum im .NET Framework

Eine Alternative zu *XmlDocument* wird mit einem *XmlTextWriter* geboten. Dieser schreibt ausschließlich vorwärts gerichtet Elemente (gegebenenfalls mit Attributen) in einen XML-Datenstrom, wobei ein Geschwindigkeitsvorteil durch einige wegfallende Wohlgeformtheitsprüfungen entsteht. Im »knappsten« Fall des Workshops-Beispiels kann der Code so aussehen:

```
Private Sub btnWrite_Click(ByVal sender As System.Object, ByVal e As System.EventArgs) Handles _
        btnWrite.Click
    Const strPre As String = "n"
    Const strUrn As String = " urn:ep:dev2007:workshops:test "
    Dim myXmlTextWriter As New Xml.XmlTextWriter("c:\workshopsTestWrite.xml", System.Text.Encoding.UTF8)

    myXmlTextWriter.WriteStartDocument()
    myXmlTextWriter.WriteStartElement(strPre, "workshops", strUrn)
    myXmlTextWriter.WriteStartElement(strPre, "workshop", strUrn)
    myXmlTextWriter.WriteStartAttribute(strPre, "level", strUrn)
    myXmlTextWriter.WriteString("1")
    myXmlTextWriter.WriteEndAttribute()
    myXmlTextWriter.WriteStartElement(strPre, "thema", strUrn)
    myXmlTextWriter.WriteString("XML Aufbau")
    myXmlTextWriter.WriteEndElement()
    myXmlTextWriter.WriteStartElement(strPre, "trainer", strUrn)
    myXmlTextWriter.WriteString("Peter")
    myXmlTextWriter.WriteEndElement()
    myXmlTextWriter.WriteEndElement()
    myXmlTextWriter.WriteEndDocument()
    myXmlTextWriter.Flush()
    myXmlTextWriter.Close()

    Process.Start("iexplore.exe", "c:\workshopsTestWrite.xml")
End Sub
```

Beachten Sie hier auch den Einsatz des Internet Explorer zur Anzeige des Ergebnisses.

Lesen von XML-Dateien

Es ist relativ einfach, einem bestehenden *XmlDocument*-Objekt seinen Inhalt zuzuweisen, wenn dieser in einer Datei vorliegt:

```
Dim xmldoc As New Xml.XmlDocument
xmldoc.Load("c:\workshopsTestCreate.xml")
MsgBox(xmldoc.OuterXml)
```

Auch das Zuweisen einer Zeichenkette *strXML*, die wohlgeformtes XML enthält, besteht nur aus ein paar Zeilen:

```
Dim xmlDoc As New Xml.XmlDocument
xmlDoc.LoadXml(strXML)
```

In vielen Situationen ist es sinnvoll, diese Zeichenkette in einem Dokument zu halten, das als Ressource dem Projekt hinzugefügt wurde. Im Falle der Hinterlegung in einer Datei namens *workshops.xml* lautet der Code

```vb
Dim xmlDoc As New Xml.XmlDocument
xmlDoc.LoadXml(My.Resources.workshops)
```

Auch hier verhält es sich so, dass *XmlDocument* eine Alternative kennt: den *XmlTextReader*. Dieser liest (vorwärts orientiert) einen XML-Datenstrom von Anfang bis Ende. Der Geschwindigkeitsvorteil liegt wie beim *XmlTextWriter* bei größeren Datenmengen im Verzicht auf die Zwischenspeicherung des gesamten Dokuments. Nun ist es aber nicht ausreichend, die Funktionalität auf etwas wie

```vb
Dim myXmlTextReader As New Xml.XmlTextReader("c:\workshopsTestWrite.xml")
Dim xmldoc As New Xml.XmlDocument
xmldoc.Load(myXmlTextReader)
```

reduzieren zu wollen. Denn mit mehr als 50 Methoden und mehr als 30 Eigenschaften steht ein sehr starkes Instrument zur Verfügung. Etwas Code wie

```vb
While Not myXmlTextReader.EOF
    Console.WriteLine(myXmlTextReader.Value)
    myXmlTextReader.Read()
End While
```

(der ein knotenweises »Durchlesen« auslöst) kann da nur einen ersten Eindruck vermitteln und zur weiteren Beschäftigung anregen.

Schemata ableiten

Das, was Sie im dritten Abschnitt hinsichtlich der Entwicklungsumgebung kennengelernt haben, lässt sich auch per Code erreichen: ein aus XML-Daten abgeleitetes Schema. Listing 15.9 zeigt den Ansatz, wobei Sie noch eine weitere Möglichkeit des Umgangs mit XML-Dokumenten sehen (Einsatz von *Xml.XmlWriter*), die auf *Xml.XmlDocument* verzichtet. Auch der *Xml.XmlTextReader* erhält diesmal eine andere Art des Arguments als im vorhergehenden Beispiel. Der Beispielcode nimmt darauf Rücksicht, falls in einem XML-Dokument auch mehrere Namensräume zum Einsatz kommen, und schreibt die Schemata gegebenenfalls in verschiedene Dateien:

```vb
Private Sub btnInfer_Click(ByVal sender As System.Object, ByVal e As System.EventArgs) Handles btnInfer.Click
    Dim inference = New Xml.Schema.XmlSchemaInference()
    Dim schemaSet = New Xml.Schema.XmlSchemaSet()

    schemaSet = inference.InferSchema(New Xml.XmlTextReader(My.Resources.workshops, _
        Xml.XmlNodeType.Document, Nothing))

    Dim i As Integer = 0
    For Each schemafile As Xml.Schema.XmlSchema In schemaSet.Schemas()
        Dim sw As New System.IO.StreamWriter("c:\workshopsTest" & i.ToString & ".xsd")
        Dim writer = Xml.XmlWriter.Create(sw)
        schemafile.Write(writer)
        writer.Close()
        sw.Close()
```

Listing 15.9 Eine oder mehrere Schemadateien per Code ableiten

```
      i = i + 1
   Next
End Sub
```

Listing 15.9 Eine oder mehrere Schemadateien per Code ableiten *(Fortsetzung)*

Gültigkeit von Dokumenten – Validierung gegen ein Schema

Die Klassen des .NET Frameworks erlauben die Validierung gegen XSD, aber auch gegen DTD und XDR. Dabei können sowohl XML-Dokumente validiert werden, die einen Verweis auf die Schemadatei im entsprechenden Attribut des Wurzelelements tragen, als auch Dokumente, denen das Schema erst während der Codeausführung (genauer: des Lesens des Dokuments) zugeordnet wird. Listing 15.10 skizziert den ersten Fall:

```
Dim WithEvents mySettings As Xml.XmlReaderSettings
Dim blnErrorOccured As Boolean = False

Private Sub btnValidateWithLocation_Click(ByVal sender As System.Object, ByVal e As System.EventArgs) _
      Handles btnValidateWithLocation.Click

   'Const cstrFileName = "XML\workshops-schemaLocation-gültig.xml"
   Const cstrFileName = "XML\workshops-schemaLocation-ungültig.xml"
   mySettings = New Xml.XmlReaderSettings
   mySettings.ValidationType = Xml.ValidationType.Schema  'das ist XSD
   mySettings.ValidationFlags = mySettings.ValidationFlags Or _
      Xml.Schema.XmlSchemaValidationFlags.ProcessSchemaLocation
   mySettings.ValidationFlags = mySettings.ValidationFlags Or _
      Xml.Schema.XmlSchemaValidationFlags.ReportValidationWarnings

   Dim myReader As Xml.XmlReader = Xml.XmlReader.Create(cstrFileName, mySettings)
   While (myReader.Read())
   End While
   If blnErrorOccured Then
      'do something
      blnErrorOccured = False
   Else
      MsgBox("Alles OK")
   End If
End Sub

Private Sub mySettings_ValidationEventHandler1(ByVal sender As Object, ByVal e As _
      System.Xml.Schema.ValidationEventArgs) Handles mySettings.ValidationEventHandler
   blnErrorOccured = True
   MsgBox(e.Message)
End Sub
```

Listing 15.10 Validierung mit einem speziell konfigurierten *XmlReader*

Interessant sind die folgenden Anmerkungen:

- Die zu prüfenden Dateien sind im Beispielprojekt Bestandteil des Projekts und werden ins Ausgabeverzeichnis kopiert,

- *myReader* nimmt den Datenstrom aus einer dieser Dateien auf,

- *mySettings* (ein *XmlReaderSettings*-Objekt) statten den Reader mit den notwendigen Einrichtungen aus, wobei

- *mySettings.ValidationType* die Art des Schemas empfängt,

- *myReader.Read* geht vorwärts durch die Daten, dabei kann der Erfolgsfall in der *While*-Schleife genutzt werden, um irgendetwas mit dem Gelesenen anzufangen,

- *mySettings.ValidationEventHandler* springt an, wenn ein Fehler gegen das Schema entdeckt wird.

> **HINWEIS** Die Deklaration des Readers mithilfe von *WithEvents* ist nicht mehr ganz »state of the art« und ein Tribut an den auf Visual Studio umsteigenden Leser. Etwas flexibler ist nämlich der Einsatz der *AddHandler*-Anweisung, da dadurch die Prozedur, die das Ereignishandling übernehmen soll, erst während des Programmlaufs zugewiesen wird, woraufhin in diese gewechselt wird bzw. ein Handling ganz entfallen kann (bezogen auf das Beispielprogramm, wenn die Validierung keine Fehler ergibt). Einige Beispiele zum *XmlReader* in der MSDN-Dokumentation zeigen das Vorgehen.

Die Festlegung eines Schemas aus dem Programmcode heraus ist von der Sache her auch nicht komplizierter. Listing 15.11 zeigt einen Ansatz, der dem aus Listing 15.10 direkt folgt:

```
Private Sub btnValidate_Click(ByVal sender As System.Object, ByVal e As System.EventArgs) Handles _
      btnValidate.Click
   'Const cstrFileName = "XML\workshops-schemaLocation-gültig.xml"
   Const cstrFileName = "XML\workshops-schemaLocation-ungültig.xml"
   mySettings = New Xml.XmlReaderSettings
   mySettings.ValidationType = Xml.ValidationType.Schema 'das ist XSD
   mySettings.ValidationFlags = mySettings.ValidationFlags Or _
      Xml.Schema.XmlSchemaValidationFlags.ReportValidationWarnings
   mySettings.Schemas.Add(Nothing, "XML\workshopsTest.xsd")

   Dim myReader As Xml.XmlReader = Xml.XmlReader.Create(cstrFileName, mySettings)
   While (myReader.Read())
   End While
   If blnErrorOccured Then
      'do something
      blnErrorOccured = False
   Else
      MsgBox("Alles OK")
   End If
End Sub
```

Listing 15.11 Validierung über die *Schemas*-Auflistung der *XmlReaderSettings*

Der *XmlReader* wird hier genauso eingesetzt wie im vorigen Beispiel, auch der zugehörige Ereignishandler ist derselbe. Allerdings muss durch Mitglieder in der *Schemas*-Auflistung geklärt werden, welches Schema (bzw. welche Schemata) verwendet werden soll.

Suchen bestimmter Knoten

Die Suche nach Knoten in einem XML-Dokument kann unter anderem dadurch bestimmt sein, dass

- Knoten mit bestimmten Namen gebraucht werden,

- Knoten mit bestimmten Werten ermittelt werden sollen oder

- nach Knoten mit bestimmten Attributwerten gesucht wird.

Zum XML-Namensraum im .NET Framework

Hier sollen zwei Methoden des *XmlDocuments* Verwendung finden, nämlich *selectNodes* und *selectSingleNode*. Die erste liefert eine Liste von Knoten, die zweite den zuerst gefundenen Einzelknoten. Als Argumente werden XPath-Ausdrücke gefordert, die den Pfad zum Knoten weisen. Entsprechend listet

```
Private Sub btnAllSubjects_Click(ByVal sender As System.Object, ByVal e As System.EventArgs) Handles _
        btnAllSubjects.Click
    Const strUrn As String = "urn:ep:dev2007:workshops:test"
    Dim xmlDoc As New Xml.XmlDocument
    xmlDoc.LoadXml(My.Resources.workshops)
    Dim nspmgr As New Xml.XmlNamespaceManager(xmlDoc.NameTable)
    nspmgr.AddNamespace("n", strUrn)
    Dim ndList As Xml.XmlNodeList = xmlDoc.SelectNodes("n:workshops/n:workshop", nspmgr)
    For Each nd As Xml.XmlNode In ndList
        Dim ndThema As Xml.XmlNode = nd.SelectSingleNode("n:thema", nspmgr)
        Console.WriteLine(ndThema.InnerText)
    Next
End Sub
```

alle Themen einer Datei mit Workshops[14] auf. Beachten Sie den Einsatz des *XmlNamespaceManager*, ohne den hier nichts geht.

Suchen Sie alle Veranstaltungen, deren Level gleich 2 ist, so führt der Code

```
Private Sub btnLevel2_Click(ByVal sender As System.Object, ByVal e As System.EventArgs) Handles _
        btnLevel2.Click
    Const strUrn As String = "urn:ep:dev2007:workshops:test"
    Dim xmlDoc As New Xml.XmlDocument
    xmlDoc.LoadXml(My.Resources.workshops)
    Dim nspmgr As New Xml.XmlNamespaceManager(xmlDoc.NameTable)
    nspmgr.AddNamespace("n", strUrn)
    Dim ndList As Xml.XmlNodeList = xmlDoc.SelectNodes("n:workshops/n:workshop[@n:level='2']", nspmgr)
    For Each nd As Xml.XmlNode In ndList
        Dim ndThema As Xml.XmlNode = nd.SelectSingleNode("n:thema", nspmgr)
        Console.WriteLine(ndThema.InnerText)
    Next
End Sub
```

zum Ziel. Das heißt, geben Sie ein Kriterium für die Suche an, so ist dieses in eckige Klammern einzuschließen. Attribute werden von Knoten durch ein vorangestelltes @-Zeichen unterschieden.

> **HINWEIS** Mehr zu XPath-Ausdrücken finden Sie im Microsoft XML SDK.

Transformationen

Bleibt an dieser Stelle ein Blick auf die letzte Grundaufgabe: die Transformation von XML-Dateien. Diese kann durch ein XML-Dokument vorbereitet werden, das transformiert werden soll, und eine XSL-Transformation, die die Transformationsanweisungen enthält. Beide Dokumente können physisch vorhanden sein oder (zumindest das erste) infolge von Codeanweisungen nur im Speicher.

---

[14] Der Aufbau der Datei ist der, der im gesamten Kapitel eine Rolle spielt.

Der Code aus Listing 15.12 verarbeitet die beiden bekannten Dateien aus Listing 15.1 (Seite 586) und Listing 15.4 (Seite 595), erweitert um einen Namensraum[15].

```
Private Sub btnTransform_Click(ByVal sender As System.Object, ByVal e As System.EventArgs) Handles _
        btnTransform.Click
    Dim xmlDoc As New Xml.XmlDocument
    xmlDoc.Load("XML\workshops.xml")
    Dim xmlTrans As New Xml.Xsl.XslCompiledTransform
    xmlTrans.Load("XML\workshops-level-2.xsl")
    Dim myWriter As Xml.XmlWriter = Xml.XmlWriter.Create("c:\transformedWorkshops.html")
    xmlTrans.Transform(xmlDoc, myWriter)
    myWriter.Close()
    Process.Start("iexplore.exe", "c:\transformedWorkshops.html")
End Sub
```

Listing 15.12 Aus XML wird HTML

Die Transformation übernimmt ein *XslCompiledTransform*-Objekt, welches die physische Datei lädt und einen *XmlWriter* für die Aufnahme der transformierten Daten einsetzt. Dieser wiederum schreibt das Ergebnis in eine Datei, die durch den Internet Explorer angezeigt wird.

CD-ROM Ein Projekt mit dem Beispielcode und den notwendigen Daten-, Schema- und Transformationsdateien zum Experimentieren befindet sich im Ordner *\Buch\Kap_15\xmlNamespace* der Begleit-CD.

LINQ to XML und XML-Literale

XML-Literale dienen dazu, XML-Zeichenketten direkt in den Code (Visual Basic, aber auch C#) einzugeben und somit eine übersichtliche Schreibweise für die resultierenden Knotenstrukturen zu haben. Es entsteht eine »Mischung« aus Codeanweisungen, Variablen und XML, die natürlich gewissen Gesetzmäßigkeiten unterworfen ist. Das Ergebnis aus solchem Code sind *LINQ to XML*-Objekte[16]. Während das Arbeiten nach dem im vorigen Abschnitt vorgestellten Muster sowohl mit Visual Studio 2008 als auch mit Visual Studio 2005 möglich ist, ist diese Technologie neu unter Visual Studio 2008.

Einige wenige Beispiele sollen zur Beschäftigung mit diesem hochinteressanten Thema anregen.

Listing 15.13 orientiert sich in der Schreibweise am Knotenmodell, ist damit vielleicht noch nicht wesentlich übersichtlicher als die im vorigen Abschnitt genannten Methoden um *CreateNode* und *AppendChild*, aber der Code ist kürzer.

```
Private Sub btnByElements_Click(ByVal sender As System.Object, ByVal e As System.EventArgs) Handles _
        btnByElements.Click
    Const strName As String = "Peter"
    Dim ns As XNamespace = "urn:ep:dev2007:workshops:linq"
    Dim level1 As New XAttribute("level", 1)
    Dim tag1 As New XElement(ns + "tag", "heute")
    Dim thema1 As New XElement(ns + "thema", "XML 1")
    Dim trainer1 As New XElement(ns + "trainer", strName)
```

Listing 15.13 Knoten aus LINQ To XML-Objekten

---

[15] Bevor Sie den Code schreiben, können Sie die Dateien unter Visual Studio wie weiter oben beschrieben bei der Transformation testen.
[16] LINQ = Language INtegrated Query

LINQ to XML und XML-Literale

```
        Dim uhrzeit1 As New XElement(ns + "uhrzeit", "11:00")
        Dim workshop1 As New XElement(ns + "workshop", level1, tag1, thema1, trainer1, uhrzeit1)
        Dim level2 As New XAttribute("level", 2)
        Dim tag2 As New XElement(ns + "tag", "heute")
        Dim thema2 As New XElement(ns + "thema", "XML 2")
        Dim trainer2 As New XElement(ns + "trainer", strName)
        Dim uhrzeit2 As New XElement(ns + "uhrzeit", "15:00")
        Dim workshop2 As New XElement(ns + "workshop", level2, tag2, thema2, trainer2, uhrzeit2)
        Dim workshops As New XElement(ns + "workshops", workshop1, workshop2)
        Dim xdoc As New XDocument(workshops)
        xdoc.Save("c:\workshopsLinq.xml")
        Process.Start("iexplore.exe", "c:\workshopsLinq.xml")
End Sub
```

Listing 15.13 Knoten aus LINQ To XML-Objekten

Interessant ist, dass das *XNamespace*-Objekt einfach aus der Angabe einer Zeichenkette entsteht. Auch müssen für jeden Knoten (*XElement*-Objekte) eigene Objekte angelegt werden, da diese sozusagen die gesamte Zeit im Konstrukt leben und nicht etwa durch Neubelegung einfach angefügt werden können.

Mehr Übersichtlichkeit entsteht durch eine hierarchische Verwendung der *XElement*- und *XAttribute*-Objekte zur Erzeugung eines *XDocument*-Objekts wie in Listing 15.14:

```
Private Sub btnByHierarchy_Click(ByVal sender As System.Object, ByVal e As System.EventArgs) Handles _
    btnByHierarchy.Click
    Dim strName As String = "Peter"
    Dim ns As XNamespace = "urn:ep:dev2007:workshops:linq"
    Dim xdoc As XDocument = _
        New XDocument( _
        New XElement(ns + "workshops", _
            New XElement(ns + "workshop", New XAttribute("level", "1"), _
                New XElement(ns + "tag", "heute"), _
                New XElement(ns + "thema", "XML 1"), _
                New XElement(ns + "trainer", strName), _
                New XElement(ns + "uhrzeit", "11:00")), _
            New XElement(ns + "workshop", New XAttribute("level", "2"), _
                New XElement(ns + "tag", "heute"), _
                New XElement(ns + "thema", "XML 2"), _
                New XElement(ns + "trainer", strName), _
                New XElement(ns + "uhrzeit", "15:00"))))
    xdoc.Save("c:\workshopsLinq.xml")
    Process.Start("iexplore.exe", "c:\workshopsLinq.xml")
End Sub
```

Listing 15.14 Mehr Übersicht durch Hierarchien

Bei dieser Art des Codeschreibens ist der C#-Entwickler in leichtem Vorteil, da er die unter Visual Basic notwendigen Zeilenumbrüche nicht benötigt.

Noch erheblich übersichtlicher wird es durch die Verwendung von XML-Literalen wie in Listing 15.15, da sich hier Variablen bzw. Konstanten für Wiederholungen im XML-Code einsetzen lassen und der Zugriff unter Zuhilfenahme von Schleifen und anderen Programmelementen erfolgen kann. Durch eine *Imports*-Anweisung wie

```
Imports <xmlns:ep="urn:ep:dev2007:workshops:linq">
```

wird automatisch der durch das Präfix deklarierte Namensraum verwendet, nicht gültige XML-Elemente werden im Editor markiert.

```
Private Sub btnByTags_Click(ByVal sender As System.Object, ByVal e As System.EventArgs) Handles _
        btnByTags.Click
    Dim xmlDoc As XDocument
    Const strName As String = "Peter"
    xmlDoc = <?xml version="1.0"?>
                <ep:workshops>
                    <ep:workshop ep:level="1">
                        <ep:tag>heute</ep:tag>
                        <ep:thema>XML 1</ep:thema>
                        <ep:trainer><%= strName %></ep:trainer>
                        <ep:uhrzeit>11:00</ep:uhrzeit>
                    </ep:workshop>
                    <ep:workshop ep:level="2">
                        <ep:tag>heute</ep:tag>
                        <ep:thema>XML 2</ep:thema>
                        <ep:trainer><%= strName %></ep:trainer>
                        <ep:uhrzeit>15:00</ep:uhrzeit>
                    </ep:workshop>
                </ep:workshops>
    xmlDoc.Save("c:\workshopsLinq.xml")
    Process.Start("iexplore.exe", "c:\workshopsLinq.xml")
End Sub
```

Listing 15.15 XML-Literale im Einsatz

Achten Sie darauf, dass Codestücke mitten im XML-Text durch eine Einschließung in <%= ... %> gekennzeichnet werden. Auch hier wirkt IntelliSense.

Der Name LINQ wäre wenig zutreffend, wenn sich nicht Abfragen von XML-Daten bequem gestalten ließen. Das Sahnehäubchen hier ist die Verwendung von XML-Namensräumen in einer *Imports*-Anweisung wie der obigen. Das hat zur Folge, dass nun IntelliSense für XML-Knoten im Code arbeitet (Abbildung 15.13), wenn die Schemadatei zum Namensraum bekannt ist (also etwa zum Projekt gehört).

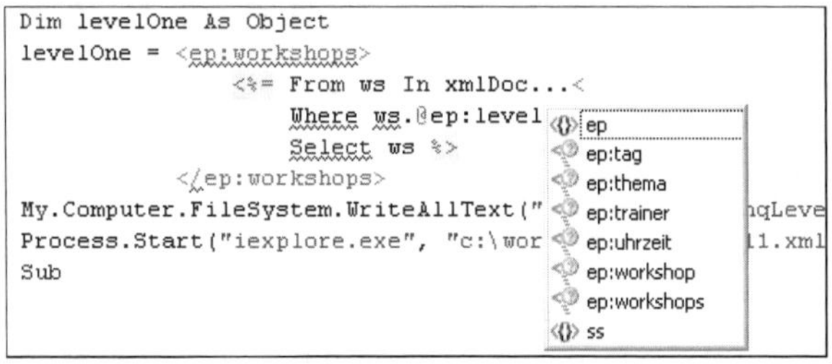

```
Dim levelOne As Object
levelOne = <ep:workshops>
              <%= From ws In xmlDoc...<
                  Where ws.@ep:level
                  Select ws %>
           </ep:workshops>
My.Computer.FileSystem.WriteAllText("
Process.Start("iexplore.exe", "c:\wor
Sub
```

ep
ep:tag
ep:thema
ep:trainer
ep:uhrzeit
ep:workshop
ep:workshops
ss

Abbildung 15.13 LINQ und IntelliSense

Entsprechend lassen sich durch Listing 15.16 alle Workshops mit dem Level 1 extrahieren:

LINQ to XML und XML-Literale

```vb
Private Sub btnSelectLevelOne_Click(ByVal sender As System.Object, ByVal e As System.EventArgs) Handles _
        btnSelectLevelOne.Click
    Dim myReader As New Xml.XmlTextReader("c:\workshopsLinq.xml")
    Dim xmlDoc As XDocument = XDocument.Load(myReader)
    Dim levelOne As Object
    levelOne = <ep:workshops>
                   <%= From ws In xmlDoc...<ep:workshop> _
                       Where ws.@ep:level = "1" _
                       Select ws %>
               </ep:workshops>
    My.Computer.FileSystem.WriteAllText("c:\workshopsLinqLevel1.xml", levelOne.ToString, False)
    Process.Start("iexplore.exe", "c:\workshopsLinqLevel1.xml")
End Sub
```

Listing 15.16 Workshops Level 1 herausziehen – kein Problem

Hier fällt auf, dass sich ein *XDocument*-Objekt wie ein *XmlDocument*-Objekt durch Laden der Datei bestücken lässt. Das Ergebnis der Abfrage ist vom Typ *Object* und lässt sich mit relativ klassischen Mitteln auf die Festplatte bringen. Die Abfrage selbst hat eine gewisse Ähnlichkeit zu SQL-Abfragen.

Den Abschluss dieses zugegeben sehr kurzen Ausflugs soll eine Transformation bilden, die aus XML-Daten eine Excel-Arbeitsmappe erzeugt und damit in gewissem Sinne auch den Übergang ins nächste Kapitel vorbereitet:

```vb
Imports <xmlns:ss="urn:schemas-microsoft-com:office:spreadsheet">

Private Sub btnTransform_Click(ByVal sender As System.Object, ByVal e As System.EventArgs) Handles _
        btnTransform.Click
  Dim reader As Xml.XmlReader = _
    Xml.XmlReader.Create(New System.IO.StringReader(My.Resources.workshopsWithNamespace.ToString))
  Dim data As XDocument = XDocument.Load(reader)

  Dim workshops As Object = _
    From workshop In data.<ep:workshops>.<ep:workshop> _
    Select <ss:Row>
               <ss:Cell><ss:Data ss:Type="Number"><%= workshop.@ep:level %></ss:Data></ss:Cell>
               <ss:Cell><ss:Data ss:Type="String"><%= workshop.<ep:tag>.Value %></ss:Data></ss:Cell>
               <ss:Cell><ss:Data ss:Type="String"><%= workshop.<ep:thema>.Value %></ss:Data></ss:Cell>
               <ss:Cell><ss:Data ss:Type="String"><%= workshop.<ep:trainer>.Value %></ss:Data></ss:Cell>
               <ss:Cell><ss:Data ss:Type="String"><%= workshop.<ep:uhrzeit>.Value %></ss:Data></ss:Cell>
           </ss:Row>

  Dim wb As Object = _
    <?xml version="1.0"?>
    <?mso-application progid="Excel.Sheet"?>
    <Workbook xmlns="urn:schemas-microsoft-com:office:spreadsheet"
              xmlns:o="urn:schemas-microsoft-com:office:office"
              xmlns:x="urn:schemas-microsoft-com:office:excel"
              xmlns:ss="urn:schemas-microsoft-com:office:spreadsheet"
              xmlns:html="http://www.w3.org/TR/REC-html40">
        <Styles>
            <Style ss:ID="Default" ss:Name="Normal">
                <Alignment ss:Vertical="Bottom"/>
                <Borders/>
                <Font ss:FontName="Calibri" x:Family="Swiss" ss:Size="11" ss:Color="#000000"/>
```

Listing 15.17 Eine Excel-Arbeitsmappe entsteht

```
            <Interior/>
            <NumberFormat/>
            <Protection/>
        </Style>
        <Style ss:ID="myHeading">
            <Font ss:FontName="Calibri" x:Family="Swiss" ss:Size="11" ss:Color="#000000" ss:Bold="1"/>
        </Style>
    </Styles>
    <Worksheet ss:Name="Unsere Workshops">
        <Table ss:ExpandedColumnCount="5" ss:ExpandedRowCount=<%= data.<ep:workshops>.<ep:workshop>. _
            Count + 1 %> ss:DefaultRowHeight="15">
            <Row ss:StyleID="myHeading">
                <Cell><Data ss:Type="String">Level</Data></Cell>
                <Cell><Data ss:Type="String">Tag</Data></Cell>
                <Cell><Data ss:Type="String">Thema</Data></Cell>
                <Cell><Data ss:Type="String">Trainer</Data></Cell>
                <Cell><Data ss:Type="String">Uhrzeit</Data></Cell>
            </Row>
            <%= workshops %>
        </Table>
    </Worksheet>
  </Workbook>

  wb.Save("C:\data.xml")
  Process.Start("excel.exe", "C:\data.xml")
End Sub
```

Listing 15.17 Eine Excel-Arbeitsmappe entsteht *(Fortsetzung)*

Um den XML-Text einer Arbeitsmappe zu verstehen, ist es am besten, eine solche als *XML-Kalkulationstabelle 2003* zu speichern und mit einem XML-Editor zu öffnen[17]. Interessant an Listing 15.17 ist der Aufbau der einzelnen Zeilen aus den Datensätzen, die dann in einem Ruck über <%= *workshops* %> in die Tabelle eingefügt werden. Damit eine gültige Mappe entsteht, ist die Anzahl der belegten Zeilen (*ExpandedRowCount*) allerdings genau anzugeben.

> **CD-ROM** Die hier besprochenen Beispiele befinden sich im Ordner \Buch\Kap_15\linqToXml.

---

[17] Mehr hierzu auch in Kapitel 18.

Kapitel 16

Das Office Open XML-Format

In diesem Kapitel:

Einführung in die Prinzipien des Dateiformats	623
Grundlegende Techniken mit dem *System.IO*-Namensraum	625
Das Microsoft Open XML Format SDK	633
Zusammenfassung	651

Es ist nicht nur schwierig, sondern unmöglich, in *einem* Buch und schon gar nicht in *einem* Kapitel eines Buches all das aufzuschreiben, was auch nur für eine Übersicht des neuen Dateiformats der Office-Anwendungen Word, Excel und PowerPoint, die auch etwas ins Detail gehen muss, notwendig wäre. Das beginnt mit der geschichtlichen Einordnung der Abkehr von proprietären Dateiformaten[1], geht über die Darstellung der Prinzipien bis hin zu den Techniken, die dem Entwickler mit Visual Studio 2008 zur Verfügung stehen[2].

Mit dem Erscheinen der ersten Betaversion der Office-Suite (die einer Vielzahl von Anwendern kostenfrei zum Download bereitgestellt wurde) war klar: Die neuen Dateiformate sind ZIP-komprimierte Archive, allerdings mit einem zunächst undurchdringlichen Aufbau. Für Entwickler begann eine »unruhige« Zeit, denn es erschienen die Vorabversionen von Visual Studio unter dem Namen »Orcas« und parallel in kurzen Abständen mehrere CTP-Varianten[3] der Visual Studio Tools for Office – ein Novum zumindest für Office-Entwickler.

Mit der Annahme von Office Open XML (das ist die Definitionssprache für die Dokumente) als ECMA-Standard[4] ist die Entstehungsgeschichte nicht abgeschlossen, da zu dem Entstehungszeitpunkt dieses Kapitels die Weichen gestellt wurden, die ISO-Zertifizierung zu erlangen. Aber inzwischen ist eine gewisse Ruhe in der Entwicklung eingekehrt, Anwender und Entwickler können konzentriert tätig werden.

Weshalb neue Dateiformate in der neuen Form? Dazu ist viel geschrieben und gesprochen worden. Im Sinne des vorliegenden Kapitels lautet eine mögliche Antwort vielleicht so:

- Geschäftsdaten können auf einfache und weitestgehend automatisierte Weise mit den Dokumenten verbunden werden (schnelle und automatische Erzeugung der Dokumente auf Basis vorhandener Datenquellen, Wiederverwendung von bereits vorhandenen Informationen, schneller Austausch von Informationen zwischen den Anwendungen).

- Die auf XML und ZIP-Technologien beruhenden Formate können kostenfrei lizenziert eingesetzt werden.

- Eine robuste und möglichst schlanke Haltung der Dokumente wird umgesetzt (das Risiko der vollständigen Informationszerstörung durch Speicherfehler wird verringert, der benötigte Speicherplatz und die in Anspruch genommenen Ressourcen allgemein, insbesondere beim Versand von E-Mails und der Veröffentlichung der Dokumente auf einem Webserver, werden reduziert).

Gerade Excel ist ein schönes Beispiel für den ersten und dritten Punkt: Nicht selten ist es notwendig, Excel-Arbeitsmappen an zentraler Stelle (auf einem Server) möglichst automatisch und unbeaufsichtigt erstellen zu lassen. Jeder VBA/Visual Basic-Entwickler, der Excel automatisieren möchte, weiß, was es heißt, wenn mehrere lokal unsichtbare Excel-Instanzen die Arbeit zum Abenteuer werden lassen. Nicht auszudenken, was geschieht, wenn diese Instanzen automatisch und unbeaufsichtigt einen Server heimsuchen.

Und so erfahren Sie in diesem Kapitel etwas zu den Prinzipien der Dateiformate und grundlegenden Techniken der Erstellung der Dateien ohne Office-Anwendungen und werfen einen Blick in die nahe Zukunft, denn hinsichtlich der Entwicklerwerkzeuge wird es vermutlich bis zur nächsten Office-Version doch noch Bewegung geben.

---

[1] An anderer Stelle in diesem Buch wurde es bereits erwähnt: Unter Office 2000 gelingt es den drei genannten Anwendungen, durch Round Tripping ihre Dokumente auch im XHTML-Format zu halten.
[2] Das geht sogar so weit, dass man die drei Anwendungen gar nicht benötigt, um Dokumente zumindest zu erstellen.
[3] CTP steht für Customer Technical Preview.
[4] Der Name ECMA stand für European Computer Manufacturers Association, eine 1960 gegründete Vereinigung, die 1994 in Ecma International – European association for standardizing information and communication systems – umbenannt wurde.

Einführung in die Prinzipien des Dateiformats

Versieht man die Dateiendung eines Word 2007-Dokuments mit den drei Buchstaben *zip* und öffnet die Datei im Windows-Explorer, so entsteht ein erster Eindruck wie in Abbildung 16.1.

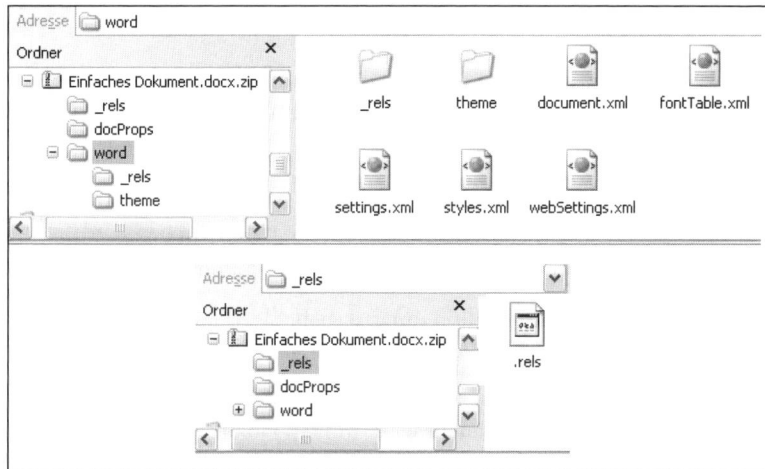

Abbildung 16.1 Blick ins Innere eines Word-Dokuments

Ein wichtiges Detail vorab: Die Ordnerstruktur ist nicht das Wesentliche, sondern die Definition von Zusammenhängen zwischen den einzelnen Parts (oder Komponenten) durch Beziehungen (Relationships). Diese Beziehungen stehen in Textdateien (XML-Dokumenten) mit der Endung *rels* und befinden sich in Ordnern mit dem Namen *_rels*.

Die Parts sind nicht die einzelnen Unterordner, sondern die sich darin befindenden XML-Dateien mit Namen wie *document.xml*, *settings.xml* usw.

Im obersten Verzeichnis befindet sich eine Datei mit dem Namen *[Content_Types].xml*. In dieser gibt es zwei Arten von Einträgen:

- Default-Einträge wie

```
<Default Extension="rels" ContentType="application/vnd.openxmlformats-package.relationships+xml" />
```

oder

```
<Default Extension="xml" ContentType="application/xml" />
```

die bestimmen, welche Dateitypen zu welchen Dateiendungen gehören und damit zulässig für das Dokument sind (andere Dateien werden beim Speichern eines solchen Dokuments durch eine Office-Anwendung ohne Nachfrage entfernt bzw. beim Öffnen entweder ignoriert oder beim Versuch der Reparatur der Datei selbst durch die Office-Anwendung entfernt) und

- Spezialisierungseinträge wie

```
<Override PartName="/word/document.xml" ContentType="application/vnd.openxmlformats-
officedocument.wordprocessingml.document.main+xml" />
<Override PartName="/word/styles.xml" ContentType="application/vnd.openxmlformats-
officedocument.wordprocessingml.styles+xml" />
<Override PartName="/docProps/app.xml" ContentType="application/vnd.openxmlformats-
officedocument.extended-properties+xml" />
```

die bestimmen, woraus die einzelnen Komponenten bestehen dürfen (fehlt ein solcher Eintrag, wird das Dokument in der Regel – zumindest im betroffenen Bereich – unbrauchbar).

Woher weiß der Entwickler nun:

- Wie müssen Parts zueinander in Beziehung stehen, damit ein Office-Dokument beschrieben wird?
- Was muss in einem Part mindestens enthalten sein und wie ist er weiter sinnvoll zu füllen?

Die (vielleicht) schlechte Nachricht zuerst: Die ECMA-Spezifikation umfasst mehr als 6.000 PDF-Seiten[5]. Und die gute Nachricht: Es gibt Entwickler wie Wouter van Vugt, die ihr Wissen kostenlos mit anderen teilen[6].

Natürlich kann man viel lernen, wenn man ein Office-Dokument speichert und in das Innere schaut. Aber: Die Office-Anwendungen speichern mehr, als unbedingt gebraucht wird, um ein Dokument als »funktionsfähig« zu bezeichnen.

Gemeinsam ist allen drei Anwendungen Folgendes:

- Die genannte Datei *[Content_Types].xml* ist notwendiger Bestandteil.
- Die im Wurzelverzeichnis befindliche Datei *.rels* (sie hat eigentlich keinen Namen, sondern nur eine Endung) im Ordner *_rels* ist notwendiger Bestandteil und definiert die Beziehung zur Hauptkomponente (main part), die ein Dokument ausmacht. Das sind
  - die Datei *document.xml* im Ordner *word* bei Word-Dokumenten,
  - die Datei *workbook.xml* im Ordner *xl* bei Arbeitsmappen und
  - die Datei *presentation.xml* im Ordner *ppt* bei Präsentationen.
- Die im Ordner *docProps* befindlichen Dateien *app.xml* und *core.xml* müssen nicht unbedingt zu einem gültigen Dokument gehören, werden aber durch die Office-Anwendungen beim Speichern automatisch angelegt[7].
- Es gibt Parts, die Bilder oder andere Medientypen beinhalten.
- Je nach Anwendung kommen weitere Parts mit unterschiedlicher Bedeutung hinzu.
- Parts im Ordner *customXml* werden als benutzerdefinierte XML-Komponenten bezeichnet und beinhalten Informationen, die unter anderem Dokumente besitzen
  - wenn sie auf einem SharePoint-Server in Dokumentbibliotheken oder Arbeitsbereichen gehalten werden,
  - wenn sie Dokumenteigenschaften haben, die auf InfoPath-Formularvorlagen beruhen,

---

[5] Ist aber in gewissem Sinne unentbehrlich, wenn es ins Detail geht.
[6] *Wouter van Vugt: Open XML – The markup explained* (unter anderem hier: *http://www.microsoft.com/downloads* aufrufen und als Suchbegriff »Open XML Markup Explained« eingeben)
[7] Sie können aber, wenn der *Dokumentinspektor* diesbezügliche Aufgaben durchgeführt hat, inhaltlich leer sein.

Grundlegende Techniken mit dem System.IO-Namensraum

- wenn sie Literaturverzeichnisse mitbringen (Word),
- wenn sie XML-Zuordnungen zu Inhaltssteuerelementen beinhalten (Word) oder
- wenn Anwender oder Entwickler die Dokumente mit Zusatzdaten versehen.

Hilfreich für die Arbeit mit selbst erstellten Dokumenten sind die XSD-Schemadateien, die zum vierten Teil der ECMA-Referenz gehören (*http://www.ecma-international.org/publications/standards/Ecma-376.htm*).

Grundlegende Techniken mit dem System.IO-Namensraum

Die Arbeit für einen Entwickler beim Manipulieren (Erstellen und Bearbeiten) und Auswerten von Office Open XML-Dokumenten besteht aus zwei Teilen:

- dem Zusammensetzen bzw. Analysieren des ZIP-Pakets (Package) und/oder
- dem Erstellen bzw. Auswerten von XML-Dateien (den Parts).

Hinsichtlich des zweiten Punktes haben Sie die Klassen des .NET Frameworks in einem kurzen Überblick im vorigen Kapitel kennengelernt, wobei es sich als ausgesprochen günstig erweist, dass LINQ to XML »zum richtigen Zeitpunkt entwickelt wurde«.

Den ZIP-Archiven nähern Sie sich mit Methoden, die in einer Assembly namens *WindowsBase.dll* bereitstehen und auf die Sie in Ihren Projekten einen Verweis setzen. Diese Assembly erweitert den Namensraum *System.IO* um die benötigten Klassen.

Beginnen Sie mit einem Visual Studio-Projekt auf Basis der Vorlage *Windows Forms-Anwendung* und legen Sie auf dem Formular ein Textfeld sowie eine Schaltfläche an. Diese soll den Text, der sich im Textfeld befindet, in ein Word-Dokument schreiben lassen.

Das einfachste Word-Dokument hat eine Struktur wie in Abbildung 16.2, wobei die notwendige Datei *[Content_Types].xml* aus dem Wurzelverzeichnis nicht in der Abbildung erfasst wird.

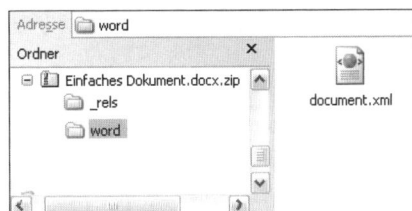

Abbildung 16.2 Einfacher geht es nicht – ein schlichtes Word-Dokument

Fügen Sie zunächst eine *Imports*-Anweisung im Klassenmodul des Formulars ein[8]:

```
Imports packaging = System.IO.Packaging
```

Um Schreibarbeit zu sparen, hinterlegen Sie die benötigten XML-Namensräume für die durch Word anzuwendenden Schemata in zwei Konstanten:

---

[8] Sind Sie im Umgang mit *System.IO* geübt, können Sie den Quellcode weiter verkürzen, indem Sie auch diesen Namensraum importieren.

```
Dim cstrNameSpaceW As String = "http://schemas.openxmlformats.org/wordprocessingml/2006/main"
Dim cstrNameSpaceRel As String = _
    "http://schemas.openxmlformats.org/officeDocument/2006/relationships/officeDocument"
```

Der Inhalt des Word-Dokuments (das ist der *document.xml*-Part) soll sich aus einem XML-Dokument bilden, dessen Knoten aus den Zeilen des Textfeldes entstehen und das dem Schema von WordprocessingML folgt:

```
Dim xmlDoc As Xml.XmlDocument = New Xml.XmlDocument()
Dim wordDocument As Xml.XmlElement = xmlDoc.CreateElement("w:wordDocument", cstrNameSpaceW)
xmlDoc.AppendChild(wordDocument)

Dim body As Xml.XmlNode = xmlDoc.CreateElement("w:body", cstrNameSpaceW)

' zerlegen des Inputs
Dim bodyText() As String = input.Split(vbLf)

 ' und Erzeugen von Paragraphen
For line As Integer = 0 To bodyText.Length - 1
    Dim paragraph As Xml.XmlNode = xmlDoc.CreateElement("w:p", cstrNameSpaceW)
    Dim run As Xml.XmlElement = xmlDoc.CreateElement("w:r", cstrNameSpaceW)
    Dim text As Xml.XmlNode = xmlDoc.CreateElement("w:t", cstrNameSpaceW)

    text.InnerText = bodyText(line)
    run.AppendChild(text)
    paragraph.AppendChild(run)
    body.AppendChild(paragraph)
Next

wordDocument.AppendChild(body)
```

Hier wurde die *CreateElement*-Methode verwendet, die Namen und Namensraum aufnimmt, andere Methoden wie *CreateNode*, der Einsatz eines *XmlTextWriter* bzw. von *XElement*-Objekten aus dem *System.Xml.Link*-Namensraum sind auch denkbar. Im Ergebnis entsteht (einen Zweizeiler vorausgesetzt) etwas wie in Abbildung 16.3.

```
<?xml version="1.0" encoding="utf-8" ?>
- <w:wordDocument
    xmlns:w="http://schemas.openxmlformats.org/wordprocessingml/2006/main">
  - <w:body>
    - <w:p>
      - <w:r>
          <w:t>Zeile 1</w:t>
        </w:r>
      </w:p>
    - <w:p>
      - <w:r>
          <w:t>und Zeile 2</w:t>
        </w:r>
      </w:p>
    </w:body>
  </w:wordDocument>
```

Abbildung 16.3 Das Prinzip des Textkörpers

Der jeweilige Text selbst wird zu Formatierungseinheiten (Textlauf oder Run, <w:r>-Knoten) zusammengefasst, verschiedene (oder auch nur einer) solcher Runs bilden einen Absatz (paragraph) (<w:p>-Knoten). Diese aneinandergefügt bauen den Textkörper (<w:body>-Knoten) auf.

Mit der Anweisung

```
Dim paket As packaging.Package = _
    packaging.Package.Open("c:\myDoc.docx", System.IO.FileMode.Create, System.IO.FileAccess.ReadWrite)
```

erzeugen Sie das zunächst leere Paket so, als ob Sie wie üblich eine Datei über einen *FileStream* erstellen würden.

Sie können in den leeren Container die Hauptkomponente *document.xml* durch

```
Dim uri As Uri = New Uri("/word/document.xml", UriKind.Relative)
Dim part As packaging.PackagePart = paket.CreatePart(uri, cstrContentType)
Dim partWriter As System.IO.StreamWriter = _
    New System.IO.StreamWriter(part.GetStream(System.IO.FileMode.Create, System.IO.FileAccess.Write))

xmlDoc.Save(partWriter)
partWriter.Close()
```

einbringen. Das Interessante an diesen Anweisungen ist, dass die *CreatePart*-Methode, die neben dem Pfad (der ein relativer sein sollte, um Verschiebungen zu begegnen) auch den Parameter zum Inhalt, hier

```
Dim cstrContentType As String = _
    "application/vnd.openxmlformats-officedocument.wordprocessingml.document.main+xml"
```

aufnimmt und so automatisch die Einträge in *[Content_Type].xml* vornimmt (Abbildung 16.4). Das Schreiben selbst erledigt ein *StreamWriter* (hier *partWriter* genannt), und zwar auch genau so, als ob das Dateisystem selbst im Spiele wäre.

```
<?xml version="1.0" encoding="utf-8" ?>
- <Types
    xmlns="http://schemas.openxmlformats.org/package/2006/content-
    types">
    <Default Extension="xml" ContentType="application/vnd.openxmlformats-
      officedocument.wordprocessingml.document.main+xml" />
  </Types>
```

Abbildung 16.4 Schritt für Schritt entsteht ein gültiges Word-Dokument

Allerdings ist das Dokument so noch nicht fertig, da der wesentliche Hinweis, wo Word die Hauptkomponente suchen soll, noch fehlt:

```
Dim relationShip As packaging.PackageRelationship = _
    paket.CreateRelationship(uri, packaging.TargetMode.Internal, cstrNameSpaceRel, "rId1")
```

Das Ergebnis ist dann etwas wie in Abbildung 16.5.

```
<?xml version="1.0" encoding="utf-8" ?>
- <Relationships xmlns="http://schemas.openxmlformats.org/package/2006/relationships">
    <Relationship
      Type="http://schemas.openxmlformats.org/officeDocument/2006/relationships/officeDocument"
      Target="/word/document.xml" Id="rId1" />
  </Relationships>
```

Abbildung 16.5 Inhalt der .rels-Datei für das Dokument

Die Verwendung von relativen Pfaden und einer *Id* für eine Beziehung ist ein wichtiges Detail: Mithilfe dieser Informationen lassen sich Dokumente zusammensetzen, aber auch analysieren. Beachten Sie, dass die Office-Anwendungen beim Speichern zwei Dinge unternehmen können[9]:

- Sie verändern unter Umständen die Ordnerstruktur und/oder
- sie verändern die *Id* von Relationen.

Den Abschluss bilden nun die beiden Zeilen

```
paket.Close()
Process.Start("Winword.exe", "c:\myDoc.docx")
```

Das Schließen des Pakets ist wichtig, da sonst die Anwendung den Zugriff für andere (unter Umständen auch für sich selbst) sperrt. Die zweite Zeile startet Word und, wenn alles in Ordnung ist, wird das Dokument geladen.

HINWEIS   Natürlich kann nicht immer[10] die Struktur eines Dokuments (für Word, Excel oder PowerPoint) so einfach sein, wie es eben beschrieben wurde. Wouter van Vugt hat das kostenlose Tool *Open XML Package Explorer* entwickelt, das beim Validieren von Inhalten automatisch erzeugter Dokumente behilflich ist. Es steht zum Download unter *http://www.codeplex.com/PackageExplorer/* bereit.

Das nächste Beispiel zur Erzeugung einer weitestgehend noch leeren Arbeitsmappe zeigt, dass die Dinge schnell »explodieren« können (wie auch das Beispiel zu PowerPoint im nächsten Abschnitt beweisen wird).

Sie starten wieder mit einem *Windows Form*-Projekt[11], auf dem Formular soll sich nur eine Schaltfläche befinden, die den Erstellungsprozess anstößt.

Um Schreibaufwand zu sparen, wird die *Imports*-Anweisung

```
Imports packaging=System.IO.Packaging
```

aufgenommen, nachdem Sie einen Verweis auf die *WindowsBase*-Assembly, die den *IO*-Namensraum um die Paket-Aufgaben erweitert, gesetzt haben.

Die zu erzeugende Arbeitsmappe soll zwei Tabellenblätter erhalten, eines mit einer Zahl und einer Formel und eines mit Texten. Damit ist der minimale Aufbau durch Abbildung 16.6 vorgegeben.

---

[9] Sie können das sofort mit dem vorliegenden Beispiel testen: Nehmen Sie als relativen Pfad im Paket nicht */word/document.xml*, sondern */document.xml* und beobachten Sie, was Word unternimmt, wenn Sie das Dokument im Text ändern und dann speichern: Es entsteht die Struktur aus Abbildung 16.1.

[10] Genau genommen: nie.

[11] Eine Konsolenanwendung tut es in diesem Falle auch.

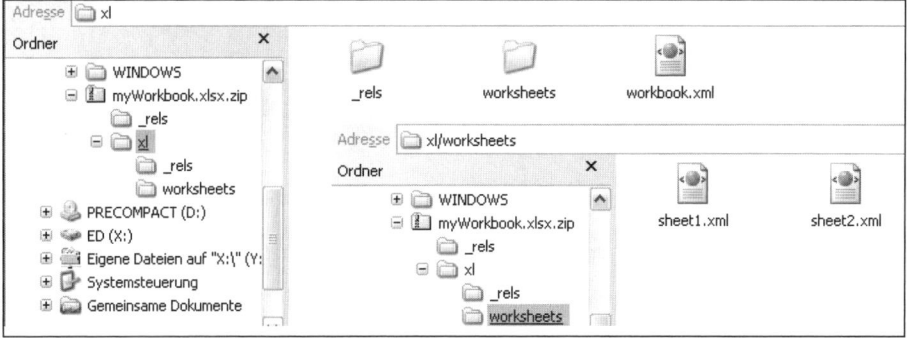

Abbildung 16.6 Minimale Arbeitsmappe mit zwei Blättern

Die zu verwendenden Namensräume sollen in Konstanten geführt werden:

```
Dim namespaceXl As String = "http://schemas.openxmlformats.org/spreadsheetml/2006/main"
Dim namespaceRel As String = "http://schemas.openxmlformats.org/officeDocument/2006/relationships"
Dim namespaceRelWb As String = _
    "http://schemas.openxmlformats.org/officeDocument/2006/relationships/officeDocument"
Dim namespaceRelWs As String = "http://schemas.openxmlformats.org/officeDocument/2006/relationships/
worksheet"
```

Es sind vier Stück, wobei drei davon zum Einrichten der passenden Beziehungen im Paket dienen, wie sie sich aus der Abbildung 16.6 ergeben: Die Hauptkomponente *workbook.xml* wird im Ordner *xl* gefunden, die zu ihr gehörenden beiden Tabellenblätter *sheet1* und *sheet2* im Ordner *worksheets*, der dem Ordner *xl* untergeordnet ist.

Das Paket erstellen Sie über

```
Dim paket As packaging.Package = _
    packaging.Package.Open(fileFullpath, IO.FileMode.Create, IO.FileAccess.ReadWrite)
```

(*fileFullPath* nimmt den Dateinamen auf). Zunächst soll die XML-Zeichenkette für den Inhalt der Hauptkomponente mithilfe des Knotenmodells aufgebaut werden:

```
Dim xmlBook As XmlDocument = New XmlDocument()
Dim xmlWb As XmlElement = xmlBook.CreateElement("workbook", namespaceXl)
Dim xmlShs As XmlElement = xmlBook.CreateElement("sheets", namespaceXl)

Dim xmlSh As XmlElement = xmlBook.CreateElement("sheet", namespaceXl)
xmlSh.Attributes.Append(xmlBook.CreateAttribute("name"))
xmlSh.Attributes("name").Value = "Zahl und Formel"
xmlSh.Attributes.Append(xmlBook.CreateAttribute("sheetId"))
xmlSh.Attributes("sheetId").Value = "1"
xmlSh.Attributes.Append(xmlBook.CreateAttribute("r:id", namespaceRel))
xmlSh.Attributes("id", namespaceRel).Value = relationSheetToBookID1
xmlShs.AppendChild(xmlSh)

xmlSh = xmlBook.CreateElement("sheet", namespaceXl)
xmlSh.Attributes.Append(xmlBook.CreateAttribute("name"))
xmlSh.Attributes("name").Value = "Texte"
```

```
xmlSh.Attributes.Append(xmlBook.CreateAttribute("sheetId"))
xmlSh.Attributes("sheetId").Value = "2"
xmlSh.Attributes.Append(xmlBook.CreateAttribute("r:id", namespaceRel))
xmlSh.Attributes("id", namespaceRel).Value = relationSheetToBookID2
xmlShs.AppendChild(xmlSh)

xmlWb.AppendChild(xmlShs)
xmlBook.AppendChild(xmlWb)
```

Die Vorgehensweise ist »straight forward«, wenn Sie sich das Ergebnis aus Abbildung 16.7 vor Augen halten.

```
<?xml version="1.0" encoding="utf-8" ?>
- <workbook xmlns="http://schemas.openxmlformats.org/spreadsheetml/2006/main">
   - <sheets>
       <sheet name="Zahl und Formel" sheetId="1" r:id="rId2"
          xmlns:r="http://schemas.openxmlformats.org/officeDocument/2006/relationships" />
       <sheet name="Texte" sheetId="2" r:id="rId3"
          xmlns:r="http://schemas.openxmlformats.org/officeDocument/2006/relationships" />
     </sheets>
   </workbook>
```

Abbildung 16.7 Die Hauptkomponente einer Excel-Arbeitsmappe

Damit die Hauptkomponente auch Bestandteil des Dokuments wird, muss sie in dieses hineingeschrieben werden:

```
Dim uri As Uri = New Uri("/xl/workbook.xml", UriKind.RelativeOrAbsolute)
Dim partBook As packaging.PackagePart = paket.CreatePart(uri, contentTypeWb)
Dim partWriter As IO.StreamWriter = _
    New IO.StreamWriter(partBook.GetStream(IO.FileMode.Create, IO.FileAccess.Write))
xmlBook.Save(partWriter)
partWriter.Close()
```

Die *CreatePart*-Methode nimmt den Pfad zur Datei auf und benötigt Inhaltstypen, um sie in die Datei *[Content_Types].xml* aus dem Wurzelverzeichnis zu bringen, die über die Inhalte des gesamten Pakets wacht. Die benötigten Inhaltstypen wurden wieder in Konstanten wie

```
Dim contentTypeWb As String = _
    "application/vnd.openxmlformats-officedocument.spreadsheetml.sheet.main+xml"
Dim contentTypeSh As String = _
    "application/vnd.openxmlformats-officedocument.spreadsheetml.worksheet+xml"
```

untergebracht. Das Einbringen des Parts reicht aber nicht aus, da das Paket nicht einfach nach Ordnern durchsucht wird, sondern nach Beziehungen zwischen Ordnern:

```
Dim relationShip As packaging.PackageRelationship = _
    paket.CreateRelationship(uri, packaging.TargetMode.Internal, namespaceRelWb, relationBookInArchiv)
```

Jetzt ist der Moment da, das erste Tabellenblatt füllen zu lassen:

Grundlegende Techniken mit dem System.IO-Namensraum

```vb
Dim xmlSheet As XmlDocument = New XmlDocument()
Dim xlSh As XmlElement = xmlSheet.CreateElement("worksheet", namespaceXl)
Dim xlData As XmlElement = xmlSheet.CreateElement("sheetData", namespaceXl)
Dim xlRow As XmlElement = xmlSheet.CreateElement("row", namespaceXl)
Dim xlNumericCell As XmlElement = xmlSheet.CreateElement("c", namespaceXl)
Dim xlCellValue As XmlElement = xmlSheet.CreateElement("v", namespaceXl)
xlCellValue.InnerText = "123"
xlNumericCell.AppendChild(xlCellValue)
xlRow.AppendChild(xlNumericCell)
Dim xlFormulaCell As XmlElement = xmlSheet.CreateElement("c", namespaceXl)
Dim xlFormula As XmlElement = xmlSheet.CreateElement("f", namespaceXl)
xlFormula.InnerText = "A1*3"
xlFormulaCell.AppendChild(xlFormula)
xlRow.AppendChild(xlFormulaCell)
xlData.AppendChild(xlRow)
xlSh.AppendChild(xlData)
xmlSheet.AppendChild(xlSh)
```

und dieses dem Paket einzuschreiben:

```vb
uri = New Uri("/xl/worksheets/sheet1.xml", UriKind.Relative)
Dim partSheet As packaging.PackagePart = paket.CreatePart(uri, contentTypeSh)
partWriter = New IO.StreamWriter(partSheet.GetStream(IO.FileMode.Create, IO.FileAccess.Write))
xmlSheet.Save(partWriter)
partWriter.Close()
```

Das Ergebnis aus Abbildung 16.8 zeigt den prinzipiellen Zeilen/Spalten-Aufbau im Knoten *sheetData*. Auf die Einbindung weiterer Elemente wie Formatvorlagen, bedingte Formatierungen und vieles mehr kann an dieser Stelle nicht eingegangen werden.

```xml
<?xml version="1.0" encoding="utf-8" ?>
<worksheet xmlns="http://schemas.openxmlformats.org/spreadsheetml/2006/main">
  <sheetData>
    <row>
      <c>
        <v>123</v>
      </c>
      <c>
        <f>A1*3</f>
      </c>
    </row>
  </sheetData>
</worksheet>
```

Abbildung 16.8 Unformatiertes Tabellenblatt mit Zahl und Formeln

Sehr schön kann man sehen, dass die Information zum Namen des Tabellenblattes nicht in diesem selbst hinterlegt wird, sondern Angelegenheit der Arbeitsmappe ist.

Wem das Knotenmodell zum Aufbau eines Blattes zu sperrig ist, der sucht nach Alternativen. Eine Möglichkeit besteht im Vorbereiten von Tabellenblättern in eigens dazu angelegten XML-Dateien und einem angepassten Füllen mittels des Knotenmodells, eine andere in der Anwendung von XSL-Transformationen (vor allem bei listenartig strukturierten Blättern). Eine weitere Variante stellt der Gebrauch von LINQ to XML[12] dar. Und so soll das zweite Blatt mit den Zelltexten durch

```
Dim ns As XNamespace = namespaceXl 'http://schemas.openxmlformats.org/spreadsheetml/2006/7/main

Dim xdocWS As XDocument
xdocWS = _
    New XDocument( _
        New XElement(ns + "worksheet", _
            New XElement(ns + "sheetData", _
                New XElement(ns + "row", New XAttribute("r", "2"), _
                    New XElement(ns + "c", New XAttribute("r", "B2"), New XAttribute("t", "inlineStr"), _
                        New XElement(ns + "is", _
                            New XElement(ns + "t", "Ein Text") _
                        ) _
                    ) _
                ), _
                New XElement(ns + "row", New XAttribute("r", "3"), _
                    New XElement(ns + "c", New XAttribute("r", "B3"), New XAttribute("t", "inlineStr"), _
                        New XElement(ns + "is", _
                            New XElement(ns + "t", "und noch ein Text") _
                        ) _
                    ) _
                ) _
            ) _
        ) _
    )
```

erzeugt und über

```
uri = New Uri("/xl/worksheets/sheet2.xml", UriKind.Relative)
partSheet = paket.CreatePart(uri, contentTypeSh)
partWriter = New IO.StreamWriter(partSheet.GetStream(IO.FileMode.Create, IO.FileAccess.Write))
xdocWS.Save(partWriter)
partWriter.Close()
```

eingebunden werden. Wieder liefe nichts, wenn nicht die Beziehungen im Paket bekannt wären:

```
uri = New Uri("worksheets/sheet1.xml", UriKind.RelativeOrAbsolute)
relationShip = partBook.CreateRelationship(uri, packaging.TargetMode.Internal, namespaceRelWs, _
    relationSheetToBookID1)
uri = New Uri("worksheets/sheet2.xml", UriKind.RelativeOrAbsolute)
relationShip = partBook.CreateRelationship(uri, packaging.TargetMode.Internal, namespaceRelWs, _
    relationSheetToBookID2)
```

Wenn Sie nun nicht vergessen, das Paket zu schließen

```
paket.Close()
```

so kann es (falls alles fehlerfrei ist) unter Zuhilfenahme von

---

[12] XML-Literale werden im nächsten Abschnitt eingesetzt.

```
Process.Start("excel.exe", fileFullPath)
```

durch Excel angezeigt und dort weiter durch einen Anwender bearbeitet werden.

Zwei Umstände sprechen dafür, den vorgestellten Zugang an dieser Stelle nicht durch weitere Beispiele zu vertiefen:

- Microsoft bietet mit den *Open XML Code Snippets* kostenloses Material zum Download an, das als Codeausschnittmaterial sofort einsetzbar ist und die Prinzipien demonstriert.
- Die Dinge sind zudem im Fluss: Während des Entstehens dieses Kapitels erschien das *Microsoft Open XML Format SDK* in der CTP-Version April 2008, das Release 1.0 ist für Mai 2008 angekündigt, an der Version 2.0 wird bereits gearbeitet und der Einsatz ist mit Office 14 im Jahre 2009 (?) angedeutet[13].

Der nächste Abschnitt zeigt es: Es bleibt spannend.

CD-ROM Die Beispieldateien befinden sich im Ordner *\Buch\Kap_16\createOfficeDocs* der Begleit-CD.

Das Microsoft Open XML Format SDK

Mit diesem SDK wird eine API bereitgestellt, die den Entwickler von vielen Detailkenntnissen, wie sie in Namensräumen und Inhaltstypen schlummern, freistellt. Die Pakete fügen sich dank der angebotenen Klassen der API fast von selbst zusammen. »Fast« deshalb, weil

- dem Entwickler der grundlegende Aufbau der Pakete bekannt sein muss und
- der Inhalt der Parts immer noch eine Herausforderung bleibt.

Wenn man sich aber die rasante Entwicklung von XML vom Knotenmodell zu LINQ to XML und den XML-Literalen in den letzten Jahren anschaut, so besteht ein guter Grund zur Annahme, dass die Parts über kurz oder lang so objektorientiert geschrieben werden können, wie das seit VBA-Zeiten COM-orientiert möglich ist. Es könnte dann so sein, dass der XML-Text eines *sheet*-Parts dadurch entsteht, dass der Entwickler schreibt:

```
New worksheet(New sheetData(New row(New c(of type, value), New c(of type, value)...
```

Dass der Weg dahin nicht weit sein kann, sollen auch die nächsten Beispiele andeuten.

WordprocessingML

Den Startschuss sollen einige Untersuchungen zu Word-Dokumenten liefern. Verwendung findet dabei ein Windows-Formular, dessen sechs Schaltflächen der Reihe nach die in den Beispielen beschriebenen Aktivitäten auslösen. Allen gemeinsam sind die *Imports*-Anweisungen

```
Imports Packaging = Microsoft.Office.DocumentFormat.OpenXml.Packaging
Imports OpenXml = Microsoft.Office.DocumentFormat.OpenXml
```

---

[13] Quelle: Blog von Erika Ehrli auf *http://blogs.msdn.com/erikaehrli/rss.xml*.

die nur dann sinnvoll sind, wenn im Projekt ein Verweis auf die *Microsoft.Office.DocumentFormat.OpenXml*-Assembly gesetzt wurde[14].

Ein einfaches Dokument

Ein einfaches Dokument entsteht (übersichtlich durch den Einsatz von XML-Literalen) aus

```
Private Sub btnCreateWordDoc_Click(ByVal sender As System.Object, ByVal e As System.EventArgs) Handles _
        btnCreateSimpleWordDoc.Click
    Dim wordDoc As Packaging.WordprocessingDocument = _
        Packaging.WordprocessingDocument.Create("c:\test.docx", _
        OpenXml.WordprocessingDocumentType.Document)
    Dim mainPart As Packaging.MainDocumentPart = wordDoc.AddMainDocumentPart

    Dim xmlContent As XDocument = _
            <?xml version="1.0" encoding="UTF-8" standalone="yes"?>
            <w:document xmlns:w="http://schemas.openxmlformats.org/wordprocessingml/2006/main">
                <w:body>
                    <w:p>
                        <w:r>
                            <w:t>Hallo, Welt!</w:t>
                        </w:r>
                    </w:p>
                </w:body>
            </w:document>

    Dim myStream As System.IO.Stream = mainPart.GetStream
    Dim utf8encoder As New System.Text.UTF8Encoding
    Dim buffer() As Byte = utf8encoder.GetBytes(xmlContent.ToString)
    myStream.Write(buffer, 0, buffer.Length)

    wordDoc.Close()
    Process.Start("winword.exe", "c:\test.docx")
End Sub
```

Zunächst fällt auf, dass genau so ein Dokument (bis auf den textlichen Inhalt) entsteht wie in Abbildung 16.2, aber:

- Es ist von Anfang an klar, dass es sich nicht um ein Paket schlechthin handelt, sondern um ein *WordprocessingDocument*.
- Damit steht auch fest, von welcher Art die Hauptkomponente sein wird (*AddMainDocumentPart*) und in welcher Relation sie im Paket zu finden ist.
- Und es werden automatisch die Inhaltstypen festgeschrieben.

Auf den Inhalt eines Parts kann ein *System.IO.Stream* über die *GetStream*-Methode zugreifen und diesen so unkompliziert lesen und/oder schreiben[15].

---

[14] Noch einmal der Hinweis, dass hier das April-2008-CTP zum Einsatz kam. Das heißt, ein vorhergehendes CTP bzw. das Release müssen nicht hundertprozentig kompatibel dazu sein. Entsprechend ist es möglich, dass der Quellcode erst nach Anpassungen funktioniert.

[15] Auch in diesem Kapitel wird oft auf C geschrieben, was unter Windows XP ohne Probleme sein sollte. Leser, die Windows Vista einsetzen, wählen gegebenenfalls andere Orte zum Zwischenspeichern der Dateien.

> **HINWEIS** Auch in diesem Beispiel wird das Paket durch die *Close*-Methode geschlossen. Beispielcode aus dem SDK verwendet hier die Alternative

```
Using (wordDoc)
...
End Using
```

In diesem Falle kann das explizite Schließen des Pakets unterbleiben.

Dokumenteigenschaften auslesen

Die Standardeigenschaften eines Dokuments befinden sich, wie in den Bemerkungen zu Abbildung 16.1 ausgeführt, im Ordner *docProps*. Das gilt nicht nur für Word-Dokumente, sondern auch für Arbeitsmappen und Präsentationen. Will man die dort enthaltenen Informationen mit Methoden des *System.IO*-Namensraumes lesen oder schreiben, so benötigt man den Pfad (was keine sichere Angelegenheit ist, denn der Pfad spielt keine Rolle) oder besser die Relation zum Part.

Anders mit dem Open XML Application Programming Interface:

```
Dim testDoc As Packaging.WordprocessingDocument = _
    Packaging.WordprocessingDocument.Open("docs\testDokument.docx", True)
    Dim propPart As Packaging.CoreFilePropertiesPart = testDoc.CoreFilePropertiesPart
```

Der Zugriff erfolgt gezielt und ohne Umwege über die entsprechende Eigenschaft *CoreFilePropertiesPart*. Nun ist es (vielleicht im Moment noch) Geschmackssache, ob Sie über das Knotenmodell so

```
Dim xmldocProps As New Xml.XmlDocument
xmldocProps.Load(propPart.GetStream)
Dim nspmgr As New Xml.XmlNamespaceManager(xmldocProps.NameTable)
nspmgr.AddNamespace("cp", "http://schemas.openxmlformats.org/package/2006/metadata/core-properties")
Dim ndsProps As Xml.XmlNodeList = xmldocProps.SelectNodes("cp:coreProperties/*", nspmgr)
For Each nd As Xml.XmlNode In ndsProps
    Console.WriteLine(nd.Name & " " & nd.InnerText)
Next
```

oder über LINQ-Klassen auf folgende Weise zugreifen:

```
Dim myReader As Xml.XmlReader = Xml.XmlReader.Create(propPart.GetStream)
Dim xd As XDocument = XDocument.Load(myReader)
Dim x As System.Collections.IEnumerable
x = From prop In xd.<cp:coreProperties>.Descendants _
    Select prop
Dim y As Xml.Linq.XElement
    For Each y In x
    Console.WriteLine(y.Name.LocalName & " " & y.Value)
Next
```

Wichtig ist hier die Deklaration von *x* als *IEnumerable*, da sich ein »schlichtes« *Object* nicht durchlaufen lässt. Und: Damit die XML-Literale arbeiten können, ist die *Imports*-Anweisung

```
Imports <xmlns:cp="http://schemas.openxmlformats.org/package/2006/metadata/core-properties">
```

in den Code aufzunehmen.

Auch geöffnete Dokumente müssen wie neu angelegte nach Verwendung geschlossen werden.

Kopf- und Fußzeilen

In Abbildung 16.1 ist zu erkennen, dass Kopf- und Fußzeilen nicht zum Textkörper gehören. Das ist nicht weiter verwunderlich, da bereits die Word-Oberfläche diesen Unterschied machen muss. Denn Kopf- und Fußzeilen »fließen« nicht wie der normale, sie umgebende Text, sondern werden für jeden Abschnitt als feststehende Texte definiert.

Die hier vorzustellende API nimmt darauf natürlich Rücksicht: Das Ansprechen der Parts gestaltet sich auf natürliche Weise wie in Listing 16.1:

```
Dim wordDoc As Packaging.WordprocessingDocument = _
    Packaging.WordprocessingDocument.Create("c:\test.docx", OpenXml.WordprocessingDocumentType.Document)
Dim mainPart As Packaging.MainDocumentPart = wordDoc.AddMainDocumentPart
Dim headerPart As Packaging.HeaderPart = mainPart.AddNewPart(Of Packaging.HeaderPart)()

Dim header As XElement = _
    <w:hdr xmlns:w="http://schemas.openxmlformats.org/wordprocessingml/2006/main">
        <w:p>
            <w:pPr>
                <w:pStyle w:val="Kopfzeile"/>
            </w:pPr>
            <w:r>
                <w:t>Meine Kopfzeile</w:t>
            </w:r>
        </w:p>
    </w:hdr>
Dim myStream As System.IO.Stream = headerPart.GetStream
Dim utf8encoder As New System.Text.UTF8Encoding
Dim buffer() As Byte = utf8encoder.GetBytes(header.ToString)
myStream.Write(buffer, 0, buffer.Length)

Dim id As String = mainPart.GetIdOfPart(headerPart)

Dim body As XElement = _
    <w:document xmlns:w="http://schemas.openxmlformats.org/wordprocessingml/2006/main">
        <w:body>
            <w:p>
                <w:r>
                    <w:t>Hallo, Welt!</w:t>
                </w:r>
            </w:p>
            <w:sectPr>
                <w:headerReference w:type="default" r:id=<%= id %>
                    xmlns:r="http://schemas.openxmlformats.org/officeDocument/2006/relationships"/>
            </w:sectPr>
```

Listing 16.1 Kopfzeilen erzeugen

Das Microsoft Open XML Format SDK

```
        </w:body>
    </w:document>
myStream = mainPart.GetStream
buffer = utf8encoder.GetBytes(body.ToString)
myStream.Write(buffer, 0, buffer.Length)
wordDoc.Close()
Process.Start("winword.exe", "c:\test.docx")
```

Listing 16.1 Kopfzeilen erzeugen *(Fortsetzung)*

Wie auf den Inhalt der Parts zugegriffen wird, ist nun fast schon Gewohnheitssache. Dennoch hält Listing 16.1 einige neue Details bereit:

- *AddNewPart(Of Packaging.HeaderPart)* fügt einen Header-Part hinzu. Es stellt sich die Frage, warum es nicht etwas wie *AddHeaderPart* gibt, wo doch ein *AddMainDocumentPart* zur Verfügung steht. Die Begründung kann so lauten: Es kann in einem Dokument mehrere Kopf- oder Fußzeilen geben, und jede erfordert einen eigenen Part[16].

- Daraus resultiert die Lösung eines Problems: Wenn mehrere Parts gleicher Art existieren, so lassen sie sich anhand der Relation (die ja eine *Id* hat) im ZIP-Container bestimmen. Diese Bestimmung erfolgt entweder wie im Listing durch

```
Dim id As String = mainPart.GetIdOfPart(headerPart)
```

oder bereits beim Anfügen des Parts über

```
Dim headerPart As Packaging.HeaderPart = mainPart.AddNewPart(Of Packaging.HeaderPart)("myId")
```

- Der Codeausschnitt

```
<w:pPr>
    <w:pStyle w:val="Kopfzeile"/>
</w:pPr>
```

gibt ein Beispiel, wie ein Paragraph mit Eigenschaften versehen werden kann – hier ist es die Benutzung der Formatvorlage »Kopfzeile«.

- In dem Code

```
<w:sectPr>
    <w:headerReference w:type="default" r:id=<%= id %>
        xmlns:r="http://schemas.openxmlformats.org/officeDocument/2006/relationships"/>
</w:sectPr>
```

wird die ermittelte *id* benutzt, um dem Dokument (besser dem infrage stehenden Abschnitt) mitzuteilen, wo im ZIP-Container nach der Kopfzeile gesucht werden muss. Die XML-Literale erlauben es wieder, diese Information glatt einzufügen, ohne, wie im Knotenmodell, den Knoten »aufzudröseln«.

---

[16] Es kann aber auch sein, dass *AddHeaderPart* erst in einer späteren Version des SDK implementiert sein wird.

Dokumente mit Bildern

Die bisherigen Beispiele haben gezeigt, dass es immer wiederkehrende Aufgaben sind, die ein Dokument entstehen lassen: Parts anzulegen und zu füllen, gegebenenfalls Beziehungen zwischen den Parts herzustellen und zu nutzen. Und so soll dieses Beispiel neben dem Einfügen eines Bildes ins Dokument gleichzeitig versuchen, eine solche Modularisierung der Arbeitsschritte anzudeuten. Es beginnt mit Listing 16.2:

```
Private Sub btnCreateWordDocWithPic_Click(ByVal sender As System.Object, ByVal e As System.EventArgs) _
        Handles btnCreateWordDocWithPic.Click
    Dim wordDoc As Packaging.WordprocessingDocument = _
        Packaging.WordprocessingDocument.Create("c:\test.docx", _
        OpenXml.WordprocessingDocumentType.Document)
    Dim mainPart As Packaging.MainDocumentPart = wordDoc.AddMainDocumentPart
    createComplexMainPartContent(mainPart, "pictures\winter.jpg")
    wordDoc.Close()
    Process.Start("winword.exe", "c:\test.docx")
End Sub
```

Listing 16.2 Anlegen der Hauptkomponente

Dieses Listing legt das Dokument mit der Hauptkomponente *MainDocumentPart* an und übergibt das Füllen dieser Komponente an die Prozedur *createComplexMainPartContent* aus Listing 16.3. Das einzufügende Bild befindet sich hier in einem Unterordner des Projektordners und wird ins Ausgabeverzeichnis kopiert.

```
Private Sub createComplexMainPartContent(ByVal myPart As Packaging.MainDocumentPart, _
        ByVal imageFileName As String)
    Dim imagePart As Packaging.ImagePart = myPart.AddImagePart(Packaging.ImagePartType.Jpeg)
    Dim stream As System.IO.FileStream = New System.IO.FileStream(imageFileName, _
        System.IO.FileMode.Open)
    imagePart.FeedData(stream)
    Dim id As String
    id = myPart.GetIdOfPart(imagePart)
    Dim xmlContent As String = createImageParagraph(id)
    Dim myStream As System.IO.Stream = myPart.GetStream
    Dim utf8encoder As New System.Text.UTF8Encoding
    Dim buffer() As Byte = utf8encoder.GetBytes(xmlContent)
    myStream.Write(buffer, 0, buffer.Length)
End Sub
```

Listing 16.3 Ein Bild wird in den Ordner *Media* gebracht

Bilder landen im Ordner *Media* des ZIP-Containers, ein solcher Name taucht aber in Listing 16.3 nicht auf. Das muss er auch nicht, denn die Namen von Ordnern sind Schall und Rauch. Relationen heißt das Schlagwort. Ein Blick in den Container zeigt dann, dass die *AddImagePart*-Methode die Beziehung entsprechend einträgt.

```xml
<?xml version="1.0" encoding="utf-8" ?>
- <Relationships xmlns="http://schemas.openxmlformats.org/package/2006/relationships">
    <Relationship
      Type="http://schemas.openxmlformats.org/officeDocument/2006/relationships/image"
      Target="/media/image.jpg" Id="Rb37139ac350f4184" />
  </Relationships>
```

Abbildung 16.9 Ein Blick in *document.xml.rels*

Und noch etwas wird aus Abbildung 16.9 deutlich: Auch der Name wird automatisch vergeben und die *Id* stellt sich etwas umfangreicher dar. Die *rels*-Datei ist jetzt im Übrigen die, die sich auf *document.xml* als Basis bezieht – dem Part-Namen wird also eine weitere Endung *rels* angefügt.

Nun muss nur noch der Inhalt des Dokuments erstellt werden, in dem es eine Zeile geben soll, die das Bild enthält. Die Funktionsprozedur *createImageParagraph* aus Listing 16.4 liefert die korrekte XML-Zeichenkette, da sie die *id* kennt:

```
Function createImageParagraph(ByVal id As String) As String
    Dim par As XElement = _
    <w:document xmlns:w="http://schemas.openxmlformats.org/wordprocessingml/2006/main"
        xmlns:wp="http://schemas.openxmlformats.org/drawingml/2006/wordprocessingDrawing">
        <w:body>
            <w:p>
                <w:r>
                    <w:t>Hallo, Welt!</w:t>
                </w:r>
            </w:p>
            <w:p>
                <w:r>
                    <w:rPr>
                        <w:noProof/>
                    </w:rPr>
                    <w:drawing>
                        <wp:inline distT="0" distB="0" distL="0" distR="0">
                            <wp:extent cx="5760720" cy="4320540"/>
                            <wp:effectExtent l="19050" t="0" r="0" b="0"/>
                            <wp:docPr id="1" name="Grafik 0" descr="Winter.jpg"/>
                            <wp:cNvGraphicFramePr>
                                <a:graphicFrameLocks xmlns:a="http://schemas.openxmlformats.org/drawingml/2006/main"
                                    noChangeAspect="1"/>
                            </wp:cNvGraphicFramePr>
                            <a:graphic xmlns:a="http://schemas.openxmlformats.org/drawingml/2006/main">
                                <a:graphicData uri="http://schemas.openxmlformats.org/drawingml/2006/picture">
                                    <pic:pic xmlns:pic="http://schemas.openxmlformats.org/drawingml/2006/picture">
                                        <pic:nvPicPr>
                                            <pic:cNvPr id="0" name="Winter.jpg"/>
                                            <pic:cNvPicPr/>
                                        </pic:nvPicPr>
                                        <pic:blipFill>
                                            <a:blip r:embed=<%= id %>
                                                xmlns:r="http://schemas.openxmlformats.org/officeDocument/2006/relationships"/>
                                            <a:stretch>
                                                <a:fillRect/>
                                            </a:stretch>
                                        </pic:blipFill>
                                        <pic:spPr>
                                            <a:xfrm>
                                                <a:off x="0" y="0"/>
                                                <a:ext cx="5760720" cy="4320540"/>
                                            </a:xfrm>
                                            <a:prstGeom prst="rect">
                                                <a:avLst/>
                                            </a:prstGeom>
                                        </pic:spPr>
                                    </pic:pic>
```

Listing 16.4 Ein Bild wird in eine Zeile des Textes gebracht

```
                </a:graphicData>
              </a:graphic>
            </wp:inline>
          </w:drawing>
        </w:r>
      </w:p>
    </w:body>
  </w:document>
  Return par.ToString
End Function
```

Listing 16.4 Ein Bild wird in eine Zeile des Textes gebracht *(Fortsetzung)*

Es ist sicher legitim, Dinge wie in Listing 16.4 dadurch entstehen zu lassen, dass man die zu erzeugende Zeichenkette einem bestehenden Dokument entnimmt und versucht, sie anzupassen. Es lohnt sich aber, etwas wie

```
<pic:blipFill>
  <a:blip r:embed=<%= id %> xmlns:r="http://.../relationships"/>
</pic:blipFill>
```

im Auge zu behalten, denn diese Art des Einfügens von Mediadaten trifft man häufig unter Office Open XML an.[17]

Bilder tauschen

In den ersten Einführungskursen zu Office 2007 hat man es oft gesehen – Bildertausch per Hand durch Aufbrechen des ZIP-Containers im Windows-Explorer. Und es gab immer den Hinweis, dass das auch per Programmcode ginge. Ja, das stimmt natürlich, aber es gibt eine Hürde zu überwinden: Da bei der Speicherung von Dokumenten durch die Office-Programme die *id* in den Relationen unter Umständen neu vergeben wird, besteht eine verlässliche Information in der Regel nur so lange, wie ein Dokument per Code erstellt wird. Und so ist Code wie

```
Private Sub btnChangePicture_Click(ByVal sender As System.Object, ByVal e As System.EventArgs) Handles _
    btnChangePicture.Click
    Dim doc As Packaging.WordprocessingDocument = _
        Packaging.WordprocessingDocument.Open("docs\mitBild.docx", True)
    Dim mainPart As Packaging.MainDocumentPart = doc.MainDocumentPart
    Dim imagePart As Packaging.ImagePart
    For Each imagePart In mainPart.ImageParts
        Dim id As String = mainPart.GetIdOfPart(imagePart)
        If id = "rId4" Then
            Dim stream As System.IO.FileStream = _
                New System.IO.FileStream("pictures/Sonnenuntergang.jpg", System.IO.FileMode.Open)
            imagePart.FeedData(stream)
            Exit For
        End If
    Next
    doc.Close()
    Process.Start("winword.exe", "docs\mitBild.docx")
End Sub
```

---

[17] Blip steht für *Binary Large Image or Pictures*.

der den Bildtausch vornehmen soll, jeweils einer genauen Prüfung hinsichtlich des anzusprechenden Dokuments und der darin befindlichen Beziehungen zu unterziehen.

Benutzerdefinierte XML-Komponenten

Benutzerdefiniertes XML (*Custom XML*) erscheint unter Word in zwei Formen:

- als XML, das in *<w:customXml>*-Tags des *<body>*-Tags eingeschlossen wird und durch eine Zuordnung eines Schemas zum Dokument definiert werden kann. Einzelheiten zum Vorgehen hierzu finden Sie in Kapitel 19.
- Als sogenannte strukturierte Dokument-Tags (in Word heißen diese auch Inhaltssteuerelemente), die ihre Daten aus benutzerdefinierten XML-Komponenten beziehen bzw. an diese liefern.

Dem zweiten Zugang widmet sich das nächste Beispiel, aber auch Kapitel 19 hält hier noch interessante Informationen bereit.

Sie beginnen den Code mit einer *Imports*-Anweisung nach dem Muster

```
Imports <xmlns:ep="urn:ep:dev2007:workshops:openXml">
```

wobei hier auf das in diesem Buch oft anzutreffende Beispiel der Workshops, die in einer XML-Liste vorgehalten werden, abgezielt wird. Diese Vereinbarung erlaubt, wie Sie in Kapitel 15 gesehen haben, die Verwendung von XML-Literalen. Die Anweisungen

```
Dim doc As Packaging.WordprocessingDocument = _
    Packaging.WordprocessingDocument.Create("c:\customXml.docx",
OpenXml.WordprocessingDocumentType.Document)
Dim mainPart As Packaging.MainDocumentPart = doc.AddMainDocumentPart
```

richten, wie bereits mehrfach in diesem Kapitel angewendet, das Dokument mit seiner Hauptkomponente ein. Beabsichtigt ist, ein solches Dokument zu erzeugen, das aus einem Einladungstext besteht (Abbildung 16.10), dessen variable Daten (*Thema*, *Trainer*, *Tag* und *Uhrzeit*) eben diesem benutzerdefinierten XML entspringen oder durch manuelle Bearbeitung des Dokuments in dieses geschrieben werden, um an anderer Stelle (etwa in einer Datenbank) abgelegt werden zu können.

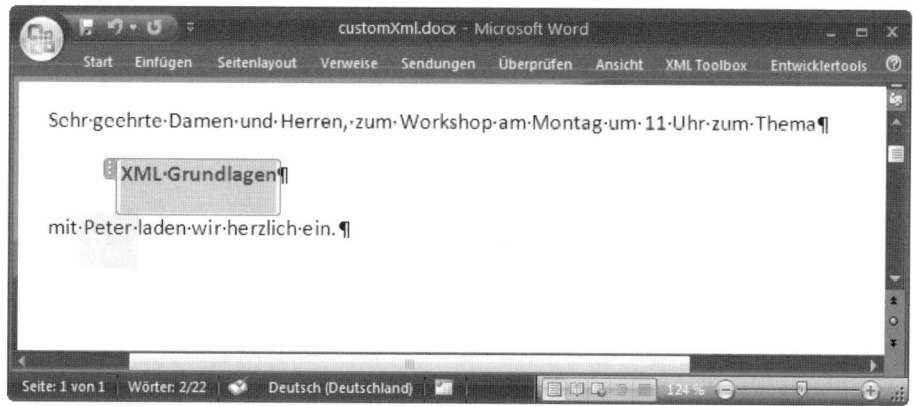

Abbildung 16.10 Ein »halbautomatischer« Einladungstext ist entstanden

Die XML-Daten lassen sich nur per Programm in den ZIP-Container integrieren, die Word-Oberfläche bietet keinen Zugang (wenn man von VBA-Lösungen absieht):

```
Dim data As XDocument = XDocument.Load("docs\aWorkshop.xml")
Dim customXmlPart As Packaging.CustomXmlPart = mainPart.AddNewPart(Of Packaging.CustomXmlPart)()
Dim xmlDataFileStream As New System.IO.FileStream("docs\aWorkshop.xml", IO.FileMode.Open)
customXmlPart.FeedData(xmlDataFileStream)
```

Inhaltssteuerelemente, deren Zugriff sich in der Gruppe *Steuerelemente* der Registerkarte *Entwicklertools* befindet, können zwar per Hand aufgezogen und für verschiedene Zwecke verwendet werden, aber eine Nutzung mit vorhandenen »XML-Datenrucksäcken« in Form von CustomXML-Parts ist wiederum (noch) nicht vorgesehen.

> **HINWEIS** Microsoft stellt zum kostenlosen Download das Microsoft Word 2007 Content Control Toolkit bereit, das Entwicklern zur Seite stehen kann (*http://www.codeplex.com/dbe*).

Im vorliegenden Fall erfolgt die Anbindung in der Hauptkomponente prinzipiell durch die mithilfe von XML-Literalen gekennzeichnete Technik (*sdt* steht für Structured Document Tag):

```
<w:sdt>
   <w:sdtPr>
      <w:dataBinding w:xpath="/ep:workshops/ep:workshop/ep:trainer"
         w:prefixMapping="xmlns:ep='urn:ep:dev2007:workshops:openXml'"/>
      <w:text/>
   </w:sdtPr>
   <w:sdtContent>
      <w:r>
         <w:t><%= From workshop In data...<ep:workshop> _
                  Select workshop.<ep:trainer>.Value %>
         </w:t>
      </w:r>
   </w:sdtContent>
</w:sdt>
```

Die Pfadangabe in <*w:dataBinding*> ist eine an XPath orientierte, der Namensraum wird durch *w:prefixMapping* im Griff behalten, sodass auch mehrere CustomXML-Parts teilnehmen können.

Da sowohl die <*body*>-Konstruktion aus vorangegangenen Beispielen bekannt ist und sich der Gebrauch von <*w:sdt*> nur mit anderen Parametern wiederholt, kann an dieser Stelle auf weiteren Quellcode verzichtet werden.

SpreadsheetML

Den prinzipiellen Aufbau einer Arbeitsmappe haben Sie im zweiten Abschnitt dieses Kapitels kennengelernt. Die einfache Arbeitsmappe soll durch zwei weitere Beispiele ergänzt werden, die den Blick hinter die Kulissen schärfen sollen.

Das Microsoft Open XML Format SDK

Eine einfache Arbeitsmappe

Der Code

```vb
Dim wbDoc As Packaging.SpreadsheetDocument = _
    Packaging.SpreadsheetDocument.Create("c:\wb.xlsx", OpenXml.SpreadsheetDocumentType.Workbook)
Dim wb As Packaging.WorkbookPart = wbDoc.AddWorkbookPart
Dim ws As Packaging.WorksheetPart = wb.AddNewPart(Of Packaging.WorksheetPart)("rId1")

Dim xmlWs As XElement = _
    <worksheet xmlns="http://schemas.openxmlformats.org/spreadsheetml/2006/main">
        <sheetData>
            <row>
                <c>
                    <v>2</v>
                </c>
                <c>
                    <f>A1*3</f>
                </c>
            </row>
        </sheetData>
    </worksheet>

Dim utf8encoder As System.Text.UTF8Encoding = New System.Text.UTF8Encoding()
Dim stream As System.IO.Stream = ws.GetStream()
Dim buffer() As Byte = utf8encoder.GetBytes(xmlWs.ToString)
stream.Write(buffer, 0, buffer.Length)

Dim xmlWb As XElement = _
    <workbook xmlns="http://schemas.openxmlformats.org/spreadsheetml/2006/main"
        xmlns:r="http://schemas.openxmlformats.org/officeDocument/2006/relationships">
        <sheets>
            <sheet name="Testblatt" sheetId="1" r:id="rId1"/>
        </sheets>
    </workbook>
stream = wb.GetStream
buffer = utf8encoder.GetBytes(xmlWb.ToString)
stream.Write(buffer, 0, buffer.Length)

wbDoc.Close()
Process.Start("excel.exe", "c:\wb.xlsx")
```

sollte wenige Überraschungen enthalten:

- Mappe und Blätter werden mit XML-Literalen angelegt und folgen den bereits weiter oben beschriebenen Gesetzmäßigkeiten von SpreadsheetML.
- Die *SpreadsheetDocument*-Klasse übernimmt die Aufgaben des ZIP-Containers.
- Die Hauptkomponente wird durch die *AddWorkbookPart*-Methode eingebunden, eine Kenntnis von Relations oder Inhaltstypen ist beim Codeschreiben zunächst nicht erforderlich.
- Mit dem Code

    ```vb
    Dim ws As Packaging.WorksheetPart = wb.AddNewPart(Of Packaging.WorksheetPart)("rId1")
    ```

    werden die Blätter angelegt, wobei eine Id für die Relation angegeben werden kann, eine automatisch vergebene kann auch später abgefragt werden.

Shared Strings – oder die Auslagerung von Textbestandteilen

Das »Rechenwerk« von Excel ist in Zusammenhang mit den neuen Dateiformaten und den größeren Arbeitsblattabmessungen vollkommen überarbeitet worden[18]. Ein sehr schönes Resultat ist die strikte Trennung von Zahlen und Formeln von Textbestandteilen in Zellen. Obwohl mit

```
<c t="inlineStr">
    <is>
        <t>Thema</t>
    </is>
</c>
```

per Code Text in eine Zelle (vom Typ *inlineStr*) geschrieben werden kann, wird Excel diesen beim nächsten Speichern in einen Part auslagern, der *sharedStrings.xml* heißt. Diese Auslagerung kann große Bedeutung immer dann gewinnen, wenn Mehrsprachigkeit ein Thema ist, denn die ausgelagerten Texte sind XML-Listen ohne Wiederholungen und lassen sich bequem in mehreren Sprachen anfertigen (von Missverständnissen bei der Übersetzung einmal abgesehen).

Der Code

```
Dim wbDoc As Packaging.SpreadsheetDocument = _
    Packaging.SpreadsheetDocument.Open("docs\sharedStrings.xlsx", True)
Dim sh As Packaging.SharedStringTablePart
Dim xDoc As XDocument
For Each sh In wbDoc.WorkbookPart.GetPartsOfType(Of Packaging.SharedStringTablePart)()
    xDoc = XDocument.Load(New Xml.XmlTextReader(sh.GetStream))
    MsgBox(xDoc.ToString)
Next
wbDoc.Close()
```

holt die Informationen über *SharedStringTablePart*-Objekte aus dem Paket. Ebenso einfach kann man sie auch zurückschieben – bei Bedarf übersetzt, korrigiert oder anderweitig bearbeitet.

Listen heißen jetzt Tabellen

Listen als besondere Bestandteile eines Arbeitsblattes haben bereits mit Excel 2003 Einzug gehalten. Ihre Funktionalität wurde unter Excel 2007 dahingehend erweitert, dass Formelbezüge auf solche Listen angewendet werden können, Formatierungen für Listen bereitstehen und anderes mehr. Bei dieser Gelegenheit kam es zu einer neuen Namensvergabe: Listen heißen nun Tabellen[19].

Was man wissen muss, um als Entwickler mit Tabellen zu arbeiten, ist, dass diese in speziellen Parts gehalten werden. Und dann geht es wie bisher geradeaus:

```
Dim wbDoc As Packaging.SpreadsheetDocument = _
    Packaging.SpreadsheetDocument.Create("c:\wb.xlsx", OpenXml.SpreadsheetDocumentType.Workbook)
Dim wb As Packaging.WorkbookPart = wbDoc.AddWorkbookPart
Dim ws As Packaging.WorksheetPart = wb.AddNewPart(Of Packaging.WorksheetPart)("rId1")
```

---

[18] Es gibt hierzu einen interessanten MSDN-Artikel von Charles Williams unter dem Titel »Improving Performance in Excel 2007«.

[19] Im Deutschen ist das eher verwirrend, da viele Anwender Arbeitsblätter bereits als Tabellen bezeichnen. Es steht ja auch auf dem Reiter. Englische Anwender sehen das sicher anders, der Unterschied zwischen Sheet und Table ist groß und der zwischen List und Table sicher auch.

```
Dim tb As Packaging.TableDefinitionPart = ws.AddNewPart(Of Packaging.TableDefinitionPart)("rId2")

Dim xmlTb As XElement = _
    <table xmlns="http://schemas.openxmlformats.org/spreadsheetml/2006/main"
           id="1" name="myList" displayName="meineListe" ref="B2:C4">
        <tableColumns count="2">
            <tableColumn id="1" name="Thema"></tableColumn>
            <tableColumn id="2" name="Trainer"></tableColumn>
        </tableColumns>
        <tableStyleInfo name="TableStyleLight8" showFirstColumn="0" showLastColumn="0"
            showRowStripes="1" showColumnStripes="0"/>
    </table>

Dim utf8encoder As System.Text.UTF8Encoding = New System.Text.UTF8Encoding()
Dim stream As System.IO.Stream = tb.GetStream()
Dim buffer() As Byte = utf8encoder.GetBytes(xmlTb.ToString)
    stream.Write(buffer, 0, buffer.Length)
```

Das Anlegen der Arbeitsmappe und ihrer Hauptkomponente gestaltet sich ohne Problem, wichtig ist, dass ein *TableDefinitionPart* an einen *WorksheetPart* gehängt werden kann. Der Aufbau von *table.xml* ist fast selbsterklärend: Es wird mitgeteilt, wo sich die Tabelle befinden soll (ohne Angabe des Blattes, dieses holt sich später *seine* Tabelle) und wie sie heißt (das kann der Anwender später auch sehen und den Namen in Formeln benutzen). Anschließend wird die Anzahl der Spalten und deren Köpfe bestimmt. Die Zuweisung eines Formats beendet die Definition. Und so entsteht später etwas wie in Abbildung 16.11.

Abbildung 16.11 Eine kleine Tabelle per Code erzeugt

Die Konstruktion des Arbeitsblattes muss nun die Lage der Tabelle berücksichtigen:

```
Dim xmlWs As XElement = _
    <worksheet xmlns="http://schemas.openxmlformats.org/spreadsheetml/2006/main"
               xmlns:r="http://schemas.openxmlformats.org/officeDocument/2006/relationships">
        <sheetData>
            <row r="2" spans="2:3">
                <c r="B2" t="inlineStr">
                    <is><t>Thema</t></is>
                </c>
                <c r="C2" t="inlineStr">
                    <is><t>Trainer</t></is>
                </c>
            </row>
        </sheetData>
        <tableParts count="1">
            <tablePart r:id="rId2"></tablePart>
```

```
        </tableParts>
    </worksheet>
stream = ws.GetStream()
buffer = utf8encoder.GetBytes(xmlWs.ToString)
stream.Write(buffer, 0, buffer.Length)
```

Das geschieht durch Angabe der Zeilennummer für <row> sowie der Nummern der Spalten, die diese Zeile überdecken. In diesem Fall ist auch die Angabe der Zelladressen notwendig. Dass schließlich der richtige <tablePart> geholt wird, ist der Angabe der korrekten Id für die Beziehung zu verdanken.

Natürlich darf abschließend nicht vergessen werden, das Blatt in die Mappe aufzunehmen:

```
Dim xmlWb As XElement = _
    <workbook xmlns="http://schemas.openxmlformats.org/spreadsheetml/2006/main"
              xmlns:r="http://schemas.openxmlformats.org/officeDocument/2006/relationships">
        <sheets>
            <sheet name="Test" sheetId="1" r:id="rId1"/>
        </sheets>
    </workbook>
stream = wb.GetStream
buffer = utf8encoder.GetBytes(xmlWb.ToString)
stream.Write(buffer, 0, buffer.Length)
```

Die Aufnahme eines AutoFilters oder einer Sortierung in die Tabelle lässt sich nun ohne Schwierigkeiten einbauen, da eine »fertige« Datei die notwendige Hilfestellung gibt:

```
<autoFilter ref="B2:C4" />
<sortState ref="B3:C4">
    <sortCondition ref="B3" />
</sortState>
```

PresentationML

Das Anlegen einer Präsentation gestaltet sich wesentlich komplizierter als das einer Arbeitsmappe oder eines Word-Dokuments. Der Grund liegt hier in zwei Ursachen:

- Der Aufbau eines (einfachsten) PresentationML-Dokuments wie in Abbildung 16.12 ist nicht selbsterklärend, da PowerPoint wesentlich mehr speichert, wenn es die leere Präsentation anlegt.
- Selbst leere Folien (und das betrifft auch Master- und Layoutvorlagen, Letztere sind neu in PowerPoint 2007) brauchen eine gewisse Struktur, damit sie von PowerPoint anerkannt werden.

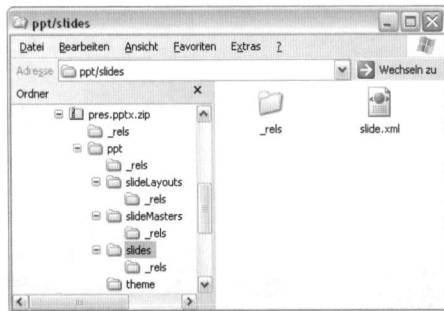

Abbildung 16.12 Einfachste PowerPoint-Präsentation im Aufbau

Sie erkennen die zahlreichen *_rels*-Unterordner. Diese haben ihre Ursache darin, dass
- nicht nur die Hauptkomponente (sie heißt hier *presentation.xml*) gefunden werden muss, sondern
- die Hauptkomponente sowohl Folien (*slides*) als auch Folienmaster (*slideMasters*) finden muss,
- eine Folie ihr Layout (in *slideLayouts*) kennen muss und
- dieses wiederum einen Bezug zu seinem Master braucht und
- nicht nur die Hauptkomponente das Design (*theme*) benötigt, sondern auch der Master.

Es entstehen also Zirkelreferenzen, die man aber versteht, wenn man die Anwenderoberfläche von PowerPoint im Auge behält: Layouts werden in Mastern definiert und den Folien zugewiesen, eine Folie kann einen Master benutzen, dessen Design von dem der gesamten Präsentation bzw. dem von anderen Folien abweicht[20].

Diesen Zirkelreferenzen trägt der folgende Code Rechnung:

```
Dim presDoc As Packaging.PresentationDocument = _
    Packaging.PresentationDocument.Create("c:\pres.pptx", _
OpenXml.PresentationDocumentType.Presentation)
Dim pres As Packaging.PresentationPart = presDoc.AddPresentationPart
Dim sld As Packaging.SlidePart = pres.AddNewPart(Of Packaging.SlidePart)("rId1")
Dim sldMaster As Packaging.SlideMasterPart = pres.AddNewPart(Of Packaging.SlideMasterPart)("rId2")
Dim theme As Packaging.ThemePart = pres.AddNewPart(Of Packaging.ThemePart)("rId3")

Dim sldLayout As Packaging.SlideLayoutPart = sld.AddNewPart(Of Packaging.SlideLayoutPart)("rId4")
sldLayout.AddPart(Of Packaging.SlideMasterPart)(sldMaster)

Dim part As Packaging.SlideLayoutPart = sldMaster.AddPart(Of Packaging.SlideLayoutPart)(sldLayout)
Dim id As String = sldMaster.GetIdOfPart(part)
sldMaster.AddPart(Of Packaging.ThemePart)(theme)
```

Das Anlegen der Hauptkomponente übernimmt die *AddPresentationPart*-Methode. Mit der *AddNewPart*-Methode werden neue Bestandteile (*SlidePart*, *SlideMasterPart*, *ThemePart* und *SlideLayoutPart*) einschließlich der Relationen erzeugt, dagegen fügt die *AddPart*-Methode »nur« die Beziehung zu einem bereits vorhandenen Part hinzu – auf diese Weise entstehen die gewünschten Zirkelreferenzen.

Auf einer Folie, auf einem Master und auf einem Layout muss sich unbedingt ein leerer Formen-Baum (*ShapeTree*) befinden, dessen Mindestaufbau so aussieht:

```
Dim xmlEmptyShapeTree As XElement = _
    <p:spTree xmlns:a="http://schemas.openxmlformats.org/drawingml/2006/main"
        xmlns:p="http://schemas.openxmlformats.org/presentationml/2006/main">
        <p:nvGrpSpPr>
            <p:cNvPr id="1" name=""/>
            <p:cNvGrpSpPr/>
            <p:nvPr/>
        </p:nvGrpSpPr>
        <p:grpSpPr>
            <a:xfrm>
                <a:off x="0" y="0"/>
                <a:ext cx="0" cy="0"/>
```

---

[20] Anwender sprechen hier gern davon, dass eine Präsentation mehrere Master haben kann. Ein Blick ins Objektmodell von PowerPoint zeigt aber, dass dieser Eindruck entsteht, indem der Master verschiedene Designs bekommt.

```
            <a:chOff x="0" y="0"/>
            <a:chExt cx="0" cy="0"/>
        </a:xfrm>
    </p:grpSpPr>
</p:spTree>
```

Es wird unterschieden zwischen sichtbaren und unsichtbaren Eigenschaften, Letztere erkennt man an den Buchstaben *nv*. Mit *grpSp* werden gruppierte Formen bezeichnet, die Buchstaben *Pr* deuten wie auch unter WordprocessingML und SpreadsheetML auf Eigenschaften hin (englisch: Properties).

Eine konkrete Form baut sich wie in

```
Dim aShape As XElement = _
    <p:sp xmlns:a="http://schemas.openxmlformats.org/drawingml/2006/main"
          xmlns:p="http://schemas.openxmlformats.org/presentationml/2006/main">
        <p:nvSpPr>
            <p:cNvPr id="2" name="myRectangle"/>
            <p:cNvSpPr/>
            <p:nvPr/>
        </p:nvSpPr>
        <p:spPr>
            <a:xfrm>
                <a:off x="1000100" y="714356"/>
                <a:ext cx="1643074" cy="785818"/>
            </a:xfrm>
            <a:prstGeom prst="rect">
                <a:avLst/>
            </a:prstGeom>
        </p:spPr>
        <p:style>
            <a:lnRef idx="2">
                <a:schemeClr val="accent1">
                    <a:shade val="50000"/>
                </a:schemeClr>
            </a:lnRef>
            <a:fillRef idx="1">
                <a:schemeClr val="dk2"/>
            </a:fillRef>
            <a:effectRef idx="0">
                <a:schemeClr val="accent1"/>
            </a:effectRef>
            <a:fontRef idx="minor">
                <a:schemeClr val="lt1"/>
            </a:fontRef>
        </p:style>
        <p:txBody>
            <a:bodyPr/>
            <a:p>
                <a:pPr algn="ctr"/>
                <a:r>
                    <a:t>Etwas Text</a:t>
                </a:r>
            </a:p>
        </p:txBody>
    </p:sp>
```

auf und ist dem Formen-Baum im Prinzip am Ende hinzuzufügen. Der Aufbau einer Form verdeutlicht wiederum, was der Anwender auf der Oberfläche sieht: Die Formatierung (Style) wird durch Linien, Füllung, Effekte und Schrift bestimmt. Diese können sich wie im Beispiel auf das Design beziehen (was sicher in Firmen zur Einhaltung eines Corporate Designs oftmals wünschenswert ist) oder aber direkt angegeben werden. Die Angabe des Textes hat viel Ähnlichkeit zur Angabe von Text in Word-Dokumenten, was (falls es sinnvoll ist) eine automatische Überführung von Inhalten per XSL-Transformationen begünstigt.

HINWEIS Vielleicht wundern Sie sich über die großen Zahlen bei der Angabe von Höhen und Breiten. Sie folgen *EMU* (English Metric Unit) und bedeuten: 1 Punkt = 12.700 EMU, 1 Zentimeter = 360.000 EMU und 1 Zoll = 914.400 EMU.

Der Aufbau einer einfachen Folie ist relativ kurz, denn es ist ihr einfach der Formen-Baum zu übergeben:

```
Dim xmlSld As XElement = _
    <p:sld xmlns:a=http://schemas.openxmlformats.org/drawingml/2006/main
           xmlns:p="http://schemas.openxmlformats.org/presentationml/2006/main">
        <p:cSld>
            <%= xmlShapeTreeAndShape %>
        </p:cSld>
    </p:sld>
```

In der Variablen *xmlShapeTreeAndShape* steckt eine Kombination aus zunächst leerem Baum und Form.

Der Aufbau der Folienmaster und Layouts folgt dem von Folien hinsichtlich des Formen-Baums im Prinzip:

```
Dim xmlSldMaster As XElement = _
    <p:sldMaster xmlns:a="http://schemas.openxmlformats.org/drawingml/2006/main"
           xmlns:p="http://schemas.openxmlformats.org/presentationml/2006/main"
           xmlns:r="http://schemas.openxmlformats.org/officeDocument/2006/relationships">
        <p:cSld name="myMaster">
            <%= xmlEmptyShapeTree %>
        </p:cSld>
        <p:clrMap bg1="lt1" tx1="dk1" bg2="lt2" tx2="dk2"
              accent1="accent1" accent2="accent2" accent3="accent3"
              accent4="accent4" accent5="accent5" accent6="accent6"
              hlink="hlink" folHlink="folHlink"/>
        <p:sldLayoutIdLst>
            <p:sldLayoutId id="2147483649" r:id=<%= id %>/>
        </p:sldLayoutIdLst>
    </p:sldMaster>

Dim xmlSldLayout As XElement = _
    <p:sldLayout xmlns:a="http://schemas.openxmlformats.org/drawingml/2006/main"
           xmlns:r="http://schemas.openxmlformats.org/officeDocument/2006/relationships"
           xmlns:p="http://schemas.openxmlformats.org/presentationml/2006/main" preserve="1">
        <p:cSld name="Empty Slide">
            <%= xmlEmptyShapeTree %>
        </p:cSld>
    </p:sldLayout>
```

In beiden Fällen nimmt *xmlEmptyShapeTree* einen leeren Baum auf. Dem Master müssen noch Farben des Designs beigegeben werden und eine Liste der zugehörigen Layouts. Die dafür zu verwendende *id* muss mindestens die Größe von 2147483648 erreichen.

Das Erstellen der benötigten Designdatei für den Ordner *theme* erfolgt am besten so, indem mit PowerPoint ein Design erarbeitet und wiederverwendbar mit der Dateiendung *thmx* ausgelagert wird[21]. Diese Datei ist ein ZIP-Container und enthält den *theme*-Part, der per Hand extrahiert und dem Projekt hinzugefügt werden kann. Benutzt wird die Datei etwa durch

```
Dim xmlThema As XDocument = XDocument.Load("docs\myTheme.xml")
```

Nun muss noch die gesamte Präsentation in der Hauptkomponente zusammengebaut werden:

```
Dim xmlPres As XElement = _
    <p:presentation "xmlns:a=http://schemas.openxmlformats.org/drawingml/2006/main"
        xmlns:r="http://schemas.openxmlformats.org/officeDocument/2006/relationships"
        xmlns:p="http://schemas.openxmlformats.org/presentationml/2006/main" saveSubsetFonts="1">
      <p:sldMasterIdLst>
        <p:sldMasterId id="2147483648" r:id="rId2"/>
      </p:sldMasterIdLst>
      <p:sldIdLst>
        <p:sldId id="256" r:id="rId1"/>
      </p:sldIdLst>
      <p:sldSz cx="9144000" cy="6858000"/>
      <p:notesSz cx="6858000" cy="9144000"/>
    </p:presentation>
```

Diese Zusammenstellung beruht auf Auflistungen. Dabei beginnen Folien-*Ids* bei 256 (eine dem VBA/VB-Entwickler sicher bekannte Zahl) und Master-*Ids* bei 2147483648. Wichtig ist die Einhaltung der *Ids* in den Relationen, damit die Parts auch gefunden werden.

Schließlich ist alles in den Container zu schreiben. Für die Hauptkomponente sieht das so aus:

```
Dim encoder As System.Text.UTF8Encoding = New System.Text.UTF8Encoding
Dim stream As IO.Stream
stream = pres.GetStream
Dim buffer() As Byte = encoder.GetBytes(xmlPres.ToString)
stream.Write(buffer, 0, buffer.Length)
```

Die einmal definierten *System.Text.UTF8Encoding*- und *System.IO.Stream*-Objekte sowie das benötigte *Byte-Array* können für die anderen Parts wiederverwendet werden.

Natürlich lässt sich mit einer Präsentation, die aus leeren Mastern und Layouts besteht, noch nicht viel anfangen. Stattet man aber CD-gerechte Vorlagen mit den notwendigen Elementen (und dazu gehören auch die hier noch nicht besprochenen Platzhalter in den Layouts) aus, schränkt gegebenenfalls die Oberfläche hinsichtlich gestalterischer Freiheiten etwas ein (Stichwort Anpassung der Multifunktionsleiste oder Anpassung des Dokumentinspektors wie im nächsten Kapitel), so sind effektive Workflows vorstellbar, die das Erstellen von PowerPoint-Präsentationen zumindest teilweise automatisieren und vereinheitlichen helfen. Folienbibliotheken auf SharePoint-Servern sind dazu sicher eine richtungsweisende Idee.

CD-ROM Die Beispieldateien zu diesem Abschnitt befinden sich im Ordner *Buch**Kap_16**usingOpenXmlSdk* der Begleit-CD.

---

[21] Es gibt auch einen *Open XML Theme Builder*, den Microsoft zum kostenlosen Download bereithält (*http://www.codeplex.com/openxmlthemebuilder*).

Zusammenfassung

Damit endet die naturgemäß sehr kurze Reise in die Welt von Office Open XML. Die Prinzipien der ZIP-Container, ihrer Komponenten und ihrer inneren Strukturen wurden erläutert und die Rolle, die das .NET Framework spielt, beleuchtet. Die Welt der Entwicklerwerkzeuge bleibt mit dem Open Office XML SDK, das Klassen bereithält, mit denen sich der Erstellungsprozess von Dokumenten hochgradig objektorientiert umsetzen lässt, in Bewegung und macht neugierig auf eine spannende Welt.

Kapitel 17

Multifunktionsleisten erweitern, Aufgabenbereiche erstellen und andere Aufgaben

In diesem Kapitel:

Anpassung der Multifunktionsleiste – die Grundlagen	654
Aufgabenbereiche für die Dokument- bzw. Anwendungssteuerung	667
SmartTags in Dokumenterweiterungen erstellen	676
Anpassung des Dokumentinspektors	679

Im vorigen Kapitel wurden XML-Kenntnisse, die in Kapitel 15 erlangt wurden, eingesetzt, um Office Open XML-Dokumente zu erstellen, ohne dabei die Office-Anwendungen (Word, Excel, PowerPoint) selbst ins Spiel zu bringen (es sei denn zur Anzeige der Dokumente). In diesem Kapitel kehren diese Anwendungen wieder zurück und werden so automatisiert, dass ein (zumindest lockerer) Zusammenhang zu XML und/ oder den neuen Dateiformaten bestehen bleibt, bevor dann in den nächsten beiden Kapiteln die spezifischen XML-orientierten Eigenschaften von Excel- bzw. Word-Dokumenten untersucht werden sollen.

Zunächst werden die Grundprinzipien des Aufbaus der Multifunktionsleiste mit XML-Mitteln besprochen. Diesen Zugang wählen sowohl solche Anwender, die benutzerdefinierte Register bzw. Gruppen der Multifunktionsleiste einrichten, als auch VBA-Entwickler, die Anwendungs-Add-Ins (also Dateien mit den Endungen *.dotm*, *.xlam*, *.ppam*) erstellen wollen. Visual Studio 2005-Entwickler benötigen die gleichen Kenntnisse, wenn sie COM-Add-Ins für Office entwickeln. Für Visual Studio 2008-Entwickler gibt es neben der genannten XML-Variante auch die Möglichkeit, mithilfe eines Visual Designers die Ribbon-Anpassung vorzunehmen, wobei Kenntnisse der XML-Zusammenhänge sicher nützlich sind.

Die anderen drei Abschnitte dienen als Ideenquelle, wie gegebenenfalls andere Möglichkeiten der Dokument- oder Anwendungssteuerung mit denen der Multifunktionsleiste verbunden werden können: Aufgabenbereiche, SmartTags und der hochinteressante Dokumentinspektor.

Anpassung der Multifunktionsleiste – die Grundlagen

Die Frage, ob sich die neue Benutzeroberfläche leichter anpassen lässt als die der Vorgängerversionen, kann nicht ohne Weiteres mit »Ja« oder »Nein« beantwortet werden. Die Tatsache, dass »normale« Anwender zunächst einmal ausgeschlossen sein werden[1], ist in diesem Buch kein Grund für eine klare Antwort. Denn Entwickler von Add-Ins und anderen Automatisierungslösungen haben in der Regel Symbolleisten angepasst bzw. sind mit zur Automatisierung gehörenden eigenen Symbolleisten ins Rennen gegangen. Nach einem kurzen Lernprozess, der sich vor allem auf XML konzentriert, werden Sie feststellen, dass es eigentlich noch nie so einfach war, die Oberfläche für einzelne Dokumente (oder Vorlagen) bzw. die gesamte Anwendung so zu gestalten, dass Symbolleisten nicht unkontrolliert »herumhängen« oder über Funktionalität verfügen, die zur gegenwärtigen Situation nicht passt. Und so gelingt es, manche Hürden, die dem Programmierer das Leben bisher nicht gerade einfach gemacht haben, zu meistern[2].

Was passiert mit »alten« Modifizierungen von Menü- und Symbolleisten?

Die in der Vergangenheit (unter Umständen mit viel Mühe) erstellten Symbolleisten und Menüeinträge von Dokumenten, Vorlagen und Add-Ins für Word, Excel und PowerPoint[3] fallen mit der neuen Office-Version nicht unter den Tisch. Vorausgesetzt, dass das VBA-Objektmodell die Funktionsfähigkeit schlechthin nicht infrage stellt, werden in einem speziellen Register der Multifunktionsleiste, dem Register *Add-Ins*, automa-

---

[1] Microsoft hat umfangreiche Studien in Vorbereitung der neuen Oberfläche durchgeführt, Millionen von Mausklicks und Tastaturanschlägen protokolliert und (nach eigenen Aussagen) auch herausgefunden, dass nur vergleichsweise wenige Anwender Symbolleisten und Menüs »klassischer Prägung« nach ihren Bedürfnissen einrichten.

[2] Was nicht heißt, dass sich dadurch nicht neue Hürden aufbauen würden.

[3] Und nur diese drei werden im Folgenden besprochen. Die Prinzipien bei Outlook sind die gleichen, wobei hier aber nur Inspektoren in den Genuss der Multifunktionsleiste kommen. Auch Access folgt den Grundsätzen, speichert die Multifunktionsleistendefinition aber wegen des Dateiformats und der fehlenden .NET-Unterstützung in einer anderen Form. Auskunft in beiden Fällen geben die Artikel der MSDN.

tisch drei Befehlsgruppen eingerichtet: *Menübefehle*, *Symbolleistenbefehle* und *Benutzerdefinierte Symbolleisten*. Bei Letzteren ist allerdings im Code sicherzustellen, dass die Symbolleisten im Moment der Erstellung im Code sichtbar gemacht werden. Aufgrund der beschränkten Abmessungen der Multifunktionsleiste kann es vorkommen, dass die Übersicht verloren geht, da einige der Befehle sich zunächst außerhalb des Bildschirms befinden. Da sich unterschiedliche Schaltflächen aus verschiedensten Quellen die gleiche Gruppe teilen müssen, kommt es schnell zu einem Durcheinander. Aus diesen und in den folgenden Designtipps genannten Gründen ist es nicht selten notwendig, die entsprechenden Codestellen zu überarbeiten bzw. einen konsequenten Wechsel in die neue Gestaltung des Zugriffs zu vollziehen.

Designtipps von Microsoft

Microsoft empfiehlt in einem White Paper[4], die folgenden Tipps zu beachten, bevor Sie an die konkrete Umsetzung gehen:

- Die Multifunktionsleiste beinhaltet Befehle, die den Inhalt eines Dokuments (Arbeitsmappe) betreffen. Neue Befehle, die eine Lösung charakterisieren und ebenfalls das konkrete Dokument tangieren, können in bereits integrierten Gruppen[5], neuen Gruppen vorhandener Register bzw. neuen Registern platziert werden.

- Sehr viele der möglichen neuen Befehle sollten sich von Anfang an in eines der bestehenden Register einordnen lassen. Ein neues Register sollte möglichst gefüllt sein. Liegt dazu zu wenig »Masse« vor, ist das *Add-Ins*-Register ein guter Ort der Platzierung der neuen Befehle in einer eigenen Gruppe. In Gruppen ist durch die Möglichkeit von Optionen in Verbindung mit einem Befehl in der Regel genug Platz.

- Es sollten möglichst keine Konflikte erzeugt werden, die aus dem Prinzip »Wer zuletzt lacht, lacht am besten« entstehen. Deshalb sollte das Ausblenden von Befehlsgruppen bzw. sogar der gesamte Neuaufbau der Multifunktionsleiste durch Add-Ins gut überlegt sein. Das Wissen, dass Dokumente bzw. Vorlagen ihre eigene Multifunktionsleiste (die nicht per VBA-Code erzeugt wird) immer dann anzeigen, wenn sie aktiviert sind, ist bei diesen Überlegungen sehr hilfreich. Per VBA sollten Sie Anpassungen der Multifunktionsleiste nach dem »klassischen« *CommandBar*-Prinzip (wenn überhaupt) nur dann vornehmen, wenn die Befehle anwendungsübergreifend, also nicht dokumentbezogen wirken.

    - Vermeiden Sie Unruhe im Aufbau der Multifunktionsleiste, die durch situationsbedingte Dynamisierung entsteht. Auf »Überraschungen« sollte verzichtet werden, das heißt vor allem, dass Dialogfelder oder ähnliche Konstrukte nur auf Anforderung erscheinen sollten und nicht automatisch. Gruppen sind logisch strukturiert und Befehle kommen im Allgemeinen nicht doppelt vor.

    - Verwenden Sie Befehle in dem Menü, das sich hinter der *Microsoft Office*-Schaltfläche verbirgt, nur, um die Anwendung bzw. deren Umgang mit einem Dokument zu steuern, also nicht für Aufgaben, die den Inhalt des Dokuments selbst betreffen. Es ist klar, dass hier die Grauzone gelegentlich auch breit sein kann, wie der Befehl *Vorbereiten/Verknüpfungen mit Dateien bearbeiten* (der wohl auch kein passendes Pendant in einem Kontextmenü hat) beweist.

    - Nutzen Sie (und das ist leider keine Angelegenheit für VBA-Entwickler) die Möglichkeit von Aufgabenbereichen (*CustomTaskPanes* bzw. *ActionsPanes*) zur individuellen Steuerung von Dokumenten (in Analogie zu den Aufgabenbereichen *Dokumentverwaltung* oder *Recherchieren*).

---

[4] 2007 Office System Document: UI Style Guide for Solutions and Add Ins
[5] Dazu sind allerdings die integrierten Gruppen nachzubilden, was nicht ganz ohne Gefahr ist, wenn in mehreren Add-Ins eine solche Adaption durchgeführt wird.

XML-Grundlagen der Anpassung der Multifunktionsleiste

Alles, was nicht in den drei genannten Gruppen des Registers *Add-In* geschehen soll, kann nicht mit VBA eingeleitet werden, sondern beruht auf einer Anpassung des Dokuments (der Vorlage, des Add-Ins) in dessen ZIP-Container, wie es in Abbildung 17.1 angedeutet ist, oder in einer Assembly, die die gleichen XML-Prinzipien umsetzt bzw. mithilfe des visuellen Designers gestaltet wurde.

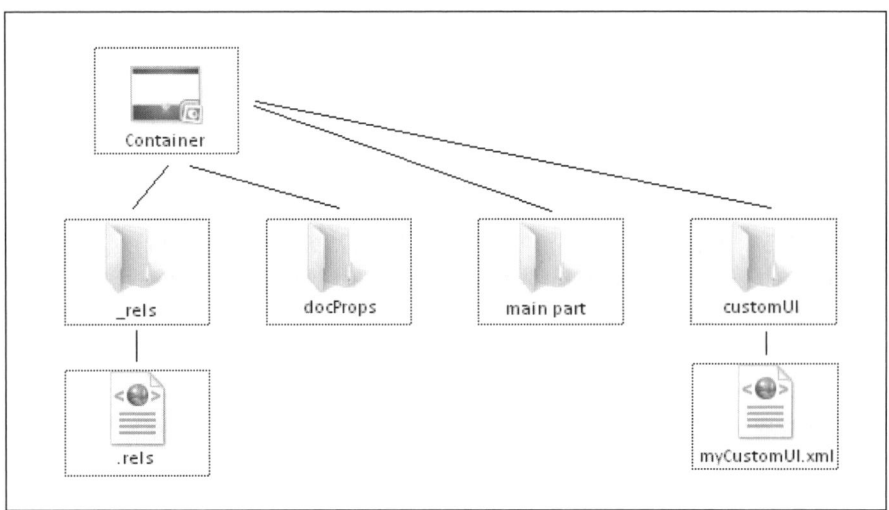

Abbildung 17.1 Die Orte, an denen eine Anpassung der Multifunktionsleiste geschieht

Um die Dateien in den Container einzubinden bzw. die notwendigen Änderungen vorzunehmen, gibt es mehrere Möglichkeiten:

- Alle Vorbereitungen werden im Windows-Explorer getroffen, ein beliebiger XML-Editor hilft beim Schreiben der Texte. Empfehlenswert ist dabei ein XML-Editor, der ein XSD-Schema (hier ist der Dateiname *customUI.xsd*, Bestandteil des Downloads *Office2007XMLSchema.exe*) an das Dokument binden kann (hinsichtlich des Zusammenhangs zwischen Datei und Schema unter Visual Studio 2008 schlagen Sie gegebenenfalls in Kapitel 15 nach).

- Sie verwenden den *Microsoft Office 2007 Custom UI Editor* (kostenloser Download), der in die ZIP-Archive ohne weitere Explorer-Instanzen »eindringen« kann. Es gibt allerdings einen Nachteil: Das Schreiben des XML-Codes muss »blind« erfolgen, da der Editor (zumindest in der bei Redaktionsschluss dieses Buches aktuellen Version) die Wohlgeformtheit bzw. Gültigkeit nicht durch IntelliSense unterstützt. Eine gewünschte Validierung geschieht aber auf Klick. Damit empfiehlt sich unter Umständen eine Mischung aus einem guten XML-Editor und dem Custom UI Editor.

- Sie nutzen die *Microsoft VSTO Power Tools 1.0* (kostenloser Download), die sich mit einem Package-Editor in Visual Studio 2008 einklinken. Dieser erlaubt es, in die ZIP-Container hineinzuschauen und dabei gleichzeitig den Editor der Entwicklungsumgebung zu verwenden (Abbildung 17.2).

Anpassung der Multifunktionsleiste – die Grundlagen

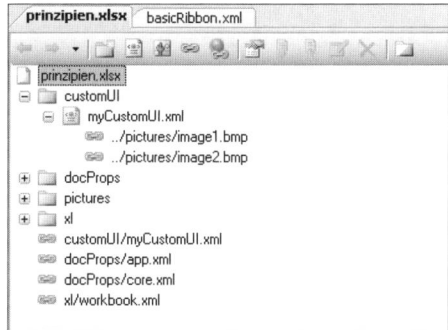

Abbildung 17.2 OpenXML-Package-Editor im Einsatz

Das Schöne am zuletzt genannten Editor ist, dass Sie sich nicht um den Eintrag der korrekten Beziehungen im Container kümmern müssen, sondern nur um die Auslösung des Eintrags. Und so wird auch der notwendige Eintrag in der *.rels*-Datei zum Gesamtarchiv, der auf die nun vorhandene Anpassung in *myCustomUI.xml* hinweist

```
<Relationship Id="rId4" Type="http://schemas.microsoft.com/office/2006/relationships/ui/extensibility"
Target="customUI/myCustomUI.xml"/>
```

automatisch erzeugt. Hinweise zum Aufbau der ZIP-Container finden Sie in Kapitel 16.

Da Visual Studio 2008 den Bezug zur Schemadatei zum Namensraum *http://schemas.microsoft.com/office/2006/relationships/ui/extensibility* bereits kennt (unter Visual Studio 2005 ist er extra herzustellen), wirkt IntelliSense bereits nach den ersten beiden Zeilen der Datei *myCustomUI.xml*:

```
<?xml version="1.0" encoding="utf-8"?>
<customUI xmlns=http://schemas.microsoft.com/office/2006/01/customui>
```

Die XML-Knoten folgen eigentlich dem, was man als Anwender auf der Oberfläche sieht:

- Hinter der Office-Schaltfläche befinden sich Menüeinträge, die sich folgendermaßen charakterisieren lassen:

```
<commands>
  <command idMso="commandId" enabled="false"/>
</commands>
```

Auch Einträge kontextsensitiver Menüs werden auf diese Weise angesprochen.

- Die Symbolleiste *<qat>* für den Schnellzugriff besteht aus Schaltflächen und anderen Elementen.
- Es gibt spezielle kontextbestimmte Register, die abhängig von markierten Objekten (Tabellen, Formen usw.) erscheinen: *<contextualTabs>* mit *<tabSet>*-Tags als Inhalt.
- Den Hauptteil liefern Register *<tabs>*, die integriert oder selbst erstellt sind.
- In den Registern gibt es Gruppen *<group>*, die beim Anordnen der Elemente der untersten Stufe helfen.

Und so entsteht ein Gefüge, das schematisch durch Abbildung 17.3 beschrieben wird.

```xml
<?xml version="1.0" encoding="utf-8" ?>
<customUI
    xmlns="http://schemas.microsoft.com/office/2006/01/customui"
    loadImage="aProcedure" onLoad="anotherProc">
  <commands>
    <command idMso="commandId" enabled="false" />
  </commands>
  <ribbon startFromScratch="false">
    <officeMenu />
    <qat />
    <contextualTabs>
      <tabSet idMso="anId">
        <tab />
      </tabSet>
    </contextualTabs>
    <tabs>
      <tab idMso="anotherId">
        <group label="Bekannte Elemente" id="integratedElements">
          <button idMso="VisualBasic" size="large" />
          <button idMso="MacroSecurity" size="normal" />
        </group>
        <group label="Neue Elemente" id="newElements">
          <button id="myButton" onAction="click" label="Click!"
                  image="Rc7aa5c02c48041a4" />
        </group>
      </tab>
      <tab id="myTabId">
        <group id="groupId" />
      </tab>
    </tabs>
  </ribbon>
</customUI>
```

Abbildung 17.3 Eine »abstrakte« Definition der angepassten Multifunktionsleiste

Da die Zahl der möglichen Attribute in den Knoten recht hoch ist, sind die wesentlichen Steuerelemente in Tabelle 17.2 zusammengefasst. Nicht enthalten sind dort

- *onLoad* und *loadImage* von *<customUI>*: Das erste bezeichnet eine Prozedur, die beim Aufruf zur Anzeige der Multifunktionsleiste durch die Office-Anwendung ausgeführt wird. Die zweite hilft beim Laden von Bildern für einzelne Elemente. Solche Prozeduren bezeichnet man als Callbacks oder Rückrufprozeduren. Weitere Einzelheiten folgen etwas weiter hinten in diesem Kapitel.

- *startFromScratch* von *<ribbon>*: Hier wird festgelegt, ob die Multifunktionsleiste »nur« angepasst (*false*) oder vollkommen neu (*true*) aufgebaut werden soll.

Jedes Element benötigt eine ID. Dabei gibt es drei Varianten: *idMso*, *id* und *idQ*. Die erste bezeichnet die ID eines integrierten Elements. Kenntnis von diesen IDs erlangt man häufig, indem man versucht, die Schnellzugriffsleiste anzupassen. Dies geschieht in den *Optionen* zur jeweiligen Anwendung im Bereich *Anpassen*. Bewegt man den Mauszeiger auf ein dort gelistetes Steuerelement und wartet kurz, erscheint ein ToolTip, an dessen Ende in Klammern die gewünschte ID steht. Außerdem stellt Microsoft mehrere Excel-Arbeitsmappen zum Download zur Verfügung, in denen fast alle interessanten IDs gelistet sind (inklusiv der Gruppen und Register): *2007 Office System Document: Lists of Control IDs*, Datei *2007OfficeControlIDsExcel2007.EXE*.

Erstellen Sie eigene Register, Gruppen oder Steuerelemente, erhalten diese eine frei wählbare ID. Eine besondere ID ist *idQ*. Diese ist in Verbindung mit einem XML-Namensraum anzulegen und bekommt das Präfix zum Namensraum vorangestellt. Dieser Namensraum ist auch im Wesentlichen frei wählbar. Das Ziel dieser Vorgehensweise liegt darin, dass verschiedene Add-Ins (nicht notwendigerweise COM-Add-Ins) auf gleiche Register bzw. Gruppen in diesen Registern zugreifen können und so ihre Steuerelemente »mergen«.

Verfügbare Steuerelemente

Tabelle 17.1 listet die Steuerelemente auf, wie sie in der XML-Anpassung benannt werden, und gibt eine kurze Erklärung. Viele von ihnen verhalten sich so, wie man es aus dem Bereich der WinForms-Steuerelemente kennt.

Knotenname	Beschreibung
box	Dient der horizontalen bzw. vertikalen Gruppierung von Elementen.
button	Schaltfläche zum Ausführen eines Klickbefehls.
buttonGroup	Dient der horizontalen Gruppierung von Schaltflächen.
checkBox	Entspricht dem bekannten Kontrollkästchen.
comboBox	Entspricht dem bekannten Kombinationsfeld mit editierbarem Eingabefeld.
dropDown	Entspricht dem bekannten Dropdown-Listenfeld.
dynamicMenu	Menü in der Art der Schaltfläche *Einfügen* von Office, das während der Laufzeit gefüllt wird.
editBox	Entspricht dem bekannten Textfeld.
gallery	Ein Steuerelement zum Anordnen von Elementen (Katalog).
group	Gruppe eines Registers zum Anordnen von anderen Steuerelementen (außer Gruppen).
label	Entspricht dem bekannten Bezeichnungsfeld.
menu	Vom Verhalten her wie klassische (Unter-)Menüs.
menuSeparator	Steuerelement zum Trennen von Menüeinträgen.
splitButton	Besteht aus Schaltfläche (*button*/*toggleButton*) und Menü (*menu*), ähnlich zu *dynamicMenu*, wird zur Entwurfszeit gefüllt.
toggleButton	Ein Umschaltflächen-Steuerelement (bleibt nach Klick gedrückt bzw. kehrt in die Ausgangslage zurück).

Tabelle 17.1 Liste von Steuerelementen (Name wie in der XML-Anpassung), die auch von Visual Studio im Designer bereitgestellt werden

Diese Analogie zu bekannten Steuerelementen zieht sich allerdings nicht vollkommen durch. So muss sich der Entwickler etwa daran gewöhnen, dass die zugehörige Beschriftung hier *label* heißt und nicht wie sonst *Text*. Eine erste Übersicht zu möglichen Attributen und ihren Werten, die allerdings nicht vollständig ist, liefert Tabelle 17.2.

Attribut	Typ/Wert	Beschreibung
description	String	Falls das *itemSize*-Attribut auf *large* gesetzt ist, wird der Text in Menübeschreibungen angezeigt.
enabled	true, false, 0, 1	Das Steuerelement ist aktiviert oder nicht.
getContent	Rückruf	Liefert den XML-Inhalt, der ein dynamisches Menü beschreibt.
getEnabled	Rückruf	Liefert den Aktivierungszustand eines Steuerelements (*enabled*).
getImage	Rückruf	Liefert das Bild (*image*) eines Steuerelements.
getImageMso	Rückruf	Liefert das Symbol eines integrierten Steuerelements durch Angabe der ID.
getItemCount	Rückruf	Liefert die Anzahl der Einträge (*ComboBox, DropDown, Gallery*).
getItemID	Rückruf	Liefert die ID eines Eintrags (*ComboBox, DropDown, Gallery*).
getItemLabel	Rückruf	Liefert die Beschriftung (*label*) eines Eintrags (*ComboBox, DropDown, Gallery*).
getLabel	Rückruf	Liefert die Beschriftung (*label*) eines Steuerelements.
getPressed	Rückruf	Gibt an, ob ein *ToggleButton* gedrückt oder eine *Checkbox* ausgewählt ist.
getSelectedItemID	Rückruf	Liefert die ID eines gewählten Eintrags (*DropDown, Gallery*).
getSelectedItemIndex	Rückruf	Liefert den Index eines gewählten Eintrags (*DropDown, Gallery*).
getText	Rückruf	Liefert den Text einer *EditBox*.
getTitle	Rückruf	Gibt den Text eines Separators an (statt der horizontalen Linie).
getVisible	Rückruf	Liefert die Sichtbarkeit eines Steuerelements (*visible*).
id	String	Notwendiger Identifikator eines Steuerelements (*id, idMso* und *idQ* schließen sich gegenseitig aus).
idMso	id	ID eines integrierten Steuerelements (*id, idMso* und *idQ* schließen sich gegenseitig aus).
idQ	qualifizierte *id*	Durch einen XML-Namensraum qualifizierte ID eines Steuerelements (*id, idMso* und *idQ* schließen sich gegenseitig aus).
image	String	Name (ID) der *Relation* zu einem Bild.
imageMso	id	ID eines integrierten Schaltflächensymbols.
insertAfterMso	id	Bestimmt, *nach* welchem integrierten Steuerelement ein Steuerelement platziert werden soll.
insertAfterQ	qualifizierte *id*	Bestimmt, *nach* welchem qualifizierten Steuerelement ein Steuerelement platziert werden soll.
insertBeforeMso	id	Bestimmt, *vor* welchem integrierten Steuerelement ein Steuerelement platziert werden soll.
insertBeforeQ	qualifizierte *id*	Bestimmt, *vor* welchem qualifizierten Steuerelement ein Steuerelement platziert werden soll.
label	String	Gibt die Beschriftung eines Steuerelements an.
onAction	Rückruf	Bestimmt, was nach einem Klick geschehen soll.
onChange	Rückruf	Bestimmt, was nach Textänderungen geschehen soll.
showImage	true, false, 0, 1	Bestimmt, ob das Bild (*image*) eines Steuerelements angezeigt wird oder nicht.
showItemLabel	true, false, 0, 1	Bestimmt, ob Einträge einer *ComboBox, DropDown* oder *Gallery* angezeigt werden oder nicht.
showLabel	true, false, 0, 1	Bestimmt, ob die Beschriftung eines Steuerelements angezeigt wird oder nicht.
size	large, normal	Gibt die Größe eines Steuerelements an.
title	String	Beschreibt den Text für einen *Separator* (statt der horizontalen Linie).
visible	true, false, 0, 1	Bestimmt, ob ein Steuerelement angezeigt wird oder nicht.

Tabelle 17.2 Wichtige Attribute von Steuerelementen (Steuerelemente werden wie im Visual Designer von Visual Studio bezeichnet)

Die gültigen Attribute werden angezeigt, wenn Sie zum Entwurf der XML-Datei das Schema angebunden haben, und sind weitestgehend selbsterklärend. Eine Besonderheit sind die Callbacks oder Rückrufprozeduren.

Rückrufprozeduren

Bereits bei der Entwicklung von Makros unter VBA und der Zuweisung mittels *OnAction*-Eigenschaft an selbst definierte Schaltflächen macht man Bekanntschaft mit Rückrufprozeduren, ohne diese so zu nennen (und auch nicht nennen zu müssen). Eine Besonderheit ist, dass es parameterlose Prozeduren sind[6].

Bei der Ribbon-Anpassung wird das Parameterlose beim Nennen des Namens der Prozedur in der XML-Anpassung deutlich. Allerdings müssen die Rückrufprozeduren einer gewissen Signatur folgen, die Parameter enthält – sonst kann Office nicht korrekt damit umgehen. Für die verschiedenen Programmiersprachen sind die Signaturen in der MSDN hinterlegt, die von VBA unterscheiden sich von denen von Visual Basic. Tabelle 17.3 listet einen wesentlichen Teil Letzterer.

Steuerelement	Attribut	Signatur in Visual Basic
verschiedene	getEnabled	Function GetEnabled(control as IRibbonControl) As Boolean
	getImage	Function GetImage(control as IRibbonControl) as IPictureDisp
	getLabel	Function GetLabel(control As IRibbonControl) As String
	getSupertip	Function GetSupertip(control As IRibbonControl) As String
	getVisible	Function GetVisible(control As IRibbonControl) As Boolean
button	onAction	Sub OnAction(control As IRibbonControl)
	onAction (zum Überschreiben) [7]	Sub OnAction(control As IRibbonControl, byRef CancelDefault)
checkBox	getPressed	Function GetPressed(control As IRibbonControl) As Boolean
	onAction	Sub OnAction(control As IRibbonControl, pressed As Boolean)
comboBox	getItemCount	Function GetItemCount(control As IRibbonControl) As Integer
	getItemID	Function GetItemID(control As IRibbonControl, index As Integer) As String
	getItemLabel	Function GetItemLabel(control As IRibbonControl, index As Integer) As String
	getText	Function GetText(control As IRibbonControl) As String
	onChange	Sub OnChange(control As IRibbonControl, text As String)
customUI	loadImage	Function LoadImage(imageId As String) As IPictureDisp
	onLoad	Function OnLoad(ribbon As IRibbonUI)

Tabelle 17.3 Einige wichtige Rückrufsignaturen (Steuerelemente werden wie in der XML-Definition des Ribbons bezeichnet)

---

[6] Es wird zwar immer wieder versucht, auch den Schaltflächenmakros unter VBA einen Parameter mitgeben zu lassen. Das funktioniert wohl auch meistens unter Excel, nicht jedoch sauber unter Word und wohl gar nicht unter PowerPoint.

[7] Damit können den integrierten Schaltflächen benutzerdefinierte Aktionen zugewiesen werden, die sich kontrollieren lassen. Es wird also die eigentliche Funktionalität gegebenenfalls überschrieben, wobei es mithilfe des zweiten Parameters (gleich *True*) gelingt, den Standardvorgang abzubrechen. Das ist etwas, das bis Office 2003 nur durch Eventhandling mittels Einhängen in das *Click*-Ereignis in Klassenmodulen möglich war.

Steuerelement	Attribut	Signatur in Visual Basic
dropDown	getItemCount	Function GetItemCount(control As IRibbonControl) As Integer
	getItemID	Function GetItemID(control As IRibbonControl, index As Integer) As String
	getItemLabel	Function GetItemLabel(control As IRibbonControl, index As Integer) As String
	getSelectedItemID	Function GetSelectedItemID(control As IRibbonControl) As Integer
	getSelectedItemIndex	Function GetSelectedItemIndex(control As IRibbonControl) As Integer
	onAction	Sub OnAction(control As IRibbonControl, selectedId As String, selectedIndex As Integer)
dynamicMenu	getContent	Function GetContent(control As IRibbonControl) As String
editBox	getText	Function GetText(control As IRibbonControl) As String
	onChange	Sub OnChange(control As IRibbonControl, text As String)
gallery	getItemCount	Function GetItemCount(control As IRibbonControl) As Integer
	getItemID	Function GetItemID(control As IRibbonControl, index As Integer) As String
	getItemImage	Function GetItemImage(control As IRibbonControl, index As Integer) As IPictureDisp
	getItemLabel	Function GetItemLabel(control As IRibbonControl, index As Integer) As String
	getSelectedItemID	Function GetSelectedItemID(control As IRibbonControl) As Integer
	getSelectedItemIndex	Function GetSelectedItemIndex(control As IRibbonControl) As Integer
	onAction	Sub OnAction(control As IRibbonControl, selectedId As String, selectedIndex As Integer)
menuSeparator	getTitle	Function GetTitle (control As IRibbonControl) As String
toggleButton	getPressed	Function GetPressed(control As IRibbonControl) As Boolean
	onAction	Sub OnAction(control As IRibbonControl, pressed As Boolean)
	onAction (zum Überschreiben)	Sub OnAction(control As IRibbonControl, pressed As Boolean, byRef CancelDefault)

Tabelle 17.3 Einige wichtige Rückrufsignaturen (Steuerelemente werden wie in der XML-Definition des Ribbons bezeichnet) *(Fortsetzung)*

Die Namen sind selbsterklärend, mit etwas Geduld und Übung lassen sich Unklarheiten relativ schnell beseitigen. Zur Verdeutlichung: Eine mit

```
<toggleButton id="myToggle" imageMso="HappyFace" onAction="onToggleButton" getPressed="getPressed"/>
```

definierte Umschaltfläche bekommt durch etwas wie

```
Public Sub onToggleButton(ByVal control As Office.IRibbonControl, ByVal isPressed As Boolean)
    blnPressed = isPressed
    If isPressed Then
        MessageBox.Show("Gedrückt")
    Else
        MessageBox.Show("Losgelassen")
    End If
End Sub
```

```
Public Function getPressed(ByVal c As Office.IRibbonControl) As Boolean
    Return blnPressed
End Function
```

ihr Leben eingehaucht: *onTogglebutton* wird durch *onAction* ins Spiel gebracht und führt die ausgelöste Aktion letztlich durch. Der Zustand der Schaltfläche wird mit *getPressed* abgefragt. Weitere kleine Beispiele finden Sie im weiteren Verlauf dieses Kapitels.

Dokumentbezogene und anwendungsübergreifende Anpassungen

Für Excel, Word und PowerPoint gilt in etwa Folgendes:

- Jedes Dokument kann seine Multifunktionsleiste angepasst mitbringen. Sie wird immer dann aktiv, wenn das Dokument selbst aktiv ist, wird ein anderes aktiviert, erscheint die »gemeinsame« Multifunktionsleiste.
- Excel-Arbeitsmappen und PowerPoint-Präsentationen erben die Multifunktionsleiste ihrer Vorlage, da diese ja nur kopiert wird.
- Anwendungs-Add-Ins, die auf Dokumenten beruhen bzw. aus diesen entstanden sind, geben der gesamten Anwendung das angepasste Ribbon. Wirken Add-Ins gleichzeitig, kommt es natürlich zu Überschneidungen.
- Dateien, die das angepasste Ribbon im ZIP-Container mit sich führen, können dieses durch VBA-Prozeduren unterstützen. Diese befinden sich im VBA-Projekt des gleichen Containers. Damit es nicht zu »Verwechslungen« der Prozeduren in den Callbacks kommt, lassen sich diese mit Modulnamen (getrennt durch einen Punkt) aufrufen.
- COM-Add-Ins bringen die XML-Definition als eingebettete Ressource mit der Assembly mit. Diese wird durch die Office-Anwendung geeignet ausgelesen und die Multifunktionsleiste dokumentübergreifend angepasst.
- COM-Add-Ins, die mit Visual Studio 2008 erstellt werden, haben die Möglichkeit, die Definition der Multifunktionsleiste durch einen visuellen Designer zu erhalten, XML-Anpassung spielt dann für den Entwickler keine Rolle. Rückrufprozeduren treten nicht mehr in Erscheinung, die Programmierung des Ribbons verhält sich so, als ob WinForms programmiert würden.
- Qualifizierte IDs unter Verwendung von Namensräumen erlauben es, dass verschiedene Add-Ins gleiche Register bzw. Gruppen nutzen. Allerdings dürfen Elemente mit Rückruf nicht den so definierten gemeinsamen Namensraum benutzen, da sonst die Anwendung die Rückrufprozedur nicht findet. Die Steuerelemente können im Prinzip eine einfache ID erhalten. Soll doch auf einen Namensraum zurückgegriffen werden, ist für diesen der Name des COM-Add-Ins (bei Shared Add-Ins die ProgId) zu verwenden.[8]

---

[8] Dem Autor ist nicht bekannt, welcher Name für Anwendungs-Add-Ins verwendet werden kann. Im Falle von Word bzw. Excel war das in den bisherigen Praxisbeispielen auch ohne Bedeutung. Nur PowerPoint hat eine Eigenschaft, die störend ist: Werden für Register und Gruppen Namensräume verwendet und für Steuerelemente nicht, genügt das Bewegen des Mauszeigers auf das Steuerelement, um alle bisher nicht geladenen Add-Ins ohne Nachfrage nachzuladen. Das bringt zumindest Unruhe. Für COM-Add-Ins gilt dieses Verhalten wohl nicht (außerdem kann man durch einen zweiten Namensraum für die Steuerelemente vorbeugen).

XML-Vorlagen von Visual Studio

Visual Studio 2008-Projekte für Dokumenterweiterungen (VSTO 3.0) sowie Add-Ins kennen zwei Vorlagen zur Anpassung der Multifunktionsleiste (Abbildung 17.4).

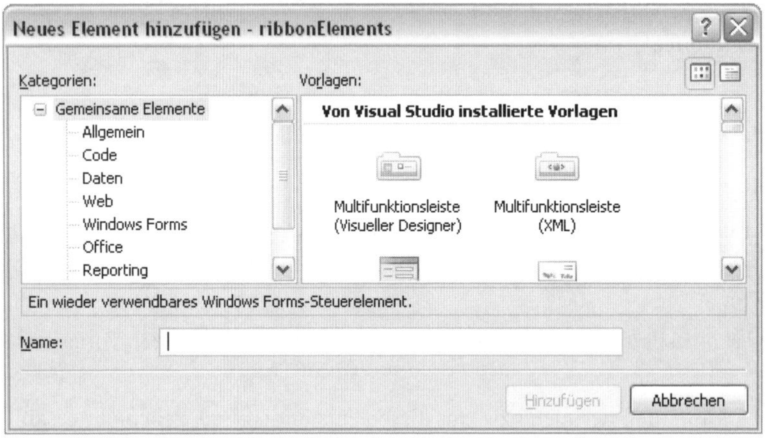

Abbildung 17.4 Die beiden Ribbon-Vorlagen

Add-Ins, die unter Visual Studio 2005 entwickelt werden (VSTO SE), müssen mit der XML-Anpassung versehen werden.

Wird eine XML-Anpassung dem Projekt hinzugefügt, entstehen zwei Dateien: eine mit Endung *.xml*, die die Definition aufnimmt, und eine mit Endung *.vb* für den Code. Die XML-Datei hat einen kleinen Vorgabetext, der das Register *Add-Ins* anspricht und dort eine Gruppe anlegt. Die Vereinbarung

```
onLoad="Ribbon_Load"
```

zielt auf eine Rückrufprozedur, die wie folgt definiert wurde:

```
Public Sub Ribbon_Load(ByVal ribbonUI As Office.IRibbonUI)
    Me.ribbon = ribbonUI
End Sub
```

und das über

```
Private ribbon As Office.IRibbonUI
```

definierte Objekt ins Leben ruft.

HINWEIS   In einem Projekt können keine zwei Vorlagen zur Ribbon-Anpassung genutzt werden, da eine von beiden in der Anpassung obsiegt.

In einer To-do-Liste steht der Satz

```
'1: Kopieren Sie folgenden Codeblock in die Klasse "ThisAddin", "ThisWorkbook" oder "ThisDocument".
```

Anpassung der Multifunktionsleiste – die Grundlagen

den Sie aber etwas freier handhaben können und etwas nutzen, das auf der partiellen Definition der Klasse *ThisAddin* beruht. Sie schreiben im Modul zur Ribbon-Deklaration den folgenden Code:

```
Partial Class ThisAddIn
    Protected Overrides Function CreateRibbonExtensibilityObject() _
            As Microsoft.Office.Core.IRibbonExtensibility
        Return New Ribbon1()
    End Function
End Class
```

HINWEIS Haben Sie bereits mit den unterschiedlichen Versionen der VSTO in der Entwicklungsphase 2007 experimentiert, so stellen Sie fest, dass auch der damals angebotene Code noch funktionsfähig ist:

```
Partial Public Class ThisAddIn
    Private ribbon As RibbonXML
    Protected Overrides Function RequestService(ByVal serviceGuid As Guid) As Object
        If serviceGuid = GetType(Office.IRibbonExtensibility).GUID Then
            If ribbon Is Nothing Then
                ribbon = New RibbonXML
            End If
            Return ribbon
        End If
        Return MyBase.RequestService(serviceGuid)
    End Function
End Class
```

wobei hier die Verwendbarkeit des Objekts *ribbon* mit Blick auf spätere Verwendung klassenübergreifend deklariert wurde.

Die Anpassungsklasse wird durch

```
<Runtime.InteropServices.ComVisible(True)>
```

sichtbar für Office, muss aber nicht für COM Interop registriert werden. Wichtig ist auch, dass sie die Schnittstelle *Office.IRibbonExtensibility* implementiert, weshalb das Vorhandensein von

```
Public Function GetCustomUI(ByVal ribbonID As String) As String _
        Implements Office.IRibbonExtensibility.GetCustomUI
    Return GetResourceText("ribbonZugriff.Ribbon1.xml")
End Function
```

zwingend ist. Die Art und Weise, wie mit der Ressource, die die XML-Anpassung enthält, umgegangen wird, ist sicher Geschmackssache. In der Vorlage wird ein kleiner Helper eingesetzt, der die eingebettete Ressource liest. Nehmen Sie die XML-Datei zu den Ressourcen des Projekts (Projekteigenschaften), kann der Aufruf ohne den Aufruf einer Helper-Funktion so ausfallen:

```
Public Function GetCustomUI(ByVal ribbonID As String) As String _
        Implements Office.IRibbonExtensibility.GetCustomUI
    Return My.Resources.RibbonXML
End Function
```

Eventuelle Rückrufprozeduren werden nun nach dem oben angegebenen Muster hinzugefügt.

Nutzen Sie den visuellen Designer, so programmieren Sie wie unter WinForms-Anwendungen. Eigenschaften und Methoden sind allerdings im stärkeren Maße selbsterklärend, wenn die Grundkenntnisse zur XML-Anpassung der Multifunktionsleiste vorhanden sind.

XML-Anpassungen lassen sich aus Klassen, die mit dem Designer erstellt wurden, extrahieren. Es entsteht so zwar die XML-Datei, für die Übernahme der Rückrufe muss aber per Copy & Paste selbst gesorgt werden.

Bilder auf Steuerelementen

Sollen Bilder als Icons von Steuerelementen verwendet werden, so ist man in der Wahl des Formats völlig frei (es muss also keine Datei mit Endung *.ico* sein). Zwei Wege sind denkbar:

- Das Bild wird im Falle von Dokumentanpassungen oder Anwendungs-Add-Ins in den ZIP-Container integriert. Damit es gefunden wird, braucht die Datei *myCustomUI.xml* einen Verweis (Relation), wo gesucht werden soll.

- Das Bild wird per Programm einer Assembly zugeordnet. Hier gibt es ein Problem, das allerdings lösbar ist: Bilder für Office (*stdole.dll*) sind vom Typ *IPictureDisp*, die Klassen des .NET Frameworks kennen diesen Typ aber nicht.

Im ersten Fall ist also ein Ordner im ZIP-Container anzulegen (etwa *pictures*) und im Ordner *customUI*, in dem sich die Datei *myCustomUI.xml* befindet, ein Unterordner *_rels* zu schaffen, der die Datei *myCustomUI.xml.rels* aufnimmt. In dieser steht dann ein Hinweis nach dem Muster:

```
<Relationship Type="http://schemas.openxmlformats.org/officeDocument/2006/relationships/image"
    Target="../pictures/image1.bmp" Id="rId1" />
```

und das *image*-Attribut des betreffenden Steuerelements bekommt die Id mit auf den Weg:

```
<button id="myButton" label="Click1!" image="rId1"/>
```

Sollen Bilder per Programm geladen werden, so definieren Sie den *getImage*-Rückruf von

```
<button id="myButton" label="mit Bild" getImage="getButtonImage" />
```

etwa durch

```
Function getButtonImage(ByVal c As Office.IRibbonControl) As stdole.IPictureDisp
    Return imageConverter.GetIPictureDispFromPicture(My.Resources.Image2)
End Function
```

Hier übernimmt die Klasse *imageConverter* die notwendige Transformation:

```
Public Class imageConverter
    Inherits AxHost

    Public Sub New()
        MyBase.new(Nothing)
    End Sub
```

```
    Public Overloads Shared Function GetIPictureDispFromPicture(ByVal img As Image) As_
        stdole.IPictureDisp
        Return AxHost.GetIPictureDispFromPicture(img)
    End Function
End Class
```

indem Umwandlungseigenschaften (Methoden) eines Wrappers genutzt werden, der ActiveX-Steuerelemente versteht.

Neuzeichnen von Elementen

Da der Zustand der Multifunktionsleiste eigentlich nur zum Start eines Dokuments bzw. Add-Ins gelesen und eingerichtet wird, ist es notwendig, eine Methode zu kennen, die die Office-Anwendungen veranlasst, das »Gedächtnis zum Ribbon« zu verlieren. Bei dieser Methode handelt es sich um die *InvalidateControl*-Methode der *IRibbonUI*-Klasse. Der Methode wird die ID eines infrage stehenden Steuerelements mitgegeben, wonach die Office-Anwendung dieses Steuerelement aufgrund nunmehr vorliegender Informationen (Rückrufe über *getImage*, *getLabel* usw.) neu zeichnet. Die Anpassungen der gesamten Multifunktionsleiste werden mit der *Invalidate*-Methode zurückgesetzt.

> **CD-ROM** Ein paar Dateien, die zum Experimentieren einladen sollen, befinden sich im Ordner *Buch**Kap_17**ribbonXML* und *Buch**Kap_17**ribbonZugriff* der Begleit-CD. Das zweite Projekt verdeutlicht auch den Einsatz von Bildern in Zusammenhang mit dem Neuzeichnen von Steuerelementen.

Aufgabenbereiche für die Dokument- bzw. Anwendungssteuerung

Aufgabenbereiche traten mit Office XP ins Leben der Anwender und mancher wird erschrocken sein, dass er seinen guten alten Serienbrief-Assistenten unter Word völlig verändert vorfand. Ein Nachteil von Aufgabenbereichen, der vielleicht dazu führte, dass die Multifunktionsleiste den Sieg davongetragen hat, liegt darin, dass nicht immer deutlich wurde, ob mithilfe des Aufgabenbereichs das Dokument (*Serienbrief-Assistent*, *Folienlayout*, *XML-Zuordnungen* und andere mehr) gesteuert wurde oder es sich um die Steuerung der gesamten Anwendung (*Erste Schritte*, *Hilfe*, *Suchergebnisse* usw.) handelte. An diese Unterscheidung sollten Sie als Entwickler denken:

- Verwenden Sie *CustomTaskPanes* in solchen Erweiterungen, die dokumentübergreifend arbeiten, und helfen Sie dem Anwender bei der Steuerung der gesamten Anwendung (natürlich auch unter Einbeziehung des aktuellen Dokuments).

- Setzen Sie *ActionsPanes* mit den Dokumenterweiterungen für konkrete Dokumente im Prinzip nur zur Steuerung des Dokuments selbst ein.

In Kapitel 9 wurde die *ActionsPane*-Klasse (Dokumentaktionen) vorgestellt, in Kapitel 10 haben Sie bereits eine kurze Einführung zur *CustomTaskPane*-Klasse erhalten. In beiden Fällen ist ein Zusammenspiel mit Elementen der Multifunktionsleiste denkbar und sinnvoll. Und darum soll es in diesem Abschnitt gehen.

Benutzerdefinierte Aufgabenbereiche auf Anwendungsebene

Beginnen Sie mit einem Projekt auf Basis der Vorlage *Excel 2007-Add-In*, das Sie **customTaskPane** nennen. Einen Aufgabenbereich erstellen Sie mithilfe der Vorlage *Benutzersteuerelement*, auf dem Sie (es ist nur ein sehr kleines Beispiel) eine einzige Schaltfläche unterbringen, deren *Click*-Ereignis die Anwendung schließen soll.

Das Einblenden bzw. Ausblenden des Aufgabenbereichs soll über eine Schaltfläche im Register *Entwicklertools* erfolgen, was Sie durch eine Klasse auf Basis der Vorlage *Multifunktionsleiste (XML)* erreichen können.

Angenommen, die Klasse heißt *byXML* und die zugehörige Codedatei *byXML.vb*[9]. Als Erstes arbeiten Sie die automatisch angelegte To-do-Liste ab und schreiben etwas Code wie

```
Partial Class ThisAddIn
    Dim byXml As byXML

    Protected Overrides Function CreateRibbonExtensibilityObject() As _
            Microsoft.Office.Core.IRibbonExtensibility
        byXml = New byXML
        Return byXml
    End Function
End Class
```

vor die genannte Klassendefinition oder in die Definition von *ThisAddIn* direkt. Damit wird der Anwendung (in diesem Falle ist es Excel) mitgeteilt, dass die Multifunktionsleiste angepasst wird. Die Anpassung halten Sie die gesamte Zeit mit der Variablen *byXml* in der Hand. Da durch die Verwendung der Vorlage das Laden der Ribbon-Definition bereits vorbereitet wurde (es handelt sich um den Code:

```
Public Sub Ribbon_Load(ByVal ribbonUI As Office.IRibbonUI)
    Me.myRibbon = ribbonUI
End Sub
```

sowie die Helper-Funktion zum Laden der eingebetteten Ressource, die die XML-Anpassung definiert), kümmern Sie sich nur noch um die XML-Anpassung selbst und schreiben die gewünschten Rückrufe. Die XML-Anpassung kann etwa so aussehen:

```
<?xml version="1.0" encoding="UTF-8"?>
<customUI xmlns="http://schemas.microsoft.com/office/2006/01/customui" onLoad="Ribbon_Load">
  <ribbon>
    <tabs>
      <tab idMso="TabDeveloper">
        <group id="byXML"
               label="by XML">
          <toggleButton id="tb" onAction="press" getPressed="getPressed"
                        label="TaskPane" getImage="getImage" size="large"/>
        </group>
      </tab>
    </tabs>
  </ribbon>
</customUI>
```

---

[9] Der Name *byXML* wurde gewählt, weil im Anschluss noch die Variante, die aus dem visuellen Designer resultiert, angedacht werden soll. Dann heißt die Klasse *byVD*.

Aufgabenbereiche für die Dokument- bzw. Anwendungssteuerung

Und die Rückrufprozeduren steuern den Aufgabenbereich:

```
Public Function getPressed(ByVal c As Office.IRibbonControl) As Boolean
    Return customTaskPane.Globals.ThisAddIn.ctp.Visible
End Function

Public Sub press(ByVal c As Office.IRibbonControl, ByVal pressed As Boolean)
    customTaskPane.Globals.ThisAddIn.ctp.Visible = pressed
End Sub
```

Da bislang noch nicht bekannt ist, was sich hinter dem Objekt *ctp* verbirgt, ist dieses in der *ThisAddIn*-Beschreibung entsprechend einzurichten:

```
Friend WithEvents ctp As Microsoft.Office.Tools.CustomTaskPane

Private Sub ThisAddIn_Startup(ByVal sender As Object, ByVal e As System.EventArgs) Handles Me.Startup
    Try
        ctp = Me.CustomTaskPanes.Add(New usrTaskPane, "Erster Test")
        customTaskPane.Globals.ThisAddIn.ctp.Visible = False
    Catch ex As Exception

    End Try
End Sub
```

In vielen Beispielen dieses Buches wurde auf eine ausreichende Fehlerbehandlung in den Prozeduren aus Platzgründen verzichtet, an dieser Stelle soll der *Try…Catch*-Block darauf hinweisen, dass es bei der Erstellung von Add-Ins bzw. Dokumenterweiterungen, an denen zusätzlich noch die Multifunktionsleiste beteiligt ist, gelegentlich zu Fehlern kommt, die nur aufgefangen werden, wenn eine solche Behandlung vorhanden ist. Hinreichend oft werden Prozeduren ohne Fehlerbehandlung im Falle eines Fehlers einfach ohne Nachfrage verlassen.

Das Bild auf der Schaltfläche ist als Ressource im Projekt hinterlegt und wird durch

```
Public Function getImage(ByVal c As Office.IRibbonControl) As stdole.IPictureDisp
    Dim ax As New myAxHost
    Return ax.convert(My.Resources.buttonPic)
End Function
```

geladen. Hinter *myAxHost* steht eine Klasse, die die Umwandlung von Bildern, wie weiter oben in diesem Kapitel beschrieben, vornimmt.

Da der Anwender einen Aufgabenbereich auch per Hand ausblenden kann, muss der ToggleButton (*tb* zielt auf die ID in der XML-Anpassung) entsprechend reagieren. Da *ctp* mit Ereignissen deklariert wurde[10], nutzen Sie dasjenige, das auf den Wechsel der Sichtbarkeit reagiert und schreiben

```
Private Sub ctp_VisibleChanged(ByVal sender As Object, ByVal e As System.EventArgs) Handles _
        ctp.VisibleChanged
    Try
```

---

[10] Statt einer Deklaration über *WithEvents* bietet sich auch die modernere Art des *AddHandler*-Einsatzes an.

```
        Me.byXml.myRibbon.InvalidateControl("tb")
    Catch ex As Exception

    End Try
End Sub
```

Die *InvalidateControl*-Methode sorgt dafür, dass Excel die Schaltfläche erneut zeichnet, also *getPressed* aufgerufen wird.

Wollen Sie den bequemeren Weg gehen (der allerdings nur mit Visual Studio 2008 zur Verfügung steht), so nutzen Sie den visuellen Designer zum Anpassen der Multifunktionsleiste. Am Einrichten des Aufgabenbereichs ändert sich natürlich nichts, aber die Definition und Steuerung der Schaltfläche auf der Multifunktionsleiste reduziert sich auf

```
Public Class byVD
    Private Sub Ribbon1_Load(ByVal sender As System.Object, ByVal e As RibbonUIEventArgs) Handles _
        MyBase.Load
        Try
            ToggleButton1.Image = My.Resources.buttonPic
            ToggleButton1.ShowImage = True
            ToggleButton1.Checked = customTaskPaneVD.Globals.ThisAddIn.ctp.Visible
        Catch ex As Exception

        End Try
    End Sub

    Private Sub ToggleButton1_Click(ByVal sender As System.Object, ByVal e As _
        Microsoft.Office.Tools.Ribbon.RibbonControlEventArgs) Handles ToggleButton1.Click
        customTaskPaneVD.Globals.ThisAddIn.ctp.Visible = ToggleButton1.Checked
    End Sub
End Class
```

sowie

```
Private Sub ctp_VisibleChanged(ByVal sender As Object, ByVal e As System.EventArgs) Handles _
    ctp.VisibleChanged
    Try
        customTaskPaneVD.Globals.Ribbons.Ribbon1.ToggleButton1.Checked = ctp.Visible
    Catch ex As Exception

    End Try
End Sub
```

Damit wird Ihr Code von den Aufgaben der Rückrufbehandlung sowie dem Neuzeichnen der betroffenen Schaltfläche vollkommen entlastet und die Art der Programmierung entspricht wieder der von WinForms-Anwendungen.

CD-ROM Den Beispielcode für beide Varianten des Zugangs finden Sie im Ordner *\Buch\Kap_17\customTaskPane* der Begleit-CD.

Aufgabenbereiche auf Dokumentebene

Bereits mit Visual Studio 2005 und den dazu passenden VSTO wurden *ActionsPanes* in die Klassenbibliothek mit aufgenommen. Dadurch wurde die Programmierung von SmartDocuments (das war der damalige Name für Dokumente mit angepasstem *Dokumentaktionen*-Bereich) wieder zu einer angenehmen Angelegenheit für den Entwickler[11].

Die folgende Anleitung soll Sie Schritt für Schritt zu einem kleinen Aufgabenbereich führen, der einen Kreditrechner steuert, der es erlaubt, auf der Basis von Kreditsumme, Laufzeit sowie Zins- und Tilgungssatz Daten für die monatliche Belastung des Kreditnehmers, den Effektivzins sowie die zu erwartende Restschuld nach der Zinsbindung zu berechnen und für andere Anwendungen bereitzustellen. Abbildung 17.5 zeigt einen Zwischenstand in der Benutzung des Dokuments: Der Anwender hat die *Kreditsumme* eingegeben, aus drei Optionen für die *Laufzeit* gewählt und nun einen *Tilgungssatz* festgelegt. Er kann im Aufgabenbereich einen Schritt weitergehen, die Eingabe ändern oder aber auch einen Schritt zurückschauen.

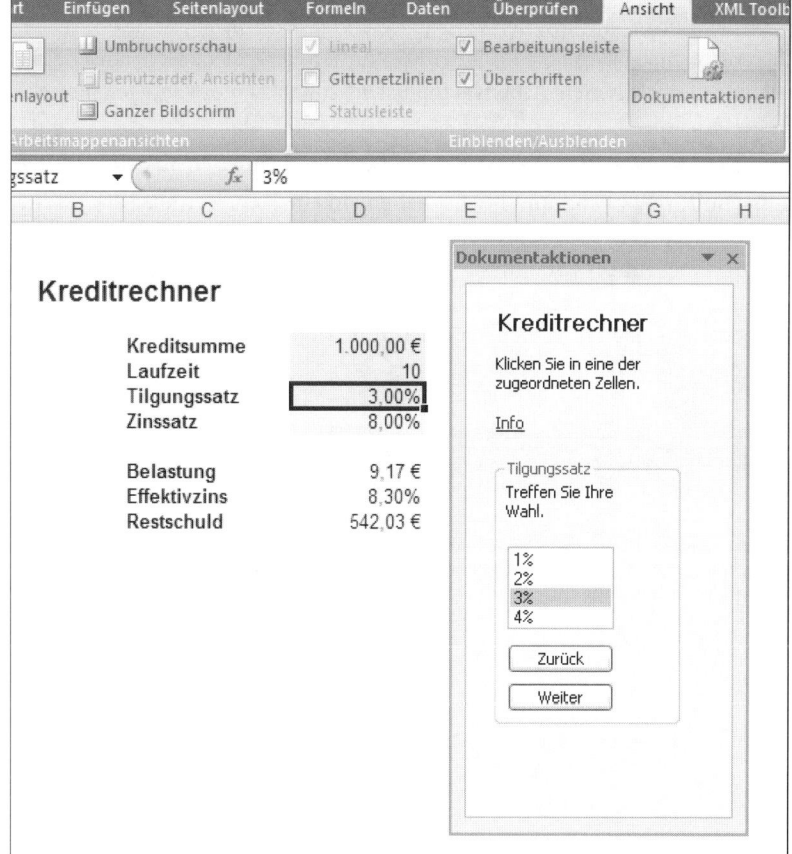

Abbildung 17.5 Ein Kreditrechner im Einsatz

---

[11] Was nicht heißen soll, dass die Vorgängervarianten nicht auch ihren Reiz und ihre Spannung gehabt hätten, sie waren aber weniger produktiv.

Beispiel

1. Bereiten Sie eine (gespeicherte und geschlossene) Arbeitsmappe so vor, dass die in Abbildung 17.5 markierten Eingabezellen zur *Kreditsumme*, der *Laufzeit* und dem *Tilgungssatz* den Bereichsnamen erhalten, der ihrer Beschriftung entspricht[12]. Die Formeln im Blatt entstehen aus integrierten Funktionen wie in Abbildung 17.6.

```
Kreditsumme    1000
Laufzeit       10
Tilgungssatz   0,01
Zinssatz       0,08

Belastung      =RUNDEN(Kreditsumme*(Tilgungssatz+Zinssatz)/12;2)
Effektivzins   =RUNDEN(EFFEKTIV(Zinssatz;12);4)
Restschuld     =RUNDEN(ZW(Zinssatz/12;Laufzeit*12;Belastung;-Kreditsumme);2)
```

Abbildung 17.6 Grundformeln der Kreditrechnung[13]

2. Erstellen Sie ein Projekt unter Visual Studio auf Basis der Vorlage *Excel 2007-Arbeitsmappe* und vergeben Sie als Namen für das Projekt **Kreditrechner**. Wenn Sie nach dem Dokument gefragt werden, entscheiden Sie sich für eine Kopie der gerade besprochenen Arbeitsmappe. Die zunächst notwendigen Projektdateien werden automatisch angelegt.

3. Aufgabenbereiche mit dem Namen *Dokumentaktionen* entstehen aus benutzerdefinierten Steuerelementen. Das, was Abbildung 17.5 im Ausschnitt zeigt, kann im Entwurf auf einem einzigen Formular angeordnet werden (Abbildung 17.7). Die Verwendung von Maßangaben für das Formular ist mit Vorsicht zu genießen, da der Aufgabenbereich durch die Office-Anwendung in seiner Größe vordefiniert wird. Ebenso müssen Sie sich wenig Mühe hinsichtlich der Lage der Steuerelemente auf dem Formular machen. Im konkreten Fall werden die Steuerelemente nach inhaltlichen Gesichtspunkten gruppiert, per Code an den linken Rand gerückt und die Gruppen ein- oder ausgeblendet.

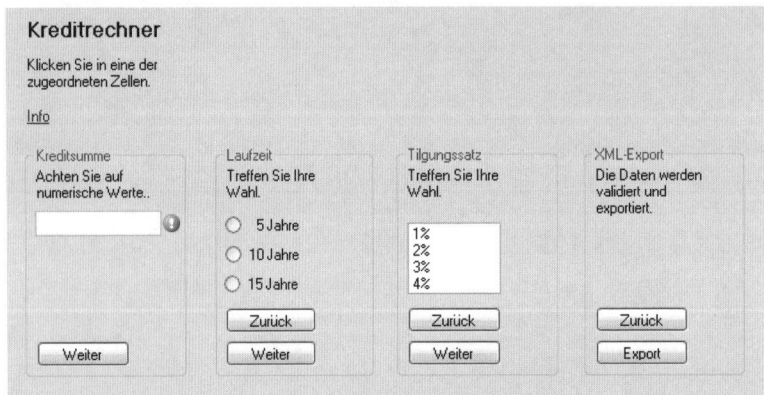

Abbildung 17.7 Das benutzerdefinierte Steuerelement enthält alle benötigten Steuerelemente in Gruppen bereit

---

[12] In einer denkbaren Erweiterung kann auch der Zinssatz in die Steuerung mit aufgenommen werden.
[13] Die Berechnung des Effektivzinses folgt hier zwar nicht der in Deutschland geltenden Preisangabenverordnung, das ist aber im Weiteren ohne Belang.

Es gibt keine Überraschungen beim Gestalten des Formulars, für den Hyperlink wurde ein *LinkLabel*-Objekt verwendet.

Zur Erstellung des Formulars aus Abbildung 17.7 fügen Sie Ihrem Projekt über *Projekt/Neues Element hinzufügen* ein *Aktionsbereich-Steuerelement* hinzu. Ändern Sie den vorgeschlagenen Dateinamen in **usrKreditrechner.vb**, damit ist auch der Klassenname *usrKreditrechner* festgelegt. Ziehen Sie nun alle Steuerelemente aus der Toolbox auf die Designfläche des benutzerdefinierten Steuerelements. Tabelle 17.4 gibt eine Empfehlung (ohne die Bezeichnungsfelder) zur Benennung[14].

Gruppenfeld	Steuerelemente
grpKreditsumme	Textfeld *txtKreditsumme*, Schaltfläche *btnNext1*
grpLaufzeit	Optionsfelder *opt5*, *opt10* und *opt15*, Schaltflächen *btnBack2* und *btnNext2*
grpTilgungssatz	Listenfeld *lstTilgung*, Schaltflächen *btnBack3* und *btnNext3*
grpExport	Schaltflächen *btnBack4* und *btnExport*

Tabelle 17.4 Die in Abbildung 17.7 verwendeten Steuerelemente und ihre Namen

4. Jetzt erstellen Sie den Code, mit dem festgelegt wird, was beim Klick auf die Schaltflächen usw. geschehen soll (Das Leben im Hintergrund des Steuerelements 17.1).

```
Dim tb As Kreditrechner.Tabelle1

Private Sub Kreditrechner_Load(ByVal sender As System.Object, ByVal e As System.EventArgs) _
      Handles MyBase.Load
    tb = Kreditrechner.Globals.Tabelle1
    grpKreditsumme.Visible = True
    grpLaufzeit.Visible = False
    grpTilgungssatz.Visible = False
    grpExport.Visible = False
    grpLaufzeit.Left = grpKreditsumme.Left
    grpTilgungssatz.Left = grpKreditsumme.Left
    grpExport.Left = grpKreditsumme.Left
End Sub

Private Sub LinkLabel1_LinkClicked(ByVal sender As System.Object, ByVal e As _
      System.Windows.Forms.LinkLabelLinkClickedEventArgs) Handles LinkLabel1.LinkClicked
    Process.Start("http://de.wikipedia.org/wiki/Kredit")
End Sub

Private Sub btnNext1_Click(ByVal sender As System.Object, ByVal e As System.EventArgs) _
      Handles btnNext1.Click
    tb.Kreditsumme.Value2 = txtKreditsumme.Text
    tb.Laufzeit.Select()
End Sub

Private Sub Laufzeit(ByVal sender As Object, ByVal e As System.EventArgs) Handles opt5.Click, _
      opt10.Click, opt15.Click
    Dim opt As RadioButton = CType(sender, RadioButton)
```

Listing 17.1 Das Leben im Hintergrund des Steuerelements

---

[14] Obwohl Präfixe nicht mehr ganz modern sind, helfen sie doch all denen, die sich an die (oder ihre eigene) »ungarische Notation« gewöhnt haben.

```
        tb.Laufzeit.Value2 = opt.Text.Trim.Split(" "c)(0)
End Sub

Private Sub grpKreditsumme_VisibleChanged(ByVal sender As Object, ByVal e As System.EventArgs) _
        Handles grpKreditsumme.VisibleChanged
    txtKreditsumme.Text = tb.Kreditsumme.Value.ToString
End Sub

Private Sub ListBox1_SelectedIndexChanged(ByVal sender As System.Object, _
        ByVal e As System.EventArgs) Handles lstTilgung.SelectedIndexChanged
    tb.Tilgungssatz.Value2 = lstTilgung.SelectedItem
End Sub

Private Sub btnBack2_Click(ByVal sender As System.Object, ByVal e As System.EventArgs) Handles _
        btnBack2.Click
    tb.Kreditsumme.Select()
End Sub

Private Sub btnExport_Click(ByVal sender As System.Object, ByVal e As System.EventArgs) _
        Handles btnExport.Click
....
End Sub

Private Sub txtKreditsumme_TextChanged(ByVal sender As Object, ByVal e As System.EventArgs) _
        Handles txtKreditsumme.TextChanged
    If Not IsNumeric(txtKreditsumme.Text) Then
        ErrorProvider1.SetError(txtKreditsumme, "Nicht numerisch!")
        btnNext1.Enabled = False
    Else
        ErrorProvider1.SetError(txtKreditsumme, "")
        btnNext1.Enabled = True
    End If
End Sub
```

Listing 17.1 Das Leben im Hintergrund des Steuerelements *(Fortsetzung)*

Dieses Listing verdient Aufmerksamkeit in folgenden Dingen:

- Um etwas Aufwand zu sparen, wurde *Kreditrechner.Tabelle1* mit *tb* vereinbart.
- Die Prozeduren für die Vorwärts- und Rückwärtsschaltflächen wurden exemplarisch auf zwei Vertreter beschränkt. Fügen Sie die übrigen Prozeduren nach demselben Prinzip ein.
- Das *Globals*-Objekt erlaubt den Zugriff auf die Arbeitsmappe und ihre Tabellenblätter.
- Objekte mit Namen wie *Kreditsumme* oder *Tilgungssatz* werden von der Entwicklungsumgebung automatisch angelegt. Es handelt sich um Objekte vom Typ *NamedRange*, die sozusagen das Excel-Objektmodell erweitern[15]. Das ist das gleiche Verhalten wie das typisierter DataSets. Auch hier können Spalten einer Tabelle, deren Spaltenbezeichner automatisch zum Objektnamen werden, durch diesen Namen angesprochen werden.
- *txtKreditSumme* wurde ein *ErrorProvider*-Steuerelement zugeordnet, das die automatische Kontrolle darüber übernimmt, dass nur numerische Werte als Eingabe in das Textfeld zugelassen werden. Diese Steuerung wird über die Aktivierung der *Weiter*-Schaltfläche umgesetzt.

---

[15] Der Wermutstropfen: Es sind somit keine *Range*-Objekte und können nicht in solche überführt werden.

5. Die Anbindung des Steuerelements, sodass in der Tat ein *Dokumentaktionen*-Aufgabenbereich entsteht, ist unkompliziert. Der folgende Code führt bereits alles in der Klasse *Tabelle1* durch:

```
Private ctl As usrKreditrechner
Private Sub Tabelle1_Startup(ByVal sender As Object, ByVal e As System.EventArgs) Handles Me.Startup
    Try
        ctl = New usrKreditrechner
        Kreditrechner.Globals.ThisWorkbook.ActionsPane.Controls.Add(ctl)
        Kreditsumme.Select()
    Catch ex As Exception
        MsgBox(ex.Message)
    End Try
End Sub
```

6. Bleibt nur noch festzulegen, was geschehen soll, wenn einzelne Zellen der Zuordnung angeklickt werden. Da Sie bereits gesehen haben, dass Objekte mit dem Namen *Kreditsumme* oder *Tilgungssatz* existieren, wird es Sie nicht weiter verwundern, dass es für diese (es sind *NamedRange*-Objekte) auch Ereignisse gibt. Das Muster zur passenden Steuerung des Aufgabenbereichs ist dann das folgende:

```
Private Sub Laufzeit_Deselected(ByVal Target As Microsoft.Office.Interop.Excel.Range) Handles _
        Laufzeit.Deselected
    ctl.grpLaufzeit.Visible = False
End Sub

Private Sub Laufzeit_Selected(ByVal Target As Microsoft.Office.Interop.Excel.Range) Handles _
        Laufzeit.Selected
    ctl.grpLaufzeit.Visible = True
End Sub
```

Mit anderen Worten: Je nach Zellaktivierung werden Teile des Aufgabenbereichs ein- bzw. ausgeblendet.

HINWEIS Schauen Sie sich im Codefenster die Ereignisliste des Aufgabenbereichs an (*ActionsPane* in der *ThisWorkbook*-Klasse). Hier ruht Potenzial für zahlreiche Studien und Experimente, bei denen Sie dieses Kapitel aus Platzgründen leider nicht begleiten kann.

Wenn Sie nun Ihr Projekt starten, sollte alles wie erwartet funktionieren und sich eine Oberfläche wie in Abbildung 17.5 einstellen.

Da der Anwender im Register *Ansicht* der Multifunktionsleiste den *Dokumentaktionen*-Bereich ein- bzw. ausblenden kann, wurde im Beispiel auf eine Verbindung zu einer Ribbon-Anpassung verzichtet. Prinzipiell kann diese wie im vorigen Abschnitt angelegt werden.

CD-ROM Das Projekt zu diesem Beispiel finden Sie auf der Begleit-CD im Ordner *\Buch\Kap_17\actionsPane*. Dort wurde noch ein XML-Export integriert, der darauf beruht, dass den Kreditdaten ein XML-Schema zugeordnet wurde. Mehr über solche Zuordnungen erfahren Sie im nächsten Kapitel.

SmartTags in Dokumenterweiterungen erstellen

SmartTags, die kleinen Icons, die unvermittelt neben Wörtern im Text oder dem Inhalt einer Zelle auftauchen, wurden mit ihrem Erscheinen von manchen nahezu ähnlich belächelt wie Karl Klammer seinerzeit. Dabei sind diese kleinen Helfer ein durchaus ernst zu nehmendes Hilfsmittel, wenn es um Automatisierung täglicher Arbeitsabläufe und das Auffinden von Informationen und Werkzeugen geht. Die Grundlagen der Programmierung hierzu haben Sie in Kapitel 9 kennengelernt. Die einfachste Form (allerdings auch mit dem geringsten Komfort) basiert auf SmartTag-Listen, die Ihnen in Kapitel 15 vorgestellt wurden.

Obwohl die SmartTag-Listen gerade wegen des möglichen Zugriffs auf aktuelle Informationen in einem Firmen-Intranet bereits ein leistungsfähiges Mittel darstellen, können durch den Einsatz von Laufzeitbibliotheken die Arbeitsabläufe noch viel weiter gehend automatisiert werden:

- Informationen aus Datenbanken, XML-Dateien, XML-Webserviceangeboten oder anderen Quellen werden (gegebenenfalls auch entsprechend aufbereitet) angezeigt bzw. in das aktuelle Dokument eingefügt.
- Das Dokument wird entsprechend der Auswahl durch den Anwender gestaltet: Fußnoten werden eingefügt, Tabellen gefüllt, Berechnungen angelegt und durchgeführt usw.
- Das Dokument tritt in Interaktion mit anderen Anwendungen: Ein neuer Termin wird unter Outlook angelegt, E-Mails werden verschickt, neue Dokumente werden auf Grundlage entsprechender Vorlagen angelegt und teilweise oder ganz mit Inhalt versehen usw.
- Die Steuerung der Vorgänge kann in einer Kombination aus SmartTag, Aufgabenbereich und Multifunktionsleiste bestehen.

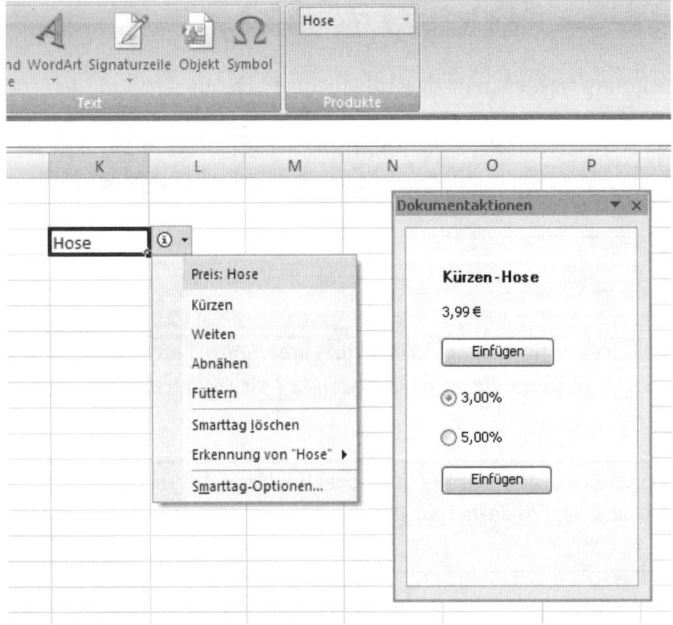

Abbildung 17.8 Erkannte SmartTags und die weiteren Schritte

Stellen Sie sich für das folgende einfache Beispiel ein Unternehmen in der Konfektionsbranche vor, etwa eine Änderungsschneiderei. Es gibt verschiedene Artikel (*Hosen*, *Jacken*, *Mäntel* usw.), bei denen die zugehörigen *Preise* für Einzelarbeiten (*Kürzen*, *Weiten*, *Abnähen*, *Füttern*) in einer Datenbank gehalten werden. Saisonbedingt bietet die Firma *Rabatte* auf verschiedene Arbeiten an, deren prozentuale Angaben ebenfalls in der Datenbank gespeichert werden. Schreibt nun jemand den Namen eines der Artikel in ein Excel-Arbeitsblatt (oder fügt diesen aus einer Auswahlliste ein), so könnte ein Aufgabenbereich eingeblendet werden, der bei der weiteren Verwendung von Informationen behilflich ist. Abbildung 17.8 vermittelt einen Eindruck davon.

Die folgende Schritt-für-Schritt-Anleitung beschreibt den Weg zu einem ersten Erfolg[16].

Beispiel

1. Beginnen Sie mit einem neuen Projekt unter Visual Studio, das auf der Vorlage *Excel 2007-Arbeitsmappe* oder *Excel 2007-Vorlage* beruht. Werden Sie nach dem zu verwendenden Dokument gefragt, entscheiden Sie sich für ein neues.
2. Der einzugebende Code orientiert sich an dem, was Sie in Abbildung 17.8 sehen: Bei Angabe eines der Schlüsselwörter (dies können Namen von Produkten aus einer Datenbank sein, die zusätzlich in einem DropDown auf der Multifunktionsleiste gelistet sind) erscheint die Auswahl zwischen verschiedenen Arbeitsgängen. Wählt man einen solchen aus, so werden der Preis und der Rabatt kontextbezogen im Aufgabenbereich gelistet und können an beliebiger Stelle ins Dokument übernommen werden. Auf die Anbindung an eine Datenbank wurde im Beispiel verzichtet.

Alles, was mit einer Art »Recognizer« zu tun hat (das ist die Liste der zu erkennenden Produkte), und die auszuführenden Aktionen werden in das *Startup*-Ereignis der Arbeitsmappe gepackt:

```
Private WithEvents actPreisKürzen As Excel.Action
Private WithEvents actPreisWeiten As Excel.Action
Private WithEvents actPreisAbnähen As Excel.Action
Private WithEvents actPreisFüttern As Excel.Action
Dim apc As ActionsPaneControl1

Private Sub ThisWorkbook_Startup(ByVal sender As Object, ByVal e As System.EventArgs) Handles _
    Me.Startup
    Dim stgPreis As Excel.SmartTag
    stgPreis = New Excel.SmartTag("urn:ep:devBook#Preis", "Preis")
    Dim astrTerms() As String = {"Jacke", "Hose", "Mantel"}
    stgPreis.Terms.AddRange(astrTerms)
    actPreisKürzen = New Excel.Action("Kürzen")
    actPreisWeiten = New Excel.Action("Weiten")
    actPreisAbnähen = New Excel.Action("Abnähen")
    actPreisFüttern = New Excel.Action("Füttern")
    stgPreis.Actions = New Excel.Action() {actPreisKürzen, actPreisWeiten, actPreisAbnähen, _
        actPreisFüttern}
    documentSmartTags.Globals.ThisWorkbook.VstoSmartTags.Add(stgPreis)
End Sub
```

Die Liste der Produkte, die mit der *AddRange*-Methode aufgenommen werden und die einzelnen *Action*-Objekte bilden den Inhalt dessen, was an die *VstoSmartTags*-Auflistung angehängt wird.

Interessant an diesem Codestück ist:

- Die Deklaration mittels *WithEvents* erzeugt automatisch die Signaturen der Ereignishandler. Wollen Sie »etwas moderner« sein, verwenden Sie die *AddHandler*-Methode.

---

[16] Dabei wird vorausgesetzt, dass Sie die SmartTags unter den *Excel-Optionen* prinzipiell aktiviert haben (die entsprechende Einstellung finden Sie über *Add-Ins* und dem ganz unten befindlichen Auswahlfeld, in dem Sie *SmartTags* auswählen und in das dazugehörige Dialogfeld wechseln. Setzen Sie dort das entsprechende Häkchen).

- Die Erstellung von SmartTags verlangt einen eindeutigen Namen sowie die Beschriftung im Konstruktor.
- *Terms* ist ein *StringCollection*-Objekt, deshalb gelingt die elegante Zuweisung der Liste der Schlüsselwörter mit *AddRange*. Alternativ lässt sich hier auch *Add* (unter Umständen in einer Schleife) einsetzen.
- Aktionen verlangen ebenfalls eine Beschriftung und werden »im Set« angelegt.

3. Durch die Deklaration der Aktionen mittels *WithEvents* stehen nun Ereignisprozeduren für das *Click*-Ereignis sowie ein *BeforeCaptionShow*-Ereignis parat. Letzteres können Sie einsetzen, um situationsgerechte Beschriftungen zu verwenden. Dies kann etwa aus der Arbeitsweise des Tabellenblattes oder aus Ländereinstellungen resultieren.

Hier sind zwei Vertreter der vorhandenen Möglichkeiten:

```
Private Sub actPreisAbnähen_Click(ByVal sender As Object, ByVal e As _
        Microsoft.Office.Tools.Excel.ActionEventArgs) Handles actPreisAbnähen.Click
    Dim act As Microsoft.Office.Tools.Excel.Action = CType(sender, _
        Microsoft.Office.Tools.Excel.Action)
    If apc Is Nothing Then
        apc = New ActionsPaneControl1
        documentSmartTags.Globals.ThisWorkbook.ActionsPane.Controls.Add(apc)
    End If
    apc.lblProdukt.Text = act.Caption & " - " & e.Text
    apc.lblPreis.Text = Format(5.99, "Currency")
    documentSmartTags.Globals.ThisWorkbook.Application.CommandBars("Task Pane").Visible = True
    documentSmartTags.Globals.ThisWorkbook.ActionsPane.Show()
End Sub

Private Sub actPreisFüttern_Click(ByVal sender As Object, ByVal e As _
        Microsoft.Office.Tools.Excel.ActionEventArgs) Handles actPreisFüttern.Click
    Dim act As Microsoft.Office.Tools.Excel.Action = CType(sender, _
        Microsoft.Office.Tools.Excel.Action)
    If apc Is Nothing Then
        apc = New ActionsPaneControl1
        documentSmartTags.Globals.ThisWorkbook.ActionsPane.Controls.Add(apc)
    End If
    apc.lblProdukt.Text = act.Caption & " - " & e.Text
    Select Case e.Text
        Case "Mantel"
            apc.lblPreis.Text = Format(16.99, "Currency")
        Case Else
            apc.lblPreis.Text = Format(9.99, "Currency")
    End Select
    documentSmartTags.Globals.ThisWorkbook.Application.CommandBars("Task Pane").Visible = True
    documentSmartTags.Globals.ThisWorkbook.ActionsPane.Show()
End Sub
```

Zum Code gibt es – außer zu dem, was den Aufgabenbereich betrifft – nichts weiter zu sagen. Groß- und Kleinschreibung der Stichwörter spielen eine Rolle.

4. Den genannten Aufgabenbereich bereiten Sie wie in Abbildung 17.9 vor.

Anpassung des Dokumentinspektors

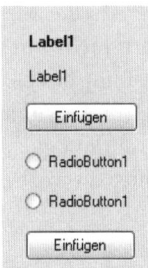

Abbildung 17.9 Ein einfacher Aufgabenbereich zum Einfügen von Informationen

Aktuelle Beschriftungen werden über die gerade genannten Ereignishandler bereitgestellt. Das Anbinden des Aufgabenbereichs ans Dokument bzw. das Festlegen des Erscheinungsbildes geschieht in den bereits vorgestellten Prozeduren, wobei eine gemeinsame Rabattgestaltung der Einfachheit halber so umgesetzt wird:

```
Private Sub ActionsPaneControl1_Load(ByVal sender As System.Object, ByVal e As System.EventArgs) _
        Handles MyBase.Load
    radRabatt1.Text = Format(0.03, "Percent")
    radRabatt2.Text = Format(0.05, "Percent")
    radRabatt1.Checked = True
End Sub
```

Wollen Sie nun noch die Multifunktionsleiste ins Spiel bringen, so erweitern Sie mittels des visuellen Designers etwa das Register *Einfügen* (*TabInsert*) um eine Gruppe, der Sie ein Kombinationsfeld hinzufügen, dessen Inhalt der Liste der Produkte entspricht. Diese kann nun ebenfalls über eine Unternehmensdatenbank bezogen werden. Wird dann ein Produkt ausgewählt, so kann mittels

```
Private Sub ComboBox1_TextChanged(ByVal sender As System.Object, ByVal e As _
        Microsoft.Office.Tools.Ribbon.RibbonControlEventArgs) Handles ComboBox1.TextChanged
    documentSmartTags.Globals.ThisWorkbook.Application.ActiveCell.Value = ComboBox1.Text
End Sub
```

dessen Name in die aktive Zelle gelangen, unmittelbar danach erscheint der SmartTag und es kann wie in Abbildung 17.8 weitergearbeitet werden.

5. Starten Sie nun Ihr Projekt. Es sollte alles perfekt funktionieren: Stichwort eingeben, SmartTag erkennen lassen, Aktion auswählen. Was beim Klick auf die Schaltflächen des erscheinenden Aufgabenbereichs passieren soll, sei dem Wunsch des Lesers überlassen.

CD-ROM Das gesamte Beispiel finden Sie im Ordner *\Buch\Kap_17\documentSmartTags* der Begleit-CD.

Anpassung des Dokumentinspektors

Das letzte Beispiel in diesem Kapitel schlägt eine Brücke zwischen den neuen Möglichkeiten des Dateiformats von Word, Excel und PowerPoint und dem Einsatz angepasster Multifunktionsleisten.

Der *Dokumentinspektor* ist Bestandteil von Word, Excel und PowerPoint. Je nach Programm unterscheiden sich seine Aufgaben etwas voneinander. Gestartet wird er jeweils im Office-Menü, in dem sich unter der

Rubrik *Vorbereiten* der Befehl *Dokument prüfen* befindet. Als Name für die Rubrik wäre *Abschließen* die vielleicht bessere Bezeichnung gewesen, denn es geht weniger um die Vorbereitung, sondern mehr um den Abschluss des Dokuments, nämlich um Funktionen, die die Weitergabe, Freigabe oder Verteilung des Dokuments betreffen. (Sie finden in der Rubrik *Vorbereiten* noch die Funktionen zur Einstellung von Dokumenteigenschaften, zur Verschlüsselung und zum Signieren des Dokuments sowie die Bearbeitungsmöglichkeit von Verknüpfungen (wenn es denn solche gibt) und damit klassischere Funktionen, die unter die Vorbereitung fallen.)

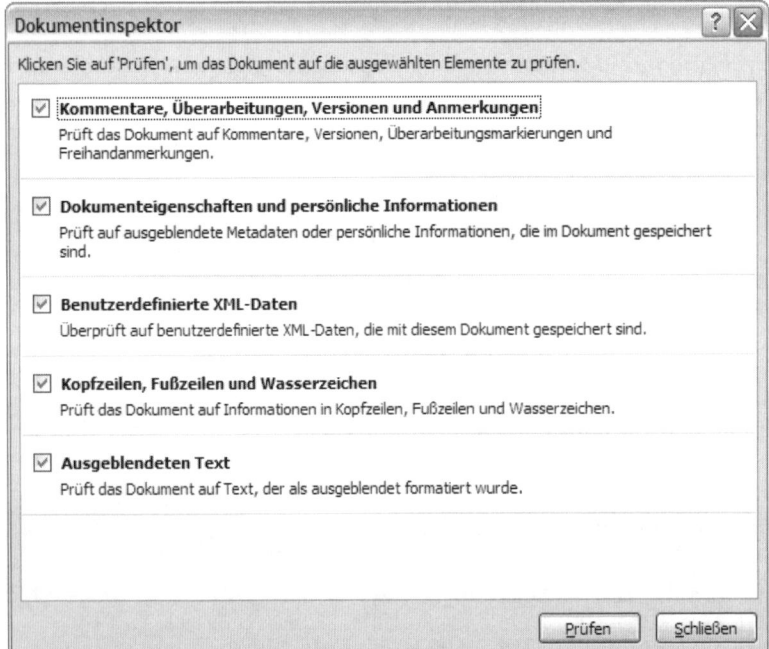

Abbildung 17.10 Der Word-Dokumentinspektor

Die Aufgaben des jeweiligen Dokumentinspektors ähneln denen, die Sie in Abbildung 17.10 für Word sehen. Sie lassen sich mit dem Gedanken des »Entfernens persönlicher und vertraulicher Informationen« gut beschreiben, gehen aber etwa mit der Entfernung von Metadaten und anderer Informationen bzw. Objekte darüber hinaus. Die Tätigkeit des Dokumentinspektors besteht aus zwei (unabhängig voneinander gangbaren) Schritten – dem Aufspüren bestimmter Inhalte und dem Entfernen des möglicherweise Gefundenen auf Wunsch des Anwenders bzw. automatisch per Code. Durch Kontrollkästchen kann die Auswahl der zu suchenden Inhalte individualisiert werden. Tabelle 17.5 listet die Prüfmerkmale im Detail.

Word	Excel	PowerPoint	Bemerkung
Kommentare, Überarbeitungen, Versionen und Anmerkungen	Kommentare und Anmerkungen	Kommentare und Anmerkungen	
Dokumenteigenschaften und persönliche Informationen			Das sind Inhalte der Dateien im Ordner *docProps* des ZIP-Containers.
Benutzerdefinierte XML-Daten			Zu CustomXML finden Sie mehr in Kapitel 16.
Kopf- und Fußzeilen, Wasserzeichen	Kopf- und Fußzeilen		Sicher mit Vorsicht einzusetzen.
Ausgeblendeter Text	Nicht sichtbarer Inhalt	Nicht sichtbarer Inhalt auf Folien	
	Ausgeblendete Zeilen und Spalten/ausgeblendete Arbeitsblätter		
		Externer Folieninhalt	Das sind Objekte, die außerhalb einer Folie platziert wurden.
		Präsentationsnotizen	

Tabelle 17.5 Diese Bestandteile werden von den Dokumentinspektoren überprüft

Es ist zu erkennen, dass durch das mögliche Entfernen der Informationen durch den Anwender Add-Ins oder COM-Add-Ins, die auf Dokumenteigenschaften oder benutzerdefiniertem XML aufsetzen, mit ihren Wirkungen ins Leere gehen können.

Die Funktionalität der Dokumentinspektoren ist in der allen betreffenden Anwendungen gemeinsam dienenden Office-Bibliothek implementiert. Tabelle 17.6 zeigt die Klassen, Methoden und Eigenschaften im Überblick.

Klasse	Eigenschaften	Methoden
DocumentInspectors	*Application, Creator, Count, Item, Parent*	–
DocumentInspector	*Application, Creator, Description, Name, Parent*	*Fix, Inspect*

Tabelle 17.6 Das einfache Objektmodell[17]

Das Objektmodell hat einige Reserven, die vielleicht mit späteren Versionen verschwinden. So besitzt die *DocumentInspectors*-Auflistung keine Methoden wie *Add* oder *Remove*, auch sucht man beim *DocumentInspector* wohl vergeblich nach der Möglichkeit, das Auswahlhäkchen aus Abbildung 17.10 per Code zu setzen. Wenn man von der Möglichkeit, in die Registry einzugreifen, einmal absieht. Denn: Module des jeweiligen Dokumentinspektors sind COM-DLLs, deren Wirkungsmöglichkeiten und Auftreten ausschließlich über die Registry geregelt werden (Abbildung 17.11). Somit fehlt dem VBA-Programmierer mit Anwendungs-Add-Ins (*dotm*, *xlam*, *ppam*) die Möglichkeit diesbezüglicher Erweiterungen.

---

[17] Am Rande: Leider akzeptiert die Item-Eigenschaft der Auflistung nur Long-Parameter, sodass der Name des Elements der Auflistung nicht zum direkten Ansprechen verwendet werden kann.

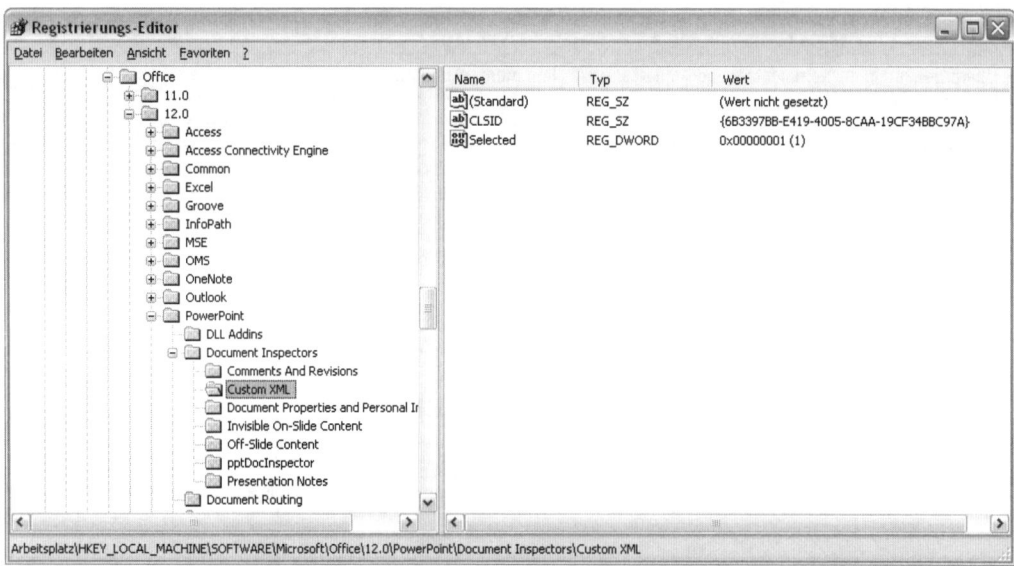

Abbildung 17.11 Zugriff nur über die Registry

Um eigene Module zu erstellen, muss die ebenfalls zur Office-Bibliothek gehörende Schnittstelle *IDocumentInspector* und deren Methoden *Fix*, *GetInfo* und *Inspect* implementiert werden. Im Beispiel dazu soll folgende Idee umgesetzt werden: Aus Gründen des Corporate Designs ist es beabsichtigt, nur solche PowerPoint-Präsentationen zu zeigen oder weiterzugeben, deren Folien genau zwei Layouts aufweisen – das der Titelfolie und sogenannte Folien mit Inhalt (diese Form ist neu unter PowerPoint 2007 und beinhaltet Folien mit Text, Tabellen, Diagrammen, Bildern oder Medienclips im Bereich des *Body*-Platzhalters der Folie).

Sie beginnen mit einem Projekt vom Typ *PowerPoint 2007-Add-In*. Zuerst können Sie für das Schreiben der entsprechenden Registry-Einträge sorgen. Prinzipiell lassen sich Installerklassen für solche Aufgaben einsetzen. Da aber ein Add-In der VSTO keine Installation erfordert, ist es gut, dass sich die Einträge auch im *Startup*-Event (zum Löschen im *Shutdown*-Event) des Add-Ins unterbringen lassen. Der Grund liegt darin, dass PowerPoint offenbar die Liste der Dokumentinspektor-Module erst dann aufbaut, wenn sie gebraucht werden und nicht schon beim Start von PowerPoint selbst. Listing 17.2 zeigt die Details. Mit

```
key.SetValue("Selected", 1)
```

wird im Übrigen das bewusste Häkchen gesetzt.

```
Private myInsp As myInspector

Private Sub ThisAddIn_Startup(ByVal sender As Object, ByVal e As System.EventArgs) Handles Me.Startup
    Dim key As Microsoft.Win32.RegistryKey
    key = My.Computer.Registry.LocalMachine.CreateSubKey _
        ("SOFTWARE\Microsoft\Office\12.0\PowerPoint\Document Inspectors\pptDocInspector")
    key.SetValue("CLSID", "{CDC27DF3-504F-4d72-98DE-3B6EB8E79E00}")
    key.SetValue("Selected", 1)
    myInsp = New myInspector
End Sub
```

Listing 17.2 Teil der Definition von ThisAddIn

Anpassung des Dokumentinspektors

Für das Modul des Dokumentinspektors und die damit verbundene Implementierung der Schnittstelle nutzen Sie ein neues Klassenmodul, wobei Sie COM-Informationen einbauen müssen. Die Anforderung zur Registrierung für COM-Interop (Rubrik *Kompilieren* in den Projekteigenschaften) wird nicht durch die Vorlage des Add-Ins vorgenommen, sondern muss durch den Entwickler erfolgen. Listing 17.3 zeigt den gesamten Code, wobei das verwendete *GuidAttribute* mit dem Registry-Eintrag korrespondiert:

```
Imports System.Runtime.InteropServices
<GuidAttribute("CDC27DF3-504F-4d72-98DE-3B6EB8E79E00"), ProgIdAttribute("pptDocInspector.myInspector")> _
Public Class myInspector
    Implements Microsoft.Office.Core.IDocumentInspector

    Public Sub GetInfo(ByRef Name As String, ByRef Desc As String) Implements _
            Microsoft.Office.Core.IDocumentInspector.GetInfo
        Name = "Layout-Inspector"
        Desc = "Testet auf Einhaltung eines bestimmten Layouts"
    End Sub

    Public Sub Inspect(ByVal Doc As Object, ByRef Status As _
            Microsoft.Office.Core.MsoDocInspectorStatus, ByRef Result As String, ByRef Action _
            As String) Implements Microsoft.Office.Core.IDocumentInspector.Inspect
        Dim pres As Microsoft.Office.Interop.PowerPoint.Presentation = CType(Doc, _
            Microsoft.Office.Interop.PowerPoint.Presentation)
        Dim blnToFix As Boolean = False
        For Each sld As Microsoft.Office.Interop.PowerPoint.Slide In pres.Slides
            If sld.Layout <> PowerPoint.PpSlideLayout.ppLayoutObject And _
                    sld.Layout <> PowerPoint.PpSlideLayout.ppLayoutTitle And _
                    sld.SlideShowTransition.Hidden <> Microsoft.Office.Core.MsoTriState.msoTrue Then
                Result = "Es gibt sichtbare Folien, die nicht das geforderte Layout haben."
                Action = "Betroffene Folien ausblenden"
                Status = Microsoft.Office.Core.MsoDocInspectorStatus.msoDocInspectorStatusIssueFound
                blnToFix = True
                Exit For
            End If
        Next
        If Not blnToFix Then
            Result = "Folien mit nicht korrektem Layout wurden u. U. ausgeblendet."
            Action = ""
            Status = Microsoft.Office.Core.MsoDocInspectorStatus.msoDocInspectorStatusDocOk
        End If
    End Sub

    Public Sub Fix(ByVal Doc As Object, ByVal Hwnd As Integer, ByRef Status As _
            Microsoft.Office.Core.MsoDocInspectorStatus, ByRef Result As String) Implements _
            Microsoft.Office.Core.IDocumentInspector.Fix
        Dim pres As Microsoft.Office.Interop.PowerPoint.Presentation = CType(Doc, _
            Microsoft.Office.Interop.PowerPoint.Presentation)
        Dim rib As Ribbon1 = Nothing
        Dim it As New Microsoft.Office.Tools.Ribbon.RibbonDropDownItem
        If pptDocInspector.Globals.Ribbons.Count > 0 Then
            rib = CType(pptDocInspector.Globals.Ribbons(0), Ribbon1)
        End If
        For Each sld As Microsoft.Office.Interop.PowerPoint.Slide In pres.Slides
            If sld.Layout <> PowerPoint.PpSlideLayout.ppLayoutObject And _
                    sld.Layout <> PowerPoint.PpSlideLayout.ppLayoutTitle Then
                sld.SlideShowTransition.Hidden = Microsoft.Office.Core.MsoTriState.msoTrue
```

Listing 17.3 Implementierung eines Dokumentinspektors

```
                    If Not rib Is Nothing Then
                        rib.ddSlides.Items.Add(it)
                        it.Label = sld.Name.ToString
                    End If
                End If
            Next
            Status = Microsoft.Office.Core.MsoDocInspectorStatus.msoDocInspectorStatusDocOk
            Result = "Folien mit nicht korrektem Layout wurden u. U. ausgeblendet."
        End Sub
End Class
```

Listing 17.3 Implementierung eines Dokumentinspektors *(Fortsetzung)*

Die Details zu Listing 17.3:

- Die Methode *GetInfo* ist verantwortlich für die Informationen, die das Modul im Dialogfeld aus Abbildung 17.10 auszeichnen – den Titel und seine Beschreibung.

- Die Methode *Inspect* übernimmt den ersten Schritt der Aufgabe – die Prüfung. Die beiden Parameter *Result* und *Action* bereiten dabei die Oberfläche für den zweiten Schritt vor. *Result* beinhaltet einen Text, der über die gefundenen »Missstände« informiert, und *Action* ist die Beschriftung der Schaltfläche, die der Anwender anklicken kann, um die Bereinigung in die Wege zu leiten (Abbildung 17.12). Mit *Status* steht ein Parameter zur Verfügung, der den Prüfzustand links im Dialogfeld charakterisiert.

- Die Bereinigung wird durch die Methode *Fix* gestartet und besteht hier im Ausblenden der Folien und Aufnahme in eine Liste, die sich im Rahmen einer dem Multifunktionsleisten-Register *Überprüfen* hinzugefügten Gruppe befindet (Details folgen sofort).

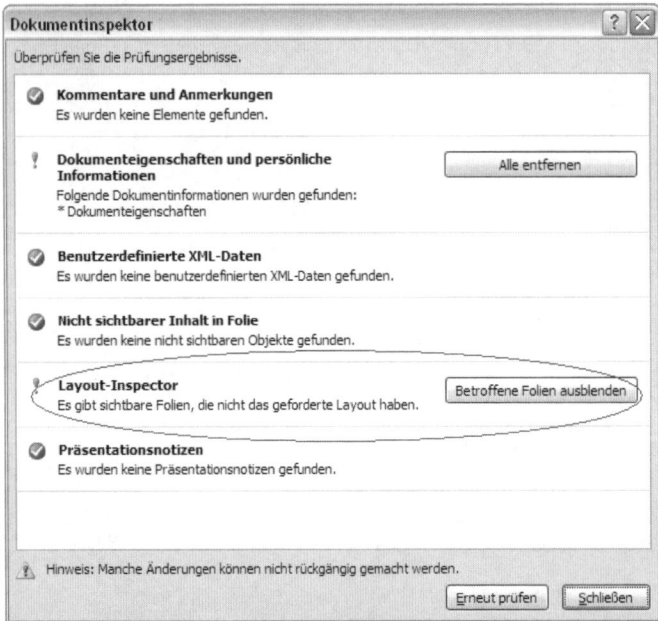

Abbildung 17.12 Einzelne Inspektoren warten auf den Bereinigungsbefehl

Bleibt nur noch zu klären, wann das Modul des Dokumentinspektors seine Tätigkeit aufnimmt. Ein guter Platz können Ereignisse sein, die durch PowerPoint ausgelöst werden (nach dem Speichern, vor dem Vorführen). Im der Begleit-CD beigefügten Beispiel wird der Start der Prüfung und der Fixierung der Fehler über

Anpassung des Dokumentinspektors

die genannte Ribbon-Anpassung (vorgenommen mit dem visuellen Designer) umgesetzt. Der Code für die beiden verwendeten Steuerelemente lautet:

```
Private Sub btnCheck_Click(ByVal sender As System.Object, ByVal e As _
        Microsoft.Office.Tools.Ribbon.RibbonControlEventArgs) Handles btnCheck.Click
    Dim status As Microsoft.Office.Core.MsoDocInspectorStatus = _
        Microsoft.Office.Core.MsoDocInspectorStatus.msoDocInspectorStatusDocOk
    Dim strResults As String = ""
    Me.ddSlides.Items.Clear()
    Me.ddSlides.Enabled = False
    For Each di As Microsoft.Office.Core.DocumentInspector In pptDocInspector.Globals.ThisAddIn. _
            Application.ActivePresentation.DocumentInspectors
        If di.Name = "Layout-Inspector" Then
            di.Inspect(status, strResults)
            If status = Microsoft.Office.Core.MsoDocInspectorStatus.msoDocInspectorStatusIssueFound Then
                Me.btnFix.Enabled = True
                inspector = di
            End If
            Exit For
        End If
    Next
    If status = Microsoft.Office.Core.MsoDocInspectorStatus.msoDocInspectorStatusDocOk Then
        MsgBox("Alle Folien sind korrekt oder ausgeblendet.")
    Else
        MsgBox("Es gibt nicht korrekte Folien.")
    End If
End Sub

Private Sub btnFix_Click(ByVal sender As Object, ByVal e As _
        Microsoft.Office.Tools.Ribbon.RibbonControlEventArgs) Handles btnFix.Click
    Me.ddSlides.Enabled = True
    Try
        inspector.Fix(Microsoft.Office.Core.MsoDocInspectorStatus.msoDocInspectorStatusDocOk, _
            "Folien mit nicht korrektem Layout wurden u. U. ausgeblendet.")
    Catch ex As Exception
        MsgBox("Fehler")
    End Try
    Me.btnFix.Enabled = False
End Sub
```

Da der jeweilige Inspektor nicht über seinen Namen angesprochen werden kann (der, wie Sie sahen, auch eher ein Bezeichner ist), durchlaufen Sie die Liste aller Inspektoren, bis der passende gefunden wird. Die *Inspect*-Methode prüft und liefert den Status des Inspektors, und Sie reagieren mit der Aktivierung der *Fix!*-Schaltfläche (oder auch nicht, falls alles in Ordnung ist).

Das Dialogfeld aus Abbildung 17.12 spielt also bei dieser Vorgehensweise keine Rolle, kann aber natürlich vom Anwender auch zum Prüfen seiner Folien »per Hand« eingesetzt werden. Das Fixieren der Fehler über *btnFix_Click* und die dadurch ausgelöste *Fix*-Methode blendet die Folien aus und nimmt sie wie angedeutet in eine Liste auf der Multifunktionsleiste auf. Dort könnten die Einträge genutzt werden, um gezielt die betroffenen Folien anzusprechen.

Mit dem Dokumentinspektor ist Microsoft ein kleines, aber feines Werkzeug gelungen, das den Entwicklern sicher häufig helfen wird, Office-Anwendungen noch effektiver als bisher zu steuern und zu automatisieren.

> **CD-ROM** Das Beispiel finden Sie im Ordner *Buch**Kap_17**pptDocInspector* der Begleit-CD.

Kapitel 18

XML und Excel

In diesem Kapitel:

Excel und XML-Daten ein Überblick	688
XML im Objektmodell	692
Eine XML Toolbox für Excel 2007	698
XML-Datenimport und DataSets	719
XML-Daten asynchron laden	722
Zusammenfassung	726

Ab Version 2007 geht Excel durch das neue Dateiformat insgesamt auf »natürliche Art« mit XML um. Doch die Geschichte ist länger:

- *XHTML* unter Excel 2000,
- *SpreadsheetML* als Definitionssprache für Arbeitsmappen unter Excel XP,
- XML-Daten und *XML-Erweiterungspakete* unter Excel 2003.

In diesem Kapitel soll im Wesentlichen der Umgang von Excel mit XML-Daten behandelt werden. Ein kleiner Ausflug zu SpreadsheetML sei dennoch gestattet, da es mithilfe dieses Dialekts etwas einfacher ist, eine Arbeitsmappe ohne Diagramme und Bilder per Code zu erzeugen, als mit den in Kapitel 16 dargestellten Methoden.

Um dem Anwender eine Hilfe an die Hand zu geben und damit das Verständnis und die Akzeptanz des XML-Einsatzes unter Excel 2003 zu fördern, hatte Microsoft zu damaligen Zeiten die sogenannte XML Toolbox zum kostenlosen Download bereitgestellt. Da bis zur Anfertigung dieses Kapitels ein solches Werkzeug für Excel 2007 wohl noch nicht zur Verfügung steht, ist es naheliegend, es selbst zu erstellen. Dieses Kapitel soll Sie bei den hierzu erforderlichen Schritten begleiten.

Da XML-Daten unter Umständen etwas mit dem Zugriff auf lokale oder »ferne« Datenbanken zu tun haben können, sollen einige wenige Betrachtungen zu DataSets sowie asynchronen Aufrufen dieses Kapitel abrunden.

Excel und XML-Daten – ein Überblick

XML-Zuordnungen (die gelegentlich auch *XML-Verknüpfungen* genannt werden) erlauben es, einzelne Zellen oder Listen in Arbeitsblättern mit den Knoten eines vorher bestimmten XML-Schemas zu verbinden. Dieses Schema kann von Excel auf der Basis einer XML-Datendatei (versuchsweise) rekonstruiert bzw. durch den Import einer XML-Schemadatei festgelegt werden. Solche Zuordnungen erlauben es im weiteren Vorgehen, Daten aus XML-Dateien (oder auch XML-Dokumenten, die »nur« als Zeichenkette existieren) an die durch die Verknüpfung definierten Stellen zu importieren bzw. Daten, die ein Anwender in verknüpfte Zellen geschrieben hat, in XML-Dokumente zu exportieren.

Versucht nun ein Anwender, eine XML-Datei unter Excel zu *öffnen*, sind zwei mögliche Fälle zu unterscheiden:

- Die Datei wurde als XML-Kalkulationstabelle gespeichert (Versionen 2002/2003, aber auch 2007). Dann gibt es keine Überraschungen, er oder sie bekommt eine voll funktionsfähige Arbeitsmappe, die vereinbarungsgemäß keine Diagramme, eingebettete Objekte oder VBA-Projekte enthält.
- Die Datei wurde auf anderem Wege erstellt, allerdings ohne dadurch eine Arbeitsmappe zu beschreiben.

Im zweiten Fall ist zunächst folgende Frage zu beantworten: Weist die XML-Datei einen Hinweis auf Formatierungsregeln (XSL-Stylesheet) auf, wie in Kapitel 15 skizziert wurde? Falls ja, so wird in einem Dialogfeld (Abbildung 18.1) nachgefragt, ob diese Formatierungsregeln beim Öffnen angewendet werden sollen (die folgenden Dialogfelder lassen nicht konsequent den Unterschied zwischen *Öffnen* und *Import* erkennen).

Excel und XML-Daten – ein Überblick

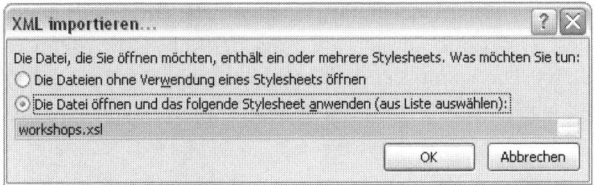

Abbildung 18.1 Das sieht der Anwender beim Versuch, eine XML-Datei zu öffnen, die keine Arbeitsmappe darstellt

Entscheidet sich der Anwender für die Verwendung eines Stylesheets aus der angezeigten Liste, so wird die Datei ohne weitere Nachfrage transformiert und schreibgeschützt geöffnet. Dieser Schreibschutz ist sinnvoll, da die Quelle »nur« XML und nicht Excel ist. Entsprechend würde beim (auch unbeabsichtigten) Speichern die »einfache« Struktur der Datei durch die von Excel erzeugte Kalkulationstabellenstruktur einer Mappe ersetzt werden, was im Normalfall nicht beabsichtigt sein dürfte.

Trifft der Anwender jedoch seine Entscheidung gegen die Verwendung vorbereiteter Formatierungen, wird in einem nächsten Schritt gefragt, wie die Datei behandelt werden soll (Abbildung 18.2).

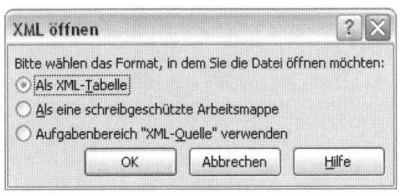

Abbildung 18.2 Qual der Wahl – was wird beim Öffnen (Importieren) richtig sein?

Es stehen immerhin drei Möglichkeiten zur Auswahl:

- *Als XML-Tabelle*: Hier wird durch Excel versucht, die Art der Knotenstruktur zu erkennen. Dabei sucht Excel möglicherweise vergeblich nach der XML-Schemadefinition (weder in der zu öffnenden Datei noch in der eventuell vorbereiteten Arbeitsmappe befindet sich gegebenenfalls ein auf XML-Namensräumen beruhender Hinweis) für die zu importierenden Daten, was sich in einer Meldung wie in Abbildung 18.3 niederschlägt (gemeint ist hier natürlich nicht »das«, sondern »ein« Schema).

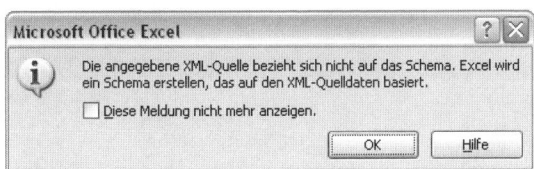

Abbildung 18.3 Excel findet kein Schema für die zu öffnende Datei; dieser Dialog sollte für die Zukunft nicht unterdrückt werden

Den gleichen Zustand treffen Sie an, wenn Sie im *Entwicklertools*-Register in der Gruppe *XML* den Befehl *Importieren* (Abbildung 18.4) wählen und sich im Dialogfeld *XML importieren* für eine XML-Datei (mit oder ohne Stylesheet, jedoch ohne internen Hinweis auf ein Schema) entscheiden.

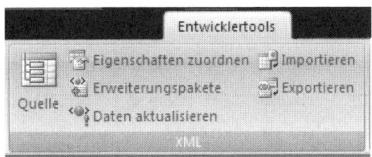

Abbildung 18.4 Die Gruppe *XML* – Einstieg für den Umgang mit XML-Daten

- *Als eine schreibgeschützte Arbeitsmappe*: Diese »Mappe« besteht aus einem Tabellenblatt, auf dem sich die Knotenstruktur der XML-Datei abbildet. Auf diese Datei bezieht sich auch der Schreibschutz, denn es wird die XML-Datei geöffnet und keine Excel-Datei. Die resultierende Knotenstruktur ist jedoch nicht immer hilfreich, da fehlende Formatierungen und wechselnde Strukturen in jeder Situation zu individuell sind.

- *Aufgabenbereich "XML-Quelle" verwenden*: Dies entspricht dem zielgerichteten Vorgehen, welche Art von Daten der Quelle in die (nicht notwendig leere) Mappe importiert werden sollen. Unter Umständen kommt es zur gleichen Meldung wie in Abbildung 18.3.

Excel wird durch *XML-Zuordnungen*, die im genannten Aufgabenbereich *XML-Quelle* vereinbart werden können (die entsprechende Schaltfläche hat allerdings die Beschriftung *XML-Verknüpfungen*, Abbildung 18.5), zum »XML-Editor«, der es gestattet, nur relevante Daten zu verarbeiten. Wenn diese Daten extern bereits vorhanden sind, gelingt ein gesteuerter Import zur weiteren Behandlung und Auswertung. Sind die Daten auf dem Blatt ausgewertet, können Teile davon bzw. die Bewertungsergebnisse wiederum in XML-Form exportiert werden.

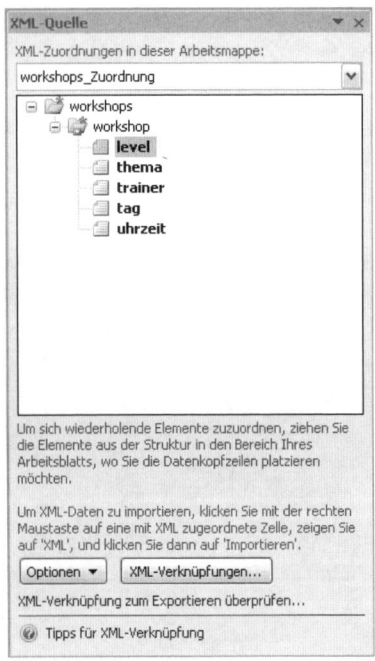

Abbildung 18.5 Der Aufgabenbereich *XML-Quelle* zur »Steuerung« von XML-Zuordnungen

Einer Arbeitsmappe lassen sich auch mehrere Verknüpfungen zuordnen. Die Verwaltung dieser Zuordnungen geschieht im gleichen Dialogfeld (*XML-Zuordnungen*) wie das Hinzufügen. Vorgenommene Zuordnungen werden nicht aktualisiert, das heißt, ändert sich die XSD-Datei, wird dies durch Excel nicht bemerkt. In einem solchen Fall muss die Zuordnung gelöscht und neu aufgebaut werden. Die Zuordnung der Knoten des Schemas zu Zellen des Arbeitsblattes erfolgt mittels Drag & Drop. Ein Knoten des Schemas kann dabei nur einer einzigen Zelle zugewiesen werden, so wie eine Zelle auch nur eine einzige Zuordnung erhalten kann. Versuche, dies zu ignorieren, enden in einer entsprechenden Fehlermeldung. Wurden die ausgewählten Zellen in Nachbarzellen mit Beschriftungen versehen, werden diese unter Umständen auch automatisch erkannt. Das genaue Verhalten hängt vom Schema ab (Wiederholungen, die zu Listen führen, sind im

Excel und XML-Daten – ein Überblick

Schema vorgesehen bzw. nicht vorgesehen). Die Zellen, die zur Datenaufnahme bestimmt sind, lassen sich mit Daten aus XML-Dateien, die dem eingerichteten Schema entsprechen, füllen und weiterverarbeiten.

Eine XML-Zuordnung verfügt über verschiedene Eigenschaften (die ein wenig an die von Abfragen erinnern). Das zugehörige Dialogfeld *Eigenschaften der XML-Zuordnung* (Abbildung 18.6) erreichen Sie unter dem etwas eigenwillig übersetzten Befehl *Eigenschaften zuordnen* in der bereits genannten Gruppe *XML* des *Entwicklertools*-Registers.

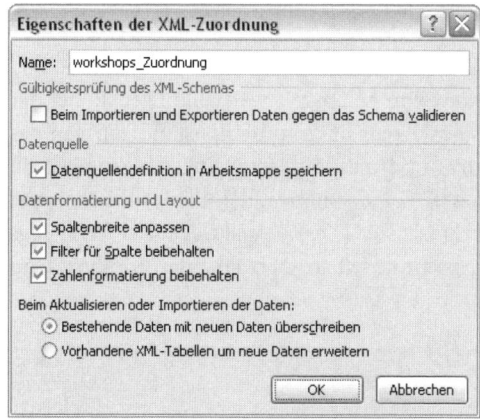

Abbildung 18.6 Die Standardeigenschaften einer XML-Zuordnung

Unbedingt zu beachten ist nun, dass die wichtigste Eigenschaft nicht von Anfang an gesetzt ist. Diese sorgt dafür, dass Daten beim Import bzw. Export validiert, also auf Regeltreue untersucht werden. Es sollte daher unbedingt das Häkchen an der entsprechenden Stelle angebracht sein.

Ein beabsichtigter Import erfolgt allerdings in jedem Fall. Wird dabei die Gültigkeit verletzt, erscheint eine Meldung (Abbildung 18.7), die allerdings zu spät kommt. Ein Blick auf die Details verrät die Ursachen des Fehlers.

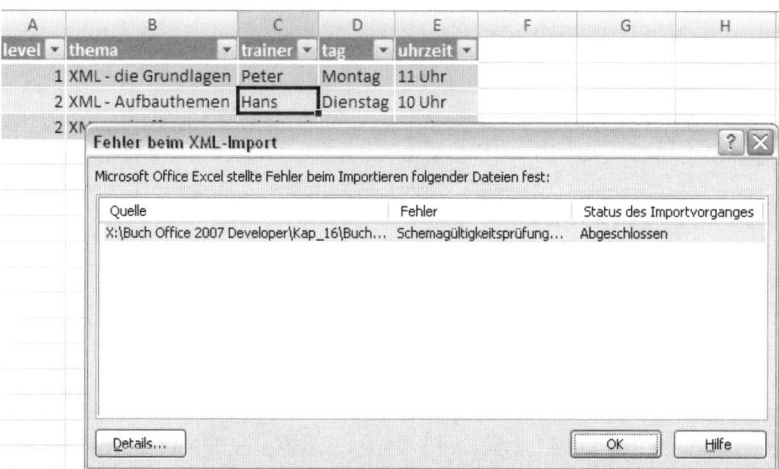

Abbildung 18.7 Diese Warnung kommt zu spät – ungültige Daten wurden importiert, der Vorgang kann nicht so ohne Weiteres wieder rückgängig gemacht werden

Beim Export über den Befehl *Exportieren* können die Daten, die der Zuordnung entsprechen, in der sich der Zellzeiger befindet, in einer XML-Datei abgelegt werden. Wird bei diesem Vorgang gegen das Schema validiert, so kann nicht verhindert werden, dass ungültige Daten gespeichert werden, die Fehlermeldung mit der Schemaverletzung erscheint auch hier zu spät.

CD-ROM Dateien für einige kleine Experimente finden Sie im Ordner *\Buch\Kap_18\basics* der Begleit-CD.

XML im Objektmodell

Da aus Erfahrung der Autoren unter Excel 2003 die *XML Toolbox* von Microsoft wertvolle Dienste bei der Einarbeitung sowohl in die Funktionalität des XML-Datenaustauschs als auch in den zuständigen Teil des Objektmodells von Excel geleistet hat, soll hier noch einmal kurz auf dieses Werkzeug eingegangen werden. Das bietet all denjenigen Lesern, die den Umstieg von 2003 auf 2007 vor sich haben, den Blick auf Bekanntes bei der Eingewöhnung in die Steuerung durch die Multifunktionsleiste. Die Kompaktheit des Werkzeugs erleichtert das Verständnis für die Architektur der im nächsten Abschnitt selbst zu erstellenden Toolbox. Und sie hilft beim Sondieren der Objekte des Objektmodells.

Die XML Toolbox für Excel 2003

Vielleicht hatte Microsoft die Toolbox für Excel 2003 deshalb nachgereicht, weil sich die Dinge um XML nicht auf den ersten Blick von selbst offenbaren. Das erklärt allerdings noch nicht, weshalb es unter Excel 2007 einfacher geworden sein soll. Wie auch immer, die Schaltflächen der Toolbox, die als *xla*-Add-In definitiv unter Excel 2007 nicht arbeitet, helfen, einen gewissen roten Faden im Geschehen aufzuspannen.

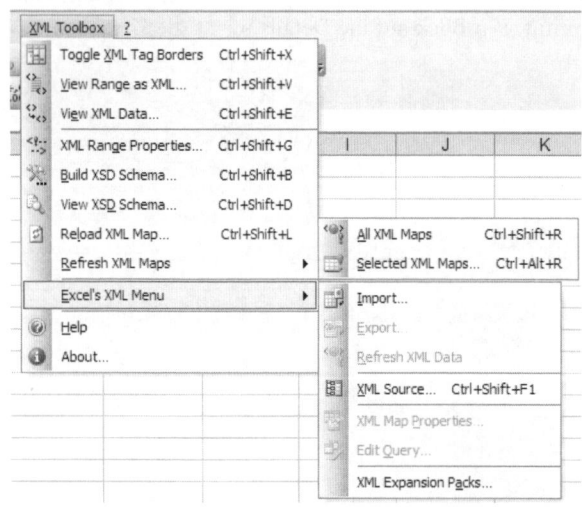

Abbildung 18.8 Die Excel XML Toolbox – hier wird deutlich, was bereits in Excel 2003 alles möglich ist. Der Entwickler wird zu eigenen Ideen inspiriert, auch für Excel 2007

Die nachfolgenden Abschnitte greifen diesen roten Faden auf und setzen das Wissen zur Handhabung des *XML-Gruppe* der Entwicklertools voraus. Tabelle 18.1 zeigt eine Zusammenfassung der Aktivitäten in der Reihenfolge von Abbildung 18.8.

Befehl	Beschreibung
Toggle XML Tag Borders	Blendet den farbigen Rand zugeordneter Zellen ein oder aus. Diese Option gibt es unter Excel 2007 nicht mehr, da *Tabellen* (das ist der neue Name für *Listen*) diese nicht mehr haben.
View Range As XML	Zeigt die »minimale« SpreadsheetML-Beschreibung des markierten Bereichs. Da auch Excel 2007 SpreadsheetML spricht, ist dies eine Hilfe für die Erzeugung von Arbeitsblättern per Code.
View XML Data	Zeigt in einem speziellen Viewer das Ergebnis eines eventuellen Datenexports zugeordneter Zellen.
XML Range Properties	Stellt die Eigenschaften eines markierten Bereichs dar, die mit XML zu tun haben, und erlaubt den Export über die Zwischenablage (XPath bei Zuordnungen, VBA, SpreadsheetML).
Build XSD-Schema	Erlaubt das dialoggesteuerte Erstellen eines Schemas für eine Arbeitsmappe.
View XSD-Schema	Zeigt die XML-Form eines zugeordneten Schemas. Dieses wird mit der jeweiligen Arbeitsmappe gespeichert und liegt, anders als etwa bei Word, extern nicht vor.
Reload XML Map	Versucht, die externe Schemadatei einer Zuordnung erneut zu laden. Das ist standardmäßig unter Excel so nicht vorgesehen und muss selbst programmiert werden.
Refresh XML Maps mit All XML Maps und Selected XML Maps	Liest wahlweise alle Daten aus importierten Dateien bzw. nur selektierte erneut ein (der Pfad zu den Datendateien wird mit der Mappe gespeichert). Die in Excel integrierten Befehle lassen nur die Aktualisierung jeweils einer Liste zu.

Tabelle 18.1 Die Funktionalität der XML Toolbox im Überblick

Die Umsetzung des Excel-Menüs entspricht eins zu eins dem integrierten Menü. Tabelle 18.2 zeigt die Liste der deutschsprachigen Beschriftungen und stellt den Zusammenhang zur Gruppe aus Abbildung 18.4 her.

Menüeintrag 2003	Beschreibung	Schaltfläche 2007
XML-Quelle	Blendet den Aufgabenbereich *XML-Quelle* ein.	Quelle
Importieren	Importiert Daten aus einer Datei in die einem Schema zugeordneten Zellen.	Importieren
Exportieren	Exportiert die Daten in zugeordneten Zellen in eine externe Datei.	Exportieren
XML-Daten aktualisieren	Liest für die markierte Zuordnung die Daten aus importierten Dateien erneut ein.	Daten aktualisieren
Eigenschaften der XML-Zuordnung	Zeigt das Dialogfeld mit den Eigenschaften der ausgewählten XML-Zuordnung.	Eigenschaften zuordnen
Abfrage bearbeiten	Erlaubt das Einstellen der Abfrage von Daten einer SharePoint-Liste.	Der Umgang mit XML-SharePoint-Listen hat sich geändert.
XML-Erweiterungspakete	Zeigt das Dialogfeld zum Anbinden von Erweiterungspaketen (Smart Documents).	Erweiterungspakete

Tabelle 18.2 Die Funktionalität der integrierten Befehle unter Excel 2003 und ihre Entsprechung unter Excel 2007

Eine Vielzahl der Befehle aus Tabelle 18.2 findet man auch nach einem Klick mit der rechten Maustaste im Kontextmenü von Zellbereichen mit XML-Zuordnung.

Objekte, Eigenschaften, Methoden und Ereignisse mit XML-Funktionalität

Im Rahmen eines Buches wie dem vorliegenden lassen sich naturgemäß nicht alle Gesichtspunkte des Objektmodells im Detail besprechen. Manches Objekt oder eines seiner Member wird der einzelne Entwickler vielleicht nie, andere fast täglich einsetzen. Die folgenden Tabellen sollen im Zusammenhang mit den oben gegebenen Einführungen also nur den Überblick erleichtern.

Ein Detail sei allerdings bereits hier erlaubt: Überraschungen gibt es weder unter Excel noch unter den Visual Studio Tools. Fast 100 Prozent dessen, was bereits mit Excel/Office 2003 möglich war, ist weiterhin präsent, Neues ist kaum hinzugekommen. Auch soll herausgestrichen sein, dass die XML-Gesichtspunkte, die hinter dem neuen Dateiformat stehen, im Objektmodell nur ganz wenig Berücksichtigung finden. Eine Ausnahme sind die Dinge um die *CustomXMLParts* des Office-Objektmodells. Zur Manipulation (im positiven Sinne) von Dateien sind Ihnen somit aus der Sicht des Objektmodells und damit aus der Perspektive von Erweiterungen im Sinne von VBA-Modulen, Add-Ins, COM-Add-Ins und dokumentbezogenen Erweiterungen also kaum neue Werkzeuge an die Hand gegeben. Das, was mit der Erweiterung des *System.IO*-Namensraumes und der damit verbundenen *WindowsBase.dll* bzw. dem *Open XML* SDK angeboten wird, geht in aller Regel davon aus, dass die jeweilige Anwendung (also hier Excel) beim Zugriff auf die zu bearbeitende Datei nicht mit im Spiel ist.

Tabelle 18.3 stellt zunächst die beteiligten Klassen zusammen.

Klasse	Beschreibung
ListObject	Das *ListObject*-Objekt betrifft einen als *Tabelle* (*Liste* bei Excel 2003) definierten Bereich eines Arbeitsblattes. Es ist ein Element der *ListObjects*-Auflistung, die alle Tabellen eines Arbeitsblattes umfasst.
WorkbookConnection	Verbindungsobjekt zu einer Datenquelle, es kann vom Typ *xlConnectionTypeXMLMAP* sein und somit auf eine XML-Zuordnung verweisen (neu unter Excel 2007).
XmlDataBinding	Dieses Objekt umfasst einige (nicht alle) Informationen zur Verbindung einer XML-Zuordnung (*XmlMap*-Objekt) zu importierten Quelldaten. Der unter Excel 2003 vorhandene Zusammenhang zu SharePoint-Listen steht unter Excel 2007 nicht mehr zur Verfügung.
XmlMap	Dieses Objekt stellt eine einer Arbeitsmappe zugefügte XML-Zuordnung dar.
XmlMaps	Auflistung aller *XmlMap*-Objekte einer Arbeitsmappe.
XmlNamespace	Betrifft den XML-Namensraum, den Excel mit einer XML-Zuordnung aufbaut.
XmlNamespaces	Auflistung aller *XmlNamespace*-Objekte einer Arbeitsmappe.
XmlSchema	Dieses Objekt betrifft das XML-Schema einer XML-Zuordnung (bzw. des zugehörigen *XmlMap*-Objekts).
XmlSchemas	Auflistung aller *XmlSchema*-Objekte eines *XmlMap*-Objekts.
XPath	Dieses Objekt verkörpert die Eigenschaften der Knoten eines zugeordneten XML-Schemas. Der Hauptzweck ist eine vereinfachte XPath-Pfadangabe. Betroffen sind *Range*- und *ListColumn*-Objekte.

Tabelle 18.3 Excel-Klassen mit »XML-Charakter«

Doch nicht nur die in Tabelle 18.3 genannten Klassen, denen man ihre XML-Zugehörigkeit nahezu ansehen kann, verfügen über Eigenschaften, die »XML-trächtig« sind. Tabelle 18.4 gibt den weiteren Überblick.

XML im Objektmodell

Klasse	Eigenschaften
Application	*ArbitraryXMLSupportAvailable*: erlaubt die Prüfung, ob die verwendete Excel-Version die erweiterten XML-Features (dazu gehört nicht das Speichern als XML-Kalkulationstabelle) unterstützt.
ListColumn	*XPath*: das zugehörige *XPath*-Objekt, das im Falle einer XML-Zuordnung der Listenelemente die Details beschreibt.
ListObject	*QueryTable*: ein wie durch MS Query entstehendes *QueryTable*-Objekt für Listen mit SharePoint-Verbindung. *XmlMap*: ein *XmlMap*-Objekt für Listen aus XML-Zuordnungen.
Range	*XPath*: ein *XPath*-Objekt, das im Falle einer XML-Zuordnung die Details bereithält.
SmartTag	*XML*: die XML-Beschreibung eines SmartTags.
Workbook	*XmlMaps*: die Auflistung der XML-Zuordnungen einer Arbeitsmappe. *XmlNamespaces*: die Auflistung der mit zugeordneten Schemata durch Excel vergebenen verbundenen Namensräume.
XmlDataBinding	*SourceUrl*: die URL einer importierten XML-Datenquelle.
XmlMap	*AppendOnImport, IsExportable, PreserveColumnFilter, PreserveNumberFormatting, SaveDataSourceDefinition, ShowImportExportValidationErrors*: Diese Eigenschaften erklären sich weitestgehend aus ihren Namen und entsprechen den durch den Anwender vornehmbaren Einstellungen und Aktionen. *DataBinding*: das zugehörige *XMLDataBinding*-Objekt. *RootElementName* und *RootElementNamespace*: als Zeichenketten vorliegende Schemainformationen. *XMLSchemas*: die Auflistung der XML-Schemata einer XML-Zuordnung.
XmlNamespace	*Prefix, Uri*: die einen Namespace festlegenden Angaben aus Präfix und URI (jeweils eine Zeichenkette).
XmlSchema	*Namespace*: die Namensraum-Zeichenkette eines XML-Schemas.
XPath	*Map*: in der XML-Zuordnung verwendetes *XmlMap*-Objekt. *Repeating*: beschreibt als Wahrheitswert alternativ die Zuordnung eines XML-Knotens zu einer Liste oder einer einzelnen Zelle.

Tabelle 18.4 Excel-Klassen und die dazugehörenden XML-Eigenschaften

Tabelle 18.5 skizziert die wesentlichen Methoden, die wie die Ereignisse aus Tabelle 18.6 im weiteren Verlauf dieses Kapitels im jeweiligen Kontext etwas tiefer durchleuchtet werden.

Objekt	Methoden
Application	*DisplayXMLSourcePane* zeigt den Aufgabenbereich *XML-Quelle* an, wobei ein Parameter die anzuzeigende XML-Zuordnung bestimmen kann.
Workbook	*SaveAsXMLData* exportiert die Daten einer bestimmten XML-Zuordnung in eine Datei. *XmlImport*: importiert die Daten für eine bestimmte XML-Zuordnung aus einer Datei. *XmlImportXml*: wie *XmlImport*, erwartet aber als Quelle eine Zeichenkette.
Worksheet	*XmlDataQuery, XmlMapQuery* geben Informationen darüber, welche Zellen (*Range*-Objekte) durch eine XML-Zuordnung betroffen sind (als Argument wird ein XPath-Ausdruck verlangt, der den Knoten beschreibt).
XmlDataBinding	*ClearSettings, LoadSettings* helfen, die Datenbindung importierter XML-Daten einer XML-Zuordnung zu manipulieren.

Tabelle 18.5 Excel-Klassen und ihre XML-Methoden

Objekt	Methoden
XmlMap	*Delete* entfernt eine XML-Zuordnung. *Export* und *ExportXml* exportieren die Daten einer XML-Zuordnung in eine Datei bzw. eine Zeichenkette. *Import* und *ImportXml* importieren die Daten einer XML-Zuordnung aus einer Datei bzw. einer Zeichenkette.
XmlNamespaces	*InstallManifest* installiert ein Erweiterungspaket (Dateien eines Smart Documents).
XPath	*SetValue* definiert den XPath-Ausdruck zur Zuordnung eines XML-Knotens zu einer Zelle.

Tabelle 18.5 Excel-Klassen und ihre XML-Methoden *(Fortsetzung)*

Objekt	Ereignisse
Application	*WorkbookAfterXmlExport, WorkbookAfterXmlImport, WorkbookBeforeXmlExport, WorkbookBeforeXmlImport*
Workbook	*AfterXmlExport, AfterXmlImport, BeforeXmlExport, BeforeXmlImport*

Tabelle 18.6 Excel-Klassen und die dazugehörigen XML-Ereignisse

Die in Tabelle 18.6 genannten Ereignisse erklären sich aus ihrem Namen. Die erste Gruppe erlaubt die Programmsteuerung unabhängig von der aktiven Arbeitsmappe und ist vor allem für Add-Ins und COM-Add-Ins interessant.

Mit Office 2007 kommen einige interessante Klassen des Office-Objektmodells hinzu, die sich auch unter Excel widerspiegeln. Tabelle 18.7 gibt Auskunft.

Objekt	Beschreibung und Member
CustomXMLPart	Das ist die Klasse, die eine benutzerdefinierte XML-Datendatei innerhalb des ZIP-Archivs eines Dokuments repräsentiert. **Eigenschaften:** *BuiltIn*: *True*, wenn es um integrierte Informationen, wie Autor, Manager usw. geht (sogenannte Kerneigenschaften). *DocumentElement*: Stammknoten der XML-Datendatei. *Errors*: Auflistung möglicher Schemaverletzungen. *Id*: Identifikator. *NamespaceManager*: ist vom Typ *CustomXMLPrefixMappings* und hilft bei der Verwaltung der Zuordnungen von Präfix und Namensraumbezeichnung (*CustomXMLPrefixMapping*). *NamespaceURI*: Bezeichnung des XML-Namensraumes. *SchemaCollection*: Auflistung der zugeordneten Schemata. *XML*: XML-Zeichenkette der XML-Datendatei. **Methoden:** *AddNode*: fügt dem Stammelement einen Knoten hinzu. *Delete*: entfernt die XML-Datendatei. *Load, LoadXML*: lädt die XML-Datendatei aus einer Datei oder einer Zeichenkette. *SelectNodes, SelectSingleNode*: vermittelt den Zugriff auf Knoten mithilfe von XPath-Ausdrücken. **Ereignisse:** *NodeAfterDelete, NodeAfterInsert, NodeAfterReplace*: erlauben das Eingreifen bei Knoten-Manipulationen.

Tabelle 18.7 Ausführliches Objektmodell zu benutzerdefinierten XML-Teilen eines Dokuments

Objekt	Beschreibung und Member
CustomXMLParts	Auflistung der benutzerdefinierten XML-Datendateien, hierzu gehören auch Informationen aus den Dateien *app.xml* und *core.xml*. **Eigenschaften:** *Count, Item* **Methoden:** *Add*: erlaubt das Hinzufügen. *SelectById, SelectByNamespace*: erlauben den Zugriff auf bestehende Dokumente. **Ereignisse:** *PartAfterAdd, PartAfterLoad, PartBeforeDelete*: erlauben die Reaktion auf verschiedene Anpassungen.
CustomXMLNode	»Knoten« eines *CustomXMLParts*. **Eigenschaften:** *Attributes*: Menge der Attribute, die selbst als Knoten behandelt werden. *BaseName*: der Name des Knotens ohne eventuelles Präfix. *ChildNodes, FirstChild, LastChild*: Menge der Unterknoten mit erstem bzw. letztem Unterknoten. *NamespaceURI*: Bezeichnung des XML-Namensraumes des Knotens. *ParentNode, NextSibling, PreviousSibling*: Elternknoten, Folge- bzw. Vorgängerknoten auf gleicher Ebene. *OwnerDocument, OwnerPart*: zugehöriges Office-Dokument mit der XML-Datendatei. *NodeValue*: Wert des Knotens. *Text, XML*: Inhalt des Knotens (ohne bzw. mit Struktur). *XPath*: »Lage« des Knotens im Dokument. **Methoden:** *AppendChildNode, AppendChildSubtree*: Anfügen von Knoten. *Delete*: Entfernen des Knotens selbst. *HasChildNodes*: liefert einen Wahrheitswert zum Vorhandsein von Unterknoten. *InsertNodeBefore, InsertSubtreeBefore*: Einfügen von Knoten vor dem Knoten selbst. *RemoveChild, ReplaceChildNode, ReplaceChildSubtree*: Ersetzen von Unterknoten. *SelectNodes, SelectSingleNode*: vermittelt den Zugriff auf Unterknoten mithilfe von XPath-Ausdrücken.
CustomXMLNodes	Knotenliste
CustomXMLSchema	XSD-Schema zur Validierung von benutzerdefinierten XML-Teilen eines Dokuments. **Eigenschaften:** *Location*: Speicherort einer externen Schemadatei. *NamespaceURI*: Bezeichnung des XML-Namensraumes im Schema. **Methoden:** *Delete*: entfernt das Schema. *Reload*: lädt das Schema erneut.
CustomXMLSchemaCollection	Sammlung der Schemata einer XML-Datendatei. **Eigenschaften:** *Count*: Anzahl der Schemata, die benutzt werden. *Item*: einzelnes Schema der Liste. *NamespaceURI*: Bezeichnung des XML-Namensraumes im Schema, das durch seinen Index angegeben wird. **Methoden:** *Add, AddCollection*: erlaubt das Hinzufügen von Schemata, auch »im Set«. *Validate*: prüft die Daten gegen alle Schemata.

Tabelle 18.7 Ausführliches Objektmodell zu benutzerdefinierten XML-Teilen eines Dokuments *(Fortsetzung)*

Objekt	Beschreibung und Member
CustomXMLValidationError	Auffangbarer Fehler, der gegebenenfalls beim Prüfen der Gültigkeit entsteht. **Eigenschaften:** *ErrorCode*: eine Zahl, die über die Art des Fehlers informiert. *Name*: Name des Fehlers. *Node*: Knoten, in dem der Fehler auftritt. *Text*: Fehlerbeschreibung *Typ*: Art des Fehlers. **Methoden:** *Delete*: erlaubt das Löschen der Fehlerinformation, nicht jedoch seiner Ursache.
CustomXMLValidationErrors	Liste der Fehlerobjekte. **Eigenschaften:** *Count*: eine Zahl, die über die Anzahl der Fehler informiert. *Item*: das durch einen Index gegebene Fehlerobjekt. **Methoden:** *Add*: erlaubt das Hinzufügen von Fehlerinformationen, die nicht durch Schemaprüfung, sondern innerhalb des Codes entstehen.

Tabelle 18.7 Ausführliches Objektmodell zu benutzerdefinierten XML-Teilen eines Dokuments *(Fortsetzung)*

Tabelle 18.7 zeigt sehr eindrücklich, dass die Anpassung von benutzerdefinierten XML-Teilen eines Dokuments auch ohne den Einsatz spezieller Klassen des XML-DOM (COM-orientierte Programmierung) bzw. *System.Xml* (.NET-orientierte Programmierung) möglich sein soll, da diese Dinge im Objektmodell selbst abgebildet werden. Bleibt abzuwarten, wie in der Praxis ein solches Schwergewicht den Datenaustausch mit Office-Dokumenten »revolutioniert«.

Excel greift nun mit einer Klasse auf die »allgemeinen« Klassen zurück: die *CustomXMLParts*-Eigenschaft der *Workbook*-Klasse. Dabei muss deutlich hervorgehoben werden, dass die Schemadateien einer XML-Zuordnung erst einmal nichts mit benutzerdefiniertem XML zu tun haben.

Eine XML Toolbox für Excel 2007

Wie bereits weiter oben angekündigt, soll der Hauptteil dieses Kapitels die Beschreibung einer eigenen XML Toolbox für Excel 2007 sein. Nach den Anregungen der Toolbox für Excel 2003 präsentiert sich die Registerkarte des fertigen Ribbons wie in Abbildung 18.9 gezeigt.

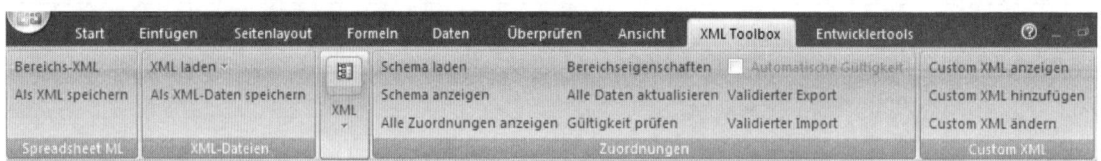

Abbildung 18.9 Die fertige selbst entwickelte XML Toolbox

Es lassen sich fünf Themengebiete abgrenzen:

- SpreadsheetML oder XML-Kalkulationstabellen
- Öffnen von Dateien im XML-Format, Speichern von XML-Daten

Eine XML Toolbox für Excel 2007

- Die integrierten XML-Aufgaben
- Spezialaufgaben für XML-Zuordnungen
- Custom XML

Die Vorbereitungen

Erstellen Sie unter Visual Studio 2008 ein Projekt unter Verwendung der Vorlage *Excel 2007 Add-In*.

Fügen Sie den Dateien des Projekts ein Element vom Typ *Multifunktionsleiste (XML)* hinzu. Dadurch werden zwei Dateien aufgenommen, die standardmäßig *Ribbon1.vb* und *Ribbon1.xml* heißen. Sie können die Dateinamen anpassen (auf der Begleit-CD finden Sie die Namen *XMLToolbar.vb* und *XMLToolbar.xml*), müssen dann allerdings darauf achten, dass die Datei *Ribbon1.xml* als eingebettete Ressource auftritt und in der bereits vorbereiteten Methode *GetCustomUI*, die für den Aufruf des angepassten Ribbons verantwortlich ist, benutzt wird. Den dortigen Quellcode müssen Sie also hinsichtlich des von Ihnen gewählten Dateinamens anpassen.

Damit das Add-In überhaupt vom Vorhandensein des angepassten Ribbons erfährt, beachten Sie die To-do-Liste in der Datei *XMLToolbar.vb*. Dort gibt es einen kleinen Eintrag zur Funktion *CreateRibbonExtensibilityObject*, den Sie wie empfohlen an die geeignete Stelle kopieren oder aber sich der »partiellen« Erweiterung der Klasse *ThisAddIn* bedienen, den Kommentar im vorgeschlagenen Code nur zurücknehmen und in die genannte Klasse etwas wie in Listing 18.1 gezeigt implementieren:

```
Partial Public Class ThisAddIn
    Private mXmlToolbar As XMLToolbar

    Protected Overrides Function CreateRibbonExtensibilityObject() As _
            Microsoft.Office.Core.IRibbonExtensibility
        If mXmlToolbar Is Nothing Then
            mXmlToolbar = New XMLToolbar
        End If
        Return mXmlToolbar
    End Function
End Class
```

Listing 18.1 Die Klasse *XMLToolbar* macht sich mit Excel bekannt

Die Verwendung der lokalen Variablen *mXmlToolbar* ist hier dem Umstand geschuldet, dass später zur Aktualisierung des Ribbons auf die bereits erzeugte Instanz zugegriffen werden soll.

Die Definitionsdatei für das Ribbon, *XMLToolbar.xml*, modifizieren Sie zunächst in etwa so, wie es Der Rahmen für die Ribbondefinition18.2 zeigt. Damit sind die fünf Gruppen aus Abbildung 18.9 abgesteckt:

```
<customUI xmlns="http://schemas.microsoft.com/office/2006/01/customui" onLoad="onLoad">
  <ribbon>
    <tabs>
      <tab id="xlXmlToolbox" label="XML Toolbox" insertBeforeMso="TabDeveloper">
        <group id="groupSpreadsheetML" label="Spreadsheet ML"/>
        <group id="groupXmlFiles" label="XML-Dateien"/>
        <group idMso="GroupXml" />
        <group id="groupMappings" label="Zuordnungen"/>
```

Listing 18.2 Der Rahmen für die Ribbondefinition

```
        </tab>
      </tabs>
    </ribbon>
</customUI>
```

Listing 18.2 Der Rahmen für die Ribbondefinition *(Fortsetzung)*

CD-ROM   Der Code zur XML Toolbox befindet sich im Ordner *\Buch\Kap_18\Excel-2007-XML-Toolbox* der Begleit-CD.

SpreadsheetML oder XML-Kalkulationstabellen

Der Begriff *XML-Kalkulationstabelle* (den es als direkte Übersetzung von *Spreadsheet* bereits seit Excel XP gibt) ist sicher nicht ganz glücklich gewählt, da nicht ein einzelnes Arbeitsblatt, sondern eine ganze Arbeitsmappe (allerdings ohne VBA-Projekt, Diagramme und/oder OLE-Einbettungen) in Rede steht. Die hier vorzustellenden Bestandteile des Objektmodells sind also so neu nicht: Öffnen und Speichern von XML-Kalkulationstabellen bzw. die Darstellung von Arbeitsmappen, Arbeitsblättern und Zellen mittels XML-Dokumenten im Dialekt von SpreadsheetML. Da der Umgang mit dieser Art der XML-Beschreibung von Arbeitsmappen doch etwas einfacher ist als der Zugang über Open XML, wird er sicher für viele Entwickler auf Dauer eine Alternative bleiben. Außerdem kann so unter Umständen auch auf eine bereits durch Excel geöffnete Mappe zugegriffen werden.

HINWEIS   Eine Besonderheit von SpreadsheetML besteht im Umstand, dass die Spreadsheet-Webkomponente von Office (in den Versionen 9 bis 11) die Informationen, die aus Arbeitsmappen stammen, eins zu eins darstellen kann. Damit bestehen für Entwickler gute Möglichkeiten der automatischen Erstellung und Manipulation von Webseiten mit Spreadsheet-Webkomponenten bzw. deren Einbindung als ActiveX-Steuerelemente in andere Anwendungen. Mit Excel 2007 sind die Webkomponenten allerdings Geschichte – sie haben für die Excel-Services auf einem Office SharePoint Server Platz gemacht.

Sie beginnen die Untersuchungen zu SpreadsheetML mit der weiteren Anpassung der Ribbondefinition über die Erweiterung der Gruppe *groupSpreadsheetML* zu

```
<group id="groupSpreadsheetML" label="Spreadsheet ML">

    <button id="showRange" label="Bereichs-XML" onAction="showRange"/>

    <button id="saveAsXml" label="Als XML speichern" onAction="saveAsXml" />

</group>
```

und den Callbackprozeduren aus Listing 18.3 und dem etwas später folgenden Listing 18.6. Zunächst zu Listing 18.3:

```
Public Sub showRange(ByVal c As Office.IRibbonControl)
    Dim frm As New showXML
    Dim xDoc As New Xml.XmlDocument
    Try
        Dim r As Excel.Range = CType(Globals.ThisAddIn.Application.Selection, Excel.Range)
        xDoc.LoadXml(r.Value(Excel.XlRangeValueDataType.xlRangeValueXMLSpreadsheet).ToString)
        Dim pi As Xml.XmlProcessingInstruction
```

Listing 18.3 Anzeige der XML-Darstellung eines Zellbereichs

Eine XML Toolbox für Excel 2007

```
            pi = CType(xDoc.ChildNodes(1), Xml.XmlProcessingInstruction)
            Dim com As Xml.XmlComment
            com = xDoc.CreateComment(pi.OuterXml)
            xDoc.InsertAfter(com, xDoc.ChildNodes(0))
            xDoc.RemoveChild(pi)
            xDoc.Save(My.Computer.FileSystem.SpecialDirectories.Temp & "\temp.xml")
            frm.WebBrowser1.Navigate(My.Computer.FileSystem.SpecialDirectories.Temp & "\temp.xml")
            frm.ShowDialog()
        Catch ex As Exception

        End Try

End Sub
```

Listing 18.3 Anzeige der XML-Darstellung eines Zellbereichs *(Fortsetzung)*

Listing 18.3 nutzt die Möglichkeit, der XML-Darstellung eines Bereichs mithilfe der *Value*-Eigenschaft des *Range*-Objekts, deren Parameter auf *XlRangeValueDataType.xlRangeValueXMLSpreadsheet* gesetzt wird, auf die Spur zu kommen. Die Klasse *showXML* beschreibt ein Formular, auf dem ein Webbrowser-Steuerelement sitzt, das die in *temp.xml* gespeicherte XML-Darstellung anzeigen wird. Damit Excel nicht dem Webbrowser-Steuerelement zuvorkommt, ist die entsprechende Verarbeitungsanweisung

```
<?mso-application progid="Excel.Sheet"?>
```

(die automatisch entsteht) vor dem Speichern zu entfernen (was hier durch Auskommentieren erledigt wird).

Durch diese Prozedur wird das einzig beschriebene Tabellenblatt einer Arbeitsmappe, das sich wie in Abbildung 18.10 präsentiert, zu einer Zeichenkette der Form aus Listing 18.4.

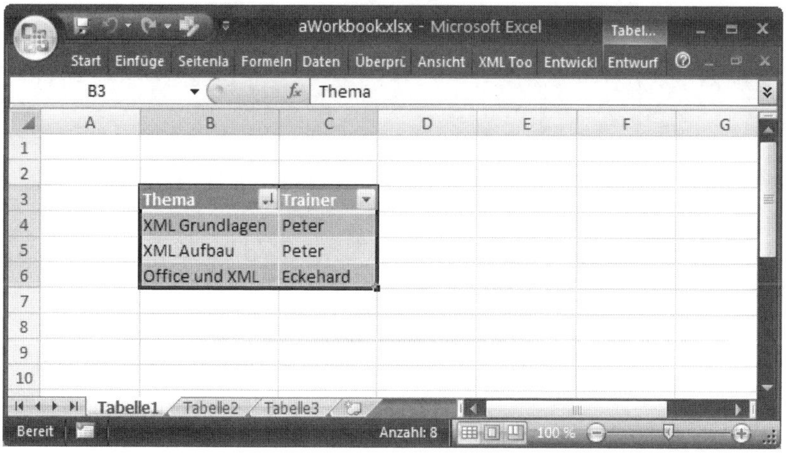

Abbildung 18.10 Einfache Arbeitsmappe zum Experimentieren

Listing 18.4 bringt wegen der Erfassung des markierten Bereichs nur diesen selbst zum Ausdruck. Würde man die Arbeitsmappe insgesamt als XML-Kalkulationstabelle speichern, kämen noch einige Informationen hinzu (Dokumenteigenschaften, aktive Zelle, wo beginnt der benutzte Bereich und anderes mehr).

```xml
<?xml version="1.0"?>
<!--<?mso-application progid="Excel.Sheet"?>-->
<Workbook xmlns="urn:schemas-microsoft-com:office:spreadsheet" xmlns:o="urn:schemas-microsoft-com:office:office" xmlns:x="urn:schemas-microsoft-com:office:excel" xmlns:ss="urn:schemas-microsoft-com:office:spreadsheet" xmlns:html="http://www.w3.org/TR/REC-html40">
  <Styles>
    <Style ss:ID="Default" ss:Name="Normal">
      <Alignment ss:Vertical="Bottom" />
      <Borders />
      <Font ss:FontName="Calibri" x:Family="Swiss" ss:Size="11" ss:Color="#000000" />
      <Interior />
      <NumberFormat />
      <Protection />
    </Style>
  </Styles>
  <Worksheet ss:Name="Tabelle1">
    <Table ss:ExpandedColumnCount="2" ss:ExpandedRowCount="4" ss:DefaultColumnWidth="60" ss:DefaultRowHeight="15">
      <Row>
        <Cell>
          <Data ss:Type="String">Thema</Data>
        </Cell>
        <Cell>
          <Data ss:Type="String">Trainer</Data>
        </Cell>
      </Row>
      <Row>
        <Cell>
          <Data ss:Type="String">XML Grundlagen</Data>
        </Cell>
        <Cell>
          <Data ss:Type="String">Peter</Data>
        </Cell>
      </Row>
      <Row>
        <Cell>
          <Data ss:Type="String">XML Aufbau</Data>
        </Cell>
        <Cell>
          <Data ss:Type="String">Peter</Data>
        </Cell>
      </Row>
      <Row>
        <Cell>
          <Data ss:Type="String">Office und XML</Data>
        </Cell>
        <Cell>
          <Data ss:Type="String">Eckehard</Data>
        </Cell>
      </Row>
    </Table>
  </Worksheet>
</Workbook>
```

Listing 18.4 Einfachstes Workbook mit nur einem Worksheet

Ein solches XML-Dokument kann nun nach Belieben verwendet werden:

Eine XML Toolbox für Excel 2007

- Mithilfe eines Add-Ins oder Codes, der dokumentbezogen ist, kann der Inhalt des Bereichs verändert werden. Im vorliegenden Fall wird *Value* nur gelesen, es kann aber auch mit einem hierzu gültigen XML-Dokument geschrieben werden. Zu beachten ist dann die notwendige Kongruenz zwischen den »Abmessungen« des Bereichs und denen in der XML-Datei.
- Ebenso ist es denkbar, den Inhalt des Bereichs in Form des XML-Dokuments an eine andere Anwendung weiterzugeben.
- Vor einer Weitergabe kann der Inhalt noch durch eine Transformation (XLST) laufen (um etwa auf einer Webseite angezeigt zu werden oder ähnlich).
- LINQ to XML erlaubt die Auswertung und Anpassung in einem Visual Studio-Projekt.

Zum letzten Punkt folgendes kleines Beispiel. Sie bereiten Listing 18.5 durch die Aufnahme der Schemadateien für SpreadsheetML in ein Projekt Ihrer Wahl vor (eine Verlinkung zum Projekt ist ausreichend). Diese Schemadateien liegen in der Datei *Office2003XMLSchema.exe* bei Microsoft zum Download bereit.

Mit der *Imports*-Anweisung

```
Imports <xmlns:ss="urn:schemas-microsoft-com:office:spreadsheet">
```

wird die Programmierung so »einfach« wie gewöhnlich, wenn IntelliSense im Spiel ist.

```
Private Sub changeSomeThing()
    Dim wb As New XDocument
    wb = XDocument.Parse(My.Resources.aWorkbook)
    Dim colCount = From t In wb.<ss:Workbook>.<ss:Worksheet>.<ss:Table> Select t.@ss:ExpandedColumnCount
    Dim cellsInARow = From t In wb.<ss:Workbook>.<ss:Worksheet>.<ss:Table>.<ss:Row> Select t.<ss:Cell>
    For Each c In cellsInARow
        For i = 0 To CInt(colCount(0).ToString) - 1
            MsgBox(c.<ss:Data>(i).Value)
            If i = 0 And Not (c.Value = cellsInARow.First.Value) Then
                c.<ss:Data>(i).Value = "neu: " & c.<ss:Data>(i).Value
            End If
        Next
    Next
    MsgBox(wb.ToString)
End Sub
```

Listing 18.5 Eine kleine Manipulation mithilfe von LINQ To XML

Es werden also alle Einträge der Liste aus Abbildung 18.10 aufgelistet und die jeweiligen Themen mit dem Zusatz »neu: « versehen. Die XML-Darstellung der Liste wurde als Ressource ins Projekt integriert. Das ist sicher nicht in jeder Situation sinnvoll, soll hier aber der Einfachheit halber dennoch geschehen.

CD-ROM Der Ordner *\Buch\Kap_18\spreadsheetML* der Begleit-CD enthält ein kleines Projekt zum Experimentieren.

Die Betrachtungen zur Gruppe »Spreadsheet ML« sollen mit Listing 18.6 abgeschlossen werden. Dieses beinhaltet die zweite Callbackprozedur.

```vbnet
Public Sub saveAsXml(ByVal c As Office.IRibbonControl)
    Dim Filename As Object
    Dim app As Excel.Application = Excel_2007_XML_Toolbox.Globals.ThisAddIn.Application
    Try
        Dim wb As Excel.Workbook = Excel_2007_XML_Toolbox.Globals.ThisAddIn.Application.ActiveWorkbook
        Filename = app.GetSaveAsFilename("dummy.xml", "XML-Dateien,*.xml")
        If Filename.ToString <> CType(False, String) Then
            wb.SaveAs(Filename.ToString, FileFormat:=Excel.XlFileFormat.xlXMLSpreadsheet)
        End If
    Catch ex As Exception

    End Try
End Sub
```

Listing 18.6 Speichern der aktiven Arbeitsmappe als XML-Kalkulationstabelle

Zu beachten ist beim Einsatz von Code wie in Listing 18.6, dass eine Warnung hinsichtlich des Informationsverlustes, die beim Speichern »per Hand« angezeigt würde, ausbleibt.

Öffnen von XML-Dateien

Die Methode *OpenXML* der *Workbooks*-Auflistung *öffnet* keine XML-Kalkulationstabellen, sondern leistet das Gleiche wie das Dialogfeld aus Abbildung 18.2. Dabei wurden der Titel des Dialogfeldes und auch der Funktionsname nicht ganz glücklich gewählt, da es sich eher um das *Laden* von XML-Daten in eine Arbeitsmappe handelt.

Das Dialogfeld wird durch Wahl des benannten Arguments *LoadOption:=xlXmlLoadPromptUser* von *OpenXML* angezeigt, eine Unterdrückung erfolgt durch Belegung dieses Arguments mit einer der drei weiteren Möglichkeiten: *xlXmlLoadImportToList* (XML-Daten werden in eine XML-Liste bei gleichzeitiger Konstruktion eines Schemas – falls nicht auf ein solches in der XML-Datendatei selbst verwiesen wird – übergeben), *xlXmlLoadOpenXml* (lädt die Daten in eine »formatierte Tabelle« unter Verwendung eines oder mehrerer eventuell in der Datendatei referenzierten Stylesheets) oder *xlXmlLoadMapXml* (konstruiert aus den Daten ein Schema bzw. liest dasjenige, auf das in der Datendatei verwiesen wird, ohne die Daten zu importieren).

Sie können mit diesen Dingen experimentieren, indem Sie die Toolbox in der Gruppe um

```xml
<group id="groupXmlFiles" label="XML-Dateien">
    <menu id="loadXml" label="XML laden" >
        <button id="loadWithPrompt" label="Auswahl" onAction="loadXml"/>
        <button id="loadImportToList" label="XML-Import" onAction="loadXml"/>
        <button id="loadOpenXml" label="XML-Tabelle" onAction="loadXml"/>
        <button id="loadMapXml" label="XML-Zuordnung" onAction="loadXml"/>
    </menu>
    <button id="saveAsXmlData" label="Als XML-Daten speichern" onAction="saveAsXmlData" />
</group>
```

erweitern. Die Callbackfunktion schreiben Sie wie in Listing 18.7 so, dass anhand der Control-ID erkannt wird, welches Steuerelement im Spiel ist, und entsprechend verfahren wird:

Eine XML Toolbox für Excel 2007

```
Public Sub loadXML(ByVal c As Office.IRibbonControl)
    Dim FileName As Object
    Dim app As Excel.Application = Excel_2007_XML_Toolbox.Globals.ThisAddIn.Application
    FileName = app.GetOpenFilename("XML-Dateien,*.xml", , , , False)
    Try
        Select Case c.Id
            Case "loadWithPrompt"
                app.Workbooks.OpenXML(FileName, , Excel.XlXmlLoadOption.xlXmlLoadPromptUser)
            Case "loadImportToList"
                app.Workbooks.OpenXML(FileName, , Excel.XlXmlLoadOption.xlXmlLoadImportToList)
            Case "loadOpenXml"
                app.Workbooks.OpenXML(FileName, , Excel.XlXmlLoadOption.xlXmlLoadOpenXml)
            Case "loadMapXml"
                app.Workbooks.OpenXML(FileName, , Excel.XlXmlLoadOption.xlXmlLoadMapXml)
        End Select
    Catch ex As Exception

    End Try
End Sub
```

Listing 18.7 Verschiedene Möglichkeiten beim Laden von XML-Daten

CD-ROM Auf der Begleit-CD sind im Ordner \Buch\Kap_18\Excel-2007-XML-Toolbox\Excel-2007-XML-Toolbox\Demo einige Dateien zum Experimentieren enthalten. Sie finden eine Schemadatei *workshops.xsd* der Gestalt

```xml
<?xml version="1.0" encoding="utf-8"?>
<xs:schema xmlns:ep="urn:ep:dev2007:workshops:definedTrainer" attributeFormDefault="qualified"
           elementFormDefault="qualified" targetNamespace="urn:ep:dev2007:workshops:definedTrainer"
xmlns:xs="http://www.w3.org/2001/XMLSchema">
  <xs:element name="workshops">
    <xs:complexType>
      <xs:sequence>
        <xs:element maxOccurs="unbounded" name="workshop">
          <xs:complexType>
            <xs:sequence>
              <xs:element name="thema" type="xs:string" minOccurs="1" />
              <xs:element name="trainer" type="ep:trainerType" minOccurs="1" />
              <xs:element name="tag" type="xs:string" minOccurs="1" />
              <xs:element name="uhrzeit" type="xs:string" minOccurs="1" />
            </xs:sequence>
            <xs:attribute ref="ep:level" use="required" />
          </xs:complexType>
        </xs:element>
      </xs:sequence>
    </xs:complexType>
  </xs:element>
  <xs:attribute name="level" type="xs:integer" />
  <xs:simpleType name="trainerType">
    <xs:restriction base="xs:string">
      <xs:pattern value="Peter|Eckehard"></xs:pattern>
    </xs:restriction>
  </xs:simpleType>
</xs:schema>
```

die einen Namensraum benutzt, um automatisches Erkennen von Daten durch Anwendungen zu erlauben. Einige der Beispieldatendateien (die gültige als auch ungültige Daten enthalten) verweisen auf das Schema durch etwas wie

```xml
<ep:workshops xmlns:xsi="http://www.w3.org/2001/XMLSchema-instance"
xmlns:ep="urn:ep:dev2007:workshops:definedTrainer"
  xsi:schemaLocation="urn:ep:dev2007:workshops:definedTrainer workshops.xsd">
```

im Wurzelelement, andere nicht. Außerdem finden Sie eine Transformationsdatei *workshops.xsl*, die offenbart, dass der Aufruf

```
Workbooks.OpenXML(FileName, 1, XlXmlLoadOption.xlXmlLoadOpenXml)
```

zwar unter VBA das erste Stylesheet einer Liste nach dem Muster

```
<?xml:stylesheet type="text/xsl" href="workshops.xsl"?>
```

in der Datendatei zum Einsatz bringt, jedoch nicht die Umsetzung in den PIAs.

Die Daten einer XML-Zuordnung lassen sich als solche auch speichern, was dem validierten Export entspricht (sofern die Optionen solches vorsehen). So gelingt mit dem Code aus Listing 18.8, der den Einsatz von *SaveAsXMLData* mit der Angabe von Dateinamen und gedachter Zuordnung zeigt, der nahtlose Übergang zum nächsten Abschnitt:

```vb
Public Sub saveAsXmlData(ByVal c As Office.IRibbonControl)
    Dim Filename As Object
    Try
        Dim r As Excel.Range = Globals.ThisAddIn.Application.ActiveCell
        If r.XPath.Value > "" Then
            Dim app As Excel.Application = Excel_2007_XML_Toolbox.Globals.ThisAddIn.Application
            Dim wb As Excel.Workbook = _
                Excel_2007_XML_Toolbox.Globals.ThisAddIn.Application.ActiveWorkbook
            Filename = app.GetSaveAsFilename("dummy.xml", "XML-Dateien,*.xml")
            If Filename.ToString <> CType(False, String) Then
                wb.SaveAsXMLData(Filename.ToString, r.XPath.Map)
            End If
        Else
            MsgBox("Bitte eine Zelle mit XML-Zuordnung auswählen.")
        End If
    Catch ex As Exception

    End Try
End Sub
```

Listing 18.8 Speichern von Daten als (validierter) Export

Interessant ist, dass die Speicherung als XML-Datei per Code den Vorgang ohne Warnhinweis hinsichtlich des Informationsverlustes (aus Sicht einer Arbeitsmappe) umsetzt – etwas, was beim Speichern per Hand nicht geschieht. Hier sollte der Entwickler vorsichtshalber Vorkehrungen treffen. Und: Auch beim Speichern kommt die Fehlermeldung infolge ungültiger Daten zu spät.

XML-Zuordnungen

XML-Zuordnungen sind der Schwerpunkt im Umgang mit XML-Daten. Grundlage bildet in jedem Fall ein XML-Schema. Dieses wird entweder der Arbeitsmappe mitgeteilt oder Excel legt ein solches auf Basis übergebener XML-Daten an. Nicht jedes Schema ist für Excel geeignet, da die Darstellung grob gesprochen Tabellencharakter erfordert. So gibt die Hilfe auch Auskunft, dass Konstrukte wie <xs:choice>, Listen in Listen und Verschachtelungen über mehrere Ebenen nicht erlaubt sind. Und noch einen Missstand gilt es gelegentlich zu überwinden: Die Arbeitsmappe »merkt« sich zwar, woher importierte XML-Daten stammen, aber nicht, wo der Ursprung des angelegten Schemas liegt. Das hat zur Folge, dass im Entwurfsstadium von Lösungen nach Schema-Änderungen die gesamte Zuordnung entfernt, das Schema neu importiert und die Zuordnung neu angelegt werden muss. Auf die unzureichende Validierung gegen ein Schema wurde weiter oben schon hingewiesen.

Bereiten Sie die Erweiterungen der Multifunktionsleiste aus Abbildung 18.9 durch die Anpassung der Gruppe *groupMappings* mittels

```xml
<group id="groupMappings" label="Zuordnungen">
  <box id="firstBox" boxStyle="vertical">
    <button id="reloadSchema" onAction="reloadSchema" label="Schema laden"/>
    <button id="viewSchema" onAction="viewSchema" label="Schema anzeigen"/>
    <button id="listAllMappings" onAction="listAllMappings" label="Alle Zuordnungen anzeigen"/>
  </box>
  <box id="secondBox" boxStyle="vertical">
    <button id="rangeProps" onAction="rangeProps" label="Bereichseigenschaften"/>
    <button id="refreshAllData" onAction="refreshAllData" label="Alle Daten aktualisieren"/>
    <button id="validateData" onAction="validateData" label="Gültigkeit prüfen"/>
  </box>
  <box id="thirdBox" boxStyle="vertical">
    <checkBox id="validationOnOff" onAction="validationOnOff" getEnabled="enableValidationOnOff" getPressed="getPressedValidationOnOff" label="Automatische Gültigkeit"/>
    <button id="exportData" onAction="exportData" label="Validierter Export"/>
    <button id="importData" onAction="importData" label="Validierter Import"/>
  </box>
</group>
```

vor. Hier ist nur das *checkBox*-Element interessant, da es nicht nur eine *onAction*-Callbackprozedur erfordert, sondern auch auf das Anklicken reagiert werden muss (*getPressed*) und die Anklickbarkeit selbst gesteuert werden soll (*getEnabled*). Die Funktionalität ergibt sich (der Reihe nach) aus den Beschriftungen:

- Laden eines Schema bei gleichzeitigem Merken der Quelle, um es im Bedarfsfall erneut laden zu können
- Anzeige des Schemas als XML-Datei
- Anzeige der XML-Eigenschaften eines markierten Bereichs (aus Sicht von Zuordnungen)
- Anzeige aller Zuordnungen in einer Arbeitsmappe
- Aktualisierung aller importierten Daten (standardmäßig aktualisiert Excel jeweils nur *eine* Zuordnung)
- Gültigkeitsprüfung zugeordneter Daten ohne Export
- Einstellung der integrierten Gültigkeitsprüfung bei dem durch Excel durchgeführten Import oder Export von Daten, die, wie bereits bemerkt, zwar durchgeführt wird, aber nicht den Vorgang stoppt
- ein selbst gestalteter validierter Import/Export, bei dem die Gültigkeitsprüfung erfolgt und ihr Ergebnis die weiteren Aktionen bestimmt

Schemata laden und anzeigen

Die Liste der per Code geladenen Schemadateien wird in einem Formular gehalten, das neben dem dazu verwendeten *ListBox*-Element ein *Label*-Element zur Anzeige eines eventuell verwendeten Namensraumes sowie zwei Schaltflächen zum Laden eines neuen Schemas bzw. wiederholten Laden eines bereits geladenen Schemas beinhaltet. Den Code zum Laden eines neuen Schemas sehen Sie in Listing 18.9:

```
Private Sub btnLoad_Click(ByVal sender As System.Object, ByVal e As System.EventArgs) Handles _
        btnLoad.Click
    Dim dlg As New OpenFileDialog
    dlg.Filter = "XML-Schema (*.xsd)|*.xsd|XML-Data (*.xml)|*.xml"
    dlg.ShowDialog()
    If dlg.FileName <> "" Then
        Try
            Dim map As Excel.XmlMap = mActiveWorkbook.XmlMaps.Add(dlg.FileName)
            Dim props As Office.DocumentProperties
            props = CType(mActiveWorkbook.CustomDocumentProperties, Office.DocumentProperties)
            Dim prop As Office.DocumentProperty = props.Add(map.Name, False, _
                Office.MsoDocProperties.msoPropertyTypeString, dlg.FileName & "|" & _
                map.RootElementNamespace.Uri)
            Me.Close()
        Catch ex As Exception

        Finally
            actualizeProps()
            ListBox1.SelectedIndex = ListBox1.Items.Count - 1
        End Try
    End If
End Sub


Private Sub actualizeProps()
    ListBox1.Items.Clear()
    For Each prop As Office.DocumentProperty In CType(mActiveWorkbook.CustomDocumentProperties, _
            Office.DocumentProperties)
        If prop.Value.ToString.Contains("|") Then
            Try
                Dim map As Excel.XmlMap
                map = mActiveWorkbook.XmlMaps(prop.Name)
                ListBox1.Items.Add(map.Name)
            Catch ex As Exception
                prop.Delete()
            End Try
        End If
    Next
End Sub
```

Listing 18.9 Laden eines Schemas und Aktualisieren der Anzeigeliste

Das zu benutzende Schema wird durch ein *OpenFileDialog*-Element gefunden und mit »Name und Adresse« in den Dateieigenschaften der Arbeitsmappe hinterlegt (Vorsicht beim Einsatz des Dokumentinspektors, der unter anderem auch solche Eigenschaften entfernen kann). Interessant (und notwendig) ist die Typumwandlung *CType(mActiveWorkbook.CustomDocumentProperties, Office.DocumentProperties)* im Falle der Verwendung von *Option Strict*. Die Aktualisierung der Liste berücksichtigt den eventuellen Umstand, dass ein erfasstes Schema aus der Arbeitsmappe gelöscht wird, ohne den diesbezüglichen Eigenschafteneintrag mit zu löschen. Das Hinzufügen eines Schemas (Zuordnung) mithilfe der *Add*-Methode der *XmlMaps*-Auf-

Eine XML Toolbox für Excel 2007

listung und das Wiederfinden mithilfe eines Index, der neben der Nummer auch den Namen der Zuordnung akzeptiert, sind die (einfachen) technischen Details.

Das erneute Laden eines Schemas per Hand setzt das Entfernen des bereits geladenen voraus und zerstört so bereits getroffene Zellzuordnungen. Diesem Umstand muss der Code aus Listing 18.10 gerecht werden:

```
Dim strMapName As String
Dim mapOld As Excel.XmlMap
Dim mapNew As Excel.XmlMap
Dim blnExitFor As Boolean = False
Dim strSchemaPath As String
Dim props As Office.DocumentProperties
Dim prop As Office.DocumentProperty
If ListBox1.SelectedItems.Count = 1 Then
    strMapName = ListBox1.SelectedItem.ToString
    mapOld = mActiveWorkbook.XmlMaps(strMapName)
    For Each wsh As Excel.Worksheet In mActiveWorkbook.Worksheets
        For Each listObj As Excel.ListObject In wsh.ListObjects
            If listObj.XmlMap.Name = strMapName Then
                Dim rh As Excel.Range = listObj.HeaderRowRange
                Dim col As New Collection
                For Each r As Excel.Range In rh
                    col.Add(r.XPath.Value, r.Address)
                    r.XPath.Clear()
                Next
                mapOld.Delete()
                props = CType(mActiveWorkbook.CustomDocumentProperties, Office.DocumentProperties)
                prop = props(strMapName)
                strSchemaPath = prop.Value.ToString.Substring(0, prop.Value.ToString.IndexOf("|"))
                mapNew = mActiveWorkbook.XmlMaps.Add(strSchemaPath)
                mapNew.Name = strMapName
                For Each r As Excel.Range In rh
                    r.XPath.SetValue(mapNew, col(r.Address).ToString)
                Next
                blnExitFor = True
                Exit For
            End If
        Next
        If blnExitFor Then
            Exit For
        End If
    Next
    If Not blnExitFor Then
        mapOld.Delete()
        props = CType(mActiveWorkbook.CustomDocumentProperties, Office.DocumentProperties)
        prop = props(strMapName)
        strSchemaPath = prop.Value.ToString.Substring(0, prop.Value.ToString.IndexOf("|"))
        mapNew = mActiveWorkbook.XmlMaps.Add(strSchemaPath)
        mapNew.Name = strMapName
    End If
End If
```

Listing 18.10 Ausnutzung des möglichen Zusammenhangs zwischen Tabellen (*ListObject*) und Zuordnungen

Entscheidend ist der Zusammenhang zwischen einem Schema, der getroffenen Zellzuordnung und der daraus resultierenden Tabelle, die durch ein *ListObject* angesprochen werden kann. Eine Eigenschaft des *ListObject* ist *XmlMap*. Außerdem wird mit *HeaderRowRange* ein *Range*-ähnliches Objekt beschrieben, das auch die *XPath*-Eigenschaft besitzt. Zur Rekonstruktion der Zellzuordnungen werden nun vor dem erforderlichen

Löschen der Zuordnung die *XPath*-Pfade mit der Zelladresse in einer *Collection* gesammelt, die nach dem wiederholten Einlesen der Schemadatei ausgewertet wird. Das ist möglich, da *XPath* nicht nur gelesen, sondern in seinen Eigenschaften auch geschrieben werden kann.

Die Anzeige eines Schemas als XML-Datei erfolgt mit einem Webbrowser-Steuerelement auf dem bereits beschriebenen Windows-Formular *showXml* und birgt keine Geheimnisse mehr (Listing 18.3 ohne Manipulation der XML-Datei, die durch *XPath.Map.Schemas(1).XML* der aktiven Zelle erzeugt werden kann).

Das beabsichtige Anzeigen aller Zuordnungen (Zelladresse und XPath-Pfad im Schema) lässt sich aus zwei Blickwinkeln starten:

- Es werden alle Zuordnungen der *XmlMaps*-Auflistung der gegebenen Arbeitsmappe durchlaufen und die gewünschten Informationen wie *map.RootElementNamespace.Prefix* oder *map.RootElementNamespace.Uri* ermittelt. Etwas aufwendiger ist es, zu bestimmen, welche Zellen durch die Zuordnung betroffen sind. Hier ist es das unter Excel 2007 neu eingeführte *WorkbookConnection*-Objekt, das den Aufschluss geben kann. Die *Ranges*-Auflistung dieses Objekts gibt die notwendigen Zelladressen »gruppenweise« aus. Diese müssen auf die dahinter liegenden Zellen uminterpretiert werden:

```
If Not map.WorkbookConnection Is Nothing Then
    Dim con As Excel.WorkbookConnection = map.WorkbookConnection
    For i As Integer = 1 To con.Ranges.Count
        Dim strAddress1() As String = Split(con.Ranges.Item(i).Address(External:=True), "!")
        Dim strAddress2() As String = Split(strAddress1(1), ",")
        For j As Integer = 0 To strAddress2.Count - 1
            Dim rng1 As Excel.Range = _
                Excel_2007_XML_Toolbox.Globals.ThisAddIn.Application.Range(strAddress1(0) & _
                "!" & strAddress2(j))
            For Each rng As Excel.Range In rng1
                Dim k As Integer = DataGridView1.Rows.Add
                Dim row As DataGridViewRow = DataGridView1.Rows(k)
                row.Cells(Address.Name).Value = rng.Worksheet.Name & "!" & rng.Address
                row.Cells(XPath.Name).Value = rng.XPath.Value
            Next
        Next
    Next
End If
```

- Es werden alle Tabellen (*ListObjects*) einer Arbeitsmappe durchlaufen und auf Vorhandensein einer belegten *XmlMap*-Eigenschaft geprüft. Im positiven Fall liefert das *ListObject* mit seiner *ListColumns*-Eigenschaft den gesuchten Aufschluss über zugeordnete Zellen. Auch der Einsatz von *HeaderRowRange* oder *DataBodyRange* ist denkbar:

```
wsh = CType(mActiveWorkbook.Worksheets("wshName", Excel.Worksheet)
Dim lo As Excel.ListObject = wsh.ListObjects("loName")
If Not lo.XmlMap Is Nothing Then
    lblListObjectInfo.Text = lo.XmlMap.RootElementNamespace.Prefix & ":" & _
        lo.XmlMap.RootElementNamespace.Uri
    For Each lc As Excel.ListColumn In lo.ListColumns
        Dim i As Integer = DataGridView2.Rows.Add
        Dim row As DataGridViewRow = DataGridView2.Rows(i)
        row.Cells(ListAddress.Name).Value = lc.Range.Address
        row.Cells(ListXPath.Name).Value = lc.XPath.Value
    Next
Else
```

```
        lblListObjectInfo.Text = "no map"
        DataGridView2.Rows.Clear()
    End If
```

In beiden Fällen wird ein *DataGridView*-Steuerelement zur komfortablen Anzeige benutzt.

Bereichseigenschaften aus XML-Daten-Sicht

Diese ergeben sich auf »natürliche« Weise aus den Eigenschaften eines *Range*-Objekts, die mittelbar durch dessen *XPath*-Eigenschaft offengelegt und teilweise auch gesetzt werden können. Und so birgt die Erstellung eines Formulars wie in Abbildung 18.11 keine Geheimnisse.

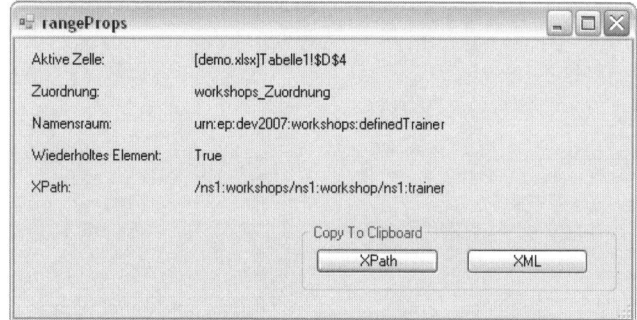

Abbildung 18.11 Eigenschaften einer Zelle mit XML-Zuordnung

Es lassen sich ohne Weiteres (*mActiveCell* ist die aktive Zelle)

- der Name der Zuordnung aus *mActiveCell.XPath.Map.Name*,
- der Namensraum aus *mActiveCell.XPath.Map.RootElementNamespace.Uri*,
- die Wiederholbarkeit in der Liste aus *mActiveCell.XPath.Repeating* und
- der XPath-Pfad aus *mActiveCell.XPath.Value*

bestimmen.

HINWEIS Die Kenntnis der *XPath*-Eigenschaft ist auch von Nutzen, wenn es darum geht, Zuordnungen von Zellen zu einem Schema nicht nur zu ermitteln, sondern per Code (etwa in einem Add-In) vorzunehmen.

Datenexport und -import/Validierung von XML-Daten

Bekanntlich sind XML-Dokumente im Sinne eines Klassen- oder Objektmodells nicht an eine Datei gebunden. Diesem Umstand wird Excel beim Export oder Import von Daten gerecht, indem für jeden dieser Vorgänge eine dateilose (zeichenkettenbasierte) Methode und eine Methode unter Benutzung einer konkreten Datei bereitgestellt wird: *ExportXml* und *Export* sowie *ImportXml* und *Import* als Methoden der *XmlMap*-Klasse.

Listing 18.11 nutzt den vermeintlich beabsichtigten Export in eine Zeichenkette, um die Gültigkeit der Daten zu prüfen. Dies könnte auch mit Methoden des *System.Xml*-Namensraumes geschehen, da ja Daten und Schema vorliegen. Aber Excel besitzt die eingebauten Werkzeuge, weshalb sie nicht verwenden?

```
Public Sub validateData(ByVal c As Office.IRibbonControl)
    Try
        Dim r As Microsoft.Office.Interop.Excel.Range = Globals.ThisAddIn.Application.ActiveCell
        If r.XPath.Value > "" Then
            If r.XPath.Map.IsExportable Then
                Dim strData As String = ""
                Dim validationState As Boolean = r.XPath.Map.ShowImportExportValidationErrors
                r.XPath.Map.ShowImportExportValidationErrors = True
                Dim response As Excel.XlXmlExportResult = r.XPath.Map.ExportXml(strData)
                If response = Excel.XlXmlExportResult.xlXmlExportSuccess Then
                    MsgBox("Alles OK.")
                End If
                r.XPath.Map.ShowImportExportValidationErrors = validationState
            Else
                MsgBox("Nicht exportierbare Daten.")
            End If
        Else
            MsgBox("Nichts zu zeigen.")
        End If
    Catch ex As Exception

    End Try
End Sub
```

Listing 18.11 Validierung mit »vorgetäuschtem« Export

Etwas zu den Details: Zunächst wird geschaut, ob der Zellzeiger in einer Zelle mit Zuordnung steht. Wenn ja, ist die Exportierbarkeit der Daten zu prüfen, da, wie weiter oben erwähnt, Zuordnungen eingerichtet werden können, die keine exportierbaren Daten aufnehmen können (*IsExportable*-Eigenschaft). Kann auch hier mit Ja geantwortet werden, so wird (gegebenenfalls vorübergehend) die automatischen Gültigkeitsprüfung von Excel eingeschaltet (*ShowImportExportValidationErrors*-Eigenschaft). Die *ExportXml*-Methode in eine Dummyzeichenkette gibt als Rückgabewert den Erfolg des Exports. Ist dieser identisch mit *XlXmlExportResult.xlXmlExportSuccess*, so ist alles in Ordnung und einem tatsächlichen Export in eine weiter zu verwendende XML-Datendatei steht nichts im Wege.

Um eine selbst definierte Gültigkeitsprüfung zu entwerfen, die ihre Ergebnisse anders als Excel nicht erst im Nachhinein bekannt gibt, kann man wenigstens zwei Ansätze verfolgen:

- Der Code prüft die Daten mit Mitteln eines XML-Objektmodells (*System.Xml*-Namensraum) oder
- es werden die Ereignisse, die beim Export bzw. Import ausgelöst werden (hier *wb_BeforeXmlExport*) zur Validierung genutzt.

Der zweite Ansatz kann etwa wie folgt umgesetzt werden. Listing 18.12 zeigt zunächst den Export:

```
Public Sub exportData(ByVal c As Office.IRibbonControl)
    Dim activeCell As Microsoft.Office.Interop.Excel.Range = Globals.ThisAddIn.Application.ActiveCell
    If Not activeCell Is Nothing Then
        Try
            If activeCell.XPath.Value > "" Then
                If activeCell.XPath.Map.IsExportable Then
                    wbActive = Excel_2007_XML_Toolbox.Globals.ThisAddIn.Application.ActiveWorkbook
                    blnCheckDataForExport = True
                    Dim cbb As Office.CommandBarButton = _
                        Excel_2007_XML_Toolbox.Globals.ThisAddIn.Application.CommandBars. _
```

Listing 18.12 Validierter Export durch Ereignisnutzung

… Eine XML Toolbox für Excel 2007

```
                        FindControl(Id:=7432)
                    cbb.Execute() 'das erspart eigene Dialogfelder, kann aber die COMException nicht
                                   'auslösen
                    'activeCell.XPath.Map.Export("c:\temp.xml", True)
                Else
                    MsgBox("Nicht exportierbare Daten.")
                End If
            Else
                MsgBox("Nichts zu exportieren.")
            End If
        Catch ex As COMException
            'ein Fehler wird durch BeforeXMLExport ausgelöst, wenn dort Cancel=True gesetzt wird und
            'die Export-Methode eingesetzt wird
        Catch ex As Exception
            MsgBox(ex.Message)
        Finally
            blnCheckDataForExport = False
        End Try
    End If
End Sub

Private Sub wb_BeforeXmlExport(ByVal Map As Microsoft.Office.Interop.Excel.XmlMap, _
        ByVal Url As String, ByRef Cancel As Boolean) Handles wbActive.BeforeXmlExport
    If blnCheckDataForExport Then
        Dim retValue As Excel.XlXmlExportResult
        Dim strData As String = ""
        Dim validationState As Boolean = Map.ShowImportExportValidationErrors
        Excel_2007_XML_Toolbox.Globals.ThisAddIn.Application.EnableEvents = False
        Map.ShowImportExportValidationErrors = True
        retValue = Map.ExportXml(strData) 'hier auch DisplayAlerts = False denkbar
        Map.ShowImportExportValidationErrors = validationState
        Excel_2007_XML_Toolbox.Globals.ThisAddIn.Application.EnableEvents = True
        If retValue = Excel.XlXmlExportResult.xlXmlExportValidationFailed Then
            Cancel = True
            MsgBox("Keine Sorge, es wurde nichts gespeichert.")
        Else
            MsgBox("Die Daten wurden erfolgreich exportiert.")
        End If
    End If
End Sub
```

Listing 18.12 Validierter Export durch Ereignisnutzung *(Fortsetzung)*

Zu den Einzelheiten. Der erste Teil aus Listing 18.12 stößt den Export an. Dieser lässt sich auf zwei Wegen umsetzen, die beide Vor- und Nachteile haben können. Der vorgestellte erste Weg nutzt den integrierten Export, der sich hinter der Schaltfläche *Export* der *XML*-Gruppe des Ribbons befindet. Das befreit vom Einsatz eigener Dialogfelder zur Wahl des Dateispeicherorts, löst aber beim Export keine COM-Ausnahme aus, die man in der aufrufenden Prozedur abfangen kann. So muss dies in der Ereignisprozedur durch einen Pseudo-Export in eine Zeichenkette selbst realisiert werden. Damit hier nicht »doppelt gemoppelt« wird, muss die Ereignisbehandlung durch Excel für den Pseudo-Export vorübergehend abgeschaltet werden, um je nach Ergebnis den eigentlichen Export durch *Cancel = True* aufzuhalten. Damit das nun nicht immer geschieht, sondern nur beim Einsatz der benutzerdefinierten Schaltfläche, wird das Ganze durch die Variable *blnCheckDataForExport* begleitet.

Der Einsatz der *Export*-Methode, der im Listing auskommentiert wurde und der Einfachheit halber in eine temporäre Datei läuft, löst eine auffangbare Ausnahme aus, wenn der *Cancel*-Parameter auf *True* gesetzt wird. In diese klinkt der Entwickler sich mit der entsprechenden Maßnahme – gegebenenfalls einer Meldung – ein. Die Excel-eigene Warnung lässt sich durch ein *Application.DisplayAlerts = False* unterdrücken.

Dem validierten Import kann man sich auf ähnliche Weise nähern. Listing 18.13 zeigt zunächst eine denkbare Umsetzung ohne weitere Schnörkel, jedoch nicht ohne Überraschung:

```
Public Sub importData(ByVal c As Office.IRibbonControl)
    wbActive = Excel_2007_XML_Toolbox.Globals.ThisAddIn.Application.ActiveWorkbook
    If Not wbActive Is Nothing Then
        blnCheckDataForImport = True
        Dim cbb As Office.CommandBarButton
        cbb = Excel_2007_XML_Toolbox.Globals.ThisAddIn.Application.CommandBars.FindControl(Id:=7433)
        cbb.Execute()
        blnCheckDataForImport = False
    End If
End Sub

Private Sub wbActive_BeforeXmlImport(ByVal Map As Microsoft.Office.Interop.Excel.XmlMap, _
        ByVal Url As String, ByVal IsRefresh As Boolean, ByRef Cancel As Boolean) _
        Handles wbActive.BeforeXmlImport
    If blnCheckDataForImport Then
        Try
            Dim xmlDoc As New Xml.XmlDocument
            Dim schemaSet As New Xml.Schema.XmlSchemaSet
            schemaSet.Add(Nothing, New Xml.XmlTextReader(Map.Schemas(1).XML, _
                Xml.XmlNodeType.Document, Nothing))
            settings = New Xml.XmlReaderSettings
            settings.ValidationType = Xml.ValidationType.Schema
            settings.ValidationFlags = Xml.Schema.XmlSchemaValidationFlags.ReportValidationWarnings Or _
                settings.ValidationFlags
            settings.Schemas.Add(schemaSet)
            Dim docReader As Xml.XmlReader = Xml.XmlReader.Create(Url, settings)
            xmlDoc.Load(docReader)
            docReader.Close()
            Cancel = blnInvalidImportData
        Catch ex As Exception

        Finally
            blnInvalidImportData = False
        End Try
    End If
End Sub

Private Sub settings_ValidationEventHandler(ByVal sender As Object, _
        ByVal e As System.Xml.Schema.ValidationEventArgs) Handles settings.ValidationEventHandler
    blnInvalidImportData = True
    MsgBox(e.Exception.Message)
End Sub
```

Listing 18.13 Import mit selbst geschriebener Validierung

Die Überraschung besteht darin, dass die Methode *ImportXml* sowohl unter VBA als auch unter Visual Basic 2005 die Daten zunächst in eine Zeichenkette schreibt, die man der Methode als Parameter mitgibt, jedoch nicht unter Visual Basic 2008. Damit muss man hier auf den Trick verzichten, die Daten zunächst nur pro forma in eine Zeichenkette zu lesen und erst im Erfolgsfall gültiger Daten den tatsächlichen Import ins

Eine XML Toolbox für Excel 2007

Tabellenblatt umzusetzen. Es hilft nur Handarbeit und Validierung mit Mitteln um *XmlReader* und *XmlSchemaSet*. Dabei wird ebenfalls eine Ereignisprozedur genutzt: *ValidationEventHandler* von *XmlReaderSettings* (hier als *settings* mit *With Events* deklariert). Die klassenübergreifende Variable *blnInvalidImportData* übernimmt die Übermittlung der Nachricht.

Zwei Sachen bleiben in der Gruppe der Zuordnungen noch zu erklären. Das Aktualisieren aller importierten Daten (eine Arbeitsmappe »weiß«, woher importierte Daten stammen, und die Schaltfläche der XML-Gruppe des Ribbons aktualisiert die jeweils markierte Zuordnung oder bringt ein Dialogfeld mit entsprechender Nachfrage) geschieht mithilfe einer Schleife über alle benutzten *XmlMap*-Objekte, wissend, dass ein solches Objekt die *Refresh*-Methode besitzt.

Das Kontrollkästchen *Automatische Gültigkeit* steuert die entsprechende der XML-Zuordnung, die (falls vorhanden) zur aktiven Zelle gehört (und die – nicht sinnvoll – beim Anlegen der Zuordnung nicht automatisch auf *True* steht). Damit ist die Aktivierung bzw. Deaktivierung des Kontrollkästchens bei Zellwechsel und das Auslesen bzw. Schreiben der *ShowImportExportValidationErrors* der XML-Zuordnung verbunden. Das Beobachten des Wechselns übernimmt die entsprechende Excel-Ereignisprozedur *SheetSelectionChange*, der Rest ist Angelegenheit individuellen Codes etwa wie in Interaktivität zur Einstellung automatischer Gültigkeitsprüfungen18.14:

```
Private Sub Application_SheetSelectionChange(ByVal Sh As Object, ByVal Target As _
        Microsoft.Office.Interop.Excel.Range) Handles Application.SheetSelectionChange
    Try
        mXmlToolbar.ribbon.InvalidateControl("validationOnOff")
    Catch ex As Exception

    End Try
End Sub

Public Function enableValidationOnOff(ByVal c As Office.IRibbonControl) As Boolean
    Return Excel_2007_XML_Toolbox.Globals.ThisAddIn.Application.CommandBars. _
        GetEnabledMso("XmlMapProperties")
End Function

Public Function getPressedValidationOnOff(ByVal c As Office.IRibbonControl) As Boolean
    Try
        Dim rng As Excel.Range = Excel_2007_XML_Toolbox.Globals.ThisAddIn.Application.ActiveCell
        If rng.XPath.Value > "" Then
            Return rng.XPath.Map.ShowImportExportValidationErrors
        End If
    Catch ex As Exception
        Return False
    End Try
End Function

Public Sub validationOnOff(ByVal c As Office.IRibbonControl, ByVal pressed As Boolean)
    Try
        Excel_2007_XML_Toolbox.Globals.ThisAddIn.Application.ActiveCell.XPath.Map. _
            ShowImportExportValidationErrors = pressed
    Catch ex As Exception

    End Try
End Sub
```

Listing 18.14 Interaktivität zur Einstellung automatischer Gültigkeitsprüfungen

In diesem Listing gibt es nur wenig Bemerkenswertes. Dazu gehört die Signatur der Callbackfunktionen sowie die Art und Weise, wie Excel dazu bewegt wird, das Steuerelement neu zu zeichnen: *InvalidateControl*.

Custom XML

Der Abschluss der kleinen Reise rund um eine XML Toolbox für Excel 2007 soll die Behandlung benutzerdefinierter XML-Teile sein, die Office für Excel, Word und PowerPoint sowohl integriert als auch bezüglich der gesamten Anlage benutzerdefiniert bereitstellt. Die integrierten Bestandteile befinden sich bereits in den Zip-Archiven der betreffenden Dokumente und werden in aller Regel von der Oberfläche aus durch den Anwender oder durch ein Add-In bzw. eine dokumentbezogene Erweiterung belegt und gesteuert. Hierzu gehören auch solche Teile, die beim Veröffentlichen auf einem Office SharePoint Server automatisch angelegt werden. »Datenrucksäcke« als XML-Datendateien im Zip-Archiv hingegen lassen sich über die Oberfläche nicht bewusst anlegen und auch nicht manipulieren. Mit einer Ausnahme: Inhaltssteuerelemente von Word können bei entsprechender Anbindung (die allerdings wohl ebenfalls nur per Code möglich ist) den Inhalt einer solchen XML-Datei lesen und auch schreiben.

Erweitern Sie also die Gruppe *groupCustomXml* um

```xml
<group id="groupCustomXml" label="Custom XML">
  <box id="boxCustomXml" boxStyle="vertical">
    <button id="showCustomXml" label ="Custom XML anzeigen" onAction="showCustomXml"/>
    <button id="addCustomXml" label ="Custom XML hinzufügen" onAction="addCustomXml"/>
    <button id="changeCustomXml" label ="Custom XML ändern" onAction="changeCustomXml"/>
  </box>
</group>
```

Es soll also darum gehen,

- einen Blick ins Innere des Zip-Archivs zu werfen, um festzustellen: es gibt bereits Custom XML, das auch notwendig für das Funktionieren eines Dokuments ist.
- benutzerdefiniertes XML hinzuzufügen (allerdings sollte dann auch etwas damit passieren, was bei Excel nicht durch etwas wie Inhaltssteuerelemente vorbereitet ist) und
- benutzerdefiniertes XML anzupassen.

Die Anzeige benutzerdefinierter XML-Bestandteile geschieht wieder mithilfe eines Webbrowser-Steuerelements auf einem eigens dafür vorbereiteten Formular. Dieses beinhaltet auch ein ComboBox-Steuerelement zur Auswahl des anzuzeigenden Teils sowie eine Schaltfläche zum Entfernen von Custom XML. Der Code aus Listing 18.15 erledigt die Arbeit (*mActiveWorkbook* ist eine Variable, die über eine öffentliche Eigenschaft belegt und dem Formular *showCustomXml* beim Aufruf in der Callbackprozedur als die aktive Arbeitsmappe mitgegeben wird):

Eine XML Toolbox für Excel 2007

```vb
Private Sub showCustomXml_Load(ByVal sender As Object, ByVal e As System.EventArgs) Handles Me.Load
    Try
        Dim custom As Office.CustomXMLPart
        ComboBox1.Items.Clear()
        For Each custom In mActiveWorkbook.CustomXMLParts
            ComboBox1.Items.Add(custom.NamespaceURI)
        Next
        If ComboBox1.Items.Count > 0 Then
            ComboBox1.SelectedIndex = ComboBox1.Items.Count - 1
        End If
    Catch ex As Exception

    End Try
End Sub

Private Sub ComboBox1_SelectedIndexChanged(ByVal sender As Object, ByVal e As System.EventArgs) _
        Handles ComboBox1.SelectedIndexChanged
    Try
        Dim custom As Office.CustomXMLPart
        custom = mActiveWorkbook.CustomXMLParts(ComboBox1.SelectedIndex + 1)
        Dim s As IO.StreamWriter = New IO.StreamWriter("c:\temp.xml")
        s.Write(custom.XML)
        s.Close()
        WebBrowser1.Navigate("c:\temp.xml")
    Catch ex As Exception

    End Try
End Sub

Private Sub btnRemove_Click(ByVal sender As System.Object, ByVal e As System.EventArgs) _
        Handles btnRemove.Click
    If ComboBox1.SelectedIndex > -1 Then
        Try
            Dim custom As Office.CustomXMLPart
            custom = mActiveWorkbook.CustomXMLParts.Item(ComboBox1.SelectedIndex + 1)
            custom.Delete()
            ComboBox1.Items.RemoveAt(ComboBox1.SelectedIndex)
            WebBrowser1.Navigate("about:blank")
        Catch ex As Exception
            MsgBox(Err.Description)
        End Try
    End If
End Sub
```

Listing 18.15 Umgang mit *CustomXMLParts*[1]

Listing 18.15 enthält keine Überraschungen, der Gebrauch von *CustomXMLParts* und *CustomXmlPart* ist natürlich naheliegend. Beim Testen erkennen Sie, dass eine (auch leere) durch Excel angelegte Arbeitsmappe bereits drei solcher Parts besitzt. Ihre Namensräume erhalten Sie aus der *NamespaceURI*-Eigenschaft. Der Versuch, einen solchen Part zu entfernen, wird mit einer Fehlermeldung quittiert, die die Notwendigkeit des Vorhandenseins unterstreicht.

Wollen Sie Custom XML »per Hand« in ein Dokument (Arbeitsmappe) einfügen, so müssen Sie wissen, dass es im Zip-Archiv einen Ordner geben muss, der *customXml* heißt und in diesem zunächst die XML-Doku-

---

[1] Auch in diesem Kapitel wird gelegentlich C zum Speichern von Dateien genutzt. Für Leser, die unter Windows XP arbeiten, entstehen hier keine Probleme. Diejenigen, die Windows Vista im Einsatz haben, verwenden einen anderen geeigneten Speicherort.

mente mit den Namen *item1.xml*, *item2.xml* usw. abgelegt werden sollten. Was man nicht auf Anhieb erkennen kann, ist, dass es zu jeder XML-Datei noch eine Eigenschaftendatei *itemProps1.xml*, *itemProps2.xml* usw. geben muss. Einträge in der *[Content_Types].xml*-Datei sorgen für die notwendige Struktur. Von diesen Kenntnissen wird man allerdings entbunden, wenn die Parts durch Code, der das Office-Objektmodell benutzt, angelegt werden. Listing 18.16 zeigt den wesentlichen Code für die Callbackprozedur:

```
Public Sub addCustomXml(ByVal c As Office.IRibbonControl)
    Try
        Dim activeWorkbook As Excel.Workbook = _
            Excel_2007_XML_Toolbox.Globals.ThisAddIn.Application.ActiveWorkbook
        If Not activeWorkbook Is Nothing Then
            Dim dialog As New System.Windows.Forms.OpenFileDialog
            dialog.Filter = "XML (*.xml)|*.xml"
            dialog.ShowDialog()
            If dialog.FileName <> "" Then
                Dim xmldoc As New Xml.XmlDocument
                xmldoc.Load(dialog.FileName.ToString)
                activeWorkbook.CustomXMLParts.Add(xmldoc.OuterXml)
            End If
        End If
    Catch ex As Exception
        MsgBox(ex.Message)
    End Try
End Sub
```

Listing 18.16 Laden der XML-Teile durch Angabe der Zeichenkette

Es soll nochmals darauf hingewiesen werden, dass Listing 18.16 eine der wenigen Möglichkeiten darstellt, das Zip-Archiv bei geöffnetem Dokument per Code zu manipulieren. Die *Add*-Methode der *customXML-Parts*-Auflistung übernimmt ein Argument, das die XML-Zeichenkette des Dokuments beinhaltet. Als zweites Argument können Informationen zu Schemadateien angegeben werden.

Bleibt noch etwas Information zur Manipulation vorhandener XML-Daten im Gepäck eines Dokuments. Listing 18.17 zeigt einen vermutlich nicht ganz vollständigen Weg, der weiterer Tests hinsichtlich auftretender Namensräume bedarf. Diese erfordern zum Teil eine andere Behandlung als selbst erstellte und gehen etwa mit dem Office SharePoint Server einher:

```
Private Sub btnChange_Click(ByVal sender As System.Object, ByVal e As System.EventArgs) Handles_
        btnChange.Click
    Try
      If nd.NamespaceURI = "http://schemas.openxmlformats.org/officeDocument/2006/extended-properties" _
        Or nd.NamespaceURI = "http://schemas.openxmlformats.org/package/2006/metadata/core-properties" _
        Or nd.NamespaceURI = "http://purl.org/dc/elements/1.1/" _
        Or nd.NamespaceURI = "http://schemas.microsoft.com/office/2006/coverPageProps" Then
        Dim xml As New Xml.XmlDocument
        xml.LoadXml(txtXML.Text)
        nd.Text = xml.InnerText
      Else
        custom.DocumentElement.ReplaceChildSubtree(txtXML.Text, nd)
        nd = custom.DocumentElement.SelectSingleNode(ListBox1.SelectedItem.ToString)
      End If
      txtXML.Text = nd.XML
      'Me.Close()
```

Listing 18.17 Anpassen von Custom XML

```
    Catch ex As Exception
        MsgBox(ex.Message)
    End Try
End Sub
```
Listing 18.17 Anpassen von Custom XML *(Fortsetzung)*

Listing 18.17 steuert den Vorgang auf einem Formular, das eine Combobox, ein Listenelement und ein Textfeld bereithält. Das erste dient der Anzeige der Namensräume und damit der Wahl des Parts. Das zweite zeigt die XPath-Pfade der Knoten an und gestattet so die Wahl eines konkreten Knotens (dieser wird in der Variablen *nd* gehalten). Das Textfeld beinhaltet die zum Knoten zugehörige (äußere) XML-Zeichenkette zum Anzeigen und Editieren. Je nach Struktur wird nun der angezeigte Inhalt in den Knoten »gemerged«. Testen Sie, wie auf diese Art und Weise Dokumenteigenschaften gesetzt werden können, die mit wenig Aufwand auch gegen ein XML-Schema validierbar sind.

> **HINWEIS** Im nächsten Kapitel kann in einer analogen Toolbox für Word mit dieser Technik der Einsatz von Inhaltssteuerelementen gut vorbereitet werden. Excel hat diese »offenen« Einsatzmöglichkeiten (so wie PowerPoint auch) im Moment noch nicht.

Mit diesem Hinweis ist die Toolbox erst einmal komplett und lädt den Leser zu weiteren Ideen und Experimenten ein.

XML-Datenimport und DataSets

Um Daten aus einem *DAO/ADO-Recordset* in ein Arbeitsblatt zu schreiben, gibt es für den Entwickler verschiedene Möglichkeiten. Sie können das Recordset Zeile für Zeile von Anfang bis Ende durchlaufen und Feld für Feld mithilfe von *Offset*-Anweisungen die Daten übernehmen (bei großen Beständen dauert das etwas). Oder aber Sie benutzen die relativ schnelle Methode *CopyFromRecordSet* des *Range*-Objekts.

ADO.NET unterscheidet sich von ADO hinsichtlich des Umgangs mit Datentabellen doch erheblich – *DataSets* übernehmen in gewissem Sinne (und sehr grob gesprochen) die Aufgaben von Recordsets. Unter ergänzendem Einsatz von *DataTable*-Objekten und *DataView*-Objekten bleibt Ihnen der eben beschriebene erste Weg der Datenübernahme, den zweiten gibt es allem Anschein nach nicht.

Das folgende Beispiel versucht die schnelle Datenübernahme aus einem DataSet, wobei noch zwei weitere Dinge angesprochen werden:

- Erstellung einer dokumentbasierten Anwendungserweiterung,
- die außerdem VBA-Zugriffe auf ihre (öffentlichen) Eigenschaften und Methoden erlaubt.

> **HINWEIS** Das zuletzt Genannte ist neu in Visual Studio 2008 und musste in Vorgängerversionen durch Erzeugung von Typenbibliotheken (tlb) und einen Verweis auf diese eingeleitet werden. Das Thema des Einsatzes benutzerdefinierter Funktionen aus einer Assembly auf einem Tabellenblatt ist damit nicht erledigt, es sei denn, man baut einen weiteren VBA-Wrapper in einem VBA-Modul um eine (öffentliche) Funktion in der Assembly.

Beispiel

1. Beginnen Sie einer Arbeitsmappe, in deren VBA-Projekt Sie etwas Quellcode eintragen. Dabei genügt es, hierzu etwa die Ereignisprozedur *Workbook_Open* anzeigen zu lassen. Es hat den Anschein, als ob diese Vorbereitung notwendig ist, damit die weiteren automatischen Schritte, die Visual Studio 2008 bereithält, auch funktionieren. Speichern Sie diese Mappe unter einem Namen Ihrer Wahl, nur die Endung *.xlsm* ist wichtig.

   Legen Sie ein Visual Basic-Projekt an, das die Vorlage *Office/Version2007/Excel 2007-Arbeitsmappe* benutzt. Im zweiten Schritt des Assistenten legen Sie fest, dass die von Ihnen vorbereitete Arbeitsmappe ins Projekt kopiert wird.

> **ACHTUNG** Visual Studio kopiert nicht nur hier die Arbeitsmappe, sondern diese Kopie wird auch stets erneut in das Ausgabeverzeichnis kopiert. Wenn Sie beim Testen des Projekts irgendetwas an der Arbeitsmappe ändern, lohnt sich ein Speichern nur dann, wenn Sie diese Kopie der Kopie anschließend in das Projektverzeichnis kopieren (verschieben) und damit die erste Kopie überschreiben. Das ist aber im Allgemeinen nur dann problemlos machbar, wenn das Projekt geschlossen wird. Mit anderen Worten: Alle Änderungen an der in Rede stehenden Arbeitsmappe müssen an dem Exemplar vorgenommen werden, das sich im Projektverzeichnis befindet. Mit dem Designer eingeleitete Änderungen tun dies a priori. VBA-Code lässt sich im Designer allerdings nicht anpassen.

2. Rufen Sie den Designer der Arbeitsmappe in der Entwicklungsumgebung von Visual Studio auf. Das ist zwar nur eine »unbedeutende graue Fläche« (es handelt sich ja nicht um ein Arbeitsblatt), aber in den Eigenschaften der Arbeitsmappe sehen Sie zwei Einträge, die wichtig sind:

   - *EnableVbaCallers* und
   - *ReferenceAssemblyFromVbaProject*.

   Setzen Sie den ersten auf *True*, wird dies automatisch auch mit dem zweiten gemacht. Sie erhalten noch einen Hinweis, der der Bemerkung im obigen Achtung-Kasten entspricht, und eine Warnung, die darauf abzielt, dass es nicht sinnvoll ist, COM-Visibility zu haben, wenn es nichts mitzuteilen gibt. Das werden Sie aber in den nächsten Schritten ändern.

   Die Entwicklungsumgebung hat nun in der Klasse *ThisWorkbook* die Attribute

```
<Microsoft.VisualBasic.ComClassAttribute()>
<System.Runtime.InteropServices.ComVisibleAttribute(True)>
```

   angelegt, die bereits ausreichen, um später im VBA-Code auf Funktionalität der Assembly zuzugreifen. Nun, sie reichen nicht ganz, denn wenn Sie Ihr Projekt bereits jetzt starten, sehen Sie im VBA-Projekt der Arbeitsmappe zwei Dinge:

   - Im Modul *DieseArbeitsmappe* wurde der folgende Code eingetragen

```
Property Get CallVSTOAssembly() As ExcelWorkbook1.ThisWorkbook
    Set CallVSTOAssembly = GetManagedClass(Me)
End Property
```

   - und ein Verweis auf die Assembly gesetzt.

   Es gibt noch einen zweiten Verweis mit einem furchtbar langen Namen: *Microsoft Visual Studio 2008 Tools for Office Execution Engine 9.0 Type Library*. Ein Blick in den Objektkatalog bringt es an den Tag, dass diese Bibliothek die Methode *GetManagedClass* in der *VSTOAccessor*-Klasse mitbringt.

XML-Datenimport und DataSets

3. Nun ist es an der Zeit, der Assembly etwas Leben einzuhauchen. Um den Quellcode einfach zu halten, richten Sie eine Datenverbindung mit beliebiger Auswahl auf die Nordwind 2007 Access-Datenbank ein. Die Verbindungszeichenfolge lassen Sie in der Datei *app.config* speichern, das entstehende Dataset löschen Sie wieder.

Der weitere Code kann wie in Listing 18.18 aussehen:

```
Private actualData As DataSet

Private Sub ThisWorkbook_Startup(ByVal sender As Object, ByVal e As System.EventArgs) Handles _
    Me.Startup
    Dim oleDbConnection As New OleDb.OleDbConnection
    Dim oleDbDataAdapter As New OleDb.OleDbDataAdapter
    Dim oleDbSelectCommand As New OleDb.OleDbCommand
    Try
        oleDbConnection.ConnectionString = My.Settings.Nordwind_2007ConnectionString
        oleDbSelectCommand.Connection = oleDbConnection
        oleDbSelectCommand.CommandText = "Select * from Artikel"
        oleDbDataAdapter.SelectCommand = oleDbSelectCommand
        actualData = New DataSet
        actualData.DataSetName = "actualData"
        oleDbConnection.Open()
        oleDbDataAdapter.Fill(actualData, "myTable")
        oleDbConnection.Close()
    Catch ex As Exception
        MsgBox(ex.Message)
    End Try
End Sub

Private Sub ThisWorkbook_Shutdown(ByVal sender As Object, ByVal e As System.EventArgs) Handles _
    Me.Shutdown

End Sub

Public Function getSchema() As String
    Return actualData.GetXmlSchema
End Function

Public Function getData() As String
    Return actualData.GetXml
End Function
```

Listing 18.18 Einfacher Datenzugriff in der Klasse *ThisWorkbook* der Assembly

Zu den Details:

- Für die *ConnectionString*-Eigenschaft der *oleDbConnection* lesen Sie aus den Settings des Projekts.
- Es geschieht als einfache Auswahl eine Abfrage auf die *Artikel*-Tabelle der Datenbank.
- Das DataSet *actualData* bekommt einen individuellen *DataSetName*, ansonsten heißt es wohl *New-DataSet*.
- Die zu füllende Tabelle erhält den Namen *myTable*.
- Die Assembly offenbart nach außen zwei Funktionen: *getSchema* liefert das Schema für die Daten, *getData* die Daten selbst.

4. Starten Sie das Projekt und geben Sie im VBA-Editor der Arbeitsmappe (die sich nun an einem Ort befinden sollte, der die Ausführung von Makros erlaubt) den Beispielcode aus Recht effektives Einlesen von Datensätzen über eine XML-Zuordnung18.19 ein:

```
Sub fillData()
    Dim wsh As Worksheet
    Set wsh = ThisWorkbook.Worksheets.Add(before:=ThisWorkbook.Worksheets(1))
    wsh.Name = "New Data"
    Dim map As XmlMap
    Set map = ThisWorkbook.XmlMaps.Add(CallVSTOAssembly.getSchema)
    Dim lst As ListObject
    Set lst = wsh.ListObjects.Add(Destination:="B2")
    lst.HeaderRowRange.Range("A1").Value = "Produktcode"
    lst.HeaderRowRange.Range("B1").Value = "Artikelname"
    lst.HeaderRowRange.Range("A1").XPath.SetValue map, "/actualData/myTable/Produktcode"
    lst.HeaderRowRange.Range("B1").XPath.SetValue map, "/actualData/myTable/Artikelname"
    map.ImportXml CallVSTOAssembly.GetData
    lst.Unlist
    map.Delete
End Sub
```

Listing 18.19 Recht effektives Einlesen von Datensätzen über eine XML-Zuordnung

Wenn alles funktioniert, sollte Folgendes passieren:

- Es wird ein neues Arbeitsblatt angelegt.
- *CallVSTOAssembly.getSchema* liefert die Schemadefinition, die als Zeichenkette von Excel für eine XML-Zuordnung akzeptiert wird.
- Eine neue Tabelle (*ListObject*) erhält passende Überschriften, und die XPath-Pfade der Spaltenköpfe erzeugen die Zuordnung.
- *CallVSTOAssembly.GetData* liefert die notwendige Zeichenkette für den Import.
- Die Hilfsmittel (Tabelle und XML-Zuordnung) werden entfernt.

Vergessen Sie nicht, den Code, wie oben festgehalten, in die Arbeitsmappe des Projekts zu kopieren.

CD-ROM Sie finden das Beispielprojekt im Ordner \Buch\Kap_18\vbaLayer der Begleit-CD.

XML-Daten asynchron laden

Es gibt verschiedene Situationen, in denen es vorstellbar ist, dass der Anwender nicht warten muss, bis eine Anwendung für ihn »uninteressante« Zwischenschritte erledigt hat und die Oberfläche für eine Weile wie eingefroren erscheint. Im letzten Kapitel dieses Buches (Kapitel 20) werden Sie sehen, dass der Zugriff auf einen »in der Ferne liegenden« Webdienst asynchron erfolgen kann. Die notwendigen Vorbereitungen stecken im Proxy für den Webdienst und können vom Entwickler einfach benutzt werden. Doch auch »normale« Datenbankzugriffe oder einfach nur längere Berechnungen brauchen gelegentlich Zeit, die anders als mit Warten verbracht werden kann.

Die folgende Schritt-für-Schritt-Anleitung greift auf die Nordwind-Datenbank eines SQL Servers zu und holt dort Daten über eine (hier der Einfachheit halber »fest verdrahtete«) XML-Zuweisung in ein Excel-Arbeitsblatt. Dieses gehört zu einer Mappe, der Funktionalität durch die Visual Studio Tools für Office ver-

XML-Daten asynchron laden

liehen wird. Bei dieser Gelegenheit lernen Sie die *BackgroundWorker*-Klasse kennen und sehen eine weitere Möglichkeit, wie Listen aus Datenbanken nach Excel gelangen.

Beispiel

1. Der erste Schritt ist vielleicht etwas tricky. Um den Zugriff auf Daten eines SQL Servers möglichst einfach zu gestalten, legen Sie zuerst eine Access-Datenbank an, in der Sie eine Tabelle der Nordwind-Datenbank des SQL Servers einbinden (im hier verwendeten Beispiel ist das die Tabelle *Products*). Zweck dieser Übung ist es, dass Access in der Lage ist, Ihnen ein XML-Schema dieser Daten zu generieren (Mausklick rechts auf die Tabelle, dann *Exportieren* und die weiteren Schritte).

   Aus dieser Schemadatei erstellen Sie eine XML-Zuordnung zu den Produkten in einer Arbeitsmappe Ihrer Wahl und richten eine Tabelle (Liste) so ein, dass XML-Daten importiert werden können (der Wurzelknoten sollte *dataroot* heißen und von Access so vergeben worden sein).

2. Erstellen Sie ein Visual Basic-Projekt auf Basis der Vorlage *Office/Version2007/Excel 2007-Arbeitsmappe* und importieren Sie die vorbereitete Arbeitsmappe. Nun geschieht etwas Tolles: Aufgrund der XML-Zuordnung in der Mappe erzeugt Visual Studio sofort ein DataSet im Projekt mit den Informationen, die Sie brauchen (der Name ist *dataroot.xsd*). Ein Wunder ist es allerdings nicht, denn im Zip-Container befinden sich alle notwendigen Hinweise.

3. Die Importsteuerung soll auf einem eingeblendeten Aufgabenbereich erfolgen. Diesen bereiten Sie vor, indem Sie ein Steuerelement auf Basis der Vorlage *Aktionsbereich-Steuerelement* in Ihr Projekt mit aufnehmen (Name *ActionsPaneControl1*). Auf diesem soll sich eine Schaltfläche (*btnLoad*) zum Laden der Daten und eine Anzeige für Informationen in Form eines Labels befinden (*lblMessage*).

   Da alle Experimente auf dem ersten Tabellenblatt durchgeführt werden sollen, wird dieses mit dem Code aus Listing 18.20 bestückt:

```
Public ap As ActionsPaneControl1

Private Sub Tabelle1_ActivateEvent() Handles Me.ActivateEvent
    asynchImport.Globals.ThisWorkbook.Application.CommandBars("Task Pane").Visible = True
End Sub

Private Sub Tabelle1_Deactivate() Handles Me.Deactivate
    asynchImport.Globals.ThisWorkbook.Application.CommandBars("Task Pane").Visible = False
End Sub

Private Sub Tabelle1_Startup(ByVal sender As Object, ByVal e As System.EventArgs) Handles Me.Startup
    ap = New ActionsPaneControl1
    asynchImport.Globals.ThisWorkbook.ActionsPane.Controls.Add(ap)
End Sub

Private Sub Tabelle1_Shutdown(ByVal sender As Object, ByVal e As System.EventArgs) Handles _
        Me.Shutdown
End Sub
```

Listing 18.20 Die Vorbereitungen zur Anzeige eines Aufgabenbereichs

Dieser Code dient immer dann der Anzeige des Aufgabenbereichs, wenn das genannte Tabellenblatt das aktive ist.

Die auf dem Steuerelement platzierte Schaltfläche arbeitet zunächst nach Vorgabe von Listing 18.21:

```
Private Sub btnLoad_Click(ByVal sender As System.Object, ByVal e As System.EventArgs) Handles _
        btnLoad.Click
    Try
        asynchImport.Globals.ThisWorkbook.XmlMaps(1).ImportXml(GetData)
    Catch ex As Exception
        lblMessage.Text = ex.Message
    End Try
End Sub

Private Function GetData() As String
    Dim con As New SqlClient.SqlConnection
    con.ConnectionString = My.Settings.NorthwindConnectionString
    Dim selComm As New SqlClient.SqlCommand
    selComm.CommandText = "Select * from Products"
    selComm.Connection = con
    Dim adapter As New SqlClient.SqlDataAdapter
    adapter.SelectCommand = selComm
    Dim dataset As New NewDataSet
    dataset.DataSetName = "dataroot"
    Try
        con.Open()
        adapter.Fill(dataset, "dbo_products")
        con.Close()
        Return dataset.GetXml
    Catch ex As Exception
        lblMessage.Text=ex.Message
        Return ""
    End Try
End Function
```

Listing 18.21 Zunächst ein synchroner Abruf der Daten, Füllen des DataSets und Übergabe an die XML-Zuordnung

Visual Studio hat, wie bereits erwähnt, das DataSet *NewDataSet* aus der Arbeitsmappe erkannt und der Datei den Namen *dataroot.xsd* gegeben. Auch die Tabelle *dbo_products* ist Ergebnis automatisierter Abläufe. Die Verbindung zum SQL Server wurde wie im vorigen Abschnitt in die Datei *app.config* aufgenommen. Wenn Sie nun einen ersten Testlauf starten, so kommt es darauf an, wie »weit der Server entfernt« ist, um zu beobachten, dass während der Datenabfrage nichts mehr geht. Am besten, Sie legen die Verbindung zu einem nicht existierenden SQL Server fest, denn dann ist die Wartezeit, bis die entsprechende Fehlermeldung erscheint, extrem lange.

Einen asynchronen Aufruf, der im Hintergrund arbeitet, erreichen Sie durch Verwendung eines *BackgroundWorker*-Objekts. Dieses erhalten Sie per Drag & Drop aus der Toolbox auf das ActionsPane-Control. Die Code-Anpassungen aus Asynchroner Abruf der Daten18.22 sollten nun alle Arbeit (bis auf eine kleine Ausnahme) erledigen.

```
Private Sub btnLoad_Click(ByVal sender As System.Object, ByVal e As System.EventArgs) Handles _
        btnLoad.Click
    If Not BackgroundWorker1.IsBusy Then
        lblMessage.Text = "Connecting..."
        BackgroundWorker1.RunWorkerAsync()
    End If
End Sub
```

Listing 18.22 Asynchroner Abruf der Daten

```
Private Sub BackgroundWorker1_DoWork(ByVal sender As Object, ByVal e As _
      System.ComponentModel.DoWorkEventArgs) Handles BackgroundWorker1.DoWork
    e.Result = GetData()
End Sub

Private Sub BackgroundWorker1_RunWorkerCompleted(ByVal sender As Object, ByVal e As _
      System.ComponentModel.RunWorkerCompletedEventArgs) Handles BackgroundWorker1.RunWorkerCompleted
    If Not e.Result = "" Then
        asynchImport.Globals.ThisWorkbook.XmlMaps(1).ImportXml(e.Result)
        lblMessage.Text="Done"
    End If
End Sub
```

Listing 18.22 Asynchroner Abruf der Daten *(Fortsetzung)*

Die *RunWorkerAsync*-Methode setzt den BackgroundWorker in Bewegung, dieser arbeitet unabhängig vom Rest. Wenn er fertig ist, meldet er sich mit seinem *RunWorkerCompleted*-Ereignis, nun können Sie das von ihm Geholte (es befindet sich in *e.Result*) verarbeiten. Die genannte Ausnahme besteht darin, dass der Code so noch nicht läuft, da das Belegen des Textes von *lblMessage* in einem threadübergreifenden Vorgang erfolgt. Die Fehlermeldung, die erscheint, führt Sie in die Onlinehilfe mit den Lösungsmöglichkeiten. Auf der Begleit-CD wurde Folgendes umgesetzt: Es wird ein Funktionszeiger (*Delegate*) mithilfe von

```
Delegate Sub setLabelTextCallback(ByVal strMessage As String)
```

eingerichtet. Im bisherigen Code wird eine Zeile wie

```
lblMessage.Text="irgend ein Text"
```

durch

```
setLabelText("irgend ein Text")
```

ersetzt. Die dort verwendete Methode wird wie folgt implementiert:

```
Private Sub setLabelText(ByVal strMessage As String)
    If lblMessage.InvokeRequired Then
        Dim del As New setLabelTextCallback(AddressOf setLabelText)
        Me.Invoke(del, New Object() {strMessage})
    Else
        lblMessage.Text = strMessage
    End If
End Sub
```

und garantiert die erforderliche Threadsicherheit.

Wiederholen Sie nun den Test auf den SQL Server. Sie können in der Arbeitsmappe weiterarbeiten, irgendwann erscheint im Aufgabenbereich die Erfolgsmeldung (oder deren Gegenteil), und die Daten wurden geholt (oder eben nicht). Der asynchrone Aufruf ist perfekt.

CD-ROM Sie finden das Beispielprojekt im Ordner *\Buch\Kap_18\ asynchImport* der Begleit-CD.

Zusammenfassung

Excel ist geschaffen für den Umgang mit XML-Daten, wobei allerdings wegen der Zweidimensionalität eines Arbeitsblattes nicht beliebig komplizierte Schemata akzeptiert werden. Diese Affinität findet im Objektmodell ihren Ausdruck. Der Einsatz von XML steht auf drei Füßen:

- SpreadsheetML zur Beschreibung von Arbeitsmappen ab Version XP
- XML-Zuordnungen zum Import von (Roh-)Daten bzw. Export von berechneten Daten
- Office Open XML als Grundlage des Dateiformats ab Version 2007

Auf die ersten beiden Gesichtspunkte wird im Kapitel besonders eingegangen (der letzte Punkt findet in Kapitel 16 Berücksichtigung). Die Entwicklung einer XML Toolbox für wichtige Aufgaben rund um XML bildet den zentralen Punkt der ersten drei Abschnitte, an dem sowohl das »Handwerk« als auch seine »Produkte« erklärt werden. Den Abschluss machen einige Überlegungen zum Zugriff auf DataSets bzw. der XML-Beschreibung.

Kapitel 19

XML und Word

In diesem Kapitel:

Word und XML-Daten ein Überblick	728
XML im Objektmodell	733
Eine XML Toolbox für Word 2007	739
Custom XML	753
Zusammenfassung	758

Stand an dieser Stelle im Vorgänger zu diesem Buch noch der Satz, dass mit »Word« und »XML« zwei Begriffe zusammenhängen, die vor einigen Jahren noch überhaupt nicht zusammengepasst haben, so wurde mit Word 2003 und umso mehr mit Office 2007 die Zeit nahezu überholt. Nicht nur, dass XML nicht ausschließlich als reine Alternative zum binären Doc-Format zu sehen ist, sondern auch (und vielleicht vor allem) als eine Möglichkeit, Word-Dokumente mit Daten und Metadaten anzureichern, diese über XML-Transformationen in andere Dokumenttypen zu überführen und damit Word-Dokumente in unternehmensweite Geschäftsprozesse zu integrieren. Mit den neuen Dateiformaten gelingt dies in manchen Situationen noch besser (nicht unbedingt bequemer), da Word als Programm nicht notwendig am Prozess beteiligt sein muss.

Ähnlich wie bei Excel teilt sich auch die XML-Welt unter Word in zwei Abteilungen:

- Word ist in der Lage, aufgrund zugeordneter Schemadateien eine Knotenstruktur im Dokument abzubilden, wodurch das Programm für dieses Dokument zum XML-Editor wird – der Nutzer gibt Daten in ein Dokumentformular ein und exportiert diese anschließend (auch unter eventueller Nutzung von Transformationen) in die erforderliche Form. Umgekehrt kann mit dem Öffnen eines XML-Dokuments durch Anwendung sogenannter Solutions dafür gesorgt werden, dass XML-Rohdaten ein »gefälliges Aussehen« bekommen.

- Am zweiten Teil des vorigen Punktes ist besonders der eigene »XML-Dialekt« *WordprocessingML* von Word beteiligt, mit dessen Hilfe sich Dokumente erstellen, lesen und ändern lassen. Dieser Dialekt bildet auch das Zentrum im Rahmen des Dateiformats von Word 2007.

Der Umgang mit diesen Techniken wird die Einführung in dieses Kapitel bilden.

Microsoft hatte zum besseren Eingewöhnen in die neuen Techniken, wie bei Excel, eine XML Toolbox zum Download bereitgestellt. Zum Zeitpunkt der Erstellung dieses Buches liegt kein Nachfolger vor, sodass ein alternativer Entwurf zum Hauptgegenstand dieses Kapitels wird. Dazu wird zunächst die »alte Toolbox« vorgestellt (sie funktioniert unter Word 2007 nicht mehr) und daraus werden die Schwerpunkte für die Vorstellung des Objektmodells abgeleitet.

Der Entwurf der »neuen« Toolbox wird Aspekte des Objektmodells in die Tat umsetzen und dabei den oben genannten zwei Punkten folgen. *WordprocessingML* kann dabei nur grob beschrieben werden, da das Thema zu umfangreich ist und eine hohe Komplexität aufweist.

Den Abschluss bilden einige Bemerkungen zu Inhaltssteuerelementen, die neu unter Word 2007 sind und eine ideale Verknüpfung zwischen dem »Datenrucksack« (Metadaten) eines Dokuments (in Form von Custom XML) und seiner Oberfläche herstellen. Bleibt zu hoffen, dass dieses Beispiel Schule macht und in den nächsten Office-Versionen auch für PowerPoint und Excel zur Verfügung steht.

Word und XML-Daten – ein Überblick

Anders als Excel ist Word nicht unmittelbar in der Lage, XML-Datendokumente so zu öffnen, dass damit eine Weiterarbeit sofort sinnvoll wird. Das liegt daran, dass Word zu einer Datei von sich aus kein Schema erzeugt, sondern anhand des verwendeten Namensraumes versucht, einen Bezug zu einem ihm bekannten Schema herzustellen. Im Unterschied zu Excel merkt sich Word also den Speicherort ihm bekannt gemachter Schemadateien.

Ausgangspunkt soll ein XML-Schema wie in Listing 19.1 sein, der Namensraum wurde so gewählt, dass er auf die Grundlagen in diesem Kapitel hinweist.

Word und XML-Daten – ein Überblick

```xml
<?xml version="1.0" encoding="utf-8"?>
<xs:schema xmlns:ep="urn:ep:dev2007:workshops:wordBasics" attributeFormDefault="qualified"
           elementFormDefault="qualified" targetNamespace="urn:ep:dev2007:workshops:wordBasics"
           xmlns:xs="http://www.w3.org/2001/XMLSchema">
  <xs:element name="workshops">
    <xs:complexType>
      <xs:sequence>
        <xs:element maxOccurs="unbounded" name="workshop">
          <xs:complexType>
            <xs:sequence>
              <xs:element name="thema" type="xs:string" minOccurs="1" />
              <xs:element name="trainer" type="ep:trainerType" minOccurs="1" />
              <xs:element name="tag" type="xs:string" minOccurs="1" />
              <xs:element name="uhrzeit" type="xs:string" minOccurs="1" />
            </xs:sequence>
            <xs:attribute ref="ep:level" use="required" />
          </xs:complexType>
        </xs:element>
      </xs:sequence>
    </xs:complexType>
  </xs:element>
  <xs:attribute name="level" type="xs:integer" />
  <xs:simpleType name="trainerType">
    <xs:restriction base="xs:string">
      <xs:pattern value="Peter|Eckehard"></xs:pattern>
    </xs:restriction>
  </xs:simpleType>
</xs:schema>
```

Listing 19.1 XML-Schema zum Workshops-Beispiel

Es handelt sich also wieder um das auch im vorigen Kapitel hauptsächlich gewählte Beispiel. Achten Sie auf zwei Dinge: Das Attribut *level* muss verwendet werden (Attribute verstecken sich unter Word etwas) und der Trainername muss aus einer Liste stammen.

Zugriff auf XML-Funktionalität unter Word haben Sie vom *Entwicklertools*-Register der Multifunktionsleiste, Gruppe *XML* (Abbildung 19.1).

Abbildung 19.1 Die *XML*-Gruppe der Entwicklertools

Aus dieser Abbildung werden mindestens vier Aufgaben sichtbar:

- Die Zuordnung von Knoten eines Schemas zu Textstellen im Dokument über einen Aufgabenbereich, der das Schema anzeigt
- Die Verwaltung von Schemadateien
- Die Anwendung von XSL-Transformationen beim Speichern von in Dokumenten hinterlegten XML-Daten
- Die Anbindung von XML-Erweiterungspaketen (Smart Documents), die in diesem Buch nicht besprochen werden, da hier die Entwicklung in Richtung Dokumenterweiterungen andere Wege gegangen ist als noch vor wenigen Jahren

Blenden Sie den Aufgabenbereich *XML-Struktur* ein, so erhalten Sie einen Hinweis, dass Schemadateien im Dialogfeld *Vorlagen und Add-Ins* angebunden werden. Ein Link führt Sie in das genannte Dialogfeld aus Abbildung 19.2.

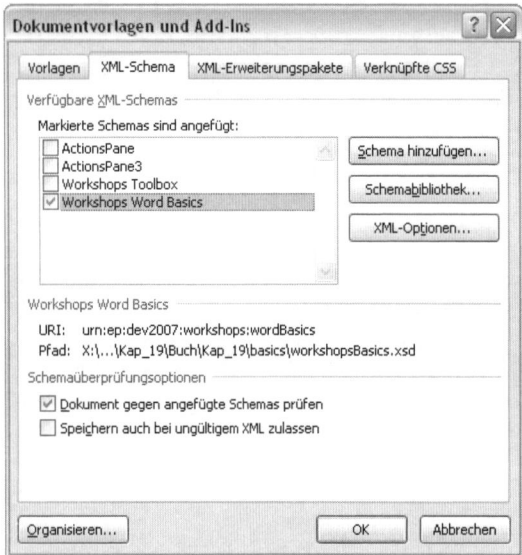

Abbildung 19.2 Die Information zu im Dokument verwendeten Schemadateien und die Standardeinstellung zur Gültigkeitsprüfung

Von diesem Dialogfeld gelangen Sie in die Schemabibliothek, in der dokumentübergreifende Informationen zum Speicherort von Schemadateien gehalten werden, und zu weiteren XML-Optionen, die sich weitestgehend aus ihren Beschriftungen im Dialogfeld aus Abbildung 19.3 erklären und mit dem Dokument gespeichert werden (Datei *settings.xml* des Zip-Archivs).

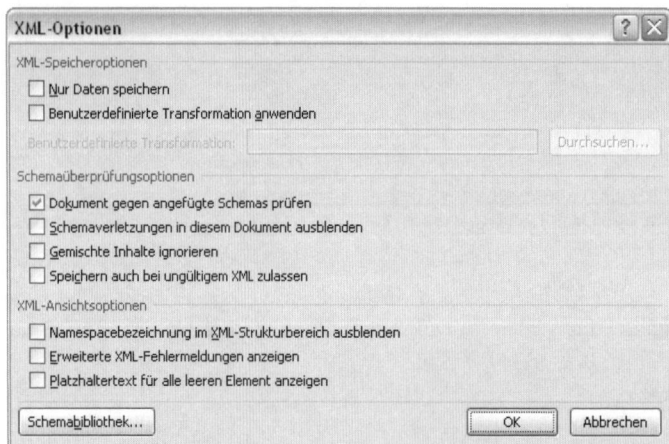

Abbildung 19.3 Dokumentspezifische Einstellungen zum Umgang mit XML-Daten.

Die Zuordnung von Textstellen zu Knoten eines Dokuments erfolgt im Wesentlichen intuitiv: Sie wählen die Textstelle aus und markieren sie, durch Klick auf einen Knoten der Knotenliste rechts unten im Aufgabenbereich erfolgt die Zuordnung und im oberen Teil des Aufgabenbereichs beobachten Sie das »Anwachsen« des Dokuments. Fehler werden, falls nicht ausgeblendet, durch rote Wellenlinien markiert und mit Infotipps erläutert. Das Hinzufügen von Attributen geschieht durch einen rechten Mausklick auf den Knoten im Aufgabenbereich, nicht im Dokument.

Und so könnte ein Formular mit einigen wenigen Workshops wie in Abbildung 19.4 aussehen.

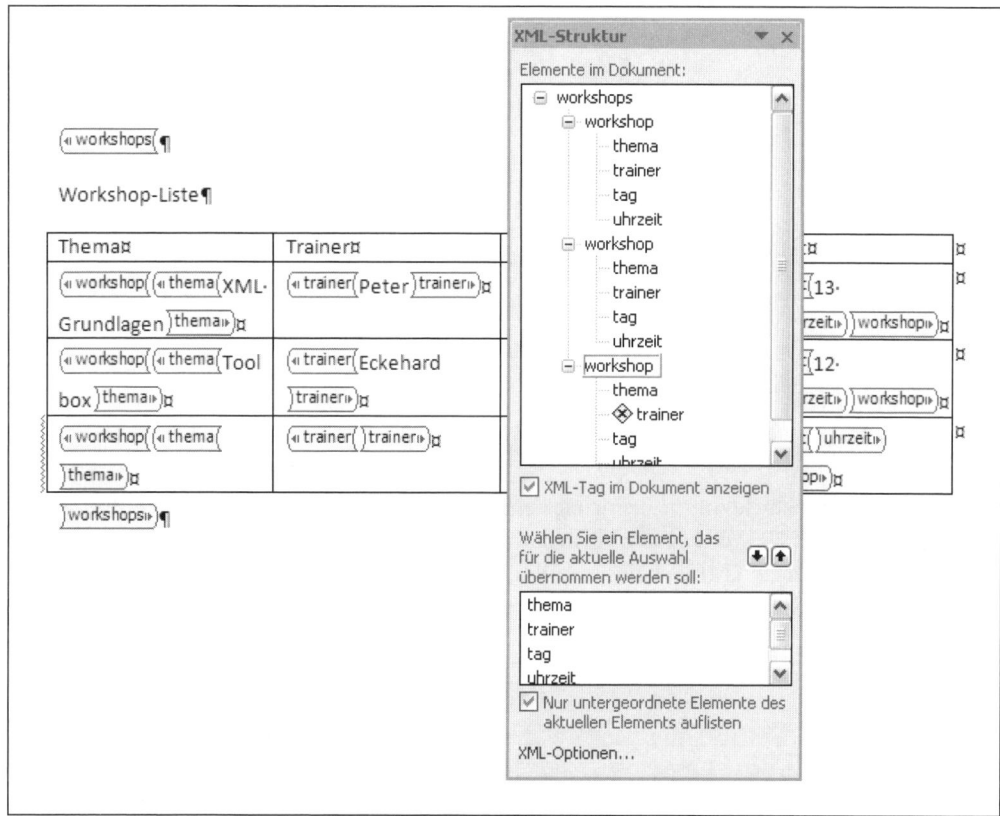

Abbildung 19.4 Aufgabenbereich und Word-XML-Formular

Die fehlerhafte Belegung des *Trainer*-Knotens wird im Dokument markiert und im Aufgabenbereich durch ein entsprechendes Icon signalisiert. Das fehlende Attribut merkt man unter Umständen erst, wenn die XML-Daten gespeichert werden sollen und die Gültigkeitsverletzung das verhindert.

Etwas trickreich ist das Einbringen von Tabellen in die Struktur. Markieren Sie eine ganze Zeile, so wird diese bei Zuweisung eines passenden Knotens zum Träger eines ganzen »Datensatzes«. Werden neue Zeilen hinzugefügt, stehen die Zuweisungen bereits drin (ein entsprechendes Schema mit Wiederholungen vorausgesetzt).

Bei allen Vorteilen, die bereits jetzt mit dem Formular-Editor Word für die Erstellung von XML-Daten bereitstehen: Es ist eine nicht sehr stabile Lösung, die hohe Konzentration beim Anwender erfordert. Daher sollten dokumentbasierte Erweiterungen mit eigenen Aufgabenbereichen das Ausfüllen von Formularen und das Speichern der Daten unterstützen. Die später zu besprechenden Inhaltssteuerelemente könnten eines Tages diese Technologie der XML-Knoten im Dokument sehr erfolgreich ablösen.

Ein Blick in die Schemabibliothek zeigt, dass dort neben der Schemaverwaltung ein weiteres Schatzkästlein ruht: Solutions (Abbildung 19.5).

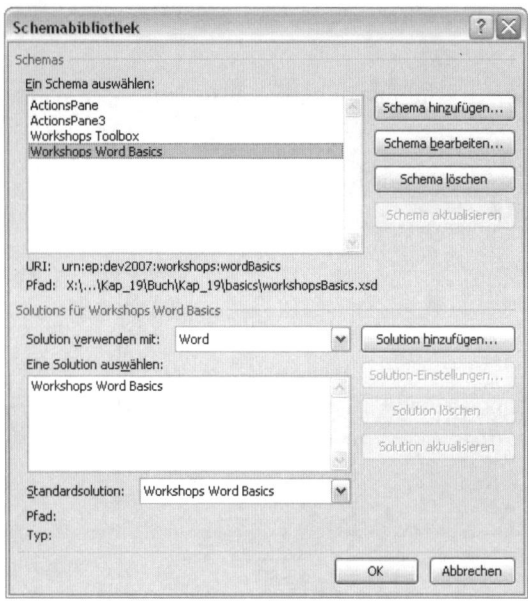

Abbildung 19.5 Schemas verwalten und Solutions zuordnen

Solutions sind quasi das Gegenstück zum transformierten Export von Daten, es gelingt durch Zuordnung einer Transformationsdatei (XSLT) Word dazu zu bringen, anhand des eindeutigen Namensraumes, der eine XML-Datendatei einem bekannten XML-Schema zuordnet, beim Öffnen der Datendatei die Nachfrage zu stellen, ob nur die Daten oder deren Aufbereitung im Word-Stil angezeigt werden sollen (Abbildung 19.6).

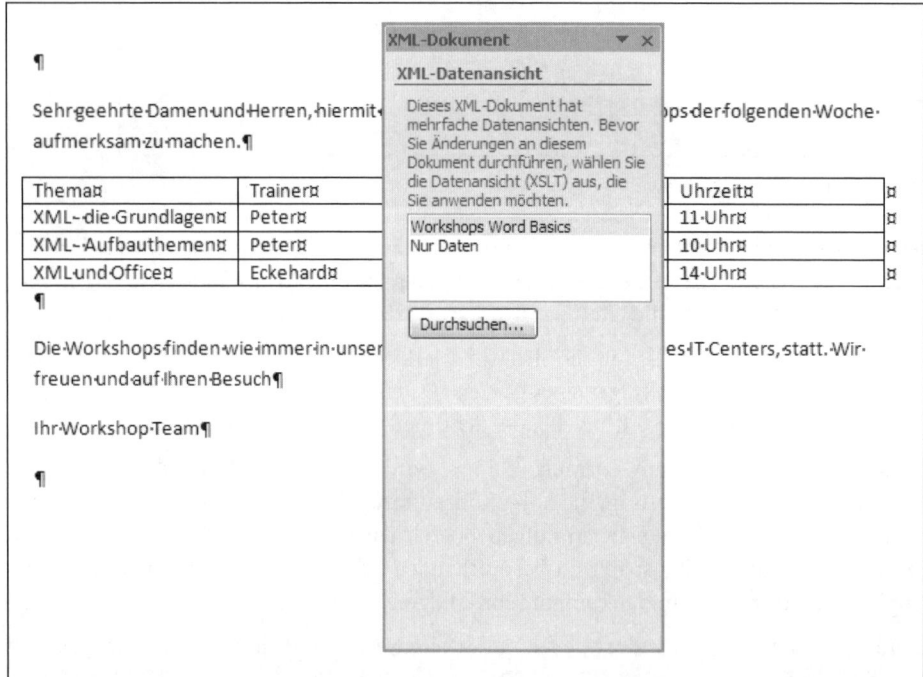

Abbildung 19.6 Daten in »gutem Stil« anzeigen, bearbeiten, drucken.

XML im Objektmodell

Leider ist das Erstellen einer solchen Transformationsdatei kein Kinderspiel, Word ist selbst dazu (noch?) nicht geschaffen. Aus diesem Grund nutzen Sie das bei Microsoft zum Download bereitliegende *Word 2003 XML SDK*, in dessen Gepäck sich ein Ordner *Tools* mit dem Installerpaket *wml2xsl.msi* befindet, das eine kommandozeilenorientierte Anwendung *wml2xslt.exe* installiert, die beim Erstellen der Transformationsdateien hilft:

```
wml2xslt.exe Dateiname.xml -db
```

Hier ist *Dateiname.xml* die als Word 2003 XML-Datei gespeicherte und aufbereitete (also gut gestylte) Datei mit den Knotenstrukturen für die Aufnahme der späteren Daten (Beispieldaten können enthalten sein). Damit die Beispieldaten nicht mit in die Transformationsdatei geraten, ist Sorgfalt beim Einsatz des Tools notwendig (Abbildung 19.7).

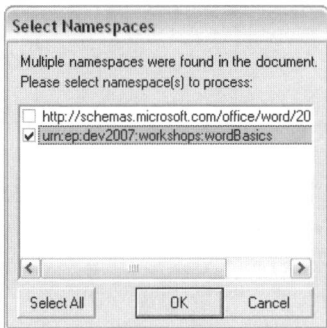

Abbildung 19.7 Wahl des richtigen Schemas (Namensraumes) beim Erzeugen der Transformationsdatei

Wird der Word-Namensraum mit hinzugenommen, entsteht immer das Dokument mit den Beispieldaten. Verwendet man dagegen den Namensraum der Daten allein, so werden diese bei Wunsch transformiert, sobald Word die XML-Datendatei mit dem passenden Namensraum öffnet.

CD-ROM   Im Ordner *\Buch\Kap_19\basics* der Begleit-CD finden Sie einige kleine Dateien für die Tests des gerade Beschriebenen. Dabei sind die folgenden Informationen zu den Dateien hilfreich:

- Die Datei *workshopsBasics.xsd* enthält das anzubindende Schema.
- Die Datei *formular.docx* ist ein einfaches Formular zum Erfassen von Daten.
- Die Datei *ankündigung.docx* ist die gestaltete Beispieldatei, die als *ankündigung.xml* (Word 2003 XML-Dokument) abgelegt wird und dem Tool *wml2xslt.exe* als Vorlage dient.
- Die Datei *ankündigung.xsl* ist die durch das Tool erzeugte Transformation, die über
- die Datei *workshopsBasics.xml* getestet werden kann.

XML im Objektmodell

Auch für Word gilt das, was unter Excel bereits festgestellt werden konnte: Die *XML Toolbox* von Microsoft leistet sowohl wertvolle Dienste bei der Einarbeitung in die Funktionalität des XML-Datenaustauschs als auch in den zuständigen Teil des Objektmodells von Word 2003. Deshalb soll auch hier kurz auf dieses Werkzeug eingegangen werden. Das bietet gleichzeitig auch denjenigen Lesern, die den Umstieg von 2003 auf

2007 vor sich haben, den Blick auf Bekanntes bei der Eingewöhnung in die Steuerung durch die Multifunktionsleiste. Die Kompaktheit des Werkzeugs erleichtert das Verständnis für die Architektur der im nächsten Abschnitt selbst zu erstellenden Toolbox. Und sie hilft beim Sondieren der Objekte des Objektmodells.

Die XML Toolbox für Word 2003

Noch etwas gilt für Word gleichermaßen wie für Excel: Die Dinge rund um XML offenbaren sich nicht auf den ersten Blick von selbst. Und einfacher ist es trotz des neuen Dateiformats nicht geworden, eher umgekehrt. Noch mehr muss der Entwickler voneinander trennen, was sozusagen aus dem Objektmodell von Word heraus machbar und was Gegenstand von anderen Anwendungen ist (etwa das Open XML SDK und sein Einsatz in Visual Studio). Und so sollen auch die Schaltflächen der Toolbox, die als COM-Add-In unter Word 2007 definitiv nicht arbeitet, helfen, einen gewissen roten Faden im Geschehen aufzuspannen.

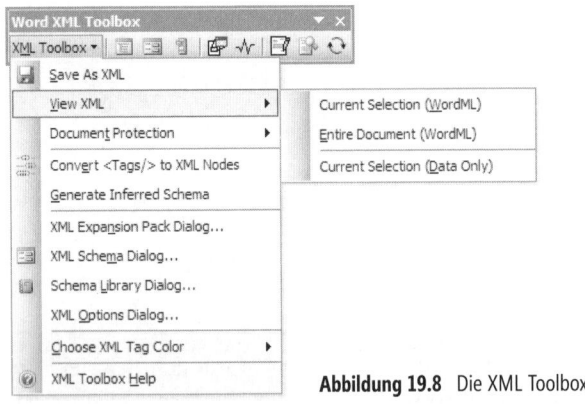

Abbildung 19.8 Die XML Toolbox für Word 2003

Menü/Schaltfläche	Beschreibung
Save As XML	Ruft das Dialogfeld *Speichern unter* auf, wobei der Dateityp *XML-Dokument* voreingestellt ist. In diesem Dialogfeld kann entschieden werden, ob nur die Daten eines Dokuments (falls es solche durch eine Knotenstruktur gibt) gespeichert werden sollen (WordprocessingML spielt dann keine Rolle) und ob diese Daten durch eine angegebene XSL-Transformation umgewandelt werden sollen.
View XML	Bringt eine Auswahl, die es erlaubt, einen Blick auf die XML-Darstellung der Markierung im Dokument, des gesamten Dokuments bzw. des markierten Knotens zu werfen. Das dann angezeigte XML-Dokument kann in die Zwischenablage gebracht oder als Datei gespeichert werden.
Document Protection	Hilft, Rechte für den Gebrauch von Knoten im Dokument zu setzen.
Convert <Tags/> to XML Nodes	Erlaubt dem Anwender, in einem Word-Dokument den Text eines XML-Dokuments zu schreiben und diesen in Word-XML-Knoten umwandeln zu lassen. Dabei entsteht automatisch ein Schema.
Generate Inferred Schema	Word ist offenbar nur in der Lage, sauber mit Schemata zu arbeiten, wenn diese »materialisiert« in einer Datei vorliegen. Dieser Menübefehl erzeugt aus einem Schema, das mit dem vorigen Menübefehl angelegt wurde oder durch den Import einer XML-Datendatei entstand, eine »physisch existente« Schemadatei.
XML Expansion Pack Dialog	Zeigt die Registerkarte *XML-Erweiterungspakete* des Dialogfeldes *Dokumentvorlagen und Add-Ins* an.

Tabelle 19.1 Die Funktionen der Toolbox für Word 2003 im Überblick

XML im Objektmodell

Menü/Schaltfläche	Beschreibung
XML Schema Dialog	Ruft die Registerkarte *XML-Schema* des Dialogfeldes *Dokumentvorlagen und Add-Ins* auf.
Schema Library Dialog	Zeigt das Dialogfeld zur Verwaltung von Schemata in der Schemabibliothek an.
XML Options Dialog	Zeigt das Dialogfeld *XML-Optionen* an.
Choose XML Tag Color	Erlaubt die Auswahl der Farbe für die Darstellung von Knoten im Dokument. Diese Knoten können im Übrigen auch ausgeblendet werden (im Aufgabenbereich *XML-Struktur*).
XML Structure Task Pane	Zeigt den Aufgabenbereich *XML-Struktur* an.
Toggle XML Tag View	Blendet die Knotentags im Dokument ein bzw. aus.
XMLNode Property Viewer	Zeigt ein Dialogfeld mit Informationen zum ausgewählten Knoten im Dokument an.
XML Event Monitor	Erlaubt die Verfolgung von Ereignissen, die durch Manipulationen am Knotengerüst eines Dokuments ausgelöst werden.
Insert XML Dialog	Ermöglicht es, an der aktuellen Stelle des Dokuments Bestandteile einzufügen, die in XML-Form vorliegen (es erscheint hierfür ein Dialogfeld).
View Schema (XSD)	Zeigt ein Dialogfeld mit den in der Schemabibliothek erfassten Schemadateien an und ruft nach Auswahl den Standardeditor für *.Xsd*-Dateien mit der gewählten Schemadatei auf.
Reload Schema	Da zugeordnete Schemata immer in Dateien vorliegen, kann hier eine Aktualisierung erfolgen. Dies verhält sich anders als bei Excel, bei dem das Schema im Dokument (Arbeitsmappe) gespeichert wird.

Tabelle 19.1 Die Funktionen der Toolbox für Word 2003 im Überblick *(Fortsetzung)*

Klassen, Eigenschaften, Methoden und Ereignisse

Auch zum Objektmodell von Word kann aus XML-Sicht in diesem Buch nicht alles gesagt werden, die unterschiedlichen Klassen des Objektmodells und ihre Member werden mit unterschiedlichem Gewicht im Entwicklerleben vertreten sein. Die folgenden Tabellen sollen also in Zusammenhang mit den oben gegebenen Einführungen nur den Überblick erleichtern.

Überraschungen gibt es (wie bei Excel) weder unter Word noch unter den Visual Studio Tools. Fast alles das, was bereits mit Word/Office 2003 möglich war, ist weiterhin präsent, Neues ist kaum hinzugekommen. Auch soll bemerkt werden, dass die XML-Gesichtspunkte, die hinter dem neuen Dateiformat stehen, im Objektmodell nur ganz wenig Berücksichtigung finden. Eine Ausnahme sind die Dinge um *CustomXMLParts* des Office-Objektmodells, die in Word mit den Inhaltssteuerelementen eine perfekte Verwendung finden. Zur weiteren Manipulation (im positiven Sinne) von Dateien sind uns somit aus der Sicht des Objektmodells und damit aus der Sicht von Erweiterungen im Sinne von VBA-Modulen, Add-Ins, COM-Add-Ins und dokumentbezogenen Erweiterungen also wenige neue Werkzeuge an die Hand gegeben. Das, was mit der Erweiterung des *System.IO*-Namensraumes und der damit verbundenen *WindowsBase.dll* bzw. dem *OpenXML*-SDK einhergeht, fußt in aller Regel darauf, dass die jeweilige Anwendung (also hier Word) beim Zugriff auf die zu bearbeitende Datei nicht mit im Spiel ist.

Tabelle 19.2 stellt die wichtigsten Klassen und Auflistungen vor, die im Zusammenhang mit der XML-Unterstützung bei Word 2007 eine Rolle spielen.

Klasse, Auflistung	Beschreibung
XMLChildNodeSuggestion	Ein Knoten entsprechend einem zugeordneten Schema, der sich, ohne Gültigkeiten zu verletzen, einem gegebenen Knoten unterordnen lässt
XMLChildNodeSuggestions	Die Auflistung der infrage kommenden Unterknoten nach dem oben genannten Prinzip
XMLMapping	Zuordnung von Inhaltssteuerelementen zu Custom XML (diese Klasse ist neu in Word 2007)
XMLNamespace	Diese Bezeichnung wurde für ein Schema in der Schemabibliothek der Anwendung gewählt
XMLNamespaces	Eine Auflistung aller XML-Schemata der Schemabibliothek
XMLNode	Ein Knoten in einem Word-Dokument, der durch Zuordnung per Hand bzw. per Code auf dem Dokument platziert wurde
XMLNodes	Die Auflistung der oben genannten Knoten
XMLSchemaReference	Eine konkrete Schemazuordnung zu einem Dokument (entspricht dem Objekt *XMLMap* aus Excel)
XMLSchemaReferences	Die Gesamtheit der einem Dokument zugeordneten XML-Schemata
XSLTransform	Ein Vertreter der XSL-Transformationen, die mit einem Schema der Schemabibliothek verbunden sind
XSLTransforms	Die Auflistung aller oben genannten XSL-Transformationen

Tabelle 19.2 Die wichtigsten Klassen mit XML-Aufgaben bei Word 2007

Die Klassen aus Tabelle 19.2 werden in ihrer Bedeutung deutlich, wenn Sie sich das Dialogfeld *Vorlagen und Add-Ins* vor Augen halten und an die Registerkarte denken, die sich mit XML-Schemata sowie der Schemabibliothek beschäftigt (Abbildung 19.2) bzw. den Aufgabenbereich *XML-Struktur* im Blick haben.

Verschiedene Klassen des Objektmodells haben entsprechend ihrer Funktionalität Eigenschaften, die auf den Einsatz von XML abzielen. Hierzu gibt Tabelle 19.3 einen Einstieg.

Klasse	Eigenschaften
Application	*ArbitraryXMLSupportAvailable*: untersucht, ob die verwendete Word-Version die erweiterten XML-Features unterstützt. *XMLNamespaces*: die Schemata der Anwendung.
Document	*ChildNodeSuggestions*: die möglichen Stammknoten für ein Dokument. *SmartTagsAsXMLProps*: entscheidet über die Art der Speicherung von SmartTags in HTML-Dokumenten. *XMLHideNamespaces*: blendet Namensräume in den Knoten des Aufgabenbereichs *XML-Struktur* ein oder aus. *XMLNodes*: die zugeordneten Knoten im Dokument. *XMLSaveDataOnly*: entscheidet, wie Knoteninhalte gespeichert werden sollen. *XMLSaveThroughXSLT*: gibt an, welche XSL-Transformation beim Speichern von Daten verwendet werden soll. *XMLSchemaReferences*: die Auflistung der zugeordneten Schemata aus der Schemabibliothek. *XMLSchemaViolations*: die Liste der ungültigen Knoten im Dokument (inklusive Attribute). *XMLShowAdvancedErrors*: entscheidet über die Art der Fehlermeldung bei ungültigen Knoten. *XMLUseXSLTWhenSaving*: entscheidet, ob eine XSL-Transformation beim Speichern von Daten angewendet werden soll oder nicht.
Options	*PrintXMLTag* bestimmt, ob beim Drucken die Tags mitgedruckt werden sollen.

Tabelle 19.3 Word-Klassen und ihre Eigenschaften mit »XML-Charakter«

XML im Objektmodell

Klasse	Eigenschaften
Range	*XML*: das WordprocessingML-Dokument, das aus einem Textstück resultiert. *WordOpenXML*: flat Open XML für den Ausschnitt des Word-Dokuments (neu in Word 2007). *XMLNodes*: die zugeordneten Knoten im Textbereich. *XMLParentNode*: der Knoten, unter dem sich der Textbereich befindet.
Selection	*XML*, *XMLNodes*, *XMLParentNode* (siehe *Range*-Objekt).
SmartTag	*XML*: die XML-Darstellung eines SmartTags. *XMLNode*: ein möglicher Knoten in einem SmartTag.
View	*ShowXMLMarkup*: entscheidet, ob die Tags in der Dokumentansicht angezeigt werden sollen oder nicht.

Tabelle 19.3 Word-Klassen und ihre Eigenschaften mit »XML-Charakter« *(Fortsetzung)*

Von diesen Eigenschaften wird bei der Konstruktion der XML Toolbox im nächsten Abschnitt rege Gebrauch gemacht. Ebenso von den Methoden aus Tabelle 19.4.

Klasse	Methoden
Document	*SelectNodes*: kann mit XPath-Ausdrücken verwendet werden, um auf Knoten(listen) im Dokument zuzugreifen. *SelectSingleNode*: erlaubt einen ähnlichen Zugriff auf einen Einzelknoten, der zugeordnet wurde.
Documents	*Open*: hat die Fähigkeit, XML-Dateien zu öffnen.
Range	*InsertXML*: eine Allroundmethode zur Manipulation von Dokumenten (im positiven Sinne).
Selection	*InsertXML* (siehe *Range*-Objekt)

Tabelle 19.4 Klassen und ihre Methoden mit Bezug zu XML

Den Abschluss dieses kleinen »tabellarischen« Überblicks sollen Ereignisse bilden, die abgefangen und im Code genutzt werden können (Tabelle 19.5).

Klasse	Ereignisse
Application	*XMLSelectionChange*: tritt ein, wenn die Einfügemarke Knoten des Dokuments »betritt« bzw. verlässt. *XMLValidationError*: signalisiert Gültigkeitsverletzungen beim Einfügen, Entfernen und Bearbeiten von Knoten.
Document	*XMLAfterInsert*: wird ausgelöst, nachdem ein Knoten auf dem Dokument platziert wurde. *XMLBeforeDelete*: tritt ein, bevor ein Knoten vom Dokument entfernt wird.

Tabelle 19.5 XML-spezifische Ereignisse bei Word-Klassen

Custom XML ist vor allem Bestandteil des Objektmodells von Office, eine ausführliche Beschreibung finden Sie im vorhergehenden Kapitel. Deshalb hier nur ein kurzer Einblick in die Klassen und ihre Beschreibung (Tabelle 19.6).

Objekt	Beschreibung und Member
CustomXMLPart	Das ist die Klasse, die eine benutzerdefinierte XML-Datendatei innerhalb des ZIP-Archivs eines Dokuments repräsentiert. **Eigenschaften:** *BuiltIn, DocumentElement, Errors, Id, NamespaceManager, NamespaceURI, SchemaCollection, XML* **Methoden:** *AddNode, Delete, Load, LoadXML, SelectNodes, SelectSingleNode* **Ereignisse:** *NodeAfterDelete, NodeAfterInsert, NodeAfterReplace*
CustomXMLParts	Die Auflistung der benutzerdefinierten XML-Datendateien, hierzu gehören auch Informationen aus den Dateien *app.xml* und *core.xml* **Eigenschaften:** *Count, Item* **Methoden:** *Add, SelectById, SelectByNamespace* **Ereignisse:** *PartAfterAdd, PartAfterLoad, PartBeforeDelete*
CustomXMLNode	»Knoten« eines *CustomXMLParts* **Eigenschaften:** *Attributes, BaseName, ChildNodes, FirstChild, LastChild, NamespaceURI, NextSibling, NodeValue, OwnerDocument, OwnerPart, ParentNode, PreviousSibling, Text, XML, XPath* **Methoden:** *AppendChildNode, AppendChildSubtree, Delete, HasChildNodes, InsertNodeBefore, InsertSubtreeBefore, RemoveChild, ReplaceChildNode, ReplaceChildSubtree, SelectNodes, SelectSingleNode*
CustomXMLNodes	Knotenliste
CustomXMLSchema	XSD-Schema zur Validierung von benutzerdefinierten XML-Teilen eines Dokuments **Eigenschaften:** *Location, NamespaceURI* **Methoden:** *Delete, Reload*
CustomXMLSchemaCollection	Sammlung der Schemata einer XML-Datendatei **Eigenschaften:** *Count, Item, NamespaceURI* **Methoden:** *Add, AddCollection, Validate*
CustomXMLValidationError	Auffangbarer Fehler, der gegebenenfalls beim Prüfen der Gültigkeit entsteht **Eigenschaften:** *ErrorCode, Name, Node, Text, Type* **Methoden:** *Delete*
CustomXMLValidationErrors	Liste der Fehler-Objekte **Eigenschaften:** *Count, Item* **Methoden:** *Add*

Tabelle 19.6 Custom XML im Office-Objektmodell (Kurzfassung)

Word reagiert mit Eigenschaften in zwei Klassen auf diese Office-Erweiterungen:

- der Eigenschaft *CustomXMLParts* der *Document*-Klasse und
- den Eigenschaften *CustomXMLPart* und *CustomXMLNode* der *XMLMapping*-Klasse.

Eine XML Toolbox für Word 2007

Wie bereits geschrieben, ist die Erstellung einer XML Toolbox für Word 2007 ein guter Einstieg in das Objektmodell aus XML-Sicht. Ein gemeinsamer Rahmen gibt genug Einblick und Ausblick zur Umsetzung weiterer Ideen.

Die Vorbereitungen

Die Vorbereitungen zur Erstellung einer eigenen XML Toolbox wie in Abbildung 19.9 beginnen mit einem Visual Studio-Projekt, das auf der Vorlage *Word 2007-Add-In* basiert.

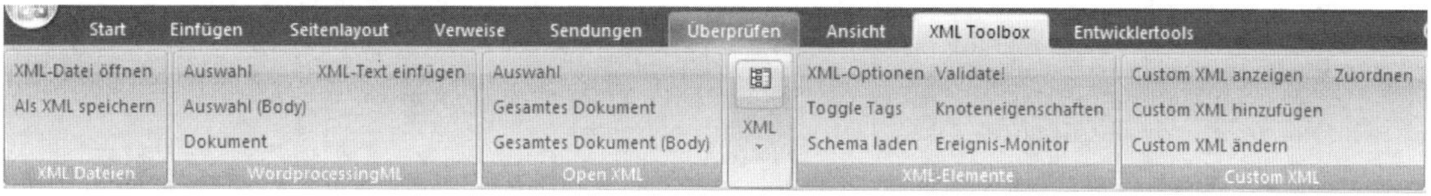

Abbildung 19.9 Idee für eine XML Toolbox

Nehmen Sie in dieses Projekt eine Datei vom Typ *Multifunktionsleiste (XML)* hinzu, so wird die XML-Datei gemeinsam mit einer Codedatei dem Projekt hinzugefügt. Sie können beide Dateien umbenennen (etwa in *XMLToolbox.xml* und *XMLToolbox.vb*), sollten dann aber beachten, dass der Quellcode, den die Vorlagen mitbringen, angepasst werden muss:

```
Public Function GetCustomUI(ByVal ribbonID As String) As String Implements _
        Office.IRibbonExtensibility.GetCustomUI
    Return GetResourceText("Word_2007_XML_Toolbox.XMLToolbox.xml")
End Function
```

Dieser Code ruft über eine bereits vorbereitete Helper-Funktion die genannte Ribbon-Beschreibung auf. Das funktioniert deshalb, weil die Datei *XMLToolbox.xml* dem Projekt als eingebettete Ressource beigefügt wurde.

Außerdem finden Sie in einer To-do-Liste den Hinweis auf die notwendige Instanziierung der Klasse, die die neue Registerkarte beschreibt. Hier können Sie das Konstrukt der »teilweisen« Klassenbeschreibung benutzen und etwas wie

```
Partial Class ThisAddIn
    Protected Overrides Function CreateRibbonExtensibilityObject() As _
            Microsoft.Office.Core.IRibbonExtensibility
        Return New XMLToolbox()
    End Function
End Class
```

in *XMLToolbox.vb* implementieren.

Abbildung 19.9 bringt sechs Schwerpunkte mit, von denen fünf implementiert werden sollen (die Aufgaben der integrierten Gruppe *XML* werden einfach übernommen):

- Öffnen und Speichern von XML-Dateien,
- Einblicke in WordprocessingML (vor allem Lesen und nur etwas bescheidenes Schreiben),
- Open XML (Word hat eine Eigenschaft, die Excel und PowerPoint wohl so nicht haben: Es kann statt eines Zip-Archivs das Dokument in einer »flachen« XML-Datei speichern, die die Paketstruktur »verbal« beschreibt.),
- die integrierten Möglichkeiten im Umgang mit XML-Elementen auf Dokumenten,
- erweiterte Möglichkeiten zu XML-Elementen und
- Custom XML.

Die Beschreibungsdatei für die Registerkarte kann hinsichtlich der enthaltenen Gruppen wie in Grobstruktur der Registerkarte der Toolbox19.2 vorbereitet werden:

```xml
<?xml version="1.0" encoding="UTF-8"?>
<customUI xmlns="http://schemas.microsoft.com/office/2006/01/customui" onLoad="Ribbon_Load">
  <ribbon>
    <tabs>
      <tab insertBeforeMso="TabDeveloper" id="XMLToolbox" label="XML Toolbox">
        <group id="groupXmlFiles" label="XML Dateien"></group>
        <group id="groupWordprocessingML" label="WordprocessingML"></group>
        <group id="groupOpenML" label="Open XML"></group>
        <group idMso="GroupXml"></group>
        <group id="groupXmlNodes" label="XML-Elemente"></group>
        <group id="groupCustomXml" label="Custom XML"></group>
      </tab>
    </tabs>
  </ribbon>
</customUI>
```

Listing 19.2 Grobstruktur der Registerkarte der Toolbox

CD-ROM Das Projekt der XML Toolbox befindet sich im Ordner \Buch\Kap_19\Word-2007-XML-Toolbox der Begleit-CD.

XML-Dokumente öffnen und speichern

In der Toolbox soll diese Thematik nur mit zwei einfachen Prozeduren umgesetzt werden, die sich als Callbacks hinter den *onAction*-Attributen der Gruppe *groupXmlFiles* befinden:

```xml
<group id="groupXmlFiles" label="XML Dateien">
  <box id="firstBox" boxStyle="vertical">
    <button id="openFile" label="XML-Datei öffnen" onAction="openFile"/>
    <button id="saveAsXml" label="Als XML speichern" onAction="saveAsXMLFile"/>
  </box>
</group>
```

Eine XML Toolbox für Word 2007

Diese beiden Prozeduren erledigen nichts weiter als die Anzeige eines entsprechenden Dateiauswahldialogs und die Übergabe des Dateinamens an die entsprechenden Word-Methoden zum Öffnen und Speichern:

```
Public Sub openFile(ByVal c As Office.IRibbonControl)
    Dim dialog As New System.Windows.Forms.OpenFileDialog
    dialog.Filter = "XML (*.xml)|*.xml"
    dialog.ShowDialog()
    If dialog.FileName <> "" Then
        Dim doc As Word.Document
        Dim app As Word.Application = Word_2007_XML_Toolbox.Globals.ThisAddIn.Application
        Try
            doc = app.Documents.Open(FileName:=dialog.FileName.ToString, ConfirmConversions:=False)
        Catch ex As Exception

        End Try
    End If
End Sub
Public Sub saveAsXmlFile(ByVal c As Office.IRibbonControl)
    Dim dialog As New System.Windows.Forms.SaveFileDialog
    dialog.Filter = "XML (*.xml)|*.xml"
    dialog.ShowDialog()
    If dialog.FileName <> "" Then
        Dim doc As Word.Document
        Dim app As Word.Application = Word_2007_XML_Toolbox.Globals.ThisAddIn.Application
        Try
            doc = app.ActiveDocument
            doc.SaveAs(FileName:=dialog.FileName.ToString, FileFormat:=Word.WdSaveFormat.wdFormatXML)
        Catch ex As Exception
            MsgBox(ex.Message)
        End Try
    End If
End Sub
```

Listing 19.3 Öffnen und Speichern per Code

Listing 19.3 zeigt, dass es zum Öffnen von Dateien mit XML-Informationen die *Open*-Methode der *Documents*-Auflistung gibt. Öffnet ein Anwender per Hand eine XML-Datei unter Word, so stehen ihm die Optionen aus Abbildung 19.10 zur Verfügung.

Abbildung 19.10 Optionen beim Öffnen einer XML-Datei

Diese gleichen Optionen spiegeln sich in den benannten Parametern der *Open*-Methode wider (Auszug):

```
Open(FileName, ConfirmConversions, ReadOnly, Format, XMLTransform)
```

Der zweite Parameter hilft beim Unterdrücken der Konvertierungsbestätigung (Wert dann auf *False* setzen), der letzte sorgt für die Anwendung einer XSL-Transformation (das muss nicht zu WordprocessingML, sondern kann auch zu XHTML führen) und kann sicher dann entfallen, wenn Word die Verbindung zu einer Solution über den entsprechenden Namensraum kennt. Folglich ist Word in diesem Zusammenhang in der Lage, wenigstens in vier Fällen korrekt zu arbeiten:

- Öffnen einer Datei, die ein Word-2003-Dokument im XML-Format (WordprocessingML) bereithält
- Öffnen einer Datei, die ein Word-Dokument im XML-Format (»flaches« Open XML) darstellt
- Öffnen einer Datendatei
- Öffnen einer XML-Datei in Verbindung mit einer XSL-Transformationsdatei

Das Speichern im XML-Format ist ebenso auf ein individuelles Dokument zugeschnitten wie das Öffnen. Das liegt unter anderem auch daran, dass Datendokumente aus ihren XML-Optionen heraus verstanden werden müssen, die, wie bereits bemerkt, im Dokument selbst festgehalten werden. Tabelle 19.7 zeigt die Entsprechungen aus dem Objektmodell als Eigenschaften der *Document*-Klasse.

Eigenschaft	Beschreibung
XMLSaveDataOnly	*Boolean*, bestimmt, ob nur die Daten als XML-Dokument oder das gesamte Dokument als Word-Dokument im XML-Format gespeichert werden soll.
XMLUseXSLTWhenSaving	*Boolean*, gibt an, ob eine Transformation der Daten beim Speichern durchgeführt werden soll. Im Falle von *True* muss der Pfad zur Transformationsdatei zwingend angegeben werden.
XMLSaveThroughXSLT	*String*, der Pfad zu einer eventuellen Transformationsdatei.
XMLHideNamespaces	*Boolean*, blendet Namensräume im Aufgabenbereich ein oder aus.
XMLShowAdvancedErrors	*Boolean*, legt fest, ob erweiterte Fehlermeldungen angezeigt werden sollen, wenn der Anwender mit der rechten Maustaste auf einen fehlerhaften Knoten im Aufgabenbereich klickt.

Tabelle 19.7 XML-spezifische Eigenschaften des *Document*-Objekts

Neben den Optionen aus Tabelle 19.7, die direkt dem Dokument zuzuordnen sind, gibt es noch weitere, die ebenfalls in Abbildung 19.3 sichtbar sind. Diese werden allerdings über den »Umweg« der *XMLSchemaReferences*-Auflistung des *Document*-Objekts angesprochen (Tabelle 19.8).

Eigenschaft	Beschreibung
HideValidationErrors	*Boolean*, blendet die Anzeige von Gültigkeitsfehlern im Dokument (Wellenlinien) aus oder ein.
AutomaticValidation	*Boolean*, aktiviert oder deaktiviert die Gültigkeitsprüfung während der Eingabe von Werten für Knoten.
IgnoreMixedContent	*Boolean*, aktiviert oder deaktiviert das Speichern von Text, der sich auf gleicher Stufe mit XML-Knoten im Dokument befindet, in die zu exportierenden Daten. Durch ein entsprechendes Schema (Kapitel 15) kann dafür gesorgt werden, dass solcher Text als ungültig markiert wird (Knoten darf nur Elemente, aber keine Daten enthalten).
AllowSaveAsXMLWithoutValidation	*Boolean*, lässt das Speichern ungültiger Daten im XML-Format zu (mit Fehlermeldung) oder blockiert dieses.
ShowPlaceholderText	*Boolean*, zeigt einen als Platzhalter für den im Knoteninhalt definierten Text an (oder nicht), wenn die XML-Tags im Dokument nicht sichtbar sind. Diese Eigenschaft verhält sich aber wohl nicht immer wie erwartet.

Tabelle 19.8 Weitere Eigenschaften, die alle zugeordneten Schemata betreffen

Eine XML Toolbox für Word 2007

Auch für das Speichern von Informationen im XML-Format gibt es verschiedene Situationen:

- Speichern als Word 2003-Dokument im WordprocessingML-Format
- Speichern als Word-Dokument im Open XML-Format
- Speichern der Daten in zugeordneten Knoten ohne eine XSL-Transformation
- Speichern der Daten mit vorheriger XSL-Transformation

Diese Situationen werden in den benannten Parametern der *SaveAs*-Methode festgehalten bzw. vorher in den Eigenschaften, die XML-Optionen beschreiben, eingestellt.

```
SaveAs(FileName, FileFormat)
```

erwartet für *FileFormat* eine Konstante aus der *WdSaveFormat*-Aufzählung, die sehr umfangreich ausfällt. Im vorliegenden Fall sind allerdings nur die Konstanten *wdFormatXML* und *wdFormatFlatXML* relevant. Dabei wird in der ersten Variante über die Optionen der Speichervorgang voreingestellt, also

```
doc.XMLSaveDataOnly = True
doc.SaveAs "c:\dummy.xml", WdSaveFormat.wdFormatXML
```

speichert nur die Daten (falls eine Knotenstruktur vorhanden ist),

```
ThisDocument.XMLSaveDataOnly = False
ThisDocument.SaveAs "c:\dummy.xml", WdSaveFormat.wdFormatXML
```

das gesamte Dokument.

WordprocessingML 2003

Diesem Dialekt inmitten der Office-XML-Dialekte soll sich hier auf zwei Wegen genähert werden, die beide nicht die Beschreibung oder gar die Spezifikation im Sinne haben:

- über das Herauslesen von Text in XML-Form aus einem bestehenden Dokument und
- das Hineinschreiben von einfachem Text in ein bestehendes Dokument.

Beide Wege sind gangbar, während das Dokument durch Word in Bearbeitung ist, da das *Range*-Objekt im Objektmodell die notwendigen Dinge offenbart.

Um den Einstieg zu finden, wird die Gruppe *groupWordprocessingML* der XML Toolbox um

```xml
<group id="groupWordprocessingML" label="WordprocessingML">
  <box id="secondBox" boxStyle="vertical">
    <button id="currentSelection" label="Auswahl" onAction="currentSelection"/>
    <button id="bodyOnly" label="Auswahl (Body)" onAction="bodyOnly"/>
    <button id="document" label="Dokument" onAction="entireDocument"/>
  </box>
  <box id="thirdBox" boxStyle="vertical">
    <button id="insertXml" label ="XML-Text einfügen" onAction="insertXml"/>
  </box>
</group>
```

erweitert. Die Callbackprozeduren der ersten drei *onAction*-Attribute rufen jeweils ein Formular *showXml* auf, in dem sich ein WebBrowser-Steuerelement befindet, das das aus der Markierung im Dokument oder aus dem gesamten Dokument erzeugte XML-Dokument darstellen soll. Dazu wird dieses als Datei physisch hinterlegt (das Formular hat eine öffentliche Eigenschaft, die den Dateinamen beinhaltet):

```
Public Sub currentSelection(ByVal c As Office.IRibbonControl)
    Dim strFileToOpen As String = "c:\dummyWordML.xml"
    Try
        Dim doc As Word.Document = Word_2007_XML_Toolbox.Globals.ThisAddIn.Application.ActiveDocument
        Dim xmlDoc As New Xml.XmlDocument
        xmlDoc.LoadXml(doc.Application.Selection.Range.XML)
        Dim pi As Xml.XmlProcessingInstruction = CType(xmlDoc.ChildNodes(1), _
            Xml.XmlProcessingInstruction)
        Dim com As Xml.XmlComment = xmlDoc.CreateComment(pi.OuterXml)
        xmlDoc.InsertAfter(com, xmlDoc.ChildNodes(0))
        xmlDoc.RemoveChild(pi)
        xmlDoc.Save(strFileToOpen)
        Dim frm As New showXml
        frm.fileToOpen = strFileToOpen
        frm.ShowDialog()
    Catch ex As Exception

    End Try
End Sub

Public Sub bodyOnly(ByVal c As Office.IRibbonControl)
    Dim strFileToOpen As String = "c:\dummyWordML.xml"
    Dim sw As IO.StreamWriter = New IO.StreamWriter(strFileToOpen)
    Try
        Dim doc As Word.Document = Word_2007_XML_Toolbox.Globals.ThisAddIn.Application.ActiveDocument
        Dim xmlDoc As New Xml.XmlDocument
        xmlDoc.LoadXml(doc.Application.Selection.Range.XML)
        Dim nsmgr As New Xml.XmlNamespaceManager(xmlDoc.NameTable)
        nsmgr.AddNamespace("w", "http://schemas.microsoft.com/office/word/2003/wordml")
        sw.Write(xmlDoc.SelectSingleNode("*//w:body", nsmgr).OuterXml)
        sw.Close()
        Dim frm As New showXml
        frm.fileToOpen = strFileToOpen
        frm.ShowDialog()
    Catch ex As Exception
        sw.Close()

    End Try
End Sub
```

Listing 19.4 Herauslesen der XML-Darstellung aus einem Word-Dokument[1]

Listing 19.4 enthält keinerlei Sensationen. Damit der Internet Explorer beim Anzeigen des extrahierten XML-Dokuments zum Zuge kommt und nicht durch Word »verdrängt« wird, ist die Verarbeitungsanweisung

```
<?mso-application progid="Word.Document"?>
```

---

[1] Wie in den vorhergehenden Kapiteln bereits angemerkt, weichen Leser, die Windows Vista benutzen, beim Speichern von Dateien auf ein Verzeichnis aus, auf dem sie Schreibrechte besitzen.

die automatisch in der *XML*-Eigenschaft des *Range*-Objekts steht, auszukommentieren (oder zu löschen).

Um sich nur dem eigentlichen Text im Dokument zu nähern, ist die Kenntnis des Vorhandenseins eines *body*-Tags im Namensraum *http://schemas.microsoft.com/office/word/2003/wordml* wichtig. Durch den Einsatz eines Namespace-Managers (*XmlNamespaceManager*-Klasse) gelingt in der Prozedur *bodyOnly* der Zugriff auf das, was von einem Word-Dokument »auf der Oberfläche« zu sehen ist.

Interessant ist in jedem Fall, dass hinter der *XML*-Eigenschaft eines Dokumentausschnitts nicht nur ein Knoten (als Bestandteil der gesamten Knotenstruktur), sondern immer ein vollständiges Dokument liegt (Abbildung 19.11).

Abbildung 19.11 *XML*-Eigenschaft des Range-Objekts konkret

Dies ist also unabhängig davon der Fall, ob

```
doc.Application.Selection.Range.XML
```

wie in der Prozedur *currentSelection* oder

```
doc.Range.XML
```

wie in der in Listing 19.4 nicht abgebildeten Prozedur *entireDocument* verwendet wird, um die *XML*-Eigenschaft eines *Range*-Objekts zu extrahieren. Die Kenntnis dieses Umstands erlaubt es auch, XML-Informationen zum Text ins Dokument zu »impfen«.

Schön zu sehen an einem WordprocessingML-Dokument in der Version 2003 ist auch die »Vorgängerschaft« zu Open XML. Das Dokument (das ja auch aus Word heraus als einfache XML-Datei speicherbar ist) enthält die Bestandteile

- (allgemeine) Dokumenteigenschaften (*DocumentProperties* aus dem Namensraum *urn:schemas-microsoft-com:office:office*),
- Schriftarten und Formatvorlagen (Namensraum *http://schemas.microsoft.com/office/word/2003/wordml*),
- anwendungsspezifische Dokumenteigenschaften (*docPr*, ebenfalls Namensraum *http://schemas.microsoft.com/office/word/2003/wordml*),
- Dokumentinhalt (*body*, Namensraum *http://schemas.microsoft.com/office/word/2003/wordml*, Abbildung 19.12).

```
- <w:body xmlns:w="http://schemas.microsoft.com/office/word/2003/wordml">
  - <wx:sub-section
      xmlns:wx="http://schemas.microsoft.com/office/word/2003/auxHint">
    - <w:p wsp:rsidR="000D7E5D" wsp:rsidRDefault="003C0DA3" wsp:rsidP="003C0DA3"
        xmlns:wsp="http://schemas.microsoft.com/office/word/2003/wordml/sp2">
      - <w:pPr>
          <w:outlineLvl w:val="0" />
        </w:pPr>
      - <w:r>
          <w:t>Workshop-Liste</w:t>
        </w:r>
      </w:p>
    </wx:sub-section>
  - <w:sectPr wsp:rsidR="000D7E5D"
      xmlns:wsp="http://schemas.microsoft.com/office/word/2003/wordml/sp2">
      <w:pgSz w:w="12240" w:h="15840" />
      <w:pgMar w:top="1417" w:right="1417" w:bottom="1134" w:left="1417"
        w:header="720" w:footer="720" w:gutter="0" />
      <w:cols w:space="720" />
    </w:sectPr>
  </w:body>
```

Abbildung 19.12 Der *Body* eines Word-Dokuments

Um etwas Inhalt in ein Dokument zu schreiben, wurde für die Toolbox eine schlichte Vorlage geschaffen, die so aussieht:

```
<?xml version="1.0" encoding="utf-8" ?>
<w:wordDocument
  xmlns:w="http://schemas.microsoft.com/office/word/2003/wordml"
  xml:space="preserve">
  <w:body>
    <w:p>
      <w:r>
        <w:t>Hier den Text eintragen.</w:t>
      </w:r>
    </w:p>
  </w:body>
</w:wordDocument>
```

Der folgende Code pflanzt das Textstück ins Dokument:

```
Try
    Dim app As Word.Application = Word_2007_XML_Toolbox.Globals.ThisAddIn.Application
    app.Selection.Range.InsertXML(txtXML.Text)
Catch ex As Exception

End Try
```

Mit anderen Worten: Die *InsertXML*-Methode erlaubt das Modifizieren eines Dokuments aus XML-Sicht im laufenden Word-Betrieb. Dabei nimmt Word jede gültige XML-Zeichenfolge an (einschließlich einer Transformation im zweiten Argument), sodass auch eine Mischung aus WordprocessingML-Knoten und Knoten eines Datenschemas entstehen kann (so wie beim Öffnen einer XML-Datendatei ohne vorherige Vereinbarung eines Schemas).

> **HINWEIS** Wenn durch *InsertXML* Daten eingefügt werden, die mit einer Solution über einen gemeinsamen Namensraum in Verbindung stehen, so erfolgt das Einfügen der Daten in der durch die Transformation gegebenen »gefälligen« Form. Perfekt.

»Flat« Office Open XML

Das Wort *flat* in der Überschrift soll umschreiben, was Word von den anderen Office-Programmen, die ebenfalls Open XML zur Dokumentspeicherung verwenden, unterscheidet: die Möglichkeit, statt des gepackten Archivs die gesamte Datei in einer flachen XML-Struktur abzulegen. Der Unterschied zum vorigen Abschnitt besteht außerdem in der Tatsache, dass WordprocessingML in der Nachfolgerversion mit dem Namensraum

```
http://schemas.openxmlformats.org/wordprocessingml/2006/main
```

Verwendung findet.

Erweitern Sie zunächst die Gruppe *groupOpenML* der XML Toolbox um

```xml
<group id="groupOpenML" label="Open XML">
  <box id="fourthBox" boxStyle="vertical">
    <button id="entireDocument" label="Auswahl" onAction="selectionOpenXML"/>
    <button id="entireDocumentOpenXML" label="Gesamtes Dokument" onAction="entireDocumentOpenXML"/>
    <button id="entireDocumentBodyOnly" label="Gesamtes Dokument (Body)" onAction="bodyOpenXML"/>
  </box>
</group>
```

Die Callbackprozeduren verwenden das aus dem vorigen Abschnitt bekannte Formular *showXml* mit einem WebBrowser-Steuerelement zur Anzeige des physisch abgelegten XML-Dokuments, das sich in allen drei Fällen aus

```vb
Try
    Dim doc As Word.Document = Word_2007_XML_Toolbox.Globals.ThisAddIn.Application.ActiveDocument
    Dim xmlDoc As New Xml.XmlDocument
    xmlDoc.LoadXml(doc.Range.WordOpenXML)
    Dim pi As Xml.XmlProcessingInstruction = CType(xmlDoc.ChildNodes(1), Xml.XmlProcessingInstruction)
    Dim com As Xml.XmlComment = xmlDoc.CreateComment(pi.OuterXml)
    xmlDoc.InsertAfter(com, xmlDoc.ChildNodes(0))
    xmlDoc.RemoveChild(pi)
    xmlDoc.Save(strFileToOpen)
    Dim frm As New showXml
    frm.fileToOpen = strFileToOpen
    frm.ShowDialog()
Catch ex As Exception

End Try
```

ergibt. Gemeinsamkeiten und Unterschiede zum vorigen Abschnitt sind:

- Die Verarbeitungsanweisung, die das Dokument als Word-Dokument kennzeichnet, muss entfernt werden, damit der Zugriff durch den Internet Explorer erfolgt.
- *doc.Range.WordOpenXML* bringt Open XML, *doc.Range.XML* WordprocessingML hervor.

- Das *Range*-Objekt kann auf beliebige Teile des Dokuments verweisen, nicht nur auf das gesamte Dokument.
- Soll nur der *body*-Knoten ausgelesen werden, so ist wieder unter Zuhilfenahme eines Namespace-Managers der entsprechende Namensraum zu verwenden, hier *http://schemas.openxmlformats.org/wordprocessingml/2006/main*.

Abbildung 19.13 zeigt einen kleinen Ausschnitt dessen, was durch die *WordOpenXML*-Eigenschaft des *Range*-Objekts abgebildet wird.

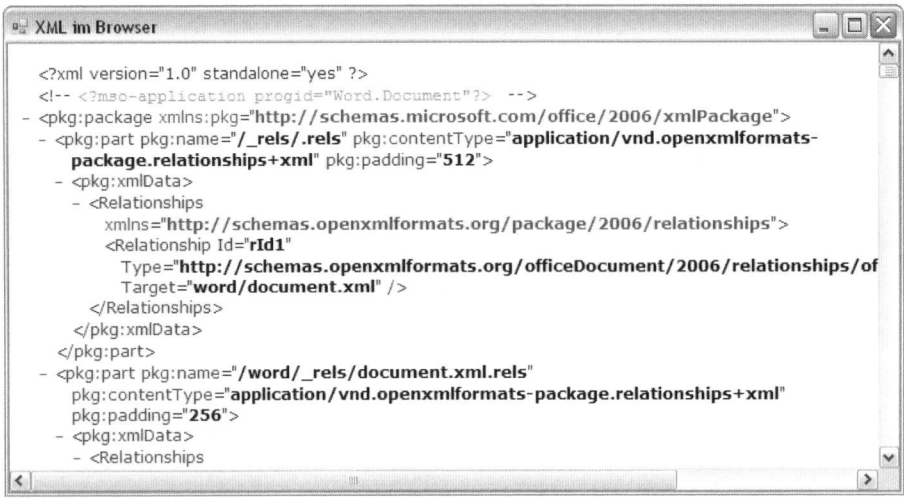

Abbildung 19.13 Die »flache« Form eines Word-Open XML-Pakets

Schemata und Knoten (XML-Elemente)

Über die Rolle und Bedeutung von Schemadateien und Zuordnungen in einem Word-Dokument haben Sie im ersten Abschnitt dieses Kapitels erfahren. Das Objektmodell erlaubt eine ganze Reihe von Manipulationen eines Dokuments, von der Zuweisung eines XML-Schemas über die Platzierung von XML-Elementen im Dokument bis hin zur Überprüfung dessen, was der Anwender mit den XML-Daten unternimmt. Eine detaillierte Beschreibung ist sicher immer dann wirkungsvoll, wenn eine konkrete Aufgabe im Mittelpunkt steht. Da im vorliegenden Fall die XML Toolbox Drehscheibe sein soll, wird das Gewicht eher auf den Prinzipien, denn auf einer gleichmäßigen Beachtung aller Aspekte ruhen.

Erweitern Sie also die Gruppe *groupXmlNodes* der XML-Beschreibung der Registerkarte um

```
<group id="groupXmlNodes" label="XML-Elemente">
  <box id="fifthBox"  boxStyle="vertical">
    <button id="showOptionsDialog" label="XML-Optionen" onAction="showOptionsDialog"/>
    <button id="toggleXmlTagView" label="Toggle Tags" onAction="toggleXmlTagView"/>
    <button id="reloadSchema" label ="Schema laden" onAction="reloadSchema" />
  </box>
  <box id="sixthBox" boxStyle="vertical">
    <button id="nodePropertiesViewer" label ="Knoteneigenschaften" onAction="viewNodeProperties"/>
    <button id="eventMonitor" label ="Ereignis-Monitor" onAction="eventMonitor" />
    <button id="validate" label ="Validate!" onAction="validate" />
  </box>
</group>
```

Zuordnungen

Die beiden Callbacks *showOptionsDialog* und *toggleXmlTagView* sind kleine technische Details, die den raschen Zugriff auf die XML-Optionen sowie den Wechsel der Anzeige der Knotenstrukturen im Dokument betreffen. Beide Aktivitäten sind auch vom Aufgabenbereich *XML-Struktur* erreichbar:

```
Word_2007_XML_Toolbox.Globals.ThisAddIn.Application.Dialogs(Word.WdWordDialog.wdDialogXMLOptions).Show()
```

und

```
doc As Word.Document = Word_2007_XML_Toolbox.Globals.ThisAddIn.Application.ActiveDocument
doc.ActiveWindow.View.ShowXMLMarkup = Word.WdConstants.wdToggle
```

Die beiden Befehle *Schema anzeigen* und *Schema laden* (hier handelt es sich genauer um das erneute Laden eines bekannten Schemas) benutzen ein eigenes Formular *schemaReferences*, auf dem sich neben dem obligatorischen WebBrowser-Steuerelement noch ein Kombinationsfeld zum Anzeigen der dem aktiven Dokument bekannt gemachten Schemadateien, die Word mit dem Speicherort kennt, befindet. Schema-Informationen befinden sich in der *XMLNamespaces*-Auflistung von Word und können dieser per Code durch die *Add*-Methode hinzugefügt werden (Schemabibliothek). Von dieser Auflistung ist zu unterscheiden, was das Dokument anbelangt: Dessen Schemata befinden sich in der *XMLSchemaReferences*-Auflistung. Der hinter den Callbacks stehende Code aus Listing 19.5 ist ohne Höhepunkte: Das aktive Dokument wird dem Formular übergeben, dieses liest die Schemadateien anhand von *NamespaceURI* aus (*schemaReferences_Load*) und führt den WebBrowser an die richtige Stelle (*Location* in *SelectedIndexChanged*).

```
Private Sub schemaReferences_Load(ByVal sender As Object, ByVal e As System.EventArgs) Handles Me.Load
    Try
        Dim ref As Word.XMLSchemaReference
        For Each ref In mActiveDocument.XMLSchemaReferences
            ComboBox1.Items.Add(ref.NamespaceURI)
        Next
        If ComboBox1.Items.Count > 0 Then
            btnReload.Visible = True
            ComboBox1.SelectedIndex = 0
        Else
            btnReload.Visible = False
        End If
    Catch ex As Exception

    End Try
End Sub

Private Sub ComboBox1_SelectedIndexChanged(ByVal sender As Object, ByVal e As System.EventArgs) _
    Handles ComboBox1.SelectedIndexChanged
    Try
        Dim ref As Word.XMLSchemaReference = _
            mActiveDocument.XMLSchemaReferences(ComboBox1.SelectedIndex + 1)
        lblURL.Text = ref.Location
        WebBrowser1.Navigate(ref.Location)
    Catch ex As Exception

    End Try
End Sub
```

Listing 19.5 Umgang mit zugeordneten Schemata

Da ein Word-Dokument offenbar seine Zuordnungen (Schemata) nach der Zuordnung bzw. im zugeordneten Fall nach dem Öffnen nur einmal liest, ist es sinnvoll, für Entwicklungsarbeiten, in denen das Schema noch »wächst«, einen einfachen Nachladevorgang zu haben. Dieser wird mit

```
Private Sub btnReload_Click(ByVal sender As System.Object, ByVal e As System.EventArgs) _
    Handles btnReload.Click
    Try
        Dim ref As Word.XMLSchemaReference = _
            mActiveDocument.XMLSchemaReferences(ComboBox1.SelectedIndex + 1)
        ref.Reload()
    Catch ex As Exception

    End Try
End Sub
```

umgesetzt, Code, der hinter einer passenden Schaltfläche des genannten Formulars zur Anzeige der Schemadateien untergebracht wird.

Befindet sich ein Schema in der Schemabibliothek der Anwendung (*XMLNamespaces*-Auflistung), so kann es an ein Dokument *doc* über seinen Namensraum angehängt werden:

```
Application.XMLNamespaces("urn:….").AttachToDocument(doc)
```

Die Entfernung aus dem Dokument erfolgt durch

```
doc.XMLSchemaReferences("urn:….").Delete
```

Validierung von XML-Daten

Die Validierung von Daten in XML-Elementen geschieht in aller Regel durch die Anzeige der Fehler auf der Oberfläche (Wellenlinie im Text und Fehlermeldung im Aufgabenbereich). Um dem Anwender die Arbeit zu erleichtern, können aber auch zielgerichtet Aktionen per Code durchgeführt werden. So validiert die Prozedur aus Listing 19.6, indem die Auflistung der Schemaverletzungen (*XMLSchemaViolations*) durchlaufen wird.

```
Public Sub validate(ByVal c As Office.IRibbonControl)
    Dim strMessage As String = ""
    Dim status As Boolean = False
    Try
        Dim doc As Word.Document = Word_2007_XML_Toolbox.Globals.ThisAddIn.Application.ActiveDocument
        status = doc.XMLSchemaReferences.AutomaticValidation
        doc.XMLSchemaReferences.AutomaticValidation = True
        For Each nd As Word.XMLNode In doc.XMLSchemaViolations
            strMessage = strMessage & nd.BaseName & " - " & nd.ValidationErrorText & vbCrLf
        Next
        doc.XMLSchemaReferences.AutomaticValidation = status
        If strMessage > "" Then
            MsgBox(strMessage)
        Else
            MsgBox("Keine Schema-Verletzungen gefunden.")
        End If
```

Listing 19.6 Gültigkeitsprüfung per Code

Eine XML Toolbox für Word 2007

```
    Catch ex As Exception
    End Try
End Sub
```

Listing 19.6 Gültigkeitsprüfung per Code *(Fortsetzung)*

Diese Auflistung enthält im Falle ungültiger Elemente diese allerdings nur dann, wenn

```
doc.XMLSchemaReferences.AutomaticValidation = True
```

gesetzt wird.

Erscheinen Fehlermeldungen, so befinden sich diese in der Eigenschaft *ValidationErrorText*, die sich auch setzen lässt, um individuelle Fehlermeldungen zu erzeugen:

```
nd.SetValidationError(Word.WdXMLValidationStatus.wdXMLValidationStatusCustom, "Fehlertext", True)
```

Eigenschaften von XML-Elementen

Sollen spezifische Dokumenterweiterungen für Word unter Einsatz von Schemata und Solutions entwickelt werden, so ist es sinnvoll, ein Werkzeug in der Hand zu haben, das hilft, Auskunft zum Zustand von XML-Elementen und zum Verhalten des Dokuments zu geben. Die beiden letzten Befehle der Gruppe *groupXmlNodes* der XML Toolbox widmen sich dieser Aufgabenstellung. Zunächst gibt es ein Formular wie in Abbildung 19.14, das die Eigenschaften eines ausgewählten Knotens anzeigt.

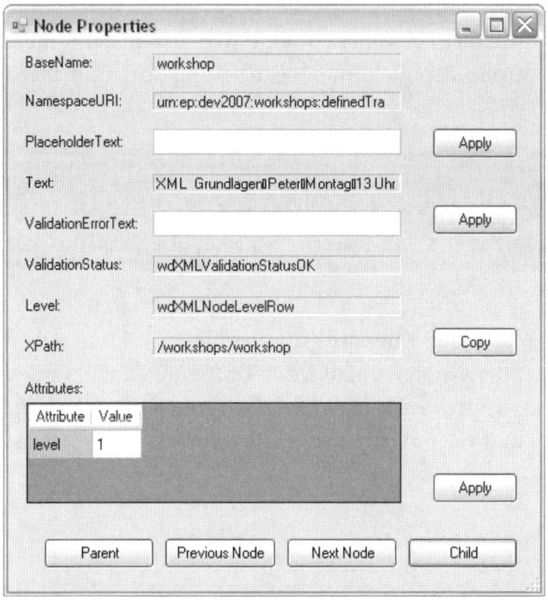

Abbildung 19.14 Eigenschaften von XML-Elementen auf Word-Dokumenten

Die vier Schaltflächen im unteren Bereich dienen der Navigation innerhalb der Knotenstruktur des Dokuments (eine Ebene höher, auf gleicher Ebene vor und zurück bzw. eine Ebene tiefer).

Die Eigenschaften, die mit Bezeichnungsfeldern angezeigt werden, können nur gelesen werden, Eigenschaften, die mit Textfeldern dargestellt werden, lassen sich auch per Code belegen. Die Inhalte sollten sich aus den Namen der Felder selbst erklären.

Da der im Hintergrund wirkende Code im Wesentlichen nur Eigenschaften von Knotenobjekten (*Word.XMLNode*) liest oder schreibt, kann an dieser Stelle auf ein Listing verzichtet werden. Auch die Erfassung bzw. Belegung der Attribute bringt keine Herausforderung mit sich, da die *Attributes*-Eigenschaft eines XML-Knotens die benötigten Inhalte trägt.

Ereignisse einbeziehen

Für die Programmierung von Ereignisprozeduren stehen zwei Gruppen zur Wahl:

- die Ereignisse *XMLAfterInsert* und *XMLBeforeDelete* der *Document*-Klasse und
- *XMLSelectionChange* sowie *XMLValidationError* der *Application*-Klasse.

Zur Beobachtung dieser Ereignisse erhält die XML Toolbox einen Event-Monitor, der das Eintreten der Ereignisse auf einem Formular ausgibt (Abbildung 19.15).

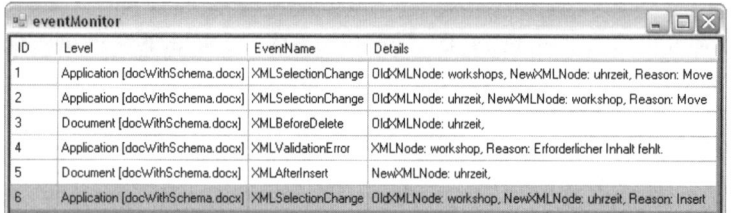

Abbildung 19.15 Verfolgen von Knotenereignissen

Inwieweit das Beobachten der Ereignisse im Code den Anwender bei seiner Arbeit unterstützen kann, muss von Fall zu Fall geklärt werden, eine umfassende Kontrolle der Dokumentbearbeitung scheint nahezu unwahrscheinlich.

Da der Prozedur

```
Private Sub doc_XMLBeforeDelete(ByVal DeletedRange As Microsoft.Office.Interop.Word.Range, _
    ByVal OldXMLNode As Microsoft.Office.Interop.Word.XMLNode, ByVal InUndoRedo As Boolean) Handles _
    doc.XMLBeforeDelete
```

ein *Cancel*-Parameter fehlt, lässt sich das Löschen eines platzierten Knotens kaum verhindern. Zwar stehen mit *DeletedRange* viele Informationen für den Bereich, der den Knoten umgibt, zur Verfügung, diese werden jedoch schnell unübersichtlich, wenn der Bereich mehrere Knoten enthält. *InUndoRedo* gibt Auskunft darüber, ob das Löschen des Knotens Bestandteil von Lösch- und/oder Wiederherstellungsvorgängen ist, sodass in diesem Fall ein Reagieren entfallen könnte.

```
Private Sub doc_XMLAfterInsert(ByVal NewXMLNode As Microsoft.Office.Interop.Word.XMLNode, _
    ByVal InUndoRedo As Boolean) Handles doc.XMLAfterInsert
```

kann gute Dienste in dem Fall leisten, wenn der Anwender in der Gestaltung des Dokuments Freiheiten hat, die aber nicht dazu führen sollen, Details zu vergessen. Mit *NewXMLNode* könnten so unter Umständen automatisch Kindknoten angelegt werden, wenn der Anwender den Elternknoten per Hand erstellt.

Wird ein Knoten erstmalig falsch belegt (Schemaverletzung), so tritt

```
Private Sub app_XMLValidationError(ByVal XMLNode As Microsoft.Office.Interop.Word.XMLNode) Handles _
    app.XMLValidationError
```

ein. Das kann helfen, bei ausgeblendeten Fehlerindikatoren die Gültigkeitsverletzungen im Dokument irgendwie anders zu signalisieren. Da das Ereignis aber nur beim »ersten« Fehler eintritt, ist die Verwendung sicher nicht besonders stabil.

Fazit: Der Einsatz von Schemadateien und Solutions bringt sicher eine Menge Vorteile bei der Erstellung von Dokumenten, ob per Hand oder automatisch. Die Verwendung von XML-Elementen zur Datenerfassung ist vielleicht nur eine Übergangslösung, die durch die Inhaltssteuerelemente abgelöst werden kann.

Custom XML

Die XML Toolbox für Word 2007 wäre nicht komplett ohne ein paar nützliche Werkzeuge zu Custom XML. Die durch Office (oder besser das Office Open XML-Dateiformat) integrierten Bestandteile befinden sich bereits in den Zip-Archiven der betreffenden Dokumente und werden in aller Regel durch den Anwender über die Oberfläche oder durch ein Add-In bzw. eine dokumentbezogene Erweiterung belegt und gesteuert.

Metadaten in Form von »Datenrucksäcken« als XML-Datendateien im Zip-Archiv hingegen können unter Excel bzw. PowerPoint über die Oberfläche nicht bewusst angelegt und auch nicht manipuliert werden. Word ist hier im Moment noch die Ausnahme: Bei entsprechender Anbindung (die allerdings wohl ebenfalls nur per Code möglich ist) können Inhaltssteuerelemente den Inhalt einer solchen XML-Datei lesen und gegebenenfalls auch schreiben.

Der Ansatz

Erweitern Sie die Gruppe *groupCustomXml* in der Beschreibungsdatei für die Registerkarte um

```xml
<group id="groupCustomXml" label="Custom XML">
  <box id="seventhBox" boxStyle="vertical">
    <button id="showCustomXml" label ="Custom XML anzeigen" onAction="showCustomXml"/>
    <button id="addCustomXml" label ="Custom XML hinzufügen" onAction="addCustomXml"/>
    <button id="changeCustomXml" label ="Custom XML ändern" onAction="changeCustomXml"/>
  </box>
  <box id="eigthBox" boxStyle="vertical">
    <button id="applyMapping" label ="Zuordnen" onAction="applyMapping"/>
  </box>
</group>
```

Es soll also wie in der Toolbox für Excel darum gehen,
- einen Blick ins Innere des Zip-Archivs zu werfen, um festzustellen: es gibt bereits Custom XML, das auch notwendig für das Funktionieren eines Dokuments ist,
- benutzerdefiniertes XML hinzuzufügen und
- benutzerdefiniertes XML anzupassen.

Hinzu kommt die Anbindung von Inhaltssteuerelementen.

Die Anzeige der benutzerdefinierten XML-Bestandteile geschieht (nun fast traditionell in diesem Buch) wieder mithilfe eines WebBrowser-Steuerelements auf einem eigens dafür vorbereiteten Formular. Dieses beinhaltet auch ein ComboBox-Steuerelement zur Auswahl des anzuzeigenden Teils sowie eine Schaltfläche zum Entfernen von Custom XML.

Der Code aus Listing 19.7 erledigt die eigentliche Arbeit zum Anzeigen (*mActiveDocument* ist eine Variable, die über eine öffentliche Eigenschaft belegt und dem Formular *showCustomXml* beim Aufruf in der Callbackprozedur als das aktive Dokument mitgegeben wird):

```
Private Sub showCustomXml_Load(ByVal sender As Object, ByVal e As System.EventArgs) Handles Me.Load
    Try
        ComboBox1.Items.Clear()
        For Each custom As Office.CustomXMLPart In mActiveDocument.CustomXMLParts
            ComboBox1.Items.Add(custom.NamespaceURI)
        Next
        If ComboBox1.Items.Count > 0 Then
            ComboBox1.SelectedIndex = 0
        End If
    Catch ex As Exception

    End Try
End Sub

Private Sub ComboBox1_SelectedIndexChanged(ByVal sender As Object, ByVal e As System.EventArgs) _
    Handles ComboBox1.SelectedIndexChanged
    Try
        Dim custom As Office.CustomXMLPart = mActiveDocument.CustomXMLParts(ComboBox1.SelectedIndex + 1)
        Dim sw As IO.StreamWriter = New IO.StreamWriter(mFileToOpen)
        sw.Write(custom.XML)
        sw.Close()
        WebBrowser1.Navigate(mFileToOpen)
    Catch ex As Exception

    End Try
End Sub

Private Sub btnRemove_Click(ByVal sender As System.Object, ByVal e As System.EventArgs) Handles _
    btnRemove.Click
    If ComboBox1.SelectedIndex > -1 Then
        Try
            mActiveDocument.CustomXMLParts.Item(ComboBox1.SelectedIndex + 1).Delete()
            ComboBox1.Items.Clear()
            ComboBox1.Text = ""
            For Each custom As Office.CustomXMLPart In mActiveDocument.CustomXMLParts
                ComboBox1.Items.Add(custom.NamespaceURI)
            Next
            WebBrowser1.Navigate("about:blank")
        Catch ex As Exception

        End Try
    End If
End Sub
```

Listing 19.7 Anzeige und Entfernen von Custom XML

Problemlos entfernen lassen sich stets solche Daten, die auf irgendeinem Wege, aber nicht automatisch durch Word, dem Zip-Archiv hinzugefügt wurden. Der Versuch, einen der drei »lebensnotwendigen«

Bestandteile (die, wie gleich klar werden wird, physisch anders existieren als selbst hinzugefügte) zu entfernen, endet erfolglos mit einer entsprechenden Fehlermitteilung.

Soll Custom XML durch dateibasierte Aktivitäten in ein Dokument eingefügt werden, so ist es notwendig zu wissen, dass es im Zip-Archiv einen Ordner geben muss, der *customXml* heißt, und in diesem zunächst die XML-Daten in Dateien mit den Namen *item1.xml*, *item2.xml* usw. abgelegt werden sollten. Nicht auf Anhieb erkennt man, dass zu jeder XML-Datei noch eine Eigenschaftendatei *itemProps1.xml*, *itemProps2.xml* usw. vorhanden sein muss. Einträge in der *[Content_Types].xml*-Datei sorgen für die notwendige Struktur. Von diesen Kenntnissen ist der Entwickler jedoch entbunden, wenn die Parts durch Code, der das Office-Objektmodell benutzt, angelegt werden. Listing 19.8 zeigt, wie es gehen kann. Die *Add*-Methode der *CustomXMLParts*-Auflistung kann als zweiten Parameter noch eine Schemainformation aufnehmen:

```
Public Sub addCustomXml(ByVal c As Office.IRibbonControl)
    Dim dialog As New System.Windows.Forms.OpenFileDialog
    dialog.Filter = "XML (*.xml)|*.xml"
    dialog.ShowDialog()
    If dialog.FileName <> "" Then
        Dim doc As Word.Document
        Try
            doc = Word_2007_XML_Toolbox.Globals.ThisAddIn.Application.ActiveDocument
            Dim xmldoc As New Xml.XmlDocument
            xmldoc.Load(dialog.FileName.ToString)
            doc.CustomXMLParts.Add(xmldoc.OuterXml)
        Catch ex As Exception

        End Try
    End If
End Sub
```

Listing 19.8 Hinzufügen von Custom XML Parts

Listing 19.9 steuert den Vorgang der Anpassung von XML-Daten auf einem Formular, das für seine Arbeit eine ComboBox, ein Listenelement und ein Textfeld bereithält. Die ComboBox zeigt die Namensräume an und erlaubt damit die Wahl des Parts. Das Listenelement nimmt die XPath-Pfade der Knoten auf und erlaubt so die Wahl eines konkreten Knotens (dieser wird in der Variablen *nd* gehalten). Das Textfeld beinhaltet die zum Knoten zugehörige (äußere) XML-Zeichenkette zum Anzeigen und Editieren. Je nach Struktur wird nun der angezeigte Inhalt in den Knoten eingebunden. Auf diese Weise lassen sich auch Dokumenteigenschaften setzen, die (in der Praxis) gegen ein Schema validiert werden können. Der Code ist hinsichtlich der Namensräume, die eine eigene Behandlung erfordern, sicher nicht vollständig und weitere Tests sind im konkreten Anwendungsfall durchzuführen:

```
Private Sub btnChange_Click(ByVal sender As System.Object, ByVal e As System.EventArgs) Handles _
        btnChange.Click
    Try
        If nd.NamespaceURI = "http://schemas.openxmlformats.org/officeDocument/2006/extended-properties" _
        Or nd.NamespaceURI = "http://schemas.openxmlformats.org/package/2006/metadata/core-properties" _
        Or nd.NamespaceURI = "http://purl.org/dc/elements/1.1/" _
        Or nd.NamespaceURI = "http://schemas.microsoft.com/office/2006/coverPageProps" Then
            Dim xml As New Xml.XmlDocument
            xml.LoadXml(txtXML.Text)
            nd.Text = xml.InnerText
```

Listing 19.9 Anpassen von Custom XML

```
    Else
        custom.DocumentElement.ReplaceChildSubtree(txtXML.Text, nd)
    End If
    txtXML.Text = nd.XML
Catch ex As Exception

End Try
End Sub
```

Listing 19.9 Anpassen von Custom XML *(Fortsetzung)*

Inhaltssteuerelemente (Content Controls)

Die Inhaltssteuerelemente findet der Anwender auf der *Entwicklertools*-Registerkarte wie in Abbildung 19.16.

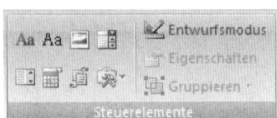

Abbildung 19.16 Inhaltssteuerelemente

Diese werden durch einen Klick auf das dazugehörige Symbol »aufgezogen« und entstehen dann am Ort der Markierung. Ein Klick mit der rechten Maustaste im Entwurfsmodus zeigt in den Eigenschaften die Vorteile gegenüber den XML-Elementen des vorigen Abschnitts Abbildung 19.17:

- *Tag*-Eigenschaft für Programmierzwecke
- Problemlose Formatierung
- Sperren gegen Löschen bzw. Bearbeiten
- Entfernen ohne Inhaltsentfernung

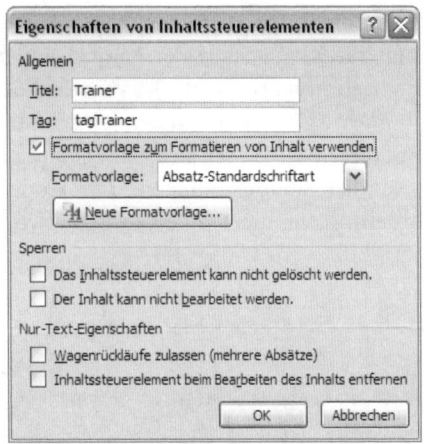

Abbildung 19.17 Komfortable Eigenschaften von Inhaltssteuerelementen

Das Anbinden von Metadaten an die Steuerelemente (und das kann auch gelegentlich ein Nachteil sein) ist nicht über die Oberfläche möglich. Im Falle der XML Toolbox übernimmt das die Callbackprozedur *applyMapping*, die einem Formular der Klasse *applyMapping* das markierte Steuerelement übergibt (Listing 19.10):

Custom XML

```vb
Public Sub applyMapping(ByVal c As Office.IRibbonControl)
    Try
        Dim contentControl As Word.ContentControl
        If Word_2007_XML_Toolbox.Globals.ThisAddIn.Application.Selection.Range.ContentControls.Count _
            <> 1 Then
            MsgBox("Bitte ein einzelnes Inhaltssteuerelement markieren.")
        Else
            contentControl = _
                Word_2007_XML_Toolbox.Globals.ThisAddIn.Application.Selection.Range.ContentControls(1)
            Dim frm As New applyMapping
            frm.contentControl = contentControl
            frm.activeDocument = Word_2007_XML_Toolbox.Globals.ThisAddIn.Application.ActiveDocument
            frm.ShowDialog()
        End If

    Catch ex As Exception

    End Try
End Sub
```

Listing 19.10 Callbackprozedur

Die Zuweisung von Custom XML geschieht über

```vb
mContentControl.XMLMapping.SetMapping(ListBox1.SelectedItem.ToString)
```

wobei in *ListBox1* durch eine rekursive Prozedur alle XPath-Ausdrücke der Custom XML Parts gelistet werden, wenn der zu betrachtende Custom XML Part ausgewählt wird (Listing 19.11):

```vb
Private Sub ComboBox1_SelectedIndexChanged(ByVal sender As System.Object, ByVal e As System.EventArgs) _
    Handles ComboBox1.SelectedIndexChanged
    Try
        custom = mActiveDocument.CustomXMLParts(ComboBox1.SelectedIndex + 1)
        ListBox1.Items.Clear()
        For Each ndDummy As Office.CustomXMLNode In custom.DocumentElement.ChildNodes
            If ndDummy.NodeType = Microsoft.Office.Core.MsoCustomXMLNodeType.msoCustomXMLNodeElement Then
                writeXPath(ndDummy)
            End If
        Next
    Catch ex As Exception

    End Try
End Sub

Private Sub writeXPath(ByVal nd As Office.CustomXMLNode)
    ListBox1.Items.Add(nd.XPath)
    For Each ndDummy As Office.CustomXMLNode In nd.ChildNodes
        If ndDummy.NodeType = Microsoft.Office.Core.MsoCustomXMLNodeType.msoCustomXMLNodeElement Then
            writeXPath(ndDummy)
        End If
    Next
End Sub
```

Listing 19.11 Auch Custom XML-Knoten folgen dem »üblichen« Knotenmodell

Als kleines Extra: So gelingt auch das Anbinden von »Textstellen« an Dokumenteigenschaften, ohne dass »chirurgische« Eingriffe in das Dokument notwendig sind. Überzeugen Sie sich selbst, was Word in solch einem Fall in die Open XML-Darstellung seines Dokuments schreibt, das Tool dazu halten Sie in Händen.

Zusammenfassung

Word hat bezüglich XML große Schritte hinter sich. Mit Version 2003 kamen zwei Dinge ins Blickfeld:

- WordprocessingML als XML-Dialekt zur Beschreibung von Word-Dokumenten sowie
- Schemas und Solutions als Möglichkeit der Erzeugung von XML-Daten sowie deren passgenauer Umwandlung in ansehnliche »Dokumente«.

Word 2007 geht diesen Weg konsequent weiter – durch:

- Open XML zur Beschreibung des Dokuments im neuen Standard (das klingt etwas lapidar, hat aber im Hintergrund solch mächtige Dinge wie Designs, Schnellbausteine (Building Blocks), Literaturverzeichnisse, Inhaltssteuerelemente und andere),
- den konsequenten Einsatz von Custom XML (vielleicht als zukünftiger Ersatz der Knotenstrukturen in einem Dokument).

Bis auf die Thematik Open XML, die sich in Kapitel 16 findet, wird im vorliegenden Kapitel anhand einer XML Toolbox der Problematik vor allem aus Sicht des Objektmodells auf den Grund gegangen, um auf diese Weise die sehr vielschichtigen Aufgaben, die sich in der Praxis stellen, für eine Lösung vorzubereiten.

Kapitel 20

Office in der Welt der Webdienste

In diesem Kapitel:

XML-Webdienste – ein Beispiel	760
Recherchedienste	772
Office SharePoint Server 2007 Query Services	778
Zusammenfassung	783

XML-Webdienste (XML Web Services) gehören inhaltlich in die Welt der verteilten Anwendungen. Es würde in einem Buch zur Anwendungsentwicklung mit Microsoft Office (das sich zudem auf die Besprechung von Excel und Word beschränken muss) zu weit führen, hier auf die Geschichte und die technischen Hintergründe von Webdiensten einzugehen. Im Rahmen der Entwicklung von Office-Anwendungen sollte das Wissen ausreichend sein, dass der Informationsaustausch über ein Netzwerk stattfindet: Ein Client schickt eine Anfrage (in Form einer Zeichenkette) an eine »Black Box« und erhält die Antwort ebenfalls in Gestalt einer Zeichenkette (also keine Binärdaten und damit »firewall-transparent«). Instrumente wie HTTP (*Hypertext Transfer Protocol*), XML und SOAP (*Simple Object Access Protocol*) übernehmen die Arbeit, die IIS (Internet Information Services) sowie das .NET Framework sorgen für die Kommunikation und Sicherheit. Der denkbar einfachste Client kann der Internet Explorer sein.

Sie finden in den Abschnitten dieses Kapitels Antwort auf zwei Fragen:

- Wie kann mithilfe von Visual Basic ein XML-Webdienst erstellt, getestet und »konsumiert« werden?
- Wie können Office-Erweiterungen auf XML-Webdienste zugreifen?

In beiden Fällen werden Sie von vielen technischen Details verschont, da die Entwicklungsumgebung von Visual Studio eine Reihe von Aufgaben automatisch erledigt. VBA-Programmierer müssen hier allerdings passen, da das von Microsoft bereitgestellte Webservice Toolkit nur bis zur Office-Version 2003 einsetzbar ist.

Office-Recherchedienste scheinen sich in der Praxis noch nicht recht durchzusetzen. Eine gute Gelegenheit, ihre Vorzüge in diesem Buch noch einmal kurz zu skizzieren. Mit ihrer Hilfe gelingt es, die *Recherchieren*-Aufgabenbereiche der Office-Programme und des Internet Explorer anzupassen und mit individuellen Informationsquellen (die vor allem Unternehmensdaten repräsentieren) zu verknüpfen.

XML-Webdienste – ein Beispiel

In Kapitel 18 haben Sie gesehen, wie es gelingt, die Daten aus einer Datenbank, die in Gestalt eines DataSets gehalten werden, in eine Arbeitsmappe zu bringen. Ansatzpunkt war dabei, die Daten in einer Assembly zu »kapseln« und lokal bereitzustellen. Die (lokale) Assembly übernahm den Informationsaustausch mit der Datenbank. Das folgende Schritt-für-Schritt-Beispiel verfolgt einen anderen Ansatz. Die Kommunikation zur Datenbank wird von einer Assembly (dem Webdienst) übernommen, die auf den IIS arbeitet. Die Anwendung kommuniziert mit der Datenbank über diesen Webdienst. Das Beispiel ist leicht auf andere Gebiete übertragbar.

Erstellen des Webdienstes

Als Datenbank, die die Informationen für den Webdienst vorhält, soll im Weiteren die *Northwind*-Datenbank des SQL Servers verwendet werden.

> **HINWEIS** Das SQL-Skript für diese Datenbank ist Bestandteil der Office-Versionen, die mit dem SQL Server 2000 zusammenarbeiten sollten. Es kann gegenwärtig noch im Microsoft-Downloadbereich kostenlos heruntergeladen und auch auf späteren Versionen des SQL Servers installiert werden.
>
> Alternativ können Sie auch die *Nordwind*-Datenbank von Access benutzen, Änderungen an der weiter unten beschriebenen Vorgehensweise sind marginal. Allerdings sollten Sie beachten, dass die Access-Datenbank, die zu Access 2007 ausgeliefert wird, im Aufbau »modernisiert« wurde und sich in Details doch wesentlich von den vertrauten Versionen der letzten Jahre unterscheidet.

XML-Webdienste – ein Beispiel

Die folgende Schritt-für-Schritt-Anleitung gibt Ihnen erste Anhaltspunkte:

1. Sie beginnen mit einem Visual Basic-Projekt, das auf der Projektvorlage *Web/ASP.NET-Webdienstanwendung* aufbaut. Als Speicherort für das Projekt geben Sie einen Pfad Ihrer Wahl an. Soll der Webdienst später auf einem fernen Rechner arbeiten, kann er unter dem Menüpunkt *Erstellen* am Zielort mit verschiedenen Methoden (Dateisystem, HTTP, FTP) und in verschiedenem Umfang (Abbildung 20.1) veröffentlicht werden. Achten Sie darauf, welche Version des .NET Frameworks Sie verwenden möchten, da diese auch auf dem Computer installiert sein muss, der als zukünftiger Server des Webdienstes vorgesehen ist.

HINWEIS Wenn Sie von den Vorlagen ausgehen, die nicht über *Datei/Neues Projekt*, sondern über *Datei/Neue Website* angeboten werden, finden Sie unter diesen eine Vorlage namens *ASP.NET-Webdienst*. Deren Projektaufbau ist etwas anders organisiert und der Speicherort kann von vornherein auf verschiedenen Protokollen basieren.

Abbildung 20.1 Detailliertes Veröffentlichen eines Webdienstes

2. Es werden vier Bestandteile der Projektmappe (Verzeichnisse und Dateien mit eventuell verbundenen Hintergrunddateien) automatisch angelegt und im Projektmappen-Explorer angezeigt:
   - *My Project* mit Informationen und Einstellungen zum Projekt,
   - *App_Data*, ein spezieller ASP.NET-Ordner, der Daten zur Anwendung aufnehmen kann (also etwa eine Access-Datenbank oder XML-Dateien) und sichtbar für die gegebene Anwendung, aber nicht für andere Anwendungen ist,
   - *Service1.asmx*, die »eigentliche« Webdienstdatei mit der Codedatei *Service1.asmx.vb* im Hintergrund, sowie
   - *Web.config*, eine Konfigurationsdatei mit vorbereiteten Einstellungen zum Debuggen und zur Sicherheit.

Den vorbereiteten Code bzw. die Dateinamen können Sie in einigen Details anpassen:
   - Ändern Sie den Dateinamen *Service1.asmx* in *Products.asmx*.
   - Um in komplexeren Anwendungen ein eindeutiges Unterscheidungsmerkmal zu anderen Webdiensten zu haben, verwenden Sie einen *Namespace*-Wert des *WebService*-Attributs, der verschieden von *http://tempuri.org/* ist.
   - Sie passen den Klassennamen *Service1* zu *Products* an. In diesem Fall kommt es beim ersten Start zu einem Fehler, da der Klassenname, auf den auch in der *asmx*-Datei Bezug genommen wird, dort nicht

automatisch abgeglichen wird. Sie müssen also auch diese Änderung per Hand nachtragen (durch Öffnen der Datei im Editor).

Starten Sie nun das Debugging, erscheint ein Hinweis, der Ihnen anbietet, die Datei *Web.config* so anpassen zu lassen, dass Debugging aktiviert wird. Im Dialogfeld wird darauf hingewiesen, dass im Falle produktiver Umgebungen dieses Feature wieder entfernt werden sollte. Belassen Sie zunächst den Zustand und brechen Sie ab, um weitere Vorbereitungen zu treffen.

3. In diesem Schritt binden Sie ein *DataSet* an die *Northwind*-Datenbank an. Dazu können Sie im Server-Explorer der Entwicklungsumgebung (Sie blenden ihn unter dem Menüpunkt *Ansicht* ein) mit dem entsprechenden Assistenten eine neue Datenbankverbindung zur Datenquelle einrichten. *Datenanbieter (Provider)* ist im Falle des SQL Servers der *.NET Framework-Datenanbieter für SQL Server*. Für den Namen des Servers und die Anmeldung verwenden Sie die Ihnen bekannten Informationen. Verbinden Sie sich im Falle der erfolgreichen Anmeldung mit der *Northwind*-Datenbank.

   Ziehen Sie nun ein *SqlDataAdapter*-Steuerelement von der Toolbox auf die Entwurfsansicht der *asmx*-Datei, unter Umständen müssen Sie hierzu die Toolbox noch entsprechend anpassen und um das genannte Steuerelement erweitern. Im folgenden Assistenten legen Sie fest:

   - Die Verbindung ist bereits eingerichtet,
   - die SQL-Anweisungen für die erforderlichen Abfragen sollen automatisch erstellt werden,
   - im Abfrage-Generator wählen Sie aus den Tabellen *Products* und *Categories* die Felder *ProductID*, *ProductName* und *CategoryName*.

   Im Anschluss daran wird automatisch ein *SqlConnection*-Steuerelement eingefügt, dessen *ConnectionString* (Verbindungszeichenfolge) vom eben eingerichteten *SqlDataAdapter* festgelegt wurde. Die Abfrage-Anweisung sollte so lauten:

```
SELECTProducts.ProductID, Products.ProductName, Categories.CategoryName
FROMProducts
INNER JOIN Categories ON Products.CategoryID = Categories.CategoryID
```

   Das gewünschte DataSet, dem Sie den Namen **dsProducts** geben können, fügen Sie dem Projekt hinzu, indem Sie *SqlDataAdapter1* mit der rechten Maustaste anklicken und *DataSet generieren* auswählen.

4. Die Projektvorlage hat bereits ein Dummy-Codefragment erzeugt (das Sie auskommentieren sollten), das zeigt, worauf es ankommt: Eine Funktion ist mit dem Attribut *<WebMethod()>* auszustatten und schon kann es losgehen:

```
<WebMethod()> _
Public Function GetActualData() As ActualData
    Try
        InitializeComponent()
        SqlConnection1.Open()
        SqlDataAdapter1.Fill(dsProducts1,"MyProducts")
        SqlConnection1.Close()
        GetActualData.intRecords = DsProducts1.MyProducts.Rows.Count
        GetActualData.xmlInfo = dsProducts1
    Catch ex As Exception
        GetActualData.intRecords = 0
        GetActualData.xmlInfo = Nothing
    End Try
End Function
```

(Die notwendigen Objekte werden erzeugt, die Verbindung zur Datenbank wird geöffnet, der Datenadapter füllt das DataSet, die Datenverbindung wird geschlossen, die Funktion zählt die Anzahl der Datensätze und liefert das ganze DataSet.) Auf eine Fehlerbehandlung wurde verzichtet.

Der Typ der Rückgabe wurde durch eine Struktur vereinbart:

```
Structure ActualData
   Dim intRecords As Integer
   Dim xmlInfo As DataSet
End Structure
```

Das erlaubt später, die benötigten Informationen (es sind zwei) durch einen einzigen Aufruf des Webdienstes zu erhalten.

HINWEIS Durch die Verwendung des Designers zum Einrichten des Datenadapters kommt es zu einigen Ungereimtheiten, denen Sie durch Verzicht auf den Designer zuvorkommen könnten. Das setzt allerdings eine gewisse Erfahrung beim Zugriff auf Daten mithilfe der .NET Framework-Klassen voraus. Und diese Erfahrung kann man eben auch durchaus beim Einsatz des Designers sammeln.

- Die Prozedur *InitializeComponent* enthält den Code zum Einrichten der Datenquelle (einschließlich *ConnectionString*), des Adapters (einschließlich *SELECT*-Anweisungen in einem *SqlSelectCommand*-Objekt) und des DataSets. Diese Prozedur muss explizit aufgerufen oder der Code in den *New*-Konstruktor verlegt werden.

- Beim Erzeugen des DataSets bietet Ihnen der Assistent an, die Tabelle *Categories* aufzunehmen. Das ist sachlich aber so nicht korrekt. Wenn Sie das DataSet im Designer anzeigen lassen, sehen Sie die *Name*-Eigenschaft. Deren Wert ändern Sie von *Categories* in einen Ausdruck Ihrer Wahl, etwa *MyProducts*. Das hat zur Folge, dass diese Tabelle »typisiert auftritt« und somit etwas wie

```
GetActualData.intRecords = DsProducts1.MyProducts.Rows.Count
```

funktioniert.

- Um flexibel in der Zukunft zu bleiben, lässt sich der *ConnectionString* auslagern – dafür steht ein Abschnitt in der Datei *Web.config* bereit:

```
<appSettings>
   <add key="ConnectionString" value="entsprechender String" />
</appSettings>
```

Den Wert übergeben Sie durch

```
Me.SqlConnection1.ConnectionString = _
   System.Configuration.ConfigurationManager.AppSettings("ConnectionString")
```

Nehmen Sie diese Anpassung in *InitializeComponent* vor, wird allerdings die *asmx*-Datei im Designer nicht mehr korrekt angezeigt. Sie sollten also die *New*-Methode oder die Webmethode selbst dazu nutzen.

- Natürlich können Sie Username und Passwort noch herausziehen und auf andere Art behandeln (etwa indem Sie diese in den Parametern der Webmethode übergeben lassen und prüfen).

5. Sie können den Webdienst nun testen. Dazu starten Sie Ihr Projekt und lassen die Datei *Web.config* anpassen, woraufhin der Internet Explorer gestartet wird. Die Darstellung sieht etwa wie in Abbildung 20.2 aus. Der Name des Services entspricht dem Klassennamen, den Sie entsprechend angepasst haben. Die Adresse in der URL benutzt den Dateinamen.

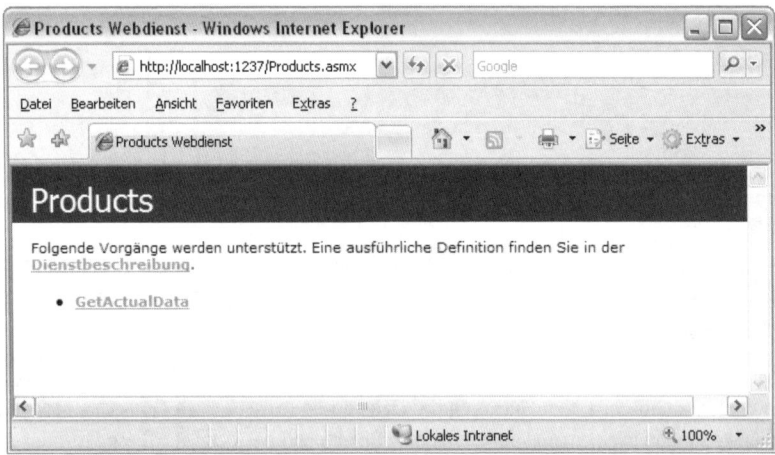

Abbildung 20.2 Der Service kann im Internet Explorer getestet werden

Klicken Sie auf *Dienstbeschreibung*, sehen Sie die Dinge in einer XML-Datei, von denen Sie als Entwickler (solange alles funktioniert) eigentlich ferngehalten werden (sollen): Woher weiß eine Anwendung, wie sie mit dem Service kommunizieren kann und was dieser bereithält?

HINWEIS   Die URL der angezeigten Dienstbeschreibung lautet *http://server:port/Products.asmx?WSDL*. *Das WSDL* steht dabei für *Web Service Description Language*, ein »XML-Dialekt«, der die Einhaltung bestimmter Schemata fordert. Ein solches XML-Dokument erlaubt es der Entwicklungsumgebung, alles Notwendige im Hintergrund für den Entwickler bereitzustellen, wenn dieser eine Clientanwendung für den Service entwirft.

Der Klick auf *GetActualData* liefert ebenfalls Informationen, und zwar die, die für den späteren Zugriff wichtig sind. Sie werden aber auch durch die Entwicklungsumgebung beachtet und umgesetzt, wenn ein solcher Service »konsumiert« werden soll. Die Schaltfläche *Aufrufen*, die unter der URL *http://server:port/Products.asmx?op=GetActualData* erscheint, ermöglicht den eigentlichen Test der Servicefunktion(en). Es erscheint ein XML-Dokument mit den angeforderten Daten (Abbildung 20.3).

HINWEIS   Die Funktion *GetActualData* verlangt keinen Parameter und übergibt den vollständigen Inhalt des DataSets. Sie können als Argumente aber Suchbegriffe übergeben lassen, mit deren Hilfe Sie den *CommandText* des DataAdapters (den der Designer automatisch mithilfe des Assistenten erstellt hat und den Sie in *InitializeComponent* finden) in der Webmethode neu formulieren. Auch das Abfragen von Authentifizierungsinformationen ist, wie bereits erwähnt, in Form eines oder mehrerer solcher Parameter denkbar.

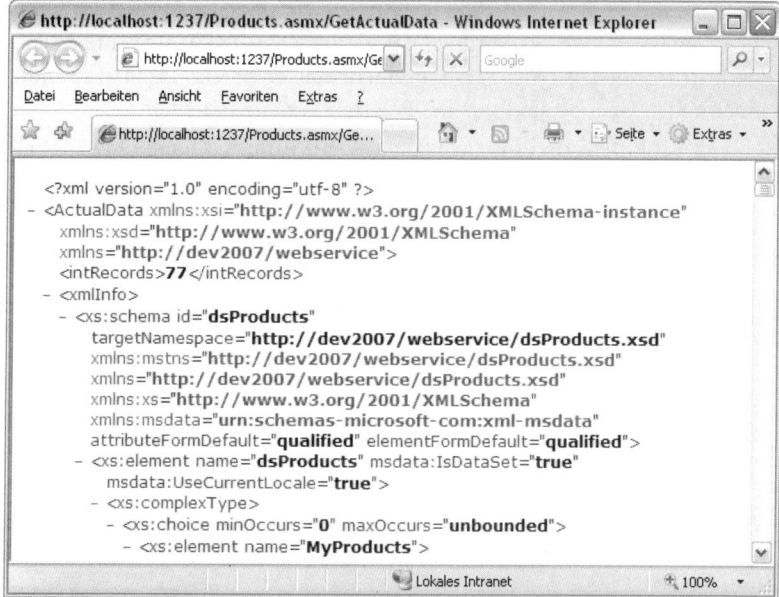

Abbildung 20.3 Informationen zu Artikeln aus der Northwind-Datenbank in XML-Form – der Namensraum des Schemas im DataSet wurde dem des Webservices angepasst

Den Client einrichten

Bevor Sie einen Client einrichten, müssen Sie den oben erstellten Webdienst, falls noch nicht geschehen, ins Web stellen – die Entwicklungsumgebung kann den Dienst, wie Sie sicher beobachtet haben, auch testen, ohne dass er auf den IIS veröffentlich wurde. Ein beliebiger Client kann das natürlich nicht, deshalb wählen Sie den Menüpunkt *Erstellen* an und veröffentlichen den Webservice auf einem Server Ihrer Wahl. Die Autoren haben beobachtet, dass bei der Installation von Visual Studio 2008 ASP.NET nicht notwendigerweise auf den lokalen IIS installiert wird. Veröffentlichen Sie Ihren Webdienst lokal, erhalten Sie unter Umständen eine Fehlermeldung beim Aufruf, obwohl das Debuggen des Projekts fehlerfrei funktioniert hat. Sie bekommen mit der Fehlermeldung Hinweise auf mögliche Ursachen und deren Behebung. In einigen Fällen hat sich nun gezeigt, dass das Ausführen von *aspnet_regiis –i* (aus der Visual Studio 2008-Eingabeaufforderung der Visual Studio Tools), das ASP.NET registriert, das Problem behebt.

CD-ROM Sie können den Code nutzen, den Sie auf der Begleit-CD im Ordner *Buch\Kap_20\NorthwindService* finden, und die Veröffentlichung vornehmen. Vergessen Sie dabei nicht, in der Datei *Web.config* eine gültige Verbindungszeichenfolge zum SQL Server einzutragen.

Als Client soll eine Excel-Arbeitsmappe dienen, die mithilfe der VSTO automatisiert wird, sodass die Funktionalität in der entsprechenden Assembly hinterlegt ist. Die Daten sollen, so wie Sie es etwa von MS Query gewohnt sind, mit einem Knopfdruck in eine Tabelle importiert werden.

1. Beginnen Sie mit einem Projekt auf der Vorlage *Excel 2007-Arbeitsmappe*, dem Sie den Namen **NorthwindClient** geben. Als zu verwendende Arbeitsmappe entscheiden Sie sich für eine neue Arbeitsmappe.
2. Den Datenimport soll eine Schaltfläche in einer neuen Gruppe der Registerkarte *Daten* auslösen. Fügen Sie deshalb dem Projekt ein Element vom Typ *Multifunktionsleiste (Visueller Designer)* hinzu, dessen

OfficeID Sie von *TabAddIns* in *TabData* ändern. Das bewirkt auch eine gleichzeitige Änderung der *ControlID*. Ändern Sie noch die Beschriftung von *Group1* in *Northwind* und fügen Sie der Gruppe eine Schaltfläche (*Button1*) hinzu, deren Beschriftung Sie auf *Import* festschreiben. Starten Sie das Projekt, so sollte die gewünschte Schaltfläche in einer neuen Gruppe am Ende des Registers *Daten* erscheinen.

3. Wie Sie aus Kapitel 18 wissen, gibt es wenigstens drei Möglichkeiten, XML-Informationen in ein Tabellenblatt zu schreiben:

- Sie zerlegen das XML-Dokument mithilfe von Methoden der Klassen des *XML*-Namespaces und schreiben die so gewonnenen Informationen in die Zellen.
- Sie benutzen eine XML-Verknüpfung zwischen einer Schemadatei und bestimmten Zellen des Arbeitsblattes und lassen die Daten importieren (über die Gruppe *XML* des Registers *Entwicklertools* oder per Code).
- Sie importieren die Daten in Form von SpreadsheetML.

Im vorliegenden Beispiel soll der dritte Weg gegangen werden. Dazu bereiten Sie eine XSL-Transformation vor, die die ankommenden Daten in eine für Excel »verständliche« Form schreibt. Diese Transformation (Sie können sie in einer Datei als Ressource Ihrem Projekt hinzufügen) kann das Aussehen aus Listing 20.1 haben:

```xml
<?xml version='1.0' encoding="utf-8" ?>
<xsl:stylesheet version="1.0" xmlns:xsl="http://www.w3.org/1999/XSL/Transform"
    xmlns:user="http://dev2007/webservice/dsProducts.xsd">
  <xsl:template match="/">
    <Workbook xmlns="urn:schemas-microsoft-com:office:spreadsheet"
        xmlns:o="urn:schemas-microsoft-com:office:office"
        xmlns:x="urn:schemas-microsoft-com:office:excel"
        xmlns:ss="urn:schemas-microsoft-com:office:spreadsheet"
        xmlns:html="http://www.w3.org/TR/REC-html40">
      <Styles>
        <Style ss:ID="Default" ss:Name="Normal">
          <Alignment ss:Vertical="Bottom" />
        </Style>
      </Styles>
      <Worksheet ss:Name="Tabelle1">
        <Table ss:DefaultColumnWidth="60">
          <Row>
            <Cell>
              <Data ss:Type="String">Nr.</Data>
            </Cell>
            <Cell>
              <Data ss:Type="String">Artikel</Data>
            </Cell>
            <Cell>
              <Data ss:Type="String">Kategorie</Data>
            </Cell>
          </Row>
          <xsl:for-each select="user:dsProducts/user:MyProducts">
            <Row>
              <Cell>
                <Data ss:Type="Number">
                  <xsl:value-of select="user:ProductID" />
                </Data>
              </Cell>
```

Listing 20.1 Transformation in Excel-gerechte Informationen (SpreadsheetML)

```xml
                    <Cell>
                        <Data ss:Type="String">
                            <xsl:value-of select="user:ProductName" />
                        </Data>
                    </Cell>
                    <Cell>
                        <Data ss:Type="String">
                            <xsl:value-of select="user:CategoryName" />
                        </Data>
                    </Cell>
                </Row>
            </xsl:for-each>
        </Table>
    </Worksheet>
</Workbook>
    </xsl:template>
</xsl:stylesheet>
```

Listing 20.1 Transformation in Excel-gerechte Informationen (SpreadsheetML) *(Fortsetzung)*

Beachten Sie, dass die Daten im Knoten *dsProducts* liegen, der einen XML-Namensraum mit der Bezeichnung *http://dev2007/webservice/dsProducts.xsd* (oder der von Ihnen gewählten Bezeichnung) ohne Präfix aufweist. Damit die Transformation greift, geben Sie dem Namespace das Präfix *user* und verwenden ihn so in den *xsl*-Anweisungen.

Haben Sie den Namensraum in der Schemadefinition des DataSets nicht angepasst, können Sie das an dieser Stelle im Projekt zum Webservice nachholen oder Sie verwenden den automatisch vergebenen Namensraum.

HINWEIS Falls Sie die XML Toolbox aus Kapitel 18 installiert haben, so haben Sie eine einfache Möglichkeit, den prinzipiellen Aufbau eines Arbeitsblattausschnitts »aus der Sicht eines Range-Objekts« zu studieren. Mehr zu XSL-Transformationen finden Sie in Kapitel 15.

4. Fügen Sie Ihrem Projekt einen Verweis auf den Webservice hinzu. Dazu klicken Sie mit der rechten Maustaste auf die Projektdatei im Projektmappen-Explorer und wählen im Kontextmenü den Eintrag *Dienstverweis hinzufügen*. Im darauffolgenden Dialogfeld tragen Sie die vollständige Adresse zur *asmx*-Datei in der Form *http://localhost/nws/products.asmx* ein, passen eventuell den Namen *ServiceReference1* an und klicken auf *OK*. Dieser Weg ist Nutzern von Visual Studio 2008 vorbehalten und bezieht Lösungen, die über das .NET Framework 2.0 hinausgehen, mit ein. Wollen Sie den »klassischen« (weil aus Visual Studio 2005 bekannten) Zugang über einen Webverweis verwenden, so klicken Sie im genannten Dialogfeld auf *Erweitert* und dort unten auf *Webverweis hinzufügen*. Daraufhin erscheint das Dialogfeld aus Abbildung 20.4, das die Suche nach vorhandenen Webdiensten teilweise automatisiert. Suchen Sie hier nach Webdiensten auf dem lokalen Computer, finden Sie den von Ihnen publizierten Webdienst, und in der Vorschau sehen Sie die bekannten Screens, die bereits weiter oben im Rahmen der Debugprozesse in Erscheinung getreten sind. Durch Auswahl und Klick auf *Verweis hinzufügen* entsteht die gewünschte Verbindung.

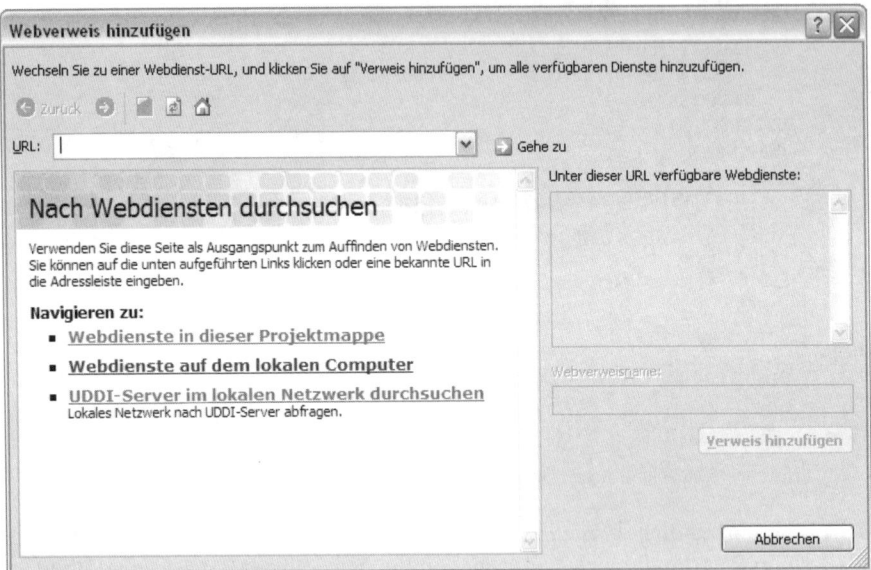

Abbildung 20.4 Abbildung 20.4:Unproblematisch: Verweise auf einen Webservice einrichten

HINWEIS   Im Projektordner entsteht im ersten Fall ein neuer Ordner mit dem Namen *Service References* und einer Reihe von Hilfsdateien. Im zweiten Fall trägt der neue Ordner den Namen *Web References*.

Von den Hilfsdateien verdienen wenigstens zwei gewisse Aufmerksamkeit:

- Eine Datei mit der Endung *.wsdl*. Sie enthält die Dienstbeschreibung.
- Eine Datei namens *Reference.vb*. Diese Datei ist der Mittler zwischen Ihrem Projekt und dem Webservice. Sie ermöglicht den Zugriff auf die Funktionen des Webdienstes von Visual Basic aus. Dieser gestaltet sich derart, als ob Sie eine »gewöhnliche« Klassenbibliothek nutzen würden.

Diese Dateien werden zum Zeitpunkt der Anbindung des Webservices erstellt. Falls die Funktionen des Webdienstes verändert werden (das betrifft die Signatur, nicht die Umsetzung) bzw. Funktionen hinzukommen oder entfernt werden, so sind diese Dateien veraltet. Dem können Sie entgegenwirken, indem Sie im Projektmappen-Explorer mit der rechten Maustaste auf den Web- oder Dienstverweis klicken und eine Aktualisierung anfordern.

5. Für welchen der beiden Wege Sie sich entscheiden, ist im vorliegenden Fall eher unwichtig. Es gibt eine Reihe von Gemeinsamkeiten, aber auch Unterschiede. So werden im Falle von Webverweisen Ereignishandler für asynchrone Vorgänge automatisch bereitgestellt, im Falle der Dienstverweise müssen Sie das im Konfigurationsschritt explizit vereinbaren.

In jedem Falle sollte ein erster Test durch die Prozedur aus Listing 20.2, die hinter dem *Click*-Ereignis der Schaltfläche auf dem Ribbon liegt, bereits Ergebnisse liefern:

```
Private Sub Button1_Click(ByVal sender As System.Object, _
    ByVal e As Microsoft.Office.Tools.Ribbon.RibbonControlEventArgs) Handles Button1.Click
    'Web Reference
    Dim wr As New localhost.Products
    MsgBox(wr.GetActualData.xmlInfo.GetXml)
```

Listing 20.2 Mögliche Zugriffe auf den Webdienst, die die XML-Daten des DataSets liefern

```
        'Service Reference
        Dim sr As New ServiceReference1.ProductsSoapClient
        MsgBox(sr.GetActualData.xmlInfo.GetXml)
End Sub
```

Listing 20.2 Mögliche Zugriffe auf den Webdienst, die die XML-Daten des DataSets liefern *(Fortsetzung)*

Die Daten werden zwar noch nicht in die Tabelle geschrieben, aber eines wird beim Test sichtbar: Es kann eine Weile dauern, bis das Ergebnis erscheint. Dies hat die Erfinder der Webservices auf die Idee gebracht, Informationen asynchron abrufen zu lassen. Das bedeutet, dass eine Anwendung nicht explizit wartet, bis die Daten angekommen sind, sondern unabhängig davon weiterarbeitet. Die vollständige Datenankunft wird dann signalisiert.

6. Listing 20.2 soll nun so modifiziert werden, dass ein asynchroner Aufruf gelingt (Listing 20.3):

```
Private Sub Button1_Click(ByVal sender As System.Object, _
        ByVal e As Microsoft.Office.Tools.Ribbon.RibbonControlEventArgs) Handles Button1.Click
    myWebservice = New localhost.Products
    myWebservice.GetActualDataAsync()
End Sub

Private Sub myWebservice_GetActualDataCompleted(ByVal sender As Object, _
        ByVal e As localhost.GetActualDataCompletedEventArgs) Handles _
        myWebservice.GetActualDataCompleted
    Try
        Dim xmlDoc As New Xml.XmlDocument
        xmlDoc.LoadXml(e.Result.xmlInfo.GetXml)

        Dim xmlStyleSheet As New Xml.XmlDocument
        xmlStyleSheet.LoadXml(My.Resources.northwind)
        Dim readerStyleSheet As Xml.XmlReader = _
            Xml.XmlReader.Create(New System.IO.StringReader(xmlStyleSheet.OuterXml))

        Dim xmlTrans As New Xml.Xsl.XslCompiledTransform
        xmlTrans.Load(readerStyleSheet)
        Dim transformedData As New StringBuilder

        Dim xmlWriter As Xml.XmlWriter = Xml.XmlWriter.Create(transformedData)
        xmlTrans.Transform(xmlDoc, xmlWriter)

        Dim wsh As Excel.Worksheet
        wsh = NorthwindClient.Globals.ThisWorkbook.Worksheets.Add
        Dim rng As Excel.Range
        rng = wsh.Range("A1:C" & e.Result.intRecords.ToString)
        rng.Value(Excel.XlRangeValueDataType.xlRangeValueXMLSpreadsheet) = transformedData.ToString
        rng.EntireColumn.AutoFit()
    Catch ex As Exception

    End Try
End Sub
```

Listing 20.3 Einfach umwerfend einfach – asynchrone Aufrufe unter Visual Studio 2008

Ein paar Erläuterungen zu Listing 20.3:

- Der asynchrone Zugriff auf Webdienste hat sich unter Visual Studio 2008 weiterentwickelt. Die Verwendung der sogenannten Begin-End-Aufrufmuster mit Proxies und Delegaten, wie sie noch in den

Gewusst wie-Abschnitten der Offlinehilfe vermittelt, jedoch in den Projekten nicht bereitgestellt werden, wurde durch ereignisorientierte Prozeduren abgelöst: Ein *Async*-Zusatz an den Funktionen des Webdienstes und ein *Completed* in einem entsprechenden Ereignishandler – das ist bereits der gesamte Rahmen.

- In Listing 20.3 wird auf eine Fehlerbehandlung verzichtet. Diese muss folgende Szenarien umfassen: Was soll passieren, wenn der Abruf abgebrochen wird? Hier steht die Eigenschaft *e.Cancelled* zur Verfügung. Wie kann verhindert werden, dass der Webservice mehrfach aufgerufen wird und somit Ergebnisse »durcheinandergeraten«? Der Aufruf der *GetActualDataAsync*-Methode kann mit einem Objekt erfolgen, in dem Zustände gespeichert bleiben können.

- Durch die eingangs erwähnte Struktur *ActualData* gelingt der Zugriff auf alle Informationen (Anzahl der Datensätze und die Daten selbst) in einem einzigen Aufruf über *e.Result*.

- Das Einlesen und Transformieren der XML-Daten ist nur eine von mehreren Möglichkeiten der Datenübernahme.

7. Ein abschließender Test sollte erfolgreich sein.

CD-ROM Die beschriebene Projektmappe befindet sich im Ordner *\Buch\Kap_20\NorthwindClient* der Begleit-CD. Um den Webverweis zu nutzen, richten Sie diesen neu ein, sodass er auf den von Ihnen installierten Webdienst verweist.

Alternative Zugriffe über Datenquellen

Die eben beschriebene Vorgehensweise zum Anbinden eines Webdienstes und dessen asynchroner Aufruf ist von Office-Projekten unabhängig und gilt allgemein. Doch mit den Visual Studio Tools für Office wird die Angelegenheit in mancher Hinsicht noch komfortabler. Wenn Sie den im ersten Abschnitt erstellten Webservice in einem Excel-Arbeitsmappen-Projekt nutzen wollen, so richten Sie als Erstes eine neue Datenquelle zum *Northwind*-Webservice ein. Dies geschieht im Datenquellen-Fenster etwa durch Klick mit der rechten Maustaste. Der darauffolgende Assistent führt Sie so zum Ziel, als ob Sie, wie oben beschrieben, einen Verweis auf einen Webdienst einrichten wollen.

Diesen Verweis richtet der Assistent für Sie nun im Hintergrund ein. Sie finden auf der *Datenquellen*-Registerkarte der Entwicklungsumgebung einen Eintrag wie in Abbildung 20.5.

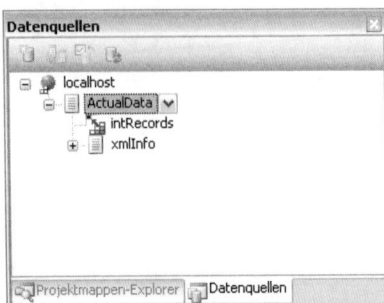

Abbildung 20.5 Webdienste als Datenquellen

Sie können nun das Icon von *xmlInfo* auf ein Tabellenblatt ziehen, wobei auf diese Weise zwei Objekte automatisch angelegt werden:

XML-Webdienste – ein Beispiel

- ein Listenobjekt (dahinter verbirgt sich ein *ListObject*-Steuerelement) und
- ein *BindingSource*-Objekt.

Da der hier verwendete Webservice ein DataSet liefert und keine Liste von Ergebnissen, ist die Anzahl der Spalten nur gleich eins (der Designer erkennt in diesem Falle die einzelnen Spalten nicht). Deshalb passen Sie die Excel-Liste wie in Abbildung 20.6 zu sehen etwas an.

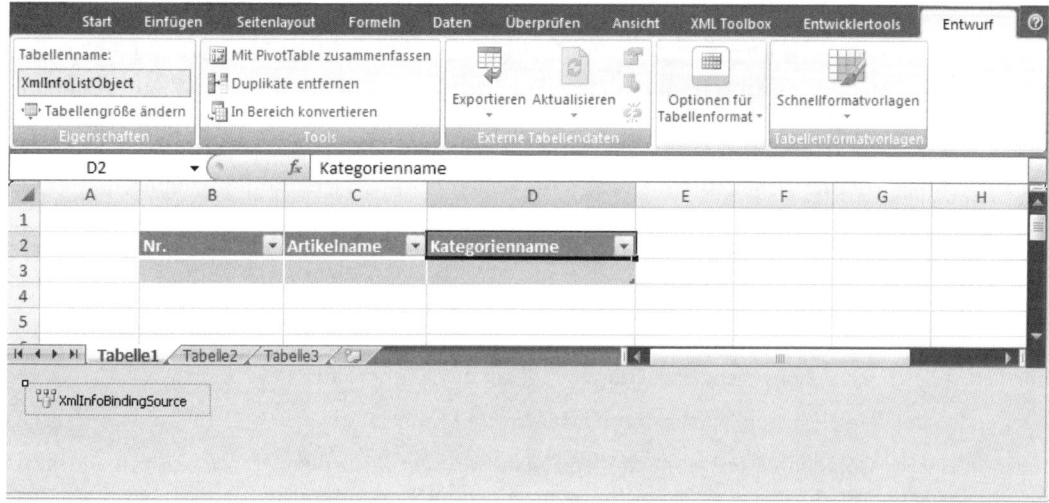

Abbildung 20.6 Die Liste muss etwas angepasst werden

Sie können nun an beliebiger Stelle, etwa im *Startup*-Ereignis für das Blatt mit der Liste den Code

```
Dim ws As New localhost.Products
Me.XmlInfoBindingSource.DataSource = ws.GetActualData.xmlInfo.Tables(0)
Me.XmlInfoListObject.DataSource = XmlInfoBindingSource
```

Anbringen; nach Ausführung des Codes füllt sich die Liste von selbst – ohne weitere Instruktionen Ihrerseits.

Statt des direkten Aufrufs von *GetActualData* können Sie wieder einen asynchronen Aufruf einsetzen.

HINWEIS Auch Word-Projekte können einen Verweis auf einen Webdienst auf die genannte einfache Weise verarbeiten. Hier ist es unter anderem das *Bookmark*-Steuerelement, das eine Bindung an ein *BindingSource*-Objekt unterstützt. Im Falle des Northwind-Webdienstes schreibt

```
Dim ws As New localhost.Products
Me.XmlInfoBindingSource.DataSource = ws.GetActualData.intRecords
Me.IntRecordsBookmark.Range.Text = XmlInfoBindingSource.Current
```

die Anzahl der Datensätze in die Textmarke, die zuvor durch Aufziehen des Icons von *intRecords* aus einer ähnlichen Registerkarte wie in Abbildung 20.5 dargestellt eingefügt wurde.

CD-ROM Das Beispielprojekt finden Sie auf der Begleit-CD im Ordner *\Buch\Kap_20\VSTOClient*. Um den Webverweis zu nutzen, richten Sie diesen neu ein, sodass er auf den von Ihnen installierten Webdienst verweist.

Rercherchedienste

Recherchedienste (Research Services) im Sinne von Microsoft Office sind spezielle Webdienste, die bereits seit Office 2003 die Möglichkeit bieten, vor allem unternehmensbezogene Daten aus der Arbeit mit einem Office-Dokument (Word-Dokument, Excel-Arbeitsmappe, PowerPoint-Präsentation) heraus zu recherchieren und auf diese Weise gewonnene Informationen direkt im Dokument zu verarbeiten. Auch der Internet Explorer besitzt eine entsprechende Aufgabenleiste.

Es sieht so aus, als ob diese Art des Informationsaustauschs in der Praxis noch nicht umfassend Fuß gefasst hat. Da es sich aber um ein relativ starkes Instrument handelt, das auch unter Office 2007 zur Verfügung steht, sollen hier kurz die Prinzipien dargestellt und erläutert werden. Zumal, wie im nächsten Abschnitt beschrieben wird, die Suchdienste eines Office 2007 SharePoint Servers sich derselben XML-Schemata bedienen, um unternehmensinterne Webdienste zunächst ohne weiteren Entwickleraufwand anzubieten.

HINWEIS Dieser Abschnitt kann nur einen kleinen Ausschnitt aus der Vielfalt der Möglichkeiten geben. Die einzelnen Merkmale sind aber im *Microsoft Office 2003 Research Services SDK*, das auf der Microsoft-Website zum kostenlosen Download bereitsteht, perfekt dokumentiert.

Recherchedienste zeichnen sich als Webdienste durch folgende zwei Punkte aus:

- Sie verwenden den vorgegebenen Namensraum *urn:Microsoft.Search* und
- verfügen über zwei wohldefinierte Webmethoden *Public Function Registration(ByVal registrationXml As String) As String* und *Public Function Query(ByVal queryXml As String) As String*.

Achtung: Die Signatur ist exakt so zu verwenden, Groß- und Kleinschreibung sind zu beachten. Dann ist der *Recherchieren*-Aufgabenbereich von Office (und der des Internet Explorer) in der Lage, sich ohne weiteren Code am Webdienst anzumelden (diesen zu registrieren), Anfragen zu schicken, Antworten zu erhalten und diese darzustellen und weiterzuverarbeiten. Natürlich können Sie solche Webdienste auch in andere Anwendungen einbinden, da die Kommunikation im Übrigen genauso abläuft, wie es in den vorigen Beispielen beschrieben wurde.

Das folgende Schritt-für-Schritt-Beispiel nutzt den Webdienst aus dem ersten Abschnitt dieses Kapitels und kapselt diesen in einen Recherchedienst.

1. Sie beginnen mit einem Website-Projekt auf Basis der Vorlage *ASP.NET-Webdienst* auf den lokalen IIS oder einem anderen Server Ihrer Wahl und nennen das Projekt beispielsweise **NorthwindResearch**. Die automatisch angelegte Datei *Service.asmx* können Sie ohne Konsequenzen neu benennen (etwa in *researchService.asmx*), anders die darin enthaltene Klasse *Service*. Ändern Sie deren Namen, so müssen Sie auch in der Zeile

```
<%@ WebService Language="VB" CodeBehind="~/App_Code/researchService.asmx.vb" Class="Service" %>
```

der *asmx*-Datei selbst die entsprechende Anpassung im *Class*-Attribut vornehmen. Die Verwendung einer Vorlage vom Typ *ASP.NET-Webdienstanwendung* kann nicht uneingeschränkt empfohlen werden, da das Debuggen unter Benutzung eines speziellen (temporären) Ports ohne virtuelles Verzeichnis auf den IIS geschieht, in den weiter unten beschriebenen Registrierungsinformationen für den Webdienst aber eine feste Adresse eingetragen werden muss, die in einer produktiven Umgebung so nicht mehr zur Verfügung steht.

2. Passen Sie den Namensraum im Attribut der Klasse

```
<System.Web.Services.WebService(Namespace:="http://tempuri.org/")>
```

zu

```
<System.Web.Services.WebService(Namespace:="urn:Microsoft.Search")>
```

an.

3. Fügen Sie dem Projekt einen Verweis auf den *Northwind*-Webservice des ersten Abschnitts dieses Kapitels hinzu. Möchten Sie diesen Service nicht selbst entwickeln, so veröffentlichen Sie den Dienst aus dem Ordner *\Buch\Kap_20\NorthwindService* der Begleit-CD auf einem IIS-Server Ihrer Wahl und passen den Pfad zur *Northwind*-Datenbank des SQL Servers in der Datei *Web.config* an.

4. Der Austausch mittels der Webmethoden *Registration* und *Query* benutzt XML-Dokumente, deren Struktur genau vorgegeben ist.

   Sie können die Struktur dieser XML-Dokumente in externen XML-Dateien vorbereiten oder aber per Code für deren aktuelle Erzeugung sorgen. Möglicher Aufbau eines Registrierungspakets20.4 zeigt den Entwurf dessen, was die *Registration*-Methode zurückgeben kann:

```xml
<?xml version="1.0" encoding="utf-8" ?>
<ProviderUpdate xmlns="urn:Microsoft.Search.Registration.Response">
  <Status>SUCCESS</Status>
  <Providers>
    <Provider>
      <Message>Anmeldung erfolgte.</Message>
      <Id>{95E58B1D-45F0-4515-98E1-3AF4F63DB8B0}</Id>
      <Name>Entwicklerhandbuch</Name>
      <QueryPath>http://Servername/northwindResearch/researchService.asmx</QueryPath>
      <RegistrationPath>http://Servername/northwindResearch/researchService.asmx</RegistrationPath>
      <Type>SOAP</Type>
      <Services>
        <Service>
          <Id>{805E0E87-DE44-49d8-9E45-9B7E2CDFD211}</Id>
          <Name>Northwind Research</Name>
          <Description>Artikel aus der Nordwinddatenbank finden</Description>
          <Copyright>by ep</Copyright>
          <Display>On</Display>
          <Category>BUSINESS_SMALLBUSINESS</Category>
        </Service>
      </Services>
    </Provider>
  </Providers>
</ProviderUpdate>
```

Listing 20.4 Möglicher Aufbau eines Registrierungspakets

Die Vorbereitung einer solchen Datei per Hand ist unter Umständen dem Aufbau während der Laufzeit durch Code vorzuziehen, da Visual Studio durch Verweise auf die Schemadateien, die sich im genannten SDK befinden, IntelliSense beim Schreiben und bei der Validierung gegen das Schema anbietet. Der Aufbau aus Möglicher Aufbau eines Registrierungspakets20.4 ist nahezu selbsterklärend:

- Die *IDs* für den Provider und den Service erzeugen Sie etwa mit *Guidgen.exe*, einem Zusatztool der Visual Studio 2008-Entwicklungsumgebung. Benötigen Sie dieses Tool des Öfteren, so können Sie es bequem in das Menü *Extras* integrieren, wenn Sie dort unter *Externe Tools* einen entsprechenden Eintrag anlegen.
- *QueryPath* und *RegistrationPath* können auf verschiedene Webdienste verweisen. Sie sollten allerdings unbedingt *localhost* als Serverangabe vermeiden, da sonst der Dienst im Netz nicht funktioniert.
- Die Liste der möglichen *Category*-Einträge ist im SDK beschrieben (*RESEARCH_GENERAL*, *BUSINESS_FINANCE* und viele mehr).

Der folgende Schritt geht davon aus, dass Listing 20.4 in einer Datei namens *registrationResponse.xml* im *App_Data*-Verzeichnis des Webdienstes gespeichert ist.

5. Eine Implementierung der *Registration*-Methode in *researchService.asmx* kann (ohne Fehlerbehandlung) einfach so aussehen:

```
<WebMethod()> Public Function Registration(ByVal registrationXml As String) As String
    Dim xmlDoc As New System.Xml.XmlDocument
    Dim path As String = Server.MapPath("~/App_Data")
    xmlDoc.Load(path & "\registrationResponse.xml")
    Return xmlDoc.InnerXml
End Function
```

6. Sie können den Dienst nun bei den (lokalen) Office-Anwendungen bzw. beim Internet Explorer bereits registrieren lassen. Vor der Registrierung besteht die Möglichkeit, durch Debuggen den Dienst auf Fehlerfreiheit prüfen, eine sichtbare Wirkung (außer der Anzeige der XML-Datei) ist allerdings nicht zu beobachten.

- Starten Sie den Internet Explorer, falls Sie diesen nicht schon infolge des Debuggens bereits geöffnet haben. Wird der *Recherche*-Aufgabenbereich noch nicht angezeigt, klicken Sie auf die Schaltfläche *Recherchieren*.
- Ganz unten befindet sich ein Link mit der Bezeichnung *Recherche-Optionen*, den Sie anklicken.
- Klicken Sie auf *Dienste hinzufügen* und geben Sie im anschließenden Dialogfeld die vollständige Adresse zur Datei *researchService.asmx* an.
- Bestätigen Sie die beiden folgenden Assistentenschritte.

Ist alles fehlerfrei gelaufen, befindet sich Ihr Recherchedienst in der Liste unter *Wirtschafts- und Finanzwebsites*, das ist die Kategorie, die mit *BUSINESS_SMALLBUSINESS* kodiert wurde. Ein Klick auf die *Eigenschaften*-Schaltfläche informiert Sie wie in Abbildung 20.7 zu sehen über den installierten Dienst.

> **HINWEIS** Die Office-Anwendungen erzeugen den Inhalt des Parameters *registrationXml* automatisch. Es handelt sich um ein XML-Dokument, dessen Knoten in der *Registration*-Methode ausgewertet werden könnten. Es sind vor allem Informationen zu Spracheinstellungen, auf die reagiert werden kann.

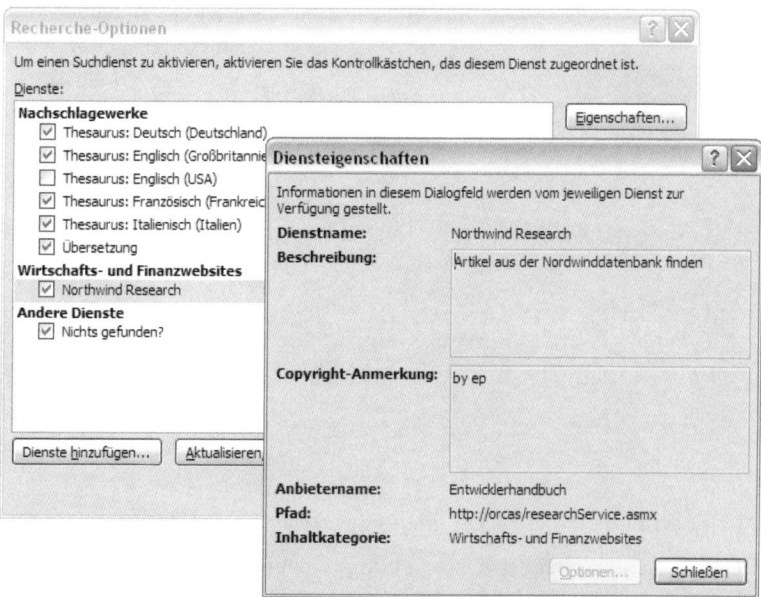

Abbildung 20.7 Eigenschaften installierter Recherchedienste können angezeigt werden

7. Es ist Folgendes beabsichtigt: Sucht der Anwender nach einer Kategorie der Northwind-Lebensmittel, so sollen die Namen aller vorhandenen Artikel im Aufgabenbereich angezeigt und Schaltflächen angeboten werden, die eine Übernahme des Artikelnamens ins Office-Dokument erlauben. Abbildung 20.8 vermittelt einen Eindruck davon.

Abbildung 20.8 Die Liste der »Beverages« (Getränke) steht bereit

Auch das Antwortpaket muss strengen Regeln folgen. Eine mögliche »Hülle« zeigt das folgende Listing:

```xml
<?xml version="1.0" encoding="utf-8" ?>
<ResponsePacket revision="1" xmlns="urn:Microsoft.Search.Response">
   <Response domain="{805E0E87-DE44-49d8-9E45-9B7E2CDFD211}">
      <QueryID>{504246F0-969D-4ccb-BBEC-DB610554C67C}</QueryID>
      <Range>
         <Results>
            <Content xmlns="urn:Microsoft.Search.Response.Content">

            </Content>
         </Results>
      </Range>
      <Status>SUCCESS</Status>
   </Response>
</ResponsePacket>
```

Zu den Details:

- Die GUID des *domain*-Attributs muss mit der *Service-Id* des Registrierungspakets übereinstimmen.
- Der Namespace des *Content*-Elements ist bei dessen »Befüllung« zu berücksichtigen.
- Die Unterelemente des *Content*-Elements sind im SDK ausführlich dokumentiert.
- Die Struktur kann in einer XML-Datei hinterlegt sein oder per Code erzeugt werden.

8. In der Implementierung der *Query*-Methode[1] in Listing 20.5 wird davon ausgegangen, dass die Struktur der Antwort in einer Datei namens *queryResponse.xml* liegt und der *Content*-Knoten gefüllt wird. Dabei ist zu beachten, dass ein Test der Methode im Internet Explorer – wie im ersten Abschnitt dieses Kapitels gezeigt – deshalb misslingen sollte, weil es nicht »einfach« ist, dort das erforderliche *queryXML* als XML-Dokument zu übergeben. Listing 20.5 nimmt darauf Rücksicht und simuliert die Eingabe von *Dairy Products* für einen solchen Test im ersten *Try*-Block.

```vb
<WebMethod()> Public Function Query(ByVal queryXml As String) As String
   Dim ws As New localhost.Products
   Dim strQuery As String
   Try
      Dim xmlQueryDoc As New XmlDocument
      xmlQueryDoc.LoadXml(queryXml)
      Dim nsmgrQuery As New XmlNamespaceManager(xmlQueryDoc.NameTable)
      nsmgrQuery.AddNamespace("q", "urn:Microsoft.Search.Query")
      strQuery = xmlQueryDoc.SelectSingleNode("//q:QueryText", nsmgrQuery).InnerText
   Catch
      strQuery = "Dairy Products"
   End Try

   Dim xmlDataDoc As New XmlDocument
   xmlDataDoc.LoadXml(ws.GetActualData.xmlInfo.GetXml)
   Dim nsmgrData As New XmlNamespaceManager(xmlDataDoc.NameTable)
   nsmgrData.AddNamespace("data", "http://dev2007/webservice/dsProducts.xsd")
   Dim ndsFound As XmlNodeList = xmlDataDoc.SelectNodes("*//data:MyProducts[data:CategoryName='" & _
      strQuery & "']", nsmgrData)
```

Listing 20.5 Ein mögliches Antwortpaket auf die Frage nach den Artikeln einer Kategorie

---

[1] Die eigentlich *Response* heißen müsste, oder? Denn es wird ja die Antwort und nicht die Frage formuliert.

```
        Dim xmlResponseDoc As New XmlDocument
        Dim path As String = Server.MapPath("~/App_Data")
        xmlResponseDoc.Load(path & "\queryResponse.xml")
        Dim nsmgrContent As New XmlNamespaceManager(xmlResponseDoc.NameTable)
        nsmgrContent.AddNamespace("cont", "urn:Microsoft.Search.Response.Content")
        Dim ndContent As XmlNode = xmlResponseDoc.SelectSingleNode("*//cont:Content", nsmgrContent)
        Try
            For Each ndCategory As XmlNode In ndsFound
                Dim ndP As XmlNode = xmlResponseDoc.CreateNode(XmlNodeType.Element, "P", _
                    "urn:Microsoft.Search.Response.Content")
                ndP.InnerText = ndCategory.SelectSingleNode("data:ProductName", _
                  nsmgrData).InnerText
                Dim ndActions As XmlNode = xmlResponseDoc.CreateNode(XmlNodeType.Element, _
                    "Actions", "urn:Microsoft.Search.Response.Content")
                Dim ndInsert As XmlNode = xmlResponseDoc.CreateNode(XmlNodeType.Element, _
                    "Insert", "urn:Microsoft.Search.Response.Content")
                ndActions.AppendChild(ndInsert)
                Dim ndCopy As XmlNode = xmlResponseDoc.CreateNode(XmlNodeType.Element, "Copy", _
                    "urn:Microsoft.Search.Response.Content")
                ndActions.AppendChild(ndCopy)
                ndP.AppendChild(ndActions)
                ndContent.AppendChild(ndP)
            Next
            Return xmlResponseDoc.InnerXml
        Catch ex As Exception
            Return xmlResponseDoc.InnerXml
        End Try
    End Function
```

Listing 20.5 Ein mögliches Antwortpaket auf die Frage nach den Artikeln einer Kategorie *(Fortsetzung)*

Einige Erläuterungen im Detail:

- Die Zeichenkette *queryXML* liefert ein XML-Dokument mit eigenem Namespace *urn:Microsoft.Search.Query*. Das wird durch den Einsatz eines *XmlNamespaceManager*-Objekts berücksichtigt. Analog wird mit dem Antwortdokument verfahren.
- Die Datei *queryResponse.xml* bildet den Rahmen der Antwort. Der Knoten *Content* wird durch Code gefüllt. Tabelle 20.1 zeigt einen Ausschnitt aus dem SDK, der die vielfältigen Elemente von *Content* skizziert.

Element	Erläuterung
<Tabular>	Zweispaltige Tabelle mit der Möglichkeit für Aktionsschaltflächen in den Zeilen
<Heading>	»Ausklappbare« Überschrift
<Hyperlink>	Hyperlink mit möglichem ToolTip-Text
<Image>	Ein mögliches Bild
<HorizontalRule>	Waagerechte Linie
<Line>	Zeile (eventuell ohne Umbruch), mit Steuerelementen wie Hyperlinks, Text, Bildern und Aktionsschaltflächen
<P>	Absatz mit Text und verschiedenen Elementen
<Actions>	Möglichkeit von Schaltflächen, unter anderem zum Kopieren und Einfügen

Tabelle 20.1 Einige Möglichkeiten der Layoutgestaltung des *Recherchieren*-Aufgabenbereichs

- Der Zusammenbau des *P*-Knotens *ndP* in Listing 20.5 fügt in diesen Text ein (das Ergebnis der Datenbankrückmeldung) sowie eine Schaltfläche in Form eines Dropdown-Menüs (Abbildung 20.8). Zum Einsatz kommen dabei die Methoden *CreateNode* und *AppendChild* eines XML-Dokuments[2].

9. Nachdem alles kodiert ist, können Sie den Recherchedienst in Betrieb nehmen. Dazu starten Sie Ihr Projekt, in dem Sie vorsorglich einen Haltepunkt zu Beginn der *Query*-Methode gesetzt haben. Das Debuggen funktioniert nun sowohl für die Webseite, die der Internet Explorer nach dem Start anzeigt (wegen des ersten *Try*-Blocks), als auch (wegen der erfolgten Registrierung) für den *Recherchieren*-Aufgabenbereich der Office-Anwendungen.

CD-ROM Sie finden die Beispieldateien auf der Begleit-CD im Ordner \Buch\Kap_20\NorthwindResearch. Möchten Sie den Dienst nur ausprobieren, kopieren Sie die Dateien unter Einhaltung der Ordnerstruktur in ein virtuelles Verzeichnis Ihrer IIS. Die Pfadangaben in der Registrierungs-XML-Datei passen Sie entsprechend an. Da der *Northwind*-Service benutzt wird, müssen Sie auch diesen – wie in den vorigen Abschnitten beschrieben – zur Verfügung stellen.

Office SharePoint Server 2007 Query Services

Der Wunsch der Unternehmen nach Intranetlösungen auf Basis des Office SharePoint Servers 2007 wächst nach Beobachtung der Autoren. Und so wird die Entwicklung individueller Lösungen, die Office mit dem Server verbinden, schrittweise eine größere Bedeutung gewinnen. Dazu gehören auch die in diesem Buch vorgestellten Workflow-Ansätze.

Interessant ist nun, dass der Office SharePoint Server (aber wohl nicht die Windows SharePoint Services) Suchvorgänge als XML-Webservices anbieten. Die prinzipielle Vorgehensweise soll im Weiteren an einem Word-Add-In gezeigt werden, die Idee dazu folgt im Gedanken einem Artikel der MSDN von Joel Krist.

1. Beginnen Sie mit einem Projekt auf der Vorlage *Word 2007-Add-In*. Diesem fügen Sie einen Webverweis auf einen Ihnen bekannten SharePoint Server hinzu. Dazu sollten Sie wissen, dass der Pfad zur benötigten *search.asmx*-Datei dem Prinzip

```
http://ServerName/[Seiten/SiteName/]_vti_bin/search.asmx
```

folgt[3]. Schreiben Sie einen entsprechenden Pfad in das Dialogfeld zum Einrichten eines Webverweises (Abbildung 20.4), so erkennen Sie die angebotenen Webmethoden wie in Abbildung 20.9.

Im Folgenden sollen zwei der Methoden von Interesse sein und eine davon zur Anwendung kommen: *Query* und *QueryEx*. Beide suchen nach Dokumenten auf dem Server, die Suchkriterien im Sinne einer Volltextsuche entsprechen. Dabei gibt die erste Methode das Ergebnis in Form einer XML-Datei zurück, die zweite liefert ein DataSet, das auch als Datenquelle für Steuerelemente eingesetzt werden kann.

---

[2] Denkbar sind hier auch »modernere« Mittel der Dokumenterzeugung, wie sie sich aus LINQ to XML ergeben.
[3] Lassen Sie sich nicht von dem Begriff *Seiten*, der in der deutschsprachigen Version verwendet wird, irritieren. Im Englischen heißt dieses Verzeichnis *Sites*.

Office SharePoint Server 2007 Query Services

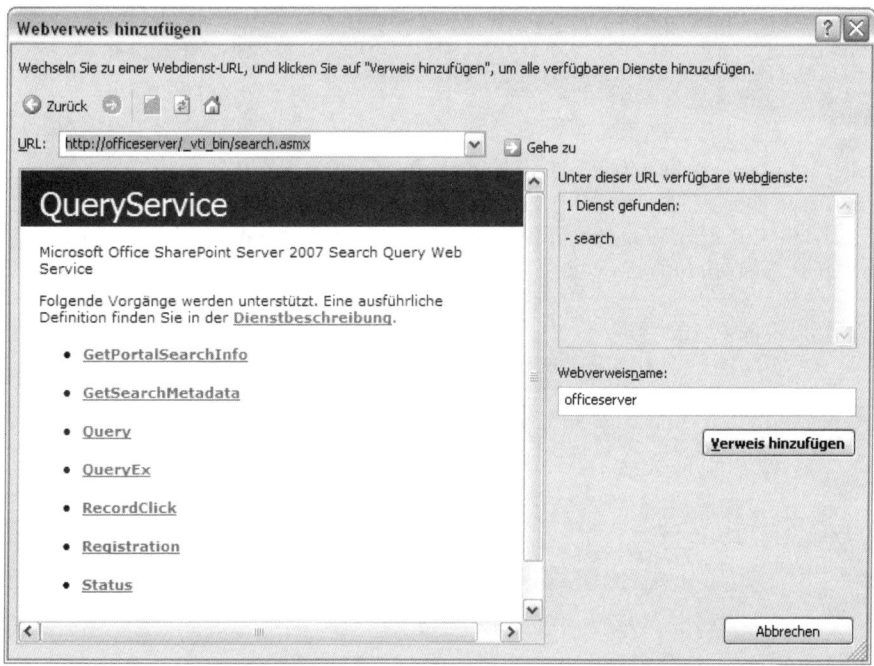

Abbildung 20.9   Dienstangebote des Office SharePoint Servers

2. Bereiten Sie die Funktion des Add-Ins durch Hinzufügen
   - eines *Benutzersteuerelements – Usercontrol1 –* und
   - einer *Multifunktionsleiste (Visueller Designer) – Ribbon1 –*

   vor. Auf dem ersten platzieren Sie ein Textfeld (*txtQueryText*), ein Label (*lblResults*) und zwei Schaltflächen (*btnSearch* und *btnInsert*). Das Textfeld nimmt den Suchtext auf, die erste Schaltfläche löst die Suche aus, das Label zeigt die gefundenen Treffer an und die zweite Schaltfläche fügt eine Tabelle in das aktive Dokument ein, in der Einzelheiten zu den Suchergebnissen zusammengefasst werden.

   Im Ribbon-Element ändern Sie die *OfficeId*-Eigenschaft von *Tab1* zu *TabInsert*. Das bewirkt, dass die einzige Gruppe (*Group1*), deren *Label*-Eigenschaft Sie noch auf *SharePoint Search* setzen, am Ende der Registerkarte *Einfügen* von Word angezeigt wird.

   In der genannten Gruppe bringen Sie einen ToggleButton (*tglShowHide*) unter, der das Benutzersteuerelement als Aufgabenleiste ein- bzw. ausblendet. Damit das funktioniert, erweitern Sie die Klasse *ThisAddIn* um

```
Public ctp As Microsoft.Office.Tools.CustomTaskPane

Private Sub ThisAddIn_Startup(ByVal sender As Object, ByVal e As System.EventArgs) Handles _
      Me.Startup
   Dim usr As New UserControl1
   ctp = Me.CustomTaskPanes.Add(usr, "SharePoint Search")

End Sub
```

und die Klasse *Ribbon1* um

```vb
Private Sub tglShowHide_Click(ByVal sender As System.Object, ByVal e As _
        Microsoft.Office.Tools.Ribbon.RibbonControlEventArgs) Handles tglShowHide.Click
    SharePointSearch.Globals.ThisAddIn.ctp.Visible = tglShowHide.Checked
End Sub
```

3. Nachdem Sie getestet und festgestellt haben, dass bis jetzt alles funktioniert, kümmern Sie sich um die Übergabe der Suchanfrage. Diese folgt dem XML-Schema zum Namensraum *urn:Microsoft.Search.Query*, das aus dem Recherche SDK des vorigen Abschnitts bekannt ist. Das Gerüst der Abfrage hinterlegen Sie in einer XML-Datei *queryFile.xml* in Form von

```xml
<?xml version="1.0" encoding="utf-8" ?>
<QueryPacket xmlns="urn:Microsoft.Search.Query">
  <Query>
    <QueryId>{DEF0086B-BD01-493b-81FC-2765A25B278F}</QueryId>
    <SupportedFormats>
      <Format />
    </SupportedFormats>
    <Context>
      <QueryText></QueryText>
    </Context>
  </Query>
</QueryPacket>
```

und die Datei fügen Sie den Ressourcen des Projekts zu.

Der erforderliche Suchtext wird dann in der Prozedur aus Listing 20.6 erzeugt, die das *Click*-Ereignis einer der beiden Schaltflächen verarbeitet:

```vb
Private Sub btnSearch_Click(ByVal sender As System.Object, ByVal e As System.EventArgs) Handles _
        btnSearch.Click
    Try
        ds = Nothing
        lblResults.Text = "Gefunden: 0"
        btnInsert.Enabled = False

        Dim ws As New officeserver.QueryService
        Dim credentials = New System.Net.NetworkCredential("Dev2007", "p@ssw0rd", "EP")
        ws.Credentials = credentials

        Dim xmlQueryDoc As New Xml.XmlDocument
        xmlQueryDoc.LoadXml(My.Resources.queryFile)
        Dim nsmgrQuery As New Xml.XmlNamespaceManager(xmlQueryDoc.NameTable)
        nsmgrQuery.AddNamespace("user", "urn:Microsoft.Search.Query")
        Dim nd As Xml.XmlNode
        nd = xmlQueryDoc.SelectSingleNode("user:QueryPacket/user:Query/user:Context/user:QueryText", _
            nsmgrQuery)
        If txtQueryText.Text.Trim.Length > 0 Then
            nd.InnerText = txtQueryText.Text
        Else
            nd.InnerText = "Entwicklerhandbuch"
        End If

        ds = ws.QueryEx(xmlQueryDoc.OuterXml)
        Dim xmlResultsDoc As New Xml.XmlDocument
```

Listing 20.6 Die Suchanfrage wird zusammengebaut

```
        xmlResultsDoc.LoadXml(ds.GetXml)
        Dim ndl As Xml.XmlNodeList = xmlResultsDoc.SelectNodes("Results/RelevantResults")
        If ndl.Count > 0 Then
            btnInsert.Enabled = True
            lblResults.Text = "Gefunden: " & ndl.Count
        End If
    Catch ex As Exception
        MsgBox(ex.Message)
    End Try
End Sub
```

Listing 20.6 Die Suchanfrage wird zusammengebaut *(Fortsetzung)*

Hier die Details zu Listing 20.6:

- In der Regel wird der Server eine Anmeldung verlangen, dem kommen Sie mit der *Credentials*-Eigenschaft des Webdienstes nach.
- Die XML-Datei erweitern Sie in der bewährten Weise, indem Sie sich durch einen XmlNamespace-Manager Zugang zu den Knoten per XPath (*"user:QueryPacket/user:Query/user:Context/user:QueryText"*) verschaffen.
- Mithilfe einiger Debugversuche erlangen Sie Kenntnis über den Aufbau des gelieferten DataSets (etwa im Überwachungsfenster), und somit ist die Verwendung von *SelectNodes("Results/RelevantResults")* zur Ermittlung des Umfangs der Treffer kein Geheimnis mehr.
- Der Rest des Codes ist ästhetischen Ursprungs – die Aktualisierung des Labels sowie die Aktivierung der Einfüge-Schaltfläche.
- Man kann auch an einen asynchronen Aufruf der Methode *QueryEx* denken. Das erfordert aber eine Behandlung wie im Beispiel zum asynchronen Aufruf aus Kapitel 18, um Threadsicherheit zu gewährleisten.

4. Nun muss noch die Tabelle mit den Ergebnissen zu Papier gebracht werden. Dazu bereiten Sie eine XSL-Transformationsdatei vor, die im Ergebnis eine (zugegeben) einfache Word-Tabelle auf der Basis von WordprocessingML erzeugt. Das sollte bei einer umfangreichen Zahl von Treffern schneller arbeiten als das zeilenweise Einfügen der ermittelten XML-Knoteninhalte aus der Antwort. Listing 20.7 zeigt eine verkürzte Wiedergabe der Transformationsdatei:

```
<?xml version="1.0" encoding="utf-8"?>
<xsl:stylesheet version="1.0" xmlns:xsl="http://www.w3.org/1999/XSL/Transform">
  <xsl:output method="xml"/>
  <xsl:template match="/">
    <w:wordDocument
      xmlns:w=http://schemas.microsoft.com/office/word/2003/wordml
      xml:space="preserve">
      <w:body>
      <w:tbl>
         <w:tblPr>
            <w:tblW w:w="0" w:type="auto" />
            <w:tblBorders />
            <w:tblLook w:val="04A0" />
         </w:tblPr>
         <w:tblGrid />
         <w:tr>
```

Listing 20.7 XSL-Transformation zum Erzeugen einer Word-Tabelle mit minimalem Aufwand

```xml
            <w:tc>
              <w:tcPr />
              <w:p>
                <w:pPr />
                  <w:r>
                    <w:rPr />
                    <w:t>Autor</w:t>
                  </w:r>
              </w:p>
            </w:tc>
            <w:tc>
(Hier wurden die Überschriften für den Titel und den Pfad zum Dokument weggelassen...)
          </w:tr>
          <xsl:for-each select="Results/RelevantResults">
            <w:tr>
              <w:tc>
                <w:tcPr />
                <w:p>
                  <w:pPr />
                  <w:r>
                    <w:rPr />
                    <w:t><xsl:value-of select="Author"/></w:t>
                  </w:r>
                </w:p>
              </w:tc>
(...und hier die Schleifen für die Informationen in den beiden Spalten Titel und Pfad.)
            </w:tr>
          </xsl:for-each>
        </w:tbl>
      </w:body>
    </w:wordDocument>
  </xsl:template>
</xsl:stylesheet>
```

Listing 20.7   XSL-Transformation zum Erzeugen einer Word-Tabelle mit minimalem Aufwand *(Fortsetzung)*

Auch die Transformationsdatei hinterlegen Sie in den Ressourcen des Projekts. Dann kann das erhaltene Ergebnis in der Click-Prozedur der Einfüge-Schaltfläche wie in Listing 20.8 aussehen:

```vb
Private Sub btnInsert_Click(ByVal sender As System.Object, ByVal e As System.EventArgs) Handles _
    btnInsert.Click
  If SharePointSearch.Globals.ThisAddIn.Application.Documents.Count > 0 Then
    Dim doc As Word.Document
    doc = SharePointSearch.Globals.ThisAddIn.Application.ActiveDocument
    If Not ds Is Nothing Then
      Dim xmlDoc As New Xml.XmlDocument
      xmlDoc.LoadXml(ds.GetXml)
      Dim xmlTrans As New Xml.Xsl.XslCompiledTransform
      Dim xmlStyleSheet As New Xml.XmlDocument
      xmlStyleSheet.LoadXml(My.Resources.transformResults)
      Dim myReader As Xml.XmlReader = _
          Xml.XmlReader.Create(New System.IO.StringReader(xmlStyleSheet.OuterXml))
      xmlTrans.Load(myReader)
      Dim b As New StringBuilder
      Dim myWriter As Xml.XmlWriter = Xml.XmlWriter.Create(b)
      xmlTrans.Transform(xmlDoc, myWriter)
```

Listing 20.8   Der letzte Schritt – Transformation der Daten, die mit dem DataSet geliefert werden

```
            doc.Application.Selection.Range.InsertXML(b.ToString)
        End If
    End If
End Sub
```

Listing 20.8 Der letzte Schritt – Transformation der Daten, die mit dem DataSet geliefert werden *(Fortsetzung)*

Ein letzter Test – die Ergebnisse erscheinen wie von Geisterhand. Einen Tusch für Webservices und XML!

Zusammenfassung

Sie haben in diesem Kapitel gesehen, dass mit XML-Webdiensten (die hier ausschließlich auf Basis dessen beruhen, was mit Visual Studio-Vorlagen und ASP.NET relativ komfortabel umgesetzt werden kann) ein starkes Instrument zum Empfang von Informationen aus dem Netz und deren Verarbeitung in Office-Dokumenten zur Verfügung steht. Allerdings ist das noch bei Weitem nicht alles, was an Webdiensten geboten wird:

- Nicht besprochen werden konnten daher die direkten Webdienste, die der SQL Server 2000 unter dem Stichwort SQLXML anbietet, bzw. deren Weiterentwicklung (oder soll man besser sagen Ablösung?) durch Möglichkeiten, die der SQL Server 2005 bzw. sein Nachfolger zur Verfügung stellen.
- Ebenso nicht beschrieben werden konnten die Webdienste von Amazon, die sich seit Jahren in ständiger Weiterentwicklung befinden.
- Zu guter Letzt konnte auch auf die Webdienste, die unter dem Namen »Google« figurieren, nicht eingegangen werden.

Sie sollten aber mit diesem letzten Kapitel hinreichend Lust auf eigene Erkundungen bekommen haben und vielleicht sind Sie der Initiator des ersten XML-Webdienstes in Ihrem Unternehmen.

Stichwortverzeichnis

.NET Framework-Datenanbieter für SQL Server 762
.NET-Konfiguration
    Ausführungsrichtlinie einrichten 525
    bei .NET 3.0/3.5 529
_rels-Ordner 623

A

Abfrage-Generator 762
Action-Klasse, SmartTags 677
Action-Klasse, VSTO, SmartTags 373
ActionsPane, Definition 367
ActionsPane-Bereich ein- und ausblenden 371
ActionsPane-Klasse 368, 667
ActiveExplorer-Methode, Outlook 335
ActiveInspector-Methode, Outlook 336
AddCustomization, ServerDocument-Objekt 380
AddCustomization-Methode, ServerDocument-Objekt 382
AddHandler-Anweisung 614
AddHandler-Befehl, Excel, Eventhandler einrichten 248
AddImagePart-Methode 638
Add-in Express für Microsoft Office .NET 404
Add-Ins, Überblick 396
AddIns-Eigenschaft, Word 295
AddMainDocumentPart-Methode 634
AddNewPart-Methode 637, 647
AddPart-Methode 647
AddPicture-Methode, Word 287
AddPresentationPart-Methode 647
AddRange-Methode, SmartTags 677
AddToFavorites-Methode 261
AddWorkbookPart-Methode 643
ADO.NET Sync Services 379
AfterXmlExport-Ereignis, Excel 696
AfterXmlImport-Ereignis, Excel 696
Aktienkurse, über Webabfragen 236
Alignment-Eigenschaft beim ParagraphFormat-Objekt, Word 270
Animation-Eigenschaft beim Font-Objekt 271
Anpassungen, Definition 28
Anwendungsdomäne, Definition 175
Anwendungserweiterungen, Definition 29
API (Application Programming Interface) 513
AppendChild-Methode 610
AppendOnImport-Eigenschaft, Excel 695
Application Programming Interface siehe API
AppManifest-Eigenschaft, ServerDocument-Objekt 382
ArbitraryXMLSupportAvailable-Eigenschaft, Excel 695

Artikel in einem Word-Dokument 262
ASP.NET-Ordner 761
ASP.NET-Webdienstanwendung 761
Assembly
    Definition 174
    in Projekt konvertieren 89
Assembly Download Cache 139
Assert Definition 507
Assertionfehler, Trace-Meldungen 505
Assert-Methode
    Debug-Klasse 507
    Trace-Klasse 505
Asynchrone Aufrufe 769
Async-Zusatz 770
Aufgabenbereich XML-Quelle 690
Aufgabenbereich XML-Struktur, Word 730
Aufgabenbereiche 671
    benutzerdefinierte 668
Aufgabenleiste, Outlook 335
Auflistungen siehe Collections
Aufnahmeliste, VSTO 3.0-Anpassungen 567
Ausführungsrichtlinien, VSTO-Anwendungen 525
Ausnahme, Definition 141
Ausnahmebehandlung, Überblick 141
AutoFormat-Methode bei Tabellen, Word 282
Automakros, Word 303
Automatisierung, Definition 197
AxHost-Klasse, Beispiel 666

B

BackgroundWorker-Klasse 723
Bedingter Haltepunkt 494
Befehlsfenster, Visual Studio 71
Befehlsleisten
    Definition 186
    Überblick 184
BeforeCaptionShow-Ereignis, SmartTag 678
BeforeXmlExport-Ereignis, Excel 696
BeforeXmlImport-Ereignis, Excel 696
Begin-End-Aufrufmuster 769
BeginGroup-Eigenschaft, Befehlsleisten 188
Benutzerdefinierte XML-Komponenten 641
Betriebssystem, API-Funktionen 513
Bilder auf Steuerelementen, Multifunktionsleiste 666
BindingSource-Objekt 771
Bitmaps in ein Excel-Blatt einfügen 226
Bold-Eigenschaft beim Font-Objekt 271
Bookmark-Control, VSTO 304

Bookmark-Objekt 279
Bookmarks-Auflistung, Word 279
Bookmarks-Eigenschaft 261
Bookmark-Steuerelement 771
Bootstrapper Manifest Generator 573
BuildInDocumentProperties-Eigenschaft 301
BuildKeyCode-Methode, Word 296
BuiltInDocumentProperties-Eigenschaft 261

C

Cached-Attribut
   VSTO 391
CachedDataHostItem-Objekt, VSTO 384
CachedDataItem-Objekt, VSTO 384
CachedData-Objekt, VSTO 384
CacheInDocument-Eigenschaft, DataSet 457
Callbackprozeduren, Ribbon-Anpassung 700
Cell-Methode, Zugriff auf Zellen einer Tabelle, Word 281
CentimetersToPoints-Methode, Word 269, 295
Certmgr.exe, Zertifikat-Manager 566
Characters-Eigenschaft 261
   Word 268
CharacterUnitFirstLineIndent beim ParagraphFormat-Objekt, Word 270
Chart-Control, Überblick 242
ChartObject-Objekt, Excel-Diagramme anlegen 221
Chart-Objekt, Überblick 220
ChartWizard-Methode, Diagramme anlegen 219
CheckGrammar-Methode 261
CheckSpelling-Methode 261
   Word 295
Class-Befehl, Visual Basic 149
CleanString-Methode, Word 295
ClearSettings-Methode, Excel 695
Click-Ereignis, SmartTag 678
ClickOnce, Datenverzeichnis 578
Close-Methode 261, 635
   ServerDocument-Objekt 382
Code Snippets 606
Codeausschnitte 606
Code-Editor, Visual Studio 84
Code-Eigenschaft, Word 290
Collapse-Methode 274
   Word 275
Collections, Definition 201
Color-Eigenschaft beim Font-Objekt 271
ColorIndex-Eigenschaft beim Font-Objekt 271
Columns-Eigenschaft bei Tabellen, Word 281
COM AddIn Shim Loader 396
COM Shim-Wizard 401
COMAddIns-Eigenschaft, COM-Add-Ins 413
COM-Interop 513
CommandBars-Collection, Beispiele 185
Command-Eigenschaft beim KeyBinding-Objekt, Word 296

CommandText-Eigenschaft 764
Compiler, Definition 104
Completed-Zusatz 770
ConnectionString-Eigenschaft 762
Content_Types.xml-Datei 623
Continue-Befehl, Visual Basic 129
ConvertToText-Methode, Word 282
CopyFromRecordSet-Methode, Excel 719
CoreFilePropertiesPart-Eigenschaft 635
CorrelationToken, Workflows 440
Country-Eigenschaft, Word 293
CreateAttribute-Methode 610
CreateElement-Methode 626
CreateNode-Methode 610
CreateObject-Funktion 166
CreatePart-Methode 627
CreateRibbonExtensibilityObject-Funktion 699
CSV-Dateien, Import, Excel 230
CTP 622
Cursor-Eigenschaft, Word 293
Custom XML
   Excel 716
   Word 753
Custom XML Parts
   Beispiel 314
   Word 2007 310, 315
CustomDocumentProperties-Eigenschaft 261, 301
Customer Technical Preview 622
CustomizationContext-Eigenschaft, Word 297
Customizations siehe Anpassungen
CustomTaskPane, Überblick 420
CustomTaskPane-Klasse 421, 667
customUI.xsd-Datei 656
CustomXMLNode-Klasse, Office 697, 738
CustomXMLNodes-Auflistung, Office 697, 738
CustomXMLPart-Klasse, Office 696, 738
CustomXML-Parts 642
CustomXMLParts-Auflistung, Office 697, 738
CustomXMLParts-Eigenschaft, Excel 698
CustomXMLSchemaCollection-Klasse, Office 697, 738
CustomXMLSchema-Klasse, Office 697, 738
CustomXMLValidationError-Klasse, Office 698, 738
CustomXMLValidationErrors-Auflistung, Office 698, 738

D

DataDirectory, Datenbankpfad festlegen 482
DataDirectory-Eigenschaft, CurrentDeployment-Klasse 578
DataSet
   als Offlinecache 459
   Definition 456
   generieren 762
   typisiert 460
DataTable in Excel-Tabellenblatt kopieren 478

Datenadapter, Datenbankzugriff 456
Datenbankverbindung einrichten 762
Datenbindung, Datenbankzugriff 468
Dateninseln, VSTO 379
Datenquellen in Projekten 770
Datentypen, Unterschiede VBA/Visual Basic 125
DBConcurrencyException, Datenbankzugriff 461
Debug- und Release-Konfiguration, Visual Studio 82
Declare-Befehl, API-Funktionen 514
Delegat, Definition 516
Delegate 769
Design 650
Designtipps, Multifunktionsleiste 655
Devenv.exe, Visual Studio-Kommandozeile 72
Diagramme, Excel, Visual Basic 218
Dialog-Objekt, Word 297
Dialogs-Eigenschaft, Word 295
Dialogs-Objekt, Word 297
Dienstverweis hinzufügen 767
DiffGram-Format, Dateninseln 389
Direktfenster 494
Display-Methode
    beim Dialog-Objekt, Word 297
    Word 297
DllImport-Attribut, API-Funktionen 514
docProps-Ordner 624
Document Object Model 610
Document Type Definition Language 591
document.xml-Datei 624
DocumentInspector-Objekt siehe Dokumentinspektor
Document-Klasse, Word 736
DocumentProperties-Auflistung, Office 708
Dokument
    Aufbau, Word 262
    drucken, Word 260
    durchsuchen, Word 276
    Gesamtzahl der Seiten 265
    Word, Visual Basic 258
Dokumentaktionen 672
Dokumenteigenschaften
    bei Office 2003/2007 302
    in Excel setzen 245
Dokumenterweiterung, Definition 28
Dokumentinspektor 679
    Office 2007 302
Dokument-Tags, strukturierte 641
DOM 609
DoubleStrikeThrough-Eigenschaft beim Font-Objekt 271
Drucken
    programmgesteuert in Excel 245
    Visual Studio 89
DTD 591
Duplicate beim ParagraphFormat-Objekt, Word 270
Duplicate-Eigenschaft beim Font-Objekt 271

E

ECMA-Standard 622
EMU 649
EnableVBACallers-Eigenschaft 154
encoding-Attribut 588
End-Eigenschaft, Word 268
English Metric Unit 649
EntryID-Eigenschaft, Outlook 327
Entscheidungen bei Visual Basic 127
Enumeration, Definition 135
Enumerator 132
Ereignisprotokoll, Abfragen 147
ErrorProvider-Steuerelement, Beispiel 674
Eventhandler, Definition 157
EventLog-Klasse, Überblick 508
Eventlogs, Einträge lesen 509
Events, WinForms 157
Excel
    Ansprechen von Defaulteigenschaften 206
    Dokumenteigenschaften setzen 245
    eingebaute Dialoge anzeigen 233
    Ereignisse auswerten 247
    FaceID ermitteln 190
    Hinweisdialoge unterdrücken 244
    ID von Symbolen ermitteln 190
    interne Funktionen aufrufen 244
    Meldungen in der Statusleiste 243
    programmgesteuert drucken 245
    Screen-Updates verhindern 243
    XML-Objekte 234
    Zeilen fixieren 244
ExcelLocale1033-Attribut 522
Execute-Methode beim Find-Objekt 276
Expand-Methode Word 275
Explorer-Objekt, Outlook 335
Export-Methode, Excel 696
ExportXml-Methode, Excel 696
Extensible Markup Language 585
Extensible Stylesheet Language 594

F

Fail-Methode, Trace-Klasse 505
Fehlerliste, Visual Studio 69
Felder
    Visual Basic 151
    Word 288
Feldfunktionen, Word 288
Field-Objekt, Word 289
Fields-Eigenschaft 261
    Word 289
Find-Eigenschaft 276
FindKey-Eigenschaft, Word 295, 297

Find-Methode
    Range-Objekt 208
    Range-Objekt, Excel 208
FindNext-Methode, Range-Objekt 208
Find-Objekt, Word 276
FirstLineIndent-Eigenschaft beim ParagraphFormat-Objekt, Word 270
Fix-Methode, Dokumentinspektor 684
Folder-Objekt, Outlook 324
FolderPath-Eigenschaft, Outlook 324
Font-Objekt, Word 270
Footers-Objekt, Word 264
FormatedText-Eigenschaft, Word 267
Format-Eigenschaft, Word 269
Formatierung, Excel-Zahlen 217
Formularbereiche, Outlook 2007 356
Found-Eigenschaft, Word 276
FreeDiskSpace-Eigenschaft, Word 293
Funktion, Definition, Visual Basic 131
Fußnoten, alle Fußnoten in ein Dokument kopieren, Word 263
Fußzeilen 264

G

GAC siehe Global Assembly Cache
Gesamtzahl, Seitengesamtzahl ermitteln 265
GetCustomizationVersion-Methode, ServerDocument-Objekt (3.0) 382
GetCustomUI-Funktion 665
GetCustomUI-Methode 699
GetDefaultFolder-Methode, Outlook 324
getImage-Rückruf, Multifunktionsleiste 666
GetInfo-Methode, Dokumentinspektor 684
GetManagedClass-Methode 720
GetManifestResourceStream-Methode, Beispiel 521
GetObject-Funktion 168, 172
getPressed-Rückruf, Multifunktionsleiste 663
GetPrivateProfileSectionNames, API-Funktion 517
GetPrivateProfileString, API-Funktion 517
GetSetting-Funktion, Registry-Zugriff 503
GetStream-Methode 634
GetWindowText-API-Funktion 516
Global Assembly Cache, Definition 176
Global-Namespace 122
Global-Objekt im Word-Objektmodell 295
Globals-Klasse 122
Globals-Objekt 674
Gruppe XML, Word 729
Gültigkeit 590
    von XML-Daten, Excel 691, 711
Gutter-Eigenschaft beim PageSetup-Objekt 264

H

Haltepunkt
    bedingter Haltepunkt 494
    Definition 493
Hans Herbers IDFinder 191
HeaderFooter-Objekt, Word 264
HeaderFooters-Objekt, Word 264
HeaderRowRange-Klasse, Excel 709
Headers-Objekt, Word 264
Hidden-Eigenschaft beim Font-Objekt 271
Hinweisdialoge unterdrücken, Excel 244
HorizontalResolution-Eigenschaft, Word 293
Host Controls, Definition, Überblick 30

I

IDE (Integrated Development Environment) 64
IdentLevel-Eigenschaft, Trace-Klasse 505
Ident-Methode, Trace-Klasse 505
IDocumentInspector-Schnittstelle 682
IEnumerable-Klasse 636
IIS 760
image-Attribut, Multifunktionsleiste 666
Imports-Befehl 116
InchesToPoint-Methode, Word 295
inclusion list siehe Aufnahmeliste
Inhaltssteuerelemente 310, 641
    Word 756
Ini-Dateien, Lesen per API-Funktionen 517
InitializeComponent-Methode 763
InlineShape-Objekt
    Unterschied zum Shape-Objekt, Word 286
    Word 285
InsertAfter-Methode 272
InsertAutoText-Methode 272
InsertBefore-Methode 272
InsertBreak-Methode 272
    beim Selection-Objekt 265
InsertDatabase-Methode 272
InsertFile-Methode 272
InsertParapraphAfter-Methode 272
InsertParapraphBefore-Methode 272
InsertParapraph-Methode 272
InsertSymbol-Methode 272
InsertXML-Methode, Word 747
Inspect-Methode, Dokumentinspektor 684
Inspector-Objekt, Outlook 336
Instanz,Definition 113
Instanziieren, Definition 112
Integrated Development Environment siehe IDE
Internet Information Services 760
InvalidateControl-Methode 667
Invalidate-Methode 667
IPictureDisp-Klasse 666

IRibbonExtensibility-Klasse 665
IRibbonUI-Klasse 667
IsCachedEnabled-Eigenschaft, ServerDocument-
    Objekt 382
IsCustomized-Eigenschaft, ServerDocument-Objekt 380,
    382
IsExportable-Eigenschaft, Excel 695
IsHeader-Eigenschaft, Word 264
IsObjectValid-Eigenschaft, Word 295
Italic-Eigenschaft beim Font-Objekt 271

J

Jet-Engine, Definition 203

K

KeyBinding-Objekte, Word 296
KeyBindings-Auflistung, Word 296
KeyString-Eigenschaft, Word 296
Klammern, bei Methodenaufrufen 131
Klassen
    Definition 111
    Visual Basic 149
Knoten 586
Konfigurationsmanager, Visual Studio 82
Konstanten, in der Word-Bibliothek 260
Kopf- und Fußzeilen, Word 636
Kopfzeilen 264

L

Language Integrated Query Framework siehe LINQ
LeftIndent-Eigenschaft, Word 269
Lesezeichenfenster, Visual Studio 71
LineSpacing-Eigenschaft beim ParagraphFormat-Objekt,
    Word 270
LinesToPoints-Methode, Word 295
LINE-Textmarke, Word 294
Liniendiagramme, Excel, Visual Basic 226
LinkFormat-Objekt, Word 287
LINQ (Language Integrated Query Framework) 133
    Beispiele 510
LINQ to XML
    Beispiele 632, 703
LINQ to XML-Objekte 616
ListColumn-Klasse, Excel 695
Listen
    Überblick 229
    XML-Inhalte importieren, Visual Basic 231
Listeners-Eigenschaft, Trace-Klasse 505
ListObject-Klasse, Excel 694
ListObject-Objekt
    Listen, Überblick 229
    Überblick 238

ListObject-Steuerelement 771
LoadSettings-Methode, Excel 695
Logging
    Überblick 504

M

MacintoshName-Eigenschaft, Word 294
MacroContainer-Eigenschaft, Word 295
Mail Application Programming Interface siehe MAPI
MailItem-Objekt, Outlook 2007-Erweiterungen 333
MailMerge-Objekt, Überblick, Word 291
ManagedXLL, Excel-Funktionen in .NET 216
Manifest Generator/Editor, Manifestdateien editieren 577
MAPI, Mail Application Programming Interface 325
MAPIFolder-Objekt, Outlook 324
MAPI-Namespace, Outlook 321
Marshaling, Definition 513
Media-Ordner 638
Menü anpassen 654
Menübefehle 655
MessageClass-Eigenschaft, Outlook 326
Metadaten, Definition, Assembly 497
Methode, Visual Basic 152
Microsoft Access, Zusammenspiel mit .NET 40
Microsoft Office 2003 Research Services SDK 772
Microsoft Office 2007 Custom UI Editor 656
Microsoft Office SharePoint Server 2007, MOSS 2007
    Überblick 424
Microsoft Open XML Format SDK 633
Microsoft VSTO Power Tools 1.0 656
Microsoft.Office.DocumentFormat.OpenXml-
    Assembly 634
MillimetersToPoints-Methode, Word 295
Mitglied, Visual Basic 150
MOSTL 604
MoveDown-Methode 274
MoveEnd-Methode 274
MoveEndUntil-Methode 274
MoveEndWhile-Methode 274
MoveLeft-Methode 274
Move-Methode 274
MoveRight-Methode 273–274
MoveStartkWhile-Methode 274
MoveStart-Methode 274
MoveStartUntil-Methode 274
MoveUntil-Methode 274
MoveUp-Methode 274
MoveWhile-Methode 274
MSDN (Microsoft Developer Network) 93
MsgBox-Funktion, Visual Basic 137
Multifunktionsleiste anpassen 654
My-Namespace, Überblick 509

N

NamedRange-Klasse 674
NamedRange-Objekt
    Datenbindung 479
    VSTO, Excel 239
Name-Eigenschaft, beim Font-Objekt 271
Namespace 588
    Definition 115
Namespace-Befehl, Visual Basic 153
NameSpace-Objekt, Outlook-Objektmodell 321
NewDocument-Methode, Word 259
NewFile-Objekt, Word 259
NewMail-Event, Outlook 351
NewMailEx-Event, Outlook 351
Next-Eigenschaft, Word 290
NextStoryRange-Methode 262
NormalTemplate-Eigenschaft, Word 295
Northwind-Datenbank anlegen 455
NoteItem-Objekt, Outlook 340
NUMPAGES-Feldfunktion 265

O

OBA (Office Business Application) 41
Object Model Guard, Outlook 354
Objekt, Definition 110
Objektmodell Excel aus XML-Sicht 694
Objektvariable, Definition 121
Office Business Application siehe OBA
Office Live, Überblick 446
Office Open XML 622
Office SharePoint Server 2007 778
Offlinecache, DataSet 459
Old or invalid object library, Ursache 249
OLE Automation siehe Automatisierung
OleDbConnectionStringBuilder, Datenbankzugriff 454
Open XML Code Snippets 633
OpenFileDialog-Klasse 708
Open-Methode, Word 741
OpenText-Methode, Workbooks-Objekt, Excel 229
OpenXML-Methode, Excel 704
OperatingSystem-Eigenschaft, Word 293
Operatoren bei Visual Basic 127
Option Strict On, Bedeutung 126
Osql.exe 483
OutlineLevel-Eigenschaft beim ParagraphFormat-Objekt, Word 270
Outlook
    suchen in Ablagen 344
    Überblick über die Events 350
Outlook 2007, Formularbereiche 356
OutlookSpy, Überblick 362

P

Package 625
PageBreakBefore-Eigenschaft beim ParagraphFormat-Objekt, Word 270
PageSetup-Objekt, Word 265
PAGE-Textmarke, Word 294
ParagraphFormat-Eigenschaft, Word 278
ParagraphFormat-Objekt, Word 269
Paragraph-Objekt, Word 269
Parts 623
Pfx-Datei, Zertifikate 559
PIA siehe Primary Interop Assemblies
PIAs
    ausliefern 182
    Verzeichnis von PIAs lokalisieren 181
Picture-Objekt, Bilder in Excel einfügen 226
PixelsToPoints-Methode, Word 295
PointsToCentimeters-Methode, Word 295–296
PointsToInches-Methode, Word 296
PointsToMillimeters-Eigenschaft, Word 296
presentation.xml-Datei 624
PresentationML 646
PresentIt-Methode 261
PreserveColumnFilter-Eigenschaft, Excel 695
PreserveNumberFormatting-Eigenschaft, Excel 695
Primary Interop Assemblies, Definition 179
PrintOut-Methode 261
PrivateProfileString-Eigenschaft, Word 294
Processing instruction 586
ProfileString-Eigenschaft
    beim System-Objekt, Word 293
    Word 294
ProgID, Definition 166
Projekt
    Definition 73
    erstellen 88
    nachträglich umbenennen 90
Projektdatenquelle, Visual Studio 465
Projektverzeichnis, Definition 75
PromptingLevel, Registry-Eintrag, Trust Prompt anzeigen 570
PropertyAccessor-Eigenschaft, Outlook 333
Protect-Methode, Dokumente schützen, Word 260
Prozedur, Definition, Visual Basic 131
Pst-Dateien
    Outlook 322, 330
    sichern, Struktur betrachten 322

Q

Qualifizierte Namen, Multifunktionsleiste 663
Query Services 778
QueryTable-Klasse, Excel 695

R

Range-Klasse, Word 737
Range-Objekt
    allgemeine Bedeutung bei Word 267
    Ereignisse 210
    Excel-Objektmodell 206
RecentFiles-Eigenschaft, Word 296
Recherchedienst 772
    Antworten implementieren 776
    debuggen 778
    Webmethoden 773
Recipient-Objekt, Outlook 331
Redemption-DLL 326
Reference.vb-Datei 768
ReferenceAssemblyFromVbaProject-Eigenschaft 154
Reflection, Definition 497
Regeln, Outlook 2007 342
Regionen, Visual Studio 86
Register Add-Ins 654
Registrierung für COM-Interop, Beispiel 683
Registry, Überblick 500
Registry-Einträge, Beispiel 682
RegMon 400
Relationships 623
ReleaseComObject, Freigeben von COM-Objekten 321
ReleaseComObject-Methode, Beispiel 182
rels-Dateien 623
RemoveCustomization-Methode, ServerDocument-Objekt 382
Repeat-Methode, Word 296
Replacement-Objekt, Word 276
RequestComAddInAutomationService-Methode 419
Research Services 772
Result-Eigenschaft, Word 290
Rows-Eigenschaft bei Tabellen, Word 281
Rückrufprozeduren, Multifunktionsleiste 661
Runtime Storage Control, VSTO 383
RunWorkerAsync-Methode 725
RunWorkerCompleted-Ereignis 725

S

SaveAs-Methode 261
    Word 743
SaveAsXMLData-Methode, Excel 695
SaveDataSourceDefinition-Eigenschaft, Excel 695
Save-Methode, ServerDocument-Objekt 382
SaveSetting-Funktion, Registry-Zugriff 503
Schema, Definition, Datenbankzugriff 477
Schemabibliothek, Word 730
Schemadateien erzeugen mit Visual Studio 2008 601
Schemadefinition 591
Schemas-Auflistung 614

Section-Objekt, Word 264
Sections-Eigenschaft 262
SecurityManager-Klasse 534
Seiten
    Gesamtzahl ermitteln 265
    Gesamtzahl in einem Word-Dokument 265
Selection-Objekt 272
selectNodes-Methode 615
selectSingleNode-Methode 615
Selfcert.exe
    Zertifikate 559
    Zertifikate erstellen 563
SendFax-Methode 262
SendKeys-Klasse, Senden von Tastendrücken 519
Sentences-Eigenschaft 262
    Word 268
SerializeDataInstance-Methode, CachedData-Klasse 387
Seriendruck bei Word steuern mit Visual Basic 290
SeriesCollection-Objekt auf Diagrammdaten zugreifen 224
ServerDocument-Objekt, VSTO 379
Service References-Ordner 768
SetValue-Methode, Excel 696
SGML 585
Shading-Eigenschaft
    bei Tabellen, Word 282
    beim Font-Objekt 271
    beim ParagraphFormat-Objekt, Word 270
Shape-Objekt
    Excel-Objektmodell 222
    Unterschied zu ShapeRange 223
Shape-Objekte, Word 285
Shared Strings 644
sharedStrings.xml-Datei 644
SharedStringTablePart-Klasse 644
Shim, Definition 401
ShowCodes-Eigenschaft, Word 290
ShowImportExportValidationErrors-Eigenschaft, Excel 695
Show-Methode, Word 297
ShowVisualBasicEditor-Eigenschaft, Word 296
Shrink-Methode, Word 275
Signatur, Definition 152
Size-Eigenschaft beim Font-Objekt 271
SmartTag-Listen 604
SmartTags
    reguläre Ausdrücke bei VSTO-SmartTags 377
    Überblick 371
SmartTags, Beispiel 676
SmartTagsAsXMLProps-Eigenschaft, VSTO, Word 371
Snippets 606
Solution, Word 731
SourceFullName-Eigenschaft, Word 287
Spacing-Eigenschaft beim Font-Objekt 271
SpreadsheetDocument-Klasse 643

SpreadsheetML 642, 700
SpreadsheetML, Beispiel 766
SQL Server Management Studio 483
SqlConnection einrichten 762
SqlConnectionStringBuilder-Klasse,
    Datenbankzugriff 454
SqlDataAdapter-Steuerelement 762
SqlSelectCommand-Objekt 763
Standard Generalized Markup Language 585
Starker Name, Definition 176
Start-Eigenschaft, Word 268
StatusBar-Eigenschaft, Word 298
Steuerelemente, Multifunktionsleiste 659
StoryRanges-Auflistung 262
StoryRanges-Objekt, Word 262
StoryType-Eigenschaft 262
Stream, Definition 137
StreamWriter-Klasse, Beispiele 627
StrikeThrough-Eigenschaft beim Font-Objekt 271
StringCollection-Objekt, Beispiel 678
Strong name siehe Starker Name
Structure-Anweisung 763
Struktur, Definition 134
Style-Eigenschaft beim ParagraphFormat-Objekt,
    Word 270
Style-Objekt
    Unterschied Absatz- und Zeichenformat 270
    Word 278
Styles-Auflistung, Word 278
Styles-Eigenschaft 262
Subscript-Eigenschaft beim Font-Objekt 271
Suche nach Formatvorlagen, Word 278
Suchordner, Outlook 349
Superscript-Eigenschaft beim Font-Objekt 271
Symbolleisten
    anpassen 654
    benutzerdefinierte 655
Symbolleistenbefehle 655
Symbol-Picker 190
System.IO.Packaging-Namensraum 625
System.Security.Policy, Überblick 531
System.Xml-Namensraum 609
System-Objekt, Word 293

T

Tabellen
    Excel siehe Listen
    Excel-Listen 644
    hinzufügen über die Add-Methode, Word 280
    optische Gestaltung, Word 282
    Word 280
table.xml-Datei 645
Table-Objekt
    Outlook 2007 348
    Word 280
Tables-Eigenschaft 262
    Word 280
TabStops-Eigenschaft beim ParagraphFormat-Objekt,
    Word 270
targetNamespace-Attribut 594
Task-Objekt, Auflisten laufender Prozesse 256
Tastaturshortcut bei Visual Studio, ändern 96
Tastenkombinationen neu zuordnen 296
TextBoxen auf einem Excel-Blatt anordnen 225
Text-Eigenschaft
    beim Range-Objekt 267
    Word 271
Textmarken
    hinzufügen, Word 279
    Word 279
theme-Ordner 650
Threadsicherheit, Beispiel 725
Throw-Befehl, Visual Basic 146
Toolbox, Visual Studio 70
TraceError-Methode, Trace-Klasse 506
TraceListener, Überblick 506
Tracing
    Überblick 504
Try Catch-Block 141
Typ
    Definition 497
    Informationen abfragen 497
TypeBackspace-Methode 272
TypeParagraph-Methode 272
TypeText-Methode 272
Typinferenz, Visual Basic 126
Typisierte DataSets siehe DataSet

U

Umlaute 588
UnderlineColor-Eigenschaft beim Font-Objekt 271
Underline-Eigenschaft beim Font-Objekt 271
Undo-Methode 262
Uniform Resource Identifier 589
Uniform Resource Locator 589
Uniform Resource Name 589
Uniform-Eigenschaft bei Tabellen, Word 282
Update-Methode, Word 290
URI 589
URL 589
URN 589
UserInclusionList-Klasse 568

V

ValidationEventHandler-Ereignis 614
Validierung 590

Validierung von XML-Daten, Excel 711
Variablen, Definition 120
Variables-Eigenschaft, Word, Daten im Dokument speichern 299
VBA
   Fehlerbehandlung 148
   Vergleich mit VSTO 38
VBA-Makros, umstellen, Excel 249
Verarbeitungsanweisung 586
Verbindungszeichenfolge 762
   Datenbankzugriff 451
Version-Eigenschaft, Word 294
VerticalResolution-Eigenschaft, Word 294
Verweise einfügen, Visual Studio 82
Visual Studio
   drucken 89
   inkrementelle Suche 88
   Überblick 64
Visueller Designer, Multifunktionsleiste 663
Vorlagen und Add-Ins, Word 730
Vorlagen, Visual Studio 72
Vshost.exe, Bedeutung 88
VSTO
   Installation 24
   Vergleich mit VBA 38
VSTO 3.0, Überblick über die Neuerungen 35
VSTO Application Manifest Editor 381
VSTO Troubleshooter 576
VSTOAccessor-Klasse 720
VSTO-Anwendung, Ausnahmen 146
Vstoinstaller.exe 553
VSTO-Projekt, allgemeiner Aufbau 77
Vstor30.exe, VSTO-Runtime 525
VstoSmartTags-Auflistung 677
VSTOTroubleshooter.exe 576

W

W3C 585
Web References-Ordner 768
Web Service Description Language 764
Web.config-Datei 761
Webdienste
   debuggen 764
   Dienstbeschreibung 768
Webmethode 762
Webservice, Verweis auf 767
WebService-Attribute 761
Webverweis
   aktualisieren 768
   hinzufügen 767
WholeStory-Methode, Word 263
Windows Forms siehe WinForms
Windows SharePoint Services 3.0 (WSS), Überblick 424

WindowsBase-Assembly 625
WinForms, Überblick 156
Winword-Prozesse gezielt beenden 257
With-Befehl, Visual Basic 114
Wohlgeformtheit 586
Word
   eingebaute Dialoge 297
   Konstanten übernehmen 282
Word 2003 XML SDK 733
Word 2007, Neuerungen im Objektmodell 256
Word-Dokument, Grafiken einfügen 286
Word-Literaturverzeichnisse 597
Word-Objektmodell, Überblick 254
WordOpenXML-Eigenschaft, Word 747
WordprocessingDocument-Klasse 634
WordprocessingML 626
Words-Eigenschaft 262
Word-Statusleiste, Ausgabe von Meldungen 298
workbook.xml-Datei 624
WorkbookAfterXmlExport-Ereignis, Excel 696
WorkbookAfterXmlImport-Ereignis, Excel 696
WorkbookBeforeXmlExport-Ereignis, Excel 696
WorkbookBeforeXmlImport-Ereignis, Excel 696
worksheets-Ordner 629
World Wide Web Consortium 585
Wrap-Parameter beim Find-Objekt 277
WriteEntry-Methode, Eventlog schreiben 508
WriteIf-Methode, Trace-Klasse 506
WSDL 764
Wurzelelement 587

X

X.509, Zertifikate 557
XAML (eXtented Application Markup Language) 162
XDocument-Klasse 617
XDR 591
XElement-Klasse 617
XML 585
XML Schema Definition Language 591
XML Toolbox
   für Excel 2007 698
   für Word 2007 739
XML Web Service 760
XML Web Services Toolkit 760
XML-Anpassung, Multifunktionsleiste 659
XML-Attribut 587
XMLChildNodeSuggestion-Klasse, Word 736
XMLChildNodeSuggestions-Auflistung, Word 736
XML-Data Reduced 591
XmlDataBinding-Klasse, Excel 694
XML-Datei importieren, Excel 688
XML-Datei öffnen, Excel 688
XML-Dateien editieren mit Visual Studio 2008 600

XML-Dateien, Word
    öffnen 740
    speichern 740
XML-Daten asynchron laden, Excel 722
XML-Daten, Excel
    Gültigkeit 691
    Validierung von 711
XML-Daten, Word, Validierung von 750
XML-Datenimport und DataSets, Excel 719
XML-Datentypen 593
XmlDocument-Klasse 611
XML-Eigenschaft, Word 745
XML-Element 586
XML-Elemente auf Dokumenten, Word 740
XML-Erweiterungspakete, Word 729
XmlImportXml-Methode, Excel 695
XML-Kalkulationstabelle 688
XML-Knoten 586
XML-Kommentare, Visual Studio 97
XML-Literale 616
    Beispiele 634
XmlMap-Klasse, Excel 694
XmlMappedRange-Objekt, Überblick 241
XMLMapping-Klasse, Word 736
XmlMapQuery-Methode, Excel 695
XmlMaps-Auflistung, Excel 694
XML-Namensraum 588
    im .NET Framework 609
XmlNamespace-Klasse, Excel 694
XMLNamespace-Klasse, Word 736
XmlNamespaceManager-Klasse 610
XmlNamespaces-Auflistung, Excel 694
XMLNamespaces-Auflistung, Word 736
XMLNode, VSTO, Word 308
XMLNode-Klasse, Word 736
XMLNodes, VSTO, Word 308
XMLNodes-Auflistung, Word 736
xmlns-Attribut 589
XML-Optionen, Word 730
XML-Präfix 589
XML-Quelle, Excel-Aufgabenbereich 690
XmlReaderSettings-Klasse 614
XmlSchema-Klasse, Excel 694

XMLSchemaReference-Klasse, Word 736
XMLSchemaReferences-Auflistung, Word 736
XmlSchemas-Auflistung, Excel 694
XML-Tag 586
XmlTextReader-Klasse 612
XmlTextWriter-Klasse 611
XML-Verarbeitungsanweisung 586
XML-Verknüpfungen 688
XML-Webdienste 760
XML-Webdienste, Zugriff 760
XmlWriter-Klasse 612
XML-Zuordnungen 234, 688
XML-Zuordnungen, Excel, Eigenschaften einer 691
XML-Zuordnungen, Word 749
XNamespace-Klasse 617
XPath 594
XPath-Eigenschaft, Range-Objekt 234
XPath-Klasse, Excel 694
XSD 591
XSL 594
XslCompiledTransform-Klasse 616
XSL-Elemente 595
XSL-Stylesheet 688
XSL-Transformation, Beispiel 766, 781
XSL-Transformationen mit Visual Studio 2008 603
XSLTransform-Klasse, Word 736
XSLTransforms-Auflistung, Word 736

Z

Zeichenformatierung bei einem Range-Objekt in Word 270
Zeichenkodierung 588
Zeilen fixieren, Excel mit Visual Basic 244
Zellen formatieren, Visual Basic 216
Zellenformel als Visual Basic-Code 211
Zertifikat, Definition 557
ZIP-Paket 625
Zuordnung von Schemadateien unter Visual Studio 2008 602
Zwischenablage, Zugriff in Word 293

Wissen aus erster Hand

Die umfassende Referenz zur Entwicklung von Add-Ins für Outlook 2007. Mit diesem Buch bekommen Sie das Insider-Know-how, wie Sie die eingebaute Funktionalität in Outlook 2007 nutzen und erweitern. Die beiden Autoren sind Experten für die Erweiterung von Outlook und liefern Ihnen einen praktischen Leitfaden sowie ausführliche Codebeispiele, um Ihnen zu helfen, den Informationsfluss auf den Desktop zu ergänzen und an Ihre Wünsche anzupassen.

Autor	Randy Byrne, Ryan Gregg
Umfang	598 Seiten
Reihe	Fachbibliothek
Preis	59,00 Euro [D]
ISBN	978-3-86645-412-5

http://www.microsoft.com/germany/mspress

Microsoft Press-Titel erhalten Sie im Buchhandel.

Wissen aus erster Hand

Dieses umfassende Lehrbuch und Nachschlagewerk zur Word-Programmierung wurde vollständig überarbeitet und um die neuen Möglichkeiten für Word 2007 erweitert. Über sein Objektmodell lässt sich Word automatisieren, anpassen und erweitern. Dieses großartige Werkzeug wird hier mit vielen Beispielen in ungewohnter Tiefe erklärt. Von den grundlegenden Programmiertechniken und dem Verständnis des Objektmodells bis hin zur Anpassung der Benutzerschnittstelle erlernen Sie die Kunst der VBA-Programmierung in Word. Die Diskussion des Objektmodells wird durch zahlreiche C#-Beispiele ergänzt, um dem .NET-Entwickler die Möglichkeiten der Word-Automatisierung zugänglich zu machen. Neu aufgenommen für die Version 2007 wurden u.a. die Themen Ribbons, ContentControls, BuildingBlocks sowie VSTO 2005.

Autor	Meister, Gahler u.a.
Umfang	1064 Seiten, 1 CD
Reihe	Das Handbuch
Preis	59,00 Euro [D]
ISBN	978-3-86645-414-9

http://www.microsoft.com/germany/mspress

Microsoft Press-Titel erhalten Sie im Buchhandel.

Wissen aus erster Hand

Access-Programmierung für die Praxis von Praktikern beschrieben! Dieses Buch bietet Ihnen zunächst eine fundierte Einführung in die Datenbankprogrammierung mit Access 2007 unter Verwendung von Visual Basic für Applikationen (VBA) und SQL. Ausführliches Know-how über die Gestaltung der Benutzerschnittstelle sowie jede Menge universell einsetzbarer Routinen und die richtigen Lösungen für Ihre Probleme stehen danach im Mittelpunkt des Buchs. Die erforderlichen theoretischen Grundlagen werden Ihnen klar und verständlich vermittelt, ansonsten orientiert sich der Inhalt an praktischer Verwendbarkeit und Nutzen der besprochenen Beispiele und Konzepte. Damit stellt das Buch die Informationen zur Verfügung, die Sie brauchen, um schnell zu Ergebnissen zu kommen.

Autor	Doberenz, Gewinnus
Umfang	1136 Seiten, 1 CD
Reihe	Das Handbuch
Preis	59,00 Euro [D]
ISBN	978-3-86645-411-8

http://www.microsoft.com/germany/mspress

Microsoft Press-Titel erhalten Sie im Buchhandel.

Wissen aus erster Hand

Dieses Buch bietet Ihnen einen Schnell-einstieg in das .NET Framework 3.5, unter Berücksichtigung der Basiselemente aus dem .NET Framework 2.0 und der mit der Framework-Version 3.0 eingeführten APIs Windows Presentation Foundation und Windows Communication Foundation. Dabei zählt der bekannte .NET-Experte Dr. Holger Schwichtenberg nicht einfach nur Funktionen und Möglichkeiten auf, sondern demonstriert deren Anwendung in einem praxisnahen Rahmen. Auch die wichtigsten Grundkonzepte der .NET-Programmierung werden, soweit wie nötig, thematisiert.

Autor	Dr. Holger Schwichtenberg
Umfang	ca. 800 Seiten, 1 CD
Reihe	Crashkurs
Preis	39,90 Euro [D]
ISBN	978-3-86645-512-2

http://www.microsoft-press.de

Microsoft Press-Titel erhalten Sie im Buchhandel.

Wissen aus erster Hand

Dieses Buch hilft Ihnen, Microsoft Office System 2007-Komponenten zu verstehen und für erfolgreiches Teamwork im Unternehmen einzusetzen. Es geht sowohl um Portale als auch um die Integration der Office-Applikationen in SharePoint. Praxislösungen und empfohlene Vorgehensweisen werden vorgestellt, so dass Sie von der Erfahrung der Autoren schnell profitieren könnten.

Autor	MindBusiness, HanseVision
Umfang	800 Seiten, 1 CD
Reihe	Fachbibliothek
Preis	39,90 Euro [D]
ISBN	978-3-86645-615-0

http://www.microsoft.com/germany/mspress

Microsoft Press

Microsoft Press-Titel erhalten Sie im Buchhandel.

Wissen aus erster Hand

Peter Monadjemi zeigt Ihnen in diesem Crashkurs, was Sie für einen soliden Einstieg benötigen. Vom Umgang mit Dateien und Verzeichnissen über den Zugriff auf die Registrierung, über das Erstellen kleiner und größerer Skripts, über ADSI (Active Directory Services Interface) bis hin zu WMI werden alle wichtigen Themen praxisorientiert behandelt. Alles, was Sie benötigen, ist die Windows PowerShell und einen Computer, auf dem Windows XP SP2, Windows Server 2003 oder Windows Vista läuft. Die Windows PowerShell ist eine Chance, Systemaufgaben deutlich produktiver zu erledigen als dies in der Vergangenheit möglich war, und eine Herausforderung zugleich, da sie einige neue und ungewohnte Konzepte mit sich bringt.

Autor	Peter Monadjemi
Umfang	400 Seiten
Reihe	Crashkurs
Preis	29,90 Euro [D]
ISBN	978-3-86645-617-4

http://www.microsoft.com/germany/mspress

Microsoft Press-Titel erhalten Sie im Buchhandel.